lonely planet

Vietnam

ÉDITION ÉCRITE ET ACTUALISÉE PAR
Iain Stewart,
Brett Atkinson, Anna Kaminski, Jessica Lee,
Nick Ray, Benedict Walker

PRÉPARER SON VOYAGE

HUYTHOAI/GETTY IMAGES ©

PROVINCE DE HA GIANG P. 152

PETER ADAMS/GETTY IMAGES ©

HMONG FLEURS, BAC HA P. 149

SUR LA ROUTE

Sommaire

BRUNO DE HOGUES/GETTY IMAGES ©

HOI AN P. 211

Bienvenue au Vietnam

Exotique et fascinant, le Vietnam allie une beauté naturelle à couper le souffle et un riche patrimoine historique.

Un festival de sensations

Des expériences inoubliables vous attendent aux quatre coins du pays. Certaines sont sublimes, comme la découverte des îles calcaires de la baie d'Along depuis le pont d'une jonque. D'autres le sont moins, à l'exemple de la traversée d'une rue de Hanoi en slalomant au milieu d'un flot continu de motos. Tour à tour, vous serez impressionné, à explorer l'immense réseau de grottes du parc national de Phong Nha-Ke Bang ; amusé, au spectacle d'une mobylette chargée de porcelets en équilibre précaire sur une route de campagne, ou ému, devant une tombe isolée de quelque immense cimetière militaire.

Guerre, paix et progrès

Plus de quarante ans après son terme, le Vietnam n'est plus seulement assimilé à un guerre meurtrière qui marqua son époque, mais a rang, aux yeux du monde, de nation à part entière. En plein essor, le pays affiche un progrès dont témoigne la prospérité de ses grandes villes. On en découvre aisément les attraits, au fil d'une exploration qui prend des airs de traversée du temps, entre quartiers commerçants labyrinthiques, où perdure un artisanat local, grandes demeures coloniales françaises et bars panoramiques, de verre et d'acier, du XXIe siècle.

Une destination gastronomique

Les Thaïlandais protesteront sans doute, mais la tradition culinaire vietnamienne vaut bien la leur et n'a guère d'autres rivales en Asie du Sud-Est. Toute en saveurs subtiles et d'une étonnante diversité, elle compte au nombre de ces découvertes chères aux voyageurs. Les soupes du Nord trahissent une influence chinoise, le Sud met les épices à l'honneur, tandis que les spécialités élaborées et riches en herbes du Centre, inspirées de la table impériale, valent à cette région d'être tenue pour le cœur gastronomique du Vietnam. Partout dans le pays, on peut se mêler aux villageois, goûter les plats locaux et siroter de l'alcool de riz dans les incontournables marchés régionaux.

De l'adrénaline

Si parcourir à moto la route en épingles à cheveux qui franchit le spectaculaire col de Hai Van, dans le Centre, ne demande qu'un petit effort physique, certaines activités se révèlent plus exigeantes. C'est le cas par exemple du kitesurf au large de Mui Ne ou de la randonnée dans les montagnes verdoyantes autour de Bac Ha ou de Sapa. Après une bonne dose d'émotions fortes, il ne vous restera plus qu'à vous faire dorloter ; et le Vietnam n'est pas en reste en la matière, qu'il s'agisse de spas sélect ou de simples salons de massage familiaux, très bon marché.

Pourquoi j'aime le Vietnam

Par Iain Stewart, auteur

Ce sont toujours les mêmes raisons qui me poussent à retourner au Vietnam : me régaler des meilleurs fruits de mer du monde, atteindre à moto un nouveau col de montagne isolé et partir à la recherche de la crique parfaite. Le pays a énormément changé depuis mon premier séjour en 1991 (il était alors encore sous le choc de la guerre avec les États-Unis et seuls des vélos roulaient à Hanoi), mais je continue d'être émerveillé par l'esprit, la détermination et la soif de vivre de son peuple.

Pour en savoir plus sur nos auteurs, voir p. 560

Ci-dessus : rizières en terrasses, Sapa (p. 139)

Vietnam

0 — 200 km
Trek à Sapa
Randonnée dans les villages ethniques (p. 139)
Parc national de Ba Be
Sommets boisés et belles randonnées (p. 104)
Hanoi
La capitale vietnamienne, captivante et chargée d'histoire (p. 54)
Extrême-Nord
Ethnies montagnardes et paysages spectaculaires (p. 152)
Baie d'Along
Des milliers d'étonnantes îles calcaires (p. 109)
Parc national de Phong Nha-Ke Bang
Grottes, rivières et remarquables paysages montagneux (p. 168)
Hué
La majestueuse ancienne capitale impériale (p. 181)
CHINE
MYANMAR (BIRMANIE)
LAOS
Lai Chau (Tam Duong)
Lao Cai
Bac Ha
Ha Giang
Sapa
Parc national de Hoang Lien
Parc national de Ba Be
Lacs de Ba Be
Cao Bang
Nanning
Pingxiang
Muong Lay (Lai Chau)
Fansipan (3 143 m)
Monts Hoang Lien
Tuyen Quang
Lang Son
Yen Bai
Thai Nguyen
Diên Biên Phu
Tuan Giao
Tay Trang
Son La
Viet Tri
HANOI
Bac Ninh
Mong Cai
Dongxing
Zhanjiang
Parc national de Ba Vi
Hai Duong
Along (ville)
Baie de Bai Tu Long
Mai Chau
Hoa Binh
Haiphong
Île de Cat Ba
Baie d'Along
Parc national de Cuc Phuong
Thai Binh
Nam Xoi
Na Meo
Tam Coc
Ninh Binh
20°N
Thanh Hoa
Phonsavan
Nong Haet
Nam Can
Île de Hainan (Chine)
Golfe du Tonkin
Vinh
VIENTIANE
Cau Treo
Ha Tinh
Nam Phao
Mékong
18°N
Cha Lo
Na Phao
Tha Khaek
Dong Hoi
Parc national de Phong Nha-Ke Bang
Lao Bao
Dong Ha
Dansavanh
Khe Sanh
Hué
Îles Paracels

Hoi An
Un port d'antan ravissant
(p. 211)
Dalat
Une charmante ancienne
station climatique française
(p. 301)
Mui Ne
Une station balnéaire
cosmopolite, haut lieu
des sports nautiques (p. 276)
Hô Chi Minh-Ville
Un concentré énergique
et animé du Vietnam
(p. 325)
Îles Con Dao
Un archipel lointain
(p. 290)
Angkor Vat (Cambodge)
L'une des merveilles
du monde (p. 445)
Parc national de Cat Tien
Observation d'animaux,
randonnée à pied
et à vélo (p. 311)
Île de Phu Quoc
Une île paradisiaque
dans le golfe de Thaïlande
(p. 406)
ALTITUDE
1500 m
1000 m
500 m
200 m
0
THAÏLANDE
CAMBODGE
MER
DE CHINE
MÉRIDIONALE
Golfe
de Thaïlande
BANGKOK
PHNOM PENH
Angkor Vat
Siem Reap
Battambang
Tonlé
Sap
Pakse
Attapeu
Bo Y
Mékong
Parc national
de Bach Ma
Îles Cham
Hoi An
My Son
Tam Ky
Quang Ngai
Kon Tum
Pleiku
Hauts plateaux du Centre
Quy Nhon
Parc
national
de Yok Don
Tuy Hoa
Buon Ma Thuot
Nha Trang
Dalat
Parc
national
de Cat Tien
Phan Rang
et Thap Cham
Tay Ninh
Cu Chi
Bien Hoa
Mui Ne
Phan
Thiet
HÔ CHI
MINH-VILLE
(SAIGON)
Kaam Samnor
Vinh Xuong
Takeo
Kampot
Tinh
Bien
Chau
Doc
Cao Lanh
My Tho
Long Hai
Ben Tre
Vung
Tau
Long
Xuyen
Vinh
Long
Duong Dong
Ha Tien
Île
de Phu Quoc
Rach
Gia
Can Tho
Tra Vinh
Delta
du Mékong
Soc Trang
Bac Lieu
Ca Mau
Parc national
de Con Dao
Îles Con Dao
14°N
12°N
10°N
102°E
104°E
106°E
108°E
110°E

20 façons de voir le Vietnam

1

La cuisine

1 Privilégiant les produits de saison frais, la cuisine vietnamienne (p. 496), complexe et raffinée, est probablement l'un des secrets les mieux gardés d'Asie. Tout est dans la fraîcheur des ingrédients (les chefs s'approvisionnent au marché deux fois par jour en herbes tout juste cueillies). Les mélanges de textures et de saveurs sont incomparables. Pour les Vietnamiens, le repas doit être un équilibre entre aigre et doux, croustillant et moelleux, friture et vapeur, soupe et salade. Partout, vous trouverez d'exquises spécialités locales : les "roses blanches" de Hoi An, le *canh chua* (soupe de légumes et de poisson) du delta du Mékong ou le traditionnel *pho* du Nord.

Hoi An

2 Ravissante cité portuaire ancienne où se retrouvaient des marchands du monde entier, Hoi An (p. 211) est toujours l'une des villes les plus cosmopolites et raffinées du Vietnam. Elle compte une multitude de restaurants gastronomiques, de bars et de cafés branchés, de boutiques insolites et de tailleurs experts. Voyagez dans le temps en parcourant le dédale de ruelles de la vieille ville, visitez les temples et les pagodes, puis dînez comme un empereur avec un budget de manant (apprenez au passage à cuisiner ces mets). Le lendemain, flânez sur les berges du fleuve, rejoignez la plage d'An Bang, superbe, et parcourez les petites routes de campagne à vélo.

IAIN BAGWELL/LONELY PLANET ©

2

MEOGIAPHOTO/GETTY IMAGES ©

Le parc national de Phong Nha-Ke Bang

3 Classé au patrimoine mondial, Phong Nha-Ke Bang (p. 168), perle des parcs nationaux du pays, se doit de figurer au programme de tout séjour au Vietnam. Découvrez ses collines enveloppées de forêt tropicale, ses rivières filant entre des gorges et son impressionnant réseau de grottes. Si Hang Son Doong, la plus grande grotte du monde, est réservée à quelques privilégiés, chacun pourra pratiquer la tyrolienne et le kayak à Hang Toi, ou accéder à la bien nommée grotte du Paradis. Hang En (p. 169)

La baie d'Along

4 Ses fantasmagoriques reliefs karstiques baignés par des eaux protégées font de la baie d'Along (p. 109) l'un des sites touristiques les plus visités du Vietnam. Avec plus de 2 000 îlots, vous ne risquez pas de vous lasser du paysage. Embarquer pour une croisière vous permettra d'y passer la nuit et de profiter pleinement de cette merveille. Vous vous réveillerez au petit matin au milieu d'une brume féerique et irez explorer des grottes et des criques. Des formations karstiques, moins touristiques mais tout aussi spectaculaires, parsèment la baie de Lan Ha.

ROBERT MUCKLEY/GETTY IMAGES ©

THUC NGUYEN/EYEEM/GETTY IMAGES ©

Hô Chi Minh-Ville

5 HCMV (p. 325) s'internationalise de plus en plus, mais reste farouchement vietnamienne, et son énergie viscérale ravira les amoureux des grandes villes. L'ancienne Saigon ne laisse pas indifférent : vous serez aspiré dans son tourbillon, hypnotisé par le perpétuel bourdonnement des motos, à tel point que l'expérience peut se révéler trop intense. Laissez-vous porter et vous serez récompensé par sa richesse historique, sa délicieuse cuisine et sa vie nocturne animée qui donne le ton au Vietnam. Il y fait toujours chaud : desserrez votre col, et profitez.

Hué

6 Capitale du pays pendant près de 150 ans, du XIXe siècle au milieu du XXe siècle, Hué (p. 181) est peut-être la ville vietnamienne la plus agréable où séjourner. Sa situation sur la rivière des Parfums est admirable, sa cuisine, délicate, est célébrée à juste titre et la circulation dans ses rues s'avère relativement faible. L'ancienne cité impériale s'enorgueillit d'une majestueuse citadelle, de résidences royales, d'élégants temples, le tout protégé par une enceinte et de superbes portes. Aux abords de la ville se trouvent d'impressionnants tombeaux royaux et pagodes, souvent dans un cadre naturel magnifique.

7

8

Hanoi

7 Métropole aussi ancienne que dynamique, la capitale vietnamienne ne cesse de se moderniser tout en accueillant prudemment les touristes. Pour découvrir ce cocktail d'histoire et d'ambition qui caractérise Hanoi (p. 54), flânez dans les rues de la vieille ville, sirotez une tasse de café filtre, savourez un bol de *bun rieu cua* (soupe au crabe). Puis, après avoir admiré la beauté décadente du quartier français, rejoignez celui du Tay Ho (lac de l'Ouest), très cosmopolite, pour déguster un repas raffiné et en apprendre plus sur la scène artistique locale, en plein essor.

Extrême Nord

8 L'extrême nord du Vietnam est propice à l'aventure. La province de Ha Giang (p. 152) offre aux voyageurs téméraires une ascension jusqu'au col de Quan Ba (la porte du Paradis), d'imposants affleurements karstiques et granitiques et de spectaculaires panoramas. Avec des routes en constante amélioration, de nouveaux sentiers de randonnée, une myriade de marchés ethniques et un choix élargi de pensions, le dernier bastion sauvage du Vietnam – désormais reconnu géoparc mondial de l'Unesco – s'ouvre à vous. Province de Ha Giang (p. 152)

STEPHEN STUDD/GETTY IMAGES ©

Île de Phu Quoc

9 Toute odyssée en Asie du Sud-Est requiert un moment de repos, un cocktail à la main sur le sable blanc d'une plage tropicale pour reprendre son souffle. Phu Quoc (p. 406), île de la taille de Singapour à l'extrême sud du Vietnam dans le golfe de Thaïlande, est l'endroit rêvé pour cela. Après le farniente, louez une moto ou un vélo et vadrouillez sur les pistes de terre rouge à la découverte de ses parcelles de jungle et de ses plantations de poivre noir.

Marchés

10 Que ce soit en plein delta du Mékong, dans les rues débordant de souvenirs de Hoi An, dans la citadine Hô Chi Minh-Ville ou lors des assemblées tribales en montagne, les marchés vietnamiens offrent un festival de couleurs et de négoce. Pour les photographes, ces endroits sont l'occasion d'immortaliser les villageois avec leurs pyramides de fruits minutieusement bâties et leurs scintillants étalages de poissons. Si vous séjournez dans le Nord, ne manquez pas de visiter la région autour de Bac Ha (p. 149), particulièrement réputée pour ses marchés.

Bols laqués, marché de Bac Ha (p. 149)

Les îles Con Dao

11 Ces îles tropicales (p. 290) constituent le parfait antidote au rythme frénétique des villes vietnamiennes. Autrefois l'enfer sur terre pour une génération de prisonniers politiques, Con Dao est désormais une destination paradisiaque prisée pour ses plages préservées, l'eau claire de ses spots de plongée et sa nature variée, refuge des tortues vertes. L'archipel se prête idéalement à une découverte à vélo et Con Son, sa principale localité, dégage un charme irrésistible.

Le parc national de Cat Tien

12 À mi-chemin entre Hô Chi Minh-Ville et Dalat, Cat Tien (p. 311) est l'une des zones protégées les plus accessibles et sauvages du Vietnam. Le parc est situé au bord du fleuve Dong Nai, qui vous évoquera peut-être le décor d'*Apocalypse Now*. Trekking, vélo et observation de la faune sont les activités phares ici. Il y a notamment un centre de réhabilitation des grands singes à Dao Tien, et le "Wild Gibbon Trek" constitue un moment fort au cœur de la nature vietnamienne. Une Brève d'Elliot

11

CUONGVND/GETTY IMAGES ©

12

FEATHERCOLLECTOR/SHUTTERSTOCK ©

ANDREW BAIN/GETTY IMAGES ©

INGRAM PUBLISHING/GETTY IMAGES ©

Le café

13 Starbucks a attendu 2013 pour ouvrir sa première enseigne au Vietnam, mais la culture des cafés (p. 501) existe depuis longtemps. Pratiquement partout, des petits cafés de quartier, souvent installés dans des ruelles tranquilles et verdoyantes, accueillent ceux qui souhaitent échapper au stress et au trafic urbain. Le café local est servi chaud ou glacé (un régal en été), très épais ou avec du lait (généralement concentré et sucré).

Dalat

14 Reine des hauts plateaux du Sud-Ouest, Dalat (p. 301) séduit les touristes étrangers depuis l'époque coloniale. D'élégantes villas françaises sont cachées dans les pinèdes, la ville elle-même s'organise autour d'un lac ravissant, et il y a des chutes d'eau alentour, dans un cadre naturel superbe. Offrant une fraîcheur bienvenue après la chaleur de HCMV, la "Cité de l'éternel printemps" s'est aussi taillé une réputation de destination pour les sports d'aventure, tels que descente en rappel, canyoning, VTT, randonnée et rafting.

Parc national de Ba Be

15 En dehors du circuit classique, le parc de Ba Be (p. 104), avec ses imposantes montagnes calcaires, ses vallées plongeantes et ses forêts verdoyantes, est une destination de choix pour les voyageurs intrépides. Cascades, grottes et lacs se mêlent à un paysage abritant plus de 550 plantes différentes et des centaines d'espèces animales. Découvrez ce spectacle naturel en bateau, lors d'une randonnée ou à VTT, avant de vous relaxer chez l'habitant ou dans une pension des villages de l'ethnie locale, les Tay.

Pont Hiên Luong sur le fleuve Ben Hai (p. 177), DMZ

NIGEL KILLEEN/GETTY IMAGES ©

Lieux de bataille

16 Au cœur du pays, la zone démilitarisée (DMZ ; p. 175) compte la plus forte concentration de lieux de bataille de la guerre du Vietnam – ainsi que plusieurs excellents tour-opérateurs pour en faire le tour. Tout au sud, les tunnels de Cu Chi font l'objet d'une excursion à la journée très prisée depuis Hô Chi Minh-Ville ; il y a également de nombreux sites de guerre aux environs de Vung Tau. À l'extrême nord-ouest, ne manquez pas Diên Biên Phu : un bon musée permet de comprendre l'importance de la bataille de 1954 qui précipita le retrait de la France d'Indochine.

Mui Ne

17 Avec plus de 20 km de plages bordées de palmiers s'étirant le long de la mer de Chine méridionale, la station balnéaire de Mui Ne (p. 276), prospère et décontractée, est l'une des destinations favorites du pays. Des pensions aux luxueux complexes hôteliers, des bars branchés aux spas abordables, les vacanciers ont l'embarras du choix. Capitale vietnamienne du kitesurf, la ville séduit les amateurs de sensations fortes, et d'excellents centres permettent de se former à la discipline. On y pratique aussi le sandboard et le golf.

La bia hoi

18 La *bia hoi* ("bière fraîche" ; p. 86), l'un des grands plaisirs du Vietnam, est brassée quotidiennement, sans additifs ni conservateurs, pour être bue dans la journée. Elle est incroyablement bon marché et très répandue. La bière aurait été introduite à Hanoi par des brasseurs tchèques il y a plus de 40 ans, et chaque ville a désormais sa microbrasserie de *bia hoi*, souvent dotée d'une terrasse côté rue. Pour une expérience authentique, installez-vous (du moins essayez) sur l'un des minuscules tabourets en plastique et sirotez votre mousse. Souvent, vous pourrez aussi grignoter.

Randonnée autour de Sapa

19 Ici, d'ondoyantes rizières en terrasses dégringolent vers des vallées peuplées de communautés hmong, dzao rouges et giay. Tout là-haut, les arêtes sinueuses des monts Hoang Lien (surnommées les Alpes tonkinoises par les Français) tutoient les cieux. Affichant mille et une nuances de vert, la campagne autour de Sapa (p. 139) donne un aperçu de la beauté des paysages ruraux du Nord et de l'incroyable diversité culturelle du pays. Un terrain de choix pour étrenner ses chaussures de marche et partir sur les chemins.

Les temples d'Angkor

20 De l'autre côté de la frontière avec le Cambodge, les temples d'Angkor (p. 445) forment l'un des plus beaux sites au monde. Préférerez-vous Angkor Vat, le plus grand édifice religieux sur terre, l'énigmatique Bayon, et ses énormes visages de pierre, ou le Ta Prohm, où la jungle a repris ses droits ? La ville animée de Siem Reap est un bon point de départ pour découvrir le site. Et d'autres activités sont possibles dans la région : quad, tyroliennes, cours de cuisine, observation des oiseaux.
Angkor Thom (p. 446)

19

20

L'essentiel

Pour plus d'informations, voir le *Carnet pratique* (p. 512)

Devise

Le dong (d) ; mais le dollar US est utilisé en de nombreux endroits

Langue

Le vietnamien

Visas

Un visa est obligatoire pour la plupart des nationalités ; il doit être obtenu à l'avance. Les voyageurs français séjournant moins de 15 jours dans le pays en sont exemptés jusqu'au 30 juin 2017.

Argent

On trouve des DAB partout, même dans les petites villes, mais il ya des frais de retrait. On paye souvent en liquide au Vietnam, mais de nombreux hôtels acceptent les cartes bancaires.

Téléphones portables

Pour éviter les frais d'itinérance, achetez une carte SIM locale, compatible avec la plupart des téléphones.

Heure locale

GMT + 7 heures

Quand partir

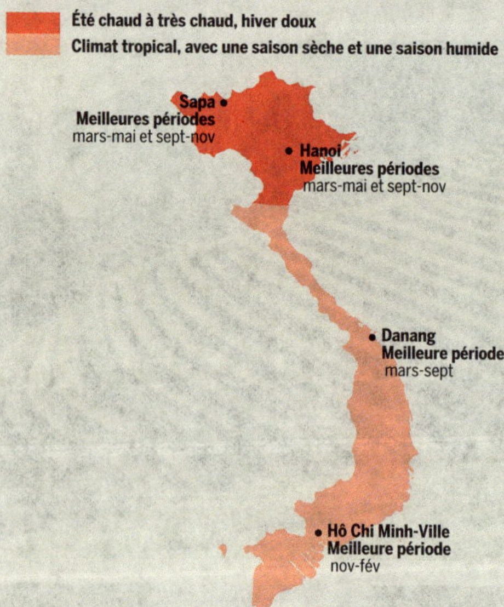

Haute saison
(juil-août)

- Les prix augmentent jusqu'à 50% sur la côte ; réservez votre hébergement bien à l'avance.
- Il fait chaud et humide dans tout le Vietnam, sauf dans l'extrême Nord, et la mousson d'été apporte ses averses.

Saison intermédiaire
(déc-mars)

- Pendant la fête du Têt, les Vietnamiens se déplacent et les prix grimpent.
- Il peut faire frais au nord de Nha Trang et froid dans l'extrême Nord.
- Au sud, ciel dégagé et soleil prédominent.

Basse saison
(avr-juin, sept-nov)

- Peut-être la meilleure période pour visiter tout le pays.
- Jusqu'en novembre, des typhons peuvent frapper les régions littorales du Nord et du Centre.

Sites Web

360° Vietnam (http://360degresvietnam.com) Un blog fourmillant d'informations, de conseils et d'actualités.

Cap Vietnam (www.cap-vietnam.com) Le Vietnam par et pour les internautes. De très nombreux sujets y sont traités

Lonely Planet (www.lonelyplanet.fr) Informations, réservations d'hôtels, forum, et autres.

Vietnam + (www.vietnamonline.com) Le site de l'Agence vietnamienne d'information (AVI), en français.

Vietnam Tourism (www.vietnamtourism.com) Le site officiel de l'administration nationale du tourisme au Vietnam propose beaucoup d'informations pratiques (en français).

Numéros utiles

Pour appeler le Vietnam depuis un autre pays, composez le numéro de votre correspondant sans le 0 initial. Les numéros de portable commencent par ☎09 ou ☎01.

Indicatif du pays	☎84
Code d'accès international	☎00
Annuaire téléphonique	☎116
Police	☎113
Renseignements	☎1080

Taux de change

Canada	1 $C	17 322 d
États-Unis	1 $US	22 410 d
Suisse	1 FS	22 960 d
Zone euro	1 €	25 471 d

Pour connaître les derniers taux de change, consultez www.xe.com.

Budget quotidien

Moins de 40 $US

- Un verre de *bia hoi* : à partir de 0,50 $US
- Trajet de 1 heure en bus local : de 1 à 1,50 $US
- Un hôtel bon marché : de 10 à 15 $US la nuit, moins en dortoir
- Un plat de nouilles : de 1,50 à 2,50 $US

De 40 $US à 100 $US

- Une chambre double confortable : de 25 à 50 $US
- Un repas dans un bon restaurant : à partir de 8 $US
- Une heure de massage : de 6 à 20 $US
- Une course en taxi de 10 minutes : 4 $US

Plus de 100 $US

- Nuit dans un hôtel de luxe : à partir de 80 $US
- Repas dans un restaurant gastronomique : à partir de 20 $US
- Vols intérieurs : de 30 à 100 $US

Heures d'ouverture

Les horaires varient très peu au cours de l'année.

Banques 8h-15h lun-ven, 8h-11h30 sam

Administrations et musées 7/8h-17/18h. Les musées ferment en général le lundi, et certains durant l'heure de déjeuner.

Restaurants 11h30-21h

Commerces 8h-18h

Temples et pagodes 5h-21h

Arriver au Vietnam

Aéroport international Tan Son Nhat (Hô Chi Minh-Ville, p. 372). Taxi jusqu'aux quartiers centraux : environ 190 000 d ; 30 min. Bus climatisé (ligne 152) : 6 000 d ; toutes les 15 min de 6h à 18h ; environ 40 min.

Aéroport Noi Bai (Hanoi, p. 93). Taxi jusqu'au centre : 400 000 d, environ 50 min. Navettes Jetstar (35 000 d) et Minibus Vietnam Airlines (50 000 d) : toutes les heures. Bus public ligne 17 jusqu'à la gare de Long Bien : 5 000 d.

Comment circuler

Si le bus constitue le principal moyen de locomotion des Vietnamiens, les voyageurs préfèrent d'ordinaire l'avion, le train et la voiture.

Train Prix et confort corrects à bord des wagons climatisés et des voitures-couchettes. Notez toutefois l'absence de véritables trains express.

Avion Vols bon marché en réservant tôt et réseau assez étendu ; annulations possibles dans certains cas

Voiture Très pratique pour voyager à son rythme ou visiter des régions mal desservies par les transports en commun. Les voitures de location sont toujours avec chauffeur.

Bus Le service le long des principales routes nationales est assez bon, mais circuler en bus n'a rien de reposant. Dans les zones reculées, les choses se gâtent rapidement. Les bus "open tour", très économiques, peuvent être une option intéresante.

Pour en savoir plus sur **comment circuler,** reportez-vous p. 523

Premier séjour au Vietnam

Pour plus d'informations, voir le *Carnet pratique* (p. 512)

Avant de partir

- Faites votre demande de visa bien à l'avance (p. 516).
- Assurez-vous d'avoir un passeport valable au moins 6 mois après la date d'expiration du visa.
- Vérifiez que vos vaccins sont à jour.
- Contractez une assurance voyage *ad hoc*.
- Réservez vols intérieurs et trajets en train.
- Informez votre banque de votre voyage pour éviter le blocage de votre carte bancaire.

À emporter

- Bonnes chaussures – la voierie au Vietnam est souvent en mauvais état
- Antimoustique au DEET
- Vêtement de pluie
- Adaptateur électrique
- Lampe torche
- Tongs ou sandales
- Jumelles

À savoir

- Attendez-vous, en milieu urbain, à des essaims de deux-roues formant une circulation dantesque. Gardez votre calme et envisagez un massage le soir pour décompresser.
- Sachez que les arnaques sont assez répandues au Vietnam, la plupart concernant les prix. Problème plus grave, mais heureusement très rare, les munitions non désamorcées.
- Dans des villes comme Hué et Sapa, ainsi que dans les stations balnéaires fréquentées, les vendeurs de rue et les conducteurs de cyclo-pousse harcèlent les touristes. Hors des sentiers battus, on vous laissera généralement tranquille.
- Attendez-vous à devoir marchander.

Garde-robe

Il existe peu de contraintes culturelles en matière d'habillement. Dans les lieux de culte et les administrations, ou à l'occasion d'un dîner formel, couvrez vos jambes et évitez les débardeurs.

Bien que le Vietnam se situe sous les tropiques, il peut faire frais partout au nord de Hoi An entre octobre et mars. Prévoyez en conséquence un ou deux vêtements chauds (polaires, par exemple). Le reste de l'année, et dans le Sud, tongs ou sandales, T-shirt et short constituent la tenue standard.

Hébergement

Le tourisme étant en plein essor, mieux vaut réserver votre hébergement un jour ou deux à l'avance, voire plusieurs semaines en haute saison (Têt, juillet-août et période de Noël).

- **Hôtels** La gamme va des petits établissements simples et fonctionnels aux luxueux complexes hôteliers avec spa.
- **Auberges de jeunesse** Courantes dans les principaux centres touristiques, plus rares ailleurs.
- **Pensions** Habituellement tenues par des familles et plus décontractées que les hôtels.

Circuits organisés

Le Vietnam représente un choc culturel pour beaucoup de visiteurs. Si c'est votre cas, un circuit organisé peut vraiment vous aider à mieux comprendre le pays. Des visites pour découvrir la cuisine de rue sont organisées dans les grandes villes comme Hanoi, Hoi An, Danang et Nha Trang. Les circuits en deux-roues sont également très appréciés.

Marchandage

Il s'impose sur les marchés, dans certains petits commerces et pour les trajets en cyclo-pousse ou en *xe om* (moto-taxi).

Beaucoup d'hôtels accordent également des réductions quand on le leur demande. En revanche, les restaurants pratiquent des prix fixes.

Des chauffeurs de bus tentent parfois de faire payer le billet plus cher aux étrangers ; si le tarif vous semble clairement majoré, négociez.

Pourboire

- **Hôtels** Petite obole facultative pour le personnel de ménage.
- **Restaurants** Vous pouvez laisser un pourboire de 5 à 10% dans les restaurants chics ou si vous êtes très satisfait. Les Vietnamiens, eux, ne donnent rien.
- **Guides** Quelques dollars pour une journée d'excursion, davantage pour un circuit plus long si vous êtes content du service.
- **Taxis** Petit pourboire apprécié, surtout de nuit.
- **Bars** Jamais attendu.

SOFT_LIGHT/GETTY IMAGES ©

Les baies verdoyantes du Vietnam offrent des vues magnifiques

Restauration

Il est rare de devoir réserver une table au Vietnam, à l'exception des restaurants des parcs nationaux et des établissements les plus chics de Hanoi et Hô Chi Minh-Ville.

- **Restaurants vietnamiens** Les établissements locaux, surtout les plus fréquentés, préparent une cuisine fraîche et délicieuse.
- **Tables internationales** Les destinations touristiques comptent nombre d'adresses mélant plats occidentaux et asiatiques.
- **Cuisine de rue** Des stands proposent des spécialités du cru bon marché, souvent fort savoureuses.
- **Cafés** On y trouve parfois des en-cas, mais peu de vrais repas.

Langue

La maîtrise de l'anglais n'est pas très répandue au Vietnam et le français n'est plus guère parlé, sinon par les anciens. Connaître quelques phrases clés en vietnamien vous sera donc utile. Voir le chapitre *Langue* (p. 544).

Us et coutumes

- **Repas** Lorsqu'on dîne avec des Vietnamiens, la coutume veut que le plus âgé paye pour tout le monde.
- **Maisons** Il faut se déchausser avant d'entrer dans une habitation.
- **Tête** Abstenez-vous de toucher ou de tapoter la tête d'un enfant ou d'un adulte.
- **Pieds** Évitez de pointer vos pieds vers des personnes ou des objets sacrés tels que des représentations du Bouddha.

Quoi de neuf ?

Bai Xep
Cette charmante baie, au sud de Quy Nhon, devient une agréable destination balnéaire et accueille désormais trois excellentes pensions. (p. 248)

Dans les grottes
Le parc national de Phong Nha-Ke Bang constitue toujours une destination incontournable. La formule tyrolienne, baignade et kayak à Hang Toi (Grotte Sombre), ainsi que les merveilles souterraines de Hang Va, comptent parmi les nouvelles activités. (p. 168)

Villa Vista
Cette demeure au sommet d'une colline, avec vue imprenable sur Dalat, arbore un opulent style français du XIXe siècle. C'est l'hébergement le plus enchanteur des hauts plateaux du Sud-Ouest. (p. 306)

Bière artisanale à Hô Chi Minh-Ville
La Pasteur Street Brewing Company (p. 363) intègre à ses brassins des ingrédients locaux, comme la citronnelle et le café de Dalat ; on trouve des bières de plus petite production chez BiaCraft (p. 366), dans le district 2.

Vespa Adventures
On ne saurait mieux explorer les ruelles, les villages d'artisans et autres berges des environs de Hoi An que sur un scooter vintage. Cette nouvelle agence organise d'excellents circuits. (p. 221)

Musée de Diên Biên Phu
L'importante collection commémorant la bataille décisive de 1954 a été transférée dans ce bâtiment moderne, conçu pour en mettre en valeur les pièces. (p. 136)

Tour Lotte, Hanoi
Du haut de la plateforme d'observation de ce tout nouveau gratte-ciel, qui compte de nombreux bars et restaurants, on mesure vraiment à quel point Hanoi s'est développée depuis le site de la vieille ville. (p. 71)

Mui Ne Backpacker Village
On ne saurait se trouver mieux que dans cette auberge de jeunesse chic, avec piscine, à quelques pas de la plage. (p. 279)

Les cafés de Con Dao
Ouverts voici peu, des établissements tels que le Bar200 Con Dao (p. 297) et l'Infinity Cafe & Lounge (p. 297) ont instillé un regain de vie et d'esprit cosmopolite à la ville endormie de Con Son.

Aqua Expeditions
Ce 5-étoiles flottant, avec piscine sur le pont et repas gastronomiques, navigue dans le delta du Mékong (p. 397).

Amanoi
Aménagé dans les falaises, sur une magnifique portion du littoral, ce *resort* ultraluxueux met à disposition de sublimes pavillons et un excellent spa, dans un cadre propice au calme. (p. 276)

Stand-up paddle, île de Cat Ba
Cette discipline a fait son apparition à Cat Ba, et Asia Outdoors en propose des circuits dans la baie de Lan Ha. (p. 118)

Envie de...

Cuisine exquise

Hoi An Goûtez des spécialités régionales uniques, puis apprenez à les cuisiner. (p. 220)

Hô Chi Minh-Ville Restaurants gastronomiques vietnamiens et un large choix de cuisines internationales. (p. 355)

Hué Réputée pour sa cuisine impériale sophistiquée. (p. 191)

Pots 'n Pans Une cuisine fusion vietnamienne pleine d'imagination, à Hanoi. (p. 84)

Ganh Hao Dînez au bord de l'eau dans cet exceptionnel restaurant de poisson de Vung Tau. (p. 289)

Hill Station Signature Restaurant La cuisine traditionnelle hmong (p. 143)

Bassac Restaurant Classiques internationaux et délicats plats vietnamiens. (p. 426)

Marchés

Bac Ha Découvrez l'un des marchés les plus colorés d'Asie du Sud-Est. (p. 149)

Les marchés flottants du delta du Mékong Faites la tournée des marchés fluviaux où se côtoient toutes sortes de denrées alimentaires. (p. 399)

Le marché Ben Thanh Le marché central de Hô Chi Minh-Ville bourdonne d'activité depuis 1914. (p. 367)

Hang Da Un trésor de vêtements recyclés, au sous-sol de ce marché de Hanoi. (p. 91)

Marché Dong Ba Traversez la rivière des Parfums, à Hué, pour une fascinante immersion sensorielle. (p. 193)

Trésors cachés

Ha Giang Une province montagneuse de l'extrême Nord, à couper le souffle. (p. 152)

Île de Tam Hai Une île paradisiaque et quasi déserte, avec un cimetière de baleines et des vestiges cham. (p. 245)

Île des Pirates Ici, des descendants de pirates emmènent, de nuit, leurs hôtes à la pêche au calamar. (p. 421)

Circuits dans HCMV Pour découvrir la cuisine de rue et sortir des sentiers battus. (p. 347)

Ganh Da Dia Plages désertes, villages de pêcheurs et dunes impressionnantes composent cette portion de côte. (p. 251)

Phu Dien Un petit temple cham, enseveli sous le sable pendant des siècles. (p. 199)

Temples et tombeaux

Hué Son ancienne cité impériale et les tombeaux grandioses des souverains du Vietnam, dont ceux de Tu Duc et Minh Mang. (p. 181)

My Son Au sommet d'une colline, le site cham le plus impressionnant. (p. 233)

Hanoi L'austère mausolée de Hô Chi Minh est un jalon dans l'histoire du pays. (p. 65)

Grand Temple caodaïste Près de Hô Chi Minh-Ville, un édifice évoquant tout à la fois un temple chinois, une mosquée et une cathédrale. (p. 378)

Cholon Le patrimoine chinois de HCMV, entre temples rehaussés d'ors et effluves d'encens. (p. 338)

Vo Thi Sau L'ultime demeure de l'héroïne nationale, Con Son. (p. 291)

Plages de rêve

Île Phu Quoc D'idylliques croissants de sable blanc et des baies sablonneuses à l'abri de promontoires rocheux. (p. 406)

Îles Con Dao Une escapade d'au moins trois nuits est recommandée. (p. 290)

Mui Ne Des kilomètres de plage et d'imposantes dunes de sable rougeoyantes. (p. 276)

An Bang De Hoi An, enfourchez un vélo et rejoignez la plage d'An Bang pour un cocktail de soleil, de farniente et de fruits de mer. (p. 230)

Nha Trang Reposez-vous sur le sable chaud, puis partez en bateau à la découverte des îles. (p. 257)

Itinéraires routiers

Col de Mai Pi Leng Ce col étroit permet de relier Dong Van à Meo Vac. (p. 156)

RN 6 Un paysage pastoral de rizières et de collines, entre Mai Chau et Son La. (p. 132)

De Hué à Hoi An Partez à moto à la découverte du col de Hai Van et de China Beach. (p. 200)

Route Hô Chi Minh Peu de circulation, des paysages fantastiques et un terrain idéal pour les cyclistes. (p. 317)

Treks exceptionnels

Parc national de Phong Nha-ke Bang Randonnez à travers montagnes et vallées jusqu'à la plus grande grotte du monde. (p. 168)

Sapa Des guides hmong vous feront découvrir les villages des ethnies. (p. 139)

Parc national de Yok Don Marchez et campez, avec l'espoir d'apercevoir des éléphants sauvages. (p. 316)

Parc national de Cuc Phuong Arpentez des forêts riches en faune, jusqu'à rejoindre des villages ethniques. (p. 164)

Singuliers breuvages

Alcools des hautes plaines Au marché de **Sapa** (p. 139) ou de **Bac Ha** (p. 149), goûtez l'alcool de riz ou de blé, concocté par les ethnies des montagnes.

Pasteur Street Brewing Company La citronnelle et le poivre de Phu Quoc font l'excellence de cette bière, la Saigon Saison. (p. 363)

K'Ho Coffee Un café torréfié et produit par l'ethnie k'ho dans une ferme des années 1860. (p. 304)

BRUNO DE HOGUES/GETTY IMAGES ©

SANTIAGO URQUIJO/GETTY IMAGES ©

En haut : Citadelle (p. 184), Hué

En bas : Hmong fleurs, marché de Bac Ha (p. 149)

Baie d'Along (p. 109)

non construit, vers la **plage de Doc Let**, ou au sud vers la plage de Bai Dai.

Cité de culture et de gastronomie, **Hoi An** constitue l'étape suivante, incontournable. Pendant deux jours, profitez de l'ambiance unique de la ville, visitez ses temples, ses pagodes et ses musées, et savourez la délicieuse cuisine du Centre. Envisagez une excursion à moto dans l'arrière-pays rural, ou jusqu'aux superbes ruines cham de **My Son**. Allez ensuite passer une nuit à **Hué**, l'ancienne capitale impériale, pour explorer sa citadelle, ses pagodes et ses tombeaux royaux. De là, rejoignez le **parc national de Phong Nha-Ke Bang**, très spectaculaire avec de gigantesques montagnes de calcaire, des rivières serpentant dans la jungle et un réseau de grottes parmi les plus impressionnantes au monde.

Il sera temps alors de faire le long trajet (par la route ou en train) jusqu'à la **baie d'Along**, émaillée de quelque 2 000 îlots karstiques. Puis direction **Hanoi** pour quelques jours, passés à découvrir sa vieille ville évocatrice, son architecture raffinée, ses lacs et ses différents musées. Finissez votre voyage en beauté, en goûtant la cuisine de rue et en dégustant une *bia hoi* (bière fraîche).

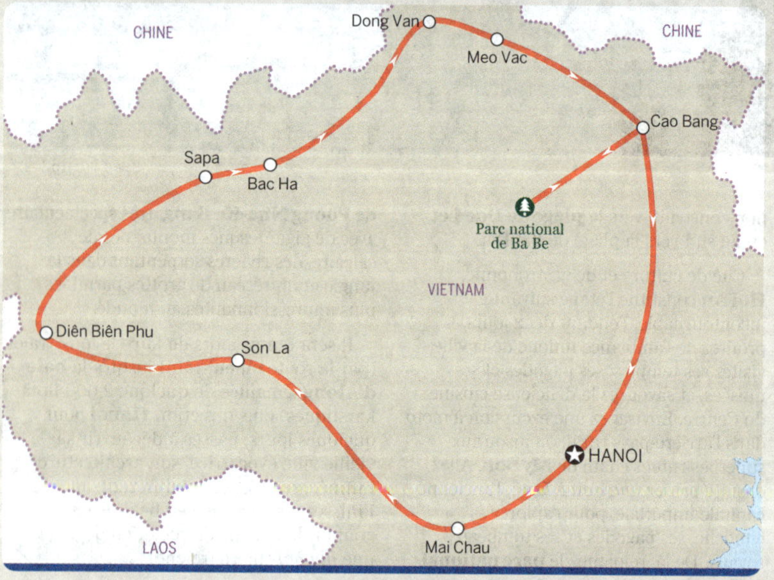
CHINE
Dong Van
Meo Vac
CHINE
Cao Bang
Sapa
Bac Ha
Parc national de Ba Be
VIETNAM
Diên Biên Phu
Son La
HANOI
LAOS
Mai Chau

WALTER BIBIKOW/GETTY IMAGES ©

LYNN GAIL/GETTY IMAGES ©

En haut : Diên Biên Phu (p. 135)

En bas : Femmes hmong fleurs au marché de Bac Ha (p. 149)

3 SEMAINES

Les montagnes du Nord

Le Nord est un monde à part entière : région de hauts sommets à la beauté glorieuse, c'est le fief des ethnies montagnardes qui composent une véritable mosaïque. Ce territoire se prête idéalement à un périple à moto (il y a peu de circulation sur les routes), dans un décor naturel à couper le souffle, mais il peut aussi être exploré en transport public, à condition d'être patient.

Quittez **Hanoi** et mettez le cap à l'ouest jusqu'à **Mai Chau**, domaine des Thaï blancs, où vous passerez vos deux premières nuits : une parfaite introduction à la vie des différentes communautés ethniques. Au nord-ouest, au pied des "Alpes tonkinoises", **Son La** est une étape logique pour passer la nuit.

Ensuite, direction **Diên Biên Phu** (pour deux nuits), un nom chargé d'histoire puisque c'est ici que s'acheva l'ère coloniale, avec la débâcle de l'armée française en 1954. Visitez les sites militaires et l'impressionnant musée, puis continuez au nord à travers des paysages spectaculaires, jusqu'au **col de Tram Ton**.

Première destination touristique du Nord-Ouest, la région de **Sapa** est connue pour ses ethnies montagnardes et ses panoramas à perte de vue – par temps clair, du moins. Explorez la région à pied ou à moto pendant environ quatre jours, avant de passer trois nuits à **Bac Ha** où se tient le meilleur marché de la région, fréquenté notamment par les Hmong fleurs.

De Bac Ha, virez vers l'est et la province de Ha Giang, en traversant des paysages somptueux et quelques petites localités comme Yen Minh, Dong Van et Meo Vac. Explorez des sites reculés, par exemple la tour du drapeau de Lung Cu et le palais de Vuong en partant de **Dong Van**. Les transports publics en direction du vertigineux col de Mai Pi Leng et de **Meo Vac** étant inexistants, vous devrez prendre un *xe om* (moto-taxi) ou une voiture. La route décrit ensuite une boucle jusqu'à la bourgade-carrefour de Bao Lac.

Des bus locaux partent de Bao Lac pour **Cao Bang** et continuent jusqu'au **parc national de Ba Be**. Passez environ trois nuits autour de Ba Be ; logez chez l'habitant, dans des familles de l'ethnie tay, et explorez le parc à pied ou en kayak. De Ba Be, regagnez Cao Bang pour le voyage retour, direction sud, jusqu'à Hanoi.

PRÉPARER SON VOYAGE ITINÉRAIRES

2 SEMAINES

Le Sud

Cet itinéraire inclut une charmante île, le haut lieu des sports d'eau vive du pays et un monde aquatique de villages flottants. Pour des couchers de soleil tropicaux et des plages de sable blanc, mieux vaut ne pas prévoir ce voyage pendant la saison des pluies du Sud. Presque toutes les grandes villes sont régulièrement desservies par les transports publics.

Après avoir profité quelques jours des plaisirs urbains et de l'énergie de **HCMV**, rejoignez le delta du Mékong, en vous arrêtant à **Ben Tre** pour explorer les allées au bord des canaux à vélo et les îles en bateau. Embarquez ensuite à bord d'un bateau pour un lent voyage pittoresque jusqu'à **Tra Vinh** et ses pagodes colorées. Un court trajet conduit à **Can Tho**, où vous pourrez passer quelques jours pour visiter les marchés flottants animés, le musée municipal et des temples. Plus au nord, à la frontière cambodgienne, **Chau Doc**, au cœur de la campagne, est propice aux balades en deux-roues. Rendez-vous alors sur l'**île de Phu Quoc** pour trois jours de détente bien méritée sur des plages de sable fin parmi les plus agréables du Vietnam.

De Phu Quoc, retournez à HCMV (en avion ou en bus), puis gagnez, au nord, les hauts plateaux du Sud-Ouest, après une nuit dans le **parc national de Cat Tien**, qui abrite des gibbons, des crocodiles et de nombreux oiseaux. Plus haut, séjournez dans la station climatique de **Dalat**, empreinte de romantisme ; vous y découvrirez des sites uniques et aurez l'occasion de pratiquer des sports d'aventure comme le canyoning, le VTT ou le kayak.

Le trajet de Dalat à **Mui Ne**, l'un des plus mémorables du pays, traverse des crêtes montagneuses, des vallées profondes et des forêts de pins et se parcourt idéalement à moto (envisagez un circuit avec un Easy Rider, p. 307). Vous pourrez ensuite, deux-trois jours durant, vous reposer sur la plage de Mui Ne, une beauté tropicale aux grandes dunes de sable et à l'ambiance décontractée – où les plus endurants prendront une leçon de kitesurf ou de voile.

Terminez ce voyage par une soirée à HCMV, en sirotant une bière artisanale à la Paster Street Brewing Company et en dînant dans un bel endroit comme le Racha Room.

HAIMINHDUONG/GETTY IMAGES ©

PHAMSONPHOTO/GETTY IMAGES ©

En haut : Plage de Dinh Cau, île de Phu Quoc (p. 406)

En bas : Temple à Tra Vinh (p. 390)

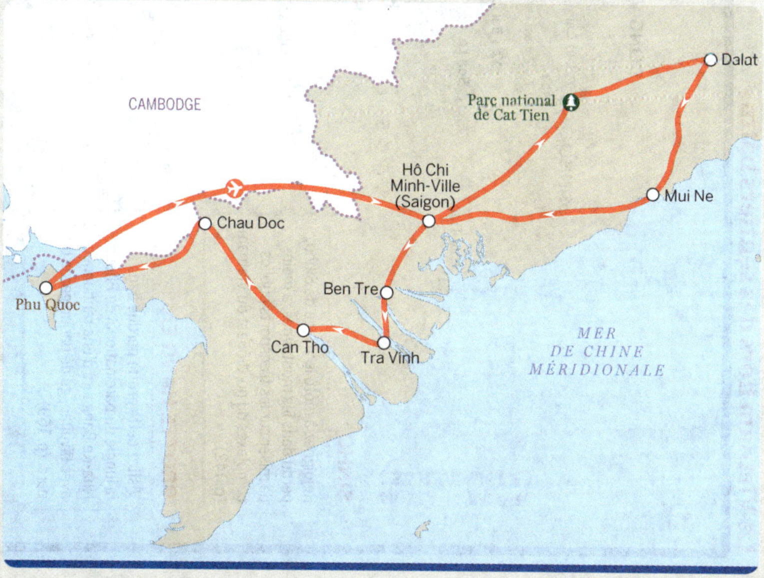
CAMBODGE
Dalat
Parc national de Cat Tien
Hô Chi Minh-Ville (Saigon)
Mui Ne
Chau Doc
Phu Quoc
Ben Tre
Can Tho
Tra Vinh
MER DE CHINE MÉRIDIONALE

Le Vietnam hors des sentiers battus

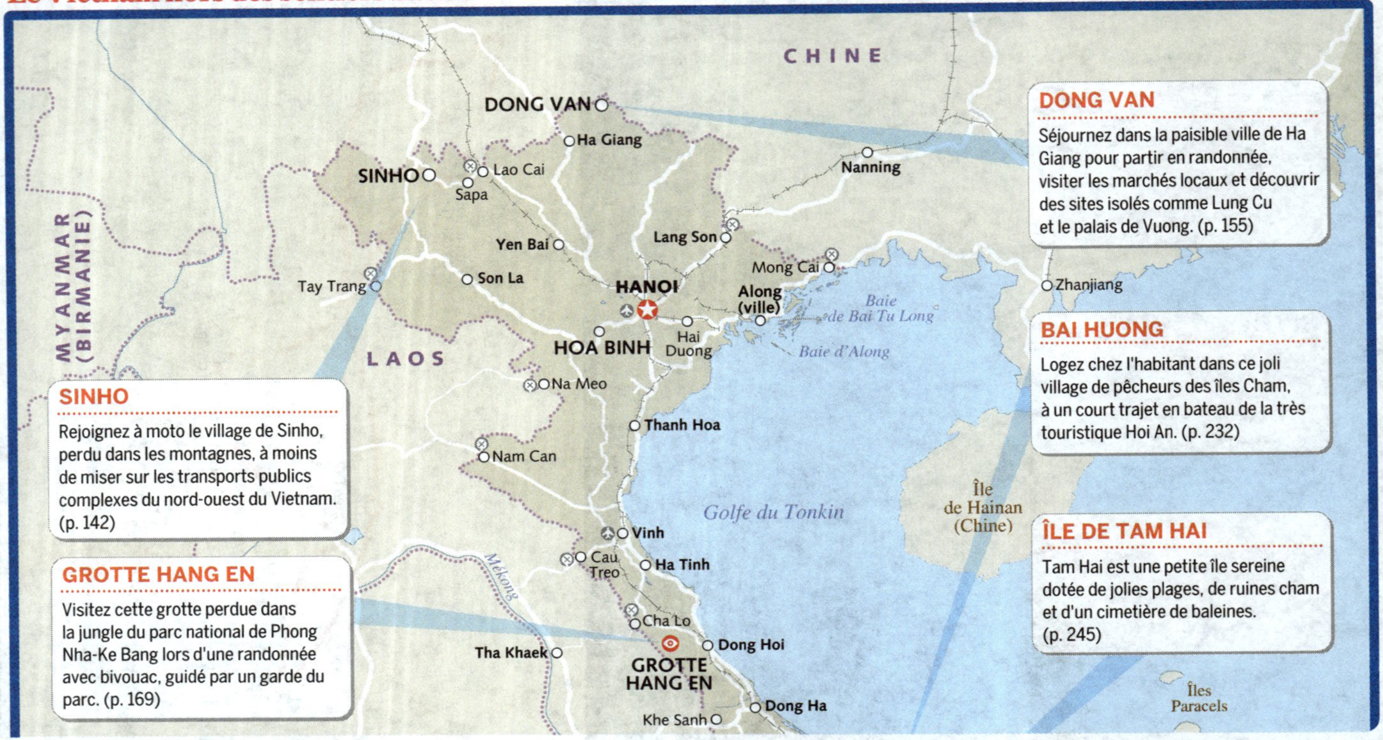

PHU THUAN

Profitez du littoral magnifique et quasiment sauvage en séjournant à Phu Thuan, où il n'y a que deux petits complexes hôteliers charmants. (p. 199)

GANH DA DIA

Admirez les spectaculaires formations volcaniques du Ganh Da Dia, situées sur une superbe portion de littoral ourlée de plages propices à la baignade. (p. 251)

JUNGLE BEACH

Un petit coin de paradis bohème, avec des bungalows posés sur une plage de rêve, à une heure environ au nord de Nha Trang. (p. 256)

FORÊT DE XEO QUYT

Parcourez en bateau ces marécages silencieux et profitez du calme absolu au cœur de l'une des dernières forêts naturelles de la région. (p. 433)

PHARE DE KE GA

Louez un bateau de pêche et filez jusqu'à l'île où se dresse cet imposant phare de 40 m de haut datant de l'époque française. (p. 284)

Kayak, baie d'Along (p. 109)

Préparer son voyage

Sports et activités

Le Vietnam a beaucoup à offrir en matière d'activités de plein air. Côté sports aquatiques, il possède d'excellents spots de kayak et de kitesurf, et les occasions de pratiquer la plongée, le snorkeling, la voile et le surf sont nombreuses. Sur terre, à vous les randonnées, à pied ou à vélo, et les circuits en moto. Que ce soit sur des chemins de montagne ou en pleine mer, vous pourrez compter sur des prestataires de haut vol pour vous accompagner.

Les meilleures activités de plein air

Le top des randonnées

Sapa Une région splendide, mais fréquentée.

Dong Van Des sentiers au cœur d'un spectaculaire paysage de montagne.

Bac Ha D'impressionnants parcours dans les montagnes, incluant des séjours dans les villages des communautés ethniques.

Mai Chau Des paysages sublimes et des villages d'ethnies montagnardes.

Le top de la plongée et du snorkeling

Îles Con Dao Les plus beaux spots.

Phu Quoc Beaux jardins de corail.

Nha Trang Les sites sont nombreux et les clubs de plongée, très professionnels.

Le top du cyclotourisme

Dalat Départ pour une extraordinaire descente de 2 jours jusqu'à Mui Ne.

Hoi An Un terrain plat, idéal pour explorer des villages d'artisans et couper à travers les rizières.

Delta du Mékong Les petites routes longent des cours d'eau à l'ombre des cocotiers.

Organisation

Planifier son séjour

Le climat vietnamien étant extrêmement changeant et lié à la mousson, il est primordial de planifier votre séjour.

Périodes à privilégier

Les meilleures vagues pour le surf se forment en hiver (entre novembre et avril), saison également propice au kitesurf. Les plongeurs préféreront juin, juillet et août, où la visibilité sous l'eau est optimale.

Périodes à éviter

Il serait inconscient d'entreprendre l'ascension du Fansipan en pleine saison des pluies (de mai à septembre). Le snorkeling et la plongée manquent d'attrait entre novembre et avril, car la visibilité sous l'eau est faible.

Randonnée

Que se soit à l'occasion de treks ambitieux ou de marches faciles, vous découvrirez au Vietnam des paysages souvent exceptionnels : profondes vallées, rizières en terrasses et hautes montagnes de calcaire. Tout est possible, de la randonnée d'une demi-journée à l'ascension du Fansipan – plus haut sommet du Vietnam.

Le nord du pays, avec ses spectaculaires sentiers de montagne et l'étonnante culture des ethnies dont il est le fief, se prête particulièrement à la randonnée. Ailleurs, les parcs nationaux et réserves naturelles sont parcourus de sentiers balisés (et vous trouverez généralement des guides pour vous accompagner).

Nord du Vietnam

Au nord de Hanoi, la région est réellement spectaculaire. Sapa (p. 139) est le haut lieu de la randonnée au Vietnam. Là, les agences spécialisées comme les magasins de location (où vous pourrez vous procurer tout l'équipement nécessaire) sont légion. Vous y trouverez aussi des cartes détaillant les sentiers, et des guides pour vous accompagner. À vous le grand air, les paysages sublimes et les fascinants

CONSEILS POUR LES RANDONNEURS

- Ne vous écartez pas des sentiers balisés, le pays est encore parsemé d'engins non désamorcés.
- Il est en général intéressant d'engager un guide ; ils parlent la langue et comprennent la culture, et c'est à la portée de toutes les bourses.
- Des chaussures de randonnée montantes représentent un bon investissement.

villages d'ethnies montagnardes. Attention cependant, les principaux sentiers sont très fréquentés (certains villages voient passer des randonneurs toutes les heures...). Pour sortir des sentiers battus, il faudra recourir aux services d'un guide local.

À une altitude un peu plus basse, et dans une zone moins pluvieuse, Bac Ha (p. 149) est entouré de sentiers moins fréquentés et souvent moins boueux. La région réserve notamment de superbes randonnées jusqu'à des villages hmong fleurs et nung.

L'altitude remonte à l'extrême nord, dans la province de Ha Giang (p. 152), surnommée le "Tibet national". Les randonneurs pourront trouver un guide dans la ville de Ha Giang, ou se rendre à Dong Van, pour de superbes randonnées.

À l'ouest de Hanoi, le plateau de Moc Chau (p. 134) est célèbre pour ses formations karstiques, ses vergers de pruniers et ses plantations de thé. Dans cette région en plein développement, de nouveaux itinéraires sont régulièrement ouverts. Non loin, la région de Mai Chau (p. 132), bien équipée, offre de formidables parcours dans un cadre idyllique.

En outre, le parc national de Ba Be (p. 104) compte un réseau de sentiers accidentés desservant des villages d'ethnies montagnardes cachés dans un spectaculaire paysage karstique, tandis que Cat Ba (p. 115) est réputée pour sa course de 18 km (ou des options plus courtes comme celle de la vallée des Papillons).

Centre du Vietnam

Des randonnées exceptionnelles sont organisées au cœur des plateaux karstiques du parc national de Phong Nha-Ke Bang (p. 168) par des prestataires comme Jungle Boss Trekking (p. 170). Beaucoup d'itinéraires associent trekking et spéléologie, en particulier celui passant par Hang Son Doong (p. 170), la plus grande grotte du monde.

Dans le parc national de Cuc Phuong (p. 164), d'excellents sentiers traversent une forêt superbe jusqu'à un village muong.

Près de Danang, citons le parc national de Bach Ma (p. 198) ainsi que la luxuriante station climatique de Ba Na (p. 201), en altitude, pour de courtes randonnées et une vue extraordinaire. Des agences à Hoi An proposent également d'intéressants treks vers les villages des ethnies de la région, à l'ouest de la ville.

Rizières en terrasses, nord du Vietnam

Sud du Vietnam

Vous apercevrez peut-être l'un des nombreux mammifères présents dans le parc national de Yok Don (p. 316), près de Buon Ma Thuot. Un guide vous sera nécessaire pour explorer le parc national de Cat Tien (p. 311). Vous pourrez y voir des crocodiles et aussi y faire des randonnées nocturnes. Le Wild Gibbon Trek est très apprécié. Plus haut, à Dalat, plusieurs agences proposent des randonnées, notamment dans le parc national de Bidoup-Nui Ba (p. 304).

Si l'Extrême Sud se prête peu à la randonnée, l'île de Con Son (p. 291), rafraîchie par les brises marines, est une exception. Au programme : parcours à travers la forêt tropicale et les mangroves.

Cyclotourisme

Populaire au Vietnam, le vélo est un excellent moyen de découvrir le pays. On trouve de simples bicyclettes à louer pour 1 à 3 $US la journée, et des VTT de bonne qualité pour 6 à 15 $US.

La découverte du Vietnam en deux-roues

Les plaines du delta du Mékong sont idéales pour les longues balades sur les voies secondaires. Nous recommandons notamment les routes de campagne aux abords de Chau Doc, et la route paisible qui longe la frontière cambodgienne entre Chau Doc et Ha Tien (avec un détour éventuel jusqu'à Ba Chuc). À noter aussi les belles promenades à faire sur les îles au large de Vinh Long.

Évitez la RN 1, dangereuse et difficile d'accès en raison d'une circulation délirante. Préférez plutôt la route nationale Hô Chi Minh (RN 14, 15 et 8) : paysages fabuleux et circulation réduite garantis. Hoi An est une excellente base pour partir à la découverte des villages d'artisans et des petites routes de campagne. Hué est également un superbe endroit pour pédaler vers des temples et des pagodes, et le long de la rivière des Parfums.

Dans les hauts plateaux du Centre, Dalat est un bon terrain de jeu, avec de nombreux chemins de terre, et la ville sert de camp de base pour une impressionnante descente de 2 jours jusqu'à Mui Ne.

Moto

Parcourir le Vietnam à moto est une expérience mémorable. C'est le moyen de transport de la plupart des Vietnamiens, vous trouverez donc des garages partout.

CONTOURNER LA RN 1

À moto ou à vélo, mieux vaut éviter la RN 1, qui longe une bonne partie du littoral : la circulation incessante et les nombreux camions deviennent vite un cauchemar. En vous organisant bien, vous pourrez contourner la RN 1 à intervalles réguliers et emprunter les petites routes côtières. Quelques exemples :

- à l'est de Hué, entre Thuan An et Vin Hien ;
- entre Chi Thanh et la péninsule de Hon Gom ;
- au sud de Nha Trang jusqu'à l'aéroport de Cam Ranh ;
- entre Phan Thiet et Vung Tau.

Et surtout, vous pourrez aller où bon vous semble dans la campagne, au cœur de paysages splendides, et serez plus proche des gens.

Si vous n'êtes pas sûr de vous à moto, offrez-vous les services d'un conducteur, ce qui est relativement bon marché. Vous pouvez notamment vous adresser aux Easy Riders (p. 307).

Évitez de passer trop de temps sur la RN 1 (p. 39). À l'intérieur des terres, la route nationale Hô Chi Minh, qui court le long de l'épine dorsale du pays du nord au sud, est une bonne alternative. Le tronçon entre Duc Tho et Phong Nha, où des pics karstiques émergent de la jungle, est très spectaculaire, et on circule sur une bonne route goudronnée peu fréquentée.

Parmi les plus beaux itinéraires dans la moitié sud du pays, citons le passage du col de Hai Van, qui conjugue virages en épingle à cheveux et vue sur l'océan, et le spectaculaire tronçon entre Nha Trang et Dalat, qui coupe à travers des forêts et franchit un col culminant à 1 700 m.

Plus au nord, autour de Sapa et de Diên Biên Phu, on découvre de sublimes paysages de montagne, des vallées fluviales et des villages d'ethnies montagnardes. L'itinéraire traversant la province de Ha Giang, qui passe par Ha Giang, Dong Van et Bao Lac, est tout aussi magnifique, avec des panoramas inouïs et des routes de montagne sans pareil.

LE TOP DES PLAGES

Établir une liste des plus belles plages du Vietnam est une mission impossible (à elle seule, Phu Quoc compte une douzaine de criques paradisiaques). En voici néanmoins une petite sélection :

Sao, Phu Quoc (p. 407)

Bai Dat Doc, îles Con Dao (p. 293)

Long Beach, Phu Quoc (p. 407)

Plage de Doc Let (p. 255)

Bai Mon, baie de Vung Ro (p. 256)

Plage d'An Bang, Hoi An (p. 230)

Plage de Phu Thuan, Hué (p. 199)

Mui Ne (p. 276)

Plage de Minh Chau, île de Quan Lan (p. 124)

Bai Dai (p. 273)

Plage de Nha Trang (p. 257)

My Khe, Danang (p. 247)

Surf

Le surf se pratique presque toute l'année, mais la meilleure période se situe entre novembre et avril, quand les vents de la mousson d'hiver soufflent en provenance du nord. Plusieurs typhons se forment dans la mer de Chine méridionale, produisant d'énormes houles, mais cela ne dure généralement pas longtemps.
Les boutiques de surf sont rares, mais quelques pensions et agences louent des planches.

À proximité de Hoi An, China Beach est une superbe étendue de sable de 30 km, sur laquelle peuvent déferler des vagues de plus de 2 m de hauteur ; attention toutefois à la pollution après de fortes pluies.

En saison, gagnez la plage de Bai Dai, à 27 km au sud de Nha Trang, où vous trouverez un bon *break* gauche.

Les débutants peuvent se rendre à Mui Ne, où les vagues déferlent autour de la baie, notamment de courts *breaks* droite et gauche. Plus au sud, Vung Tau, aux conditions changeantes, bénéficie de certaines des plus belles vagues du Vietnam quand la météo s'y prête.

Soyez extrêmement prudent si vous êtes à la recherche de vagues dans des lieux reculés : il y a toujours quantité de munitions non explosées dans la campagne. Autres nuisances : les déchets, les eaux de ruissellement et la pollution industrielle.

Kitesurf, planche à voile et voile

La planche à voile et le kitesurf sont en plein essor. Avec ses compétitions, la plage de Mui Ne a fait parler d'elle et est en train de devenir le point de ralliement des amateurs d'alizés en Asie. Autres possibilités : Nha Trang et Vung Tau.

Les cours de 2 heures pour débutants coûtent un minimum de 100 $US ; il n'est guère facile d'assimiler tous les rudiments (et le corps en pâtit !).

En haut : Spéléologie, parc national de Phong Nha-Ke Bang (p. 168)

En bas : Planches à voile, Mui Ne (p. 276)

CHRISTER FREDRIKSSON/GETTY IMAGES ©

À Mui Ne, les conditions idéales sont réunies de novembre à avril. Les débutants en profiteront le matin, car l'après-midi les vents soufflent jusqu'à 35 nœuds.

Toujours à Mui Ne, le Manta Sail Training Centre (p. 279) propose cours de voile et location de bateaux.

Plongée et snorkeling

Le lieu le plus réputé pour la plongée et le snorkeling est situé près de Nha Trang (p. 262), où vous trouverez plusieurs spécialistes. Les écoles de plongée de Hoi An vous emmènent découvrir la vie sous-marine vers les jolies îles Cham (p. 232). L'île de Phu Quoc (p. 406), au sud-ouest dans le golfe de Thaïlande, est également une destination de choix.

Comptez de 70 à 80 $US pour deux plongées loisirs ; pour une sortie snorkeling d'une journée, vous débourserez entre 25 et 40 $US. Les formations PADI Open Water coûtent de 325 à 500 $US.

Les îles Con Dao (p. 290) arrivent à la première place en matière de spots de plongée et de snorkeling. Toutefois, attendez-vous à débourser plus qu'ailleurs au Vietnam (environ 160 $US pour 2 plongées loisirs).

Sachez qu'il existe beaucoup d'écoles de plongée très douteuses au Vietnam, à Nha Trang en particulier : certaines utilisent de fausses licences PADI. Adressez-vous uniquement à des établissements réputés, qui respectent les règles de sécurité.

Kayak et stand-up paddle

Le kayak est de plus en pratiqué dans la baie d'Along. La plupart des circuits comprennent désormais une sortie en kayak ou en stand-up paddle au milieu des pics karstiques. Des agences spécialisées proposent même des excursions autour des majestueux pinacles de calcaire suivie d'une nuit dans la baie.

Parmi les autres destinations phares, citons l'île de Cat Ba, les îles Con Dao, Phong Nha, Dalat et les rivières de la région de Hoi An, ainsi que l'île de Phu Quoc. Il est possible de louer des kayaks de mer ou des planches de paddle sur certaines plages, comme celle de Nha Trang.

Asia Outdoors (p. 118), Cat Ba Ventures (p. 118), Hoi An Kayak Center (p. 221) et SUP Monkey (p. 221) sont des prestataires sérieux.

Rafting

L'activité n'en est qu'à ses débuts au Vietnam. Plusieurs prestataires à Dalat proposent des circuits en eaux vives aux environs de la ville. Phat Tire Ventures (p. 221), par exemple, organise une sortie quotidienne sur la rivière Langbian, avec des rapides de classe II, III ou IV, selon la saison (à partir de 67 $US). À Nha Trang, des agences ont également ce type de sorties rafting à leur programme.

Spéléologie

Des excursions de spéléologie sont envisageables dans le parc national de Phong Nha-Ke Bang (p. 168). La plupart du temps, vous serez amené à marcher, à nager (il y a beaucoup de rivières souterraines) et à faire un peu d'escalade.

Oxalis (p. 170), spécialiste en la matière, est le seul prestataire habilité à vous faire découvrir les splendeurs de Hang Son Doong, la plus grande grotte du monde. Si votre budget ne vous le permet pas, consolez-vous avec des explorations elles aussi mémorables comme celles de Hang Toi ("grotte obscure") et de Hang Va, toutes deux récemment ouvertes au public. Vous pouvez également marcher sur 7 km dans la grotte du Paradis, effectuer une randonnée incroyable de 2 jours jusqu'à la grotte Hang En et le village de Ban Doong et nager dans le superbe réseau souterrain de Tu Lan.

Escalade

À Cat Ba, Asia Outdoors (p. 118), pionnier et spécialiste reconnu, est une agence très professionnelle proposant des formations pour débutants et des excursions pour les plus expérimentés. À Dalat, deux agences proposent escalade et canyoning. À Hoi An, Phat Tire Ventures (p. 221) organise des sorties d'escalade et des descentes en rappel sur une falaise de marbre.

Pho bo (soupe de nouilles au bœuf)

Préparer son voyage

À table !

Partout au Vietnam, des échoppes de rue aux tables raffinées dans des édifices coloniaux restaurés, vous pourrez faire bonne chère en vous régalant de mets aux saveurs fraîches et parfumées. Cours de cuisine, visites de marchés et circuits organisés à pied vous aideront à découvrir l'héritage culinaire du pays.

Une journée à Hanoi

Vous trouverez dans la capitale vietnamienne une myriade de choses à manger et à boire ; faites comme les habitants, laissez-vous tenter au fil de la journée.

Tôt le matin

Au petit-déjeuner, le *bun rieu cua* – une soupe de nouilles préparée avec un bouillon épais à base de minuscules crabes pêchés dans les rizières – est un mets typique de Hanoi.

En milieu de matinée

Il y a mille et un modestes cafés où vous accorder une "pause-*caphe*". En été, le *tra chanh* (thé glacé au citron) est tout aussi populaire.

Déjeuner

À midi, le *bun cha* (petit pâté de porc grillé accompagné de rouleaux de printemps au crabe, d'herbes fraîches et de vermicelles) est un classique.

En milieu d'après-midi

Parmi les en-cas les plus appréciés, citons les *banh ghoi*, d'appétissants chaussons frits farcis au porc, aux vermicelles et aux champignons.

En soirée

Le soir, les ruelles de la ville s'animent grâce aux modestes échoppes de *bia hoi* (bière fraîche à la pression) ; les en-cas les plus consommés en accompagnement sont le canard rôti et les calamars séchés.

Expériences culinaires

Planifiez votre voyage en fonction de ces conseils gourmands et vous comprendrez l'essence de la cuisine vietnamienne.

Introduction à la cuisine vietnamienne

Pour votre première soirée au Vietnam, voici quelques adresses pour vous familiariser avec la gastronomie nationale.

Secret Garden (p. 355) Classiques vietnamiens à déguster dans un jardin sur le toit d'un immeuble de Hô Chi Minh-Ville.

Vy's Market (p. 224) Les différentes spécialités du pays dans une cuisine ouverte et animée à Hoi An.

Quan An Ngon (p. 82) Toute la créativité de la cuisine vietnamienne dans des bâtiments de style colonial, dans la capitale du pays.

Circuits à la découverte de la cuisine de rue

Installez-vous sur un tabouret en plastique et découvrez la cuisine de rue du Vietnam.

Saigon Street Eats (p. 348), Hô Chi Minh-Ville

Eat Hoi An (p. 221), Hoi An

Danang Unplugged (p. 204), Danang

Hue Flavor (p. 189), Hué

Hanoi Street Food Tours (p. 74), Hanoi

Dalat Happy Tours (p. 305), Dalat

Les meilleures tables de cuisine fusion

Découvrez le mariage entre saveurs occidentales et cuisine vietnamienne dans ces élégants restaurants.

La Badiane (p. 83) Un mélange de saveurs françaises et vietnamiennes, dans une villa coloniale à la cour verdoyante à Hanoi.

Xu (p. 357) À HCMV, un restaurant-lounge raffiné de plats fusion inventifs, d'inspiration vietnamienne.

Nu Eatery (p. 224) Saveurs du Vietnam et du monde avec des accents modernes, à Hoi An.

Spice House at Cassia Cottage (p. 414) Des goûts subtils à apprécier au bord de la plage en profitant du coucher du soleil sur l'île de Phu Quoc.

Cuisine végétarienne

On trouve des restaurants *com chay* (végétariens) un peu partout au Vietnam. Ce sont souvent des tables locales très simples, fréquentées par des bouddhistes. Entre le premier et le quinzième jour du mois lunaire, selon les préceptes bouddhistes, certains vendeurs de rue remplacent la viande par du tofu.

Chay Nang Tam (p. 83) De savoureuses variations à base de tofu et de tempeh, à Hanoi.

Hum Vegetarian Cafe & Restaurant (p. 360) Excellentes salades, dans un espace raffiné, à HCMV.

Com Chay Vi Dieu (p. 282) Tous les jours, quelque 5 plats différents sont proposés dans ce modeste établissement en bord de route, à Mui Ne.

Lien Hoa (p. 191) Des mets pleins de saveurs, à base d'aubergines et de fruits du jacquier, à Hué.

Viet Chay Sala (p. 246) Très bon choix de bouchées à tremper, à Quang Ngai.

Communautés ethniques

Les curieux pourront découvrir la cuisine des ethnies du Vietnam, aux mets parfois déroutants, mais toujours intéressants.

Chim Sao (p. 83) Goûtez des saucisses typiques des ethnies du Nord, accompagnées d'une sauce relevée à la menthe et à la coriandre, à Hanoi.

Quan Kien (p. 84) Délicieuses spécialités hmong, thaï et muong, à Hanoi.

Hill Station Signature Restaurant (p. 143) Plats d'influence hmong traditionnelle dans un décor moderne, à Sapa.

Pleiku (p. 319) Le *pho kho* (nouilles avec accompagnement) et le *thit bo nuong ong* (bœuf cuit dans une tige de bambou) sont populaires dans les échoppes de rue locales.

Café à la vietnamienne

Les établissements suivants servent un très bon café.

Café Duy Tri (p. 85) Un lieu chargé d'histoire, quasiment inchangé depuis plus de 75 ans, à Hanoi.

Cafe Pho Co (p. 85) Frayez-vous un chemin jusqu'au balcon, dissimulé au dernier étage, qui surplombe le lac Hoan Kiem, à Hanoi.

Cafe Xua & Nay (p. 252) Dans une maison traditionnelle en bois de 1832, où profiter de la brise marine, à Quy Nhon.

K'Ho Coffee (p. 304) Dégustez différents cafés et achetez vos grains fraîchement torréfiés dans cette plantation des montagnes proche de Dalat.

Cours de cuisine

Les cours de cuisine vont du simple conseil dans la cour d'un particulier aux institutions d'enseignement.

Green Bamboo Cooking School (p. 220) Un chef chevronné dispense des cours de cuisine personnalisés à Hoi An.

Hanoi Cooking Centre (p. 72) Ces excellents cours de cuisine, à Hanoi, comportent une visite au marché. Ainsi que des sessions spéciales enfants.

GRAIN Cooking Classes (p. 347) Cours dirigés par le chef australo-vietnamien Luke Nguyen à HCMV.

MATT MUNRO/LONELY PLANET ©

Stands de cuisine de rue, Hoi An (p. 224)

Spécialités régionales

Aller du nord au sud du Vietnam est un voyage géographique et culinaire qui commence en Chine et se termine en Asie du Sud-Est. Les différences historiques, culturelles et géographiques se mêlent pour offrir des méthodes, des produits et des mets d'une grande diversité, mais qui ont en commun le goût des Vietnamiens pour les saveurs intenses, les herbes fraîches, les nouilles et les produits de la mer.

Nord du Vietnam

La cuisine nord-vietnamienne porte la marque de siècles d'occupation chinoise. Plats de nouilles roboratifs, saveurs généralement douces et élégance rustique sont caractéristiques de la région. On utilise beaucoup le soja pour assaisonner le poisson, le vinaigre plutôt que le citron ou le tamarin pour l'acidité, les piments le cèdent au poivre noir et les longs temps de cuisson permettent d'obtenir d'ingrédients sans prétention un maximum de saveur.

Banh cuon Ces crêpes sont faites de pâte de farine de riz qu'on verse sur une mousseline tendue sur

2 SEMAINES

Périple gastronomique au Vietnam

Commencez à **Hô Chi Minh-Ville**, la grande ville du Sud, pleine d'énergie, et découvrez la cuisine de rue lors d'un circuit en deux-roues avec Vespa Adventures (p. 348) ou XO Tours (p. 348). Dégustez des mets locaux, comme les *banh xeo* (crêpes salées croustillantes), avant d'explorer les marchés et de suivre un cours de cuisine au Cyclo Resto (p. 347). Terminez à la Pasteur Street Brewing Company (p. 363) où siroter des bières artisanales parfumées de produits locaux comme la citronnelle ou le ramboutan (sorte de litchi).

Prévoyez un séjour tout au sud, sur l'**île de Phu Quoc**, pour savourer poissons et fruits de mer grillés au marché de nuit de Dinh Cao (p. 414), à Duong Dong, avant de remonter vers le nord jusqu'à **Hoi An**. Jadis l'une des cités portuaires les plus cosmopolites d'Asie, cette ville ancienne et charmante accueille désormais des visiteurs de toutes les nationalités, qui fréquentent ses nombreuses écoles de cuisine. Apprenez les secrets de la gastronomie locale chez Morning Glory (p. 220) ou chez Red Bridge (p. 220), et percez les mystères de la cuisine de rue grâce aux circuits originaux de Eat Hoi An (p. 221).

Faites un détour par la **plage d'An Bang**, non loin, pour vous régaler de produits de la mer au Sea Shelle (p. 232), et goûtez le plat typique de Hoi An, le *cao lau*, au Mermaid Restaurant (p. 224). Continuez plus au nord jusqu'à **Hanoi** et perdez-vous dans le labyrinthe de la vieille ville avec Hanoi Street Food Tours (p. 74). Parmi les mets les plus fameux de la capitale vietnamienne, ne manquez pas le *cha ca* (poisson grillé au curcuma et à l'aneth), succulent au Cha Ca Thang Long (p. 80), et le *pho bo* (soupe de nouilles au bœuf), délicieux au Pho Thin (p. 81).

Familiarisez-vous avec la cuisine du nord du Vietnam au Hanoi Cooking Centre (p. 72), et découvrez des plats des ethnies du Nord au Quan Kien (p. 84) ou au Chim Sao (p. 83). Enfin, rejoignez **Sapa**, tout au nord vers la frontière chinoise, fief des ethnies hmong et dzao rouges. Goûtez des plats d'inspiration hmong au Hill Station Signature Restaurant (p. 145), réservez un cours de cuisine dans l'établissement et mettez vos nouvelles connaissances en pratique lors d'une dégustation de *ruou* (alcool de riz).

Bun bo hue (soupe au bœuf épicée)

un cuit-vapeur ; une fois prise, on dispose sur la crêpe porc haché, champignons et crevettes séchées, on la roule, on la saupoudre d'échalotes croustillantes puis on la sert accompagnée de germes de soja, de lamelles de concombre et de fines herbes hachées, avec une coupelle de *nuoc cham* (sauce) pour arroser le tout.

Bun cha Ce classique des cuisines de rue est constitué de porc grillé, en lamelles ou haché, servi avec de fins vermicelles de riz, des herbes, des légumes verts, et un bol de nuoc-mam (sauce de poisson) légèrement sucré, ainsi que des tranches de légumes en saumure. À Hanoi, on mélange tranches de poitrine de porc et épaule de porc hachée.

Pho bo Cette soupe de nouilles au bœuf est une vedette de la cuisine du nord du Vietnam. Un bon *pho* se rapproche d'un bouillon, fait d'os de bœuf qui cuisent des heures avec de l'échalote, du gingembre, de la sauce de poisson, de la cardamome brune, de l'anis étoilé et de la casse (cannelle de Chine). Les vrais amateurs de *pho* du Nord froncent les sourcils quand on ajoute citron, basilic et pousses de soja dans leur bol.

Centre du Vietnam

Entre les deux extrêmes culinaires, la cuisine du centre du Vietnam combine modération et équilibre – sauf quand il s'agit de piments, que les locaux adorent. On cuisine ce qui pousse sur place, et des produits modestes se transforment en plats dignes d'un empereur. Tout semble plus petit : baguettes ou herbes sont des versions miniatures de leurs équivalents du Sud, tandis que la cuisine impériale de Hué met en valeur des plats subtils. On trouvera facilement dans les rues un legs de la cour royale : les *banh beo*, d'exquises galettes de farine de riz cuites à la vapeur. Les Vietnamiens du Centre aiment les parfums forts et épicés, comme la sauce aux crevettes en saumure et la piquante citronnelle.

Banh khoai Ces crêpes consistantes, de la taille d'une petite assiette sont faites de pâte de riz cuite à l'huile dans des poêles spéciales à long manche. garnies de crevettes, de porc, d'œuf et de pousses de soja, On les enveloppe de laitue avec des fines herbes et on les trempe dans une sauce à base de soja fermenté.

Bun bo hue Cette soupe de nouilles de riz au bœuf ou au porc pleine d'énergie est un bon exemple du penchant des Vietnamiens du centre pour la cuisine épicée. Coloré de jaune-orangé par les piments et le roucou, ce bouillon est plein

BHOFACK2/GETTY IMAGES ©

En haut : Étal de marché à Hoi An (p. 224)

En bas : *Banh mi* (sandwich) de porc

d'accents de citronnelle, avec une base de sauce aux crevettes goûteuse (*mam tom*). Comme la plupart des soupes vietnamiennes, il s'accompagne d'herbes et de légumes-feuilles.

Com hen C'est du riz servi avec la chair de petits clams et leur bouillon de cuisson, avec une garniture de biscuits de riz, de couenne de porc croustillante, d'arachides, de graines de sésame, de fines herbes et de légumes. Le bouillon et la sauce ajoutés aux ingrédients les humectent, les assaisonnent et les harmonisent.

Sud du Vietnam

La cuisine du Sud met en valeur l'abondance locale et tend à être plutôt sucrée. Les vendeurs des marchés de la région proposent des herbes à grandes feuilles, luxuriantes, des fruits pleins de couleur – et du poisson des plus frais. La noix de coco parfume les curries plutôt doux et donne de la richesse aux desserts. Le goût des fines herbes, des fruits et des légumes est ici mis en avant avec de rafraîchissantes *goi* (salades) de papaye verte, d'agrumes comme le pomelo, ou de pousses de lotus.

Canh chua ca Tout le delta du Mékong dans un bol : poissons-chats ou à tête de serpent, fruits comme la tomate ou l'ananas et légumes tels les pousses de soja, le gombo ou le *bac ha* (tige de taro), le tout dans un bouillon acidulé au tamarin et salé au nuoc-mam, garni de fines herbes et d'ail frit.

Banh mi Ce sandwich est un héritage français et chinois, mais il est 100% vietnamien. La baguette est généreusement garnie de pâté tartiné ou de quelques tranches de charcuterie, saupoudrés de poivre. La mayonnaise humecte le pain et la sauce soja ajoute une délicieuse saveur *umami*.

Banh xeo Cette grande crêpe de riz croustillante se fait dans des poêlons ou des woks d'une trentaine de centimètres de diamètre. On la garnit de porc, de crevettes, de haricots mungo et de pousses de soja. Prenez-en une portion, enveloppez-la de laitue ou de feuille de moutarde, ajoutez des fines herbes puis trempez-la dans le *nuoc cham*.

LES BONNES MANIÈRES À TABLE

- Placez votre bol sur une petite assiette et disposez à côté des baguettes et une cuillère à soupe.
- Devant chaque convive, il y a toujours une petite coupelle, à placer à droite du bol, destinée au nuoc-mam (sauce de poisson) ou à d'autres sauces.
- Lorsque vous vous servez dans les plats disposés au centre de la table, utilisez la cuillère réservée au service collectif et non pas vos baguettes.
- Prenez votre bol avec la main gauche, approchez-le de votre bouche, et utilisez les baguettes pour manipuler la nourriture. Si vous mangez des nouilles, baissez la tête au-dessus du bol et mangez en aspirant.
- Quand une personne reçoit chez elle, la politesse veut que l'hôte offre aux invités plus de nourriture qu'ils ne peuvent en absorber, et du côté des invités, il est d'usage de ne pas tout manger.
- Attention à ne pas disposer vos baguettes en V dans votre bol, car cela symbolise la mort.

Comment se restaurer

Quand manger

Les Vietnamiens font généralement trois repas par jour, en commençant par un bol de nouilles ou de *chao* (gruau de riz) au petit-déjeuner. Le déjeuner est souvent pris avec des collègues, dans un restaurant de quartier ou une échoppe de rue, tandis que le dîner est un repas plus décontracté, généralement avec les amis et la famille. On trouve facilement des en-cas toute la journée dans les grandes villes.

Où se restaurer

Les étals de nourriture proposent souvent un plat unique ; les modestes restaurants de *com* (littéralement “riz”) servent cet ingrédient de base accompagné de légumes et de viande ou de produits de la mer.

Des tables de style *food courts* (espaces de restauration), par exemple le Quan An Ngon (p. 82) à Hanoi, proposent des spécialités de tout le pays, et les établissements plus onéreux misent sur les classiques vietnamiens et la cuisine fusion franco-vietnamienne.

Les régions en un clin d'œil

Occupant une petite portion de l'immense territoire extrême-oriental, le Vietnam, hérissé de montagnes tourmentées au nord, se termine au sud par une plaine deltaïque. Des collines calcaires percées de grottes animent le relief des provinces du Centre et une dense forêt tropicale, émaillée de rizières parmi les plus productives du monde, borde l'ouest du pays. Et il ne s'agit là que de la campagne vietnamienne… Le littoral, magnifique, s'étend sur plus de 3 000 km du golfe du Tonkin au nord au golfe de Thaïlande au sud, le tout baigné par les eaux de la mer de Chine méridionale.

La moitié nord du pays connaît un hiver beaucoup plus froid, ce que reflètent la cuisine, le mode de vie et le caractère de ses habitants. Plus au sud règne une ambiance davantage tropicale : les cocotiers sont plus nombreux que les bambous et la sauce de poisson remplace la sauce au soja. Dans les provinces du Sud, le climat est toujours humide, chaud et lourd, et la cuisine, complexe, mêle le sucré, les épices et une multitude d'herbes aromatiques.

Hanoi

Cuisine
Temples
Culture

Cuisine de rue

Dînez dans une élégante villa coloniale, ou sur un tabouret pour déguster un classique de la cuisine de rue : *pho bo* (soupe de nouilles au bœuf) ou *bun cha* (porc grillé et vermicelles de riz).

La religion avant le communisme

L'héritage religieux et spirituel d'une histoire millénaire, marquée par les occupations chinoise et française, est évident dans les nombreux temples et églises de Hanoi.

Éveil artistique

Sous l'œil attentif d'un État qui contrôle toute expression, les jeunes et talentueux artistes de Hanoi cherchent prudemment leur voie sur la scène mondiale. Pour les amateurs d'art, c'est le moment de venir.

p. 54

Nord du Vietnam

Paysages
Culture
Aventure

Vertigineux pics calcaires

La baie d'Along dévoile toute sa splendeur, nimbée d'une brume matinale. Plus au nord, les sublimes paysages de montagne de la province de Ha Giang sont encore plus spectaculaires.

Rencontre avec les ethnies

Autour de Sapa et de Bac Ha, les rizières en terrasses offrent un cadre fantastique pour effectuer des randonnées et séjourner chez l'habitant au sein des ethnies, notamment les Dzao et les Hmong fleurs.

Sports d'aventure

Les voyageurs avides d'aventure pourront escalader les parois de l'île de Cat Ba ou dénicher des criques et des plages de sable à bord d'un kayak, dans la baie de Lan Ha.

p. 101

Centre du Vietnam

Cuisine
Histoire
Paysages

Cuisine de haut vol

Découvrez une savoureuse cuisine de rue propre à Hoi An et à Hué – notamment la fameuse cuisine impériale de Hué –, avant de dîner dans le restaurant raffiné d'un chef international.

Joyaux historiques

La citadelle de Hué évoque toujours les splendeurs impériales. Tout comme les tombeaux royaux et les pagodes de la rivière des Parfums. Le centre historique de Hoi An est un autre bijou.

Paysages glorieux

La région de Ninh Binh se distingue par ses fériques montagnes calcaires. Plus au sud, le parc national de Phong Nha-Ke Bang offre un impressionnant réseau de grottes.

p. 157

Littoral du Sud-Est

Plages
Temples
Cuisine

Littoral sans fin

La partie du littoral la plus somptueuse du Vietnam. Mui Ne et Nha Trang sont les stations balnéaires les plus importantes, mais il existe des centaines de kilomètres de plages à découvrir, notamment sur les îles Con Dao.

Temples anciens

Une grande partie de la région fut autrefois dominée par le royaume du Champa, qui a laissé de nombreux temples de brique, en particulier les tours de Po Nagar à Nha Trang et celles de Po Klong Garai à Thap Cham.

Trésors de la mer

Toujours délicieuse, la cuisine vietnamienne fait ici la part belle aux produits de le mer : succulentes crevettes, calamars très tendres ou crabes juteux, grillés à votre table.

p. 243

Hauts plateaux du Sud-Ouest

Aventure
Nature
Culture

Périple en deux-roues

Enfourchez une Vespa ou une Honda Cub pour vous aventurer en solo dans l'arrière-pays, ou faites un circuit à moto hors des sentiers battus avec un Easy Rider sur des routes peu fréquentées entre Dalat et Hoi An.

Parcs nationaux

Explorez certains des plus beaux parcs nationaux du pays. Cat Tien est réputé pour ses populations de primates réintroduits dans la nature. Yok Don est quant à lui le territoire privilégié des éléphants.

Rencontre avec les habitants

Apprenez à mieux connaître les ethnies montagnardes en séjournant chez l'habitant, dans les villages traditionnels autour de Kon Tum.

p. 299

Hô Chi Minh-Ville

Circuits dans la ville
Histoire
Vie nocturne

Circuits urbains

Du périple gastronomique en deux-roues à la visite pédestre au fil du *street art* et des cafés branchés, de nombreux circuits amusants et intéressants révèlent la ville sous son meilleur jour.

Histoire militaire

La chute de Saigon fut l'un des moments forts de l'histoire du XXe siècle. Explorez les sites liés à la guerre du Vietnam, des tunnels de Cu Chi au musée des Souvenirs de guerre en passant par le palais de la Réunification.

Bars et clubs

Des bars festifs aux clubs survoltés, la vie nocturne de Saigon reste trépidante jusqu'au petit jour. Pham Ngu Lao, la rue des voyageurs à petit budget, vit et vibre 7 jours/7 et 24h/24.

p. 325

Delta du Mékong

Plages
Sorties en bateau
Pagodes

Plages de rêve

La superbe plage de Sao, au sable blanc fin et soyeux, et la non moins splendide Long Beach, sur l'île de Phu Quoc, sont les grands atouts de la région. À des années-lumière des rives boueuses du delta du Mékong.

Marchés flottants

Une excursion en bateau permet de comprendre que, dans cette région du Vietnam, on vit sur et dans l'eau : les enfants passent leurs journées à nager et, par endroits, le fleuve est tellement large que l'on perd de vue l'autre rive.

Sites sacrés

La ferveur religieuse des habitants du delta se reflète dans les sites bouddhiques, comme le mont Sam, et dans les innombrables temples khmers.

p. 382

Siem Reap et les temples d'Angkor

Temples
Cuisine
Activités

Royaumes khmers

Angkor Vat est l'un des ensembles architecturaux les plus fascinants du monde. Mais ne manquez pas l'énigmatique Bayon, le Ta Prohm envahi par la jungle et les sculptures délicates de Banteay Srei.

Paradis des gourmets

Cuisine khmère contemporaine, nourriture épicée servie dans la rue – sans oublier la légendaire Pub Street : Siem Reap ravira les gourmets.

Immersion culturelle

Envolez-vous à bord d'une montgolfière, d'un ULM ou d'un hélicoptère pour admirer Angkor sous un angle différent et profitez d'un cours de cuisine.

p. 435

Sur la route

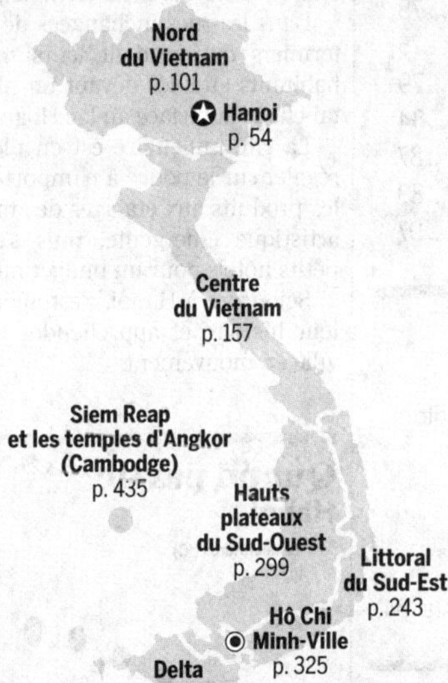
Nord du Vietnam p. 101
Hanoi p. 54
Centre du Vietnam p. 157
Siem Reap et les temples d'Angkor (Cambodge) p. 435
Hauts plateaux du Sud-Ouest p. 299
Littoral du Sud-Est p. 243
Hô Chi Minh-Ville p. 325
Delta du Mékong p. 382

Hanoi

04 / 7,1 MILLIONS D'HABITANTS

Dans ce chapitre ➡

Le top des restaurants

- Moto-san Uber Noodle (p. 83)
- Minh Thuy's (p. 80)
- Tim Ho Wan (p. 84)
- La Badiane (p. 83)
- Maison de Tet Decor (p. 84)

Le top des hébergements

- La Siesta Hotel & Spa (p. 77)
- Conifer Boutique Hotel (p. 78)
- Somerset Grand Hanoi (p. 78)
- Fraser Suites Hanoi (p. 79)
- Sofitel Metropole Hotel (p. 79)

Pourquoi y aller

Après être restée à l'écart du reste du monde jusque dans les années 1990, la capitale du Vietnam fait tout pour rattraper le temps perdu et effacer les traces de la guerre. Marquée par l'occupation successive des Chinois et des Français, Hanoi est aujourd'hui envahie par les scooters.

Dans les rues inchangées de la vieille ville, on croise des fermiers qui vendent leurs marchandises au milieu des habitants attablés devant un plat de nouilles, pratiquant le tai-chi à l'aube face au lac Hoan Kiem ou jouant aux échecs.

La cité millénaire est en pleine mutation : on peut s'y régaler sur le pouce à n'importe quel coin de rue, comparer les produits aux étalages des marchés, découvrir une scène artistique émergente, puis s'endormir dans de luxueux petits hôtels pour un budget modique.

Séjourner à Hanoi, c'est aller à la rencontre des gens, de leur histoire et appréhender toute l'énergie d'une grande ville en mouvement.

Quand partir

Hanoi

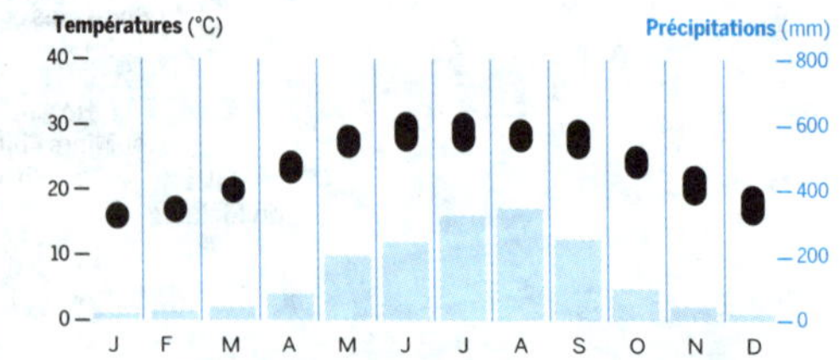

Jan-avr
Quelques journées fraîches, mais il y a la magnifique fête du Têt, le Nouvel An vietnamien.

Juin-août
Chaleur pesante et humidité, c'est la saison basse à Hanoi : hôtels à prix très attractifs.

Oct-déc
Temps clair et ensoleillé, peu d'humidité : le meilleur moment pour visiter Hanoi.

Histoire

Le site de Hanoi fut habité dès le néolithique. L'empereur Ly Thai Tô y transféra sa capitale en 1010, la rebaptisant Thang Long ("le dragon prenant son envol"). Le millième anniversaire de la ville a d'ailleurs été célébré en grande pompe en 2010.

Lorsque l'empereur Gia Long (1762-1820), fondateur, en 1802, de la dynastie des Nguyên, décida d'établir sa capitale à Hué, Hanoi se retrouva reléguée au rang de métropole régionale pendant un siècle. Le nom de Hanoi a été choisi par l'empereur Tu Duc en 1831, d'après les mots "hâ" ("cours d'eau") et "nôi" ("entre") en référence à sa situation sur le fleuve Rouge (Song Hong), d'ou cette traduction poétique de "ville dans la courbe du fleuve".

De 1902 à 1953, Hanoi fut la capitale de l'Indochine française. Elle fut proclamée par Hô Chi Minh capitale de la République démocratique du Vietnam après de la révolution d'Août, en 1945. La guerre d'Indochine éclata avec le retour au pouvoir des Français et perdura jusqu'en 1954. Cette année-là, les accords de Genève permettaient au Viêtminh de revenir à Hanoi suite au départ de l'occupant.

Pendant la guerre du Vietnam, les bombardements américains détruisirent une partie de la ville et tuèrent des centaines de civils. L'une des cibles fut le pont Long Bien (anciennement Paul-Doumer), un ouvrage long de 1 682 m franchissant le fleuve Rouge construit par les Français au tournant du XXe siècle. Il fut régulièrement bombardé par l'aviation américaine et réparé avec des travées de fortune après chaque attaque. Les bombardements auraient cessé lorsque les Vietnamiens employèrent des prisonniers de guerre américains à sa réfection. Depuis lors, ce pont est devenu le symbole de la ténacité de la population de la ville.

Difficile de concevoir Hanoi sans les milliers de motos qui y ciculent aujourd'hui ; et pourtant jusque dans les années 1990, la population circulait en grande partie à vélo ou dans d'occasionnels bus de l'ère soviétique. Aujourd'hui, le caractère unique de Hanoi est menacé sur bien des fronts et les défenseurs du patrimoine de la ville se battent pour sauver les bâtiments historiques, tandis que la municipalité essaie de faire face à l'accroissement de la population, aux problèmes de pollution et à un système de transports publics assez inadapté. Il y

HANOI EN...

Un jour

Après une promenade matinale autour du **lac Hoan Kiem** (p. 61) sortant de la brume, prenez un petit-déjeuner typique de *pho bo* (soupe de pâtes de riz au bœuf) au **Pho Thin** (p. 81). Puis, passage obligé au **mausolée de Hô Chi Minh** (p. 65) et au **musée Hô Chi Minh** (p. 67), sur le même site. Descendez ensuite Pho Diên Biên Phu pour gagner le **musée de l'Histoire militaire du Vietnam** (p. 67). Accordez-vous une pause-café au **Cong Caphe** (p. 85) et allez admirer les trésors de la culture vietnamienne au **musée des Beaux-Arts du Vietnam** (p. 68). Rejoignez alors, en taxi, le restaurant **La Badiane** (p. 83) pour déjeuner, avant de visiter le paisible **temple de la Littérature** (p. 64). Un autre taxi vous conduira au chaos organisé de la **vieille ville** (p. 58), où vous pourrez déambuler au gré des vieilles bâtisses, des boutiques et des galeries d'art ; prenez aussi le temps de découvrir l'histoire du Vietnam vue par ses femmes au **musée des Femmes vietnamiennes** (p. 63). Ne manquez pas de vous offrir un verre de *bia hoi* (bière à la pression), puis allez assister à une représentation de **marionnettes sur l'eau** (p. 88). Terminez la journée en beauté, au sud du lac, par un dîner au pittoresque **Nha Hang Ngon** (p. 83).

Deux jours

Direction le remarquable **musée d'Ethnographie du Vietnam** (p. 69), dans un quartier périphérique, qui illustre la mosaïque de peuples du pays. De retour dans le centre, déjeunez au **Chim Sao**, puis explorez le **musée de la Révolution vietnamienne** (p. 63) et le **musée national d'Histoire vietnamienne** voisin. Cet édifice colonial abrite une collection couvrant une période de 2 000 ans. Après avoir dîné au **Cha Ca Thang Long** (p. 80) ou au **Old Hanoi** (p. 83) allez prendre un verre au **Cama ATK** (p. 86) ou au **Summit Lounge** (p. 86).

À ne pas manquer

1 Le labyrinthe des rues bourdonnantes d'animation de la **vieille ville** (p. 58), meilleur endroit pour prendre le pouls de cette cité millénaire

2 La visite du **musée des Femmes vietnamiennes** (p. 63), unique en son genre, qui rend hommage à la gent féminine du pays

3 Un aperçu, remarquable, des ethnies du pays au **musée d'Ethnographie du Vietnam** (p. 69)

4 Un bond dans l'Histoire et une retraite spirituelle au **temple de la Littérature** (p. 64), havre de paix à l'écart de l'agitation urbaine

5 Le quotidien et le goût authentique de la ville au gré de sa **cuisine de rue** (p. 81)

6 Une balade tranquille, à pied ou à vélo, autour du **Tay Ho** (lac de l'Ouest ; p. 71) en faisant halte à trois pagodes

7 Le ballet des adeptes du tai-chi, à l'aube, sur les rives du **lac Hoan Kiem** (p. 61) – un autre visage de Hanoi

8 La contemplation du fleuve Rouge depuis le **pont Long Bien** (p. 61), symbole de la ténacité des habitants de Hanoi face à la guerre

9 La **terrasse panoramique de la tour Lotte** (p. 71), où prendre la mesure du développement fulgurant de Hanoi

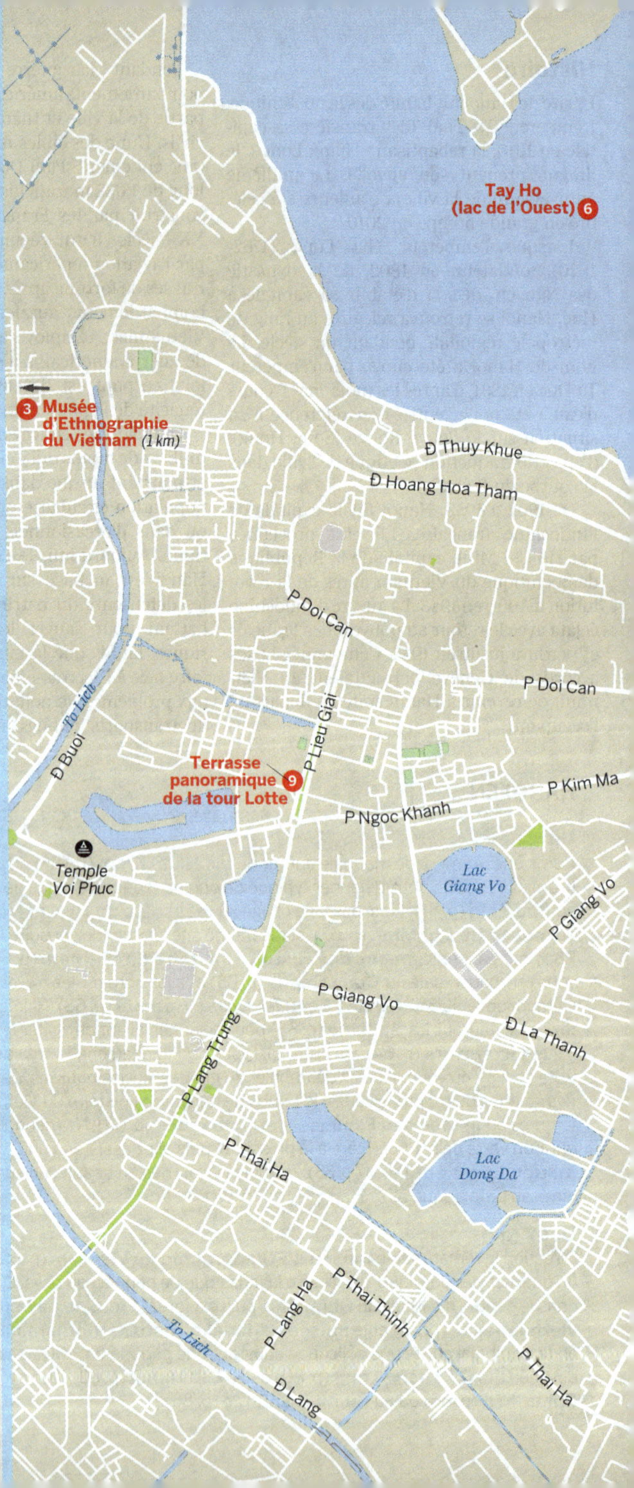

Pagode Tay Ho
0 1 km
P Nghi Tam
DISTRICT DE TAY HO
P P Duc
Pagode Tran Quoc
Đ Thanh Nien
Lac Truc Bach
Ngu Xa
Chinh
Đ Yen Phu
P Nguyen Truong
Hang Than
P Quan Thanh
Pont Long Bien 8
Long Bien
P Phan Dinh Phung
Song Hong (fleuve Rouge)
Site du mausolée de Hô Chi Minh
Đ Hung Vuong
P Nguyen Tri Phuong
Voir carte Vieille ville (p. 58)
P Hang Cot
Đ Tran Nhat Duat
Pont Chuong Duong
DISTRICT DE BA DINH
Vieille ville
VIEILLE VILLE
1 5
Le Hong Png
Chu Van An
P Hang Ga
Voir carte Autour du lac Hoan Kiem (p. 62)
P Dien Bien Phu
P Nguyen Thai Hoc
Đ Tran Quang Khai
P Ly Thai To
P Dinh Tien Hoang
P Le Thai To
7
Lac Hoan Kiem
P Hang Bong
DISTRICT DE HOAN KIEM
Temple de la Littérature 4
P Van Mieu
Gare principale de Hanoi (gare A)
P Ly Thuong Kiet
P Trang Thi
DISTRICT DE DONG DA
P Ton Duc Thang
P Hai Ba Trung
P Trang Tien
Gare de Tran Quy Cap (gare B)
P Ly Thuong Kiet
P Tran Hung Dao
2 Musée des Femmes vietnamiennes
Voir carte Ouest de la Vieille ville (p. 66)
QUARTIER FRANÇAIS
P Hang Bai
P Ngo Quyen
P Phan Chu Trinh
P Le Thanh Tong
P Kham Thien
Đ Le Duan
Lac Thien Quang
P Le Van Hu
Parc Thong Nhat (parc Lénine)
DISTRICT DE HAI BA TRUNG
P Hue
P Lo Duc
Île de l'Orchidée
Lac Bay Mau
Voir carte Quartier français (p. 68)
Đ La Thanh
Đ Dai Co Viet

Vieille ville

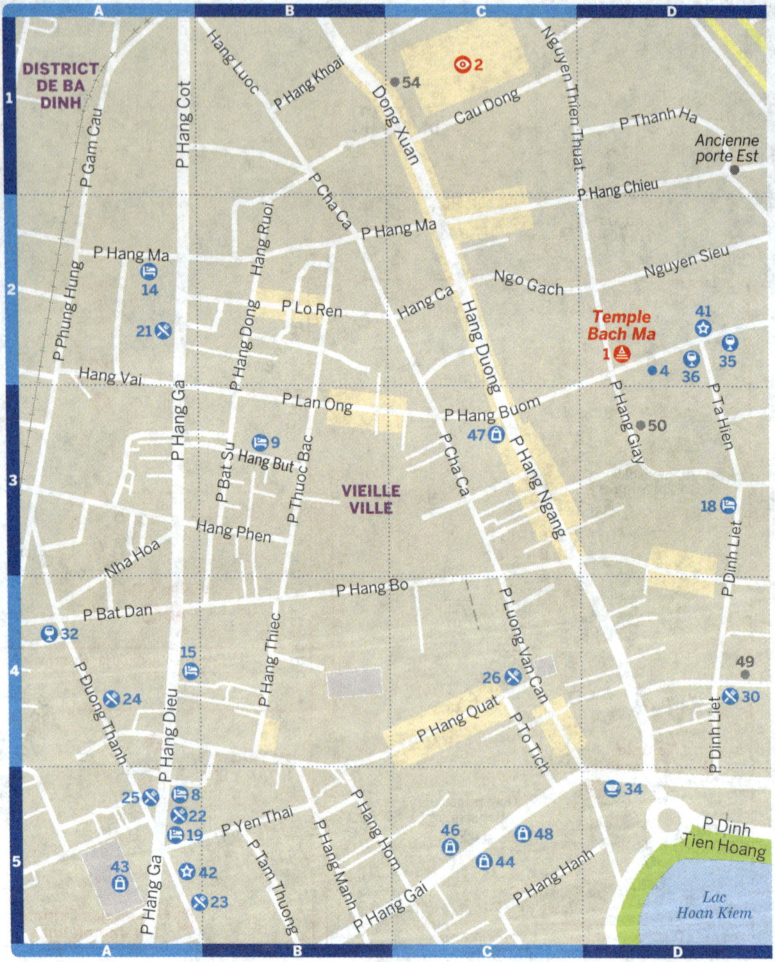

a urgence : l'accroissement exponentiel et la modernisation anarchique liés au développement d'une "économie de marché à orientation socialiste" risquent à court terme d'engloutir le riche passé de la ville, mélange des influences vietnamienne, française, russe et américaine.

À voir

Sachez que certains musées sont fermés le lundi et marquent une pause de 2 heures au déjeuner les autres jours de la semaine. Consultez attentivement les horaires avant de programmer votre visite.

Vieille ville

Cœur historique de Hanoi, la vieille ville représente 1 000 ans d'échanges commerciaux en tous genres, sans le moindre signe de ralentissement. Même si son nom évoque des rues éclairées à l'ancienne, des devantures en bois d'artisans et de marchands traditionnels, en réalité la vieille ville est plus brute que romantique. Et c'est cela Hanoi, un mélange d'histoire et de dynamisme, qu'il est bon d'appréhender afin de totalement profiter de son séjour ici.

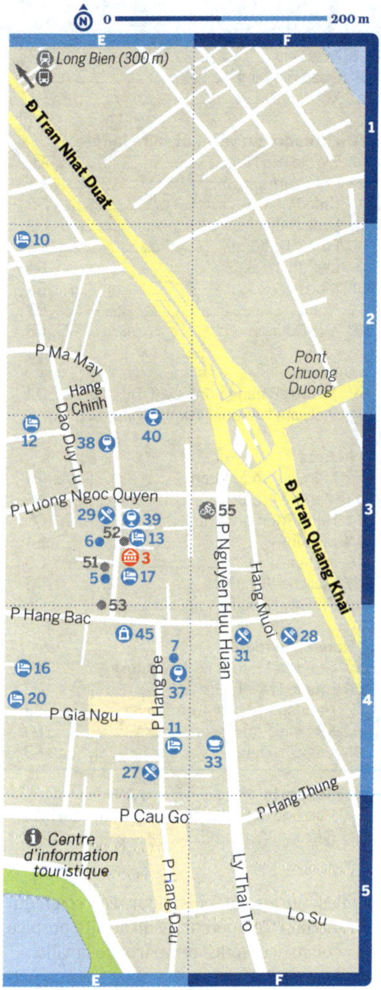

Une balade dans ses rues étroites peut au départ décontenancer, entre l'afflux incessant de motos au coude-à-coude avec les voitures, les piétons qui forcent le passage dans un dédale d'hôtels bas de gamme tous identiques, de magasins d'articles de contrefaçon, de vendeurs à la criée, le tout avec l'assourdissant fond sonore de klaxons ininterrompus et l'entêtante odeur des gaz d'échappement mêlée à biend d'autres effluves. Regardez bien où vous mettez les pieds lorsque vous marchez sur les trottoirs poisseux, pensez stratégie et détermination quand vous devez traverser, mais n'oubliez pas de lever les yeux dès que vous pouvez : les façades modernes laissent parfois entrevoir le passé, proche ou lointain. Vous vous habituerez assez vite et vous aurez alors tout le loisir de déambuler, les sens en éveil, à la découverte des parfums uniques provenant des cuisines en bord de rue. Emporter la carte de téléphone de l'hôtel vous permettra, si vous vous perdez, un retour à peu de frais en taxi ou en moto-taxi.

Ce quartier historique s'est développé entre le Song Hong (fleuve Rouge) et la rivière To Lich, qui ont tissé au centre de la ville un réseau complexe de canaux et de cours d'eau. Comme le niveau des eaux pouvait monter de 8 m pendant la mousson, des digues de protection, encore visibles le long de Tran Quang Khai, ont été élevées. Au XIIIe siècle, les 36 corporations de la ville s'établirent chacune dans une rue différente – d'où l'appellation vietnamienne "36 Pho Phuong" ("36 rues et corporations"), bien qu'on en dénombre de nos jours plus du double dans le quartier. Le terme vietnamien *pho hang* signifie "rue des marchandises", et il est suivi du nom du produit qui y était traditionnellement vendu : ainsi, Pho Hang Gai signifie "rue de la Soie". Parmi les rues spécialisées, citons Pho Hang Quat, où l'on vend des cierges rouges, des urnes funéraires, des drapeaux et d'autres articles religieux, et Pho Hang Gai, plus élégante, avec ses soieries, broderies, laques, peintures et marionnettes. Aujourd'hui, cependant, le nom des rues ne correspond plus toujours à ce que l'on y vend.

Partir à la découverte de ce dédale de rues est une expérience mémorable. Certaines s'élargissent, alors que d'autres se rétrécissent en un labyrinthe de ruelles minuscules. Les célèbres "maisons-tunnels" de la vieille ville dissimulent, derrière une façade étroite, de très longues pièces : cette astuce permettait aux propriétaires de réduire les taxes foncières, calculées sur la largeur de la façade. La loi féodale exigeait également que les maisons se limitent à deux étages et, par respect pour le souverain, ne dépassent pas en hauteur le palais royal. Désormais, avec la flambée des prix de l'immobilier dans la vieille ville, ce sont d'étroits bâtiments de six à dix étages, construits à la va-vite, qui se succèdent dans la plupart des rues.

Une balade dans la vieille ville peut prendre d'une heure à une journée, selon votre allure et vos intérêts, les occasions ne manquant pas de dépenser vos dongs

Vieille ville

Les incontournables
1 Temple Bach Ma D2

À voir
2 Marché Dong Xuan C1
3 Maison commémorative E3

Activités
4 Blue Butterfly – cours de cuisine D2
5 Buffalo Tours E3
6 Handspan Adventure Travel E3
7 Vietnam Awesome Travel E4

Où se loger
8 Art Hotel A5
9 Art Trendy Hotel B3
10 Camel City Hotel E2
11 Classic Street Hotel E4
12 Hanoi Elite E3
13 Hanoi Guesthouse E3
14 Hanoi Hostel A2
15 Hanoi Rendezvous Hotel A4
16 La Beauté de Hanoi E4
17 La Siesta Hotel & Spa E3
18 May De Ville Backpackers D3
19 Nova Hotel A5
20 Tirant Hotel E4

Où se restaurer
21 Banh Cuon A2
22 Bun Bo Nam Bo A5
23 Bun Cha Nem Cua Be Dac Kim A5
24 Cha Ca Thang Long A4
25 Che A5
26 Green Mango C4
27 Green Tangerine E4
28 Highway 4 ....F4
Mien Xao Luon ....(voir 19)
29 New Day E3
30 Quan Bia Minh D4
31 Xoi Yen F4

Où prendre un verre et faire la fête
32 Bia Hoi Ha Noi A4
33 Café Lam F4
34 Café Pho Co D5
35 Dragonfly D2
36 Funky Buddha D2
37 Le Pub E4
38 Moose & Roo E3
39 Nola E3
40 The Doors E3

Où sortir
41 Théâtre Thang Long Ca Trù D2
42 Vietnam National Tuong Theatre A5

Achats
Marché Dong Xuan ....(voir 2)
43 Marché Hang Da A5
44 Hanoi Moment C5
45 Mekong+ E4
46 Metiseko C5
47 Marché de nuit C3
48 Tan My Design C5

Renseignements
49 Cuong's Motorbike Adventure D4
50 Ethnic Travel D3
51 Handspan Adventure Travel E3
52 Mr Linh's Adventure Tours E3
53 Vega Travel E3

Transports
54 Point de départ du bus électrique C1
55 Offroad Vietnam F3

(la devise vietnamienne). Le circuit que nous vous proposons (voir *Promenade à pied*, p. 73) vous donnera un bon aperçu de la longue histoire et de la culture vietnamiennes, quels que soient les détours que vous faites.

Temple Bach Ma — TEMPLE BOUDDHIQUE

(Den Bach Ma ; carte p. 58 ; angle P Hang Buom et P Hang Giay ; 8h-11h et 14h-17h mar-dim). GRATUIT Caché au cœur de la vieille ville, le petit temple Bach Ma serait le plus ancien de Hanoi. Cependant, une grande partie de la structure actuelle ne date que du XVIIIe siècle, et le temple dédié à Confucius a été ajouté en 1839. Édifié par l'empereur Ly Thai Tô au XIe siècle, le temple Bach Ma abrite un magnifique palanquin funéraire rouge laqué, ainsi qu'une statue du cheval blanc légendaire (passez les magnifiques vieilles portes en bois pour les voir) qui aurait guidé l'empereur jusqu'au site propice à la construction des remparts de la ville.

Maison commémorative — ÉDIFICE HISTORIQUE

(Ngoi Nha ; carte p. 58 ; 87 P Ma May ; 5 000 d ; 9h-12h et 13h-17h). Ne manquez pas cette maison, l'une des plus joliment restaurées de la vieille ville. Habitation traditionnelle de marchands, elle est décorée sobrement et avec goût. Les pièces, organisées autour de deux cours, renferment de beaux meubles. Remarquez les hautes marches entre les pièces, traditionnellement utilisées pour couper le flux de mauvaise énergie entrant dans la maison.

La boutique vend toutes sortes d'objets artisanaux (bijoux en argent, vannerie, services à thé) et un calligraphe, ou un autre artisan, fait régulièrement des démonstrations.

Marché Dong Xuan MARCHÉ

(Cho Dong Xuan ; carte p. 58 ; angle de P Hang Khoai et P Dong Xuan ; 7h-21h). Le plus grand marché couvert de Hanoi, construit en 1889 par les Français, fut presque entièrement détruit par un incendie en 1994. On y trouve tout ou presque : des produits frais, vêtements, biens de consommation aux souvenirs et articles d'artisanat traditionnel.

Route céramique de Hanoi SCULPTURE

(Con Duong Gom Su ; carte p. 70). Sur près de 4 km le long de la digue du fleuve Rouge, jusqu'au pont Long Bien, ce projet de fresque murale en mosaïque fut réalisé de 2007 à 2010 à l'occasion des célébrations du 1 000e anniversaire de la ville. Avec une matière première produite près de Hanoi, à Bat Trang, cette fresque colorée, œuvre collective d'artistes locaux et étrangers, représente diverses périodes de l'histoire du Vietnam et détient toujours le record de la plus grande mosaïque au monde.

Pont Long Bien OUVRAGE D'ART HISTORIQUE

(Cau Long Bien ; carte p. 70). Le pont Long Bien (ancien pont Paul-Doumer), fut construit entre 1898 et 1902 sur des plans de Gustave Eiffel. Bombardé à maintes reprises pendant la guerre du Vietnam et chaque fois rapidement remis en état, ce pont est devenu le symbole de la ténacité et de la résilience de la population de Hanoi. Il est toujours emprunté par les trains comme par les motos et les piétons, et est joliment illuminé la nuit. S'il a été question de le rénover ou de le reconstruire, aucun projet n'a abouti jusqu'ici, les habitants étant très attachés à sa valeur historique et esthétique.

Environs du lac Hoan Kiem

Lac Hoan Kiem LAC

(carte p. 62). Selon la légende, le Ciel, au milieu du XVe siècle, aurait donné à l'empereur Ly Thai Tô une épée magique qu'il aurait utilisée pour bouter les Chinois hors du Vietnam. Alors qu'il se promenait sur le lac, une fois la paix revenue, une tortue d'or géante sortit de l'eau, s'empara de l'arme et disparut dans les profondeurs. L'animal ayant rendu l'épée à ses propriétaires divins, le lac fut baptisé Hô Hoan Kiem (lac de l'Épée restituée). Chaque matin, vers 6h, les habitants du quartier pratiquent le traditionnel tai-chi sur les berges.

Le lac compte deux sites célèbres : le **temple Ngoc Son**, élevé sur une petite île au nord, et la **Thap Rua** (tour de la Tortue ; carte p. 62), sur un îlot au sud, surmontée d'une étoile rouge, qui sert souvent d'emblème à Hanoi.

Musée national d'Histoire vietnamienne MUSÉE

(Bao Tang Lich Su Quoc Gia ; carte p. 62 ; 04 3824 2433 ; www.baotanglichsu.vn ; 1 P Trang Tien ; tarif plein/réduit 40 000/15 000 d ; 8h-12h et 13h30-17h, fermé 1er lun du mois). Ce musée est situé dans un édifice qui abritait autrefois l'École française d'Extrême-Orient. L'impressionnant bâtiment de couleur ocre fut construit entre 1925 et 1932 par l'architecte français Ernest Hébrard, l'un des premiers à introduire au Vietnam un style d'architecture alliant éléments chinois et français. Parmi les pièces les plus remarquables de la collection figurent des bronzes de la culture Dong Son (IIIe s. av. J.-C.-IIIe s.), d'étonnantes

HANOI AVEC DES ENFANTS

Hanoi est une ville pleine de surprises pour les enfants. Si la barrière de la langue, le chaos organisé de la vieille ville et les saveurs brutes de sa cuisine de rue peuvent les décontenancer, il reste que la gentillesse des Vietnamiens aide souvent à dissiper le stress de bien des situations. Lors d'une balade dans la vieille ville, ils trouveront en chemin assez de distractions – ainsi que des vendeurs de glaces et des fruits exotiques – pour persévérer. Ils apprécieront également la session spéciale enfants du Hanoi Cooking Centre (p. 72) (pensez à réserver). Faire une visite de la ville en famille avec Hanoi Kids (p. 74) est aussi l'occasion de rencontrer de jeunes Vietnamiens.

Les balades au fil de l'eau sont appréciables en famille : vous aurez le choix entre un vrai bateau sur le Tay Ho (lac de l'Ouest ; p. 61) ou un pédalo au parc Thong Nhat. Le parc aquatique Ho Tay (p. 72), ouvert d'avril à novembre, et celui du Royal City (p. 72), ouvert toute l'année, sont des espaces ludiques que les plus jeunes apprécieront. La terrasse panoramique de la tour Lotte (p. 71) devrait aussi figurer au programme familial. En soirée, il ne faut pas manquer une représentation au Théâtre municipal des marionnettes sur l'eau (p. 88), qui ravira les enfants et les grands.

Autour du lac Hoan Kiem

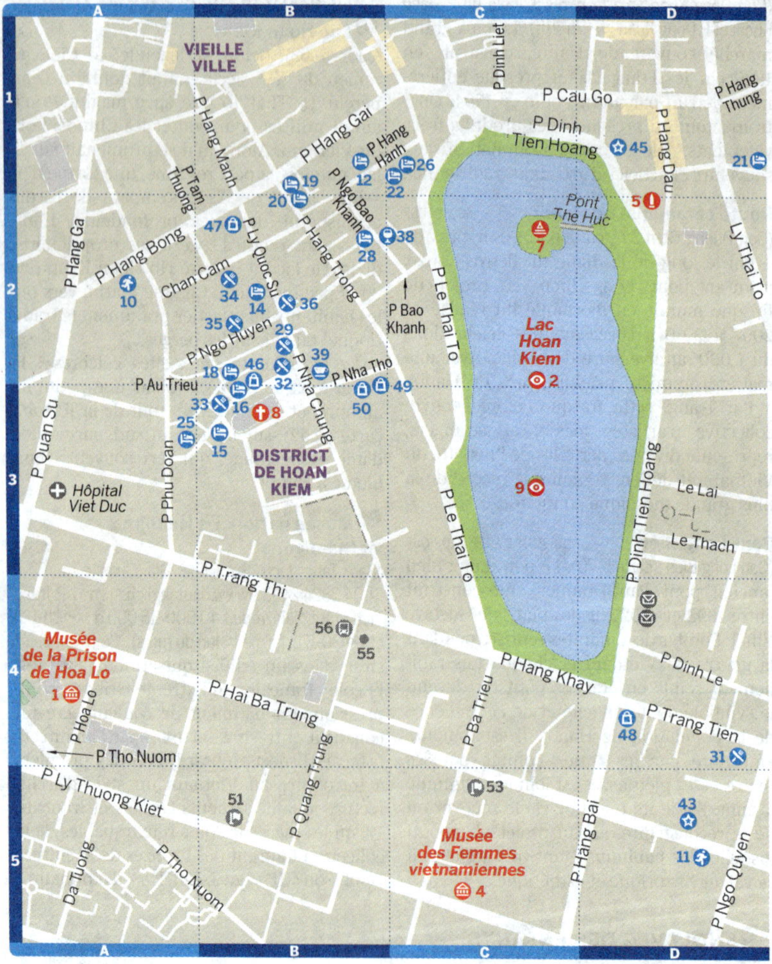

statues hindouistes des royaumes khmer et du Champa, ainsi que des bijoux datant du Vietnam impérial. L'histoire récente englobe une évocation de la guerre contre la France, ainsi que l'histoire du Parti communiste.

♥ Musée de la Prison de Hoa Lo

ÉDIFICE HISTORIQUE

(angle P Hoa Lo et P Hai Ba Trung ; carte p. 62 ; ☎04-3824 6358 ; 30 000 d ; 🕗8h-17h). Ce musée très particulier est tout ce qui subsiste de l'ancienne prison de Hoa Lo, que les prisonniers de guerre américains avaient surnommée par dérision le "Hanoi Hilton" pendant la guerre du Vietnam. La plupart des objets exposés ont trait à l'activité de la prison jusqu'au milieu des années 1950, en particulier jusqu'à la guerre d'Indochine. Vous verrez notamment la guillotine qui servait à décapiter les "révolutionnaires" vietnamiens pendant la période coloniale. Des vitrines sont aussi consacrées aux pilotes américains incarcérés à Hoa Lo lors de la guerre du Vietnam, parmi lesquels Pete Peterson (devenu en 1995 le premier ambassadeur des États-Unis dans le Vietnam unifié) et le sénateur John McCain (candidat républicain à l'élection présidentielle américaine de 2008).

Cette vaste "maison centrale" (on peut encore lire cette inscription au-dessus de l'entrée) a été construite par les Français en 1896. Prévue à l'origine pour 450 prisonniers, elle en comptait, selon les registres, près de 2 000 dans les années 1930. Hoa Lo n'était pas une prison sans faille : des centaines de prisonniers s'en échappèrent au fil des années.

Musée de la Révolution vietnamienne MUSÉE

(Bao Tang Cach Mang Viet Nam ; carte p. 62 ; ☎ 04-3825 4151 ; 216 Đ Tran Quang Khai ; tarif pleinréduit 20 000/10 000 d ; ⌚8h-12h et 13h30-17h, fermé 1er lun du mois). Inauguré en 1959, et riche de quelque 40 000 pièces. Y est retracée avec enthousiasme l'histoire des conflits et révolutions du pays, des mouvements de libération contre l'occupation française jusqu'à l'avènement du Parti communiste et de la République socialiste du Vietnam.

Temple Ngoc Son TEMPLE BOUDDHIQUE

(Den Ngoc Son ; carte p. 62 ; lac Hoan Kiem ; tarif plein/réduit 20 000/10 000 d ; ⌚7h30-17h30). Le "temple de la Montagne de jade", édifié au XVIIIe siècle sur une petite île dans la partie nord du lac Hoan Kiem, est le plus visité de la ville. On y accède par un joli pont en bois laqué rouge, dans le style classique vietnamien. Ce petit temple est dédié à l'érudit Van Xuong, au général Tran Hung Dao (vainqueur des Mongols au XIIIe siècle) et à La To, saint patron des physiciens.

Monument aux martyrs MONUMENT

(carte p. 62). Ce monument photogénique, qui montre une femme tenant une épée et deux hommes équipés d'une torche et d'un fusil, a été érigé pour honorer les Vietnamiens tombés pour l'indépendance de leur pays.

♥ Musée des Femmes vietnamiennes MUSÉE

(carte p. 62 ; ☎ 04 3825 9936 ; www.baotangphunu.org.vn ; 36 P Ly Thuong Kiet ; 30 000 d ; ⌚8h-17h). Ce remarquable musée (notices en français) est dédié au rôle des femmes dans la société et la culture vietnamiennes. Il rend notamment hommage, de façon poignante, à la contribution héroïque des femmes pendant la guerre. On peut y voir une exceptionnelle collection d'affiches de propagande, ainsi que des costumes traditionnels, des articles de vannerie et des tissus imprimés de différentes ethnies du pays. Consultez le site Internet pour connaître les expositions temporaires.

Cathédrale Saint-Joseph ÉGLISE

(Nha To Lon Ha Noi ; carte p. 62 ; P Nha Tho ; ⌚8h-12h et 14h-18h). La cathédrale de Hanoi, de style néogothique, a été consacrée en 1886. Elle se distingue par sa façade élancée, dominant une petite place, ses tours jumelles carrées, son autel très travaillé et de beaux vitraux. L'entrée principale est ouverte pendant les offices religieux (affichés sur les portes à gauche de l'édifice).

Le reste du temps, les visiteurs doivent passer par les bâtiments de l'évêché, une

Autour du lac Hoan Kiem

Les incontournables
1 Musée de la Prison de Hoa Lo A4
2 Lac Hoan Kiem C2
3 Musée national d'Histoire vietnamienne F4
4 Musée des Femmes vietnamiennes C5

À voir
Opéra de Hanoi .... (voir 44)
5 Monument aux martyrs D2
6 Musée de la Révolution vietnamienne .. F4
7 Temple Ngoc Son C2
8 Cathédrale Saint-Joseph B3
9 Thap Rua (tour de la Tortue) C3

Activités
10 Annam Foot Spa & Massage A2
11 Hash House Harriers D5

Où se loger
12 Artisan Boutique Hotel B1
13 B&B Hanoi Hostel E1
14 Central Backpackers Hanoi B2
15 Cinnamon Hotel B3
16 Cinnamon Hotel Cathedral B3
17 Conifer Boutique Hotel E4
18 Especen Hotel B2
19 Golden Lotus Hotel B1
20 Golden Lotus Luxury Hotel B2
21 Hanoi Elegance Diamond Hotel D1
22 Heart Hotel C1
23 Hilton Hanoi Opera F5
24 Hôtel de l'Opéra E5
25 Impressive Hotel A3
Joseph's Hotel .... (voir 15)
26 Madame Moon Guesthouse C1
27 Sofitel Metropole Hotel E4
28 The Palmy Hotel & Spa B2

Où se restaurer
29 Banh Ghoi B2
30 Bun Rieu Cua E1
31 Kem Dac Diet Trang Tien D4
32 La Place B2
33 Le Petit Bruxelles B3
34 Madame Hien B2
35 Minh Thuy's B2
36 Mon Hue B2
37 Moto-san Uber Noodle F4

Où prendre un verre et faire la fête
Angelina .... (voir 27)
38 GC Pub C2
39 Hanoi House B2
40 Nha Hang Lan Chin E1
41 Tadioto F4

Où sortir
42 Centre culturel français de Hanoi E4
43 Cinémathèque D5
44 Opéra de Hanoi F5
45 Théâtre municipal des marionnettes sur l'eau D1

Achats
46 Indigenous B2
47 Mosaique B2
48 Thang Long D4
49 Things of Substance B2
50 Three Trees B3

Renseignements
51 Ambassade de Suisse B5
52 Ambassade de Nouvelle-Zélande E4
53 Ambassade du Royaume-Uni C5

Transports
54 Bus Jetstar pour l'aéroport F3
55 Vietnam Airlines B4
56 Minibus de Vietnam Airlines B4

rue plus loin, au 40 Pho Nha Chung. Une fois passé le portail, dirigez-vous tout droit, puis tournez à droite ; à la porte latérale de la cathédrale, appuyez sur la sonnette, placée très haut sur votre droite, pour que quelqu'un vous ouvre.

Ouest de la vieille ville

Temple de la Littérature TEMPLE CONFUCÉEN
(Van Mieu Quoc Tu Giam ; carte p. 66 ; ☎04-3845 2917 ; P Quoc Tu Giam ; tarif plein/réduit 30 000/15 000 d ; ⏲8h-17h). Fondé en 1070 par l'empereur Ly Thanh Tông, le temple de la Littérature est dédié à Confucius (Khong Tu). Vaste ensemble formé de jardins, de 5 cours intérieures successives et de pavillons, avec notamment un bassin connu sous le nom de "lac de la Clarté céleste", une pagode, ainsi que des statues de Confucius et ses disciples, c'est un rare exemple d'architecture traditionnelle vietnamienne bien préservée. Le lieu honore les plus grands érudits et auteurs du Vietnam. C'est ici que fut créée, en 1076, la première université du pays, à une époque où seuls les nobles pouvaient s'inscrire.

Après 1442, elle devint plus égalitaire en acceptant tous les étudiants méritants de la nation, qui venaient ainsi à Hanoi étudier les principes du confucianisme, la littérature et la poésie.

En 1484, l'empereur Lê Thanh Tông ordonna l'édification de stèles portant les noms, lieux de naissance et hauts faits des lauréats du doctorat : 82 d'entre elles sur les

116 originelles sont parvenues jusqu'à nous – chacune d'elles repose sur la carapace d'une tortue de pierre. Des allées mènent de l'imposante entrée, à plusieurs niveaux (dans Pho Quoc Tu Giam), jusqu'au pavillon Khue Van, carré, construit en 1802, par des jardins classiques.

Site du mausolée de Hô Chi Minh

SITE HISTORIQUE

(carte p. 66 ; ☎04 3845 5128 ; entrée angle P Ngoc Ha et P Doi Can). Le site du mausolée de Hô Chi Minh comprend des **jardins botaniques**, des bâtiments historiques, des monuments et des pagodes. Important lieu de pèlerinage pour nombre de Vietnamiens, il est généralement fréquenté par de nombreux groupes venus de tout le pays pour se recueillir auprès de "Oncle Hô". Outre le mausolée, le complexe englobe la maison sur pilotis de Hô Chi Minh, le palais présidentiel, le musée Hô Chi Minh et la pagode au Pilier unique.

➡ Mausolée de Hô Chi Minh

(Lang Chu Tich Hô Chi Minh ; carte p. 66 ; ☎04 3845 5128 ; ⌚8h-11h mar-jeu, sam-dim déc-sept, dernière entrée à 10h15, fermé 4 sept-4 nov). GRATUIT Tout comme pour Lénine et Staline avant lui, et plus tard Mao, le mausolée de Hô Chi Minh est un immense monument en marbre. Contrairement au souhait de Hô Chi Minh d'être incinéré, on lui a érigé un mausolée, entre 1973 et 1975, avec des matériaux provenant de différentes régions du Vietnam. Le toit et le péristyle de ce gros cube de béton sont censés évoquer une maison commune traditionnelle, ou encore une fleur de lotus. Dans l'enceinte du bâtiment, la frêle dépouille de Hô Chi Minh repose dans un sarcophage de verre. Le monument est habituellement fermé au public de septembre à novembre, mois pendant lesquels le corps embaumé est envoyé en Russie pour y subir des soins conservatoires.

Habillez-vous décemment : les personnes en short, débardeur ou autre vêtement du genre se voient refuser l'entrée. Les chapeaux ne sont pas de mise non plus. Vous devrez laisser vos affaires (y compris sac, appareil photo et téléphone mobile) à l'entrée. Enfin, il est strictement interdit de parler, mettre les mains dans ses poches et prendre des photos à l'intérieur. La file d'attente serpente sur plusieurs centaines de mètres jusqu'à l'entrée du mausolée, puis passe lentement devant le corps de Hô Chi Minh. Il est intéressant d'observer les réactions des visiteurs, vietnamiens pour la plupart : ils montrent généralement un profond respect pour Hô Chi Minh, honoré tant pour avoir libéré le pays du colonialisme que pour ses prises de position. Avec un peu de chance, vous assisterez à la relève de la garde devant le mausolée.

➡ Maison sur pilotis de Hô Chi Minh

(Nha San Bac Ho et Phu Chu Tich Tai ; carte p. 66 ; 25 000 d ; ⌚8h-11h30 tlj et 14h-16h mar-jeu et sam-dim). L'humble maison traditionnelle sur pilotis où Hô Chi Minh a vécu par intermittence, entre 1958 et 1969, est située dans un beau jardin et jouxte un étang rempli

L'ART À HANOI

Si les traditions artistiques sont bien ancrées au Vietnam, depuis des siècles, il n'en demeure pas moins que la censure exercée par le gouvernement depuis l'avènement du Parti communiste a longtemps muselé les artistes vietnamiens, la liberté d'expression restreinte les obligeant à travailler clandestinement. Cette tendance semble s'atténuer ces dernières années avec l'arrivée de touristes occidentaux, ouvrant la scène artistique de Hanoi surtout aux yeux du monde extérieur. Lentement mais sûrement, les artistes du Vietnam commencent à élargir leurs horizons. À noter que les artistes vietnamiens modernes possèdent une extraordinaire technique – ils peuvent souvent faire un portrait d'une grande précision en peu de temps à partir d'une simple photo.

Pour les visiteurs férus d'art, cette scène artistique en plein essor ne demande qu'à être reconnue. Vous pourrez souvent dénicher des œuvres originales signées d'artistes locaux pour quelque 40 $US dans n'importe quelle galerie privée de la vieille ville – la Mai Gallery (p. 89) est un bon endroit. Puis, allez faire un tour au Tadioto (p. 85), au Manzi Art Space (p. 86) ou au Bar Betta (p. 85) afin de faire connaissance avec des artistes de tout bord. Pour vous tenir informé, consultez le blog sur l'art local www.andofotherthings.com. Mieux encore, suivez un guide de Sophie's Art Tours (p. 74), agence axée sur l'art et la culture qui a débuté son activité à Hanoi en 2015, après son succès à Hô Chi Minh-Ville.

Ouest de la vieille ville

de carpes. Elle a été conservée en l'état. On a d'ici un point de vue sur le bâtiment le plus somptueux de Hanoi, le **palais présidentiel** (carte p. 66), de style néoclassique. Il fut construit en 1906 pour le gouverneur général d'Indochine. Aujourd'hui utilisé pour des réceptions officielles, le palais n'est pas ouvert au public. On peut se promener dans les jardins à la condition de ne pas sortir des allées.

Pour accéder à la maison sur pilotis et au palais présidentiel, franchissez le portail qui se trouve dans Pho Ong Ich Kiem, à l'intérieur du site. Si l'entrée principale du

Ouest de la vieille ville

Les incontournables
1 Musée des Beaux-Arts du Vietnam.......B4
2 Site du mausolée de Hô Chi Minh......... A3
3 Temple de la Littérature........................B5

À voir
4 Pagode des Ambassadeurs D6
5 Musée Hô Chi Minh A3
6 Mausolée de Hô Chi Minh.....................B3
7 Maison sur pilotis de Hô Chi Minh.........A2
8 Citadelle impériale de Thang Long C4
9 Pagode au Pilier unique B3
10 Palais présidentiel B2
11 Temple Quan Thanh............................... B1
12 Lac Truc Bach C1
13 Musée de l'Histoire militaire du Vietnam...C4

Activités
14 Hanoi Cooking Centre............................C1
Hanoi Language Tours................(voir 33)
15 Huong Sen D1

Où se loger
16 Mercure La Gare......................................C6
17 Somerset Grand Hanoi D6

Où se restaurer
18 Hanoi Social Club D5
19 La Badiane...D5
20 Mau Dich 37 ....C1
21 Namaste..D6
22 Net Hue D5
23 Nha Hang Koto Van Mieu.......................B5
24 Old Hanoi..D5
25 Puku D5
26 Quan An Ngon D2
27 Quan An Ngon D6
28 Ray Quan..C5

Où prendre un verre et faire la fête
29 Bar Betta...C4
30 Manzi Art Space......................................D2
31 Rooftop Bar..D6

Où sortir
32 Jazz Club By Quyen Van Minh...............D6

Achats
Bookworm.....................................(voir 14)
33 Craft Link..B5
34 Mai Gallery D5

Renseignements
35 Ambassade du Canada B3
36 Ambassade de Chine.............................C4
37 Ambassade d'Allemagne C5
38 Ambassade de Singapour.....................C4
39 Ambassade de Thaïlande C5
40 Ambassade de Belgique........................D6

mausolée est fermée, passez par Duong (abrégé en Đ) Hung Vuong.

➡ Musée Hô Chi Minh

(Bao tang Hô chi Minh ; carte p. 66 ; ☎04 3845 5435 ; www.baotanghochiminh.vn ; 25 000 d ; ⌚8h-11h30 tlj et 14h-16h mar-jeu, sam-dim). Installé dans une gigantesque structure en béton de style soviétique, ce musée est consacré à la vie du fondateur du Vietnam moderne, et initiateur de la marche vers le socialisme révolutionnaire. Sont exposés des objets personnels, ainsi que des photos intéressantes et de vieux documents officiels relatifs à la libération du joug colonial français et aux débuts du communisme. Les photographies sont interdites, et l'on peut vous demander de montrer votre sac à l'entrée.

N'hésitez pas à faire appel à un guide francophone (il y en a en général), moyennant quelque 100 000 d, pour profiter pleinement de l'exposition.

➡ Pagode au Pilier unique

(Chua Mot Cot ; carte p. 66 ; P Ong Ich Kiem ; GRATUIT ; ⌚8h30-11h30 tlj et 14h-16h mar-jeu et sam-dim). Cette fameuse pagode, qui se dresse entre le mausolée et le musée, a originellement été édifiée par l'empereur Ly Thai Tông, qui régna de 1028 à 1054. Selon les annales, l'empereur, affligé de ne pas avoir de descendance, rêva que Quan Thê Âm Bô Tat, déesse de la Miséricorde, lui tendait un enfant mâle. Peu après, Ly Thai Tông épousa une jeune paysanne, qui lui donna un fils. En témoignage de sa gratitude, il fit ériger cette pagode en 1049.

Tout en bois, elle repose sur un unique pilier de pierre, dans un bassin, et représente une fleur de lotus, symbole de pureté, émergeant d'une mer de chagrin. Détruite en 1954 par les Français, avant qu'ils n'abandonnent la ville, elle a été reconstruite par le nouveau gouvernement.

Musée de l'Histoire militaire du Vietnam

MUSÉE

(Bao Tang Lich Su Quand Su Viet Nam ; carte p. 66 ; ☎04 733 6453 ; www.btlsqsvn.org.vn ; 28a P Diên Biên Phu ; 40 000 d, app photo 20 000 d ; ⌚8h-11h30 tlj et 14h-16h mar-jeu et sam-dim). Facile à repérer grâce à l'importante collection d'armes exposée à l'extérieur, ce musée donne à voir du matériel militaire russe et chinois, ainsi que des armes françaises et américaines saisies pendant les guerres.

Quartier français

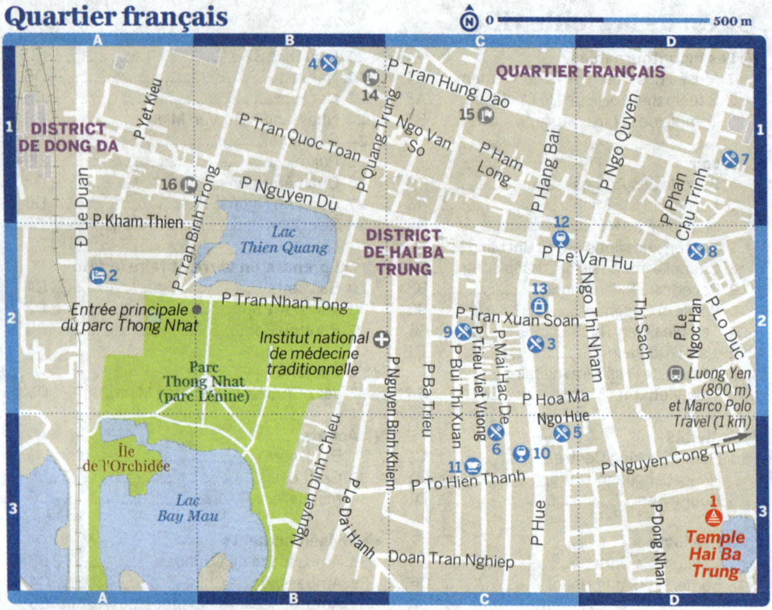

Quartier français

Les incontournables
1 Temple Hai Ba Trung D3

Où se loger
2 Hotel Nikko Hanoi A2

Où se restaurer
3 Banh My Pho Hue C2
4 Chay Nang Tam B1
5 Chim Sao C3
6 Izakaya Yancha C3
7 Nha Hang Ngon D1
8 Pho Thin D2
9 Pots 'n Pans C2

Où prendre un verre et faire la fête
10 Cama ATK C3
11 Cong Caphe C3
12 Quan Ly C2

Achats
13 Marché Hom C2

Renseignements
14 Ambassade du Cambodge B1
15 Ambassade de France C1
16 Ambassade du Laos A1

Un Mig-21 soviétique côtoie des carcasses d'avions français abattus à Diên Biên Phu et d'un F-111 américain.

À proximité, la tour du Drapeau, hexagonale, est l'un des monuments symboles de la ville. On peut accéder à une terrasse dominant des engins de guerre. En face du musée, une imposante **statue de Lénine** trône dans un petit parc.

Musée des Beaux-Arts du Vietnam

MUSÉE

(Bao tang My Thuat Viet Nam ; carte p. 66 ; 04 3733 2131 ; www.vnfam.vn ; 66 P Nguyen Thai Hoc ; tarif plein/réduit 30 000/15 000 d ; 8h30-17h). Ces deux bâtiments, où était autrefois installé l'internat Jeanne-d'Arc, lycée de jeunes filles à l'époque coloniale, abritent l'excellent musée des Beaux-Arts de Hanoi, créé en 1966. Parmi les nombreux trésors figurent des sculptures de l'ancien royaume du Champa et d'étonnantes représentations de Guan Yin, la déesse de la Compassion (aux mille yeux et aux mille bras). Vous verrez aussi des statues en bois laqué de la dynastie Tây Son, figurant des moines bouddhistes, ainsi qu'une vaste collection d'art contemporain et des peintures rurales naïves.

Promenade à pied **dans la vieille ville**

DÉPART : TEMPLE NGOC SON
ARRIVÉE : PHO NHA THO
DISTANCE : 3,5 KM ; 2 HEURES AU MINIMUM

Débutez au 1 **temple Ngoc Son** (p. 61), sur un îlot du lac Hoan Kiem, puis franchissez le 2 **pont The Huc** pour rejoindre le 3 **monument aux martyrs** (p. 63). Suivez Pho Dinh Tien Hoang et gagnez le 4 **Théâtre municipal des marionnettes sur l'eau** (p. 88). Continuez au nord dans Pho Hang Dau, bordée de 5 **magasins de chaussures**. Traversez Pho Cau Go pour rallier Pho Hang Be et le 6 **marché** de Pho Gia Ngu.

De retour dans Pho Hang Be, direction nord jusqu'à Pho Hang Bac, où des artisans sculptent des 7 **pierres tombales**. Faites un détour par Pho Ma May pour découvrir, au n°87, la 8 **maison commémorative** (p. 60).

Retournez dans Pho Hang Bac, passez devant les 9 **bijouteries jusqu'à la** 10 **maison 102**, qui abrite un temple. Revenez sur vos pas pour prendre l'étroite 11 **Pho Ta Hien**. Tournez à gauche dans Pho Hang Buom jusqu'au 12 **temple Bach Ma** (p. 60), puis continuez jusqu'à 13 **Cua O Quan Chuong**, l'ancienne porte Est de la ville. Poursuivez au nord dans Pho Thanh Ha, où se tient un 14 **marché de rue, et tournez à droite** en direction du 15 **marché Dong Xuan** (p. 61).

Repartez vers le sud dans Nguyen Thien Thuat et prenez à droite Pho Hang Chieu, jalonnée de 16 **boutiques** de nattes en paille. Vous déboucherez plus loin dans 17 **Pho Hang Ma**, où l'on vend les faux billets brûlés lors des cérémonies bouddhiques. Repérez les 18 **forgerons**, proches de l'angle de Pho Lo Ren et de Pho Thuoc Bac, puis longez Lan Ong et ses 19 **herboristeries**. De retour dans Pho Thuoc Bac, dirigez-vous vers le sud en passant devant les 20 **ferblantiers et les** 21 **miroiteries**. Tournez à gauche dans Pho Hang Quat, bordée d'échoppes dédiées aux 22 **autels et statues bouddhiques**. Après quoi, empruntez Pho Luong Van Can, la rue des 23 **boutiques de jouets**, puis Pho Hang Gai et ses 24 **magasins de soieries**. Enfin, prenez vers le sud Pho Ly Quoc Su pour gagner la 25 **cathédrale Saint-Joseph** (p. 63).

en cuisine avant de se rendre en groupe au marché Dong Xuan, puis de préparer trois plats sous ses instructions. Une fois le cours terminé, on déguste au restaurant le fruit de son dur labeur.

Hanoi Language Tours LANGUE

(carte p. 66 ; ☎04 3556 1146 ; www.hanoilanguagetours.com ;31 P Van Mieu, Dong Da ; à partir de 150 $US/pers). Des programmes de 2 à 10 jours portant sur les bases de la langue et de la culture vietnamiennes, dédiés aux voyageurs, aux expatriés ainsi qu'aux hommes et aux femmes d'affaires.

Circuits organisés

Hidden Hanoi et le Hanoi Cooking Centre proposent aussi des circuits intéressants, axés sur la cuisine, la visite des marchés et la restauration de rue.

♥ Hanoi Free Tour Guides À PIED

(HFTG ; ☎0974 596 895 ; hanoifreetourguides.com). Voici le meilleur moyen de découvrir le vrai Hanoi : cette association à but non lucratif, qui regroupe 400 bénévoles, étudiants ou ex-étudiants, propose tout un choix de visites guidées dans de nombreuses langues ; possibilité d'élaborer votre propre itinéraire avec votre guide. Réservation en ligne.

Bloom Microventures CULTURE

(☎0164 387 6594 ; www.bloom-microventures.org/vietnam ; tarif plein/réduit à partir de 75/60 $US). Ce tour-opérateur vous emmène dans un village ethnique de la province de Hoa Binh, à quelque 70 km à l'ouest de Hanoi. L'occasion d'être plongé dans la vie de la campagne vietnamienne et de voir comment les microcrédits financent les entrepreneurs ruraux. La plupart des circuits ont lieu le samedi ; consultez le site Internet.

Vietnam Awesome Travel À PIED

(carte p. 58 ; ☎04-3990 1733 ; www.vietnamawesometravel.com ; 19b P Hang Be ; visite à partir de 15 $US). Choix de visites guidées à prix raisonnables, dont le circuit culinaire très prisé *Food on Foot* (25 $US) qui vous emmène dans la vieille ville à la découverte de la cuisine de rue. Renseignements détaillés sur le site Internet.

Hanoi Kids À PIED

(☎0976 217 886 ; www.hanoikids.org ; don apprécié). Cet organisme bénévole met en contact des touristes avec des adolescents et de jeunes adultes vietnamiens désireux de perfectionner leur anglais. Les formules s'adaptent aux besoins des visiteurs et peuvent inclure des sites comme le temple de la Littérature et le musée de la Prison de Hoa Lo, ou bien la découverte de la cuisine de rue et des marchés. Mieux vaut tout organiser en ligne au moins deux semaines avant d'arriver à Hanoi.

Hanoi Street Food Tours À PIED

(☎0904 517 074 ; www.streetfoodtourshanoi.blogspot.com.au ; visites à partir de 75 $US). Une entreprise locale organise des circuits sous le même nom, mais, malgré un prix plus élevé, nous gardons une préférence pour Tu et Mark, couple de fins gourmets passionnés. Les visites sont personnalisables selon vos intérêts.

Sophie's Art Tour CULTURE

(☎0168 796 2575 ; www.sophiesarttour.com ; visites à partir de 55 $US). Ces circuits passionnants, basés sur la vie d'artistes ayant étudié, combattu ou relaté les changements majeurs des XXe et XXIe siècles, seront appréciés des férus d'art, mais également de tous ceux qui souhaitent comprendre la complexité de l'histoire et de la culture uniques du Vietnam.

Vietnam in Focus PHOTO

(☎0121 515 0522 ; www.vietnaminfocus.com ; à partir de 60 $US/pers). Les journalistes Colm Pierce et Alex Sheal organisent des circuits photo à la découverte de Hanoi, notamment dans la vieille ville, les marchés et sur le pont Long Bien. Ils comprennent d'ordinaire un repas et peuvent être adaptés à tous les niveaux, y compris débutants. Pour des excursions d'une durée supérieure vers des destinations plus lointaines, telles que Moc Chau, Ha Giang et le parc national de Ba Be, voir le site Internet.

Gay Hanoi Tours À PIED

(☎0947 600 602 ; www.facebook.com/gayhanoitour ; circuit demi-journée à partir de 75 $US). L'inimitable Tuan propose des circuits individuels ou en petits groupes à la découverte de recoins moins connus de la ville historique. Si les circuits ne se limitent pas aux milieux homosexuels, Tuan, homosexuel originaire de Hanoi, offre un regard personnel sur sa ville bien-aimée ; intéressant quelle que soit votre propre orientation sexuelle.

Friends of Vietnam Heritage À PIED (CULTURE ET ARCHITECTURE)

(FVH ; fvheritage.org ; circuits à partir de 70 000 d). Avec une équipe de bénévoles issus principalement de la communauté d'expatriés, cette association à but non lucratif propose des publications, prépare des manifestations et organise de sympathiques circuits à pied dans un souci de préservation du patrimoine culturel de la ville.

Fêtes et festivals

Têt NOUVEL AN VIETNAMIEN
(Tet Nguyen Dan/Nouvel An lunaire vietnamien ; fin jan ou début fév). Une semaine avant le Têt, un marché aux fleurs s'installe dans Pho Hang Luoc. À partir du jour de l'An, et pendant 2 semaines, une exposition/compétition florale se déroule dans le parc Thong Nhat (parc Lénine), à proximité du lac Bay Mau. Pour plus de détails sur cette fête magnifique, reportez-vous à l'encadré p. 479.

Fête de Dong Da CULTURE
(fév/mars). Le 5e jour du premier mois lunaire se déroulent des compétitions de lutte, des danses de lions et des parties d'échecs humains sur la butte de Dong Da, site du soulèvement mené en 1788 par l'empereur Quang Trung (Nguyên Huê) contre les Chinois.

Fête de la pleine lune CULTURE
(à partir du 15 août). Cette fête, aussi appelée "fête de la mi-automne", débute le 15 août. Chants, danses de dragons, échange d'étrennes et de gâteaux de lune... autant de raisons qui expliquent le succès de cette fête auprès des enfants, très impliqués dans la manifestation.

Fête nationale du Vietnam FÊTE NATIONALE
(2 sept). Elle est célébrée sur la place Ba Dinh, l'immense esplanade devant le mausolée de Hô Chi Minh, par un grand rassemblement populaire et un feu d'artifice. Des courses de bateaux ont lieu sur le lac Hoan Kiem.

Où se loger

La plupart des visiteurs à Hanoi se retrouvent, comme les y invitent les sites Internet hôteliers, à "loger au cœur de la vieille ville", où l'afflux touristique a engendré la rénovation et la construction effrénées de nombre d'hôtels. Sachez néanmoins que nous recevons quantité de plaintes concernant des patrons d'hôtels petits budgets qui harcèlent les clients pour qu'ils réservent des circuits chez eux. Certains clients, qui refusaient ces prestations, auraient même été jetés dehors, tandis que d'autres ont vu leur facture s'alourdir de mystérieuses taxes. Vous bénéficiez d'un très large choix d'hébergements et de la proximité des lieux touristiques, mais le quartier est bondé, bruyant et pas toujours propre. Certains préfèreront payer un peu plus pour séjourner dans le quartier français, plus paisible.

Les hébergements pour routards ne manquent pas à Hanoi, avec notamment toute une rue d'auberges de jeunesse et de prestataires de services, de part et d'autre de Pho Ngo Huyen, dans la vieille ville. Chambres et dortoirs ne désemplissent pas et les équipements sont rudimentaires, dans le meilleur des cas. Un lit en dortoir revient à quelque 5-9 $US la nuit. Hanoi est l'exemple parfait d'une ville, où un supplément de 10-20 $US sur une chambre bon marché fera toute la différence : si vous pouvez vous le permettre, n'hésitez pas.

Une petite chambre individuelle vous en coûtera de 25 à 30 $US. Pour 30 à 50 $US, vous aurez une chambre plus grande et souvent la TV par satellite, un accès Wi-Fi et un minibar. De 75 à 100 $US, on peut s'attendre à une suite premier prix dans un boutique-hôtel moderne, aux proportions comparables à ce que l'on trouve dans un hôtel occidental, avec équipements de qualité, baignoire et balcon. Au-dessus de 100 $US, on trouve l'équivalent d'un quatre ou cinq-étoiles international, situé systématiquement en dehors de la vieille ville. Presque tous les hôtels proposent un buffet petit-déjeuner typique, avec quelques mets préparés à la commande, et très semblable d'un établissement à l'autre. Pensez à vérifier si la taxe de séjour et le service sont compris dans le prix.

Vieille ville

May De Ville Backpackers AUBERGE DE JEUNESSE $
(carte p. 58 ; 04-3935 2468 ; www.maydevillebackpackershostel.com ; 1 Hai Tuong, P Ta Hien ; dort/d à partir de 6/25 $US ;). L'une des meilleures auberges de jeunesse de la ville, à courte distance à pied des bars de Ta Hien. Il y a là des dortoirs impeccables, des doubles très correctes et une salle de cinéma.

Hanoi Hostel AUBERGE DE JEUNESSE $
(carte p. 58 ; 0972 844 804 ; www.vietnam-hostel.com ; 91c P Hang Ma ; dort/d/tr 6/16/21 $US ;). Tranquille petit établissement privé, propre et bien tenu, qui bénéficie d'une agréable situation loin du regroupement d'auberges de jeunesse de la ville. Circuits organisés et nombreux renseignements sur une poursuite du voyage en Chine ou au Laos. Un bon choix.

Hanoi Rendezvous Hotel HÔTEL $
(carte p. 58 ; ☎04-3828 5777 ; www.hanoirendezvoushotel.com ; 31 P Hang Dieu ; dort/s/d/tr 8/25/30/40 $US ;). Hôtel très bien situé, à proximité de bons stands de cuisine de rue, aux chambres spacieuses. Le personnel, agréable, propose des excursions vers la baie d'Along, l'île de Cat Ba et à Sapa.

Camel City Hotel PENSION $
(carte p. 58 ; ☎04-3935 2024 ; www.camelcityhotel.com ; 8/50 Dao Duy Tu ; d/lits jum 17/30 $US ;). Une pension familiale dans une ruelle paisible, à quelques minutes de marche des bars de Pho Ta Hien. Touches de design asiatique dans les chambres, service agréable.

La Beauté de Hanoi HÔTEL $$
(carte p. 58 ; ☎04-3935 1626 ; la-beautehanoihotel.com ; 15 Ngo Trung Yen ; d à partir de 40 $US ;). Hôtel ouvert en 2014, qui comprend 18 jolies chambres aux couleurs crème et blanc et aux touches de rouge (TV par câble, Wi-Fi haut-débit) ; les plus grandes et les familiales se doublent de balcons. Situation épatante, dans une petite rue au calme, à deux pas de l'animation de Pho Ma May.

Art Trendy Hotel HÔTEL $$
(carte p. 58 ; ☎04-3923 4294 ; www.arttrendyhotel.com ; 6 Hang But ; d/lits jum 30/70 $US ;). Un hôtel aux chambres stylées relativement spacieuses (avec ordinateur portable). Personnel aussi charmant que dynamique. Baguette encore chaude, omelette et fruits frais au petit-déjeuner. Dans un quartier paisible à la lisière ouest de la vieille ville.

Hanoi Elite BOUTIQUE-HÔTEL $$
(carte p. 58 ; ☎04-3828 1711 ; www.hanoielitehotel.com ; 10/50 Dao Duy Tu Lane ; s/d à partir de 45/50 $US ;). Les ruelles de la vieille ville dissimulent des trésors, comme ce bel hôtel de 12 chambres au décor classique et aux prestations rares à ce prix-là – ordinateur dans la chambre, douche à effet pluie et petit-déjeuner préparé à la demande. Personnel compétent.

Art Hotel HÔTEL $$
(carte p. 58 ; ☎04-3923 3868 ; www.hanoiarthotel.com ; 65 P Hang Dieu ; s/d à partir de 25/30 $US ;). Grâce à son équipe jeune et sympathique, cet établissement bien placé sort nettement du lot. Chambres de grande taille avec parquet et sdb immaculées. Le tout à deux pas des meilleurs restaurants de rue de la ville.

Classic Street Hotel HÔTEL $$
(carte p. 58 ; ☎3825 2421 ; www.classicstreethotel.com.vn ; 41 P Hang Be ; d/ste à partir de 30/70 $US ;). Des chambres cosy, dotées de grands lits et TV sat., pour cet hôtel situé dans la très animée Pho Hang Be. Des peintures et des céramiques égayent les espaces communs et les couloirs.

HÔTELS : MÉFIEZ-VOUS DES CONTREFAÇONS

Hanoi n'est pas seulement la capitale politique du Vietnam, c'est aussi le haut lieu des escroqueries hôtelières. Les fausses enseignes, du même nom que les vraies, sont légion. Ces escrocs louent une bâtisse, s'approprient le nom d'un autre hôtel, puis travaillent avec des rabatteurs chargés d'y amener les touristes crédules. Ceux qui s'étonnent que l'adresse ne corresponde pas se voient répondre que l'hôtel a déménagé, et ne réalisent que le lendemain qu'ils se sont fait avoir. Ces hôtels surfacturent tout ce qu'ils peuvent ; ils donnent souvent un prix pour la chambre à l'arrivée qui devient un tarif par personne au moment du règlement. La meilleure manière d'éviter de se faire avoir consiste à réserver sa chambre par téléphone, ou par e-mail. Vous serez de la sorte certain que l'hôtel est toujours ouvert, toujours à la même adresse, et qu'il n'est pas complet.

Les taxis et minibus desservant l'aéroport sont souvent de mèche avec ces hôtels véreux, qui leur reversent d'importantes commissions. Nous avons même eu écho d'Occidentaux sans scrupules qui travaillaient en tandem avec des établissements du genre. Afin d'éviter les désagréments, réservez un transfert depuis l'aéroport en même temps que votre première nuit.

Si vous tombez sur des hôtels, pensions, agences de voyages ou autres services malhonnêtes, adressez votre plainte à la **Vietnam National Administration of Tourism** (Administration nationale du tourisme du Vietnam ; carte p. 66 ; ☎04-3942 3760 ; www.vietnamtourism.gov.vn ; 80 Quan Su). Cela finira bien par inciter les autorités à assainir la situation.

Hanoi Guesthouse HÔTEL $$
(carte p. 58 ; ☎04-3935 2571 ; www.hanoi-guesthouse.com ; 85 P Ma May ; d/tr à partir de 26/40 $US ;). Transféré depuis peu dans Pho Ma May, une rue centrale animée proche des bars, restaurants, agences de voyages et boutiques. Les chambres viennent d'être redécorées.

Nova Hotel HÔTEL $$
(carte p. 58 ; ☎04-3923 3366 ; www.hanoinovahotel.com ; 75 P Hang Dieu ; d/tr à partir de 23/42 $US ;). À la lisière ouest de la vieille ville, Pho Hang Dieu est bordée d'hôtels de catégorie moyenne d'un bon rapport qualité/prix. À l'instar du Nova, tous ont des chambres spacieuses dotées d'un balcon (avec vue) et d'une sdb nickel.

♥ **La Siesta Hotel & Spa** BOUTIQUE-HÔTEL $$$
(carte p. 58 ; ☎04-3926 3641 ; www.hanoilasiestahotel.com ; 94 P Ma May ; d/ste à partir de 70/125 $US ;). La Siesta séduit par l'excellence de son service et de ses chambres, disponibles en plusieurs superficies (y compris des duplex très chics), mais également par sa situation dans Pho Ma May avec ses dizaines de restaurants, bars et activités en bas de votre porte. Et si le besoin se fait sentir d'échapper à cette frénésie, direction le spa.

Tirant Hotel HÔTEL $$$
(carte p. 58 ; ☎04-6269 8899 ; www.tiranthotel.com ; 38 P Gia Ngu ; d/ste à partir de 75/145 $US ;). Déco tendance, personnel à l'écoute (parlant anglais), chambres spacieuses : tout contribue à faire de cet établissement, parmi les plus grands de la vieille ville, un choix intéressant. Le buffet du petit-déjeuner invite à s'attarder à table et les suites sont imposantes. Et, cerise sur le gâteau, c'est l'un des rares hôtels avec piscine sur le toit...

Environs du lac Hoan Kiem

Bien que le terme de "vieille ville" désigne spécifiquement la zone au nord du lac Hoan Kiem, le quartier à l'ouest du lac dispose d'une grande concentration d'hôtels et fait partie, dans l'esprit de tous, de la vieille ville. On trouve ici Pho Ngo Huyen, avec ses innombrables dortoirs bon marché et, tout près de là, les rues plus calmes et pittoresques autour de la cathédrale Saint-Joseph.

Especen Hotel HÔTEL $
(carte p. 62 ; ☎04-3824 4401 ; www.especen.vn ; 28 P Tho Xuong ; d 12-22 $US ;). Hôtel bon marché, proche de la cathédrale, aux chambres spacieuses et lumineuses. Emplacement presque tranquille – pour la vieille ville du moins. Deux annexes à proximité immédiate.

B&B Hanoi Hostel AUBERGE DE JEUNESSE $
(carte p. 62 ; ☎04-3935 2266 ; www.bbhanoihostel.com ; 16 Hang Trung ; d à partir de 20 $US ;). Cette auberge accueillante, au personnel efficace, est à quelques minutes à pied de la rive nord du lac Hoan Kiem. Bouquets de fleurs, fruits et café vietnamien... on se sent ici un peu chez soi.

Central Backpackers Hanoi AUBERGE DE JEUNESSE $
(carte p. 62 ; ☎04-3938 1849 ; www.centralbackpackershostel.com ; 16 P Ly Quoc Su ; dort 5 $US ;). Une adresse bien tenue, toute proche de bons cafés et stands de restauration. Les voyageurs en quête de calme n'y trouveront pas leur compte : beaucoup d'animation... et bière offerte chaque soir à partir de 19h.

♥ **Golden Lotus Luxury Hotel** HÔTEL $$
(carte p. 62 ; ☎04-382 85888 ; www.goldenlotushotel.com.vn ; 53-55 P Hang Trong ; d/ste à partir de 65/100 $US ;). Dans cet hôtel de bonne facture, les chambres sont décorées de bois, de soie et d'œuvres d'art locales – équipements high tech en prime. Les chambres premier prix n'ont pas de lumière extérieure, mais les grandes suites ont toutes une terrasse spacieuse. Piscine sur le toit. L'établissement apparenté, le **Golden Lotus Hotel** (carte p. 62 ; ☎04-3938 0901 ; 32 P Hang Trong ; d/ste à partir de 45/80 $US ;), s'il est un peu plus ancien, est un peu moins cher et donne aussi accès à la piscine.

Artisan Boutique Hotel BOUTIQUE-HÔTEL $$
(carte p. 62 ; ☎04-3938 1900 ; www.artisanboutiquehotel.com ; 24 P Hang Hanh ; d/ste à partir de 28/110 $US ;). À un jet de pierre du lac Hoan Kiem, cet établissement (direction australo-vietnamienne) vaut par son personnel très réactif, sympathique et accomodant sans en faire trop. Quelques-unes des chambres pourraient être plus soignées mais toutes disposent de belles douches à l'italienne et d'éléments de décoration de bon goût. Optez pour le Penthouse s'il est disponible. Idéal pour la situation, le service et les tarifs.

Madame Moon Guesthouse PENSION $$
(carte p. 62 ; ☎04-3938 1255 ; www.madammoonguesthouse.com ; 17 P Hang Hanh ; d U26-45 $US ;

❄@📶). Pour faire simple : à un pâté de maisons du lac Hoan Kiem, Madame Moon propose des chambres plutôt chics dans une rue pleine de cafés et de bars relativement épargnée par la circulation. Si Madame Moon possède trois pensions, notre visite s'est faite dans la propriété de Pho Hang Hanh.

The Palmy Hotel & Spa HÔTEL $$
(carte p. 62 ; ☎04-3828 6622 ; thepalmyhotel.vn ; 4 Ngo Bao Khanh ; d à partir de 70 $US ; ❄📶). Dans le très stylé Palmy, les jolies chambres ont été redécorées en 2014. Au programme : des "classiques" très petites, des chambres "studio" au tout petit balcon et des suites Junior d'un bon rapport qualité/prix – les seules à disposer d'un balcon digne de ce nom (mais sans mobilier). On prend le petit-déjeuner, correct, à l'étage supérieur (vue exceptionnelle) et la présence d'un spa est un plus.

Cinnamon Hotel BOUTIQUE-HÔTEL $$
(carte p. 62 ; ☎04-3938 0430 ; www.cinnamonhotel.net ; 26 P Au Trieu ; d 58-65 $US ; ⊖❄@📶). Un hôtel branché, face à la cathédrale Saint-Joseph, dans l'enclave la plus chic de la vieille ville. Le design allie les éléments de cet immeuble ancien – fer forgé des balcons et persiennes en bois – à des touches japonaises et des gadgets modernes. Jolies chambres, toutes avec douche et balcon. Dans le même quartier, le **Cinnamon Hotel Cathedral** (carte p. 62 ; ☎04-3938 6761 ; 38 P Au Trieu ; d/ste à partir de 60/85 $US ; ❄📶), l'établissement frère, est similaire.

Joseph's Hotel HÔTEL $$
(carte p. 62 ; ☎04-3938 1048 ; www.josephshotel.com ; 5 P Au Trieu ; d à partir de 35 $US ; ❄@📶). Décor asiatique moderne associé à des couleurs pastel pour ce petit hôtel de 10 chambres, caché dans une paisible ruelle derrière Saint-Joseph. Essayez d'obtenir une chambre avec vue sur les tours de la cathédrale. Petit-déjeuner préparé à la demande. Balcons pour la plupart des chambres.

Hanoi Elegance Diamond Hotel HÔTEL $$
(carte p. 62 ; ☎04-3935 1632 ; www.elegancehospitality.com ; 32 Lo Su ; d à partir de 55 $US ; ❄@📶). Fière de l'excellence de son service et du confort de ses enseignes, cette petite chaîne locale pratique des tarifs très avantageux pour des chambres spacieuses et modernes. Au cœur de l'animation.

Impressive Hotel BOUTIQUE-HÔTEL $$
(carte p. 62 ; ☎04-3938 1590 ; www.impressivehotel.com ; 54-56 P Au Trieu ; d à partir de 40 $US ; ❄@). Ce petit établissement au nom prometteur offre heureusement des prestations satisfaisantes, au moins pour le tarif : impeccable service, propreté et confort des chambres, et une situation centrale, toutefois à l'écart du bruit.

Heart Hotel HÔTEL $$
(carte p. 62 ; ☎04-3928 6682 ; www.heart-hotel.com ; 11b P Hang Hanh ; d à partir de 580 000 d ; ❄@). Petit hôtel sans prétention, très populaire, à tout juste 100 m du lac Hoan Kiem. Il n'y a que 10 chambres, impeccables. Atout rare : celles des niveaux supérieurs donnent sur le lac.

Quartier français

Nous définissons le quartier français comme la zone s'étendant du sud du lac Hoan Kiem jusqu'au sud du parc Thong Nhat (parc Lénine), à l'ouest du fleuve Rouge jusqu'à la gare ferroviaire.

♥ **Conifer Boutique Hotel** HÔTEL $$
(carte p. 62 ; ☎04-3266 9999 ; www.coniferhotel.com.vn ; 9 Ly Dao Thanh ; d à partir de 60 $US ; ❄📶). Voici un petit hôtel épatant, en retrait dans une agréable rue secondaire du quartier français, en face d'une demeure coloniale joliment décrépite. Les chambres, plutôt petites, sont toutefois très fonctionnelles et bien conçues. N'hésitez pas à payer le supplément pour une chambre sur rue avec loggia, parfaite pour contempler les orages d'après-midi.

♥ **Somerset Grand Hanoi** APPART-HÔTEL $$
(carte p. 66 ; ☎04-3934 2342 ; www.somerset.com ; 49 P Hai Ba Trung ; app à partir de 75 $US ; ❄📶🏊👪). Les tarifs sont extrêmement variables selon le type et la situation de l'hébergement dans cette haute tour, mais des prix très avantageux sont possibles en réservant. Pour l'emplacement comme les prestations, ces logements (du studio à l'appartement de 3 chambres) avec tous les équipements de cuisine et de laverie, sont imbattables : idéal pour les familles.

Mercure La Gare HÔTEL $$
(carte p. 66 ; ☎04-3944 7766 ; www.mercure.com ; 94 P Ly Thuong Kiet ; d à partir de 70 $US ; ❄📶👪). Face à la gare ferroviaire, dans un bel immeuble, un grand hôtel Mercure récemment rénové. Chambres aux lignes pures et aux tons neutres. Idéal si vous voyagez en train.

♥ Sofitel Metropole Hotel HÔTEL $$$
(carte p. 62 ; ☎04-3826 6919 ; www.sofitel.com ; 15 P Ngo Quyen ; ch à partir de 220 $US ;). Splendeur coloniale et élégance intemporelle pour cet hôtel historique (1901) emblématique de la ville. Façade blanche classique, réception aux lambris d'acajou et restaurants réputés. Les chambres de l'aile ancienne ("Heritage") ont un charme incomparable, tandis que celles de l'Opera Wing brillent par leur confort somptueux. Même si vous ne logez pas ici, venez prendre un verre au Bambou Bar.

Hotel Nikko Hanoi HÔTEL $$$
(carte p. 68 ; ☎04-3822 3535 ; www.hotelnikkohanoi.com.vn ; 84 P Tran Nhan Tong ; ch à partir de 90 $US ;). Luxueux établissement de 16 étages aux chambres plus spacieuses que l'offre habituelle à Hanoi. Quoique impeccables, elles sont néanmoins un peu datées. Atouts appréciables : la piscine en plein air et un emplacement face à la verdure du parc Thong Nhat.

Hotel de l'Opéra HÔTEL $$$
(carte p. 62 ; ☎04-6282 5555 ; www.mgallery.com ; 29 P Trang Tien ; ch à partir de 155 $US ;). Ce magnifique grand hôtel associe un style colonial à un design des plus sophistiqués. Chambres de même acabit, garnies de soie et de tissus asiatiques. Parmi les petits luxes : le spa et l'ambiance délurée du bar La Fée Verte, dont le nom fait référence à l'absinthe. Deux restaurants, dont le Café Lautrec.

Hilton Hanoi Opera HÔTEL $$$
(carte p. 62 ; ☎04-3933 0500 ; www.hanoi.hilton.com ; 1 P Le Thanh Tong ; ch à partir de 135 $US ;). Un autre grand hôtel emblématique de la ville, dans un impressionnant édifice néoclassique construit en 1998. Les vastes chambres comme les parties communes sont régulièrement remises au goût du jour. La dernière refonte en date devrait être terminée quand vous lirez ces lignes. Les jardins et l'emplacement à côté de l'Opéra sont très agréables et la piscine, est une oasis appréciable. Qualité de service excellente.

Agglomération de Hanoi

♥ Fraser Suites Hanoi APPARTEMENTS $$$
(☎04-3719 8877 ; hanoi.frasershospitality.com ; 51 Xuan Dieu, Tay Ho ; app à partir de 185 $US ;). Ces magnifiques appartements tout équipés, dans un secteur très animé au bord du lac de l'Ouest (Tay Ho), constitutent un excellent choix pour tout voyageur séjournant à Hanoi quelques jours au moins. La piscine est l'une des plus belles de la ville.

InterContinental Westlake Hanoi HÔTEL $$$
(carte p. 70 ; ☎04-6270 8888 ; www.intercontinental.com/hanoi ; 1a P Nghi Tam, Tay Ho ; ch à partir de 175 $US ;). Design de style asiatique contemporain et service digne d'un cinq-étoiles pour ce luxueux hôtel installé sur les rives du Tay Ho. Toutes les chambres disposent d'un balcon et notre préférence va à celles sur pilotis au-dessus de l'eau. Le magnifique Sunset Bar, posé sur sa presqu'île artificielle, n'a pas son pareil en matière de cocktails.

Crowne Plaza West Hanoi HÔTEL $$$
(☎04-6270 6688 ; www.crowneplaza.com ; 36 P Le Duc Tho, My Dinh ; d/ste à partir de 90/160 $US ;). Cet hôtel de chaîne, situé dans un quartier périphérique en plein essor, offre un excellent rapport qualité/prix. L'emplacement est certes excentré (à 30 minutes en voiture de la vieille ville) mais vous séjournerez dans de spacieuses chambres bien décorées (agréable vue) aux tarifs attractifs. Remarquable buffet de petit-déjeuner. Vous pouvez même espérer profiter seul de l'agréable piscine en extérieur. Les suites Junior, immenses, valent bien le supplément.

Lotte Hotel HÔTEL $$$
(carte p. 70 ; ☎04-3333 1000 ; www.lottehotel.com/hanoi/en ; 54 Lieu Giai, Ba Dinh ; ch à partir de 144 $US ;). À 20 minutes en voiture de la vieille ville, hôtel perché dans la plus haute tour de Hanoi, fréquenté par une jeunesse dorée appréciant ses grandes chambres chics à la déco design. Vue magnifique de rigueur dans cet hôtel où l'on sent bien l'impression de grandeur, même si la qualité n'est pas nécessairement supérieure.

Où se restaurer

La scène culinaire de Hanoi, ville très cosmopolite, a tout d'excitant, et chacun pourra se régaler, quels que soient ses envies et son budget. Si vous venez juste d'arriver, vous aurez plaisir à découvrir la cuisine locale, pleine de saveurs et très bon marché – ne manquez pas de goûter à la cuisine de rue.

En revanche, après un séjour dans les montagnes où vous aurez subsisté grâce aux nouilles et au riz, les adresses étrangères (japonaises, françaises, italiennes ou indiennes) sont très tentantes.

Vieille ville

New Day VIETNAMIEN $
(carte p. 58 ; 04-3828 0315 ; newdayrestaurant.com ; 72 P Ma May ; menus 50 000-100 000 d ; 8h-tard). Propre et soigné, le New Day attire une clientèle hétéroclite de Vietnamiens, d'expatriés et de voyageurs. Le personnel, très enthousiaste, vous trouvera toujours de la place : préparez-vous à partager une table avec d'autres amateurs de cuisine vietnamienne. Mille et un plats à la carte.

Mon Hue VIETNAMIEN $
(carte p. 62 ; 0986 981 369 ; 37 P Ly Quoc Su ; repas 40 000-80 000 d ; 10h-22h ;). Si ce petit établissement sans prétention s'est approprié le nom d'une chaîne de restaurants basée à Hô Chi Minh-Ville, il reste que le personnel est adorable, la nourriture très bonne, dans le style de Hué (adapté aux goûts locaux par une famille de Hanoi). Une carte avec photos vous facilite la découverte de cette quasi-cuisine de rue.

Namaste INDIEN $$
(carte p. 66 ; 04-3935 2400 ; www.namastehanoi.com ; 46 P Tho Nuom ; repas 85 000-225 000 d ; 11h-14h30 et 18h-22h ;). Restaurant de grande capacité axé sur la cuisine indienne, délicieuse ici. Très large choix, dont quelques mets végétariens. Les *thali* (de 105 000 d à 225 000 d) sont aussi généreux que peu onéreux. Accès Wi-Fi.

Highway 4 VIETNAMIEN $$
(carte p. 58 ; 04-3926 0639 ; www.highway4.com ; 3 P Hang Tre ; repas 120 000-275 000 d ; 12h-tard). Premier restaurant d'une famille célèbre pour avoir adapté la cuisine vietnamienne aux palais occidentaux, bien qu'en gagnant en popularité il lui est devenu plus difficile de satisfaire tout le monde. Il existe désormais trois autres enseignes dans la ville (consulter le site Internet). Venez pour la convivialité d'assiettes à partager, de la bière fraîche et d'une déco sympa.

Cha Ca Thang Long VIETNAMIEN $$
(carte p. 58 ; 04-3824 5115 ; www.chacathanglong.com ; 19-31 P Duong Thanh ; cha ca 180 000 d ; 10h-15h et 17h-22h). Soyez prêt à mettre la pain à la pâte pour griller ou frire vous-même un poisson succulent, avec une sauce aux crevettes et des herbes à profusion. Le *cha ca* est un plat emblématique de Hanoi, meilleur ici que dans un restaurant spécialisé voisin où débarquent tous les groupes de touristes.

Green Mango MÉDITERRANÉEN $$
(carte p. 58 ; 04-3928 9917 ; www.greenmango.vn ; 18 P Hang Quat ; repas 200 000-250 000 d ; 12h-tard). Un restaurant-lounge aussi réputé pour sa cuisine que son atmosphère, très tendance. Les salons-salles à manger, drapés de riches soieries, évoquent une fumerie d'opium, et la grande cour à l'arrière prend tout son charme lors des nuits d'été. Côté mets, le choix est vaste, de la cuisine fusion asiatique aux plats de pâtes.

Green Tangerine FUSION $$
(carte p. 58 ; 04-3825 1286 ; www.greentangerinehanoi.com ; 48 P Hang Be ; menus 12-20 $US ; 12h-tard ;). Retrouvez l'atmosphère de l'Indochine des années 1950 dans cet élégant restaurant caché dans une demeure coloniale splendidement restaurée, agrémentée d'une cour pavée. La cuisine fusion franco-vietnamienne n'est pas toujours une réussite, mais vous pouvez aussi y venir pour prendre un café ou un verre. Les menus du déjeuner (2 plats, 218 000 d) sont d'un bon rapport qualité/prix.

Environs du lac Hoan Kiem

Minh Thuy's VIETNAMIEN $
(carte p. 62 ; 04-3200 7893 ; 2a Duong Thanh ; repas 45 000-155 000 d ; 11h-22h ;). Minh Thuy, candidate à l'émission Masterchef Vietnam, a ouvert ce restaurant propret caché dans le quartier des voyageurs. Au programme : une appétissante cuisine vietnamienne aux accents européens inattendus et un vaste choix de plats végétariens. Prix très doux. À ne pas rater.

La Place CAFÉ $
(carte p. 62 ; 04-3928 5859 ; www.laplacehanoi.com ; 4 P Au Trieu ; repas à partir de 70 000 d ; 7h30-22h30 ;). À côté de la cathédrale Saint-Joseph, un petit café élégant, très couru, dont les murs sont couverts de posters de propagande artistiques. La carte mêle spécialités d'Orient et d'Occident. Café corsé, vin au verre. Très bien pour le petit-déjeuner également.

Kem Dac Diet Trang Tien GLACIER $
(carte p. 62 ; 35 P Trang Tien ; glace à partir de 10 000 d ; 8h-22h). Glacier sans doute le plus fameux de Hanoi – la file d'attente en témoigne en été.

Le Petit Bruxelles BELGE $$
(carte p. 62 ; 04-3938 1769 ; www.le-petit-bruxelles.com ; 1 P Au Trieu ; menu déj 149 000 d,

LE TOP 10 DE LA CUISINE DE RUE

S'y retrouver dans tout ce que la vieille ville compte de restaurants de rue relève de la gageure, mais cela vaut le coup d'essayer. La meilleure nourriture de Hanoi est assurément proposée là, aux étals des vendeurs qui envahissent les trottoirs avec leurs poêles à charbon de bois et leurs petits tabourets en plastique bleu autour desquels se retrouvent les Vietnamiens. De nombreuses échoppes fonctionnent depuis des lustres et ne proposent souvent qu'un seul mets. Attention, les horaires et les prix peuvent varier. L'addition ne devrait pas dépasser 25 000 à 70 000 d par personne.

Bun Rieu Cua (carte p. 62 ; 40 P Hang Tre ; ⏲7h-10h30). Il faut arriver tôt ici, dans cette gargote très populaire, qui ne sert son unique plat de *bun rieu cua* (soupe de vermicelles de riz au crabe) qu'entre 7h et 10h30. Un classique de Hanoi.

Bun Cha Nem Cua Be Dac Kim (carte p. 58 ; 67 P Duong Thanh ; ⏲11h-19h). Séjourner à Hanoi sans goûter au *bun cha* (porc grillé, en lamelles ou haché en boulettes, servi avec des vermicelles de riz), accompagné d'un *nem cua be* (rouleau de printemps de crabe), serait vraiment dommage. Une excellente adresse où déguster cet autre classique.

Banh My Pho Hue (carte p. 68 ; 118 P Hue ; ⏲8h-21h). Les vendeurs de *banh mi* (sandwichs) ne manquent pas à Hanoi, même si le phénomène est encore plus populaire à Hô Chi Minh-Ville. Un endroit toujours pris d'assaut par les habitués – un très bon signe.

Pho Thin (carte p. 68 ; 13 P Lo Duc ; ⏲6h-15h). Frayez-vous un chemin jusqu'à l'arrière de ce boui-boui étroit qui prépare un savoureux *pho bo* (soupe de nouilles au bœuf). L'endroit n'a pas changé depuis des lustres et il fait figure d'institution.

Banh Cuon (carte p. 58 ; 14 P Hang Ga ; ⏲8h-15h). Inutile de passer commande ici : installez-vous, et une assiette de *banh cuon* (raviolis cuits à la vapeur et farcis d'un mélange de porc, de champignons et de crevettes) sera placée devant vous.

Banh Ghoi (carte p. 62 ; 52 P Ly Quoc Su ; ⏲10h-19h). Cachée sous un banian près de la cathédrale, cette humble échoppe sert des *banh ghoi*, appétissants chaussons frits fourrés au porc, aux vermicelles et aux champignons.

Bun Bo Nam Bo (carte p. 58 ; 67 P Hang Dieu ; ⏲11h-22h). Le *bun bo nam bo* (nouilles sèches au bœuf) est un plat du sud du Vietnam, qui est assaisonné avec des germes de soja, de l'ail, de la citronnelle et de la mangue verte, pour le plaisir des papilles.

Xoi Yen (carte p. 58 ; angle P Nguyen Huu Huan et P Hang Mam ; ⏲7h-23h). Spécialisé dans le riz gluant garni d'ingrédients savoureux, dont des saucisses douces asiatiques, des œufs encore baveux et du porc mijoté.

Mien Xao Luon (carte p. 58 ; 87 P Hang Dieu ; ⏲7h-14h). Cette humble échoppe est réputée pour ses petites montagnes d'anguilles frites, que vous pouvez savourer de trois manières différentes – notamment sautées à l'œuf, aux germes de soja et aux échalotes, avec des vermicelles.

Che (carte p. 58 ; 76 P Hang Dieu ; ⏲7h-15h). En hiver, essayez le *che banh troi tau* (entremets aux haricots mungo, au sésame et au gingembre), ou en été, le *che thap nam* (entremets au lait de coco, cacahuètes écrasées, graines de lotus et pommes séchées).

repas 115 000-435 000 d ; ⏲11h-14h et 17h-22h). Pour un petit goût d'Europe, attablez-vous dans cet impeccable restaurant belge situé dans une petite rue au calme. Moules, frites, fondue et bœuf bourguignon. La terrasse est le lieu rêvé où préparer la suite de votre séjour devant une bière belge bien fraîche.

Hanoi Social Club CAFÉ **$$**

(carte p. 66 ; ☎04-3938 2117 ; www.facebook.com/thehanoisocialclub ; 6 Hoi Vu ; repas 95 000-175 000 d ; ⏲8h-23h). L'un des cafés les plus cosmopolites de la ville, sur 3 niveaux décorés de mobilier rétro. Côté cuisine, vous pourrez commander des beignets de pommes de terre au chorizo pour le petit-déjeuner, des pâtes, burgers et wraps au déjeuner ou le soir, à côté Il y a aussi des plats végétariens, dont un savoureux curry de mangue. L'emplacement, dans une ruelle tranquille, invite à siroter un café, une bière ou un verre de vin en fin de journée. Le Hanoi Social Club accueille régulièrement des concerts et autres événements ; consultez sa page Facebook pour connaître le programme.

Madame Hien VIETNAMIEN **$$$**
(carte p. 62 ; ☎ 04-3938 1588 ; www.facebook.com/madamehienrestaurant ; 15 Chan Cam ; menus à partir de 365 000 d, repas 95 000-350 000 d ; 🕐11h-22h). Le nom de ce restaurant installé dans une villa du XIXe siècle restaurée est un hommage du chef français Didier Corlou à la grand-mère vietnamienne de sa femme. Vous trouverez ici des versions plus élaborées des mets proposés dans les restaurants de rue ; le menu "36 Streets" (535 000 d) est un bon moyen de mieux découvrir la gastronomie locale.

Ouest de la vieille ville

Ray Quan VIETNAMIEN **$**
(carte p. 66 ; ☎ 0913 578 588 ; 8a Nguyen Khuyen ; plats à partir de 30 000-120 000 d). Cette petite gargote très prisée des expatriés avertis donne sur la voie ferrée, ce qui ne plaira pas à tous. En revanche, l'unanimité se fera sur le large choix de plats locaux traditionnels, préparés à la commande par l'excentrique chef, qui produit également son alcool de riz... fort et délicieux.

Net Hue VIETNAMIEN **$**
(carte p. 66 ; ☎ 04-3938 1795 ; nethue.com.vn ; angle P Hang Bong et P Cam Chi ; en-cas et menus à partir de 35 000 d ; 🕐11h-21h). Cadre confortable et prix très raisonnables pour cet établissement d'une petite chaîne locale. Montez au dernier étage, le plus agréable, et découvrez des plats à la mode de Hué comme le *banh nam* (crêpe de riz cuite à la vapeur garnie de crevettes hachées).

Quan An Ngon VIETNAMIEN **$**
(carte p. 66 ; ☎ 04-3942 8162 ; www.ngonhanoi.com.vn ; 18 Phan Boi Chau ; repas 70 000-150 000 d ; 🕐7h-23h). Enseigne d'une série de petites cuisines du même nom qui préparent des spécialités de rue de tout le pays. Venez plutôt en dehors des heures d'affluence (à midi et le soir) ou rabattez-vous sur l'autre **enseigne** (carte p. 66 ; ☎ 04-3734 9777 ; 34

QUELQUES SPÉCIALITÉS CULINAIRES PAR QUARTIERS

Pour associer le plaisir gustatif à celui de l'exploration de la ville, rendez-vous dans les quartiers suivants, réputés pour leurs restaurants et leurs stands de restauration.

➡ **Pho Cam Chi** Cette étroite ruelle est bondée d'échoppes servant une délicieuse cuisine bon marché. Cam Chi signifie "interdiction de montrer du doigt" : ce nom aurait été donné à la rue, il y a plusieurs siècles, pour rappeler à ses habitants qu'ils ne devaient pas pointer d'un doigt curieux le roi et sa cour quand ils se déplaçaient dans le quartier. Cam Chi est à environ 500 m au nord-est de la gare ferroviaire de Hanoi. À côté, Tong Duy Tan compte aussi de nombreuses bonnes adresses.

➡ **Đuong Thuy Khue** Sur la rive sud du lac de l'Ouest (Tay Ho), Đ Thuy Khue regroupe quantité de restaurants de poissons et de fruits de mer donnant sur le lac. La concurrence y est féroce si l'on en juge par les rabatteurs qui cherchent à guider les clients jusqu'à leurs tables. On s'y régale pour environ 150 000 d par personne.

➡ **Truc Bach** La rive nord-est du lac Truc Bach, plus calme, est ponctuée de restaurants de *lau* (fondue) sur plusieurs centaines de mètres. Attablez-vous avec des amis et préparez vous-même votre poisson, votre poulet ou votre bœuf. Il n'y a pas mieux pour faire un excellent repas en début de soirée.

➡ **Pho Nghi Tam** À 10 km au nord du centre de Hanoi, une soixantaine de restaurants de viande de chien bordent Pho Nghi Tam sur 1 km. Les habitants croient que consommer cette viande pendant la première moitié du mois lunaire porte malheur et, en conséquence, désertent ces restaurants. La seconde quinzaine, en revanche, les affaires reprennent et les clients s'y bousculent, particulièrement le dernier jour. Même si vous n'avez aucune envie de goûter au chien, allez y faire un tour ce soir-là, en cherchant les mots *thit cho*.

➡ **Cho Am Thuc Ngoc Lam** De l'autre côté du Song Hong (fleuve Rouge), à Long Bien, cette rue jalonnée de restaurants de fruits de mer, face au fleuve, est prisée des habitants. Très belles vues sur le pont Chuong Duong et le pont Long Bien. Sachez qu'il y a un regroupement de restaurants *thit cho* (de viande de chien) au début de la rue.

P Phan Đinh Phung ; plats 70 000-150 000 d ; 11h-23h), plus récente, dans une jolie villa française juste au nord de la vieille ville.

Nha Hang Koto Van Mieu CAFÉ $$

(carte p. 66 ; 04-3747 0338 ; www.koto.com.au ; 59 P Van Mieu ; repas 120 000-160 000 d ; 7h30-22h, fermé lun dîner ;). Sur 4 niveaux, un café-bar-restaurant d'un style nouveau qui donne sur le temple de la Littérature. Le cadre est soigné, des sièges élégants aux fleurs posées sur la caisse enregistreuse. Plats du jour (à l'ardoise) et courte carte affichant de tout, des délicieux mets vietnamiens à des *pita* et des *fish and chips* à la bière.

KOTO est une association à but non lucratif prodiguant éducation et formation professionnelle à des enfants et à des adolescents défavorisés.

Puku CAFÉ $$

(carte p. 66 ; 04-3938 1745 ; www.facebook.com/PukuCafeHanoi ; 18 Tong Duy Tan ; repas 90 000-140 000 d ; 24h/24 ;). L'un des rares établissement de Hanoi ouverts non-stop, à 5 minutes à pied de la gare ferroviaire (donc idéal pour un brunch réparateur après une nuit en train au retour de Sapa). Excellent café, petits-déjeuners servis toute la journée, assez bons burgers et wraps. Un aperçu des cafés à la néo-zélandaise – Puku signifie "estomac" en langue maori.

Old Hanoi VIETNAMIEN $$$

(carte p. 66 ; 04-3747 8337 ; www.oldhanoi.com ; 4 Ton That Thiep ; repas 90 000-179 000 d ; 11h-14h et 17h-22h). Restaurant sophistiqué dans une villa coloniale restaurée, agrémentée d'une cour. Le fameux chef écossais Gordon Ramsay y a notamment officié. Cuisine traditionnelle de Hanoi et spécialités vietnamiennes sont servies fièrement sur des nappes blanches amidonnées. Venir à plusieurs est une bonne idée pour apprécier le choix de mets et partager l'addition.

Quartier français

Moto-san Uber Noodle JAPONAIS-VIETNAMIEN $

(carte p. 62 ; 04-6680 9124 ; 4 Ly Dao Thanh ; repas 45 000-70 000 d). Charmante petite échoppe ouverte sur l'extérieur, avec quelques tables et des sièges au comptoir, créée par Nguyen Qui Duc, écrivain, designer et journaliste originaire de Hanoi (connu pour son bar-espace artistique, le Tadioto ; p. 85). L'endroit est spécialisé dans les *ramen*, nouilles japonaises servies dans un bouillon au *miso*, au *shōyu* (soja) ou au *shio* (sel), et dans les *banh mi thit ko* (sandwich vietnamien au porc épicé).

Chim Sao VIETNAMIEN $$

(carte p. 68 ; 04-3976 0633 ; www.chimsao.com ; 63-65 Ngo Hue ; repas 75 000-180 000 d ; 11h-23h). Attablez-vous en bas ou asseyez-vous sur des coussins à l'étage, plus traditionnel, pour déguster une délicieuse cuisine vietnamienne, dont certains plats typiques des ethnies du Nord. Les saucisses, les salades fraîches et goûteuses, et le canard à la carambole méritent une mention spéciale. À fréquenter plutôt en groupe afin de goûter à tout.

Nha Hang Ngon VIETNAMIEN $$

(carte p. 68 ; 04-3933 6133 ; 26a P Tran Hung Dao ; repas 80 000-130 000 d ; 7h-21h30). Attaché aux saveurs vietnamiennes authentiques, ce bistrot plaît aux visiteurs comme aux habitués. De la cuisine de rue détournée de la rue et servie dans une belle villa française restaurée avec cour.

Izakaya Yancha JAPONAIS $$

(carte p. 68 ; 04-3974 8437 ; 121 P Trieu Viet Vuong ; repas 120 000-250 000 d ; 11h-23h). Dans une rue où dominent les cafés vietnamiens, une table dédiée aux spécialités du pays du Soleil-Levant, qui propose des petits plats d'*izakaya* ("bistrot" japonais) dans une ambiance conviviale et animée. Trouvez une place près de la cuisine ouverte et faites votre choix entre toutes sortes de mets d'Osaka, dont d'excellents sashimis au thon, et du miso avec des nouilles udon.

Chay Nang Tam VÉGÉTARIEN $$

(carte p. 68 ; 04-3942 4140 ; 79a P Tran Hung Dao ; en-cas à partir de 100 000 d ; 11h-20h ;). Comment ce restaurant réussit-il à créer, à partir de légumes et de légumineuses, des plats végétariens ayant l'aspect de la viande ? Il s'agit en fait d'une vieille tradition bouddhique vouée à mettre les non-végétariens à l'aise.

La Badiane INTERNATIONAL $$$

(carte p. 66 ; 04-3942 4509 ; www.labadiane-hanoi.com ; 10 Nam Ngu ; repas à partir de 265 000 d ; 11h30-14h et 18h-21h45, fermé dim). Un bistrot stylé, installé dans une demeure coloniale restaurée, qui entoure une cour centrale aérée. À la carte : des plats français (comme le talentueux chef), aussi bien que des spécialités asiatiques et méditerranéennes.

Entre aures plats phares, citons les tagliatelles au bar et au paprika fumé, ou la bisque de crevettes accompagnée de bruschetta tomate-wasabi. Menu déjeuner de 3 plats d'un bon rapport qualité/prix à partir de 325 000 d.

Pots 'n Pans FUSION $$$

(carte p. 68 ; ☎04-3944 0204 ; www.potsnpans.vn ; 57 P Bui Thi Xuan ; repas 300 000-650 000 d ; ⏲11h30-tard). Venez déguster, dans cet espace chic et moderne, une cuisine créative mariant saveurs vietnamiennes et occidentales. Une excellente carte des vins accompagne des mets comme le bar à la peau croustillante avec boudin de crevettes au gingembre, nouilles au sésame noir, champignons, confiture de piment et sauce tamarin-coco.

Agglomération de Hanoi

♥ Tim Ho Wan DIM SUM $

(carte p. 70 ; ☎04-3333 1725 ; 36e ét, tour Lotte, 54 Lieu Giai, Ba Dinh ; dim sum 59 000-95 000 d). Faites-vous plaisir en réservant une table côté fenêtre dans l'enseigne locale de la légendaire chaîne de *dim sum* de Hong Kong, au 36e étage de la tour Lotte. À deux ou en groupe, vous ne le regretterez pas.

Oasis ÉPICERIE, TRAITEUR $

(carte p. 70 ; ☎04-3719 1196 ; 24 P Xuan Dieu ; ⏲8h-18h). Épicerie fine, italienne, bien fournie en pains, fromages, charcuteries, pâtes fraîches et sauces. Au nord de la ville, dans Pho Xuan Dieu, rue jalonnée de restaurants dans le quartier du Tay Ho.

♥ Maison de Tet Decor CAFÉ $$

(☎0966 611 383 ; tet-lifestyle-collection.com ; 36 Tua Hoa, Nghi Tam, Tay Ho ; repas à partir de 180 000 d ; ⏲7h-23h). Délicieuse, saine et bio (chaque fois que c'est possible), la cuisine à base d'aliments non transformés est servie avec assurance dans cette jolie villa aérée qui surplombe le lac de l'Ouest, l'un des plus charmants sites de Hanoi.

Quan Kien VIETNAMIEN $$

(carte p. 70 ; ☎0983 430 136 ; www.quankien.com ; 143 P Nhgi Tam ; repas 80 000-130 000 d ; ⏲11h-23h). Une adresse intéressante pour les spécialités hmong, muong et thaïes – délicieux poulet grillé au poivre sauvage –, les *ruou* (alcools de riz) traditionnels parfumés à l'abricot ou à la pomme, et des recettes plus inhabituelles telles que grillons et œufs de fourmis. Installez-vous autour des tables basses et régalez-vous.

Mâu Dich 37 VIETNAMIEN $$

(carte p. 66 ; ☎04-3715 4336 ; 37 Nam Trang, Truc Bach ; en-cas 35 000-55 000 d, repas 90 000-180 000 d ; ⏲10h-22h). Inspiré des épiceries d'État d'après 1976, le Mâu Dich 37 surfe sur la vague nostalgique. Les serveurs portent des uniformes et les clients font la queue pour acheter des coupons à remettre en échange des plats. Axée sur les robustes spécialités du Nord, la carte comprend quelques curiosités comme les grenouilles braisées et les escargots aux feuilles de gingembre.

Foodshop 45 INDIEN $$

(carte p. 70 ; ☎04-3716 2959 ; www.foodshop45.com ; 59 P Truc Bach ; repas 100 000-250 000 d ; ⏲10h-22h30). L'un des meilleurs restaurants indiens de Hanoi, coincé entre deux restaurants de *lau* (fondue) au bord du lac Truc Bach. Ambiance authentique aux tables rustiques du rez-de-chaussée. Carte épatante, affichant notamment un délicieux poulet *kadhai*.

Kitchen CAFÉ $$

(☎04-3719 2679 ; 30 To Ngoc Van, Tay Ho ; repas 100 000-210 000 d ; ⏲7h-21h30 ; 📶). Ce café en terrasse d'influence mexicaine a tout pour plaire : atmosphère décontractée et carte diétético-créative de délicieux sandwichs et salades bio. Idéal pour le petit-déjeuner ou un jus de fruits (essayez le tonic gingembre-pastèque) après avoir fait le tour du lac de l'Ouest à vélo.

Où prendre un verre

Qu'ils soient tendance, décontractés ou proches du tripot, il y a tant de bars et de cafés à Hanoi que vous en trouverez forcément un correspondant à votre humeur. Sans oublier non plus les microbrasseries locales de *bia hoi*.

Sachez toutefois que la police fait appliquer strictement le couvre-feu : les bars doivent être fermés à minuit, ce qui réduit sérieusement la vie nocturne. Quelques lieux pratiquent cependant le "lock-in" (l'endroit est fermé, mais les clients déjà à l'intérieur restent). Renseignez-vous dans les auberges de jeunesse pour savoir quels bars restent ouverts tard.

Pho Ta Hien, une rue de la vieille ville jalonnée de petits bars sympathiques, fait la joie des voyageurs, tout comme Ngo Bao Khan près de la rive nord-ouest du lac Hoan Kiem. Sinon, les étrangers apprécient également Pho Xuan Dieu, dans le quartier du lac de l'Ouest (Tay Ho).

décor flamboyant, et qui reste ouvert tard. Le week-end, les DJ sont aux commandes, alternant house et musique d'ambiance. Également dans le Sofitel Metropole, le **Bamboo Bar**, au bord de la piscine, s'agrémente d'un élégant décor colonial.

Dragonfly BAR
(carte p. 58 ; ☎04-3926 2177 ; 15 P Hang Buom ; ⏲16h-tard). Bar-club de la vieille ville, qui attire une foule très jeune avec une musique grand public.

Rooftop Bar BAR
(carte p. 66 ; ☎0913 706 966 ; www.facebook.com/pages/The-Rooftop-Bar-Pacific-Place-Hanoi ; 19e ét, Pacific Place, 83B P Ly Thuong Kiet ; ⏲12h-24h). La bière et les cocktails ne sont pas donnés, mais on vient avant tout pour la vue sur la ville. La jeunesse dorée locale prise particulièrement ce lieu.

GC Pub PUB
(carte p. 62 ; ☎04-3825 0499 ; 7 P Bao Khanh ; ⏲12h-24h). Lieu de rencontre officieux de longue date de la communauté gay à Hanoi, désormais un brin défraîchi mais très animé les soirs de fin de semaine. Apprécié des résidents et de la plupart des visiteurs homosexuels, en particulier ceux qui aiment jouer au billard.

Quan Ly BAR
(carte p. 68 ; 82 P Le Van Hu ; ⏲10h-21h). Le propriétaire de l'établissement, Pham Xuan Ly, habite dans l'immeuble depuis 1950 et tient l'un des bars à *ruou* (alcool local, de riz en général) les plus traditionnels de la ville Laissez-vous tenter par celui au gingembre, et aventurez-vous du côté des variations autour du gecko. Vous pourrez aussi commander, pour trois fois rien, une bière et de bons plats vietnamiens.

☆ Où sortir

Cinémas

Centre culturel français de Hanoi CINÉMA
(carte p. 62 ; www.ifhanoi-lespace.com ; 24 P Trang Tien). Installé dans le magnifique bâtiment L'Espace, près de l'Opéra. On y projette régulièrement des films français. Des concerts y sont également organisés ; renseignements sur le site.

Cinémathèque CINÉMA
(carte p. 62 ; ☎04-3936 2648 ; 22a P Hai Ba Trung). Une institution de Hanoi, très appréciée des amoureux du cinéma d'art et d'essai. Agréable petit café-bar sur place. L'accès est réservé aux abonnés, mais il suffit pour l'être de s'acquitter d'une cotisation de 50 000 d.

Musique

Le temple de la Littérature accueille tous les jours des concerts de musique traditionnelle.

Opéra de Hanoi OPÉRA
(carte p. 62 ; ☎04-3993 0113 ; www.ticketvn.com ; 1 P Trang Tien). Des concerts de musique classique et des opéras y sont régulièrement donnés en soirée, et l'ambiance est fabuleuse. Programmation sur le site Internet.

Théâtre Thang Long Ca trù MUSIQUE TRADITIONNELLE
(carte p. 58 ; ☎0122 326 6897 ; www.catruthanglong.com ; 28 P Hang Buom ; 210 000 d ; ⏲20h mar, jeu et sam). Des concerts de *Ca trù* sont donnés dans le cadre intimiste d'une maison restaurée de la vieille ville. Cette forme de poésie chantée typique du nord du Vietnam, qui compte une centaine de mélodies, a été classée (2009) par l'Unesco sur la liste du patrimoine immatériel nécessitant une sauvegarde urgente. Les groupes de *Ca trù* sont composés de trois personnes : une chanteuse, qui utilise des techniques respiratoires et le vibrato pour produire des ornementations sonores uniques, ainsi que deux instrumentistes qui l'accompagnent de la sonorité profonde d'un luth à trois cordes et du rythme énergique d'un tambour d'éloge.

HANOI GAY ET LESBIEN

Il existe très peu d'établissements pour homosexuels à Hanoi, mais de nombreux lieux sont *gay-friendly*. Toutefois, l'attitude conservatrice des autorités fait que la prudence reste de mise. Les descentes de police au nom de la "morale" ne sont pas rares et poussent les homosexuels à se faire discrets. Pour une découverte originale de la ville et de la vie des homosexuels, suivez Tuan, guide du Gay Hanoi Tour (p. 74) qui sera heureux de répondre à toutes vos questions.

Le GC Pub (p. 87) se classe en tête des bars gays de Hanoi, et permet de connaître les nouveaux lieux de sortie. Côté hébergement, le Art Hotel (p. 76), le Art Trendy Hotel (p. 76) et l'Artisan Boutique Hotel (p. 77) sont *gay-friendly*.

Le site Internet www.utopia-asia.com (en anglais) donne les dernières informations sur la communauté gay.

À NE PAS MANQUER

LE THÉÂTRE DE MARIONNETTES SUR L'EAU

L'art millénaire des marionnettes sur l'eau (*roi nuoc*), qui demeura confiné au nord du Vietnam jusque dans les années 1960, était à l'origine un passe-temps des paysans, qui travaillaient toute la journée dans les rizières du delta du fleuve Rouge. Les versions divergent quant à la naissance de ces "spectacles" : ces paysans auraient considéré la surface de l'eau comme une scène toute trouvée, ou bien ils auraient décidé, après une inondation du delta, d'adapter l'art des marionnettes traditionnelles. Quoi qu'il en soit, aujourd'hui, vous pourrez voir des représentations au théâtre municipal des marionnettes sur l'eau de Hanoi.

Les paysans sculptaient les marionnettes dans le bois de figuier *(sung)*, matériau imputrescible, en s'inspirant des habitants de leur village, des animaux qui les entouraient ou des créatures mythiques (dragon, phénix ou licorne) et donnaient leurs représentations dans des bassins, des lacs ou des rizières. De nos jours, c'est un réservoir d'eau jusqu'à la taille qui sert de "scène". Les marionnettes, peintes de couleurs vives, mesurent jusqu'à 50 cm et pèsent près de 15 kg. Certaines marionnettes sont simplement fixées à de longues tiges de bambou ; d'autres sont placées sur une base flottante, elle-même fixée à une tige. Elles ont pour la plupart une tête et des membres articulés et, parfois, un gouvernail pour les diriger. Depuis l'auditorium plongé dans l'obscurité, on a l'impression qu'elles marchent littéralement sur l'eau. Leur vie n'excédant pas trois à quatre mois quand elles servent en continu, leur fabrication occupe à plein temps plusieurs villages des environs de Hanoi.

Chaque représentation nécessite onze marionnettistes, qui ont tous suivi une formation d'au moins 3 ans. Leurs techniques complexes de manipulation des marionnettes étaient à l'origine transmises de père en fils uniquement, de peur que les filles se marient en dehors du village et emportent avec elles leurs secrets.

La musique traditionnelle jouée lors de la représentation a autant d'importance que l'action elle-même. L'orchestre comprend des flûtes en bois (*sao*), des gongs (*cong*), des tambours (*trong com*), des xylophones en bambou et l'étonnante cithare monocorde (*dan bau*). Chaque spectacle, mémorable, consiste en une succession de tableaux représentant des scènes pastorales et des légendes. Une scène illustre la lutte entre un pêcheur et sa proie ; elle est si réaliste que le poisson semble vivant. D'autres tableaux figurent des dragons crachant du feu (réalisé avec des techniques d'artificier) ou un jeune garçon jouant de la flûte, assis sur le dos d'un buffle.

Les marionnettes sur l'eau sont aussi divertissantes que gracieuses, apparaissant et disparaissant comme par magie. Les spectateurs des premiers rangs peuvent s'attendre à quelques éclaboussures !

Hanoi Rock City MUSIQUE LIVE
(www.hanoirockcity.com ; 27/52 To Ngoc Van, Tay Ho). Hanoi a enfin une vraie salle de concerts dédiée aux musiques actuelles, avec mélange éclectique de reggae, de hip-hop, de punk local et d'électro, et à des DJ sortant de l'ordinaire. Quelques manifestations internationales. Renseignements sur le site www.newhanoian.xemzi.com. Le Hanoi Rock City est situé au bout d'une allée résidentielle, à 7 km au nord de la ville, près du Tay Ho.

Jazz Club By Quyen Van Minh MUSIQUE LIVE
(carte p. 66 ; www.minhjazzvietnam.com ; 65 Quan Su ; ⏲concerts 21h-23h30). Pour les inconditionnels des jam-sessions. Le propriétaire, Minh, professeur de saxophone, fait ici des bœufs en compagnie de musiciens talentueux, dont son fils Dac, et de jazzmen de réputation internationale. Bar bien fourni et restauration sur place. Consultez le site Internet pour la programmation

Théâtre

Théâtre municipal des marionnettes sur l'eau THÉÂTRE
(carte p. 62 ; ☎04-3824 9494 ; www.thanglongwaterpuppet.org/?/en/home/ ; 57b P Dinh Tien Hoang ; 60 000-100 000 d, app photo 20 000 d, vidéo 60 000 d ; ⏲horaires des spectacles variables). Vous pourrez voir à Hanoi certains des plus beaux spectacles de cet art fantastique, originaire du Nord, dans ce théâtre dédié. Des programmes multilingues permettent de lire les paroles au fur et à mesure du spectacle – très apprécié aussi

des enfants. Même si les représentations sont nombreuses chaque jour, pensez à réserver, surtout entre octobre et avril.

Vietnam National Tuong Theatre OPÉRA
(carte p. 58 ; ☎ 04-837 0046 ; www.vietnamtuongtheatre.com ; 51 P Duong Thanh ; 100 000 d ; ⌚ 18h30 jeu-dim). Le *hat tuong* est une adaptation vietnamienne de l'opéra chinois, qui a connu son âge d'or sous le règne de la dynastie des Nguyên au XIXe siècle. Jusqu'en 2007, on ne pouvait assister aux représentations dans ce théâtre que sur invitation. Elles sont désormais ouvertes à tous. Un spectacle de *hat tuong* est une forme d'art traditionnel bien distincte du théâtre de marionnettes sur l'eau, elle aussi très codifiée et raffinée, et tout aussi intéressante.

Achats

Hanoi est une ville où vous aurez mille occasions de vous faire plaisir. Dans la vieille ville, l'offre est à peu près infinie, entre vêtements, cosmétiques, lunettes de soleil, logiciels et DVD piratés, T-shirts, instruments de musique, herbes médicinales, bijoux, offrandes religieuses, épices, café et tant d'autres choses. Partez du principe que pratiquement tous les produits de marque que vous voyez ici sont des contrefaçons. En matière d'artisanat vietnamien, dont des textiles et des objets en laque, allez fouiner dans les boutiques de Pho Hang Gai, Pho To Tich, Pho Hang Khai et Pho Cau Go. Pho Hang Gai et son prolongement, Pho Hang Bong, sont les rues où trouver du linge de table brodé, des T-shirts et des tentures murales. Pho Hang Gai est aussi l'endroit idéal pour acheter de la soie et se faire confectionner des vêtements sur mesure.

Si vous avez envie de vêtements ou d'articles de décoration de belle qualité, le quartier de la cathédrale Saint-Joseph est tout indiqué. Pho Nha Tho et Pho Au Trieu notamment sont bordées de quantité de boutiques intéressantes – et les cafés sont nombreux alentour.

La plupart des galeries d'art ont élu domicile dans Pho Trang Tien, entre le lac Hoan Kiem et l'Opéra. Vous pouvez aussi faire un tour du côté du musée des Beaux-Arts, où quelques galeries intéressantes exposent de jeunes talents. Sinon, la boutique de l'élégant café-bar Manzi Art Space (p. 86) vend des œuvres d'artistes locaux.

Bookworm LIVRES
(carte p. 66 ; www.bookwormhanoi.com ; 44 Chau Long ; ⌚ 9h-19h). Propose plus de 10 000 titres en anglais, neufs ou d'occasion, dont des romans, ainsi que des ouvrages pointus sur l'Asie du Sud, en matière d'histoire et de politique.

Librairie Thang Long LIVRES
(carte p. 62 ; 53-55 P Trang Tien ; ⌚ 9h-18h). Non loin du lac Hoan Kiem, l'une des plus grandes librairies de la ville. Ouvrages en anglais et presse étrangère, en plus d'une bonne sélection d'ouvrages sur l'histoire de Hanoi et du Vietnam, dont quelques-uns en français.

Hanoi Moment ARTISANAT
(carte p. 58 ; ☎ 04-3926 3630 ; www.hanoimoment.vn ; 101 P Hang Gai ; ⌚ 8h-21h). Des produits de l'artisanat vietnamien, dont des laques, des bijoux et de jolis objets en bambou, pierre ou porcelaine, qui tranchent avec la débauche de T-shirts des boutiques alentour.

Tan My Design VÊTEMENTS
(carte p. 58 ; ☎ 04-3938 1154 ; www.tanmydesign.com ; 61 P Hang Gai ; ⌚ 8h-20h). Vous y découvrirez une belle variété de vêtements, bijoux et accessoires raffinés, et pourrez faire une pause dans le café design. Jetez aussi un coup d'œil aux draps et aux autres articles pour la maison.

Metiseko MODE ET DÉCORATION
(carte p. 58 ; ☎ 04-3935 2645 ; www.metiseko.com ; 71 P Hang Gai ; ⌚ 8h-21h). Une collection écolo-chic de vêtements, accessoires et articles pour la maison en coton et soie bio.

Things of Substance VÊTEMENTS
(carte p. 62 ; ☎ 04-3828 6965 ; 5 P Nha Tho ; ⌚ 9h-18h). Boutique de vêtements, dont certains très originaux, qui fait du sur-mesure à prix abordables. Le personnel, très professionnel, parle bien anglais.

Three Trees ACCESSOIRES
(carte p. 62 ; ☎ 04-3928 8725 ; www.threetreesdesigns.com ; 15 P Nha Tho ; ⌚ 9h-19h). Des bijoux de créateurs sortant de l'ordinaire, dont de délicats colliers qui feront des cadeaux raffinés.

Mai Gallery ART
(carte p. 66 ; ☎ 04-3828 5854 ; www.maigallery-vietnam.com ; 113 P Hang Bong ; ⌚ 9h-19h). Tenue par l'artiste Mai, qui habite sur place, une bonne adresse pour en apprendre un peu plus sur l'art vietnamien avant d'en acheter.

Mekong+ ARTISANAT
(carte p. 58 ; ☎ 04-3926 4831 ; http://mekong-plus.com ; 13 P Hang Bac ; ⌚ 8h-20h). Jolis dessus-de-lit

DANS LE DÉDALE DES AGENCES DE VOYAGES DE HANOI

Il y a à Hanoi des centaines d'agences de voyages, dont beaucoup de piètre qualité, et certaines à éviter à tout prix. La plupart des tour-opérateurs douteux sont de mèche avec le personnel insistant d'hôtels bon marché de la vieille ville. Assurez-vous toujours lors de la réservation qu'il n'est pas obligatoire de réserver des circuits auprès de l'hôtel.

Les agences citées ci-dessous disposent d'un personnel professionnel et expérimenté qui organise des circuits, la plupart du temps en petits groupes, avec les véhicules et les guides de l'entreprise, et avec des destinations hors des sentiers battus.

Si vous préférez opter pour une autre agence, attention aux "clones" : il n'est pas rare que des filous s'installent à proximité d'une agence réputée et tentent de récupérer une partie de leur clientèle. Avant tout achat, vérifiez bien les adresses et les sites Internet.

Vega Travel (carte p. 58 ; ☎ 04-3926 2092 ; www.vegatravel.vn ; angle P Ma May et 24a P Hang Bac ; ⏲ 8h-20h). Agence familiale proposant des circuits dans le Nord et à travers tout le pays. Excellents guides et chauffeurs. La société soutient financièrement des jardins d'enfants et des écoles dans les régions de Sapa et de Bac Ha. Bons circuits dans la baie d'Along en bateau privé ; circuits personnalisés possibles.

Ethnic Travel (carte p. 58 ; ☎ 04-3926 1951 ; www.ethnictravel.com.vn ; 35 P Hang Giay ; ⏲ 9h-18h lun-sam, 10h-17h dim). Circuits hors des sentiers battus, en petits groupes, dans le Nord. Certains avec séjour chez l'habitant, d'autres centrés sur des activités (randonnées à pied, à vélo, cuisine). Également : des circuits dans la baie de Bai Tu Long. Dispose aussi d'un bureau à Sapa.

Tropical Tours (☎ 04 3871 7073 ; www.tropicaltours.vn ; salle 203A, 30 Nguyen Du Bât., 30 rue Nguyen Du, district Hai Ba Trung). Agence francophone spécialisée dans la découverte des cultures et des traditions des ethnies du Vietnam. Magnifiques circuits sur mesure, hors des sentiers battus et en petits groupes avec, si possible, hébergements chez l'habitant. Également : tous les circuits classiques au Vietnam, au Laos et au Cambodge.

Asiatica Travel (☎ 04 6266 2816 ; www.asiatica-travel.com ; suite A1203, Building M3-M4, 91 Nguyen Chi Thanh, Dong Da, Hanoi). Agence francophone au personnel très professionnel, toujours recommandée par nos lecteurs. Aussi présente à Hué et à HCMV.

Handspan Adventure Travel (carte p. 58 ; ☎ 04-3926 2828 ; www.handspan.com ; 78 P Ma May ; ⏲ 9h-20h). Kayak dans la baie d'Along et autour de l'île de Cat Ba, circuits en jeep, à VTT, trekking, excursions vers des destinations plus lointaines comme Moc Chau et le parc national de Ba Be, programmes de tourisme communautaire dans le Nord et le *Treasure Junk*, seul vrai bateau à voile croisant dans la baie d'Along. Autres antennes à Sapa et HCMV.

Free Wheelin' Tours (carte p. 70 ; ☎ 04-3926 2743 ; www.freewheelin-tours.com ; 62 Đ Yen Phu, Ba Dinh ; ⏲ 10h-19h). Cette agence est réputée pour ses circuits aventure dans le Nord, à moto et en 4x4, dont 8 jours dans le Nord-Est sur des motos Minsk.

Marco Polo Travel (☎ 04-3997 5136 ; www.marcopoloasia.com ; Room 107B, N14-49 Nguyen Khoai, Hanoi ; ⏲ 9h-17h). Organise des circuits en kayak dans la baie d'Along et sur les lacs du parc national de Ba Be, des excursions à VTT et des randonnées dans le Nord.

Mr Linh's Adventure Tours (carte p. 58 ; ☎ 04-642 5420 ; www.mrlinhadventure.com ; 83 P Ma May). Prestataire professionnel, dédié aux circuits aventure et hors des sentiers battus dans l'extrême-nord du Vietnam. Ceux avec hébergement chez l'habitant aux lacs de Ba Be sont recommandés.

Cuong's Motorbike Adventure (carte p. 58 ; ☎ 0913 518 772 ; www.cuongs-motorbike-adventure.com ; 46 P Gia Ngu ; ⏲ 8h-18h). Agence spécialisée très réputée pour ses circuits à moto dans tout le nord du pays. Cherchez la moto Minsk rose vif.

Vietnam Découverte (☎ 84-9 0433 3717 ; www.vietnam decouverte.com ; salle 602, Savina Bât, 1 rue Linh, district de Hoan Kiem). Cette agence francophone organise des circuits sur mesure. Elle est très chaudement recommandée par nos lecteurs.

faits à la main par des femmes de zones rurales dans le cadre d'un programme de développement communautaire.

Craft Link ARTISANAT
(carte p. 66 ; ☎04-3843 7710 ; www.craftlink.com.vn ; 43 P Van Mieu ; ⏲9h-18h). Près du temple de la Littérature, cette organisation à but non lucratif propose, à prix raisonnable, de beaux objets d'artisanat, dont des tissages fabriqués par diverses ethnies, mais aussi de jolis vêtements et accessoires.

Mosaique DÉCORATION
(carte p. 62 ; ☎04-3971 3797 ; www.mosaiquedecoration.com ; 6 P Ly Quoc Su ; ⏲9h-20h). Des objets en laque et des soieries mises au goût du jour. L'endroit idéal pour dénicher d'élégantes housses de coussin, du linge de maison et des accessoires.

Indigenous ARTISANAT
(carte p. 62 ; ☎04-3938 1263 ; 36 P Au Trieu ; ⏲9h-18h). Un trésor de boutique pour trouver des cadeaux ethniques et originaux, ainsi qu'un excellent café équitable, à goûter dans la partie café avant d'en acheter.

Marchés

Marché Buoi MARCHÉ
(carte p. 70 ; angle P Duong Buoi et Lac Long Quan ; ⏲6h-14h). Situé près de l'extrémité sud-ouest du lac de l'Ouest, à l'intersection de Duong Buoi et de Lac Long Quan, ce marché est connu pour ses animaux vivants (poulets, canards, cochons, etc.) et ses plantes d'ornement.

Marché Dong Xuan MARCHÉ
(carte p. 58 ; Dong Xuan ; ⏲6h-19h). Les touristes ne visitent guère ce vaste marché de la vieille ville, à 900 m au nord du lac Hoan Kiem. Ses centaines de stands sont pourtant fascinants à explorer : la vraie vie de la rue est là. Il y a également quantité de boutiques fréquentées alentour et la zone de restauration, au 3e étage, est idéale pour manger sur le pouce.

Marché Hom MARCHÉ
(carte p. 68 ; angle P Hué et P Tran Xuan Soan ; ⏲6h-17h). À l'angle nord-est de Pho Hué et de Pho Tran Xuan Soan, un grand marché où l'on trouve de tout. Si vous avez l'intention de vous faire confectionner des vêtements, c'est l'endroit idéal pour l'achat de vos tissus.

Marché de nuit MARCHÉ
(carte p. 58 ; P Hang Giay ; ⏲19h-24h ven-dim). Ce marché s'étend du nord au sud de la vieille ville, de Pho Hang Giay jusqu'à Pho Hang Dao. Ce n'est guère plus qu'une extension des nombreuses boutiques qui émaillent la vieille ville, mais du moins les rues sont fermées à la circulation. Attention aux pickpockets.

Marché Hang Da MARCHÉ
(carte p. 58 ; angle P Hang Da et P Yen Thai ; ⏲7h-18h) Le sous-sol de ce marché couvert est l'antre du commerce de vêtements d'occasion, même s'ils sont essentiellement destinés aux tailles et goûts locaux. Allez-y si vous êtes patient et aimez les vêtements chinés.

ℹ Renseignements

ACCÈS INTERNET

La plupart des hôtels économiques et de catégorie moyenne proposent un accès Internet gratuit, à la réception ou dans les chambres selon le standing.

Presque tous les bars et cafés de la ville disposent du Wi-Fi, gratuit. Par contre, les cybercafés ont quasiment disparu. Prévoyez par conséquent tablette ou smartphone.

ARGENT

Les distributeurs automatiques de billets (DAB) ne manquent pas à Hanoi. Sur les principales artères autour du lac Hoan Kiem, vous trouverez des banques internationales, où changer vos billets et retirer de l'argent. Attention, certains DAB limitent les retraits à 3 000 000 d. Ceux des banques HSBC et ANZ ont généralement un seuil supérieur.

CARTES

Vous trouverez des plans de Hanoi de toutes tailles et à toutes les échelles. Certains sont gratuits, d'autres ont l'avantage de la précision d'un travail de cartographes.

Parmi les meilleures cartes, il en existe au 1/10 000 ou au 1/17 500. Covit édite deux plans en trois dimensions de Hanoi, dessinés à la main, dont un plan détaillé de la vieille ville qui fera un joli souvenir. Ces cartes et d'autres sont en vente dans les principales librairies de Hanoi.

Il existe aussi un excellent plan de bus : *Xe Buyt Ha Noi* (5 000 d).

DÉSAGRÉMENTS ET DANGERS

Commençons par la bonne nouvelle : Hanoi est globalement une ville sûre et les délits graves commis contre des touristes sont rarissimes. Ceci ne doit toutefois pas empêcher une certaine prudence : s'il est généralement sans risque de marcher dans les rues de la vieille ville le soir, il vaut mieux éviter les ruelles sombres après 22h et, en tant que femme, prendre un taxi avec compteur d'une compagnie réputée, ou une moto-taxi, pour traverser la ville de nuit. Méfiez-vous aussi des pickpockets qui opèrent aux alentours des marchés, et des personnes qui s'offrent pour "surveiller" vos bagages dans les terminaux bondés, surtout sur les quais de gare au départ des trains de nuit.

La circulation et la pollution sont d'autres facteurs de désagrément. Le trafic est tellement dense en ville, et continuel, que traverser la rue devient un casse-tête, et se frayer un chemin à travers le flot des motos (quelque 2 millions), une expérience risquée. Nous vous conseillons de marcher d'un pas lent et régulier : vous donnez ainsi aux motocyclistes le temps de vous voir et de vous éviter. Ne faites pas de mouvements brusques, cela ne fera que les perturber. Ne vous laissez pas distraire quand vous explorez la vieille ville, car les motos arrivent sur vous de toutes les directions, et les trottoirs sont encombrés de cuisines ambulantes et d'autres nombreuses motos.

Le niveau de la pollution est assez sévère et la qualité de l'air, médiocre (la concentration de certains résidus toxiques est plus élevée qu'à Bangkok).

Escroqueries fréquentes

Ne soyez pas paranoïaque, mais sachez qu'à Hanoi de nombreuses escroqueries sont liées. Les problèmes les plus fréquents concernent les hôtels et les agences de voyages bon marché. Bien que les choses dégénèrent rarement, nous avons eu écho d'agressions verbales, ou physiques, à l'endroit de touristes refusant une chambre d'hôtel ou un circuit. Mieux vaut, le cas échéant, garder son calme et s'éloigner lentement pour éviter que la situation ne se complique.

ESCROQUERIES AUX TAXIS À L'AÉROPORT

C'est une pratique qui se retrouve dans le monde entier, et Hanoi ne fait pas exception. De nombreux chauffeurs qui attendent à l'aéroport international de Noi Bai travaillent de mèche avec des hôtels et des agences de voyages de Hanoi. Ils connaissent toutes les ruses, et sont en général munis des cartes de tous les hôtels petits budgets populaires. "Cet hôtel est complet aujourd'hui" revient souvent, tout comme "Ils ont un nouvel hôtel, bien mieux, le 2". Pour éviter tout problème, il est préférable de réserver la première nuit en prévoyant un transfert à votre arrivée vers votre hôtel/auberge de jeunesse. Avec l'absence de transports publics depuis l'aéroport (à part des navettes privées), cela vous reviendra moins cher que prendre un taxi et vous permettra de prendre vos marques sans stress : quelqu'un vous attendra avec une pancarte portant votre nom et vous sortirez de l'aéroport sans vous soucier des chauffeurs de taxi douteux.

La mafia des taxis et des minibus embarque les touristes à l'aéroport pour les conduire, sans qu'ils s'en rendent compte, dans un autre hôtel que celui demandé. À tous les coups, cet hôtel s'est approprié le nom d'un autre établissement très fréquenté, et fera tout pour extorquer le plus d'argent possible à son client. L'arnaque est aussi de plus en plus fréquente dans les taxis. Essayez d'éviter de vous faire accoster par des chauffeurs de taxi aux gares routières de Hanoi : beaucoup ont le compteur prompt à défiler !

De jeunes cireurs de chaussures et des conducteurs de cyclo-pousse ont tendance à ajouter un zéro ou deux au prix agréé ; soyez ferme, ne payez que la somme négociée au départ.

Autour du lac Hoan Kiem, il n'est pas rare qu'une femme soit abordée par un aimable inconnu. Le scénario varie, mais l'imposteur joue souvent à l'étudiant. Les gays sont aussi l'objet de la même manœuvre. Le nouvel ami propose d'aller dans un karaoké, un restaurant où manger du serpent, ou autre, et tout se passe bien jusqu'au moment où arrive une addition de 100 $US ! Restez sur vos gardes et fiez-vous à votre instinct, et non au charme souvent irrésistible de l'escroc.

Des lecteurs hommes nous ont aussi raconté avoir été abordés par des femmes, tard le soir, dans la vieille ville, puis forcés par leurs complices, sous la menace d'une arme, à vider leur compte en banque en retirant de l'argent à plusieurs distributeurs. Soyez vigilant, et essayez de rester en groupe lorsque vous marchez de nuit.

OFFICE DU TOURISME

Procurez-vous l'excellent magazine local *The Word*, dans les cafés et les bars de la vieille ville.

Centre d'information touristique (Tourism Information Center ; carte p. 58 ; ☎04-3926 3366 ; P Dinh Tien Hoang ; ⏲9h-19h). Cet organisme privé fournit des plans de la ville et des dépliants, mais cherche surtout à vendre ses circuits.

POSTE

Poste nationale (Buu Dien Trung Vong ; carte p. 62 ; ☎04-3825 7036 ; 75 P Dinh Tien Hoang ; ⏲7h-21h). Uniquement pour l'envoi et la réception de courrier sur le territoire. Vente de timbres de collection.

Poste internationale (carte p. 62 ; ☎04-3825 2030 ; angle P Dinh Tien Hoang et P Dinh Le ; ⏲7h-20h). Possède sa propre entrée, à droite de la poste nationale.

SERVICES MÉDICAUX

Hanoi Family Medical Practice (carte p. 70 ; ☎04-3843 0748 ; www.vietnammedicalpractice.com ; Van Phuc Diplomatic Compound, 298 P Kim Ma ; ⏲24h/24). Situé à quelques centaines de mètres à l'ouest du mausolée de Hô Chi Minh, ce cabinet est géré par une équipe internationale de médecins et de dentistes renommés. Service d'urgences 24h/24. Les tarifs y sont très élevés.

Hôpital français de Hanoi (carte p. 70 ; ☎04-3577 1100, urgences 04-3574 1111 ; http://fr.hfh.com.vn ; 1 Phuong Mai ; ⏲24h/24). Établi de longue date, un hôpital de standard international avec service d'urgences, unité de soins intensifs, clinique dentaire et services de consultations. À 3 km au sud-ouest du lac Hoan Kiem.

Hôpital Viet Duc (Benh Vien Viet Duc ; carte p. 62 ; ☎04-3825 3531 ; 40 P Trang Thi ; ⏲24h/24). Situé dans la vieille ville, il dispose d'un service de chirurgie d'urgence. Les médecins parlent français, entre autres.

SOS International Clinic (☎04-3826 4545 ; www.internationalsos.com/locations/asia-pacific/vietnam ; 51 Xuan Dieu ; ⏲24h/24). Cette clinique internationale dispose d'un service dentaire. On y parle notamment le français. À 5 km au nord du centre de Hanoi, près du Tay Ho (lac de l'Ouest).

Médecine traditionnelle

Institut d'acupuncture (carte p. 70 ; ☎04-3853 3881 ; 49 P Thai Thinh ; ⏲8h-11h30 et 14h-16h30). À 4 km au sud-ouest du lac Hoan Kiem, il prodigue des soins de médecine douce.

Institut national de médecine traditionnelle (carte p. 68 ; ☎04-3826 3616 ; 29 P Nguyen Binh Khiem ; ⏲7h30-11h30 et 13h30-16h). Pour connaître les traitements traditionnels vietnamiens.

SITES INTERNET

Hanoi Grapevine (www.hanoigrapevine.com). Informations sur les concerts, les expositions d'art et les films.

Hanoi, patrimoine et identité (www.toulouse-hanoi.org). Site en français de la coopération entre les villes de Hanoi et Toulouse pour la sauvegarde du vieux quartier de la capitale.

Hanoi-Vietnam (www.hanoi-vietnam.fr). Animé par trois jeunes Vietnamiennes francophones, ce blog fourmille d'informations sur Hanoi et de bonnes adresses.

Lonely Planet (www.lonelyplanet.fr/destinations/asie/vietnam/hanoi)

Sticky Rice (www.stickyrice.typepad.com). Le site anglais des fines bouches de Hanoi : pour connaître toutes les adresses gourmandes, du restaurant raffiné à l'échoppe de rue.

The Word (www.wordhanoi.com). Une version en ligne du mensuel gratuit *The Word*.

TNH Vietnam (http://tnhvietnam.xemzi.com). Anciennement baptisé The New Hanoian, c'est la première source d'information en ligne à l'adresse des touristes et des expatriés. Bien pour les critiques de restaurants et de bars.

URGENCES

Si vous appelez l'un de ces numéros, votre appel devrait pouvoir être transféré à un anglophone.

Ambulance ☎115

Police ☎113

Pompiers ☎114

ℹ Depuis/vers Hanoi

AVION

Les vols internationaux directs sont moins nombreux à Hanoi qu'à Hô Chi Minh-Ville (HCMV). Cependant, les excellentes liaisons avec Singapour, Bangkok et Hong Kong rendent presque toutes les destinations accessibles facilement. Pour plus de renseignements sur les vols internationaux, voir p. 523.

Jetstar Airways (☎1900 1550 ; www.jetstar.com). Vols *low cost* à destination de Danang, HCMV et Nha Trang.

Vietjet Air (☎1900 1886 ; www.vietjetair.com). Lancée en 2012, cette compagnie à bas prix dessert Hanoi, Nha Trang, Danang, Dalat et Bangkok.

Vietnam Airlines (carte p. 62 ; ☎1900 545 486 ; www.vietnamair.com.vn ; 25 P Trang Thi ; ⏲8h-17h lun-ven). La compagnie nationale relie Hanoi aux autres villes du Vietnam. Au départ de Hanoi, les destinations les mieux desservies sont Dalat, Danang, Diên Biên Phu, HCMV, Hué et Nha Trang (vols quotidiens).

BUS ET MINIBUS

Hanoi possède quatre gares routières longue distance qui intéresseront les voyageurs. Elles sont assez bien organisées (bien que bondées), avec des guichets, des tarifs fixes et des horaires affichés. Pour être assuré d'avoir un siège sur un trajet longue distance, mieux vaut réserver. Passer par une agence de voyages pour réserver facilite les choses, mais il vous faut bien entendu payer une commission.

Des minibus de tourisme peuvent être réservés auprès de la plupart des hôtels et des agences de voyages. Parmi les destinations les plus courues figurent la baie d'Along et Sapa. Leur prix est de 30 à 40% plus cher que le bus ordinaire, mais ils viennent vous chercher à l'hôtel.

De nombreux trajets d'*open tours* à travers le Vietnam commencent ou s'achèvent à Hanoi.

Gare routière de Giap Bat (☎04-3864 1467 ; Đ Giai Phong). À 7 km au sud de la gare ferroviaire, elle dessert des destinations au sud de Hanoi à bord de bus-couchettes plus confortables.

Gare routière de Gia Lam (☎04-3827 1569 ; Đ Ngoc Lam). De cette gare située à 3 km au nord-est du centre, par-delà le Song Hong (fleuve Rouge), partent les bus ralliant le Nord-Est.

PRENDRE LE BUS POUR LA CHINE

Chaque jour, deux bus (à 7h30 et à 19h30) assurent la liaison avec Nanning, en Chine (480 000 d, 9 heures) au départ du 206 Duong (Đ) Tran Quang Khai. Les billets doivent être achetés à l'avance via une agence de voyages réputée. Assurez-vous d'avoir en poche votre visa chinois.

Le bus franchit la frontière à Dong Dang, où vous devez vous présenter à l'immigration chinoise, puis un bus chinois vous emmènera jusqu'à la gare routière de Lang Dong, à Nanning. Les voyageurs qui ont fait ce trajet nous ont affirmé que prendre le bus représentait moins de tracas et était plus rapide que le train.

Gare routière de Luong Yen (carte p. 70 ; ☎04-3942 0477 ; angle Tran Quang Khai et Nguyen Khoai). Située à 3 km au sud-est de la vieille ville, Luong Yen couvre l'est du pays. C'est la gare routière la plus pratique pour rejoindre l'île de Cat Ba. Attention, les taxis y sont connus pour avoir des compteurs défilant anormalement vite. Allez un ou deux pâtés de maisons plus loin et hélez-en un dans la rue.

Gare routière de My Dinh (☎04-3768 5549 ; Đ Pham Hung). De cette gare, à 7 km à l'ouest de la ville, des services sont assurés pour diverses destinations à l'ouest et au nord. Il y a notamment des bus de nuit pour le Laos via Diên Biên Phu, ainsi que des bus pour Ha Giang et Mai Chau.

MOTO

À Hanoi, plusieurs agences de bonne réputation peuvent vous procurer d'excellents engins. Voir aussi les circuits à moto p. 528.

Offroad Vietnam (carte p. 58 ; ☎0913 047 509 ; www.offroadvietnam.com ; 36 P Nguyen Huu Huan ; ⏲8h-18h lun-sam). Loue de robustes Honda tout-terrain (à partir de 20 $US/jour) et des motos ordinaires (17 $US). Le nombre de véhicules étant limité, il est recommandé de réserver. Cette agence organise également d'excellents circuits auxquels participent surtout des voyageurs anglo-saxons. Il s'agit soit de formules semi-guidées sans repas ni hébergement, soit de circuits guidés tout compris.

TRAIN

Les transports ferroviaires du Vietnam peuvent sembler bien obscurs aux non-initiés. Avant de partir, ne manquez pas de consulter l'excellent blog www.seat61.com pour tout renseignement en temps réel sur les trains au Vietnam, ou vous renseigner auprès d'un agent de voyage confirmé. À savoir : les tarifs augmentent de 10% pendant la fête du Têt.

Dès la fin 2014, le site Internet de Vietnam Railways (www.dsvn.vn) acceptait les réservations en ligne. Le site est parfois un peu poussif et on nous rapporte des incidents de paiement par carte bancaire. Si vous souhaitez l'essayer, le site a une version en anglais (icône en haut à droite de l'écran).

Mieux, allez sur l'excellent site de l'agence de réservations ferroviaires et routières Bao Lau (www.baolau.vn), qui gère les réservations pour quasiment tous les trains circulant dans le pays, au même prix que ceux pratiqués par Vietnam Railways. Un petit supplément de 40 000 d par billet est requis, ainsi qu'un supplément d'un montant de 3,3% de la transaction totale pour un paiement par carte bancaire. Les billets sont à récupérer dans la gare de départ. Si le service est récent, les retours sont à ce jour excellents.

Vers le sud : Hué, Danang, Nha Trang et Hô Chi Minh-Ville (HCMV)

Les trains qui se dirigent vers le Sud partent de la **gare principale de Hanoi** (Ga Hang Co ; "gare A" ; ☎04-3825 3949 ; 120 Đ Le Duan ; ⏲guichets 7h30-12h30 et 13h30-19h30), qui se trouve à l'extrémité ouest de Pho Tran Hung Dao. À gauche de l'entrée principale, la billetterie jouxte les panneaux indiquant les horaires et les tarifs. Prenez un ticket et guettez le numéro de guichet correspondant sur les écrans d'affichage. Mieux vaut écrire en vietnamien le numéro du train, l'heure de départ et la classe souhaitée. Les trains pour le Sud quittent la gare à 6h15, 9h, 13h15, 19h et 23h.

Il est préférable d'acheter son billet quelques jours à l'avance pour s'assurer une place assise ou une couchette. Les agences de voyages prennent une commission, mais vous épargnent les problèmes linguistiques rencontrés à la gare et disposent souvent d'un accès privilégié aux billets vers des destinations touristiques comme Hué, Hô Chi Minh-Ville et Lao Cai (pour Sapa).

Voici approximativement, ci-dessus, les temps de trajet en train depuis Hanoi. Vérifiez-les toutefois en réservant, car certains trains sont plus rapides que d'autres : il faut environ 11 heures pour Hué, 13 heures 30 pour Danang, 24 heures 30 pour Nha Trang et 31 heures pour Hô Chi Minh Ville. Sachez que les classes disponibles et la tarification varient selon les départs ; vérifiez sur www.baolau.vn.

Vers le nord : Lao Cai (pour Sapa) et la Chine

Les trains à destination du Nord partent de la gare de **Tran Quy Cap** ("gare B" ; ☎04-3825 2628 ; P Tran Quy Cap ; ⏲billetterie 4h-6h et 16h-22h), située juste derrière la gare principale ("gare A"), et dont l'entrée se trouve dans Pho Tran Quy Cap. Traversez les voies au nord de la gare A, puis

BUS AU DÉPART DE HANOI

Gare routière de Giap Bat

DESTINATION	DURÉE	PRIX	FRÉQUENCE
Dalat	35 heures	450 000 d	9h, 11h
Danang	12 heures	365 000 d	Nombreux bus-couchettes 12h-18h30
Dong Ha	8 heures	380 000 d	Nombreux bus-couchettes 12h-18h30
Dong Hoi	8 heures	380 000 d	Nombreux bus-couchettes 12h-18h30
Hué	10 heures	380 000 d	Nombreux bus-couchettes 12h-18h30
Nha Trang	32 heures	700 000 d	10h, 15h, 18h
Ninh Binh	2 heures	70 000 d	Nombreux bus 7h-18h

Gare routière de Gia Lam

DESTINATION	DURÉE	PRIX	FRÉQUENCE
Ba Be	5 heures	150 000 d	12h
Bai Chay (Along ville)	3 heures 30	120 000 d	Toutes les 30 minutes
Haiphong	2 heures	70 000 d	Nombreux bus
Lang Son	5 heures	90 000 d	Toutes les 45 minutes
Lao Cai	9 heures	300 000 d	18h30, 19h (bus-couchettes)
Mong Cai	9 heures	230 000 d	Environ toutes les heures
Sapa	10 heures	250 000 d	18h30, 19h (bus-couchettes)

Gare routière de Luong Yen

DESTINATION	DURÉE	PRIX	FRÉQUENCE
Île de Cat Ba	5 heures	250 000 d	5h20, 7h20, 11h20, 13h20
Haiphong	2 heures	70 000 d	Nombreux bus
HCMV	40 heures	920 000 d	7h, 10h, 14h, 18h
Lang Son	4 heures	80 000 d	Nombreux bus

Gare routière de My Dinh

DESTINATION	DURÉE	PRIX	FRÉQUENCE
Cao Bang	10 heures	120 000 d	Toutes les 45 minutes
Diên Biên Phu	8 heures	350 000 d	11h, 18h
Ha Giang	8 heures	200 000 d	Nombreux bus
Hoa Binh	2 heures	40 000 d	Nombreux bus
Son La	7 heures	190 000 d	Nombreux bus

tournez à gauche. Un guichet séparé vend les billets pour Lao Cai et la Chine. Si vous avez déjà réservé une place dans l'un des wagons privés pour Sapa, vous devrez échanger votre reçu contre un billet au bureau du tour-opérateur.

Une fois en Chine, le train pour Beijing (Pékin) est confortable et climatisé, avec des compartiments de 4 couchettes et un wagon-restaurant.

Vers l'est : Haiphong et la Chine

Départ de la gare de **Gia Lam**, sur la rive orientale du Song Hong (fleuve Rouge), ou bien de la gare de **Long Bien** sur sa rive occidentale (c'est-à-dire côté ville). Vérifiez bien de quelle gare vous partez. Les trains pour Nanning (Chine) partent aussi de là. Attention, vous ne pouvez pas monter à bord des trains internationaux pour Nanning à Lang Son ou à Dong Dang.

VOITURE

La meilleure solution pour louer une voiture est de s'adresser à une agence de voyages ou à un hôtel. Le tarif comprend la plupart du temps un chauffeur, nécessité absolue dans ce pays où nombre de routes et d'embranchements

TRAINS AU DÉPART DE HANOI

Trains vers l'est et le nord

DESTINATION	GARE	DURÉE	SIÈGE/ COUCHETTE DUR(E)	SIÈGE/ COUCHETTE MOU (MOLLE)	FRÉQUENCE
Beijing (Pékin, Chine)	Tran Quy Cap	18 heures	240 $US	352 $US	18h30 mar et ven
Haiphong	Gia Lam	2 heures	60 000 d	70 000 d	6h
Haiphong	Long Bien	2 heures 30-3 heures	60 000 d	70 000 d	9h20, 15h30, 18h10
Nanning (Chine)	Gia Lam	12 heures	28 $US	42 $US	21h40

Trains vers le sud

DESTINATION	SIÈGE DUR	SIÈGE MOU	COUCHETTE DURE	COUCHETTE MOLLE
Danang	À partir de 430 000 d	À partir de 630 000 d	À partir de 782 000 d	À partir de 954 000 d
HCMV	À partir de 790 000 d	À partir de 1 160 000 d	À partir de 1 340 000 d	À partir de 1 692 000 d
Hué	À partir de 374 000 d	À partir de 545 000 d	À partir de 675 000 d	À partir de 894 000 d
Nha Trang	À partir de 692 000 d	À partir de 998 000 d	À partir de 1 240 000 d	À partir de 1 647 000 d

ne sont pas signalés. Si les routes principales du Nord sont à peu près bonnes, nids-de-poule et virages à angle mort sont fréquents et impliquent de ne rouler qu'à 35 ou 40 km/heure. Pendant la saison des pluies, qui occasionne des glissements de terrain et endommage les ponts, la progression sera plus lente encore. Mieux vaut donc recourir à un 4x4.

Les tarifs commencent en moyenne à 110 $US/jour, tarif comprenant les services du chauffeur et le carburant. Assurez-vous que les dépenses du chauffeur sont bien incluses dans le prix indiqué.

Comment circuler

DEPUIS/VERS L'AÉROPORT

L'aéroport international de Noi Bai est situé à environ 35 km au nord de Hanoi, soit un trajet d'environ 45 minutes pour rejoindre le centre-ville, en empruntant une route nationale. Si vous avez l'intention d'utiliser les transports publics ou une navette pour vous rendre à l'aéroport, assurez-vous de prévoir vraiment très large avant votre vol...

Bus

Le bus public n°17 relie le hall des arrivées à la **gare routière de Long Bien** (carte p. 70 ; 5 000 d ; 5h-21h), au nord de la vieille ville. Les bagages peuvent faire l'objet d'un supplément. Compter 1 heure 30 de trajet.

Bus Jetstar pour l'aéroport

(Jetstar Airport bus). Ils desservent Noi Bai (30 000 d) depuis le 206 Tran Quang Khai. Les passagers doivent se présenter à l'arrêt au moins 2 heures 30 avant le décollage de leur avion.

Minibus de Vietnam Airlines

Ils effectuent toutes les heures la navette entre Hanoi et l'aéroport de Noi Bai moyennant 40 000 d/personne. Ils partent et arrivent depuis le bureau de Vietnam Airlines, dans Pho Trang Thi.

Taxi

La compagnie **Airport Taxi** (04-3873 3333) facture 20 $US la course, depuis/vers l'aéroport international de Noi Bai. Ses chauffeurs ne vous demanderont pas de régler le péage du pont traversé en route, ce qui n'est pas le cas de certains autres taxis – renseignez-vous avant de monter dans la voiture. Les compagnies **Mai Linh Taxis** (04-3822 2666) et **Vina Taxis** (04-3811 1111) sont fiables également. L'aéroport est le théâtre de nombreuses escroqueries de la part de chauffeurs de taxi et d'hôtels peu scrupuleux. Ne recourez pas aux services de chauffeurs indépendants qui abordent les touristes, les risques d'escroquerie sont grands. Si vous avez déjà réservé un hôtel, mieux vaut passer par lui pour réserver un taxi.

BUS

Hanoi est dotée d'un réseau de bus étendu, mais peu de touristes mettent à profit ce moyen de transport économique (3 000 d le ticket). Si vous décidez de tenter le coup, procurez-vous le *Xe Buyt Ha Noi* (plan des bus de Hanoi ; 5 000 d) à la librairie Thang Long (p. 89).

BUS ÉLECTRIQUE

S'il ressemble davantage à une voiturette de golf, le **bus électrique** (Dong Xuan ; voiture de 6 passagers 250 000 d/heure ; ⏲8h30-22h) et écologique permet de se déplacer agréablement dans la ville. Il dessert 14 arrêts dans la vieille ville et autour du lac Hoan Kiem, fendant le flux de motos et de piétons tel un dragon blanc progressant lentement. Rien ne vaut une promenade à pied dans la vieille ville, mais si vous êtes un peu fatigué, ce moyen de transport est une option à considérer. Le principal point de départ est à l'extrémité nord du lac Hoan Kiem, et il en existe un autre à l'extérieur du marché Dong Xuan. Un trajet complet dans la vieille ville prend environ 1 heure (audioguide en anglais).

CYCLO-POUSSE

Vous trouverez encore quelques cyclo-pousse dans la vieille ville, un agréable moyen de parcourir de courtes distances (en dépit des gaz d'échappement des motos). Mettez-vous bien d'accord avec le conducteur sur le tarif avant de partir, car il arrive qu'il réclame plus à l'arrivée.

Une course rapide dans le centre-ville tourne autour de 50 000 d/personne, les trajets plus longs, ou de nuit, sont plus chers. Peu de conducteurs parlent français ou anglais, aussi munissez-vous d'un plan de ville, ainsi que de la carte de votre hôtel pour lui indiquer votre destination.

MOTO

Se déplacer à moto (ou à mobylette) à Hanoi, cela veut dire affronter une circulation incessante et redoutable, semblant n'obéir à aucune règle, et un éclairage nocturne insuffisant. Sans parler des problèmes de parking et de vol possible, ou d'amendes que les policiers vous feront payer en espèces. Cela étant dit, les plus intrépides peuvent louer une "moto" pour environ 5 $US/jour dans la vieille ville.

MOTO-TAXI

Les *xe om* (motos-taxis) ne manquent pas à Hanoi. Un trajet dans le centre-ville coûte en moyenne 15 000-20 000 d, la course plus longue jusqu'au mausolée de Hô Chi Minh 35 000-40 000 d. Si vous êtes deux ou plus, un taxi avec compteur revient généralement moins cher qu'un convoi de *xe om*.

TAXI

Plusieurs compagnies de taxis possèdent des véhicules avec compteur. Toutes pratiquent des tarifs similaires : environ 20 000 d, pour la prise en charge et le premier ou le deuxième kilomètre, puis environ 15 000 d du kilomètre par la suite. Sachez qu'il existe quantité d'opérateurs douteux, aux compteurs tournant anormalement vite. Essayez de faire appel aux compagnies les plus fiables :

Hanoi Taxi (☎04-3853 5353)
Mai Linh (☎04-3822 2666)
Thanh Nga Taxi (☎04-3821 5215)
Van Xuan (☎04-3822 2888)

VÉLO

Quantité de cafés et de pensions de la vieille ville louent des vélos pour environ 3 $US/jour. Bonne chance pour vous frayer un chemin avec la circulation ! Soyez prudent.

The Hanoi Bicycle Collective (☎04-3718 3156 ; www.thbc.vn ; Shop 29, Nhat Chieu, Tay Ho ; vélo à partir de 100 000 d/jour ; ⏲8h-20h mar-dim). Un bon prestataire que ce "THBC" qui loue des vélos et des VTT vietnamiens (réservez par téléphone un jour à l'avance) à proximité du lac de l'Ouest. L'endroit se double d'un bistrot espagnol et bar à gin où vous pourrez grignoter des tapas et des sandwichs avant de parcourir le sentier de 15 km autour du lac. Consultez le site Internet au sujet des balades en ville régulièrement organisées par le collectif.

ENVIRONS DE HANOI

Le riz pousse en abondance sur les riches terres du delta du fleuve Rouge, si bien que de nombreuses communautés des environs de Hanoi vivent encore de l'agriculture. Le contraste entre la moderne Hanoi et ces bourgades rurales est frappant.

Depuis quelques décennies, quantité de villages des environs de Hanoi s'étaient spécialisés dans l'artisanat, mais nombreux sont ceux qui ont disparu, engloutis par la croissance galopante de la ville. Deux villages d'artisans continuent leur activité et valent le détour, à condition toutefois d'être accompagné d'un guide. La plupart des circuits organisés peuvent vous y emmener.

Bat Trang est le village de la céramique. Les artisans y produisent, en grandes quantités, de superbes vases et autres œuvres. Résultats d'un travail épuisant, les objets sont remarquables et d'un prix très raisonnable, comparé à ceux des magasins en ville. Évidemment, ce ne sont pas les boutiques qui manquent ; promenez-vous dans les allées derrière les échoppes pour observer la cuisson des différentes pièces. Bat Trang se trouve à 13 km au sud-est de Hanoi. Le bus n°47 le dessert, au départ de la gare routière de Long Bien.

Van Phuc, à 8 km au sud-ouest de Hanoi, dans la province de Ha Tay, est le village de la soie. Les étoffes, réalisées sur d'anciens métiers à tisser, attirent nombre de visiteurs venant y acheter des vêtements ou en faire confectionner sur mesure. La plupart des soieries vendues dans Pho Hang Gai, à Hanoi, proviennent de Van Phuc. La pagode du village s'agrémente d'un étang à nénuphars. Le bus n°1, au départ de la gare routière de Long Bien, dessert Van Phuc. Cherchez la porte, bien indiquée.

À voir

Musée de la piste Hô Chi Minh MUSÉE

(034-382 0889 ; RN 6, en direction de Hoa Binh ; 20 000 d ; 7h30-11h30 et 13h30-14h30 lun-sam). À environ 13 km au sud-ouest du centre de Hanoi, ce musée très graphique, au réalisme cru, replonge le visiteur dans les années 1960-1970, en retraçant la fameuse route de l'approvisionnement entre le Nord communiste et le Sud occupé. L'exposition comprend quantité de munitions et armes américaines, ainsi que des photos poignantes qui montrent sans détour les horreurs de la guerre, d'un point de vue strictement vietnamien. Disons pour faire simple que pour le Viêt-cong, la défaite n'était pas envisageable, même si la mort était au bout du chemin pour beaucoup. On peut notamment y voir une maquette de la piste (des milliers de kilomètres de sentiers et de voies), qui montre les terrains difficiles qu'elle traversait.

Si la guerre avec les États-Unis vous intéresse, il vaut mieux louer les services d'un guide d'une agence réputée (visite sur une demi-journée).

Citadelle de Co Loa SITE HISTORIQUE $

(Co Loa Thanh ; par pers/voiture 10 000/20 000 d ; 7h30-17h30). Première citadelle fortifiée de l'histoire du Vietnam, la citadelle de Co Loa remonte au IIIe siècle av. J.-C. Elle devint capitale nationale sous le règne de Ngô Quyên (939-944). Des anciens remparts, qui entouraient un terrain d'environ 5 km², il ne subsiste aujourd'hui que des vestiges.

Au centre de la citadelle se dressent des temples dédiés au roi An Duong Vuong (257-208 av. J.-C.), fondateur de la dynastie légendaire des Thuc, et à sa fille My Nuong (Mi Chau). Selon la légende, après que My Nuong eut montré à son mari, fils d'un général chinois, l'arbalète magique qui rendait son père invincible, ledit mari la vola pour la remettre à son père – grâce à quoi les Chinois purent vaincre An Duong Vuong et occuper le Vietnam pendant 1 000 ans.

Co Loa est à quelque 16 km au nord du centre de Hanoi, dans le district de Dong Anh. Toutes les 15 minutes, le bus n°46 (5 000 d) dessert la citadelle depuis la gare routière de My Dinh, à Hanoi. Des bus circulent régulièrement entre les gares routières de Luong Yen et de My Dinh. Une fois arrivé à Co Loa, franchissez le pont, tournez à gauche et parcourez environ 500 m.

Pagode des Parfums TEMPLES BOUDDHIQUES

(Chua Huong ; Huong Son, My Duc ; 100 000 d avec l'aller-retour en bateau). À 60 km au sud-ouest de Hanoi, la pagode des Parfums est un ensemble de temples et de sanctuaires bouddhiques, niché dans les falaises calcaires du mont Huong Tich (montagne de l'Empreinte parfumée). Les principaux sites en sont Thien Chu (pagode qui mène au Ciel), Giai Oan Chu (pagode du Purgatoire) – où les divinités purifient les âmes, apaisent les souffrances et accordent une descendance aux couples sans enfant – et Huong Tich Chu (pagode de l'Empreinte parfumée). Énormément de touristes vietnamiens fréquentent ces lieux entre février et avril, et c'est un havre de paix le reste de l'année.

La pagode des Parfums se situe à quelque 60 km au sud-ouest de Hanoi. Il faut pour y arriver effectuer un trajet par la route, puis par voie fluviale et enfin à pied ou en téléphérique. Le trajet n'est pas déplaisant mais ne vous y aventurez pas sans guide : la plupart des tour-opérateurs proposent des circuits à la journée pour un tarif de 20-30 $US.

Le trajet en voiture entre Hanoi et My Duc prend 2 heures, puis c'est à bord de barques à rames, maniées par des femmes des villages alentour, que vous atteindrez enfin le pied de la montagne en 1 heure. Très agréable, cette promenade en bateau traverse de superbes paysages entre des falaises calcaires. Comptez 2 heures de plus pour grimper au sommet et redescendre. Le chemin qui y conduit est par endroits escarpé, et très glissant en cas de pluie. Il existe aussi un téléphérique qui vous mène au sommet (aller simple/aller-retour

VAUT LE DÉTOUR

PAGODES THAY ET TAY PHUONG

D'étonnantes saillies calcaires surplombent les rizières émeraude et, accrochées à ces falaises, ces deux pagodes sont situées à quelque 20 minutes de route l'une de l'autre.

Les pagodes se trouvent à environ 30 km à l'ouest de Hanoi, dans la province de Ha Tay. Les agences de voyages de Hanoi proposent des excursions d'une journée qui comprennent les deux pagodes (à partir de 45 $US/pers).

Pagode Tay Phuong (pagode de l'Ouest ; 5 000 d). La pagode Tay Phuong, également appelée pagode Sung Phuc, se compose de trois bâtiments de plain-pied édifiés en ordre décroissant au sommet d'une butte qui aurait la forme d'un buffle. Les sculptures représentant les "conditions humaines", centre d'intérêt de la pagode, ont été réalisées dans du bois de jacquier ; la plupart datent du XVIIIe siècle. La plus ancienne construction du site fut érigée au VIIIe siècle.

Gravissez l'escalier (raide) qui monte jusqu'à l'édifice principal, puis descendez le sentier à l'arrière qui passe par les deux autres pagodes, puis traverse le village voisin à flanc de colline.

Pagode Thay (pagode du Maître ; 5 000 d). La pagode Thay, également appelée Thien Phuc (pagode de la Bénédiction céleste), est dédiée au Bouddha Thich Ca (Shakyamuni, le Bouddha historique). À gauche se tient une statue du "Maître" à qui est consacrée la pagode : Tu Dao Hanh, bonze du XIIe siècle. Sur la droite, la statue représente le roi Ly Nhan Tong, qui aurait été une réincarnation de Tu Dao Hanh.

Devant la pagode, un étang avec une petite estrade sur pilotis en son centre sert de cadre à des spectacles de marionnettes sur l'eau pendant les fêtes. Suivez le sentier escarpé qui longe la pagode principale et grimpez (10 min environ) pour atteindre le magnifique petit temple perché sur un rocher. Le site est gigantesque, et seuls les habitués semblent s'y retrouver. Nous vous conseillons de prendre un guide.

La **fête annuelle de la Pagode** a lieu du 5e au 7e jour du 3e mois lunaire (approximativement en mars). Les visiteurs peuvent alors voir un spectacle de marionnettes sur l'eau, se promener sur le site et explorer les grottes alentour.

80 000/120 000 d). Une bonne formule consiste à monter en téléphérique et à redescendre à pied.

Activités

De nombreuses agences de Hanoi proposent des randonnées cyclistes au gré des petits villages proches de la ville, ce qui constitue une excellente manière de découvrir un monde très différent.

Lotussia CIRCUITS À VÉLO
(☎04-2249 4668 ; www.vietnamcycling.com ; 4e ét, 2/62 Nguyen Chi Thanh, Hanoi). Lotussia est spécialisée dans les circuits à vélo autour de Hanoi, certains rejoignant les pagodes Thay et Tay Phuong, deux jolis temples bouddhiques (voir encadré ci-dessus), ainsi que les villages d'artisans des environs. L'agence organise des circuits plus longs, notamment dans le centre et au nord du pays.

Se joindre à ces circuits organisés évite d'avoir à traverser Hanoi, au milieu des flots de motos, car un minibus vous transporte à votre point de rendez-vous.

Parc national de Ba Vi

☎034

Station climatique du temps des Français, le mont Ba Vi (Nui Ba Vi), aux trois sommets, attire depuis longtemps déjà les citadins cherchant à se mettre au vert le temps d'un week-end. Cette montagne calcaire fait partie du **parc national de Ba Vi** (☎034-388 1205 ; 10 000 d, moto 5 000 d), qui abrite plusieurs espèces de plantes rares et, côté faune, de nombreux oiseaux et deux espèces menacées d'écureuils volants. Malheureusement, en raison d'une présence humaine accrue dans la région, il est très rare d'en apercevoir.

Le parc compte également un jardin d'orchidées et une volière, et ses pentes boisées se prêtent aux randonnées. Un **temple** dédié à Hô Chi Minh trône au sommet de la montagne (1 276 m), auquel on accède par un escalier de 1 229 marches. L'ascension (30 min environ) est difficile, mais votre effort sera récompensé par la vue sublime sur le Song Hong (fleuve Rouge) et, au loin, Hanoi. Le sommet disparaît souvent dans les nuées et l'ambiance humide et embrumée tient alors du surnaturel. Si vous voulez avoir une vue dégagée, venez entre avril et décembre.

Depuis/vers le parc national de Ba Vi

Le parc national de Ba Vi se trouve à environ 65 km à l'ouest de Hanoi, et le choix le plus simple est de le visiter à la journée avec un guide et/ou de louer un véhicule au départ de Hanoi pour un coût approximatif de 60 $US. On confond souvent les sites touristiques proches de la ville de Ba Vi, loin des limites du parc, et le parc national lui-même – en conséquence, assurez-vous que votre chauffeur/tour-opérateur a bien compris où vous souhaitez vous rendre.

Station climatique de Tam Dao

0211 / ALTITUDE 930 M

Blottie au pied d'immenses pics couverts de forêts, la station climatique de Tam Dao, fondée en 1907 par les Français, est située dans un cadre spectaculaire, à 85 km au nord-ouest de Hanoi. Aujourd'hui populaire station estivale, elle a la faveur des Hanoiens qui viennent, le temps d'un week-end, s'y rafraîchir et faire la fête dans ses nombreux restaurants et bars. La plupart de ses villas coloniales ont été détruites durant la guerre d'Indochine, et ont fait place à des cubes de béton inspirés du style brutaliste des années 1950. Suite d'hôtels sans grand attrait, Tam Dao n'en constitue pas moins une bonne base pour la randonnée.

Ne vous laissez pas surprendre par le froid à Tam Dao, où l'hiver est rude.

La meilleure période pour visiter le parc national s'étend de fin avril à mi-octobre, époque où la brume se lève parfois, laissant place au soleil. Tam Dao attire le week-end quantité de groupes de touristes vietnamiens.

À voir et à faire

Parc national de Tam Dao RÉSERVE NATURELLE
(20 000 d). Créé en 1996, le parc national de Tam Dao recouvre une grande partie de la région. Tam Dao signifie "trois îles" : les trois sommets du mont Tam Dao, tous culminant à environ 1 400 m, sont parfois visibles au nord-est de la station climatique, semblables à des îles flottant dans la brume.

Le parc abrite 64 espèces de mammifères, dont le langur (singe entelle), et 239 espèces d'oiseaux, mais il vous faudra engager un bon guide et vous attendre à pas mal marcher pour avoir des chances d'en apercevoir. Le braconnage reste préoccupant dans le parc.

Le durée des randonnées varie d'une demi-heure pour un aller-retour à une **cascade**, à une journée de trekking dans la forêt de bambous et la forêt tropicale primaire. Pour les longues marches, un guide (à partir de 400 000 d) est indispensable ; adressez-vous au Mela Hotel.

Où se loger et se restaurer

Avant de faire votre choix, faites un tour dans la ville, facile à découvrir. Outre des hôtels-restaurants, vous y trouverez de petites gargotes où manger de bons *pho*. Évitez le gibier local : vous verrez souvent de la publicité pour de la civette, de l'écureuil, du porc-épic, du renard et du faisan. La plupart sont des espèces en danger.

Huong Lien Hotel HÔTEL $
(0211-382 4282 ; ch semaine/week-end 250 000/350 000 d ;). Profitez de la vue sur les montagnes dans cet hôtel aux chambres possédant presque toutes un balcon. Bon rapport qualité/prix. Petit restaurant (plats 120 000-200 000 d).

Nha Khach Ngan Hang PENSION $
(0989 152 969 ; ch 180 000-200 000 d ;). En face du restaurant Phuong Nam Quan, cette adresse impeccable jouxte une parcelle de *xu xu* (chayote, ou christophine). Goûtez cette cucurbitacée verte avec de l'ail en vous renseignant sur l'hébergement.

Depuis/vers Tam Dao

Située à 85 km au nord-ouest de Hanoi, Tam Dao relève de la province de Vinh Phuc. De la gare routière de Gia Lam, à Hanoi, des bus desservent la ville de Vinh Yen (55 000 d, fréquents 6h-16h), d'où vous devrez prendre un *xe om* (environ 170 000 d aller simple) ou un taxi (320 000 d) pour parcourir les 24 km jusqu'à Tam Dao.

Si vous vous y rendez à moto depuis Hanoi, comptez 3 heures de trajet ; la dernière partie de la route via le parc national est magnifique.

Nord du Vietnam

Dans ce chapitre ➡

Le top des restaurants

- Hill Station Signature Restaurant (p. 143)
- Nam Giao (p. 108)
- Thanh Lan Com Binh Dan (p. 126)

Le top des marchés

- Marché de Dong Van (p. 155)
- Marché de Bac Ha (p. 149)
- Marché de Na Giang (p. 130)
- Marché de Sin Cheng (p. 151)
- Marché de Sinho (p. 142)

Pourquoi y aller

Les paysages. C'est la région des grands espaces au Vietnam : plissements des montagnes, rizières en terrasses et formations karstiques érodées font la renommée de cette partie du pays.

Tout le monde vient voir les pics calcaires qui surgissent de la baie d'Along, mais ce décor karstique grandiose et étrange se poursuit sur le continent jusqu'aux lacs de Ba Be et aux sommets noueux de Ha Giang, avant de céder la place aux monts verdoyants des hautes terres du Nord-Ouest.

Quant au kaléidoscope culturel du nord du Vietnam, il est aussi varié que ses paysages. Dans ce fief des ethnies montagnardes, les villages se nichent entre les patchworks de rizières autour de Sapa ; les foulards écarlates des Dzao et les tissus indigo des Hmong noirs ajoutent d'étourdissantes couleurs au désordre des marchés des hautes terres.

Les routes qui serpentent vers le nord depuis Hanoi dévoilent un monde rural à mille lieues de la frénésie des grandes villes vietnamiennes. Si c'est la route qui vous attire, cette région est faite pour vous.

Quand partir

Along (ville)

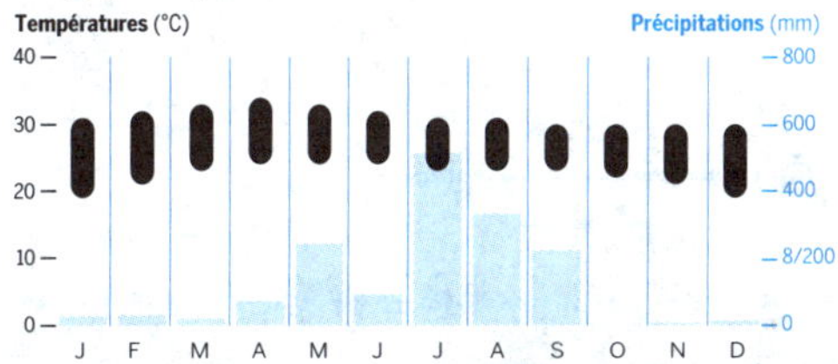

Mai Le mois qui précède la haute saison compte déjà beaucoup de jours ensoleillés et encore peu de touristes.

Fin août-sept Explorez Sapa et Bac Ha durant la saison des moissons.

Nov Ciel bleu, mer calme : la période idéale pour la baie d'Along.

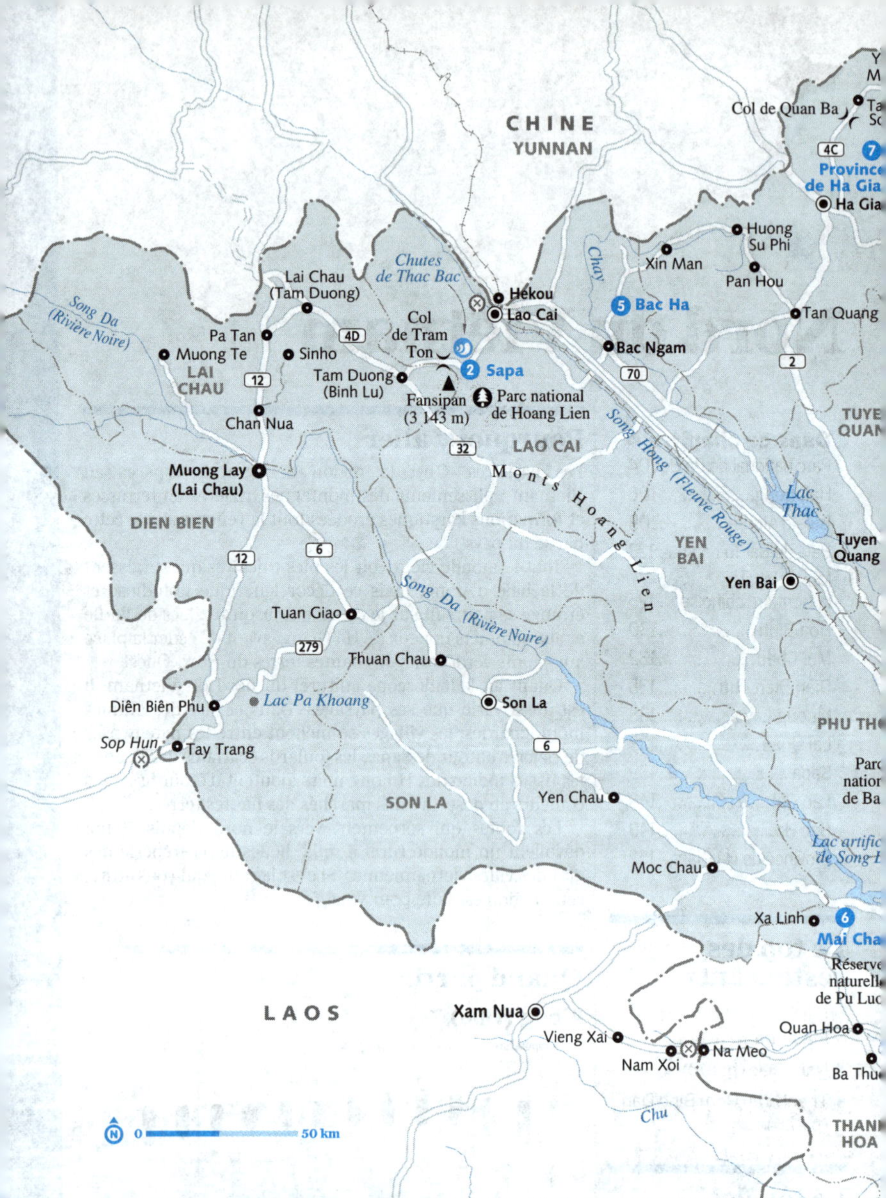

À ne pas manquer

1 Une paisible balade en kayak parmi les formations karstiques dans la **baie d'Along** (p. 109), à la recherche de criques et de grottes secrètes

2 Des randonnées au fil des sentiers vers des villages d'ethnies montagnardes de la région de **Sapa** (p. 139)

3 La traversée des lacs calmes du **parc national de Ba Be** (p. 104) et la sérénité de leurs paysages, entre villages lacustres et pics montagneux

4 L'**île de Cat Ba** (p. 115), haut lieu des sports de plein air du nord-est du Vietnam,

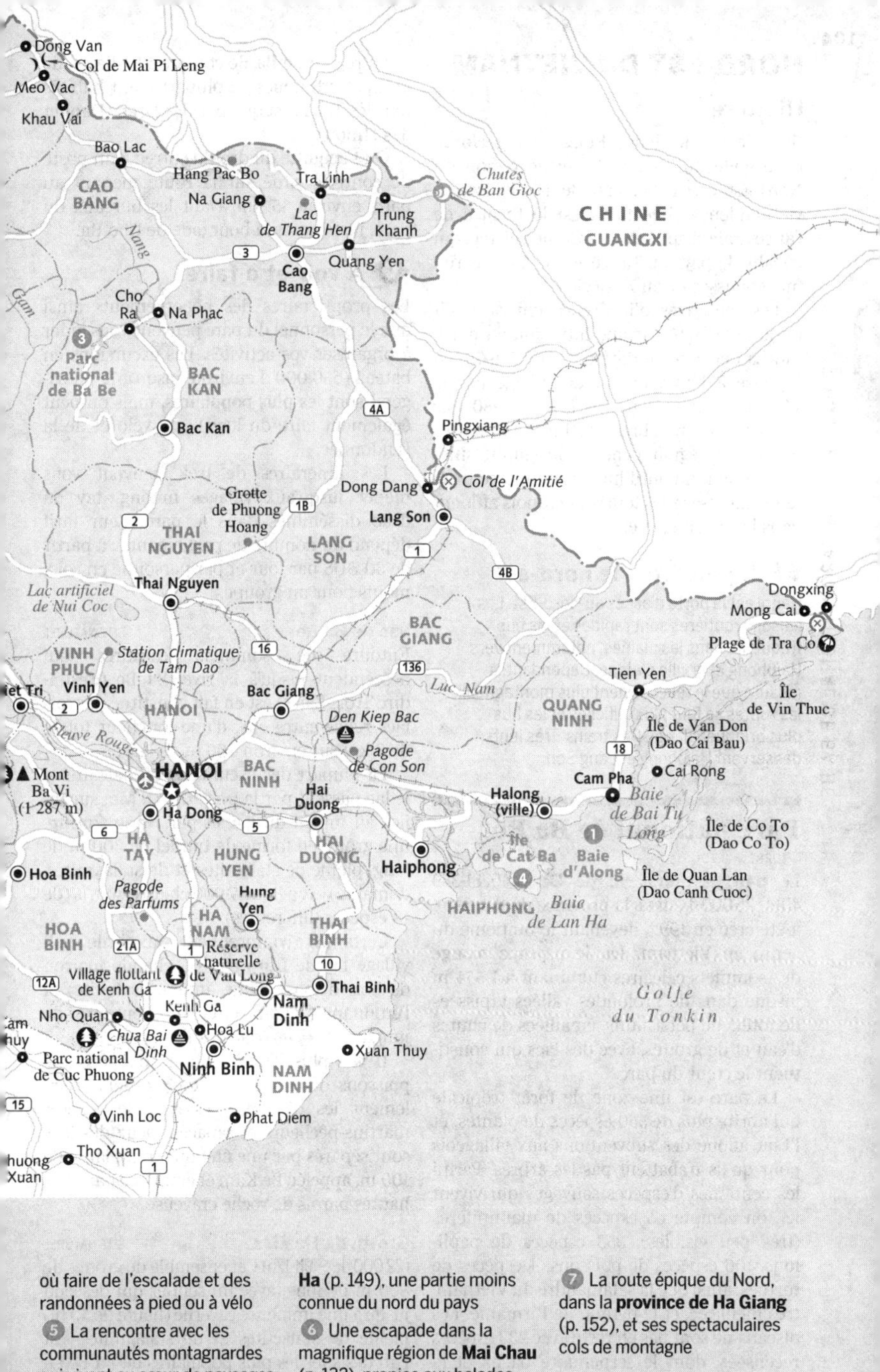

où faire de l'escalade et des randonnées à pied ou à vélo

5 La rencontre avec les communautés montagnardes qui vivent au cœur de paysages verdoyants autour de **Bac Ha** (p. 149), une partie moins connue du nord du pays

6 Une escapade dans la magnifique région de **Mai Chau** (p. 132), propice aux balades parmi les vertes rizières

7 La route épique du Nord, dans la **province de Ha Giang** (p. 152), et ses spectaculaires cols de montagne

NORD-EST DU VIETNAM

Histoire

Baignée par le fleuve Rouge (Song Hong) et le golfe du Tonkin, la fertile région du Nord-Est est le berceau de la civilisation vietnamienne. Elle fut aussi le théâtre de l'ancestrale rivalité avec la Chine voisine, qui envahit le pays au IIe siècle av. J.-C. et n'en fut repoussée qu'au Xe siècle.

Les tentatives d'ingérence chinoise ont toujours débuté par une intrusion au nord-est. La dernière en date remonte à 1979, en réponse à l'invasion du Cambodge par le Vietnam. Dans les années 1970 et 1980, des milliers de membres d'ethnies chinoises ont fui la région pendant le conflit sino-vietnamien. Aujourd'hui, le commerce frontalier explose et les touristes chinois affluent dans la région en été.

Depuis/vers le nord-est

Hanoi est la porte d'accès au Nord-Est. Les liaisons routières sont rapides et les bus fréquents dans les plaines, notamment vers Haiphong et la ville d'Along. Cependant, à mesure que le relief devient plus montagneux, les routes se font plus difficiles et les bus plus brinquebalants. Des trains, très lents, desservent Haiphong et Lang Son.

Parc national de Ba Be

☎0281

Le **parc national de Ba Be** (☎0281-389 4014 ; 25 000 d), dans la province de Bac Kan, a été créé en 1992, devenant le huitième du genre au Vietnam. Ici, le paysage plonge des sommets calcaires culminant à 1 554 m jusque dans de profondes vallées tapissées de forêts de persistants, émaillées de chutes d'eau et de grottes, avec des lacs qui constituent le cœur du parc.

Le parc est une zone de forêt tropicale qui abrite plus de 550 espèces de plantes, et l'État alloue des subventions aux villageois pour qu'ils n'abattent pas les arbres. Parmi les centaines d'espèces sauvages qui vivent ici, on compte 65 espèces de mammifères (très peu visibles), 353 espèces de papillons, 106 espèces de poissons, 4 espèces de tortues, ainsi que la salamandre du Vietnam, très menacée, et le python de Birmanie. Les oiseaux ne sont pas en reste avec 233 espèces recensées, dont le serpentaire bacha et la bondrée orientale. Si la chasse est interdite, les villageois sont autorisés à pêcher.

La région de Ba Be compte 13 villages de groupes ethniques, la plupart étant habités par des Tay, ainsi que par des Dzao (Dao) et des Hmong.

On s'acquitte du droit d'entrée à un poste de contrôle situé sur la route menant au parc, environ 15 km avant les bureaux du parc, juste après la bourgade de Cho Ra.

À voir et à faire

Les propriétaires des hébergements ainsi que le personnel du parc peuvent vous aider à organiser vos activités. Les excursions en bateau (650 000 d environ, jusqu'à 12 passagers) sont les plus populaires, mais on peut également faire du kayak, du vélo et de la randonnée.

Les itinéraires de trek peuvent vous mener jusqu'aux villages hmong, tay ou dzao disséminés dans le parc. Leur tarif dépend du nombre de participants : à partir de 30 $US par jour et par personne en solo, moins pour un groupe.

Lac de Ba Be SITE NATUREL

Entouré de sommets calcaires qui descendent jusqu'à la rive, Ba Be (c'est-à-dire Trois Baies) est en fait constitué de trois lacs reliés entre eux, d'une longueur totale de 8 km sur environ 400 m de large.

La plupart des excursions en bateau sur le lac passent par la **pagode An Ma**, sur un îlot au milieu du lac, et par **Hang Puong**, une grotte en forme de tunnel de 300 m de long, pleine de stalactites et de stalagmites, domaine de quelque 7 000 chauve-souris (de 18 espèces différentes).

Certaines comprennent aussi le joli village tay de **Cam Ha** (où chaque maison de bois dispose d'une antenne satellite) et l'étonnant "lagon" circulaire, entouré de jungle, d'**Ao Tien** (lac des Fées)

Il y a plus d'une centaine d'espèces de poissons dans le lac, et on y observe facilement les oiseaux : essayez de repérer martins-pêcheurs et rapaces. Deux des lacs sont séparés par une étendue d'eau large de 100 m, appelée Be Kam et encadrée par deux hautes parois de roche crayeuse.

Grotte de Hua Ma SITE NATUREL

(22 000 d ; 🕘9h-17h) Cet ensemble de grottes de 800 m de long, avec un sentier qui descend jusqu'à une immense caverne (haute de 50 m) pleine de stalactites et de stalagmites, est l'un des sites les plus populaires de Ba Be en dehors des lacs. Apportez une lampe-torche pour éclairer les recoins les plus sombres.

Chutes de Dau Dang SITE NATUREL

(Thac Dau Dang) Les chutes de Dau Dang (ou chutes de Ta Ken) forment une série de cascades spectaculaires, entre deux abrupts rocheux.

Circuits organisés

La plupart des visiteurs viennent à Ba Be en circuits privés, organisés à l'avance via des agences de Hanoi.

Ba Be Tourism Centre CIRCUITS AVENTURE

(☎0989 587 400 ; www.babenationalpark.com.vn ; village de Bo Lu) Cette agence locale très utile pour tout ce qui concerne Ba Be peut organiser excursions en kayak, en bateau, à vélo ou à pied (ou un combiné de tout ça) pour 30 $US par jour environ. Elle loue des kayaks pour 5 $US/heure, et se spécialise dans les treks de plusieurs jours et les expéditions dans les coins les plus reculés du parc national.

Où se loger et se restaurer

Le programme d'hébergement chez l'habitant (*homestay*) à Ba Be, honnête et bien rodé, permet aux visiteurs de découvrir la vie des villages lacustres, en séjournant dans des maisons sur pilotis traditionnelles. La plupart se trouvent à Pac Ngoi. Toutes disposent d'eau chaude et les repas (50 000-80 000 d) peuvent être fournis en commandant à l'avance. Il y a aussi quelques hébergements dans les villages de Bo Lu et de Coc Toc, encore plus calmes.

L'équipe du bureau du parc national de Ba Be peut organiser des séjours pour ceux qui voyagent en solo, mais vous pouvez simplement demander en arrivant sur place.

Autre possibilité : utiliser la bourgade voisine de Cho Ra comme camp de base.

Mr Linh's Homestay PENSION $

(☎0989 587 400 ; www.mrlinhhomestay.com ; village de Coc Toc ; dort/s/d petit-déj inclus 5/20/25 $US ; ❄📶). Un cran au-dessus des autres pensions à Ba Be, cette maison de Coc Toc, en bordure du lac, est tenue par l'équipe du Ba Be Tourism Centre. Petites chambres lambrissées flambant neuves, plus un dortoir, le tout avec des sdb communes. Location de kayaks. Les repas (menus fixes), à commander au préalable, coûtent 120 000 d.

Hoa Son Guesthouse CHEZ L'HABITANT $

(☎0168 962 3971, 0281-389 4065 ; village de Pac Ngoi ; 70 000 d/pers). Cette pension très bien tenue est l'un des meilleurs choix, avec un grand balcon et vue sur le lac. Repas (30 000-60 000 d) disponibles, avec parfois du poisson frais pêché dans le lac.

Thuy Dung Guesthouse PENSION $

(☎0281-387 6354 ; 5 Tieu Khu, Cho Ra ; ch 400 000 d ; ❄📶). Accueillante pension familiale qui donne sur les rizières. Les chambres, simples et propres, sont agrémentées de balcons. Bon restaurant. Le personnel peut réserver votre transport depuis Cho Ra jusqu'au cœur du parc national de Ba Be.

Renseignements

Il n'y a ni banque ni distributeur de billets (DAB) dans le parc national de Ba Be. Apportez tout l'argent liquide dont vous aurez besoin.

Depuis/vers le parc national de Ba Be

Le parc national est à 240 km de Hanoi, à 61 km de Bac Kan et à 18 km de Cho Ra.

La plupart des visiteurs découvrent le parc dans le cadre d'un circuit organisé ou louent un véhicule à Hanoi (un 4x4 n'est pas nécessaire).

BUS

Depuis Hanoi, la route la plus directe vers les villages de Pac Ngoi, Bo Lu et Coc Toc, sur les rives du lac Ba Be, est celle du bus local vers Cho Don, via Thai Nguyen, de la compagnie Thuong Nga. Il quitte la gare routière de My Dinh à 10h (130 000 d, 4 heures). À Cho Don, sautez dans le minibus (de la même compagnie) qui assure la correspondance pour Pac Ngoi, Bo Lu et Coc Toc (40 000 d).

Il est aussi possible d'accéder au parc via Cho Ra. Un bus direct quitte la gare routière de Gia Lam à Hanoi à 12h pour Cho Ra (180 000 d, 6 heures). En venant du nord, un bus direct dessert Cho Ra (90 000 d, 5 heures) depuis Cao Bang ; départ à 12h. Il y a aussi des liaisons régulières entre Thai Nguyen ou Cho Don et Cho Ra. Une fois à Cho Ra, vous pouvez prendre un *xe om* (moto-taxi ; 100 000 d environ) pour parcourir les 18 km restants jusqu'au parc.

Des minibus quittent les villages du bord du lac de Ba Be pour Cho Don à 6h et 13h30. Si vous allez vers le nord-est depuis Ba Be, vous pouvez emprunter un bus local de Cho Ra à Na Phac, où vous trouverez des correspondances pour Cao Bang.

Con Son et Den Kiep Bac

Bien que ces sites présentent plus d'attrait aux yeux des Vietnamiens qu'à ceux des touristes, il n'est pas inintéressant de s'y arrêter sur le chemin vers Haiphong ou Along.

Con Son fut la résidence de Nguyên Trai (1380-1442), le fameux poète, écrivain et général qui aida l'empereur Lê Loi à vaincre les Chinois au XVe siècle. La **pagode de Con Son** (Con Son ; 5 000/15 000 d par pers/véhicule) comprend un temple érigé en son honneur. Pour y accéder, il faut emprunter un escalier de 600 marches, ou faire une boucle par un chemin qui passe près d'une source et traverse une forêt de conifères, puis revenir en descendant les escaliers.

À proximité, le **temple Kiep Bac** (Den Kiep Bac ; 5 000/15 000 d par pers/véhicule) est dédié à Trân Hung Dao (1228-1300), général de la dynastie des Trân qui écrasa la flotte de l'envahisseur mongol à la fin du XIIIe siècle, au cours de la bataille de Bach Dang. Fondé en 1300, le temple s'élève à l'endroit où serait décédé le légendaire général. À l'intérieur du site, une exposition retrace ses exploits. Le temple accueille aussi la fête qui l'honore chaque année, au 20e jour du 8e mois lunaire, habituellement en octobre.

Den Kiep Bac et Con Son se trouvent dans la province de Hai Duong, à 80 km à l'est de Hanoi. Si vous disposez d'un moyen de transport, vous pourrez aisément y faire halte en vous rendant à Haiphong ou dans la baie d'Along.

Haiphong

☎ 031 / 816 000 HABITANTS

La ville la plus facile à aborder du nord-est du Vietnam jouit d'une atmosphère décontractée qui lui est propre, avec des boulevards arborés que bordent d'élégants bâtiments de l'ère coloniale. Port maritime et centre industriel important, Haiphong n'attire cependant pas les foules. Profitez-en pour prendre un verre dans l'un des (nombreux) charmants cafés du centre, qui font partie intégrante du mode de vie local. Beaucoup disposent de tables en terrasses – parfaites pour regarder les passants.

Cette culture des cafés exceptée, il y a peu de choses pour les touristes et la plupart ne s'arrêtent à Haiphong qu'en correspondance, entre le bus de Hanoi et le ferry pour l'île de Cat Ba. Si vous choisissez de vous y attarder, vous découvrirez une cité agréable, quasiment dépourvue des tracas des grands centres touristiques du Vietnam.

Histoire

Après la signature du second traité de Saigon en 1874, les Français prirent possession de Haiphong et en firent rapidement un port important. L'industrie lourde prit son essor grâce à la proximité de mines de charbon.

En 1946, le terrible bombardement de la ville par les Français, qui fit des milliers de victimes civiles, sonna le glas de la détente avec le Viêt-minh et fut l'un des éléments déclencheurs de la guerre d'Indochine. Entre 1965 et 1972, Haiphong subit les attaques aériennes et navales des Américains, et le port de la ville fut miné en 1972, pour interrompre le ravitaillement du Nord-Vietnam par les Soviétiques. À la fin des années 1970 et dans les années 1980, la ville connut un exode important. La communauté chinoise notamment prit la route de l'exil, et avec elle une grande partie de la flotte de pêche.

Aujourd'hui, Haiphong est une ville en plein essor, où investissent massivement de grosses multinationales attirées par ses infrastructures portuaires et ses réseaux de transports.

À voir et à faire

Musée de Haiphong MUSÉE
(66 P Diên Biên Phu ; 5 000 d ; ⏲8h-11h mar-dim et 19h30-21h30 mer et dim). Situé dans édifice colonial à la façade ocre rouge, ce petit musée a pour thème l'histoire de la ville et de la région (certaines notices sont traduites en anglais). La collection taxidermique de la première salle ne vous retiendra pas, contrairement aux salles consacrées aux découvertes archéologiques des tombeaux de Tràng Kênh et de Viêt Khê, de la culture de Dông Son (âge du bronze), et à de belles pièces de céramique. Le jardin abrite une collection variée de reliques de guerre.

Cathédrale du Rosaire CATHÉDRALE
(P Hoang Van Thu ; ⏲24h/24). Édifiée au XIXe siècle, cette élégante église a été entièrement restaurée en 2010. Son grand clocher carré est l'un des symboles de la ville.

Opéra ÉDIFICE HISTORIQUE
(P Quang Trung). Cet édifice néoclassique, dont la façade est ornée de colonnes blanches, date de 1904. L'intérieur n'est pas ouvert à la visite.

Pagode Du Hang TEMPLE BOUDDHIQUE
(121 P Chua Hang ; ⏲7h-22h). Édifiée il y a plus de trois siècles et maintes fois restaurée, cette pagode est un remarquable témoignage d'architecture et de sculpture vietnamiennes traditionnelles. Elle est

Haiphong

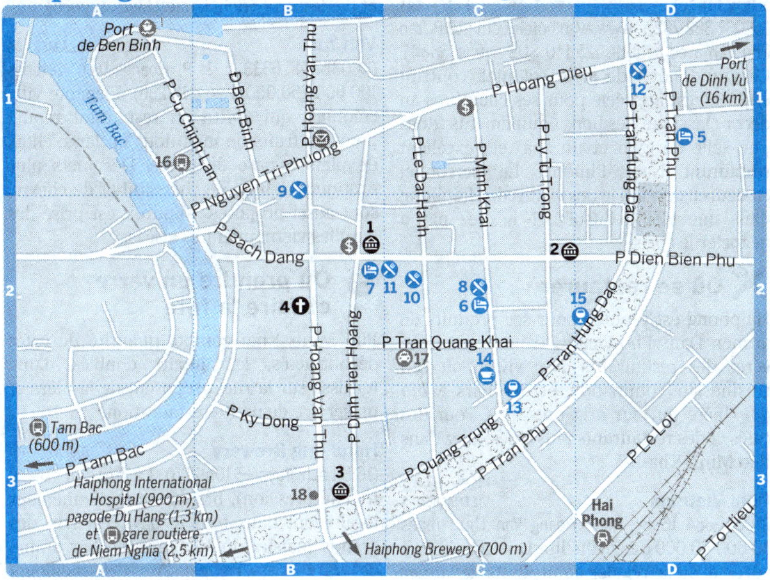

Haiphong

À voir

1 Musée de Haiphong B2
2 Musée de la Marine C2
3 Opéra B3
4 Cathédrale du Rosaire B2

Où se loger

5 AVANI Hai Phong Harbour View Hotel D1
6 Bao Anh Hotel C2
7 Monaco Hotel B2

Où se restaurer

8 BKK C2
9 Com Vietnam B1
10 Nam Giao C2
11 Phono Box C2
12 Van Tue D1

Où prendre un verre et faire la fête

13 Big Man Restaurant C3
14 Tra Cuc C2
15 Vuon Dua D2

Transports

16 Gare routière de Lac Long A1
17 Station de taxis C2
18 Vietnam Airlines B3

située dans une rue agréablement animée, à 1,5 km au sud-ouest de Pho Diên Biên Phu, l'artère principale de Haiphong.

Musée de la Marine MUSÉE

(P Diên Biên Phu ; 8h-11h mar, jeu et sam). GRATUIT Ce musée retrace la longue histoire maritime de la ville.

Où se loger

Bao Anh Hotel HÔTEL $

(031-382 3406 ; www.hotelbaoanh.com ; 20 P Minh Khai ; ch petit-déj inclus 400 000-600 000 d ;). Refait à grand renfort de peinture blanche (et de linge neuf), le Bao Anh est très bien situé dans une rue arborée de platanes et bordée de cafés animés. Pour quelque chose de plus fort, il y a quelques bons bars à bière à quelques pas. Les sympathiques réceptionnistes anglophones sont prêts à négocier.

Monaco Hotel HÔTEL $$

(031-374 6468 ; www.haiphongmonacohotel.com ; 103 P Diên Biên Phu ; ch petit-déj inclus 30-50 $US). Une agréable adresse, moderne et centrale. À la réception, assez chic, le personnel vous renseignera avec plaisir. Spacieuses chambres impeccables, sans grand caractère, doublées de jolies sdb.

Avani Hai Phong Harbour View Hotel HÔTEL $$$
(031-382 7827 ; www.avanihotels.com ; 12 P Tran Phu ; ch avec petit-dé 125-140 $US ;). Ce grand hôtel de style colonial, contruit en 1998, est apprécié pour ses chambres au décor classique, ses bons équipements (dont une salle de gym et un spa) et l'excellent restaurant Nam Phuong. Le personnel chaleureux organise des visites de Haiphong dans une vieille Citroën. N'hésitez pas à négocier les prix.

Où se restaurer

Haiphong est réputée pour ses produits de la mer. Dans Pho Quang Trung, vous trouverez des restaurants avec vivier, où l'on cuisine sur commande, et des bars à *bia hoi* (bière du jour à la pression). Pour des cafés et des restaurants plus chics, allez dans Pho Minh Khai.

Com Vietnam VIETNAMIEN $
(031-384 1698 ; 4a P Hoang Van Thu ; repas 40 000-60 000 d ; 11h-21h). Une très bonne adresse, où se régaler de produits de la mer locaux à prix raisonnable et de spécialités vietnamiennes. C'est exigu, sans prétention, avec une petite terrasse.

Nam Giao VIETNAMIEN $$
(22 P Le Dai Hanh ; repas 90 000-250 000d ; 7h-23h30). Le restaurant peut-être le plus charmant de Haiphong se cache dans un bâtiment colonial délabré. Le décor des salles mêle avec goût art asiatique, vieilles vitrines en bois sculpté et antiquités. Parmi les plats proposés, peu nombreux mais bien exécutés, un bar aux herbes enveloppé d'une feuille de bananier très parfumé ou une poitrine de porc caramélisée cuite dans une cocotte d'argile.

Phono Box CAFÉ $$
(79 P Diên Biên Phu ; repas 100 000-250 000 d ; 9h-23h ;). Avec ses murs de brique nue décorés d'accessoires de musique et une bande-son jazzy, le Phono Box est un lieu à la mode pour les amateurs de café et de bière. Cuisine plutôt européenne, avec steaks et autre plats de viande.

BKK THAÏLANDAIS $$
(031-382 1018 ; 22 P Minh Khai ; repas 80 000-150 000 d ; 11h30-22h ;). Une ancienne demeure joliment restaurée où l'on savoure des spécialités thaïlandaises remarquablement préparées, dont du *lab moo* (salade de porc) ou des calamars au poivre. Choix de bons mets végétariens également, et de desserts, (délicieuse glace au coco).

Van Tue PRODUITS DE LA MER $$
(031-374 6338 ; 1 P Hoang Dieu ; repas 100 000-250 000 d ; 11h-23h). Élégante villa coloniale qui abrite un restaurant réputé pour ses fruits de mer, dont un large choix de plats à base de crabe. Des mets plus exotiques, à base de chevreuil et de chèvre, sont aussi proposés. L'endroit est prisé des familles vietnamiennes aisées.

Où prendre un verre et faire la fête

Pho Minh Khai compte quantité de cafés décontractés, la plupart doublés d'une terrasse sur la rue, proposent de la bière et un service de petite restauration.

Haiphong Brewery BAR À BIA HOI
(16 Đ Lach Tray ; 10h-20h). La *bia hoi* (bière fraîche pression), brassée quotidiennement localement dans tout le pays, est l'un des grands plaisirs du Vietnam. Le bar animé de cette brasserie est l'un des meilleurs endroits pour la goûter à Haiphong. Endroit prisé pour le déjeuner – la nourriture est bonne et bon marché –, mais on vous trouvera toujours une petite place. Au sud-est du centre-ville, rapidement accessible en taxi.

Vuon Dua BAR À BIA HOI
(5 P Tran Hung Dao ; 11h-23h). Café en plein air très fréquenté servant des bières bon marché et différentes recettes à base de calamars, de poulet et de porc. Nombre de riverains viennent y prendre une *bia hoi* après le travail.

Big Man Restaurant BAR, RESTAURANT
(031-384 2383 ; 7 P Tran Hung Dao ; 11h-23h ;). Ce grand bar-restaurant dispose d'une terrasse extérieure. C'est aussi une microbrasserie où l'on trouve bières brune et blonde. Carte très complète (repas à partir de 100 000 d) de produits de la mer corrects et de délicieuses salades vietnamiennes.

Caffe Tra Cuc CAFÉ
(46c P Minh Khai ; 7h-23h ;). Les habitués, jeunes branchés ou quinquas grisonnants, viennent y boire un café, préparé de diverses manières, et profiter du Wi-Fi gratuit.

Renseignements

Dans Pho Minh Khai, plusieurs cybercafés proposent un accès Wi-Fi gratuit. On trouve des DAB un peu partout dans le centre-ville.

BUS AU DÉPART DE LA GARE ROUTIÈRE DE LAC LONG À HAIPHONG

DESTINATION	DURÉE	PRIX (D)	FRÉQUENCE
Bai Chay (ville d'Along)	2 heures	60 000	Nombreux bus 5h-17h
Cai Rong (île de Van Don)	3 heures	70 000	Nombreux bus 5h-18h
Hanoi (gare routière de Giap Bat)	2 heures	70 000	Nombreux bus 5h-18h
Lang Son	7 heures	80 000	5h30
Mong Cai	5 heures 45	160 000	8h, 10h, 13h, 19h30, 20h, 20h30, 21h, 22h30

Banque BIDV (P Diên Biên Phu ; ⏲8h-15h lun-ven, 8h-11h sam, DAB 24h/24)

Haiphong International Hospital (☎031-395 5888 ; 124 Nguyen Duc Canh). Récent et moderne, il compte quelques médecins anglophones.

Depuis/vers Haiphong

AVION

L'aéroport de Cat Bi se trouve à 6 km au sud-est de Haiphong. Des liaisons quotidiennes pour Hô Chi Minh-Ville et Danang sont assurées par **Jetstar Pacific Airways** (☎1900 1550 ; www.jetstar.com), **Vietnam Airlines** (☎031-381 0890 ; www.vietnamair.com.vn ; 30 P Hoang Van Thu) et **VietJet** (☎1900 1886 ; www.vietjetair.com).

BATEAU

Port de Ben Binh (Đ Ben Binh). Les bateaux partent du quai des ferries, à 10 minutes à pied du centre-ville. Les hydrofoils pour Cat Ba (220 000 d, environ 1 heure, selon l'état de la mer) partent à 7h, 9h, 13h et 15h.

À savoir : en raison de la construction d'un nouveau pont entre Haiphong et l'île de Cat Hai, les ferries de Ben Binh pourraient partir de Cat Hai après son achèvement (prévu pour l'été 2017).

BUS

Haiphong compte trois gares routières longue distance :

Gare routière de Lac Long (P Cu Chinh Lan). C'est la plus proche du centre-ville de Haiphong, très pratique pour les correspondances avec les bateaux pour Cat Ba, dans le port voisin de Ben Binh. Elle sert aux lignes qui partent vers le nord de Haiphong et vers Hanoi.

Gare routière de Niem Nghia (Đ Tran Nguyen Han). Bus pour les destinations au sud de Haiphong, dont Ninh Binh (120 000 d, 3 heures 30, toutes les 30 min).

Gare routière de Tam Bac (P Tam Bac). Bus pour Hanoi (70 000 d, 2 heures, toutes les 10 min).

TRAIN

Une ligne secondaire dessert tous les jours, lentement, la gare de Long Bien à Hanoi (48 000 d ; 2 heures 30 ; 6h05, 8h55, 14h55, 18h40).

VOITURE ET MOTO

Haiphong se trouve à 103 km de Hanoi par la RN 5.

Comment circuler

Un taxi du centre de Haiphong à l'aéroport de Cat Bi coûte 150 000 d environ. Contactez **Haiphong Taxi** (☎031-383 8383) ou **Taxi Mai Linh** (☎031-383 3833). Un *xe om* depuis l'une des gares routières jusqu'aux hôtels revient à quelque 30 000 d.

Baie d'Along

☎033

De hautes colonnes calcaires et de minuscules îlots couverts d'arbres surgissent des eaux émeraude du golfe du Tonkin. Along signifie "le lieu où le dragon descend dans la mer". La légende dit que ce paysage mystique fut créé par un grand dragon des montagnes fonçant vers la mer. Les battements de sa queue creusèrent vallées et crevasses. Lorsqu'il plongea dans l'océan, la région s'emplit d'eau, ne laissant que les sommets visibles. L'explication géologique de l'érosion karstique, plus prosaïque, n'affadit pas la poésie de ce paysage marin.

Avec leurs grottes sculptées par le vent et les vagues, les îles éparpillées dans la baie d'Along, site classé au Patrimoine mondial en 1994, sont une vision d'une beauté surnaturelle et, sans surprise, le premier site touristique du nord du Vietnam. La ville d'Along est le principal point d'accès à la baie mais ses gratte-ciel inélégants ne font pas honneur au site. La plupart des touristes choisissent (à raison) une visite en bateau comprenant un hébergement à bord, dans la baie, et ils sont de plus en plus nombreux à ignorer totalement la baie principale pour aller directement à l'île de Cat Ba, d'où ils peuvent facilement se rendre dans la baie de Lan Ha, tout aussi plaisante mais moins fréquentée.

Baie d'Along et baie de Bai Tu Long

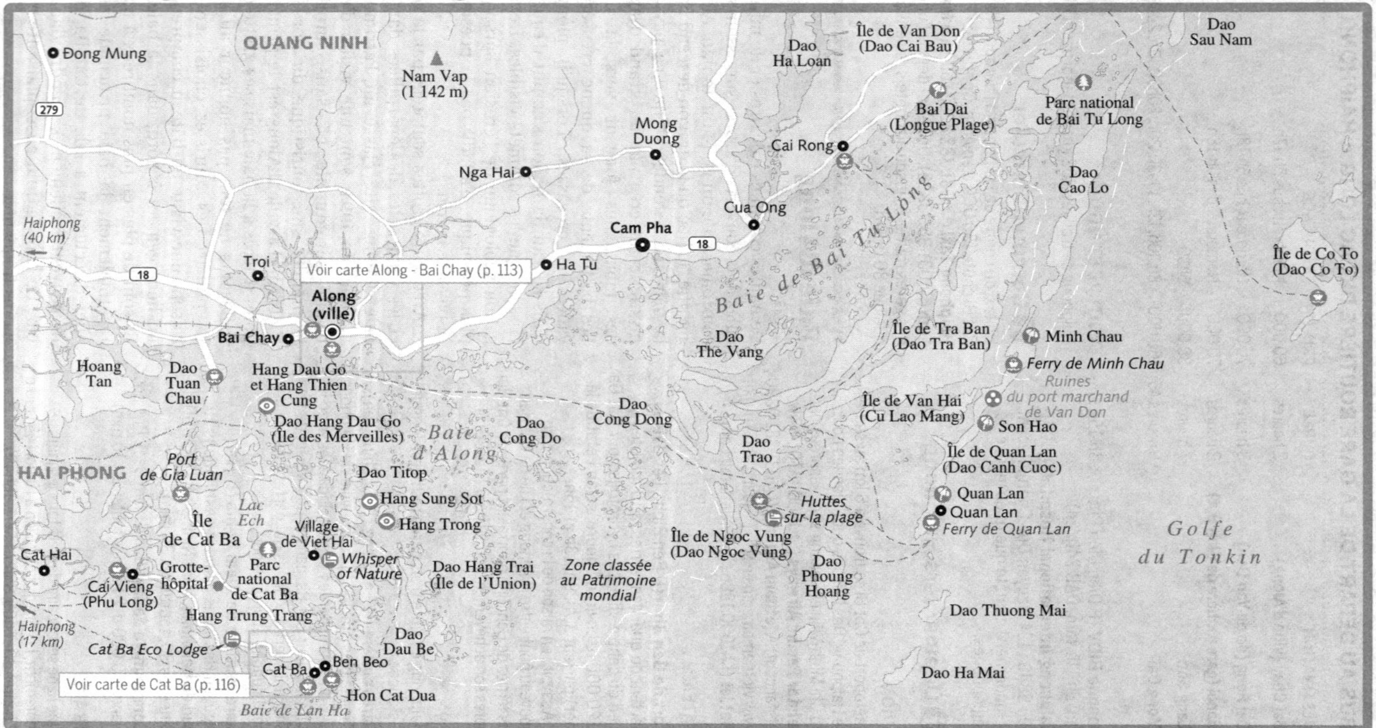

La baie d'Along attire des touristes toute l'année, avec une haute saison entre fin mai et début août. De janvier à mars, le temps est souvent frais et pluvieux, et la brume qui en résulte peut diminuer la visibilité, même si elle y ajoute une bonne dose d'étrangeté. De mai à septembre, les orages tropicaux sont fréquents. Toute l'année, les conditions météo obligent parfois les bateaux à modifier leur itinéraire. En novembre, le ciel bleu et le peu de touristes en font le meilleur mois pour y foncer tout droit.

À voir et à faire

La plupart des croisières et des excursions d'une journée en bateau comprennent au moins deux grottes, un arrêt sur une île et une visite de l'un des **villages flottants** de la baie d'Along. Les habitants y vivent de la pêche, rapportant leurs prises du large pour les engraisser dans des enclos piscicoles.

Grottes

Les îles de la baie d'Along sont creusées de milliers de grottes, dont beaucoup sont désormais éclairées par de savants jeux de lumière. Malheureusement, les lieux sont souvent jonchés de détritus et les vendeurs de babioles sont aussi très présents.

Les grottes que vous visiterez dépendent de facteurs tels que le temps et le nombre d'autres bateaux à proximité.

Hang Dau Go GROTTE

(grotte des Pieux de bois) Cette immense caverne est faite de trois salles qu'on atteint par un escalier de 90 marches. Dedans, le plafond peut monter jusqu'à 25 m, et un éclairage plutôt disco éclaire un ensemble incroyable de stalactites. Parmi celles de la première salle, on croirait voir un grand rassemblement de gnomes. La grotte tire son nom du rôle qu'elle a joué lors des batailles contre les Mongols au XIIIe siècle, la troisième salle ayant servi d'entrepôt aux pieux de bois utilisés pour détruire les bateaux adverses.

Hang Thien Cung GROTTE

Hang Thien fait partie du même ensemble de grottes que Hang Dau Go, non loin. Elle présente des concrétions calcaires en "choufleur", des stalactites et des stalagmites.

Hang Sung Sot GROTTE

(grotte de la Surprise). Très courue, Hang Sung Sot comprend trois vastes salles. Dans la seconde, il y a un phallus rocheux, éclairé de rose, considéré (sans surprise) comme un symbole de fertilité.

> **GARE AUX VOLEURS !**
>
> Surveillez bien vos objets de valeur si vous effectuez un circuit en bateau, à la journée, dans la baie d'Along. Ne les laissez pas sans surveillance, sinon ils pourraient bien disparaître. Les bateaux pour les croisières avec nuit à bord disposent généralement de cabines fermant à clé.

Hang Trong GROTTE

(grotte du Tambour). On entre dans Hang Trong par de grandes arches de chaque côté, et son plafond est couvert de stalactites. Son nom provient du son que fait le vent en soufflant sur ses stalactites, semblables à celui de tambours résonnant au loin.

Îles et îlots

Cat Ba est la plus développée des îles de la baie d'Along. La ville du même nom sert de base de départ vers la baie de Lan Ha. Certains croisiéristes de la baie d'Along incluent Cat Ba et la baie de Lan Ha dans leurs itinéraires.

Dao Titop ÎLE

(île de Titop). Cette petite île (avec une plage peu engageante) est très fréquentée par les bateaux qui s'y arrêtent pour la superbe vue panoramique qu'on a sur la baie d'Along depuis son sommet.

Dao Ga Choi ÎLOTS

(île des Coqs combattants). Parmi les sites les plus photographiés de la baie d'Along, ces deux rochers déchiquetés qui jaillissent à 10 m au-dessus de l'eau ressemblent à deux coqs qui s'affrontent.

Kayak

La plupart des tour-opérateurs proposent cette activité dans les circuits organisés en baie d'Along. La balade en kayak dure généralement 1 heure et permet de découvrir des grottes, des criques et de petites plages. La plupart des tour-opérateurs incluent dans leurs circuits la visite d'un **village flottant**, d'où proviendra sans doute votre dîner du soir.

Si vous êtes fan de kayak, contactez Handspan Adventure Travel (p. 90), à Hanoi, ou Blue Swimmer (p. 119) sur Cat Ba, qui organisent des excursions avec des guides qualifiés. Les sorties en kayak sont organisées depuis la baie de Lan Ha, moins touristique.

Renseignements

Tout visiteur doit s'acquitter d'un droit d'entrée pour le parc national (120 000 d). Il faut acheter des billets distincts (30 000-50 000 d) pour certains sites de la baie, comme les grottes et les villages de pêcheurs. La plupart des frais d'entrée sont en général inclus dans le forfait des circuits organisés, mais vérifiez lors de la réservation.

Centre d'informations touristiques de la baie d'Along (☎033-384 7481 ; www.halong.org.vn ; quai touristique de Bai Chay, Đ Halong ; 7h-16h). Situé sur le quai touristique (*tourist wharf*) de Bai Chay, dans la ville d'Along. Vous y trouverez du personnel anglophone, et de très bonnes cartes (20 000 d) de la baie.

Comment s'y rendre et circuler

La plupart des visiteurs découvrent la baie d'Along lors d'une croisière organisée à l'avance depuis Hanoi, qui comprend habituellement le transfert vers/depuis la baie.

Il est aussi possible de se rendre par soi-même dans la ville d'Along (Bai Chay) et de réserver une excursion en bateau depuis le quai touristique de Bai Chay.

Vous pouvez aussi rejoindre l'île de Cat Ba directement depuis Hanoi, et organiser de là un circuit en bateau pour découvrir la baie de Lan Ha.

Quai touristique de Bai Chay (Tourist Wharf ; Đ Along, Along ; 7h-18h). Deux grands circuits en bateau sont proposés depuis ce quai, toujours animé. La route 1 (100 000 d, 4 heures) parcourt les eaux des îles voisines et vous emmène aux grottes de Hang Dau Go et de Hang Thien Cung. La route 2 (150 000 d, 4 heures) pousse plus loin dans la baie, jusqu'à Hang Sung Sot et Dao Titop.

Pour ces excursions, notez que les prix d'entrée au parc national et dans chaque site ne sont pas inclus. Ces excursions à la journée sont essentiellement à l'intention des touristes vietnamiens. Attendez-vous à des bateaux pleins et à une bande-son de karaoké de chansons vietnamiennes poussées à plein volume.

Si vous êtes en groupe, vous pouvez aussi louer un bateau entier pour diminuer les coûts et décider de votre propre itinéraire (400 000 d/heure lun-ven, 500 000 d/heure sam-dim).

Les tarifs du quai touristique de Bai Chay sont fixés officiellement.

Along

☎033 / 201 990 HABITANTS

Le développement d'Along (Bai Chay) n'a pas été très heureux. Malgré sa situation incroyable au bord de la baie, c'est une ville assez triste, avec quelques regroupements d'hôtels en forme de gratte-ciel le long du rivage.

La plupart des voyageurs choisissent délibérément de ne pas rester en ville, préférant passer une nuit dans la baie d'Along. En raison de la concurrence et d'une clientèle en baisse, les tarifs pratiqués par les hôtels d'Along figurent désormais parmi les plus bas du Vietnam. Les visiteurs chinois et coréens y sont plus nombreux, ravis de profiter des casinos et des karaokés sur la terre ferme après avoir exploré la baie pendant la journée.

Où se loger

Les hébergements les moins chers sont situés dans et autour de la "rue des hôtels" qu'est Duong (Đ) Vuon Dao, qui totalise une cinquantaine de mini-hôtels génériques. Les hôtels de moyenne gamme ou de luxe sont répartis le long de Đ Halong et dans le quartier du port.

Les tarifs sont très raisonnables en dehors de la haute saison (de juin à juillet) et du Têt.

The Light Hotel HÔTEL $
(☎033-384 8518 ; www.thelighthalong.vn ; 108a Đ Vuon Dao ; ch 350 000d ;). Des chambres modernes, très propres et de bonne taille, d'un très bon rapport qualité/prix. Ajoutez-y le fait que le personnel, serviable, parle anglais et vous obtiendrez peut-être le meilleur hôtel pour petits budgets d'Along.

Halong Backpacker Hostel AUBERGE DE JEUNESSE $
(☎033-361 9333 ; www.halongbackpackerhostel.com ; 41 Đ Anh Dao ; dort 5 $US ;). Cette nouvelle auberge de jeunesse (à ne pas confondre avec le "Halong Backpacker's Hostel" dans Đ Vuon Dao) comprend de petits dortoirs de 6 lits, lumineux, et un bar animé au rez-de chaussée.

Novotel HÔTEL $$$
(☎033-384 8108 ; www.novotelhalongbay.com ; 160 Đ Halong ; ch à partir de 95 $US ;). Ce Novotel associe des influences japonaises à des touches contemporaines. Les chambres sont impeccables : sol en teck, sdb en marbre et cloisons coulissantes séparant les différents espaces de vie. Parmi les installations figurent une piscine à débordement et un excellent restaurant.

Où se restaurer

Along n'est pas le paradis des gourmets. Des restaurants (beaucoup spécialisés dans les produits de la mer) jalonnent la portion de Duong Halong située à l'ouest du quai

Along (Bai Chay)

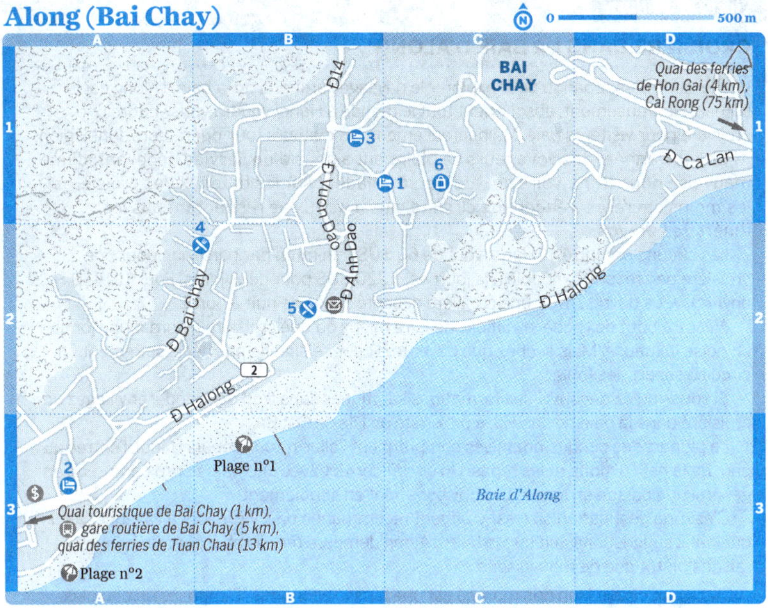

Along

Où se loger

1 Halong Backpacker Hostel C1
2 Novotel A3
3 The Light Hotel B1

Où se restaurer

4 Linh Dan Restaurant B2
5 Tuan Huong B2

Achats

6 Marché de Bai Chay C1

touristique de Bai Chay (40 000d en taxi depuis Đ Vuon Dao).

Pour un repas copieux et bon marché, rien ne vaut les modestes gargotes (cartes en anglais) en bas de Đ Vuon Dao, et les kiosques de *pho* le long de Đ Bai Chay.

Linh Dan Restaurant VIETNAMIEN $
(☎033-384 6025 ; 104 Đ Bai Chay ; repas 3-5 $US ; 11h-21h). La carte du Linh Dan, longue comme un roman, affiche presque toutes les variations possibles de sauté de porc, de poulet, de produits de la mer et de légumes.

Tuan Huong VIETNAMIEN $
(☎033-384 4651 ; 1 Đ Vuon Dao ; repas à partir de 80 000 d ; 10h-22h). Établissement tout simple, spécialisé dans les produits de la mer frais. Courte carte (en français et en anglais) Vous pouvez aussi choisir votre poisson ou votre crabe dans les aquariums à l'extérieur, mais vérifiez-en le prix (au poids) auparavant.

Renseignements

Poste principale (Đ Halong ; 7h-18h lun-ven)
Vietcombank (Đ Halong ; 8h-15h lun-ven, 8h-11h30 sam)

Depuis/vers Along

BATEAU

Les bateaux pour des excursions à la journée partent du quai touristique de Bai Chay (p. 112).

Quai des ferries de Hon Gai (Đ Le Thanh Tong). Depuis le quai des ferries de Hon Gai (face au pont suspendu d'Along), un bateau rapide quotidien dessert l'île de Quan Lan, à 13h30 (160 000d, 1 heure 30).

Quai des ferries de Tuan Chau (île de Tuan Chau). Du quai des ferries de Tuan Chau, à 13 km au sud-ouest du centre de Bai Chay, deux car-ferries desservent le port de Gia Luan, sur l'île de Cat Ba, à 8h et 15h (70 000/10 000 d par pers/moto, 1 heure), toute l'année. Service toutes les heures en haute saison, de juin à début août.

Le port de Gia Luan est à l'opposé de la ville de Cat Bat, sur l'île. À moins d'être à moto, il est plus pratique de prendre un ferry pour Cat Ba depuis Haiphong.

À NE PAS MANQUER

CROISIÈRE DANS LA BAIE D'ALONG

Le moyen le plus répandu pour explorer le paysage karstique de la baie d'Along est le bateau. Heureusement, absolument tout le monde à Hanoi voudra vous vendre une croisière pour visiter la baie. Malheureusement, les mauvais tour-opérateurs sont légion.

Chaque année, des voyageurs se plaignent à nous d'un service décevant, d'une mauvaise nourriture, voire de rats qui se baladent sur les bateaux des croisières les moins chères, ou encore de circuits plus onéreux ne respectant pas les itinéraires prévus.

Les circuits organisés à Hanoi vont de 60 $US minimum par personne pour une croisière peu recommandable à la journée, à 220 $US pour deux jours. Pour 110-130 $US environ, vous devriez avoir une croisière décente avec une nuit à bord.

À l'autre bout de l'échelle, difficile de faire mieux qu'une croisière à bord d'une jonque chinoise luxueuse. Mais sachez que payer très cher ne signifie pas nécessairement un circuit à l'écart des foules.

Si vous voulez découvrir les formations karstiques sans trop de monde, envisagez une croisière dans la baie de Lan Ha, à proximité de l'île de Cat Ba.

La plupart des circuits organisés comprennent l'aller-retour depuis Hanoi, l'entrée au parc de la baie d'Along et les repas. Un circuit correct avec une nuit à bord comprend en général une balade en kayak. Les boissons sont en supplément.

C'est une destination où il est vraiment recommandé de s'y prendre à l'avance. Voici quelques suggestions afin que la baie d'Along demeure mémorable pour de bonnes raisons plutôt que de mauvaises :

- Choisir un circuit trop bon marché est une fausse économie. Dépensez un peu plus, vous en profiterez.
- Vérifiez au moins le niveau de sécurité à bord. Les gilets de sauvetage devraient être fournis. Si un circuit en kayak est inclus, assurez-vous qu'un guide vous accompagne. Les courants à proximité des formations karstiques sont étonnamment puissants. Des accidents peuvent se produire si les touristes sont livrés à eux-mêmes pour pagayer.
- Acceptez le fait que la plupart des croisières dans la baie d'Along suivent un itinéraire strict, avec des arrêts dans des grottes qui se font souvent en même temps que d'autres bateaux. Lors d'une croisière avec une seule nuit à bord, le temps manque pour beaucoup s'éloigner de la ville d'Along.
- Pour éviter les déceptions, assurez-vous de savoir ce pour quoi vous payez. De nombreuses croisières (même luxueuses) sont vendues comme des expéditions de "deux jours", mais ne comportent qu'une nuit à bord, avec parfois moins de 24 heures réellement passées sur le bateau.
- Vérifiez au préalable les conditions de remboursement de votre tour-opérateur en cas d'annulation de la croisière due au mauvais temps.

Parmi les agences à envisager :

Cat Ba Ventures (p. 118). Croisières avec nuit à bord qui partent de l'île de Cat Ba et vous font visiter la baie de Lan Ha.

Handspan Adventure Travel (p. 90). L'opérateur du seul vrai voilier de la baie ; baladez-vous au calme parmi les pics karstiques sans le bourdonnement permanent d'un moteur diesel.

Indochina Sails (☎ 04-3984 2362 ; www.indochinasails.com ; circuit avec nuit à bord en cabine double à partir de 478 $US). Découvrez la baie d'Along depuis les superbes ponts d'une jonque traditionnelle, avec des cabines équipées comme un trois-étoiles.

Vega Travel (p. 90). Visites de la baie d'Along avec nuit à bord dans des cabines confortables, d'un bon rapport qualité/prix. Avec deux nuits à bord, vous découvrirez aussi la baie de Lan Ha et l'île de Cat Ba ; kayak, vélo et randonnée compris.

BUS AU DÉPART DE LA VILLE D'ALONG

DESTINATION	PRIX (D)	DURÉE	FRÉQUENCE
Cai Rong (île de Van Don)	35 000	1 heure 30	Toutes les 30 minutes 8h-18h
Haiphong	60 000	2 heures	Nombreux bus 6h20-17h
Hanoi	90 000	4 heures	Nombreux bus 5h45-18h
Lang Son	110 000	5 heures 30	6h, 11h45, 12h15
Mong Cai	80 000	4 heures	Toutes les 40 minutes 6h20-15h
Ninh Binh	100 000	4 heures	5h30, 11h30
Sapa	400 000	12 heures	7h, 18h

BUS

Tous les bus partent de la gare routière de Bai Chay, à 6 km au sud du centre de Bai Chay, un peu à l'écart de la RN 18. Pour le site de Tam Coc, des bus desservent Ninh Binh.

Il y a des services réguliers pour Cai Rong, sur l'île de Van Don, où des ferries desservent les îles de la baie de Bai Tu Long, depuis le quai de Cai Rong (Cai Rong Pha).

Attention, beaucoup de bus vers Along indiquent "Bai Chay" plutôt que "Halong City".

VOITURE ET MOTO

La ville d'Along se situe à 160 km de Hanoi et à 55 km de Haiphong. Le trajet Hanoi-Along en voiture prend environ 3 heures.

Comment circuler

Le quartier de Bai Chay est très étendu. La compagnie de taxis **Mai Linh** (☎ 033-382 2226) est fiable. Un taxi depuis le centre-ville d'Along jusqu'au quai des ferries de Tuan Chau coûte 130 000 d environ.

Île de Cat Ba

☎ 031 / 13 500 HABITANTS

Accidentée, escarpée et couverte de jungle, l'île de Cat Ba est la plus grande de la baie d'Along. Ces dernières années, elle a vu affluer les touristes. La ville de Cat Ba a connu un boom hôtelier, et des édifices de béton défigurent une baie autrefois magnifique. Un développement outrancier que compense la beauté du reste de l'île, largement préservé, ainsi que l'idyllique baie de Lan Ha.

Cat Ba est assez tranquille la majeure partie de l'année et fait une bonne base pour les grimpeurs, les randonneurs et les kayakistes, en leur offrant beaucoup de possibilités d'activités. De juin à début août, (et surtout les week-ends d'été), le niveau d'énergie augmente significativement et la ville de Cat Ba devient une station balnéaire frénétique, prisée des Vietnamiens. C'est la haute saison et les prix des hôtels peuvent alors monter en flèche.

En 1986, la moitié de l'île (354 km² dans sa totalité) et 90 km² de ses eaux côtières ont été déclarés parc national, afin de protéger les écosystèmes de ce petit paradis. Le littoral est essentiellement constitué de falaises, mais il y a çà et là quelques plages de sable et de charmants villages de pêcheurs nichés dans de petites anses.

Des lacs, des chutes d'eau et des grottes ponctuent les collines calcaires qui culminent à 331 m. Le lac Ech, qui s'étend sur 3 ha, est le plus grand plan d'eau de l'île. Quant aux cours d'eau, ils sont saisonniers, l'eau de pluie ayant tendance à s'infiltrer dans les grottes avant de rejoindre la mer, d'où le manque d'eau en saison sèche.

Une fête commémore chaque année la visite de Hô Chi Minh sur l'île de Cat Ba en avril 1951. À cette période, attendez-vous à de nombreux karaokés et à de la techno sur le front de mer entre 8h et minuit.

À voir

À première vue, la ville de Cat Ba ressemble à une pâle copie de Manhattan avec ses petits gratte-ciel aux façades vitrées. Une vision qui s'estompe néanmoins à mesure que l'on s'éloigne de la promenade du front de mer. Sur le mont n°1, une petite colline qui fait face à la jetée de la ville, se dresse un **monument dédié à Hô Chi Minh** (en retrait de Đ Nui Ngoc). Sur le **marché** (⏲ 7h-19h), très authentique, à l'extrémité nord du port, ce ne sont que succession de crabes, de crevettes royales et de pyramides de fruits frais. Mais, de toute évidence, les plus beaux sites de l'île se trouvent en dehors de la ville.

♥ **Baie de Lan Ha** ÎLES

(30 000 d). Éparpillés au sud et à l'est de la ville de Cat Ba, les quelque 300 îles karstiques et les pinacles calcaires de la baie de Lan Ha sont tout aussi spectaculaires que ceux de la baie d'Along. Toutefois, les nombreuses plages de sable blanc leur

Cat Ba

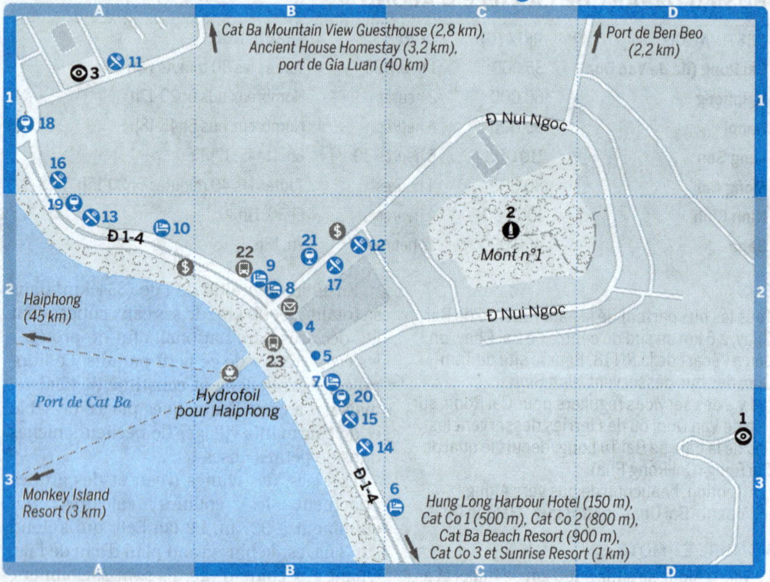

Cat Ba

À voir
1 Fort du Canon D3
2 Monument à Hô Chi Minh C2
3 Marché A1

Activités
4 Asia Outdoors B2
5 Cat Ba Ventures B2

Où se loger
6 Cat Ba Central Hostel C3
7 Cat Ba Dream B2
8 Cat Ba Sea View B2
9 Sea Pearl Hotel B2
10 Thu Ha A2

Où se restaurer
11 Buddha Belly A1
12 CT Mart B2
13 Family Bakery A2
14 Green Bamboo Forest B3
15 Green Mango B3
16 Phuong Nhung A1
17 Vien Duong B2

Où prendre un verre et faire la fête
18 Stands de *bia hoi* A1
19 Flightless Bird Café A2
Good Bar .... (voir 4)
20 Oasis Bar B3
21 Rose Bar B2

Transports
22 Hoang Long Bus Company B2
23 Bus vert QH pour Gia Luan et le parc national B2

confèrent un attrait particulier. Géologiquement, Lan Ha est une extension de la baie d'Along mais elle fait partie d'une autre province du Vietnam.

La baie de Lan Ha étant assez éloignée d'Along, les bateaux de touristes n'y sont pas très nombreux. Les sorties les plus intéressantes à la voile ou en kayak sont organisées à Cat Ba (ville).

La baie abrite près de 200 espèces de poissons, 500 espèces de mollusques, 400 espèces d'arthropodes, de nombreux coraux durs et mous, des phoques et trois espèces de dauphins.

Il faut s'acquitter d'un droit d'entrée, souvent compris dans les circuits.

Parc national de Cat Ba PARC NATIONAL
(☎031-216 350 ; 30 000 d ; ⏲lever-coucher du soleil). Le superbe national de Cat Ba sert d'habitat à 32 espèces de mammifères, dont la majorité des 65 semnopithèques à tête

dorée (l'espèce de primate la plus menacée) qui restent au monde. Il y a de bons sentiers de randonnée, dont un ardu de 18 km qui conduit au sommet d'une montagne.

Pour vous rendre aux **bureaux du parc**, à Trung Trang, prenez un bus public QH vert aux docks de la ville de Cat Ba. Vous pouvez également prendre un *xe om* (environ 80 000 d l'aller), ou bien louer une moto pour la journée.

Nous vous recommandons de recourir à un guide lors de vos randonnées, faute de quoi vous risquez de ne voir que de la verdure ! La plupart des touristes choisissent de visiter le parc lors d'un circuit organisé – Cat Ba Ventures (p. 118) propose de bonnes excursions à la journée ici – mais vous pouvez aussi trouver un guide auprès des rangers aux bureaux du parc. Dans le parc, **Hang Trung Trang** (grotte de Trung Trang), dotée de multiples salles, est aisément accessible, mais contactez un ranger pour vous assurez qu'elle est ouverte. Apportez votre lampe-torche.

Le difficile **sentier de 18 km** se parcourt en 6 heures, de préférence avec un guide. Un bateau ou un bus vous conduira au point de départ, et le bateau pour rentrer en ville doit aussi être réservé. Là encore, les rangers aux bureaux du parc peuvent vous aider, sinon adressez-vous à Cat Ba Ventures ou à Asia Outdoors, à Cat Ba. Chaussez-vous de manière adéquate, emportez un vêtement de pluie et une bonne réserve d'eau. Les marcheurs indépendants pourront acheter un en-cas dans les kiosques de Viet Hai, où les groupes s'arrêtent généralement pour déjeuner. N'oubliez pas que cette randonnée est difficile et que le sentier devient encore plus ardu et glissant après la pluie. Il existe des circuits plus courts et moins éprouvants.

De nombreuses randonnées se terminent à **Viet Hai**, un village de pêcheurs reculé de l'est de l'île, juste à l'extérieur de l'enceinte du parc, d'où un bateau-taxi vous ramène au quai de Ben Beo (environ 200 000 d/bateau). Un bateau public (50 000 d/pers) part de Ben Beo à 6h en semaine et à 7h le week-end.

Parmi les mammifères du parc, les plus faciles à voir sont les macaques, les chevreuils, les civettes et plusieurs espèces d'écureuils, dont l'écureuil géant oriental. On a repéré ici 70 espèces d'oiseaux, dont des faucons, des calaos et des coucous. Cat Ba est aussi une étape importante pour les oiseaux migrateurs aquatiques, qui nichent et se nourrissent sur les plages des

À NE PAS MANQUER

ESCALADER LES PICS KARSTIQUES

Si l'escalade vous tente, l'île de Cat Ba est un endroit idéal – les parois karstiques offrent des voies exceptionnelles, dans un paysage spectaculaire. La plupart des grimpeurs qui tentent l'aventure à Cat Ba sont des novices, mais le niveau des instructeurs est tel qu'ils repartent avec le virus de l'escalade.

Pas besoin de gros bras pour grimper, puisque l'on utilise surtout ses jambes. La pierre calcaire ici n'est pas trop rude pour les mains. De plus, les parois sont souvent abritées par des surplombs naturels qui les protègent de la pluie. Grimper est toujours possible, quel que soit le temps.

Quelques agences inexpérimentées peuvent vous proposer des sorties à votre arrivée sur l'île, mais nous conseillons aux débutants de s'adresser à l'équipe chevronnée d'Asia Outdoors (p. 118), précurseur en matière d'escalade sur l'île.

Les sorties pour les débutants se font sur l'île de Cat Ba ou dans la magnifique baie de Lan Ha. Harnais et chaussures d'escalade sont fournis, ainsi qu'un cours sur la technique d'assurage, puis une démonstration. Ensuite, c'est à vous ! L'instructeur vous expliquera comment procéder à chaque prise et vous assurera. Des voies faciles s'offrent depuis les plages de Hai Pai et de Moody Beach, idéales pour les novices.

Les falaises abruptes des baies d'Along et de Lan Ha se prêtent aussi idéalement au "psicobloc" (*deep-water soloing*), l'escalade sans corde ni harnais au-dessus de l'eau. Bien sûr, cette activité est réservée aux grimpeurs expérimentés, et il est impératif de bien connaître la profondeur de l'eau et les indices de marée (certains grimpeurs se sont déjà blessés en tombant dans de l'eau peu profonde). Ne tentez donc le psicobloc qu'avec une équipe expérimentée, comme celle d'Asia Outdoors. En général, on termine une voie par un beau plongeon dans la mer avant de regagner la plage, ou le bateau, à la nage.

mangroves. Parmi le bon millier d'espèces de plantes répertoriées, on compte 118 espèces d'arbres et 160 plantes médicinales.

Anse de Cat Co PLAGE

À 10 minutes de marche au sud-est de la ville de Cat Ba, les trois plages de l'anse de Cat Co sont les étendues de sable les plus proches pour se baigner – bien que l'eau soit parfois polluée par des ordures certains jours. La première est **Cat Co 3**, un petit bout de sable que l'on peut facilement manquer faute d'attention. De là, un sentier taillé dans la falaise offrant une vue splendide sur la mer serpente jusqu'à **Cat Co 1**, dominée par un complexe hôtelier plutôt laid, puis continue jusqu'à la jolie bande de sable blanc de **Cat Co 2**.

Vous pouvez aussi monter tout droit sur la colline pour aller à Cat Co 1 et 2, ou prendre le "train" touristique (en fait une grosse voiturette de golf, 10 000 d) qui sillonne la colline en haute saison.

Kayaks, planches à voile et autres équipements de sports nautiques sont disponibles à la location à Cat Co 1 et 2. Les week-ends d'été, les plages sont envahies, et les détritus peuvent poser problème.

L'île de Cat Ba compte d'autres plages, dont Cai Vieng, Hong Xoai Be et Hong Xoai Lon.

Grotte-hôpital SITE HISTORIQUE

(☎031-368 8215 ; 30 000 d ; ⏲7h-16h30). À environ 10 km au nord de Cat Ba, sur la route qui mène à l'entrée du parc national, cette grotte est un lieu historique : protégée des bombes, elle a servi d'hôpital clandestin pendant la guerre du Vietnam, mais aussi d'abri aux dirigeants viêt-cong. Aménagée entre 1963 et 1965 avec l'aide de la Chine, sur trois niveaux, elle fut utilisée jusqu'en 1975.

Un guide vous fera visiter les 17 salles, l'ancien bloc opératoire et la gigantesque caverne naturelle qui faisait office de cinéma (et comprenait même une petite piscine).

Activités

Kayak

De nombreux hôtels dans la ville de Cat Bat et des agences de voyage louent des kayaks (environ 8 $US la demi-journée), permettant d'explorer la côte de l'île de façon indépendante. Il vaut mieux faire l'exploration en kayak des formations karstiques de la baie de Lan Ha avec un guide, surtout si vous n'êtes pas expérimenté, en raison des courants, forts et variables.

Randonnée

L'île de Cat Ba est majoritairement recouverte de forêt tropicale dense. La plupart des sentiers de randonnée se trouvent dans le parc national.

Vélo

Beaucoup d'hôtels proposent des VTT chinois (environ 6 $US/jour) et Blue Swimmer (ci-contre) des vélo de randonnée (15 $US/jour) de meilleure qualité.

Un itinéraire traverse le cœur de l'île, en passant par la grotte-hôpital, et redescend vers les mangroves et les élevages de crabes de la côte ouest. Ensuite, on rejoint la ville de Cat Ba en effectuant une boucle par la route longeant la côte, où alternent vasières et plages désertes.

Circuits organisés

Presque tous les hôtels de l'île de Cat Ba proposent des excursions en bateau dans la baie de Lan Ha. Les prix démarrent généralement à 80 $US par personne pour deux jours, nuit comprise, mais il est souvent préférable de dépenser un peu plus. Sachez que nous avons reçu des plaintes de voyageurs concernant certaines de ces excursions – exiguïté, qualité douteuse de la nourriture.

♥ **Asia Outdoors** ESCALADE

(☎031-368 8450 ; www.asiaoutdoors.com.vn ; Noble House, Ð 1-4, ville de Cat Ba ; demi-journée/journée d'escalade 66/84 $US ; ⏲8h-19h30). Les amateurs d'aventure trouveront tout ce qu'il leur faut à l'agence pionnière de l'escalade au Vietnam, Asia Outdoors. Elle se spécialise surtout dans l'escalade, avec des formateurs très qualifiés et diplômés pour guider les excursions, mais elle propose aussi des combinés escalade et kayak, avec une nuit à bord de son bateau (130 $US). Elle vient également de lancer des excursions en stand-up paddle (SUP ; 36 $US).

Les grimpeurs chevronnés peuvent louer ici du matériel, discuter boutique et s'y procurer *Vietnam : A Climber's Guide* (20 $US ; en anglais), le guide d'Erik Ferjentsik, qui décrit des itinéraires et donne aussi de très bons conseils sur Cat Ba.

Cat Ba Ventures CIRCUITS EN BATEAU, KAYAK

(☎031-388 8755, 0912 467 016 ; www.catbaventures.com ; 223 Ð 1-4, Cat Ba Town ; excursion en bateau avec nuit à bord 128 $US/pers ; ⏲8h-19h). Agence locale proposant des sorties en bateau dans la baie de Lan Ha et dans la baie d'Along, ainsi que des circuits en kayak à la journée et des randonnées guidées dans le parc national. Ici, on sait tout sur Cat Ba et leurs renseignements sur la manière de poursuivre votre voyage sont précieux.

Blue Swimmer CIRCUITS AVENTURE, VOILE, KAYAK
(☎031-368 8237, 0915 063 737 ; www.blueswimmersailing.com ; port de Ben Beo ; excursion à la voile avec nuit à bord à partir de 161 $US/pers ; ⏲8h-18h). C'est Vinh, un des fondateurs du tour-opérateur reconnu Handspan Adventure Travel, qui a ouvert cette agence écoresponsable. Elle propose de très belles excursions à la voile ou en kayak, des randonnées à pied ou à VTT (certaines avec nuit chez l'habitant). Renseignez-vous au port de Ben Beo ou dans les bureaux de Blue Swimmer à Cat Ba (ville), dans le restaurant Green Bamboo Forest.

Où se loger

La plupart des hôtels basiques sont regroupés sur le front de mer (ou légèrement en retrait) de la ville de Cat Ba. Il existe également des établissements plus intéressants ailleurs dans l'île, et des lieux isolés sur d'autres îles dans la baie de Lan Ha.

Les tarifs des chambres varient fortement ; ils peuvent doubler de juin à juillet. En août, certains hôtels continuent de faire grimper les prix quand d'autres ne les augmentent que le week-end.

Les prix indiqués sont ceux de la basse saison car, en période d'affluence, beaucoup d'hôteliers ont tendance à donner un tarif farfelu, en fonction de la demande. Notez que de mai à juillet, il est utile de réserver.

Ville de Cat Ba

Si les hôtels du front de mer affichent complet, essayez dans Duong (Đ) Nui Ngoc, qui comporte plusieurs hébergements d'un bon rapport qualité/prix.

Cat Ba Sea View HÔTEL $
(☎031-388 8201 ; www.catbaseaviewhotel.com ; 220 Đ 1-4 ; ch 15 $US, avec vue sur la mer 25 $US ; ❄📶). Des chambres pimpantes, aux couleurs claires, comportant une drôle de décoration de fausses fleurs. Toutes sont de bonne taille, et les plus spacieuses donnent sur la mer. Chaque étage dispose d'un minuscule balcon commun face au port.

Cat Ba Central Hostel AUBERGE DE JEUNESSE $
(☎0913 311 006 ; www.catbacentralhostel.com ; 240 Đ 1-4 ; dort 5 $US ; ❄📶). Kong, le propriétaire, vous accueille dans cette auberge agréable, de plus en plus appréciée par les routards de Cat Ba. Les lits des dortoirs (un de 28 lits, un de 14 et deux de 6 lits, dont un réservé aux femmes) s'accompagnent de casiers individuels et de prises de courant.

Cat Ba Dream HÔTEL $
(☎031-388 8274 ; www.catbadream.com.vn ; 226 Đ 1-4 ; ch 12 $US, avec vue sur la mer 15 $US ; ❄📶). Si le service laisse un peu à désirer, le Cat Ba Dream abrite d'élégantes chambres, plus petites à l'arrière, plus grandes face à la mer – vue splendide sur la baie (la n°606 est la meilleure).

Thu Ha HÔTEL $
(☎031-388 8343 ; Đ 1-4, ville de Cat Ba ; ch 12-15 $US ; ❄📶). Petit établissement familial aux chambres proprettes, meublées simplement. Négociez âprement pour obtenir une chambre sur le devant, et réveillez-vous en admirant la mer.

VAUT LE DÉTOUR

FORT DU CANON

Pour avoir l'une des plus belles vues du Vietnam (nous sommes sérieux !) allez au **fort du Canon** (40 000 d ; ⏲lever-coucher du soleil), d'où l'on peut voir le panorama des collines couvertes de jungle de l'île de Cat Ba qui ondulent et descendent jusqu'à la mer, ponctuée de pitons karstiques, et aux essaims de bateaux de pêche dans le port. Magnifique.

Des sentiers bien indiqués guident les visiteurs dans des tunnels souterrains, en passant devant deux emplacements de canons bien préservés (dont l'un est "armé" par des mannequins grandeur nature de l'armée viêt-minh), jusqu'à deux belvédères qui dominent l'île. Il y a même un café (d'où la vue est encore plus belle) et un petit musée.

Les tunnels et les postes des canons ont été établis par les Japonais durant la Seconde Guerre mondiale, mais les Français et les Vietnamiens les ont également utilisés durant les conflits suivants.

L'entrée du fort est à 10 minutes d'une montée assez raide depuis la ville de Cat Ba, et de là, il y a encore 20 minutes de rude grimpette jusqu'au fort même. Sinon, prenez un *xe om* à Cat Ba (15 000 d).

Sea Pearl Hotel HÔTEL $$
(031-368 8567 ; www.seapearlcatbahotel.com.vn ; 219 Đ 1-4 ; ch 730 000-1 030 000 d ;). Si pour ce prix les sdb mériteraient d'être rénovées, le Sea Pearl reste un bon choix. Les chambres au décor classique sont de bonne taille, confortables. Personnel sérieux et serviable.

Hung Long Harbour Hotel HÔTEL $$
(031-626 9269 ; www.hunglonghotel.vn ; 268 Đ 1-4 ; d 1 575 000 d ; P). À l'extrémité sud-est de la ville de Cat Ba, plus calme, des chambres très spacieuses, dont beaucoup jouissent d'une vue superbe. Pas la peine de prendre une chambre plus chère : les "standards" sont celles qui ont des balcons.

Île de Cat Ba et ses environs

Cat Ba Mountain View Guesthouse BUNGALOWS $
(031-368 8641 ; 452 Đ Ha Sen, village d'Ang Soi ; dort/d 5/15 $US). Un peu à l'écart du tumulte de la ville, cette nouvelle auberge de jeunesse se compose d'un ensemble de jolis bungalows (privatifs ou en dortoirs), adossés à une falaise. Le spacieux restaurant, au toit de chaume, est un bon endroit pour rencontrer d'autre voyageurs et lier connaissance. Sur la route principale, à 3 km de la ville de Cat Ba.

Notez que le panneau sur la route indique "Mountain View Hostel".

Ancient House Homestay PENSION $
(0915 063 737, 0916 645 858 ; www.catba-homestay.com ; village d'Ang Soi ; maison partagée par pers 15 $US, maison privée pour 2 pers 50 $US ;). Cette jolie demeure historique de style vietnamien traditionnel a été déplacée, avec les précautions qui s'imposent, des environs de Hanoi jusqu'ici, dans le village d'Ang Soi. À 3 km de la ville de Cat Ba, au bout d'une petite route non indiquée. Hauts plafonds et mobilier ancien à l'intérieur, et jardins bien entretenus. La maison n'est pas prévue pour accueillir des voyageurs indépendants et il vaut mieux réserver via Blue Swimmer.

Menus fixes à la demande (10 $US/pers) au déjeuner et au dîner.

Whisper of Nature BUNGALOWS $$
(031-265 7678 ; www.vietbungalow.com ; village de Viet Hai village ; dort/d petit-déj inclus 15/28 $US ;). Le Whisper of Nature est un endroit simple fait pour les amoureux de la nature qui veulent se détendre. De petits bungalows de béton et de chaume sont installés en lisière de forêt, entourés d'arbres et de jardins potagers. Se rendre ici est une aventure en soi, avec une dernière étape qui vous fait traverser à vélo un paysage luxuriant. Renseignez-vous sur les moyens d'accès quand vous réservez.

Cat Ba Eco Lodge COMPLEXE HÔTELIER $$
(031-368 8966 ; www.catbaecolodge.com ; village de Xuan Dam ; s/d 735 000/945 000 d ;). Un petit complexe hôtelier, situé dans un paisible village à 12 km de la ville de Cat Ba. On loge ici dans de spacieuses maisons en bois sur pilotis, éparpillées autour d'un bar et d'un restaurant en plein air. Au programme : randos et balades à vélo jusqu'à la plage, à 2 km de là. Assure 2 navettes quotidiennes depuis/vers la ville de Cat Ba (à confirmer quand vous réservez).

Monkey Island Resort COMPLEXE HÔTELIER $$
(04-3926 0572 ; www.monkeyislandresort.com ; île de Cat Dua ; d 60-100 $US ;). Si les bungalows de bois et de chaume standards sont un peu petits pour leur prix, la plage ici est vraiment jolie. Atmosphère conviviale en prime : buffet de produits de la mer le soir, bande son R&B au bar et différentes activités (randonnée, kayak) proposées. Transfert gratuit depuis la ville de Cat Ba.

Cat Ba Sandy Beach Resort COMPLEXE HÔTELIER $$
(0989 555 773 ; www.catbasandybeachresort.com ; île de Nam Cat ; d à partir de 45 $US ;). Le passage obligé de l'île pour se détendre : vous profiterez de simples bungalows en bois au pied de falaises calcaires plongeant dans l'eau, et passerez vos journées à vous baigner et faire du kayak. Le soir, c'est barbecue de fruits de mer autour d'un feu de camp. Transfert gratuit depuis le port de Ben Beo.

Cat Ba Beach Resort COMPLEXE HÔTELIER $$$
(031-388 8686 ; www.catbabeachresort.com ; Cat Co 2 ; bungalows à partir de 80 $US environ ;). Bordant la frange de sable la plus éloignée de la plage de Cat Co 2, ces charmants bungalows de pierre et de chaume sont posés sur une pelouse immaculée ponctuée de palmiers. Au programme : planche à voile ou sauna, et un bar-restaurant agréable, ouvert sur un côté, avec vue sur la mer.

Sunrise Resort COMPLEXE HÔTELIER $$$
(031-388 7360 ; www.catbasunriseresort.com ; Cat Co 3 ; ch à partir de 145 $US petit-déj inclus ; @). Face à la mer, un complexe hôtelier conçu avec goût, avec des constructions basses au toit de tuiles installées au pied de

verdoyantes falaises. Chambres spacieuses et élégantes ; les plus chères sont prolongées de balcons donnant sur l'eau. Piscine et aire de jeux pour les enfants notamment.

Où se restaurer

Pour un repas à petit prix, rendez-vous aux étals devant le marché, ou bien à un pâté de maisons du front de mer, dans la rue qui relie les deux parties de la boucle formée par Ð Nui Ngoc.

Green Bamboo Forest VIETNAMIEN $
(Ð 1-4 ; repas 50 000-150 000 d ; 7h-23h ;). Restaurant sympathique et bien tenu sur le front de mer, qui fait également office de bureau des réservations de Blue Swimmer. Choix de produits de la mer délicieux, et quantité de plats de riz et de nouilles. Son emplacement au calme est un bonus.

Buddha Belly VÉGÉTARIEN $
(Ð 1-4 ; repas 30 000-80 000 d ; 10h-21h ;). Juste à côté du marché de Cat Ba, une gargote toute simple, tapissée de bambou, réputée pour ses bons plats de légumes et de tofu. Sans œufs ni produits laitiers, c'est aussi un très bon choix pour les végétaliens. Rapport qualité/prix excellent pour le menu (30 000 d), renouvelé tous les jours.

Family Bakery BOULANGERIE $
(196 Ð 1-4, ville de Cat Ba ; pâtisseries 10 000-15 000 d, sandwichs 30 000-40 000 d ; 7h-16h). Endroit accueillant dédié aux gourmandises, telles que pain au chocolat et pâtisseries aux amandes. Arrêtez-vous pour un café, une crème caramel ou un croissant, avant d'enchaîner les transports pour retourner à Hanoi.

Phuong Nhung VIETNAMIEN $
(184 Ð 1-4, ville de Cat Ba ; repas 45 000 d ; 7h-10h). Lieu animé et populaire, apprécié pour ses copieux bols de *pho bo* (soupe de pâtes de riz au bœuf) au petit-déjeuner. Exactement ce qu'il vous faut avant une journée d'escalade ou de kayak.

CT Mart SUPERMARCHÉ $
(18 Ð Nui Ngoc, ville de Cat Ba ; 8h-20h). Supermarché pratique pour s'approvisionner avant un trek ou le trajet de retour en bateau jusqu'au continent.

Green Mango INTERNATIONAL $$
(031-388 7151 ; Ð 1-4, ville de Cat Ba ; repas 110 000-220 000 d ; 8h-22h ;). Avec une carte qui va des steaks aux fruits de mer en passant par les plats de pâtes et les pizzas italiennes (ainsi que quelques mets asiatiques), le Green Mango est un bon choix pour dîner. Lieu agréable aussi pour se détendre devant un verre de vin ou un cocktail. Personnel accueillant.

Vien Duong VIETNAMIEN $$
(12 Ð Nui Ngoc, ville de Cat Ba ; repas à partir de 120 000 d ; 11h-23h). Ce restaurant de fruits de mer, parmi les plus populaires de Ð Nui

LES RESTAURANTS FLOTTANTS DE CAT BA

L'ambiance et le décor des restaurants flottants sont parfaits pour savourer des délices de la mer, mais quelques indices vous permettront de ne pas transformer l'expérience en naufrage :

- Les restaurants "flottants" spécialisés dans les produits de la mer sont nombreux dans le port de Cat Ba. Les tarifs étant parfois excessifs, il est important de se faire confirmer à l'avance le prix du repas et du trajet en bateau pour y aller/revenir.
- Les îliens conseillent plutôt de se rendre de l'autre côté de la baie, dans l'un des restaurants flottants du port de Ben Beo, moins touristique – le risque d'arnaque est moins élevé, mais vérifiez tout de même le prix à l'avance. Comptez environ 140 000 d pour un aller-retour en bateau, temps d'attente compris.
- Ne payez la course en bateau qu'après le retour, certains voyageurs ayant été abandonnés au restaurant. Demandez à votre hôtel de vous recommander un bateau ou prenez un *xe om* (environ 30 000 d) pour rejoindre le port derrière la colline.
- **Quang Anh** (031-388 8485 ; Ben Beo ; repas à partir de 200 000 d environ) sur le port de Ben Beo, est recommandé. Vous y choisissez votre poisson dans l'enclos et il est directement grillé, frit ou cuit à la vapeur. Les prix sont calculés selon le poids et l'espèce : comptez autour de 150 000 d par personne pour un repas copieux. Assurez-vous de connaître le montant approximatif de l'addition avant de manger.

Ngoc, est souvent bondé de touristes vietnamiens qui se régalent de crabe, de calamars et de fondue de fruits de mer locaux. Ambiance garantie, mais à éviter si vous cherchez un endroit calme.

Où prendre un verre et faire la fête

Pour goûter la boisson locale, dirigez-vous vers les stands de *bia hoi* (Đ 1-4), installés près de l'entrée du port de pêche, non loin du marché au poisson.

Rose Bar BAR
(15 Đ Nui Ngoc ; 12h-3h ;). Avec ses cocktails abordables (2 $US), de nombreux tarifs *happy hour* et des narguilés, le Rose Bar a tout pour séduire le voyageur en mal de distractions. Souvent ouvert après minuit en haute saison.

Oasis Bar BAR
(Đ 1-4 ; 12h-23h ;). Le personnel souriant, la table de billard et l'emplacement au centre du front de mer concourent à faire de l'Oasis un endroit idéal pour descendre une bière ou deux. Si vous avez un petit creux, le menu est plutôt correct.

Flightless Bird Café BAR
(031-388 8517 ; Đ 1-4 ; 12h-23h ;) Découvrez le Kiwi qui est en vous dans ce bar agréable, décoré de souvenirs de Nouvelle-Zélande. Original : massages et manucure sont aussi proposés, à des tarifs très raisonnables.

Good Bar BAR
(Noble House, Đ 1-4, ville de Cat Ba ; 12h-tard). Ce bar à l'étage ne manque pas d'ambiance, jusque tard dans la nuit. Tables de billard et vue imprenable sur le port.

Renseignements

La plupart des hôtels et restaurants proposent un accès Wi-Fi.

Côté renseignements touristiques, fiez-vous au personnel d'Asia Outdoors ou de Cat Ba Ventures. Les sites Web des deux sociétés sont aussi des mines d'informations locales.

Agribank (Đ Nui Ngoc ; 8h-15h lun-ven, 8h-11h30 sam)

Depuis/vers l'île de Cat Ba

L'île de Cat Ba se trouve à 45 km à l'est de Haiphong et à 50 km au sud d'Along. Depuis Hanoi, il existe diverses possibilités combinant bus et bateau, et des ferries partent de Haiphong et de la ville d'Along.

HAIPHONG

Un hydrofoil rapide direct pour la ville de Cat Ba (220 000 d, 1 heure) quitte le porte de Ben Binh, à Haiphong, à 7h, 9h, 13h et 15h. Celui pour Haiphong quitte Cat Ba à 8h, 10h, 14h et 16h.

ALONG

Les ferries qui partent du quai de Tuan Chau, dans la ville d'Along, arrivent à l'île de Cat Ba sur sa côte nord, dans le port de Gia Luan, ce qui signifie que vous débarquez à 40 km de la ville de Cat Ba. Le bus local vert de QH est le seul transport public qui relie Gia Luan à la ville de Cat Ba.

Pendant des années, ce ferry a subi le joug d'une mini-mafia des taxis du port de Gia Luan qui faisaient tout pour que vous ratiez ce bus, mais les coupables ont été punis, et la chose est maintenant plus facile.

En raison de changements d'horaires fréquents sur cette ligne de ferry, celui de Haiphong demeure le moyen le plus pratique pour les visiteurs non motorisés. Si vous êtes à moto, c'est aussi une bonne option.

Le car-ferry quitte le quai de Tuan Chau, dans la ville d'Along, pour le port de Gia Luan à Cat Ba à 8h et 15h toute l'année (70 000/10 000 d par pers/moto, 1 heure). Il peut y en avoir jusqu'à un par heure aux périodes de pointe. De Gia Luan, toute l'année, le bus vert QH part pour la ville de Cat Ba à 9h et 16h (20 000 d, 30 min). Si le ferry a du retard, le bus attend son arrivée. De mai à septembre environ, des bus supplémentaires partent à 13h et 17h.

Du port de Gia Luan vers Tuan Chau à Along, les car-ferries partent à 9h et 16h. Depuis la ville de Cat Ba, prenez le bus vert QH de 7h40 ou de 15h pour avoir la correspondance avec le ferry. Là encore, il y a plus de ferries en période de pointe, avec souvent des départs toutes les heures de fin mai début août.

HANOI

Hoang Long Bus Company (031-268 8008 ; Đ 1-4 ; billets 250 000 d). Cette compagnie propose un trajet combiné bus-bateau pratique qui part de la gare routière de Luong Yen à Hanoi, jusqu'à la ville de Cat Ba. Un bus vous emmène à Haiphong, suivi d'un minibus jusqu'au port voisin de Dinh Vu, puis de 40 minutes en ferry jusqu'au port de Cai Vieng (également appelé Phu Long) sur l'île de Cat Ba. De là, un autre minibus emmène les passagers en ville.

De mai à septembre, les bus quittent Hanoi à 5h20, 7h20, 11h20 et 13h20, et repartent de Cat Ba à 7h15, 9h15, 13h15 et 15h15. D'octobre à avril, les bus quittent Hanoi à 7h20 et 11h20 ; départs de Cat Ba à 9h15 et 13h15.

Depuis Hanoi, c'est l'itinéraire qui présente le moins de désagréments.

Comment circuler

Un *xe om* depuis la ville de Cat Ba jusqu'à la plage de Cat Co 2 ou le port de Ben Beo coûte 10 000 d environ. En été, un "train touristique" (une voiturette de golf géante en réalité) fait la navette entre la ville de Cat Ba et Cat Co 1 et 2 (10 000 d/pers).

BUS

Le **bus public QH vert** de Cat Ba (20 000 d) assure la liaison entre le port de Cat Ba et celui de Gia Luan, au nord de l'île, en passant par les bureaux du parc national.

Depuis la ville de Cat Ba, il part à 7h40 et 15h toute l'année, avec départs supplémentaires à 11h et 13h de mai à septembre environ. Pendant la haute saison, de juin à juillet, il y a parfois d'autres départs supplémentaires.

VÉLO ET MOTO

La plupart des hôtels louent des vélos et des motos (5 $US/jour). Si vous choisissez d'aller à la plage ou dans le parc national, garez-vous sur le parking payant, c'est plus sûr.

Baie de Bai Tu Long

☎033

Le plateau calcaire immergé qui a donné naissance aux îles de la baie d'Along s'étend vers le nord-est, sur près de 100 km jusqu'à la frontière chinoise. La région contiguë à la baie d'Along par le nord-est se trouve incluse dans le **parc national de Bai Tu Long** (100 000 d).

La baie de Bai Tu Long est tout aussi belle que sa célèbre voisine, voire davantage car elle commence seulement à s'ouvrir aux visiteurs. Si l'amélioration des liaisons par bateau favorise le développement du tourisme national, et par conséquent l'apparition de complexes hôteliers un peu partout, les îles de la baie sont encore préservées et relativement peu exploitées, et les voyageurs occidentaux y trouveront le calme que le tourisme de masse de la baie d'Along n'offre pas toujours.

Comme dans la baie d'Along, le meilleur moyen de découvrir les différents pitons calcaires qui parsèment la mer est le bateau. Certaines agences de voyages à Hanoi, comme Ethnic Travel (p. 90), organisent des excursions en bateau dans la baie de Bai Tu Long. On peut aussi louer au quai touristique de Bai Chay, à Along, des bateaux pour aller à Bai Tu Long ; les tarifs commencent à 300 000 d/heure environ, et une excursion prend environ 5 heures.

Pour découvrir un peu du calme de la vie sur les îles, les voyageurs indépendants peuvent se rendre à l'île de Quan Lan.

Île de Van Don

Avec quelque 30 km², Van Don est l'île la plus grande, mais aussi la plus peuplée et la plus développée de l'archipel de Bai Tu Long. Désormais reliée au continent par une série de ponts, elle compte peu de lieux d'hébergement mais on n'y reste pas. Elle sert surtout de point de départ vers les autres îles.

Bai Dai ("Longue plage"), constituée de sable compact et de mangroves, s'étend sur la majeure partie de la côte sud. À quelques encablures apparaissent d'étonnantes **formations calcaires**, similaires à celles de la baie d'Along.

Cai Rong (prononcer Cai Zong), la principale bourgade de l'île, est à 8 km au nord du pont vers le continent. C'est une drôle de localité, assez animée et pleine de bars à karaoké et de motos. Cai Rong Pha (le quai de Cai Rong) est le grand port des bateaux qui desservent les autres îles de la baie de Bai Tu Long. Il y a quelques hôtels corrects si vous devez y passer la nuit avant de prendre le ferry du matin..

Le **Hung Toan Hotel** (☎033-387 4220 ; ch 250 000 d ; ❄) offrant un bon rapport qualité/prix, et le **Viet Linh Hotel** (☎033-379 3898 ; ch 400 000 d ; ❄), plus agréable, se trouvent à 300 m au nord de l'embarcadère. En face du Viet Linh, un restaurant très simple, sans enseigne, sert de bons fruits de mer et des plats de porc, dont un fameux porc au gingembre, piment et citronnelle.

Des bus relient toutes les 30 minutes la gare routière de Bai Chay (ville d'Along) à Cai Rong (35 000 d, 1 heure 45). De l'arrêt de bus de Cai Rong, prenez un *xe om* qui vous amènera au quai en 3 minutes.

Depuis Cai Rong, pour aller vers le nord, prenez le bus pour Bai Chay jusqu'à l'embranchement de Cua Ong, où des bus pour Mong Cai et Lang Son s'arrêtent prendre des passagers.

Île de Quan Lan

Si vous voulez quittez les sentiers battus du tourisme, l'île de Quan Lan est pour vous. Son unique centre est le calme petit village de **Quan Lan**, qui ne compte que trois rues, le tout séparé de la mer par un ourlet de mangroves. Une poignée de pensions modestes, de restaurants et de loueurs de vélos (4 $US/jour) et de motos (6 $US/jour) bordent l'artère principale. Hors du village, la plage de **Minh Chau** est le principal site, avec un petit hameau non loin en retrait du sable.

Le véritable charme de l'île (si c'est ce que vous recherchez), c'est qu'il n'y a pas grand-chose à y faire à part la parcourir à vélo ou à moto, et se détendre sur le sable la plage de Minh Chau. Il n'y a pas de DAB, emportez des espèces.

À voir

Plage de Minh Chau PLAGE

Au nord-est de Quan Lan, la magnifique plage de Minh Chau, en forme de croissant, constitue le principal atout de cette île. Longue de 1 km, elle est ourlée de vagues parfaites pour le surf. On peut également y louer des kayaks, et vous y trouverez des bars et de gargotes où savourer bière et fruits de mer à bon prix. Sachez que la plupart de ces petits restaurants ne sont ouverts que de mai à octobre, et qu'ils sont plus chers en juin et juillet avec l'afflux de touristes vietnamiens.

Il existe plusieurs autres plages paradisiaques sur la côte est.

Pagode de Quan Lan TEMPLE BOUDDHIQUE

Le seul monument du village même de Quan Lan est cette jolie pagode vieille de plus de 200 ans.

Ruines de Van Don SITE HISTORIQUE

Les ruines de l'ancien port marchand de Van Don, l'un des plus anciens du Vietnam, se trouvent au nord-est de l'île.

Où se loger

Ngan Ha Hotel HÔTEL $

(☎033-387 7296 ; village de Quan Lan ; ch 350 000 d ; ❄ 📶). Cet hôtel du centre de Quan Lan abrite de chambres rénovées, au-dessus d'un bon restaurant de fruits de mer locaux. On peut y louer des vélos et des motos.

Ann Hotel HÔTEL $$

(☎033-387 7889 ; www.annhotel.com.vn ; village de Quan Lan ; d 22-31 $US ; ❄ 📶). Un hôtel aux chambres spacieuses et aux sdb impeccables. Les chambres les plus chères, à l'arrière, disposent de balcons – vue sur la mer.

Minh Chau Resort COMPLEXE HÔTELIER $$$

(☎0904 081 868 ; www.minhchauresort.vn ; Minh Chau ; ch à partir de 80 $US ; ❄ 📶 🏊). Hébergement le plus luxueux de l'île, ce complexe hôtelier donne sur le sable blanc de la plage de Minh Chau. Chambres lumineuses à deux pas de la plage ; bon restaurant et piscine tentante. Hors de la haute saison (juin-juillet), vous bénéficierez souvent de forfaits séjour à très bon prix.

Où se restaurer et prendre un verre

Tuan Thuy Restaurant VIETNAMIEN $

(Village de Quan Lan ; repas à partir de 100 000 d environ ; ⏰8h-20h). Un restaurant familial qui propose un bon choix de plats de riz et de nouilles classiques. Location de vélos. Dans la rue principale de Quan Lan.

Cafe Mu CAFÉ

(Village de Quan Lan ; ⏰9h-21h). Les propriétaires sympathiques de ce petit café servent les meilleurs cafés vietnamiens et jus de fruits frais du village. Situé juste en face du restaurant Tuan Thuy.

Depuis/vers la baie de Bai Tu Long

CAI RONG

Les bateaux au départ de Cai Rong (île de Van Don) accostent à deux endroits : au quai de Quan Lan, à 3 km de la localité principale, à la pointe sud de l'île, et près de la plage de Minh Chau, sur la côte nord-est.

Les bateaux rapides pour Minh Chau partent de Cai Rong (120 000 d, 45 min) à 7h30 et à 13h. Les horaires des bateaux qui reviennent à Cai Rong changent fréquemment, renseignez-vous sur place.

Pour Quan Lan (150 000 d, 1 heure 30), les départs des bateaux rapides sont prévus depuis Cai Rong à 7h30 et à 13h30. Un bateau en bois (50 000 d, 2 heures 30), plus lent, quitte Cai Rong pour le quai de Quan Lan à 7h et à 13h). Du quai de Qan Lan, des bateaux rapides repartent vers Cai Rong à 7h et 13h, le bateau plus lent repart aussi à 13h.

VILLE D'ALONG

Alternativement, vous pouvez rejoindre le quai de Quan Lan depuis le terminal des ferries de Hon Gai, au bout du pont suspendu d'Along. Un bateau rapide part à 14h (160 000 d, 1 heure 30).

Du quai de Quan Lan, le bateau rapide repart vers le terminal des ferries de Hon Gai à 7h.

Comment circuler

Quan Lan est une île plutôt plate, mais étonnamment grande, et si vous séjournez au village de Quan Lan, vous aurez besoin d'un moyen de transport pour vous rendre à la plage.

On trouve facilement vélos (4 $US/jour) et motos (6 $US/jour) à louer au village de Quan Lan.

Les *xe lam* (tricycles à moteur) sont encore en usage à Quan Lan. Leurs chauffeurs font la navette entre le quai de Qan Lan et le village (20 000 d) ; on peut aussi les engager pour visiter l'île.

Îles de Tra Ban et de Dao Ngoc Vung

Tra Ban, l'une des plus grandes îles de la baie de Bai Tu Long, se caractérise par des paysages karstiques parmi les plus impressionnants de la baie. Le sud de l'île, couvert d'une jungle épaisse, est réputé pour ses papillons colorés. Des bateaux la desservent depuis le quai de Cai Rong, sur l'île de Van Don, à 7h et à 14h (40 000 d, 1 heure). Il n'existe aucun hébergement sur l'île, vérifiez les horaires de retour des bateaux.

Quant à **Dao Ngoc Vung**, l'île à la lisière de la baie d'Along, elle s'enorgueillit de quelques falaises calcaires splendides et d'une magnifique plage sur la côte sud, équipée de **huttes** (ch 200 000 d) sommaires. Il faut apporter de quoi se nourrir. Des bateaux relient tous les jours Cai Rong à Ngoc Vung (60 000 d, 2 heures 30, 7h et 13h30).

Île de Co To

Située au nord-est, Co To est l'île habitée la plus éloignée du continent. Elle comprend plusieurs collines (culminant à 170 m), ainsi qu'un grand phare. Le littoral se compose essentiellement de falaises et de gros rochers, mais il compte au moins une plage de sable.

Malheureusement, en raison de la présence militaire à Co To, les visiteurs non vietnamiens doivent demander un permis pour la visiter, à se procurer avant d'y accéder. Les voyageurs indépendants devraient pouvoir contacter un hôtel de l'île ou une des grandes agences de voyages de Hanoi pour les aider à obtenir ce permis.

Il y a quelques petits hôtels et pensions à Co To, dont le sympathique **Coto Lodge Hotel** (☎0904 701 661 ; www.coto.vn ; Coto ; d petit-déj inclus 500 000 d ; ❄@📶), dont le restaurant est réputé. Le personnel, aimable, vous aidera à organiser votre visite de l'île.

Un bateau rapide quitte le quai de Cai Rong tous les jours à 13h (155 000 d, 1 heure 30), avec un départ supplémentaire le samedi matin à 6h.

Sinon, l'île est aussi quotidiennement desservie par un bateau lent, qui part à 7h (70 000 d, 3 heures) de Cai Rong.

Mong Cai et la frontière chinoise

De gigantesques zones industrielles s'étendent aujourd'hui à la périphérie de Mong Cai, ville où les sociétés chinoises et étrangères s'arrachent les parcelles de terrain. Plus à l'ouest, cette région frontalière se caractérise notamment par un magnifique paysage karstique autour de Cao Bang, des grottes historiques et les assourdissantes chutes de Ban Gioc.

Mong Cai

☎033 / 103 000 HABITANTS

Cité frontalière en plein essor, Mong Cai présente peu d'attrait touristique (excepté le passage de la frontière), mais profite du commerce florissant avec la Chine. Les Vietnamiens y viennent pour se procurer des marchandises chinoises à bas prix (et de mauvaise qualité). Les Chinois, eux, s'y rendent pour ses deux immenses casinos et ses parcours de golf récemment créés.

Où se loger et se restaurer

De nombreux étals de nourriture bordent Pho Hung Vuong, notamment près du Nam Phong Hotel.

ALLER EN CHINE : DE MONG CAI À DONGXING

Aller à la frontière Peu de voyageurs passent par le **poste-frontière de Mong Cai-Dongxing**, situé à environ 3 km de la gare routière de Mong Cai ; le trajet coûte quelque 20 000 d en *xe om* (moto-taxi), 40 000 d en taxi.

À la frontière La frontière est ouverte tous les jours de 7h à 22h (heure du Vietnam). Attention, la Chine avance d'une heure par rapport au Vietnam. Vous devez disposer d'un visa valide pour la Chine.

Se déplacer De l'autre côté de la frontière, à Dongxing, des bus fréquents vous emmèneront à Nanning, dans la région chinoise du Guangxi.

Nam Phong Hotel HÔTEL $
(☎033-388 7775 ; P Hung Vuong ; ch 385 000-450 000 d ; ❄📶). Chambres spacieuses et bien équipées, avec TV par satellite et Wi-Fi étonnamment performant. En bas, un restaurant propose une bonne cuisine chinoise et vietnamienne.

Nha Nghi Thanh Tam PENSION $
(☎033-388 1373 ; 71 Đ Trieu Duong ; ch 280 000 d ; ❄). Parmi les autres adresses assez similaires de la rue, celle-ci est un bon choix pour les petits budgets, avec des chambres confortables. Đ Trieu Duong s'étend vers le sud de Đ Tran Phu, à deux pâtés de maisons du marché principal.

Depuis/vers Mong Cai

Mong Cai se trouve à 340 km de Hanoi.

La gare routière est située sur la RN 18, à quelque 3 km de la frontière. Il y a des bus fréquents vers Hanoi jusqu'à 13h (230 000 d, 8 heures), d'autres pour la ville d'Along toutes les 30 minutes jusqu'à environ 18 h (100 000 d, 4 heures). Des bus desservent Lang Son à 8h30, 9h30, 10h30 et 12h30 (110 000 d, 5 heures 30).

Lang Son

☎025 / 148 200 HABITANTS

Entourée de monts karstiques verdoyants, Lang Son est une ville en pleine expansion située au bord du paisible lac de Phai Loan. La plupart des visiteurs s'y arrêtent en allant ou en revenant de Chine (la frontière est à 18 km au nord, juste après Dong Dang). Si vous devez y passer la nuit, sachez qu'il y a deux grottes notables à visiter à proximité, et que ses rues commerçantes – qui rayonnent autour du marché de nuit – offrent un pêle-mêle animé de volaille piaillant, de produits frais et de stands de viande grillée.

La région de Lang Son est peuplée par différentes ethnies – les Tho, les Nung, les Man et les Dzao (Dao) –, mais leur présence est peu perceptible dans la ville-même.

Lang Son a été partiellement détruite par les troupes chinoises lors de l'invasion de février 1979. Ses ruines, ainsi que celles de Dong Dang, bourgade frontalière dévastée, ont souvent été montrées aux journalistes étrangers comme témoignages de l'agression chinoise. La frontière reste très protégée, mais les deux localités ont été reconstruites et le commerce entre les deux pays semble de nouveau en plein essor.

À voir

À 1,2 km du centre de Lang Son, deux grandes grottes magnifiques, bien éclairées, abritent des autels bouddhiques.

Grotte de Tam Thanh SITE NATUREL
(billet combiné avec Nhi Thanh 5 000 d ; 🕒6h-18h). Cette grotte renferme une piscine naturelle et comporte une ouverture panoramique sur les rizières environnantes. Quelques centaines de mètres plus loin, en haut d'un escalier en pierre, on atteint les vestiges de la **citadelle de la dynastie Mac**, lieu désert offrant une vue splendide sur la campagne.

Grotte de Nhi Thanh SITE NATUREL
(billet combiné avec Tam Thanh 5 000 d ; 🕒6h-18h). La rivière Ngoc Tuyen s'écoule à travers la grotte de Nhi Thanh, située à 700 m de la grotte de Tam Thanh. Ngo Thi San, le soldat qui la découvrit au XVIIIe siècle, est l'auteur des poèmes gravés sur la paroi à l'entrée. La stèle commémorative représente l'un des premiers résidents français de Lang Son, portant ses vêtements occidentaux.

Marché de Lang Son MARCHÉ
(🕒6h-18h) Le quartier du marché de Lang Son s'étend sur près de trois pâtés de maisons, en retrait de Pho Tran Dang Ninh. C'est un lieu coloré, en effervescence, plein de colporteurs, de stands de produits alimentaires et de cuisines de rue.

Où se loger et se restaurer

Van Xuan Hotel HÔTEL $
(☎025-371 0440 ; lsvanxuanhotel@yahoo.com.vn ; 147 P Tran Dang Ninh ; ch 360 000-500 000 d ; ❄@📶). De loin le meilleur hébergement de Lang Son, le Van Xuan possède des chambres propres qui donnent sur un balcon commun dominant la rive est du lac. À 50 m environ du marché de Lang Son. Le personnel, sympathique, parle anglais.

Hoa Binh Hotel HÔTEL $
(☎025-870 807 ; 127 Đ Thanh Tam ; ch 280 000 d ; ❄📶). Une bonne adresse à prix doux, proche du marché. Chambres spacieuses, au mobilier en rotin, et sdb propres.

♥ **Thanh Lan Com Binh Dan** VIETNAMIEN $
(Tran Quoc Tran ; repas 50 000-70 000 d ; 🕒11h-22h). À un pâté de maisons au sud du marché, la charmante Mlle Lan sert jusqu'à une vingtaine de plats différents midi et soir. On montre parmi les produits locaux et de saison ceux que l'on souhaite déguster.

ALLER EN CHINE : DE LANG SON À NANNING

Aller à la frontière Huu Nghi Quan (le "col de l'Amitié"), sur le **poste-frontière Dong Dang-Pingxiang**, est le passage vers la Chine le plus populaire du Nord. Il se trouve à 3 km au nord de la ville de Dong Dang. Des minibus fréquents circulent de Lang Son à Dong Dang. Depuis Dong Dang, le trajet en *xe om* (moto-taxi) jusqu'à Huu Nghi Quan revient à peu près à 30 000 d, et la course en taxi à environ 60 000 d. Depuis Lang Son, comptez dans les 140 000 d en taxi et 70 000 d en *xe-om*.

À la frontière La frontière est ouverte tous les jours de 7h à 19h (heure du Vietnam). Attention, la Chine avance d'une heure par rapport au Vietnam. Pour parcourir les 500 m qui vous sépareront encore du côté chinois, vous devrez emprunter une des voitures électriques (10 000 d). Vous devez aussi disposer d'un visa valide pour la Chine.

Se déplacer Côté chinois, le trajet jusqu'à Pingxiang en bus ou en taxi collectif dure 20 minutes. Pingxiang est reliée à Nanning par train et par bus (3 heures).

New Dynasty Restaurant VIETNAMIEN $$
(☎025-389 8000 ; Phai Loan Lake ; fondues 150 000 d ; ⏲12h-23h). Ce bar-restaurant s'avance sur le lac. On y vient pour les fondues et le choix de bières pression.

Renseignements

La **Vietin Bank** (51 Đ Le Loi ; ⏲8h-15h lun-ven, 8h-11h30 sam) dispose d'un DAB et change les espèces ; la **poste** (Đ Le Loi) est juste à côté. Toutes deux se trouvent à environ 300 m du lac sur la route en direction de Mong Cai, vers l'est. Il y a aussi des DAB le long de Pho Tran Dang Ninh.

Depuis/vers Lang Son

BUS

Les bus pour Hanoi (90 000 d, 3 heures, fréquents jusqu'à 18h) partent de la gare routière située dans Đ Le Loi, à environ 500 m à l'est de la poste. Pour rejoindre le marché, les hôtels et les restaurants depuis la Vietin Bank et la poste, prenez à droite dans Pho Tran Dang Ninh et poursuivez sur 200 m. Les bus à destination de Mong Cai (100 000 d, 5 heures 30, 7h30, 9h30 et 11h30) et de Cao Bang (85 000 d, 4 heures, 5 départs entre 5h15 et 13h45) partent d'une gare routière distincte, située à quelque 3 km au nord du centre-ville.

TRAIN

Les trains assurant la liaison entre Lang Son et Hanoi sont très lents (100 000 d, 5 heures 30).

Cao Bang

☎026 / 51 390 HABITANTS

La province montagneuse de Cao Bang est l'une des plus belles régions du Vietnam. On ne saurait en dire autant de la ville éponyme, qui constitue cependant une bonne base pour explorer la campagne alentour. Ici, le climat est plutôt doux, mais il peut faire froid en hiver lorsqu'un épais brouillard s'accroche aux berges de la Ban Giang.

À voir

Mémorial de guerre MONUMENT
Il n'y a pas énormément de choses à faire dans la ville même de Cao Bang, mais on a une belle vue panoramique depuis le mémorial de guerre, en haut de la colline. Prenez la deuxième artère partant de Đ Pac Bo, passez sous le porche d'une école primaire et vous verrez l'escalier menant au sommet de la colline.

Où se loger

Thanh Loan Hotel HÔTEL $
(☎026-385 7026 ; ThanhLoan_hotel@yahoo.com ; 131 P Vuon Cam ; d/tr petit-déj inclus 400 000/550 000 d ; ❄📶). Un établissement impeccable, tout en lambris, comportant de spacieuses chambres (hauts plafonds et mobilier en bois foncé) ; les sdb sont équipées de baignoires.

Duc Trung Hotel HÔTEL $$
(☎026-385 3424 ; www.ductrunghotel.com.vn ; 85 P Be Van Dan ; d 520 000-630 000 d). Un hôtel d'affaires très correct, à quelques pas de la grande rue de Cao Bang. De savoureux *banh mi* (sandwichs vietnamiens) et *pho* sont en vente de l'autre côté de la rue.

Où se restaurer et prendre un verre

Vous trouverez des stands de restauration à proximité du **marché de nuit** (P Vuon Cam repas à partir de 15 000 d ; ⏲17h-23h).

Cao Bang

Cao Bang

À voir
1 Mémorial de guerre ... B2

Où se loger
2 Duc Trung Hotel ... A2
3 Thanh Loan Hotel ... A1

Où se restaurer
4 Men Quyen Restaurant ... A2
5 Marché de nuit ... A1
6 Thu Ngan ... A1

Où prendre un verre
7 Cafe 88 ... A2

Men Quyen Restaurant VIETNAMIEN $
(☎026-385 6433 ; Kim Dong ; repas 45 000-70 000 d). Derrière le marché, cet établissement modeste propose un buffet où l'on montre ce que l'on veut manger. Goûtez les succulents *cha la lot* (rouleaux au chou).

Thu Ngan VIETNAMIEN $
(21 P Vuon Cam ; repas 40 000-60 000 d ; ⌚8h-21h). Bon rapport qualité/prix pour ce restaurant vietnamien familial et sympathique.

Cafe 88 CAFÉ
(Angle Đ Kim Dong et Đ Nguyen Du ; ⌚9h-22h). Un café sans prétention, avec une terrasse surélevée face à la rue. On peut y déguster l'un des meilleurs cafés vietnamiens de la ville.

Renseignements

Il y a quelques cybercafés dans Pho Xuan Truong et Pho Vuon Cam.

Bank for Foreign Investment & Development (Đ Kim Dong ; ⌚8h-15h lun-ven, 8h-11h30 sam, DAB 24h/24)

Depuis/vers Cao Bang

Cao Bang se trouve à 272 km au nord de Hanoi, sur la RN 3. La route est entièrement goudronnée, mais le trajet dure une journée jusque dans cette région montagneuse.

Les horaires des bus de la **gare routière de Cao Bang** (Đ Pac Bo) changent assez souvent : vérifiez-les la veille si possible. Le bus direct pour les chutes de Ban Gioc (70 000 d), en particulier, n'est pas toujours en service en dehors des mois d'été.

Si vous allez vers les lacs de Ba Be (p. 104), le bus direct pour Cho Ra est une bonne solution, mais il vous faudra prendre un *xe om* à Cho Ra pour rejoindre le parc national.

Si vous comptez vous aventurer dans la région montagneuse de Ha Giang depuis l'est, sachez qu'il n'y a pas de transports publics entre Bao Lac et Meo Vac. Vous devrez dénicher un chauffeur local pour vous emmener depuis Bao Lac.

Hang Pac Bo (grotte de la Roue à eau)

Hang Pac Bo SITE HISTORIQUE
Après 30 années d'exil, Hô Chi Minh revint au Vietnam en janvier 1941 et trouva refuge dans cette petite grotte, perdue dans l'une des régions les plus reculées du pays, à 3 km de la frontière chinoise – ce qui lui aurait permis une fuite rapide hors du pays si les soldats français avaient tenté de l'arrêter. Ce site est donc un lieu vénéré par les révolutionnaires vietnamiens, de même que le secteur alentour.

Hang Pac Bo est à 58 km au nord-ouest de Cao Bang. Une escapade d'une demi-journée en *xe om* coûte approximativement 200 000 d.

Surplombé de montagnes calcaires, le site où se trouve la grotte est noyé dans une forêt dense, domaine des papillons et d'innombrables oiseaux : c'est un lieu magnifique.

Hô Chi Minh vécut dans la grotte pendant quelques semaines, passant son temps à écrire des poèmes et à traduire les principaux textes des pères du socialisme. Il baptisa le ruisseau qui coulait devant sa grotte "rivière Lénine" et un mont voisin, "pic Karl Marx". C'est d'ici qu'il lança la révolution, mûrie depuis longtemps.

Un modeste **musée** (20 000 d ; ⌚7h30-11h30 et 13h30-17h mer-dim) est consacré à Hô Chi Minh à l'entrée du site (le parking se trouve 2 km plus loin). La grotte est à 10 minutes à pied en suivant le sentier

NORD DU VIETNAM MONG CAI ET LA FRONTIÈRE CHINOISE

BUS AU DÉPART DE CAO BANG

DESTINATION	PRIX (D)	DURÉE	FRÉQUENCE
Chutes de Ban Gioc (direct)	75 000	2 heures 30	7h30, 9h
Bao Lac	100 000	4 heures	13h, 14h
Cho Ra (parc national de Ba Be)	90 000	5 heures	12h
Hanoi	150 000	7 heures	12/jour 6h-17h
Lang Son	80 000	3 heures	4/jour 7h-14h
Trung Khanh (vers les chutes de Ban Gioc)	70 000	2 heures	12/jour 7h-16h

pierreux et ombragé qui longe la rivière. On peut pénétrer dans l'entrée de la grotte, mais non à l'intérieur. Le sentier mène à d'autres sites liés à Hô Chi Minh, comme la table en pierre qui lui aurait servi de bureau.

Dans la direction opposée, à 15 minutes à pied en traversant une forêt, on atteint une **cabane**, autre cachette d'"oncle Hô". En chemin, vous remarquerez un rocher saillant qui lui servait de "boîte aux lettres dormante".

Vous n'avez pas besoin d'un permis de circuler pour visiter ce secteur, malgré la proximité de la frontière chinoise.

Chutes de Ban Gioc et grotte de Nguom Ngao

Alimentées par la Quai Son, rivière qui marque la frontière avec la Chine, les chutes de Ban Gioc sont parmi les plus impressionnantes et les plus connues du Vietnam.

Des bateliers vous emmèneront en radeau en bambou (100 000 d) suffisamment près des chutes pour en sentir les embruns. Côté vietnamien, les radeaux sont verts et, côté chinois, bleus. La baignade est autorisée dans la grande piscine naturelle du côté vietnamien, mais pas dans la rivière ou près de la cascade principale.

Une marche de 10 minutes à travers les rizières mène du parking au pied des chutes. Pendant la saison des récoltes, vers septembre ou octobre, des agriculteurs vous proposeront peut-être d'essayer leurs batteuses à pédales.

Un permis (200 000 d jusqu'à 10 pers) est nécessaire pour visiter la région ; on peut l'obtenir au poste de police proche des chutes. Il vous faudra présenter votre passeport.

À proximité des chutes et de la grotte, des échoppes vendent des boissons et des en-cas, mais les hébergements les plus proches sont à Cao Bang.

À voir

Chutes de Ban Gioc SITE NATUREL
(15 000 d ; 7h30-17h). Les chutes de Ban Gioc sont les plus larges du Vietnam, mais non les plus hautes. Sur un dénivelé de 30 m, elles courent sur 300 m de largeur, avec un côté au Vietnam et l'autre en Chine. Leur débit varie considérablement entre la saison sèche et la saison des pluies. Le spectacle est particulièrement impressionnant de mai à septembre.

Grotte de Nguom Ngao SITE NATUREL
(guide inclus 30 000 d ; 7h30-16h30). À 4 km des chutes de Ban Gioc, la grotte Nguom Ngao est l'une des plus spectaculaires du Vietnam, avec plusieurs kilomètres de galeries creusées par une rivière souterraine. Les villageois s'y réfugiaient pendant la guerre contre la Chine en 1979. L'accès aux visiteurs est autorisé dans une partie des galeries, où un chemin bétonné (long de 1 km) et de remarquables éclairages ont été aménagés.

Un guide vous accompagne pendant la visite du réseau de galeries (1 heure), au gré desquelles vous découvrirez quantité de stalagmites et de stalactites, ainsi qu'une immense salle de 100 m. Le trajet d'une dizaine de minutes de l'aire de parking jusqu'à la grotte, entre les collines calcaires caractéristiques de la province de Cao Bang, à travers des rizières et des champs de soja, est en lui-même superbe.

Il existe un deuxième réseau de galeries, encore plus grand, qui, dit-on, atteindrait presque les chutes de Ban Gioc, mais il reste inaccessible aux visiteurs.

Depuis/vers Ban Gioc et Nguom Ngao

Le trajet jusqu'aux chutes et à la grotte (87 km, environ 2 heures 30) est absolument magnifique : la route asphaltée, correcte, suit la plupart du temps le lit de la rivière entre de hauts pics karstiques.

HORS DES SENTIERS BATTUS

MARCHÉS DES ETHNIES MONTAGNARDES

Dans la province de Cao Bang, les Kinh (ou Viêt, ethnie principale du pays) sont largement minoritaires. Le groupe ethnique le plus important est celui des Tay (46%), suivi des Nung (32%), des Hmong (8%), des Dzao (ou Dao, 7%) et des Lolo (1%). Toutefois, les mariages mixtes et l'éducation abolissent peu à peu les distinctions culturelles.

La plupart des ethnies de Cao Bang ignorent tout des travers du monde extérieur. Au marché, par exemple, nul besoin de marchander : les vendeurs demandent les mêmes prix aux étrangers qu'aux Vietnamiens. Reste à savoir si cette pratique résistera au tourisme, même limité. Les grands marchés de la province de Cao Bang, dont nous donnons la liste ci-après, se tiennent tous les 5 jours, selon le calendrier lunaire. Le marché de Na Giang, qui réunit Tay, Nung et Hmong, est l'un des plus animés de la province.

Nuoc Hai : les 1er, 6e, 11e, 16e, 21e et 26e jours du mois lunaire

Na Giang : les 1er, 6e, 11e, 16e, 21e et 26e jours du mois lunaire

Tra Linh : les 4e, 9e, 14e, 19e, 24e et 29e jours du mois lunaire

Trung Khanh : les 5e, 10e, 15e, 20e, 25e et 30e jours du mois lunaire

Des bus (70 000 d, 2 heures, 12/jour) assurent la liaison entre Cao Bang et Trung Khanh, à 27 km des chutes. Négociez un trajet en *xe om* pour la fin du parcours depuis Trung Khanh ; vous devriez débourser dans les 200 000 d (2 heures allouées pour la visite). Il est également possible de prendre un bus direct (75 000 d, 2 heures 30) depuis Cao Bang : départs à 7h30 et à 9h.

NORD-OUEST DU VIETNAM

Histoire

L'histoire du Nord-Ouest diffère de celle des plaines. Les Vietnamiens restaient traditionnellement à l'écart de ces montagnes, qu'ils jugeaient impropres à la culture extensive du riz. Pendant des siècles, la région fut seulement habitée par des communautés ethniques éparses, rejointes au XIXe siècle par des migrants venus du Yunnan chinois et du Tibet. À l'époque, le Nord-Ouest était considéré comme une région "hors la loi", une zone tampon entre la Chine et le Vietnam, peuplée de bandits. Lorsque Hô Chi Minh dirigea le Nord-Vietnam, les Vietnamiens octroyèrent une autonomie limitée à des "zones spéciales", abolies après la réunification.

La vie a toujours été difficile pour les ethnies montagnardes dans ces régions. L'opium a longtemps constitué l'une de leurs ressources les plus rentables, mais le gouvernement a réprimé la culture du pavot et la production est désormais minime. Les possibilités en matière d'éducation étaient également très limitées dans la région. Au cours de la dernière décennie cependant, des écoles ont été ouvertes dans des secteurs reculés et la plupart des enfants sont désormais scolarisés. Les perspectives économiques sont néanmoins restreintes et nombre de montagnards rejoignent les villes afin de trouver un emploi.

ℹ Depuis/vers le nord-ouest

L'aéroport principal de la région est à Diên Biên Phu, mais la plupart des voyageurs prennent le train de Hanoi à Lao Cai, porte d'accès à Sapa. En bus public, les routes de montagne peuvent se révéler impitoyables. Envisagez la location d'un 4x4 avec chauffeur ou d'une moto.

Pour se lancer sur la boucle du Nord-Ouest, beaucoup de visiteurs se dirigent vers Mai Chau, puis Son La et Diên Biên Phu, poursuivant au nord vers Sapa avant de regagner Hanoi. Prévoyez une semaine pour ce voyage, et plus si vous empruntez les bus locaux.

Les voyageurs peuvent passer du Laos au Vietnam via le poste-frontière de Tay Tran-Sop Hun, à 34 km de Diên Biên Phu.

Hoa Binh

☎ 0218 / 112 000 HABITANTS

Après Hanoi et sa circulation démentielle, on apprécie la tranquillité de Hoa Binh (qui signifie "paix"), étape pratique sur la route de Mai Chau. De nombreuses ethnies montagnardes, dont des Thaïs et des Hmong, vivent dans les environs.

À voir

Musée de la Culture muong MUSÉE, CENTRE CULTUREL
(Khong Gian Van Hoa Muong ; 0913 553 937 ; muong.vn ; 202 Tay Tien ; 50 000 d ; 7h30-17h30). Fondé par Vu Duc Hieu, un artiste de Hanoi, ce remarquable musée privé présente l'art, la culture et l'histoire du peuple muong. On peut notamment y voir des objets ayant trait au tissage, à la vannerie, à la chasse, à la pêche, à la culture du riz, ainsi que des maisons traditionnelles sur pilotis centenaires, le tout réparti sur près de 5 ha. Outre les peintures et sculptures de son propriétaire, le centre accueille aussi les expositions d'autres artistes. La visite vaut vraiment la peine, l'ambiance décontractée et la beauté du cadre sont un plus. Le centre propose également un hébergement partagé dans des maisons sur pilotis toutes simples, et peut organiser des treks avec des guides muong de la région (300 000 d).

Le trajet en *xe om* de Hoa Binh au musée revient à 50 000 d environ, et la course en taxi à près de 100 000 d.

Barrage de Hoa Binh OUVRAGE D'ART
(Hoa Binh Dam ; Đ Hoa Binh ; entrée aux tunnels du barrage 30 000 d ; 8h-11h et 14h-17h). Pour voir de près l'immense muraille du barrage hydroélectrique de Hoa Binh, construit par les Russes, traversez le pont de Hoa Binh et suivez la route au bord de l'eau pour rejoindre le belvédère juste à côté du mur. Les amateurs d'ingénierie pourront visiter les tunnels sous le barrage. Sur le chemin qui y mène, il y a un monument à la mémoire des 161 ouvriers morts durant sa construction.

À MOTO SUR LES ROUTES DU NORD-OUEST

Profitant des paysages spectaculaires et d'une circulation réduite, un nombre croissant de voyageurs effectuent à moto la "boucle du Nord-Ouest" de Hanoi à Lao Cai, avec un retour vers la capitale par Diên Biên Phu. Pour les plus intrépides, les routes courant au nord en direction de la Chine, dans les provinces de Ha Giang et de Cao Bang, connues pour leur beauté naturelle grandiose, constituent la toute nouvelle frontière des voyageurs au Vietnam.

C'est à Hanoi que vous pourrez organiser votre périple et louer une moto. Vous pouvez bien sûr vous joindre à un circuit, ou faire appel à un guide connaissant bien les routes et qui vous assistera en cas de problèmes mécaniques et linguistiques. Essayez la moto et renseignez-vous sur l'état des routes avant de partir.

La plupart des motos qui circulent au Vietnam sont de petites cylindrées (moins de 250 cm^3). Pendant des années, la robuste Minsk était la bécane idéale pour les voyageurs. Aujourd'hui, leur nombre a diminué, et les mobylettes et motos chinoises tout-terrain prolifèrent. Réputées pour leur solidité et dotées d'amortisseurs corrects, les Honda routières (comme la GL 160) ou tout-terrain feront très bien l'affaire.

Même si les agences de location vous fournissent une checklist, pensez à vous munir d'un bon casque, d'un téléphone portable équipé d'une carte SIM locale, de vêtements de pluie, de pièces de rechange et d'une trousse de réparation (comprenant bougies, clés, chambre à air et démonte-pneu), d'une pompe et de cartes correctes. Coudières, genouillères et gants sont également recommandés.

Mieux vaut vous épargner le long et pénible trajet par la route jusqu'à Lao Cai et prendre le train. Chargez votre moto, réservoir vide, ou presque, dans un wagon à bagages et dormez dans une couchette. À Lao Cai, faites le plein et démarrez !

Ne roulez pas trop vite, surtout quand il pleut. Les routes goudronnées peuvent se transformer en pistes boueuses en un rien de temps. Ne roulez pas durant les fortes averses et attendez un peu après l'arrêt de la pluie avant de repartir : les remblais des routes de montagne, souvent récentes, sont instables, et des glissements de terrain se produisent fréquemment. Ne comptez pas dépasser 35 km/h de moyenne. Garez-vous dans les parkings des hôtels et faites le plein dans les stations-service, où vous risquez moins d'avoir de l'essence coupée.

Si le temps ou l'énergie viennent à vous manquer, sachez que de nombreuses compagnies de bus transporteront votre moto sur le toit d'un bus ; obtenez au préalable l'autorisation de l'agence de location.

Cuong's Motorbike Adventure (p. 90) et Offroad Vietnam (p. 94) sont deux agences spécialisées et recommandées à Hanoi.

Musée MUSÉE

(⏲8h-10h30 et 14h-16h30 lun-ven). GRATUIT Un petit musée donne à voir des vestiges des guerres, dont un ancien véhicule amphibie français. Il est situé sur la RN 6, après l'embranchement pour Cu Chinh Lan.

Où se loger et se restaurer

Plusieurs établissements servent du *com pho* (soupe aux nouilles de riz) le long de la RN 6.

Phu Gia Hotel HÔTEL $

(☎0218-625 5999 ; www.phugiahotel.com.vn ; Đ Le Thanh Tong ; ch 350 000-400 000 d ; ❄📶). Ce nouvel hôtel impeccable, tout proche du pont, est le meilleur choix à Hoa Binh. Chambres modernes aux tons crème et beige, équipées de TV à écran plat et de bouilloire. Il y a même de l'art un peu kitsch aux murs.

Pension du musée de la Culture muong PENSION $

(☎0913 553 937 ; muong.vn ; 202 Tay Tien ; 100 000 d/pers). Un hébergement partagé basique, dans des maisons sur pilotis de style muong. Supplément de 30 000 d pour le petit-déjeuner. Des repas peuvent être commandés (environ 80 000-100 000 d). Le lieu accueille aussi des artistes en résidence. Un *xe om*/taxi depuis Hoa Binh coûte quelque 50 000/100 000 d.

Thap Vang Hotel HÔTEL $

(☎0218-385 2864 ; 810a Đ Cu Chinh Lan ; ch 250 000-400 000 d ; P❄📶). Juste en retrait de la rue principale, un hôtel pour petits budgets correct, avec des chambres impeccables (frigidaire et TV sat) ; les plus grandes valent le supplément.

Renseignements

Il y a plusieurs DAB le long de la RN 6.

Hoa Binh Tourism Company (☎0218-385 4374 ; www.hoabinhtourism.com ; Hoa Binh Hotel, 367 P An Duong Vuong). Dispose d'un bureau dans l'hôtel Hoa Binh, géré par le gouvernement, en retrait de la N 6. Organise des circuits dans la région.

Depuis/vers Hoa Binh

Hoa Binh est à 74 km au sud-ouest de Hanoi. En transport privé, venant de Hanoi, vous pouvez visiter le parc national de Ba Vi, et suivre une route le long de la rivière jusque Hoa Binh.

Gare routière de Hoa Binh (Đ Tran Hung Dao). Bus fréquents pour Hanoi (50 000 d, 2 heures) entre 5h et 17h45. Les bus pour Mai Chau (50 000d, 1 heure 30) partent à 6h, 8h20, 10h40, 12h et 14h.

Mai Chau

☎0218 / 12 000 HABITANTS

Dans une vallée idyllique, entourée de collines, la région de Mai Chau est à mille lieues de l'agitation de Hanoi. La grosse bourgade de Mai Chau présente moins d'intérêt en elle-même que ses environs : un patchwork de rizières émaillé de petits villages thaïs où les visiteurs viennent passer une nuit dans des maisons traditionnelles sur pilotis et s'éveillent aux sons de la campagne, gargouillis des ruisseaux d'irrigation et chants d'oiseaux.

Les villageois sont ici essentiellement des Thaïs blancs, lointains cousins d'ethnies thaïlandaises, laotiennes et chinoises. Bien que la plupart des habitants ne les portent plus, les femmes thaïes, expertes en tissage, confectionnent toujours des étoffes de style traditionnel. Les villageois n'insistent pas lourdement pour vendre leurs produits : un marchandage poli reste de rigueur.

Mai Chau est un exemple réussi de tourisme à la découverte des traditions, et les hébergements chez l'habitant sont durablement inscrits au programme des circuits organisés de groupe, et extrêmement populaires chez les habitants de Hanoi pour leurs escapades d'un week-end. Venez en semaine si possible. Certains trouvent que l'expérience manque de saveur, en raison de sa popularité. Si vous recherchez la vraie aventure, l'endroit n'est pas parfait, mais pour faire du vélo, de la randonnée et se détendre, Mai Chau est ce qu'il vous faut.

À voir et à faire

La plupart des visiteurs viennent ici simplement pour séjourner dans une maison sur pilotis et parcourir (à pied ou à vélo) les sentiers entre les rizières jusqu'aux villages des ethnies de la région. La plupart des propriétaires de ces hébergements vous loueront des vélos pour explorer la vallée à votre rythme et peuvent vous trouver un guide local pour 10 $US environ.

Un trek de 18 km apprécié va du **village de Lac** (Ban Lac), à Mai Chau, au **village de Xa Linh**, situé près d'un col à 1 000 m d'altitude, le long de la RN 6. Ban Lac est peuplé de Thaïs blancs, et Xa Linh, de Hmong. Cette randonnée, trop épuisante en un seul jour, implique de passer la nuit

À NE PAS MANQUER

UNE NUIT DANS UNE MAISON SUR PILOTIS

Maisons thaïes sur pilotis (Mai Chau ; 80 000-200 000 d/pers). Presque tous les visiteurs de Mai Chau séjournent chez l'habitant dans l'une des nombreuses maisons sur pilotis des villages de Lac ou de Pom Coong, à 5 minutes à pied l'un de l'autre. Passer la nuit dans ces villages d'ethnies locales, les Thaïs en l'occurrence, ne vous éloignera pas de la civilisation : électricité, toilettes à l'occidentale, douches chaudes, matelas à rouler et moustiquaires sont à disposition. Compter 250 000 d environ pour une nuit avec dîner et petit-déjeuner.

Tout est très confortable, ne vous attendez-donc pas à une rencontre avec une ethnie reculée. Malgré ou grâce à ces aménagement modernes, l'expérience reste mémorable, et nombre de visiteurs prolongent leur séjour. La région environnante est luxuriante, les villages thaïs sont charmants et bien entretenus, et les habitants, d'une gentillesse extrême. Même avec la TV et le bourdonnement d'un réfrigérateur, l'atmosphère demeure paisible et le dépaysement garanti, car vous dormez dans une maison sur pilotis au sol en bambou et au toit de chaume.

Nul besoin de réserver. Il suffit d'arriver au village, de préférence avant la tombée de la nuit.

dans un hameau. Il vous faudra engager un guide et organiser votre retour en voiture depuis le col jusqu'à Mai Chau. Sachez que la piste grimpe un dénivelé de 600 m et devient glissante par temps pluvieux.

Renseignez-vous à Mai Chau sur les treks plus longs, de 3 à 7 jours. Des excursions en **kayak** ou à **VTT** sont également possibles, informez-vous au Mai Chau Lodge.

À Hanoi, de nombreuses agences de voyages proposent des excursions à Mai Chau à des prix raisonnables.

Où se loger et se restaurer

Pour la plupart des visiteurs, Mai Chau est synonyme de séjour chez l'habitant dans les maisons sur pilotis des villages de Lac ou de Pom Coong.

Beaucoup prennent leurs repas à l'endroit où ils logent : négociez le prix à l'avance, car jusqu'à 200 000 d sont parfois demandés pour un dîner. L'offre va des œufs sur le plat aux frites, mais la cuisine locale est meilleure et mérite d'être goûtée.

Mai Chau Nature Lodge BUNGALOWS **$$**
(0946 888 804 ; www.maichaunatureplace.com ; village de Lac ; dort 5 $US, d avec ventil 30 $US ;). Cet opérateur sympathique vous offre un peu plus d'intimité que les séjours chez l'habitant voisins, avec 9 bungalows à l'ameublement de bambou. Il y a aussi des dortoirs. Prenez un bungalow sur l'arrière pour vous réveiller face aux rizières. Vélos en libre accès pour explorer la campagne environnante.

Mai Chau Lodge HÔTEL **$$$**
(0218-386 8959 ; www.maichaulodge.com ; Mai Chau ; ch 145 $US ;). Une étape privilégiée des circuits. Les chambres modernes, avec parquet et éclairage design, sont décorées de tissus locaux. Le restaurant au toit de chaume (repas 10-16 $US) donne sur un petit lac et sur la piscine. Parmi les activités proposées : visite de grottes, cours de cuisine, ainsi que balades guidées à pied, à vélo ou sorties en kayak.

Depuis/vers Mai Chau

Des bus directs quittent la gare routière de My Dinh, à Hanoi, pour Mai Chau (100 000 d, 3 heures 45) à 6h, 8h30 et 11h. Si vous souhaitez vous arrêter au village de Lac ou à celui de Pom Coong, demandez au chauffeur. Il vous déposera au carrefour, à une courte marche des deux villages. Vous devrez peut-être payer 7 000 d pour entrer à Mai Chau, s'il y a quelqu'un au péage.

Des bus repartent vers Hanoi à 9h, 11h et 13h. Les propriétaires chez qui vous logez peuvent vous réserver une place dans ces bus et leur demander de vous prendre au village.

Son La

022 / 66 500 HABITANTS

Son La doit sa prospérité à sa situation entre Hanoi et Diên Biên Phu. Le paysage alentour est superbe, et la ville compte quelques sites d'intérêt.

La région se distingue par sa diversité de peuples, avec plus de 30 ethnies, dont des Thaïs noirs, des Meo, des Muong et

HORS DES SENTIERS BATTUS

LES DÉLICES DE MOC CHAU ET DE YEN CHAU

Beaucoup de voyageurs profitent du beau paysage qui entoure Mai Chau puis rentrent à Hanoi avant de partir vers Sapa, au nord. Mais si vous disposez d'un peu de temps, ou que vous allez vers l'ouest et le Laos, la sinueuse nationale 6 jusqu'à Diên Biên Phu est une route pittoresque pleine de jolis panoramas ruraux. Pour les gourmets à la recherche de saveurs locales, notamment sucrées, quelques localités le long de cette route méritent une halte.

À quelque 200 km à l'ouest de Hanoi, Moc Chau possède une industrie laitière de pointe lancée à la fin des années 1970 avec l'aide de l'Australie et des Nations unies. La laiterie approvisionne Hanoi en lait frais ou condensé sucré et en petites confiseries appelées *banh sua*. La localité est l'endroit idéal pour savourer lait et yaourts frais. Moc Chau produit également l'un des meilleurs thés du Vietnam, et plusieurs ethnies, dont les Hmong verts, les Dzao, les Thaïs et les Muong, vivent aux alentours.

L'agence Vietnam in Focus (p. 74) propose, au départ de Hanoi, des excursions photographiques au fascinant "marché de l'Amour" hmong, qui a lieu fin août-début septembre.

Handspan Adventure Travel (p. 90) organise des escapades de 2-3 jours dans la région, avec hébergement dans une pension thaïe noire dans le village de Ban Doi.

À 60 km de là, plus à l'ouest, le district agricole de Yen Chau est réputé pour son abondante production de fruits. Hormis les bananes, tous les fruits sont saisonniers : mangues, prunes et pêches d'avril à juin, longanes en juillet-août, anones d'août à septembre. Les petites mangues vertes de Yen Chau sont reconnues comme étant les meilleures du pays, bien que les étrangers leur préfèrent au début celles du Sud, grosses, jaunes et juteuses. La plupart des Vietnamiens apprécient leur saveur aigrelette, et les dégustent trempées dans du nuoc-mam (sauce de poisson) et du sucre.

Moc Chau et Yen Chau sont accessibles en bus, depuis la gare routière de My Dinh, à Hanoi, en direction de Son La ou de Diên Biên Phu. Une fois sur la route, les voyageurs trouvent assez facilement d'autres moyens de transport le long de la RN 6, des minibus locaux aux bus climatisés.

des Thaïs blancs. L'influence vietnamienne est restée minime jusqu'au XXe siècle et le secteur a fait partie de la région autonome de Tay Bac de 1959 à 1980.

À voir et à faire

Le **marché de Son La** a tout pour séduire, avec un choix de sacs tissés à bandoulière, d'écharpes, de boutons et de colliers en argent, et autres objets artisanaux réalisés par des ethnies montagnardes.

Ancienne prison française MUSÉE

(30 000 d ; 7h-11h et 13h-16h). Cette ancienne prison française était autrefois une colonie pénitentiaire où étaient incarcérés les indépendantistes. Détruite par des "délestages" de munitions non utilisées lors du retour des bombardiers américains vers leurs bases, elle a été partiellement restaurée. Des tourelles surveillent les ruines des cellules et un pêcher solitaire, planté par To Hieu, un détenu qui y fut emprisonné dans les années 1940.

Juste à côté, à l'étage du bureau du Comité populaire, il y a un petit musée où sont exposés de jolis tissus des ethnies montagnardes de la région.

Tour d'observation POINT DE VUE

Perchée au-dessus de la ville, cette tour domine Son La ; pour découvrir le panorama, grimpez l'escalier en pierre (20 min) sur la gauche du Trade Union Hotel.

Marché d'artisanat de Thuan Chau MARCHÉ

La bourgade de Thuan Chau se trouve à environ 35 km au nord-ouest de Son La. Allez-y en bus local ou en *xe om* tôt le matin, quand le marché quotidien se remplit de montagnardes aux tenues colorées.

Où se loger

Sao Xanh Hotel HÔTEL $

(022-378 9999 ; www.saoxanh.vn ; 1 P Quyet Thang ; d/lits jum 290 000/320 000 d). Une adresse d'un excellent rapport qualité/prix, avec des chambres colorées immaculées. Accueil chaleureux à la réception. À quelques minutes de marche de bons cafés et restaurants.

Hanoi Hotel HÔTEL $$
(☎022-375 3299 ; 228 Đ Truong Chinh ; ch 40-50 $US ; ❄@📶). Dans l'artère principale, un édifice étincelant abritant des chambres modernes – literie confortable, touches artistiques colorées et mobilier en bois. Mettez vos talents de négociateur en œuvre pour obtenir un prix.

Où se restaurer et prendre un verre

Long Phuong Restaurant VIETNAMIEN $
(☎022-385 2339 ; P Thinh Doi ; repas 40 000-70 000 d ; ⏲11h-22h). Situé à l'un des carrefours les plus fréquentés de la ville, ce restaurant sert des spécialités des ethnies locales, dont une soupe aigre de *mang dang* (racines de bambou) avec du riz gluant trempé dans du sel aux graines de sésame.

Trung Nguyen Cafe CAFÉ
(P Quyet Thang ; ⏲8h-22h). Juste à côté de l'hôtel Sao Xanh, cet élégant café-bar dispose d'un jardin ombragé en façade, et fait l'un des meilleurs cafés de Son La.

Renseignements

Agribank (8 Đ Chu Van Thinh ; ⏲8h-15h lun-ven, 8h-11h sam, DAB 24h/24)

Depuis/vers Son La

Son La est à 340 km de Hanoi et à 140 km de Diên Biên Phu.

De la gare routière, à 5 km au sud-ouest du centre, il y a des bus fréquents entre 5h et 13h pour Hanoi (155 000 d, 8 heures 30), et des bus pour Diên Biên Phu (105 000 d, 4 heures) à 5h, 7h, 8h, 12h30 et 16h. Deux bus également le matin à 5h et 5h30 pour Ninh Binh (165 000 d, 9 heures).

Diên Biên Phu

☎0230 / 72 700 HABITANTS

Diên Biên Phu joue un rôle phare dans l'histoire moderne du Vietnam. C'est dans la campagne environnante que, le 7 mai 1954, les forces coloniales françaises furent battues par le Viêt-minh lors d'une bataille décisive qui sonna le glas de leur empire en Indochine. Le cessez-le-feu proclamé ce jour-là accéléra les négociations engagées entre les deux parties. La guerre d'Indochine s'acheva le 21 juillet 1954, avec la signature des accords de Genève, marquant la fin de la présence française au Vietnam, au Laos et au Cambodge.

Située dans une région reculée du Vietnam, Diên Biên Phu s'étend dans la vaste plaine aride de la vallée de Muong Thanh, encadrée par des montagnes escarpées densément boisées. Des Thaïs, des Hmong et des Si La vivent dans les montagnes alentour. La vallée et la ville sont aujourd'hui essentiellement peuplées de Viêts (ou Kinh), l'ethnie majoritaire du pays.

Autrefois bourgade peu importante, Diên Biên Phu est devenue une municipalité en 1992. Elle a acquis le statut de ville en 2003 et celui de capitale provinciale l'année suivante. Elle compte désormais de grands boulevards et des bâtiments officiels, et son aéroport assure des liaisons quotidiennes avec Hanoi.

L'intérêt de Diên Biên Phu est avant tout historique. Les bunkers, musées et monuments de guerre attirent surtout les touristes vietnamiens. Depuis que la frontière Tay Trang–Sop Hun entre le Vietnam et le Laos est ouverte aux étrangers, un nombre croissant de voyageurs passe par la ville.

Histoire

En novembre 1953, alors que la France est engagée dans le conflit indochinois depuis mars 1946, le général Henri Navarre, commandant en chef des forces françaises en Indochine, envoie 12 bataillons dans la cuvette de Diên Biên Phu dans le cadre de l'opération Castor. Le but est d'empêcher le Viêt-minh de s'emparer de Luang Prabang, alors capitale du Laos. L'armée française, composée pour un tiers de minorités ethniques vietnamiennes, prend position sur cinq points d'appui (baptisés Claudine, Huguette, Anne-Marie, Dominique, et Éliane) et des positions avancées (Gabrielle, Béatrice et Isabelle). Elle est peu à peu encerclée par le Viêt-minh, commandé par le général Vo Nguyên Giap, dont les troupes sont cinq fois plus nombreuses. Surtout, le Viêt-minh accomplit un véritable exploit logistique, transportant à dos d'homme, à travers la jungle et les cours d'eau, des pièces d'artillerie et des mitrailleuses anti aériennes, soigneusement disposées ensuite dans des caches creusées dans la montagne surplombant les positions françaises.

Le 13 mars 1954, alors que les Français attendent des fantassins, les obus de canons et de mortiers lourds se mettent à pleuvoir. Le colonel Charles Piroth, qui commandait l'artillerie du camp, se suicide dans son abri. Il avait affirmé que le Viêt-minh

Diên Biên Phu

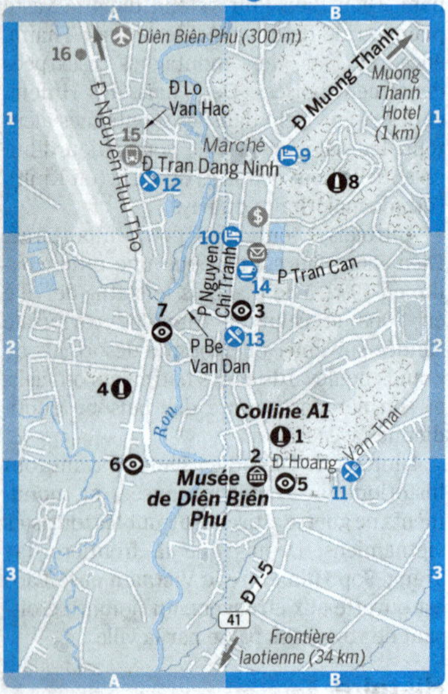

Diên Biên Phu

Les incontournables
- 1 Colline A1 .... B2
- 2 Musée de Diên Biên Phu B3

À voir
- 3 Bunker du commandant d'artillerie Piroth B2
- 4 Bunker du colonel de Castries A2
- 5 Cimetière de Diên Biên Phu B3
- 6 Mémorial aux soldats français A3
- 7 Pont Muong Thanh A2
- 8 Monument de la victoire B1

Où se loger
- 9 Binh Long Hotel B1
- 10 Ruby Hotel B2

Où se restaurer
- 11 Jardins à *bia hoi* B3
- 12 Stands de *pho* A1
- 13 Yen Ninh B2

Où prendre un verre
- 14 The Coffee Shop B2

Transports
- 15 Gare routière A1
- 16 Vietnam Airlines A1

ne parviendrait pas à transporter de l'artillerie lourde jusque-là. Un premier assaut viêt-minh échoue, mais il est suivi par des semaines de bombardements intensifs. La situation empirant, Bigeard et ses parachutistes sont appelés en renfort, mais le mauvais temps et la DCA viêt-minh rendent bientôt les parachutages (en hommes, mais aussi en vivres et en munitions) problématiques. Un système sophistiqué de tranchées et de tunnels permet au Viêt-minh d'atteindre les positions françaises en restant à couvert. La France refuse de recourir aux bombardiers américains ou d'utiliser la force nucléaire, comme le suggérait le Pentagone, et ses positions tombent alors une à une.

Le 7 mai 1954, les troupes du général Navarre se rendent au Viêt-minh, au terme de 57 jours de siège. Elles dénombrent 5 000 tués et 10 000 prisonniers, tandis que les pertes côté viêt-minh sont estimées à 25 000 hommes. Le moral des Français en est fortement ébranlé, et le gouvernement renonce à l'Indochine.

À voir

Musée de Diên Biên Phu — MUSÉE

(☎ 0230-382 4971 ; Đ 7-5 ; 15 000 d ; ⏲ 7h-11h et 13h30-16h30). Ce musée bien agencé, installé dans un nouveau bâtiment futuriste, commémore la bataille décisive de 1954 au gré d'une collection éclectique. Aux côtés d'armes et d'engins de guerre, on découvre une baignoire ayant appartenu au colonel français de Castries, un vélo pouvant transporter une pièce d'artillerie de 330 kg, ainsi que des photos et documents.

Colline A1 — MONUMENT

(Đ 7-5 ; 3000 d ; ⏲ 7h-11h et 13h30-17h). Des tanks et un monument aux morts du Viêt-minh jalonnent l'ancienne position française – appelée Éliane par les Français et colline A1 par les Vietnamiens –, théâtre des combats les plus violents. Le système élaboré de tranchées de la défense française a également été reconstitué.

Bunker du colonel de Castries — MONUMENT

(5 000 d ; ⏲ 7h-11h et 13h30-17h). De l'autre côté de la rivière Ron, le bunker où le colonel Christian de Castries avait établi son PC a été reconstitué. Quelques chars parsèment les environs et vous verrez certainement des Vietnamiens agiter leur drapeau sur le bunker, imitant ainsi une célèbre photo prise à la fin des combats.

Cimetière de Diên Biên Phu CIMETIÈRE
(Đ 7-5). Émouvant et parfaitement entretenu, le cimetière de Diên Biên Phu s'étend non loin du musée. Là, en hommage aux victimes vietnamiennes, chaque pierre tombale porte l'étoile dorée du drapeau national et un bouquet de bâtons d'encens.

Mémorial aux soldats français MÉMORIAL
Le mémorial aux 3 000 soldats français enterrés dans les rizières a été érigé ici en 1984, pour le 30e anniversaire de la bataille.

Pont Muong Thanh PONT
L'ancien pont Muong Thanh, préservé, est fermé aux véhicules à quatre roues.

Bunker du commandant d'artillerie Piroth MÉMORIAL
Ce cratère rempli de végétation se trouve être le bunker dans lequel se suicida le colonel Piroth.

Monument à la victoire MÉMORIAL
Situé sur la colline D1, ce monument à la victoire fut inauguré en 2004 pour le 50e anniversaire de la bataille de Diên Biên Phu.

Où se loger

Ruby Hotel HÔTEL $
(091 365 5793 ; www.rubyhoteldienbien.com ; derrière Đ Nguyen Chi Thanh ; s/d/tr 400 000/500 000/600 000 d). Cet hôtel agréable, dans une petite allée signalée, est peut-être la meilleure affaire de Diên Biên Phu. Les chambres sont équipées de lits neufs confortables, de TV à écran plat et de sdb avec douche à effet pluie. Si vous voyagez seul, offrez-vous une double, les simples étant plutôt petites.

Binh Long Hotel PENSION $
(0230-382 4345 ; 429 Đ Muong Thanh ; d 200 000 d ;). Un petit établissement familial, coincé entre deux boutiques, dans l'artère principale au cœur de l'animation. Petites chambres un peu défraîchies, mais en meilleur état que celles des autres adresses bon marché de la ville.

Muong Thanh Hotel HÔTEL $$
(0230-381 0043 ; www.muongthanh.vn ; Đ Muong Thanh ; ch petit-déj inclus 50-80 $US ;). Les hôtels de moyenne gamme, souvent médiocres, ne sont pas le fort de Diên Biên Phu, et le Muong Thanh est le meilleur du lot. Chambres de style affaires, avec de grands lits et sdb de marbre, mais dans certaines les tapis sont pleins de brûlures de cigarettes et les coins de la chambre pas forcément propres. Un vaste établissement toutefois, où profiter d'une piscine, surmontée d'un dragon en béton.

Où se restaurer et prendre un verre

Les restaurants sont peu nombreux à Diên Biên Phu. Faites un tour dans Pho Nguyen Chi Tranh, où s'aligne une série d'établissements très simples d'un bon rapport qualité/prix, tous avec des comptoirs où vous pouvez choisir vos plats – un peu de tout, du poulet aux sauterelles frites. Sinon, misez sur la rangée de **stands de pho** (plats 30 000 d environ ; 8h-22h), simples et gais, en face de la gare routière. Certains servent un délicieux jus de canne à sucre frais.

ALLER AU LAOS : DE DIÊN BIÊN PHU À MUANG KHUA

Aller à la frontière Des bus à destination de Muang Khua (110 000 d) partent tous les jours de Diên Biên Phu à 5h30. Mieux vaut réserver son billet la veille du voyage. Le bus passe par le **poste-frontière de Tay Trang-Sop Hun** et vous dépose à Muang Khua, au Laos. Le voyage dure normalement 7-8 heures, voire plus, en fonction de la route et des formalités de passage de la frontière. Depuis Diên Biên Phu, on peut aussi rejoindre les villes laotiennes de Luang Prabang (495 000 d, départ à 6h), Nam Tha (350 000 d, départ à 6h30) et Udomxai (230 000 d, départ à 7h30).

À la frontière Le poste-frontière de Tay Trang-Sop Hun, à 34 km de Diên Biên Phu, est ouvert tous les jours de 7h à 19h. Pour entrer au Laos, les ressortissants de la plupart des pays peuvent obtenir un visa valable 30 jours à leur arrivée (30-42 $US, selon votre nationalité). Veillez à avoir deux photos d'identité et des espèces en supplément (environ 5 $US) pour couvrir d'éventuels frais administratifs sur place.

Se déplacer De Muang Khua, des bus vous conduisent à Udomxai.

Yen Ninh VIETNAMIEN $

(P Be Van Dan ; repas 50 000-80 000 d ; 11h-21h ;). Ce modeste petit restaurant est entièrement végétarien, et sert de goûteux plats de nouilles ou de riz avec beaucoup de tofu.

Bia Hoi VIETNAMIEN $

(Đ Hoang Van Thai ; repas 30 000-50 000 d ; 12h-22h). Venez rencontrer les habitants dans les jardins à *bia hoi* le long de Đ Hoang Van Thai. Si vous êtes lassé du riz et des nouilles, vous pourrez y manger des grillades correctes et bon marché.

The Coffee Shop CAFÉ

(P Tran Can ; 10h-22h). Dans une rangée de cafés moderne de la rue, celui-ci nous a plu par son personnel souriant et son décor de brique et de bois. On y sert du café vietnamien et de bons jus de fruits, ainsi que des glaces.

Renseignements

Agribank (0230-382 5786 ; Đ 7-5 ; 8h-15h lun-ven, 8h-11h30 sam, DAB 24h/24)

Poste principale (Đ 7-5 ; 8h-18h lun-ven)

Depuis/vers Diên Biên Phu

AVION

L'aéroport de Diên Biên Phu (DIN) se situe à 1,5 km du centre-ville, sur la route de Muong Lay. **Vietnam Airlines** (0230-382 4948 ; www.vietnamairlines.com ; Đ Nguyen Huu Tho ; 7h30-11h30 et 13h30-16h30) assure 2 vols quotidiens pour Hanoi, et possède une agence non loin de l'aéroport.

BUS

La gare routière (RN 12) se trouve à l'angle de Đ Trang Dang Ninh.

VOITURE ET MOTO

Le trajet de 480 km entre Hanoi et Diên Biên Phu par la RN 6 et la RN 279 demande environ 11 heures.

Muong Lay

0231 / 8 800 HABITANTS

Naguère connue sous le nom de Lai Chau, la petite localité de Muong Lay, entre Diên Biên Phu et Sapa était autrefois perchée sur les flancs de la spectaculaire vallée de la rivière Da (ou rivière Noire ; Song Da), jusqu'à ce qu'elle soit immergée par le gigantesque réservoir de Song Da, qui alimente une centrale hydroélectrique. Aujourd'hui rebaptisée et déplacée plus haut sur la berge du nouveau lac, Muong Lay n'est plus qu'un endroit assoupi composé de quelques artères assez mornes.

Cela dit, le paysage alentour, dominé par le vaste lac entouré d'ondulations montagneuses, est absolument superbe. Juste à l'extérieur de la ville, sur une falaise, quelques hôtels profitent de la vue splendide, mais à moins d'avoir besoin de faire une pause quelque peu surréaliste sur votre long trajet vers le nord ou vers le sud, il ne sert à rien d'y séjourner.

Où se loger et se restaurer

Lan Anh Hotel HÔTEL $$

(0989 673 888, 0230-350 9577 ; www.lananhhotel.com ; ch 20-45 $US ;). Sur une crête qui domine le lac de Muong Lay, le Lan Anh dispose de chambres basiques dans des maisons en bois à l'arrière, et de chambres de moyenne gamme correctes, au mobilier sorti tout droit des années 1970, dans le bâtiment principal. Le service est au mieux erratique, et l'ensemble peut avoir un côté *"Quatrième Dimension"* – comme si vous étiez le seul client.

Depuis/vers Muong Lay

De la petite gare routière de Muong Lay, des bus partent pour Diên Biên Phu (80 000 d, 4 heures), au sud, à 6h30 et 7h30 ; une liaison est assurée pour Sinho (80 000 d, 2 heures 30) à 8h. Pour aller à Lai Chau (55 000 d, 3 heures), au nord, prenez n'importe quel bus venant de Diên Biên Phu, ils s'y arrêtent tous.

BUS AU DÉPART DE DIÊN BIÊN PHU

DESTINATION	PRIX (D)	DURÉE	FRÉQUENCE
Hanoi	270 000-300 000	11 heures 30	Nombreux bus 4h30-21h
Lai Chau	130 000	6-7 heures	6h15, 7h, 8h, 9h, 10h, 12h30, 13h15
Muang Khua (Laos)	110 000	7-8 heures	5h30
Muong Lay	62 000	3-4 heures	14h30, 15h, 16h
Son La	105 000	4 heures	4h30, 8h, 12h, 14h

Sachez qu'en raison du manque cruel d'installations, Muong Lay n'est pas un bon endroit où faire étape si vous voyagez en transport public. Prendre le bus direct entre Diên Biên Phu et Lai Chau est un meilleur choix.

Lai Chau

☎ 0231 / 37 000 HABITANTS

Après la traversée de l'une des régions les plus reculées du pays, les boulevards à 8 voies et les bâtiments officiels de Lai Chau évoquent une sorte d'étrange mirage.

Anciennement appelée Tam Duong, cette ville isolée a été rebaptisée Lai Chau quand fut décidée la création du réservoir qui devait submerger l'"ancienne" Lai Chau (aujourd'hui connue sous le nom de Muong Lay). La "nouvelle" Lai Chau se divise en deux parties : la vieille ville, avec son **marché** fréquenté par les ethnies montagnardes des villages alentour, et la ville nouvelle, toute de béton, à 3 km au sud-est.

Malgré ses grandes artères, Lai Chau, promue capitale de province, présente peu d'intérêt. Le paysage environnant demeure heureusement stupéfiant, avec ses verdoyants pics coniques.

La plupart des visiteurs s'y arrêtent seulement le temps d'une halte déjeuner sur l'itinéraire entre Diên Biên Phu et Sapa. Le trajet de Lai Chau à Sapa par la RN 4D, qui traverse le massif du Fansipan près de la frontière chinoise, est superbe.

Où se loger

Phuong Tanh HÔTEL $

(☎0231 387 5235 ; 31 Đ Tran Hung ; ch 300 000-350 000 d ; ❄📶) Le Phuong Tanh compense un espace de réception plutôt morne par des chambres claires à la literie propre, et une belle vue depuis les couloirs ouverts à tout vent qui les desservent. Au 2e niveau, le café Phan Xi Pan (Wi-Fi) propose tout un choix de plats de riz et de nouilles délicieux, ainsi que des bières fraîches.

Muong Phat Hotel HÔTEL $

(☎0231-379 1386 ; Đ 30-4 ; ch 250 000 d ; 📶). Juste en face de la gare routière de Lai Chau, le Muong Phat abrite des petites chambres colorées (murs roses et tapis rouges, pas moins) et son personnel est enjoué. Un bon choix si vous voulez quitter la ville tôt le matin en bus.

Renseignements

Des DAB sont installés le long de Đ Tran Hung, la rue principale de la vieille ville.

Depuis/vers Lai Chau

La gare routière (Đ 30-4) se trouve à 1 km du centre-ville. En *xe om*, le trajet jusqu'au centre coûte environ 10 000 d ; en taxi, à peu près 20 000 d.

Les bus vers le sud et Diên Biên Phu (130 000 d, 7 heures) via Muong Lay (55 000 d, 3 heures) partent à 5h, 6h30, toutes les heures de 8h à 13h, et à 17h. Il y a des bus pour Hanoi (à partir de 280 000 d, 12 heures) à 6h30, 9h15, 9h45, 22h et 22h15.

Pour vous rendre à Sapa (75 000 d, 2 heures 30), prenez n'importe quel bus pour Lao Cai. Il y en a au moins un toutes les heures, entre 5h et 17h. Les bus pour Sinho (45 000 d, 3 heures) partent à 6h, 7h, 9h et 13h30.

Sapa

☎ 020 / 36 200 HABITANTS / ALTITUDE 1 650 M

Station climatique fondée par les Français en 1922, Sapa est aujourd'hui le centre touristique du nord-ouest du Vietnam.

La ville est orientée de manière à profiter du cadre exceptionnel (par temps clair), entourée de toute part de hauts sommets et surplombant une vallée profonde plissée de rizières en terrasses. Un panorama spectaculaire souvent plongé dans une épaisse brume. Vous croiserez en ville quantité de villageois des ethnies montagnardes portant de belles tenues colorées.

Toutefois, si vous espériez une cité de montagne pittoresque, vous risquez d'être déçu. Les villas coloniales françaises de Sapa se sont délabrées au fil des guerres successives contre les Français, les Américains et les Chinois, et le tourisme moderne a produit un développement anarchique. De nos jours, le secteur du bâtiment est en plein essor à Sapa et, en raison du non-respect des lois limitant la hauteur des nouveaux immeubles, ceux-ci grimpent de plus en plus haut.

Mais vous n'êtes pas ici pour flâner en ville. Sapa est la plus importante base de trekking du nord du Vietnam, d'où partir en randonnée dans la campagne environnante, au gré de rizières en terrasses, vers les petits villages des ethnies montagnardes qui semblent être à des années-lumière de là. Une fois que vous aurez posé le pied dans les champs luxuriants alentour, vous comprendrez le véritable charme de Sapa.

Sapa

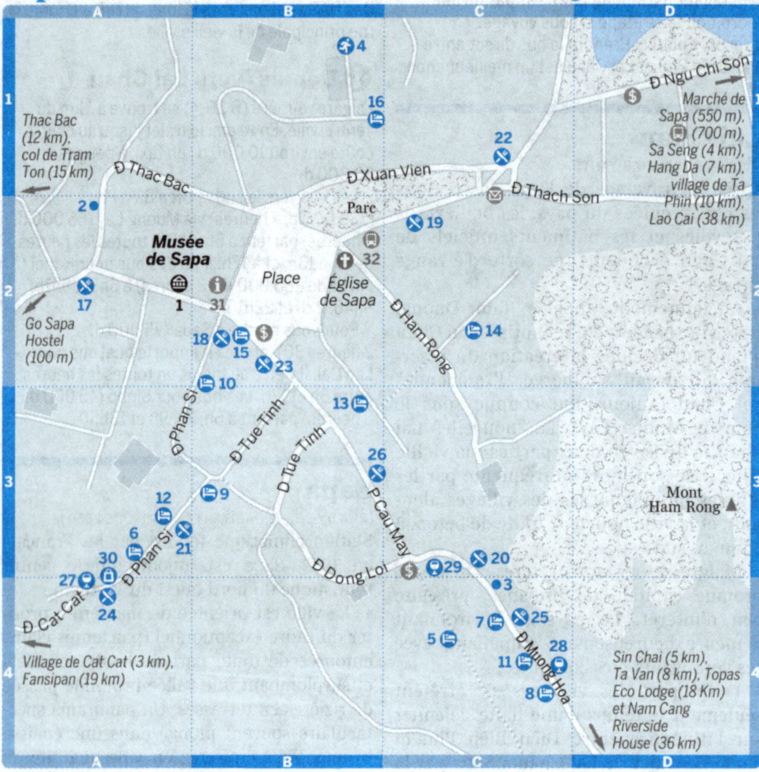

À voir et à faire

Musée de Sapa MUSÉE

(103 Đ Xuan Vien ; 7h30-11h30 et 13h30-17h). GRATUIT Une excellente présentation de l'histoire (dont une partie consacrée à l'époque coloniale) et de l'ethnologie de la région. Les différences entre les groupes ethniques sont bien mises en évidence : il peut donc être intéressant de visiter ce musée dès votre arrivée à Sapa.

Marché de Sapa MARCHÉ

(Đ Ngu Chi Son ; 6h-14h). Malheureusement délogé du centre-ville et désormais situé dans un bâtiment moderne dédié, proche de la gare routière, le marché de Sapa est toujours une ruche d'activité haute en couleur où trouver des produits frais et une section de boucherie réservée aux plus courageux, ainsi que de l'artisanat vendu par les populations montagnardes qui viennent presque tous les jours des villages alentour. Pic d'activité le samedi.

Col de Tram Ton POINT DE VUE

La route entre Sapa et Lai Chau franchit le col de Tram Ton sur le versant nord du Fansipan, à 15 km de Sapa. À 1 900 m d'altitude, il s'agit du plus haut col du Vietnam et il constitue une barrière climatique. Le belvédère du col offre une vue fantastique. La plupart des gens s'arrêtent également à **Thac Bac** (les chutes d'Argent), hautes de 100 m, à 12 km de Sapa.

Sur le versant de Sapa, le temps est souvent froid et brumeux, mais quelques centaines de mètres plus bas, sur le versant de Lai Chau, il peut être ensoleillé et faire chaud. Sapa est l'endroit le plus froid du Vietnam et, curieusement, Lai Chau est parfois l'un des plus chauds.

Victoria Spa SPA

(020-387 1522 ; www.victoriahotels-asia.com ; Victoria Sapa Resort, P Hoang Dieu ; 8h-22h). Après plusieurs jours de trek, laissez-vous dorloter un peu dans ce spa haut de

Sapa

Les incontournables
1 Musée de Sapa A2

Activités
Hill Station Signature Restaurant .... (voir 21)
Indigo Cat .... (voir 6)
2 Sapa O'Chau A2
Sapa Sisters .... (voir 10)
3 Topas Travel C4
4 Victoria Spa B1

Où se loger
5 Botanic Sapa C4
6 Cat Cat View Hotel A3
7 Holiday Sapa C4
8 Luong Thuy Family Guesthouse C4
9 Phuong Nam Hotel B3
10 Sapa Graceful Hotel B2
11 Sapa Lodge C4
12 Sapa Luxury Hotel A3
13 Sapa Paradise View B3
14 Thai Binh Hotel C2
15 U Sapa B2
16 Victoria Sapa Resort B1

Où se restaurer
17 Baguette & Chocolat A2
18 Restaurants de barbecue B2
19 Gecko C2
20 Hill Station Deli & Boutique C3
21 Hill Station Signature Restaurant A3
22 Stands de fondue C1
23 Little Sapa B2
24 Nature View A4
25 Sapa Memories C4
Sapa O'Chau .... (voir 2)
26 Viet Emotion B3

Où prendre un verre
27 Color Bar A4
28 Hmong Sisters C4
29 Mountain Bar & Pub C3

Achats
30 Hemp & Embroidery A3
Indigo Cat .... (voir 6)

Renseignements
31 Sapa Tourism B2

Transports
32 Minibus pour Lao Cai B2

gamme, au sein du Victoria Sapa Resort. Les salles de massage et de soins sont superbes, et l'espace piscine (avec sauna et douches) est ouvert à ceux qui ne résident pas à l'hôtel (10 $US/pers).

Randonnée

En sortant de votre hôtel à Sapa, vous n'irez pas très loin sans vous faire accoster par quelqu'un qui se propose de vous guider dans vos randonnées.

Pour effectuer des treks plus longs et passer la nuit dans des villages, mieux vaut partir avec une personne qui connaît le terrain, la culture et la langue. Choisissez de préférence des guides appartenant aux ethnies de la région, qui trouvent là une source de revenus. Sachez qu'il est interdit de passer la nuit dans des villages qui ne sont pas officiellement reconnus comme lieux d'accueil par les autorités. Passer outre pourrait avoir de sérieuses conséquences pour vous-même et pour vos hôtes.

Les environs de Sapa font maintenant partie du parc national de Hoang Lien, et dans tous les villages qu'on peut visiter, il y a un droit d'entrée de 20 000 à 40 000 d.

Cat Cat RANDONNÉE
(40 000 d). Le village le plus proche accessible à pied est Cat Cat (40 000 d), à 3 km au sud de Sapa. Attendez-vous à une descente superbe mais escarpée. Vous trouverez facilement un *xe om* pour vous remonter jusqu'à Sapa au retour.

Sa Seng et Hang Da RANDONNÉE
Un bel itinéraire longe une haute crête, à l'est de Sapa, passe par les villages hmong noirs de Sa Seng et de Hang Da et offre, par temps clair, une vue splendide sur la vallée. Il descend ensuite vers la rivière Ta Van, où des transports rejoignent Sapa.

Ta Phin RANDONNÉE
(20 000 d). Une marche prisée depuis Sapa conduit au village de Ta Phin, habité par des Dzao rouges, à quelque 10 km de la ville. La plupart des visiteurs prennent un *xe om* jusqu'au point de départ, à 8 km de Sapa, puis effectuent une boucle de 14 km dans le secteur en passant par des villages hmong noirs et dzao rouges.

Fansipan RANDONNÉE EN MONTAGNE
Les monts Hoang Lien, surnommés Alpes tonkinoises par les Français, entourent

HORS DES SENTIERS BATTUS

LE VILLAGE DE SINHO

Sinho est un charmant village de montagne, peuplé de nombreuses ethnies. Il pourrait attirer plus de touristes, mais ses habitants ne se montrent pas toujours très accueillants. Néanmoins, la présence d'un hôtel très correct et un accès par la route en voie d'amélioration justifient le détour si vous voulez découvrir un marché local authentique, bien différent de ceux de Sapa et de Bac Ha, qui sont désormais des étapes incontournables des circuits organisés.

Le **marché** (6h-14h) a lieu le samedi et le dimanche, et ce dernier est le plus impressionnant et le plus coloré. Là, ne vous attendez pas à voir de l'artisanat tendance, mais plutôt des vaches et des cochons.

Le meilleur (et l'unique !) endroit où passer la nuit, le **Thanh Binh Hotel** (0231-387 0366 ; Zone 5, Sinho ; ch petit-déj inclus 25-30 $US ; @), est un établissement confortable comprenant 17 chambres convenables avec vue sur la montagne et les rizières. Le tarif comprend le petit-déjeuner. Le déjeuner et le dîner (120 000 d) sont servis dans d'agréables belvédères en bambou. Des treks de 3 à 10 km peuvent être organisés jusqu'aux villages voisins des Hmong blancs et des Dzao rouges.

Sachez qu'il n'y a ni banque ni DAB à Sinho.

Aller à Sinho en transport public est toujours long, mais possible avec un peu de souplesse. Un bus quotidien quitte Diên Biên Phu pour Sinho (120 000 d, 6 heures) vers 5h30. Il passe par Muong Lay vers 8h. Ces horaires peuvent varier, vérifiez-les à la gare routière de Diên Biên Phu la veille de votre départ. De Sinho, des bus descendent lentement vers Lai Chau (45 000 d, 3 heures) à 7h et 13h. En venant du nord, de Lai Chau à Sinho, il y a 4 bus par jour, et un départ quotidien de Sinho vers Diên Biên Phu (120 000 d, 6 heures). Notez que la route reliant Sinho à Lai Chau était en mauvais état lors de la rédaction de ce guide.

Si vous voyagez en deux-roues, la route montant vers Sinho se trouve à 1 km au nord de Chan Nua, sur la route principale de Muong Lay à Lai Chau. Ne manquez pas de vous renseigner sur l'état de la route Sinho-Lai Chau avant de quitter Hanoi.

Sapa. Ils comprennent le Fansipan (3 143 m), le point culminant du pays, visible depuis Sapa quand il n'est pas caché par les nuages. On peut effectuer l'ascension du Fansipan, réputée de longue date, tout au long de l'année à condition d'être un randonneur expérimenté, en bonne forme physique, et de disposer de l'équipement adéquat. Mais ne sous-estimez pas la difficulté, et préparez-vous à affronter l'humidité et le froid.

La beauté sauvage et solitaire du Fansipan a été mise à mal par l'ouverture, en grande pompe par le Comité populaire provincial, en février 2016, d'un téléphérique de 6 292 m de long. Il emporte les visiteurs au-dessus de la vallée jusqu'au sommet en 15 minutes, en franchissant une dénivellation de plus de 1 400 m.

Il n'empêche, le sommet du Fansipan, à 19 km seulement de Sapa, est toujours accessible à pied. En dépit de cette courte distance, le circuit aller-retour demande habituellement 3 jours en raison du terrain accidenté et glissant et du mauvais temps fréquent. Certains randonneurs chevronnés le font en 2 jours, mais il faut pour cela être en forme. Après la première matinée, vous ne verrez plus de villages d'ethnies, seulement des forêts, des paysages montagneux splendides et peut-être quelques singes, chèvres et oiseaux. Les meilleures périodes pour entreprendre cette ascension s'étendent de mi-octobre à mi-décembre, et en mars, lorsque s'épanouissent les fleurs sauvages. Ne tentez pas l'ascension si le temps est mauvais à Sapa ; le manque de visibilité peut jouer de très mauvais tours.

Vous n'aurez pas besoin de cordes ni de techniques particulières pour grimper, l'endurance suffit. Vous trouverez quelques refuges rudimentaires dans certains camps de base, mais mieux vaut être autonome et s'équiper de sac de couchage, tente imperméabilisée, provisions, réchaud, imperméable, boussole et autre matériel de survie indispensable. Remportez tous vos déchets (des ordures jonchent le sol de certains camps de base). Il est essentiel de se faire accompagner par un guide réputé, et recommandé d'engager des porteurs.

Si vous organisez l'ascension avec un tour-opérateur local, prévoyez un tarif tout compris d'environ 150 $US par personne pour un couple, 125 $US en groupe de quatre et 100 $US en groupe de six (le maximum raisonnable).

Cours

Indigo Cat ARTISANAT
(☎0982 403 647 ; www.facebook.com/indigocat-sapa ; 46 Đ Phan Si ; cours 100 000-200 000 d ; ⏲9h-19h). La boutique d'artisanat Indigo Cat organise, l'après-midi, des ateliers où vous pourrez apprendre la broderie et le tissage traditionnels hmong. Ils ont lieu dans le village de Ta Ven. Adressez-vous à la boutique de Sapa pour en savoir plus.

Hill Station Signature Restaurant CUISINE
(☎020-388 7112 ; 37 Đ Phan Si ; 29 $US/pers ; ⏲à partir de 9h). Un chef hmong anglophone propose de très bons cours de cuisine de 3 heures. Au programme : une visite au marché (30 min), suivie de la préparation de 5 plats locaux, dont du tofu maison, du buffle fumé et un boudin noir à la mode hmong, plus une occasion de goûter au vin de riz local. Inscrivez-vous la veille au soir.

Circuits organisés

Beaucoup de visiteurs viennent en circuit organisé à l'avance depuis Hanoi, mais il existe quelques très bons tour-opérateurs locaux qui méritent d'être pris en considération.

Outre des randonnées guidées, nombre d'agences proposent des circuits plus culturels s'intéressant aux différentes communautés, comme le village hmong voisin de **Sin Chai**, avec une nuit passée sur place pour découvrir leurs tissages ou leur musique. Le village giay de Ta Van et le village hmong de Matra font également partie des excursions appréciées.

♥ **Sapa O'Chau** RANDONNÉE
(☎020-377 1166 ; www.sapaochau.com ; 8 Đ Thac Bac ; ⏲6h30-18h30). Excellent tour-opérateur local qui organise des randonnées à la journée, des treks plus longs avec séjour chez l'habitant, des visites du marché de Bac Ha ou l'ascension du Fansipan. Également : des circuits d'immersion culturelle axés sur l'artisanat et les séjours à la ferme. Les bénéfices financent un centre éducatif pour les enfants hmong.

Sapa Sisters RANDONNÉE
(☎020-377 3388 ; www.sapasisters.com ; Sapa Graceful Hotel, 9 Đ Phan Si ; ⏲8h-17h). Tenue par un groupe de femmes hmong avisées et pleines de savoir, Sapa Sisters propose des randonnées à la journée et des treks avec séjour chez l'habitant individualisés, entièrement à la carte. Elles parlent un très bon anglais, un peu de français, d'espagnol et de japonais.

Topas Travel RANDONNÉE
(☎020-387 1331 ; www.topastravel.vn ; 21 Đ Muong Hoa). Un tour-opérateur local très réputé pour les treks, les randonnées à vélo et la découverte des villages de la région, ainsi que des séjours au Topas Ecolodge ou à la Nam Cang Riverside House, dans des villages d'ethnies locales.

Où se loger

Beaucoup d'hôtels augmentent leurs tarifs le vendredi et le samedi, en raison de l'afflux de touristes vietnamiens le week-end.

UN AVENIR MEILLEUR POUR LES HMONG

La prospérité naissante de Sapa constitue un changement culturel pour les ethnies des montagnes.

Les Hmong sont traditionnellement employés par les agences de trekking, les restaurants et les hébergements que possèdent les Vietnamiens, et de nombreux enfants hmong sont détournés de l'école pour vendre de l'artisanat ou servir de guides de randonnées, parcourant souvent chaque jour 10 km à pied de leur village à Sapa, pour gagner de l'argent. Mais une nouvelle génération essaye maintenant d'assurer un avenir plus indépendant et positif à son peuple.

Sapa O'Chau (ci-dessus), qui signifie "merci, Sapa" en hmong, a pour vocation de donner une formation et des opportunités aux jeunes Hmong. Cette association est dirigée par un ancien vendeur d'artisanat, Shu Tan, qui a créé le centre éducatif Sapa O'Chau, un pensionnat qui peut accueillir 20 enfants hmong et leur apprendre l'anglais et le vietnamien. L'association propose aussi d'excellents treks et randonnées.

Nombreux sont ceux qui proposent des tarifs plus avantageux que sur leur site Web si vous venez sans réserver. Mais Sapa est parfois bondée : si vous souhaitez séjourner dans un endroit en particulier, réservez directement auprès de votre hôtel, pour un meilleur tarif.

Sapa Graceful Hotel AUBERGE DE JEUNESSE **$**
(☎020-377 3388 ; sapagracefulhotel.com ; 9 Đ Phan Si ; dort/d 5/18 $; 📶). Bijou d'auberge de jeunesse au charme familial, qui sait attirer les routards, avec deux bières pour le prix d'une tous les soirs durant l'*happy hour*. On est à l'étroit dans le dortoir, mais le foyer est plein de livres et ses canapés sont confortables. L'agence Sapa Sisters étant basée ici, les renseignements sur les treks sont de premier ordre.

Go Sapa Hostel AUBERGE DE JEUNESSE **$**
(☎020-387 1198 ; www.gosapahostel.com ; 25 Đ Thac Bac ; dort 110 000-150 000 d, d 400 000 d ; @📶). Sur les hauteurs, dominant le centre de Sapa, une grande auberge indépendante, très attrayante. Les nombreux dortoirs pour 8 personnes (casiers) sont disposés autour d'une cour commune. Les plus chers ont des sdb privatives et certains se doublent de petits balcons. Machines à laver, ordinateurs en accès libre et location de vélos.

Luong Thuy Family Guesthouse PENSION **$**
(☎020-387 2310 ; www.familysapa.com ; 28 Đ Muong Hoa ; dort/d/lits jum 5/15-20/25 $US ; @📶). Cette pension plaisante dispose de dortoirs convenables, un peu sombres, et de confortables chambres. Location de motos et de vélos ; organisation de treks et des transports. Magnifique vue sur la vallée brumeuse depuis les balcons en façade.

Phuong Nam Hotel HÔTEL **$**
(☎020-387 1286 ; www.phuongnamhotelsapa.com ; 33 Đ Phan Si ; dort/ch petit-déj inclus 7/20 $US ; 📶). Façade colorée pour cet hôtel, bonne adresse pour les petits budgets. Il y a 2 dortoirs à 4 grands lits, ainsi que des chambres privatives très simples mais impeccables. Attention : le week-end, le prix des chambres monte éhontément à 35 $US.

♥ **Nam Cang Riverside House** CHEZ L'HABITANT **$$**
(www.namcangriversidelodge.com ; village de Nam Cang ; d 60 $US). Dans une vallée, à la lisière du petit village de Nam Cang, à 36 km de Sapa, cette charmante maison en bois (qui compte 9 confortables chambres) est le fruit d'une collaboration entre une famille dzao rouge très accueillante et Topas Travel. C'est un hébergement ravissant, dans un cadre superbe de la région de Sapa – à côté d'une rivière et d'une forêt luxuriante –, où découvrir la vie traditionnelle d'un village dzao.

Botanic Sapa HÔTEL **$$**
(☎020-387 3879 ; www.botanicsapa.com ; 8a Cau May Alley ; ch 25-30 $US). Confortable, le Botanic vaut surtout par ses propriétaires sympathiques. Minh et son épouse Van sont des hôtes merveilleux. Les chambres de bonne taille, décorées de tissages locaux, disposent de linge frais et de sdb modernes, le tout extrêmement propre. Son emplacement, en bas d'un escalier raide en retrait de Pho Cau May, ne conviendra pas à tous.

Thai Binh Hotel HÔTEL **$$**
(☎020-387 1212 ; www.thaibinhhotel.com ; 45 Đ Ham Rong ; d petit-déj inclus 28-35 $US ; 📶). Un agréable hôtel situé dans un coin calme de Sapa, non loin de l'église de la ville. Chambres impeccables au joli mobilier en pin et aux couvre-lits douillets, doublées de sdb parmi les plus belles que vous pourrez trouver pour ce tarif à Sapa.

Sapa Paradise View HÔTEL **$$**
(☎020-387 2683 ; www.sapaparadiseviewhotel.com ; 18 P Xuan Huan ; d petit-déj inclus à partir de 45 $US ; ❄@📶). Malgré son nom, il n'y pas grand-chose à voir, mais les grandes chambres confortables et bien équipées, à la décoration d'inspiration locale, font plus que compenser. Ordinateurs portables dans les "deluxe".

Holiday Sapa HÔTEL **$$**
(☎020-387 3874 ; www.holidaysapa.com ; 16 Đ Muong Hoa ; ch petit-déj inclus 30-50 $US ; ❄📶). Hôtel apprécié des groupes, à juste titre, pour son service parfait et sa gamme de chambres. Essayez d'en obtenir une au dernier étage – vue de choix. Le restaurant sert une très bonne cuisine vietnamienne.

Sapa Lodge HÔTEL **$$**
(☎020-377 2885 ; www.sapalodgehotel.com ; 18 Đ Muong Hoa ; ch petit-déj inclus 30-45 $US ; ❄📶). Le Sapa Lodge est chaleureux, bien tenu, avec tous les avantages d'un petit hôtel. Les chambres à l'étage, lumineuse et élégantes, donnent sur les montagnes. Les moins chères, à 30 $US, n'ont que des fenêtres intérieures et ne sont pas pour les claustrophobes.

Cat Cat View Hotel HÔTEL $$
(☎020-387 1946 ; www.catcathotel.com ; 46 Đ Phan Si ; ch petit-déj inclus 30-50 $US, app 150-180 $US ; ❄@📶). Un vaste établissement familial, très attrayant, comptant une quarantaine de chambres réparties sur 9 étages. Toutes sont douillettes et lambrissées de pin, et beaucoup donnent sur des terrasses communes d'où profiter de la vue. Les appartements, spacieux, sont une bonne solution pour les familles ou les groupes d'amis.

Sapa Luxury Hotel HÔTEL $$
(☎020-387 2771 ; www.sapaluxuryhotel.com ; 36 Đ Phan Si ; ch petit-déj inclus 600 000-800 000 d ; @📶). Les grandes chambres sont un peu quelconques mais disposent de sdb modernes, de planchers en bois et d'ordinateurs portables. Les moins chères n'ont que de petites fenêtres et sont un peu sombres.

Topas Ecolodge ÉCOLODGE $$$
(☎020-387 2404 ; www.topasecolodge.com ; bungalows 115-140 $US ; @📶). Surplombant une vallée, à 18 km de Sapa, cet écolodge respectueux de l'environnement (électricité fournie par énergie solaire notamment) comprend une vingtaine de bungalows de pierre au toit de chaume, dotés de balcons pour profiter au maximum de la vue, splendide. Possibilités de randonnées à pied ou à vélo, et de visite de marchés.

Victoria Sapa Resort COMPLEXE HÔTELIER $$$
(☎020-387 1522 ; www.victoriahotels-asia.com ; P Hoang Dieu ; ch 180 $US, deluxe 250 $US ; ❄@📶🏊). Un grand hôtel splendide, aux allures de chalet de montagne, dont les parties communes, magnifiquement décorées, mettent en valeur la culture locale. Donnant sur des jardins manucurés, les chambres sont tout aussi raffinées, et disposent de balcons privatifs et de sdb rénovées il y a peu. Service parfait. Parmi les nombreux équipements : deux bars et un spa. Pour une arrivée en beauté depuis Hanoi, voyagez à bord du *Victoria Express*, luxueux wagons privés de l'hôtel accrochés aux trains principaux.

U Sapa HÔTEL $$$
(☎020-387 1996 ; www.usapavietnam.com ; 8 P Cau May ; ch à partir de 180 $US ; ❄@📶). La direction du U Sapa a repris l'ancien hôtel tenu par le gouvernement, en plein centre-ville, et l'a transformé en établissement assez sophistiqué. Attendez-vous à des chambres au design contemporain dans les tons olive et beige, et à tous les équipements d'un hôtel haut de gamme. Certaines chambres ont un petit balcon donnant sur la rue principale.

Où se restaurer

Les restaurants ne manquent pas dans Pho Cau May, proposant tous les mêmes classiques vietnamiens et occidentaux. Cherchez ceux qui proposent la cuisine locale des ethnies montagnardes, avec des champignons sauvages, des herbes et des poissons de la région.

Pour manger à prix doux, direction les modestes établissements vietnamiens regroupés dans Đ Tue Tinh, et les échoppes au sud de l'église, inégalables pour le *bun cha* (porc grillé).

Little Sapa VIETNAMIEN $
(18 P Cau May ; repas 50 000-80 000 d ; ⏲8h-22h). L'une des meilleures adresses dans la touristique Pho Cau May, que fréquentent aussi des Vietnamiens. Préférez les spécialités vietnamiennes aux (médiocres) plats européens.

Sapa O'Chau CAFÉ $
(www.sapaochau.org ; 8 Đ Thac Bac ; en-cas à partir de 20 000 d ; ⏲6h30-18h30 ; 📶). Ne manquez pas de vous réchauffer avec un thé au gingembre sucré au miel des montagnes de Sapa, dans ce café sans prétention attenant à l'agence Sapa O'Chau. On y prépare aussi de bons petits-déjeuners et quelques en-cas simples.

Restaurants de barbecue VIETNAMIEN $
(Đ Phan Si ; repas 70 000-120 000 d ; ⏲12h-23h). À l'extrémité nord de Đ Phan Si, plusieurs restaurants décontractés sont spécialisés dans les grillades de viandes et de légumes. Asseyez-vous à l'une des tables toutes simples et commencez à manger.

Stands de fondue VIETNAMIEN $
(Đ Xuan Vien ; repas environ 50 000 d ; ⏲11h-23h). Ne manquez pas de goûter au *lau*, une "fondue" de style vietnamien (tranches de viande cuites dans un bouillon très aromatique avec des légumes locaux, du chou et des champignons) à l'un des ces stands.

♥ Hill Station Signature Restaurant VIETNAMIEN $$
(www.thehillstation.com ; 37 Đ Phan Si ; repas 90 000-180 000 d ; ⏲7h-23h ; 📶). Un restaurant spécialisé dans la cuisine hmong, au décor zen agréable et avec une vue superbe.

Vous pourrez y déguster du porc sauté au citron vert, de la truite cuite sous la cendre dans des feuilles de bananier et un pudding noir dans la pure tradition hmong. Les gourmets goûteront différentes sortes de riz local et d'alcool de riz. Ne manquez pas les délicats rouleaux de truite arc-en-ciel : ce sont en quelque sorte les sushis de Sapa.

Nature View VIETNAMIEN **$$**
(51 Đ Phan Si ; repas 90 000-150 000 d ; 8h-22h ;). Ce restaurant chaleureux jouit d'une vue splendide sur la vallée. On y sert de bonnes spécialités vietnamiennes et européennes, et peut-être les meilleurs smoothies de Sapa. Les réfractaires au tofu devraient essayer celui à la citronnelle, qui a des chances de les convertir.

Baguette & Chocolat CAFÉ **$$**
(020-387 1766 ; Đ Thac Bac ; gâteaux à partir de 30 000 d, en-cas et repas 70 000-160 000 d ; 7h-22h ;). Pour un bon petit-déjeuner, une baguette garnie ou un part de tarte au citron, allez dans cette ancienne villa reconvertie. Les serveurs sont souvent des élèves de l'école Hoa Sua pour jeunes handicapés en formation dans l'industrie hôtelière et culinaire.

Hill Station Deli & Boutique CAFÉ **$$**
(7 Đ Muong Hoa ; repas 125 000-165 000 d ; 7h-22h30 ;). Un lieu raffiné dédié à l'héritage français de Sapa, avec des plats de fromage et de charcuterie, de la terrine de porc et de la truite fumée de la région. Côté boissons, il y a un excellent café et un choix intéressant de bières et de vins internationaux. Cosmopolite et agréablement décalé par rapport à la scène culinaire de la ville.

Viet Emotion INTERNATIONAL **$$**
(020-387 2559 ; www.vietemotion.com ; 27 P Cau May ; repas 55 000-230 000 d ; 7h-23h ;). Une cheminée réchauffe les fraîches soirées montagnardes dans ce bistrot intimiste. La carte va des pizzas et des plats pâtes à la cuisine vietnamienne, avec quelques spécialités de Sapa, comme la fondue aux herbes médicinales (à la citronnelle et aux champignons de montagne).

Sapa Memories VIETNAMIEN **$$**
(29 Đ Muong Hoa ; repas 70 000-125 000 d ; 8h-22h30 ;). Vous trouverez ici tous les classiques vietnamiens, à côté de plats locaux plus originaux, tels les grenouilles frites ou le gibier. La mignonne terrasse sur le devant est un bon endroit pour se détendre et contempler la vie quotidienne de Sapa.

Gecko INTERNATIONAL **$$**
(020-377 1504 ; Đ Ham Rong ; repas 120 000-180 000 d ;) Établissement de gestion française à l'ambiance agréablement rustique, réputé pour sa cuisine campagnarde savoureuse : des classiques français aux steaks et aux poissons locaux, servis avec des champignons de la région.

Où prendre un verre

Sapa n'a rien d'une ville festive : la tournée des bars se résume à trois ou quatre adresses.

Mountain Bar & Pub BAR
(2 Đ Muong Hoa ; 12h-23h ;). Cocktails forts, bière fraîche et parties endiablées de baby-foot en font un endroit parfait pour sortir le soir. S'il fait froid dehors, une chicha au coin du feu revigorera les voyageurs les plus frileux. Délicieux vin chaud à la pomme.

Color Bar BAR
(www.facebook.com/colorbar ; 56 Đ Phan Si ; 12h-23h ;). Ce bar branché, dont le propriétaire est un artiste de Hanoi, a tout pour plaire : reggae en musique de fond, baby-foot, narguilés et Biao Lao Cai bien fraîche. Une excellente adresse pour recharger vos batteries après la rude montée depuis le village de Cat Cat.

Hmong Sisters BAR
(Đ Muong Hoa ; 12h-tard ;). Bar spacieux, au décor de style local, doté de billards et d'une cheminée. L'endroit est connu pour sa bonne musique, mais peut sembler un peu vide les soirs calmes. Prix raisonnables.

Achats

Beaucoup de femmes et de jeunes filles des ethnies montagnardes se sont lancées dans la vente de souvenirs, et nombreuses sont celles qui proposent désormais de l'artisanat dans les rues de Sapa. Les plus âgées sont réputées pour leurs talents de vendeuses. Négociez fermement les prix en évitant toute agressivité.

Sachez que certaines étoffes traditionnelles bon marché sont teintes avec des produits naturels, sans fixateur, et peuvent déteindre (y compris sur votre peau). Lavez-les séparément dans de l'eau froide salée ou vinaigrée pour fixer les teintures. Enveloppez-les dans des sacs en plastique avant de les ranger dans vos bagages.

Si vous n'êtes pas assez équipé en vêtements chauds, vous trouverez des parkas, des tenues chaudes et des chaussures de marche "de marque", parfois authentiques (mais ne misez pas dessus).

Indigo Cat ARTISANAT
(www.facebook.com/indigocatsapa ; 46 Đ Phan Si ; ⌚9h-19h). Cette boutique d'artisanat gérée par des Hmong propose une belle sélection d'objets de fabrication locale : sacs, vêtements, coussins, ceintures. Pang, la copropriétaire, parle un bon anglais et son petit garçon, Sanji, est un vrai charmeur.

Hemp & Embroidery ARTISANAT
(www.facebook.com/hempandembroidery ; 50 Đ Phan Si ; ⌚9h-20h). Une boutique adorable tenue par une charmante dame hmong, qui vend de jolis tissus tous faits dans la région de Sapa. On y trouve des dessus-de-lit et des housses de coussins superbes, et on ne vous force pas à l'achat, ce que beaucoup de visiteurs apprécient sincèrement.

Renseignements

Le Wi-Fi est courant dans les hôtels et nombre de restaurants et de cafés.

Beaucoup d'hôtels et de commerces peuvent changer les euros et les dollars.

La *Sapa Tourist Map* (20 000 d), une excellente carte au 1/75 000, détaille les chemins de randonnée et les sites aux alentours de Sapa. La *Sapa Trekking Map* est une petite carte dessinée à la main, avec des itinéraires de randonnée et un plan de la ville.

Agribank (P Cau May ; ⌚8h-15h lun-ven, DAB 24h/24)

Banque BIDV (☎020-387 2569 ; Đ Ngu Chi Son ; ⌚8h-15h lun-ven, 8h-11h sam, DAB 24h/24)

Poste principale (Đ Ham Rong ; ⌚8h-18h lun-ven). Vous pourrez y passer des appels internationaux.

Sapa Tourism (☎020-387 3239 ; www.sapa-tourism.com ; 2 Fansipan ; ⌚7h30-11h30 et 13h30-17h). Le personnel serviable, et anglophone, renseigne sur les transports, les treks et la météo. L'accès à Internet est gratuit les 15 premières minutes. Le site Web de l'agence est une mine d'informations.

Depuis/vers Sapa

On accède à Sapa depuis la ville de Lao Cai, à 38 km au nord, à la frontière de la Chine, via une route bien entretenue. Une route de contournement encore plus rapide, qui va réduire le temps de trajet à une vingtaine de minutes, était en construction lors de notre passage. Si vous voyagez par vos propres moyens, restez sur la route nationale, la vue y est superbe.

BUS

La gare routière de Sapa (Đ Dien Bien) se situe au nord de la ville ; les horaires des bus sont également disponibles à Sapa Tourism. Pour Hanoi (250 000 d, 10 heures), les bus partent à 7h30, 8h30, 16h et 17h ; et deux bus de nuit avec couchettes (300 000 d, 6 heures) empruntent la route à péage directe pour Hanoi à 21h et 22h. Vers Lai Chau, il existe 10 bus entre 6h30 et 17h15.

Il n'y a pas de liaison directe pour Diên Biên Phu, la baie d'Along ou Bac Ha. Vous devrez prendre un minibus pour Lao Cai puis changer de bus.

MINIBUS

Les minibus pour Lao Cai (30 000 d, 30 minutes) partent toutes les demi-heures de 6h à 18h, d'un arrêt à proximité de l'église de Sapa.

Des hôtels et agences de voyages proposent des minibus pour le marché du dimanche de Bac Ha (à partir de 20 $US aller-retour). Un minibus public, moins cher mais beaucoup plus lent, nécessite un changement à Lao Cai.

TRAIN

Aucun train direct ne dessert Sapa, mais des trains relient régulièrement Hanoi à Lao Cai. La plupart des hôtels et des agences de voyages peuvent réserver vos billets pour Hanoi.

VÉLO ET MOTO

Le trajet entre Hanoi et Sapa peut s'effectuer à moto, mais il est long (380 km). Il vous sera plus facile de mettre votre moto dans un train jusqu'à Lao Cai. La côte de 38 km entre Lao Cai et Sapa est un véritable enfer à vélo.

Comment circuler

La marche constitue le meilleur moyen de découvrir Sapa et ses environs. Vous pouvez louer un vélo, mais vous passerez la moitié du temps à pousser votre engin sur des côtes vertigineuses.

Pour des excursions, vous pouvez louer une moto moyennant quelque 5 $US par jour. Si vous n'avez jamais conduit de moto, ce n'est pas l'endroit où apprendre. Le temps reste imprévisible toute l'année et les routes escarpées sont régulièrement endommagées par la pluie et les inondations.

Sinon louez un *xe om*. Les chauffeurs vous attendent à l'angle de Pho May Cai et Duong (Đ) Phan Si. Quelques tarifs : aller simple/aller-retour pour Cat Cat 40 000/70 000 d ; Sin Chai 60 000/100 000 d ; Ta Van 80 000/120 000 d ; et Thac Bac (les chutes d'Argent) 70 000/120 000 d.

Lao Cai

☎020 / 78 836 HABITANTS

Lao Cai est collée à la frontière sino-vietnamienne. La ville ayant été rasée durant l'invasion chinoise de 1979, la plupart de ses bâtiments sont modernes. La frontière, fermée durant les combats, n'a rouvert qu'en 1993. Aujourd'hui, Lao Cai est une ville animée, où le commerce frontalier prend de l'essor.

Pour les visiteurs, Lao Cai est sur le chemin entre Hanoi et Sapa quand ils prennent le train, et une simple étape avant de continuer vers le nord et Kunming, en Chine. Sapa étant à 30 minutes de route, on ne s'attarde pas à Lao Cai, mais les voyageurs gagnant la Chine pourront y passer la nuit.

Où se loger et se restaurer

The Nest HÔTEL $

(☎0912 356 563 ; 340 Đ Nguyen Hue ; d/tr 200 000/300 000 d ; 📶). Un hôtel très simple face à la gare ferroviaire de Lao Cai. Les grandes chambres triples, hautes de plafond, sont bien meilleures que les doubles, exiguës et sombres.

Thien Hai Hotel HÔTEL D'AFFAIRES $$

(☎020-383 3666 ; www.thienhaihotel.com ; 306 P Khanh Yen ; d petit-déj inclus 600 000 d ; ❄📶). À deux pas de la gare ferroviaire, le Thien Hai est un bon choix : un hôtel d'affaires apprécié pour ses grandes chambres et son personnel efficace.

Viet Emotion CAFÉ $

(65 Pha Dinh Phung ; repas 65 000-180 000 d ; ⏲7h-22h ; ❄📶). Une succursale du fameux bistrot de Sapa, bien située à mi-chemin entre les gares routière et ferroviaire. Bons petits-déjeuners et pizzas correctes.

Pineapple CAFÉ $

(☎020-383 5939 ; Pha Dinh Phung ; repas 80 000-125 000 d ; ⏲7h-22h ; ❄📶). Un café qui se veut chic, dans le style ce ceux de Sapa. Au programme ici : des petits-déjeuners anglais complets, ainsi que des salades, pizzas, et baguettes. Pour y aller depuis la gare ferroviaire, traversez la route principale et suivez vers l'ouest la rue qui vous fait face sur une centaine de mètres.

Renseignements

Méfiez-vous des changeurs au marché noir, surtout du côté chinois. Si vous n'avez pas d'autre choix, ne changez que de petites sommes.

Deux DAB sont installés à la gare ferroviaire. La **banque BIDV** (Đ Thuy Hoa ; ⏲8h-15h lun-ven, 8h-11h30 sam), sur la rive ouest de la rivière, change les espèces.

Depuis/vers Lao Cai

Lao Cai se situe à environ 340 km de Hanoi. La plupart des voyageurs préfèrent le train à la route.

BUS

La nouvelle voie express à péage reliant Lao Cai à Hanoi peut faire gagner des heures aux trajets en bus, mais seuls les bus avec couchettes l'utilisent pour le moment. La gare routière, à l'extrémité de Đ Pha Dinh Phung, est à deux pâtés de maisons à l'ouest de la gare ferroviaire.

MINIBUS

Les minibus pour Sapa (30 000 d, 30 min) partent toutes les heures au minimum de 5h à 18h, depuis le parking face à la gare ferroviaire

ALLER EN CHINE : DE LAO CAI À KUNMING

Aller à la frontière Le **poste-frontière de Lao Cai-Hekou** se trouve à environ 3 km de la gare de Lao Cai. Le trajet peut se faire en *xe om* (moto-taxi, environ 25 000 d) ou en taxi (environ 50 000 d).

À la frontière La frontière est ouverte tous les jours de 7h à 22h (heure du Vietnam). Attention, la Chine avance d'une heure par rapport au Vietnam. Vous devez disposer d'un visa valide pour la Chine. Les formalités de passage de la frontière prennent environ une heure. La Chine est séparée du Vietnam par un pont routier et un pont ferroviaire sur le fleuve Rouge (Song Hong). Des voyageurs ont signalé s'être fait confisquer leur guide Lonely Planet *Chine* par les fonctionnaires chinois à cette frontière.

Se déplacer La nouvelle gare routière de Hekou est à quelque 6 km de la frontière. Des bus réguliers desservent Kunming, dont des bus de nuit, qui partent à 19h20 et à 19h30, et arrivent à Kunming vers 7h. Il y a également quatre trains par jour pour cette destination.

BUS AU DÉPART DE LAO CAI

DESTINATION	PRIX (D)	DURÉE	FRÉQUENCE
Diên Biên Phu	À partir de 235 000	8 heures	6h30, 17h30
Ha Giang	120 000	5 heures	5h30, 12h30
Ville d'Along (Bai Chay)	360 000	12 heures	19h15, 19h45
Hanoi	230 000	10 heures	7h30, 8h30, 9h
Hanoi (bus de nuit)	À partir de 300 000	5-6 heures	19h30, 20h30, 21h
Lai Chau	90 000	3 heures	11 départs entre 5h30 et 16h15

de Lao Cai. Les minibus pour Bac Ha (70 000 d, 2 heures 30) partent d'un terminal proche du pont de Song Hong (sur le fleuve Rouge) ; sept départs quotidiens à 6h30, 8h15, 9h, 11h30, 12h, 14h et 15h.

TAXI

En taxi, comptez 25 $US environ pour Sapa et 50 $US pour Bac Ha.

TRAIN

Le train reste, de loin, le moyen de transport le plus utilisé depuis/vers Hanoi.

Quatre trains quotidiens relient Hanoi à Lao Cai. Le moins cher est le LC4 (siège dur/mou 130 000/215 000 d, 10 heures), qui part à 9h50. Les trois autres sont tous avec couchettes (425 000 d, 8 heures) ; le SP8 part à 13h15 ; le SP2 à 20h20 ; le SP4 à 21h10.

Les hôtels et les agences de voyages de Hanoi ou de Sapa peuvent réserver vos billets, ou prenez les vous-même à la gare.

Plusieurs compagnies gèrent des wagons privés accrochés aux principaux trains, comme **ET Pumpkin** (☎0438-295 571 ; www.et-pumpkin.com ; couchette 42 $US), **Livitrans** (☎0437-350 069 ; www.livitrantrain.com ; couchette 34 $US) ou le luxueux **Victoria Express** (www.victoriahotels-asia.com), réservé aux clients du Victoria Sapa Resort, à Sapa.

Bac Ha

☎020 / 7 400 HABITANTS

Bac Ha l'endormie se réveille pour la frénésie de couleurs et de transactions de son marché dominical, lorsque ses ruelles s'emplissent de centaines de villageois venus des montagnes et des vallées alentour. Une fois les échanges, ventes et achats terminés, après le départ des bus de touristes venus pour la journée depuis Sapa, cette grosse bourgade à flanc de colline se rendort pour le reste de la semaine.

Malgré une campagne environnante aussi verdoyante et plaisante que celle de Sapa, Bac Ha est jusqu'à présent restée assez ignorée en tant que base de trekking. Ici, l'air matinal sent le feu de bois, la grand-rue est vide de colporteurs, et poulets et cochons fouillent à la recherche de restes les ruelles où un groupe de maisons traditionnelles en pisé résistent vaillamment à l'ère du béton.

À la sortie de la localité, des sentiers sinuent dans les vallées verdoyantes avec leurs rizières en terrasses pour relier les petits villages de 11 ethnies montagnardes. Les Hmong fleurs sont les plus visibles, mais il y aussi dans la région des Dzao, des Giay (Nhang), des Han (Hoa), des Xa Fang, des Lachi, des Nung, des Phula, des Tay, des Thaïs et des Thulao.

Si le manque d'équipements en ville ne vous pose pas de problème et que l'agitation de Sapa ne vous séduit pas, Bac Ha constitue une agréable base alternative pour partir explorer les hauts plateaux du Nord au cours de randonnées mémorables.

À voir et à faire

Marché de Bac Ha MARCHÉ
(en retrait de Đ Tran Bac ; lever du soleil-14h dim). Ce marché draine tous les dimanches les habitants des villages alentour, notamment des Hmong fleurs. Si l'on y trouve de plus en plus d'artisanat, c'est essentiellement un marché local où l'on vient pour s'imprégner de l'ambiance incroyablement dépaysante. Essayez d'arriver le samedi à Bac Ha afin de pouvoir parcourir le marché tôt le dimanche, avant la venue des nombreux visiteurs.

Les femmes hmong fleurs portent plusieurs épaisseurs de vêtements aux couleurs flamboyantes, dont un châle-collerette attaché autour du cou par une épingle, et une sorte de tablier ; tous deux sont faits de bandes de tissus multicolores au tissage serré, souvent ornées d'une bordure fantaisie. Un foulard à carreaux (habituellement rose ou vert vif), des guêtres et des coudières élaborées complètent ce costume traditionnel.

Bac Ha

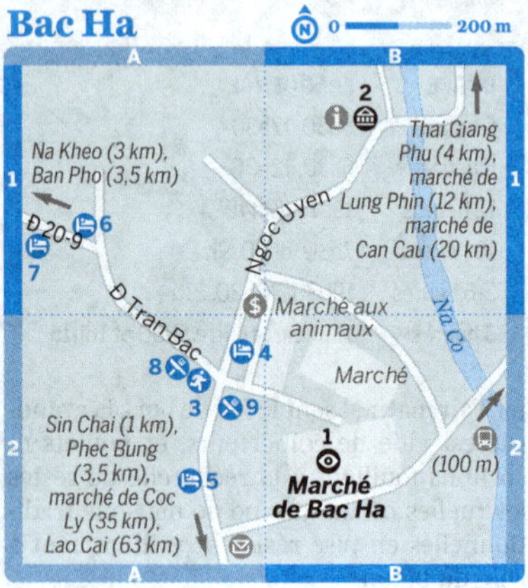

Bac Ha

Les incontournables
1 Marché de Bac Ha B2

À voir
2 Vua Meo B1

Activités
3 Green Sapa Tour A2
Ngan Nga Bac Ha .... (voir 5)

Où se loger
4 Congfu Hotel A2
5 Ngan Nga Bac Ha A2
6 Sao Mai Hotel A1
7 Toan Thang Hotel A1

Où se restaurer
8 Hoang Yen Restaurant A2
9 Restaurant 36 .... A2

Vua Meo ÉDIFICE REMARQUABLE
(maison du "roi Chat" ; 7h30-11h30 et 13h30-17h). GRATUIT L'extravagant Vua Meo, construit en 1921 par les Français comme résidence du chef des Hmong fleurs Hoang A Tuong, est un palais étrange de style "baroque oriental", à la lisière nord de Bac Ha. Il était en restauration lors de notre dernier passage en ville, mais devrait avoir rouvert quand vous lirez ces lignes.

Marché de Can Cau MARCHÉ
(6h-13h sam). Le marché du samedi dans le village de Can Cau, à 20 km au nord de Bac Ha et quelque 10 km de la frontière chinoise, attire un nombre croissant d'étrangers. Certains circuits organisés à Sapa prévoient désormais la visite de Can Cau le samedi, puis celle de Bac Ha le dimanche. Quelques marchands de Bac Ha font également le voyage jusqu'à Can Cau le samedi. Ce marché demeure cependant essentiellement un rendez-vous des ethnies locales, dont des Hmong fleurs et des Hmong bleus.

Le marché s'installe à flanc de colline, les stands de restauration se trouvant à un niveau, et les animaux (dont quantité de chiens) au fond de la vallée. Les habitants insisteront pour vous faire goûter le *ruou* local, un alcool de maïs. Certaines excursions au départ de Bac Ha comprennent une randonnée l'après-midi jusqu'au village voisin de Fu La.

Chutes de Hoang Thu Pho SITE NATUREL
GRATUIT Près du village de Huang Thu Pho, à quelque 12 km à l'ouest de Bac Ha, ces chutes d'eau comporte une piscine naturelle, assez grande pour se baigner.

Randonnées

De superbes randonnées vous permettront de découvrir des villages traditionnels de différentes ethnies qui vivent dans les environs de Bac Ha. Le village nung de **Sin Chai** et le village hmong de **Phec Bung** ne sont qu'à une courte marche de la bourgade.

Pour les treks plus longs, des nuitées chez les habitants de ces villages sont possibles. Il vaut mieux ici randonner avec un guide local.

De Thai Giang Pho à Na Lo RANDONNÉE
L'itinéraire en boucle au départ de Bac Ha à travers des collines et des rizières qui entourent Thai Giang Pho, un village des Hmong fleurs, puis continue jusqu'au village tay de Na Lo, offre certains des plus beaux panoramas ruraux du nord du Vietnam. Il fait environ 8 km.

De Ban Pho à Na Kheo RANDONNÉE
Le village hmong fleur de Ban Pho et le hameau nung de Na Kheo constituent une bonne randonnée d'une journée depuis Bac Ha. Les habitants de Ban Pho sont connus pour leur talent à fabriquer un alcool de maïs (très fort) et le paysage de collines qui ondulent entre les villages est magnifiquement verdoyant.

De Nam Det à Nam Khanh RANDONNÉE
Cette randonnée au gré des rizières, des forêts de canneliers et des collines jusqu'au village des Dzao noirs de Nam Det, puis à celui de Nam Khanh (Dzao), est un bon choix si vous voulez séjourner une nuit dans un village, chez l'habitant.

Circuits organisés

Des visites de marchés peuvent être organisées depuis Bac Ha, et auprès des agences de voyage de Sapa.

Green Sapa Tour RANDONNÉE
(☎0912 005 952 ; www.bachatourist.com ; Đ Tran Bac ; ⏲8h-18h). Si vous êtes de passage à Bac Ha, M. Nghe de Green Sapa Tour ne manquera pas de vous trouver. Ce guide indépendant dans la région ô combien charmante de Bac Ha propose des treks et des excursions d'une journée vers les plus beaux marchés des ethnies de la région, des parcours plus aventureux de 2-6 jours intégrant un séjour chez l'habitant au village, et des randonnées plus musclées en montagne.

Ngan Nga Bac Ha RANDONNÉE
(☎020-388 0286 ; www.bachatrip.com ; 115-117 P Ngoc Uyen ; ⏲8h-21h). Basé à l'hôtel Ngan Nga Bac Ha, l'enthousiaste et très organisé M. Dong propose tout un éventail de randonnées d'une journée ou plus, avec possibilité d'hébergement chez l'habitant dans un village de la région de Bac Ha, ainsi que des circuits à la journée à dos de buffle. Il peut aussi organiser des circuits à moto, vous en louer une (6 $US/jour) ou organiser votre visite des marchés les plus éloignés.

Où se loger

Les tarifs augmentent de 20% le week-end en raison du marché dominical.

Ngan Nga Bac Ha HÔTEL $
(☎020-380 0286 ; www.nganngabachahotel.com ; 117 P Ngoc Uyen ; ch petit-déj inclus 15-20 $US ; ❄📶). Un hôtel accueillant, situé au-dessus d'un restaurant populaire où l'on prépare de savoureuses fondues (*lau*). Pour les petits budgets, c'est la meilleure offre en ville : chambres suffisamment grandes et touches de décoration simples qui leur donnent un peu de cachet. Prenez-en une sur le devant, avec un balcon.

Toan Thang Hotel HÔTEL $
(☎0962 255 410 ; Đ 20-9 ; ch 150 000-300 000 d ; ❄📶). Cette maison en bois de guingois abrite des chambres spartiates (ventilateur). Celles du devant, plus chères et plutôt quelconques, donnent sur une terrasse agrémentée de plantes en pot. On n'y parle pas anglais mais la charmante propriétaire fait de son mieux pour vous aider.

Congfu Hotel HÔTEL $$
(☎020-388 0254 ; www.congfuhotel.com ; 152 P Ngoc Uyen ; s 20 $US, d 25-30 $US, tr 30 $US ; ❄@📶). Des chambres repeintes de frais et du linge blanc ; les sdb mériteraient une rénovation. Les chambres n[os]105, 108, 205 ou 208 disposent de baies vitrées qui dominent le marché de Bac Ha. Il y a un restaurant au rez-de chaussée (repas à partir de 60 000 d), et l'équipe peut organiser vos randonnées.

Sao Mai Hotel HÔTEL $$
(☎020-388 0288 ; www.saomaibach.com ; Đ 20-9 ; s 35 $US, d 40-60 $US ; ❄@📶). Un hôtel très vaste et agréable, une bonne surprise. Les

HORS DES SENTIERS BATTUS

MARCHÉS DE LA RÉGION DE BAC HA

Le marché de Bac Ha, le dimanche, est en tête de liste de tous les circuits organisés à la journée depuis Sapa, même s'il n'est pas conçu pour les touristes et garde toute sa couleur locale. Mais si vous voulez vous aventurer plus loin et en voir d'autres, essayez les marchés suivants :

Marché de Coc Ly (⏲8h30-13h30 mar). Un marché impressionnant qui attire des Dzao, des Hmong fleurs, des Tay et des Nung des montagnes environnantes. Il est à 35 km au sud-ouest de Bac Ha, par des routes en relativement bon état. Les tour-opérateurs de Bac Ha peuvent vous organiser une visite ici.

Marché de Lung Phin (⏲6h-13h dim). Situé entre le marché de Can Cau et Bac Ha, à 12 km de la ville, ce marché est moins animé que les autres, avec une atmosphère vraiment typique, et c'est un bon endroit où aller une fois que les bus de touristes venus de Sapa débarquent à Bac Ha.

Marché de Sin Cheng (⏲5h-14h mer). Dans la zone frontalière reculée de Si Ma Cai, à 40 km de Bac Ha, ce marché animé et désordonné attire chaque semaine des Nung et des Thulao qui habitent les villages alentour.

chambres, pour la plupart assez petites, sont bien entretenues et avec un joli mobiler de bois sombre. Celles de la catégorie VIP (60 $US) sont aussi élégantes que possible pour la région. On peut souvent négocier avec le personnel de la réception.

Où se restaurer et prendre un verre

Parmi les restaurants des hôtels, celui du Congfu donne sur le marché aux bestiaux à travers ses grandes baies vitrées, et celui du Ngan Nga Bac Ha est accueillant et réputé pour sa cuisine savoureuse. Tous deux sont très fréquentés le dimanche, jour du marché.

Des tarifs plus élevés sont souvent demandés aux touristes dans les cafés près du marché : vérifiez les prix des plats et des boissons avant de consommer.

Restaurant 36 VIETNAMIEN $
(P Ngoc Uyen ; repas 30 000-100 000 d ; 9h-21h30). Un joli restaurant qui propose une variété de *pho* et de grillades, ainsi que des *lau* (fondue vietnamienne, à partir de 300 000 d) pour deux. Les voyageurs apprécient le menu de 5 plats, d'un très bon rapport qualité/prix à 100 000 d.

Hoang Yen Restaurant VIETNAMIEN $
(Đ Tran Bac ; repas 60 000-120 000 d ; 7h-22h ;). Le Hoang Yen propose de bons petits-déjeuners et un menu à 200 000 d, ainsi que de la bière bon marché.

Microbars de bia Hoi BIA HOI
(Đ Tran Bac ; 10h-23h). Pour boire une bière avec les habitants, direction ce groupe de petits bars sans prétention dans Đ Tran Bac.

Renseignements

Agribank (P Ngoc Uyen ; 8h-15h lun-ven, 8h-11h sam, DAB 24h/24)

Depuis/vers Bac Ha

Les excursions organisées à Bac Ha au départ de Sapa coûtent environ 20 $US par personne. Sur le chemin du retour, vous pouvez vous éclipser à Lao Cai et attraper le train de nuit pour Hanoi.

BUS

La gare routière de Bac Ha est juste à l'extérieur du centre, de l'autre côté de la rivière Na Co. Vers Hanoi, il existe un bus à 4h30 (11 heures) et deux bus avec couchettes à 12h et 20h30 (300 000 d, 7 heures). Des bus partent toutes les heures de 6h à 16h pour Lao Cai (70 000 d, 2 heures 30). En venant de Lao Cai, les bus vous déposent habituellement dans le centre, à proximité des hôtels.

Pour aller vers l'est et Ha Giang, il y a deux possibilités. Il est recommandé de se renseigner auprès de M. Dong à l'hôtel Ngan Nga Bac Ha ou de M. Nghe à Green Sapa Tour, car les horaires pour Ha Giang changent régulièrement.

La première possibilité est de prendre un *xe om* de Bac Ha jusqu'à Xin Man, à 35 km au nord-est (400 000 d, 2 heures 30), puis le bus de 12h30 (150 000 d, 4 heures) entre Xin Man et Ha Giang. La seconde est le bus entre Bac Ha et Bac Ngam, au sud (70 000 d, 30 min, 6h30 et 12h), suivi d'un autre bus entre Bac Ngam et Ha Giang (230 000 d, 5 heures, 7h et 12h30). Le bus de Bac Ngam attend toujours l'arrivée du bus de Bac Ha pour repartir.

MOTO ET TAXI

La course en *xe om* ou en taxi jusqu'à Lao Cai revient à 25/70 $US et à 30/80 $US jusqu'à Sapa.

> **LES ALCOOLS DE BAC HA**
>
> L'une des principales industries de Bac Ha est la production de boissons distillées (à partir de riz, de manioc et de maïs). Le *ruou* est un alcool de maïs produit par les Hmong fleurs du village de Ban Pho, assez fort pour pouvoir s'enflammer. Le marché du dimanche de Bac Ha est l'un des meilleurs endroits pour en acheter : une section entière lui est réservée.

Province de Ha Giang

0219 / 79 000 HABITANTS

Province la plus septentrionale du Vietnam, Ha Giang se caractérise par un paysage lunaire de pitons calcaires et d'affleurements granitiques. La pointe nord de la province s'enorgueillit de certains des plus beaux paysages du pays, et le trajet par la route entre Yen Minh et Dong Van, puis via le col de Mai Pi Leng vers Meo Vac, est époustouflant. Cette destination devrait être la plus touristique de la région, mais, du fait de sa proximité avec la frontière chinoise, les visiteurs sont encore peu nombreux.

Des permis de circuler (10 $US) sont nécessaires pour emprunter la route vers le nord à partir de Tam Son pour aller vers Dong Van et Meo Vac. Vous pourrez les obtenir et payer directement dans les hôtels où vous séjournerez en chemin.

VAUT LE DÉTOUR

PAN HOU ECOLODGE

Le **Pan Hou Ecolodge** (☎0219-383 3535 ; www.panhou-village.com ; village de Pan Hou ; s/d petit-déj inclus 40/50 $US ; ᯤ) se niche dans une vallée isolée du massif du haut Song Chay. Il comprend des bungalows très simples (alimentés à l'énergie solaire), inspirés du style local, disséminés dans un jardin tropical luxuriant, et un restaurant dans un pavillon au toit de chaume (repas 12 $US). On vous y propose des soins traditionnels en spa et des bains aux herbes médicinales, ainsi que des randonnées à la journée ou des treks plus longs jusqu'aux villages d'ethnies de la région.

Il est préférable de disposer d'une voiture avec chauffeur, ou d'une moto, pour visiter la région. Si vous devez ne payer qu'une seule fois pour un transport privatif durant votre séjour, c'est le moment de le faire.

Les transports publics s'améliorent et il est relativement simple d'aller en bus de la ville de Ha Giang à Dong Van, mais à l'heure où nous écrivons, il n'y a toujours pas de transports publics entre Dong Van et Meo Vac. Cela dit, des bus circulent sur la route secondaire entre Meo Vac et Ha Giang : en prenant un *xe om* ou un taxi à Dong Van pour aller jusqu'à Meo Vac, il est donc tout à fait possible de faire une boucle qui vous ramène à Ha Giang. Aller vers l'est de Meo Vac à Cao Bang demeure un casse-tête car il n'y a pas de transports publics entre Meo Vac et Bao Lac.

Quelle que soit votre manière d'aborder la province de Ha Giang, vous ferez partie des rares touristes présents dans la région, et découvrirez des paysages qui figurent parmi les plus grandioses de la péninsule indochinoise.

Ha Giang

Ha Giang permet de faire étape sur la longue route vers le nord. Il règne une ambiance paisible dans cette capitale provinciale, traversée par la large rivière Lo (rivière Bleue). Tracée sur un axe nord-sud, l'artère principale, Pho Nguyen Trai, longe la rive ouest de la Lo sur 3 km environ. Vous y trouverez la gare routière, les hôtels, les banques et les restaurants.

Peu de choses vous retiendront dans la ville-même, mais les spectaculaires affleurements calcaires qui jaillissent vers le ciel derrière ses faubourgs donnent une idée du paysage incroyable qui vous attend dans l'arrière-pays.

Circuits organisés

Johnny Nam Tram CIRCUIT EN MOTO
(☎0978 159 269, 0917 797 269 ; info@rockyplateau.com ; groupe 15, Nguyen Ward). Johny Nam Tram connaît comme sa poche les petites routes du nord du Vietnam et sera de très bon conseil pour la location d'une moto ou l'organisation de circuits à moto dans la province de Ha Giang. Il organise également des circuits en voiture et des treks.

Où se loger et se restaurer

Plusieurs restaurants bon marché jalonnent Pho Nguyen Trai.

Cao Nguyen Hotel HÔTEL $
(☎0219-386 6966 ; khachsancaonguyen@gmail.com ; 297 P Nguyen Thai Hoc ; ch 400 000-500 000 d ; ❄ᯤ). Proche de la rivière Lo, un hôtel de quelque 40 chambres spacieuses et impeccables, dont les sdb ont de vraies cabines de douche (certaines avec effet pluie). Il y a de bons stands de *pho* à quelques minutes à pied.

Huy Hoan Hotel HÔTEL $
(☎0219-386 1288 ; P Nguyen Trai ; s/d/tr 250 000/350 000/500 000 d ; ❄ᯤ). Tenu par une famille sympathique, le Huy Hoan abrite de grandes chambres propres, bien tenues, avec des lits (très) fermes. Le balcon commun, à l'arrière de chaque étage, donne sur une falaise calcaire.

Truong Xuan Resort BUNGALOWS $$
(☎0219-386 2268 ; www.hagiangresort.com ; Km 5, P Nguyen Van Linh ; bungalows 25-30$US ; ❄ᯤ). Un petit bijou en bordure de la Lo, à 5 km du centre. Les bungalows sont répartis dans un jardin luxuriant ; demandez-en un en bord de rivière pour avoir une plus belle vue. On peut prendre ses repas (5-10 $US) au restaurant, et profiter d'un bain aux herbes aromatiques ou de massages prodigués par des Dzao rouges. Location de motos (10 $US/jour).

Depuis la gare routière, comptez 40 000 d en *xe om*.

Bien Nho Thanh Thu Restaurant VIETNAMIEN LOCAL $$
(☎0219-328 2558 ; 17 P Duong Huu Nghi ; repas à partir de 120 000 d ; ⏲11h-22h). Ici, on sert des

repas exotiques : crocodile, fruits de mer, oie et spécialités traditionnelles des différentes communautés ethniques de Ha Giang.

Renseignements

Dans la plupart des hébergements de Ha Giang, on pourra vous aider à obtenir le permis (10 $US) nécessaire pour emprunter la route vers le nord à partir de Tam Son. Vous pouvez aussi vous en acquitter dans les hôtels où vous séjournerez en chemin.

Il y a quelques cybercafés dans Pho Nguyen Trai.

Agribank (P Nguyen Trai ; 8h-15h lun-ven, 8h-11h30 sam, DAB 24h/24)

Depuis/vers Ha Giang

La **gare routière** (Đ 19-5) principale de Ha Giang est juste en retrait de Pho Nguyen Trai, dans le centre, à l'ouest de la rivière Lo. Les bus pour Hanoi (bus de jour/couchette 120 000/220 000 d, 7 heures, toutes les 30 min de 4h à 20h30) et Xin Man (pour une correspondance vers Bac Ha ; 80 000-110 000 d, 6h, 11h45 et 12h15) partent d'ici.

C'est depuis une seconde gare routière, à 2,5 km du centre-ville, que sont assurées les liaisons provinciales vers Dong Van (via Tam Son, Yen Minh et l'embranchement nord qui passe par le col) et vers Meo Vac (en quittant la grand-route à Yen Minh et en suivant la route secondaire du sud, directe vers Meo Vac). Les bus pour Dong Van (100 000 d, 4 heures 30) partent à 5h, 6h30, 10h, 10h30, 11h30 et 12h. Ceux pour Meo Vac (110 000 d, 6 heures) à 5h, 5h30, 6h, 10h30, 11h30, 12h et 13h.

Col de Quan Ba

Après Ha Giang, la route grimpe sur une quarantaine de kilomètres jusqu'au col de Quan Ba, dit la "porte du Paradis". Si les interprétations poétiques sont un passe-temps national, celle-ci est très juste : la route serpente autour du col et dévoile une vue grandiose sur des monts plissés de pics calcaires, comme une baie d'Along terrestre.

Au sommet du col, vous trouverez un **centre d'information** et un belvédère offrant une vue magnifique (encore) sur le bourg de Tam Son. Un panneau en anglais détaille l'initiative, prise en 2011, de faire figurer le plateau karstique de Dong Van, plus grand plateau rocheux du Vietnam, parmi les géoparcs nationaux du réseau mondial de l'Unesco, pour ses paysages uniques et son riche patrimone culturel. Il s'agit du premier géoparc reconnu par l'Unesco au Vietnam, et du deuxième en Asie du Sud-Est, après celui de Langkawi en Malaisie.

Tam Son

La bourgade de Tam Son est située dans une vallée après le col de Quan Ba. Un marché auquel participent différentes ethnies montagnardes, dont des Hmong blancs, des Dzao rouges, des Tay et des Giay, s'y tient le dimanche.

La pension **Nha Nghi Nui Doi** (0219-651 0789 ; Tam Son ; d/tr 250 000/300 000 d ;) est un bon hébergement, avec 7 chambres lumineuses très simples. Tam Son mérite qu'on s'y arrête prendre un verre, au moins, avant le dernier galop dans les paysages surréalistes aux confins de la Chine.

Tous les bus qui empruntent la grand-route (nord) vers Dong Van et la route secondaire (sud-est) vers Meo Vac passent par ici (100 000 d).

De Tam Son à Dong Van

Depuis Tam Son, la principale route de montagne de la province de Ha Giang se dirige vers Dong Van, en passant d'abord par la tranquille bourgade de **Yen Minh**. Le **Thao Nguyen Hotel** (0219-385 2297 ; khachsanthaonguyen2011@gmail.com ; Yen Minh ; ch 300 000-400 000 d), dans l'artère principale qui traverse la localité, en face du DAB de l'Agribank, dispose de chambres colorées et bien tenues, mais cela vaut le coup de pousser jusqu'à Dong Van et de passer la nuit là-bas. À Yen Minh, il y a un très bon restaurant, sans nom, assez populaire à l'heure du déjeuner ; en venant de Ha Giang, vous le trouverez en tournant à gauche à l'angle précédant le Thao Nguyen Hotel.

À quelque 5 km à l'est de Yen Minh, une route en lacets court vers le sud-est jusqu'à Meo Vac, mais la route recommandée est l'embranchement du nord qui passe par Dong Van, une route de montagne frôlant la frontière chinoise et offrant une vue panoramique sur de vertes vallées en contrebas.

Si vous êtes en transport public, vous pouvez héler un bus pour Dong Van (par la route nord) ou Meo Vac (route secondaire) à son passage.

La route nord permet de rejoindre l'impressionnant **palais Vuong** (20 000 d ; 8h-17h), une demeure traditionnelle fortifiée superbe, sur deux niveaux, qui aurait été construite par les Français pour un roi hmong local du nom de Vuong Chinh Duc. Niché dans une vallée près d'un village paisible, l'édifice a été rénové en 2006. Sa présence dans une région si isolée du pays est fascinante. Le palais Vuong se situe à Sa Phin, à 15 km à l'ouest de Dong Van. Les pics coniques qui s'étendent à perte de vue jusqu'à Dong Van forment un étonnant décor.

Dong Van

Sorte d'avant-poste pousséreux, Dong Van est l'endroit le plus populaire de la région de Ha Giang où faire étape pour la nuit. La route principale qui traverse la localité n'a rien de très intéressant, mais il reste un ensemble de maisons traditionnelles hmong dans le vieux quartier, et il est hautement recommandé de programmer votre visite pour assister à l'anarchique marché dominical. Dong van est aussi un bon point de départ de treks à la journée pour aller visiter les villages des différents groupes ethniques et des sites comme Lung Cu, dans les environs.

À voir

Marché de Dong Van MARCHÉ
(Đ Vao Cho ; 6h-14h dim). Une fois par semaine, les villageois des montagnes environnantes, dont des Hmong, des Tay, des Nung et des Hoa, se rendent à Dong Van pour le marché dominical. Ce marché régional est plein de bruit, de couleurs, et d'activité.

Vieux Quartier ARCHITECTURE
(en retrait de P Co). À l'extrémité nord de Pho Co, juste après l'ancienne place du marché, une ruelle étroite adossée à une paroi calcaire serpente jusque dans le vieux quartier de Dong Van. Ici, les maisons de pisé traditionnelles brunes, aux poutres sculptées et aux toits de tuiles tordus, datent de la période coloniale française.

Tour du drapeau de Lung Cu MONUMENT
(10 000 d ; 8h-17h). À quelque 25 km au nord de Dong Van, sur la frontière chinoise, l'imposante tour du drapeau de Lung Cu a été érigée en 2010 pour marquer le point le plus septentrional du Vietnam. On en atteint le sommet en gravissant près de 300 marches depuis le parking, récompensé par une vue magique sur les villages alentour. Avant de monter, vous devrez présenter votre passeport et votre permis de circuler à Ha Giang à deux reprises : à la police touristique et au contrôle militaire, près de la base de la tour.

Où se loger et se restaurer

Les stands de l'ancienne place du marché de Dong Van, dans le centre, ont été transformés en cafés de plein air, parfaits pour un rafraîchissement ou un café.

Lam Tung Hotel HÔTEL $
(Đ Vao Cho ; d/lits jum/tr 280 000/350 000/380 000 d ;). Juste en retrait de l'artère principale, ce petit hôtel tout en hauteur surplombe la place qui accueille le marché du dimanche. Chambres étonnamment modernes, personnel sympathique, et restaurant (au rez-de chaussée) proposant l'une des meilleurs cuisines de la localité (repas à partir de 50 000 d/pers) – pas de carte en anglais. Location de motos pour 200 000 d par jour.

Hoang Ngoc Hotel HÔTEL $
(0219-385 6020 ; www.hoangngochotel2.blogspot.com ; Đ 3-2 ; d/tr 300 000/370 000 d ;). Sur la route principale de Dong Van, cet hôtel est une valeur sûre, avec de vastes chambres très propres, certaines avec balcon. À la réception, une carte indique les chemins de randonnée de la région. Le personnel peut organiser des excursions au palais Vuong, à la tour du drapeau de Lung Cu et à Meo Vac, ainsi que louer des motos.

Quang Dung Restaurant VIETNAMIEN
(19 P Co ; repas 50 000-120 000 d ; 7-22h ;). Face à l'ancienne place du marché, dans le centre, le Quang Dung se distingue par son service efficace et sympathique et sa carte en anglais. Au programme : de bons petits-déjeuners et des classiques vietnamiens copieux. Le minuscule balcon sur le devant est idéal pour se détendre devant un café ou une bière, après une longue route.

Renseignements

Le seul DAB de Dong Van est situé dans l'artère principale (Đ 1-3), juste après l'ancienne place du marché, côté opposé.

Depuis/vers Dong Van

Les bus pour Ha Giang (100 000 d, 4 heures 30) partent à 5h, 7h, 10h et 12h. La petite gare routière de Dong Van, sur la route principale à l'ouest de la ville, est rarement ouverte en dehors des heures de départ des bus, mais tous les hôtels de Dong Van peuvent vous réserver un billet et demander à ce que le bus passe vous chercher.

Il n'y a pas de transports publics entre Dong Van et Meo Vac. Un *xe om* pour Meo Vac devrait coûter autour de 100 000 d, un taxi autour de

500 000 d. La plupart des hôtels de Dong Van peuvent vous les réserver, et aussi vous aider à vous rendre au palais Vuong et à Lung Cu.

Meo Vac

Meo Vac, une capitale de district perdue dans une vallée entourée de hautes montagnes calcaires, est, comme nombre de localités de la région, investie par des Vietnamiens venus d'autres parties du pays. C'est toutefois un fief des Hmong (Meo) noirs, qui peuplent cette région. Le trajet jusque-là depuis Dong Van, via le spectaculaire **col de Mai Pi Leng** et ses 22 km de lacets, a tout de spectaculaire et d'épique. La route a été taillée à flanc de falaise, et offre une vue sur les pics calcaires qui descendent jusqu'à la rivière Nho Que, au loin en contrebas. En haut du col, un belvédère permet de profiter du paysage, à couper le souffle.

Une fois à Meo Vac, ne vous étonnez pas si l'on vous propose de goûter la spécialité locale, le "vin aux abeilles". Nous ne savons toujours pas s'il est fait avec des abeilles et du miel ou s'il est "100% abeilles". En tout cas, c'est une boisson tonifiante lorsque la nuit est froide à Meo Vac.

Il y a un intéressant **marché dominical** à Meo Vac. Il se déroule le même jour que celui de Dong Van, non loin, ce qui permet assez facilement de combiner les deux en prenant un *xe om*.

Où se loger

Hoa Cuong Hotel HÔTEL $

(☎0219-387 2888 ; d/tr 400 000/500 000 d ; ❄📶). Idéalement situé en face du marché du dimanche, cet hôtel charmant dispose de chambres spacieuses et propres, dans les tons beige, équipées de grandes TV. Le club de karaoké à proximité est particulièrement animé les samedis et dimanches soir.

Auberge de Meo Vac PENSION $$

(☎0219-387 1686 ; aubergemeovac@gmail.com ; dort/d 15/60 $US). Dans un quartier semi-rural à 500 m du marché du dimanche de Meo Vac, cette "auberge" est installée dans une grande maison traditionnelle (une ancienne ferme fortifiée) ayant appartenu à la famille d'un chef hmong. Elle date du début des années 1930 et a été très joliment restaurée. Vous admirerez les épais murs en pisé, le bois omniprésent et la vaste cour intérieure. Toilettes et salles d'eau sont partagées. Petit-déjeuner (5 $US), déjeuner et dîner (12 $US) sont proposés.

Depuis/vers Meo Vac

Vers l'ouest, il existe 5 bus quotidiens, entre 5h et 12h, qui empruntent depuis Meo Vac la route secondaire jusqu'à Ha Giang. Les horaires des bus changent assez fréquemment, renseignez-vous à l'hôtel Hoa Cuong pour connaître les plus récents.

Il n'y a pas de transports publics en direction du sud-est, vers la plaque tournante de Cao Bang. On peut se rendre en *xe om* (800 000 d) ou en taxi (1 500 000 d) à Bao Lac, où l'on peut passer la nuit et d'où part un bus quotidien pour Cao Bang.

Vers le sud jusqu'à Bao Lac et Cao Bang

Les étrangers sont désormais autorisés à circuler de Meo Vac à Bao Lac, dans la province de Cao Bang. Il faut obtenir un permis à Ha Giang pour effectuer ce trajet, spectaculaire. Bien que la route soit désormais asphaltée, une moto tout-terrain, ou un 4x4, reste le meilleur moyen de transport.

Khau Vai, à une vingtaine de kilomètres au sud de Meo Vac, est une bourgade connue pour son **marché de l'Amour**, où les membres des ethnies de la région viennent chercher mari ou femme. Cette manifestation étonnante attire désormais des bus entiers de touristes vietnamiens et l'événement, annuel, tient aujourd'hui un peu du phénomène de foire. Il a lieu le 27e jour du 3e mois lunaire, entre fin avril et mi-mai.

Après Khau Vai, un nouveau pont traverse la Nho Que, et la route continue au sud jusqu'à Bao Lac. À Bao Lac, la pension **Song Gam** (☎0263-870 269 ; Bao Lac ; s/d à partir de 200 000/250 000 d ; ❄📶), en bord de rivière, a du succès auprès des groupes de motards. Un bus part tous les jours à 6h pour Cao Bang (110 000 d), d'où l'on peut rejoindre Hanoi et le parc national de Ba Be.

Centre du Vietnam

Dans ce chapitre ➜

Le top des restaurants

- Nu Eatery (p. 224)
- Morning Glory Restaurant (p. 225)
- Cargo Club (p. 225)
- Waterfront (p. 205)
- Fatfish (p. 205)

Le top des paysages spectaculaires

- Tam Coc (p. 162)
- Parc national de Phong Nha-Ke Bang (p. 168)
- Parc national de Bach Ma (p. 198)
- Col de Hai Van (p. 200)
- Îles Cham (p. 232)

Pourquoi y aller

Le centre du Vietnam se caractérise par un riche patrimoine historique et culturel, des plages sublimes et d'extraordinaires parcs nationaux. Hué est un monde en soi, avec sa citadelle impériale, ses sépultures royales et sa savoureuse cuisine de rue. Hoi An, quant à elle, doit sa grâce sans pareille à son cadre en bord de fleuve. Vous pourrez également visiter les sites de la zone démilitarisée (DMZ), et vous rendre à Danang, en passe de devenir l'une des villes les plus dynamiques du pays. Ne manquez pas non plus la région, de plus en plus prisée, de Phong Nha, qui compte trois immenses réseaux souterrains (comprenant la plus grande grotte du monde) et est intimement liée à l'histoire militaire du pays. Après toutes ces visites, vous aurez bien mérité un peu de farniente sur le sable doré de la plage d'An Bang. S'il vous reste des forces, suivez un cours de cuisine pour découvrir la gastronomie de la région, la plus raffinée du pays. Grâce à un réseau routier modernisé et aux aéroports de Hué et Danang, c'est un jeu d'enfant que d'accéder à cette région des plus variées et fascinantes.

Quand partir

Hué

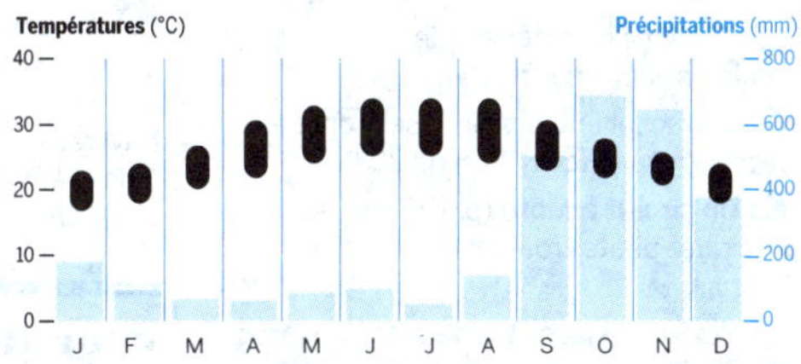

Fin avril Les bords du fleuve, à Danang, explosent de couleurs lors du Concours annuel de feux d'artifice.

Mai Les températures sont en hausse et les plages, à leur meilleur.

Sept C'est la fin des chaleurs moites de l'été, les touristes se font moins nombreux, et la mer est tiède.

À ne pas manquer

1. Le retour vers le passé dans le port historique de **Hoi An** (p. 211).
2. Les entrailles du **parc national de Phong Nha-Ke Bang** (p. 168), le site de spéléologie le plus réputé du monde.
3. La découverte de la Cité pourpre interdite et des tombeaux impériaux de **Hué** (p. 181).
4. Le farniente sur la plage d'**An Bang** (p. 230).
5. L'énergie caractéristique et les lumières nocturnes de **Danang** (p. 201).
6. L'atmosphère mystérieuse propre aux vestiges cham de **My Son** (p. 233).
7. Un **circuit à moto** (p. 221) sur les idylliques petites routes du centre du Vietnam.
8. L'exploration des **tunnels de Vinh Moc** (p. 175), dans la zone démilitarisée (DMZ).

Histoire

Cette région a vu passer souverains et faiseurs de rois, guerriers et occupants, et a vécu son lot de turpitudes et de guerres. Au IIe siècle naissait ici le royaume du Champa, qui prospéra pendant plus d'un millénaire. En subsistent, dans le paysage, de nombreuses tours cham, dont les plus fameuses se trouvent à My Son. Les Vietnamiens soumirent le Champa au XVe siècle. Au cours des siècles suivants, les négociants européens, japonais et chinois s'imposèrent à Hoi An.

En 1802, la dynastie Nguyên, qui régna sur le pays jusqu'en 1945, établit sa cour à Hué, qui devint le centre politique, intellectuel et spirituel du pays. Lorsque les Français eurent réduit les empereurs à un rôle de figuration, l'importance de Hué diminua, et, après l'indépendance, le pouvoir retourna à Hanoi.

En 1954, le pays fut divisé en deux. Cette scission nord-sud fut matérialisée par la zone démilitarisée (DMZ), où eurent lieu certains des affrontements les plus violents de la guerre du Vietnam. Des milliers de personnes perdirent la vie dans des combats sanglants, tandis que des villes entières, dont Vinh et la majeure partie de la cité impériale de Hué, furent détruites. De vastes étendues de campagne autour de Dong Hoi et Dong Ha sont encore jonchées d'engins explosifs. Hoi An fut l'un des rares endroits à être épargnés.

Aujourd'hui, le tourisme a rang de moteur économique de Hué et Hoi An, tandis que Danang est en plein essor. En revanche, le nord de la région demeure relativement sous-développé.

CENTRE-NORD DU VIETNAM

ℹ Depuis/vers le Centre-Nord

La grande ligne ferroviaire Nord-Sud, tout comme la RN 1 et la route nationale Hô Chi Minh, traverse toute la région. Les aéroports, situés à Vinh et à Dong Hoi, accueillent des vols pour Hô Chi Minh-Ville (HCMV) et Hanoi.

Province de Ninh Binh

Au sud de Hanoi, cette province, qui englobe le parc national de Cuc Phuong, affiche un décor naturel et des sites culturels. Elle est hélas surfréquentée par les touristes vietnamiens et ses lieux phares font l'objet d'une forte exploitation mercantile. Préparez-vous à être harcelé par les rabatteurs.

Centre-nord du Vietnam

Ninh Binh

030 / 158 000 HABITANTS

Ninh Binh constitue une bonne base pour explorer les reliefs karstiques emblématiques du Vietnam qui se dressent alentour. Si peu de voyageurs occidentaux viennent ici, ce sont surtout les vacanciers vietnamiens qui prennent d'assaut les sites voisins, parmi lesquels la plus grande pagode du pays, inscrite au Patrimoine mondial de l'Unesco, et les grottes de Trang An.

Si la région a l'attrait d'un cadre naturel magnifique, elle n'en est pas moins victime d'un développement effréné, et d'immenses cimenteries ont été construites juste à côté de sites naturels.

Circuits organisés

Les hôtels de Nin Binh peuvent organiser des excursions dans les environs.

Truong Nguyen CIRCUIT
(☎091 566 6211, 0165 348 8778 ; truong_tour@yahoo.com). Le guide indépendant Truong propose des circuits en moto sur les routes de campagne autour de Ninh Binh, ainsi que des treks dans la réserve naturelle de Pu Luong, zone forestière entre deux crêtes montagneuses, où l'on peut loger chez des familles thaïes et hmong.

Où se loger

Ninh Binh compte des hôtels et pensions d'un bon rapport qualité/prix. On trouvera aussi d'excellents hébergements en périphérie, ce qui permet de rallier les curiosités locales à vélo.

Ville de Ninh Binh

Xuan Hoa Hotel 1 HÔTEL $
(☎030-388 0970 ; www.xuanhoahotel.com ; 31d P Minh Khai ; ch 15-30 $US ; ❄@📶). Une adresse accueillante occupant deux bâtiments. Le Xuan Hoa Hotel 1 permet de déposer ses bagages et de se doucher gratuitement au moment du départ, dans un espace dédié à cet effet. Les balcons de son voisin, le **Xuan Hoa Hotel 2** (☎030-388 0970 ; 3d P Minh Khai ; ch 6-12 $US ; ⊖❄@📶), donnent sur un quartier tranquille. Avant de dîner dans l'établissement d'origine, vous pourrez siroter une bière au bord du petit lac.

Thanh Thuy's Guest House & New Hotel PENSION $
(☎030-387 1811 ; 53 Đ Le Hong Phong ; dort/ch 6/12-30 $US ; ❄@📶). La cour et le restaurant de cette pension sont parfaits pour rencontrer d'autres voyageurs. Chambres propres d'un bon rapport qualité/prix, parfois avec balcon. Des circuits sont également proposés. Les chambres les moins chères n'ont que des ventilateurs.

Thuy Anh Hotel HÔTEL $$
(☎030-387 1602 ; www.thuyanhhotel.com ; 55a Đ Truong Han Sieu ; ch 400 000-700 000 d ; ⊖❄@📶). Vous aurez le choix entre les chambres économiques, d'un bon rapport qualité/prix, de l'aile ancienne, et celles, confortables et impeccables, de la nouvelle aile. Bar au dernier étage et restaurant de cuisine occidentale (copieux petit-déjeuner inclus).

Ninh Binh

Ninh Binh

Où se loger
1 Thanh Thuy's Guest House & New Hotel ... A1
2 Thuy Anh Hotel ... A1
3 Xuan Hoa Hotel 1 ... A3
4 Xuan Hoa Hotel 2 ... A3

Où se restaurer
5 Marché de Cho Bop ... A2
6 Chookie's ... A1
7 Trung Tuyet ... B2

Où prendre un verre
8 Échoppes de *bia hoi* ... B1

Environs de Ninh Binh

♥ **Nguyen Shack** BUNGALOWS $$
(☎030-361 8678 ; www.nguyenshack.com ; près de la grotte de Mua, district de Hoa Lu ; bungalow 25-55 $US ; 📶). Installés au bord d'une rivière à environ 5 km de Tam Coc,

ces paisibles bungalows en chaume se révèlent un antidote parfait à la frénésie de Hanoi. Prélassez-vous dans un hamac, taquinez le poisson depuis votre terrasse rustique, ou explorez les environs à vélo. Restaurant et bar sur place.

Mua Cave Ecolodge LODGE $$
(030-361 8754 ; www.muacaveecolodge.com ; village de Khe Ha, district de Hoa Lu ; s/d 500 000/750 000 d ;). Entouré de rizières et de reliefs karstiques, cet établissement loue des chambres spacieuses et des bungalows rehaussés d'un zeste de charme historique. Petite originalité : le restaurant et le bar sont logés dans une grotte. L'endroit étant relativement isolé, vous devrez vous restaurer sur place. Circuits d'une demi-journée/journée dans les environs.

Limestone View Homestay PENSION $$
(091 845 3761 ; limestoneviewhomestay@gmail.com ; Đ Xuan Thanh, village de Xuan Ang, district de Hoa Lu ; s/d 40/57 $US ;). Installée dans un village à proximité de Tam Coc (5 km), Hoa Lu (5 km) et Trang An (2 km), cette pension a pour atouts quatre chambres individuelles et la compagnie d'une charmante famille. Lors de notre visite, la transformation du toit en restaurant-café était envisagée. Vélos à disposition.

Tam Coc Garden BOUTIQUE HÔTEL $$$
(096 603 2555 ; www.tamcocgarden.com ; village de Hai Nham, district de Hoa Lu ; d 116-152 $US ;). L'adresse la plus zen des abords de Ninh Binh. Situé dans un cadre intimiste au cœur d'un océan de rizières, ce charmant établissement compte huit bungalows de pierre et de bois au sein d'un jardin luxuriant. Après une journée de vélo ou de visite des curiosités locales, la petite piscine est la bienvenue.

Emeralda Resort Ninh Binh COMPLEXE HÔTELIER $$$
(030-365 8333 ; www.emeraldaresort.com ; réserve naturelle de Van Long ; ch 119-140 $US, ste 184 $US ;). Construit dans un style néotraditionnel, ce grand complexe hôtelier se compose de villas confortables et élégamment décorées, d'une magnifique piscine et d'un spa (onéreux). Notez cependant que l'endroit, bien que fort d'un beau cadre, se trouve à quelque 10 km au nord de la ville, à proximité de cimenteries.

Où se restaurer et prendre un verre

Prévoyez de dîner de bonne heure : on ne trouve pas grand-chose d'ouvert après 21h. Notez la bonne table – ouverte aux non-résidents – et la bière fraîche de l'hôtel Xuan Hoa 1.

La spécialité du lieu est la *de* (viande de chèvre), servie dans une galette de riz avec des herbes fraîches. À 3 km de la ville, des **restaurants de viande de chèvre** jalonnent la route à destination des grottes de Trang An.

Trung Tuyet VIETNAMIEN $
(14 Đ Hoang Hoa Tham ; repas 40 000-75 000 d ; 7h-21h45). Portions consistantes, animation et accueil chaleureux caractérisent ce petit établissement prisé des voyageurs. La famille aux commandes vous déposera même à la gare voisine, si vous prenez le train après le repas.

Chookie's CAFÉ $
(www.facebook.com/chookiesninhbinh ; 17 Đ Luong Van Tuy ; repas 30 000-70 000 d ; 11h30-22h ;). Cuisine vietnamienne et occidentale d'un bon rapport qualité/prix, bière bon marché et quantité d'infos sur les activités et curiosités autour de Ninh Binh. Propose aussi des visites du secteur en moto et en voiture.

Restaurants d'escargots VIETNAMIEN $
(repas 30 000-60 000 d). Dans les ruelles au nord de Đ Luong Van Tuy, près du stade, des restaurants servent des *oc luoc xa* (escargots à la citronnelle et au piment). Le même secteur compte aussi quelques bars décontractés.

Marché de Cho Bop MARCHÉ $
(Truong Han Sieu ; 6h-16h). Fruits frais et restauration de rue.

Bia Hoi BAR
Pour siroter une *bia hoi* (bière à la pression), testez les adresses en bord de rivière, près de la brasserie locale.

Renseignements

Hôpital (Benh Vien Da Khoa Tinh ; 030-387 1030 ; Đ Hai Thuong Lan Ong ; 24h/24). Hôpital principal de la ville.

Poste principale (Đ Tran Hung Dao ; 7h-18h lun-ven, 8h-13h sam)

Vietin Bank (DAB) (Đ Tran Hung Dao ; 7h-14h30 lun-ven, 7h30-12h sam). Dispose de deux succursales dans cette rue.

VAUT LE DÉTOUR

PHAT DIEM

Phat Diem, notable pour son immense cathédrale et son architecture mêlant influences chinoises, vietnamiennes et européennes, se prête à une fascinante excursion d'une demi-journée.

Au temps des colonies, l'évêque de Phat Diem régnait sur la région avec l'appui de sa propre armée, jusqu'à ce que les troupes françaises ne prennent le relais en 1951. La cathédrale (1891) occupe une place importante dans le roman de Graham Greene, *Un Américain bien tranquille*, et c'est depuis son clocher que l'auteur a observé les combats entre l'armée nord-vietnamienne et les troupes françaises.

Si les marchands ambulants sont parfois très présents dans l'entrée, le calme règne à l'intérieur. Le plafond voûté est supporté par de massives colonnes en bois de près de 1 m de diamètre et 10 m de hauteur. L'autel de granit est surmonté d'une nuée de chérubins aux traits vietnamiens et aux ailes dorées sur fond de voûte bleue, sur laquelle flottent des nuages de style chinois. Au-dessous, on remarque les martyrs mis à mort par l'empereur Tu Duc durant les purges anticatholiques des années 1850.

Face aux portes principales de la cathédrale s'élève un **clocher** indépendant, et trônent deux énormes dalles de pierre, sur lesquelles les mandarins prenaient place pour observer les rites catholiques. Entre le clocher et la cathédrale se trouve la tombe du fondateur, le père Six, ainsi que la "grotte de Lourdes", à côté de laquelle on découvre un buste plutôt sinistre représentant le prêtre vietnamien.

L'endroit attire quantité de touristes vietnamiens. Peu d'entre eux sont catholiques, mais tous sont très curieux du christianisme. La messe est célébrée quotidiennement à 5h et 17h, au son de l'imposante cloche.

Près de Phat Diem, on trouve un pont couvert de la fin du XIXe siècle. La **pagode Dong Huong**, la plus grande de la région, est fréquentée en grande majorité par des bouddhistes muong. Tournez à droite à la hauteur du canal, au nord de la ville, puis marchez au bord de l'eau sur 3 km.

À 5 km environ de la ville, en bordure de la route 10, la cathédrale de **Ton Dao**, sorte de contrepoint néogothique au sanctuaire de Phat Diem, émerge curieusement au milieu des rizières. Au fond du cimetière, une statue de la Vierge Marie tient compagnie à des figures en porcelaine de Quan Am.

Phat Diem, également appelée Kim Son, se situe à 26 km au sud-est de Ninh Binh. Des bus s'y rendent depuis Ninh Binh (25 000 d, 1 heure), tandis que les conducteurs de *xe om* demandent environ 200 000 d pour un aller-retour.

Depuis/vers Ninh Binh

BUS

La **gare routière** de Ninh Binh (Đ Le Dai Hanh) se situe près du pont Lim. Jusqu'à 19h, des bus publics partent toutes les 15 minutes pour rejoindre les gares routières de Giap Bat et de Luong Yen à Hanoi (à partir de 65 000 d, 2 heures 30). Des bus réguliers desservent Haiphong (85 000 d, 3 heures, toutes les 90 min) et 2 liaisons quotidiennes sont assurées à destination d'Along (120 000 d, 3 heures 30).

Les bus "open tour" qui circulent entre Hanoi (6 $US, 2 heures) et Hué (14 $US, 10 heures) s'y arrêtent aussi ; on pourra vous prendre ou vous déposer à votre hôtel.

TRAIN

La **gare ferroviaire** (Ga Ninh Binh ; 1 Đ Hoang Hoa Tham) se trouve sur la principale ligne nord-sud qui dessert notamment Hanoi (à partir de 85 000 d, 2 heures-2 heures 30, 4/jour), Vinh (à partir de 108 000 d, 6 heures, 4/jour) et Hué (à partir de 301 000 d, 12 heures 30-13 heures 30, 4/jour).

Comment circuler

Le plupart des hôtels louent des vélos (environ 2 $US/jour) et des motos (5-8 $US/jour). Les conducteurs de moto demandent environ 10 $US/jour.

Tam Coc

Reconnaissable à ses affleurements calcaires et à ses paisibles rizières, Tam Coc se découvre idéalement à la faveur d'une langoureuse promenade en bateau, avec le clapotis de la rivière sous les rames pour fond sonore.

Hélas, vous devrez y affronter une armée de vendeurs ambulants passablement insistants. Ceux qui vous photographient essaieront de vous vendre le cliché au retour, tandis qu'on vous proposera des boissons et des en-cas hors de prix à l'endroit où les bateaux font demi-tour.

Prévoyez vos propres rafraîchissements, et conjuguez un "non" aussi poli que ferme à une indifférence marquée pour vous défaire des colporteurs.

À voir et à faire

Circuits en bateau de Tam Coc PROMENADE EN BATEAU
(adulte/enfant 120 000/60 000 d, bateau 150 000 d, 2 pers par bateau maximum ; 7h-15h30). Si le site de Tam Coc ("trois grottes") dévoile une beauté irréelle au fil de la rivière Ngo Dong, il attire aussi quantité de touristes vietnamiens. Pour plus de calme, envisagez une visite en début de matinée ou en fin d'après-midi. Les rameurs se servent de leurs pieds pour propulser leur embarcation au long d'un circuit (2 heures environ) qui inclut les trois grottes de Tam Coc. Hélas, le site est désormais entouré d'immenses cimenteries, invisibles depuis la rivière, mais préoccupantes pour ce qui tient de la qualité de l'air et de la pollution.

Pagode de Bich Dong TEMPLE BOUDDHIQUE
(Grotte de Jade). GRATUIT Ces charmants temples troglodytiques se trouvent à 2 km environ au nord de Tam Coc. De la pagode inférieure, au pied du rocher, il faut gravir une centaine de marches pour atteindre la pagode intermédiaire, puis poursuivre l'ascension – moins longue, mais tout aussi raide – jusqu'à la pagode supérieure. Dans les temples, les volutes de fumée d'encens enveloppent d'impressionnantes statues. À l'extérieur, on découvre une superbe vue.

Van Lan VILLAGE
Près de l'entrée de Tam Coc, ce village est connu pour ses broderies. Des artisans y confectionnent des serviettes, des nappes, des housses de coussin ou des T-shirts. Négociez ferme.

Depuis/vers Tam Coc

Tam Coc se trouve à 9 km au sud-ouest de Ninh Binh. Les hôtels de Ninh Binh organisent des circuits (que vous pourrez faire vous-même à moto ou à vélo) et peuvent aussi vous indiquer de superbes routes secondaires.

À Hanoi, des tour-opérateurs proposent des excursions d'une journée pour environ 25 $US minimum.

Grotte de Mua

Grotte de Mua GROTTE
(Grotte de la Danse ; 30 000 d ; 7h-16h). En bas d'une route tranquille traversant des rizières, cette grotte n'a rien de spectaculaire en soi, mais on a une vue panoramique depuis son point le plus haut. L'escalier en pierre à côté de l'entrée grimpe à flanc de rocher – 500 marches environ – jusqu'à un simple autel dédié à Quan Am, la déesse de la Miséricorde. En regardant vers l'ouest, vous verrez la rivière Ngo Dong qui serpente à travers le site de Tam Coc.

La montée est pavée mais raide par endroits ; prévoyez de l'eau et comptez une heure de marche. Située à 5 km de Ninh Binh, la grotte de Mua voit passer de nombreux touristes en route pour Tam Coc.

Hoa Lu

Hoa Lu était la capitale du Vietnam sous la dynastie des Dinh (968-980), puis sous celle des Lê antérieurs (980-1009). Les Dinh ont choisi ce site pour mettre de la distance entre eux et la Chine.

Si l'ancienne citadelle est en majeure partie en ruine, deux **temples** (10 000 d ; 24h/24) ont traversé les siècles. Le premier, **Dinh Tien Hoang**, est consacré à la dynastie des Dinh. Le socle en pierre d'un trône royal se dresse devant l'entrée ; à l'intérieur, vous verrez des cloches de bronze et une statue de l'empereur Dinh Tiên Hoang avec ses trois fils.

Le second temple est dédié au souverain Le Dai Hanh. La salle principale contient des tambours, des gongs, des armes et une statue du roi avec son épouse et son fils. Un modeste **musée** présente une partie des fouilles du mur de la citadelle du Xe siècle.

C'est depuis la **tombe de l'empereur Dinh Tien Hoang** que l'on a la meilleure vue d'ensemble des ruines. Le sentier qui gravit la colline, en face de la billetterie, y conduit en une vingtaine de minutes.

Hoa Lu se situe à 12 km au nord-ouest de Ninh Binh. À 6 km au nord, tournez à gauche sur la RN 1. Aucun transport public ne dessert le site, mais des circuits partent de Ninh Binh.

Chua Bai Dinh

Achevé en 2014, l'ensemble bouddhique de **Chua Bai Dinh** (7h-17h45) GRATUIT est très apprécié des touristes vietnamiens. Les groupes de visiteurs arrivent au parking principal, où les attend un train électrique (30 000 d/pers) qui les conduit à l'entrée principale. Si vous arrivez à vélo, vous serez pareillement redirigés vers le parking pour prendre le train.

L'entrée mène à des passages couverts que bordent 500 *arhat* (fidèles ayant atteint le plus haut degré de la perfection bouddhiste) en pierre tout le long de la route montant jusqu'à la **pagode Phap Chu**, laquelle est coiffée d'un triple toit. Celle-ci renferme un bouddha en bronze haut de 10 m et pesant 100 tonnes, flanqué de deux bodhisattvas dorés.

Derrière, des marches montent vers un point de vue, une **pagode de 13 étages** et un **bouddha géant**. La partie centrale du complexe abrite d'autres temples, dont l'un arbore une cloche de 36 tonnes (la plus grosse du pays). La plupart des édifices ont été construits à partir de matériaux naturels, tandis que les impressionnants ornements en bronze, en laque et en pierre ont été réalisés par des artisans du coin.

Situé à 11 km au nord-ouest de Ninh Binh, le site attire quantité de visiteurs vietnamiens – un point à considérer si c'est l'expérience spirituelle qui vous intéresse.

Kenh Ga

Kenh Ga ("canal des poulets") tire son nom des poulets sauvages qui hantaient autrefois ces lieux. Aujourd'hui, le site séduit surtout par son mode de vie riverain et ses stupéfiantes formations calcaires.

Les habitants passent une grande partie de leur temps sur l'eau, surveillant leurs enclos piscicoles ou vendant leurs légumes d'un bateau à l'autre. Même les enfants se rendent à l'école par ce moyen de transport. Le village, essentiellement flottant à l'origine, compte désormais un certain nombre de maisons construites sur la terre ferme.

Depuis la jetée, louez un bateau à moteur (2 pers, 200 000 d) pour un circuit de 1 heure 30 autour du village. Kenh Ga se visite idéalement pendant la saison humide, de juin à septembre. Le reste de l'année, les bateaux sont nettement moins fréquents car le niveau des eaux est plus bas et les touristes moins nombreux.

Kenh Ga se trouve à 21 km de Ninh Binh, sur la route du parc national de Cuc Phuong. Suivez la RN 1 vers le nord sur 11 km, et parcourez encore 10 km vers l'ouest jusqu'à la jetée.

Réserve naturelle de Van Long

Dans un paysage de pics calcaires, cette paisible **réserve** (15 000 d, bateau 90 000 d ; 7h-17h) est propice à l'**observation des oiseaux**, notamment la rare petite spatule, l'anserelle de Coromandel et la marouette grise. Van Long est également l'un des derniers refuges d'un primate menacé : le semnopithèque de Delacour.

Les promenades en barque (1 heure 30, 2 personnes par embarcation) se révèlent une alternative tranquille aux excursions de Tam Coc, parfois gâchées par les marchands ambulants. Les hôtels de Ninh Binh peuvent vous organiser un circuit.

Van Long est à 2 km à l'est de Tran Me, bourgade elle-même située à 23 km de Ninh Binh sur la route de Cuc Phuong.

Grottes de Trang An

Trang An (7h30-16h) offre une expérience comparable à celle de Tam Coc, dans une version très commerciale. Avec sa foule de bateaux, ses vastes parkings et ses innombrables touristes vietnamiens du week-end (gare aux embouteillages), l'endroit est parfois pris d'assaut. En revanche, l'accès des marchands ambulants au site est plus sévèrement contrôlé et les visiteurs sont relativement peu importunés. Le site a rejoint la liste du patrimoine mondial en 2014, ce qui devrait garantir la protection de ses paysages et de ses eaux, malgré la fréquentation.

Des barques voguent paisiblement sur la Sao Khe d'une grotte calcaire à l'autre. Bon nombre de ces dernières ont été élargies pour accueillir les bateaux, ce qui s'est soldé par la suppression de stalactites, jugées encombrantes.

D'une durée de deux heures, les excursions en bateau (150 000 d par pers, ou 600 000 d en solo) empruntent deux itinéraires distincts au fil des grottes et des temples. Prévoyez un couvre-chef et de la crème solaire car il n'y a pas d'ombre.

Trang An se trouve à 7 km au nord-ouest de Ninh Binh, sur la route menant à Chua Bai Dinh.

Parc national de Cuc Phuong

030 / ALTITUDE 150-656 M

Avec 307 espèces d'oiseaux, 133 types de mammifères, 122 de reptiles et plus de 2 000 plantes différentes, ce parc est l'une des plus importantes zones protégées du pays.

SAUVER LES SINGES ET LES TORTUES

Les centres de préservation de Cuc Phuong invitent à découvrir leurs fascinants protégés. Faites-vous accompagner (gratuitement) par un guide du centre des visiteurs jusqu'à ces deux sites, situés à 2 km environ de l'entrée.

L'impressionnant **Centre pour la protection des primates menacés** (☎030-384 8002 ; 30 000 d ; 9h-11h et 13h30-16h) est sous la supervision de la Société zoologique de Francfort. Ses vastes enclos abritent quelque 150 singes, appartenant à 12 espèces de langurs (entelles), 3 de gibbons et 2 de loris. Tous les animaux du centre y ont vu le jour ou ont été sauvés du commerce illégal, qui les conduit essentiellement en Asie, où on leur prête des vertus médicinales.

Plus de 100 animaux issus de 9 espèces différentes ont jusqu'à présent été élevés sur place, dont le premier langur de Cat Ba et le premier primate "à jambes grises" *(Pygathrix cinerea)* né en captivité. Il est cependant incroyablement difficile de réadapter ces primates à leur habitat naturel ; une trentaine de gibbons et de langurs ont été lâchés dans un espace semi-sauvage attenant au centre, ainsi que sur un autre site, depuis sa création en 1993. Le **Centre pour la protection des tortues** (☎030-384 8090 ; www.asianturtleprogram.org ; 9h-11h et 14h-16h45) accueille plus de 1 000 tortues terrestres, semi-aquatiques et aquatiques, qui représentent 20 des 25 espèces existant dans le pays. Beaucoup ont été saisies à des contrebandiers encouragés par la demande en provenance des marchés vietnamien et chinois – la chair de tortue est censée allonger l'espérance de vie.

Le centre présente d'excellentes informations, et l'on peut voir notamment des pièces réservées à l'incubation et à l'éclosion des œufs. Il a élevé et relâché avec succès des individus de 11 espèces différentes, dont 6 locales. Chaque année, une soixantaine de tortues retrouvent la liberté.

Cuc Phuong est à cheval sur deux massifs calcaires et trois provinces. Son point culminant, le Dinh May Bac (pic du Nuage argenté), s'élève à 656 m. En 1962, Hô Chi Minh en fit le premier parc national du pays, déclarant à cette occasion : "La forêt est d'or."

Hélas, le braconnage et la destruction de l'habitat y sont toujours des problèmes majeurs. L'amélioration des routes a accru l'exploitation forestière illégale, et de nombreuses espèces endémiques, comme l'ours noir d'Asie, le crocodile du Siam, le chien sauvage et le tigre, ont aujourd'hui disparu de la région. D'autres animaux sont particulièrement fuyants, n'espérez pas trop en voir.

Des Muong vivent aussi dans Cuc Phuong. Installés auparavant dans la vallée centrale, ils ont été déplacés à la fin des années 1980 vers la partie ouest du parc.

La meilleure époque pour la visite s'étend de novembre à février, pendant la saison sèche. En avril-mai, vous y verrez d'innombrables papillons. D'avril à juin, la température, l'humidité ainsi que la boue augmentent progressivement, tandis que, de juillet à octobre, les pluies apportent avec elles une multitude de sangsues. Les lieux connaissent souvent un afflux de familles vietnamiennes les week-ends.

Le centre d'information est tenu par un personnel anglophone qui organise des circuits et peut fournir des guides.

À voir et à faire

Le **parc national de Cuc Phuong** (☎030-384 8006 ; www.cucphuongtourism.com ; adulte/enfant 40 000/20 000 d) se prête à d'excellentes randonnées. Parmi les plus courtes, citons le sentier qui mène, via un escalier abrupt de 220 marches, à la **grotte de l'Homme préhistorique**. Des outils vieux d'au moins 7 500 ans y ont été mis au jour, ce qui en fait l'un des plus anciens sites habités du Vietnam.

Parmi les randonnées plus longues, une marche de 6 km aller-retour mène à un **vieil arbre** millénaire *(Tetrameles nudiflora)*, et une autre, de 4 heures, vous conduira au **pic du Nuage argenté**. Une marche éprouvante de 15 km (5 heures) conduit à **Kanh**, un village muong, où il est possible de passer la nuit chez l'habitant, avant de descendre la rivière Buoi en radeau (80 000 d).

Le personnel du parc vous fournira des cartes rudimentaires. Si vous envisagez une marche un peu longue, recourez aux services d'un guide. Deux heures de **randonnée de nuit** accompagnée pour observer des animaux nocturnes, ou la marche jusqu'au pic du Nuage argenté coûtent 25 $US (jusqu'à 5 personnes). Le trek "Deep Jungle" (60 $US) s'aventure dans des zones reculées où l'on peut surprendre des écureuils volants.

Où se loger et se restaurer

Le parc compte plusieurs hébergements, ainsi qu'un complexe hôtelier de luxe à proximité. Il est conseillé de réserver les week-ends et jours fériés. On peut également camper (4 $US/pers) à proximité du centre des visiteurs ou du lac Mac.

Vous trouverez des restaurants sommaires et des échoppes à en-cas au centre d'information du parc et au lac Mac.

Centre d'information PENSION $
(s 16-35 $US, d 27-50 $US, maison sur pilotis 14 $US, bungalow 23 $US). Propose des hébergements près de l'entrée du parc, notamment des chambres "deluxe" récemment réaménagées, une maison sur pilotis et un bungalow indépendant. Les autres chambres sont assez sombres mais restent correctes.

Mac Lake BUNGALOWS $
(bungalows 16-27 $US). À 2 km à l'intérieur du parc, de ravissants bungalows donnent sur le lac Mac – toutefois l'emplacement est quelque peu isolé et le restaurant est souvent mal approvisionné.

Bong Sub-Station PENSION $
(maison sur pilotis par pers 8 $US, bungalows 23-27 $ US). Au cœur de la réserve, à 18 km de l'entrée, cette pension se prête aux promenades matinales et à l'observation des oiseaux. Chambres sommaires, avec eau froide, dans une maison sur pilotis, et bungalows plus intimes.

Kanh Village Homestays CHAMBRES D'HÔTES $
(10 $ US/pers). Possibilité de loger en toute simplicité avec des familles muong – à voir avec le personnel du parc.

Cuc Phuong Resort COMPLEXE HÔTELIER $$$
(☎030-384 8886 ; www.cucphuongresort.com ; village de Dong Tam ; bungalow/villa à partir de 92/153 $US ; ❄@📶🏊). Ce complexe hôtelier alimente ses baignoires en bois et ses piscines extérieure et intérieure à partir d'une source d'eau minérale naturelle voisine. Il comprend également des courts de tennis et un superbe spa ; le petit-déjeuner est inclus. À 2 km de l'entrée du parc. Tarifs plus intéressants du dimanche au jeudi.

Depuis/vers le parc de Cuc Phuong

Le parc national de Cuc Phuong se situe à 45 km de Ninh Binh. Sur la RN 1, l'embranchement qui y mène, au nord de Ninh Binh, conduit au village flottant de Kenh Ga et à la réserve naturelle de Van Long.

Des bus (2 heures, 80 000 d) desservent régulièrement la ville de Nho Quan, près du Cuc Phuong, avec des départs de la gare routière de Giap Bat entre 8h et 16h, et des retours vers Hanoi entre 7h et 15h. Pour rallier le parc depuis Nho Quan, prenez un *xe om* (100 000 d) ou un taxi (200 000 d). À noter aussi le bus direct pour le Cuc Phuong, avec un départ à 15h de Giap Bat et un retour vers Hanoi à 9h.

Pour gagner le parc depuis Ninh Binh, prenez un *xe om* ou un taxi.

Les tour-opérateurs de Hanoi proposent également des visites de Cuc Phuong, qu'ils conjugent généralement à d'autres sites autour de Ninh Binh.

Vinh

Presque entièrement rasée durant la guerre du Vietnam, Vinh fut rebâtie avec l'aide de l'ex-RDA – d'où le style brutaliste des édifices bétonnés du centre-ville. Hormis à vouer un culte à la mémoire de Hô Chi Minh, né dans un village voisin, ou être en route pour le Laos, il y a peu de raisons de s'arrêter ici.

Important carrefour de transports, Vinh dessert régulièrement Hô Chi Minh-Ville, Hanoi, Danang et Diên Biên Phu par le bus, ainsi que les gares au nord de Hanoi et au sud de HCMV par le train. Les bus "open tour" passent par ici sur le trajet Hanoi-Hué. Toutefois, s'il est facile de demander au conducteur de vous déposer à Vinh, il est plus compliqué de monter ici.

Très pratique pour les voyageurs en partance pour le Laos, le **Thanh An Hotel** (☎030-384 3478 ; 156 Nguyen Thai Hoc ; ch 230 000-350 000 d ; ❄@📶), situé à 300 m au sud de la gare routière principale, propose des chambres confortables, avec beau mobilier en bois et literie de qualité.

Environs de Vinh

Plage de Cua Lo

Si Cua Lo allie sable blanc, eau cristalline, pinède et restaurants de poisson, tous les voyageurs n'en apprécient pas, en revanche, les karaokés et les salons de massage.

Le front de mer est bordé d'hôtels d'État derrière lesquels sont installées de ternes

SE RENDRE AU LAOS : VINH-PHONSAVAN ET VINH-LAK SAO

Une solution alternative consiste à effectuer le trajet entre Thanh Hoa (Vietnam) et Sam Neua (Laos). Hélas, il semblerait que les chauffeurs de taxi et les compagnies de bus pratiquent des tarifs exorbitants à l'endroit des voyageurs non vietnamiens sur cet itinéraire.

De Vinh à Phonsavan

Rejoindre la frontière Souvent noyé dans la brume, le poste-frontière de Nam Can/Nong Haet se trouve à 250 km au nord-ouest de Vinh. Des bus partent à 6h les lundis, mercredis, vendredis et samedis pour Luang Prabang (700 000 d, 22 heures), via Phonsavan (410 000 d, 12 heures). Vous pouvez aussi rallier Vinh à Muong Xen en bus puis gravir la montagne jusqu'à la frontière à moto (environ 170 000 d), mais il est préférable de choisir l'option directe afin d'éviter les désagréments et les prix excessifs.

À la frontière Le poste-frontière est ouvert de 7h à 17h. On n'y délivre pas de visas vietnamiens, mais des visas laotiens sont disponibles pour la plupart des nationalités (30-40 $US).

Revenir au Vietnam Vous éviterez de nombreux désagréments en optant pour un trajet en bus direct. Dans le cas contraire, vous devrez d'abord négocier la course à moto de la frontière à Muong Xen, la ville la plus proche. La route, magnifique, dévale la montagne, mais ce trajet de 25 km seulement ne devrait pas vous coûter beaucoup plus que 100 000 d (certains chauffeurs demandent jusqu'à 300 000 d). De Muong Xen, des bus partent à intervalles irréguliers pour Vinh (125 000 d, 6 heures). Sachez que certains bus au départ de Phonsavan censés aller jusqu'à Hanoi ou Danang débarquent leurs passagers à Vinh.

Côté laotien, les transports jusqu'à Nong Haet sont très irréguliers, mais, une fois arrivé dans cette localité, vous pourrez prendre un bus pour Phonsavan.

De Vinh à Lak Sao

Rejoindre la frontière Le poste-frontière de Cau Treo/Nam Phao a mauvaise réputation auprès des voyageurs qui rapportent des prix majorés et des tracasseries dans les bus locaux avec correspondances (par exemple, des chauffeurs qui obligent les étrangers à payer un supplément en menaçant de les débarquer au milieu de nulle part). Optez donc pour un trajet direct. La plupart des moyens de transport à destination de Phonsavan (Laos) passent par le poste-frontière de Nong Haet/Nam Can, plus au nord. Des bus pour Vientiane, au Laos (280 000 d) quittent Vinh à 6h les lundis, mercredis, vendredis et samedis. Des bus locaux réguliers circulent aussi entre Vinh et Tay Son (70 000 d, 2 heures), puis des bus irréguliers se rendent de Tay Son au poste-frontière de Cau Treo. Sinon, comptez environ 170 000 d pour un trajet en *xe om* (moto-taxi).

À la frontière La frontière est ouverte de 7h à 18h. Des visas laotiens y sont délivrés.

Revenir au Vietnam Prenez un bus direct pour éviter de vous faire arnaquer. Les chauffeurs de bus côté vietnamien demandent jusqu'à 40 $US pour le trajet jusqu'à Vinh. Comptez 50 $US pour un taxi avec compteur et 320 000 d pour une moto. Certains bus en provenance de Lak Sao vont prétendument jusqu'à Danang ou Hanoi, mais Vinh est en réalité leur terminus. Côté laotien, le trajet en jumbo ou *songthaew* (camionnette) de la frontière à Lak Sao tourne autour de 50 000 kips (négociez ferme).

pensions (ch 300 000-400 000 d). Les prix triplent parfois en été.

Cua Lo, à 16 km au nord-est de Vinh, est accessible à moto (180 000 d, temps d'attente inclus) ou en taxi (environ 140 000 d l'aller).

Kim Lien

La maison natale de Hô Chi Minh (1890), à Hoang Tru, et le village de Kim Lien, où il a passé une partie de sa jeunesse, sont situés à environ 14 km au nord-ouest de Vinh. Ce qui, pour les fidèles du Parti, a rang de **lieux de pèlerinage** (7h-11h30 et 14h-17h lun-ven, 7h30-12h et 13h30-17h sam-dim) GRATUIT tiendra, aux yeux des profanes, de maisons en bambou reconstruites, au maigre mobilier. Non loin de la maison familiale de Kim Lien, à quelque 2 km de Hoang Tru, on trouve un musée aux allures de sanctuaire et une boutique vendant des souvenirs à l'effigie de l'oncle Hô.

Aucune information en anglais n'est disponible sur les deux sites. Pour vous y rendre depuis Vinh, prenez un *xe om* (130 000 d, temps d'attente compris) ou un taxi (environ 250 000 d).

Parc national de Phong Nha-Ke Bang

052

Classé au patrimoine mondial de l'Unesco en 2003, le remarquable **parc national de Phong Nha-Ke Bang** abrite les plus anciennes montagnes karstiques d'Asie, formées il y a quelque 400 millions d'années. Criblé de grottes aux dimensions souvent spectaculaires et sillonné de rivières souterraines, Phong Nha constitue un véritable eldorado pour les spéléologues.

Dans les années 1990, la British Cave Research Association et l'université de Hanoi ont entrepris les premiers véritables travaux d'exploration de la zone. Ceux-ci ont débouché sur la mise au jour de l'immense grotte de Phong Nha, de la grotte du Paradis en 2005 et, en 2009, de Son Doong, qui serait la plus vaste grotte du monde. En 2015, l'accès du public à deux grottes supplémentaires a été autorisé.

En surface, une forêt quasi vierge composée d'arbres à feuilles persistantes, dont 90% de forêt primaire, recouvre les 885 km² de relief montagneux du parc. Celui-ci jouxte la réserve de biodiversité de Hin Namno, au Laos, formant ainsi un habitat naturel protégé ininterrompu. Une centaine d'espèces de mammifères (dont 10 de primates, des tigres, des éléphants et le saola, un rare bovidé asiatique), 81 espèces de reptiles et d'amphibiens, et plus de 300 espèces d'oiseaux y ont été recensées.

Auparavant, l'accès au parc était limité et strictement contrôlé par l'armée vietnamienne. Il reste d'ailleurs très règlementé, et ce, à juste titre (le parc est encore jonché d'engins explosifs). Il est officiellement obligatoire d'être accompagné d'un tour-opérateur habilité pour se promener dans le parc.

Il y a toutefois moyen d'emprunter seul (en moto ou en voiture) la route nationale Hô Chi Minh (RN 15) qui le traverse.

Le secteur de Phong Nha évolue rapidement. Le **village de Son Trach** (3 000 habitants) en est l'agglomération principale, avec son DAB, son choix grandissant d'hébergements et de restaurants, ainsi que ses transports reliant de mieux en mieux l'endroit à d'autres secteurs du centre du Vietnam.

Si les grottes constituent les vedettes incontournables de la région, le parc vaut bien d'y consacrer trois jours, avec ses randonnées en forêt, son patrimoine historique et ses promenades champêtres en VTT.

À voir et à faire

Le secteur de Phong Nha ayant vu sa popularité exploser, il est recommandé de réserver au plus vite les circuits spéléologie, avec nuitée sur place, à destination de Tu Lan, Hang Va et Hang En.

Grottes de Tu Lan — SITE NATUREL

(www.oxalis.com.vn ; excursion 2 jours 5 500 000 d). Cette excursion spectaculaire commence par une randonnée dans la campagne, suivie d'une petite baignade (avec lampes frontales et gilets de sauvetage) dans deux superbes rivières souterraines, avant de ressortir dans une vallée fluviale paradisiaque. On continue ensuite à marcher dans la forêt dense pour rejoindre une "plage" où les deux rivières se rejoignent, formant un terrain de camping idyllique. Là, les vastes cavernes renferment d'autres fabuleux sites de baignade. Il est nécessaire d'avoir une bonne condition physique. Tu Lan est à 65 km au nord de Son Trach et est uniquement accessible dans le cadre de visites guidées.

Les circuits longs invitent à pénétrer dans les profondeurs de la jungle, mais la région est si riche que les simples randonnées d'une journée permettent déjà d'en apprécier amplement la beauté. Ces grottes furent découvertes en 2010 par Howard et Deb Limbert, consultants pour le tour-opérateur Oxalis. Consultez le site de ce dernier pour toutes les infos sur les formules longues.

Hang Toi — GROTTE

("Grotte sombre" ; par pers 350 000 d). Nous ne serions guère surpris que vous ayez déjà entendu parler de cette grotte, dont la visite comprend vol en tyrolienne au-dessus de l'eau, entrée dans la cavité à la nage et exploration d'un sombre passage dégoulinant de boue. À la sortie, une paisible promenade en kayak conduit à une jetée où vous attendent d'autres excitantes aventures en tyrolienne au-dessus de l'eau.

La "Grotte sombre" peut se visiter en solo ou via le circuit du parc national proposé par le Phong Nha Farmstay (p. 170).

UN HAVRE DE DÉCONTRACTION DANS LA FORÊT

Nuoc Mooc Ecotrail (adulte/enfant 80 000 d/gratuit ; 7h-17h). Magnifique havre au sein du parc national de Phong Nha-Ke Bang, le sentier écologique de Nuoc Mooc déroule passerelles de bois et sentiers sur plus d'un kilomètre à travers les bois, jusqu'à la confluence de deux rivières. C'est un endroit splendide pour barboter dans une eau turquoise sur fond de massifs calcaires. Parmi les attractions récentes figurent un vertigineux pont en corde à la Indiana Jones et des sorties kayak au niveau d'un petit barrage sur la rivière. Apportez un pique-nique, ou commandez de quoi vous restaurer puis déjeunez dans l'un des pavillons ouverts du site. Un endroit formidable pour passer une journée de farniente en toute décontraction, à 12 km au sud-ouest de Son Trach.

Grotte du Paradis SITE NATUREL

(Thien Dong ; adulte/enfant – 1,30 m 250 000/125 000 d ; 7h30-16h30). Entouré de sommets karstiques tapissés de forêt, ce remarquable réseau de grottes s'étend sur 31 km, même si la plupart des visiteurs se contentent du premier kilomètre. Le site est d'une ampleur époustouflante, avec ses escaliers en bois descendant vers un espace aux airs de cathédrale, hérissé de stalagmites colossales et de stalactites scintillantes. Venez tôt pour éviter la cohue : aux "heures de pointe" (en début d'après-midi), les guides conduisent leur groupes au mégaphone. La grotte du Paradis se situe à environ 14 km au sud-ouest de Son Trach. Du parking, des voiturettes électriques (par pers aller/aller-retour 15 000/25 000 d) conduisent les visiteurs jusqu'à l'entrée.

Pour explorer ce site en profondeur, réservez le circuit de la grotte du Paradis (2 650 000 d, 2 pers minimum) proposé par le Phong Nha Farmstay (p. 170). Long de 7 km, il comprend une baignade au fil d'une rivière souterraine et un déjeuner sous un puits de lumière.

Grotte de Phong Nha et circuit en bateau SITE NATUREL

(adulte/enfant -1 mètre 30 150 000/25 000 d, bateau jusqu'à 14 pers 320 000 d ; 7h-16h). L'expérience d'une promenade en bateau dans la grotte de Phong Nha est mémorable, bien que touristique. Du village de Son Trach, des bateaux rejoignent la grotte en passant devant des buffles, des pics calcaires et des clochers d'église qui émaillent les berges de la rivière Son. La "grotte aux Dents" doit son nom aux stalagmites depuis longtemps disparues qui en hérissaient jadis l'entrée. Au retour, vous pourrez gravir les 330 marches qui mènent à la **grotte de Tien Son** (80 000 d), à flanc de montagne. Elle abrite des vestiges d'autels cham datant du IXe siècle.

La billetterie et l'embarcadère se trouvent à Son Trach. Comptez 2 heures pour voir Phong Nha, 1 heure pour Tien Son. En novembre et décembre, les crues peuvent entraîner la fermeture de Phong Nha. Les touristes vietnamiens qui affluent le week-end rendent le lieu bruyant et enfumé. Notez que la grotte servit d'hôpital et de dépôt de munitions pendant la guerre du Vietnam, raison pour laquelle elle fut pilonnée par les bombardements.

Hang Va GROTTE

(www.oxalis.com.vn ; par pers 9 000 000 d). Mise au jour en 2012 et ouverte au public en 2015, cette grotte se visite dans le cadre d'une excursion de deux jours/une nuit. Après un périple le long d'une rivière souterraine à Hang Nuoc Nut, on campe dans la jungle à l'entrée de Hang Va. L'atout maître de la grotte est un spectaculaire champ de stalagmites, partiellement submergé par des eaux cristallines. Cordes et harnais sont bien utiles.

Hang En GROTTE

(6 000 000 d). Pour accéder à cette grotte gigantesque, il vous faudra progresser dans une jungle dense et des vallées jusqu'à Ban Doong, un village ethnique reculé (sans routes ni électricité). Vous pourrez passer la nuit dans la grotte ou au village. Réservez via Oxalis ou le Phong Nha Farmstay.

Musée de Phong Nha MUSÉE

(15 000 d ; 9h-17h). Ici, de poignantes photos en noir et blanc illustrant l'histoire de la région pendant la guerre – avec notamment la piste Hô Chi Minh et la RN 20 – côtoient une exposition sur le travail du MAG (Mine Action Group), qui continue d'enlever les munitions non explosées dans le secteur.

Circuits organisés

Certes les visites dans le secteur de Phong Nha peuvent être organisées à Dong Hoi, mais la région a tellement à offrir que mieux vaut loger près du parc national. La plupart des hébergements proposent des formules, tout comme les prestataires ci-après. N'envisagez même pas de visiter cette contrée dans la journée depuis Hué, car vous en passerez le plus clair sur la route.

Oxalis CIRCUITS MULTIACTIVITÉS
(☎091-990 0423 ; www.oxalis.com.vn ; Son Trach). Oxalis est incontestablement *le* spécialiste de la randonnée et de la spéléologie, et c'est le seul prestataire habilité à encadrer des visites à Hang Son Doong. Tous ses guides ont été formés par Howard et Deb Limbert, spéléologues britanniques de renommée mondiale. Les excursions, d'une journée jusqu'à Tu Lan à une semaine dans la plus grande grotte du monde, sont toutes méticuleusement préparées et font appel à des guides et porteurs locaux, profitant ainsi à la population. Vous pourrez planifier votre périple à l'Expedition Cafe, au bord de la rivière.

Pour éviter toute désillusion, préréservez pour Hang Son Doong un an à l'avance ; pour les expéditions à Tu Lan et Hang En, réservez si possible quelques mois à l'avance.

Circuits du Phong Nha Farmstay CIRCUIT AVENTURE
(☎052-367 5135 ; www.phong-nha-cave.com ; Cu Nam). Outre les visites de grottes – en partenariat avec Oxalis – ce prestataire vous invitera à bringuebaler dans une jeep américaine ou une Ural russe avec side-car au fil des paysages et de l'histoire belliqueuse du secteur. Le très prisé circuit du parc national (1 450 000 d/pers) utilise des minibus pour combiner piste Hô Chi Minh, grotte du Paradis et Hang Toi.

Randonnée du Jungle Boss RANDONNÉE
(☎094 374 8041 ; www.junglebosshomestay.com ; par pers 75 $US). Dzung – surnommé "le boss de la jungle" – est originaire de la DMZ mais vit à Phong Nha depuis huit ans. Ce guide, qui connaît bien la région et parle un anglais excellent, organise un passionnant circuit d'une journée autour de la piste Hô Chi Minh et de la Vallée abandonnée, une zone reculée du parc national. Bonne (voire très bonne) condition physique requise.

Circuit écologique de Hai RANDONNÉE
(☎096 260 6844 ; www.phong-nha-bamboo-cafe.com ; par pers 1 000 000 d). Intéressants circuits à la journée conjuguant randonnées dans la jungle – bonne condition physique requise – et visite du centre de sauvetage et de réhabilitation de la faune de Phong Nha, qui s'occupe d'animaux menacés (macaques des régions voisines pour l'essentiel, mais aussi serpents et oiseaux). Le tarif comprend le déjeuner-barbecue et la baignade en fin de journée dans un trou d'eau naturel. En général, on trouvera Hai dans son Bamboo Cafe (p. 172) en soirée.

HANG SON DOONG, LA PLUS GRANDE GROTTE DE LA PLANÈTE

Ho Khanh, chasseur appartenant à une communauté dans la jungle proche de la frontière laotienne, s'abritait souvent dans les grottes qui criblent cette région montagneuse. Au début des années 1990, il tomba sur la gigantesque **Hang Son Doong** ("grotte de la Montagne"). Il fallut toutefois attendre que des explorateurs britanniques y retournent avec lui, en 2009, pour découvrir les véritables dimensions (plus de 5 km de long, 200 m de haut et jusqu'à 150 m de large) et la majesté de la principale grotte, la plus grande du monde connue à ce jour.

La difficulté majeure consista à trouver un passage au-dessus de la vaste barrière de calcite en surplomb, surnommée la "grande muraille du Vietnam", qui séparait la grotte en deux. L'obstacle surmonté, les spéléologues virent apparaître une salle souterraine assez vaste pour contenir un navire de guerre. Par endroits, des lucarnes éclairent un ensemble de stalagmites baptisé le "jardin de cactus". Certaines stalagmites mesurent jusqu'à 80 m de haut. Des sphérules de 10 cm de diamètre, appelées "perles des cavernes", se sont formées au cours des millénaires par la cristallisation du calcite autour de grains de sable. De magnifiques gours parsèment la grotte.

Hang Son Doong est l'un des sites les plus spectaculaires d'Asie du Sud-Est, et l'accès à la grotte (très restreint) n'a été autorisé par le gouvernement qu'en juin 2013. Le seul prestataire habilité (par le président vietnamien lui-même) à y organiser des visites est Oxalis, basé à Son Trach. Son Doong occupant un secteur très reculé, on ne peut y accéder que dans le cadre d'une expédition de 7 jours en compagnie de 16 porteurs environ. Le circuit coûte 3 000 $US par personne et les groupes ne dépassent pas 10 personnes.

Phong Nha Adventure Cycling VTT
(☎098 555 5827 ; www.phongnhacycling.jimdo.com ; par pers 65-87 $US). Excellents circuits de VTT sous l'égide de l'infatigable soldat Shi. Parmi les options proposées figurent des sections cyclables de la piste Hô Chi Minh, la visite de villages des environs et un déjeuner à la pension Chay Lap, dans le parc.

Où se loger

Le village de Son Trach regroupe des hôtels sans prétention pratiquant toutes le même tarif (environ 350 000 d).

Easy Tiger AUBERGE DE JEUNESSE $
(☎052-367 7844 ; www.easytigerphongnha.com ; Son Trach ; dort 160 000 d ;). Cette auberge de Son Trach dispose de quatre dortoirs à quatre lits, d'un bel espace bar-restaurant, d'un billard et fournit d'excellentes infos touristiques. La piscine et le *beer garden* invitent à se détendre après la randonnée ou la spéléo. Renseignez-vous sur les vélos gratuits et la carte de la vallée de Bong Lai, intéressante à explorer.

♥ **Phong Nha Farmstay** PENSION $$
(☎052-367 5135 ; www.phong-nha-cave.com ; Cu Nam ; ch 900 000-1 200 000 d, f 1 300 000-2 000 000 d ;). C'est grâce au Farmstay que Phong Nha a acquis sa notoriété. Les chambres nettes, hautes de plafond, profitent d'un balcon commun pour le panorama inégalé sur un océan de rizières. Le bar-restaurant sert une cuisine asiatique et occidentale dans une ambiance conviviale, pimentée de films et de musique live à l'occasion. De formidables sorties sont proposées et des vélos mis gratuitement à disposition.

Situé dans le village de Cu Nam, à 9 km à l'est de Son Trach.

Phong Nha Lake House Resort RESORT $$
(☎052-367 5999 ; www.phongnhalakehouse.com ; Khuong Ha ; dort 10 $US, d 42-60 $US, f 70 $US ;). Complexe hôtelier impressionnant en bord de lac, comprenant un excellent dortoir (très bons lits, moustiquaires, salles de bains et hauts plafonds), et des villas spacieuses et stylées. La piscine et les bungalows récents, avec vue sur le lac, en font vraiment l'adresse la plus confortable du secteur. Le restaurant occupe un bâtiment traditionnel en bois, typique de la province de Ha Giang, dans le nord du Vietnam.

Situé à 7 km à l'est de Son Trach.

Oxalis Home HÔTEL $$
(☎052-367 7678 ; www.oxalis.com.vn ; Son Trach ; d vue sur la montagne/rivière 1 200 000/1 500 000 d ;). Privilégié par les voyageurs visitant les grottes avec Oxalis, ce nouvel hôtel est ouvert à tous. Les chambres, spacieuses, ont vue sur la rivière, ou sur des reliefs karstiques tout aussi spectaculaires. Vélos et kayaks – l'Oxalis Home possède sa propre petite plage – gratuits pour les résidents ; vue plongeante sur la rivière depuis l'Expedition Cafe.

Pepper House PENSION $$
(☎016 7873 1560 ; www.facebook.com/pepperhousehomestay ; Khuong Ha ; dort 200 000 d, villa 1 400 000 d ;). Tenu par Dave ("Multi"), un expatrié australien de longue date, et son épouse vietnamienne, Diem, ce lieu accueillant conjugue cadre champêtre et récentes chambres doubles dans des villas disposées autour d'une petite piscine. Dortoirs plus sommaires dans le bâtiment principal. Bonne cuisine et bière fraîche en sus.

Situé à 6 km à l'est de Son Trach.

Jungle Boss Homestay PENSION $$
(☎094 374 8041 ; www.junglebosshomestay.com ; Son Trach ; d/f 40/50 $US ;). Tenu par le sympathique Dzung – un guide de randonnée parlant un excellent anglais – et son épouse Huong, cet établissement possède trois chambres, simples mais élégantes, et tire avantage d'un formidable cadre en lisière de village, avec vue sur les rizières. Le tarif inclut le petit-déjeuner et l'accès gratuit aux vélos ; Dzung propose aussi sorties spéléo et randonnées dans la jungle.

Ho Khanh's Homestay CHAMBRES D'HÔTES $$
(☎012 9959 7182 ; www.phong-nha-homestay.com ; Son Trach ; ch 45-50 $US ;). Cette maison appartient à une véritable légende vietnamienne : Ho Khanh, découvreur de Son Doong, la plus vaste grotte du monde. Également maître-charpentier, il loue quatre belles chambres avec murs lambrissés, climatisation et salles de bains, ainsi que d'excellents bungalows indépendants. Arrêtez-vous pour prendre un délicieux café au chocolat dans le café attenant.

Phong Nha Homestay Community CHAMBRES D'HÔTES $$
(☎094 374 8041 ; www.phongnhahomestay.com ; Son Trach ; d/f 40/50 $US). Fort de trois adresses à ce jour, ce regroupement d'hébergements chez l'habitant comprend le Jungle Boss Homestay, la Phong Nha Mountain House (un charmant bungalow en bois), et le Minh's Homestay, aménagé

dans une maison traditionnelle légèrement plus rustique. Les trois adresses combinent chambres avec salle de bains et accueil très chaleureux des familles. Petit-déjeuner compris.

Où se restaurer et prendre un verre

Au moment de la rédaction de ce guide, plusieurs adresses proposant du canard rôti et des spécialités locales ouvraient leurs portes dans la vallée voisine de Bong Lai. L'Easy Tiger vous fournira une carte pour l'explorer à vélo.

Bamboo Cafe CAFÉ $
(www.phong-nha-bamboo-cafe.com ; Son Trach ; repas 35 000-70 000 d ; 7h-22h30 ;). Cette adresse décontractée, dans la grand-rue de Son Trach, allie un cadre coloré et une plaisante terrasse découverte avec des mets et boissons à prix raisonnable, dont d'excellents smoothies. C'est aussi ici qu'on trouve habituellement le sympathique Hai, qui organise des circuits écologiques (p. 170).

Capture Vietnam CAFÉ $
(www.facebook.com/capturevietnam ; Son Trach ; en-cas et repas 40 000-100 000 d ; 7h-19h). Installé à côté de l'Easy Tiger (p. 171), ce café sert des expressos et des pâtisseries maison, ainsi qu'une bonne cuisine occidentale et asiatique. À noter la boutique attenante qui vend des souvenirs du cru – testez la viande de bœuf séchée de la vallée de Phong Nha – mais aussi de la bière, du vin et du cidre.

The Best Spit Roast Pork & Noodle Shop in the World (Probably...) VIETNAMIEN $
(Son Trach ; repas 30 000-50 000 d ; 7h-16h). Ce restaurant (probablement... affublé du nom le plus long du Vietnam), propose d'excellentes grillades de porc avec nouilles, pain baguette ou riz. Préparez-vous à en humer les parfums bien avant de l'apercevoir, en parcourant la paisible grand-rue de Son Trach.

Mountain Goat Restaurant VIETNAMIEN $$
(Son Trach ; chèvre à partir de 150 000 d ; 11h-21h). Offrez-vous un repas à base de *de* (viande de chèvre) grillée ou cuite à la vapeur – testez la variante à la citronnelle – dans cet établissement au bord de l'eau de Son Trach. Également servis : poulet épicé et bière ultrafraîche. Depuis l'embarcadère desservant la grotte de Phong Nha, longez la rivière sur 150 m et dépassez l'église.

Pub with Cold Beer BARBECUE, BAR $$
(vallée de Bong Lai ; bière 50 000 d, repas à partir de 20 000 d ; 8h-20h). En haut d'une piste de terre au milieu de nulle part (mais bien indiqué), cet excellent bar-grange appartient à une famille d'agriculteurs. Comme son nom le laisse entendre, la bière y est fraîche à souhait. Si vous avez faim, optez pour le poulet rôti à la sauce aux arachides (tous les ingrédients proviennent de la ferme). Comptez 200 000 pour un kilo de poulet grillé à la perfection.

Wild Boar Eco-Farm VIETNAMIEN $$
(vallée de Bong Lai ; repas à partir de 100 000 d ; 11h-18h). Curieusement (et bien qu'on y élève d'énormes cochons), la "ferme écologique du sanglier" affiche du poulet au menu. Accessible par bateau ou via une cahoteuse piste cyclable, l'endroit invite à se détendre dans de simples abris en bambou dominant la vallée fluviale. Le service peut se révéler très lent : demandez à l'équipe de l'Easy Tiger ou du Farmstay de téléphoner et de commander à l'avance – voire de vous procurer un plan...

Lors de notre visite, Cuong, le propriétaire, venait d'initier le *tubing* et envisageait de proposer un hébergement sous tente.

Vung Hue VIETNAMIEN $$
(Son Trach ; repas 70 000-130 000 d ; 11h-21h). La meilleure adresse de Son Trach pour manger vietnamien, avec des menus à plusieurs plats d'un bon rapport qualité/prix. Commodément situé près du parking, pour les visiteurs à destination de la grotte de Phong Nha.

Jungle Bar BAR
(Son Trach ; 7h-minuit ;). Le bar-café de l'Easy Tiger est le lieu le plus vivant de Son Trach, avec sa bière bon marché, ses billards et ses concerts quatre soirs par semaine. Les amateurs apprécieront l'imposante collection de bannières nationales. Abondance d'infos disponibles sur la région, même pour qui ne loge pas sur place.

Renseignements

Hai, au Bamboo Cafe, fournit quantité d'informations pour faire du tourisme indépendant, et le personnel très serviable du Phong Nha Farmstay et de l'Easy Tiger pourra vous aider pour vos déplacements.

Il y a un office du tourisme en face de la jetée à Son Trach, mais le personnel n'est pas très compétent en termes de tourisme indépendant. Les deux DAB attenants sont parfois hors service en raison des coupures d'électricité. Prévoyez suffisamment de devises pour votre séjour sur place.

Depuis/vers le parc de Phong Nha-Ke Ban

Le village de Son Trach se trouve à 50 km au nord-ouest de Dong Hoi. De Dong Hoi, suivez la RN 1 vers le nord sur 20 km jusqu'à Bo Trach, puis parcourez vers l'ouest encore 30 km.

Le parc national jouxte Son Trach et s'étend à l'ouest jusqu'à la frontière laotienne. Jusqu'en 2011, l'accès était strictement contrôlé par l'État vietnamien, et l'accès à certains secteurs reste interdit aux voyageurs indépendants.

Les hôtels organisent des navettes en véhicules privés depuis Dong Hoi (500 000 d) ; les voyageurs de plusieurs hôtels sont parfois regroupés dans un même véhicule pour réduire les coûts.

BUS

Des bus (35 000 d, 1 heure 30) circulent régulièrement entre la gare routière de Dong Hoi et Son Trach, de 6h à 17h. La gare ferroviaire de Dong Hoi est à environ 1,3 km de la gare routière et la ville se trouve sur la principale ligne nord-sud.

De Hué (environ 120 000 d, 5 heures), le bus "open tour" pour Hung Thanh part du 49 Đ Chu Van An à 16h30, tandis que le bus pour Tan Nha part du bar le Why Not?, dans Đ Vo Thi Sau, vers 6h30.

Quand on vient de Danang ou de Hoi An, un bus (250 000 d, 7 heures) quitte la gare routière de Danang à destination de Phong Nha vers 13h. Cette ligne n'est pas des plus régulières : consultez le site Internet de l'Easy Tiger ou de l'Oxalis pour les dernières infos en date.

MOTO ET VÉLO

Les déplacements en moto ou en scooter sont déconseillés aux conducteurs inexpérimentés : en effet, le parc national n'est pas bien signalisé, et le nombre d'accidents de voyageurs augmente chaque année. Une bonne option consiste à réserver un circuit via **Thang's Phong Nha Riders** (www.easytigerhostel.com/thangs-phong-nha-riders/ ; près de l'Easy Tiger). Comptez environ 400 000 d pour la location à la journée d'une moto avec conducteur ; outre le fait que les employés connaissent bien les sites locaux, vous fournirez du travail aux habitants. Le même prestataire peut également organiser des correspondances en moto jusqu'à Hué ou Khe Sanh, au fil de paysages mémorables.

Nous vous conseillons le vélo pour explorer les petites routes de campagne de Phong Nha, avec notamment toute une série de restaurants rustiques et d'activités naissantes dans la proche vallée de Bong Lai. L'Easy Tiger loue des vélos et pourra vous fournir une carte fort utile.

Dong Hoi et ses environs

052 / 116 000 HABITANTS

Dong Hoi est une station balnéaire, doublée d'un port, agréablement peu touristique. Joliment située, la ville s'accroche aux berges de la rivière Nhat Le et possède des plages au nord et au sud.

Dong Hoi, principale base de ravitaillement de l'armée nord-vietnamienne dans la région, avait particulièrement souffert lors de la guerre du Vietnam. Dynamique capitale de province, la ville a depuis repris des couleurs et tire avantage d'excellentes liaisons avec la région de Phong Nha.

À voir et à faire

Une promenade a été aménagée en bordure de la rivière Nhat Le, qui sépare la ville d'une jolie langue de sable. Elle passe devant l'impressionnante **église Tam Toa** GRATUIT dont la grande façade en ruine et quelques fragments rappellent son bombardement, en 1965.

Les seuls vestiges de la citadelle de Dong Hoi (1825) sont deux portes restaurées, l'une près de la rivière, et l'autre dans Đ Quang Trung.

Levez-vous tôt et allez faire un tour au superbe **marché au poisson** (Đ Me Suot ; 6h-14h).

Nam Long Hotel Tours CIRCUIT
(091 892 3595 ; www.namlonghotels.com/attractions-tours/ ; 22 Đ Ho Xuan Huong). Propose un choix d'excursions à destination de Phong Nha et des visites de la DMZ. Cartes gratuites comportant des suggestions de promenades à pied à Dong Hoi.

Phong Nha Discovery CIRCUIT AVENTURE
(052-385 1660 ; www.phongnhadiscovery.com ; 63 Đ Ly Thuong Kiet ; circuits à la journée 50-57 $US). Circuits à la journée au départ de Dong Hoi vers la grotte du Paradis et Hang Toi ; propose aussi des circuits de plusieurs jours incluant Tu Lan et Hang En.

A2Z TOUR OPÉRATEUR
(052-384 5868 ; atoztourist.com ; 29 Đ Ly Thuong Kiet). À contacter pour des excursions à Phong Nha et la réservation de billets de bus "open tour".

Où se loger et se restaurer

Nam Long Hotel HÔTEL $
(091 892 3595 ; www.namlonghotels.com ; 22 Đ Ho Xuan Huong ; dort 6 $US, ch 20-30 $US ;). Hôtel économique tout bonnement fabuleux

Dong Hoi

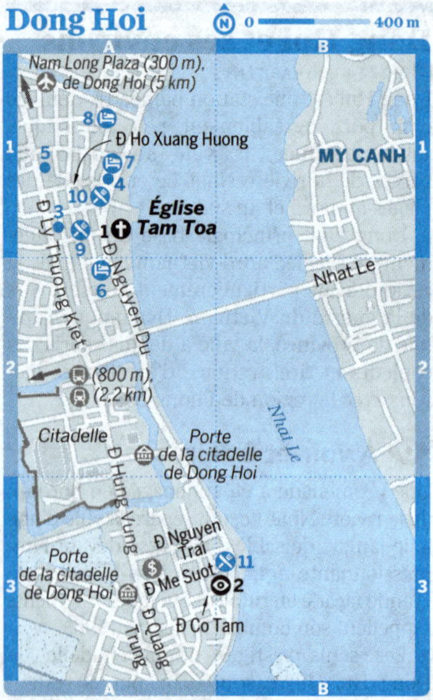

Dong Hoi

Les incontournables
1 Église Tam Toa A1

À voir
2 Marché aux poissons B3

Activités
3 A2Z A1
4 Nam Long Hotel Tours A1
5 Phong Nha Discovery A1

Où se loger
6 Buffalo Hostel A2
7 Nam Long Hotel A1
8 Nam Long Plus A1

Où se restaurer
9 7th Heaven A1
10 Tree Hugger Cafe A1
11 Tu Quy B3

Où prendre un verre et faire la fête
Buffalo Pub .... (voir 6)

tenu par Nga et Sy, un couple accueillant et serviable. Chambres claires et spacieuses dotées d'immenses fenêtres – la n°301 possède un balcon donnant sur la rivière. Le dortoir de 8 lits est superbe, avec 2 salles de bains attenantes et un balcon ouvrant sur une vue splendide. Petit-déjeuner et excursions à Phong Nha possibles.

Nam Long Plus HÔTEL $
(091 892 3595 ; www.namlonghotels.com ; 28a Đ Phan Chu Trinh ; dort 6 $US, d 22-25 $US, f 35 $US ;). Cet hôtel de 8 étages compte 19 chambres et des dortoirs spacieux et confortables donnant tous sur la ville ou la rivière. Petit-déjeuner chaud compris, accueil très satisfaisant et possibilité d'excursions.

Buffalo Hostel AUBERGE DE JEUNESSE $
(052-381 5599 ; www.buffalodonghoi.com ; 4 Đ Nguyen Du ; dort/d 100 000/250 000 d ;). Cette nouvelle auberge de Dong Hoi a tout pour plaire au voyageur économe : dortoirs colorés et chambres individuelles, quantité d'infos sur les destinations suivantes, et l'assurance d'une bière fraîche à siroter en bonne compagnie au Buffalo Pub, l'établissement attenant au rez-de-chaussée. Les charmants propriétaires pourront aussi orienter les voyageurs vers divers circuits.

Tu Quy VIETNAMIEN $
(17 Đ Co Tam ; repas 20 000-40 000 d ; 7h-20h30). Parmi tous les restaurants de *banh khoai* (crêpes au crabe) qui font la réputation de ce secteur, le Tu Quy est l'un des meilleurs. Tables en extérieur donnant sur la rivière.

Tree Hugger Cafe CAFÉ $
(www.treehugger-cafe.com ; 30 Đ Nguyen Du ; en-cas 40 000-60 000 d ; 7h-22h ;). Tenu par un couple vietnamo-allemand, ce café attire les voyageurs et les habitants anglophones de Dong Hoi avec son séduisant mélange de cafés, de jus de fruits et d'en-cas à l'occidentale. On y trouve aussi de bons produits bio et respectueux de l'environnement à la vente, ainsi que de précieuses infos touristiques à consulter avant de poursuivre son voyage.

7th Heaven INTERNATIONAL $
(052-383 3856 ; www.7thheavenrestaurant.com ; 39 Đ Duong Van An ; repas 45 000-155 000 d ; 10h30-21h). Propriété d'expatriés, ce restaurant-bar douillet et accueillant propose un menu varié, des burgers aux steaks en passant par les currys thaïlandais.

Buffalo Pub PUB
(www.buffalodonghoi.com ; 4 Đ Nguyen Du ; 7h-23h30 ;). Ce lieu décontracté et joliment lambrissé est la meilleure adresse de la ville pour rencontrer d'autres voyageurs autour d'une bière fraîche. À noter le billard

BUS DEPUIS DONG HOI

DESTINATION	COÛT	DURÉE	FRÉQUENCE
Danang	200 000 d	8 heures	7h, 8h30 et 9h30
Dong Ha	100 000 d	2 heures	nombreux 6h-17h
Hanoi (via Ninh Binh)	250 000 d	9 heures	22h
Hoi An	250 000 d	5 heures	3h30
Hué	150 000 d	3 heures 30	nombreux 6h-17h
Phong Nha	35 000 d	1 heure 30	nombreux 6h-17h

Les bus à destination du Laos partent pour Vientiane chaque jour (400 000 d) et pour Thakhek du mardi au dimanche (300 000 d). Les deux liaisons, longues de 9 heures, passent par le poste-frontière de Cha Lo/Na Phao, où l'on peut obtenir son visa pour le Laos. Pour les dernières infos relatives au transport, demandez Sy au Nam Long Hotel.

et la musique live à l'occasion – à défaut, vous pouvez détourner le système hi-fi. À l'étage, on dort plutôt bien dans l'auberge de jeunesse attenante.

Renseignements

Les hôtels Nam Long louent des motos et des vélos, fournissent des cartes des environs et pourront réserver des billets de bus et de train.

Agribank (2 Đ Me Suot ; 7h30-16h lun-ven, 7h30-12h30 sam). DAB et change.

Depuis/vers Dong Hoi et ses environs

AVION

L'aéroport est situé à 6 km au nord de la ville.

Vietjet (www.vietjetair.com). Vers/depuis HCMV.

Vietnam Airlines (www.vietnamairlines.com). Vers/depuis Hô Chi Minh-Ville et Hanoi.

TRAIN

La **gare ferroviaire** (Ga Dong Hoi ; Đ huan Ly) est à 3 km à l'ouest du centre. Des trains rallient notamment Hanoi (350 000 d, 9 heures 30-11 heures 30, 5/jour), Hué (150 000 d, 3-4 heures, 6/jour) et Danang (170 000 d, 5 heures, 6/jour). Les prix indiqués correspondent à un siège rembourré en train express.

CENTRE-SUD DU VIETNAM

Zone démilitarisée (DMZ)

053

La plupart des bases et des bunkers ont disparu, mais cette bande de 5 km de part et d'autre du fleuve Ben Hai est toujours connue sous le nom qui fut le sien du temps de la guerre : la zone démilitarisée. De 1954 à 1975, la DMZ a servi de zone tampon entre le Nord et le Sud. Elle couvrait 5 km sur chaque rive du fleuve, qui faisait office de ligne de démarcation entre le Nord et le Sud.

Aujourd'hui, ce nom s'applique plus spécifiquement à la partie au sud du Ben Hai, fortifiée par les Américains et littéralement festonnée de champs de bataille dont les noms résonnent encore aujourd'hui dans la culture populaire.

Plusieurs décennies après, il n'y a plus grand-chose à voir. La plupart des sites ont été nettoyés pour laisser place à des plantations d'hévéas et de café. Seuls Ben Hai, Vinh Moc et Khe Sanh sont dotés de petits musées. À moins d'être féru d'histoire militaire, mieux vaut se faire accompagner par un guide compétent sur ces sites.

À voir

Tunnels de Vinh Moc SITE HISTORIQUE

(20 000 d ; 7h-16h30). L'impressionnant réseau souterrain de **Vinh Moc** a été l'habitat quotidien de tout un village côtier nord-vietnamien durant la guerre. Plus de 90 familles se terraient dans les trois niveaux de tunnels étalés sur presque 2 km, continuant à vivre et à travailler pendant que les bombes américaines pleuvaient sans répit autour d'elles.

La plupart des tunnels sont ouverts aux visiteurs et conservés en l'état (exception faite de l'éclairage électrique, récemment ajouté).

Un guide anglophone vous mènera dans le souterrain, dont vous pourrez voir les 12 entrées avant d'arriver à une plage grandiose de la mer de Chine méridionale. Le musée présente des photos et des vestiges de la vie dans les tunnels, ainsi qu'une carte du réseau.

Centre-sud du Vietnam

Quittez la RN 1 à hauteur du village de Ho Xa, à 6,5 km au nord du fleuve Ben Hai. Vinh Moc se trouve à 13 km de là, vers l'est.

Base de Khe Sanh SITE HISTORIQUE
(musée 20 000 d ; musée 7h-17h). Théâtre du siège le plus célèbre de la guerre du Vietnam, la base militaire de Khe Sanh ne fut jamais prise, mais a été le lieu de la plus sanglante bataille du conflit. Près de 10 000 soldats nord-vietnamiens, quelque 500 soldats américains, ainsi qu'un nombre inconnu de civils perdirent la vie dans cette base de montagne, sous une avalanche de bombes de 1 000 kg, d'obus au phosphore, de napalm, de tirs de mortier et de tirs d'artillerie lâchés par les forces américaines, qui finirent par repousser l'armée nord-vietnamienne.

Le siège de Khe Sanh, qui dura 75 jours, commença le 21 janvier 1968 par un assaut limité au périmètre de la base. Tandis que les marines et leurs alliés, les rangers sud-vietnamiens, se préparaient pour une grande offensive au sol, Khe Sanh se trouva sous les projecteurs des médias du monde entier, faisant notamment la couverture des magazines américains *Newsweek* et *Life*. Durant les deux mois qui suivirent, les Nord-Vietnamiens pilonnèrent la base jour et nuit, alors que les bombardiers américains déversaient 100 000 tonnes d'explosifs dans ses environs immédiats ; mais l'assaut nord-vietnamien attendu n'eut pas lieu. Le 7 avril 1968, après de violents combats, les troupes américaines finirent par rouvrir la RN 9 pour rejoindre les marines et mettre fin à leur isolement.

On sait aujourd'hui que Khe Sanh n'était qu'une diversion visant à détourner l'attention des villes du Sud, où se préparait l'offensive du Têt, laquelle commença une semaine après le début du siège.

Aujourd'hui, le site est occupé par un petit **musée**, où sont exposés de vieilles photographies, des bunkers reconstruits et des avions américains. Une partie du site est devenue une plantation de café, et du café arabica de grande qualité est en vente à l'entrée.

Khe Sanh se trouve à 3 km au nord de Huong Hoa.

Cimetière de Truong Son CIMETIÈRE

Ce vaste cimetière honore la mémoire des soldats nord-vietnamiens tués dans la cordillère Annamitique (monts Truong Son), le long de la piste Hô Chi Minh. Plus de 10 000 tombes s'alignent sur les collines, simples pierres blanches gravées de l'épitaphe *liet si*, qui signifie martyr. Or, de nombreuses sépultures sont vides, portant seulement le nom de quelques-uns des 300 000 combattants portés disparus. Il se trouve à 27 km au nord-ouest de Dong Ha. La sortie de la RN 1 est proche de la base de Doc Mieu.

Fleuve Ben Hai FLEUVE

(musée 20 000 d ; musée 7h-16h30). Le Ben Hai a servi de ligne de démarcation entre le Nord-Vietnam et le Sud-Vietnam. Aujourd'hui, un monument grandiose dédié à la réunification s'élève sur la rive sud, arborant des feuilles de palmier stylisées dont la forme rappelle étrangement celle des missiles. Le sable doré de la plage de Cua Tung est tout près, à l'est. La rive nord du Ben Hai est surplombée par la tour du Drapeau reconstituée ainsi que par un petit **musée** rempli de souvenirs de la guerre.

Le fleuve se trouve à 22 km au nord de Dong Ha, sur la RN 1.

Hamburger Hill SITE HISTORIQUE

GRATUIT Hamburger Hill (Ap Bia), une colline de 900 m, a été en mai 1969 le théâtre d'une féroce bataille entre les forces américaines et le Viêt-cong, qui causa la mort de 600 Nord-Vietnamiens et de 72 Américains. Aujourd'hui, une autorisation (25 $US, s'obtient uniquement dans la ville d'Aluoi), ainsi qu'un guide sont nécessaires pour pouvoir observer ce qu'il reste de tranchées et de bunkers. Hamburger Hill se trouve à 8 km au nord-ouest d'Aluoi, à environ 6 km de la RN 14 et à moins de 2 km de la frontière laotienne.

Un centre d'information sommaire se trouve en bas de la colline, d'où un sentier de 6 km mène au sommet de la montagne. Apportez de l'eau et ne vous écartez pas du sentier principal. Un film, du même nom, réalisé par John Irvin (1987) permet de se faire une idée de la violence de la bataille.

La sécurité est très stricte et vous vous ferez à coup sûr contrôler par les gardes-frontières.

Base de Con Thien SITE HISTORIQUE

Il ne reste qu'un seul bunker de cette base des marines, laquelle occupait trois petites collines. En septembre 1967, les troupes

Autour de la DMZ

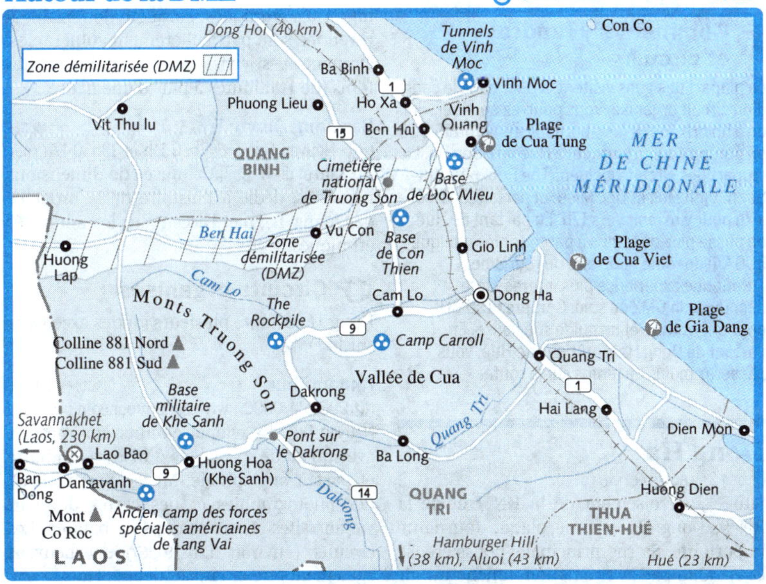

nord-vietnamiennes assiégèrent Con Thien. La riposte des Américains ne se fit pas attendre : leurs avions effectuèrent 4 000 sorties. Aujourd'hui, la région a été déminée, mais comporte encore des munitions non explosées : ne quittez pas les sentiers.

La base de Con Thien se situe à 15 km à l'ouest de la RN 1 et à 8 km au sud du cimetière de Truong Son.

Camp Carroll SITE HISTORIQUE

Les énormes canons de 175 mm du Camp Carroll pouvaient atteindre des cibles aussi éloignées que Khe Sanh. De tout cela, il ne reste plus qu'un mémorial vietnamien. La bifurcation pour Camp Carroll se trouve à 10 km à l'ouest de Cam Lo. La base s'étend à 3 km de la RN 9.

Rockpile SITE HISTORIQUE

Visible depuis la RN 9, le sommet de ce piton karstique haut de 230 m accueillit un poste d'observation des marines, à proximité duquel était installée une base pour l'artillerie longue portée. Il se trouve à 29 km à l'ouest de Dong Ha sur la RN 9.

Pont sur le Dakrong PONT

Enjambant le Dakrong, ce pont, situé à 13 km à l'est de la gare routière de Khe Sanh, a été reconstruit en 2001 et porte une plaque indiquant son importance en tant que point d'accès à la piste Hô Chi Minh.

Comment s'y rendre et circuler

La plupart des gens visitent la DMZ dans le cadre d'un circuit organisé. Vous pourrez en réserver un à un prix tout à fait abordable (environ 15 $US en groupe pour la journée) à Hué ou Dong Ha. La plupart des circuits incluent The Rockpile, Khe Sanh, Vinh Moc et Doc Mieu, et partent de Hué à 7h pour y revenir vers 17h. En partant de Hué, on passe plus de temps à parcourir les quelque 300 km de route qu'à faire du tourisme.

Pour une expérience plus intéressante, découvrez la DMZ en solo. Comptez 120 $US pour une voiture et un guide spécialisé. En partant de Dong Ha plutôt que de Hué, vous passerez moins de temps sur la route.

Dong Ha

053 / 88 800 HABITANTS

Située au croisement de la RN 1 et de la RN 9, Dong Ha est une plaque tournante importante. Sa rue principale, poussiéreuse et envahie par la circulation, affiche un air lugubre – la ville a été complètement rasée pendant la guerre du Vietnam. Mais elle présente des aspects plus plaisants, avec un quai bordé de restaurants de produits de mer. Dong Ha est une bonne base pour explorer la DMZ ; c'est également la dernière ville avant le poste-frontière de Lao Bao.

À voir

Mine Action Visitor Centre MUSÉE

(093 521 1281 ; Đ Ly Thuong Kiet ; 8h-17h lun-ven, sur rdv sam-dim). GRATUIT Quang Tri fut la province la plus bombardée du Vietnam ; elle compte aujourd'hui le plus grand nombre de restes d'engins explosifs. Ce musée très intéressant – en anglais et en vietnamien – et fort bien agencé fournit un excellent aperçu historique, notamment au moyen de photographies de la destruction de la citadelle de Quang Tri et de personnes essayant de désactiver des mines en s'aidant de bambous. Une nouvelle exposition revient en détail sur les conséquences de l'agent orange, un défoliant de sinistre mémoire. Téléphonez une heure avant : Phu, l'excellent directeur anglophone du musée, vous en fera la visite.

Des panneaux explicatifs décrivent le calvaire vécu par les habitants : les bombes à dispersion sont en effet responsables de 46% des accidents, dont 80% sont mortels. Plus de 8 500 personnes ont perdu la vie dans la province depuis la fin de la guerre. Les minorités ethniques, en quête de ferraille à revendre, sont particulièrement vulnérables. On peut aussi y visionner des vidéos et des films (de 11 minutes à plus d'une heure).

Bao Tang Quang Tri MUSÉE

(8 Đ Nguyen Hue ; 7h30-11h et 13h30-17h mar, jeu, sam et dim). GRATUIT Ce musée de dimensions modestes, dédié à l'histoire de la province de Quang Tri, met l'accent sur les minorités ethniques.

Circuits organisés

Dong Ha compte plusieurs guides excellents sur la DMZ.

Annam Tour CIRCUIT MILITAIRE

(090 514 0600 ; www.annamtour.com ; 207B Đ Nguyen Du). Excellents circuits sur mesure, avec un guide spécialiste d'histoire militaire et parfait anglophone, M. Vu. Sur un iPad, des photographies et des cartes donnent vie aux sites et aux champs de bataille. Les circuits (environ 120 $US/jour) peuvent également être organisés depuis Hué.

ATTENTION AUX MINES

Des millions de tonnes de munitions ont été lâchées sur le Vietnam pendant la guerre, et l'on estime qu'un tiers d'entre elles n'ont pas explosé. La mort et les risques de blessure sont, de fait, toujours d'actualité. De nombreux obus et mines non désamorcés traînent encore dans cette zone. Aussi, ne touchez à *rien* et regardez bien où vous mettez les pieds.

Le problème ne se pose pas uniquement dans la DMZ. On estime que 20% du Vietnam n'a pas encore été déminé, et qu'il y reste plus de 3,5 millions de mines et de 350 000 à 800 000 munitions non explosées. Entre 1975 et 2007, ces mines ont causé la mort de plus de 45 000 personnes et fait 105 000 blessés de par le pays. Chaque année, des centaines de personnes sont tuées et mutilées (un grand nombre d'entre elles sont des enfants des minorités ethniques).

L'armée vietnamienne est responsable de l'essentiel du déminage en cours, mais elle est aidée par un certain nombre d'ONG étrangères, dont **Mines Advisory Group** (www.maginternational.org) et **Clear Path International** (www.clearpathinternational.org). Vous trouverez sur leurs sites (en anglais) comment soutenir leur action par un don. Entre 2012 et 2013, l'ONG Mines Advisory Group aurait nettoyé 185 639 m² de terrains affectés par les combats et extrait et détruit 16 035 engins explosifs et 2 188 bombes à dispersion.

Dong Ha possède un excellent Mine Action Visitor Centre (ci-contre). N'hésitez pas à y faire une visite si vous êtes dans le coin.

Tam's Tours CIRCUITS MILITAIRES ET CULINAIRES
(☎090 542 5912 ; tamscafe.jimdo.com ; Tam's Café, 211 Đ Ba Trieu). Superbes circuits à petit prix couvrant les sites de la DMZ, menés par d'anciens combattants. Comptez environ 30-40 $US en moto (par personne et par jour) et 65-80 $US en voiture. Le soir, Tam propose aussi un excellent circuit culinaire dans les rues de la ville (20 $US).

DMZ Tours CIRCUITS MILITAIRES ET D'AVENTURE
(☎0914 017 835 ; www.dmztours.net ; 113 Đ Le Loi). Circuits de qualité dans la DMZ. À partir de 118 $US (2 personnes) pour un circuit en voiture d'une journée au fil des principaux sites militaires.

Sepon Travel CIRCUITS MILITAIRES
(☎385 5289 ; www.sepontour.com ; 189 Đ Le Duan). Visites de la DMZ avec voiture et chauffeur parlant anglais.

Où se loger

Violet Hotel HÔTEL $
(☎053-358 2959 ; Đ Ba Trieu ; s 200 000 d, d et lits jum 250 000-330 000 d ; ❄📶). Cet hôtel présente un excellent rapport qualité/prix : chambres modernes et engageantes avec minibar, TV, ventil. et clim., ainsi que balcon et vue sur les rizières pour certaines. Il se trouve à 1 km du centre, dans un quartier tranquille.

Huu Nghi Hotel HÔTEL $
(☎053-385 2361 ; www.huunghihotel.com.vn ; 68 Đ Tran Hung Dao ; ch à partir de 450 000 d petit-déj inclus ; ❄📶). Chambres spacieuses, très agréables et bien équipées, avec armoire, lampes de chevet, matelas confortable, TV et vue sur le fleuve pour certaines.

DMZ Hotel HÔTEL $
(☎053-356 0757 ; 50 Ly Thuong Kiet ; ch 200 000 d ; ❄@📶). Chambres abordables avec TV par câble et minibar.

Saigon Quang Binh HÔTEL $$
(☎053-382 2276 ; www.sgquangbinhtourist.com.vn ; 20 Quach Xuan Ky ; ch 1 600 000-1 900 000 d ; ❄📶🏊). Cet établissement, le plus chic de la ville, a le triple avantage d'un formidable emplacement au bord de la rivière, de belles chambres et de tarifs préférentiels en ligne. Le bar-café sur le toit-terrasse et le nouvel espace au bord de la piscine invitent à prendre une bière ou un café, même si vous ne séjournez pas sur place.

Où se restaurer et prendre un verre

Dong Ha est réputée pour ses fruits de mer. Les restaurants au bord du fleuve de Đ Hoang Dieu servent d'exquis *cua rang me* (crabe dans une sauce au tamarin), *vem nuong* (palourdes grillées) et des calamars cuits à la vapeur ou rôtis. On trouve en face du Violet Hotel d'autres établissements.

Tam's Cafe CAFÉ $
(tamscafe.jimdo.com ; 211 Đ Ba Trieu ; repas 2-3 $US ; ⌚7h-18h ; 📶). Ce petit café sert des plats vietnamiens, des pizzas, des smoothies

LES ABRIS SOUTERRAINS DE VINH MOC

En 1966, les Américains lancèrent une attaque massive contre le Nord-Vietnam, par le biais de bombardements aériens et de tirs d'artillerie continus. Situé juste au nord de la DMZ (zone démilitarisée), le village de Vinh Moc devint alors l'un des secteurs les plus bombardés de la planète. Les abris de fortune ne résistèrent pas à ces assauts : certains villageois prirent la fuite, d'autres entreprirent de creuser, avec des outils rudimentaires, des tunnels dans la terre rouge argileuse.

Le Viêt-cong décida d'implanter une base à cet endroit et encouragea les villageois à rester sur place. Après 18 mois de travail, une immense base souterraine fut ainsi établie, comportant des abris sur trois niveaux (entre 12 et 23 m sous terre). Des familles entières s'y installèrent, restant entre 10 jours et 10 nuits au plus. Au fil des ans, 17 enfants y sont nés. Les civils et le Viêt-cong furent ensuite rejoints par des soldats nord-vietnamiens, dont la mission consistait à garder le contact avec l'île Con Co et à l'approvisionner en matériel militaire.

D'autres villages au nord de la DMZ creusèrent leurs propres tunnels, mais aucun réseau n'était aussi élaboré que celui de Vinh Moc (p. 175). Un bombardement eut d'ailleurs raison de celui de Vinh Quang (à l'embouchure du Ben Hai) et de la population qui y avait trouvé refuge.

Les navires de guerre américains stationnés sur la côte bombardaient les tunnels de Vinh Moc sans relâche (les cratères sont toujours visibles), et les entrées donnant sur la mer étaient parfois mitraillées. Les villageois ne craignaient que les bombes perforantes. Une seule de ces bombes atteignit le tunnel : elle n'explosa pas et personne ne fut blessé. Les habitants transformèrent le trou percé par la bombe en puit d'aération.

et des jus. Son propriétaire, Tam, est aussi serviable qu'informé. Il consacre tout son temps au service des voyageurs, en proposant notamment des circuits bon marché et des conseils pour faire du tourisme indépendant. L'établissement emploie et soutient des personnes malentendantes. Au moment de la rédaction, Tam envisageait d'intégrer une auberge de jeunesse à l'ensemble pour début 2017. Consultez le site Internet pour les dernières infos.

Dès l'ouverture de l'auberge, on viendra vous chercher gratuitement si vous prévenez de votre arrivée 24 heures à l'avance.

ℹ Renseignements

Vous trouverez un bon plan de la ville et quantité de renseignements sans parti pris au Tam's Cafe.

ℹ Depuis/vers Dong Ha

BUS

La **gare routière de Dong Ha** (Ben Xe Khach Dong Ha ; ☎053-385 1488 ; 68 Đ Le Duan) se trouve près du croisement entre la RN 1 et la RN 9. Des bus desservent régulièrement Dong Hoi (58 000 d, 2 heures), Hué (46 000 d, 1 heure 30), Danang (75 000 d, 3 heures 30), Khe Sanh (30 000 d, 1 heure 30) et Lao Bao (55 000 d, 2 heures). Pour les bus vers Savannakhet, au Laos, les étrangers ne peuvent pas acheter leur billet dans la gare, et doivent se le procurer à Mekong Travel (68 Đ Le Duan; ⌚9h-18h) ou au Tam's Café (p. 179).

Pour rejoindre Phong Nha, trois minibus (120 000 d) partent quotidiennement vers le village de Son Trach à 12h, 13h et 17h. À 18h30, un bus de la compagnie Hung Thanh assure un service de nuit (160 000 d) à destination de l'Easy Tiger, une auberge située à Son Trach.

Consultez tous les horaires au Tam's Cafe.

TRAIN

De la **gare ferroviaire de Dong Ha** (Ga Dong Ha ; 2 Đ Le Thanh Ton), à 2 km au sud du pont de la RN 1, des trains partent pour Hanoi (couchette à partir de 65 000 d, 11-14 heures, 5 trains/jour), Dong Hoi (à partir de 65 000 d, 1 heure 30-2 heures 30, 6 trains/jour) et Hué (à partir de 50 000 d, 1 heure 30-2 heures 30, 6 trains/jour).

VOITURE ET MOTO

Le trajet aller en voiture jusqu'à Lao Bao, à la frontière, revient à 60 $US. On peut louer des motos à partir de 6 $US/jour.

Quang Tri

☎053 / 28 600 HABITANTS

Quang Tri était autrefois une importante cité fortifiée, mais il en reste peu de chose. Au printemps 1972, au cours de l'offensive "Eastertide", l'armée nord-vietnamienne assiégea la ville

SE RENDRE AU LAOS : DE DONG HA À SAVANNAKHET

Rejoindre la frontière Le poste-frontière de Lao Bao/Dansavanh, sur le fleuve Sepon (Song Xe Pon), est l'un des postes-frontières les plus empruntés et les moins problématiques entre le Laos et le Vietnam. Depuis Hué, des bus desservent Savannakhet (Laos) via Dong Ha et Lao Bao. Les jours impairs, un bus climatisé part de Hué à 7h (350 000 d, 9 heures 30) et s'arrête au bureau Sepon Travel de Dong Ha vers 8h30 pour récupérer des passagers. Il est également aisé de passer la frontière par ses propres moyens via Dong Ha. Des bus quittent la ville pour Lao Bao (55 000 d, 2 heures) toutes les 15 minutes environ. De là, comptez 15 000 d pour rejoindre la frontière en *xe om*. Horaires et réservations au Tam's Cafe. Le Tam's vend aussi des billets pour Vientiane (14 heures), Thakhek (10 heures) et Pakse (10 heures). En venant du Vietnam, il est impossible de franchir à moto le poste-frontière de Lao Bao.

À la frontière Les postes-frontières (ouverts de 7h à 18h) sont espacés de quelques centaines de mètres les uns des autres. Il est possible d'obtenir un visa laotien sur place, mais pour un visa vietnamien, il faut prendre ses dispositions à l'avance. Plusieurs hôtels commodes se trouvent du côté vietnamien. Évitez de changer de l'argent à Lao Bao, les taux étant très désavantageux.

Se déplacer Des *songthaew* rallient régulièrement Sepon, d'où il est possible de prendre un bus ou un autre *songthaew* pour Savannakhet.

puis l'investit. Les forces américaines et sud-vietnamiennes répliquèrent par des bombardements et des tirs d'artillerie qui réduisirent la ville à néant.

N'en demeurent plus que des vestiges des douves, des remparts et des portes de la **citadelle**, située à 1,6 km au nord de la RN 1 en retrait de Đ Tran Hung Dao.

À l'extérieur de Quang Tri, au bord de la RN 1 en direction de Hué, l'**église de Long Hung**, en ruine, témoigne des violents combats de 1972.

La **gare routière** (Đ Tran Hung Dao) est à 1 km de la RN 1. Vous pouvez toutefois faire signe aux bus sur la nationale, plutôt que d'attendre à la gare.

Hué

054 / 361 000 HABITANTS

Capitale des empereurs Nguyên, Hué évoque encore les splendeurs impériales, et ce, bien que ses plus beaux édifices aient été détruits pendant la guerre du Vietnam.

Hué doit son charme en grande partie à sa situation sur la rivière des Parfums – pittoresque quand il fait beau, elle se nimbe de mystère les jours moins radieux. Elle forme aujourd'hui un mélange de moderne et d'ancien, où les hôtels aux lignes épurées dominent l'enceinte séculaire de la citadelle.

À l'exception des quelques marchands ambulants, Hué reste une ville tranquille et conservatrice, où seuls quelques bars ouvrent tard le soir.

Histoire

En 1802, l'empereur Gia Long, fondateur de la dynastie des Nguyên, déplaça la capitale de Hanoi à Hué dans le but d'unir le nord et le sud du pays, et ordonna l'édification de la citadelle. La cité prospérait, mais ses dirigeants devaient lutter contre l'influence croissante de la France.

En 1885, l'armée française répondit à une attaque vietnamienne en assiégeant la citadelle, incendiant la bibliothèque impériale et dépouillant la cité de tous ses objets de valeur. Les empereurs continuèrent à résider à Hué, écartés cependant de toute décision d'intérêt national.

En 1968 l'attention se porta à nouveau sur elle, à la faveur de l'offensive du Têt. Tandis que l'état-major américain concentrait ses efforts sur Khe Sanh, les troupes nord-vietnamiennes et viêt-cong s'emparèrent de la ville, faisant les titres de la presse mondiale.

Pendant les 25 jours que flotta sur la citadelle le drapeau du Front national de libération, plus de 2 500 personnes – soldats de l'armée de la république du Vietnam (ARVN) marchands, fonctionnaires, bonzes, prêtres, intellectuels, qualifiés de "laquais qui avaient des dettes de sang" – furent tuées. Les forces américaines et sud-vietnamiennes répliquèrent en rasant des quartiers entiers de la ville, en bombardant la citadelle et en lâchant du napalm sur le palais impérial. Quelque 10 000 personnes périrent à Hué,

Hué

A
B
C
D
1
2
3
4
5
6
7
Lac Tang Tau (100 m)
Lac Tinh Tam
Đ Tinh Tam
Đ Nhat Le
Đ Ngo Si Lien
Đ Mai Thuc Loan
39
Đ Nguyen Dieu
Đ Le Thanh Ton
CITADELLE
Đ Phung Hung
Đ Doan Thi Diem
Đ Dang Dung
Đ Nguyen Chi Dieu
Đ Han Thuyen
Đ Dinh Cong Trang
Đ Tue Tinh
Đ Dang Thai Than
3
22
6
Đ Le Truc
Đ Tong Duy Tan
8
1
7
18
20
Enceinte impériale
21
9
4
19
Đ Ngo Thoi Nhiem
Temple To Mieu
Đ 23 Thang8
15
13
12
2
Đ Nguyen Thien Thuat
Đ Le Huan
Đ Tran Nguyen Han
Pont Phu Xuan
14
40
16
Đ Dang Tran Con
Đ Ton That Thiep
Đ Le Duan
gare routière d'An Hoa (800 m)
Đ Le Loi
Đ Le Lai
10
32
11
Đ Tran Thuc
Đ Ngo Quyen
Đ Le Loi
44
Đ Nguyen Hue
Gare ferroviaire (150 m), Pagode Bao Quoc (450 m)

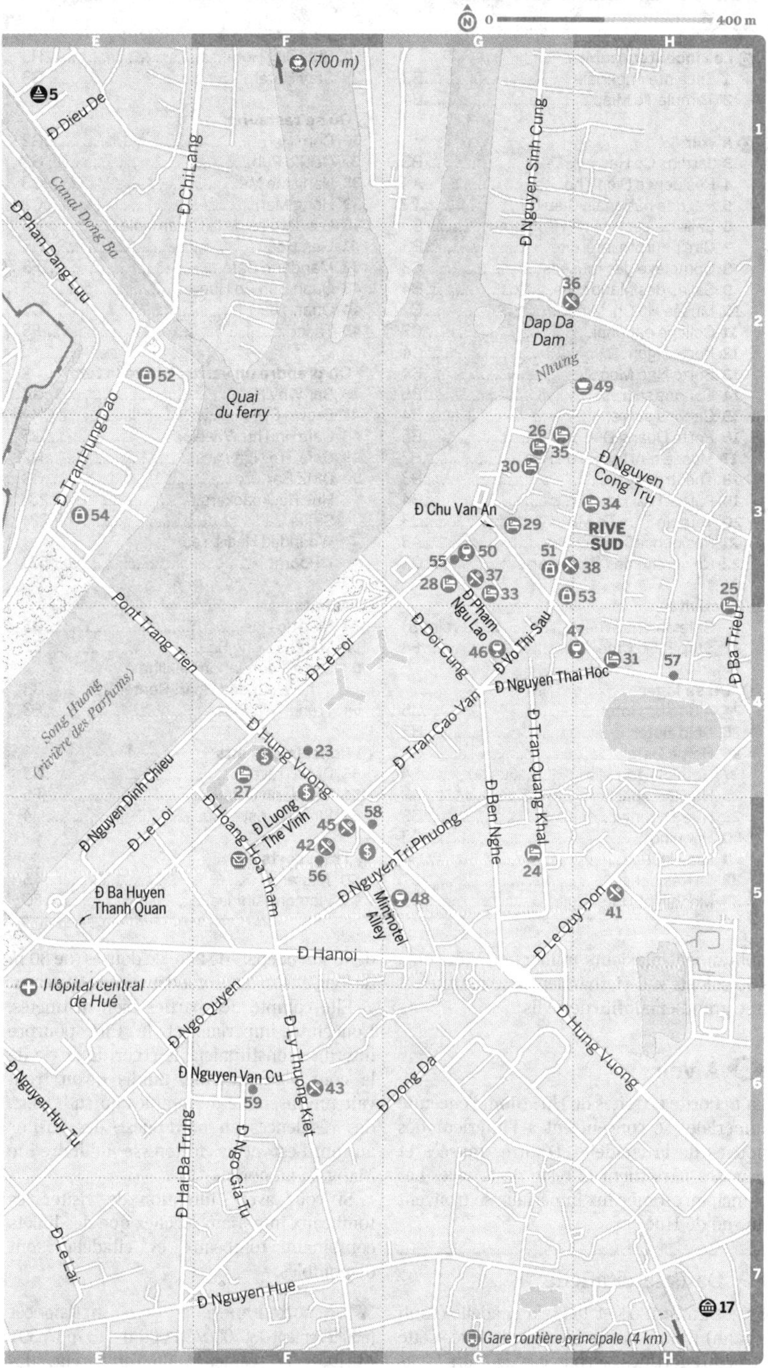
0
400 m
E
F
G
H
(700 m)
5
Đ Dieu De
Canal Dong Ba
Đ Phan Dang Luu
Đ Chi Lang
Đ Nguyen Sinh Cung
36
Dap Da Dam
Nhung
49
52
Quai du ferry
Đ Tran Hung Dao
26
35
30
Đ Nguyen Cong Tru
34
54
Đ Chu Van An
29
RIVE SUD
51
50
55
38
28
37
33
53
25
Đ Pham Ngu Lao
Pont Trang Tien
Đ Le Loi
Đ Doi Cung
47
46
Đ Vo Thi Sau
31
57
Đ Ba Trieu
Song Huong (rivière des Parfums)
Đ Nguyen Thai Hoc
Đ Tran Cao Van
Đ Hung Vuong
23
Đ Tran Quang Khai
Đ Nguyen Dinh Chieu
27
Đ Ben Nghe
58
Đ Luong The Vinh
Đ Le Loi
Đ Hoang Hoa Tham
45
42
Đ Nguyen Tri Phuong
56
24
Minihotel Alley
48
41
Đ Ba Huyen Thanh Quan
Đ Le Quy Don
Đ Hanoi
Hôpital central de Hué
Đ Ngo Quyen
Đ Ly Thuong Kiet
Đ Hung Vuong
Đ Nguyen Van Cu
43
59
Đ Dong Da
Đ Nguyen Huy Tu
Đ Hai Ba Trung
Đ Ngo Gia Tu
Đ Le Lai
Đ Nguyen Hue
17
Gare routière principale (4 km)
1
2
3
4
5
6
7

Hué

Les incontournables
1 Enceinte impériale B3
2 Temple To Mieu B4

À voir
3 Jardins Co Ha B3
4 Résidence Dien Tho A4
5 Pagode nationale Dieu De E1
6 Salle de Lecture de l'Empereur B3
7 Cité pourpre interdite B3
8 Complexe des musées C3
9 Salles des Mandarins B4
10 Musée Hô Chi Minh C7
11 Collège national C7
12 Porte Ngan C4
13 Porte Ngo Mon B4
14 Canons sacrés B5
15 Canons sacrés C4
16 Porte Quang Duc B5
17 Musée d'Art royal de Hué H7
18 Théâtre royal B3
19 Palais Thai Hoa B4
20 Temple Thai To Mieu C3
21 Résidence Truong San A3
22 Université des Beaux-Arts C3

Activités
Cafe on Thu Wheels .... (voir 48)
23 Stop & Go Café F4

Où se loger
24 Alba Spa Hotel G5
25 Gold Hotel H3
26 Home Hotel G3
27 Hotel Saigon Morin F4
28 Hue Backpackers G3
29 Hue Thuong G3
30 Huenino G3
31 Jade Hotel H4
32 La Résidence C7
33 Moonlight Hotel Hue G3
34 Star City Hotel H3
35 Stay Hotel G3

Où se restaurer
36 Com Hen G2
37 Gecko Pub G3
38 Hang Me Me G3
39 Hong Mai C2
40 Les Jardins de la Carambole B5
41 Lien Hoa H5
42 Mandarin Café F5
43 Quan Bun Bo Hue F6
44 Quan Thai Phu C7
45 Ta.ke F5

Où prendre un verre et faire la fête
46 Bar Why Not? G4
47 Brown Eyes H4
48 Café on Thu Wheels G5
49 Cafe Tre Nga H2
50 DMZ Bar G3
Hue Backpackers .... (voir 28)
Sirius .... (voir 28)
Wounded Heart Tea Room .... (voir 53)

Achats
51 Blue de Hue G3
52 Marché Dong Ba E2
53 Spiral Foundation Healing the Wounded Heart Center G3
54 Trang Tien Plaza E3

Renseignements
55 DMZ Travel G3
56 Mandarin Café F5
57 Sinh Tourist H4

Transports
58 Jetstar F5
59 Vietnam Airlines F6

notamment plusieurs milliers de Viêt-cong, 400 soldats sud-vietnamiens, 150 marines et une grande majorité de civils.

À voir

La majorité des sites de Hué (dont l'enceinte impériale) se concentrent à l'intérieur des douves de la citadelle. D'autres musées et pagodes parsèment le reste de la ville. Les principaux tombeaux impériaux se trouvent au sud de Hué.

Dans la citadelle

Érigée entre 1804 et 1833, la citadelle (Kinh Thanh) forme encore le cœur de Hué. Cette structure fortifiée se compose de murs longs de 10 km et épais de 2 m, de douves (de 30 m de long et 4 m de profondeur) et de 10 portes.

Elle compte des parties bien distinctes. L'enceinte impériale et la Cité pourpre interdite constituaient le cœur de la vie de la cour vietnamienne, tandis qu'on trouvait un ensemble de temples au sud-ouest, des résidences au nord-ouest, des jardins au nord-est et la forteresse militaire de Mang Ca au nord.

Si vous avez l'intention de visiter les tombeaux impériaux, sachez que des billets combinant tombeaux et citadelle sont disponibles.

Enceinte impériale SITE HISTORIQUE
(adulte/enfant 150 000/30 000 d ; 7h-17h30). Abritant la résidence de l'empereur, des

temples, des palais et les principaux bâtiments de l'État, l'enceinte est une véritable citadelle dans la citadelle, dont les murs atteignent 6 m de hauteur et 2,5 km de longueur. On ne voit qu'une petite partie du site d'origine : l'enceinte a subi des bombardements intensifs durant les guerres d'Indochine et du Vietnam, et seuls 20 des 148 bâtiments sont parvenus jusqu'à nous. Ce site fascinant mérite aisément une demi-journée d'exploration, même s'il est parfois difficile de s'y repérer en raison des médiocres indications. Des travaux de reconstruction et de restauration sont en cours.

L'endroit est par ailleurs jonché de pierres, de gravats, de carreaux cassés et de mauvaises herbes. Il ne s'en prête pas moins à une flânerie plaisante, et certaines parties, moins fréquentées, sont impressionnantes. Il y a des petits cafés et stands de souvenirs tout autour.

Mieux vaut commencer la visite par la porte Ngo Mon, en parcourant l'enceinte dans le sens inverse des aiguilles d'une montre.

➡ Porte Ngo Mon

Face à la tour du Drapeau, la porte Ngo Mon sert d'accès principal à l'enceinte impériale. Parée de battants jaunes, elle était jadis exclusivement réservée à l'usage de l'empereur, tout comme le pont de l'étang aux Lotus. Les autres devaient emprunter les portes situées de part et d'autre et les sentiers contournant l'étang.

La porte est surmontée du Ngu Phung (belvédère des Cinq Phénix), où l'empereur apparaissait lors des grandes occasions, comme la publication du calendrier lunaire. C'est sur ce même belvédère que Bao Dai, dernier souverain de la dynastie des Nguyên, abdiqua le 30 août 1945, devant une délégation du gouvernement révolutionnaire provisoire de Hô Chi Minh.

➡ Palais Thai Hoa

Construit en 1803, le "palais de l'Harmonie suprême" est une vaste salle surmontée d'un toit de madriers, soutenu par 80 colonnes sculptées et laquées. Il accueillait les réceptions officielles et les cérémonies impériales. À ces occasions, l'empereur restait assis sur son trône surélevé, regardant les visiteurs entrer par la porte Ngo Mon.

Ne manquez pas l'excellente présentation audiovisuelle, laquelle fournit un très bon aperçu de la citadelle, de son architecture et du contexte historique. Photos interdites.

➡ Salles des Mandarins

Juste derrière le palais, de part et d'autre d'une cour, ces salles servaient de bureaux et de vestiaires aux mandarins.

Dans la salle de droite, sont exposés de vieilles photographies (notamment celles du couronnement de l'enfant-roi Vua Duya Tan), des bouddhas dorés et d'autres curiosités impériales.

Au-delà de la cour, vous découvrirez les ruines du **palais Can Chanh**, où deux magnifiques galeries, longues et laquées de rouge, ont été reconstruites.

➡ Salle de Lecture de l'empereur

(Thai Binh Lau). Quoique fort décatie, la salle de Lecture de l'empereur est la seule partie de la Cité pourpre interdite à avoir échappé aux dommages causés durant la réoccupation française de Hué, en 1947. Actuellement en cours de rénovation, elle est fermée aux visiteurs. Remarquez cependant les mosaïques du toit rappelant le style de Gaudi.

➡ Théâtre royal

(Duyen Thi Duong ; ☎ 351 4989 ; www.nhanhac.com.vn ; représentation 50 000-100 000 d ; ⏲ représentations 9h, 10h, 14h30 et 15h30). Le Théâtre royal, dont la construction débuta en 1826 et qui accueillit par la suite le Conservatoire national de musique, a été rebâti sur ses anciennes fondations. Les spectacles durent 45 minutes.

Au sud-est se trouvent le temple Thai To Mieu (aujourd'hui une pépinière) et l'ancienne **Université des beaux-arts**, dont il ne reste presque rien.

➡ Jardins de Co Ha

Dans l'angle nord-est de l'enceinte impériale, ces magnifiques jardins furent conçus par les quatre premiers empereurs de la dynastie des Nguyên mais par la suite laissés à l'abandon. Ils ont récemment fait l'objet d'une reconstitution remarquable et sont parsemés d'étangs et de petits pavillons en forme de belvédère. Cet endroit, parmi les plus paisibles de toute la citadelle, était en cours de rénovation lors de notre dernière visite.

➡ Cité pourpre interdite

(Tu Cam Thanh). Au cœur de l'enceinte impériale, il ne reste pratiquement rien de la Cité pourpre interdite, jadis magnifique. Citadelle dans la citadelle, elle était exclusivement réservée à l'usage personnel de l'empereur – les seuls serviteurs autorisés étaient les eunuques, qui ne représentaient aucune menace pour les concubines impériales.

L'enceinte impériale de Hué

EXPLORATION DU SITE

C'est du sud, par les remparts extérieurs de la citadelle, que l'on accède à cet ensemble de palais et de pagodes méticuleusement restaurés, de ruines et de décombres. Le plus judicieux est de définir un circuit, en faisant le tour dans le sens inverse des aiguilles d'une montre.

Vous traverserez l'impressionnante **porte Ngo Mon** ❶, où se trouve la billetterie. Elle offre un angle de vue spectaculaire qui accroît le sentiment d'exaltation en pénétrant dans cette citadelle dans la citadelle. En face se dresse le **palais Thai Hoa** ❷, où l'empereur accueillait les visiteurs officiels du haut de son trône surélevé. En poursuivant vers le nord, vous arriverez sur une petite cour encadrée des deux **salles des Mandarins** ❸, qui servaient de bureaux et de vestiaires à ces hauts fonctionnaires.

Au nord-est se dresse le théâtre royal, où se donnent des spectacles de danse traditionnelle plusieurs fois par jour. Rejoignez ensuite la salle de Lecture de l'empereur, construite par Thieu Tri, et qui était utilisée comme lieu de retraite. À l'est se trouvent les ravissants jardins de Co Ha, dont vous pourrez parcourir les sentiers récemment restaurés et parsemés de centaines de bonsaïs et de plantes en pot.

Depuis le pavillon Tu Vo Phuong, qui garde l'extrémité nord du site, on peut suivre les douves jusqu'à la résidence Truong San puis revenir vers le sud en passant par la **résidence Dien Tho** ❹ pour finalement découvrir le temple To Mieu, qui, superbement restauré, est peut être le plus bel élément du site – admirez ses **neuf urnes dynastiques** ❺.

BONS PLANS

Prévoyez une demi-journée pour explorer la citadelle. Il y a des vendeurs de boissons partout dans le site, mais les meilleurs endroits pour faire une pause sont les jardins de Co Ha, le pavillon Tu Vo Phuong et la résidence Dien Tho (on trouve aussi à manger dans ces deux derniers).

Résidence Dien Tho

De nombreuses reines mères vécurent dans cette ravissante résidence dotée de structures basses et d'un bassin. Les constructions les plus anciennes datent de 1804.

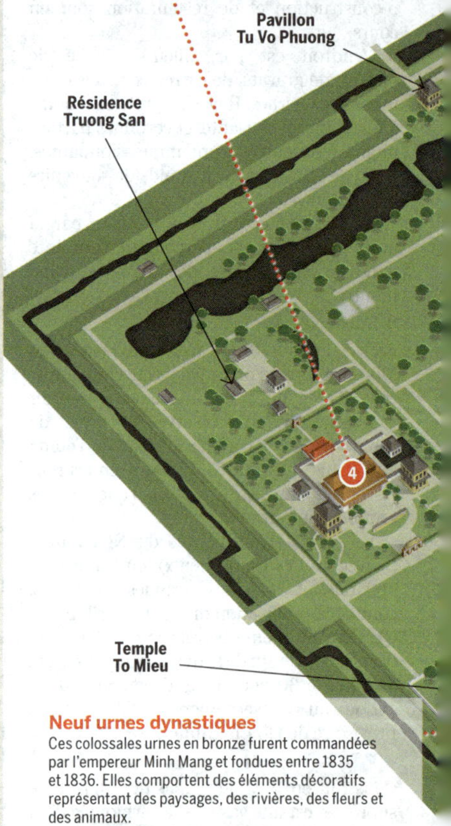

Neuf urnes dynastiques

Ces colossales urnes en bronze furent commandées par l'empereur Minh Mang et fondues entre 1835 et 1836. Elles comportent des éléments décoratifs représentant des paysages, des rivières, des fleurs et des animaux.

Pavillon Tu Vo Phuong

Ce pavillon de 2 étages qui s'élève au-dessus des douves était un bastion de défense du secteur nord de l'enceinte impériale. Il allie les styles architecturaux européens et vietnamiens (remarquez les beaux dragons sur le toit).

Salles des Mandarins

Des travaux de restauration financés par l'Unesco sont en cours dans la salle à l'est, dans le but de préserver les belles fresques qui ornent le plafond et les murs.

MICHAEL RUNKEL / GETTY IMAGES ©

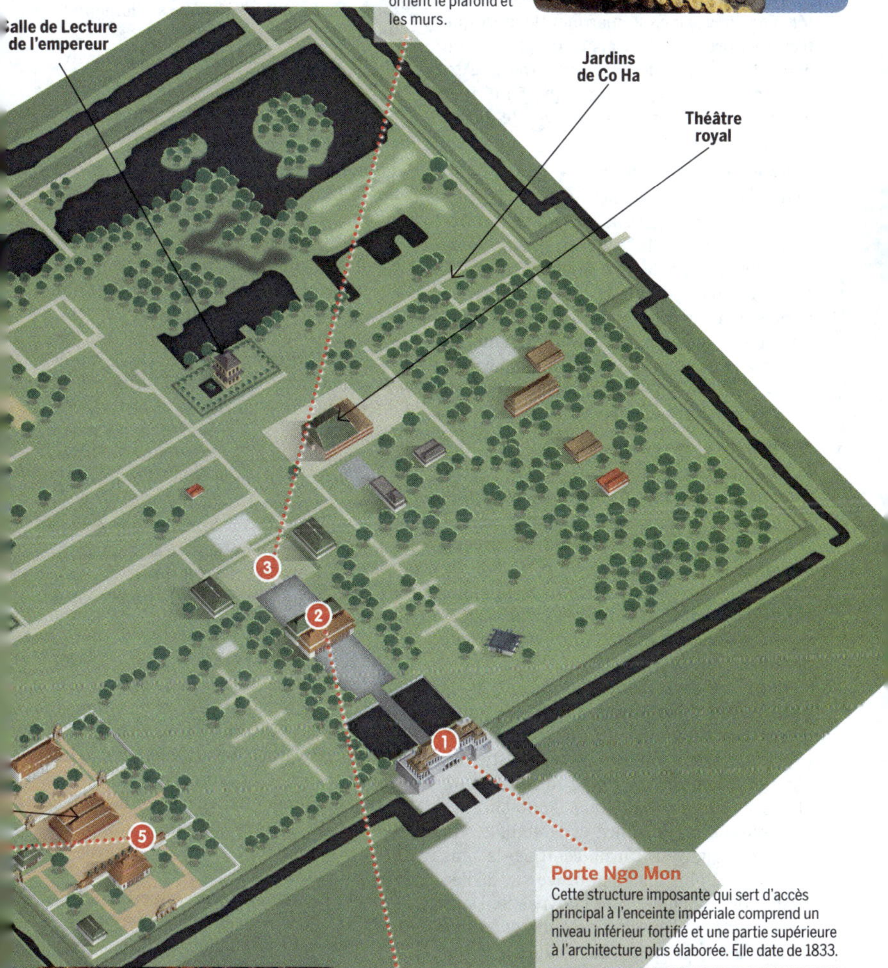

Porte Ngo Mon

Cette structure imposante qui sert d'accès principal à l'enceinte impériale comprend un niveau inférieur fortifié et une partie supérieure à l'architecture plus élaborée. Elle date de 1833.

ANDERS BLOMQVIST / GETTY IMAGES ©

Palais Thai Hoa

Ne manquez pas ses incroyables colonnes en bois de fer recouvertes de 12 couches de rouge écarlate et de vernis or. Sans des travaux de restauration dans les années 1990, la structure se serait effondrée.

SAMI SARKIS / GETTY IMAGES ©

La Cité pourpre interdite fut presque entièrement détruite durant les guerres et ses vestiges sont aujourd'hui recouverts de mauvaises herbes.

➡ **Résidence Truong San**

En 1844, l'empereur Thiêu Tri classa cette résidence parmi les vingt plus beaux sites de Hué. Elle a malheureusement été dévastée par la guerre. Remarquez le portique d'entrée, orné de dragons et de phénix qui caracolent, ainsi que les douves ovales. L'extérieur a été restauré, alors que l'intérieur est resté vide, quoique pourvu de belles dalles et colonnes.

➡ **Résidence Dien Tho**

Cette superbe résidence (1804) partiellement en ruine accueillait autrefois les appartements et la salle d'audience des reines mères de la dynastie des Nguyên. La salle d'audience abrite une collection de photos représentant l'endroit autrefois, ainsi que des vêtements royaux. Dominant un bassin à nénuphars à l'extérieur, un pavillon d'agrément est aujourd'hui occupé par un café, lequel vaut bien une halte.

➡ ♥ **Temple To Mieu**

Occupant l'angle sud-ouest de l'enceinte impériale, cet impressionnant ensemble fortifié a été superbement restauré.

Dans la partie sud s'élève sur trois niveaux l'imposant **pavillon Hien Lam** (1824). De l'autre côté d'une cour s'étend le solennel **temple To Mieu**, qui abrite les sanctuaires de chacun des empereurs, surmontés de leur photo.

Entre ces deux temples se trouvent les **neuf urnes dynastiques** (*dinh*). Chacune de ces urnes, fondues entre 1835 et 1836, est consacrée à un souverain de la dynastie des Nguyên. Mesurant environ 2 m de hauteur, et pesant chacune de 1 900 à 2 600 kg, elles symbolisent la puissance et la stabilité du règne des Nguyên. L'urne centrale, la plus grande et la plus finement ornée, est dédiée à Gia Long, fondateur de la dynastie. Dans la cour, on peut voir deux dragons, enfermés dans ce qui ressemble à des cabines téléphoniques rouges.

Du côté nord de l'ensemble, une porte mène à une petite enceinte fortifiée abritant le **temple Hung To Mieu**, une reconstruction du temple d'origine, bâti en 1804 en hommage aux parents de Gia Long.

➡ **Neuf canons sacrés**

Situés à l'intérieur de la citadelle, près des portes encadrant la tour du Drapeau, les **neuf canons sacrés** (1804) sont les défenseurs symboliques du palais et du royaume. Fondus sur l'ordre de l'empereur Gia Long, à partir d'objets en cuivre dérobés aux rebelles Tay Sôn, ils n'ont jamais eu pour vocation de servir. Les **quatre canons** situés près de la **porte Ngan** symbolisent les saisons, tandis que les **cinq canons** proches de la **porte Quang Duc** représentent les éléments : métal, bois, eau, terre et feu.

D'une longueur de 5 m, chacun pèse environ 10 tonnes.

Hors de la citadelle

Pagode nationale Dieu De TEMPLE BOUDDHIQUE

(Quoc Tu Dieu De ; 102 Đ Bach Dang). GRATUIT Édifiée sous le règne de l'empereur Thiêu Tri (1841-1847), cette pagode qui surplombe le canal Dong Ba est célèbre pour ses quatre tours basses – une de part et d'autre de la porte, les deux autres flanquant le sanctuaire. Les pavillons qui encadrent l'entrée principale abritent les 18 La Ha – situés juste au-dessous des bodhisattvas dans la hiérarchie bouddhiste – et les 8 Kim Cang, protecteurs du Bouddha. Derrière les estrades se tient le Bouddha Thich Ca, entouré de ses deux assistants.

La pagode Dieu De fut un bastion de la révolte bouddhiste et estudiantine contre le régime sud-vietnamien et la guerre du Vietnam. En 1966, elle fut prise d'assaut par la police, qui procéda à de nombreuses arrestations.

Musée d'Art royal de Hué MUSÉE

(150 Đ Nguyen Hue ; ⌚6h30-17h30 en été, 7h-17h en hiver). GRATUIT Ce musée récemment rénové occupe le palais An Dinh (1918). Commandé par l'empereur Khai Dinh, le bâtiment, d'influence baroque, est décoré d'une profusion de fresques murales très élaborées, de motifs floraux et de trompe-l'œil. Après son abdication en 1945, l'empereur Bao Dai vécut ici entouré de sa famille.

Le musée renferme de superbes céramiques, peintures, meubles, objets en argent, porcelaines et vêtements royaux, mais manque quelque peu d'éléments explicatifs.

Pagode Bao Quoc TEMPLE BOUDDHIQUE

(Ham Long Hill). GRATUIT Édifiée en 1670, cette pagode qui domine la colline Ham Long est située sur la rive sud de la rivière des Parfums. Notez l'imposante porte à trois arches, que l'on atteint après avoir gravi un large escalier. À droite, une école de moines est en service depuis 1940.

Complexe des musées MUSÉE

(Đ 23 Thang 8 ; 15 000 d ; 7h-11h et 13h30-16h30 mar-dim). Le ravissant bâtiment quelque peu délaissé situé en face du palais Long An est une ancienne école, qui accueillait autrefois les princes et les fils des grands mandarins. L'endroit regroupe une pagode dédiée à l'archéologie, un petit Muséum d'histoire naturelle et un bâtiment consacré au mouvement de résistance contre le colonialisme français. Les jardins recèlent divers avions et véhicules militaires, aussi bien vietnamiens qu'américains.

Collège national ÉDIFICE REMARQUABLE

(Truong Quoc Hoc ; 10 Đ Le Loi ; 11h30-13h et après 17h). Fondé en 1896, le collège national est l'un des établissements secondaires les plus prestigieux du Vietnam. Il fut notamment fréquenté par le général Vo Nguyên Giap et par Hô Chi Minh (qui y fit de brèves études en 1908). On ne peut visiter les lieux qu'à l'heure du déjeuner et à la fin des cours.

Musée Hô Chi Minh MUSÉE

(7 Đ Le Loi ; 7h-11h et 13h30-16h mar-dim). GRATUIT Le père du Vietnam moderne passa 10 ans à Hué. On trouve dans ce musée d'intéressantes photographies ainsi qu'un ensemble de diplômes et de médailles, mais il y a très peu d'explications.

Lac Tang Tau LAC

(Đ Dien Tien Hoang). Sur une île au centre du lac Tang Tau (situé au nord du lac Tinh Tam) s'élevait une bibliothèque royale. Le site est aujourd'hui occupé par la petite **pagode Ngoc Huong**.

Circuits organisés

Stop & Go Café EXCURSIONS

(054-382 7051 ; www.stopandgo-hue.com ; 3 Đ Hung Vuong). Circuits sur mesure à moto et en voiture. Une excursion d'une journée en voiture dans la DMZ avec un vétéran vietnamien coûte environ 27 $US par personne pour 4 personnes, ce qui représente une bonne affaire. Les circuits guidés à Hoi An, avec haltes sur la plage, sont également très intéressants.

Cafe on Thu Wheels EXCURSIONS

(054-383 2241 ; minhthuhue@yahoo.com ; 10/2 Đ Nguyen Tri Phuong). Circuits bon marché à Hué et dans la DMZ, à vélo, à moto, en minibus et en voiture. Possibilité d'organiser des liaisons jusqu'à Hoi An, en moto (45 $US) ou en voiture (55 $US).

Hue Flavor CIRCUITS GASTRONOMIQUES

(0905 937 006 ; www.hueflavor.com ; par pers 45 $US). Excellents circuits gastronomiques à la découverte de la délicieuse cuisine de rue de Hué. Quelque 15 plats différents sont proposés au cours d'une visite longue de quatre heures, assurée en cyclo-pousse.

Ton That Quy EXCURSIONS

(093 578 2533 ; www.vietnammotortrail.com). Chaleureux et fiable, le guide Quy organise de belles balades à moto jusqu'à Hoi An via le col de Hai Van, des visites autour de Hué et dans la DMZ, ainsi que des séjours prolongés un peu partout au Vietnam.

Tran Van Thinh EXCURSIONS

(0905 731 537 ; tranvanthinhhue@yahoo.com). Circuits à moto dans des villes alentour et visites des tombeaux impériaux. Le chevronné Thinh, qui vit depuis longtemps à Hué, parle un très bon anglais.

Oriental Sky Travel CIRCUIT MULTIACTIVITÉS

(0985 555 827 ; www.orientalskytravel.com). Sous l'égide de l'expérimenté et chaleureux Shi, ce prestataire propose des séjours sportifs (randonnée, tyrolienne, etc.) dans le parc national de Bach Ma, ainsi que des sorties VTT, kayak et spéléo dans le parc national de Phong Nha et la DMZ. Pour l'hébergement, renseignez-vous auprès de la pension villageoise de Chay Lap, près de Phong Nha.

Festivals

Festival de Hué FESTIVAL

(www.huefestival.com ; fin avr à début mai). Cette biennale des arts, qui se tient les années paires (prochaine édition en 2018), accueille des artistes vietnamiens et étrangers.

Où se loger

Les hébergements de Hué sont bien moins chers que ceux de Hanoi ou de HCMV. Le principal bastion touristique se trouve entre Đ Le Loi et Đ Vo Thi Sau, avec quelques bonnes adresses en sus dans Đ Nguyen Cong Tru.

Home Hotel HÔTEL $

(054-383 0014 ; www.huehomehotel.com ; 8 Đ Nguyen Cong Tru ; ch 16-25 $US ;). Tenu par une équipe très chaleureuse, cet hôtel exhale une atmosphère jeune et branchée, avec des chambres spacieuses sur plusieurs niveaux. Demandez-en une donnant sur Đ Nguyen Cong Tru pour bénéficier d'un petit balcon, de portes-fenêtres et d'une vue sur la rivière. Pas d'ascenseur.

EXCURSIONS EN BATEAU SUR LA RIVIÈRE DES PARFUMS

De nombreux sites des environs de Hué peuvent se visiter dans le cadre d'une croisière en bateau sur la rivière des Parfums (Song Huong), notamment la pagode Thien Mu, ainsi que plusieurs tombes royales.

La plupart des hôtels et des cafés fréquentés par les touristes proposent des circuits vers les principaux sites (5-20 $US/pers). Les plus intéressants commencent par une croisière matinale sur la rivière, avec des haltes dans des pagodes et des temples, puis, après le déjeuner, enchaînent avec un circuit en minibus vers les principaux tombeaux pour finalement revenir à Hué. Les formules les moins chères requièrent souvent de louer une moto ou de marcher sous une chaleur écrasante entre l'amarrage et les tombeaux.

Il est théoriquement possible de négocier un itinéraire personnalisé à l'amarrage situé au sud de la rivière. Les tarifs de location d'un bateau affrété commencent à 10 $US pour une croisière de 1 heure. Sachez cependant que ces bateaux sont lents. Il vous faudra une journée complète pour visiter certains des tombeaux les plus impressionnants et les plus reculés. Définissez clairement ce que vous voulez, de préférence par écrit.

Huenino PENSION $
(054-625 2171 ; www.hueninohotel.com ; 14 Đ Nguyen Cong Tru ; ch 18-25 $US ;). Cette pension accueillante tenue en famille affiche un cadre élégant avec objets d'art et beau mobilier. Petites chambres avec minibar, TV câblée et bons lits. Petit-déjeuner copieux compris.

Stay Hotel HÔTEL $
(054-3823 999 ; www.stayhotelhue.com ; 7 Đ Nguyen Cong Tru ; dort 7 $US, d 14-24 $US ;). Un nouveau venu sur la scène hôtelière en plein essor de Đ Nguyen Cong Tru. Chambres décorées d'œuvres d'art colorées, petit-déjeuner servi dans une salle élégante, et vue sur la rivière depuis certaines chambres.

Jade Hotel PENSION $
(054-393 8849 ; jadehotelhue.com ; 17 Đ Nguyen Thai Hoc ; ch 17-30 $US ;). Un très bon établissement au service impeccable. Les chambres sont pourvues de matelas douillets, et il fait bon se détendre dans le hall-lounge.

Star City Hotel HÔTEL $
(054-383 1358 ; starcityhotelhue.com ; 2/36 Đ Vo Thi Sau ; ch 14-18 $US ;). Cet hôtel de 5 étages avec ascenseur loue des chambres propres et spacieuses avec TV et clim. Le tout à prix très abordable. Situé en retrait de la rue, à l'écart du bruit de la circulation.

Hue Thuong HÔTEL $
(054-388 3793 ; www.huethuonghotel.com ; 11 Đ Chu Van An ; ch 15-25 $US ;). Un fantastique mini-hôtel, dont les chambres rénovées, quoique petites, sont plaisantes et impeccables, avec une literie pourpre et blanche, et de jolis meubles.

Hue Backpackers AUBERGE DE JEUNESSE $
(054-382 6567 ; www.vietnambackpackerhostels.com ; 10 Đ Pham Ngu Lao ; dort 8-12 $US, ch 18 $US ;). Adresse très prisée des routards du fait de son emplacement central, de son personnel sympathique, des bonnes infos touristiques et du bar-restaurant, convivial. Les dortoirs sont bien aménagés et pourvus de la clim. et de casiers.

Alba Spa Hotel BOUTIQUE HÔTEL $$
(054-382 8444 ; www.albaboutiquehotels.com ; 29 Đ Tran Quang Khai ; ch 55-85 $US ;). Ce charmant nouveau venu conjugue des chambres plaisantes et chics avec un spa au rez-de-chaussée. La petite piscine couverte est parfaite pour se délasser après un soin, et le généreux petit-déjeuner – comprenant des spécialités culinaires de Hué – est l'un des meilleurs de la ville. Dans une petite rue tranquille, à deux pas de l'animation locale.

Tam Tinh Vien BOUTIQUE HÔTEL $$
(054-3519 990 ; www.huehomestay.wevina.vn ; village de Long Ha ; ch 40 $US ;). Situé dans le village de Long Ha, à environ 6 km de Hué, ce délicieux établissement présenté comme une pension évoque davantage un hôtel de charme. Distribuées autour d'une petite piscine et d'un jardin verdoyant, les spacieuses villas avec lit à baldaquin dessinent une délicate esthétique asiatique. Empruntez un vélo pour rallier Hué (30 minutes) – comptez 100 000 d en taxi.

Moonlight Hotel Hue HÔTEL $$
(054-397 9797 ; www.moonlighthue.com ; 20 Đ Pham Ngu Lao ; ch 50-75 $US, ste 80-135 $US ;). Hôtel de "nouvelle génération"

offrant des chambres extrêmement bien équipées pour leur prix, avec parquet ciré, salle de bains en marbre avec baignoire, et mobilier somptueux. Payez quelques dollars de plus pour obtenir un balcon donnant sur la rivière des Parfums. La piscine est petite et couverte, tandis que le Sirius invite à siroter des verres sur le toit.

Gold Hotel HÔTEL **$$**
(☎054-381 4815 ; www.goldhotelhue.com ; 28 Ð Ba Trieu ; ch 42-51 $US, ste 72-92 $US ;). Cet hôtel est assez impressionnant : on y trouve un grand espace de restauration et des chambres modernes au décor très soigné, pourvues de superbes salles de bains (avec baignoire). On apprécie la gestion efficace et l'excellent rapport qualité/prix, malgré une piscine plutôt quelconque. À quelques minutes de la rivière, à pied ou en cyclo-pousse.

La Résidence HÔTEL **$$$**
(☎054-383 7475 ; www.la-residence-hue.com ; 5 Ð Le Loi ; ch à partir de 145 $US ;). Jadis résidence du gouverneur français, ce superbe hôtel est empreint d'élégance Art déco, avec ses éléments d'origine et ses meubles d'époque. Un chemin bordé de frangipaniers mène à une piscine de 30 m d'où l'on peut admirer la rivière des Parfums. Chambres somptueusement aménagées, excellents restaurants, et service soigné et professionnel.

Pilgrimage Village COMPLEXE HÔTELIER **$$$**
(☎054-388 5461 ; www.pilgrimagevillage.com ; 130 Ð Minh Mang ; ch/bungalows à partir de 155/230 $US ;). Fort d'une piscine de 40 m, de bassins aux lotus et d'un espace yoga et spa dernier cri, ce luxueux resort écologique niché dans une vallée verdoyante invite à la décontraction totale. Chambres extrêmement confortables. Pour être vraiment comblé, choisissez un bungalow avec piscine privée. Bon restaurant, salle de petit-déjeuner et bar très agréables. À 3 km du centre-ville.

Hotel Saigon Morin HÔTEL **$$$**
(☎054-382 3526 ; www.morinhotel.com.vn ; 30 Ð Le Loi ; ch/ste à partir de 100/170 $US ;). Ouvert en 1901, le Saigon Morin a été à une époque le cœur de la vie coloniale française. Le bâtiment est impressionnant, organisé autour de deux cours intérieures et d'une petite piscine. Chambres spacieuses, bien meublées, riches de somptueux tapis et de touches d'époque.

Où se restaurer

C'est à l'empereur Tu Duc, grand gourmet devant l'Éternel, que Hué doit sa richesse culinaire.

Les gâteaux de riz royaux (le plus courant étant le *banh khoai*) sont la première spécialité à goûter. Les autres variantes sont les *banh beo*, *banh loc*, *banh it* et *banh nam*.

Hué peut se prévaloir d'une longue tradition de cuisine végétarienne. Le marché Dong Ba offre l'embarras du choix les 1er et 15e jours du mois lunaire. La ville compte aussi une formidable cuisine de rue. Suivez nos recommandations ou participez à l'un des circuits gastronomiques de Hue Flavor (p. 189).

Hang Me Me VIETNAMIEN **$**
(16 Ð Vo Thi Sau ; en-cas à partir de 20 000 d). Une bonne adresse pour tester l'incroyable variété des gâteaux de riz de Hué. Les portions sont plutôt généreuses : venez avec vos amis pour goûter les différentes sortes. Nous avons un faible pour le *banh beo*, constitué de parfaites petites bouchées coiffées d'oignons verts et de crevettes séchées.

Com Hen VIETNAMIEN **$**
(17 Ð Han Mac Tu ; repas à partir de 10 000 d ; 7h-23h). Dégustez un bol de riz (*com hen*) ou de nouilles (*bun hen*) avec fines herbes et savoureuses palourdes provenant d'une île voisine, au milieu de la rivière des Parfums. Les portions sont assez modestes : vous pouvez commandez un bol de chaque.

Lien Hoa VÉGÉTARIEN **$**
(3 Ð Le Quy Don ; repas 55 000-75 000 d ; 6h30-21h30 ;). Ce restaurant végétarien sans fioritures est réputé pour sa cuisine copieuse à prix doux : *banh beo*, nouilles, jacquier frit croustillant et aubergine au gingembre.

Hong Mai VIETNAMIEN **$**
(110 Ð Dinh Tien Toang ; en-cas à partir de 20 000 d ; 11h-20h). Après avoir admiré la citadelle, rendez-vous dans cet excellent restaurant vietnamien pour savourer une version haut de gamme des deux spécialités de rue locales. Les *banh khoai* (crêpes de riz farcies, avec porc et crevettes) sont légères et bourrées de germes de soja, tandis que le *nem lui* (viande de porc hachée et grillée sur une brochette de citronnelle) se marie parfaitement avec une Huda bien fraîche.

Quan Thai Phu VIETNAMIEN **$**
(2 Ð Dien Bien Phu ; repas 15 000-30 000 d ; 9h-21h). Notre adresse préférée où

déguster le fameux *bun thit nuong* – porc grillé avec vermicelles et quantité de fines herbes – de Hué. N'oubliez pas d'y ajouter une bonne cuillerée de sauce à la cacahuète.

Quan Bun Bo Hue VIETNAMIEN $

(17 Đ Ly Thuong Kiet ; repas 30 000 d ; ⌚6h-14h). Une excellente adresse pour savourer un bol consistant de *bun bo Hue*, le typique plat de nouilles de Hué (bœuf tendre, vermicelles et citronnelle). Au n°19, juste à côté, le Ly Thuong Kiet est du même tonneau. Les deux font salle comble en début d'après-midi.

Mandarin Café VIETNAMIEN $

(☎054-382 1281 ; www.mrcumandarin.com ; 24 Đ Tran Cao Van ; plats à partir de 25 000 d ; ⌚6h-22h ; 📶✎). M. Cu, dont les photos inspirées ornent les murs, accueille des routards depuis des années dans son restaurant à l'ambiance décontractée offrant un large choix de plats végétariens et de petits-déjeuners. Le Mandarin Café est aussi une agence de voyages.

Gecko Pub CAFÉ $$

(9 Đ Pham Ngu Lao ; repas 30 000-80 000 d ; ⌚8h-minuit). Tout en décontraction, le Gecko est notre café-restaurant préféré à Pham Ngu Lao. Le service chaleureux et l'élégant décor asiatique viennent compléter l'une des meilleures terrasses en bord de rue de la ville. Au menu : un mélange éclectique de classiques occidentaux et vietnamiens. Attendez-vous également à siroter l'un des meilleurs mojitos du centre du Vietnam.

Ta.ke JAPONAIS $$

(34 Đ Tran Cao Van ; repas 60 000-140 000 d ; ⌚10h-22h). Un authentique restaurant japonais, au charmant mobilier (lanternes, calligraphies). La carte mêle sushis, tempuras et plats à base de yakitoris. L'intérieur se révèle un havre de sérénité, à l'abri des rues toujours plus animées de Hué.

Les Jardins de la Carambole FRANÇAIS, VIETNAMIEN $$$

(☎054-354 8815 ; www.lesjardinsdelacarambole.com ; 32 Dang Tran Con ; plats à partir de 5 $US ; ⌚7h-23h ; 📶). Vous vivrez une expérience culinaire mémorable dans ce restaurant français raffiné installé dans un magnifique édifice colonial du quartier de la citadelle. Les spécialités de l'Hexagone dominent, les vins sont nombreux et le service est appliqué. Idéal pour un repas en amoureux.

Où prendre un verre

Cafe Tre Nga CAFÉ

(7 Đ Nguyen Cong Tru). Familles, couples d'amoureux et joueurs de cartes fréquentent tous ce havre de paix enveloppé de bambous au bord de l'eau ; notre adresse préférée pour siroter un *caphe sua da* (café glacé au lait). Descendez la ruelle qui part de Đ Nguyen Cong Tru : le café se trouve après les galeries d'art.

DMZ Bar BAR

(www.dmz.com.vn ; 60 Đ Le Loi ; ⌚7h-1h ; 📶). Bar au bord de l'eau apprécié de longue date pour son billard gratuit, sa bière Huda fraîche, ses cocktails (goûtez au mojito à la pastèque) et sa bonne ambiance la plupart des soirs. On y sert aussi des plats occidentaux et locaux jusqu'à minuit, des smoothies et des jus de fruits. *Happy hour* de 15h à 20h. Ne manquez pas la carte sens dessus dessous de la DMZ – assortie d'un chopper américain – au plafond du bar.

Wounded Heart Tea Room MAISON DE THÉ

(23 Đ Vo Thi Sau ; thé 40 000 d ; ⌚8h-18h). Jouxtant une boutique de commerce équitable, ce petit établissement est spécialisé dans le thé vietnamien (jasmin, gingembre, Oolong, etc.), mais saura aussi vous préparer un café. En-cas offerts avec la boisson.

La Boulangerie française SALON DE THÉ

(☎054-383 7437 ; www.laboulangeriefrancaise.org ; 46 Đ Nguyen Tri Phuong ; formule petit-déj et déj à partir de 32 000 d ; ⌚7h-20h30). Depuis 1999, cette école de boulangerie forme de jeunes Vietnamiens défavorisés au métier de boulanger pâtissier. Au salon de thé, les produits fabriqués par les apprentis sont proposés : viennoiseries, pâtisseries, sandwich et quiches. Et les recettes servent à financer la formation de ces jeunes.

Brown Eyes BAR

(Đ Chu Van An ; ⌚17h-tard ; 📶). Le bar de nuit le plus couru de la ville attire aussi bien les habitants que les touristes fêtards. Les DJ enflamment la piste de danse avec des tubes de R&B, de hip-hop et de house, et les serveurs abreuvent les clients de *shots* gratuits.

Sirius BAR

(www.moonlighthue.com ; Moonlight Hotel, 20 Đ Pham Ngu Lao ; en-cas à partir de 55 000 d ;

10h-22h). En haut du Moonlight Hotel, le Sirius est *le* rendez-vous local pour siroter un verre au crépuscule. Au menu : en-cas grillés – bœuf, calamar, crevettes –, bière (ou cocktail) et coucher de soleil sur la rivière des Parfums.

Café on Thu Wheels BAR
(10/2 Đ Nguyen Tri Phuong ; 6h30-23h ;). Murs couverts de graffitis, ambiance conviviale, cuisine et smoothies de qualité composent ce lieu accueillant tenu par une charmante famille. L'endroit propose aussi de bons circuits organisés, sert des repas bon marché et met des livres et magazines à disposition.

Hue Backpackers BAR
(10 Đ Pham Ngu Lao ; 6h-23h ;). Toujours animé, ce bar attire les routards en quête de vodkas parfumées, de cocktails et de *happy hours*. Un bon endroit pour regarder les matchs de foot et autres événements sportifs.

Bar Why Not? BAR
(21 Đ Vo Thi Sau). Plus calme que les autres bars en ville, le Why Not? propose une fabuleuse carte de cocktails et une belle terrasse donnant sur la rue.

Achats

Hué est réputée pour ses chapeaux coniques, sans doute les meilleurs du pays. Sa spécialité est le "chapeau poétique" qui, placé à contre-jour, laisse apparaître en ombres chinoises des scènes de la vie quotidienne. La ville tient également son renom de ses papiers de riz et de ses peintures sur soie.

Spiral Foundation Healing the Wounded Heart Center ARTISANAT
(054-383 3694 ; www.spiralfoundation.org ; 23 Đ Vo Thi Sau ; 8h-18h). Ce magasin vend un choix d'objets d'art fabriqués à partir de matériaux recyclés par des artisans handicapés, et ce dans le respect de l'environnement. On trouve ainsi des cadres réalisés à partir de canettes de bière et d'originaux sacs à main en plastique. Le produit de la vente contribue au financement d'opérations de chirurgie cardiaque pour des enfants nécessiteux.

Blue de Hue ANTIQUITÉS
(43 Đ Vo Thi Sau ; 7h30-18h30). Antiquaire réputé vendant des sculptures en pierre, des céramiques, des objets en laque et des sculptures en bois.

Marché Dong Ba MARCHÉ
(Đ Tran Hung Dao ; 6h30-20h). Ce marché installé au nord du pont Trang Tien est le plus important de Hué. On y trouve absolument de tout.

Trang Tien Plaza CENTRE COMMERCIAL
(6 Đ Tran Hung Dao ; 8h-22h). Un petit centre commercial moderne, situé entre le pont Trang Tien et le marché Dong Ba, qui abrite une enseigne Coopmart.

Renseignements

AGENCES DE VOYAGES

La plupart des agences de voyages et des tour-opérateurs regroupent leurs clients pour leurs circuits bon marché. Si vous réservez un circuit (standard) dans la DMZ, vous vous retrouverez donc tous dans le même grand bus. Les circuits sur mesure et plus spécialisés sont plus onéreux.

Un moyen prisé d'effectuer le trajet entre Hué et Hoi An – ou l'inverse – est la moto. Les excursions font souvent halte au lagon de Lang Co pour un déjeuner de fruits de mer, ainsi qu'au col de Hai Van. Comptez de 45 à 50 $US pour une moto avec pilote, ou de 25 à 30 $US pour ceux qui maîtrisent les deux-roues.

Renseignez-vous aussi au Cafe on Thu Wheels (p. 189) et au Stop & Go Café (p. 189).

DMZ Travel (054-224 1904 ; www.dmz.com.vn). Croisières à prix raisonnables sur la rivière des Parfums et visites de la DMZ. Vend également des billets de bus pour le Laos.

Mandarin Café (054-382 1281 ; www.mrcumandarin.com ; 24 Đ Tran Cao Van). Excellents renseignements et organisation de circuits et de transports dans la région de Hué et alentour.

Sinh Tourist (054-384 5022 ; www.thesinhtourist.vn ; 37 Đ Nguyen Thai Hoc ; 6h30-22h). Réservation de billets de bus "open tour" et classiques pour le Laos.

ARGENT

Vietcombank (30 Đ Le Loi ; 7h30-15h30 lun-sam). Dans l'Hotel Saigon Morin.

Vietin Bank DAB (12 Đ Hung Vuong). Installé dans le centre.

POSTE

Poste principale (8 Đ Hoang Hoa Tham ; 7h-17h30 lun-sam)

SERVICES MÉDICAUX

Hôpital central de Hué (Benh Vien Trung Uong Hué ; 054-382 2325 ; 16 Đ Le Loi ; 6h-22h). Établissement local réputé.

TRANSPORTS DEPUIS HUÉ

DESTINATION	AVION	BUS	VOITURE/MOTO	TRAIN
Danang	-	60 000 d, 3 heures, fréquents	2 heures 30-4 heures	3,50-6 $US, 2 heures 30-4 heures, 7/jour
Dong Hoi	-	85 000 d, 4 heures, fréquents	3 heures 30	5-11 $US, 3 heures-5 heures 30, 7/jour
Hanoi	À partir de 1 000 000 d, 1 heure, 3/jour	260 000 d, 13 heures-16 heures, 9/jour	16 heures	24-42 $US, 12 heures-15 heures 30, 6/jour
HCMV	À partir de 480 000 d, 1 heure 15, 4/jour	490 000 d, 19 heures-24 heures, 9/jour	22 heures	32-55 $US, 19 heures 30-23 heures, 5/jour
Ninh Binh	-	250 000 d, 10 heures 30-12 heures, 8/jour	11 heures	19-35 $US, 10 heures-13 heures, 5/jour
Vinh	-	150 000 d, 7 heures 30-9 heures, fréquents jusqu'à 13h	7 heures	23-38 $US, 6 heures 30-10 heures, 5/jour

Depuis/vers Hué

AVION

Jetstar (1900 1550 ; Đ Hung Vuong ; tlj sauf dim). Vers/depuis HCMV.

VietJet (1900 1886; www.vietjetair.com). Vers/depuis HCMV.

Vietnam Airlines (054-382 4709 ; 23 Đ Nguyen Van Cu ; lun-sam). Vers/depuis Hanoi et HCMV.

BUS

De la **gare routière principale**, à 4 km au sud-est du centre, des bus rallient Danang et, vers le sud, HCMV. La **gare routière d'An Hoa** (RN 1), au nord-ouest de la citadelle, dessert le Nord, dont Dong Ha (44 000 d, 2 heures, ttes les 30 min).

Pour rallier Phong Nha (environ 120 000 d, 5 heures), le bus "open tour" de Hung Thanh part du n°49 Đ Chu Van An à 16h30 ; le bus de Tan Nha part du Why Not?, dans Đ Vo Thi Sau, vers 6h30. Chaque jour, un bus part à 11h15 (repérez l'indication "Phuc Vu" sur le pare-brise) pour le Phong Nha Farmstay et le village de Son Trach (150 000 d, 4 heures) de la gare d'An Hoa.

Les bus "open tour" s'arrêtent régulièrement à Hué. En général, ils déposent et embarquent les passagers dans les hôtels du centre. Attention, des rabatteurs rôdent à l'arrêt du bus.

Les cafés Mandarin, Sinh et Stop and Go peuvent se charger des réservations de bus pour Savannakhet, au Laos.

TRAIN

La **gare ferroviaire de Hué** (054-382 2175 ; 2 Đ Phan Chu Trinh) se situe à l'extrémité sud-ouest de Đ Le Loi.

Comment circuler

L'aéroport de Hué, Phu Bai, se situe à 14 km au sud de la ville. La course en taxi avec compteur jusqu'au centre-ville coûte environ 220 000 d. Vous pouvez aussi prendre un minibus (50 000 d). Vietnam Airlines propose un service de navette depuis/vers l'aéroport.

Le vélo, que vous pourrez louer dans les hôtels pour environ 3 $US/jour, permet de découvrir agréablement la ville et les tombeaux impériaux. La circulation à Hué est parfois dense, notamment sur les ponts qui enjambent la rivière : soyez donc prudent à vélo. Une moto revient à 5-10 $US/jour selon le modèle et l'état du véhicule. Pour une voiture avec chauffeur, comptez 50-55 $US/jour.

À Hué, les conducteurs de cyclo-pousse pratiquent des tarifs exorbitants, une course brève coûtant un minimum de 40 000 d. Il est généralement plus rapide et plus économique de prendre un taxi avec compteur.

Pour réserver un taxi, appelez **Mai Linh** (054-389 8989).

Environs de Hué

Les somptueux mausolées des dirigeants de la dynastie des Nguyên (1802-1945) sont disséminés le long des berges de la rivière des Parfums, entre 2 km et 16 km au sud de Hué. On trouve aussi de belles pagodes et d'autres sites.

Presque tous les tombeaux impériaux furent érigés par les souverains de leur vivant, certains leur ayant même servi de résidence.

Environs de Hué

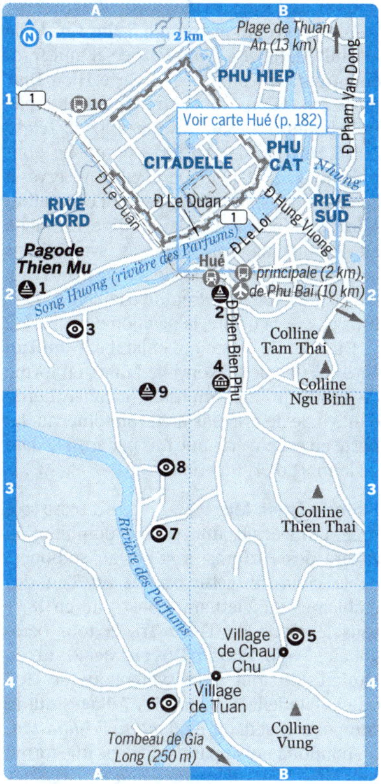

Si chaque mausolée se caractérise par une structure et une architecture propres, la plupart se composent de cinq parties. La première est un pavillon abritant une stèle en marbre, sur laquelle sont gravés les exploits et les vertus du défunt monarque. La deuxième est un temple consacré au culte de l'empereur et de l'impératrice. La troisième est le tombeau de l'empereur, généralement installé dans une enceinte carrée ou circulaire. La quatrième est une cour d'honneur flanquée de statues de pierre représentant des éléphants, des chevaux, des mandarins civils et militaires. Enfin, la cinquième est un bassin recouvert de fleurs de lotus, entouré de frangipaniers et de pins.

La plupart des touristes visitent ces monuments dans le cadre d'un circuit organisé au départ de Hué, soit en bateau, soit en bateau et en bus. Néanmoins, il est tout à fait possible de s'y rendre seul, en *xe om* ou à vélo.

Environs de Hué

Les incontournables

1 Pagode Thien Mu A2

À voir

2 Pagode Bao Quoc B2
3 Ho Quyen A2
4 Esplanade de Nam Giao B2
5 Tombeau de Khai Dinh B4
6 Tombeau de Minh Mang A4
7 Tombeau de Thiêu Tri A3
8 Tombeau de Tu Duc A3
9 Pagode Tu Hieu A2

Transports

10 Gare routière d'An Hoa A1

L'accès aux sites principaux coûte 100 000/20 000 d (adulte/enfant) par site, mais il existe aussi des billets combinés incluant la Citadelle.

À voir

Tombeau de Tu Duc TOMBEAU

(adulte/enfant 100 000/20 000 d). Érigé entre 1864 et 1867, ce tombeau est le plus populaire et impressionnant des mausolées royaux. L'empereur Tu Duc vécut et fut enterré dans ce monument qu'il avait dessiné lui-même. La dépense fut énorme et les ouvriers furent enrôlés de force. S'ensuivit un complot contre le souverain, qui échoua. Le tombeau de l'empereur se dresse à quelque 5 km au sud de Hué, dans le village de Duong Xuan Thuong, perché sur la colline de Van Nien.

Depuis l'entrée, un chemin mène sur les rives du **lac Luu Khiem**. Tu Duc venait chasser le petit gibier sur l'île de droite, **Tinh Khiem**. À l'opposé se dresse le **pavillon Xung Khiem**, où l'empereur venait composer et réciter des poèmes, accompagné de ses concubines.

Le **temple Hoa Khiem** est dédié au culte de l'empereur et de son épouse, l'impératrice Hoang Lê Thiên Anh. Ce temple ne renferme désormais qu'un fatras d'objets royaux. Le trône le plus grand est celui de l'impératrice, car Tu Duc ne mesurait que 1,53 m.

La **salle Minh Khiem**, à droite du temple Hoa Khiem, devait initialement être un théâtre. Aujourd'hui, elle sert de cadre pour les photos de cérémonie et accueille des spectacles culturels. Derrière le temple Hoa Khiem, le **temple Luong Khiem** est consacré à Tu Du, mère de Tu Duc.

En longeant l'étang, on arrive à la **cour d'honneur**. On passe entre une garde d'éléphants, de chevaux et de minuscules mandarins, avant d'arriver au **pavillon de la Stèle**. Sur cette pierre, qui pèse près de 20 tonnes, Tu Duc écrivit lui-même son épitaphe. Admettant pleinement ses erreurs, il choisit de baptiser sa tombe *Khiem*, ce qui signifie "modeste".

Ceinte par un mur, la **sépulture** s'étend de l'autre côté d'une pièce d'eau. En fait, l'empereur n'y fut jamais enterré et l'on ignore où il repose (entouré de nombreux objets précieux). Le secret fut bien gardé : pour éviter que sa tombe ne soit pillée, les 200 serviteurs chargés de ses funérailles furent décapités.

De fait, Tu Duc menait une existence excessivement luxueuse et débridée. Or, malgré ses 104 épouses et ses innombrables concubines, il ne laissa aucune descendance.

Tombeau de Minh Mang TOMBEAU

(adulte/enfant 100 000/20 000 d). Renommé autant pour son architecture que pour son splendide cadre sylvestre, ce tombeau est probablement le plus majestueux de tous. Conçu du vivant de Minh Mang (1820-1840), il fut édifié par son successeur, Thiêu Tri.

La tombe de Minh Mang se situe dans le village d'An Bang, à 12 km du centre de Hué, après le pont, sur la rive occidentale de la rivière des Parfums.

Trois portes à l'est de l'enceinte mènent à la **cour d'honneur**. Trois escaliers en granit relient la cour au **pavillon de la Stèle** (Dinh Vuong), de forme carrée.

Pour parvenir au **temple Sung An**, dédié à Minh Mang et à l'impératrice, il faut franchir trois esplanades et la porte Hien Duc, qui a été refaite. De l'autre côté du temple, trois ponts en pierre traversent le **lac Trung Minh Ho** (lac de la Clarté pure). Le pont central, Cau Trung Dao, était réservé à l'usage exclusif de l'empereur. Le **pavillon Minh Lau** (pavillon de la Lumière) est juché au sommet de trois terrasses, symbolisant les "trois pouvoirs" : le ciel, la terre et l'eau. Sur la gauche se dressent le pavillon de l'Air frais et, sur la droite, le pavillon de la Pêche.

Du pont de pierre qui enjambe le **lac Tan Nguyet** (lac de la Nouvelle Lune), en forme de croissant, un imposant escalier bordé d'une haie de dragons mène au tombeau. La porte en est ouverte une fois par an, à la date de la mort de l'empereur.

Pagode Thien Mu TEMPLE BOUDDHIQUE

GRATUIT Édifiée sur une colline dominant la rivière des Parfums, à 4 km au sud-ouest de la citadelle, cette pagode est l'un des emblèmes du Vietnam. Construite en 1844 sous le règne de Thiêu Tri, la tour octogonale **Thap Phuoc Duyen**, de 21 m de hauteur, est tout aussi symbolique de Hué que la citadelle. Chacun des 7 étages qui la composent est dédié à un *manushi-buddha*, un bouddha qui apparaissait sous une forme humaine. Venez le matin avant l'arrivée des circuits organisés.

LA PAGODE THIEN MU, TEMPLE DE LA CONTESTATION

Derrière le grand sanctuaire de la pagode Thien Mu, on peut voir l'Austin dans laquelle le bonze Thich Quang Duc se rendit à Saigon, en 1963, pour s'immoler par le feu publiquement en signe de protestation contre la politique du président sud-vietnamien, Ngô Dinh Diêm. Les journaux du monde entier publièrent la photo de son sacrifice, lequel inspira une vague d'immolations volontaires.

La réaction de la belle-sœur du président Diêm (Tran Lê Xuan, ou Mme Nhu), qui qualifia crûment ces immolations de "*barbecue party*", ajoutant "Laissons-les brûler, et applaudissons", resta dans les mémoires. Ces déclarations ne firent qu'amplifier le ressentiment populaire à l'égard du régime Diêm. Au mois de novembre, Diêm fut assassiné par ses forces armées, de même que son frère, Ngô Dinh Nhu, l'époux de Mme Nhu, laquelle se trouvait alors à l'étranger.

Un autre incident provoqua de nouvelles manifestations en 1993. Cette fois, un homme arriva à la pagode et, après avoir déposé ses offrandes, s'immola par le feu en psalmodiant le nom du Bouddha. Bien que les motivations de cet homme restent obscures, son action déclencha une série d'événements au cours desquels les principaux moines furent arrêtés pour leur lien avec l'Église bouddhique unifiée du Vietnam (EBUV), dissidente de l'Église bouddhique officielle. La Fédération internationale des ligues des droits de l'homme (FIDH) porta plainte auprès de l'ONU en accusant le gouvernement vietnamien de violer sa propre Constitution, laquelle est censée garantir la liberté religieuse.

La pagode a été fondée en 1601 par le Nguyên Hoang, gouverneur de la province de Thuan Hoa. Au fil des siècles, elle a été plusieurs fois détruite et reconstruite. Depuis les années 1960, le lieu est un foyer de contestation politique.

Dans le pavillon à droite de la tour, vous pourrez admirer une stèle de 1715 surmontant une tortue en marbre, symbole de longévité. À gauche de la tour, un second pavillon hexagonal abrite une gigantesque cloche de 2 052 kg coulée en 1710 qui s'entend à 10 km à la ronde.

Le temple lui-même est un bâtiment modeste au milieu d'une cour intérieure à laquelle on accède par une porte à trois arches. Avant d'entrer, jetez un coup d'œil aux trois statues des divinités qui protègent le bouddhisme. Dans le sanctuaire principal, derrière le bouddha rieur, trois statues représentent A Di Da, le Bouddha du passé, Thich Ca (Sakyamuni), le Bouddha historique, et Di Lac, le Bouddha du futur.

S'y rendre à vélo est l'occasion d'une belle promenade. Longez Đ Tran Hung Dao (qui borde la rivière des Parfums) en direction du sud-ouest, puis Đ Le Duan après le pont Phu Xuan ; traversez ensuite la voie ferrée et suivez Đ Kim Long. On peut aussi se rendre à Thien Mu en barque.

Tombeau de Khai Dinh — TOMBEAU

(adulte/enfant 100 000/20 000 d). Ce monument à flanc de colline présente une synthèse d'éléments vietnamiens et européens. L'extérieur grandiose de ce tombeau est en grande partie recouvert de ciment noirci, qui lui donne un surprenant air gothique, tandis que les salles intérieures, ornées de mosaïques, explosent de couleurs.

Khai Dinh, qui régna de 1916 à 1925, fut l'avant-dernier empereur du Vietnam, considéré par les jeunes nationalistes comme la marionnette des Français. La construction de ce flamboyant tombeau prit onze ans. Le tombeau de Khai Dinh est situé à 10 km de Hué, dans le village de Chau Chu.

Un escalier mène à la **cour d'honneur**, où des mandarins sculptés montent une garde silencieuse. Leurs visages sont "eurasiens". Trois volées de marches supplémentaires conduisent au prodigieux bâtiment principal, **Thien Dinh**. Les murs et le plafond sont recouverts de décors muraux représentant les Quatre Saisons, les Huit Objets précieux et les Huit Fées. Sous un dais de béton disgracieux, et devant le symbole du soleil, se dresse une statue en bronze doré de Khai Dinh. À 18 m sous terre, enfin, reposent les reliques de l'empereur.

Ho Quyen — SITE HISTORIQUE

(arène des Tigres). GRATUIT Bien qu'envahie par la végétation, Ho Quyen, construite en 1830, évoque toujours le passe-temps favori de l'empereur : regarder s'affronter des éléphants et des tigres (voire des léopards). On enlevait habituellement les griffes et les dents des fauves afin que les éléphants, symboles du pouvoir impérial, triomphent. Le dernier combat eut lieu ici en 1904. On ne peut pénétrer à l'intérieur de cette petite arène, mais si vous grimpez sur le talus, vous l'observerez d'en haut.

La section face au sud, devant les cages des tigres, était réservée à la famille impériale. Ho Quyen se trouve à 3 km de Hué, dans le village de Truong Da. Prenez Đ Bui Thi Xuan en direction de l'ouest depuis la gare ferroviaire, puis repérez, près du marché, le panneau bleu qui indique le chemin sur la gauche. Suivez-le sur 200 m jusqu'à une fourche où vous prendrez à droite.

Pagode Tu Hieu — TEMPLE BOUDDHIQUE

GRATUIT Au cœur d'une forêt de pins, cette pagode renommée a été érigée en 1843. Plus tard, elle devint la pagode des eunuques de la citadelle. Aujourd'hui, 70 moines vivent à Tu Hieu. Ils accueillent les visiteurs dans les deux temples jumeaux (l'un dédié à Cong Duc, l'autre au Bouddha). Vous pourrez les écouter psalmodier (tlj à 4h30, 10h, 12h, 16h et 19h). La pagode est située à 5 km du centre de Hué, sur le chemin du tombeau de Tu Duc.

Le temple est associé au maître zen Thich Nhat Hanh, qui étudia ici au monastère dans les années 1940, mais vécut en exil pendant plus de 40 ans, et ne fut autorisé à revenir au Vietnam qu'en 2005.

Pont Thanh Toan — PONT

Ce pont piétonnier est un pont couvert japonais classique, similaire à celui de Hoi An, mais situé dans un joli paysage campagnard : une agréable digression, une fois quitté Hué. Le pont se trouve dans le paisible village de Thuy Thanh, à 7 km à l'est de Hué. Pour vous y rendre, suivez Đ Ba Trieu sur quelques centaines de mètres vers le nord jusqu'à un panneau indiquant le Citadel Hotel, puis tournez à droite : sur 6 km, le long d'un sentier cahoteux, vous traverserez plusieurs villages, rizières et pagodes avant d'atteindre le pont.

Esplanade de Nam Giao SITE HISTORIQUE

Cette esplanade à trois niveaux constituait autrefois le principal lieu de culte du Vietnam. C'est ici que les empereurs Nguyên procédaient à des sacrifices et à des offrandes en hommage au dieu Thuong De. Les cérémonies (la dernière eut lieu en 1946) s'accompagnaient d'une grandiose procession depuis la citadelle. L'empereur s'y préparait par un jeûne de trois jours dans le palais du Jeûne.

Depuis 2006, elle se déroule à nouveau en grande pompe à l'occasion du Festival de Hué (p. 189). Le palais du Jeûne, situé à l'autre extrémité du parc à partir de l'entrée, en montre des photos. Pour accéder à l'esplanade, suivez Đ Diên Biên Phu vers le sud sur près de 2 km après la voie ferrée.

Tombeau de Thiêu Tri TOMBEAU

(80 000 d). Contrairement aux autres, le tombeau de Thiêu Tri, datant de 1848, n'est pas protégé par un mur d'enceinte. En revanche, sa configuration est similaire à celui de son père Minh Mang, en beaucoup plus petit. Restauré voici peu, le tombeau se trouve à quelque 7 km de Hué.

Tombeau de Gia Long TOMBEAU

GRATUIT Fondateur de la dynastie des Nguyên en 1802, l'empereur Gia Long régna jusqu'en 1819. L'empereur et son épouse y reposent. Rarement visité, le tombeau en ruine fait l'objet d'une soigneuse restauration. Il se trouve à 14 km au sud de Hué et à 3 km de la rive ouest de la rivière des Parfums.

Parc national de Bach Ma

Ce **parc national** (Vuon Quoc Gia Bach Ma ; ☎054-387 1330 ; www.bachmapark.com.vn ; adulte/enfant 40 000/20 000 d), site d'une station climatique de l'époque de la colonisation française, culmine à 1 450 m au mont Bach Ma, à seulement 18 km de la côte. Attirés par la fraîcheur du climat, les Français commencèrent à y construire des villas en 1930. Le Viêt-minh y mena des combats sanglants au début des années 1950, et le secteur connut à nouveau le fracas des armes pendant la guerre du Vietnam.

Le parc national, qui a été agrandi en 2008, s'étend de la côte à la cordillère Annamitique, à la frontière avec le Laos. Plus de 1 400 variétés de plantes, notamment des fougères et des orchidées rares, y ont été recensées, soit un cinquième de la flore que l'on trouve au Vietnam. Pas moins de 132 espèces de mammifères vivent à Bach Ma. Parmi elles, trois n'ont été découvertes que dans les années 1990 : le saola, proche de l'antilope, le muntjac de Truong Son, qui ressemble à un cerf, et le muntjac géant. On trouve également neuf espèces de primates, y compris quelques représentants de l'espèce rare *Pygathris nemaeus*, repérable à ses jambes rouges. Les conservateurs espèrent voir revenir des éléphants sauvages du côté laotien de la frontière.

La faune du parc étant majoritairement nocturne, l'observer réclame des trésors de patience. Avec 358 espèces d'oiseaux, dont le merveilleux argus ocellé, le parc national est un véritable éden pour les amateurs d'ornithologie, à condition de se lever à l'aube.

À voir et à faire

Bach Ma est l'endroit le plus humide du Vietnam, les plus fortes pluies tombant en octobre-novembre (gare aux sangsues !). Rien n'empêche cependant d'envisager une visite durant ces mois, à condition de consulter la météo pour vérifier l'état des routes. La meilleure période pour une visite court de février à septembre, avec un intervalle particulièrement propice entre mars et juin.

Randonnée RANDONNÉE

Le **sentier des Rhododendrons** (qui part du km 10) conduit en haut d'une cascade ; pour vous mettre à l'eau, il vous faudra descendre 689 marches. Le **sentier des Cinq Lacs** passe près de divers points de baignade, avant d'atteindre une cascade bien plus petite que la précédente.

La brève **randonnée du Sommet** mène à un point de vue superbe (par temps clair) sur la forêt, le lagon de Cau Hai et la côte. Ne vous éloignez pas des sentiers car il reste des munitions non explosées dans le secteur.

Tyrolienne CIRCUIT AVENTURE

(2 à 5 pers 800 000 d). Ultime attraction de Bach Ma, une tyrolienne vous attend dans la forêt de Parashorea, au km 14 de la route du Sommet. Les amateurs apprécieront aussi les diverses cordes et échelles empruntées par d'autres treks dans le parc.

Où se loger et se restaurer

Centre des visiteurs PENSION $

(☎054-387 1330 ; www.bachmapark.com.vn ; emplacement par pers 20 000 d, ch 300 000 d). Les instances du parc tiennent un petit camping et deux pensions près de l'entrée,

HORS DES SENTIERS BATTUS

DUNES ET TOMBEAUX

La côte n'est qu'à 15 km au nord du centre-ville de Hué. La route suit la rivière des Parfums avant d'atteindre la **plage de Thuan An**, où s'étend un grand complexe hôtelier. En continuant vers le sud-est, vous trouverez une belle route côtière très peu fréquentée (idéale si vous êtes à vélo). Cette route traverse en fait une étroite île côtière, offrant un beau panorama sur le lagon de Tam Giang-Cau Hai, d'un côté, et sur de splendides dunes et plages de sable, de l'autre. Cette superbe étendue côtière est très bien préservée, mais de septembre à mars, la mer est généralement trop agitée pour la baignade.

En venant de Thuan An, la route passe par plusieurs villages, des élevages de crevettes et des jardins potagers. Des milliers de tombeaux et de temples familiaux somptueux et colorés bordent le rivage, abritant pour la plupart les dépouilles de Viet Kieu (Vietnamiens d'outre-mer) ayant souhaité être enterrés sur leur terre natale. De petits sentiers filent à travers les tombeaux et les dunes jusqu'à la plage. Vous aurez de bonnes chances de trouver un coin de plage pour vous tout seul.

Installé sur la splendide **plage de Phu Thuan** (à environ 7 km au sud-est de Thuan An), le **Beach Bar Hue** (☎0908 993 584 ; www.beachbarhue.com ; plage de Phu Thuan ; dort 12 $US ;) possède de formidables bungalows à quatre lits et le sable y est sublime (exempt de vendeurs ambulants... pour l'instant). Un petit bar en bambou et chaume sert des boissons et des en-cas. Juste à côté, la **Villa Louise** (☎0917 673 656 ; www.villalouisehue.com ; plage de Phu Thuan ; d 86-148 $US, villa 120-244 $US ;) compte de magnifiques villas, des chambres indépendantes et deux piscines. Les villas affichent un délicieux style patrimonial. Les piscines, le restaurant et la plage sont accessibles aux non-résidents, mais il faut s'acquitter d'un droit d'entrée de 100 000 d, avec possibilité de déduire nourriture et boissons au bar du front de plage. Pour rallier Phu Thuan depuis Hué, comptez environ 250 000 d en taxi et 125 000 d en *xe om*.

Environ 8 km après le Beach Bar Hue, les vestiges de **Phu Dien**, un petit temple cham, gisent dans le sable à l'écart de la plage, protégés par une structure en verre. Par ailleurs, vous trouverez ici quelques stands de fruits de mer.

En continuant vers le sud-est, une étroite route goudronnée serpente à travers villages de pêcheurs, élevages de crevettes et dunes géantes, et traverse le village de Vinh Hung avant de rejoindre un autre estuaire à Thuon Phu An, qui compte plusieurs restaurants de poisson. De là, vous êtes à 40 km de Thuan An. Traversez le pont Tu Hien pour rattraper la RN 1 en suivant la rive orientale de l'immense lagon de Cau Hai.

avec des chambres sommaires dotées de lits jumeaux et de salles de bains individuelles.

Sommet PENSION $$
(☎054-387 1330 ; www.bachmapark.com.vn ; d 650 000-1 050 000 d). On dénombre quatre villas près du sommet, de la simple Kim Giao à la plus confortable Phong La. Chacune dispose d'une salle de bains. Notez qu'elles ne sont pas toujours disponibles à la location. Au moment de réserver, prévoyez un délai minimal de quatre heures si vous souhaitez aussi vous restaurer. Le karaoké figure parfois au programme des divertissements montagnards le week-end.

Renseignements

Le **centre des visiteurs** (www.bachmapark.com.vn), près de l'entrée, héberge une exposition sur la flore et la faune du parc ; prospectus disponibles pour les randonneurs. Possibilité de visiter le village, d'observer les oiseaux et de se procurer un guide francophone ou anglophone (de 300 000 à 500 000 d par jour). Demandez M. Cam.

Comment s'y rendre et circuler

Le parc de Bach Ma s'étend à 28 km à l'ouest de Lang Co, et à 40 km au sud-est de Hué. L'embranchement est indiqué depuis le bourg de Cau Hai sur la RN 1. Vous pourrez aussi vous y rendre à partir de la ville de Phu Loc.

Des bus en provenance de Danang (80 000 d, 2 heures) et Hué (60 000 d, 1 heure) s'arrêtent à Cau Hai ; de là, les conducteurs de *xe om* vous feront parcourir les 3 km (25 000 d) restants jusqu'à l'entrée.

Du centre d'information, à l'entrée du parc, une route raide et sinueuse de 15 km va presque jusqu'au sommet. Pour redescendre à pied, comptez 3-4 heures. Pensez à emporter beaucoup d'eau ainsi qu'un chapeau et de l'écran total.

Il est possible de rallier le sommet depuis le centre des visiteurs, avec un retour dans la journée (900 000 d) à bord d'un minibus privé pour six personnes. En haute saison, on peut généralement partager les frais avec les autres passagers. Pour un séjour avec nuitée sur place, le transport jusqu'au sommet coûte 1 300 000 d pour six personnes.

Les voitures sont autorisées dans le parc : envisagez donc un circuit au départ de Hué, ou une voiture avec conducteur moyennant environ 50 $US l'aller-retour. Les motos sont interdites, mais vous trouverez un espace de stationnement sûr près du centre des visiteurs.

Nous vous recommandons **Oriental Sky Travel** (☎ 0985 555 827 ; www.facebook.com/bachmanationalpark.huevietnam ; 2 jours/1 nuit par pers 201 $US), un tour-opérateur basé à Hué qui propose régulièrement des explorations nocturnes du parc.

Plage de Lang Co

☎ 054

Frangée de palmiers, Lang Co est une séduisante plage de sable blanc semblable à une île : elle est bordée d'un côté par un lagon d'eau turquoise, et de l'autre par 10 km de front de mer. En tant que station balnéaire, elle s'adresse davantage aux Vietnamiens de passage pour la journée qu'aux touristes étrangers. Par beau temps cependant, l'océan est des plus engageants (restez à l'écart de la partie centrale, dont la propreté laisse à désirer).

La haute saison dure d'avril à juillet. De fin août à novembre, les averses sont fréquentes, tandis que de décembre à mars il peut faire très froid.

Où se loger et se restaurer

La majorité des hébergements se situent au nord de la ville, près de la route nationale.

Chi Na Guesthouse PENSION $

(☎ 054-387 4597 ; s/d 200 000/250 000 d ; ❄ 📶). Une des pensions propres et rudimentaires du nord de la ville. Chambres un brin désuètes mais fonctionnelles.

Vedana Lagoon COMPLEXE HÔTELIER $$$

(☎ 054-381 9397 ; www.vedanalagoon.com ; Phu Loc ; bungalow/villa à partir de 126/179 $US ; ✈ ❄ @ 📶 🏊). Associant une conception moderne à l'emploi de matériaux naturels, cet hôtel spa isolé, mais confortable à souhait, loue de magnifiques villas et bungalows aux toits de chaume, avec mobilier dernier cri et salle de bains en extérieur. Certaines structures sont dotées de piscines privées, d'autres, sur pilotis, de terrasses avec vue panoramique qui s'avancent sur le lagon. Le complexe s'adjoint un merveilleux centre de bien-être, où se donnent des cours de tai-chi et de yoga. À 15 km au nord de Lang Co.

Minh Hang FRUITS DE MER $$

(repas 70 000-130 000 d ; ⏰ 7h-21h). C'est le meilleur restaurant de fruits de mer de la rive nord de Lang Co, et l'on y a une belle vue sur le lagon (plutôt que sur la nationale et les camions). Goûtez aux calamars au poivre citronné ou aux palourdes épicées à la citronnelle.

Depuis/vers Lang Co

Lang Co est située au nord Danang et du côté nord du tunnel de Hai Van.

La **gare ferroviaire** (☎ 054-387 4423) de Lang Co se trouve à 3 km de la plage en direction du lagon. Vous ne devriez pas avoir de problème pour trouver un *xe om* qui vous emmène à la plage. Le trajet en train entre Lang Co et Danang (50 000 d, 1 heure 30-2 heures, 5/jour) est l'un des plus spectaculaires du Vietnam. Des trains desservent aussi Hué (60 000 d, 1 heure 30-2 heures, 4/jour).

Col et tunnel de Hai Van

Le **col de Hai Van** (“mer de nuages”) traverse la chaîne des monts Truong Son, qui avance dans la mer. À quelque 30 km au nord de Danang, la route atteint 496 m d'altitude et passe en contrebas du pic Ai Van Son (1 172 m), plus au nord. Ce tronçon de route a l'attrait d'une vue splendide sur les montagnes. La ligne de chemin de fer, ponctuée de nombreux tunnels, contourne la péninsule et longe la superbe côte déserte.

Au XVe siècle, ce col servait de frontière naturelle entre le Vietnam et le royaume du Champa. Les défoliants utilisés au cours de la guerre du Vietnam eurent malheureusement raison de sa végétation. Au sommet se dresse un ancien fort français criblé de balles, reconverti en bunker par les armées sud-vietnamiennes et américaines.

En hiver, le col marque une rupture abrupte entre les climats septentrional et méridional. Tel un mur de séparation, il protège Danang des “vents chinois” violents du nord-est : ainsi, de novembre à mars, le versant du col donnant sur Lang Co connaît un temps froid et humide. L'autre côté, au sud, bénéficie d'un climat chaud et sec.

Le sommet du col est le seul endroit où l'on peut s'arrêter. La vue vaut le déplacement, surtout si l'on grimpe jusqu'au fort abandonné.

Ouvert en 2005, le **tunnel de Hai Van**, long de 6,28 km, permet d'éviter le passage du col et fait ainsi gagner une heure sur le trajet Danang-Hué. Il est interdit aux motos et aux vélos (vous pourrez néanmoins faire transporter votre vélo dans un camion contre quelques dongs). Bien sûr, on gagne du temps, mais on passe à côté de la vue depuis le col.

Même si vous courez toujours le risque d'y rencontrer un chauffeur de camion "trompe-la-mort", la route du col est bien plus sûre qu'auparavant. Si vous parvenez à détachez les yeux de la route, vous verrez sur le bord des petits autels – rappelant que certains ont perdu la vie sur cette route sinueuse.

Station climatique de Ba Na

☎ 0511 / 1 485 M D'ALTITUDE

La luxuriante **Ba Na**, elle aussi héritée des Français, a l'atout d'un air agréablement frais et d'un splendide panorama. Créée en 1919, la station n'a conservé que quelques ruines éparses des 200 et quelques villas qui s'y dressaient à l'origine.

Jusqu'à la Seconde Guerre mondiale, les Français parcouraient les 20 derniers kilomètres en chaise à porteurs. Aujourd'hui, un **téléphérique** de 5,7 km (le plus long du monde) a désenclavé le lieu. Le dénivelé approche les 1 400 m, et l'ascension s'accompagne d'une vue spectaculaire sur une jungle dense et des chutes d'eau. Au sommet, on compte plusieurs curiosités, dont une **bourgade provinciale française reconstituée** (du moins d'après l'idée très théorique que s'en font la plupart des Vietnamiens), un **funiculaire** qui grimpe plus haut encore, et une divertissante piste de **luge**. Ces attractions n'ont rien de vietnamien, mais le trajet en funiculaire est proprement spectaculaire. De plus, il est intéressant de se mêler aux touristes vietnamiens les week-ends et les jours fériés.

Couvrez-vous bien, quelle que soit la saison : il peut faire 36°C sur la côte et 15°C dans la montagne. Cette dernière est souvent plongée dans la brume, aussi vaut-il mieux y aller par grand beau temps.

De petits sentiers de montagne mènent à des **cascades** et des points de vue. Près du sommet, vous atteindrez la **pagode Linh Ung** (2004), ainsi qu'un **bouddha blanc assis**, haut de 24 m, visible à des kilomètres à la ronde.

Aucun des hôtels de la station ne se révélant d'un bon rapport qualité/prix, mieux vaut visiter Ba Na dans la journée.

Consultez le site de la station climatique de Ba Na (www.banahills.com.vn) pour plus d'infos.

ℹ Depuis/vers Ba Na

Ba Na se trouve à 42 km à l'ouest de Danang. Depuis le parking et l'entrée de la station, le téléphérique (aller-retour 500 000 d) monte jusqu'à la station climatique. Des agences de voyages de Danang ou de Hoi An peuvent organiser des excursions à la journée (à partir de 50 $US/pers) ; sinon, un aller-retour en taxi depuis Danang coûte environ 60 $US.

Danang

☎ 0511 / 1 070 000 HABITANTS

Aucune autre ville du Vietnam ne connaît une évolution aussi rapide que Danang. Des décennies durant, cette dernière a eu la réputation d'une bourgade tranquille de province. Or les temps sont au changement. Sur le quai du fleuve Han se dressent de nouveaux hôtels, appartements et restaurants clinquants. De nouveaux ponts spectaculaires enjambent désormais le fleuve Han, et au nord de la ville, le tout récent quartier de D-city domine la plaine. Vers le sud, l'ensemble du secteur de China Beach est ponctué d'hôtels et de complexes.

Cela dit, la ville recèle peu de sites touristiques classiques, à l'exception d'un musée très correct et d'un pont fort original. C'est pourquoi quelques jours suffiront probablement à la plupart des voyageurs pour découvrir les plages, les restaurants et la vie nocturne de la ville. Participez à un circuit nocturne pour admirer Danang dans toute sa scintillante majesté. Par ailleurs, la restauration de rue mérite qu'on s'y intéresse de près.

La ville est cependant un bon point de chute pour des excursions d'une journée dans les environs. Danang fait partie d'une fine péninsule dominée au nord par Nui Son Tra (appelée Monkey Montain, "la montagne aux Singes", par les soldats américains). Au sud-ouest se trouvent China Beach et les cinq montagnes de Marbre.

Danang

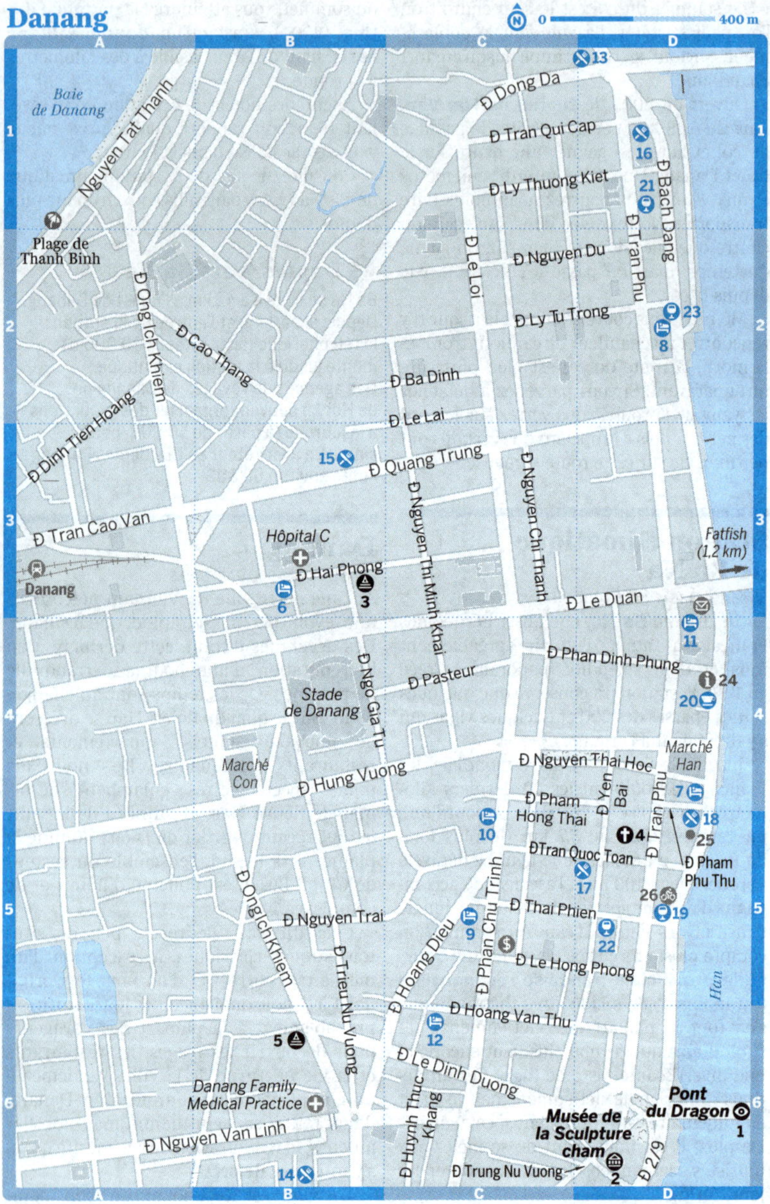

Histoire

Connue sous le nom de Tourane sous la domination française, Danang devint au XIXe siècle le principal port de la région, et l'est encore aujourd'hui.

C'est ici que les premiers bataillons venus des États-Unis débarquèrent en mars 1965. Arrivés sur Nam O Beach en tenue de combat, ces 3 500 marines furent accueillis par un essaim de jeunes Vietnamiennes portant l'*ao dai* et des guirlandes de fleurs.

Danang

Dix ans plus tard, la scène était tout autre : tandis que les forces américaines et sud-vietnamiennes se retiraient, les habitants fuyaient éperdument la ville. Le 29 mars 1975, deux camions de combattants viêt-cong, composés pour plus de moitié de femmes, pénétrèrent dans ce qui avait été la ville la mieux défendue du Sud. Sans qu'ait été tiré le moindre coup de feu, la "libération" de Danang fut décrétée.

Aujourd'hui, Danang possède l'une des économies les plus dynamiques du pays. Elle est d'ailleurs régulièrement surnommée "Silicon City" en raison de son industrie du Web florissante.

À voir

Musée de la Sculpture cham MUSÉE
(Bao Tang ; carte p. 202 ; 1 Đ Trung Nu Vuong ; 40 000 d ; 7h-17h). Le site phare de Danang est ce musée, fort de la plus belle collection au monde d'œuvres cham, présentée dans des bâtiments qui allient l'architecture coloniale française à des éléments cham. Fondé en 1915 par l'École française d'Extrême-Orient, il réunit plus de 300 œuvres (datant du Ve au XVe siècle), comprenant des sculptures cham parmi les plus magnifiques qui soient. Les pièces du musée ont été découvertes à Dong Duong (Indrapura), à Khuong My, à My Son, à Tra Kieu et dans d'autres sites. Une partie du musée est également consacrée à la culture cham contemporaine. Outre des œuvres actuelles, on y découvre des photos du Kate (le Nouvel An cham).

Pour louer un audioguide MP3 (20 000 d), vous devrez présenter une pièce d'identité – passeport ou permis de conduire – ou laisser une caution de 50 $US.

Pont du dragon PONT
(carte p. 202 ; Cau Rong). L'attraction vedette de la ville vous attend tous les samedis et dimanches soir. À 21h, ce pont voit le grand et ondulant dragon qui, baigné d'une lumière dorée, en souligne la longueur, cracher feu et eau, près de la rive orientale de la rivière Han. Les meilleurs postes d'observation sont les cafés qui jalonnent la rive est jusqu'au nord du pont. En outre, des circuits en bateau partent de Đ Bach Dang, sur la rive occidentale, afin d'admirer Danang dans toute sa scintillante majesté.

Temple caodaïste TEMPLE
(carte p. 202 ; 63 Đ Hai Phong ; prières 5h30, 11h30, 17h30 et 23h30). GRATUIT Avec ses quelque 50 000 fidèles, il s'agit du plus grand temple caodaïste du centre du Vietnam. Devant l'autel principal, un écriteau porte une inscription signifiant "toutes les religions ont la même raison". Derrière ces lettres d'or sont représentés les fondateurs de cinq des grandes religions mondiales : Mahomet, Lao-tseu (vêtu à la manière des orthodoxes d'Orient), Jésus, Bouddha et Confucius. Derrière l'autel siège un gigantesque globe orné de l'œil divin, emblème du caodaïsme.

Musée Hô Chi Minh MUSÉE
(carte p. 208 ; 3 Đ Nguyen Van Troi ; 7h-11h et 13h30-16h30). GRATUIT Bien que très étendu, ce

musée à la gloire de Hô Chi Minh n'éclaire pas vraiment sur sa vie. Comme toujours, on y découvre d'abord une exposition d'armes américaines, soviétiques et chinoises, puis, derrière les bâtiments du Parti, la copie conforme de la maison de Hô Chi Minh à Hanoi, et un musée.

Cathédrale de Danang ÉGLISE
(carte p. 202 ; Đ Tran Phu). GRATUIT Appelée ici église de Con Ga (église du Coq) en raison de la girouette perchée sur son clocher, cette cathédrale rose bonbon fut édifiée en 1923 pour les ressortissants français. Aujourd'hui, elle rassemble une paroisse de 4 000 fidèles.

Pagode Phap Lam TEMPLE BOUDDHIQUE
(carte p. 202 ; 574 Đ Ong Ich Khiem ; 5h-11h30 et 13h-21h). GRATUIT Cette pagode abrite trois bouddhas géants dans sa cour, et un autre tout aussi imposant à l'intérieur.

Circuit organisé

Danang Unplugged CIRCUITS
(0905 101 930 ; www.danangunplugged.com ; par pers 69-89 $US). Ces circuits – menés à bord d'une jeep de l'armée américaine ou à l'arrière d'une moto – invitent à explorer les scènes gastronomique et nocturne de Danang. Parmi les autres options figurent la visite touristique de la ville et une excursion d'une journée au col de Hai Van. Les gastronomes curieux pourront s'attendre à quelques trouvailles intéressantes en matière de restauration de rue.

Danang Food Tour CIRCUIT GASTRONOMIQUE
(www.danangfoodtour.com ; par pers 45 $US). D'excellents circuits gastronomiques au fil du paysage culinaire local, assurés matin et soir par un expatrié fou de cuisine. Son formidable blog est un florilège de Danang.

Funtastic Tours CIRCUITS
(0903 561 777 ; www.funtasticdanang.com ; par pers 45 $US). Gérés par la jeune équipe branchée du Funtastic Danang Hostel, ces circuits sont notamment dévolus à la gastronomie et au tourisme. Déplacements en voiture. Consultez www.danangcuisine.com pour accéder aux bons conseils locaux de Summer Ly, un blogueur gastronomique qui a déjà figuré dans le *New York Times*.

Où se loger

Danang compte un choix croissant d'hôtels modernes en bord de fleuve, ainsi qu'une poignée de nouvelles auberges très attendues. Pour les hébergements de l'autre côté du fleuve, consultez le paragraphe consacré à China Beach.

Funtastic Danang Hostel AUBERGE DE JEUNESSE $
(carte p. 202 ; 0511-389 2024 ; www.funtasticdanang.com ; 115 Đ Hai Phong ; dort 9 $US, d et lits jum 19 $US ;). La première authentique auberge de jeunesse de Danang a tout pour elle, entre propriétaires jeunes et dynamiques, chambres et dortoirs colorés, et un confortable espace salon, où se délasser et regarder un film. Renseignez-vous sur les circuits gastronomiques.

Zion Hotel HÔTEL $
(carte p. 202 ; 0511-382 8333 ; sion.com.vn ; 121/7 Đ Hoang Van Thu ; s 15 $US, d 20-25 $US ;). Du hall jusqu'aux belles chambres modernes, le rouge écarlate domine dans cet hôtel d'un excellent rapport qualité/prix. Emplacement pratique et personnel très attentif.

Orange Hotel HÔTEL $$
(carte p. 202 ; 0511-356 6177 ; www.danangorangehotel.com ; 29 Đ Hoang Dieu ; d 52-75 $US ;). Propriété d'une famille, cet hôtel doit la qualité de son service à son chaleureux patron, présent à la réception ou au restaurant du toit-terrasse. Et on fait bien volontiers avec le style très chargé des chambres, à considérer la propreté des lieux, et le très copieux buffet du petit-déjeuner avec ses spécialités locales.

Sanouva BOUTIQUE HÔTEL $$
(carte p. 202 ; 0511-382 3468 ; www.sanouvadanang.com ; 68 Đ Phan Chau Trinh ; d à partir de 40 $US ;). Entre hôtel de charme et hôtel *business*, cet élégant établissement donne dans une rue commerçante animée, à quelques pâtés de maisons du fleuve. Passé un hall tout en chic asiatique, on découvre des chambres relativement petites mais au style moderne et épuré. Sur place, le S'Spa et le restaurant S'Ngon invitent à s'attarder.

New Moon Hotel HÔTEL $$
(carte p. 202 ; 0511-382 8488 ; www.newmoonhotel.vn ; 126 Đ Bach Dang ; ch 440 000-900 000 d ;). Mini-hôtel moderne, où sont louées de belles chambres dans différentes catégories de prix, toutes avec TV, minibar, Wi-Fi et salle de bains en marbre. Celles donnant sur le fleuve ont une vue sensationnelle.

Stargazer Hotel HÔTEL $$
(carte p. 202 ; 0511-381 5599 ; www.stargazer.net ; 77 Đ Tran Phu ; ch 350 000-800 000 d ;

). Hôtel accueillant aux chambres impeccables, quoique petites, avec joli mobilier en bois, grandes TV et lits confortables avec couette. La chambre n°301 dispose d'un balcon avec vue sur le fleuve.

Novotel Danang Premier Han River HÔTEL $$$
(carte p. 202 ; 0511-392 9999 ; www.novotel-danang-premier.com ; 36 Đ Bach Dang ; ch/ste à partir de 130/220 $US ;). Occupant une grande tour au bord du fleuve, cet hôtel loue de spacieuses chambres avec vue sans pareille sur le Han et, au-delà, sur la plage et l'océan. Le personnel est accueillant et bien formé, et vous y profiterez d'une piscine, d'un spa et d'une salle de gym. Bar à ciel ouvert au 36e étage.

Où se restaurer

La scène culinaire de Danang devient chaque jour plus cosmopolite. Les échoppes de rue servent, quant à elles, des spécialités copieuses et savoureuses à base de *bun cha* (porc grillé), de *com* (riz) et de *mi quang* (soupe de nouilles). Il est conseillé aux fins gourmets de participer à un circuit gastronomique.

Quan Com Hue Ngon VIETNAMIEN $
(carte p. 202 ; 65 Đ Tran Quoc Toan ; repas 45 000-80 000 d ; 15h-21h). Un barbecue où l'on fait soi-même griller sa viande au charbon dans un brouillard de fumée. Terrasse sur la rue et accueillant propriétaire anglophone, qui vous aidera à faire votre choix dans la carte.

Com Tay Cam Cung Dinh VIETNAMIEN $
(carte p. 202 ; K254/2 Đ Hoang Dieu ; repas 20 000-50 000 d ; 11h-20h). Ce restaurant, tout simple, plaît pour ses spécialités locales, telles le *hoanh thanh*, sorte de raviolis chinois au porc et aux crevettes. Au bout d'une petite rue.

Fatfish FUSION, PIZZA $$
(carte p. 208 ; www.fatfishdanang.com ; 439 Đ Tran Hung Dao ; repas 70 000-285 000 d ; 9h-23h ;). Installé sur la rive orientale du Han, cet élégant restaurant-bar est, pour Danang, en pointe de son domaine. Cuisine fusion asiatique pleine d'inventivité, pizzas et grillades au feu de bois y côtoient les bières artisanales richement parfumées de la Pasteur St Brewing, à Saigon. Une adresse parfaite pour quelques en-cas ou un repas plus consistant.

Le samedi ou le dimanche soir, réservez votre table avant 21h pour assister en première ligne au spectacle flamboyant sur le pont du Dragon. À proximité du restaurant, une marina et une promenade sont en voie d'achèvement, le secteur promettant de devenir le bastion culinaire le plus couru de la ville.

Waterfront INTERNATIONAL $$
(carte p. 202 ; 0511-384 3373 ; www.waterfrontdanang.com ; 150-152 Đ Bach Dang ; plats 95 000-360 000 d ; 10h-23h ;). Ce bar-restaurant, en bord de fleuve, relève d'un concept sans fausse note. On y vient aussi bien pour siroter, dans un cadre élégant, un verre de sauvignon blanc néo-zélandais ou une bière importée que pour déguster un repas mémorable (réservez une table en terrasse pour avoir vue splendide sur le fleuve). La carte affiche des viandes importées, des fruits de mer asiatiques et de fabuleux sandwichs gastronomiques.

Le Bambino FRANÇAIS, INTERNATIONAL $$
(carte p. 202 ; 0511-389 6386 ; www.lebambino.com ; 122/11 Đ Quang Trung ; repas 120 000-300 000 d ; 11h30-13h30 et 16h30-22h lun-sam, 16h30-22h dim ;). Un restaurant au cadre élégant, tenu par un couple franco-vietnamien. Sur la carte, alléchante, figurent classiques de la cuisine française, en-cas, viande grillée et quelques spécialités vietnamiennes – sans oublier un superbe choix de vins et de fromages. À déguster à l'intérieur ou au bord de la piscine.

Madame Lan VIETNAMIEN $$
(carte p. 202 ; www.madamelan.com ; 4 Đ Bach Dang ; repas 100 000-250 000 d ; 10h-22h ;). Un immense restaurant logé dans un bâtiment colonial, où l'on peut se restaurer dans une cour ouverte ou dans l'une des salles donnant sur le fleuve. Au menu, plusieurs très bonnes options, dont le calamar avec chili et sel, ou encore la salade de papaye verte accompagnée de crevettes et d'ail.

Bread of Life INTERNATIONAL $$
(carte p. 202 ; www.breadoflifedanang.com ; 4 Đ Dong Da ; plats 70 000-180 000 d ; 10h-22h lun-sam ;). Excellent *diner*-boulangerie à l'américaine servant hamburgers, spécialités mexicaines, sandwichs, pizzas et pâtes. Idéal pour le petit-déjeuner. Le personnel est sourd et les bénéfices servent à la formation des malentendants à Danang.

Où prendre un verre

Pour qui cherche un bar tendance avec vue, direction le Waterfront (p. 205) ou le Fatfish (p. 205).

Luna Pub BAR

(carte p. 202 ; www.facebook.com/lunapubdanang ; 9a Tran Phu ; 11h30-tard ;). Moitié bar, moitié restaurant italien, ce repaire branché occupe un vaste espace avec devanture ouverte, box de DJ dans une cabine de camion, bonne musique, superbe choix de boissons et chichas. Son authentique cuisine italienne (pizzas, pâtes, salades et autres) fait un tabac auprès des expatriés. Consultez le programme des concerts sur Facebook.

Sky 36 BAR À COCKTAILS

(carte p. 202 ; Novotel Danang, 36 Đ Bach Dang ; 17h-minuit). Bar sur le toit, ultramoderne, combinant d'excellents cocktails, des en-cas inventifs et le meilleur point de vue nocturne sur le fleuve et les ponts illuminés. Notez que ces messieurs sont soumis à un code vestimentaire casual chic, incluant le port de chaussures fermées.

Cong Caphe CAFÉ

(carte p. 202 ; 1 Đ Bach Dang ; boissons à partir de 40 000 d ; 7h-23h ;). Le Cong Caphe, représentant local de l'originale chaîne de cafés à thématique communiste de Hanoi, est parfait pour faire le plein de caféine au bord de l'eau – testez le sublime café au yaourt – ou siroter une bière ou un cocktail bon marché en fin de journée. L'endroit est parfois enfumé : privilégiez une table près des fenêtres.

On the Radio BAR

(carte p. 202 ; www.facebook.com/ontheradio.bar ; 35 Đ Thai Phien ; 18h-fermeture tardive ;). L'adresse incontournable de Danang pour écouter de la musique live et boire de la bière à la pression, mais aussi pour rencontrer de jeunes Vietnamiens parlant un anglais correct.

Bamboo 2 Bar BAR

(carte p. 202 ; 230 Đ Bach Dang ; 10h-0h ;). Bar d'expatriés convivial mais sans grande surprise, fréquenté par une clientèle d'habitués éméchés. Bières bon marché, billard prisé et diffusion en direct d'événements sportifs.

Renseignements

Agribank (carte p. 202 ; 202 Đ Nguyen Chi Thanh ; 7h30-15h30 lun-sam). DAB.

Centre des visiteurs de Danang (carte p. 202 ; 0511-386 3595 ; www.tourism.danang.vn ; 32a Đ Phan Dinh Phung ; 7h30-21h). Très utile, avec personnel parlant l'anglais, plans et brochures de qualité, etc. Le site Internet est parmi les meilleurs du genre au Vietnam.

Danang Experience (www.danangexperience.com). Ce site riche d'informations, orienté vers une clientèle d'expatriés, dispense également d'excellents conseils aux visiteurs en matière de restaurants, de bars et d'hébergements.

Danang Family Medical Practice (carte p. 202 ; 0511-358 2700 ; www.vietnammedicalpractice.com ; 50-52 Đ Nguyen Van Linh ; 7h-18h). Conçue comme un petit hôpital, avec des équipements pour accueillir les patients sur place, cette clinique est dirigée par un médecin australien.

Hôpital C (Benh Vien C ; carte p. 202 ; 0511-382 1483 ; 122 Đ Hai Phong ; 24h/24). Le plus moderne des quatre hôpitaux de la ville.

In Danang (www.indanang.com). Le site d'information touristique le plus fiable pour les expatriés/visiteurs.

Poste principale (carte p. 202 ; 64 Đ Bach Dang ; 7h-17h30). Près du pont Song Han.

Sinh Tourist (carte p. 202 ; 0511-384 3258 ; www.thesinhtourist.vn ; 154 Đ Bach Dang ; 7h-22h). Pour réserver une excursion en bus "open tour" ou tout autre circuit, et pour changer votre argent.

Depuis/vers Danang

AVION

Très animé, l'aéroport de Danang affiche de nombreux vols intérieurs et des liaisons internationales vers Kuala Lumpur, Hong Kong et Singapour, qui remportent un franc succès. À noter aussi le nombre croissant de vols à destination du Laos, de la Chine, de Taiwan et de la Corée du Sud.

Les vols intérieurs à destination de HCMV, Hanoi, Haiphong, Dalat, Nha Trang et Can Tho notamment, sont assurés par des compagnies régionales comme Vietnam Airlines, VietJet Air et Jetstar.

BUS

La **gare routière interurbaine** (carte p. 208 ; 0511-382 1265 ; Đ Diên Biên Phu) se trouve à 3 km à l'ouest du centre-ville. Le trajet en taxi (avec compteur) jusqu'au bord de la rivière vous reviendra à 70 000 d.

Les bus desservent tous les grands centres, notamment Quy Nhon (130 000 d, 6 heures, 6 départs/jour).

Pour aller au Laos, des bus desservent Savannakhet quotidiennement (départ à 20h, à partir de 300 000 d, 14 heures) et un bus quotidien se rend à Paksé (départ à 6h30, à partir de 340 000 d, 13 heures). Le trajet

TRANSPORTS DEPUIS DANANG

DESTINATION	AVION	BUS	VOITURE/ MOTO	TRAIN
Dong Hoi	-	120 000 d, 6 heures 30, 7/jour	6 heures-7 heures	12-20 $US, 5 heures 30-8 heures 30, 6/jour
Hanoi	à partir de 42 $US, 1 heure 10, 9/jour	365 000 d, 16 heures-19 heures, 7/jour	19 heures	35-50 $US, 14 heures 30-18 heures, 6/jour
HCMV	à partir de 47$US, 1 heure 15, 18/jour	380 000 d, 19 heures-25 heures, 9/jour	18 heures	35-55 $US, 17 heures-22 heures, 5/jour
Hué	-	55 000 d, 3 heures, toutes les 20 minutes	2 heures 30-4 heures	4-7 $US, 2 heures 30-4 heures, 6/jour
Nha Trang	à partir de 45 $US, 30 minutes, 2/jour	230 000 d, 10 heures-13 heures, 8/jour	13 heures	20-35 $US, 9 heures-12 heures, 5/jour

jusqu'à la frontière de La Bao coûte 150 000 d (6 heures) ; il faut parfois changer à Dong Ha.

Les bus publics jaunes pour Hoi An (18 000 d, 1 heure, toutes les 30 min jusqu'à 18h) circulent dans Đ Bach Dang. Sachez que le prix est généralement affiché à l'intérieur, sur la porte, au cas où un conducteur tenterait de surfacturer le trajet.

Les bus "open tour" de Sinh Tourist marquent l'arrêt devant le bureau de l'agence dans Đ Bach Dang, deux fois par jour, pour aller à Hué (89 000 d, 2 heures 30) ou Hanoi (79 000 d, 1 heure) ; cet opérateur fournit des conseils pour rallier le Laos.

TRAIN

De la **gare** de Danang (202 Đ Hai Phong), des trains desservent toutes les destinations sur la ligne principale nord-sud.

Le trajet en train jusqu'à Hué est l'un des plus beaux du pays : cela vaut la peine de l'entreprendre rien que pour le paysage.

VOITURE ET MOTO

La location d'une voiture pour Hoi An auprès de votre hôtel ou d'une agence de voyages revient à environ 500 000 d. En *xe om* (moto-taxi), vous vous en sortirez pour 150 000 d. Soyez prêt à négocier le supplément si vous voulez faire une halte aux montagnes de Marbre et à China Beach.

ℹ Comment circuler

DEPUIS/VERS L'AÉROPORT

L'aéroport de Danang se situe à 2 km à l'ouest du centre-ville. Aucun bus ne dessert l'aéroport ; comptez environ 60 000 d en taxi.

CYCLO-POUSSE ET XE OM

Trouver une moto-taxi ou un cyclo-pousse ne présente aucune difficulté. Une course en ville ne devrait pas excéder 35 000 d.

TAXI

Mai Linh (☎ 0511-356 5656). Pour les taxis avec compteur.

VÉLO

Vy Bicycle (carte p. 202 ; ☎ 0914 575 450 ; www.facebook.com/vy.bicycle ; 202 Đ Bach Dang ; ⏲ 8h-20h). Une adresse pratique en périphérie pour louer des deux-roues et explorer la zone de la plage vers l'est, de l'autre côté du fleuve.

Environs de Danang

☎ 0511

Nui Son Tra (montagne aux Singes)

850 M D'ALTITUDE

La péninsule de Son Tra est couronnée par la montagne que les soldats américains surnommaient Monkey (singe). Surplombant de manière grandiose Danang au sud et le col de Hai Van au nord, elle fut une célèbre base américaine pendant la guerre. Elle était encore fermée au public jusqu'à il y a peu. De nouvelles routes et des complexes balnéaires y ouvrent depuis.

On a, du **sommet**, une vue sublime par temps clair. De la présence militaire américaine, il reste quelques dômes de radars (toujours utilisés par l'armée vietnamienne, et donc zone interdite) à côté de l'héliport, transformé en belvédère. La route abrupte qui mène au sommet, très peu empruntée, peut poser problème. Faire l'ascension à moto requiert une grosse cylindrée. L'embranchement pour cette route se trouve à

Environs de Danang

Environs de Danang

À voir
- 1 Chapelle C1
- 2 Musée Hô Chi Minh C3
- 3 Linh Ung D1

Où se loger
- 4 a la carte C2
- 5 Bien Nho Hotel D4
- 6 Eena Hotel C2
- 7 Frangipani Boutique Hotel C2
- 8 Funtastic Beach Hostel C2
- 9 Fusion Maia D3
- 10 Gold 2 Hotel C3
- Sofia Boutique Hotel .... (voir 7)

Où se restaurer
- 11 Bay Ban D1
- Burger Bros .... (see 10)
- 12 Fatfish C2

Où prendre un verre et faire la fête
- Tam's Pub & Surf Shop .... (voir 10)
- Top Rooftop Lounge .... (voir 4)

environ 3 km avant le port de Tien Sa, indiqué par un panneau bleu annonçant "Son Tra Eco-tourism".

La plupart des visiteurs vietnamiens rejoignent l'un des complexes hôteliers sur la côte au sud-est de la péninsule. Autre grande attraction, **Linh Ung** (carte ci-dessus) est un immense bouddha reposant sur un socle en forme de lotus, qui regarde vers le sud et la ville de Danang. Il y a également un monastère sur le site.

Sur l'autre versant de Nui Son Tra, près du port, s'étire la **plage de Tien Sa**. Un mémorial, près du port, rappelle un épisode tragique de l'histoire coloniale. En août 1858, des troupes françaises et philippines, menées par les Espagnols, attaquèrent Danang pour mettre un terme aux persécutions dont se rendait coupable le gouvernement de l'empereur Tu Duc à l'encontre des catholiques. Si les assaillants n'eurent aucun mal à prendre la cité, diverses maladies causèrent dans leurs rangs, dès l'été suivant, une mortalité vingt fois supérieure à celle due aux combats.

De nombreuses tombes de soldats espagnols et français se trouvent sous une **chapelle** (carte p. 208) près du port de Tien Sa.

Où se loger et se restaurer

Si de nouveaux établissements sont en construction près de la côte, Son Tra reste tranquille et recèle de superbes itinéraires à moto.

Son Tra Resort & Spa COMPLEXE HÔTELIER $$$
(☎0511-392 4924 ; www.sontra.com.vn ; Son Tra ; villas 200-250 $US ;). De magnifiques villas, spacieuses et bien entretenues, avec cuisine, parquet et vue sur une superbe plage de sable blanc abritée. Idéal pour les familles. En réservant en ligne, les prix peuvent descendre jusqu'à 100 $US.

InterContinental Danang Sun Peninsula Resort COMPLEXE HÔTELIER $$$
(☎0511-393 8888 ; danang.intercontinental.com ; Son Tra ; ch/ste à partir de 300/450 $US ;). Cet immense complexe hôtelier construit à flanc de coteau domine tout un secteur de Son Tra. Les hôtes, choyés, circulent en voiturette de golf dans le parc paysager, entre le spa, l'excellente salle de gym et l'immense piscine.

Bay Ban PRODUITS DE LA MER $$
(carte p. 208 ; ☎0511-221 4237 ; Son Tra ; repas 80 000-250 000 d ; 11h-21h30). Le Bay Ban est un restaurant de poisson qui remporte un franc succès auprès des familles vietnamiennes le week-end et pendant les vacances. Le reste du temps, il est assez calme. Prenez votre repas au bord de l'eau, dans l'un des abris au toit de chaume de la baie. Carte de poisson frais, d'araignées de mer, de plats d'anguilles et de crevettes.

Plage de Nam O

La plage de Nam O, à 15 km au nord-ouest de Danang, est celle où débarquèrent les premières troupes de combat américaines au Sud-Vietnam, en 1965. La plage, moins attirante que celles du côté est, connaît à peine le développement, et compte moins d'hôtels.

Les habitants produisent du nuoc-mam et du *goi ca*, des filets de poisson cru marinés dans une sauce et recouverts d'une poudre épicée. On les accompagne de légumes frais sur des galettes de riz. En été, ils sont vendus sur la plage, sinon vous en trouverez dans le village.

Montagnes de Marbre

Mémorable spectacle, vu depuis la route du littoral longeant China Beach, les **montagnes de Marbre** (Ngu Hanh Son) sont constituées de cinq gros affleurements en marbre surmontés de pagodes. Chaque montagne représenterait un élément naturel, dont elle porte d'ailleurs le nom : Thuy Son (eau), Moc Son (bois), Hoa Son (feu), Kim Son (métal ou or) et Tho Son (terre). Les villages au pied de ces montagnes sont spécialisés dans le travail du marbre. Mais les sculpteurs travaillent désormais du marbre importé de Chine, de manière à préserver le site (et, partant, l'afflux des visiteurs).

Thuy Son (15 000 d ; 7h-17h), la plus grande et la plus fameuse des cinq montagnes (et la seule accessible aux visiteurs), recèle diverses grottes naturelles où furent fondés des sanctuaires hindouistes, puis bouddhiques. Au sommet de l'escalier se dresse le **portique Ong Chon**, criblé d'impacts de balles, qui conduit à la **pagode Linh Ong**. Derrière celle-ci, un chemin traverse deux tunnels pour mener à un ensemble de grottes, appelées **Tang Chon Dong**, où l'on peut admirer des bouddhas et des bas-reliefs cham. À côté de l'un des autels, un escalier monte vers une autre grotte, partiellement ouverte, où trônent deux bouddhas assis. Un ascenseur a récemment été installé.

Prenez ensuite le chemin qui part immédiatement à gauche après le portique, où l'on découvre la **pagode Xa Loi**, une belle tour en pierre qui surplombe la côte. Un escalier partant du chemin principal mène à **Vong Hai Da**, un point de vue avec panorama, par-delà le couvert forestier, sur China Beach. Le chemin pavé se poursuit vers la droite et débouche sur une gorge où se trouve, à gauche, la **grotte de Van Thong**.

À la sortie de la gorge, après un portique endommagé par la guerre, on suit un sentier rocailleux qui part sur la droite et aboutit à **Linh Nham**, une grande grotte en forme de cheminée abritant un petit autel. À côté, un autre chemin conduit à **Hoa Nghiem**, cavité peu profonde renfermant un bouddha. En prenant à gauche du bouddha, on parvient à l'immense **grotte de Huyen Khong**, qui, éclairée par une ouverture sur le ciel, ressemble à une cathédrale. Son accès est gardé par des statues représentant deux mandarins civils (à gauche) et deux mandarins militaires (à droite).

La grotte abrite plusieurs autels bouddhiques et confucéens ; notez les inscriptions gravées sur les murs. À droite, une porte donne sur deux stalactites pendant la guerre du Vietnam, les combattants viêtcong transformèrent la grotte en hôpital. À l'intérieur une plaque commémorative est dédiée au groupe d'artilleuses qui, en 1972, détruisit 19 avions américains depuis une base au pied des montagnes.

Les bus locaux Danang-Hoi An (18 000 d) pourront vous déposer à la hauteur des montagnes de Marbre, à 10 km au sud de Danang.

China Beach

Le nom de China Beach était employé pendant la guerre par les Américains pour désigner la superbe plage de sable blanc qui s'étend sur 30 km, de la montagne aux Singes jusqu'aux environs de Hoi An. Les soldats de toutes les bases du pays étaient envoyés ici lors de leurs permissions.

Pour les Vietnamiens, il s'agit de plusieurs plages aux noms différents : My Khe, My An, Non Nuoc, An Bang et Cua Dai. Alors que My Khe, à l'extrême nord, se trouve désormais presque dans les faubourgs de Danang, An Bang, au sud, est considérée comme la plage de Hoi An. Le secteur entre les deux affiche un nombre croissant de complexes balnéaires.

La meilleure saison pour nager va d'avril à juillet, quand la mer est la plus calme. En dehors de cette période, elle peut être très agitée. Sachez que les sauveteurs en mer ne surveillent que certaines parties de la plage.

Elle se prête idéalement au surf entre mi-septembre et décembre environ.

À voir et à faire

Plage de My Khe PLAGE

Juste de l'autre côté du pont Song Han (10 000 d en *xe om*), My Khe est en passe de devenir le dernier faubourg de Danang, côté est. En début de matinée et de soirée, la plage se remplit de citadins pratiquant le tai-chi. Les touristes surgissent sur la plage aux heures les plus chaudes pour se dorer au soleil, tandis que les gens du coin préfèrent venir en fin de journée. Le lieu n'a pas été colonisé par les marchands ambulants.

Un courant sous-marin peut rendre la mer dangereuse, en particulier en hiver. Toutefois, protégée par les hauteurs de Nui Son Tra, My Khe reste la partie la plus sûre de China Beach.

Plages de My An et Non Nuoc PLAGES

Presque toute la partie centrale de China Beach a été confisquée au public par les nouveaux complexes hôteliers. Le long de la route côtière, côté terre, quelques hôtels économiques se répartissent entre des terrains de golf sélects conçus par des célébrités comme Greg Norman.

Où se loger

Vous trouverez un bon choix d'hébergements à proximité de la mer, ainsi que de bons restaurants de poisson.

Funtastic Beach Hostel AUBERGE DE JEUNESSE $

(carte p. 208 ; ☎0511-392 8789 ; www.funtasticdanang.com ; K02/5 Ha Bong ; dort/d/app 8/24/36 $US ; ❄@☜). Parmi les nouveaux venus de l'autre côté du fleuve, près de China Beach, le Funtastic affiche une décoration colorée, une bonne terrasse sur le toit et divers hébergements allant du dortoir au petit appartement idéal pour les familles ou les groupes d'amis. Petit-déjeuner inclus et bel espace détente avec DVD et jeux vidéo à disposition.

Eena Hotel HÔTEL $

(carte p. 208 ; ☎0511-222 5123 ; Khu An Cu 3 ; ch 300 000-500 000 d, d et lits jum 350 000-800 000 d ; ❄@☜). Avec ses chambres impeccables, spacieuses, claires et peintes en blanc, ce mini-hôtel de gérance japonaise constitue un excellent point de base à My Khe. Ascenseur et Wi-Fi haut débit. Petit-déjeuner compris.

Bien Nho Hotel HÔTEL $

(carte p. 208 ; ☎0511-396 7401 ; biennhohoteldng@gmail.com ; 4 Truong Sa, Hoa Hai ; ch 300 000-400 000 d ; ❄☜). Superbe mini-hôtel juste en face du *beach break* de My An, donc idéal pour les surfeurs. Chambres bien tenues et propriétaire jovial.

Frangipani Boutique Hotel BOUTIQUE HÔTEL $$

(carte p. 208 ; ☎0511-393 8368 ; www.frangipaniboutiquehotel.com ; 8 Nguyen Huu Thong ;

d 45 $US ; ❄@📶🚭). Avec tout juste 11 chambres et de belles parties communes, cet hôtel évoque une pension raffinée. Les chambres, spacieuses, modernes et joliment décorées, sont à quelques encablures du sable de China Beach. Petite piscine couverte au rez-de-chaussée, vélos en accès libre et agréable restaurant avec cour-terrasse.

Sofia Boutique Hotel HÔTEL $$

(carte p. 208 ; ☎0511-3941 669 ; www.sofiahotel-danang.com ; 111 Đ Pham Van Dong ; d 45 $US ; ❄@📶). À deux minutes de marche de la plage, le Sofia loue des chambres spacieuses et modernes, avec mobilier en bois naturel. Bon restaurant sur place et café au rez-de-chaussée. Le personnel, très aimable, peut organiser des circuits et le transport jusqu'à Hoi An, voire au-delà.

Gold 2 Hotel HÔTEL $$

(carte p. 208 ; ☎0511-3958 179 ; www.gold2hotel.vn ; 4-5 Đ Hoang Ke Viem ; ch 540 000-800 000 d, app à partir de 1 200 000 d ; ❄📶). L'un des mini-hôtels les plus récents de My Khe. Chambres impeccables et modernes, décoration d'inspiration asiatique et plage juste en face. Les spacieux appartements familiaux sont une bonne option pour les voyageurs venus en groupe.

a la carte HÔTEL DESIGN $$$

(carte p. 208 ; www.alacarteliving.com ; angle Đ Vo Nguyen Giap et Đ Duong Dinh Nghe ; ste à partir de 125 $US ; ⊜❄📶🚭). Cet hôtel, avec spa et centre de fitness, domine l'horizon balnéaire de ses 25 étages. Les suites, aux airs d'appartements, sont spacieuses et modernes ; les plus belles, à l'avant, ont une vue dégagée sur la côte. Piscine à débordement devant le formidable bar sur le toit, et restaurants au rez-de-chaussée avec épicerie fine et bar à fruits de mer.

Fusion Maia HÔTEL $$$

(carte p. 208 ; ☎0511-396 7999 ; maiadanang.fusion-resorts.com ; Đ Truong Sa, plage de Khue My ; villas à partir de 420 $US ; ⊜❄@📶🚭). Hôtel moderne en bord de mer équipé d'un remarquable spa (les hôtes ont droit à au moins 2 soins par jour) dont les cabines de soin, les saunas et les hammams s'articulent autour d'une cour arborée. Les suites et les villas sont dotées d'un décor minimaliste, d'une piscine privée et d'accessoires comme des iPod déjà fournis en musique. Navette gratuite depuis/vers Hoi An.

Où se restaurer et prendre un verre

Burger Bros BURGERS $

(carte p. 208 ; 18 An Thuong 4 ; burgers 70 000-100 000 d ; ⏲11h-14h et 17h30-22h mar-dim). Propriété d'un surfeur japonais branché, le Bros sert les meilleurs burgers gourmands du centre du pays, une bière bon marché et de formidables frites (testez la version à l'ail et au romarin avec un soda riche en fruits).

Top Rooftop Lounge BAR

(carte p. 208 ; hôtel a la carte, angle Đ Vo Nguyen Giap et Đ Duong Dinh Nghe ; ⏲11h-fermeture tardive ; 📶). Rendez-vous au Top pour une vue idéale sur le croissant de sable. Les cocktails et les bières importées séduisent les touristes et l'élégante jet-set locale, qui se partagent les transats, les chaises en rotin et la piscine à débordement. À la nuit tombée, la vue est plus belle encore, lorsque le scintillant collier de lumières de China Beach s'illumine.

Tam's Pub & Surf Shop BAR

(carte p. 208 ; 38 An Thuong 5 ; ⏲7h-23h ; 📶). À quelques pas de China Beach, ce bar-restaurant accueillant et populaire sert de la cuisine de pub (hamburgers, *fish and chips*, etc.), loue des planches (5 $US/jour, caution requise) et conseille les voyageurs.

ℹ Depuis/vers China Beach

La partie de China Beach nommée My Khe est située à environ 3 km du centre de Danang. La course en taxi revient à 50 000 d.

Hoi An

☎0510 / 134 000 HABITANTS

Hoi An est une ville historique pleine de charme – peut-être la plus ravissante du Vietnam. Jadis port de première importance, elle tire aujourd'hui avantage de son architecture et de son cadre exceptionnel, en bord de fleuve. Mieux encore : elle est peu touchée par le fléau de la circulation et de la pollution.

C'est au hasard que Hoi Han doit sa belle allure de cité provinciale historique. Si le Thu Bon ne s'était pas trouvé asséché à la fin du XIXe siècle, empêchant les navires d'accéder aux docks, la ville aurait très certainement un visage très différent aujourd'hui. Un siècle durant, son importance a décru, jusqu'à sa renaissance dans

Hoi An

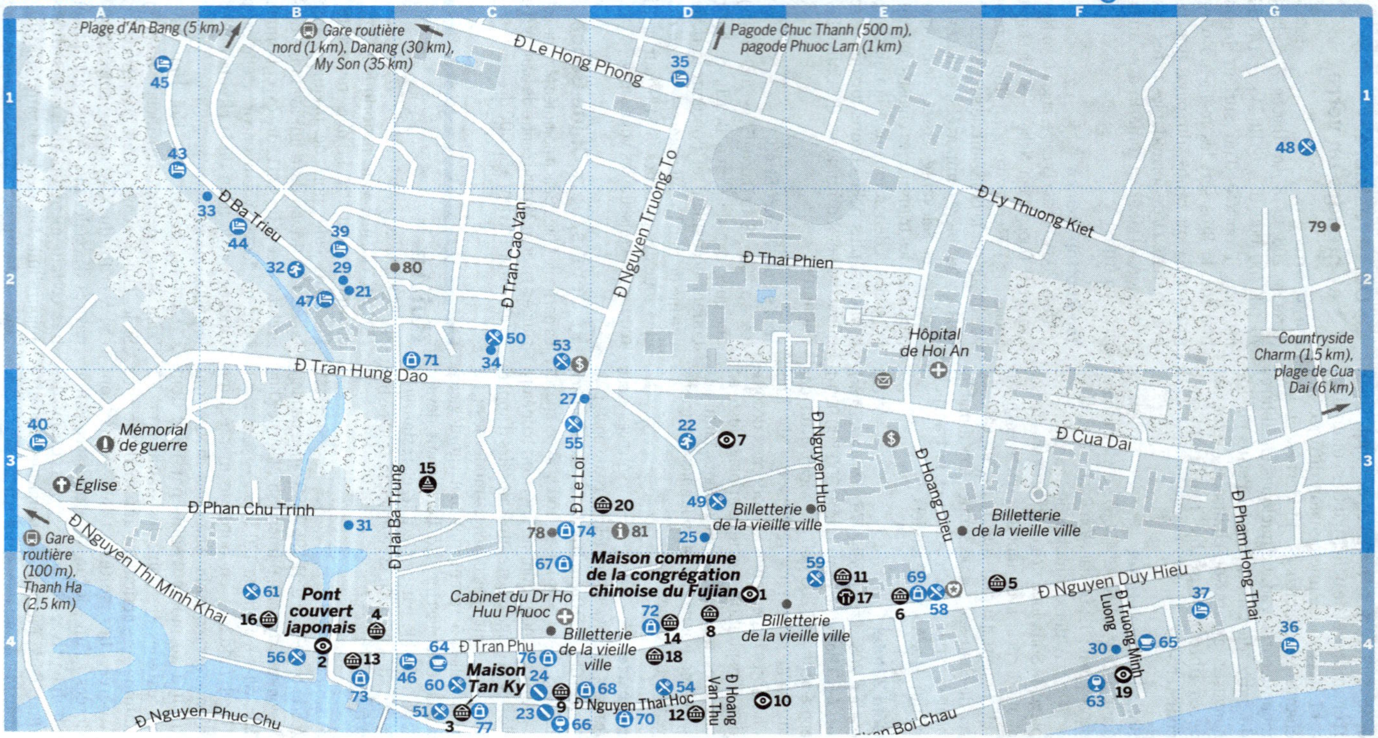
0 200 m
A
B
C
D
E
F
G
1
2
3
4
Plage d'An Bang (5 km)
Gare routière nord (1 km), Danang (30 km), My Son (35 km)
Đ Le Hong Phong
Pagode Chuc Thanh (500 m), pagode Phuoc Lam (1 km)
Đ Ly Thuong Kiet
Đ Ba Trieu
Đ Thai Phien
Đ Tran Cao Van
Đ Nguyen Truong To
Hôpital de Hoi An
Countryside Charm (1,5 km), plage de Cua Dai (6 km)
Đ Tran Hung Dao
Đ Cua Dai
Mémorial de guerre
Église
Đ Phan Chu Trinh
Đ Hai Ba Trung
Đ Le Loi
Đ Nguyen Hue
Đ Hoang Dieu
Đ Pham Hong Thai
Billetterie de la vieille ville
Billetterie de la vieille ville
Gare routière (100 m), Thanh Ha (2,5 km)
Đ Nguyen Thi Minh Khai
Pont couvert japonais
Cabinet du Dr Ho Huu Phuoc
Maison commune de la congrégation chinoise du Fujian
Billetterie de la vieille ville
Billetterie de la vieille ville
Đ Nguyen Duy Hieu
Đ Truong Minh Luong
Đ Tran Phu
Maison Tan Ky
Đ Nguyen Thai Hoc
Đ Hoang Van Thu
Đ Nguyen Phuc Chu
Bach Dang
Boi Chau
45
43
33
44
39
32
29
21
47
80
50
34
71
53
35
48
79
27
22
7
55
40
15
20
49
31
78
74
81
25
67
59
11
17
69
58
5
37
61
16
4
1
72
8
14
6
36
65
30
56
2
13
64
46
73
60
76
24
18
68
54
10
63
19
51
3
77
23
9
66
70
12

les années 1990 avec le développement du tourisme. Aujourd'hui, Hoi An est à nouveau une ville cosmopolite, l'une des plus riches du pays, un haut lieu de la gastronomie et l'un des foyers du tourisme au Vietnam.

Ce retournement de fortune a préservé la vieille ville et son très riche patrimoine – maisons de marchands japonais construites de guingois, temples chinois et anciennes maisons de thé – même si les espaces autrefois occupés par des maisons ou des rizières ont peu à peu cédé la place à des commerces. Les bars, les hôtels de charme, les agences de voyages et les boutiques de prêt-à-porter sont, de fait, largement représentés désormais. Or il suffit de se rendre jusqu'au marché et à l'île Cam Nam pour découvrir un paysage tout à fait différent. Encore quelques kilomètres, et vous trouverez de superbes balades à faire à vélo, à moto ou en bateau, vers des plages ou des paysages parmi les plus beaux du pays.

Histoire

On a récemment découvert à Hoi An des fragments de céramique vieux de 2 200 ans : ce sont les plus anciens vestiges d'occupation humaine, que l'on attribue à la civilisation Sa Huynh, apparentée à la culture de Dông Son du nord du pays et datant de la fin de l'âge du fer. Du IIe au Xe siècle, ce fut un important port maritime du royaume du Champa, et les archéologues ont découvert aux alentours les fondations de nombreuses tours cham.

En 1307, le roi cham épousa la fille d'un monarque de la dynastie des Trân et fit don aux Vietnamiens de la province de Quang Nam. À sa mort, son successeur contesta la légitimité de ce présent et, pendant plus d'un siècle, la région fut en proie au chaos. Au XVe siècle, la paix revenue, le commerce put reprendre normalement son cours. Durant les quatre siècles suivants, Hoi An – connue sous le nom de Faifo au temps des premiers marchands occidentaux – fut l'un des principaux ports d'Asie du Sud-Est. Chinois, Japonais, Hollandais, Portugais, Espagnols, Indiens, Philippins, Indonésiens, Thaïlandais, Français, Anglais et Américains vinrent tous s'y approvisionner en soie, étoffes, papier, porcelaine, noix d'arec, poivre, plantes médicinales chinoises, ivoire, cire d'abeille, nacre et laque.

Au printemps, les navires chinois et japonais étaient poussés vers le sud par les vents de mousson. Ils séjournaient à

Hoi An

Les incontournables
1 Maison commune de la congrégation chinoise du Fujian D4
2 Pont couvert japonais B4
3 Maison Tan Ky C4

À voir
4 Maison commune de la congrégation chinoise de Canton B4
5 Maison commune de la congrégation chinoise de Chaozhou F4
6 Maison commune de la congrégation chinoise de Hainan E4
7 Ba Le Well D3
8 Maison commune des cinq congrégations D4
9 Maison Diep Dong Nguyen C4
10 Atelier d'artisanat D4
11 Musée d'Histoire et de la Culture De Hoi An E4
12 Musée des Arts populaires de Hoi An .. D4
13 Musée de la Culture de Sa Huynh et musée de la Révolution B4
14 Musée des Céramiques de commerce.. D4
15 Pagode Phac Hat C3
16 Maison Phung Hung B4
17 Temple Quan Cong E4
18 Maison Quan Thang D4
19 Maison Duong F4
20 Chapelle de la famille Tran D3

Activités
21 Active Adventures Vietnam B2
22 Ba Le Beauty Salon D3
23 Blue Coral Diving C4
24 Cham Island Diving Center C4
25 Eat Hoi An D3
26 Heaven & Earth B5
27 Herbs and Spices C3
28 Hoi An Kayak Center A6
29 Hoi An Motorbike Adventures B2
30 Hoi An Photo Tour F4
31 Love of Life B3
Morning Glory Cooking School ..... (voir 60)
32 Palmarosa B2
33 Phat Tire Ventures B2
34 Vespa Adventures C2

Où se loger
35 Almanity Hoi An D1
36 Anantara Hoi An Resort G4
37 Ha An Hotel G4
38 Hideout Hostel E5
39 Hoa Binh Hotel B2
40 Hoang Trinh Hotel A3
41 Little Hoi An B5
42 Long Life Riverside B5
43 Phuong Dong Hotel A1
44 Thien Nga Hotel B2
45 Thien Thanh Hotel A1
46 Vinh Hung 1 Hotel C4
47 Vinh Hung Library Hotel B2

Où se restaurer
48 Aubergine 49 ..... G1
49 Bale Well D3
50 Cafe Zoom C2
51 Cargo Club C4
Cocobox ..... (voir 9)
52 Enjoy Ice Cream C5
53 Ganesh Indian Restaurant C2
54 Green Mango D4
55 Little Menu C3
56 Mai Fish B4
57 Mango Mango B5
58 Mermaid Restaurant E4
59 Miss Ly Cafeteria 22 ..... E4
60 Morning Glory Restaurant C4
61 Nu Eatery B4
Seedlings ..... (voir 57)
62 Vy's Market B5

Où prendre un verre et faire la fête
63 3 Dragons F4
Dive Bar ..... (voir 24)
64 Hoi An Roastery C4
65 Mia Coffee House F4
Q Bar ..... (voir 24)
66 White Marble C4

Achats
67 A Dong Silk C4
68 Avana C4
Couleurs D'Asie Gallery ..... (voir 11)
69 Friendly Shop E4
70 Hoang Kim D4
71 Kimmy C2
72 Lotus Jewellery D4
73 Metiseko B4
74 Mosaique Decoration C3
75 Randy's Book Xchange E6
Reaching Out ..... (voir 3)
76 Tuoi Ngoc C4
Villagecraft Planet ..... (voir 19)
77 Yaly C4

Renseignements
78 Go Travel Vietnam C3
79 Rose Travel Service G2
80 Sinh Tourist B2
81 Office du tourisme D3

Hoi An jusqu'à l'été, reprenant la mer avec les vents du sud. Durant ces quatre mois, les marchands louaient sur le front de mer des maisons qui leur tenaient lieu à la fois d'entrepôt et de résidence. Certains d'entre eux y installèrent par la suite des représentants habilités à gérer leurs affaires sur place le reste de l'année.

Les Japonais, dont le gouvernement leur interdit en 1637 tout contact avec le monde extérieur, cessèrent de venir à Hoi An, ce qui ne fut pas le cas des Chinois. Les maisons communes des congrégations chinoises jouent, aujourd'hui encore, un rôle essentiel auprès de la population chinoise du sud du Vietnam, dont les membres effectuent parfois de longs voyages pour venir assister aux célébrations de Hoi An.

Ce fut par Hoi An que le christianisme pénétra au Vietnam. De tous les missionnaires du XVIIe siècle, le plus célèbre fut le père Alexandre de Rhodes, inventeur du *quôc-ngu*, l'alphabet romanisé qui transcrit toujours le vietnamien aujourd'hui.

Presque entièrement détruite par la révolte des Tây Son entre les années 1770 et 1790, Hoi An fut reconstruite et garda son statut de plaque tournante commerciale jusqu'à la fin du XIXe siècle. Toutefois, l'ensablement du fleuve Thu Bon (Cai), qui relie Hoi An à la mer, commença à gêner la navigation. Danang (appelée Tourane pendant la colonisation française) éclipsa peu à peu Hoi An en tant que port et centre du commerce.

À l'époque coloniale française, Hoi An était un centre administratif. La ville n'a quasiment pas été touchée par les bombardements pendant la guerre du Vietnam, les deux camps ayant convenu de la préserver. La vieille ville a été classée au patrimoine mondial de l'Unesco en 1999, et une législation très stricte préserve cette architecture unique.

Aujourd'hui, l'économie de Hoi An est en plein essor et la vieille ville peine parfois à accueillir tous les visiteurs. Un nombre inconsidéré d'hébergements a vu le jour en périphérie de la ville, Hoi An s'agrandissant pour répondre à la demande touristique.

À voir

Plus de 800 bâtiments historiques préservés dans Hoi An sont répertoriés par l'Unesco. La **vieille ville** (120 000 d ; www.hoianworld-heritage.org.vn) a gardé son visage d'il y a plusieurs siècles.

Les Chinois qui s'installèrent à Hoi An s'identifiaient selon leurs provinces d'origine. Chaque communauté construisait sa maison commune (*hoi quan* en vietnamien), utilisée à des fins sociales, commerciales et culturelles.

Dans toutes les demeures, excepté la maison Diep Dong Nguyen et la maison Quan Thang, sont assurées de courtes visites guidées, généralement menées par une jeune femme de la famille. Efficace mais manquant parfois de conviction, la jeune guide vous fera asseoir sur une lourde chaise de bois et récitera sa présentation. Vous pourrez ensuite vous promener librement dans la maison.

La popularité de ces demeures a son revers : jadis lieux de vie, elles sont désormais figées dans le temps, privées de la présence des familles qui les occupaient jadis et en ont été écartées à des fins touristiques. Les groupes organisés, qui se bousculent pour prendre des photos, seront également susceptibles de troubler votre visite.

Les quatre petits musées sont modestes. Leurs collections restent assez limitées et les informations fournies rudimentaires. Seuls 18 bâtiments sont ouverts au public, auxquels on accède, pour leur majorité, muni d'un billet d'entrée pour la vieille ville. Les droits perçus sont destinés au financement des travaux de conservation.

Acheter un billet dans l'une des billetteries de la vieille ville est simple ; en revanche, planifier sa visite l'est beaucoup moins, en raison de la complexité du système. Un billet accorde un droit d'entrée dans cinq lieux – musées, maisons communes, maisons anciennes – et permet à son détenteur d'assister à un concert de musique traditionnelle dans l'atelier d'artisanat. Les billets sont valables dix jours. En principe, ils permettent d'accéder à la vieille ville en elle-même, mais vous ne risquez guère d'être contrôlés si vous vous restaurez ou faites du shopping dans le secteur. Conservez toutefois le vôtre, au cas où.

Malgré l'afflux des touristes, Hoi An reste une cité conservatrice et il est conseillé de porter une tenue convenable pour visiter les maisons, lesquelles gardent rang de demeures privées.

Pont couvert japonais PONT

(Cau Nhat Ban). GRATUIT Ce beau petit pont est emblématique de Hoi An. C'est la communauté japonaise de la ville qui, dans les années 1590, construisit un premier pont à cet emplacement, afin d'établir une voie de communication avec le quartier chinois.

L'ouvrage est d'une grande solidité en raison de la menace de tremblements de terre. Au fil des siècles, son ornementation est restée relativement fidèle au style japonais. Les Français avaient aplani la chaussée pour faciliter le passage des véhicules, mais les travaux de rénovation entrepris en 1986 lui ont rendu sa forme convexe originelle.

Les accès du pont sont gardés par des statues ayant subi les intempéries : d'un côté deux singes et, de l'autre, deux chiens. Plusieurs légendes justifient la présence de ces sentinelles : selon l'une d'entre elles, ces animaux faisaient l'objet d'un culte particulier, car nombre d'empereurs japonais étaient nés sous le signe du Chien ou du Singe. Une autre affirme que la construction du pont commença lors d'une année du Singe pour s'achever une année du Chien. Une stèle énumère les noms, rédigés en *chu nho* (caractères chinois), des Vietnamiens et des Chinois ayant contribué à financer sa rénovation.

Si l'accès au pont est gratuit, il vous faudra un billet pour visiter le petit temple, assez modeste, construit sur sa partie nord.

Maison commune de la congrégation chinoise du Fujian TEMPLE

(Phuc Kien Hoi Quan ; face au 35 Đ Tran Phu ; billet combiné avec la vieille ville ; 7h-17h30). À l'origine une salle de réunion traditionnelle, cette structure fut plus tard transformée en un temple dédié au culte de Thien Hau, divinité de la province de Fujian. La triple porte recouverte de tuiles vertes fut ajoutée en 1975.

Sur le mur de droite, une peinture représentant Thien Hau : éclairée par une lanterne, la déesse de la Mer traverse une mer déchaînée pour sauver un bateau en détresse. En face sont figurés les chefs des six familles chinoises qui quittèrent le Fujian au XVIIe siècle pour s'installer à Hoi An.

L'avant-dernière salle accueille la statue de la déesse. De part et d'autre de l'entrée se tiennent Thuan Phong Nhi, à la peau rouge, et Thien Ly Nhan, à la peau verte. Ces divinités sont chargées de repérer les navires en perdition.

Dans la dernière salle, l'autel central abrite les statuettes assises des six chefs de famille. Au-dessous, des statues plus petites représentent leurs successeurs à la tête du clan. Derrière l'autel, à droite, trois fées et 12 *ba mu* (sages-femmes), plus petites, transmettent au nouveau-né ce qui lui sera nécessaire au cours de sa première année de vie – sourire, téter, etc. Les couples sans enfants ont coutume de venir prier ici, et y laissent des fruits en offrande.

Maison Tan Ky ÉDIFICE HISTORIQUE

(101 Đ Nguyen Thai Hoc ; billet combiné avec la vieille ville ; 8h-12h et 14h-16h30). Construite il y a deux siècles pour une famille d'origine vietnamienne, cette demeure a été remarquablement conservée par les sept générations qui l'ont successivement occupée.

Son architecture est révélatrice des influences japonaise et chinoise. Au titre des éléments nippons figure le plafond (dans la pièce de réception), soutenu par trois poutres de tailles différentes superposées en ordre décroissant. Sous le plafond en forme de crabe ont été sculptés des sabres, symboles de la force, ornés d'un ruban de soie, qui représente la flexibilité.

De certaines colonnes pendent des poèmes chinois inscrits en nacre incrustée. Les caractères agrémentant ces panneaux, réalisés il y a un siècle et demi, se composent exclusivement d'oiseaux représentés avec grâce dans plusieurs positions de vol.

La cour remplit ici plusieurs fonctions : elle laisse entrer la lumière, permet à l'air de circuler, apporte un peu de végétation au sein de la maison, recueille et évacue l'eau de pluie. Les balustrades de bois, ornées de feuilles de vigne gravées rappelant l'influence européenne, témoignent de la fusion culturelle unique dont témoigne Hoi An.

L'arrière de la maison, qui donne sur le fleuve, était autrefois loué aux marchands étrangers. Les marques sur l'un des murs indiquent le niveau de l'eau lors des récentes inondations, le record ayant été atteint en 1964, quand le plafond du premier niveau a été presque atteint. Deux poulies, attachées à une poutre du grenier et jadis employées pour y monter les marchandises, servent aujourd'hui à sauver les meubles en cas de crue.

Le toit recouvert de tuiles et le plafond en bois, à l'intérieur, permettaient de garder la chaleur en hiver et la fraîcheur en été.

Chapelle de la famille Tran ÉDIFICE HISTORIQUE

(21 Đ Le Loi ; billet combiné avec la vieille ville ; 7h30-12h et 14h-17h30). Dédiée au culte de ses ancêtres, cette chapelle a été construite, en 1802, par l'un des membres du clan, qui avait atteint le rang de mandarin et servi comme ambassadeur en Chine. Son portrait figure sur la droite de la chapelle.

ZONE INONDABLE

La situation de Hoi An, en bord de rivière, la rend particulièrement vulnérable aux inondations durant la saison des pluies (octobre et novembre). Il est courant que l'eau monte de 1 m et, en cas de typhon, de 2 m ou plus.

HOI AN ET SON PATRIMOINE ARCHITECTURAL

Non seulement les édifices anciens de Hoi An ont survécu aux guerres du XXe siècle, mais ils ont gardé des caractéristiques que l'on retrouve rarement ailleurs. Bon nombre de devantures de magasin se ferment toujours à l'aide de planches glissées horizontalement dans des fentes, elles-mêmes aménagées dans les colonnes soutenant la toiture.

De même, certains toits sont constitués de tuiles *am-duong* (yin et yang) de couleur brique, ainsi nommées en raison de leur forme concave et convexe permettant un assemblage parfait. Lors de la saison des pluies, le lichen et la mousse qui y poussent recouvrent les toitures d'un vert éclatant.

De nombreuses portes sont surmontées d'un morceau de bois circulaire portant le symbole du *am* et du *duong*, qu'entoure une spirale. Ces *mat cua* (yeux de portes) ont pour rôle de protéger du mal les habitants de la demeure.

Les bâtiments historiques de Hoi An font tour à tour l'objet de soigneux travaux de restauration. Des règles strictes encadrent le choix des panneaux et des couleurs des maisons.

L'attrait de la vieille ville tient au fait que non seulement des bâtiments isolés ont survécu, mais aussi des rues entières, notamment autour de Đ Tran Phu et de Đ Bach Dang, la promenade au bord de l'eau. Dans l'ancien quartier français, à l'est du pont Cam Nam, subsiste tout un pâté de maisons à colonnades, peintes dans le jaune moutarde caractéristique des bâtiments coloniaux français.

L'architecture du bâtiment témoigne d'influences chinoises (notamment son toit aux allures de tortue), japonaises (avec les trois poutres) et locales (repérez les arcs et les flèches dans la décoration).

La porte centrale, réservée au défunt, est ouverte à l'occasion de la fête du Têt et de l'anniversaire de la mort du principal ancêtre (11 novembre). La tradition voulait que les femmes entrent par la gauche et les hommes par la droite, mais ces distinctions ne sont plus observées.

Sur l'autel, des coffrets en bois renferment les tablettes en pierre des ancêtres, sur lesquelle figurent des idéogrammes chinois indiquant leurs dates de naissance et de mort, ainsi que quelques petits effets personnels. Lors de l'anniversaire de la mort de chacun des défunts de la famille, son coffret est ouvert, on fait brûler de l'encens et on dispose des offrandes de nourriture.

Après une rapide visite, on vous montrera la salle dite des antiquités, où sont vendus des pièces de monnaie et des souvenirs.

Temple Quan Cong TEMPLE CONFUCÉEN

(Chua Ong ; 24 Đ Tran Phu ; billet combiné avec la vieille ville). Consacré en 1653, ce petit temple chinois est dédié à Quan Cong, général chinois tenu en haute estime, révéré comme un symbole de loyauté, de sincérité, d'intégrité et de justice. Sa statue de papier mâché sur une âme de bois, partiellement dorée, trône sur l'autel central à l'arrière du sanctuaire. Quand un visiteur fait une offrande à Quan Cong, le gardien frappe d'un coup solennel un vase de bronze.

À gauche de Quan Cong, une statue représente le général Chau Xuong, l'un des gardes de Quan Cong, dans une pose avantageuse. À droite apparaît Quan Bing, mandarin administratif plutôt replet. Le cheval blanc grandeur nature rappelle celui que montait Quan Cong.

En passant dans la cour, jetez un coup d'œil sur les toits, décorés de carpes. Symbole de patience dans la mythologie chinoise, ce poisson est couramment représenté à Hoi An.

Ôtez vos chaussures avant de monter sur l'estrade, devant la statue de Quan Cong.

Pagode Phuoc Lam TEMPLE BOUDDHIQUE

(Thon 2a, Cam Ha ; ⏲8h-17h). Construite au milieu du XVIIe siècle, cette pagode est associée à An Thiem, prodige vietnamien ayant embrassé la vie monastique à l'âge de 8 ans. Dix ans plus tard, il se porta volontaire dans l'armée pour éviter à ses frères d'être enrôlés, et obtint, à terme, ses galons de général. Pour expier ses crimes de guerre, cependant, il s'engagea à nettoyer le marché de Hoi An pendant 20 ans, puis retourna à la vie monastique, à la tête de la pagode.

Parcourez 500 m après la pagode Chuc Thanh. Avant de parvenir à la pagode, vous passerez devant un obélisque érigé sur les tombes de 13 résistants chinois décapités par les Japonais au cours de la Seconde Guerre mondiale.

Musée des Céramiques de commerce MUSÉE

(80 Đ Tran Phu ; billet combiné avec la vieille ville ; 7h-17h30). Installé dans une maison en bois sombre restaurée, ce musée expose des céramiques en provenance de toute l'Asie et d'autres pays du monde (d'Égypte notamment), preuve de l'importance des relations commerciales de Hoi An avec l'étranger. Il faut néanmoins être spécialiste pour apprécier cette collection à sa juste valeur. La petite exposition sur la restauration des vieilles maisons de Hoi An est très instructive en matière d'architecture ancienne.

Maison commune des cinq congrégations ÉDIFICE HISTORIQUE

(Chua Ba ; 0510-861 935 ; 64 Tran Phu ; 8h-17h). GRATUIT Fondée en 1773, cette maison commune accueillait les cinq congrégations chinoises de Hoi An : Fujian, Canton, Hainan, Chaozhou et Hakka. À droite de l'entrée, on remarque les portraits de résistants chinois, morts pendant la Seconde Guerre mondiale et héros au Vietnam. Le temple principal, bien restauré, est un ravissement des sens, avec ses spirales d'encens qui s'élèvent, ses divinités aux airs démoniaques, ses dragons et sa laque rouge omniprésente. Il est dédié à Thien Hau.

Maison commune de la congrégation chinoise de Chaozhou ÉDIFICE HISTORIQUE

(Trieu Chau Hoi Quan ; face au 157 Đ Nguyen Duy Hieu ; billet combiné avec la vieille ville ; 8h-17h). L'attrait de cette maison commune, datant de 1752, réside dans la splendeur de ses sculptures sur bois. Les motifs très élaborés sur les poutres, les murs et l'autel sont éblouissants, et l'on peut passer des heures à essayer de comprendre les histoires qu'ils représentent. Si vous êtes pressé, admirez au moins, sur les portes en face de l'autel, la gravure de deux jeunes Chinoises coiffées à la japonaise.

Pagode Chuc Thanh TEMPLE BOUDDHIQUE

(Khu Vuc 7, Tan An ; 8h-18h). Érigée en 1454 par un bonze originaire de Chine, la pagode Chuc Thanh est la plus ancienne de Hoi An. On peut y admirer des objets rituels utilisés depuis des siècles : plusieurs cloches, un gong de pierre vieux de 200 ans et un gong de bois en forme de carpe, qui serait encore plus ancien.

Prenez Đ Nguyen Truong To direction nord jusqu'au bout, puis tournez à gauche ; suivez le chemin sablonneux sur 500 m.

Atelier d'artisanat ATELIER

(9 Đ Nguyen Thai Hoc ; billet combiné avec la vieille ville). Installé dans la maison de commerce d'un marchand chinois, vieille de deux siècles, l'atelier accueille, dans la partie arrière, des artisans en train de broder. Des spectacles avec chanteurs, danseurs et musiciens traditionnels, typiquement destinés aux touristes, ont lieu deux fois par jour dans la salle.

Maison Tran Duong ÉDIFICE HISTORIQUE

(25 Đ Phan Boi Chau ; 20 000 d ; 9h-19h). Entre le 22 et le 73 Đ Phan Boi Chau, vous pourrez admirer un ensemble de bâtiments à colonnades de style colonial français, parmi lesquelles cette demeure, qui remonte au XIXe siècle. Étant donné qu'il s'agit toujours d'une habitation privée, la visite est assurée par un membre de la famille. Entre autres meubles anciens français et chinois, on peut admirer un buffet bas et un salon ornés d'incrustations de nacre qui contrastent avec la grande table en bois (en fait le lit familial) dans la pièce de devant.

Musée de l'Histoire et de la Culture de Hoi An MUSÉE

(7 Đ Nguyen Hue ; billet combiné avec la vieille ville ; 7h-17h30). Aménagé dans la pagode Quan Am, ce musée abrite une petite collection d'objets de l'époque pré-cham et cham. Le commerce portuaire est aussi représenté avec de nombreuses céramiques.

Maison Quan Thang ÉDIFICE HISTORIQUE

(77 Tran Phu ; billet combiné avec la vieille ville ; 7h-17h). Cette maison fut construite il y a trois siècles par un capitaine chinois. Son architecture comporte des éléments japonais et chinois. Admirez les sculptures de paons et de fleurs particulièrement fines des murs en teck des pièces entourant la cour, tout comme celles des poutres et du dessous du toit en carapace de crabe (dans le salon près de la cour).

Maison commune de la congrégation chinoise de Canton ÉDIFICE HISTORIQUE

(Quang Trieu Hoi Quan ; 176 Đ Tran Phu ; entrée avec le billet pour la vieille ville ; 8h-17h). Érigée en 1786, cette maison commune possède une porte d'entrée élancée qui s'ouvre sur une superbe statue en mosaïque représentant un dragon et une carpe. L'autel principal est dédié à Quan Cong. Dans le jardin à l'arrière se dresse une statue de dragon encore plus belle.

Maison commune de la congrégation chinoise de Hainan ÉDIFICE HISTORIQUE
(Hai Nam Hoi Quan ; 10 Đ Tran Phu ; ⌚8h-17h). GRATUIT Datant de 1851, cette maison commune est dédiée à la mémoire des 108 marchands de Hainan accusés à tort de piraterie et exécutés dans la province de Quang Nam cette même année. Sur les estrades, richement ornées, se trouvent des plaques commémoratives. Devant l'autel central, vous pourrez admirer une sculpture de bois finement dorée, représentant une scène de la cour chinoise.

Maison Phung Hung ÉDIFICE HISTORIQUE
(4 Đ Nguyen Thi Minh Khai ; billet combiné avec la vieille ville ; ⌚8h-19h). À quelques pas du pont couvert japonais, cette demeure possède une vaste entrée accueillante, décorée d'exquises lanternes, de rouleaux peints et de broderies. L'autel suspendu est saisissant.

Maison Diep Dong Nguyen ÉDIFICE HISTORIQUE
(58 Đ Nguyen Thai Hoc ; ⌚8h-12h et 14h-16h30). GRATUIT Cette vieille maison était au XIXe siècle celle d'un marchand chinois. La première pièce servit de cabinet de médecine chinoise (*thuoc bac*) : les plantes médicinales étaient conservées dans les vitrines qui tapissent les murs.

Musée des Arts populaires de Hoi An MUSÉE
(33 Đ Nguyen Thai Hoc62 Đ Bach Dang ; billet combiné avec la vieille ville ; ⌚7h-17h30). Un comptoir chinois vieux de 150 ans accueille ce musée, dont les présentations évoquent les coutumes et la culture locales. Très empoussiéré, il ne fait néanmoins pas figure de véritable musée sur l'histoire des arts populaires. La vue sur la rivière depuis l'étage est des plus pittoresques.

Pagode Phac Hat TEMPLE BOUDDHIQUE
(673 Đ Hai Ba Trung). GRATUIT La pagode est dotée d'une façade recouverte de céramiques et de peintures colorées, et surmontée d'un toit orné de dragons qui ressemblent à des serpents. Au centre, l'immense cour est remplie de centaines de plantes en pot et de bonsaïs.

Musée de la Culture de Sa Huynh et musée de la Révolution MUSÉE
(149 Đ Tran Phu ; billet combiné avec la vieille ville ; ⌚7h-17h30). Au rez-de-chaussée, vous pourrez voir des bijoux en pierre, en bronze, en or, en verre et en agate, toutes sortes de fragments de céramiques et des jarres funéraires du début de la culture de Dông Son (Sa Huynh). Le musée de la Révolution, à l'étage, était fermé lors de notre passage.

Puits Ba Le SITE EMBLÉMATIQUE
GRATUIT Ce puits de forme carrée remonterait au temps des Chams. C'est aussi, selon la tradition, exclusivement l'eau de ce puits qui doit servir à la préparation des authentiques *cao lau*, une spécialité de Hoi An. Vous verrez sans doute des personnes âgées, venues ici, comme chaque jour, remplir leurs seaux en métal. Pour y accéder, prenez la petite rue en face du 35 Đ Phan Chu Trinh et tournez dans la deuxième ruelle sur la droite.

Activités

Plongée

Une excursion dans les îles Cham vous fera passer une très belle journée, et les deux écoles de plongée de Hoi An proposent des formules comprenant camping et plongée. S'il ne faut pas s'attendre à des fonds marins exceptionnels, il s'agit d'expériences intéressantes permettant de découvrir de plus près la vie aquatique.

Un baptême PADI coûte 70 $US, 2 explorations 80 $US, tandis que les stages Open Water sont facturés 350 $US environ. Comptez environ 42 $US pour le snorkeling, matériel inclus, avec possibilité de camper sur la plage moyennant un supplément de 40 $US.

Avec ou sans bouteille, la plongée n'est généralement possible qu'entre février et septembre. Les conditions de visibilité sont les meilleures pendant les mois d'été (de juin à août).

Cham Island Diving Center PLONGÉE
(☎0510-391 0782 ; www.vietnamscubadiving.com ; 88 Đ Nguyen Thai Hoc). Ce club de plongée est tenu par une équipe chaleureuse et compétente. Il possède un grand bateau et un hors-bord pour les transferts rapides. Organise également des excursions d'une journée, ou avec nuit sur place, aux îles Cham.

Blue Coral Diving PLONGÉE
(☎0510-627 9297 ; www.divehoian.com ; 77 Đ Nguyen Thai Hoc). Organisme accueillant et professionnel disposant d'un bateau de 18 m et d'un hors-bord.

Massages et spa

Hoi An compte de nombreux salons de massage et de soins. La plupart sont très moyens, gérés par des Vietnamiens peu formés. Un massage de base coûte environ

12 $US l'heure. On trouvera une succession d'échoppes le long de Đ Ba Trieu. À l'autre extrémité de la gamme, des organismes sérieux, généralement installés dans les hôtels, vous feront passer un très agréable moment ; les prix sont à la hauteur de la prestation.

Palmarosa SPA
(☎0510-393 3999 ; www.palmarosaspa.vn ; 90 Đ Ba Trieu ; massages et soins à partir de 220 000 d ; ⏲10h-21h). Ce spa très professionnel propose différents massages (notamment thaï et suédois), gommages, et soins du visage, des pieds et des mains.

Countryside Charm SPA
(Duyen Que ; ☎0510-350 1584 ; spahoian.vn ; 512 Đ Cua Dai ; massage 1 heure à partir de 20 $US ; ⏲8h-23h). Malgré des locaux moyennement fonctionnels, ce centre de soins situé sur la route côtière est doté d'un personnel bien formé et compétent. On pourra en outre venir vous chercher gratuitement de Hoi An.

Ba Le Beauty Salon SPA
(☎0905 226 974 ; www.balewellbeautysalon.com ; 45-11 Đ Tran Hung Dao ; ⏲9h-19h). Ba Le, formée au Royaume-Uni, propose épilation au fil ou à la cire, soins du visage, des mains et des pieds, à un prix très abordable.

Cours

Cuisine

Hoi An est devenue un haut lieu d'apprentissage de la cuisine vietnamienne. Beaucoup de restaurants proposent des cours, qui peuvent aussi bien avoir lieu dans la cour d'un particulier que dans une école spécialisée.

La ville est idéale pour les chefs en herbe : elle compte de nombreuses spécialités typiques de la région, pour la plupart très difficiles à réaliser.

Les cours commencent généralement par un tour au marché pour en savoir plus sur les principaux ingrédients vietnamiens.

Green Bamboo Cooking School CUISINE
(☎0905 815 600 ; www.greenbamboo-hoian.com ; 21 Đ Truong Minh Hung, Cam An ; 40 $US/pers transport depuis Hoi An inclus). Des cours (en anglais) plus personnalisés que la moyenne, animés par Van, une chef accomplie. C'est dans sa spacieuse cuisine qu'elle accueille les groupes, limités à 10 personnes. On choisit ce que l'on veut cuisiner sur une carte comprenant notamment un grand nombre de recettes végétariennes. À 5 km à l'est du centre, près de la plage de Cu Dai.

Herbs and Spices ÉCOLE DE CUISINE
(☎0510-393 6868 ; www.herbsandspicesvn.com ; 2/6 Đ Le Loi ; par pers 35-59 $US ; ⏲10h30, 16h30 et 20h). Formidables cours de cuisine avec trois menus au choix, et des groupes de travaux pratiques plus réduits que dans d'autres cours.

Morning Glory ÉCOLE DE CUISINE
(☎0510-224 1555 ; www.msvy-tastevietnam.com ; 106 Đ Nguyen Thai Hoc, cours d'une demi-journée 25-32 $US). C'est le Morning Glory qui a lancé la mode des cours de cuisine à Hoi An. Ces derniers sont assurés par Trinh Diem Vy, propriétaire de plusieurs restaurants à Hoi An, ou par l'un de ses protégés. Ils portent sur des recettes régionales comme le *cao lau* ou la "rose blanche". Les cours peuvent accueillir jusqu'à 30 personnes, mais d'aucuns trouvent l'ambiance un peu trop cadrée.

Red Bridge ÉCOLE DE CUISINE
(☎0510-393 3222 ; www.visithoian.com/redbridge ; Thon 4, Cam Thanh ; 32-52 $US/pers). L'aventure débute par une descente en bateau sur le fleuve pour rejoindre ce havre de tranquillité à 4 km de Hoi An à l'est du centre-ville, sur les berges du Thu Bon. Les cours, avec passage au marché, se déroulent sur une demi-journée ou une journée. En suivant les premiers, vous apprendrez à préparer des spécialités locales, ainsi qu'à fabriquer des feuilles de riz et à réaliser des sculptures végétales pour la décoration. Le cours d'une journée initie les participants à l'art du *pho* (soupe de nouilles au bœuf).

Et pour ne rien gâcher, l'école est pourvue d'une piscine de 20 m !

Yoga

Nomad Yoga YOGA
(☎0907 489 129 ; nomadyogahoian.com ; 6 le Long Phong ; cours 130 000 à 250 000 d). Ce centre de yoga jouit d'une excellente réputation. Les cours (hatha et ashtanga) sont organisés sur place ou à la plage. Il possède également un délicieux restaurant végétarien.

Fête

Fête de la Pleine Lune CULTURE
(⏲17h-23h). Il est particulièrement plaisant de séjourner à Hoi An le 14e jour du mois lunaire : la ville célèbre alors la fête de la Pleine Lune. Les véhicules à moteur sont bannis de la vieille ville, les marchés de rue qui vendent des objets d'artisanat, des souvenirs et de la nourriture fonctionnent à plein, et toutes les lanternes sont sorties !

CIRCUITS DANS LES ENVIRONS DE HOI AN

Le paysage et les petites routes des environs de Hoi An n'attendent qu'à être découverts. Les excursions à moto ou à vélo ont beaucoup de succès ; rien ne permet autant que les deux-roues d'apprécier le paysage. Des circuits en jeep sont également proposés, tandis que les activités nautiques comprennent le stand-up paddle et le kayak.

Les **îles Cham**, idylliques, constituent une destination parfaite pour une excursion entre mars et septembre. Les deux écoles de plongée de Hoi An y organisent des sorties (p. 219).

Active Adventures Vietnam (☎0905 101 930 ; www.activeadventures-vietnam.com ; 111 Ba Trieu). Ce prestataire, installé dans les collines à l'arrière de Hoi An, propose des excursions en jeep américaine d'origine jusqu'à un village co tu. La région recèle des sources chaudes et d'excellents parcours de randonnée.

Hoi An Motorbike Adventures (☎0905 101 930 ; www.motorbiketours-hoian.com ; 111 Ba Trieu, Hoi An). Spécialisé dans les circuits sur les fameuses motos Minsk. Les guides connaissent bien le terrain et vous feront découvrir de jolies routes.

Phat Tire Ventures (☎0510-653 9839 ; www.ptv-vietnam.com ; 62 Ba Trieu). Propose un excellent circuit en VTT jusqu'aux ruines de My Son, ponctué de chemins de campagne et de visites de temples. Organise par ailleurs des circuits aventure, avec rappel et escalade.

SUP Monkey (☎0935 622 564 ; www.supmonkey.net ; par pers 30-70 $US). Partez en stand-up paddle à la découverte des cours d'eau autour de Hoi An. Parmi les différentes options, mentionnons le circuit au crépuscule et l'exploration du lagon près du village de Tra Que.

Hoi An Free Tour (☎0905 164 397 ; www.hoianfreetour.com). Parcours à vélo dans la périphérie de Hoi An, conçus comme un échange de bons procédés : vous rencontrez les habitants et découvrez la vie rurale, et c'est l'occasion pour les étudiants qui encadrent ces circuits de pratiquer l'anglais.

Vespa Adventures (☎0938 500 997 ; www.vespaadventures.com ; 134 Đ Tran Cao Van ; par pers 65-76 $US). Vespa Adventures se révèle l'une des façons les plus amusantes et les plus branchées de visiter les environs de Hoi An, avec ses balades à l'arrière d'un deux-roues rétro à l'accent italien. Circuits le matin et l'après-midi – citons notamment le "Streets & Eats", une option nocturne très prisée qui allie cuisine savoureuse et bière fraîche. Départs du Cafe Zoom (p. 224).

Eat Hoi An (Coconut Tours ; ☎0905 411 184 ; www.eathoian.com ; 37 Đ Phan Chau Trinh ; par pers 35 $US). Une excellente façon d'explorer la scène culinaire locale. Attendez-vous à découvrir *beaucoup* de mets et de saveurs différentes ; consultez le site pour en savoir plus sur les cours de cuisine organisés dans le village natal de votre hôte.

Taste of Hoi An (☎0905 382 783 ; www.tasteofhoian.com). Vous parcourrez les rues à la rencontre des marchands, puis irez déjeuner dans une maison ancienne (et climatisée !).

Heaven & Earth (☎0510-386 4362 ; www.vietnam-bicycle.com ; 57 Đ Ngo Quyen, An Hoi ; circuits 12-49 $US). Circuits à vélo bien conçus et pas trop difficiles à travers le delta du Song Thu. Circuits à VTT depuis peu.

Love of Life (☎0510-350 5017 ; www.hoian-bicycle.com.vn ; 95b Đ Phan Chu Trinh ; circuits 19 $US). Excellents circuits à vélo sur de paisibles routes de campagne ponctuées de potagers et de villages de pêcheurs, et découvertes de Hoi An à pied.

Hoi An Kayak Center (☎0905 056 640 ; www.hoiankayak.com ; 125 Đ Ngo Quyen). Location de paddles (10 $US/heure) et balades guidées de 2 heures (par pers 25 $US/heure).

Hoi An Photo Tour (☎0905 671 898 ; www.hoianphototour.com ; 42 Đ Phan Boi Chau ; par pers 35 $US). Excellents circuits organisé par le photographe Etienne Bossot. Les plus prisés sont programmés à l'aube ou au crépuscule, afin d'immortaliser pêcheurs et rizières sous la douce lumière de Hoi An. Des formules pour photographes chevronnés ou novices sont prévues, ainsi que des ateliers spécifiques ou nocturnes.

Hoi An Eco Tour (☎0510-392 8900 ; www.hoianecotour.com.vn ; village de Phuoc Hai ; circuits 60-75 $US). Activités culturelles le long du fleuve : vous pourrez pêcher, faire un tour en bateau-panier ou monté sur un bison, ou encore découvrir la riziculture irriguée.

Des concerts et spectacles de musique traditionnelle ont également lieu.

Où se loger

Hoi An est une ville où l'on peut se loger avec n'importe quel budget. Si la vieille ville ne compte que deux ou trois hôtels, on trouve quantité d'hébergements autour. De nombreux établissements économiques et de catégorie moyenne sont installés au nord-ouest, autour de Đ Hai Ba Trung et Đ Ba Trieu. La belle péninsule d'An Hoi et l'île de Can Nam sont aussi très proches de la vieille ville. Les meilleurs endroits sont vite complets : réservez bien à l'avance.

De nombreux hôtels de luxe se situent à quelques kilomètres de la ville, sur la plage, mais ils proposent tous un transfert en navette. Sinon, vous pourrez loger autour de la plage d'An Bang.

Hideout Hostel AUBERGE DE JEUNESSE $
(0510-392 7359 ; www.vietnamhideouthostels.com ; To 5, Thon Xuyen Trung, Cam Nam ; dort 9-11 $US, d 25 $US ;). Un excellent renfort pour l'offre hôtelière de Hoi An, de l'autre côté de la rivière Thu Bon, sur l'île de Can Nam. Dortoirs et chambres aussi colorés que spacieux, tarifs comprenant une bière ou un soda gratuit chaque soir, et emplacement à 10 minutes de marche du centre-ville. En sus : une petite piscine et le très prisé Hideout Bar.

Hoi An Backpackers Hostel AUBERGE DE JEUNESSE $
(0510-391 4400 ; www.vietnambackpackerhostels.com ; 252 Đ Cua Dai ; dort/s/lits jum/d 7/18/36/36 $US ;). Comptant maints atouts propres à plaire aux routards, cette auberge de jeunesse est l'ultime représentant local d'une chaîne présente dans tout le pays. Vélos, petit-déjeuner et bières occasionnelles sont proposées gracieusement ; les hébergements vont du dortoir à la chambre indépendante avec salle de bains. À noter aussi les circuits fréquents invitant à découvrir la restauration de rue de Hoi An, et le bar formidablement convivial avec *happy hours* régulières.

Phuong Dong Hotel HÔTEL $
(0510-391 6477 ; www.phuongdonghoian.com ; 42 Đ Ba Trieu ; s/d/tr 13/16/20 $US ;). Une adresse économique louant des chambres sommaires d'un bon rapport qualité/prix, avec matelas confortable, lampes de chevet, réfrigérateur et clim. Location de motos à des prix corrects.

Hoang Trinh Hotel HÔTEL $
(0510-391 6579 ; www.hoianhoangtrinhhotel.com ; 45 Đ Le Quy Don ; ch 22-35 $US ;). Un hôtel bien géré par un personnel obligeant. Les chambres, dans un style vietnamien un peu désuet, sont propres et spacieuses. Copieux petit-déjeuner et navette depuis la gare routière compris.

Hoa Binh Hotel HÔTEL $
(0510-391 6838 ; www.hoabinhhotelhoian.com ; 696 Đ Hai Ba Trung ; dort 8 $US, ch 16-20 $US ;). Bon choix de chambres modernes, toutes avec minibar, TV sat. et clim., plus un dortoir convenable. Bon petit-déjeuner inclus. La piscine est couverte, et c'est un peu dommage.

Ha An Hotel HÔTEL DE CARACTÈRE $$
(0510-386 3126 ; www.haanhotel.com ; 6-8 Đ Phan Boi Chau ; ch 60-109 $US ;). Cet élégant établissement évoque davantage une demeure coloniale qu'un hôtel. Les chambres ont chacune sa décoration et donnent sur un jardin luxuriant. Le personnel, aimable et bien formé, rend le séjour très agréable. À 10 minutes de marche du centre-ville, dans le quartier français.

Thien Nga Hotel HÔTEL $$
(0510-391 6330 ; www.thienngahotel.com ; 52 Đ Ba Trieu ; ch 25-35 $US ;). Bon choix de chambres, pour la plupart spacieuses, lumineuses et aérées, avec balcon et look minimaliste (les salles de bains sont plus prosaïques). Demandez une chambre à l'arrière pour avoir vue sur le jardin. Personnel souriant et accommodant, et copieux petit-déjeuner. La piscine est couverte.

Vinh Hung Library Hotel HÔTEL $$
(0510-391 6277 ; www.vinhhunglibraryhotel.com ; 96 Đ Ba Trieu ; ch 50-65 $US ;). Ce beau mini-hôtel loue des chambres au décor branché avec grand lit, mobilier en bois, bureau et TV sat, ainsi qu'un balcon pour certaines. Les salles de bains sont impeccables. Petit-déjeuner compris. L'espace piscine sur le toit est parfait pour prendre le soleil ou se rafraîchir.

Thien Thanh Hotel HÔTEL $$
(Blue Sky Hotel ; 0510-391 6545 ; www.hoianthienthanhhotel.com ; 16 Đ Ba Trieu ; ch 40-70 $US ;). Le personnel de ce bel hôtel porte l'*ao dai* (tenue traditionnelle) et assure un service de bon standing. Chambres spacieuses, engageantes, bien équipées (lecteur DVD, baignoire) et parsemées de

touches décoratives vietnamiennes. À l'arrière, petite piscine semi-couverte et superbe jardin aux allures d'oasis.

Long Life Riverside HÔTEL **$$**
(☎0510-391 1696 ; www.longlifehotels.com ; 61 Đ Nguyen Phuc Chu ; ch 22-105 $US ; ❄@📶🏊). Un hôtel qui en impose, fort d'un emplacement paisible au bord de l'eau sur la péninsule d'An Hoi. Vastes chambres pourvues d'un mobilier moderne de bon goût, d'un ordinateur et d'une salle de bains dernier cri. La piscine est moins attrayante.

Orchid Garden Hotel PENSION **$$**
(☎0510-386 3720 ; www.hoianorchidgarden.com ; 382 Đ Cua Dai ; ch 40-60 $US ; ❄@📶🏊). Entre la ville et la plage, à 2,5 km à l'est du centre, cette petite pension loue des chambres spacieuses. Les jolis bungalows sont équipés d'une cuisine. Petit-déjeuner compris et vélos mis à disposition des clients.

Hoi An Garden Villas HÔTEL **$$**
(☎0510-393 9539 ; www.hoiangardenvillas.com ; 145 Đ Tran Nhat Duat ; ch 70-110 $US ; ❄📶🏊). Dans une rue calme à 2 km à l'est du centre, cet hôtel compte 8 belles chambres, chacune pourvue d'un très grand lit, d'une baignoire, d'un mobilier de qualité et d'un balcon ou d'une terrasse donnant sur la piscine.

Windbell Villa CHAMBRES D'HÔTES **$$**
(☎0510-393 0888 ; www.windbellhomestay.com.vn ; 127 Nguyen Tri Phuong, Chau Trung, île de Cam Nam ; ch 50-80 $US, villas 95-145 $US ; 🚭❄@📶🏊). Hébergement haut de gamme chez l'habitant, avec de ravissantes et spacieuses chambres et villas donnant sur la piscine ou sur le jardin. La famille hôte est adorable. Situé sur l'île de Cam Nam, à 10 minutes à pied de la vieille ville, qui offre une expérience plus typique.

Almanity Hoi An BOUTIQUE HÔTEL **$$$**
(☎0510-366 6888 ; www.almanityhoian.com ; 326 Đ Ly Thuong Kiet ; d à partir de 140 $US ; ❄📶🏊). Chambres traditionnelles et modernes se côtoient à l'Almanity, l'un des hôtels les plus décontractés de la ville. Les jardins et la piscine en font un havre de paix (malgré l'emplacement central), le *happy hour* au bar dure souvent trois heures, et plusieurs traitements ou massages sont disponibles. Consultez le site pour les formules spa intéressantes.

Hoi An Chic Hotel HÔTEL **$$$**
(☎0510-392 6799 ; www.hoianchic.com ; Đ Nguyen Trai ; ch 95-130 $US ; 🚭❄@📶🏊). Au milieu des rizières, à mi-chemin entre la ville et la plage, le Hoi An Chic tire avantage d'un emplacement paisible et quasi rural. Le design est moderne : mobilier coloré, salles de bains extérieures et piscine surélevée. Personnel des plus serviables et navette gratuite (à bord d'une jeep américaine d'origine !) jusqu'au centre, situé à 3 km à l'ouest.

Little Hoi An HÔTEL **$$$**
(☎0510-386 9999 ; www.littlehoian.com ; 2 Đ Thoai Ngoc Hau ; ch/ste à partir de 75/95 $US ; ❄📶🏊). Fort d'un superbe emplacement, en face de la vieille ville sur la paisible péninsule d'An Hoi, cet hôtel arbore classe et raffinement. Les chambres, très confortables, sont équipées de meubles de grand standing et d'élégantes salles de bains. Personnel accueillant, bon restaurant et petit spa. Dommage que la piscine soit minuscule et couverte.

Vinh Hung 1 Hotel HÔTEL HISTORIQUE **$$$**
(☎0510-386 1621 ; www.vinhhungheritagehotel.com ; 143 Đ Tran Phu ; ch 80-90 $US ; 🚭❄@📶). Rien ne manque pour un séjour d'exception dans cette maison bicentenaire au cœur de la vieille ville. Les chambres à l'arrière sont un peu sombres. La chambre n°208 a servi de décor au remake d'*Un Américain bien tranquille*.

Anantara Hoi An Resort COMPLEXE HÔTELIER **$$$**
(☎0510-391 4555 ; www.hoi-an.anantara.com ; 1 Đ Pham Hong Thai ; ch/ste à partir de 130/155 $US ; 🚭❄@📶🏊). Une grande attention est portée aux détails dans ce vaste complexe de style colonial. Les chambres, au décor contemporain, ont de superbes salles de bains. Les espaces extérieurs, très vastes, sont immaculés. Pub irlandais, bon restaurant, café, spa et très belle piscine au bord du fleuve. Situé dans le quartier français, à quelques minutes à pied du cœur de la ville.

Où se restaurer

La cuisine du Centre est sans conteste la plus savoureuse et la plus élaborée du pays, associant des herbes fraîches à des influences liées à des siècles de relations avec la Chine, le Japon et l'Europe.

Il est possible de faire un fabuleux repas pour trois fois rien au marché central et dans les petites échoppes, comme de savourer un dîner gastronomique dans un restaurant huppé. Hoi An offre aussi de nombreuses saveurs internationales.

Mermaid Restaurant VIETNAMIEN $
(☎0510-386 1527 ; 2 Đ Tran Phu ; plats 45 000-115 000 d ; ⊙10h30-22h). Pour goûter aux spécialités locales, foncez dans ce modeste petit restaurant. Les trois spécialités de Hoi An (*cao lau*, rose blanche et *banh xeo*) y sont exécutées à la perfection, à l'instar des *wonton* frits.

Cocobox CAFÉ $
(www.cocoboxvietnam.com ; 94 Đ Le Loi ; jus de fruits et smoothies 60 000-75 000 d ; ⊙9h-21h lun-sam). Ce petit établissement, alliant café et épicerie fine, brille par ses jus de fruits frais. Notre préféré ? Le *Watermelon Man* (pastèque, fruits de la passion, citron vert et menthe). Les café, salades et en-cas sont également de qualité – essayez le sandwich poulet-pesto. La "boutique fermière" attenante vend des produits artisanaux (miel du cru, cidre de Saigon, etc.).

Bale Well VIETNAMIEN $
(45-51 Đ Tran Cao Van ; repas 100 000 d ; ⊙11h30-22h). Au bout d'une petite rue près du fameux puits Ba Le, ce restaurant est réputé pour son porc grillé, auquel on ajoute des herbes pour faire son propre nem. Renommé au-delà des frontières, il est parfois noir de monde.

LES DÉLICES DE HOI AN

Hoi An est un haut lieu de la gastronomie vietnamienne et offre des spécialités uniques qu'il serait dommage de ne pas goûter.

Les "roses blanches", ou *banh vac*, sont de délicats et subtils raviolis à la crevette recouverts d'oignons croustillants. *Les banh bao* sont un autre type de raviolis vapeur, farcis cette fois au porc ou au poulet haché, aux oignons, aux œufs et aux champignons, et qui trouveraient leur origine dans les *dim sum* chinois. *Le cao lau*, également fabuleux, est un plat de nouilles à la japonaise agrémenté d'herbes aromatiques, de feuilles de salade et de pousses de soja, et servi avec des tranches de rôti de porc.

Parmi les spécialités locales, figurent aussi les *hoahn thanh* (*wonton*) frits et les *banh xeo*, savoureuses crêpes croustillantes aux herbes, enveloppées d'une feuille de riz. La plupart des restaurants les proposent, mais leur qualité varie considérablement.

Vy's Market VIETNAMIEN $
(www.msvy-tastevietnam.com/the-market/ ; Nguyen Hoang, An Hoi ; repas 70 000-120 000 d ; ⊙8h-23h ; 📶). Offrant aux visiteurs pusillanimes une découverte (hygiénique) de la cuisine de rue, ce lieu immense comporte des stands débordant de spécialités vietnamiennes de tout le pays. Dans un espace aux airs de cour, on s'assied sur un banc avant de choisir son menu sur une tablette électronique. Parmi les boissons : bières, *lassi*, smoothies et jus de fruits ; ne partez pas sans avoir goûté la glace à la cannelle ou à la citronnelle.

Cafe Zoom CAFÉ $
(www.facebook.com/cafezoomhoian ; 134 Đ Tran Cao Van ; repas 70 000-120 000 d ; ⊙7h-23h ; 📶). Guettez les Vespa rétro devant cet excellent café-bar, qui accueille aussi la sympathique équipe de Vespa Adventures (p. 221). Au menu : bière bon marché, burgers et tacos sur fond de classiques de la chanson – à fredonner en choisissant son circuit en Vespa.

Little Menu VIETNAMIEN $
(www.thelittlemenu.com ; 12 Đ Le Loi ; plats 45 000-115 000 d ; ⊙9h30-23h ; 📶). L'accueil est fantastique, dans ce superbe petit restaurant avec cuisine ouverte et carte réduite – goûtez au poisson en feuille de bananier ou aux rouleaux de printemps au canard.

Enjoy Ice Cream GLACES $
(www.enjoy-hoian.com ; 13 Đ Nguyen Phuc Chu, An Hoi ; glaces à partir de 60 000 d ; ⊙8h-23h). Ce glacier installé à An Hoi, de l'autre côté du fleuve, propose plus de 50 parfums, à déguster en contemplant la vieille ville. La version au caramel au beurre salé nous a laissé un souvenir impérissable.

♥ **Nu Eatery** FUSION $$
(www.facebook.com/nueateryhoian ; 10a Đ Nguyen Thi Minh Khai ; plat 80 000 d ; ⊙12h-21h lun-sam). Ne vous laissez pas abuser par l'humble aspect de ce restaurant niché près du pont japonais : les petites assiettes de saison sont vraiment impressionnantes. Accompagnez les petits pains fourrés à la poitrine de porc et cuits à la vapeur d'une salade d'ananas, de noix de coco et de pomélos grillés, sans oublier la glace maison (citronnelle, gingembre, chili). Notre adresse préférée à Hoi An

Belle carte des vins – au verre ou à la bouteille – avec des crus australiens, français et sud-américains.

Cargo Club INTERNATIONAL, VIETNAMIEN $$
(☎0510-391 1227 ; www.msvy-tastevietnam.com/cargo-club ; 107 Đ Nguyen Thai Hoc ; repas 60 000-150 000 d ; 8h-23h ; wifi). Un remarquable café-restaurant servant une cuisine vietnamienne et occidentale, dans un cadre superbe en bordure de fleuve (on a une vue stupéfiante depuis la terrasse supérieure). On pourrait y passer la journée, entre petits-déjeuners proverbiaux (testez les œufs Bénédicte) et pâtisseries sublimes, le tout enrichi de plats sophistiqués et de cocktails.

Morning Glory Restaurant VIETNAMIEN $$
(☎0510-224 1555 ; www.msvy-tastevietnam.com/morning-glory ; 106 Đ Nguyen Thai Hoc ; plats 60 000-160 000 d ; 8h-23h ; wifi, végétarien). Un restaurant d'excellence installé dans un bâtiment ancien, spécialisé dans la cuisine de rue et les plats traditionnels (essentiellement du centre du Vietnam). Très bonne carte végétarienne également. Prix raisonnables au vu du cadre, de l'ambiance et de la qualité de la cuisine.

Aubergine 49 FUSION $$
(www.facebook.com/aubergine49 ; 49a Đ Ly Thai Tho ; 3 plats 250 000 d ; 11h-15h et 18h-21h30). Trois plats pour 250 000 d ? Voilà qui justifie bien les cinq minutes de taxi qui vous séparent de cet élégant restaurant au nord du centre-ville. Au programme : fusion intéressante de cuisines asiatique et occidentale, plats à la carte et carte des vins honorable. Parmi les plats vedettes, citons les calamars farcis et les cailles rôties.

Seedlings CAFÉ $$
(41 Đ Nguyen Phuc Chu, An Hoi ; repas 60 000-190 000 d ; 10h-22h). Cuisines occidentale et vietnamienne, vue sur le fleuve et politique vertueuse s'allient dans ce restaurant-bar propice à la détente, qui offre des possibilités d'apprentissage et de travail à la jeunesse défavorisée de la région. Les serveurs font preuve d'un authentique brio et l'ambiance est plus raffinée que dans nombre de bars voisins.

Ganesh Indian Restaurant INDIEN $$
(☎0510-386 4538 ; www.ganesh.vn ; 24 Đ Tran Hung Dao ; plats 70 000-155 000 d ; 11h-22h ; wifi, végétarien). Un restaurant agréable et très authentique, d'un bon rapport qualité/prix, spécialisé dans la cuisine d'Inde du Nord. Il sort du four *tandoor* des *naan* cuits à la perfection, et les ardents currys du chef sont superbes. Également de nombreux plats végétariens.

Mai Fish VIETNAMIEN $$
(www.themangomango.com ; 45 Đ Nguyen Thi ; repas 90 000-170 000 d ; 7h-22h ; wifi). Propriété du fameux chef vietnamo-américain Duc Tran, ce restaurant décontracté mitonne une cuisine vietnamienne "maison" toute en explorations authentiques et savoureuses. Emplacement calme, à proximité du pont japonais. Le vivaneau rouge figure parmi les plats vedettes.

Miss Ly Cafeteria 22 VIETNAMIEN $$
(☎0510-386 1603 ; 22 Đ Nguyen Hue ; plats 45 000-150 000 d ; 9h-21h ; wifi). Petit restaurant raffiné tenu par une équipe vietnamienne et américaine. Musique zen et vieilles affiches aux murs. À la carte, un savoureux *cao lau* et d'autres classiques vietnamiens, bien présentés.

Mango Mango FUSION $$$
(☎0510-391 0839 ; www.themangomango.com ; 45 Đ Nguyen Phuc Chu, An Hoi ; plats 25-35 $US ; 7h-22h ; wifi). Avec son superbe emplacement en bord de fleuve, c'est le plus beau des restaurants que le célèbre chef Duc Tran possède à Hoi An. La cuisine vietnamienne intègre des saveurs du monde entier, et certaines associations, fraîches et inattendues, déroutent parfois. Les cocktails comptent parmi les meilleurs de la ville.

Green Mango VIETNAMIEN ET INTERNATIONAL $$$
(greenmango.vn ; 54 Đ Nguyen Thai Hoc ; repas 130 000-300 000 d ; 11h30-21h30 ; wifi). La cuisine (occidentale comme orientale) est tout aussi sublime que le cadre – une des plus belles maisons en bois traditionnelles de Hoi An. On apprécie la salle climatisée à l'étage – l'une des seules de la vieille ville.

Où prendre un verre

Hoi An n'est pas le meilleur endroit pour faire la fête, les autorités locales contrôlant assez sévèrement les manifestations de fin de soirée. La vieille ville se prête toutefois à un cocktail ou à un verre de vin.

On trouvera des bars plus tapageurs de l'autre côté du fleuve, à An Hoi. Là, les *happy hours* permettent de faire de grosses économies, la majorité des bars ferment vers 1h et les adresses les plus prisées changent régulièrement. En venant de Hoi An, prenez à droite après avoir franchi le pont et vous ne tarderez pas à découvrir (avec les yeux et les oreilles) l'animée Đ Nguyen Phuc Chu, l'actuel bastion des voyageurs sac au dos.

Mia Coffee House CAFÉ

(www.facebook.com/miacoffeehouse ; 20 Đ Phan Boi Chau ; 8h-17h). Notre adresse de choix pour siroter un expresso, un café crème ou un cappuccino. L'endroit profite d'un emplacement ombragé au coin d'une rue et d'une bonne restauration, avec notamment des paninis grillés et de copieux sandwichs à la baguette. Le café maison, à base d'arabica de Dalat, sort du lot. Testez le café *affogato*, délectable alliance de dessert et de boisson chaude.

Hoi An Roastery CAFÉ

(www.hoianroastery.com ; 135 Đ Tran Phu ; 8h-22h). Avec ses cafés d'origine unique, ses excellents cakes, jus de fruits et autres smoothies, ce petit endroit branché ne déparerait pas dans les quartiers les plus tendance en Europe. Rechargez vos batteries avec l'une des 200 boissons caféinées, tout en observant le passage dans l'animée Tran Phu.

Dive Bar BAR

(88 Đ Nguyen Thai Hoc ; 8h-minuit ;). Sa bonne ambiance, son accueil chaleureux, sa musique électro et ses canapés confortables en font le meilleur bar de la ville. On apprécie aussi le jardin avec bar à cocktails à l'arrière, le billard et la cuisine de pub.

White Marble BAR

(www.visithoian.com ; 99 Đ Le Loi ; 11h-23h ;). Occupant un bâtiment ancien au cadre raffiné, cet établissement, qui fait à la fois bar et restaurant, affiche un excellent choix de vins (dont beaucoup disponibles au verre, à partir de 4 $US). Menus déjeuner et dîner à 230 000 d.

Q Bar LOUNGE, BAR

(94 Đ Nguyen Thai Hoc ; 12h-minuit ;). Éclairage au top, musique lounge et électro, et les meilleurs cocktails avec et sans alcool de la ville (à 120 000 d pièce, tout de même). Clientèle sympathique.

3 Dragons PUB

(51 Đ Phan Boi Chau ; 7h30-minuit ;). Moitié bar sportif (diffusant aussi bien du football australien que du cricket indien) moitié restaurant (hamburgers, steaks et spécialités locales).

Achats

Hoi An a une longue tradition de commerce.

La grande tentation, ce sont les vêtements. Hoi An a toujours été réputée pour sa confection, mais aujourd'hui, la demande des touristes a fait surgir dans la vieille ville un nombre incroyable de boutiques de tailleurs. Les chaussures, qui reprennent des créations occidentales, ont également beaucoup de succès, même si leur qualité est variable. Procurez-vous le plan auprès de Live Hoi An (www.livehoianmagazine.com) pour découvrir plus d'adresses de boutiques.

Hoi An compte aussi une bonne dizaine de galeries d'art, dont beaucoup sont installées près du pont couvert japonais, dans Đ Nguyen Thi Minh Khai. Pour acheter des sculptures sur bois, une autre spécialité régionale, allez au village de Cam Nam ou sur l'île de Cam Kim.

Couleurs d'Asie PHOTO, LIVRES

(www.facebook.com/couleurs.asie ; 7 Đ Nguyen Hue ; 9h-21h). De superbes clichés du Vietnam et d'Asie signés du photographe français Réhahn Croquevielle, basé à Hoi An. Ses portraits sont particulièrement frappants. Des livres, florilèges de ses plus belles photos, sont également en vente.

Metiseko VÊTEMENTS

(www.metiseko.com ; 86 Đ Nguyen Thai Hoc ; 9h-21h30). Lauréate d'un prix du Développement durable, cette boutique éco-responsable vend de magnifiques vêtements (notamment pour enfants), accessoires et articles de maison, comme des coussins en soie naturelle et coton bio. Articles éco-certifiés.

Villagecraft Planet ARTISANAT

(www.facebook.com/villagecraftplanet ; 37 Đ Phan Boi Chau ; 10h-18h). On vient ici faire provision d'articles pour la maison et de vêtements. Souvent fabriqués à partir de chanvre et d'indigo naturels, ils intègrent des pratiques équitables hmong, thaï et lolo, des ethnies minoritaires du nord du Vietnam.

Reaching Out SOUVENIRS, VÊTEMENTS

(www.reachingoutvietnam.com ; 103 Đ Nguyen Thai Hoc ; 8h30-21h lun-ven, 9h30-20h sam-dim). Excellente boutique de souvenirs vendant des produits de qualité issus du commerce équitable – foulards en soie, vêtements, bijoux, chapeaux coniques peints à la main, jouets artisanaux et ours en peluche. L'endroit emploie et soutient des artisans souffrant de handicaps ; le personnel sera ravi de vous faire visiter l'atelier.

Lotus Jewellery ACCESSOIRES

(www.lotusjewellery-hoian.com ; 82 Đ Tran Phu ; 8h-20h30). Vous trouverez votre bonheur

Comment circuler

La vieille ville resserrée sur elle-même se parcourt facilement à pied. Pour visiter les alentours, louer un vélo revient à 25 000 d/jour. Vous aurez très vite fait le tour de la petite péninsule d'An Hoi. Si vous prenez la route vers l'est en direction de la plage de Cua Dai, vous passerez par de jolies rizières, même si l'endroit compte de plus en plus d'hôtels et de pensions.

Une moto sans/avec conducteur vous coûtera environ 6/12 $US par jour. Pour rallier la plage d'An Bang, comptez environ 70 000 d en taxi.

BATEAU

Une promenade en bateau sur la rivière Thu Bon peut se révéler une expérience mémorable. La location d'une barque avec rameur devrait vous coûter autour de 90 000 d/heure ; la plupart des voyageurs se contentent d'une heure. Certains circuits pour My Son comprennent un aller-retour en bateau, qui vous fera passer par le centre de Hoi An.

Un bateau à moteur pour visiter les villages de pêcheurs et d'artisans se loue autour de 200 000 d/heure. Des bateliers attendent les touristes dans le centre de Hoi An, entre les ponts Cam Nam et An Hoi.

TAXI

Les taxis munis d'un compteur sont généralement moins coûteux que les *xe om*.

Hoi An Taxi (☎ 0510-391 9919). Une bonne compagnie locale.

Mai Linh (☎ 0510-392 5925). Représentant local d'une compagnie présente dans tout le pays.

Environs de Hoi An

Thanh Ha

Ce modeste village est célèbre depuis des siècles pour sa poterie. La plupart des villageois ont abandonné la fabrication de briques et de tuiles pour celle de toutes sortes d'objets en céramique destinés aux touristes. Les artisans occupés à cette tâche minutieuse vous présenteront volontiers leur travail, mais seront surtout ravis si vous leur achetez quelque chose. L'accès au village coûte 25 000 d. Thanh Ha est à 3 km à l'ouest de Hoi An, facilement accessible à bicyclette.

À voir

Thanh Ha Terracotta MUSÉE
(☎ 0510-3963 888 ; www.thanhhaterracotta.com ; village de Thanh Ha ; par pers 50 000 d ; 8h30-17h30). Ce nouveau musée présente un panorama de l'histoire de la terre cuite à travers différents pays et cultures du monde. Des artisans locaux sont fréquemment accueillis en résidence dans l'atelier du musée.

Île de Cam Kim

Les maîtres sculpteurs à qui l'on doit les complexes travaux sur bois qui ornent les bâtiments publics et les maisons marchandes de Hoi An étaient tous originaires du village de Kim Bong, sur l'île de Cam Kim. Par ailleurs, la plupart des sculptures sur bois vendues à Hoi An sont réalisées ici.

Les bateaux à destination de l'île partent de l'embarcadère de Đ Bach Dang, à Hoi An (30 000 d, 30 min). Il est aussi agréable de découvrir le village et l'île à vélo. Vous n'y rencontrez que de rares touristes, et il n'y a aucune boutique de souvenirs.

Plage de Cua Dai

À l'est de Hoi An, habitations et hôtels de construction récente se mêlent aux rizières, après quoi le fleuve serpente sur quelque 5 km avant d'aboutir à des plages de sable. Frangée de palmiers, cette portion de littoral s'étend vers le nord jusqu'à Danang et compte encore, malgré l'urbanisation, quelques belles zones préservées ; une région plaisante à explorer à vélo.

La plage de Cua Dai, la plus proche de Hoi An, est bordée de plusieurs grands complexes balnéaires. Le grave problème d'érosion s'est encore intensifié avec les dernières constructions. Si vous séjournez ici, il vous faudra vous baigner dans la piscine de l'hôtel car la plage de sable a en grande partie disparu.

GARE AUX VAGUES

L'océan est parfois agité à l'est de Hoi An, surtout entre octobre et mars. Nombre d'habitants se retrouvent régulièrement pris dans une mer déchaînée, ce qui se traduit souvent par des accidents mortels. Des maîtres-nageurs surveillent désormais les plages, mais soyez néanmoins vigilant.

Où se loger

Victoria Hoi An Resort COMPLEXE HÔTELIER $$$

(☎0510-392 7040 ; www.victoriahotels.asia ; ch/ste à partir de 120/195 $US ;). Ce magnifique hôtel associe le style traditionnel de Hoi An à celui de l'époque coloniale. Chambres modernes et impeccablement aménagées, certaines avec sol en teck et Jacuzzi, et toutes avec balcon. Piscine de 30 m face à l'océan et bon restaurant.

Hoi An Riverside Resort HÔTEL $$$

(☎0510-386 4800 ; www.hoianriverresort.com ; 175 Đ Cua Dai ; ch à partir de 75 $US ;). Loue de jolies chambres avec parquet et déco recherchée, pour beaucoup pourvues d'un balcon donnant sur la rivière. L'établissement, bien tenu, se situe à environ 1 km de la plage et possède un bon restaurant. Massages et salle de remise en forme. Navette gratuite entre l'hôtel et Hoi An.

Plage d'An Bang

À 3 km au nord de Cua Dai, **An Bang** est l'une des plages les plus agréables du Vietnam. Moins touchée par l'inquiétant problème d'érosion que Cua Dai, l'endroit offre une merveilleuse étendue de sable fin et un océan libre de tout obstacle visuel, à l'exception des lointaines îles Cham.

On trouvera un excellent choix de bars-restaurants sur le front de mer, ainsi qu'un paysage hôtelier en expansion, avec notamment plusieurs belles maisons de vacances à louer. Hoi An est facile d'accès – comptez 20 minutes à vélo ou 5 minutes en taxi (70 000 d). Pour un séjour tranquille dans la région, une bonne stratégie consiste à loger au bord de la plage et à visiter Hoi An dans la journée.

Au moment de la rédaction de ce guide, le secteur restait décontracté et tranquille, malgré le nombre croissant de vendeurs de souvenirs hantant la plage.

Où se loger

La région est bien plus calme en hiver. Les maisons de location se révèlent une belle alternative pour les familles et les groupes d'amis en voyage.

Under the Coconut Tree PENSION $

(☎0168 245 5666 ; www.underthecoconuttreehoian.com ; An Bang ; dort 9 $US, d 30-40 $US ;). Cet ensemble, un peu de bric et de broc, de lodges et de bungalows en bois ou en bambou est l'adresse la plus cool d'An Bang. Pour les voyageurs économes, la Coconut Dorm House propose des douches extérieures et un hébergement collectif sommaire, dans un pavillon ouvert sur un côté ; de son côté, la Bamboo Family House peut accueillir quatre personnes ; quant à la douillette Mushroom House, elle vise les couples et compte une salle de bains indépendante.

À noter l'agréable espace bar-restaurant pour faire connaissance avec les autres voyageurs.

An Bang Seaside Village BUNGALOWS, VILLAS $$$

(☎0126 944 4567 ; www.anbangseasidevillage.com ; An Bang ; villas 53-89 $US ;). Ces superbes bungalows et villas se distinguent par l'un des meilleurs emplacements en bord d'océan de tout le pays, au beau milieu des arbres côtiers sur la magnifique plage d'An Bang, à proximité des restaurants. Les 6 unités sont spacieuses, agrémentées d'un mobilier raffiné, et allient merveilleusement bien matériaux modernes (béton poli) et naturels. Le ménage est fait tous les jours et le petit-déjeuner est compris.

Friendly Guesthouse PENSION $$

(www.hoian-guesthouse.com ; village de Tra Que ; d 65 $US ;). À quelque 3 km du centre de Hoi An – et à 1 km de la plage d'An Bang – cette pension profite d'un emplacement tranquille, dans le village de Tra Que, d'où proviennent les fines herbes bio vendues sur les marchés alentour. L'établissement a un côté sophistiqué que ne dépare pas son cadre rural, et deux de ses chambres sur quatre ont une vue paisible sur les rizières.

Des vélos sont mis gratuitement à disposition, et il en coûte 4 $US par jour pour louer un scooter.

♥ **Hoi An Beach Rentals** MAISONS DE LOCATION $$$

(www.hoi-an-beach-rentals.com ; An Bang ; Temple House 230 $US, Annam House 200 $US, CoChin House 180 $US ;). Situées dans le village d'An Bang, ces trois maisons de location indépendantes affichent le même chic asiatique. L'Annam House (6 places) est une maison villageoise réaménagée, avec trois chambres et un jardin splendide. Tout près, la CoChin House (4 places) est une construction en bois au style vietnamien traditionnel, assortie d'un vaste jardin et d'un point de vue indépendant. La Temple House (5 places), la plus spacieuse et la plus

SÉJOURNER CHEZ LES CO TU

Les Co Tu, qui vivent dans les montagnes voisines de Hoi An, forment l'une des ethnies les plus petites et les plus traditionnelles du Vietnam. Dans les villages, les maisons sur pilotis s'organisent autour du *guol*, la maison commune où se déroulent réunions, rituels et spectacles. Les tatouages faciaux étaient répandus il y a peu encore et l'habit traditionnel est toujours porté lors des spectacles culturels organisés pour les visiteurs. Pendant les guerres d'Indochine et du Vietnam, les combattants co tu étaient craints et respectés ; les visiteurs ont souvent l'occasion de rencontrer certains d'entre eux, qui ont lutté bravement contre les Américains.

Le village de Bho Hoong (☎0905 101 930 ; www.bhohoongbungalows.com ; village de Bho Hoong ; séjour 1 nuit/2 jours par pers avec repas 468 $US) a créé un formidable projet touristique qui permet aux visiteurs de séjourner sur place. Les guides co tu ont été spécialement formés pour l'occasion, tandis que les bénéfices sont réinvestis localement. On est logé dans des bungalows très confortables, assortis d'une élégante décoration asiatique et de salles de bains spacieuses, avec force bambou et galets.

La visite du village se fait uniquement dans le cadre de circuits de deux jours/une nuit au départ de Hoi An, qui comprennent repas et balades au fil d'un paysage stupéfiant près de la frontière laotienne. Les déplacements se font en jeep américaine ou en voiture avec climatisation. On peut également visiter Bho Hoong via les circuits à moto (en solo) d'Active Adventures Vietnam (p. 221), basé à Hoi An. Un circuit de trois jours/deux nuits est également proposé.

stupéfiante des trois, possède un jardin luxuriant qui mène à un pavillon indépendant donnant sur la plage.

À proximité, la vaste étendue de sable d'An Bang est ponctuée de bons bars et restaurants. Les propriétaires – trois amis branchés respectivement originaires du Vietnam, d'Australie et des États-Unis – pourront vous fournir en produits locaux si vous souhaitez vous improviser chef en cuisine.

Hoi An Beach Bungalows MAISONS DE LOCATION $$$
(☎0908 117 533 ; www.hoianbeachbungalows.com ; Lac Long Quan, An Bang ; app 125-140 $US ; ❄📶). Également dans le village d'An Bang, ces deux maisons ultra-confortables ont l'attrait d'une décoration haute en couleurs et d'un jardin luxuriant alentour. Ainsi pourrez-vous louer le Be's Beach Bungalow, avec ses deux chambres et sa belle cuisine équipée, ou préférer le douillet Be's Cottage, une maison traditionnelle rénovée avec une chambre, une cuisine et une véranda aérée avec canapé-lit.

Nam Hai HÔTEL $$$
(☎0510-394 0000 ; www.thenamhai.com ; village de Dien Duong ; villas à partir de 637 $US ; 🚭❄@📶🏊). À 8 km environ au nord d'An Bang, et à 15 km de Hoi An, ce temple du plaisir a tout ce qu'il faut : trois piscines dont une chauffée, un service avec maître d'hôtel, de spacieuses villas dotées de tous les accessoires modernes et de piscines d'agrément, d'excellents équipements de remise en forme et un spa de première classe. Tout cela coûte un prix exorbitant, mais le service proposé est à la hauteur.

Où se restaurer

K'Tu Market & Coffee CAFÉ, ÉPICERIE FINE $
(An Bang ; repas à partir de 60 000 d ; ⏲8h-18h). À l'écart de la plage, cette nouvelle adresse affiche un cocktail informel d'influences culinaires, que l'on doit à un couple austra-lo-vietnamien. Le café est excellent et le formidable coin épicerie vend des délices européens (tomates séchées, sauces pour les pâtes, savoureuses saucisses maison, etc.). Les tables en extérieur sont parfaites pour apprécier les barbecues, voire le cochon de lait rôti, de K'Tu.

Soul Kitchen INTERNATIONAL $$
(☎0906 440 320 ; www.soulkitchen.sitew.com ; An Bang ; repas 90 000-180 000 d ; ⏲10h-22h mar-dim, 10h-18h lun ; 📶). Au bord de l'océan, ce restaurant assorti d'un jardin verdoyant et d'un espace de restauration au toit de chaume propose un carpaccio de thon, des salades de fruits de mer ou des calamars, notamment. Bon choix de vins et de cocktails. Le dimanche après-midi, à partir de 16h environ, l'endroit accueille de talentueux musiciens vietnamiens et expatriés. Musique live du jeudi au samedi, à partir de 17h30.

Sea Shell FRANÇAIS, FRUITS DE MER $$
(So Bien ; An Bang ; plats 80 000-140 000 d ; ⌚12h-14h30 et 17h30-22h). Dans une villa chaulée assortie d'un adorable jardin, le Sea Shell sert une cuisine mêlant influences vietnamiennes et européennes. La charmante propriétaire vivait autrefois en France, ce qui se ressent dans ses terrines maison, quiches et autres plats de style bistrot. Les plats roboratifs – le classique poulet rôti – côtoient ainsi les saveurs vietnamiennes (calamar farci au porc, poisson au tamarin).

White Sail Restaurant & Bar VIETNAMIEN, FRUITS DE MER $$
(An Bang ; plats 70 000-120 000 d). Anciennement installé à Hoi An avant de rejoindre la dynamique scène culinaire de la plage d'An Bang, le White Sail propose un choix de spécialités vietnamiennes. Les vraies vedettes du lieu restent les barbecues de la mer. Les cocktails sont généreusement dosés, avec bière fraîche et vue sur l'océan en prime. Ambiance très décontractée.

La Plage INTERNATIONAL $$
(☎0510-392 8244 ; www.laplagebeachbar.wordpress.com ; An Bang ; repas 80 000-140 000 d ; ⌚8h-22h ; 📶). Cet établissement de bord de plage sert de délicieux en-cas, ainsi que des salades et des plats à l'accent gaulois. Les mets à base de fruits de mer – généralement assortis d'une touche vietnamienne – ne déçoivent jamais et le petit-déjeuner est idéal pour commencer la journée. Le week-end, l'endroit est très prisé de la grandissante colonie d'expatriés d'An Bang.

Luna D'Autunno ITALIEN $$
(www.lunadautunno.vn ; An Bang ; plats 130 000-230 000 d ; ⌚11h-22h ; 📶). Bon restaurant italien en bord de mer servant des antipasti, de bons plats de pâtes, des salades, des viandes, et de délicieuses pizzas cuites au four à bois.

Îles Cham

☎0510 / 2 800 HABITANTS

Époustouflant archipel granitique dans des eaux aigue-marine à une quinzaine de kilomètres au large de Hoi An, les **îles Cham** constituent une destination merveilleuse. Longtemps interdites aux visiteurs et surveillées de près par l'armée, elles sont désormais ouvertes aux excursions à la journée, aux sorties de plongée ou de snorkeling sur les récifs, et même aux séjours avec nuitée sur place.

La sérénité de l'archipel est compromise par des bateaux chargés de Vietnamiens venus profiter de leur week-end ou des jours fériés ; essayez d'éviter ces moments-là. Les îles ne sont accessibles que de mars à septembre, l'océan étant généralement trop agité le reste de l'année. Certains projets visent à faire de cet archipel le Phu Quoc du centre du Vietnam tandis que divers terrains côtiers ont déjà été attribués à la construction de complexes.

Seule l'île principale, **Hon Lao**, est habitée. Les sept autres îles Cham sont des îlots rocheux forestiers. Vous trouverez ici un environnement sous-marin très riche, avec 135 variétés de corail mou et dur et une faune variée. Les îles sont officiellement une réserve marine protégée. La pêche et le recueil des nids d'oiseaux (pour faire de la soupe) sont deux industries essentielles dans la région.

Bai Lang, le petit port de Hon Lao, est le village principal (il y a aussi deux hameaux isolés). C'est un endroit paisible, aux ruelles agréables, envahi par la végétation, à l'abri du vent, ce qui en a fait un refuge de choix pour les marins en lutte avec les eaux houleuses de la mer de Chine du Sud.

Bai Huong, un minuscule village de pêcheurs à 5 km au sud-est de Bai Lang, est un lieu paradisiaque mais isolé, qui pratique un excellent programme de séjour chez l'habitant.

Au moment de la rédaction de ce guide, l'armée vietnamienne venait d'autoriser l'ouverture de routes longtemps interdites aux touristes. Il est désormais possible d'embarquer un vélo sur le ferry, de rallier les plantations de thé en terrasses et d'explorer d'autres secteurs de Hon Lao.

À voir et à faire

On ne s'étonnera pas de trouver de nombreux plongeurs aux îles Cham. Si la visibilité est parfois moyenne et si la pêche à outrance pose problème, la découverte des fonds sous-marins a de quoi captiver : 5 espèces de homards, 84 mollusques et 202 poissons sont endémiques. Des séjours de plongée peuvent être organisés par les clubs de Hoi An, tels que le Cham Island Diving Center (p. 219) : une journée avec snorkeling, petite marche, déjeuner et farniente sur la plage coûte 44 $US. Pour l'option avec camping sur la plage, comptez 82 $US.

Ong Ngu TEMPLE BOUDDHIQUE
Le seul vrai monument de Bai Lang est ce modeste temple dédié aux baleines et aux requins-baleines, autrefois nombreux dans les eaux des îles Cham, et qui étaient révérés comme des divinités protectrices de l'océan. Lorsqu'une carcasse de baleine échouait là, les habitants en nettoyaient les os avant d'organiser une célébration élaborée au temple puis de les enterrer. Aujourd'hui, il est malheureusement très rare de voir des baleines dans les environs.

Bac Beach PLAGE
Depuis Bai Lang, un sentier en béton de construction récente part vers le sud-ouest et parvient, 2 km plus loin, à une belle plage abritée, offrant de formidables baignades, un sable fin, ainsi que des hamacs et des parasols chaumés près de restaurants de fruits de mer. En période de vacances, la plage accueille un ballet incessant de bateaux dans les deux sens. Des sentiers mènent dans des collines tapissées de forêt à l'arrière de Bai Lang.

Où se loger et se restaurer

Les Chams ne disposent que de simples pensions (à Bai Lang) ou d'hébergement chez l'habitant (à Bai Huong).

♥ Homestay Bai Huong SÉJOUR CHEZ L'HABITANT $
(www.homestaybaihuong.com ; 120 000 d/pers, repas 30 000-70 000 d). Partagez la vie des habitants de Bai Huong. Vous aurez droit à un lit avec moustiquaire et à une sdb avec toilettes assises et douche d'eau froide. De délicieux repas maison sont proposés. Neuf familles participent à ce programme qui permet de générer des revenus issus du tourisme communautaire. Il n'y a généralement de l'électricité que de 18h à 22h.

Les familles peuvent organiser des sorties pêche et snorkeling (150 000 d/pers), ou encore randonnée (100 000 d/pers). Ce programme a permis de financer l'éducation des enfants de Bai Huong, via notamment des bourses et une bibliothèque. La formule 3 jours/2 nuits, d'un bon rapport qualité/prix (980 000 d/pers), comprend tous les repas et des sorties snorkeling, pêche et randonnée. Consultez aussi le site pour les formules 2 jours/1 nuit.

Thu Trang PENSION $
(☎0510-393 0007 ; ch avec sdb commune 300 000 d ; ⏰Bai Lang). Voisine du temple aux Baleines, une pension simple au centre du village, propre et ordonnée, avec possibilité de manger sur place (comptez 200 000 d pour 3 repas par jour).

Ngan Ha VIETNAMIEN, FRUITS DE MER $
(☎0510-386 2178 ; village de Bai Lang ; plats 70 000-150 000 d). Ce restaurant récemment établi à Bai Lang, avec vue sur le port depuis les balcons, prépare des plats de la mer d'un bon rapport qualité/prix – dont certains à base de calamar, voire de homard. Chambres à louer (300 000 d) si l'autre pension affiche complet.

Cham Restaurant VIETNAMIEN $
(☎0510-224 1108 ; plats 50 000-120 000 d ; ⏰10h-17h). À environ 2 km au sud-ouest de la ville, ce restaurant installé sur une plage de sable fin sert de savoureux plats vietnamiens, dont beaucoup à base de produits de la mer. La plupart des excursions à la journée depuis Hoi An font étape sur cette plage.

Comment s'y rendre et circuler

Les agences de voyages demandent 25-40 $US pour un circuit autour des îles, mais les excursions d'une journée sont généralement trop hâtives pour qu'on ait vraiment le temps de profiter de l'archipel. Les hors-bord sont souvent pleins à craquer, les périodes de snorkeling limitées, et les coraux et autres créatures marines assez communs.

Si possible, passez quelques nuits au Homestay Bai Huong pour découvrir le meilleur de l'archipel. Pour profiter des meilleures excursions à la journée, réservez auprès des prestataires de plongée spécialisés de Hoi An. Ils pourront également vous organiser un séjour avec nuit sur place sous la tente.

Des bateaux publics pour les îles Cham accostent au village de Bai Lang. Ils partent de la jetée sur Đ Nguyen Hoang (2 heures) à 7h tous les jours. Les étrangers doivent payer jusqu'à 150 000 d. Apportez une photocopie de vos passeport et visa pour permettre au capitaine d'établir un permis. Attention, le service n'est pas assuré par forte houle. De Bai Lang, le ferry assurant le retour vers Hoi An part vers 11h.

Des bateliers et des *xe om* assurent la liaison entre Bai Lang et Bai Huong ; le tarif est de 30 000 d pour un bateau, et 100 000 d pour un *xe om*.

My Son

My Son (100 000 d ; ⏰6h30-16h) est le site des vestiges les plus importants du royaume du Champa, cachés au fond d'une superbe vallée luxuriante dominée par la montagne de la Dent du chat (Hon Quap). Seules une vingtaine de structures ont survécu au temps, alors qu'il y en avait au moins 68 à l'origine, mais l'intimité du lieu, emplie du murmure des ruisseaux, reste saisissante.

My Son fut le centre intellectuel et religieux le plus important du royaume du Champa. On pense même que le site, redécouvert à la fin du XIXe siècle par l'archéologue français Henri Parmentier, faisait office de lieu de sépulture pour les monarques cham. L'ensemble avait été en partie restauré par les Français quand les bombes américaines détruisirent les temples. My Son est classé au patrimoine mondial de l'Unesco.

En partant de Hoi An à 5h ou 6h du matin, vous arriverez au lever du soleil, vous permettant d'éviter le déferlement des cars touristiques, moins matinaux.

Les archéologues ont réparti les monuments de My Son en dix groupes principaux : A, A', B, C, D, E, F, G, H et K. Chaque édifice appartenant à un groupe est désigné par une lettre suivie d'un numéro.

Seuls quelques monuments font l'objet d'une signalétique correcte, même si une restauration récente a permis l'installation de plusieurs bons panneaux informatifs esquissant l'histoire du site.

Histoire

À la fin du IVe siècle, sous le règne du roi Bhadravarman, My Son devint un important centre religieux. Elle fut habitée sans interruption jusqu'au XIIIe siècle, soit plus longtemps que tout autre cité historique du Sud-Est asiatique. La plupart des temples étaient dédiés aux rois cham ainsi qu'à la divinité qui leur était associée, le plus souvent Shiva, fondateur et gardien des dynasties du royaume.

Comme l'attestent certaines ornementations inachevées des édifices de My Son, les Chams commençaient d'abord par construire les bâtiments, avant de sculpter les décorations dans la pierre ; toutefois, on ignore comment ils assemblaient les briques.

Il fut un temps où le sommet de certaines tours était recouvert d'or. Dans les siècles qui suivirent le déclin du royaume du Champa, les temples furent dépouillés de leurs richesses. Les Français transportèrent certaines pièces au musée de la Sculpture cham à Danang – ce qui se révéla une bonne idée, car, durant la guerre, le Viêt-cong établit une base à My Son, entraînant les bombardements américains et la perte de certains des monuments les plus remarquables.

À voir

Groupe B TEMPLE HINDOU

B1, le *kalan* (sanctuaire) principal, fut dédié à Bhadresvara, forme contractée de Bhadravarman, en référence au roi qui édifia le premier temple de My Son, et d'Esvera, signifiant Shiva. Le premier édifice fut érigé au IVe siècle, détruit au VIe siècle et reconstruit au suivant. Les fondations visibles aujourd'hui sont celles d'un second édifice élevé au XIe siècle.

Les niches murales étaient destinées à accueillir des lampes (les sanctuaires cham n'avaient pas de fenêtres). Le lingam a été découvert dans sa position actuelle en 1985, à un mètre sous terre.

Construit au Xe siècle, **B5** abritait autrefois les livres sacrés et les objets rituels que l'on utilisait lors des cérémonies tenues dans B1. Le toit en forme de bateau (la "proue" et la "poupe" ont disparu) témoigne d'influences architecturales malayo-polynésiennes. À la différence des sanctuaires, cette structure est dotée de fenêtres. La maçonnerie intérieure est entièrement d'origine. Sur le mur faisant face à B4, un bas-relief en brique représente deux éléphants sous un arbre où sont perchés deux oiseaux.

Dans **B4**, les ornementations du mur extérieur constituent un exemple parfait du style décoratif cham du IXe siècle, unique parmi les cultures d'Asie du Sud-Est.

B3 est surmonté d'un toit à l'indienne, dont la forme pyramidale est caractéristique des tours cham. À l'intérieur de **B6** se trouve un bassin cham qui contenait l'eau sacrée destinée à être versée sur le lingam (B1). **B2** est un portique.

Tout autour du groupe B se dressent de petits temples (**B7** à **B13**) dédiés aux dieux des Points cardinaux (*dikpalaka*).

Groupe A TEMPLE HINDOU

Les bombardements américains détruisirent presque entièrement le groupe A. Selon la population locale, **A1**, monument imposant considéré comme le plus important de My Son, aurait résisté, juqu'à ce qu'une équipe du génie américain héliportée lui portât intentionnellement le coup fatal. Aujourd'hui, il n'en reste plus qu'un amas de briques provenant des murs effondrés. Indigné par la destruction de ce site, Philippe Stern, ancien conservateur au musée Guimet de Paris et spécialiste de l'art cham, écrivit une lettre de protestation au président Nixon, qui donna l'ordre de poursuivre les combats contre le Viêt-cong, mais d'épargner les monuments cham.

My Son

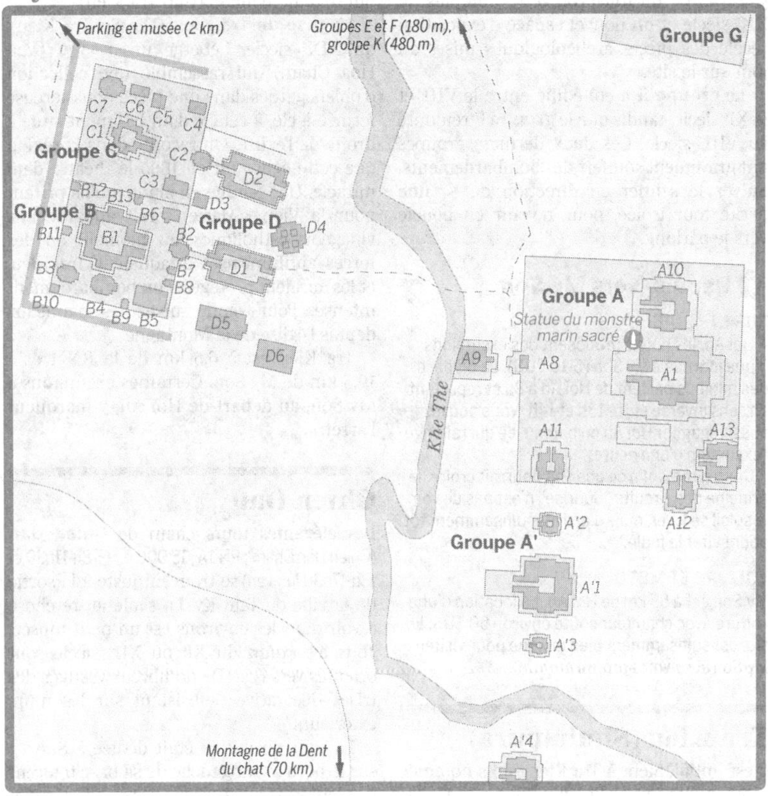

De tous les sanctuaires du site, A1 est le seul à posséder deux portes : l'une fait face à l'est, direction des divinités hindoues, et l'autre à l'ouest, où se trouvent les groupes B, C et D, ainsi que l'âme des anciens rois qui y auraient été enterrés. A1 renferme un autel de pierre. Malgré le délabrement des lieux, on peut encore apercevoir de superbes sculptures sur brique caractéristiques du Xe siècle. En bas du mur donnant sur A10 (décoré dans le style du IXe siècle), une **sculpture** représente un petit personnage priant entre deux colonnes circulaires, surmontées d'un monstre marin sacré javanais *(kala-makara)*.

Groupe C TEMPLE HINDOU

C1 (VIIIe siècle) était voué au culte de Shiva, représenté ici sous sa forme humaine. À l'intérieur se dresse un autel sur lequel reposait autrefois une statue de la divinité, aujourd'hui exposée au musée de la Sculpture cham de Danang (p. 203). Les murs extérieurs, tout en brique, arborent des motifs sculptés caractéristiques du VIIIe siècle. Il est étonnant de constater que ces éléments restent debout au vu de l'immense cratère de bombes qui se trouve devant.

Musée de My Son MUSÉE

(compris dans le billet d'entrée ; ⌚6h30-16h). Ce remarquable musée abrite de nombreuses statues issues du site et des explications sur la construction des temples et sur leurs sculptures, statues et architecture. La culture, la religion et le mode de vie cham sont également traités.

Autres groupes TEMPLE HINDOU

Anciennes salles de méditation, les bâtiments **D1** et **D2** abritent aujourd'hui de petites expositions de sculptures cham. Envahi par la végétation et inaccessible, le **groupe A** date du VIIIe siècle. Les travaux de préservation ont été terminés sur le **groupe G** : un toit protège les temples du XIIe siècle et un nouvel espace d'exposition recèle des pièces archéologiques mises au jour sur le site.

Le **groupe E** a été édifié entre le VIIIe et le XIe siècle, tandis que le **groupe F** remonte au VIIIe siècle. Ces deux derniers groupes ont gravement souffert des bombardements. Suivez le sentier en direction de **K**, une petite tour isolée, pour revenir en boucle vers le parking.

ℹ Depuis/vers My Son

BUS ET MINIBUS

À Hoi An, les hôtels proposent des excursions d'une journée à My Son (5-10 $US). La plupart des minibus partent de Hoi An à 8h et repartent en sens inverse entre 13h et 14h. Vous pouvez aussi regagner Hoi An en bateau, ce qui rallonge l'excursion d'une heure.

Contrairement à ce que l'on pourrait croire, le principe des circuits "Sunrise" n'est pas de voir le soleil se lever, mais d'arriver suffisamment tôt pour éviter la foule.

VOITURE ET MOTO

My Son est à 55 km de Hoi An. La location d'une voiture avec chauffeur coûte environ 50 $US. Le site est suffisamment bien indiqué pour visiter My Son avec votre propre moto.

Tra Kieu (Simhapura)

C'est initialement à Tra Kieu, jadis nommée Simhapura (citadelle du Lion), que les Chams établirent leur capitale du IVe au VIIIe siècle. Aujourd'hui, rien n'en subsiste à l'exception des remparts, rectangulaires. Certaines sculptures cham, particulièrement belles, ont été découvertes ici et font l'orgueil du musée de la Sculpture cham (p. 203) de Danang.

Au sommet de la colline Buu Chau s'élève **l'église de la Montagne** (Nha Tho Nui), construite en 1970 pour remplacer l'ancienne église détruite par un bombardement américain. Elle se situe à 200 m du **marché** qui se tient le matin (Cho Tra Kieu).

L'**église de Tra Kieu** (Dia So Tra Kieu), du XIXe siècle, héberge un **musée** (Van Hoa Cham) qui rassemble une collection d'objets gardés dans une pièce poussiéreuse fermée à clé, à l'étage d'un bâtiment situé à droite de l'église. On raconte dans la région que cette église fut en 1885 le théâtre d'un miracle. Une femme en blanc (qu'ils prirent pour la Vierge Marie) serait apparue aux villageois catholiques, au moment où des forces antifrançaises attaquaient Tra Kieu, et les auraient protégés d'un bombardement intense. Pour venir, suivez les panneaux depuis l'église de la Montagne.

Tra Kieu est à 6,5 km de la RN 1 et à 19,5 km de My Son. Certaines excursions à My Son, au départ de Hoi An, y marquent l'arrêt.

Chien Dan

Les élégantes tours cham de **Chien Dan** (Chien Dan Cham ; RN 1A ; 15 000 d ; ⌚8h-11h30 et 13h-17h30 lun-ven) se trouvent juste à la sortie de la ville de Tam Ky. La seule autre chose à voir dans les environs est un petit musée. Tous les *kalan* du XIe ou XIIe siècle sont orientés vers l'est. De nombreux vestiges des frises décoratives subsistent sur les murs extérieurs.

La tour du milieu était dédiée à Shiva ; sur le bord avant gauche de sa base figurent des sculptures de jeunes filles qui dansent et une scène de combat. Notez ces faces grimaçantes tout en haut, entre la tour du milieu et la tour de gauche (dédiée à Brahma), ainsi que les deux éléphants derrière. La tour de droite est dédiée à Vishnu.

Bien qu'elles aient réchappé aux bombardements de My Son, ces tours arborent, en manière de stigmates, des impacts de balles.

Ce site très peu visité se trouve sur la droite de la route en approchant de Tam Ky, à 47 km au sud de Hoi An.

CARSTEN PETER/GETTY IMAGES ©

Le Vietnam en images

Les montagnes dominent le nord du pays, tandis que les îles tropicales et les plages fabuleuses raviront les voyageurs sur la côte. Enfin, le style colonial français et les gratte-ciel emblématiques marquent de leur empreinte les grandes villes, trépidantes.

Sommaire

En haut : Hang En (p. 169), parc national de Phong Nha-Ke Bang

1. Bateaux paniers sur la plage d'An Bang 2. Parapente à Nha Trang 3. Front de mer de Nha Trang 4. Île de Cat Ba

DAVID HANNAH/GETTY IMAGES ©

Îles et plages

La façade maritime du Vietnam, d'une beauté à couper le souffle, recèle certaines des plus belles plages de sable d'Asie. Au large, les îles – de la montagneuse Cat Ba au nord à la tropicale Phu Quoc au sud – n'attendent qu'à être explorées.

Plage d'An Bang

Non loin de Hoi An, **An Bang** (p. 230) est une belle étendue de sable clair abritée par un ruban émeraude de casuarinas. Sur cette plage quasi sauvage, très calme, les familles des environs vous proposent chaises longues, boissons et en-cas. Côté mer, les îles Cham se découpent sur l'horizon.

Bai Xep

Au sud de **Quy Nhon** (p. 248), cette baie de sable fin attire de plus en plus de visiteurs. C'est l'un des rares endroits au Vietnam où vous pourrez trouver une chambre dans une pension au bord de la plage, avec vue sur la mer. Bai Xep est aussi un village de pêcheurs, et donc un bon endroit pour rencontrer la population locale.

Nha Trang

La ville de **Nha Trang** (p. 257) s'enorgueillit de posséder l'une des plus belles plages municipales d'Asie, éblouissante bande de sable fin et blond que lèchent les eaux de la mer de Chine méridionale. La journée en semaine, l'endroit est paisible, mais le week-end, le Sailing Club monte le son et accueille la fête de plage la plus courue de tout le Vietnam.

Île de Cat Ba

Cette **île** (p. 115) boisée au relief tourmenté se prête idéalement à la randonnée, au cyclisme et aux sports d'aventure. Protégée pour une large part par un parc national, elle est traversée de sentiers qui longent le domaine d'un des primates les plus rares et les plus menacés au monde, le semnopithèque de Cat Ba. L'île n'est qu'à quelques encablures des spectaculaires îlots karstiques de la baie de Lan Ha.

1

ANNAPURNA MELLOR/GETTY IMAGES ©

1. Villageois des Alpes tonkinoises 2. Parc national de Phong Nha-Ke Bang 3. Montagnes karstiques 4. *Rong* au toit de chaume, Kon Tum

3

Grottes et montagnes

On trouve au Vietnam quelques-uns des plus impressionnants réseaux de grottes au monde. Les montagnes au nord et à l'ouest, couronnées de nuages changeants et de brumes fantomatiques, sont le domaine des communautés ethniques du pays.

Alpes tonkinoises

Les Alpes tonkinoises, spectaculaires, s'élancent aux frontières du pays, rudes et tourmentées, à l'image du **Fansipan** (p. 141), le plus haut sommet du Vietnam. Depuis les crêtes sinueuses et déchiquetées, les rizières s'étagent jusqu'au fond des vallées fluviales où vivent les communutés ethniques hmong, dzao rouge et giay.

Parc national de Phong Nha-Ke Bang

La partie ouest de ce **parc national** (p. 168) est une jungle montagneuse qui abrite la plus forte concentration de tigres du Vietnam. Mais Phong Nha est plus connu pour son extraordinaire ensemble de grottes, dont celle de Hang Son Doong, la plus grande du monde.

Culture des montagnes

Disséminés autour de **Kon Tum** (p. 320), la grande ville des hauts plateaux du Centre, les villages bahnar sont l'endroit parfait pour découvrir les cultures des minorités. Admirez les *rong* (maisons communes au toit de chaume) tout en hauteur, allez pêcher avec les habitants et regardez les enfants qui aident le bétail à traverser les rivières à la nage.

Montagnes karstiques

Les montagnes du Vietnam se caractérisent par de spectaculaires affleurements calcaires appelés formations karstiques. Ces sommets remarquables marquent le paysage depuis l'extrême nord-est des provinces de **Ha Giang** (p 152) et Cao Bang jusqu'à la frontière avec le Laos.

Pont du Dragon (p. 203), Danang

Grandes villes

Élégance et espace ne sont pas des qualités habituellement associées aux métropoles asiatiques en expansion, mais les grandes villes vietnamiennes ont un style et une histoire à part. L'influence de l'architecture coloniale française reste ainsi visible dans tout le pays.

Panoramas

Pour voir grand, visez haut. À Hanoi, la tour Lotte (p. 71) réserve une vue imprenable sur le lac de l'Ouest et la vieille ville depuis son bar du 64e étage. À **Danang** (p. 201), de nombreux bars vous offrent un panorama à couper le souffle sur les rives animées du fleuve Han, tandis que l'étonnant Skylight Bar (p. 270), à Nha Trang, est une référence en la matière pour la côte sud-est. À Hô Chi Minh-Ville, du 48e étage du Saigon Skydeck (p. 332), vous découvrirez le cœur de la ville, tout en néons et lumières.

Parcs et boulevards

Autrefois baptisée le "Paris de l'Orient", Hanoi, riche en parcs et en lacs, est la métropole la plus verte et la plus élégante du Vietnam. Pour les nostalgiques de l'époque coloniale française, rien ne vaut une promenade sur les boulevards de **Haiphong** (p. 106). À Dalat, les allées qui bordent le lac sont incontournables.

Bords de fleuve

Danang est souvent citée en exemple pour le réaménagement du fleuve Han, maintenant enjambé par quelques-uns des plus étonnants ponts au monde, tel celui du Dragon (p. 203). À Hô Chi Minh-Ville, l'atmosphère coloniale est encore bien présente à travers l'architecture, à l'instar du Majestic, célèbre hôtel au bord de la rivière. À Nha Trang, une croisière sur le fleuve Cai vous dévoilera une autre facette de la ville, loin du tourisme balnéaire.

Littoral du Sud-Est

Dans ce chapitre ➡

Le top des hébergements

- Ganh Hao (p. 289)
- Lac Canh Restaurant (p. 268)
- Sandals (p. 282)
- Kiwami (p. 270)
- Mix (p. 269)

Le top des plages

- Doc Let (p. 255)
- Bai Mon (p. 256)
- Mui Ne (p. 276)
- Bai Dai (p. 273)
- Nha Trang (p. 257)
- My Khe (p. 247)

Pourquoi y aller

Ancien foyer de la civilisation cham, le littoral du Sud-Est est magnifique avec ses immenses étendues de côte bordées de dunes de sable blanc et de falaises vertigineuses. Ce n'est pas pour rien que la région est aujourd'hui la première destination balnéaire du Vietnam.

Si le paradis évoque pour vous un cocktail bien frais servi sur une page sublime, face à des eaux turquoise, alors ne cherchez pas plus loin : vous y êtes ! De nombreuses activités sont également possibles : plongée, snorkeling, surf, planche à voile ou kitesurf.

Nha Trang et Mui Ne ont la vedette, mais les *beach breaks* ne manquent pas pour les amateurs de surf et de bodyboard. Restez quelques jours dans la région et vous découvrirez des criques cachées et des phares isolés, le tout dans une ambiance décontractée.

Et pour jouer les Robinson Crusoë, les légendaires îles Con Dao sont la destination parfaite.

Quand partir

Quang Ngai

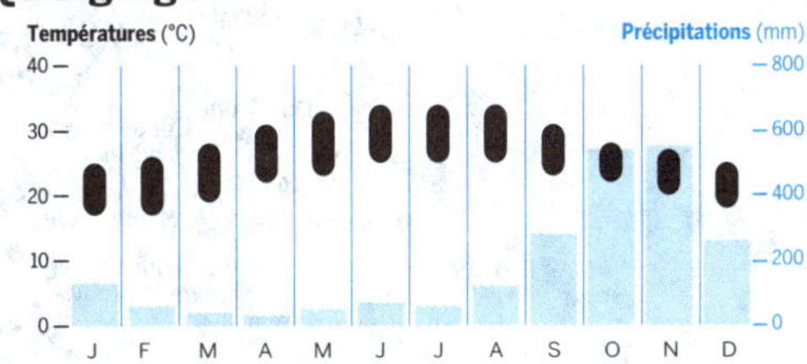

Juil La meilleure période pour profiter des activités et des sites qu'offre Nha Trang.

Oct Les Chams célèbrent le *Kate*, leur Nouvel An, au temple de Po Klong Garai.

Déc À Noël, à Mui Ne, les conditions météo sont idéales pour le kitesurf et la planche à voile.

À ne pas manquer

1. Les belles plages, le snorkeling sur les récifs coralliens et les routes côtières désertes à moto des **îles Con Dao** (p. 290)
2. Une séance de kitesurf puis une soirée de détente dans la superbe station balnéaire de **Mui Ne** (p. 276)
3. Une émouvante visite au mémorial de **Son My** (p. 246)
4. Une excursion entre Phan Thiet et Long Hai en passant par un phare spectaculaire et les plages infinies de **Ho Tram** (p. 285) et **Ho Coc** (p. 284)
5. Les plages de sable blanc et le cimetière de baleines sur l'**île de Tam Hai** (p. 245)
6. Un bain de soleil sur la plage ou une exploration des îles au large de la vibrante ville de **Nha Trang** (p. 257)
7. Une dégustation de poison et de fruits de mer extra-frais à **Vung Tau** (p. 286)

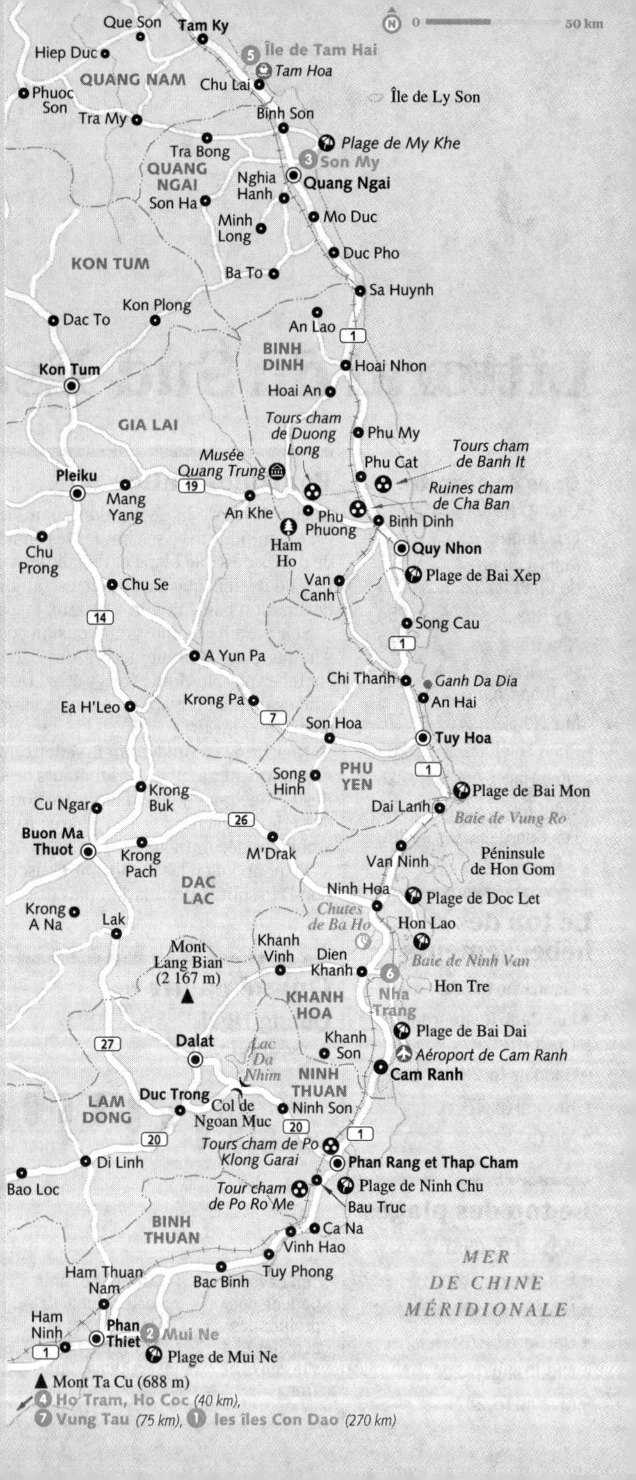

Quang Ngai

☎ 055 / 124 000 HABITANTS

Capitale de la province du même nom, Quang Ngai s'apparente à un village qui aurait grossi exagérément. Dénuée d'attraits particuliers, la ville ne retient les voyageurs que le temps d'un déjeuner. Les rares visiteurs viennent plutôt pour le mémorial érigé en hommage aux victimes de la guerre du Vietnam non loin, à Son My.

Dès avant la Seconde Guerre mondiale, Quang Ngai était déjà un centre de la résistance indépendantiste. Pendant la guerre d'Indochine, la ville fut un bastion imprenable du Viêt-minh. En 1962, le gouvernement sud-vietnamien imposa à la région son programme de "hameaux stratégiques", lequel forçait les paysans à quitter leurs maisons pour aller vivre, désœuvrés, dans des lieux fortifiés. Cette mesure exacerba le sentiment de colère de la population, qui se tourna vers le Viêt-cong (Front national de libération du Sud-Vietnam).

Où se loger

Proche, la plage de My Khe (p. 247) offre un bon choix d'hébergements.

Dong Khanh Hotel HÔTEL **$**
(☎055-382 4481 ; www.khachsandongkhanh.com ; 46-48 Ba Trieu ; ch 220 000-280 000 d ; ❄📶). Immeuble de 7 étages d'un bon rapport qualité/prix aux chambres propres (certaines avec balcon), avec joli mobilier en bois et murs immaculés. Toutes ont clim. et sdb.

Petro Song Tra Hotel HÔTEL **$$**
(☎055-382 2665 ; 2 - Đ Quang Trung ; ch 42-68 $US ; ❄@📶🏊). Adresse la plus luxueuse de la ville, cet immeuble au bord de la rivière arbore un hall étincelant. Les chambres, beaucoup avec vue imprenable, sont spacieuses mais pas toujours impeccables.

Où se restaurer

La province de Quang Ngai est réputée pour son *com ga,* du poulet bouilli servi sur du riz jaune (cuit à la vapeur avec du bouillon de poule), accompagné de menthe, de soupe à l'œuf et de légumes marinés.

HORS DES SENTIERS BATTUS

ÎLE DE TAM HAI

Minuscule île (6 km de large) rarement visitée, parsemée de quelques villages de pêcheurs et ourlée de plages qu'ombragent des cocotiers, la paisible Tam Hai mérite le détour. Quelques ruines cham, un vieux cimetière de baleines et des fêtes uniques ajoutent à son attrait.

Située à 43 km au nord de Quang Ngai, l'île est desservie par des bateaux (5 000 d, ttes les 20 min, 7h-12h et 13h30-22h) depuis le port de Tam Hoa, sur le continent. À l'arrivée sur Tam Hai, les cafés près du quai louent vélos et motos pour visiter l'île.

Un sentier plat de 2 km vers le nord-ouest conduit au village principal (Tam Hai), qui possède restaurants de fruits de mer et boutiques. En prenant à droite (au nord), à 2 km du village, s'étend le cimetière de baleines. À l'ouest du village, Ban Than est un affleurement rocheux noir de 40 m de haut. En contrebas, les eaux se prêtent au snorkelling pendant les mois d'été (avril-août).

Avant de rejoindre Ban Than à pied, faites signe à un vendeur de noix de coco pour qu'il vous emmène aux ruines d'un puits et d'un temple cham. Dissimulés au bout d'une étroite piste en terre serpentant entre les cocotiers, ils sont presque introuvables. L'eau du puits étant considérée comme la plus sacrée et pure de l'île, les habitants l'utilisent pour la fabrication d'un alcool de riz censé soigner le mal de mer.

Les traditions sont profondément ancrées à Tam Hai, et les habitants se réunissent régulièrement pour organiser une multitude de fêtes liées à la mer. Une fête de la baleine a lieu tous les 20 janvier, et un grand festival, Le Khao Le The Linh, célébré à la pleine lune de mars, honore les pêcheurs disparus en mer. Les anciens du village fabriquent des bateaux de pêche miniatures, où sont placés de petits mannequins représentant les défunts. Des chamans prient, puis les bateaux partent en mer aux côtés de centaines de bougies qui guident les âmes perdues en toute sécurité.

Si vous souhaitez rester sur l'île, le paisible **Domaine de Tam Hai** (☎0510-354 5105 ; www.tamhairesort.com ; villa 100 $US) jouit d'un cadre romantique et isolé en bord de plage.

Viet Chay Sala VÉGÉTARIEN $
(83 Đ Cach Mang Thang Tam ; repas 30 000-70 000 d ; 6h30-20h30 ;). Attrayant restaurant végétarien proposant des plats appétissants, bien présentés et accompagnés de sauces : nouilles, rouleaux de printemps, tofu et soupes. Dans une petite rue, 300 m au sud de Le Trung Dinh.

Bac Son VIETNAMIEN $
(23 Đ Hung Vuong ; plats 27 000-80 000 d ; 7h30-20h45). Excellente adresse dans Đ Hung Vuong depuis 1943, ce restaurant sert une cuisine vietnamienne savoureuse et bon marché. Carte en anglais et propriétaire chaleureux.

Depuis/vers Quang Ngai

AVION

L'aéroport le plus proche, Chu Lai (VCL), à 36 km au nord de Quang Ngai, est parfois désigné par son ancien nom : aéroport de Tam Ky. Vietnam Airlines, Jetstar et VietJet Air assurent tous des vols à destination de Hô Chi Minh-Ville, et Vietnam Airlines relie également Hanoi. Un taxi depuis Quang Ngai pour l'aéroport coûte autour de 400 000 d.

BUS

La **gare routière de Quang Ngai** (Đ Le Thanh Ton) se situe au sud, à 50 m à l'est de Đ Quang Trung. Des bus desservent régulièrement les arrêts principaux sur la RN 1, comme Danang (à partir de 55 000 d, 2 heures) et Quy Nhon (à partir de 78 000 d, 4 heures). Les bus "open tour" peuvent vous y déposer, mais en sens l'inverse, mieux vaut ne pas compter sur eux pour vous y récupérer ; essayez de contacter **Sinh Tourist** (p. 271).

TRAIN

Les trains s'arrêtent à la **gare ferroviaire de Quang Ngai** (Ga Quang Nghia ; 055 382 0280 ; 204 Đ Nguyen Chi Thanh), à 1,5 km à l'ouest du centre-ville. Ils desservent, entre autres destinations, Danang (92 000 d, 2 heures 30), Dieu Tri, Quy Nhon (114 000 d, 3 heures) et Nha Trang (259 000 d, 7 heures).

VOITURE ET MOTO

Depuis Quang Ngai, les distances par la route sont les suivantes : 100 km pour Hoi An, 174 km pour Quy Nhon, 412 km pour Nha Trang.

Environs de Quang Ngai

Son My (My Lai)

Ce paisible coin de campagne a été le théâtre d'un des massacres les plus atroces de la guerre du Vietnam : le 16 mars 1968, les troupes américaines tuèrent 504 villageois, en majorité des personnes âgées et des enfants. Le très émouvant **mémorial de Son My** (10 000 d ; 7h-16h30) leur rend hommage.

Ce crime de guerre fut l'un des moments cruciaux du conflit, car il marqua fortement l'opinion publique aux États-Unis et partout dans le monde.

Centré autour d'une sculpture de pierre représentant une vieille femme levant le poing d'un air de défi, un enfant mort dans les bras, le mémorial domine le paysage de toute sa hauteur.

Autour de la sculpture principale, des scènes ont été représentées dans des jardins paisibles pour évoquer les conséquences de ce jour funeste. Des carcasses de maisons calcinées se dressent à leur emplacement originel, comportant chacune une plaque portant le nom et l'âge de ceux qui l'habitaient. Bouleversante, l'allée en ciment qui relie les ruines représente un chemin de terre où sont imprimées des empreintes de pas : celles des bottes des soldats américains et celles des pieds nus des villageois en fuite.

Un photographe militaire américain a pris des clichés de ce massacre, et ces images sont désormais exposées dans l'impressionnant **musée** du site. Bien évidemment, les photographies sont terribles : villageois cherchant à échapper aux militaires, cadavres d'enfants et dépouilles mutilées. La visite s'achève cependant sur une note d'espoir, en illustrant les efforts des habitants pour reconstruire leur vie après la libération. Une section est consacrée aux GI qui tentèrent d'arrêter le carnage en protégeant un groupe de villageois d'une mort certaine, et à ceux qui donnèrent l'alerte.

La route qui mène à Son My permet de découvrir des paysages particulièrement beaux : rizières, champs de manioc et jardins potagers à l'ombre des casuarinas et des eucalyptus. Cependant, en regardant de près, on distingue encore des cratères de bombes, et les sommets dénudés des collines témoignent toujours des terribles dégâts provoqués par l'agent orange sur l'environnement.

La meilleure façon de se rendre à Son My est de louer une moto (environ 140 000 d) ou un taxi (environ 350 000 d aller-retour). À Quang Ngai, dirigez-vous au nord dans Đ Quang Trung (RN 1) et traversez le grand pont sur la Tra Khuc. Prenez la première à droite (vers l'est, parallèle à la rivière), où une stèle en béton triangulaire indique le chemin, et suivez la route sur 12 km.

LE MASSACRE DE MY LAI

Vers 7h30 en ce 16 mars 1968, la compagnie américaine "Charlie" est débarquée en hélicoptère dans l'ouest de Son My, considéré comme un fief viêt-cong, après un pilonnage intensif de la zone à l'artillerie lourde et aux roquettes. Elle ne rencontre aucune résistance, mais n'entame pas moins un massacre.

Alors que la 1re section du lieutenant William Calley se dirige vers Xom Lang, elle ouvre le feu sur les villageois, lance des grenades sur les maisons et les abris, massacre le bétail et incendie les cahutes. Une centaine de personnes, dépourvues d'armes, sont rassemblées et jetées dans un fossé, avant d'être fauchées à la mitrailleuse.

Dans les heures qui suivent, les 2e et 3e sections, ainsi que les membres du QG de la compagnie, encerclent la zone, survolée par des hélicoptères, et se livrent à d'autres exactions. Plusieurs groupes de civils, comprenant des femmes et des enfants, sont rassemblés et exécutés. Les villageois qui fuient sur la route en direction de Quang Ngai sont abattus. Des jeunes filles et des femmes sont victimes de viols, parfois collectifs.

Au lendemain de ces exactions, les soldats reçoivent l'ordre de se taire, mais plusieurs d'entre eux, une fois rentrés aux États-Unis, désobéissent, comme le pilote d'hélicoptère Hugh Thompson, qui a sauvé la vie de plusieurs femmes et enfants. Les journaux dévoilent l'affaire, affectant plus encore le moral des troupes et provoquant de nouvelles manifestations pacifistes. Une fois de plus, l'idée que les soldats se battent pour la population vietnamienne est mise à mal dans l'opinion publique. Contrairement aux troupes de la Seconde Guerre mondiale, qui connurent par la suite honneurs et gloire, les soldats du Vietnam de retour sur le sol américain seront souvent rejetés par leurs compatriotes et traités de "tueurs de bébés".

L'armée américaine tenta à tous les niveaux d'étouffer les atrocités commises, puis finit par ouvrir des enquêtes. Plusieurs officiers reçurent des sanctions disciplinaires, mais un seul d'entre eux, le lieutenant William Calley, fut traduit en cour martiale et reconnu coupable du meurtre de 22 civils non armés. Condamné en 1971 à l'emprisonnement à vie, il passa trois ans assigné à résidence et fit appel. Il fut libéré sur parole en 1974, la Cour suprême ayant refusé de se prononcer sur son cas.

Aujourd'hui encore, le procès de Calley fait couler beaucoup d'encre : d'aucuns affirment que le lieutenant a servi de bouc émissaire, les ordres ayant été donnés en plus haut lieu. De toute évidence, Calley n'a pas agi seul.

Plage de My Khe

À 2 km du mémorial de Son My et à 1 000 lieues de son atmosphère recueillie, la superbe plage de My Khe (à ne pas confondre avec l'autre plage de My Khe, à Danang) s'étend sur des kilomètres le long d'une mince langue de sable fin, frangée de casuarinas. Elle est séparée du continent par Song Kinh Giang, une étendue d'eau située juste derrière.

Si vous évitez les jours fériés et les week-ends, vous aurez des chances d'avoir cette plage pour vous seul. Les eaux peu profondes sont parfaites pour les enfants.

Où se loger et se restaurer

Si l'offre est très limitée en ce qui concerne l'hébergement, vous ne mourrez pas de faim sur la plage de My Khe : des dizaines de stands de fruits de mer sont alignés sur le rivage, et des litres de bière sont servis les week-ends de grande chaleur. Fixez le tarif à l'avance.

My Khe Hotel HÔTEL **$**
(Tinh Khe ; ☎055-84 3316 ; khudulichmykhe@gmail.com ; My Khe ; s/d/tr 360 000/400 000/555 000 d ; ❄📶). Juste en retrait de la plage, cet hôtel est excellent et propose des chambres raffinées pour leur prix, avec mobilier attrayant, sol en marbre et TV. Restaurant à l'avant.

Duc Chien FRUITS DE MER **$**
(Plage de My Khe ; repas 50 000-120 000 d ; ⏲9h-20h ; 👪). La maison a pour spécialité de délicieuses crevettes au piment doux, que vous ferez griller vous-même. Elle propose aussi de bons crabes et vivaneaux. Carte en anglais.

Quy Nhon

056 / 298 000 HABITANTS

Grande ville côtière prospère, Quy Nhon (prononcez "koui gnone") s'enorgueillit d'une superbe plage et de grands boulevards. Son charme balnéaire et ses rues coquettes font que beaucoup de couples vietnamiens aisés viennent y passer leur retraite.

Si Quy Nhon est réputée pour la fraîcheur de ses produits de la mer, pour la plupart des visiteurs étrangers, les attraits de la ville ne sautent pas aux yeux. Cependant, ils sont de plus en plus nombreux à être attirés par le charme de la crique de Bai Xep, à 12 km au sud du centre, où quelques pensions se sont récemment installées.

À voir

Plage municipale PLAGE

Le long front de mer de Quy Nhon s'étend du port, au nord-est, jusqu'aux collines du sud. Cette belle étendue de sable, qui a bénéficié d'un relooking important ces dernières années, possède presque autant d'attrait que Nha Trang, tout en étant moins fréquentée.

La section la plus agréable se trouve près du Saigon Quy Nhon Hotel, où un bosquet de cocotiers borde la route. À l'aube et le soir, les habitants sont nombreux à venir y pratiquer le tai-chi.

Plus au sud, le front de mer mène à une promenade ponctuée de grands hôtels. Loin des bruits de la ville, cette plage est encore plus belle. La nuit, les lumières des bateaux de pêche donnent l'illusion d'un village flottant sur la mer.

De loin, on peut voir la grande statue de Trân Hung Dao, insultant les Chinois depuis le lointain promontoire. Si la porte est ouverte, on peut grimper dans la statue et contempler la vue à travers ses yeux. Vers le sud, un mémorial de guerre de style réaliste-socialiste domine une petite place.

Tours cham de Thap Doi TEMPLE HINDOU

(10 000 d ; 8-11h et 13h-18h). Ces deux remarquables tours cham se dressent dans un petit parc de la ville. Des marches abruptes mènent aux anciens temples, ouverts sur le ciel. Ils sont couverts de toits en pagode, et non des habituelles terrasses de l'architecture cham. La grande tour (20 m de hauteur) a conservé certains décors en brique et des vestiges de la statuaire en granit qui ornait jadis son sommet. Les torses démembrés de *garuda* (créature mythologique mi-oiseau, mi-humaine) subsistent aux angles du toit. Du centre-ville, prenez Đ Tran Hung Dao en direction de l'ouest et cherchez les tours du regard sur la droite.

Musée Binh Dinh MUSÉE

(28 Đ Nguyen Hue ; 7h-11h et 14h-17h avr-sept, 7h30-11h et 13h30-16h30 oct-mars). GRATUIT Ce petit musée retrace l'histoire locale. Dès le hall d'entrée, le communisme est évoqué par une soierie imprimée (due à Zuy Nhat, 1959) figurant un gros colon français assis, dominant des mandarins ; ils sont eux-mêmes soutenus par des bureaucrates et des patrons intraitables, formant une pyramide humaine qui repose sur les masses opprimées. La salle de gauche comporte une petite section d'histoire naturelle et quelques statues cham.

La salle à droite de l'entrée est consacrée à la guerre du Vietnam, avec des vestiges locaux comme le "crachoir de l'héroïque mère vietnamienne Huynh Thi Bon".

Plage de Quy Hoa et léproserie PLAGE

GRATUIT Cette léproserie tout à fait originale est une sorte de village modèle établi sur un joli site en bord de mer. Il n'y a aujourd'hui plus beaucoup de patients, mais les descendants des familles affectées continuent de vivre ici dans un quartier bien entretenu.

Devant la léproserie, la plage de Quy Hoa, ravissante étendue de sable, attire le week-end la communauté locale d'expatriés.

Dans le parc de l'hôpital, soigné, sont disséminés les bustes de nombreux médecins distingués, vietnamiens et étrangers.

Les patients œuvrent selon leurs capacités : ils cultivent le riz, pêchent, effectuent diverses réparations ou tiennent de petites boutiques d'artisanat. On trouve également un atelier où sont fabriquées prothèses et chaussures orthopédiques, mais il vous faudra certainement l'autorisation du directeur de l'institution pour le visiter.

VAUT LE DÉTOUR

PLAGE DE BAI BAU

Bai Bau (10 000 d). À 2 km au sud de Bai Xep (à 16 km de Quy Nhon), Bai Bau est un magnifique croissant de sable blanc, d'à peine 150 m de large, abrité par des promontoires rocheux, avec des montagnes en toile de fond. La plage est fréquentée le week-end et pendant les fêtes, mais vous y serez quasi seul en semaine.

Quy Nhon

Quy Nhon

Les incontournables

1 Plage municipale D2

À voir

2 Musée Binh Dinh C2
3 Pagode Long Khanh B2

Où se loger

4 Anh Vy Hotel A4
5 Hoang Yen Hotel A4
6 Hotel Au Co – Ben Bo Bien A4
7 Seagull Hotel A4

Où se restaurer

8 C.ine D2
9 Nha Hang Lien Thanh D2

Où boire un verre et faire la fête

Barbara's: The Kiwi Connection .... (voir 4)
Cafe Xua & Nay .... (voir 5)

Achats

10 Marché Lon C2

Renseignements

Barbara's: The Kiwi Connection .... (voir 4)
11 Binh Dinh Tourist C2

Transports

12 Vietnam Airlines B1

Un peu plus haut, un sentier sablonneux mène sur la colline du tombeau de Han Mac Tu, poète mystique mort en 1940.

À pied ou à vélo, longez la route après la plage de la Reine jusqu'aux portes d'entrée de l'hôpital, à environ 1,5 km au sud de Quy Nhon.

Pagode Long Khanh TEMPLE BOUDDHIQUE

GRATUIT Difficile de manquer le bouddha de 17 m de haut érigé en 1972 qui annonce la principale pagode de Quy Nhon. Celle-ci est située à l'écart de la route, près du 143 Đ Tran Cao Van. Elle fut fondée en 1715 par un marchand chinois. Ses moines président aux affaires religieuses de la communauté bouddhiste de la ville, relativement active.

Des dragons en mosaïque aux crinières de verre brisé mènent au bâtiment principal, flanqué de tours abritant un tambour géant (à gauche) et une énorme cloche.

À l'intérieur, devant le grand bouddha Thich Ca en cuivre (et son halo de néons multicolore), vous pourrez admirer la représentation d'une Chuan De (déesse de la Miséricorde). Ses bras et ses yeux multiples symbolisent sa capacité à toucher et à voir tout le monde.

Plage de la Reine PLAGE

(5 000 d). Cette plage de galets, au pied de Ganh Rang, était autrefois l'un des sites de villégiature favoris de la reine Nam Phuong. On y trouve un café, et la vue est superbe sur Quy Nhon. Pour vous y rendre, prenez Đ An Duong Vuong jusqu'à l'extrémité sud du front de mer de Quy Nhon, et remontez la route. Après avoir traversé un petit pont, vous vous acquitterez du droit d'entrée. La plage est accessible en vélo ou en *xe om* (moto-taxi ; 20 000 d).

Activités

Quynhonkids English Club CIRCUIT

(☎0122 820 3228 ; www.facebook.com/quynhonkids). Ce sympathique groupe d'habitants adore rencontrer des étrangers pour discuter en anglais. Pour vous joindre à eux lors de circuits à moto dans la campagne, une contribution aux frais d'essence suffit. Aussi au programme : randonnées à flanc de coteau ou parties de football.

Où se loger

Vous aurez le choix entre la ville et les plages du sud. La plupart des routards optent désormais pour la plage de Bai Xep, mais on trouve de bonnes adresses à Quy Nhon même (en particulier autour de Đ An Duong Vuong, du côté sud de la ville).

En ville

Anh Vy Hotel HÔTEL $

(☎056-384 7763 ; www.anhvyhotel.com ; 8 Đ An Duong Vuong ; s/d/tr 200 000/250 000/300 000 d ; ❄@📶). Un hôtel vert olive tenu par un chaleureux couple anglophone qui fournit d'excellents renseignements touristiques et loue des vélos. Chambres un peu vieillottes mais propres et dotées de sdb avec eau chaude ; celles avec vue sur la mer coûtent un peu plus cher.

Hotel Au Co – Ben Bo Bien HÔTELS $

(☎056-374 7699 ; hotel_auco@yahoo.com ; 8 et 24 Đ An Duong Vuong ; ch 190 000-300 000 d ; ❄@📶). Gérés par les mêmes propriétaires, ces deux hôtels portent le même nom. Un peu plus agréable, celui situé au n°8 loue des chambres propres ; certaines bénéficient d'une vue sur la mer et d'un balcon. L'hôtel du n°24 est encore plus kitsch. Location de vélos et de motos. M. Thoai, le sympathique propriétaire, parle bien anglais.

Seagull Hotel HÔTEL $$

(☎384 6377 ; www.seagullhotel.com.vn ; 5 Đ An Duong Vuong ; ch petit-déj inclus 35-50 $US ; ❄@📶🏊). Cet hôtel imposant face à l'océan qui dispose de chambres allant du niveau "standard" à "luxueux" est une bonne affaire. Chambres un peu démodées mais avec grand balcon et vue panoramique. L'hôtel occupe une belle portion de plage, idéale pour la baignade. Petit-déjeuner buffet aux choix occidentaux limités.

Hoang Yen Hotel HÔTEL $$

(☎056-374 6900 ; www.hoangyenhotel.com.vn ; 5 Đ An Duong Vuong ; ch 620 000-880 000 d petit-déj inclus ; ❄@📶🏊). Immeuble en béton de 10 étages idéalement placé en bord de la plage. Chambres un peu défraîchies mais la vue, si vous en avez une, est imprenable.

VAUT LE DÉTOUR

RÉSERVE NATURELLE DE HAM HO

La visite de la superbe réserve naturelle de **Ham Ho** (☎056-388 0860 ; http://hamhotourist.com.vn ; Tay Phu ; 30 000 d ; ⏲7h-17h), à 55 km de Quy Nhon, peut facilement être associée à celle du **musée Quang Trung** (p. 253). C'est en kayak (deux heures, 70 000 d) que vous apprécierez le mieux l'endroit, au fil de la rivière limpide et poissonneuse qui traverse la jungle sur 3 km. Les piscines d'eau les plus agréables pour la baignade se trouvent plus en amont. Un bon hébergement (325 000 d pour une chambre double) et des repas sont proposés.

La route pour Ham Ho est indiquée au sud de la RN 19 à Tay Son.

Plages du sud

Environ 12 km au sud de la ville, vers la plage de Bai Xep, d'excellentes adresses ont fait leur apparition.

Life's a Beach PENSION $
(☎096 328 9096, 016 2993 3117 ; http://lifesabeachvietnam.com ; To 2, Khu Vuc 1, Bai Xep ; dort 210 000 d, ch 450 000-750 000 d, petit-déj inclus ;). Les voyageurs plébiscitent ce nouvel établissement convivial de style auberge de jeunesse, dirigé à l'occidentale. Idéal pour échanger, faire des rencontres et se détendre sur une charmante plage de sable. Dortoirs, bungalows et cabane dans les arbres au choix, ainsi que dîners familiaux (150 000 d), barbecues et feux de camp.

Big Tree Backpackers and Bistro AUBERGE DE JEUNESSE $
(☎056-384 0000 ; http://bigtreebackpackers.com ; Bai Xep ; dort 200 000 d ;). Destinée aux routards, cette adresse sur la plage propose 3 dortoirs (lits équipés de lampe et de prise électrique), dont un réservé aux femmes. Superbe bar en plein air et bonne ambiance, mais tarifs du bistro un peu élevés pour les petits budgets.

Haven PENSION $$
(☎0982 114 906 ; www.havenvietnam.com ; To 2, Khu Vuc 1, Bai Xep ; ch petit-déj inclus 660 000-900 000 d ;). Dans la charmante crique de Bai Xep, une adresse de bon goût à l'atmosphère chaleureuse et aux 5 chambres tendues de tissu, entre autres détails élégants (4 donnent sur la mer). Prisée des couples et dotée d'un excellent espace de restauration. Les propriétaires australiens organisent des sorties en bateau et vers les cascades.

Avani Quy Nhon Resort & Spa BOUTIQUE-HÔTEL $$$
(☎056-384 0132 ; www.avanihotels.com/quynhon ; plage de Bai Dai ; ch/ste petit-déj inclus à partir de 156/188 $US ;). Récemment rénové, cet élégant complexe occupe une jolie plage privée, 14 km au sud de la ville. Bien conçu, il allie merveilleusement matériaux naturels et équipements dernier cri dans les grandes chambres qui donnent toutes sur l'océan. Personnel adorable, tai-chi, yoga, sorties snorkeling et pêche.

HORS DES SENTIERS BATTUS

LE GANH DA DIA

Version réduite de la Chaussée des Géants en Irlande, le Ganh Da Dia est un spectaculaire affleurement de roche volcanique qui avance dans l'océan au sud de Quy Nhon. Le trajet en lui-même fait partie du plaisir, car le paysage de cette région côtière est fabuleux.

Le Ganh Da Dia est indiqué depuis la petite ville de Chi Thanh, à 68 km au sud de Quy Nhon. En descendant la RN 1, prenez l'embranchement juste après le pont qui enjambe la rivière, du côté nord de la ville. Sur 13 km ponctués de virages, la route mène à la côte à travers un ravissant tableau champêtre de rizières et de villages agricoles.

Composé de centaines de colonnes de roche volcanique imbriquées, le Ganh Da Dia a été formé il y a des millions d'années par le refroidissement de coulées de basalte en fusion. Certaines des plus belles parties sont faites de roches pentagonales ou hexagonales incroyablement régulières. Les Vietnamiens appellent cet endroit la "falaise des roches plates", et les moines bouddhistes y organisent régulièrement des cérémonies.

Vous pourrez vous baigner dans la minuscule crique rocheuse à côté du Ganh Da Dia, mais la fantastique plage de sable, au sud de la baie et à 5 minutes de marche, est encore plus tentante. Des villageois des environs vendent des noix de coco fraîches hors de prix et des en-cas sur le parking.

En continuant vers le sud, vous pourrez prendre une belle route côtière jusqu'à Tuy Hoa (ce qui permet d'éviter la RN 1). Depuis le Ganh Da Dia, dirigez-vous vers l'intérieur des terres (vers l'ouest) sur 3,5 km, puis prenez une route secondaire (asphaltée) direction sud à travers des dunes de sable, des cactus et des agaves jusqu'au village de pêcheurs d'An Hai, où une enfilade de restaurants de fruits de mer invite à une pause idyllique face à l'estuaire de l'O Loan.

Au départ d'An Hai, parcourez 27 km direction sud jusqu'à Tuy Hoa. La route comporte quelques virages et bifurcations, mais les bornes kilométriques (qui indiquent la distance jusqu'à Tuy Hoa) aident à garder le bon cap.

Où se restaurer et prendre un verre

Quy Nhon est l'un des meilleurs endroits au Vietnam pour savourer des fruits de mer. Une succession de restaurants (sur 1 km) occupe la rue face au port, Đ Xuan Dieu.

C.ine PRODUITS DE LA MER $$
(☎056-651 2675 ; 94 Đ Xuan Dieu ; plats 50 000-150 000 d ; ⏲11h-22h). Un restaurant très prisé, avec nappes à carreaux et vue sur la baie. Régalez-vous de plats succulents comme le crabe à carapace molle, la soupe de poisson épicée et aigre et la salade de crevettes et mangue verte.

Nha Hang Lien Thanh PRODUITS DE LA MER $$
(104 Đ Xuan Dieu ; plats 70 000-130 000 d ; ⏲11h-21h30). Simple et typiquement local. On y sert de délicieux fruits de mer frais, notamment de grosses assiettes de crevettes et de calamars marinés ou grillés. Pas de carte en anglais, emportez votre guide de conversation.

Cafe Xua & Nay CAFÉ
(5 Đ An Duong Vuong ; boissons à partir de 20 000 d ; ⏲7h-21h ; 📶). Face à la plage, dans une maison traditionnelle en bois (construite en 1832). On y sert café, thés, en-cas et jus de fruits. Idéal pour profiter de la brise marine.

Barbara's: The Kiwi Connection CAFÉ
(12Đ An Duong Vuong ; ⏲7h-22h ; 📶). Ce café, longtemps une institution de Quy Nhon, a bien changé. La cuisine occidentale est sans relief, mais l'endroit reste correct pour une bière (15 000 d), un jus de fruit ou une tasse d'Earl Grey le soir.

Achats

Nguyen Nga Centre ARTISANAT
(www.nguyennga.org ; 91 Đ Dong Da ; ⏲7h30-16h lun-ven, 8h-13h sam). On y trouve de très beaux articles artisanaux – écharpes en soie, marque-pages, cartes peintes à la main et vêtements – réalisés par des personnes handicapées. Des étudiants aveugles y donnent également des concerts, avec des instruments vietnamiens traditionnels.

Marché Lon MARCHÉ
(Cho Lon, Đ Tang Bat Ho ; ⏲6h-16h). Un marché central très animé, où les étals des vendeurs débordent dans les rues voisines. De superbes photos en perspective.

Renseignements

Barbara's: The Kiwi Connection (☎056-389 2921 ; www.barbaraquynhon.weebly.com ; 12 Đ An Duong Vuong ; ⏲7h-21h ; 📶). Renseignements touristiques gratuits : horaires des bus et des trains et vente de billets, circuits dans la ville et à la campagne, location de vélos et de motos et cartes de la région.

Binh Dinh Tourist (☎056-389 2524 ; fax 891 162 ; 10 Đ Nguyen Hue ; ⏲7h30-16h). Office du tourisme géré par le gouvernement. N'espérez pas trouver beaucoup d'informations pratiques ici.

Poste principale (197 Đ Phan Boi Chau ; ⏲6h30-22h)

Vietcombank (148 Đ Le Loi ; ⏲7h30-15h lun-sam). Dispose d'un DAB.

Depuis/vers Quy Nhon

AVION

Vietnam Airlines (☎056-382 5313 ; www.vietnamairlines.com ; 1 Đ Nguyen Tat Thanh) vole entre Quy Nhon et Hanoi. Vietnam Airlines, VietJet Air et Jetstar assurent des vols quotidiens pour Hô Chi Minh-Ville (HCMV).

Vietnam Airlines propose également un transfert en minibus (45 000 d) pour les passagers de la compagnie entre l'agence et l'aéroport de Phu Cat, à 32 km au nord de la ville.

BUS

La **gare routière de Quy Nhon** (☎056-384 6246 ; Đ Tay Son) est au sud de la ville. Des bus très fréquents desservent Quang Ngai (78 000 d, 4 heures, ttes les heures), Nha Trang et des villes des hauts plateaux du Centre, notamment Pleiku (85 000 d, 4 heures, 6/jour).

Il est aussi possible d'aller en bus jusqu'à Paksé, au Laos, en traversant la frontière au

TRANSPORTS AU DÉPART DE QUY NHON

DESTINATION	AVION	BUS	VOITURE/MOTO	TRAIN (SIÈGE MOU)
Danang	-	125 000-160 000 d, 6 heures 30, 14-17/jour	7 heures	5 heures 30, à partir de 203 000 d, 5/jour
Hanoi	À partir de 700 000 d, 1 heure 30, tlj	À partir de 480 000 d, 23 heures, 7/jour	Environ 26 heures	À partir de 665 000 d, 20 heures, 4/jour
HCMV	À partir de 620 000 d, 1 heure, 3/jour	260 000-380 000 d, 16 heures, 10/jour	18 heures	À partir de 393 000 d, 11 heures, 4/jour

nord de Kon Tum (400 000 d, 20 heures, 3/sem). Le point de passage frontalier est Bo Y.

Lors de notre passage, aucune ligne de bus "open tour" ne passait par Quy Nhon.

TRAIN

La ligne principale la plus proche passe par Dieu Tri, à 10 km à l'ouest de Quy Nhon. Desservie uniquement par des trains locaux très lents, la **gare ferroviaire de Quy Nhon** (☎056-382 2036 ; Đ Le Hong Phong) se trouve au bout d'une voie latérale débouchant sur la ligne principale nord-sud.

Les destinations desservies comprennent Quang Ngai (114 000 d, 3 heures) et toutes les grandes villes de la ligne principale nord-sud.

ℹ Comment circuler

Du centre de Quy Nhon à la gare Dieu Tri, comptez 150 000 d en taxi ou environ 70 000 d en *xe om*.

Les bus locaux T9 descendent la côte entre Quy Nhon (ils passent par Đ An Duong Vuong) et la plage de Bai Xep (8 000 d, 45 min, ttes les heures 5h-17h). Un taxi pour Bai Xep coûte 175 000 d environ.

Ruines cham de Cha Ban

Le site de l'ancienne capitale cham de Cha Ban (aussi appelée Vijay et Quy Nhon) se trouve à 26 km au nord de Quy Nhon et à 5 km de Binh Dinh. Important d'un point de vue archéologique, il n'offre pas grand-chose à voir. Cependant, plusieurs édifices cham méritent la visite dans ce secteur.

Tours cham de Banh It

Ces quatre **tours cham** (Phuoc Hiep, district de Tuy Phuoc ; ⏲7h-11h et 13h30-16h30) sont visibles depuis la RN 1A au sommet d'une colline, à 20 km au nord de Quy Nhon. C'est le site cham le plus intéressant des environs. L'architecture de chaque tour est unique, bien que toutes aient été construites entre la fin du XIe et le début du XIIe siècle. La plus petite tour, avec un toit en carène, comporte les sculptures les plus sophistiquées. Une grande pagode bouddhique se dresse à flanc de colline sous la plus basse des tours. Du haut de la colline, le paysage est magnifique.

Suivez Đ Tran Hung Dao pour sortir de la ville, et roulez pendant environ 30 minutes : vous verrez les tours au loin, sur la droite. Après les feux de circulation à la jonction avec la route nationale, traversez le pont et prenez à droite, puis tournez à gauche sur la route qui gravit la colline pour atteindre l'entrée.

Tours cham de Duong Long

Difficiles à trouver, ces trois **tours cham** (Binh Hoa, district de Tay Son ; ⏲7h-11h et 13h30-16h30) se dressent dans la campagne à environ 50 km au nord-ouest de Quy Nhon. Le plus grand de ces trois édifices en brique (24 m de haut) date de la fin du XIIe siècle. Il est orné d'éléments sculptés en granit représentant un *naga* (serpent mythique aux pouvoirs divins) et des éléphants (Duong Long signifie "tours d'ivoire"). Les portes sont décorées de bas-reliefs figurant des femmes, des danseurs, des monstres et divers animaux. D'énormes têtes de dragon occupent les angles de la structure.

Mieux vaut visiter les tours avec un chauffeur ou dans le cadre d'une visite organisée, car il faut, pour s'y rendre, emprunter une succession de petites (et magnifiques) routes traversant des rizières et des ponts bringuebalants.

Musée Quang Trung

Ce musée est consacré à Nguyên Huê, le deuxième des trois frères responsables de la révolte des Tây Son, qui se proclama empereur en 1788 sous le nom de Quang Trung. L'année suivante, Quang Trung et ses troupes battirent près de Hanoi, une armée chinoise forte de 200 000 hommes : aux yeux des Vietnamiens, cette épopée est l'un des plus grands triomphes de leur histoire nationale.

Le règne de Quang Trung fut marqué par des avancées : il encouragea la réforme agraire, révisa le système des impôts, renforça l'armée, développa l'éducation et promut la poésie et la littérature. Il mourut en 1792, à l'âge de 40 ans. Les ouvrages communistes aiment voir en lui le chef d'une révolution paysanne dont les acquis furent piétinés par la dynastie réactionnaire des Nguyên (arrivée au pouvoir en 1802, celle-ci fut renversée par Hô Chi Minh en 1945).

Le **musée Quang Trung** (Phu Phong, district de Tay Son ; 10 000 d ; ⏲8h-11h30 et 13h-16h30 lun-ven) est construit sur le site de la maison des frères. Il renferme un puits de leur époque et un tamarinier qu'ils auraient planté. On peut y voir des statues, costumes, documents et objets divers datant du XVIIIe siècle, dont la plupart éclairés d'un commentaire en anglais. Notez les tambours de guerre en peau d'éléphant et les gongs bahnar. Le musée est célèbre pour ses démonstrations de *vo binh dinh*, un art martial traditionnel pratiqué avec un bâton en bambou.

LA VILLE PERDUE DU CHAMPA

Cha Ban fut la capitale du Champa de l'an 1000 (après la perte d'Indrapura, connue aussi sous le nom de Dong Duong) jusqu'en 1471. Elle subit les assauts répétés des Vietnamiens, des Khmers et des Chinois.

En 1044, le prince vietnamien Phat Ma occupa la ville et amassa un important butin – qui comprenait non seulement de l'argent, mais aussi les épouses, les danseuses, les musiciennes et les chanteuses du roi cham. De 1190 à 1220, Cha Ban vécut sous la férule de Jayavarman VII et de l'Empire khmer de 1190 à 1220. En 1377, les Vietnamiens ne réussirent pas à investir la capitale, et leur roi fut tué pendant la bataille. En 1471, l'empereur vietnamien Lê Thanh Ton fit tomber la porte orientale de la ville et captura le roi cham, ainsi que 50 membres de sa famille. Au cours de ce dernier grand combat livré par les Chams, 60 000 des leurs furent tués et 30 000 autres faits prisonniers par les Vietnamiens.

Pendant la révolte des Tây Son, Cha Ban devint la capitale du centre du Vietnam, sous la houlette de l'aîné des trois frères Tây Son. En 1799, elle résista victorieusement aux troupes de Nguyên Anh, le futur empereur Gia Long, mais s'inclina quelque six ans plus tard.

Par la suite, les Tây Son récupérèrent le port de Thi Nai (l'actuelle Quy Nhon) et s'attaquèrent à Cha Ban. Le siège dura plus d'un an : en juin 1801, l'armée de Nguyên Anh, conduite par le général Vu Tinh, avait épuisé ses munitions et mangé tous les chevaux et les éléphants. Refusant l'ignominie d'une reddition, Vu Tinh fit construire une tour octogonale en bois qui fut remplie de poudre. Paré de ses vêtements de cérémonie, il entra dans la tour et la fit exploser. En apprenant la mort de son dévoué général, Nguyên Anh éclata en sanglots.

Le musée se trouve à environ 50 km de Quy Nhon. Prenez la RN 19 à l'ouest sur 40 km vers Pleiku. Le musée est à 5 km au nord de la route (l'embranchement est indiqué), à Phu Phong, dans le district de Tay Son.

Tuy Hoa

☎057 / 212 000 HABITANTS

Immense agglomération qui ne cesse de s'étendre, Tuy Hoa est une cité sans charme réel, organisée autour de l'habituelle grande place et de boulevards à voies multiples. Il est possible de s'y arrêter une nuit pour couper un long trajet, ce qui concerne surtout les cyclistes assez courageux pour affronter la RN 1, mais la plupart des visiteurs se contentent de la traverser.

À voir

Les quelques sites intéressants de la ville sont tous situés sur des collines que l'on aperçoit depuis la RN 1.

Tour cham de Nhan TEMPLE

(près de Đ Le Trung Kien). Au sud de la ville, la tour cham de Nhan est impressionnante, surtout quand elle est illuminée la nuit. En y montant, on traverse un petit **jardin botanique** et, du haut de la tour, on profite d'une vue magnifique.

Mémorial de guerre MÉMORIAL

(près de Đ Le Trung Kien). Ce monument blanc, au sud de la ville, rappelle vaguement l'Opéra de Sydney avec ses voiles qui se chevauchent.

Où se loger et se restaurer

De nombreux mini-hôtels, ainsi que de modestes restaurants et des vendeurs de rue, sont installés sur la route nationale et dans Đ Tran Hung Dao.

Le mieux est de dîner sur la plage, où de nombreux établissements servent des produits de la mer et de la *bia hoi* (bière pression). Mettez-vous d'accord sur les tarifs, généralement au kilo, pour éviter toute mauvaise surprise.

Nhiet Doi Hotel HÔTEL $

(☎057-382 2424 ; www.nhietdoihotel.com ; 216 Đ Nguyen Hue ; ch 200 000-350 000 d ; ❄📶). Mini-hôtel moderne aux chambres spacieuses, hormis les moins chères, joliment meublées. Le personnel parle peu anglais mais pourra vous aider à louer une moto. De savoureux repas (30 000-50 000 d) sont servis.

Cendeluxe Hotel HÔTEL $$

(☎057-381 8818 ; www.cendeluxehotel.com ; Đ Hai Duong ; ch/ste à partir de 68/135 $US ; ❄@📶🏊). Cet immense hôtel domine l'horizon et attire la plupart des voyageurs d'affaires. Adresse la plus luxueuse de la ville, il possède une piscine, un spa et une salle de sport impressionnants, mais il est assez éloigné de la plage et offre un choix limité côté restauration. Chambres spacieuses et bien équipées.

Bob's Cafe American PIZZA $$
(☎021 1975 9159 ; 43 Đ Nguyen Dinh Chieu ; repas à partir de 65 000-160 000 d ; ⏱15h-21h mar-dim ; ❄📶). Véritable trouvaille dans une paisible rue en retrait de la plage, ce petit établissement intimiste sert pizzas (avec des garnitures telles que *pepperoni* et fruits de mer), ailes de poulet et burgers. Rendez-vous au bar Crow's Nest, à l'étage, pour boire un verre.

ℹ Depuis/vers Tuy Hoa

AVION

Vietnam Airlines (☎057-382 6508 ; www.vietnamairlines.com ; 353 Đ Tran Hung Dao) assure 5 vols hebdomadaires pour Hanoi (à partir de 799 000 d), tandis que Jetstar propose des vols quotidiens pour HCMV (à partir 360 000 d). L'aéroport, parfois appelé Dong Tac, est à 8 km au sud de la ville.

BUS

De Tuy Hoa, des bus desservent très régulièrement Quy Nhon (48 000 d, 2 heures) et Nha Trang (66 000 d, 3 heures).

TRAIN

La **gare ferroviaire de Tuy Hoa** (☎057-382 3672 ; Đ Le Trung Kien) se trouve sur une route parallèle à la route nationale, au nord de l'artère principale. Parmi les destinations figurent Danang (275 000 d, 7 heures 30) et Nha Trang (75 000 d, 2 heures).

De Tuy Hoa à Nha Trang

☎058

La RN 1, dont le tronçon côtier entre Tuy Hoa et Nha Trang offre un magnifique spectacle, permet de rejoindre des plages isolées. D'autres se dissimulent dans la jungle, entre les promontoires, et sur les îles. Il suffit d'une journée ou deux pour explorer une grande partie du secteur, si vous êtes motorisé. Comme il est difficile de changer ou de retirer de l'argent, soyez prévoyant avant de quitter Nha Trang, Tuy Hoa ou Quy Nhon.

Plage de Dai Lanh

Cette plage en croissant offre deux aspects bien différents. Elle s'étend d'un village de pêcheurs délabré, au nord, jusqu'à une zone magnifique, à l'ombre de casuarinas. Le vacarme de la circulation de la RN 1 gâche le cadre, mais un tunnel actuellement en construction (ouverture prévue en 2016) devrait ramener le calme à Dai Lanh.

Les hébergements sont regroupés dans le village de pêcheurs. Le **Binh Lieu** (☎058-394 9138 ; RN 1 ; ch 220 000-350 000 d ; ❄📶) est le meilleur des mini-hôtels. Cet établissement loue des chambres élégantes et bien équipées. Les restaurants du bord de plage font la part belle aux fruits de mer frais.

Dai Lanh s'étend à 40 km au sud de Tuy Hoa et à 83 km au nord de Nha Trang sur la RN 1.

Île de la Baleine

À environ 1 km au sud de la plage de Dai Lanh, un grand cordon dunaire relie le continent à Hon Gom, une péninsule de presque 30 km de long.

Les bateaux pour l'île de la Baleine partent de Dam Mon, le principal village de Hom Gom, niché dans une baie abritée. L'île de la Baleine est un minuscule point sur la carte, qui abrite le romantique **Whale Island Resort** (☎058-384 0501 ; www.whaleislandresort.com ; s/d petit-déj inclus à partir 33/45 $US ; 📶). Dans un séduisant cadre en bord de mer, avec possibilité de snorkeling, kayak et planche à voile, l'établissement propose des bungalows en bois et bambou (avec ventilateur). Repas sur place obligatoires, bons mais onéreux (28 $US/pers/jour). Le transfert en bateau depuis Nha Trang coûte 20 $US.

Rainbow Divers (p. 295) dispose d'une base permanente sur l'île ; pour 2 plongées, comptez 80 $US. La saison s'étale de mi-janvier à mi-octobre. Malheureusement, depuis quelques années, on ne voit plus de requins-baleines ni de baleines (hôtes autrefois habituels).

Plage de Doc Let

S'étirant sur 18 km, la plage de sable blanc de Doc Let, bordée d'une eau turquoise, compte parmi les plus belles du Vietnam.

Cette immense baie est composée de trois parties. L'activité touristique se concentre principalement au nord, avec quelques hôtels en bord de plage et des pensions meilleur marché à l'intérieur des terres. Le centre est dominé par l'énorme port et chantier naval de Hyundai, un gros employeur local mais une véritable verrue dans le paysage. Enfin, le secteur sud est adossé à

HORS DES SENTIERS BATTUS

BAIE DE VUNG RO

Spectaculaire port naturel entouré de sommets boisés, la baie de Vung Ro est une étendue d'eau turquoise aux airs de lagon, située 25 km au sud de Tuy Hoa. L'endroit est connu comme le lieu le plus à l'est du Vietnam continental.

Une langue de terre arrondie protège la baie des pires tempêtes de la mer de Chine méridionale, ce qui a permis le développement d'un village flottant et de fermes piscicoles. Dans la partie nord-est de Vung Ro, la route côtière croise **Bai Mon**, une charmante crique de sable vierge de toute construction, idéale pour la baignade. De là, un sentier escarpé monte jusqu'à un phare du XIXe siècle, bâti par les Français, offrant une vue sur l'océan et le littoral de Vung Ro.

Cette région du Vietnam fit parler d'elle en février 1965, lorsqu'un hélicoptère de l'armée américaine y repéra un navire de ravitaillement nord-vietnamien. Vung Ro faisait partie de la piste maritime Hô Chi Minh (alternative à la piste terrestre), par où passaient des armes destinées aux forces viêt-cong du Sud-Vietnam. La découverte d'un itinéraire de ravitaillement du Sud par le Nord confirma les soupçons des États-Unis qui purent alors justifier une intensification des combats.

Aujourd'hui, l'isolement et la beauté naturelle de Vung Ro sont menacés par la construction d'une immense raffinerie de pétrole et d'un complexe hôtelier avec marina coûtant des milliards de dollars. Ce projet financé par le Rose Rock Group, basé aux États-Unis, date de plusieurs années mais les travaux n'ont commencé que fin 2015. Allez-y rapidement.

un promontoire boisé et constitue le lieu idéal pour s'isoler du reste du monde.

Les transports publics sont rares, voire inexistants, mais en louant en vélo vous n'aurez aucun mal à trouver votre petit coin de paradis pour la journée.

Où se loger

Hoang Khang Hotel HÔTEL $
(058-367 2268 ; quyetthangdoclet@gmail.com ; Hamlet 9, Village de Dong Cat ; ch 300 000-400 000 d ;). À deux pas de la plage s'élèvent les trois étages de ce nouvel hôtel tout blanc aux chambres propres, soignées et d'un bon rapport qualité/prix. Gérant anglophone. Restaurant et pension complète possible.

Doc Let Resort HÔTEL $
(058-384 9152 ; bungalows petit-déj inclus 375 000-475 000 d ;). Les atouts : sublime emplacement sur la plage, jardin à l'ombre des palmiers et restaurant correct servant de bons plats locaux à prix raisonnables. Les inconvénients : bungalows spacieux mais démodés et ambiance morne. Dans l'ensemble, un bon rapport qualité/prix pour le cadre.

Jungle Beach BUNGALOWS $$
(091 342 9144 ; www.junglebeachvietnam.com ; ch pension complète à partir de 500 000 d/pers ;). Géré par des Canadiens, cet établissement installé sur une idyllique plage de sable blanc réserve une ambiance de naufragés. Les huttes en rotin, bambou et chaume sont rudimentaires mais suffisantes. Repas familiaux dans une ambiance conviviale. L'établissement est isolé (volontairement) au bout d'une route, 7 km au sud du chantier naval.

Some Days of Silence BOUTIQUE-HÔTEL $$$
(058-367 0952 ; www.somedaysresort.com ; ch 110-120 $US, bungalows petit-déj inclus 170-180 $US ;). Un établissement épatant, à l'atmosphère artistique, qui évoque davantage un lieu de retraite qu'un simple hôtel. Raffinés, les bungalows et les chambres sont superbement décorés d'œuvres d'art et dotés de lits à baldaquin, et les sdb sont agrémentées de galets. Le sublime jardin tropical, le spa et le service sont inoubliables. Le restaurant de style pagode avec terrasse constitue un cadre idéal pour des repas sains et originaux (12 $US).

Depuis/vers Doc Let

La bifurcation pour Doc Let est indiquée juste au sud d'un tronçon à péage de la RN 1, à environ 4 km après Ninh Hoa, où un grand panneau signale le Hyundai Vinashin (chantier naval). Continuez sur 10 km le long de beaux marais salants, et ouvrez l'œil pour repérer les panneaux indiquant les hôtels. Prenez à gauche, traversez le village de Doc Let, puis tournez à droite jusqu'à la plage. La plupart des hôtels et resorts assurent aussi des transferts (payants).

Une route (goudronnée) séparée mène directement à Jungle Beach via le chantier naval, depuis la même bifurcation de la RN 1 (repérez les pancartes indiquant la plage sauvage, "wild beach").

Baie de Ninh Van

Bienvenue dans un monde parallèle fréquenté exclusivement par des têtes couronnées européennes, des stars du cinéma et autres célébrités – un monde interdit au simple mortel : la baie de Ninh Van est parsemée de ravissantes criques sablonneuses sur lesquelles deux hôtels ultraluxueux règnent en maître.

Le Six Senses Ninh Van Bay et l'An Lam Ninh Van Bay Villas ne sont accessibles que par des bateaux accostant à des quais privés, 15 km au nord de Nha Trang.

Six Senses Ninh Van Bay COMPLEXE HÔTELIER $$$

(058-3524 268 ; www.sixsenses.com ; villas 690-1 240 $US ;). Sur une crique isolée jouxtant une péninsule couverte d'une épaisse forêt, cet établissement consiste en de magnifiques villas d'inspiration traditionnelle, chacune dotée d'une piscine. Comme les prix le laissent espérer, les services sont de haute volée, le personnel est affable, et le cadre tout simplement magique. Les hôtes profitent aussi du merveilleux Six Senses Spa et de restaurants servant de la cuisine occidentale et asiatique.

An Lam Ninh Van Bay Villas COMPLEXE HÔTELIER $$$

(058-362 4777 ; www.anlamnvb.com ; à partir de 340 US$;). Pour rejoindre cette somptueuse enclave, les clients traversent une baie turquoise bordée de collines boisées à bord d'une vedette. À l'arrivée, place à une vie de luxe tropicale : pavillons aux toits de chaume avec piscine privée, maître d'hôtel, cours de yoga, kayak et randonnées.

Nha Trang

058 / 386 000 HABITANTS

Avec ses grands immeubles et son atmosphère dynamique, Nha Trang, capitale balnéaire du Vietnam, bénéficie d'un cadre époustouflant : entourée de collines et ourlée par une immense plage en forme de croissant, la baie aux eaux turquoise est ponctuée d'îles tropicales.

Le front de mer a subi un relooking majeur ces dernières années : des parcs et des jardins de sculptures sont apparus le long de l'impressionnante promenade, et à l'intérieur des terres, les rues réservent un choix cosmopolite de restaurants et quelques boutiques originales. Par ailleurs, la vie nocturne s'intensifie dans cette ville festive.

Si vous préférez d'autres loisirs que la tournée des bars, maintes activités vous attendent : spa traditionnel, bains de boue ou visite des tours cham séculaires qui se dressent dans le centre-ville.

Un microclimat règne sur cette partie du pays où les pluies se concentrent d'octobre à décembre. Si vous aimez le farniente et la plongée dans les eaux tropicales, mieux vaut éviter cette période.

À voir

Il y a plusieurs belles galeries de photographies noir et blanc à Nha Trang.

Plage de Nha Trang PLAGE

(carte p. 260). Dessinant un magnifique arc de cercle, la plage de sable doré de Nha Trang se déroule sur 6 km et constitue l'atout majeur de la ville. Plusieurs sections, prévues pour les nageurs, sont interdites aux Jet-Skis et aux bateaux. L'eau turquoise est irrésistible, et flâner sur la promenade particulièrement plaisant.

Les sites appréciés pour le farniente sont le Sailing Club et le Louisiane Brewhouse. Plus au sud, la plage est beaucoup moins fréquentée.

C'est avant 13h que l'on profite le mieux de la plage, car ensuite, la brise peut gâcher le bain de soleil jusqu'à ce que le vent retombe, en soirée. En revanche, pendant les fortes pluies, les rivières qui se déversent dans la baie, à chaque extrémité de la plage, charrient une eau marron. Mais le reste de l'année, la mer ressemble aux photos des brochures.

Tours cham de Po Nagar TEMPLE BOUDDHIQUE

(Thap Ba, Dame de la cité ; carte p. 258 ; 22 000 d, avec guide 50 000 d ; 6h-18h). Édifiées entre le VIIe et le XIIe siècle, cet ensemble cham comptait sept ou huit tours. Les quatre encore debout sont des lieux de culte toujours très fréquentés par des Chams, des Chinois et des bouddhistes vietnamiens. La tour nord (Thap Chinh), haute de 28 m, date de 817. Avec son toit pyramidal en gradins, sa voûte intérieure et son vestibule, c'est la plus belle.

Nha Trang

Nha Trang

Les incontournables
1 Tours cham de Po Nagar A2

À voir
2 Bouddha A2
3 Promontoire de Hon Chong B2
4 Pagode de Long Son A3
5 Musée océanographique national B5

Activités
6 Sailing Center Vietnam A3
7 Thap Ba Hot Spring Center A2

Où se loger
8 Evason Ana Mandara Resort & Spa B4

Où se restaurer
Stand Banh Xeo .... (voir 12)
9 Marché Dam A2
10 Lac Canh Restaurant A2
11 Lang Nuong Phu Dong Hai San B4
12 Thap Ba A2

Où prendre un verre et faire la fête
Hon Chong Cafe .... (voir 3)

Les tours sont perchées sur un monticule de granit à 2 km au nord de Nha Trang, sur la rive gauche du fleuve Cai. On estime que ce site fut un lieu de culte dès le IIe siècle. En 774, une violente attaque des Javanais eut raison de la structure primitive en bois. En 784, elle fut remplacée par un temple en brique et en pierre, le premier du genre.

Les tours sont consacrées à Yang Ino Po Nagar, déesse du clan Dua (Liu), qui régna sur le sud du royaume cham. De nombreuses fondations en pierre jalonnent le site, témoignant de la vie spirituelle et des structures sociales des Chams.

Tous les temples sont orientés vers l'est, de même que l'entrée originelle (à droite, en remontant la petite colline). Jadis, les fidèles devaient passer par la salle de méditation aux multiples piliers, dont seuls 10 subsistent, avant de gravir les marches menant aux tours.

En 918, le roi Indravarman III installa dans la tour un *mukha lingam*, phallus stylisé en or décoré d'un visage humain peint, qui fut dérobé par les Khmers. Les vols ou les destructions de statues se poursuivirent jusqu'en 965, date à laquelle le roi Jaya Indravarman IV remplaça le *mukha lingam* en or par une sculpture en pierre d'Uma (*shakti*, ou forme féminine de Shiva), que l'on peut encore voir aujourd'hui.

Au-dessus de l'entrée de la tour nord, deux musiciens, dont l'un a un pied posé sur la tête du taureau Nandin, entourent un Shiva à quatre bras qui danse. Les montants en grès de la porte et certaines parties des murs du vestibule sont couverts d'inscriptions. Un gong et un tambour trônent sous le plafond pyramidal de l'antichambre. Dans la grande salle en forme de pyramide (28 m de hauteur), une statue en pierre noire représente la déesse Uma aux dix bras, dont deux sont dissimulés sous son vêtement, assise sur un animal mythique.

La tour centrale (Thap Nam) fut en partie reconstruite avec des briques récupérées au XIIe siècle sur le site d'un édifice du VIIe siècle. Son architecture ne présente ni la finesse ni l'ornementation des autres tours : son toit pyramidal est dénué de gradins ou de pilastres, mais les autels à l'intérieur étaient autrefois recouverts d'argent, et la salle principale abrite un lingam.

La tour sud (Mieu Dong Nam), jadis dédiée à Sandhaka (Shiva), renferme encore un lingam. La tour nord-ouest (Thap Tay Bac), richement ornée, était consacrée à Ganesh. À l'arrière du site, un petit musée renferme quelques témoignages de sculptures cham en pierre.

Depuis Nha Trang, prenez la Đ Quang Trung (qui devient la Đ 2 Thang 4) en direction du nord, puis traversez les ponts Ha Ra et Xom Bong. Vous pouvez également emprunter le pont Tran Phu en suivant la route du front de mer.

Par respect pour ce site sacré encore en activité, il est préférable de se déchausser à l'entrée.

Pagode de Long Son TEMPLE BOUDDHIQUE

(carte p. 258 ; 7h30-11h30 et 13h30-17h30). GRATUIT Cette remarquable pagode se dresse à environ 400 m à l'ouest de la gare ferroviaire, juste à côté de Đ 23 Thang 10. Elle fut édifiée à la fin du XIXe siècle. Le portique et la toiture sont ornés de dragons en mosaïque de verre et de céramique. Le sanctuaire principal, splendide, est décoré de motifs traditionnels réinterprétés de façon moderne.

Derrière la pagode se dresse un énorme **bouddha blanc** (carte p. 258 ; Kim Than Phat To), haut de 14 m, assis sur une fleur de lotus. Son piédestal est entouré de bustes en relief de Thich Quang Duc et de six autres moines bouddhistes auréolés de flammes, qui s'immolèrent par le feu en 1963.

Depuis la plateforme, à laquelle on accède par un escalier de 152 marches à droite de la pagode, la vue sur Nha Trang et la campagne environnante est superbe. Prenez le temps d'explorer les lieux en obliquant sur votre gauche : vous découvrirez l'entrée d'une autre salle, tout aussi impressionnante.

Mendiants et artistes de pacotille se rassemblent ici. Faites attention aux escroqueries : des enfants – et des adultes – portant des badges à leur nom vous abordent, prétendant travailler pour les bonzes. Après avoir insisté pour vous faire visiter la pagode, ils vous demanderont de l'argent "pour les bonzes" ou "pour une prière" ou vous presseront d'acheter une carte postale à 200 000 d. Ignorez-les, et s'ils s'obstinent, dites-leur que vous n'allez pas leur donner d'argent. Si vous désirez faire un don à la communauté, utilisez les boîtes prévues à cet effet, comme dans les autres pagodes.

Cathédrale du Christ-Roi ÉGLISE

(carte p. 260 ; angle Đ Nguyen Trai et Đ Thai Nguyen). GRATUIT Bâtie entre 1928 et 1933 dans le style néogothique, cette cathédrale se dresse sur une butte surplombant la gare ferroviaire. Cet édifice est d'une surprenante élégance, d'autant qu'il a été construit à l'aide de simples blocs de ciment. Le néon rouge, autour du crucifix, est une particularité vietnamienne, ainsi que l'éclairage rose sur le tabernacle.

En 1988, un cimetière catholique proche de l'église a été déplacé pour faire de la place à un nouveau bâtiment ferroviaire. Les ossements ont été enfouis dans des cavités, derrière le mur de plaques qui borde la rampe d'accès à la cathédrale.

Musée Alexandre Yersin MUSÉE

(carte p. 260 ; 058-382 2355 ; 10 Đ Tran Phu ; 26 000 d ; 7h30-11h et 14h-16h30 lun-ven, 8h-11h sam). L'Institut Pasteur local fut fondé en 1895 par le bactériologiste français Alexandre Yersin (1863-1943), le Français le plus apprécié des Vietnamiens. Parlant couramment vietnamien, il introduisit en Indochine l'arbre à quinine et l'hévéa, et découvrit le bacille responsable de la peste bubonique, transmis par les rats.

VINPEARL LAND

Sorte de Disneyland de Nha Trang, le parc d'attractions insulaire de **Vinpearl Land** (359 0111 ; www.vinpearlland.com ; île de Hon Tre ; adulte/enfant 600 000/400 000 d ; 8h-21h) comprend des manèges, un immense parc aquatique, des jeux d'arcade et de nombreuses attractions pour occuper les enfants. On accède au parc par un téléphérique de 3 km au-dessus de la mer. Comptez un supplément de 60 000/45 000 d par adulte/enfant pour l'aquarium Underwater World. Si vous êtes opposé à la captivité des cétacés, sachez que des spectacles de dauphins sont donnés ici.

Centre de Nha Trang

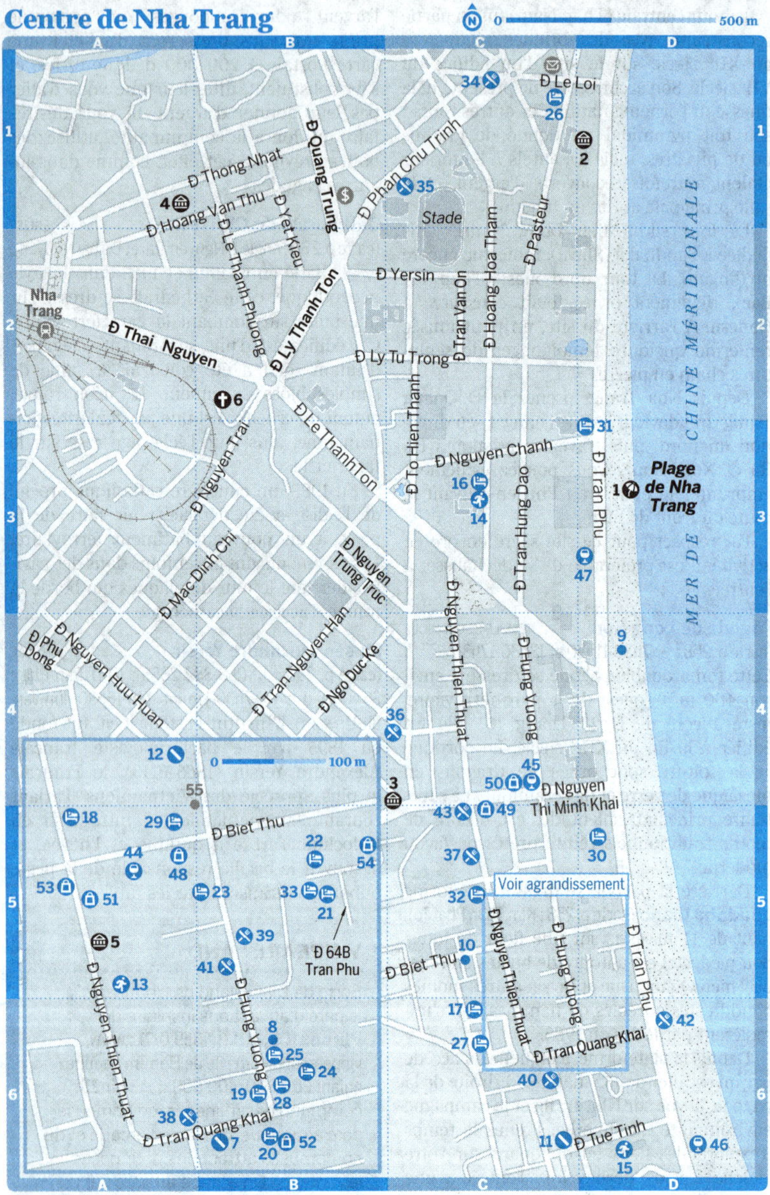

Vous pourrez admirer la bibliothèque et le bureau de Yersin dans cet intéressant petit musée ; parmi les éléments exposés, on remarque du matériel de laboratoire (comme des instruments d'astronomie) et une fascinante visionneuse de photographies en 3 D.

Les visites sont menées en français, anglais et vietnamien, et on y projette un petit film sur la vie de Yersin.

Yersin voyagea dans la région des hauts plateaux du Centre en notant ses observations. Il recommanda d'installer un centre de cure sur le site de Dalat.

Centre de Nha Trang

Les incontournables
1 Plage de Nha Trang......D3

À voir
2 Musée Alexandre Yersin......D1
3 Galerie Do Dien Khanh......C4
4 Galerie Long Thanh......A1
5 Galerie Mai Loc......A5
6 Cathédrale de Nha Trang......B2

Activités
7 Angel Dive......B6
Visite de brasserie......(voir 46)
8 Funky Monkey......B6
9 Office du tourisme de Khanh Hoa......D4
Circuits Lanterns......(voir 37)
10 Nha Trang Tours......C5
11 Oceans 5......C6
12 Rainbow Divers......A4
Sailing Club Divers......(voir 42)
Shamrock Adventures......(voir 7)
13 Su Spa......A5
Vietnam Active......(voir 28)
14 Vietnam Bike Tours......C3
15 Vy Spa......D6

Où se loger
16 Binh An Hotel......C3
17 Carpe DM Hotel......C6
18 Galliot Hotel......A5
19 Golden Rain Hotel......B6
20 Golden Summer Hotel......B6
21 Ha Tram Hotel......B5
22 Hotel An Hoa......B5
23 King Town Hotel......B5
24 Le Duong......B6
25 Mai Huy Hotel......B6
26 Michelia Hotel......C1
27 Mojzo Inn......C6
28 Ngoc Thach......B6
29 Nhi Phi Hotel......A5
30 Novotel Nha Trang......D5
31 Sheraton Nha Trang Hotel & Spa......D3
32 Summer Hotel......C5
33 Sunny Sea......B5

Où se restaurer
34 15 Le Loi......C1
35 79 Dung Lin......C1
Au Lac......(voir 16)
36 Kiwami......C4
37 Lanterns......C5
38 Le Petit Bistro......A6
39 Mix......B5
40 Nha Hang Yen's......C6
Omar's Indian Restaurant......(voir 51)
41 Refuge......B5
42 Sailing Club......D6
43 Tasty......C5

Où prendre un verre et faire la fête
Altitude......(voir 31)
44 Crazy Kim Bar......A5
45 ifruit......C4
46 Louisiane Brewhouse......D6
Nghia Bia Hoi......(voir 25)
Sailing Club......(voir 42)
47 Skylight Bar......D3

Achats
48 Bambou......A5
49 Cu Meo......C5
50 Lemongrass House......C4
51 Peekaboo......A5
52 Saga du Mekong......B6
53 Saga Etnik......A5
54 XQ......B5

Renseignements
Office du tourisme de Khanh Hoa......(voir 9)
Institut Pasteur......(voir 2)
55 Sinh Tourist......A4

Transports
Vietnam Airlines......(voir 13)

L'Institut Pasteur de Nha Trang organise aujourd'hui des campagnes de vaccination et de prévention sur le littoral sud. Il fabrique des vaccins et procède à des recherches et à des essais selon les normes européennes. Les médecins y reçoivent environ 70 patients par jour.

Promontoire de Hon Chong ROCHER
(carte p. 258 ; 21 000 d). Cet étroit promontoire de granit offre une belle vue sur la côte montagneuse au nord de Nha Trang et sur les îles voisines.

Ici, la plage est plus authentique que celle de Nha Trang, mais la présence de détritus peut rebuter. Il est toutefois amusant de regarder les enfants du coin se jeter dans l'océan à la façon des plongeurs d'Acapulco.

À visiter également : la reconstitution d'une maison ruong traditionnelle et l'excellent café (p. 270) ; un taxi depuis le centre-ville coûte environ 30 000 d.

À environ 300 m au sud de Hon Chong, vers Nha Trang, et à quelques dizaines de mètres de la plage, la minuscule Hon Do (île Rouge), surmontée d'un temple bouddhique, semble posée sur les eaux. Au nord-est s'étend Hon Rua, une île aux allures de tortue, d'où son nom. Les deux îles de Hon Yen ("îles aux Salanganes", p. 262) sont plus loin vers l'est.

Musée océanographique national MUSÉE
(carte p. 258 ; ☎058-359 0037 ; 1 Cau Da ; adulte/enfant 30 000/12 000 d ; ⏲6h-18h). Installé dans un majestueux édifice datant de l'époque coloniale française, dans le quartier portuaire de Cau Da, à l'extrémité sud de Nha Trang, ce musée mal entretenu renferme quelque 60 000 bocaux de formol contenant des espèces marines, ainsi que des oiseaux et des mammifères marins empaillés. Sont aussi exposés des bateaux et du matériel de pêche utilisés dans la région. Des bassins contiennent des poissons de récif (et des requins), et des phoques occupent de lamentables enclos.

Galerie Long Thanh GALERIE
(carte p. 260 ; ☎058-382 4875 ; www.longthanhart.com ; 126 Đ Hoang Van Thu ; ⏲8h-17h30 lun-sam). GRATUIT Paradis pour les amateurs d'argentique, cette galerie présente l'œuvre du photographe le plus célèbre du Vietnam. Long Thanh a développé sa première photo en 1964 et continue à prendre de superbes clichés en noir et blanc sur la vie quotidienne au Vietnam, et des portraits captivants. Autant d'images qui reflètent l'âme du pays.

Galerie Mai Loc GALERIE
(carte p. 260 ; www.mailocphotos.com ; 99 Đ Nguyen Thien Thuat ; ⏲8h-11 et 14h30-22h30). Une galerie qui met à l'honneur les photographies argentiques puissantes et extrêmement abouties de Mai Loc, natif de Nha Trang. Demandez-lui de vous raconter sa vie (il a été ouvrier dans une mine d'or, conducteur de cyclo-pousse et guide touristique).

Galerie Do Dien Khanh GALERIE
(carte p. 260 ; ☎058-351 2202 ; www.ddk-gallery.com ; 126B Đ Hong Bat ; ⏲8h-18h lun-ven). GRATUIT Do Dien Khanh est un hôte accueillant et un talentueux photographe qui sait sublimer les paysages et la vie quotidienne du Vietnam – ses portraits des membres de la communauté cham des environs sont de toute beauté.

Activités

La région de Nha Trang est un lieu privilégié pour pratiquer la plongée, le surf, le wakeboard, le parachutisme ascensionnel, le rafting et le VTT. Les circuits en bateau autour de la baie et le long de la rivière Cai sont aussi la garantie de passer une excellente journée.

Les îles

Les circuits dans les îles sont incontournables à Nha Trang.

Hon Yen EXCURSION EN BATEAU
(île aux Salanganes). Le nom de Hon Yen désigne les îles en forme de bosse que l'on aperçoit depuis la plage de Nha Trang. C'est ici, ainsi que sur d'autres îles au large de la province de Khanh Hoa, que se trouvent les "meilleurs" nids d'hirondelles (ou salanganes) ; les habitants grimpent sur d'instables échelles en bambou pour les récupérer. Vous y trouverez aussi une petite plage isolée. Comptez 3 heures environ en bateau depuis Nha Trang pour parcourir les 17 km vers ces deux îles.

Hon Mieu CIRCUIT INSULAIRE
Ce site est présenté comme un **aquarium** à ciel ouvert (Ho Ca Tri Nguyen ; 90 000 d), mais il s'agit en fait d'une ferme piscicole où sont produites plus de 40 espèces de poissons, crustacés et autres animaux marins. Autour des bassins, vous découvrirez une collection ultrakitsch de crevettes géantes, requins aux dents acérées et autres créatures en ciment.

La plupart des visiteurs effectuent un circuit organisé par l'intermédiaire d'un hôtel ou d'un café. En solo, vous pouvez prendre le ferry (5 000 d) au dock de Cau Da qui dessert le village de Tri Nguyen.

Hon Mun SNORKELING
(île d'Ébène). L'île de Hon Mun est le spot le plus réputé de Nha Trang pour le snorkeling et la plongée. Le corail est en bon état et la visibilité généralement satisfaisante, mais le site est parfois bondé car il est au programme du circuit à la journée le plus prisé.

Hon Mot SNORKELING
Cet îlot, situé entre Hon Mun et Hon Tam, attire également les amateurs de snorkeling.

Plongée sous-marine

Nha Trang est, sans conteste, l'endroit le plus couru au Vietnam pour qui veut pratiquer la plongée, même s'il n'est pas forcément le meilleur. La visibilité moyenne est de 15 m mais elle peut atteindre 30 m selon la saison. La meilleure période pour plonger s'étend de février à septembre. En revanche, cette activité est à éviter entre octobre et décembre.

On compte près de 25 sites de plongée. Il n'existe pas d'épaves, mais il est possible d'explorer plusieurs petites grottes. Honnêtement, les sites ne sont pas exceptionnels, mais vous découvrirez une belle variété de coraux mous et durs ainsi que des petits poissons de récif. Parmi eux, vous verrez sûrement des poissons-clowns, des poissons-globes et des poissons-trompettes, ainsi que des seiches et des poulpes.

LES MEILLEURS SITES DE PLONGÉE DE NHA TRANG

La plupart des sites les plus intéressants sont disséminés autour de l'île de Hon Mun, qui est officiellement un parc marin.

Moray Beach Au sud de Hon Mun, avec coraux durs et mous en bon état, dont un corail tabulaire géant. On peut y voir deux espèces de murènes, des poissons-papillons, des poissons feuilles et des rascasses. La profondeur maximale est de 18 m.

Coral Garden Un éventail d'impressionnants coraux durs dont des gorgones. Vous y verrez des idoles mauresques, des nudibranches et des poissons-globes. Du côté est de Hon Mun.

Madonna Rock Au large de la minuscule Hon Rom, un mérou de 1,5 m évolue dans ces eaux, aux côtés de barracudas et de poissons-licornes. Étonnants tunnels. Également appelé Octopus Rock.

Light House Une plongée profonde à l'extrémité de Hon Tre permet de voir barracudas, pastenagues, balistes et vivaneaux. Pour plongeurs expérimentés.

Green Canyon Au large de la côte nord-est de Hon Mun avec un tombant abrupt propice à la plongée profonde. Bon spot pour voir poissons-papillons, nudibranches et quelques vivaneaux.

Une sortie d'une journée (comprenant le transport, deux plongées et le déjeuner) coûte 65-85 $US avec une école de plongée professionnelle. Si vous voulez faire du snorkeling, vous pourrez généralement vous joindre à un groupe moyennant 15-20 $US.

La plupart des clubs, une douzaine à Nha Trang, proposent des cours. Une formule "découverte" permet ainsi aux débutants de s'initier sous la houlette d'un moniteur qualifié. Les stages PADI coûtent 350 $US minimum ; les prestations SSI sont un peu moins chères.

Une dizaine de prestataires de plongée disposent de bureaux dans le centre touristique de Nha Trang. Nous avons eu des échos d'établissements peu scrupuleux utilisant du matériel peu fiable, ne respectant pas les règles de plongée responsable et présentant de fausses habilitations PADI/SSI. Leurs prix sont en général ridiculement bas (jusqu'à 35 $US pour 2 plongées !).

Préférez les opérateurs réputés tels que Vietnam Active et les écoles recommandées ci-après.

Oceans 5 PLONGÉE
(carte p. 260 ; ☎058-381 1969, 058-352 2012 ; www.oceans5.co ; 78 Tue Tinh). École SSI, tenue par 2 moniteurs australiens, proposant formations menées de manière professionnelle et plongées bien organisées. Équipement en bon état, et entraînements dans la zone marine protégée. Deux plongées coûtent 75 $US.

Sailing Club Divers PLONGÉE
(carte p. 260 ; ☎058-352 2788 ; www.sailingclubdivers.com ; 72-74 Đ Tran Phu). Centre PADI 5 étoiles avec formations pro, équipement moderne et moniteurs polyglottes. Superbe bateau. Une plongée Discover Scuba coûte 1 250 000 d.

Angel Dive PLONGÉE
(carte p. 260 ; ☎058-352 2461 ; www.angeldivevietnam.info ; 1/27 Đ Tran Quang Khai). Prestataire SSI fiable et expérimenté, avec formation en anglais, français et allemand, et bonnes leçons pour enfants. Les sorties snorkeling coûtent 20 $US/pers.

Rainbow Divers PLONGÉE
(carte p. 260 ; ☎058-352 4351 ; www.divevietnam.com ; 90A Đ Hung Vuong). Une grande école de plongée PADI, bien établie, qui appartient à une chaîne nationale. Il s'agit ici de l'agence centrale, qui gère aussi un restaurant et un bar. Sortie en mer avec 3 plongées pour 2 050 000 d.

Sports d'aventure

Du VTT au rafting, Nha Trang offre de nombreuses activités pour faire monter votre taux d'adrénaline.

♥ **Vietnam Active** SPORTS D'AVENTURE
(carte p. 260 ; ☎058-351 5821 ; www.vietnamactive.com ; 115 Đ Hung Vuong). Activités aussi variées qu'excellentes, dont des sorties rafting, kayak, VTT et plongée (certification SSI et PADI). Les tarifs dépendent du nombre de participants. Pour vous détendre, inscrivez-vous ensuite à l'un des cours de yoga hatha ou ashtanga. Loue aussi des vélos de qualité (à partir de 5 $US/jour).

Vietnam Bike Tours CIRCUIT À VÉLO
(carte p. 260 ; ☎0905 779 311 ; www.vietnam-bikeurs.com ; 17/14 Đ Hoang Hoa Tham). Circuits dans la campagne et le long de la côte, incluant bains de boue et traversée de villages de pêcheurs, menés par des guides patients et expérimentés. Pour tous niveaux.

Shamrock Adventures RAFTING
(carte p. 260 ; ☎058-352 7548 ; www.shamrockadventures.vn ; Đ Tran Quang Khai ; sorties déj inclus à partir de 40 $US/pers). Cet agence organise des sorties rafting (pouvant être combinées avec du VTT). Kayak, snorkeling et sorties pêche également proposés.

Circuits sur la rivière

Juste au nord du centre de Nha Trang, la rivière Cai se déverse dans un large estuaire très impressionnant, que vous pourrez explorer lors d'une excursion d'une journée en bateau.

Nha Trang River Tour CIRCUIT EN BATEAU
(☎0914 047 406 ; www.nhatrangrivertour.com ; 120/1/6 Hung Vuong ; à partir de 40 $US/pers). Pham est un guide organisé et passionnant. Ses circuits sur la rivière Cai portent sur les sites culturels et les activités artisanales (fabrication de galettes de riz, tissage, broderie) et comprennent une séance dans une source chaude et un bain de boue.

Spas et bains de boue

Les habitants affirment que le seul moyen d'être vraiment propre consiste à se plonger dans un bain de boue naturelle, et il existe désormais plusieurs endroits à Nha Trang où vous pourrez appliquer ce conseil. Essayez d'éviter les week-ends, quand les familles vietnamiennes viennent en masse. Vous trouverez également plusieurs spas plus conventionnels.

♥ **I Resort** BAINS DE BOUE
(☎058-383 8838 ; 19 Xuan Ngoc, Vinh Ngoc ; bain de boue à partir de 250 000 d ; 7h-20h). Endroit idéal pour se détendre totalement, ce nouveau spa haut de gamme est le plus attrayant des trois "sites de boue" de Nha Trang. Vous y trouverez des bains de boue minérale chaude, de belles piscines et même des cascades. Le cadre champêtre est magnifique, avec les montagnes en toile de fond, et il y a un restaurant correct et un spa-centre de massage. Prévoyez au moins une demi-journée, vous ne le regretterez pas. Toutes sortes de forfaits boue/spa sont proposées. Appelez pour une navette (20 000 d l'aller) depuis votre hôtel. À 7 km au nord-ouest du centre.

Thap Ba Hot Spring Center BAINS
(carte p. 258 ; ☎058-383 5345 ; www.thapbahotspring.com.vn ; 15 Ngoc Son ; 7h-19h30). Le centre thermal d'origine, doté de piscines d'eau de source, reste d'un rapport qualité/prix correct. Comptez 150 000 d (20 minutes maximum) pour un bain de boue collectif, plus pour un bain privé. Nombreux forfaits. À 7 km au nord-ouest de Nha Trang (130 000 d en taxi).

Pour vous y rendre par vos propres moyens, suivez les panneaux sur la deuxième route à gauche, après les tours cham de Po Nagar. Prenez ensuite la route sinueuse et accidentée sur 2,5 km.

100 Egg Mud Bath BAINS DE BOUE
(Tam Bun Tram Trung ; ☎058-371 1733 ; www.tambuntramtrung.vn ; Nguyen Tat Thanh, Phuoc Trung ; 8h-19h). Cet établissement doit son nom aux cabines privées en forme d'œuf dans lesquelles des couples ou des enfants peuvent jouer dans la boue. Toutes sortes de cataplasmes, enveloppements et gommages sont au programme. Bassins et baignoires (pouvant être remplis d'herbes et d'huiles essentielles) sont disséminés dans ce vaste complexe, qui abrite un restaurant et une cascade (artificielle). Le forfait complet incluant toutes les installations coûtent 500 000 d. À 6 km au sud-ouest de Nha Trang.

Depuis le pont de Cau Binh Tan, au sud-ouest de la ville, prenez la Đ Nguyen Tat Thanh jusqu'à atteindre la route nationale à Phuoc Trung. Le complexe est proche de la route et clairement indiqué à partir de cet endroit.

♥ **Xanh Spa** SPA
(☎058-398 9666 ; www.mianhatrang.com/relax ; Mia Resort Nha Trang ; massages à partir de 42 $US). Ce spa d'un hôtel haut de gamme aux salles de soin zen dominant l'océan jouit d'un cadre spectaculaire. Personnel compétent et attentif aux demandes des clients. Enveloppements, gommages, massages, soins des pieds et manucures sont tous merveilleux.

Vy Spa SPA
(carte p. 260 ; ☎012 8275 8662 ; 78B Đ Tue Tinh ; 8h-21h). Tenu par un couple chaleureux, cet établissement simple propose, entre autres, massages vietnamien, thaïlandais ou suédois (à partir de 200 000 d l'heure), soins du visage et gommages. Prix raisonnables.

Su Spa SPA
(carte p. 260 ; ☎058-352 3242 ; www.suspa.com.vn ; 93 Đ Nguyen Thien Thuat ; ⏲8h-21h30). Un écrin accueillant de brique et de verdure dont l'atmosphère détendue atténuera la fatigue du voyage. Cet établissement élégamment conçu propose d'agréables gommages, massages, bains et massages corporels (à partir de 25 $US).

Circuits organisés

Circuits Lanterns CIRCUITS CULTURELS
(carte p. 260 ; ☎058-247 1674 ; www.lanternsvietnam.com ; 34/6 Đ Nguyen Thien Thuat ; circuit 25 $US). Lanterns est un restaurant caritatif qui promeut la cuisine vietnamienne au travers de visites, comme celle de Ninh Hoa, une bourgade hors des sentiers battus, incluant détour par le marché et déjeuner avec une famille locale (25 US$). Hautement recommandés aussi, les circuits pédestres à la découverte de la cuisine de rue (200 000 d) à Nha Trang, qui comprennent 7 plats dont le *banh tai vac* (raviolis aux crevettes) et le *che chuoi nuong* (banane et riz gluant).

Visite de brasserie VISITE
(carte p. 260 ; ☎352 1948 ; www.louisiane-brewhouse.com.vn ; Louisiane Brewhouse, 29 Đ Tran Phu ; visite 200 000 d). Visite très instructive permettant de comprendre comment malt et houblon deviennent ale et lager et, bien sûr, de déguster le nectar doré.

Où se loger

Nha Trang compte des centaines d'hôtels, des plus miteux aux plus somptueux, et la plupart des établissements sont situés à une ou deux rues de la plage. Quand la fréquentation est faible, des réductions de 20-30% sont courantes dans les hôtels de catégories moyenne et supérieure.

Quelques hôtels bon marché sont regroupés dans une allée au 64 Đ Tran Phu, tout près de la plage. Ils offrent tous des chambres semblables et climatisées autour de 10 $US (tarif encore plus bas avec un ventilateur). Dans la plupart des établissements pour petits budgets, le petit-déjeuner n'est pas compris.

Les hôtels de luxe bordent Đ Tran Phu, le boulevard du front de mer. Les plus haut de gamme sont à l'extérieur de la ville, dans la baie de Ninh Van, au nord, et quelques nouveaux établissements ont surgi sur la plage de Bai Dai, sur la route de l'aéroport.

LES SPECTACLES D'ANIMAUX DE HON LAO

L'île de Hon Lao abrite quelque 1 000 singes qui sont habitués à recevoir de la nourriture de la part des nombreux touristes. Toutefois, ce sont des animaux sauvages, et des morsures peuvent survenir (et sont susceptibles de transmettre la rage). Les singes de Hon Lao n'hésiteront pas à vous arracher vos lunettes de soleil ou à voler un stylo dans votre poche. Des spectacles aux airs de cirque sont aussi donnés, notamment avec des numéros d'ours, de singes et de chiens savants. Hon Lao est très populaire auprès des Vietnamiens, mais notez que des voyageurs ont signalé des maltraitances envers les animaux.

Sunny Sea HÔTEL $
(carte p. 260 ; ☎058-352 2286 ; sunnyseahotel@gmail.com ; 64B/9 Đ Tran Phu ; ch 10-15 $US ; ❄@📶). Un cran au-dessus des autres dans l'"allée des hôtels bon marché", tout près de la plage, cet établissement exceptionnel est tenu par un couple accueillant (un médecin et une infirmière) et leur personnel très serviable. Chambres impeccables, avec matelas de qualité, minibar et sdb modernes ; certaines ont un balcon.

Mojizo Inn AUBERGE DE JEUNESSE $
(carte p. 260 ; ☎0988-879 069; www.facebook.com/MojzoInn ; 120/36 Đ Nguyen Thien Thuat ; dortoir/ch 8/16 $US Vuong ; ch 15-18 $US ; ❄📶). Le nom évoque plus une carte de cocktails qu'un hébergement, mais cette sympathique auberge de jeunesse a tout ce qu'il faut, des dortoirs bien conçus et un joli salon agrémenté de coussins. Le personnel se mettra en quatre pour vous aider.

Carpe DM Hotel HÔTEL $
(carte p. 260 ; ☎058-352 7868 ; www.carpedmhotel.com ; 120/62 Đ Nguyen Thien Thuat ; ch 16-22 $US ; ❄📶). Cet agréable établissement bien géré possède des chambres lumineuses et impeccables, dotées d'une touche contemporaine, toutes bien équipées et joliment meublées, avec grande TV. Balcon dans les plus chères. Hôtel non-fumeurs.

Binh An Hotel PENSION $
(carte p. 260 ; www.binhanhotel.com ; ☎0128 705 0399 ; 28H Đ Hoang Hoa Tham ; ch 350 000-380 000 d ; ❄@📶). Accueillante

EXPLORER LA BAIE DE NHA TRANG EN BATEAU

Les 71 îles au large de Nha Trang sont réputées pour leurs eaux translucides. Les circuits dans ces îles connaissent énormément de succès depuis des années déjà, et quasiment tous les hôtels et agences de voyages de la ville proposent des excursions dans l'archipel.

Dans les années 1990, les circuits, hauts en couleurs, impliquaient un trajet mouvementé sur un bateau de pêche rudimentaire, et quantité de joints et de vin de riz dans un "bar flottant" (une chambre à air voguant sur la mer). Les autorités locales ont depuis mis un terme à ces abus.

Aujourd'hui, il y a davantage de choix, qu'il s'agisse de croisières animées pour voyageurs à petit budget ou de sorties familiales.

La plupart de ces circuits sont extrêmement touristiques et comprennent des pauses éclairs pour visiter l'aquarium de Tri Nguyen (90 000 d), faire du snorkeling sur un récif en mauvais état et bronzer sur la plage (accès 30 000 d). Les circuits festifs proposent des animations (très) organisées avec DJ (ou groupe ringard) sur le pont et beaucoup de jeux impliquant la consommation d'alcool. Attendez-vous à être 20 ou 30 passagers entassés sur un petit bateau. Si cela correspond à votre définition de l'enfer, gardez-vous bien d'embarquer.

Ces dernières années, les options haut de gamme se sont multipliées, allant des bateaux privés aux croisières sur des jonques traditionnelles.

Quelques conseils à garder à l'esprit :

- Choisissez le bon circuit. Certains s'adressent aux familles asiatiques, d'autres visent uniquement une clientèle de voyageurs à petit budget désireux de faire la fête.
- Protégez votre peau avec de l'écran solaire et buvez beaucoup d'eau.
- L'entrée de l'aquarium et l'accès à la plage ne sont généralement pas inclus dans le prix.
- Si le snorkeling vous intéresse plus que les boissons alcoolisées, choisissez les circuits organisés par les écoles de plongée.

Voici quelques prestataires satisfaisants :

Funky Monkey (carte p. 260 ; ☎ 091 3458 950, 058-352 2426 ; http://funkymonkeytour.com ; 75A Đ Hung Vuong ; croisière et transfert 200 000 d). Un circuit destiné aux routards fêtards qui démarre à 8h30 et comprend une animation *live* du groupe Funky Monkey, ainsi que les étapes habituelles.

Sailing Center Vietnam (carte p. 258 ; ☎ 058-387 8714 ; www.sailing.vn ; 7 Hien Luong ; circuits demi-journée à partir de 275 $US). Ces professionnels organisent des sorties sur mesure en trimaran et catamaran vers les îles au large de Nha Trang. Snorkeling, déjeuner et boissons inclus.

Nha Trang Tours (carte p. 260 ; ☎ 058-352 4471 ; www.nhatrangtour.com.vn ; 29 Đ Biet Thu). Croisières festives et alcoolisées à petits prix (200 000 d) ou sorties snorkeling (320 000 d).

Emperor Cruises (☎ 0123 666 8879 ; http://emperorcruises.com ; croisière dîner/journée 79/147 $US). Emperor propose les croisières les plus chics : des circuits mémorables à bord de jonques traditionnelles en bois. Cuisine, boissons et service excellents, à la hauteur des tarifs, élevés.

Office du tourisme de Khanh Hoa (carte p. 260 ; ☎ 058-352 8000 ; khtourism@dng.vnn.vn ; Đ Tran Phu ; croisière avec déj 380 000 d). Si vous souhaitez quelque chose d'un peu différent, optez pour un circuit qui vous emmènera plus loin, jusque dans la jolie baie de Van Phong. Le trajet de deux heures en décourage beaucoup, mais il est largement compensé par la beauté des baies isolées et paisibles à l'arrivée. Contactez l'office du tourisme pour plus de détails et pour réserver.

pension tenue par un couple arrangeant (et Zon, son chihuahua...) qui prend fièrement soin de ses hôtes. Chambres impeccables et spacieuses, avec climatisation et Wi-Fi rapide.

Hotel An Hoa HÔTEL $

(carte p. 260 ; ☎ 058-352 4029 ; www.anhoahotel.com.vn ; 64B/6 Đ Tran Phu ; ch avec ventil/clim 10/14 $US ; ❄@📶). Un hôtel bon marché, bien géré et propre, remarquable pour sa convivialité. Les chambres vont des petites, avec ventilateur et sans fenêtre, aux plus spacieuses avec grande sdb et aménagement plus élégant.

Ha Tram Hotel HÔTEL $

(carte p. 260 ; ☎058-352 1819 ; hatramhotel.weebly.com ; 64B/5 Đ Tran Phu ; ch 10-14 $US ; ❄@📶). Tout nouveau dans l'allée, cet élégant mini-hôtel propose des chambres lumineuses et bien équipées, avec sdb élégante. Pas de fenêtre dans les moins chères, balcon pour les plus chères.

Mai Huy Hotel HÔTEL $

(carte p. 260 ; ☎058-352 7553 ; maihuyhotel.com ; 7H Quan Tran, Đ Hung Vuong ; ch avec ventil/clim à partir de 8/14 $US ; ❄@📶). Ouverte de longue date, cette adresse très bon marché pour routards mérite le coup d'œil. Chambres (5 catégories de prix) très variables, de l'exiguë mais acceptable aux rénovées.

Ngoc Thach HÔTEL $

(carte p. 260 ; ☎058-352 5988 ; ngocthachhotel@gmail.com ; 6I Quan Tran, Đ Hung Vuong ; ch 15-20 $US ; ❄📶). Agréable mini-hôtel au cœur de l'action, avec chambres spacieuses et modernes (certaines avec balcon) d'un bon rapport qualité/prix. Ascenseur.

Michelia Hotel HÔTEL $$

(carte p. 260 ; ☎058-382 0820 ; www.michelia.vn ; 4 Đ Pasteur ; ch/ste petit-déj inclus à partir de 1 150 000/2 550 000 d ; ❄@📶🏊). Hébergement chic et moderne au personnel serviable, à une rue de la plage, vers la limite nord du centre. Excellent petit-déjeuner buffet. Piscine assez grande pour faire des longueurs.

Golden Summer Hotel HÔTEL $$

(carte p. 260 ; ☎058-352 6662 ; www.goldensummerhotel.com.vn ; 22-23 Đ Tran Quang Khai ; ch 27-50 $US ; ❄@📶). Un hôtel tendance, avec un hall d'entrée des plus raffinés et des chambres modernes et accueillantes, comportant de belles touches artistiques, comme les photographies ornant les murs. Emplacement idéal, à proximité d'une myriade de restaurants et de la plage.

Galliot Hotel HÔTEL $$

(carte p. 260 ; ☎058-352 8555 ; http://galliothotel.com ; 61A Đ Nguyen Thien Thuat ; ch 1 300 000-1 800 000 d ; ❄@📶🏊). Nouvel hôtel à l'emplacement pratique au cœur de la ville, tout près de nombreux bars et restaurants. Large choix de chambres soignées – évitez les moins chères, dépourvues de fenêtre. Piscine sur le toit parfaite pour se rafraîchir.

Summer Hotel HÔTEL $$

(carte p. 260 ; ☎058-352 2186 ; www.thesummerhotel.com.vn ; 34C Đ Nguyen Thien Thuat ; ch 30-117 $US ; ❄@📶🏊). Élégant trois-étoiles aux tarifs abordables, avec des chambres confortables et une décoration agréable. L'espace piscine sur le toit est un atout de plus. Les sites de réservation offrent souvent des tarifs bien inférieurs à ceux du site de l'hôtel.

Nhi Phi Hotel HÔTEL $$

(carte p. 260 ; ☎058-352 4585 ; www.nhiphihotel.vn ; 10A Đ Biet Thu ; ch 45-75 $US ; ❄@📶🏊). Cet édifice imposant, avec son hall d'entrée époustouflant, possède une petite piscine sur le toit et des chambres joliment meublées (celles situées au-dessus du 7e étage jouissent d'une belle vue sur la ville). Pendant les périodes creuses, les promotions représentent une véritable aubaine.

Le Duong HÔTEL $$

(carte p. 260 ; nhatrangleduonghotel.com ; 5 et 6 Quan Tran, Đ Hung Vuong ; ch 460 000-750 000 d ; ❄📶). Proche des restaurants et des lieux de vie nocturne, cet hôtel moderne renferme 50 chambres spacieuses et lumineuses avec mobilier dans des tons clairs et draps blancs, TV câblée et réfrigérateur. Tarifs variables suivant l'affluence.

Golden Rain Hotel HÔTEL $$

(carte p. 260 ; ☎058-352 7799 ; www.goldenrainhotel.com ; 142 Đ Hung Vuong ; ch 29-58 $US ; ❄@📶🏊). Bien situé. Chambres spacieuses bien qu'un peu démodées ; certaines avec grandes fenêtres. Piscine sur le toit et salle de sport.

King Town Hotel HÔTEL $$

(carte p. 260 ; ☎352 5818 ; www.kingtownhotel.com.vn ; 92 Đ Hung Vuong ; ch 22-45 $US ; ❄@📶🏊). En période creuse, l'établissement avec grandes chambres et piscine sur le toit donnant sur la ville propose d'importantes réductions. Mérite le coup d'œil également le reste de l'année.

♥ **Mia Resort Nha Trang** HÔTEL $$$

(☎058-398 9666 ; www.mianhatrang.com ; Bai Dong, Cam Hai Dong ; villa à partir de 230 $US ; 🚭❄@📶🏊). Ce complexe de luxe jouit d'un emplacement privilégié, dans une crique privée protégée par une colline. Ce sont en fait plusieurs villas entièrement équipées qui sont proposées à la location, certaines bénéficiant de piscines privatives, et toutes d'une vue imprenable sur la mer. Service et spa de haut vol et sublime restaurant au bord de l'eau.

La première impression électrise : la réception ouverte sur les côtés domine l'océan et dévoile une étendue de bleu à l'horizon.

Evason Ana Mandara Resort & Spa COMPLEXE HÔTELIER $$$
(carte p. 258 ; ☎058-352 2522 ; www.evasonresorts.com ; Đ Tran Phu ; villa 240-545 $US ; ❄@📶🏊). Ce superbe complexe se compose d'un ensemble de villas spacieuses dont le mobilier dégage une ambiance coloniale, en particulier les lits à baldaquin. Unique hôtel côté rivage, il possède un accès direct à l'agréable plage de sable. Parmi les équipements figurent 2 piscines (dont une de 30 m), des restaurants, occidental et vietnamien, et un spa.

Novotel Nha Trang HÔTEL $$$
(carte p. 260 ; ☎058-625 6900 ; www.novotel.com/6033 ; 50 Đ Tran Phu ; ch/ste à partir 130/262 $US ; ❄@📶🏊). Stylé et contemporain, cet hôtel face à l'océan propose des chambres sur plusieurs niveaux, avec baignoires encastrées – misez sur une chambre avec vue sur la mer, au dernier étage, pour profiter de Nha Trang dans toute sa splendeur. Le personnel est bien formé et efficace, la salle de remise en forme est bien équipée, mais la piscine est un peu petite. Réservez sur le site du groupe pour obtenir les meilleurs tarifs.

Fusion Resort Nha Trang COMPLEXE HÔTELIER $$$
(☎058-398 9777 ; http://fusionresortnhatrang.com ; Nguyen Tat Thanh ; s/d petit-déj inclus à partir de 259/518 $US ; ❄@📶🏊). Idéal pour une vie de pacha. Les soins au spa gratuits (2 garantis par jour et par client) sont l'atout clé de cet établissement ouvert en 2015. L'immense complexe abrite des suites et villas donnant sur la mer, et beaucoup disposent d'une piscine privative. Sur la route de l'océan, 30 km au sud de Nha Trang. Navette gratuite depuis l'aéroport.

Sheraton Nha Trang Hotel & Spa HÔTEL $$$
(carte p. 260 ; ☎058-388 0000 ; www.sheraton.com/nhatrang ; 26-28 Đ Tran Phu ; ch/ste à partir 155/275 $US ; ❄@📶🏊). Le Sheraton domine le boulevard du front de mer et offre un point de vue imprenable depuis son bar à cocktails. Les chambres sont grandes et modernes avec sdb ouverte ; réservez une suite pour un véritable séjour de luxe (et accéder à l'impressionnant Club Lounge).

Où se restaurer

En sa qualité de cité balnéaire, Nha Trang vise une clientèle internationale et offre toutes les saveurs possibles, des spécialités crétoises aux plats indiens. Đ Tran Quang Khai et Đ Biet Thu comptent de bonnes adresses. Les spécialités vietnamiennes se dégustent un peu plus loin. Les amateurs de produits de mer se régaleront de poisson frais, de crabe, de crevettes et d'autres crustacés exotiques.

Le **marché Dam** (carte p. 258 ; Đ Trang Nu Vuong ; ⏲6h-16h), et ses diverses échoppes, notamment les *com chay* (échoppes végétariennes), permettent de s'immerger dans la vie locale.

Tasty CAFÉ $
(carte p. 260 ; 30 Đ Nguyen Thien Thuat ; en-cas/repas à partir de 22 000/40 000 d ; ⏲6h30-22h30 ; ❄📶👪). Tendance et animé, ce café attire avec ses peintures murales rétro (de vans et vespas), ses touches kitsch et ses chaises dépareillées. La carte, intéressante, comprend bons *banh mi* (sandwichs), salades vietnamiennes, petits-déjeuners bon marché, jus de fruits et café. Cuisine ouverte.

Nha Hang Yen's VIETNAMIEN $
(carte p. 260 ; ☎093 3766 205 ; http://yensrestaurantnhatrang.com ; 3/2A Đ Tran Quang Khai ; plats 55 000-120 000 d ; ⏲7h-21h30 ; 📶). Restaurant raffiné servant un bon choix de savoureux ragoûts mijotés dans des plats en argile, des curries, des nouilles et des plats sautés. La musique traditionnelle et les serveuses en *ao dai* (robe traditionnelle) contribuent à l'ambiance conviviale.

Omar's Indian Restaurant INDIEN $
(carte p. 260 ; www.omarsindianrestaurant.com ; 89 B Đ Nguyen Thien Thuat ; plats 55 000-136 000d, menu 150 000 d ; ⏲7h-23h ; 📶). Authentique cuisine indienne. Le menu (150 000 d), avec *bhaji*, *papadums*, curry de légume ou de poulet, riz et bière, est une valeur sûre.

Au Lac VÉGÉTARIEN $
(carte p. 260 ; 28C Đ Hoang Hoa Tham ; repas 15 000-30 000 d ; ⏲11h-19h ; 🖉). Restaurant végétarien sans fioritures établi de longue date près de l'angle de Đ Nguyen Chanh. Ses assiettes composées (15 000 d) offrent le meilleur rapport qualité/prix pour un repas à Nha Trang.

♥ **Lac Canh Restaurant** VIETNAMIEN $$
(carte p. 258 ; 44 Đ Nguyen Binh Khiem ; plats 30 000-150 000 d ; ⏲11h-20h45). Quasiment

CUISINE DE RUE À NHA TRANG

Les prix de l'immobilier sont élevés dans le centre de Nha Trang, qui n'est donc pas l'endroit idéal pour manger local à petits prix. Les adresses de cuisine de rue suivantes sont au nord du centre.

Stand Banh Xeo Presque en face des tours cham, ce **stand** (carte p. 258 ; Đ 2 Thang 4) est tenu par une vieille dame dynamique qui prépare d'excellents *banh xeo* (crêpes à base de farine de riz garnies de crevettes/porc et germes de soja) sur un braséro.

Produits de la mer Réputé pour ses adresses de fruits de mer ouvertes uniquement le soir, **Thap Ba** (carte p. 258 ; Thap Ba ; 17h30-22h) réserve palourdes, crabes et crevettes vapeur ou grillés.

Canard grillé Le prisé **79 Dung Lin** (carte p. 260 ; 29 Phan Chu Trinh ; 18h-21h30), juste à l'ouest du stade, est réputé pour son fabuleux canard parfumé (demi-canard avec salade, sauces et riz 100 000 d).

Boulettes de porc Direction le **15 Le Loi** (carte p. 260 ; 15 Le Loi ; 10h30-20h) pour de délicieux *nem nuong* (porc haché, mariné à l'échalote et aux épices et grillé) servis avec sauce, herbes et salade. Deux adresses.

tous les soirs, cet établissement animé, désordonné, enfumé mais très plaisant est pris d'assaut par des groupes venus préparer leurs grillades sur des barbecues de table (le bœuf mariné aux épices est la spécialité, mais il y a d'autres viandes et des produits de la mer). L'établissement ferme assez tôt.

Mix GREC $$
(carte p. 260 ; 77 Đ Hung Vuong ; repas 80 000-150 000 d ; 11h-22h). Christos, l'aimable propriétaire grec, propose de la qualité à prix modérés dans son restaurant toujours bondé. Tout est fraîchement préparé et joliment présenté. Assiettes de fruits de mer et de viande, salades et souvlakis comptent parmi les plats phares.

Nha Trang Xua VIETNAMIEN $$
(Thai Thong, Vinh Thai ; plats 40 000-210 000 d ; 8h-21h ;). Ce restaurant vietnamien classique occupe une belle maison ancienne dotée d'un étang de lotus et entourée de rizières, dans la campagne, à environ 7 km à l'ouest de la ville (100 000 d en taxi). Carte raffinée (écrite à la main), tables en bois massif et ambiance rustique. Quelques spécialités : fondues, salades vietnamiennes, bœuf au 5 épices et poisson (goûtez le poisson à tête de serpent grillé dans une feuille de bananier).

Lanterns VIETNAMIEN $$
(carte p. 260 ; www.lanternsvietnam.com ; 34/6 Đ Nguyen Thien Thuat ; plats 48 000-117 000 d ; 7h30-21h30 ;). Ce restaurant soutient les orphelinats locaux et fournit des bourses d'études. Saveurs principalement vietnamiennes, avec spécialités telles que curries, ragoûts et fondues (210 000 d/2 personnes), mais aussi plats issus de la "cuisine de rue" ou internationaux (comme les pâtes). Propose aussi des cours de cuisine et des visites. Réduction de 20% entre 14h et 16h.

Lang Nuong Phu Dong Hai San FRUITS DE MER $$
(carte p. 258 ; Đ Tran Phu ; plats 45 000-180 000 d ; 14h-3h). La décoration est sommaire (chaises en plastique et néons), mais les fruits de mer sont frais et délicieux. Coquilles Saint-Jacques, crabe, crevettes et homard sont tous au prix du marché.

Refuge INTERNATIONAL $$
(carte p. 260 ; 1L Đ Hung Vuong ; plats 60 000-175 000 d ; 7h30-22h ;). Tenu par des Suisses, ce restaurant aux allures de chalet sert de délicieux fromages, crêpes, salades (goûtez celle au chèvre), grillades de bœuf et steaks d'agneau (avec la sauce de votre choix). Vin au verre à prix raisonnable. Fait rare dans les environs : les lieux sont climatisés.

Le Petit Bistro FRANÇAIS $$
(carte p. 260 ; 058-352 7201 ; http://bistronhatrang.com ; 34 Đ Tran Quang Khai ; plats 90 000-250 000 d ; 7h-22h30 ;). Ce restaurant français bien établi, apprécié de la communauté française, est idéal pour un steak tartare, une brochette ou un bon fromage. Ardoise quotidienne de plats du jour et meilleure carte des vins de la ville.

Kiwami JAPONAIS $$$

(carte p. 260 ; 095 6130 933, 058-351 6613 ; www.kiwamirestaurantsushi.info.vn ; 136 Bach Dang ; repas 250 000-500 000 d ; 12h-22h jeu-mar ;). Cet authentique restaurant de quartier japonais a tout bon. Vous pouvez regarder travailler le chef, spécialiste des sushis, depuis votre tabouret au bar ou prendre place dans l'une des alcôves latérales. Toutes les spécialités sont proposées et bonnes, du sashimi au teriyaki. Assortiments de sushis et bentos disponibles le midi.

Sailing Club INTERNATIONAL $$$

(carte p. 260 ; 058-352 4628 ; www.sailingclubnhatrang.com ; 72-74 Đ Tran Phu ; repas 130 000-400 000 d ; 7h30-23h ;). Une institution du front de mer. Observez les passants la journée, sirotez un cocktail au coucher du soleil, dégustez des plats gastronomiques sous les étoiles, puis éliminez des calories sur la piste de danse. Trois cartes distinctes – vietnamienne, internationale et indienne. Bar rôti au four et carpaccio de bœuf comptent parmi les spécialités.

Où prendre un verre

Nha Trang a toujours été réputée pour ses établissements nocturnes dédiés aux voyageurs, mais aujourd'hui, le choix d'adresses est vaste, des bars panoramiques aux *lounges* en bord de plage.

Dans les bars festifs de Nha Trang, surveillez attentivement votre boisson et vos effets personnels (p. 271).

Sailing Club BAR, CLUB

(carte p. 260 ; www.sailingclubnhatrang.com ; 72-74 Đ Tran Phu ; 7h-2h ;). Une institution à Nha Trang, avec DJ et groupes, qui attire une clientèle délurée. Les jeudis, vendredis et samedis, un feu est allumé et l'animation se déplace sur le sable (quand la météo le permet). La clientèle mêle Vietnamiens et étrangers.

Skylight Bar BAR

(carte p. 260 ; http://skylightnhatrang.com ; Best Western Premier Havana Nha Trang, 38 Đ Tran Phu ; entrée boisson incluse 100 000 d ; 16h30-23h ;). Dominant la ville du 43e étage, cet établissement grandiose, créé par une équipe de Los Angeles, dispose d'une vue imprenable depuis le toit. Sublime carte des cocktails (120 000-150 000 d), chichas, cigares, DJ et soirées piscine. Une seule question : Nha Trang est-elle prête pour autant d'avant-gardisme ?

COCKTAILS FRELATÉS

Des cas de cocktails frelatés servis dans des seaux, dans certains établissements prisés de Nha Trang, ont été rapportés. Il peut s'agir de whisky distillé illégalement, servi par le personnel, ou d'une drogue quelconque qu'un client ajoute dans la boisson. Même si les seaux sont une manière originale de boire un cocktail, faites bien attention à leur contenu !

Louisiane Brewhouse BRASSERIE

(carte p. 260 ; 058-352 1948 ; 29 Đ Tran Phu ; 40 000 d/verre ; 7h-24h ;). Difficile de trouver une microbrasserie plus sophistiquée. Surplombant une belle piscine et une plage privée, les énormes cuves en cuivre jouissent d'un point de vue unique. Six bières sont à déguster, notamment une brune et une superbe *witbier* (une brune brassée à la belge).

Hon Chong Cafe CAFÉ

(carte p. 258 ; Hon Chong ; boissons 18 000-30 000 d ; 7h-19h). Doté d'une vue panoramique sur Nha Trang, cet adorable établissement ombragé de Hon Chong est idéal pour siroter un café ou une bière (ou même une margarita) et profiter de la brise marine. Pas de cuisine (juste des glaces).

Crazy Kim Bar BAR

(carte p. 260 ; http://crazykimvietnam.wordpress.com ; 19 Đ Biet Thu ; 9h-tard ;). Cet établissement participe à la campagne de lutte contre la pédophilie, "Hands off the Kids!" – une partie des bénéfices étant reversée à l'association. Le Crazy Kim organise régulièrement des soirées à thème et propose des seaux de cocktails corsés (60 000 d), des *shots*, de la bière bon marché, de la bonne musique et une cuisine savoureuse. Deux bières La Rue pour le prix d'une pendant l'*happy hour* (12h-20h30).

Altitude BAR

(carte p. 260 ; 26-28 Đ Tran Phu ; 12h-24h ;). Au 28e étage du Sheraton Nha Trang, ce bar jouit d'un point de vue hallucinant sur la côte et la plage en contrebas. Il est interdit de fumer à l'intérieur. Les tarifs étant à la hauteur de la vue, allez-y pendant l'*happy hour* (16h-18h).

Nghia Bia Hoi BIA HOI

(carte p. 260 ; 7G/3 Đ Hung Vuong ; 11h-22h). Bar à *bia hoi* (bière pression) qui attire une fidèle clientèle d'habitués (et de routards). Il sert une bière légère et une bière brune, ainsi que des en-cas.

ifruit BAR À JUS
(carte p. 260 ; 4 Nguyen Thi Minh Khai ; 7h-23h). Dans un coin passant, on y sert des jus de fruits et des smoothies, à choisir parmi 20 parfums différents. Tenu par une équipe jeune et chaleureuse.

Achats

Nha Trang possède quelques belles boutiques d'art et d'artisanat dans les rues proches du croisement de Đ Tran Quang Khai et Đ Hung Vuong.

Des boutiques de mode qui vendent de tout, des chaussures à talon aux lunettes de soleil, sont concentrées dans Đ Nguyen Thi Minh Khai.

Lemongrass House BEAUTÉ
(carte p. 260 ; https://instagram.com/lemongrasshouse.vn ; 38 Đ Nguyen Thi Minh Khai ; 10h-22h). Cette superbe petite boutique vend crèmes pour le visage (270 000 d), masques, produits capillaires, huiles essentielles et thés. Produits à base d'ingrédients naturels et fabriqués en petites quantités en Thaïlande.

Peekaboo VÊTEMENTS
(carte p. 260 ; 97 Đ Nguyen Thien Thuat ; 10h-22h). Un endroit original proposant un choix soigné de sacs, robes, maillots de bain, lunettes de soleil et accessoires. En haut d'un escalier raide.

Saga Etnik VÊTEMENTS
(carte p. 260 ; 48 Đ Nguyen Thien Thuat ; 9h-22h). La chaleur tropicale vous accable ? Vous trouverez ici chemisiers, robes et chapeaux. Certains articles comportent des motifs traditionnels vietnamiens et sont fabriqués en tissu naturel léger.

Saga du Mekong VÊTEMENTS
(carte p. 260 ; www.sagadumekong.com ; 1/21 Đ Nguyen Dinh Chieu ; 9h-21h). Cette boutique de mode chic est spécialisée dans le lin, la soie, le bambou et le coton fin. Les tailles sont adaptées à la morphologie des Occidentaux et la boutique possède sa propre usine afin de contrôler la qualité.

XQ ARTISANAT
(carte p. 260 ; www.xqvietnam.com ; 64 Đ Tran Phu ; 8h-20h). Un lieu conçu comme un village traditionnel. On flâne dans l'atelier et la galerie de broderie, en observant le travail des artisans.

Cu Meo VÊTEMENTS, ACCESSOIRES
(carte p. 260 ; 37 Đ Nguyen Thi Minh Khai ; 8h-19h). Cette boutique branchée est réputée pour ses superbes chaussures pour femme, mais elle vend aussi de la lingerie, des maillots de bain et des robes.

Bambou VÊTEMENTS
(carte p. 260 ; www.bamboucompany.com ; 15 Đ Biet Thu ; 8h-21h). Spécialisé dans les vêtements pour homme, femme et enfant, avec des motifs vietnamiens et des matières naturelles, à base d'eucalyptus et de bambou, par exemple.

Renseignements

ACCÈS INTERNET

Quasiment tous les hôtels et la plupart des restaurants sont équipés du Wi-Fi. Beaucoup d'endroits disposent aussi d'un ou deux ordinateurs.

AGENCES DE VOYAGES

Sinh Tourist (carte p. 260 ; 058-352 2982 ; www.thesinhtourist.vn ; 90C Đ Hung Vuong ; 6h-22h). Agence fiable et professionnelle proposant des excursions peu onéreuses, telles que circuits dans la ville (259 000 d, hors frais d'entrée), croisières vers les îles et circuits en bus "open tour".

ARGENT

Vous trouverez des DAB dans toute la ville.

La **Vietcombank** (carte p. 260 ; 17 Đ Quang Trung ; 7h30-16h lun-ven) dispose d'un DAB.

DANGERS ET DÉSAGRÉMENTS

La grande majorité des visiteurs ne rencontre aucun problème à Nha Trang. Toutefois, sans verser dans la paranoïa, il convient de faire preuve d'un peu plus de vigilance dans cette ville où les voleurs peuvent sévir comme partout ailleurs.

Leur mode opératoire peut varier. Les jeunes voyageurs sont le plus souvent pris pour cibles. On nous a signalé de nombreux cas de voyageurs ayant été victimes de pickpockets dans des bars et des clubs : les pistes de danse bondées constituent un terrain de chasse idéal pour ces derniers. Évitez de sortir faire la fête avec un *smartphone* et une carte bancaire. Le plus sûr est d'emporter uniquement l'argent dont vous aurez besoin pour passer une bonne soirée.

On nous a aussi parlé de vols sur la plage (les sacs sont dérobés pendant que vous faites une petite sieste).

Autre problème : les vols à l'arraché, qui peuvent se révéler dangereux si vous circulez à l'arrière d'une moto-taxi. Portez votre sac contre la poitrine et pas dans le dos.

Gardez vos téléphone et tablette à l'abri des regards et ne les posez pas sur la table au restaurant. Si vous consultez un plan sur votre appareil mobile pour trouver votre chemin, tenez-le à deux mains.

Des voyageuses nous ont rapporté que de jeunes Vietnamiens, souvent insistants, les prenaient en photo alors qu'elles sortaient de l'eau ou se faisaient bronzer sur la plage.

Dans les sites touristiques et les bateaux publics, vous éviterez les abus en vérifiant le tarif d'entrée sur votre ticket. Vérifiez bien votre monnaie.

OFFICE DU TOURISME

Office du tourisme de Khanh Hoa (carte p. 260 ; ☎058-352 8000 ; khtourism@dng.vnn.vn ; Đ Tran Phu). Situé sur le front de mer, il est géré par le gouvernement et propose divers circuits, notamment en bateau. Le personnel parle un anglais correct.

POSTE

Poste principale (carte p. 260 ; 4 Đ Le Loi ; ⏲6h30-20h lun-ven, 6h30-13h sam)

SERVICES MÉDICAUX

Institut Pasteur (carte p. 260 ; ☎058-382 2355 ; Pasteur-nhatrang.org.vn ; 8-10 Đ Tran Phu ; 7h-11h et 13h-16h30). Service de consultations et de vaccinations installé dans le musée Alexandre Yersin.

Depuis/vers Nha Trang

AVION

Depuis Nha Trang, **Vietnam Airlines** (carte p. 260 ; ☎058-352 6768 ; www.vietnamairlines.com ; 91 Đ Nguyen Thien Thuat) assure des vols pour Hanoi (3/jour), HCMV (4/jour) et Danang tous les jours. **Vietjet Air** (www.vietjetair.com) propose généralement les tarifs les plus bas si l'on réserve longtemps à l'avance et dessert chaque jour Hanoi et HCMV. **Jetstar** (www.jetstar.com) assure des liaisons hebdomadaires avec Hanoi et HCMV.

BUS

La **gare routière de Phia Nam Nha Trang** (Đ 23 Thang 10), principal terminal des bus de Nha Trang, se situe à 500 m à l'ouest de la gare ferroviaire. Des bus quotidiens se rendent très régulièrement au nord jusqu'à Danang. Direction sud, les liaisons sont fréquentes pour Phan Rang (46 000 d, 2 heures) et HCMV, notamment des bus-couchettes à partir de 19h. Les bus partent aussi vers l'ouest et les hauts plateaux du Centre, à destination de Dalat et de Buon Ma Thuot (110 000-130 000 d, 5 heures, 7/jour).

Nha Trang est une étape importante pour les bus "open tour". Ils constituent le meilleur moyen d'accès à Mui Ne, qui n'est pas desservie par les bus locaux. Sinh Tourist (p. 271) propose 2 bus quotidiens sur cet itinéraire. D'autres bus rallient Dalat (5 heures) et Hoi An (11 heures).

TRAIN

La **gare ferroviaire de Nha Trang** (☎058-382 2113 ; Đ Thai Nguyen ; ⏲billetterie 7h-11h30, 13h30-18h et 19h-21h) est située à l'ouest de la cathédrale. Elle se trouve sur la ligne principale nord-sud et assure des liaisons pratiques, notamment avec Dieu Tri (pour Quy Nhon), Danang et HCMV.

VOITURE ET MOTO

À ne pas manquer, le passage du col de montagne entre Nha Trang et Dalat est un itinéraire fabuleux en voiture ou en moto. En redescendant la route de montagne de Dalat à Mui Ne, vous effectuerez une superbe boucle.

Plusieurs agences Easy Riders sont installées à Nha Trang. **Easy Rider Trips** (☎090 5384 406 ; http://easyridertrips.com ; 7G/4 Hung Vuong) a bonne réputation. Comptez au moins 65 $US la journée pour le trajet Nha Trang-Dalat, qui s'effectue en un à trois jours suivant les étapes choisies.

Comment circuler

DEPUIS/VERS L'AÉROPORT

L'aéroport international de Cam Ranh, à 35 km au sud de la ville, s'atteint en empruntant une belle route côtière. Un bus fait la navette sur ce trajet (65 000 d) depuis le site de l'ancien aéroport (près du 86 Đ Tran Phu). Le départ a lieu 2 heures 10 avant les vols (valable pour toutes les compagnies, trajet de 40 min). Pour regagner Nha Trang, un bureau officiel situé à l'aéroport vend les tickets de bus ; ils partent 30 minutes après l'arrivée des vols.

TRANSPORTS AU DÉPART DE NHA TRANG

DESTINATION	AVION	BUS	VOITURE/MOTO	TRAIN
Dalat	-	7 $US, 5 heures, 15/jour	4 heures	-
Danang	À partir de 31 $US, 1 heure, 1/jour	11-15 $US, 12 heures, 13-15/jour	11 heures	15-21 $US, 9-11 heures, 6/jour
HCMV	À partir de 21 $US, 1 heure, 8/jour	10-15 $US, 11 heures, 13/jour	10 heures	11-16 $US, 7-9 heures, 7/jour
Mui Ne	-	7 $US, 5 heures 30, tour-opérateurs uniquement	5 heures	-
Quy Nhon	-	6,50 $US, 6 heures, ttes les deux heures	6 heures	5,50-8 $US, 4 heures, 6/jour

VAUT LE DÉTOUR

PLAGE DE BAI DAI

Au sud de Nha Trang, une superbe route côtière conduit à la baie de Cam Ranh, un magnifique port naturel et l'aéroport. Presque tout le littoral au sud du Mia Resort constitue la Bai Dai ("longue plage"), une éblouissante côte sablonneuse.

Jusqu'à très récemment, l'armée vietnamienne contrôlait la zone entière, restreignant l'accès aux seuls bateaux de pêche. Cependant, la situation a évolué et désormais tout le littoral est voué aux projets immobiliers. Des dizaines d'immenses complexes hôteliers sont prévus et de grands panneaux publicitaires jalonnent aujourd'hui la route côtière.

Fin 2015, seuls quelques hôtels étaient achevés, notamment le **Fusion Resort Nha Trang** (p. 268) ; il devrait donc encore être possible de trouver un coin de sable désert. Certains des meilleurs breaks de surf du Vietnam se trouvent ici.

À l'extrémité nord de Bai Dai, le **Shack Vietnam** (www.shackvietnam.com) propose leçons de surf en anglais avec planche pour 600 000 d (location seule 180 000 d/heure). Il loue aussi des kayaks. Bière fraîche, tacos de poisson (40 000 d l'unité), burgers, burritos et *fish and chips* sont aussi au programme. Le service est parfois assez lent. Le Shack est installé au milieu d'une rangée d'une vingtaine de restaurants de fruits de mer tenus par des locaux, aux menus quasi identiques.

La course en taxi jusqu'à l'extrémité nord de Bai Dai coûte environ 260 000 d, comptez 300 000 d pour la partie centrale. Aucun transport public n'emprunte la route de Bai Dai. La circulation étant très limitée, la région se prête bien à une exploration en deux-roues.

Pour quitter la ville, les taxis sont pratiques. Les **taxis Nha Trang** (☎ 058-382 60 00), véhicules officiels de couleur marron, prennent 380 000 d pour une course entre l'aéroport et Nha Trang. La course est moins chère dans l'autre sens (environ 300 000 d). Le mieux est de fixer un prix à l'avance car les taximètres affichent toujours des tarifs plus élevés.

TAXI ET *XE OM*

Le plus sûr est de prendre un taxi équipé d'un compteur affilié à une compagnie réputée comme **Mai Linh** (☎ 058-382 2266).

Nha Trang compte d'innombrables conducteurs de *xe om*. Une course à moto n'importe où dans le centre ne devrait pas vous coûter plus de 25 000 d. Soyez prudent dans le choix de votre chauffeur, surtout la nuit : certains sont des dealers et/ou des proxénètes.

VÉLO

Nha Trang occupant une zone relativement plate, il est facile de gagner tous les sites, notamment Thap Ba, à vélo. Les hôtels en louent à partir de 30 000 d la journée, et pour un VTT de qualité, rendez-vous chez **Vietnam Bike Tours** (p. 264). Attention aux sens uniques autour de la gare, et aux ronds-points chaotiques.

Environs de Nha Trang

Citadelle de Thanh SITE HISTORIQUE

Cette place forte, dont ne subsistent que des pans de murs, date de la dynastie des Trinh (XVIIe siècle). Le prince Nguyên Anh (futur empereur Gia Long) l'avait fait reconstruire en 1793, après sa victoire sur les rebelles Tây Son. La citadelle de Thanh se dresse à 11 km à l'ouest de Nha Trang, près de la ville de Dien Khanh.

Chutes de Ba Ho CHUTES D'EAU

(Suoi Ba Ho ; 15 000 d, parking à vélo 2 000 d ; ⏲ 7h-17h30). Formées de trois cascades et de trois bassins rafraîchissants, les chutes de Ba Ho dégringolent au cœur d'une forêt, à 20 km au nord de Nha Trang et quelque 2 km à l'ouest du village de Phu Huu. Quittez la RN 1 juste au nord d'un restaurant du nom de Quyen, et vous les trouverez à 20 minutes de marche du parking. Il est amusant de remonter le courant entre les bassins, mais prenez garde à ne pas glisser ; mettez de bonnes chaussures.

Phan Rang et Thap Cham

☎ 068 / 185 000 HABITANTS

Ces deux villes n'en forment en réalité qu'une seule : Pha Rang s'accroche à la RN 1 et Thap Cham au début de la RN 20 qui part vers Dalat. Si vous écumez le Vietnam du nord au sud, vous noterez un grand changement dans la végétation en approchant des cités jumelles de Phan Rang et de Thap Cham, capitales de la province de Ninh Thuan. Aux luxuriantes rizières vertes succèdent alors des sols sablonneux, couverts de plantes rabougries. La flore locale comprend des flamboyants royaux et des cactus aux épines cruelles.

Deux grandes routes nationales (1A et 20) se croisent en ville, ce qui en fait une bonne étape sur le littoral. Les villes jumelles, industrielles, manquent de charme, donc mieux vaut loger sur la plage de Ninh Chu, à 6 km à l'est.

À voir

Le site le plus connu est le groupe de tours cham, Po Klong Garai, d'où Thap Cham (tour cham) tire son nom. Beaucoup d'autres tours ponctuent la campagne dans cette région et des dizaines de milliers de Chams habitent la province. On y compte aussi plusieurs milliers de Chinois, dont beaucoup viennent rendre leurs dévotions à **Quang Cong** (Đ Thong Nhat), temple chinois bâti voici 135 ans et situé dans le centre de la ville.

Tours cham de Po Klong Garai — TEMPLE HINDOU

(Thap Cham ; 15 000 d ; 7h-17h). Ces quatre tours en brique datent de la fin du XIIIe siècle. Construites sur le modèle des temples hindous, elles se dressent sur une plateforme en brique, au sommet du **Cho'k Hala**, une colline de granit à découvert, tapissée de cactus. La chaleur peut y être étouffante.

LE NOUVEL AN CHAM

Le Nouvel An cham (Kate) est célébré à Po Klong Garai le 7e mois du calendrier cham (vers le mois d'octobre du calendrier grégorien) : il rend hommage aux ancêtres, aux héros nationaux et aux divinités cham, telle la déesse agricole Po Ino Nagar.

La veille de la fête, le costume du roi Po Klong Garai est transporté, au cours d'une procession gardée par les montagnards Tay Nguyên qui s'accompagne d'une musique traditionnelle et se prolonge jusqu'à minuit. Le lendemain matin, le costume est porté jusqu'à la tour ; le cortège est encore suivi de musiciens, et les habitants, portant bannières et drapeaux, chantent et dansent. Les notables et les aînés ferment la marche. Cette cérémonie colorée se poursuit jusque dans l'après-midi.

Les festivités durent tout le mois : les Chams font la fête, se rendent chez leurs proches et leurs amis et prient pour s'attirer la bonne fortune.

Au-dessus de l'entrée de la plus grande tour (le *kalan* ou sanctuaire) trône la sculpture d'un Shiva dansant à six bras. Les remarquables inscriptions en ancienne langue cham sur les montants de la porte témoignent des efforts accomplis pour restaurer le temple, ainsi que des offrandes et des sacrifices d'esclaves destinés à l'honorer.

Le vestibule abrite une statue de Nandin, le taureau blanc symbole de fertilité agricole et véhicule du dieu Shiva. Les paysans avaient coutume de déposer des offrandes de légumes frais, d'herbes et de noix d'arec devant le mufle de l'animal pour s'assurer une bonne récolte. Sous la tour principale se dresse un *mukha linga* (phallus sculpté sur lequel est peint un visage humain) sous une pyramide en bois. Ici, les fidèles offrent de l'alcool et brûlent de l'encens.

Depuis la petite tour située face à l'entrée du *kalan*, vous pourrez admirer l'ingéniosité dont firent preuve les maçons cham pour concevoir les colonnes de bois qui soutiennent le toit léger. La structure qui s'y rattache constituait autrefois l'entrée principale du site.

Po Klong Garai se trouve un peu au nord de la route RN 20, à 6 km de Phan Rang en direction de Dalat. Les tours se dressent de l'autre côté des voies de chemin de fer de Thap Cham. Certains des bus "open tour" y font un arrêt.

Tour cham de Po Ro Me — TEMPLE HINDOU

(entrée libre, don apprécié). Cette tour cham est l'une des plus évocatrices du Vietnam. Elle est isolée au sommet d'une colline escarpée, d'où la vue s'étend sur un paysage ponctué de cactus. Le temple honore le dernier dirigeant d'un Champa indépendant, le roi Po Ro Me (1629-1651) ; son image et celles des membres de sa famille figurent parmi les décorations extérieures.

Le temple est encore utilisé lors de cérémonies deux fois par an. Le reste du temps, il est fermé, mais les gardiens, au pied de la colline, vous ouvriront le sanctuaire. Laissez-leur un petit pourboire et n'oubliez pas de vous déchausser.

Les occupants du temple n'ont pas l'habitude d'être dérangés, et vous risquez d'être surpris quand les chauves-souris battront des ailes dans la pénombre. Vous pourrez malgré tout distinguer une pièce maîtresse centrale rouge et noire – une stèle sculptée d'une représentation du roi déifié sous la forme de Shiva. Derrière lui, sur la gauche, se trouve l'une de ses reines, Thanh Chanh. Repérez les inscriptions sur les montants de la porte et une statue du taureau Nandin.

Un motif de flamme se répète autour des arcades. C'est un symbole de pureté qui nettoie les visiteurs de toute trace de mauvais karma.

La meilleure manière d'accéder au site consiste à emprunter une moto ou un *xe om*. Le trajet est ardu. Prenez la RN 1 au sud de Phan Rang sur 9 km. Tournez à droite à l'embranchement vers Ho Tan Giang, une route goudronnée étroite juste après la station-service, et continuez sur 6 km. Tournez à gauche au milieu d'un village poussiéreux, au niveau d'un enclos qui fait aussi office de terrain de foot, et suivez la route qui sinue vers la droite jusqu'à ce que la tour apparaisse. Un panneau indique le chemin à travers champs sur les 500 derniers mètres.

Centre culturel cham MUSÉE

(Thap Cham ; ⏲7h-17h). GRATUIT Au pied des tours de Po Klong Garai, cette grande structure moderne (bâtie dans un style vaguement cham, très réussi) est dédiée à la culture cham. De superbes photographies du peuple cham, de la vie villageoise et des coutumes y sont exposées. On peut aussi y voir des peintures, des poteries, des vêtements traditionnels et des outils agricoles.

Si le royaume cham a disparu depuis longtemps, le peuple cham, lui, est bien vivant. De nombreux étals de souvenirs sont installés sur les lieux.

Village de Bau Truc VILLAGE

Ce village cham est réputé pour ses poteries ; de nombreuses boutiques sont installées devant les maisons en terre et en bambou. Sur le chemin de Po Ro Me, sortez à droite de la RN 1A près du mémorial de guerre, et rendez-vous jusqu'à la commune portant la bannière "Lang Nghe Gom Bau Truc". Dans le village, prenez la première à gauche pour rejoindre certaines des meilleures boutiques.

Où se loger et se restaurer

En raison des embouteillages et des usines, les villes jumelles n'offrent pas vraiment un cadre apaisant. La plage de Ninh Chu, à 6 km à l'est de Phan Rang, est bien plus attrayante.

Le *com ga* (poulet au riz) est une spécialité locale. Goûtez-le chez **Phuoc Thanh** (3 Đ Tran Quang Dieu ; plats 30 000-55 000 d), juste au nord de Đ 16 Thang 4, la route menant à la plage de Ninh Chu.

Une autre spécialité locale est le gecko rôti ou au four *(ky nhong)*, servi avec de la mangue verte.

Phan Rang est aussi la capitale du raisin au Vietnam. Grappes fraîches, jus et raisins secs (mais encore juteux) sont en vente sur les étals du marché.

Ho Phong Hotel HÔTEL $

(☎068-392 0333 ; 363 Đ Ngo Gia Tu ; ch 295 000-575 000 d ; ❄@📶). La nuit, cet hôtel est visible de loin car il est illuminé comme un sapin de Noël. À l'intérieur, les choses sont plus nuancées, avec de belles chambres bien meublées et des douches à forte pression. Le personnel loue des motos pour 70 000 d la journée.

Depuis/vers Phan Rang

BUS

La **gare routière de Phan Rang** (Ben Xe Phan Rang ; face au 64 Đ Thong Nhat) se situe dans les faubourgs nord de la ville. Des bus se rendent régulièrement vers le nord à Nha Trang (à partir de 50 000 d, 2 heures 30, ttes les 45 min), au nord-ouest à Dalat (77 000 d, 4 heures, ttes les heures), et au sud à Ca Na (à partir de 20 000 d, 1 heure, ttes les 45 min) et au-delà.

TRAIN

La **gare ferroviaire de Thap Cham** (☎068-388 8029 ; 7 Đ Phan Dinh Phung) est située à 6 km à l'ouest de la RN 1, non loin des tours de Po Klong Garai, mais seuls les omnibus, lents, y marquent l'arrêt. Parmi les destinations : Nha Trang (environ 2 heures 30) et HCMV (environ 8 heures).

VOITURE ET MOTO

Quelque 344 km séparent Phan Rang de HCMV, 147 km de Phan Thiet, 104 km de Nha Trang et 108 km de Dalat.

Plage de Ninh Chu

☎068

Au sud-est de Phan Rang, l'immense baie en arrondi de Ninh Chu est très prisée des touristes vietnamiens le week-end et les jours fériés, mais elle est assez tranquille le reste du temps. Les détritus gâchent un peu le paysage, mais la belle plage, qui s'étend sur 10 km, offre une paisible alternative à Phan Rang et constitue une bonne base pour visiter les ruines cham. De nouveaux complexes hôteliers surgissent tout autour de la baie.

Où se loger et se restaurer

Les hôtels sont disséminés le long du littoral. Les hébergements bon marché sont concentrés du côté nord de la baie, où se trouvent un village de pêcheurs et plusieurs restaurants de poissons et de fruits de mer, en bordure de plage.

Nha Nghi Dieu Hien PENSION $

(068-387 3399 ; s/d 170 000/220 000 d ;). Une pension tenue par un couple chaleureux (qui ne parle pas anglais) à deux pas de l'extrémité nord de la plage. Chambres propres avec TV, ventilateur et clim.

Anh Duong Hotel HÔTEL $

(068-389 0009 ; hotelllananh.com.vn ; 66 Yen Ninh ; ch 255 000-500 000 d ;). À l'écart du littoral, cet hôtel en bord de route loue des chambres peu chères et coquettes, avec TV par câble. Bon rapport qualité/prix, à une courte distance à pied de la plage.

Con Ga Vang Resort COMPLEXE HÔTELIER $$

(068-387 4899 ; www.congavangresort.com ; ch 42-75 $US, ste à partir 110 $US ;). Démodé mais correct, situé sur le front de mer. La piscine bordée de cocotiers et les courts de tennis rendent ses tarifs attractifs.

Amanoi COMPLEXE HÔTELIER $$$

(068-377 0777 ; www.aman.com ; village de Vinh Hy ; ch 757-1 136 $US ;). L'attention aux détails de ce temple du luxe en fait l'un des meilleurs établissements du Vietnam. Jouissant d'un emplacement spectaculaire, dans une crique privée au nord de Ninh Chu, les pavillons donnent sur l'océan ou le Parc national. Le cadre traditionnel évoque un temple bouddhique, et les cours de yoga et de méditation créent une atmosphère zen.

Depuis/vers Ninh Chu

Ninh Chu est à 7 km à l'est de Phan Rang, les bus locaux sont peu fréquents. Les *xe om* demandent environ 30 000 d, un taxi avec compteur coûte 70 000 d.

Ca Na

068

Au XVIe siècle, les princes de la famille royale cham pêchaient et chassaient le tigre, l'éléphant et le rhinocéros dans la région. Aujourd'hui, Ca Na est plus connue pour ses étendues de sable blanc, ponctuées d'énormes blocs de granit. La plus belle partie de la plage et les meilleurs hôtels se trouvent juste à la sortie de la RN 1, à 1 km au nord d'un village de pêcheurs. C'est un endroit superbe où l'accueil est agréable, malgré le bruit constant des camions.

Le terrain est parsemé de magnifiques cactus. **Lac Son**, une petite pagode jaune vif à flanc de colline, est intéressante à visiter, mais la montée est raide.

Il existe quelques hôtels et pensions, mais si vous séjournez ici, sachez qu'il n'y a pas de DAB.

Ca Na se trouve à 32 km au sud de Phan Rang. La plupart des bus longue distance roulant sur la RN 1 y prennent ou y déposent des passagers. Les bus locaux de Phan Rang (20 000 d, 1 heure) desservent le village de Ca Na – demandez à ce qu'on vous dépose sur la route et prenez un *xe om* pour le dernier kilomètre.

Mui Ne

062 / 17 000 HABITANTS

Mui Ne était jadis une plage isolée, sur laquelle quelques voyageurs aventureux campaient. Les temps ont changé, et c'est désormais un chapelet de complexes hôteliers qui s'alignent sur la côte. Immeubles bas pour la plupart, ils sont installés dans de plaisants jardins près de la mer. Le village de pêcheurs originel est toujours là, mais les habitants sont à présent bien moins nombreux que les touristes. Mui Ne devient clairement haut de gamme, avec l'ouverture d'établissements prestigieux, de restaurants chics et de boutiques de luxe, mais elle reste un spot incontournable pour les amateurs de glisse.

Vous ne trouverez pas vraiment ici de possibilité pour la plongée ou le snorkeling. En revanche, la cité balnéaire attire les surfeurs d'août à décembre, époque à laquelle les pluies s'abattent sur Nha Trang et Hoi An. Les amateurs de planche à voile trouvent également leur bonheur, surtout de fin octobre à fin avril, quand la houle peut venir pimenter les choses. Le kitesurf est lui aussi très en vogue. Mui Ne est donc réputée pour son ambiance sportive.

Côté climat, cette portion du littoral reçoit environ moitié moins de précipitations que Phan Thiet, pourtant toute proche : en effet, la station est protégée par des dunes de sable et, même durant la saison humide, de juin à septembre, les pluies y restent relativement faibles et sporadiques.

Plage de Mui Ne

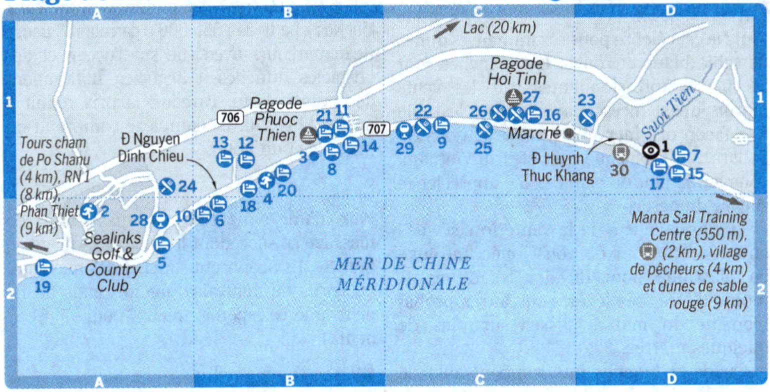

Plage de Mui Ne

À voir

1 Source des Fées D1

Activités

Forester Beach Spa ....(voir 8)
Jibes ....(voir 8)
Sankara Kitesurfing Academy.......(voir 3)
2 Sealinks Golf & Country Club A2
Song Huong Spa.........................(voir 16)
Surfpoint Kiteboarding School.....................................(voir 18)
3 Taste of Vietnam B1
4 Tropical Minigolf Mui Ne B1
Xanh Spa ....(voir 10)

Où se loger

5 Allez Boo Resort....................................A2
6 Cham Villas B2
Coco Sand Hotel ....(voir 8)
7 Duy An Guesthouse D1
8 Full Moon Beach Hotel B1
9 Hai Yen Resort.......................................C1
10 Mia Resort...B2
11 Mui Ne Backpacker Village B1
Mui Ne Backpackers.......................(voir 8)
12 Mui Ne Hills Budget Hotel B1
13 Mui Ne Hills Villa Hotel..........................B1
Rang Garden Bungalow..................(voir 9)
14 Sea Winds Resort...................................B1
15 Seaflower Guesthouse D1
16 Song Huong Hotel..................................C1
17 Sun & Sands Beach Hotel......................D1
18 Sunsea Resort...B1
19 Takalau Residence & Resort A2
20 Villa Aria Mui Ne....................................B1
Windflower Beach Boutique Hotel ....(voir 17)
21 Xin Chao...B1

Où se restaurer

22 Bo Ke C1
23 Com Chay Vi Dieu D1
24 Ganesh A1
Lam Tong Quan..............................(voir 8)
25 Nhu Bao C1
26 Phat Hamburgers C1
Sandals...(voir 10)
27 Sindbad C1
Villa Aria Mui Ne...........................(voir 20)

Où prendre un verre et faire la fête

28 Deja Vu A2
Dragon Beach................................(voir 29)
29 Fun Key C1
Joe's Café ....(voir 8)
PoGo ....(voir 25)

Renseignements

Sinh Tourist ....(voir 25)

Transports

30 Phuong Trang...D1

L'érosion côtière pose un gros problème. De nombreux complexes hôteliers à l'est du km 12 ont quasiment perdu leur plage et tentent de sauver ce qu'il en reste avec des sacs de sable.

La sécurité routière est une autre question épineuse. Il n'y a pas de ralentisseurs le long de la principale route côtière, et les voitures et camions roulant à pleine vitesse ont peu d'égards pour les piétons.

Il est quasi impossible de se perdre à Mui Ne, car tout est organisé le long d'un tronçon de route nationale de 10 km. La plupart des hébergements jalonnent le côté plage, tandis que les restaurants et les commerces bordent l'autre côté de la route.

À voir

Dunes de sable DUNES

Mui Ne est célèbre pour ses immenses dunes de sable blanc et rouge. Les blanches sont les plus impressionnantes, car les vents marins quasi incessants sculptent le sable à la façon des merveilleuses formations du Sahara. Mais, puisque vous êtes au Vietnam, vous aurez peu de chances d'y apprécier le silence du désert.

Préparez-vous à de la vente forcée : des enfants tenteront de vous louer une luge en plastique pour dévaler les dunes. À moins d'être très léger, vous aurez probablement du mal à glisser sur plus de quelques mètres.

Quads et buggies interrompent aussi le calme. Des balades à dos d'autruche (à partir de 100 000 d) sont proposées, mais nous ne les recommandons pas à cause des mauvais traitements que reçoivent les animaux. Vous trouverez aussi des détritus ; un nettoyage est effectué périodiquement, mais les plastiques reviennent sans cesse.

Un 4x4 est nécessaire pour explorer les dunes correctement, mais veillez à décider d'un itinéraire, par écrit de préférence. Des plaintes nous sont parvenues au sujet de circuits "coucher du soleil" moins longs que prévu.

Source des Fées RIVIÈRE

(Suoi Tien). Ce cours d'eau s'écoule entre les dunes et des formations rocheuses. Vous pourrez faire une promenade depuis la mer jusqu'à la source. La balade peut se faire pieds nus, mais, si vous continuez dans les dunes ensuite, il vous faudra des chaussures.

Tours cham de Po Shanu TEMPLE HINDOU

(km 5 ; 5 000 d ; 7h30-11h30 et 13h-16h30). Elles occupent une colline près de Phan Thiet, à l'ouest de Mui Ne, offrant une vue dégagée sur la ville et un cimetière. Cet ensemble du IXe siècle abrite les ruines de trois tours. Une petite pagode se dresse sur le site, ainsi qu'une galerie et une boutique.

Activités

Golf

Tropical Minigolf Mui Ne MINIGOLF

(97 Đ Nguyen Dinh Chieu ; parcours 100 000-120 000 d ; 10h-22h30). Ce beau minigolf ombragé de palmiers est ponctué de formations rocheuses anguleuses qui mettront votre dextérité à l'épreuve. Les tarifs comprennent une boisson fraîche.

Sealinks Golf & Country Club GOLF

(062-374 1777 ; www.sealinksvietnam.com ; Km 8, Mui Ne ; à partir de 1 350 000 d parcours 18 trous). Beau parcours avec vue sur l'océan et des obstacles difficiles à négocier, notamment des points d'eau. Parcours à prix réduit à partir de 14h30. Le complexe comprend un practice et un hôtel.

Spas

Plus d'une vingtaine de spas-salons de massage se succèdent le long de la plage de Mui Ne. Ils proposent souvent des massages du corps de mauvaise qualité (mais on ne peut guère espérer mieux pour 7 $US/heure).

♥ **Forester Beach Spa** SPA

(062-374 1899 ; 82 Nguyen Dinh Chieu ; massage 1 heure 320 000 d). Un cran au-dessus des établissements bon marché, ce spa bien conçu possède d'adorables petites cabines de massage en bambou sur le rivage, ce qui permet d'écouter les vagues en se faisant dorloter. Personnel bien formé et réductions fréquentes.

Xanh Spa SPA

(062-384 7440 ; www.miamuine.com ; 24 Đ Nguyen Dinh Chieu ; massage 1 heure à partir de 710 000 d). Au sein du Mia Resort, ce fabuleux spa haut de gamme propose massages, soins du visage et du corps, sauna et enveloppements avec huiles essentielles et produits naturels. Massages des pieds (45 min, 420 000 d) d'un bon rapport qualité/prix.

Song Huong Spa SPA

(241 Đ Nguyen Dinh Chieu ; massage 1 heure à partir de 10 $US ; 8h-21h). Ce spa aux tarifs intéressants offre un large choix de massages, soins de beauté, hammam et Jacuzzi dans un cadre propre et bien agencé. Le personnel est professionnel et accueillant. L'établissement se trouve dans les jardins du Son Huong Hotel.

Baignade

Bun Khoang Mui Ne BAIGNADE

(www.bunkhoangmuine.com ; 133 Đ Nguyen Dinh Chieu ; 80 000 d ; 7h30-18h30). Quand les vents forts empêchent la baignade en mer, ce complexe au sommet d'une colline se révèle bien pratique. Il renferme un bassin principal de 30 m environ, un autre pour enfants et des chaises longues (avec musique forte). Bains d'eau de source et de boue sont aussi possibles, mais les baignoires en béton (570 000 d/2 personnes) sont peu attrayantes.

LA PÊCHE AUX LÉZARDS

Quand on parle de pêche en montagne, on pense à la truite de rivière ou à la perche de lac, mais il existe un loisir d'un tout autre genre : la pêche au lézard ! Celle-ci se pratique dans les collines arides en retrait de la côte, notamment autour de Ca Na, Phan Rang, Phan Tiet et Mui Ne.

Ces lézards, appelés *than lan nui*, appartiennent à la famille des geckos et sont comestibles. Traditionnellement, on les attrape en fixant un crochet au bout d'une longue canne en bambou. On laisse pendre un appât du haut d'un rocher jusqu'à ce que ces petits reptiles montrent le bout de leur nez.

Dans les restaurants, ils sont servis grillés, rôtis, frits, ou encore réduits en une sorte de pâté (os compris) dans lequel on trempe des galettes de riz.

Activités nautiques

Mieux vaut prendre un premier cours de kitesurf avant de s'engager pour un stage de plusieurs jours, car ce sport difficile et extrême ne convient pas à tout le monde et vous ne serez pas toujours remboursé si vous décidez d'abandonner.

Manta Sail Training Centre VOILE

(☎0908 400 108 ; http://mantasailing.org ; 108 Đ Huynh Thuc Khang ; leçon de voile 60 $US/heure). Cette nouvelle école de voile, excellente, propose des cours de la Fédération internationale de voile (de débutant à confirmé), du wakeboard (100 $US/heure bateau inclus) et loue des planches de stand-up paddle. Personnel professionnel. Chambres bon marché disponibles.

Surfpoint Kiteboarding School KITESURF, SURF

(☎0167 3422 136 ; www.surfpoint-vietnam.com ; 52A Đ Nguyen Dinh Chieu ; cours 3 heures équipement inclus 150 $US ; 7h-18h). Avec ses instructeurs compétents et son atmosphère conviviale, rien d'étonnant à ce que Surfpoint soit l'une des écoles de kitesurf les plus prisées de la ville. Un cours de 5 heures coûte 250 $US. Des leçons de surf avec softboards (à partir de 50 $US) sont proposées quand les vagues le permettent, et l'école loue des shortboards.

Jibes KITESURF

(☎062-384 7405 ; www.windsurf-vietnam.com ; 84-90 Đ Nguyen Dinh Chieu ; 7h30-18h). La toute première école de kitesurf de Mui Ne propose des leçons en toute sécurité avec des moniteurs patients (60 $US/heure) et loue planches à voile (35 $US/demi-journée), planches de stand-up paddle, de surf, kitesurfs et kayaks.

Sankara Kitesurfing Academy KITESURF

(☎0914 910 607 ; www.facebook.com/sankarakitesurfingacademy ; 78 Đ Nguyen Dinh Chieu ; 9h-17h). École gérée par des kitesurfeurs IKO expérimentés proposant des cours et du matériel en location. Leçons à partir de 99 $US pour 2 heures.

Cours

Taste of Vietnam CUISINE

(☎0916 655 241 ; www.muinecookingschool.com ; Sunshine Beach Resort, 82 Đ Nguyen Dinh Chieu ; cours 2 heures 30 30 $US ; 8h45-12h30). En bordure de plage, ces cours de cuisine vietnamienne ont bonne réputation. Pour 35 $US, une visite du marché est incluse (3 heures 30 au total). Prenez un petit-déjeuner léger car vous allez goûter quantité de mets !

Où se loger

La plupart des hébergements sont sur la route côtière ou juste en retrait, et quelques adresses intéressantes sont nichées dans les collines, derrière la ville. Vous ne serez donc jamais loin de la plage.

Les tarifs variant davantage ces dernières années avec l'arrivée des tour-opérateurs russes, vous pouvez essayer de demander une réduction.

♥ **Mui Ne Backpacker Village** AUBERGE DE JEUNESSE $

(☎062-374 1047 ; www.muinebackpackervillage.com ; 137 Đ Nguyen Dinh Chieu ; dort/ch à partir de 7/25 $US ;). Leader des hébergements pour routards, cette nouvelle construction ambitieuse et bien conçue est plébiscitée pour sa piscine, son bar-restaurant et son ambiance conviviale. Dortoirs climatisés, avec lits individuels (pas de lits superposés !) et casiers. Balcon ou patio dans les 18 chambres privatives.

Coco Sand Hotel PENSION $

(☎0127 364 3446 ; http://cocosandhotel.com ; 119 Đ Nguyen Dinh Chieu ; ch 13-18 $US ;). Établissement accueillant, aux chambres d'un excellent rapport qualité/prix réparties autour d'une cour ombragée (avec hamacs). En retrait de l'artère principale, au bout d'une petite allée, l'endroit est calme. Locations de motos à un prix correct.

LA BANDE CÔTIÈRE DE MUI NE

Depuis Phan Thiet jusqu'au km 8, où se trouve la splendide université de Phan Thiet, les constructions sont sporadiques. Ensuite, à l'endroit où la plage principale prend forme, on trouve plusieurs établissements hôteliers, des restaurants et un terrain de golf. Du km 10 au km 12, nombre de boutiques de souvenirs et des spas portent des inscriptions en cyrillique, donnant à Mui Ne un petit air russe. Beaucoup de complexes hôteliers et restaurants de catégorie moyenne sont situés entre le km 12 et le km 14. À partir de là, les étals de produits de la mer prennent le relais avec quelques clubs de plage qui ferment tard, puis, autour du km 16, on retrouve d'autres hébergements bon marché et des bars-restaurants. Le village de Ham Tien (où s'installèrent les habitants à l'origine) commence alors, avant de laisser place à d'autres hébergements bon marché vers le km 18. Admirez la vue sur la flottille de pêche de Mui Ne vers le km 20, et vous arrivez à la fin de la bande côtière.

Hotel Hoa Bien (Seaflower Guesthouse) PENSION $
(86 Đ Huynh Thuc Khang ; ch 250 000-350 000 d ; ❄📶). À l'extrémité est de la baie de Mui Ne, cette pension à un étage est tenue par un charmant couple vietnamien. Elle est ceinte d'un mur qui s'étend jusqu'au rivage.

Mui Ne Hills Budget Hotel HÔTEL $
(☎062-374 1707 ; www.muinehills.com ; 69 Đ Nguyen Dinh Chieu ; dort/ch à partir de 5/15 $US ; ❄📶🏊). Établissement d'un bon rapport qualité/prix offrant plusieurs dortoirs climatisés avec sdb et des chambres dotées de mobilier de qualité avec des touches design. À 300 m au nord de l'artère principale, par une route escarpée.

Song Huong Hotel HÔTEL $
(☎062-384 7450 ; www.songhuonghotel.com ; 241 Đ Nguyen Dinh Chieu ; ch 12-20 $US ; ❄📶). Tenu par une famille accueillante, cet hôtel éloigné de la route comporte des chambres spacieuses et lumineuses, dans une maison moderne. Petit-déjeuner inclus.

Duy An Guesthouse PENSION $
(☎062-384 7799 ; 87A Đ Huynh Thuc Khang ; s/d 10/12 $US ; ❄@📶). Pension traditionnelle dont le chaleureux propriétaire prend soin de ses hôtes (goûtez son vin de miel sauvage). Près de l'extrémité est de la rue dans un environnement ombragé. Bon restaurant.

Sea Winds Resort PENSION $
(☎062-384 7018 ; sea.winds.resort@gmail.com ; 139 Đ Nguyen Dinh Chieu ; ch 10-21 $US ; ❄@📶). À l'écart de la route, toutes les chambres offrent un bon rapport qualité/prix. Sobres, elles sont équipées de la TV et donnent sur un joli petit jardin. Celles avec ventilateur sont spacieuses pour le prix.

Hai Yen Resort HÔTEL $
(☎384 7243 ; http://haiyenresort.com ; 132 Đ Nguyen Dinh Chieu ; ch 16-30 $US ; ❄@📶🏊). Bon choix de chambres, notamment celles comportant 3 lits, aménagées derrière la piscine face à la mer. Dépensez quelques dongs de plus pour une vue sur les vagues.

Mui Ne Hills Villa Hotel BOUTIQUE-HÔTEL $$
(☎062-374 1707 ; www.muinehills.com ; 69 Đ Nguyen Dinh Chieu ; ch 35-55 $US ; ❄@📶🏊). Anciennement le Mui Ne Hills 1, ce bel hôtel aux allures de villa possède une piscine d'où l'on jouit d'un panorama fabuleux. Le rapport qualité/prix est excellent : les chambres sont bien équipées et agrémentées de détails contemporains, et les petites attentions du personnel et des propriétaires font toute la différence. Dans une allée poussiéreuse et pentue (mais proche de la meilleure portion de la plage).

Xin Chao BOUTIQUE-HÔTEL $$
(☎062-374 3086 ; www.xinchaohotel.com ; 129 Đ Nguyen Dinh Chieu ; ch 25-50 $US ; ❄@📶🏊). Ce nouvel hôtel impressionnant (les propriétaires sont des kitesurfeurs) est installé bien à l'écart de la route côtière très fréquentée. L'agencement a été étudié avec soin et les chambres sont regroupées autour de la piscine, à l'arrière. Le petit salon (avec billard) et le restaurant en bord de route sont aussi des atouts.

Full Moon Beach Hotel HÔTEL $$
(☎062-384 7008 ; www.fullmoonbeach.com.vn ; 84 Đ Nguyen Dinh Chieu ; ch petit-déj inclus à partir de 52 $US ; ❄@📶🏊). Décoration artistique pour cet hôtel que les propriétaires consciencieux ont pris soin d'améliorer systématiquement afin de faire face à la concurrence. Piscine ombragée par des bambous, chambres avec lits à baldaquin, carrelage en terre cuite et bar face à l'océan.

Sun & Sands Beach Hotel HÔTEL $$
(☎062-384 7979 ; sunnsandsmuine.com ; 62 Đ Huynh Thuc Khang ; ch/f petit-déj inclus 35/70 $US ; ❄📶🏊). Dans cet établissement du front de mer, les hébergements vont des élégantes chambres contemporaines, dans un bâtiment de 3 étages, aux cottages couverts de chaume, plus anciens ; le restaurant est entre les deux. Personnel attentif.

Mui Ne Backpackers PENSION $$
(☎062-384 7047 ; www.muinebackpackers.com ; 88 Đ Nguyen Dinh Chieu ; ch 25-55 $US ; ❄@📶🏊). En bord de mer, cet établissement est monté en gamme. Les dortoirs ont été remplacés par de simples chambres et bungalows blanchis à la chaux, tous climatisés, avec TV par câble, minibar et sdb avec eau chaude.

Windflower Beach Boutique Hotel HÔTEL $$
(☎062-3743 969 ; http://windflowermuine.com ; 76 Đ Huynh Thuc Khang ; ch 800 000 d ; ❄@📶🏊). Les (petites) chambres aux lignes épurées et design, certaines avec vue sur la mer, méritent le coup d'œil. Charmant jardin à l'arrière qui s'étire jusqu'à la plage, avec piscine et bar. Prêt de vélos pour les clients.

Rang Garden Bungalow HÔTEL $$
(☎062-374 3638 ; 233A Đ Nguyen Dinh Chieu ; ch 22-42 $US ; ❄@📶🏊). Propose des chambres distribuées dans des villas autour d'une vaste piscine. Les plus chères sont plus spacieuses et joliment décorées, et il y a un petit restaurant à l'avant.

♥ **Mia Resort** BOUTIQUE-HÔTEL $$$
(☎062-384 7440 ; www.miamuine.com ; 24 Đ Nguyen Dinh Chieu ; ch 120 $US, bungalows 145-200 $US, petit-déj inclus ; ❄@📶🏊). Cet hôtel élégant du front de mer, aux chambres récemment rénovées, reste le meilleur de Mui Ne. Il y règne une ambiance paisible et le personnel, efficace et chaleureux, est un véritable atout. Piscine petite mais parfaite pour se détendre face à l'océan. Vous adorerez le restaurant Sandals, sur place, où est servi un magnifique petit-déjeuner buffet.

Cham Villas BOUTIQUE-HÔTEL $$$
(☎062-374 1234 ; www.chamvillas.com ; 32 Đ Nguyen Dinh Chieu ; ch petit-déj inclus 149-229 $US ; ❄@📶🏊). Bien espacées les unes des autres dans un jardin splendide, les jolies villas de cet hôtel de luxe sont idéales pour se détendre. La piscine paisible et en partie ombragée est particulièrement plaisante le matin, quand le chant des oiseaux résonne dans l'air et que la lumière fait scintiller l'eau. Réservez longtemps à l'avance en période de pointe.

Allez Boo Resort COMPLEXE HÔTELIER $$$
(☎062-374 3777 ; www.allezbooresort.com ; 8 Đ Nguyen Dinh Chieu ; ch 85-190 $US ; ❄@📶🏊). Le bâtiment de style colonial et l'adorable jardin qui s'étend jusqu'au rivage – dans lequel prennent place une piscine et un énorme Jacuzzi ombragé – confèrent à l'endroit une atmosphère élégante. La plage, juste derrière l'hôtel, est particulièrement large et attrayante.

Sunsea Resort BOUTIQUE-HÔTEL $$$
(☎062-384 7700 ; www.sunsearesort-muine.com ; 50 Đ Nguyen Dinh Chieu ; ch petit-déj inclus 78-150 $US ; ❄@📶🏊). D'un bon rapport qualité/prix, l'un des établissements les plus séduisants de Mui Ne offre des chambres élégantes alliant matériaux naturels (chaume, laque et bois de rose) et design moderne. Piscine à débordement et piscine (en partie ombragée) entourée par les chambres donnant sur le jardin.

Takalau Residence & Resort COMPLEXE HÔTELIER $$$
(☎062-384 7778 ; http://takalauresort.com ; Nguyen Dinh Chieu, Phuong 5 ; ch/villa à partir de 135/180 $US ; ❄@📶🏊). À l'ouest du centre, un nouveau complexe semblable à une propriété de régent au bord de l'océan, avec panneaux en bois, mobilier ancien et œuvres d'art. Personnel charmant et domaine magnifique. Le golf Sealinks est juste de l'autre côté de la route.

Villa Aria Mui Ne BOUTIQUE-HÔTEL $$$
(☎062-374 1660 ; www.villaariamuine.com ; 60A Đ Nguyen Dinh Chieu ; ch 110-170 $US ; ❄📶🏊). Cet hôtel tendance n'occupe qu'une fine parcelle de terre mais ses chambres branchées, son sublime jardin et sa piscine au bord de la plage contribuent à son charme. Superbe restaurant pour le petit-déjeuner et emplacement pratique près des lieux animés.

Où se restaurer

En matière de restauration, Mui Ne est l'une des villes les plus chères du Vietnam. Elle offre un choix incroyable de restaurants, le plus souvent adaptés aux goûts de ses visiteurs cosmopolites : cuisines russe, italienne, thaïe et indienne sont toutes représentées. Seule la cuisine locale authentique semble difficile à trouver.

Régulièrement, la police ferme les paillotes locales, un ensemble de restaurants connus sous le nom de **Bo Ke** (Đ Nguyen Dinh Chieu ; plats 40 000-120 000 d ; 17h-22h). Ce fut le cas en 2013, mais les propriétaires sont vite revenus. Dans la bourgade voisine de Phan Thiet, les bonnes adresses où manger des fruits de mer sont légion.

Pour une autre expérience authentique, essayez les **restaurants spécialisés dans la viande de chèvre** de Ham Tien, aux environs du km 18. Optez pour la chèvre grillée ou la fondue de chèvre aux herbes.

Com Chay Vi Dieu VÉGÉTARIEN $

(15B Đ Huynh Thuc Khang ; repas 25 000-40 000 d ; 7h-21h ;). Ce restaurant tout simple en bord de route sert une cuisine vietnamienne végétarienne bon marché et d'excellents smoothies (20 000 d). Juste en face de la petite tour Eiffel du complexe Little Paris.

Sindbad MOYEN-ORIENTAL $

(www.sindbad.vn ; 233 Đ Nguyen Dinh Chieu ; plats 50 000-85 000 d ; 11h-1h ;). Cette baraque à kebab sert *shawarma* et chiches-kebabs, et d'autres spécialités méditerranéennes comme la salade grecque. Très bon marché et portions généreuses ; ferme tard.

Nhu Bao PRODUITS DE LA MER $

(146 Đ Nguyen Dinh Chieu ; plats 50 000-180 000 d ; 9h-21h30). Restaurant vietnamien de fruits de mer classique réputé pour son crabe. Passez les aquariums pour arriver sur l'immense terrasse couverte qui s'avance jusqu'à l'océan.

Lam Tong Quan VIETNAMIEN, PRODUITS DE LA MER $

(92 Đ Nguyen Dinh Chieu ; plats 30 000-115 000 d ; 7h30-22h). Sur le rivage, ce restaurant sans fioritures mérite le détour pour ses fruits de mer à petits prix. On mange sur les tables près de l'eau ou sous un toit en tôle ondulée s'il pleut. Personnel parfois brusque, voire peu aimable, mais crabe, poisson – grillé ou vapeur – et calamar sont tous bons.

♥ **Sandals** INTERNATIONAL $$

(www.miamuine.com/dine ; 2 Đ Nguyen Dinh Chieu, Mia Resort ; repas 120 000-370 000 d ; 7h-22h ;). Ce remarquable hôtel-restaurant est la plus belle adresse de la ville. Il est particulièrement romantique le soir, quand les tables sont disposées autour de la piscine, sur le rivage, et dans les élégantes salles à manger. Le personnel est attentionné et accueillant. La superbe carte propose de tout, des pâtes aux ragoûts vietnamiens, bons et bien présentés. Pensez à essayer le petit-déjeuner buffet, qui est aussi fabuleux.

Ganesh INDIEN $$

(www.ganesh.vn ; 57 Đ Nguyen Dinh Chieu ; plats 60 000-160 000 d ; 11h-22h ;). Cet excellent restaurant indien, authentique, propose un large éventail de plats, dont beaucoup d'options végétariennes (comme le copieux *thali*). Le *naan* à l'ail est divin.

Villa Aria Mui Ne INTERNATIONAL $$

(plats 95 000-200 000 d ; 7h-21h30 ;). L'emplacement sur la plage est le principal attrait de cet élégant hôtel-restaurant dont les tables sont installées sur une terrasse. La carte comprend salades (à partir de 75 000 d), soupes et pâtes. Personnel attentif.

Phat Hamburgers INTERNATIONAL $$

(253 Đ Nguyen Dinh Chieu ; burgers 80 000-110 000 d ; 11h-22h ;). Établissement en bord de route proposant une quinzaine de burgers, du gourmet au classique, ainsi que des hot dogs et d'excellentes frites. À accompagner d'un milk-shake.

Où prendre un verre

Mui Ne, repaire de véliplanchistes et de kitesurfeurs, ne serait pas digne de sa réputation sans sa kyrielle de bars de plage.

♥ **PoGo** BAR

(www.thepogobar.com ; 138 Đ Nguyen Dinh Chieu ; 8h30-2h, fermé mer). Grand bar jouissant d'un emplacement de choix sur la plage, avec lits balinais pour se détendre, DJ le week-end et soirées cinéma régulières. Personnel accueillant. Menu complet disponible.

Joe's Café BAR

(www.joescafegardenresort.com ; 86 Đ Nguyen Dinh Chieu ; 7h-1h ;). Si la techno n'est pas à votre goût, Joe's mérite le détour pour sa musique live (tous les soirs à 19h30) et son ambiance de pub. En journée, c'est un bar convivial, avec nombreuses boissons originales et longue carte de plats.

Fun Key BAR

(124 Đ Nguyen Dinh Chieu ; 10h-1h ;). Avec son ambiance un peu bobo, ce bar est apprécié des voyageurs à petit budget et pratique souvent des tarifs réduits sur les boissons. Sert également des plats (goûtez les crêpes) et donne sur l'océan.

Dragon Beach BAR, CLUB

(120-121 Đ Nguyen Dinh Chieu ; 16h-2h). DJ locaux et occidentaux mixent dance électro,

BAGARRES ET DÉBOIRES À MUI NE

Dans les bars de Mui Ne, des bagarres éclatent de temps à autre, en partie en raison du prix incroyablement bas des boissons alcoolisées. Restez à l'écart, en particulier si des Vietnamiens sont impliqués : vous ne savez pas qui ils sont, s'ils sont accompagnés, ni ce qu'ils peuvent avoir dans les poches.

house et techno dans ce bar-club au bord du rivage. Chichas et, sur le côté, terrasse avec coussins où se détendre. *Happy hour* de 20h à 22h.

Deja Vu BAR
(21 Đ Nguyen Dinh Chieu ; ⏲12h-1h ; 📶). Un bar-restaurant branché situé à l'extrémité de la rue, côté Phan Thiet, proposant chichas, cocktails et une carte internationale - menu à 80 000 d.

ℹ Renseignements

La plupart des hôtels et des complexes hôteliers, ainsi que de nombreux restaurants et cafés, proposent un accès Internet et Wi-Fi. Vous trouverez plusieurs DAB le long de la plage principale.

Poste principale (348 Đ Huynh Thuc Khang ; ⏲7h-17h). Dans le village de Mui Ne.

Sinh Tourist (www.thesinhtourist.vn ; 144 Đ Nguyen Dinh Chieu ; ⏲7h-22h). Agence fiable proposant des circuits en bus "open tour", des excursions dans les environs de Mui Ne et des avances d'espèces sur présentation d'une carte bancaire.

ℹ Depuis/vers Mui Ne

Mui Ne, longtemps isolée, est aujourd'hui reliée au nord et au sud à la RN 1. Cette jolie route longe des plages désertes, des dunes géantes et un superbe lac à la périphérie couverte de nénuphars.

BUS

Les bus "open tour" constituent la meilleure option pour gagner Mui Ne, car la plupart des bus publics ne desservent que Phan Thiet. Plusieurs compagnies proposent un service quotidien vers/depuis HCMV (99 000-150 000 d, 6 heures), Nha Trang (à partir de 122 000 d, 5 heures 30) et Dalat (100 000 d, 4 heures). Les bus de nuit "open tour" avec couchettes sont généralement plus chers – le trajet pour HCMV avec Sinh Tourist coûte 169 000 d.

Phuong Trang (http//futabuslines.vn ; 97 Đ Nguyen Dinh Chieu) possède 4 bus confortables circulant chaque jour entre Mui Ne et HCMV (135 000 d).

Des bus locaux (9 000 d, 45 min, ttes les 15 min) relient la gare routière de Phan Thiet à Mui Ne. Ils partent du Coopmart, à l'angle de Đ Nguyen Tat Thanh et de Đ Tran Hung Dao.

MOTO

Easy Riders est présent à Mui Ne, même s'il n'y a pas autant de motards qu'à Dalat ou Nha Trang. Ces trois destinations forment l'un des meilleurs trajets à faire à moto : les routes de montagne de Mui Ne à Dalat, puis en direction de Nha Trang, sont parmi les plus spectaculaires du Sud.

Une course en *xe om* de Phan Thiet à Mui Ne revient à environ 75 000 d.

VOITURE

Louer une voiture/un monospace pour se rendre à HCMV (5-6 heures) coûte environ 110/125 $US. **Saigon 2 Mui Ne** (☎ 012 6552 0065 ; www.saigon2muine.com) est réputé pour sa fiabilité.

Si vous avez un peu plus de temps, vous pourrez louer une voiture pour parcourir la belle route côtière jusqu'à Vung Tau, en vous arrêtant au phare de Ke Ga. Le trajet aller (5-6 heures en roulant tranquillement) coûte 100 $US. Des bus relient régulièrement Vung Tau et HCMV. C'est une façon beaucoup plus reposante de se rendre dans le centre de HCMV, car on évite la circulation chaotique de la RN 1.

ℹ Comment circuler

TAXI

Mui Ne est tellement étendue qu'il est difficile de s'y déplacer à pied. De nombreux chauffeurs de *xe om* vont d'un point à l'autre de la bande côtière ; les courts trajets coûtent autour de 20 000 d.

L'agence **Mai Linh** (☎062-389 8989) propose un service de taxi (au kilomètre). Réservez pour le soir ou demandez de l'aide au restaurant ou au bar.

VOITURE ET MOTO

À Mui Ne, la police locale arrête régulièrement des touristes à deux-roues dont les papiers ne sont pas en règle, et les amendes pleuvent. Toutefois, des dizaines de visiteurs continuent de louer des scooters, à partir de 120 000 d par jour.

La zone est peu peuplée, et située à l'écart de la principale route nationale, mais les véhicules roulent très vite sur la bande côtière. Soyez prudent.

Phan Thiet

☎ 062 / 186 000 HABITANTS

La ville portuaire animée de Phan Thiet est connue pour son nuoc-mam (célèbre sauce à base de poisson), dont elle produit des millions de litres par an. Il n'y a pas grand-chose à voir en ville, mais le port de pêche en bordure de rivière, toujours bondé de bateaux colorés, mérite le coup d'œil.

Phan Thiet possède plusieurs excellents restaurants de poisson et de fruits de mer en retrait de la promenade du front de mer, comme le **Song Bien** (☎062-382 9868 ; 162 Le Loi ; repas 70 000-200 000 d ; ⏲11h-21h ; 📶).

La **gare routière de Phan Thiet** (Đ Tu Van Tu) est située dans les faubourgs nord de la ville. La gare ferroviaire la plus proche de Phan Thiet se trouve à 12 km à l'ouest de la ville, à Muong Man, une petite localité poussiéreuse.

Mont Takou (Ta Cu)

La plupart des gens viennent au mont Takou pour voir le **bouddha blanc couché** (Tuong Phat Nam), long de 49 m, qui est le plus grand de ce type dans le pays. La pagode, édifiée en 1861 sous la dynastie des Ngûyen, est devenue un important lieu de pèlerinage bouddhiste ; la statue y a été installée en 1972. Les fidèles peuvent passer la nuit dans le dortoir de la pagode. Les étrangers ne sont autorisés à le faire qu'avec la permission de la police.

Le mont Takou surplombe la RN 1, à 28 km de Phan Thiet. De la route nationale, choisissez entre une belle randonnée de 2 heures, un trajet de 10 minutes en funiculaire (160 000 d aller-retour) ou une marche courte mais raide.

De Phan Thiet à Long Hai

☎064

Une belle route longe la côte entre Phan Thiet et Long Hai. Les paysages sont fantastiques et il y a peu de circulation. Quelques projets de développement touristique sont en cours, mais pour l'instant, la majeure partie du littoral présente un fascinant mélange de dunes géantes, de villages de pêcheurs, de plages presque désertes et de panoramas grand angle sur l'océan. La région se prête à une passionnante excursion d'une journée depuis Vung Tau ou Long Hai, ou à une belle balade sur une route magnifique. Le site le plus remarquable est le majestueux phare de Ke Ga.

Les transports publics étant très rares, il faut se déplacer en deux-roues ou en voiture. Les voyageurs avisés empruntent désormais cette route pour échapper à la cauchemardesque RN 1.

Juste au sud de Phan Thiet, la première partie de la route est superbe, avec le rivage ourlé de casuarinas et l'océan côté est, tandis que l'intérieur des terres est dominé par les dunes de sable couleur rouille.

Phare de Ke Ga

À environ 30 km au sud de Phan Thiet, le spectaculaire **phare de Ke Ga** (20 000 d ; ⏲7h-16h30) date de l'époque française. Construit en 1899, il se dresse sur un îlot rocheux à quelque 300 m du rivage, surplombant l'océan du haut de ses 40 m. La traversée peut seulement se faire à la nage (ou même à pied) quand la marée est très basse, mais la plupart des visiteurs louent un bateau (250 000 d aller-retour). Un escalier en colimaçon permet de gagner le sommet du phare, d'où vous profiterez d'un panorama mémorable sur l'océan et les collines de l'intérieur des terres.

De Ke Ga à Ho Coc

Au sud de Ke Ga, la route côtière se dirige vers le sud-ouest, longeant des champs de fruits du dragon (la principale culture) ; elle atteint **La Gi** après 22 km. Il n'y a aucune raison de s'éterniser à La Gi, une ville de marché isolée, mais des bus en partent toutes les heures (35 000 d, 2 heures) à destination de Long Hai.

Au sud-ouest de La Gi, la route côtière continue de serpenter le long du rivage, d'immenses dunes se dressant du côté des terres. Des tronçons de littoral quasi vierges ont été divisés en parcelles : les complexes hôteliers et le tourisme de masse feront bientôt partie du paysage, mais pour l'instant, il reste facile de se garer et de trouver un coin de plage pour un petit plongeon revigorant. À environ 7 km au nord de Ho Coc s'étend une section particulièrement belle : n'hésitez pas à explorer la route (encore) déserte qui embrasse la côte sauvage.

Plage de Ho Coc

Avec son sable doré, ses dunes ondulantes et ses eaux cristallines, cette plage invite à une agréable pause. Un grand complexe hôtelier, accueillant une clientèle locale, y est installé, mais en semaine, l'endroit est paisible et vous devriez avoir la plage presque pour vous seul.

À environ 300 m de celle-ci, à l'intérieur des terres, l'**Hotel Ven Ven** (☎064-379 1121 ; venvenhotel.com ; ch 700 000-1 000 000 d ; ❄@📶), raffiné, loue des chambres élégantes et bien agencées dans des jardins luxuriants. Le restaurant, bon mais assez cher, fait la part belle aux produits de la mer (repas à partir de 60 000 d).

Plage de Ho Tram

Au sud de Ho Coc, la route côtière se transforme soudain en route nationale à quatre voies, une infrastructure qui a pour but de faciliter l'accès au gigantesque **Grand Ho Tram Strip**, un complexe comportant un casino, des restaurants et des magasins. Véritable tache de béton dans le paysage, cette propriété isolée semble tout droit sortie de Las Vegas. C'est le groupe MGM qui l'a construite à l'origine, mais le projet a été abandonné après plusieurs années de péripéties. Un entrepreneur local en a alors repris les rênes et relancé l'activité en juillet 2013. Les Vietnamiens n'ayant pas le droit de jouer, l'hôtel et le casino sont remplis de touristes chinois.

Exception faite du casino, Ho Tram consiste en un minuscule village de pêcheurs, un marché en plein air un peu fouillis, une belle plage (malheureusement, la partie centrale est jonchée de détritus) et quelques hébergements.

Où se loger et se restaurer

Les villageois font griller, frire et cuire à la vapeur de savoureux fruits de mer directement sur la plage de Ho Tram. Ne manquez pas les succulentes moules ou palourdes à la vapeur, accompagnées d'une sauce aux cacahuètes, cébette, citron vert et piment ; une portion de 6 coquillages coûte environ 30 000 d.

Hoa Bien Motel HÔTEL $

(064-378 2279 ; nhanghihoabien.com ; ch 300 000-550 000 d ;). Établissement simple aux chambres dotées d'équipements modernes et de belles sdb ; les moins chères sont petites. À 100 m de la plage dans le village de pêcheurs. Les propriétaires, serviables, parlent un peu anglais. Restaurant servant petit-déjeuner et fruits de mer.

Ho Tram Beach Resort & Spa BOUTIQUE-HÔTEL $$$

(064-378 1525 ; www.hotramresort.com ; ch/bungalow à partir de 110/150 $US ;). Le jardin paysager est parsemé de bungalows hauts de plafond, avec sdb extérieures, dont l'architecture mêle les styles de Hoi An et de Bali. Spa, piscine à débordement et restaurant en plein air (ouvert aux non-résidents pour un déjeuner mémorable). Idéal pour les enfants avec son aire de jeux et sa petite piscine.

Sanctuary COMPLEXE HÔTELIER $$$

(064-378 1631 ; www.sanctuary.com.vn ; villas à partir de 581 $US ;). Désormais géré par le groupe Mia Resort, qui possède certains des meilleurs hôtels en bord de mer du Vietnam, cet éblouissant complexe renferme des villas ultramodernes, chacune avec piscine privative, cuisine ouverte et mobilier contemporain. Juste en retrait d'une magnifique plage de sable. Le café-restaurant est parfait pour un repas sain, occidental ou local.

Long Hai

064

Si Vung Tau vous semble trop clinquante, continuez jusqu'à Long Hai, une petite localité balnéaire moins développée assortie d'un port de pêche à 2 heures de route de HCMV. Long Hai est bordée de belles plages de sable blanc, et la région bénéficie d'un microclimat, moins pluvieux qu'ailleurs dans le Sud. Cela incita Bao Dai, le dernier empereur du Vietnam, à y construire une résidence secondaire (l'actuel Alma Oasis Long Hai Resort).

Paisible localité en semaine, Long Hai perd son charme le week-end, quand affluent les touristes vietnamiens. La plupart des complexes hôteliers se situent au nord-est de la ville, sur la route menant à Ho Tram.

À voir et à faire

Des bateaux de pêche mouillent dans la partie occidentale de la plage, dont la propreté laisse à désirer. En revanche, avec son sable blanc et ses palmiers, la partie orientale est séduisante. Continuez vers l'est pour trouver des plages plus belles encore.

Après la fête du Têt, Long Hai accueille chaque année un grand **pèlerinage de pêcheurs**. Ils viennent par centaines en bateau prier au **temple Mo Co**.

Où se loger

Thuy Lan Guesthouse PENSION $

(064-366 3567 ; RN 19 ; ch 250 000-450 000 d ;). Cette petite pension rose et blanche renferme de grandes chambres lumineuses, avec sdb modernes ; certaines ont un balcon. À environ 150 m de la plage ; le personnel parle un peu anglais.

Alma Oasis Long Hai COMPLEXE HÔTELIER $$$
(☎064-366 2222 ; almaoasislonghai.com ; 44 Tinh Lo ; ch à partir de 160 $US ;). La saisissante association de turquoise et de blanc des villas de ce grand complexe rappelle les îles grecques. Excellents spa et restaurant, et personnel attentif. C'est l'endroit idéal pour un séjour romantique sur la côte.

Où se restaurer

Près de la Military Guesthouse 298, en bord de plage, plusieurs gargotes, appelées **Can Tin 1, 2, 3 et 4** (An Dieu Duong ; plats 30 000-100 000 d ; 7h-21h), ont toutes les mêmes tarifs et horaires. Elles servent une bonne cuisine vietnamienne, notamment des fruits de mer.

Depuis/vers Long Hai

Les temps de trajet pour Long Hai ont largement diminué grâce à l'amélioration des liaisons routières depuis HCMV. Des bus publics relient régulièrement la gare routière Mien Dong, à HCMV (85 000 d, 2 heures 30, ttes les 30 min), et Long Hai.

Depuis Mui Ne, empruntez la pittoresque route côtière 55 qui longe une série de superbes plages et le phare Ke Ga. La circulation y est fluide.

Vung Tau

☎064 / 212 000 HABITANTS

Escapade appréciée des habitants de HCMV, Vung Tau est particulièrement animée le week-end, quand les expatriés et les citadins avides de plage arrivent en masse, mais un calme relatif y règne pendant la semaine. La cité jouit d'un emplacement spectaculaire sur une péninsule, avec l'océan sur trois côtés, et la lumière et l'air marin y sont bienvenus après la chaleur suffocante de HCMV.

L'or noir étant une ressource importante ici, l'horizon est souvent ponctué de pétroliers. Quant aux pétrodollars, ils inondent l'économie, ce qui fait considérablement grimper les prix.

Vung Tau est une ville remarquablement policée, avec de larges boulevards et d'imposants bâtiments datant de l'époque coloniale, mais on y trouve aussi beaucoup de bars un peu délabrés, convenant aux goûts (et aux portefeuilles) des militaires australiens à la retraite, des expatriés russes et des travailleurs du secteur pétrolier.

La ville est traditionnellement peu fréquentée par les voyageurs. Toutefois, c'est un bon endroit pour commencer (ou terminer) un intéressant voyage sur la côte vers Mui Ne et au-delà.

À voir

Bienvenue à la "Rio du Vietnam", où des pics boisés dominent une baie turquoise. Il y a même un Christ géant, mais les plages de Vung Tau n'ont pas grand-chose à voir avec Copacabana.

Deux musées devraient ouvrir ces deux prochaines années. Lors de notre passage, la construction d'un bâtiment pour accueillir le musée municipal était presque achevée sur le boulevard du front de mer, Đ Tran Phu. Quant à Robert Taylor, il cherchait toujours de nouveaux locaux pour son Worldwide Arms Museum, la plus importante collection d'armes au Vietnam.

Christ géant MONUMENT
(Tuong Dai Chua Kito Vua ; Parking 2000 d ; 7h30-11h30 et 13h30-17h). GRATUIT Au sommet de Nui Nho, un Christ géant, les bras grands ouverts, bénit la mer de Chine méridionale. Cette statue du Christ est la plus grande du monde : haute de 32 m, elle dépasse le célèbre Christ de Rio de Janeiro. On peut monter jusqu'aux bras pour une vue panoramique sur Vung Tau. Notez que débardeurs et shorts sont interdits à l'intérieur.

Quelque 800 marches mènent jusqu'au sommet, mais si vous trouvez un habitant qui connaît le chemin, il est possible de l'atteindre en moto par une route accidentée. Celle-ci part de Hem 220, en retrait de Đ Phan Chu Trinh.

Phare PHARE
(Parking 2000 d ; 7h-17h). GRATUIT Construit par les Français en 1910, ce phare offre une vue spectaculaire sur Vung Tau. De l'embarcadère de Cau Da, dans Đ Ha Long, tournez à droite dans la petite rue au nord du Hai Au Hotel, qui grimpe à flanc de colline. Même si le Christ géant et le phare semblent proches, il est impossible d'aller directement de l'un à l'autre à pied ou en voiture car une base militaire est installée au milieu des collines.

Villa Blanche MUSÉE
(Bach Dinh ; Đ Tran Phu ; 15 000 d ; 7h-16h). Paul Doumer, alors gouverneur général de l'Indochine (avant de devenir président de la République française) avait l'habitude de passer ses week-ends dans cette somptueuse

Vung Tau

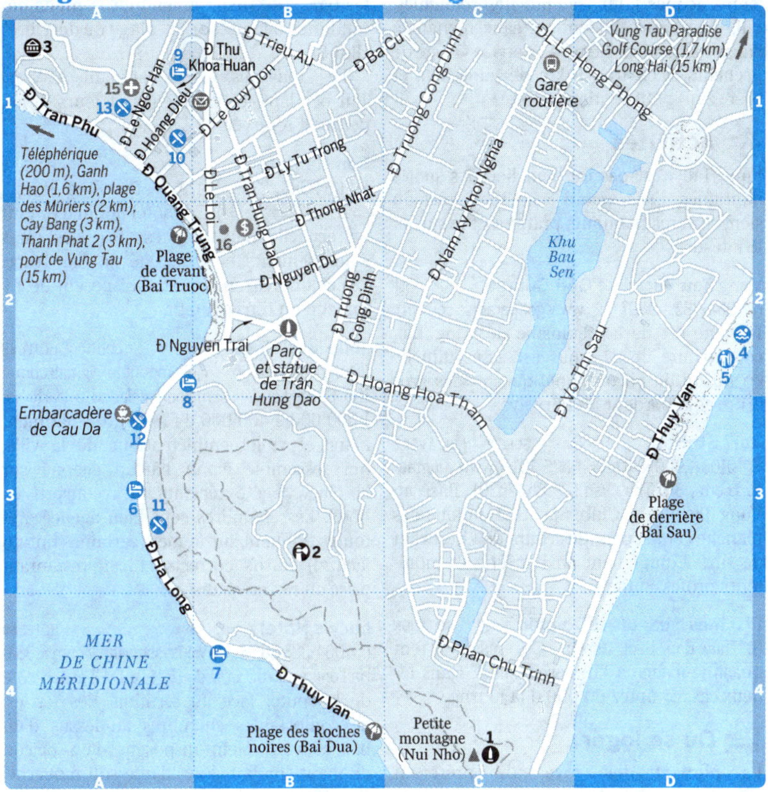

Vung Tau

À voir

1 Christ géant C4
2 Phare..B3
3 Villa Blanche A1

Activités

4 Piscines Seagull & Dolphin D2
5 Surf Station......................................D2

Où se loger

6 Jolie Mod Hotel.................................A3
7 Lan Rung Resort & Spa B4
8 Lucy's Hotel A2
9 Son Ha Hotel.....................................A1

Où se restaurer

10 Bistrot 9 ....A1
11 David Italian Restaurant A3
12 Ferry Cafe A3
13 Tommy's 3.......................................A1

Où prendre un verre et faire la fête

Lucy's Sports Bar ....(voir 8)

Renseignements

15 International SOS A1
16 OSC Vietnam Travel...........................B2

demeure coloniale, dotée de vastes jardins et d'un intérieur étonnamment vide (hormis quelques meubles étranges et des poteries Ming provenant de bateaux naufragés au large). La résidence se dresse à 30 m de la route, au bout d'une petite rue sinueuse.

Canons français SITE MILITAIRE

GRATUIT Plus loin dans Tran Phu, au-delà de Bai Dau, une route, jolie mais ardue, serpente à flanc de colline jusqu'à d'anciens canons français. Au nombre de six, ces imposantes pièces d'artillerie témoignent de l'importance stratégique que revêtait le cap Saint-Jacques pour les autorités coloniales, qui, de là, surveillaient les eaux menant à Saigon. Cherchez Hem 444 dans le village de pêcheurs, à environ 8 km de Vung Tau, et prenez un petit sentier à droite.

Activités

Vung Tau n'est pas un haut lieu des sports nautiques, mais quand la météo y met du sien, certains habitants pratiquent le surf et le kitesurf.

Vung Tau Paradise Golf Course GOLF
(☎064-385 9697 ; www.golfparadise.com.vn). Du côté est de la péninsule de Vung Tau, ce parcours de 27 trous est assez difficile en raison de pièges aquatiques et des gros arbres qui bordent les fairways.

Surf Station SURF, PLANCHE À VOILE
(☎0163 2900 040, 064-526 101 ; www.vungtau-surf.com ; 8 Đ Thuy Van ; ⏲8h-17h30). Basé au Vung Tau Beach Club, Surf Station loue des planches et propose des cours de kitesurf et de surf. Équipement en bon état et moniteurs professionnels.

Piscines Seagull et Dolphin NATATION
(Đ Thuy Ban, Back Beach). Ces piscines font quasiment face à l'Imperial Plaza. Dans les deux cas, comptez 60 000 d la journée.

Où se loger

La plupart des voyageurs préfèrent séjourner sur la "plage de devant" (Bai Truoc) qui accueille les restaurants et les bars ; à l'inverse, les Vietnamiens ont tendance à loger sur la "plage de derrière" (Bai Sau).

Les touristes locaux affluant à Vung Tau pendant les week-ends et jours fériés, pensez à réserver.

Son Ha Hotel HÔTEL $
(☎064-385 2356 ; 17A Đ Thu Khoa Huan ; ch 20 $US ; ❄@📶). Cet hôtel familial offrant un accueil chaleureux est l'un des rares établissements bon marché de Bai Truoc. Les chambres, en bon état, disposent de TV sat. et d'un réfrigérateur.

Jolie Mod Hotel BOUTIQUE-HÔTEL $$
(☎064-362 6666 ; joliemodhotel@gmail.com ; 150 Đ Ha Long ; semaine/week-end à partir de 1 000 000/1 400 000 d ; ❄📶). Ce bâtiment blanc et violet emblématique de la ville, qui ressemble à un bâteau échoué sur la plage, a été récemment reconverti en hôtel. Les chambres sont bien agencées et toutes donnent sur la mer (certaines ont un jacuzzi). Tarifs corrects et café-restaurant prisé au rez-de-chaussée.

Lucy's Hotel HÔTEL $$
(☎064-385 8896 ; www.lucyssportsbar.com ; 138 Đ Ha Long ; ch 700 000 d ; ❄📶). De l'autre côté de la route, face au terminal des ferries, de confortables chambres au-dessus d'un bar souvent plein disposent d'un balcon donnant sur la baie et d'une sdb moderne. Personnel chaleureux.

LES SITES MILITAIRES DES ENVIRONS DE VUNG TAU

À 5 km de Long Hai, les **grottes de Minh Dam** gardent le souvenir des guerres contre les Français puis contre les Américains. Ce ne sont souvent que des anfractuosités entre les rochers amoncelés au pied de la falaise, où les soldats vietnamiens se réfugièrent entre 1948 et 1975 ; des impacts de balles témoignent des escarmouches. Des marches creusées dans la paroi mènent aux grottes. Au sommet, vous découvrirez une vue spectaculaire sur les plaines côtières. Non loin, un **temple** en haut d'une montagne offre un point de vue encore plus époustouflant sur la côte.

À Long Tan, une **croix-mémorial** commémore une bataille particulièrement sanglante entre les troupes australiennes et les combattants viêt-cong le 18 août 1966. Érigée à l'origine par des survivants australiens, la croix est une réplique installée par les Vietnamiens en 2002. Elle se situe à 18 km de la ville de Ba Ria et à 55 km de Vung Tau, près de la ville de Nui Dat. Les permis pour visiter le mémorial ne sont plus nécessaires, et vous pourrez combiner la visite avec les **tunnels de Lon Phuoc**. Peu connu, ce réseau souterrain est une version très réduite des plus célèbres tunnels de Cu Chi.

Tommy's (☎064-351 5181 ; www.tommysvietnam.com ; 3 Đ Ba Cu, Vung Tau) organise des circuits pour les vétérans de la guerre comprenant Long Tan, Long Phuoc et Minh Dam. Le tarif, incluant le transport et le guide, est de 125 $US pour 3 personnes maximum. Sinon, un chauffeur de *xe om* peut vous conduire à ces sites moyennant 25 $US environ.

Lan Rung Resort & Spa HÔTEL $$$
(☎064-352 6010 ; www.lanrung.com.vn ; 3-6 Đ Ha Long ; ch à partir de 80 $US ;). L'un des rares hôtels situés au bord d'une plage, rocheuse toutefois. Les chambres sont un peu kitsch avec des meubles en bois massif mais comportent tous les équipements habituels. Vous aurez le choix entre un restaurant de poisson ou un italien. Service avenant.

Où se restaurer

À Vung Tau, on peut se régaler d'excellents produits de la mer et de nombreuses saveurs internationales.

Ferry Cafe VIETNAMIEN $
(terminal des ferries, Đ Ha Long ; plats 38 000-90 000 d ; 7h-21h). Dans le terminal des ferries, ce grand restaurant ouvert sur les côtés jouit de la brise marine et sert nouilles et plats de viande – goûtez le steak à la poêle.

Ganh Hao PRODUITS DE LA MER $$
(☎064-355 0909 ; www.ganhhao.com ; 3 Đ Tran Phu ; plats 55 000-210 000 d ; 11h30-21h ;). Impressionnant restaurant de fruits de mer aux tables disposées sur des terrasses près de l'océan. L'endroit étant pris d'assaut par les locaux, essayez d'arriver tôt. La vaste carte comprend délicieux poissons, homards, crabes (excellent avec une sauce au poivre), calamars, crevettes et moules ("oysters" sur la carte, goûtez celles au fromage). C'est immense, mais le service est efficace.

Bistrot 9 FRANÇAIS, INTERNATIONAL $$
(9 Đ Truong Vinh Ky ; en-cas/repas à partir de 49 000/100 000 d ; 6h 22h ;). Excellent bistro servant petit-déjeuner (toute la journée), crêpe, panini et véritable repas (sans oublier les desserts, en particulier les profiteroles). Également de bons chocolats maison et la meilleure carte des vins de la ville. Tables sur le trottoir.

Thanh Phat 2 PRODUITS DE LA MER $$
(121 Đ Tranh Phu ; repas 70 000-400 000 d ; 10h30-21h30). Grand restaurant doté d'une terrasse couverte face à la mer, avec néons et chaises en plastique bleues. Fruits de mer habilement préparés : homard à 1 250 000 d le kilo et bar à 315 000 d. À 4 km au nord du centre de Vung Tau.

Cay Bang FRUITS DE MER $$
(☎064-383 8522 ; 69 Đ Tran Phu ; plats 60 000-280 000 d ; 11h-22h). Bien située en bord de mer, une institution en matière de fruits de mer. Le week-end, les clients affluent pour se régaler de coquillages, de fondues et de poissons grillés.

Tommy's 3 INTERNATIONAL $$
(www.tommysvietnam.com ; 3 Đ Ba Cu ; plats 60 000-280 000 d ; 7h-23h ;). La cuisine privilégie les recettes occidentales (steaks et hamburgers), mais on y prépare aussi des mets plus typiques. La terrasse attire une clientèle mêlant habitants, expatriés et touristes.

David Italian Restaurant ITALIEN $$
(92 Đ Ha Long ; plats 60 000-200 000 d ; 11h-22h ;). Cet authentique restaurant italien propose des pâtes faites maison et les meilleures pizzas de la ville. Assez cher mais dispose d'une agréable terrasse face à la mer.

Où prendre un verre

La vie nocturne de Vung Tau, qui correspond aux normes vietnamiennes, est bruyante. On y trouve de nombreux bars à hôtesses. Toutefois, il existe de bonnes adresses où boire un verre au calme.

Haven BAR
(www.havenbarvungtau.com ; 166 Đ Tran Phu ; 11h-tard ;). Idéal au coucher du soleil, ce bar de type *lounge*, doté d'une superbe terrasse face à l'océan, sert des boissons à prix raisonnable. À 2 km au nord du centre, sur la route côtière.

Lucy's Sports Bar BAR SPORTIF
(www.lucyssportsbar.com ; 138 Đ Ha Long ; 7h-24h ;). Presque face au terminal des ferries, ce bar à l'ambiance conviviale possède un billard animé et une superbe terrasse face à la mer. Comme son nom l'indique, de nombreux événements sportifs y sont diffusés, des matchs de cricket au football australien. On y sert aussi des plats simples.

Renseignements

Le site www.vungtau-city.com donne des informations relativement à jour sur la ville.

International SOS (☎064-385 8776 ; www.internationalsos.com ; 1 Đ Le Ngoc Han ; 24h/24). Une clinique réputée offrant des services médicaux aux standards internationaux, à des prix élevés.

OSC Vietnam Travel (☎064-385 2008 ; www.oscvietnamtravel.com.vn ; 2 Đ Le Loi ; 7h-16h30). Elle propose de nombreux circuits et assure la réservation des billets pour les transports.

Environs de Vung Tau

Poste principale (8 Đ Hoang Dieu ; ⏲7h-17h30 lun-sam). Au rez-de-chaussée des tours Petrovietnam.

Vietcombank (27-29 Đ Tran Hung Dao ; ⏲7h30-15h30). Change les espèces et délivre des avances sur les cartes bancaires.

ℹ Depuis/vers Vung Tau

BATEAU

Il est plus agréable de prendre un hydrofoil depuis/vers HCMV, mais depuis l'ouverture de la nouvelle voie rapide, les lignes ont été réduites. Les compagnies maritimes desservant HCMV (semaine/week-end 200 000/250 000 d, 1 heure 30) utilisent toutes les mêmes embarcadères. Les meilleurs bateaux sont ceux de **Vina Express** (☎HCMV 08-3825 3333, Vung Tau 064-385 6530) et de **Petro Express** (☎HCMV 08-3821 0650, Vung Tau 064-351 5151). Les hydrofoils lèvent l'ancre toutes les 90 minutes environ jusqu'à 16h45 et il y a des départs supplémentaires le week-end (il est alors essentiel de réserver). À Vung Tau, les bateaux partent de l'embarcadère de Cau Da.

Deux ferries relient l'île Con Son à Vung Tau un jour sur deux. Les bateaux ne partent pas quand la mer est agitée (les conditions deviennent assez difficiles à bord). Les billets sont en vente au bureau **BQL Cang Ben Dam Huyen Con Dao** (lit couchette 270 000 d ; ⏲7h30-11h30 et 13h30-16h30 lun-ven) au 1007/36 Đ 30/4. Les ferries partent à 17h du port de Vung Tau, situé à environ 15 km à l'ouest de la ville. Le trajet dure 12 heures.

BUS

Les bus climatisés orange Futa Phuong Trang (115 000 d) partent toutes les heures, entre 4h et 18h, de Pham Nga Lao, au cœur du quartier des routards de HCMV, pour la **gare routière** de Vung Tau (192A Đ Nam Ky Khoi Nghia). Ils vous déposent dans Vung Tau, ce qui permet d'économiser les frais de taxi.

Des minibus partent fréquemment de la gare routière de Mien Dong, à HCMV (85 000 d), pour Vung Tau entre 5h et 19h.

Le trajet dure environ 1 heure 30.

ℹ Comment circuler

Vung Tau s'explore facilement en voiture ou en deux-roues. Des pensions et des restaurants louent vélos (2 $US/jour) et motos (à partir de 6 $US/jour). Vous paierez probablement moins cher en prenant un taxi équipé d'un compteur (que vous trouverez n'importe où) qu'en tentant de négocier avec un intraitable conducteur de *cyclo* ou de *xe om*. **Mai Linh** (☎064-356 5656) est une compagnie fiable dont les nombreux taxis sillonnent la ville.

Îles Con Dao

☎064 / 6 300 HABITANTS

Isolées du continent, les îles Con Dao sont l'un des attraits majeurs du Vietnam. Longtemps l'Alcatraz de l'Indochine pour les prisonniers politiques et les indésirables, l'archipel éblouit aujourd'hui par sa fabuleuse beauté naturelle. Con Son, la plus grande de ce chapelet de 15 îles et îlots, compte de superbes plages, des récifs de corail, des baies pittoresques et d'épaisses forêts. Outre la marche, la plongée, l'exploration de routes côtières peu fréquentées et de plages désertes, elle offre d'excellentes possibilités pour observer la faune, notamment l'écureuil géant oriental et le gecko *Cyrtodactylus*, une espèce endémique.

Si les îles Con Son ont des airs de paradis, elles ont été un véritable enfer pour des milliers de prisonniers enfermés dans une dizaine de prisons à l'époque de la colonisation française et du gouvernement sud-vietnamien soutenu par les États-Unis. D'anciens soldats viêt-cong, autrefois emprisonnés sur l'île, y viennent d'ailleurs en circuits organisés. Le gouvernement subventionne ces excursions en signe de gratitude pour leur sacrifice.

Environ 80% du territoire de l'archipel fait partie du parc national de Con Dao. Il protège les plus importants sites de ponte des tortues marines du Vietnam, lesquelles s'y rendent de juin à septembre. Malheureusement, ces dernières années, les opérations de surveillance menées par les gardes du parc ont diminué, entraînant une augmentation du braconnage des œufs. Autre hôte des eaux autour de Con Dao, le dugong est un mammifère rare de la famille des lamantins.

L'époque la plus sèche pour visiter Con Dao s'étend de novembre à février, mais la mer est plus calme entre mars et juillet. La saison des pluies dure de juin à septembre. De septembre à novembre, les moussons du nord-est et du sud-ouest peuvent s'accompagner de vents violents. Septembre et octobre sont les mois les plus chauds, mais la brise marine rend Con Dao plus agréable que HCMV ou Vung Tau.

Les îles n'ont guère changé, mais avec l'arrivée du très luxueux Six Senses Con Dao, l'archipel est désormais prisé par la jet-set internationale. Avec l'amélioration des transports, les voyageurs découvrent peu à peu les îles, mais les vols sont assez chers et les prix pratiqués à Con Dao deux fois plus élevés que sur le continent. Le nombre de touristes reste donc limité.

Histoire

Occupée à différentes époques par les Khmers, les Malais et les Vietnamiens, Con Son fut également l'un des premiers postes des Européens venus commercer dans la région. Un navire portugais y accosta en 1560 et la Compagnie britannique des Indes orientales y eut un comptoir fortifié de 1702 à 1705. L'expérience s'acheva lors du massacre des Britanniques au cours d'une révolte des soldats makassar qu'ils avaient recrutés dans l'île indonésienne de Sulawesi.

Con Son possède une histoire politique et culturelle marquée. De nombreux héros révolutionnaires vietnamiens (dont maintes rues portent aujourd'hui le nom) furent incarcérés sur l'île. Durant la colonisation française, elle servit de bagne pour les opposants politiques et fut tristement réputée pour les tortures et les mauvais traitements infligés aux prisonniers. L'héroïne nationale Vo Thi Sau fut exécutée ici en 1952.

Le gouvernement sud-vietnamien prit la relève en 1954 et profita de l'isolement de l'île pour y détenir ses dissidents (dont des étudiants) dans des conditions effroyables.

Pendant la guerre du Vietnam, les forces américaines rejoignirent à cet endroit les Sud-Vietnamiens. Les Américains construisirent des prisons sur l'île et utilisèrent les terribles "cages à tigres" jusqu'à ce que le magazine *Life* dévoile leur existence dans les années 1970.

À voir

Con Son

Cette ville est unique au Vietnam. Avec ses rues propres, ses bâtiments municipaux bien entretenus et son atmosphère dégageant calme et prospérité, la minuscule capitale de l'île serait un décor parfait pour un film historique.

Propice à la flânerie, la principale promenade du front de mer, Đ Ton Duc Thanh, est jalonnée de villas datant de l'époque coloniale française. Certaines sont délabrées, d'autres ont été transformées en hôtels. Non loin, le **marché** local s'anime entre 7h et 9h.

Bien sûr, le caractère paisible de la ville est atténué par la présence de plusieurs prisons, cimetières et souvenirs de l'époque où l'île était une colonie pénitenciaire. À Con Son, les fantômes sont partout.

Tous les sites suivants se trouvent dans la ville de Con Son. Ils appliquent approximativement les mêmes horaires et sont accessibles avec un ticket unique (20 000 d). Ce dernier s'achète au musée, qui est un bon endroit pour comprendre le contexte historique avant de commencer la visite des prisons.

Musée Bao Tang Con Dao MUSÉE
(7h-11h et 13h30-17h). Ce musée récent impressionne avec ses plus de 2 000 vitrines – dont beaucoup renfermant des documents rares –, ses dioramas et ses excellentes photographies qui retracent l'histoire des îles, notamment pendant la colonisation française et l'"époque des prisons". Des présentations modernes, telles que des supports audiovisuels, sont utilisées.

Îles Con Dao

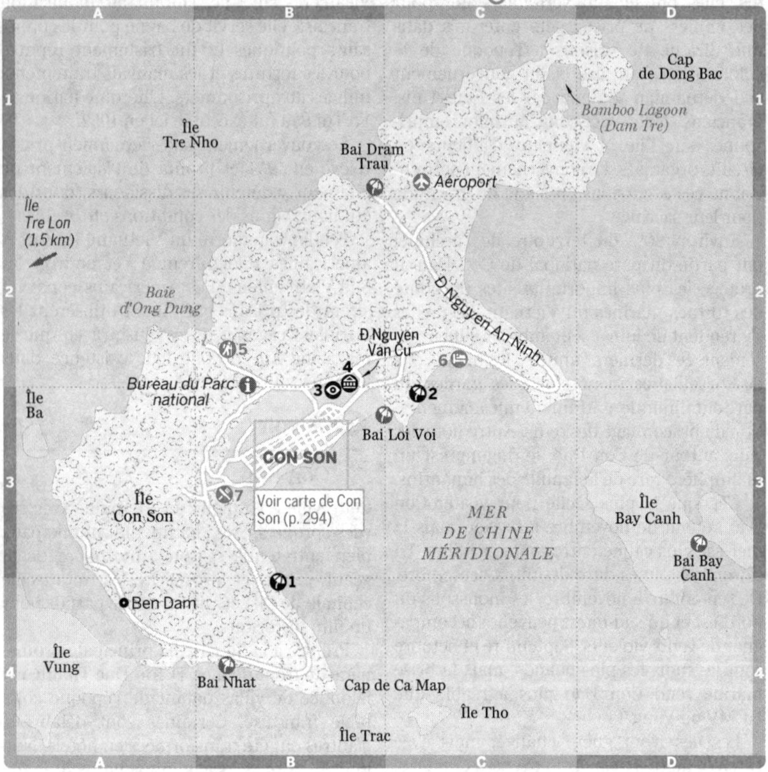

SUD-EST ÎLES CON DAO LITTORAL DU

Îles Con Dao

À voir

1 Bai An Hai B4
2 Bai Dat Doc C3
3 Cimetière de Hang Duong B3
4 Camp de Phu Binh B2

Activités

5 Pont Ma Thien Lanh B2

Où se loger

6 Six Senses Con Dao C2

Où se restaurer

7 Quan Thanh Huyen B3

Prison de Phu Hai ÉDIFICE HISTORIQUE
(7h-11h30 et 13h-17h). Construite en 1862, c'est la plus vaste des 11 prisons de l'île. Des milliers de prisonniers étaient enfermés ici, et jusqu'à 200 personnes s'entassaient dans chaque centre de détention. Pendant la période française, tous les prisonniers étaient nus et enchaînés les uns aux autres, et une petite boîte servait de toilettes à des centaines de personnes. Comme on peut l'imaginer, les conditions étaient sordides et l'odeur pestilentielle. Désormais, des mannequins émaciés plus vrais que nature permettent de reconstituer quelques scènes.

Il s'agit d'un immense complexe, dans lequel étaient mélangés les prisonniers politiques et de droit commun. Dans les salles "d'isolement", où étaient maintenus les prisonniers jugés particulièrement dangereux, on comptait jusqu'à 63 occupants, tellement serrés les uns contre les autres qu'ils n'avaient même pas la place de s'allonger. L'église de la prison date de l'époque américaine, mais elle n'a jamais été utilisée.

Cages à tigres ÉDIFICE HISTORIQUE
(7h-11h30 et 13h-17h). Les tristement célèbres "cages à tigres" furent construites par les

Français en 1940 pour incarcérer près de 2 000 prisonniers politiques. Ces 120 minuscules cellules possèdent des barreaux en guise de toit, permettant aux gardes de surveiller les prisonniers mais aussi de les frapper avec des bâtons ou de les asperger de chaux vive mélangée à de l'eau (ce qui provoquait des brûlures et des cécités).

Les cages à tigres avaient été volontairement construites à l'écart de la prison principale, à l'abri des regards, et étaient accessibles par une unique allée. Le monde entier ignora leur existence jusqu'en 1970, quand Tom Harkin, membre d'une délégation du Congrès américain, visita Con Son et eut la preuve des actes de torture infligés aux prisonniers. Harkin, qui avait entendu parler de ces geôles par un ancien détenu, parvint à s'écarter de la visite organisée et découvrit les cages à tigres derrière un potager. Il photographia les cellules et leurs occupants, et ces clichés furent publiés dans le magazine *Life* en juillet 1970.

Cimetière de Hang Duong CIMETIÈRE

Quelque 20 000 personne sont mortes à Con Son et 1 994 d'entre elles reposent, à l'orée est de la ville, dans le cimetière de Hang Duong. Seules 700 tombes portent le nom des victimes.

La plus célèbre héroïne du Vietnam, Vo Thi Sau (1933-1952), qui est enterrée ici, fut la première femme fusillée à Con Son, le 23 janvier 1952.

Aujourd'hui, les pèlerins viennent brûler de l'encens et apporter des offrandes sur sa tombe, comme des miroirs, des peignes et du rouge à lèvres (pour symboliser sa mort précoce). Parfois, il y a même des fruits et des plats de porc au riz gluant.

Au loin, derrière le cimetière, un immense monument représente trois bâtons d'encens géants.

Camp de Phu Binh ÉDIFICE HISTORIQUE

(🕘7h-11h30 et 13h-17h). À la périphérie de la ville, cette prison, jadis nommée Camp 7, fut construite par les Américains en 1971 et comptait 384 cellules couvertes de toits en tôle rouillée, dans lesquelles la chaleur était infernale. Les bâtiments originaux existent toujours, mais il n'y a plus grand-chose à voir aujourd'hui. Le camp fut fermé en 1973 quand la preuve fut faite que des actes de tortures y étaient commis. Il prit le nom de camp de Phu Binh après les accords de Paris, en 1973.

Musée de la Révolution MUSÉE

(🕘7-11h et 13h30-17h). Aménagé dans l'ancienne résidence du commandant français, ce musée renferme des expositions sur la résistance vietnamienne lors de la colonisation française, sur l'opposition communiste à la république du Vietnam et sur les traitements infligés aux prisonniers politiques. Il conserve aussi une peinture de Vo Thi Sau (tête haute face à la mort) et quelques animaux naturalisés : boas, lézards et singes.

Plages de Con Dao

Con Dao possède plusieurs plages superbes. Vous pouvez louer du matériel de snorkeling auprès des hôtels (100 000 d/jour) ou des écoles de plongée.

Les mouches des sables peuvent se révéler particulièrement gênantes sur les plages de Con Dao ; prévoyez un produit répulsif.

Bai Dat Doc PLAGE

La plus belle plage de l'île de Con Son, Bai Dat Doc occupe une anse paradisiaque. C'est un croissant de sable d'un kilomètre de long, avec des collines verdoyantes à l'arrière-plan. Ses eaux peu profondes et non polluées sont idéales pour se baigner. Elle est certes flanquée des luxueux bungalows de l'hôtel Six Senses, mais il ne s'agit pas d'une plage privée, et des points d'accès existent à proximité de la route. On a vu parfois des dugongs (un lamantin, très rare) batifoler dans l'eau près du cap voisin.

Bai Dram Trau PLAGE

Accessible par une piste de terre de 1 km avant l'aéroport, Bai Dram Trau est une plage sublime sur Con Son, mais isolée. Ourlé de casuarinas et pris en sandwich entre deux promontoires rocheux couverts de forêt, ce croissant de sable doux s'étend sur 700 m. Cette plage est encore plus belle à marée basse.

Il est possible de faire du snorkeling sur des récifs au large et trois modestes baraques proposent des produits de la mer (toutes sont ouvertes de 12h au crépuscule).

Bai Loi Voi PLAGE

Au nord de la ville de Con Son, Bai Loi Voi est une large plage ; on y trouve beaucoup de coquillages, et des casuarinas apportent de l'ombre. Une belle plage de sable s'étend également en plein centre de Con Son, autour du Con Dao Resort.

Con Son

Con Son

Les incontournables
1 Musée Bao Tang Con Dao D1

À voir
2 Bai Loi Voi D1
3 Marché de nuit C1
4 Prison de Phu Hai C2
5 Musée de la Révolution B2
6 Cages à tigres D1

Activités
Con Dao Dive Center .... (voir 16)
7 Dive! Dive! Dive! B2
8 Rainbow Divers B2

Où se loger
9 ATC Con Dao Resort & Spa C1
10 Con Dao Camping B3
11 Con Dao Resort A3
12 Hai Nga Mini Hotel B2
13 Red Hotel C1
14 Saigon Con Dao Resort C2
Thien Tan Hotel .... (voir 15)
15 Thien Tan Star Hotel A3

Où se restaurer
16 Bar200 Con Dao B1
17 Marché de Con Son B1
18 Infinity Cafe & Lounge C1
19 Thu Ba B1
20 Tri Ky A2

Où prendre un verre et faire la fête
21 Con Son Cafe B2

Renseignements
22 Billetterie du ferry pour Vung Tau C1

Transports
23 Vasco B2

Bai An Hai
PLAGE

Au sud de la ville de Con Son, Bai An Hai est une belle plage, mais de nombreux bateaux de pêche sont amarrés à proximité.

Bay Canh
ÎLE

Si vous ne devez visiter qu'une seule île, choisissez Bay Canh, à l'est de l'île de Con Son. Vous y découvrirez des plages magnifiques, une forêt d'arbres séculaires, des mangroves, des récifs de corail (parfaits pour le snorkeling à marée basse) et des tortues marines (à la saison de ponte). Une splendide randonnée de 2 heures conduit à un phare de l'époque coloniale, toujours en service, qui se dresse à la pointe est de l'île. Il faut grimper une pente raide de 325 m, mais au sommet, le panorama est époustouflant.

Tre Lon — ÎLE

Certaines des plus belles plages bordent les îles plus petites, comme la splendide Tre Lon, à l'ouest de Con Son.

Activités

Pour plus d'informations sur la randonnée et les sorties en bateau autour des îles, visitez le site du parc national de Con Dao : www.condaopark.com.vn. L'entrée du parc coûte 20 000 d le jour et 40 000 d la nuit.

Notez que deux des écoles de plongée de Con Dao décourageaient les voyageurs de participer aux circuits d'observation des tortues pour protester contre l'inaction du personnel du parc national dans la lutte contre les braconniers. Si vous décidez d'y aller de nuit, ces circuits coûtent environ 1 500 000 d par personne en réservant via le bureau du parc national. Sachez qu'il est très rare de voir des nids de tortue en dehors de la saison principale (fin juin à début septembre).

Plongée et snorkeling

De nombreux plongeurs avertis considèrent l'environnement marin de Con Dao comme le plus beau du pays. Les eaux baignant les îles sont officiellement protégées et abritent beaucoup de corail sain (notamment des tables de corail, du corail corne de cerf et du corail-cerveau). Vous verrez aussi des tortues vertes et à écailles, des raies, des balistes et des poissons-perroquets, des mérous, des seiches et quelques requins.

Cela dit, les conditions pourraient être encore meilleures car peu de mesures de protection officielles sont appliquées. Certains pêcheurs continuent de jeter leur ancre dans les récifs, et la pêche illégale affecte les populations de poissons. Quotidiennement, les écoles de plongée retrouvent des filets et des détritus abandonnés dans les récifs.

La plongée est envisageable toute l'année, mais pour des conditions optimales et une bonne visibilité, la période allant de janvier à juin est considérée comme la meilleure (il peut y avoir de grosses tempêtes en novembre et décembre). Les prix sont plus élevés que sur le continent, mais les plongées plus gratifiantes.

Les plongeurs expérimentés pourront vivre des aventures palpitantes grâce à plusieurs épaves, notamment un cargo de 65 m gisant par 30 à 40 m de fond, autour desquelles évoluent d'innombrables créatures marines.

Des sorties snorkeling bon marché sont organisées par quelques hôtels, mais nous avons entendu parler de pêche illégale au harpon lors de certaines de ces excursions. Plus chères, les prestations des écoles de plongée respectent l'environnement.

Dive! Dive! Dive! — PLONGÉE

(☎064-383 0701 ; www.dive-condao.com ; Đ Nguyen Hue ; ⏲8h-21h). Larry, moniteur à Con Dao depuis 2011, possède une grande expérience de la plongée sur les récifs de l'île. Tournée vers la préservation de l'environnement, l'école propose des formations RAID et est une excellente source d'informations générales sur Con Dao. Elle surveille les récifs pour ôter les filets et déchets pris dans les coraux.

Con Dao Dive Center — PLONGÉE

(☎0903 700 8483 ; http://divecondao.com ; Bar200, Pham Van Dong ; ⏲7h30-22h). Centre de plongée PADI chaleureux et professionnel dans le Bar200. Bons cours et formations (Open Water 550 $US), plongées de loisir (sorties 2 plongées 160 $US), sorties snorkeling et plongée libre. Le propriétaire, Rhys, est heureux de discuter des plongées et activités possibles à Con Dao.

Rainbow Divers — PLONGÉE

(☎0905 577 671 ; www.divevietnam.com ; 40 Đ Ton Duc Thang ; ⏲8h-20h). Centre bien établi proposant leçons et plongées récréatives.

Randonnée

Le terrain boisé de l'île Con Son est idéal pour la randonnée. Il faut engager un guide du parc national pour s'aventurer dans la forêt. Les prix varient de 180 000 d à 300 000 d selon la durée du trek.

Une montée escarpée mène aux anciennes plantations fruitières de **So Ray** ; il faut suivre un sentier glissant mais bien indiqué (jalonné de panneaux d'information sur les arbres et les animaux sauvages) à travers une épaisse forêt tropicale. La plantation est le fief d'une sympathique troupe de macaques à longue queue et offre une vue imprenable sur la ville principale et les autres îles Con Dao dans le lointain. La balade prend environ 1 heure 30 aller-retour.

Bamboo Lagoon — RANDONNÉE

(Dam Tre). L'une des plus belles randonnées passe par une forêt épaisse et des mangroves, grimpe jusqu'à un torrent au sommet d'une colline et aboutit au Bamboo Lagoon. La baie est propice au snorkeling. Cette

UNE ADOLESCENTE MARTYRE

Quand souffle le vent du nord, on peut souvent sentir de l'encens brûlé sur une tombe particulière du cimetière de Con Son : celle de Vo Thi Sau, une icône nationale.

Cette combattante de la résistance pendant l'occupation française s'était engagée en politique dès l'enfance. À l'âge de 14 ans, elle tua un capitaine français lors d'une attaque à la grenade et ne fut capturée que des années plus tard, après une seconde tentative d'assassinat. Vo Thi Sau fut conduite à Con Dao et y fut exécutée à l'âge de 19 ans.

Si vous visitez le cimetière à minuit, vous trouverez autour de sa tombe une foule d'individus récitant des prières et laissant des offrandes. Les Vietnamiens estiment qu'il s'agit du meilleur moment pour rendre hommage à cette héroïne nationale et vénérer son esprit, car elle fut tuée aux premières heures du 23 janvier 1952.

paisible marche de 2 heures débute près de l'aérodrome, mais vous devrez nécessairement engager un guide local.

Baie d'Ong Dung RANDONNÉE
La promenade de 1 km (environ 30 minutes dans chaque sens) à travers la forêt tropicale jusqu'à la baie d'Ong Dung peut se faire sans guide. Le sentier démarre à quelques kilomètres au nord de la ville de Con Son. La baie possède seulement une plage rocheuse, mais il y a un beau récif corallien à environ 300 m au large.

Pont Ma Thien Lanh RANDONNÉE
Près du chemin conduisant à la baie d'Ong Dung, vous trouverez les ruines du pont Ma Thien Lanh, construit par les prisonniers pendant la période coloniale.

Où se loger

L'offre en matière d'hébergement s'est considérablement améliorée à Con Dao ces dernières années, et la ville de Con Son compte désormais une vingtaine de pensions et mini-hôtels. Sachez toutefois que les prix sont deux fois plus élevés que sur le continent.

Thien Tan Hotel HÔTEL $
(☎0946 782 468 ; 4 Đ Nguyen Duc Thuan ; ch 16-30 $US ; ❄📶). L'emplacement en bordure de plage est le principal attrait de cet hôtel situé dans une pinède. Les chambres sont d'un bon rapport qualité/prix pour Con Son. Attention : le Wi-Fi fonctionne de manière irrégulière et le personnel ne parle pas anglais.

Red Hotel HÔTEL $
(☎064-363 0079 ; 17B Đ Nguyen An Ninh ; ch 350 000-650 000 d ; ❄📶). Bonne adresse pour petits budgets, ce nouveau mini-hôtel dispose de chambres grandes et impeccables. Au cœur de l'action, proche du marché de nuit et de nombreux restaurants. Tenu par une équipe serviable.

Hai Nga Mini Hotel HÔTEL $
(☎064-363 0308 ; 7 Đ Tran Phu ; ch 400 000-600 000 d ; ❄@📶). Une option intéressante si vous voyagez à plusieurs, car certaines chambres accueillent jusqu'à 5 personnes. Toutes sont climatisées. Tenue par une famille parlant anglais et allemand.

Con Dao Camping HÔTEL $$
(☎064-383 1555 ; Đ Nguyen Duc Thuan ; ch 700 000-850 000 d ; ❄@📶). Ces deux rangées de ravissants bungalows nettoyés quotidiennement et aux toits pentus jouissent d'un superbe emplacement, directement sur la plage. Ils possèdent 2 lits, la TV sat., un minibar, une douche à ciel ouvert et une terrasse à l'avant. Tout près du nouvel embarcadère de la ville.

Thien Tan Star Hotel HÔTEL $$
(☎064-363 0123 ; http://thientanstarhotel.com ; 4 Đ Nguyen Duc Thuan ; ch 750 000-1 500 000 d ; ❄📶). Nouvel hôtel en bordure de plage à Con Son et proche de tout. Les chambres, moins chères sans la vue sur la mer, sont simples, avec murs chaulés, minibar, TV et linge de lit de qualité.

Con Dao Resort HÔTEL $$
(☎064-383 0939 ; www.condaoresort.com.vn ; 8 Đ Nguyen Duc Thuan ; ch 62-98 $US ; ❄@📶🏊). Très bien situé face à une belle plage de sable, ce complexe défraîchi possède de vastes jardins impeccablement tenus et une grande piscine. Les chambres sont assez spacieuses et confortables mais accusent le poids des années.

ATC Con Dao Resort & Spa HÔTEL $$
(☎064-383 0111 ; www.atcvietnam.com ; 8 Đ Ton Duc Thang ; ch 45-90 $US, ste à partir de 120 $US ; ❄@📶🏊). L'hébergement rénové est l'un

des plus beaux de la ville, avec des chambres attrayantes et confortables, dotées de sol en terre cuite et de balcon donnant sur la mer. D'autres chambres et bungalows, plus vétustes, sont à éviter.

Six Senses Con Dao BOUTIQUE-HÔTEL **$$$**
(☎064-383 1222 ; www.sixsenses.com ; plage de Dat Doc ; villas à partir de 612 $US ;). L'étonnant Six Senses occupe la plus belle plage de l'île, 4 km au nord-est de la ville de Con Son. Comptant parmi les établissements les plus luxueux du Vietnam, il offre une cinquantaine de villas en bois face à l'océan, mêlant style contemporain et rustique chic. Chacune possède piscine, baignoire immense et vélos. Service haut de gamme.

Un café décontracté où prendre un panini, et le magnifique restaurant près du rivage permettent de se restaurer. Sorties plongée, voile et treks peuvent être organisés, et le spa dispose de salles intérieures et extérieures pour les traitements ayurvédiques.

Saigon Con Dao Resort HÔTEL **$$$**
(☎064-383 0155 ; www.saigoncondao.com ; 18 Đ Ton Duc Thang ; ch 75-135 $US, ste à partir de 186 $US ;). La plupart des visiteurs étrangers sont logés dans une nouvelle annexe dotée d'une piscine. L'ancien site, constitué de maisons coloniales sur le front de mer, est réservé aux vétérans. Le service est un peu irrégulier au regard des tarifs pratiqués.

Où se restaurer et prendre un verre

La scène culinaire s'est récemment transformée à Con Son et accueille désormais plusieurs restaurants destinés aux Occidentaux, mais l'endroit étant à peine plus grand qu'un village, ne vous attendez pas à un choix infini. Les restaurants sont disséminés dans la ville. Avec sa sublime carte, le Six Senses Con Dao est *la* destination parfaite pour un repas d'exception.

Si votre budget est limité, faites un tour au petit **marché nocturne**, près du croisement entre Đ Tran Huy Lieu et Đ Nguyen An Ninh.

Bar200 Con Dao CAFÉ **$**
(Đ Pham Van Dong ; repas à partir de 35 000 d ; 8h-22h30 ;). Établissement convivial prisé des voyageurs ; les propriétaires sont de fins connaisseurs de l'île. Excellent café (expresso et cappuccino notamment) et plats occidentaux tels que burgers, pizzas, sandwichs. Céréales au petit-déjeuner, bières et cocktails le soir.

Marché de Con Son VIETNAMIEN **$**
(Đ Vo Thi Sau ; repas 15 000-25 000 d ; 6h-17h). Bonne adresse pour le petit-déjeuner ; des femmes y cuisinent plats de nouilles et pancakes savoureux et bon marché. On peut aussi y faire le plein de fruits et d'en-cas.

Infinity Cafe & Lounge CAFÉ **$$**
(Đ Pham Van Dong ; repas 70 000-150 000 d ;). Ce café-bar branché arbore un mobilier artistique et recyclé et une jolie terrasse garnie de bancs sur le trottoir. Cocktails inscrits sur une ardoise et carte intéressante, comprenant d'excellentes pizzas et pâtes.

Thu Ba VIETNAMIEN, PRODUITS DE LA MER **$$**
(☎064-3830 255 ; Đ Vo Thi Sau ; repas 75 000-200 000 d). Cuisine vietnamienne, créative et joliment présentée, composée notamment d'excellents fruits de mer, fondues et curries. L'aimable propriétaire parle très bien anglais et dispense volontiers ses conseils sur les produits de saison.

Quan Thanh Huyen VIETNAMIEN **$$**
(Khu 3, Hoang Phi Yen ; repas 70 000-160 000 d ; 12h-21h). Au sud de la ville, au bord d'un lac, ce joli petit restaurant s'enorgueillit d'un cadre sublime, avec des belvédères au bord de l'eau et le coassement des grenouilles en bande sonore. On y sert une cuisine vietnamienne authentique, notamment des fondues et du poisson à tête de serpent tout juste pêché dans le lac.

Tri Ky VIETNAMIEN **$$**
(7 Đ Nguyen Duc Thuan ; plats 45 000-200 000 d ; 10h30-21h). Ce restaurant est prisé pour ses produits de la mer extra-frais, en particulier les calamars grillés, le mérou et le crabe. L'endroit (une immense terrasse couverte, avec chaises en plastique et néons) est simple mais les propriétaires sont accueillants.

Con Son Cafe BAR
(Đ Ton Duc Thanh ; 7h-21h30). Cet élégant bâtiment de style colonial français était jadis un bureau de douanes. Il est prolongé par une jolie terrasse ombragée, profitant de la brise et d'un point de vue sur les bateaux de pêche voguant dans la baie. Thé, café, milk-shakes, bières et cocktails. C'est là que Camille Saint-Saëns a terminé l'opéra d'Ernest Guiraud, *Frénégonde*, en 1895.

Renseignements

Larry de **Dive! Dive! Dive!** (p. 295) et l'équipe du **Con Dao Dive Center** (p. 295) sont des contacts très bien informés sur les îles.

Il y a plusieurs DAB à Con Dao.

Les hôtels en ville fournissent un accès Internet, notamment le Wi-Fi gratuit pour les clients. De nombreux cafés et restaurants ont aussi le Wi-Fi.

Bureau du parc national (064-383 0669 ; www.condaopark.com.vn ; 29 Đ Vo Thi Sau ; 7h-11h30 et 13h30-17h). Un bon endroit où glaner des informations. Les militaires contrôlant l'accès à certaines parties du parc, passez d'abord au bureau pour vous renseigner sur les excursions et les randonnées (une brochure gratuite est disponible sur cette activité). Profitez-en pour jeter un coup d'œil à l'exposition qui présente la biodiversité des forêts et du milieu marin, les menaces qui pèsent sur l'environnement et les initiatives locales de protection.

Vietin Bank (Đ Le Duan ; 8h-14h lun-ven, 8h-12h sam). Dispose de DAB, mais ne change pas les devises étrangères.

Depuis/vers les îles Con Dao

AVION

Il existe entre 3 et 5 vols quotidiens entre l'île de Con Son et HCMV, assurés conjointement par **Vasco** (064-383 1831 ; www.vasco.com.vn ; 44 Đ Nguyen Hue) et **Vietnam Airlines** (www.vietnamairlines.com). Les billets coûtent 60-80 $US (aller). Con Son est également reliée à Can Tho, dans le delta du Mékong, par Vasco/Vietnam Airlines ; il existe 4 vols hebdomadaires, et en réservant longtemps à l'avance, vous trouverez des billets à 28 $US seulement l'aller.

Le petit aéroport se trouve à 15 km du centre-ville. Tous les grands hôtels de l'île proposent le transport gratuit depuis/vers l'aéroport. Il est presque toujours possible d'emprunter l'une des navettes des hôtels ; les chauffeurs facturent 50 000 d et vous déposeront généralement devant votre hôtel ou dans le centre-ville.

BATEAU

Deux ferries relient l'île de Con Son à Vung Tau, avec 3 à 4 traversées hebdomadaires, mais ils ne naviguent pas par temps orageux ou forte houle. L'équipement est basique et la traversée peut être mouvementée. Les ferries quittent le port de Ben Dam à 17h, la traversée dure environ 12 heures. Les sièges coûtent 160 000 d, mais mieux vaut investir dans une couchette (6 par cabine) à 275 000 d.

Les billets sont en vente en ville, près du marché, dans un petit kiosque portant l'enseigne **BQL Cang Ben Dam Huyen Con Dao** (8h-11h30 et 13-17h) dans Đ Vo Thi Sau. Si vous en trouvez un, un *xe om* jusqu'à Ben Dam revient à environ 110 000 d, un taxi autour de 300 000 d.

Comment circuler

BATEAU

Il est possible de louer une embarcation auprès des hôtels et des bureaux du parc national pour explorer les îles. Comptez 2 000 000-5 000 000 d par jour pour un bateau de 12 places, suivant le parcours prévu. Les pêcheurs locaux proposent aussi des excursions, mais vous devrez marchander vigoureusement.

MOTO ET VÉLO

C'est l'un des meilleurs endroits du Vietnam pour faire du vélo : peu de circulation, pas de pollution et des routes goudronnées en bon état. Une route principale unique relie l'aéroport, au nord de Ben Dam, et le sud via la ville de Con Son.

La plupart des hôtels louent des motos pour 6 à 10 $US la journée. Comptez autour de 2 $US la journée pour un vélo. Doucement vallonnées et peu fréquentées, les routes côtières se prêtent parfaitement au cyclotourisme, notamment celle qui relie la ville de Con Son à Bai Nhat, puis au hameau de Ben Dam. Mais lorsque vous vous rendez à moto ou à vélo à Ben Dam, méfiez-vous du vent aux alentours de Mui Ca Map, les bourasques sont violentes.

TAXI

L'île de Con Son compte de nombreux **taxis** (064-361 6161). Toutefois, les tarifs annoncés au compteur sont très élevés (environ 20 000 d/km !), donc négociez âprement afin d'obtenir un prix fixe pour les destinations hors de la ville de Con Son.

Hauts plateaux du Sud-Ouest

Dans ce chapitre ➡

Le top des restaurants

- Le Rabelais (p. 309)
- Thanh Tram (p. 315)
- Restaurant Ichi (p. 308)
- Ming Dynasty (p. 309)
- Dakbla's Restaurant (p. 323)

Le top des hébergements

- Villa Vista (p. 306)
- Ana Mandara Villas Dalat (p. 306)
- Forest Floor Lodge (p. 312)
- Coffee Tour Resort (p. 315)
- Konklor Hotel (p. 323)

Pourquoi y aller

Rares sont les régions du Vietnam à stimuler autant l'imagination des adeptes d'aventure que les haut plateaux du Sud-Ouest. La route nationale Hô Chi Minh serpente parmi les plantations de café, les versants parsemés de pins, les rizières peuplées de buffles, les immenses lacs couverts de roseaux et les paisibles villages des ethnies montagnardes.

La jungle, protégée, abrite gibbons chanteurs, loris nains, éléphants sauvages et nombre d'oiseaux. Montagnes, forêts, chutes d'eau et rivières servent de terrain de jeu aux plus sportifs qui s'adonnent au vélo, à la randonnée, au rafting et aux descentes en rappel, tandis que l'ancienne station d'altitude de Dalat séduit avec son climat frais, les résidences du dernier empereur du Vietnam et de sa famille, et ses bars où sortir le soir.

Les habitants des hauts plateaux forment un beau mélange de cultures. Avec de la chance, vous pourrez dormir dans une *rong* bahnar ou observer les Jarai "nourrir" les tombes de leurs défunts.

Quand partir

Dalat

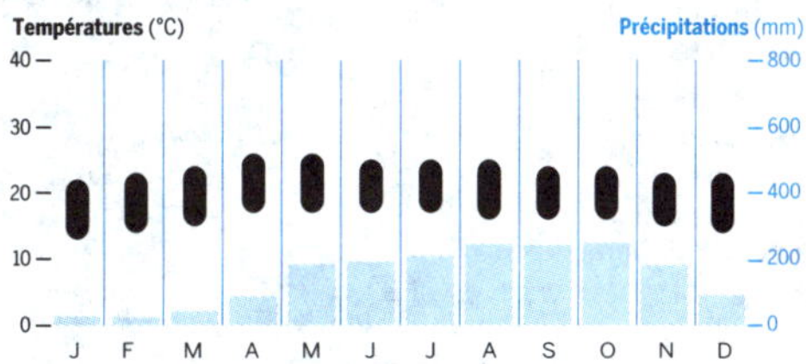

Mars Pour la fête du Café à Buon Ma Thuot ou les courses d'éléphants à Don (Ban Don), la bourgade voisine.

Oct L'automne est un bon moment pour explorer Dalat et ses environs et pour des activités fortes en adrénaline.

Déc En hiver, parcourez le parc national de Cat Tien, à pied ou en vélo, à l'affût des gibbons.

À ne pas manquer

1. Une randonnée à pied ou à vélo ou, pour les plus aventureux, du rafting, du canyoning ou encore de l'escalade dans les hauteurs autour de **Dalat** (p. 301)
2. Une équipée à moto à travers les cols de la fameuse **piste Hô Chi Minh** (p. 317)
3. Les villages de Bahnar, Sedang et Jarai, aux environs de **Kon Tum**, pour découvrir la culture et le mode de vie des ethnies montagnardes (p. 320)
4. Le **parc national de Cat Tien** (p. 311), pour partir à la recherche des gibbons tôt le matin ou voir des crocodiles lors d'une sortie nocturne
5. Les majestueuses **chutes de Dambri** (p. 310)
6. Une randonnée et une balade en bateau jusqu'aux villages des communautés du **lac Lak** (p. 313), la plus grande étendue d'eau des hauts plateaux
7. L'observation des oiseaux, la randonnée et la baignade des éléphants au **parc national de Yok Don** (p. 316)

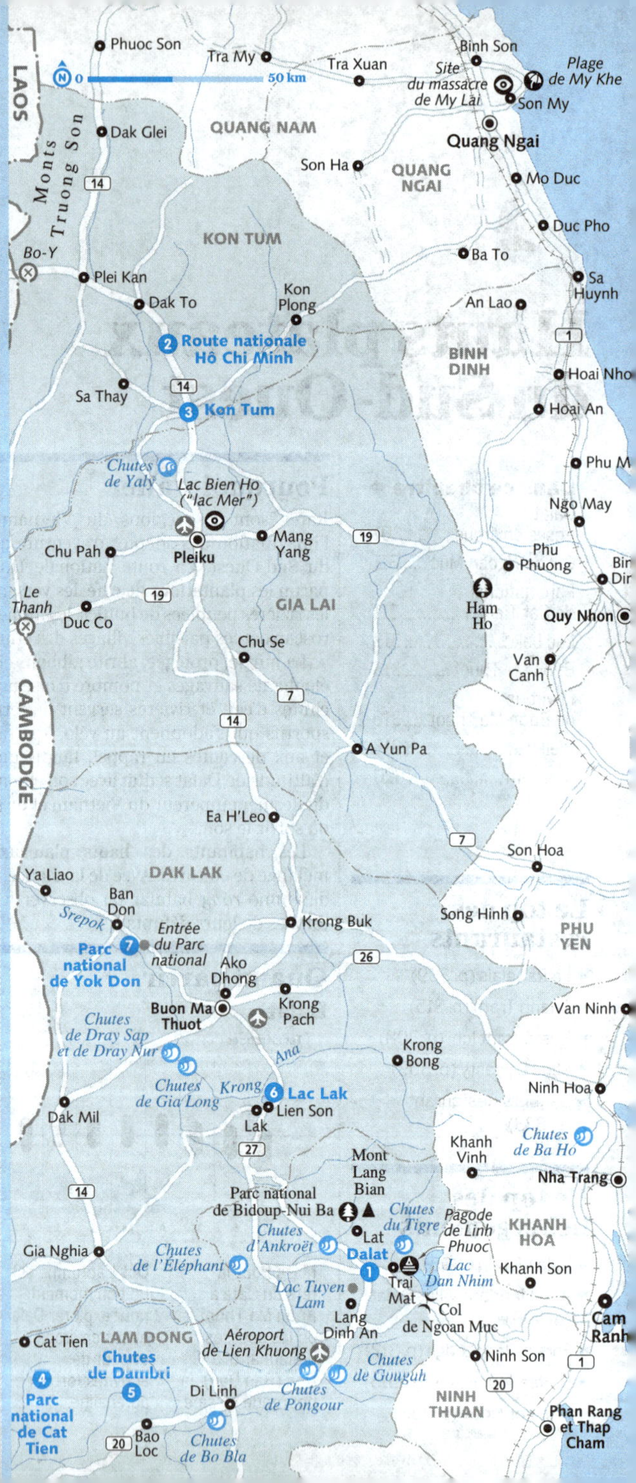

Comment s'y rendre et circuler

AVION

Des vols quotidiens partent de Dalat, Buon Ma Thuot et Pleiku pour Hô Chi Minh-Ville, Danang et Hanoi. Il existe aussi deux nouveaux vols hebdomadaires de Dalat à Can Tho.

BUS

De confortables bus avec couchettes desservent les villes côtières, HCMV et des destinations plus éloignées depuis Dalat, Buon Ma Thuot et Pleiku. Les villes le long de la RN 14 sont reliées entre elles par de plus petites lignes de bus, fréquentes mais moins confortables. De Pleiku et Kon Tum, des bus directs conduisent au Laos et au Cambodge.

CIRCUITS

De nombreux circuits à moto partent de Dalat pour Buon Ma Thuot et le lac Lak, et de Kon Tum pour Nha Trang, puis Danang et Hoi An, plus haut sur la côte. Des circuits à vélo depuis Dalat conduisent à Mui Ne et Nha Trang.

VOITURE ET MOTO

La moto est un moyen de transport parfait pour découvrir les hauts plateaux. Les étapes intéressantes sont nombreuses, le trafic faible, même sur la RN 14, et il y a tout un réseau de pittoresques routes de campagne à explorer. De belles voies goudronnées relient les villes des hauts plateaux à la côte.

Dalat et ses environs

063 / 184 755 HABITANTS / ALTITUDE 1 475 M

Dalat présente en quelque sorte une image en négatif du Vietnam : les températures y sont printanières et non tropicales, d'élégantes villas de l'époque coloniale française y donnent le ton, et non des bâtiments de style socialo-communiste, et les fermes alentour cultivent fraises et fleurs plutôt que du riz.

Les Français furent les premiers à s'y installer, fuyant la touffeur de Saigon. Ils laissèrent derrière eux leurs résidences secondaires, ainsi qu'un petit parfum d'Europe. Les Vietnamiens n'ont pas hésité à rehausser la beauté naturelle de cet endroit, de manière parfois surprenante. Qu'il s'agisse de la tour de la radio inspirée par l'œuvre parisienne d'Eiffel, des voitures à cheval ou de la "Vallée de l'Amour" – un parc autour d'un lac parsemé de sculptures sur ce thème éternel –, le romantisme est pris très au sérieux à Dalat, quitte à pousser le kitsch assez loin.

Les touristes vietnamiens viennent d'ailleurs passer leur lune de miel dans ce "Petit Paris" et séjournent en été dans la "Cité de l'éternel printemps" (la température varie de 15°C à 24°C). Pour les visiteurs étrangers, la douceur du climat se prête à divers sports de plein air.

Histoire

Habitée depuis des siècles par des peuples montagnards, "Da Lat" signifie "rivière de la tribu lat" dans leur langue. Le bactériologiste et explorateur franco-suisse Alexandre Yersin fut, en 1893, le premier Européen à parcourir la région. La ville, fondée en 1912, attira rapidement les Européens. Durant la période coloniale, ils représentèrent jusqu'à 20% de la population de Dalat, où ils ont laissé d'innombrables villas grandioses.

Pendant la guerre du Vietnam, Dalat fut épargnée par un accord tacite entre les diverses parties. Alors que des soldats sud-vietnamiens suivaient une formation dans l'école militaire locale, et que les notables du régime de Saigon se détendaient dans leurs villas, il semble que non loin, les cadres du Viêt-cong en faisaient de même. La ville se rendit sans combattre aux troupes nord-vietnamiennes le 3 avril 1975.

À voir

Dalat

Folie Hang Nga CURIOSITÉ

(063-382 2070 ; 3 Đ Huynh Thuc Khang ; 40 000 d ; 8h30-19h lun-ven). Interprétation débridée du surréalisme, cette demeure privée ne peut se décrire en quelques mots. Imaginez des pièces tout en courbes reliées par d'étroites passerelles s'élevant dans un fouillis de végétation, une débauche de formes ondoyantes, de couleurs vives, des fenêtres en forme de toile d'araignée, le tout semblant quasi organique, telle la rampe d'escalier aux airs de liane. L'ensemble évoque un mélange de Gaudí et de Tolkien.

Depuis sa création en 1990, la "maison folle", imaginée par sa propriétaire, Mme Dang Viet Nga, ne cesse d'évoluer. Formée à Moscou et titulaire d'un doctorat en architecture, Hang Nga, comme on l'appelle ici, a conçu plusieurs autres bâtiments de Dalat. Jugée antisocialiste par le Comité du peuple, la "Maison aux 100 toits", l'un de ses premiers chefs-d'œuvre, fut détruite par un incendie "accidentel".

Centre de Dalat

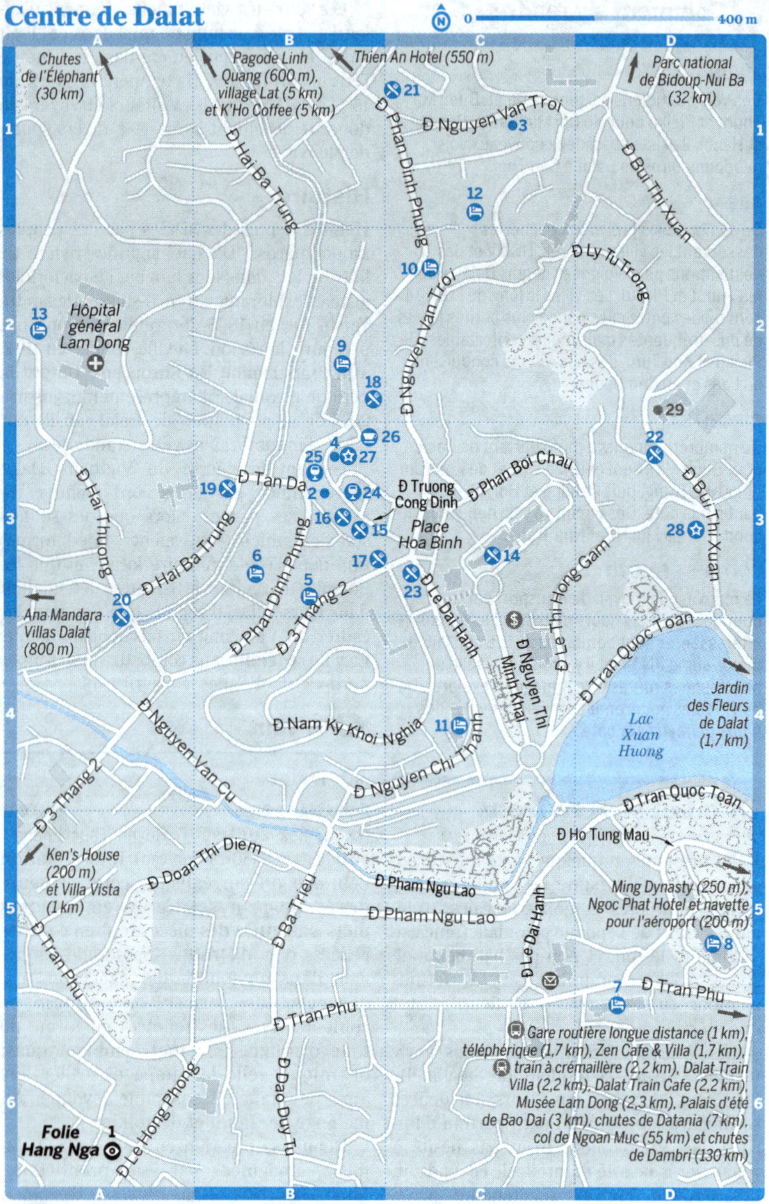

Hang Nga a entamé la construction de la “maison folle” pour inciter l'homme à se rapprocher de la nature et, bien que le projet devienne de plus en plus extravagant au fil des années, sa conceptrice ne risque guère de nouveaux ennuis avec les autorités. Feu son père, Truong Chinh, succéda à Hô Chi Minh et fut le deuxième président du Vietnam de 1981 à 1988. Un sanctuaire lui est dédié dans le salon du rez-de-chaussée.

Si vous venez en famille, soyez très prudent dans ce dédale de tunnels, de

Centre de Dalat

hautes passerelles aux rampes basses et d'échelles précaires, potentiellement dangereux pour les enfants.

Palais d'été de Bao Dai PALAIS
(Dinh 1 ; Hung Vuong ; 15 000 d ; 7h30-17h). Joliment restauré, le principal palais de Bao Dai, dernier empereur du Vietnam, est situé au bout d'une belle avenue bordée d'arbres. La résidence Art déco, de couleur pêche, est étonnamment modeste. Elle accueillait l'empereur, sa femme et leurs cinq enfants, puis fut habitée par le Premier ministre Ngo Dinh Diem après le départ de Bao Dai en exil en France en 1954.

Ne manquez pas les photos : Bao Dai jouant avec un chien ou montant à cheval, et les enfants, impeccables, au visage sérieux.

Gare du train à crémaillère ÉDIFICE HISTORIQUE
(Ga Da Lat ; 1 Đ Quang Trung ; 6h30-17h). GRATUIT De la superbe gare Art déco de Dalat, cinq trains sont prévus chaque jour pour Trai Mat (aller-retour 124 000 d, 30 min) entre 7h45 et 16h ; un minimum de 20 passagers est requis.

Le train à crémaillère Dalat-Thap Cham, en service de 1928 à 1964, fut supprimé en raison des attaques viêt-cong. On peut voir sur place une locomotive à vapeur de fabrication japonaise, et la salle d'attente a conservé son style colonial.

Musée Lam Dong MUSÉE
(063-382 0387 ; 4 Đ Hung Vuong ; 10 000 d ; 7h30-11h30 et 13h30-16h30 lun-sam). Ce musée à flanc de colline offre un voyage dans l'histoire de Dalat, ainsi qu'un détour dans son histoire naturelle au travers d'animaux particulièrement mal empaillés (jetez un œil aux terribles chats sauvages !). On s'attardera plutôt sur les superbes photos évocatrices des ethnies ma, k'ho et churu, ainsi que sur leurs costumes traditionnels, instruments de musique et autels cérémoniels. Remarquables également, des xylophones en pierre vieux de plus de 3 000 ans. La propagande concernant le soutien du gouvernement aux communautés ethniques reste cependant difficile à avaler.

Pagode Linh Quang SANCTUAIRE BOUDDHIQUE
(Chua Linh Quang ; 133 Đ Hai Ba Trung ; aube-crépuscule). Précédée d'énormes dragons et d'un jeune Bouddha sur une fleur de lotus, cette pagode est la plus ancienne et colorée de Dalat. Fondée en 1931, elle dut être largement restaurée après la guerre du Vietnam.

Lac Xuan Huong LAC
Créé par un barrage en 1919, ce lac en forme de croissant doit son nom à la poétesse vietnamienne Ho Xuan Huong (1772-1822), réputée pour ses attaques contre l'hypocrisie des conventions sociales. Un agréable sentier goudronné de 7 km fait le tour du plan d'eau en passant par le **jardin des Fleurs**, le club de golf et l'hôtel Dalat Palace.

Environs de Dalat

Pagode Truc Lam et téléphérique TEMPLE BOUDDHIQUE

(Ho Tuyen Lam ; aller/aller-retour adulte 50 000/70 000 d, enfant 30 000/40 000 d ; téléphérique 7h30-11h30 et 13h30-17h). Pour un moment de spiritualité, direction la pagode Truc Lam, un monastère en activité au sommet d'une colline. Dans ses vastes et beaux jardins, vous échapperez facilement aux groupes occasionnels. Rendez-vous sur place par le téléphérique, qui passe au-dessus de majestueuses forêts de pins (terminus à 3 km au sud du centre).

La pagode et le plan d'eau sont accessibles par des embranchements sur la RN 20.

K'Ho Coffee PLANTATION DE CAFÉ

(0989 722 184 ; www.khocoffee.com ; village Lat ; sur rdv). Cette exploitation, dans la famille de Rolan depuis les années 1860, fait partie d'une coopérative de cultivateurs de café k'ho qui garantit le versement des bénéfices aux fermiers de cette ethnie. On y fait pousser de l'arabica, dont des variétés africaines rares dans ce pays qui est pourtant le deuxième producteur de café au monde. En appelant Josh et Rolan à l'avance, vous pourrez vous arrêter à la plantation et acheter du café équitable torréfié localement.

Ils proposent aussi de somptueux tissus traditionnels (à partir de 1 200 000 d) réalisés par les femmes de la communauté k'ho. À dominante bleue, ils sont finement brodés et nécessitent chacun des semaines de travail.

Parc national de Bidoup-Nui Ba RÉSERVE NATURELLE

(063-374 7449 ; www.bidoupnuiba.gov.vn). Occupant un haut plateau boisé densément couvert d'espèces persistantes, ce parc national englobe des bambouseraies et des prairies entre 650 et 2 288 m d'altitude. Des guides issus des ethnies montagnardes peuvent vous conduire le long des sentiers. Le centre d'accueil des visiteurs, à 32 km au nord de Dalat, présente des expositions interactives sur la faune et la flore, ainsi que sur la culture et l'artisanat de l'ethnie K'ho.

Bidoup-Nui Ba abrite 96 espèces végétales endémiques, dont le pin de Dalat (*Pinus dalatensis*), et près de 300 espèces d'orchidées. Avec un peu de chance, vous entendrez tôt le matin les cris des gibbons

LES PEUPLES DES MONTAGNES

Les tensions entre les montagnards et la population vietnamienne remontent à plusieurs siècles, quand l'expansion vietnamienne a repoussé ces ethnies minoritaires vers les hauts plateaux du Sud-Ouest. Alors que les autorités coloniales françaises considéraient les montagnards comme une population spécifique, le gouvernement du Sud-Vietnam tenta plus tard de les assimiler en supprimant les écoles et les tribunaux coutumiers, en interdisant les maisons sur pilotis et en s'appropriant leurs terres.

En réaction, les montagnards formèrent des mouvements de guérilla nationalistes, dont le Front unifié pour la libération des races opprimées (FULRO). Courtisés dans les années 1960 par les États-Unis pour participer à la lutte contre le Nord-Vietnam, ils furent entraînés par la CIA et les forces spéciales américaines.

Ils payèrent chèrement cet engagement après la guerre. Le régime communiste envoya plus de Vietnamiens dans les hauts plateaux, interdit l'enseignement dans les langues indigènes et limita la liberté de religion (nombre de montagnards appartiennent à des églises non autorisées). De nombreuses ethnies montagnardes furent déplacées dans des villages modernes, en partie pour décourager la culture sur brûlis, mais aussi pour accélérer l'assimilation.

En 2001 et en 2004, des mouvements de protestation furent rapidement – et brutalement – réprimés par le gouvernement. Des groupes de défense des droits de l'homme ont recensé plus de victimes que celles officiellement reconnues par les autorités, et des milliers de montagnards ont fui au Cambodge et aux États-Unis. Quand on interroge des Vietnamiens au sujet de ces événements, ils évoquent habituellement la thèse officielle du complot fomenté à l'étranger. Les observateurs internationaux parlent pour leur part de surveillance constante, harcèlement et persécution religieuse, cette dernière focalisant les tensions (la plupart des montagnards sont protestants), tout comme la question des droits fonciers.

à joues jaunes. Le parc est également l'habitat de l'ours noir et de la grenouille volante, *Rhacophorus vampyrus*.

L'agréable sentier de 3,5 km qui relie le centre d'accueil à une cascade suit la lisière du parc. Pour pénétrer plus avant dans ses profondeurs, vous avez le choix entre trois options, dont une inclut l'ascension des monts Lang Biang et Bidoup. Les randonnées les plus longues ne partent pas du centre d'accueil, mais son personnel pourra vous fournir un guide et s'occuper de la logistique.

Chutes de l'Éléphant CASCADE

(10 000 d ; 7h-17h). Baptisées d'après un gros rocher qui ressemblerait à une tête d'éléphant, ces puissantes cascades sont accessibles après une ascension raide sur des marches irrégulières et glissantes, parfois bordées d'une rampe. Vous pouvez aussi parcourir une grotte menant à l'arrière des chutes pour une petite brumisation. Les chutes se trouvent près du village de Nam Ban, à 30 km à l'ouest de Dalat.

Chutes de Datanla

(adulte/enfant 20 000/10 000 d, "bobsleigh" aller/aller-retour 30 000/40 000 d). Ces modestes chutes étant les plus proches de Dalat (7 km au sud), attendez-vous à y croiser beaucoup de groupes. Vous pouvez descendre jusqu'en bas de la cascade (jolie mais assez petite) à pied ou en empruntant l'amusant **bobsleigh**. Pour rejoindre les chutes, suivez la RN 20 et tournez à droite 200 m après l'embranchement vers le lac Tuyen Lam.

Villages Lat VILLAGE

À moins de 1 km du pied des monts Lang Bian, le **village Lat** (prononcez "lak") compte 6 000 habitants répartis dans neuf hameaux. Seuls cinq d'entre eux abritent des membres de l'ethnie lat. Les quatre autres sont habités par des Chill, des Ma et des K'ho.

L'église catholique mérite un coup d'œil pour son pilier rituel k'ho à côté de l'autel.

Activités

De nombreux tour-opérateurs proposent des randonnées à pied ou à VTT, du kayak, du canyoning, des descentes en rappel et des ascensions, ainsi que des circuits vers la côte. Comparez les prix et renseignez-vous sur les équipements et les conditions de sécurité. On peut aussi louer simplement un vélo pour faire le tour du lac.

♥ **Phat Tire Ventures** CIRCUITS AVENTURE

(063-382 9422 ; www.ptv-vietnam.com ; 109 Đ Nguyen Van Troi ; 8h-19h). Ce tour-opérateur professionnel et expérimenté organise des excursions à VTT (à partir de 49 $US), des treks (à partir de 31 $US), des sorties en kayak (à partir de 39 $US), du canyoning (à partir de 75 $US) et, à la saison des pluies, du rafting (67 $US). Des sorties à vélo de plusieurs jours sont proposées ainsi que des excursions au parc national de Cat Tien.

Groovy Gecko Adventure Tours CIRCUITS AVENTURE

(063-383 6521 ; www.groovygeckotours.net ; 65 Đ Truong Cong Dinhi ; 8h-19h). Une agence professionnelle, dirigée par une équipe jeune et dynamique. Les prix démarrent à 38 $US environ pour l'escalade, le canyoning ou le VTT, à 25 $US pour une randonnée d'une journée, à 65 $US pour un trek de 2 jours.

Pine Track Adventures CIRCUITS AVENTURE

(063-383 1916 ; www.pinetrackadventures.com ; 72b Đ Truong Cong Dinhi ; 8h-19h). Une équipe locale enthousiaste propose canyoning (à partir de 55 $US), rafting (à partir de 60 $US), treks et excursions en VTT, ainsi que d'excellentes formules multisports. Une excursion de 6 jours dans les environs de Dalat avec trajet en vélo jusqu'à Mui Ne coûte 635 $US.

Dalat Happy Tours CIRCUIT GASTRONOMIQUE

(0912 893 091 ; www.dalathappytours.com ; circuit cuisine de rue 4 $US). Après tant d'efforts physiques autour de Dalat, reprenez des forces lors de cet amusant circuit nocturne avec le chaleureux Lao. Rendez-vous au cinéma Hoa Binh, dans le centre, à 18h, pour aller goûter *bahn xeo* (crêpes garnies), fondue de queue de bœuf, délicieuses brochettes grillées, "pizza de Dalat", curry de lapin, alcool de riz, etc. Prix du repas non compris.

Où se loger

♥ **Ken's House** AUBERGE DE JEUNESSE $

(063-383 7119 ; www.kenhousedalat.com ; D59 Hoang Van Thu ; ch 12-22 $US ;). Plantes grimpantes, scènes parisiennes et forestières sur les murs, couvertures à motifs : voici l'auberge de jeunesse la plus colorée de Dalat. Joignez-vous à une soirée fondue ou un dîner commun improvisé avec le personnel, chaleureux.

Sleep In Dalat Hostel AUBERGE DE JEUNESSE $
(☎0913 923 379 ; www.sleepindalathostel.com ; 83/5b Đ Nguyen Van Troi ; dort 7 $US, d 20-35 $US ; wifi). Demeure de Ben le teckel, cet accueillant établissement est installé au bout d'une allée étroite, à l'écart du bruit de la rue principale. La propriétaire, Linh, cuisine des dîners communs pour que les voyageurs fassent connaissance. Circuits canyoning très appréciés. Chambres privatives avec sdb ; dortoirs avec sdb commune (propre).

Dalat Cozy Nook Hostel AUBERGE DE JEUNESSE $
(☎0949 691 553 ; 45/5a Đ Phan Dinh Phung ; dort 5 $US ; clim, wifi). Deux dortoirs mixtes impeccables dotés des lits superposés les plus confortables de Dalat attirent une clientèle de routards internationaux. Les dîners de groupe animés, organisés par les propriétaires serviables, sont une parfaite occasion pour échanger avec d'autres voyageurs.

Dalat Central Hostel AUBERGE DE JEUNESSE $
(Hotel Phuong Hanh ; ☎0989 878 879 ; 80 Đ Ba Thang Hai ; dort/d 5/20 $US ; clim, wifi). Plus un hôtel bon marché qu'une auberge de jeunesse, l'adresse est prisée des voyageurs. Vastes dortoirs de 8 et 12 lits superposés et confortables, avec rideaux. Un dortoir est réservé aux femmes et les chambres privatives, immenses, disposent d'une baignoire d'angle et de la TV par câble.

Villa Pink House HÔTEL $
(☎063-381 5667 ; ahomeawayfromhome_dalat@yahoo.com ; 7 Đ Hai Thuong ; s/d/tr 16/20/30 $US ; @, wifi). Un hôtel familial bien tenu, où nombre de chambres jouissent d'une belle vue. L'affable M. Rot, aux commandes, peut organiser des circuits à moto dans la campagne autour de Dalat.

♥ **Villa Vista** BOUTIQUE-HÔTEL $$
(☎063-351 2468 ; huongdo_82@yahoo.com ; 93 Ngo Thi Sy, Phuong 4 ; ch à partir de 60 $US ; non-fumeurs, wifi). Cette demeure située sur la colline domine Dalat. Elle abrite 4 charmantes chambres de style français du XIXe siècle (mais avec TV et pommeau de douche à effet pluie). Les adorables propriétaires, Tim et Huong, préparent un remarquable petit-déjeuner. Ils peuvent vous mettre en relation avec Easy Riders et partagent leurs tuyaux sur Dalat.

Dalat Hotel du Parc HÔTEL $$
(☎063-382 5777 ; www.dalatresorts.com ; 7 Đ Tran Phu ; ch 1 700 000-1 900 000 d, ste 2 800 000 d ; clim, wifi). Un bâtiment de style colonial (1932), soigneusement rénové, à des prix attrayants. L'ascenseur du grand hall donne le ton, et les chambres spacieuses renferment mobilier élégant et parquet en bois ciré. Nombreux équipements : spa, centre de fitness et excellent restaurant.

♥ **Dreams 3** HÔTEL $$
(☎063-383 3748, 063-382 5877 ; dreams@hcm.vnn.vn ; 141 Đ Phan Dinh Phung ; ch 32-37 $US ; non-fumeurs, clim, wifi). Nouvel établissement spacieux, où toutes les chambres bénéficient d'une excellente literie et d'une sdb dans l'air du temps, voire d'un balcon. Le dernier étage abrite un Jacuzzi, un hammam et un sauna. Seule ombre au tableau : l'emplacement dans une rue très passante.

♥ **Dreams Hotel** PENSION $
(☎063-383 3748 ; www.dreamshoteldalat.com ; 151 & 164b Đ Phan Dinh Phung ; 22-27 $US ; non-fumeurs, @, wifi). Une adresse chaleureuse, tenue par une famille aux petits soins avec ses hôtes. Outre des chambres impeccables, il y a un Jacuzzi et un sauna. Épatant buffet au petit-déjeuner.

Dalat Train Villa APPARTEMENT $$
(☎063-381 6365 ; www.dalattrainvilla.com ; 1 Đ Quang Trung ; d 35-45 $US ; app 70 $US ; non-fumeurs, wifi). Trois superbes villas datant de la période française ont été transformées en doubles raffinées et appartements avec salon, cuisine et séjour parfaits pour les groupes. Un café est aménagé dans un wagon. À 2 km à l'est du centre de la ville.

Zen Cafe & Villa PENSION $$
(☎0994 799 518 ; www.zencafedalat.com ; 27c Pham Hong Thai ; ch 21-39 US ; wifi). Grandes chambres de caractère dans une villa française centenaire, entourée d'un paisible jardin et assez élevée pour jouir d'une vue sur les montagnes. Axel et Mai Dung, les propriétaires, vous amuseront avec leurs anecdotes sur la région, et le café est sublime.

♥ **Ana Mandara Villas Dalat** BOUTIQUE-HÔTEL $$$
(☎063-355 5888 ; www.anamandara-resort.com ; Đ Le Lai ; ch 82-102 $US, ste à partir de 138 $US ; non-fumeurs, clim, @, wifi). Il s'agit de 7 villas coloniales avec meubles d'époque amoureusement restaurées dispersées dans un domaine de grande classe. La plupart ont une cheminée dans le salon et toutes offrent une superbe vue panoramique. Possible d'y dîner. Spa

sophistiqué. Dans les faubourgs de Dalat, à une bonne trotte du centre.

Dalat Palace HÔTEL COLONIAL **$$$**
(☎063-382 5444 ; www.dalatpalace.vn ; 12 Đ Tran Phu ; d/ste 135/252 $US ;). Desservi par une large allée où sont garées des Citroën de collection, ce vénérable palace de 1922 profite d'une vue imprenable sur le lac Xuan Huong. Le faste des intérieurs coloniaux a été superbement préservé, depuis les lambris, les baignoires à pattes de lion et les cheminées jusqu'aux lustres et aux tableaux. L'endroit peut toutefois être tristement désert à certaines périodes. Réduction en ligne.

Ngoc Lan Hotel HÔTEL **$$$**
(☎063-382 2136 ; www.ngoclanhotel.vn ; 42 Đ Nguyen Chi Thanh ; ch/ste à partir de 75/143 $US ;). Un hôtel de luxe, dont les chambres blanches, aux lignes sobres, sont rehaussées de touches violettes stylées. La décoration contemporaine se marie joliment avec le style colonial du bâtiment, agrémenté de parquet et de portes-fenêtres. Au cœur de la ville, donc un peu bruyant.

Où se restaurer

Les restaurants de Dalat tirent profit des légumes qui poussent en abondance sous le climat tempéré. Ne manquez pas le milk-shake et la glace à l'avocat, ainsi que le thé à l'artichaut, censé faire baisser la tension.

Trong Dong VIETNAMIEN **$**
(☎063-382 1889 ; 220 Đ Phan Dinh Phung ; plats 80 000-120 000 d ; 11h30-15h et 17h30-21h30 ;). Une table intimiste, tenue par une équipe accueillante. La carte, créative, comprend des délices tels que pâte de crevettes sur bâton de canne à sucre, bœuf enveloppé d'une feuille de *la lut* et calamar épicé à la citronnelle et au piment.

LES EASY RIDERS

Pour nombre de voyageurs, un circuit à moto hors des sentiers battus avec un "Easy Rider" constitue le point fort d'un périple dans les hauts plateaux. Outre le plaisir de circuler sur des routes sans fin, vous vous promènerez avec un conducteur sympathique qui connaît parfaitement la région et vous fera découvrir la vie rurale.

Le succès des Easy Riders a un revers : le premier venu revendique ce titre. Afin de protéger "leur" appellation, des Easy Riders se sont regroupés en association ; ils portent un blouson bleu et font payer une adhésion. À Danang, Hoi An et Nha Trang, le terme "Easy Rider" désigne également des groupes de guides à moto, vêtus de blousons de diverses couleurs.

Que vous vous adressiez à un guide en uniforme ou indépendant, faites lui préciser ce qu'il peut vous montrer que vous ne pouvez découvrir par vos propres moyens. Comptez à partir de 25 $US par jour aux environs de Dalat, 60-75 $US par jour pour des circuits prolongés à travers les hauts plateaux jusqu'à la côte, voire jusqu'à Hanoi.

Les Easy Riders portant un blouson ne sont pas tous de bons guides et, à l'inverse, de nombreux conducteurs indépendants se révèlent excellents. Beaucoup de conducteurs possèdent un livre d'or recueillant les témoignages des clients précédents. Consultez aussi les forums sur Internet.

Avant un long périple, testez le conducteur pour une excursion d'une journée. Voici quelques détails à prendre en considération :

- Est-il prudent ?
- Maîtrise-t-il bien une langue que vous comprenez ?
- Pouvez-vous envisager de passer 2 jours ou plus en sa compagnie ?
- Vos sacs sont-ils correctement arrimés sur la moto ?
- La selle et le casque sont-ils confortables (et propres) ?
- Des capes imperméables sont-elles fournies ?

Autre critère de taille, l'itinéraire. Les plus beaux itinéraires du sud du Vietnam empruntent des routes secondaires pittoresques entre Dalat, Buon Ma Thuot, Pleiku et Kon Tum (la route principale reliant les quatre n'est pas très attrayante), et des routes nationales côtières qui relient Dalat à Mui Ne et Nha Trang.

À VOIR LE LONG DE LA RN 20

Bus "open tour", voitures privées et Easy Rider doivent négocier les virages de la route qui va de Hô Chi Minh-Ville à Dalat. Plusieurs haltes sont possibles.

Lac Langa

La route HCMV-Dalat (RN 20) enjambe ce lac grâce à un pont. Vous verrez de nombreuses maisons flottantes sous lesquelles des familles élèvent des poissons.

Cratères volcaniques

Près de Dinh Quan, sur la RN 20, ne manquez pas les trois volcans éteints, impressionnants. Les cratères datent de la fin de la période jurassique, il y a environ 150 millions d'années. Vous devrez marcher un peu pour les voir. L'un se situe à gauche de la route, à environ 2 km au sud de Dinh Quan, et l'autre à droite, à 8 km après Dinh Quan en direction de Dalat.

Tunnels de lave souterrains

À environ mi-chemin entre HCMV et Dalat, ces grottes, d'un genre peu commun, ont été formées alors que la lave en surface se refroidissait et se solidifiait, tandis que la lave souterraine, brûlante, continuait de s'écouler, laissant un espace creux à la surface lisse.

Pour y accéder, repérez d'abord la forêt de teck sur la RN 20 entre le km 120 et le km 124. Les enfants du coin vous indiqueront l'entrée des tunnels. Emportez une lampe de poche et suivez un guide.

One More Cafe CAFÉ $
(77 Ð Hai Ba Trung ; gâteau 25 000 d ; 8h-21h, fermé mer ;). Confortables fauteuils, murs pêche à la décoration éclectique et vitrine pleine de gâteaux accueillent les clients dans ce café douillet tenu par des Australiens. Au menu : thés, expresso, petit-déjeuner servi toute la journée et smoothies.

Marché central VIETNAMIEN $
(Cho Da Lat ; repas à partir de 20 000 d ; 7h-15h). Pour un repas à prix doux dans la journée, rendez-vous au dernier étage du marché central. Le soir, des stands de restauration s'installent aux abords du marché, dans Nguyen Thi Minh Khai.

Da Quy VIETNAMIEN, OCCIDENTAL $
(Wild Sunflower ; 49 Ð Truong Cong Dinh ; plats à partir de 50 000 d ; 8h-22h). Tenu par Loc, sympathique Vietnamien anglophone, ce lieu combine cadre raffiné et prix doux. Les traditionnels plats mijotés et fondues sont plus attrayants que la carte occidentale.

Restaurant Ichi JAPONAIS $$
(063-355 5098 ; 1 Ð Hoang Dieu ; repas 100 000-300 000 d ; 17h30-22h mar-dim). Le seul japonais authentique de Dalat, avec éclairage tamisé et jazz en fond sonore. Sushis épicés au thon, yakitori poulet et tempura sont tous fantastiques, les bentos sont bon marché et l'on sert même du *natto.* Prenez place au bar (servant plusieurs whiskies du monde) pour observer Tommo, le maître sushi, à l'œuvre.

V Cafe INTERNATIONAL $$
(063-352 0215 ; www.vcafedalatvietnam.com ; 1/1 Ð Bui Thi Xuan ; repas 89 000-145 000 d ; 7h-22h30 ;). Une adresse sympathique, de style bistrot, à la cuisine cosmopolite (curry de poulet façon Calcutta, lasagnes végétariennes, *quesadillas* mexicaines...). Des photos intéressantes ornent les murs et il y a de la musique *live* presque chaque soir à partir de 19h30.

Windmills ITALIEN $$
(Ð Le Dai Hanh 1 ; repas 120 000-200 000 d ; 11h-22h ;). Adorable café spécialisé dans les meilleures pizzas et plats de pâtes de Dalat tels que les *linguine* aux palourdes. Si vous ne vous arrêtez pas pour une quatre-fromages, allez-y pour les excellents cappuccinos et expressos.

Goc Ha Thanh VIETNAMIEN $
(53 Ð Truong Cong Dinh ; repas 100 000-150 000 d ; 7h-22h ;). Ouverte par un couple accueillant originaire de Hanoi, cette nouvelle adresse décontractée, au joli mobilier en bambou, met l'accent sur les curries au lait de coco, les fondues, les spécialités mijotées dans une cocotte en terre, les plats sautés et les nouilles.

Nhat Ly VIETNAMIEN $$
(88 Đ Phan Dinh Phung ; repas 55 000-160 000 d ; ⏲11h-21h30). À la carte figurent de copieuses spécialités des hauts plateaux, dont des fondues remarquables et des grillades de viande et de fruits de mer, le tout servi sur des nappes à carreaux. Excellent crabe vapeur à la bière (320 000 d/kg). La nombreuse clientèle locale semble être un gage de qualité.

Dalat Train Cafe INTERNATIONAL $$
(www.dalattrainvilla.com ; 1 Đ Quang Trung ; plats 79 000/155 000 d ; ⏲7h-22h ;). Avis aux amoureux du rail ! Ne manquez pas l'occasion de prendre un repas ou un en-cas dans le cadre unique de ce wagon de l'époque coloniale soigneusement restauré, entouré d'images de trains du monde. Burger au bleu, tofu épicé et lasagnes végétariennes sont des valeurs sûres. De la gare ferroviaire de Dalat, tournez à droite, grimpez sur 80 m et repérez le panneau sur la gauche.

Long Hoa VIETNAMIEN $$
(☎063-382 2934 ; 6 Đ 3 Thang 2 ; plats 50 000-150 000 d ; ⏲11h-14h30 et 17h30-21h30). Établissement de style bistrot, tenu par un francophile. Les Occidentaux s'y régalent de cuisine vietnamienne, tandis que les Vietnamiens préfèrent les grillades. Accompagnez votre repas d'un verre de vin de Dalat.

♥ **Le Rabelais** FRANÇAIS $$$
(☎063 382 5444 ; www.dalatresorts.com ; 12 Đ Tran Phu ; repas 600 000-1 700 000 d ; ⏲7h-22h). Le restaurant français gastronomique du Dalat Palace offre un décor colonial, avec des salles à manger grandioses et une terrasse spectaculaire surplombant la rive du lac. Les formules dîners (1 700 000 d) sont copieuses ; autrement, offrez-vous un succulent plat à la carte, comme le canard saisi à l'orange ou le carré d'agneau rôti.

♥ **Ming Dynasty** CHINOIS $$$
(☎063-381 3816 ; www.khaisilkorp.com ; 7 Tran Hung Dao ; plats 150 000-850 000 d ; ⏲12h-15h et 19h-22h). Restaurant chinois raffiné aux murs ornés de peintures de paysages montagneux et dont la terrasse donne sur le lac. Le menu, sur iPad, comprend des plats joliment préparés tels que canard à la pékinoise, travers de porc au miel, mérou vapeur et crabe aux gingembre et oignon vert.

Où prendre un verre et faire la fête

Le vin de Dalat est réputé dans tout le pays. Les rouges sont agréablement légers, tandis que les blancs sont souvent boisés. Sans être débridée, la vie nocturne de Dalat est assez animée.

La Viet CAFÉ
(82 Đ Truong Cong Dinh ; ⏲7h-22h). Est-ce une boutique d'antiquités ? un café ? Au milieu d'un bric-à-brac de plantes, pièces détachées de vieux vélos, cages à oiseau, téléphones et pianos anciens, trouvez une place et sirotez un bon café.

Hangout BAR
(71 Đ Truong Cong Dinh ; ⏲11h-24h ;). Un lieu détendu, équipé d'une table de billard, où se retrouvent motards et routards. Le patron, est une mine d'informations sur la région.

13 Cafe-Bar BAR
(13 Đ Tang Bat Ho ; ⏲12h-23h). Cette terrasse garnie de plantes et éclairée de guirlandes lumineuses et de lampions est un bon endroit pour prendre un verre. La musique rock-reggae participe à l'ambiance et les burgers sont savoureux.

♥ **Escape Bar** MUSIQUE LIVE
(www.escapebardalat.com ; sous-sol, Muong Thanh Hotel, 4 Đ Phan Boi Chau ; ⏲16h-24h ;). Ce bar appartient à Curtis King, un guitariste de blues qui se produit presque chaque soir avec un groupe (à partir de 21h) dans un cadre *seventies* chic. Il joue certes des classiques, mais fait la part belle à l'improvisation. Jam-session le dimanche.

Beepub MUSIQUE LIVE
(74 Đ Truong Cong Dinh ; ⏲17h30-tard). Certains soirs, le propriétaire lance un sympathique bœuf et accueille parfois des DJ. D'autres soirs, le volume monte, assez fort pour faire venir la police, et il est encore plus fort quand démarre la musique du bar voisin.

Achats

En matière de variétés de cafés, Dalat offre l'embarras du choix. Explorez les échoppes du marché central et des alentours.

Renseignements

Hôpital général Lam Dong (☎063-382 1369 ; 4 Đ Pham Ngoc Thach ; ⏲24h/24). Soins médicaux d'urgence.
Poste principale (14 Đ Tran Phu ; ⏲7h-18h)

The Sinh Tourist (☎063-382 2663 ; www.thesinhtourist.vn ; 22 Đ Bui Thi Xuan ; ⏰8h-19h). Circuits, visites de la ville et réservation de bus "open tour".

Vietcombank (6 Đ Nguyen Thi Minh Khai ; ⏰7h30-15h mar-jeu, jusqu'à 13h sam). Change les devises étrangères et les chèques de voyage.

Depuis/vers Dalat

AVION

Vietnam Airlines, VietJet Air et Jetstar proposent des vols réguliers, dont une ligne quotidienne pour Danang (1 heure 15), quatre vols quotidiens pour Hanoi (1 heure 45) et HCMV (45 min), et deux vols hebdomadaires pour Can Tho (1 heure 15).

L'**aéroport Lien Khuong** est à 30 km au sud de la ville.

BUS

Dalat est une étape majeure des bus "open tour". The Sinh Tourist propose un bus quotidien pour Mui Ne, Nha Trang et HCMV.

Gare routière (Ben Xe Lien Tinh Da Lat ; Đ 3 Thang 4). La gare routière longue distance de Dalat est à 1,5 km au sud du lac Xuan Huong. Les rutilants bus Phuong Trang proposent des navettes gratuites vers et depuis votre hôtel et couvrent les principales destinations régionales.

VOITURE ET MOTO

De Nha Trang, une route récente grimpe jusqu'à 1 700 m au mont Hon Giao et franchit un col spectaculaire de 33 km – un rêve pour motards et cyclistes !

La RN 27 pour Buon Ma Thuot est belle mais pleine d'ornières. Une nouvelle route qui contourne l'aéroport est en cours de construction entre Dalat et Buon Ma Thuot.

Comment circuler

DEPUIS/VERS L'AÉROPORT

La navette de Vietnam Airlines circule, en fonction des vols, entre l'aéroport Lien Khuong et Dalat (40 000 d, 40 min). Le départ se fait devant le Ngoc Phat Hotel, au 10 Đ Ho Tung Mau, deux heures avant chaque vol ; votre hôtel peut prévoir une navette gratuite pour vous y conduire.

Une société de transport proposent des taxis de l'aéroport à Dalat à 180 000 d ; ces taxis depuis Dalat coûtent 200 000 d. Comptez autour de 430 000 d en taxi avec compteur.

MOTO

Pour un court trajet en ville (20 000 d), prenez un *xe om* (moto-taxi) aux alentours du marché central. Si vous souhaitez louer une moto, comptez 150 000-200 000 d par jour.

TAXI

Pour des taxis fiables, appelez **Mai Linh** (☎063-352 1111).

VÉLO

Le terrain vallonné rend l'exercice fatigant. Plusieurs hôtels louent des vélos et certains en prêtent à leurs hôtes. Il existe des circuits à vélo.

VOITURE

La location d'une voiture avec chauffeur coûte au minimum 50 $US par jour.

À NE PAS MANQUER

CHUTES DE DAMBRI

Situées à 130 km au sud de Dalat, sur la route de Bao Loc et de HCMV, les **chutes de Dambri** (10 000 d ; ⏰7h-17h) comptent parmi les plus hautes (90 m), les plus belles et les plus accessibles du Vietnam. Elles méritent le détour même pendant la saison sèche. Pour une vue spectaculaire depuis le sommet, prenez l'**ascenseur** (5 000 d) ou grimpez le sentier abrupt qui y mène.

Un deuxième sentier jalonné de marches raides descend jusqu'au pied de la cascade pour un point de vue tout aussi beau, et continue jusqu'aux plus petites **chutes de Dasara**.

La route pour rejoindre les chutes part de la RN 20, 18 km au nord de Bao Loc.

BUS AU DÉPART DE DALAT

DESTINATION	TARIF (D)	DURÉE (HEURE)	FRÉQUENCE	DISTANCE
Buon Ma Thuot	110 000	5	9/jour	200 km
Can Tho	320 000	11	2/jour à 7h et 19h	461 km
Danang	270 000	15	3/jour	660 km
HCMV	230 000	7-8	ttes les 30 min	306 km
Kon Tum	280 000	11	2/jour à 4h et 4h30	272 km
Nha Trang	135 000	4-5	17/jour	136 km
Pleiku	210 000-230 000	9	3/jour	409 km

Col de Ngoan Muc

Le spectaculaire col de Ngoan Muc (col de Bellevue) se situe à 43 km au sud-est de Dalat, à 64 km de Phan Rang et 5 km du lac Dan Nhim (à 1 042 m d'altitude). Par temps clair, la vue s'étend jusqu'à la mer, à plus de 50 km de là. La nationale serpente en descendant la montagne et passe sous deux énormes conduites qui amènent l'eau du lac à la centrale hydroélectrique, au pied du col.

Au sud de la route (à droite en regardant vers la mer), vous verrez les voies escarpées du train à crémaillère qui relie Thap Cham à Dalat. Au sommet du col, près de la route, vous découvrirez une cascade, des forêts de pins et l'ancienne gare ferroviaire.

Parc national de Cat Tien

☎061 / ALTITUDE : 700 M

Cat Tien (☎061-366 9228 ; www.cattiennationalpark.vn ; adulte/enfant 50 000/20 000 d ; ⏲7h-22h) couvre 72 000 ha et protège une forêt tropicale de basse altitude à l'extraordinaire biodiversité. Le parc offre les meilleures possibilités de randonnées (à pied ou à VTT) et d'observation des oiseaux de tout le Sud. Appelez pour réserver, car il ne peut héberger qu'un nombre limité de visiteurs.

Cat Tien a été arrosé de défoliants durant la guerre du Vietnam, mais les arbres séculaires ont résisté et la végétation basse a repoussé. En 2001, le parc a été classé réserve mondiale de biosphère par l'Unesco. Cela vaut la peine d'y passer au moins 2 jours complets.

La faune comprend une centaine d'espèces de mammifères, dont le gaur (un bovidé herbivore qui ressemble au bison), 79 espèces de reptiles, 41 espèces d'amphibiens et une multitude d'insectes, dont quelque 400 espèces de papillons. Parmi les 350 espèces d'oiseaux et plus figurent la torquéole de David et le faisan prélat.

À voir et à faire

Le parc national de Cat Tien peut s'explorer à pied, en VTT, en 4x4 ou en bateau le long de la Dong Nai. Il compte 14 **sentiers de randonnée** bien balisés allant de 2 km à 26 km, avec un code couleur précisant le niveau de difficulté. Certains sont plats et carrossables, d'autres, plus difficiles et boueux, traversent des cours d'eau. Seuls les trois plus ardus requièrent les services d'un guide, ainsi qu'un transport vers et depuis le point de départ.

Si vous souhaitez prendre un guide, pensez à réserver. Il vous en coûtera 800 000 d pour une excursion ornithologique et 1 200 000 d la journée pour un trek, indépendamment du nombre de participants. Emportez des provisions d'antimoustique. Les sangsues constituent un autre problème majeur, mais vous pouvez louer des chaussettes spéciales au QG du parc, moyennant une somme modique.

LE WILD GIBBON TREK : SUR LES TRACES DES GIBBONS SAUVAGES

Des gibbons à joues jaunes ont été réintroduits à Cat Tien, une occasion rare d'observer ces singes fascinants dans un environnement semi-sauvage. Une randonnée à pied (60 $US/pers, max 4 pers) a lieu tous les jours et commence à 5h du matin, cela afin d'entendre leurs incroyables cris d'appel à l'aube, avant de regarder toute la famille vaquer à ses occupations.

Dotés de l'instinct de territoire, les gibbons à joues jaunes vivent en famille ; les femelles sont dominantes et les petits restent avec leur mère jusqu'à 8 ans. Comme la plupart des créatures en voie d'extinction au Vietnam, ils sont chassés pour le commerce illégal d'animaux – les parents sont tués et les petits enlevés –, mais aussi pour des remèdes douteux de médecine traditionnelle.

Le circuit comprend une visite guidée du centre pour les primates de Dao Tien, généralement effectuée à 8h30, juste après la randonnée. Cette dernière est désormais gérée par les autorités du parc, avec l'aide de **Go East** (www.go-east.org), et nécessite que vous logiez dans le parc la nuit précédente, car les traversées de la rivière dans l'obscurité sont dangereuses. Tous les bénéfices vont au financement du parc national et permettent d'aider les gardes forestiers dans leurs efforts pour sa préservation. Pour éviter toute déception, réservez bien à l'avance auprès de cattienvietnam@gmail.com, ou en appelant le ☎061-366 9228.

♥ Centre de réhabilitation pour les grands singes de Dao Tien RÉSERVE NATURELLE

(Dao Tien Endangered Primate Species Centre ; www.go-east.org ; adulte/enfant trajet en bateau compris 300 000/150 000 d ; ⊙visite à 8h30 et 14h). Ce centre de réhabilitation, situé sur une île de la Dong Nai, abrite gibbons à joues jaunes, loris nains (tous deux endémiques du Vietnam et du Cambodge), doucs à pattes noires et semnopithèques à coiffe, arrachés au trafic d'animaux. L'objectif à terme étant de les remettre en liberté, ils vivent dans un environnement semi-sauvage d'où jaillissent les incroyables cris d'appel des gibbons.

Des centaines de jeunes arbres fruitiers ont été plantés sur l'île pour servir de garde-manger aux primates et les encourager à apprendre à se déplacer dans la canopée.

Actuellement, le principal objectif du centre est de préserver les loris nains de l'extinction. Plusieurs animaux sauvés ne seront peut-être jamais relâchés dans la nature car les chasseurs leur ont arraché les dents venimeuses sans lesquelles ils ne peuvent se débrouiller. Le site Web du Dao Tien permet d'"adopter" un animal.

Marécage des crocodiles MARÉCAGE

(Bau Sau ; entrée 140 000 d, guide 300 000 d, bateau 350 000 d). Deux itinéraires conduisent au "marécage des crocodiles", l'un des attraits du parc. Le plus direct commence par un parcours de 9 km en voiture ou à vélo depuis les bureaux du parc, et se termine par un trek de 5 km, ce qui prend environ 3 heures aller-retour. L'autre est une randonnée avec guide dans la forêt sillonnée de cours d'eau. Les treks nocturnes ont un succès particulier car ils permettent de voir les crocodiles, entre autres animaux.

Refuge pour les ours et chats sauvages de Cat Tien RÉSERVE NATURELLE

(Cat Tien Bear & Wild Cat Rescue Station ; 150 000 d ; ⊙7h30-16h). Dans le parc national, près des bureaux, ce refuge accueille 9 ours malais et 25 ours noirs, sauvés des braconniers et/ou des fermes d'extraction de bile. Parmi les autres rescapés figurent un petit léopard et plusieurs gibbons à joues jaunes. Même si les ours sont lâchés chaque matin dans un vaste espace extérieur, les conditions ne sont pas idéales. Le centre doit être transféré dans un nouvel espace, plus grand, à 3 km de là.

Où se loger et se restaurer

Le Parc national offre des possibilités d'hébergement pratiques pour les départs de randonnée matinaux et permettant d'éviter de payer plusieurs traversées de rivière. Quelques bons lodges privés, situés juste devant l'entrée du parc, sont nettement plus confortables ; tous ont un restaurant. Évitez autant que possible de venir le week-end ou pendant les vacances : les Vietnamiens sont nombreux à visiter le parc à ces périodes.

♥ Ta Lai Long House PENSION $

(☎0938 887 105 ; www.talai-adventure.vn ; dort 315 000 d ; ❄📶👪). Dirigé par des Occidentaux et des Vietnamiens appartenant aux communautés S'Tieng et Ma, ce nouveau lodge de style traditionnel assure un hébergement de qualité dans une "maison longue" en bois bien construite. Lits à baldaquin, installations modernes et nombreuses activités offertes. À 12 km en vélo des bureaux du parc, dans le village de Ta Lai.

River Lodge LODGE $

(☎0973 346 345 ; ch 12 $US ; ❄📶). À 250 m à pied du ferry, le River Lodge se compose d'un ensemble de bungalows en brique et bambou (avec clim. et ventilateur) donnant sur la rivière. Tenu par une accueillante famille dont le restaurant sert des classiques corrects.

Cat Tien National Park PENSION $

(☎061-366 9228 ; cattienvietnam@gmail.com ; dort/d/tr 80 000/200 000/680 000 d, tente 2 pers. 200 000 ; ❄📶). Les chambres proposées au QG du parc sont plutôt sommaires et d'un prix trop élevé, mais elles comportent une sdb. Sont aussi proposées des tentes en toile pour couple et de grandes tentes (accueillant jusqu'à 12 personnes) à partager. Deux endroits simples permettent de se restaurer près des bureaux du parc : une cantine et un restaurant un peu plus élaboré.

♥ Forest Floor Lodge ÉCOLODGE $$$

(☎061-366 9890 ; www.forestfloorlodge.com ; tente de luxe ou maison 125 $US ; ❄📶). Cet écolodge a posé les normes d'un hébergement de qualité dans les parcs nationaux du Vietnam. Trois charmantes tentes safari donnent sur la rivière, et des grandes chambres, plus chics, occupent des maisons traditionnelles en bois. Le lodge est situé en face du centre pour les primates de Dao Tien, de sorte qu'on peut souvent entendre et voir les gibbons sur l'île.

Renseignements

Réservations et paiements des guides et circuits s'effectuent aux bureaux du parc, de l'autre côté de la rivière par rapport à la plupart des hébergements. Un ferry traverse régulièrement la Dong Nai, entre 7h et 19h. L'entrée du parc (qui comprend les traversées) à 40 000 d se règle à la billetterie près du ferry.

Depuis/vers le parc national de Cat Tien

BATEAU

Il est possible de prendre un bateau pour traverser le lac Langa et de continuer à pied jusqu'au parc. Renseignez-vous auprès de Phat Tire Ventures (p. 305), un tour-opérateur fiable de Dalat.

BUS

Les bus Dalat-HCMV (toutes les 30 min) passent systématiquement par la bifurcation de Vuon Quoc-Gia Cat Tien, sur la RN 20. Le trajet au départ de chacune des deux villes dure environ 4 heures et coûte de 190 000 d à 200 000 d. À ce croisement, vous pourrez louer un *xe om* (environ 170 000 d, mais négociez ferme) pour parcourir les 24 km restants jusqu'au parc. Les lodges peuvent aussi organiser un transfert depuis/vers la route principale.

CIRCUIT

Sinhbalo Adventures (p. 370) organise des circuits recommandés à Cat Tien depuis HCMV.

VÉLO

Les pensions louent ou prêtent des vélos. Vous pourrez aussi en louer aux bureaux du parc pour la somme onéreuse de 30 000 d de l'heure ou 150 000 d la journée

Lac Lak

Plus vaste plan d'eau naturel des hauts plateaux du Sud-Ouest, le lac Lak (Ho Lak) s'inscrit dans un paysage rural. Plusieurs villages de communautés ethniques sont disséminés aux alentours, dont deux particulièrement visités. Des balades en bateau sont possibles sur les eaux envahies par les roseaux pour 15 $US de l'heure.

Sur la rive sud, près de la localité de Lien Son, **Jun** est un village mnong traditionnel, avec des maisons en bois et en rotin sur pilotis. **DakLak Tourist** (☎0500-385 2246 ; www.daklaktourist.com.vn) possède un petit bureau au bord du lac et propose des randonnées avec guide (20 $US/jour). Nous vous déconseillons les balades à dos d'éléphant, les animaux devant supporter un lourd et imposant siège en métal et la charge de souvent 3 personnes (voir l'encadré, p. 505).

M'lieng, le second village sur la rive sud-ouest, se rejoint en bateau, à dos d'éléphant ou par une nouvelle route en terre ; renseignez-vous auprès de DakLak Tourist.

Où se loger et se restaurer

Les hébergements laissent à désirer. Quelques pensions récentes, installées le long de la route principale traversant le village, consistent en des matelas et des moustiquaires disposés dans des "maisons longues" en béton. Il n'y a toujours aucun bon restaurant près du lac.

Cafe Duc Mai PENSION $

(☎0500-358 6280 ; 268 Đ Nguyen Tat Thanh ; 5 $US/pers). M. Duc parle un peu anglais, il peut vous loger dans plusieurs "maisons longues" traditionnelles sur pilotis et au toit de chaume, et il organise des concerts de gong, des balades à dos d'éléphant et des circuits en kayak ou à pied.

Depuis/vers le lac Lak

Neuf bus quotidiens reliant Dalat (95 000 d, 4 heures) à Buon Ma Thuot (30 000 d, 1 heure) passent par le lac. Ce dernier constitue aussi une étape régulière du circuit des Easy Riders. Sinon, toutes les agences de Buon Ma Thuot y organisent des excursions.

Buon Ma Thuot

☎0500 / 326 000 HABITANTS / ALTITUDE : 451 M

Désormais prospère et moderne, Buon Ma Thuot (ou Ban Me Thuot) a oublié ses origines rustiques – son nom signifie "village du père de Thuot". De fait, cette ville sans grand caractère connaît une intense circulation provenant de trois routes nationales. Elle a pour seuls atouts son musée et son café. Cultivé dans la région, et largement vendu en ville, il s'agit de l'un des meilleurs du Vietnam. Buon Ma Thuot accueille en mars la fête du Café, au cours de laquelle chacun en fait ample consommation. Des courses d'éléphants ont lieu à la même période dans la bourgade voisine de Don (Ban Don).

La plupart des voyageurs font étape à Buon Ma Thuot avant de visiter des sites alentour : le parc national de Yok Don, quelques superbes chutes d'eau et les nombreux villages des ethnies de la région. La province abrite 44 groupes ethniques ; les Ede, les Jarai, les Mnong et les Lao représentent les communautés les plus importantes.

Buon Ma Thuot

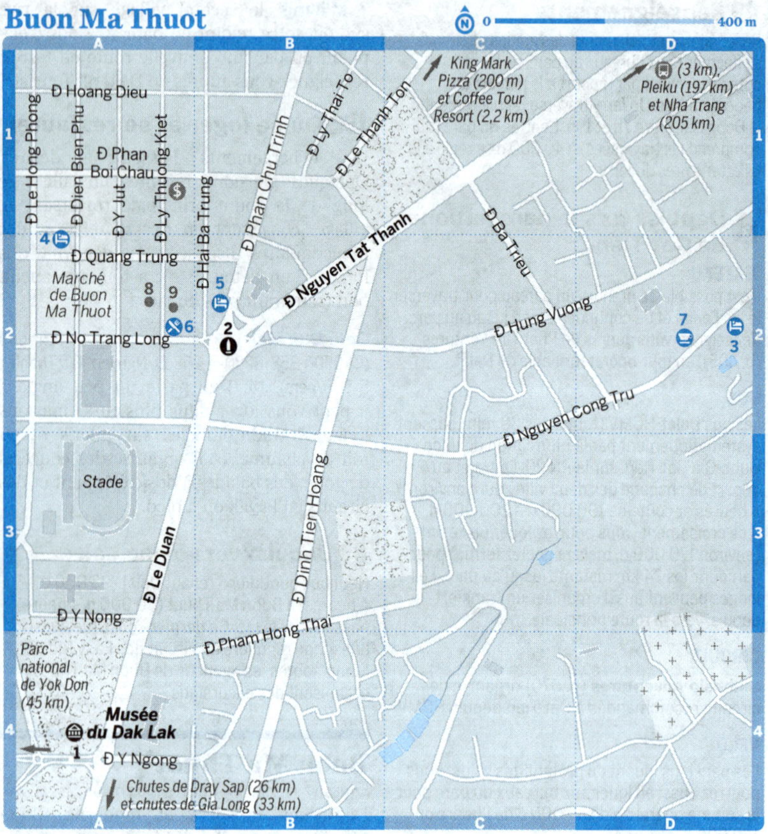

Buon Ma Thuot

Les incontournables
1 Musée du Dak Lak (musée d'Ethnographie) A4

À voir
2 Monument à la Victoire B2

Où se loger
3 Eden Hotel...D2
4 Ngoc Mai Mini Hotel.............................A2
5 Saigon Ban Me Hotel............................B2

Où se restaurer
6 Thanh Tram A2

Où prendre un verre et faire la fête
7 Cafe Hoa Da Quy D2

Renseignements
8 DakLak Tourist A2
9 Vietnam Highland Travel......................A2

À voir et à faire

Musée du Dak Lak (musée d'Ethnographie) MUSÉE
(Bao Tang Dak Lak ; Đ Y Nong ; 20 000 d ; 8h-16h). Cet excellent musée traite de l'histoire de la province de Dak Lak, depuis des outils en pierre et des tambours en bronze à la guerre du Vietnam et ses conséquences, du point de vue nord-vietnamien. La section d'histoire naturelle comprend des animaux empaillés loufoques et un cerf aux airs diaboliques ! La culture des communautés est présentée à l'aide de remarquables photos, vitrines et costumes traditionnels, instruments de musique et objets rituels, tels que le mât du sacrifice du buffle. On y découvre aussi la cérémonie d'abandon de la tombe, 7 ans après l'enterrement du défunt.

Monument à la Victoire MONUMENT
Ce monument commémore les événements du 10 mars 1975, lorsque le Viêt-cong et les

troupes nord-vietnamiennes prirent la cité. Bel exemple de sculpture réaliste soviétique, il se compose d'une colonne qui soutient un groupe central de personnages brandissant un drapeau, avec une arcade formant un arc-en-ciel au-dessus d'un tank en béton.

Où se loger

Ngoc Mai Mini Hotel HÔTEL $
(☎0500-385 3406 ; ethnictour@gmail.com ; B14 Đ So 1/Đ Dien Bien Phu ; s/d 180 000/250 000 d ; ❄📶). L'établissement bon marché qui s'apparente plus à une auberge de jeunesse attire des voyageurs internationaux avec son personnel anglophone et francophone pouvant organiser des circuits dans la région.

Eden Hotel HÔTEL $
(☎0500-368 5666 ; www.edenhotelbmt.com.vn ; 228 Đ Nguyen Cong Tru ; ch à partir de 170 000 d ; ❄@📶). Adresse peu onéreuse et propre, prisée des Easy Riders et de leurs clients. Située dans une rue assez calme, dotée de plusieurs cafés et restaurants. Personnel chaleureux et voyageurs avec qui prendre un verre.

♥ **Coffee Tour Resort** HÔTEL DESIGN $$
(☎0500-357 5575 ; www.coffeetour.com.vn ; 149-153 Ly Thai To ; ch petit-déj inclus 600 000-1 000 000 d ; ❄📶). Difficile à croire, mais verdure et silence sont possibles si près du centre de Buon Ma Thuot. Chambres impeccables, avec baignoire et grande TV. À l'arrière, un adorable estaminet dans une "maison longue" sert un excellent café.

Saigon Ban Me Hotel HÔTEL $$$
(☎0500-368 5666 ; www.saigonbanmehotel.com.vn ; 1 3 Đ Phan Chu Trinh ; ch 1 207 000-2 310 000 d ; ❄📶🏊). Cette tour étincelante s'élève au-dessus du carrefour le plus central de Buon Ma Thuot, mais l'hôtel, huppé, est situé suffisamment haut et bien insonorisé. Il réserve de spacieuses chambres d'affaires avec moquette et un personnel chaleureux parlant un peu anglais.

Où se restaurer et prendre un verre

Pour un café ou une bière, Đ Nguyen Cong Tru regroupe nombre d'établissements pittoresques.

♥ **Thanh Tram** VIETNAMIEN $
(22 Đ Ly Thuong Kiet ; repas 30 000 d ; ⏲10h30-21h). Il n'y a ici qu'un seul plat : des *nem nuong* (crêpes de riz) à garnir soi-même de salade, fines herbes, porc frit et ail cru, servies avec une sauce à la cacahuète ou du nuoc-mam et des piments.

King Mark Pizza PIZZA $$
(113 Đ Le Thanh Tong ; pizza 119 000-185 000 d ; ⏲12h-22h ; 🖉). Tenue par le Sicilien Marco, dont le personnel utilise un véritable four à pizza, voici la meilleure adresse de cuisine occidentale de la ville. Petite carte de pizzas et quelques bons jus de fruits frais.

Cafe Hoa Da Quy CAFÉ $
(173 Đ Nguyen Cong Tru ; ⏲9h-22h ; 📶). Réparti sur 3 niveaux, ce bar-restaurant comporte un côté ouvert et un toit-terrasse. Un bon endroit pour un *caphe sua da* (café glacé) et divers cocktails bon marché.

Achats

Faites des provisions de café ici : il est moins cher et de meilleure qualité qu'à HCMV ou à Hanoi. Descendez Đ Ly Thuong Kiet avant d'acheter, vous y trouverez quantité d'échoppes.

Renseignements

Des permis sont requis pour visiter les villages des communautés ethniques de la région. Les agences locales peuvent se charger des démarches.

Agribank (37 Đ Phan Boi Chau ; ⏲7h30-14h30 lun-sam). Change les espèces et les chèques de voyage.

DakLak Tourist (☎0500-385 8243 ; www.daklaktourist.com.vn ; 51 Đ Ly Thuong Kiet). Au rez-de-chaussée du Thanh Cong Hotel. Propose des circuits vers les villages et les chutes d'eau des environs, au lac Lak et au parc national de Yok Don.

Vietnam Highland Travel (☎0500-385 5009 ; www.vietnamhighlandtravel.com ; 24 Đ Ly Thuong Kiet). Cette agence emploie des guides expérimentés, spécialisés dans les séjours chez l'habitant et les treks hors des sentiers battus.

Comment s'y rendre et circuler

AVION

Vietnam Airlines, VietJet Air et Jetstar proposent des vols réguliers, dont 5 vols quotidiens vers HCMV, 2 pour Hanoi, et des vols vers Danang et Vinh.

Aéroport de Buon Ma Thuot (Cang Hang Khong Buon Ma Thuot ; Hoa Thang). L'aéroport se situe à 8 km à l'est de la ville (environ 140 000 d en taxi).

BUS AU DÉPART DE BUON MA THUOT

DESTINATION	TARIF (D)	DURÉE (HEURE)	FRÉQUENCE	DISTANCE
Dalat	110 000	4	7/jour	201 km
Danang	290 000	11	10/jour	558 km
HCMV	215 000	8-9	ttes les 30 min	319 km
Kon Tum	110 000	5	8/jour	229 km
Nha Trang	99 000	4 heures 30	15/jour	196 km
Pleiku	100 000-150 000	4	ttes les 30 min	207 km

BUS

Gare routière (Ben Xe Lien Tinh Dak Lak, 71 Đ Nguyen Chi Thanh). Elle est située à 4 km du centre. Sur les horaires des bus, Buon Ma Thuot est souvent appelée "Dak Lak", du nom de sa province d'appartenance.

TAXI

Pour une prestation fiable, appelez la compagnie **Mai Linh** (☎0500-381 9819).

VOITURE ET MOTO

La RN 26 relie la côte à Buon Ma Thuot et croise la RN 1A à Ninh Hoa (157 km), à 34 km au nord de Nha Trang. Bien entretenue, la route est plutôt escarpée. La RN 14 à destination de Pleiku (199 km) présente aussi des conditions satisfaisantes, contrairement à la RN 27 qui rejoint Dalat, mais elle traverse de splendides paysages.

Environs de Buon Ma Thuot

☎0500

Parc national de Yok Don

Ce **parc national** (☎0500-378 3049 ; www.yokdonnationalpark.vn ; entrée 40 000 d), plus grande réserve naturelle du pays, a été progressivement agrandi et couvre aujourd'hui 115 000 ha, majoritairement composés de forêt sèche à feuilles caduques. Traversé par la superbe rivière Serepok, il s'étend jusqu'à la frontière cambodgienne.

La déforestation constitue hélas un problème majeur, en particulier dans la zone la plus proche de l'entrée du parc, et le braconnage est toujours pratiqué.

Yok Don abrite 89 espèces de mammifères, dont des éléphants, des tigres, des léopards et des loups à queue rouge. Si les visiteurs ne croisent presque jamais ces animaux très rares, ils peuvent en revanche apercevoir plus communément muntjacs, singes et serpents. De nombreux oiseaux vivent aussi dans le parc, notamment des cigognes et deux sortes de calaos.

À l'intérieur du parc, quatre villages de communautés ethniques sont essentiellement peuplés de Mnong, mais aussi de Ede et de Lao. Trois d'entre eux sont accessibles (dont l'un en bateau depuis le bureau du parc). Les Mnong, une ethnie matrilinéaire, sont connus pour leur adresse dans la capture des éléphants sauvages.

L'équilibre entre la sauvegarde écologique et la préservation des cultures locales constitue un défi, du fait de la pauvreté des populations locales et de leur mode de vie traditionnel (qui inclut la chasse).

Activités

Vous pourrez réserver divers circuits et activités au bureau, à l'entrée du parc national.

Elephant Care RENCONTRE AVEC LES ÉLÉPHANTS
(600 000 d/2 pers). Clairement destiné aux étrangers soucieux du bien-être des éléphants, ce circuit démarre à 6h et permet aux visiteurs de faire connaissance avec les pachydermes en assistant les cornacs dans leurs soins quotidiens, notamment lors de la baignade dans la rivière. Une balade à dos d'éléphant de 15 minutes est incluse ; réservez la veille.

Notez que les groupes de défense des animaux considèrent que porter des poids nuit à la santé de l'éléphant.

Trek TREK
La forêt du Parc national compte plusieurs sentiers de randonnée, et des treks guidés peuvent être organisés, allant de 2 heures à 3 jours (bivouac inclus). Comptez environ 400 000 d pour un trek d'une journée et autour de 3 000 000 d pour 3 jours d'aventure en forêt, nourriture et tentes incluses.

Observation d'oiseaux OBSERVATION D'OISEAUX
Des treks en forêt pour observer les oiseaux sont possibles. Les tarifs des guides vont de 400 000 d pour une journée d'observation à 3 000 000 d pour une expédition de 3 jours avec camping.

LA PISTE HÔ CHI MINH

Cette route légendaire était en fait constituée de plusieurs pistes, qui formaient l'axe principal d'approvisionnement du Nord-Vietnam et du Viêt-cong durant la guerre du Vietnam. Les vivres et les troupes partaient du port de Vinh et rejoignaient l'arrière-pays par des sentiers à travers la jungle et les montagnes, faisant des crochets par le Laos, pour arriver près de Saigon. Entre la propagande, le secret et la confusion entourant cette piste, il est difficile de définir sa longueur réelle ; les estimations vont de quelque 5 500 km (selon l'armée américaine) à plus de 13 000 km (selon les Nord-Vietnamiens).

Si des éléphants furent d'abord utilisés pour franchir les monts Truong Son (cordillère Annamitique) vers le Laos, l'approvisionnement fut ensuite transporté à dos d'homme, parfois à l'aide de chevaux, de bicyclettes ou de camions. Au milieu des années 1960, il fallait à peu près 6 mois pour aller du 17e parallèle à Saigon ; des années plus tard, un réseau de sentiers plus complexe permettait de couvrir le trajet en 6 semaines.

Chaque homme portait 36 kg d'approvisionnement et quelques effets personnels (comme une tente, un uniforme de rechange et du sérum antivenin). Intempéries, maladie et menace constante des bombardements américains ajoutaient à la difficulté du parcours montagneux et escarpé. Au plus fort du conflit, plus de 500 raids aériens visaient la piste chaque jour et plus de bombes y furent larguées que sur l'ensemble des champs de bataille de la Seconde Guerre mondiale.

Malgré ces raids meurtriers et la pose de capteurs électroniques perfectionnés le long de la ligne McNamara, la piste ne fut jamais coupée. Si la jungle en a aujourd'hui recouvert la majeure partie, on peut toujours en parcourir des sections, qui suivent le tracé des années 1970 (la plus ancienne se situe au Laos). Courant le long de l'épine dorsale du pays, la saisissante route nationale Hô Chi Minh, construite à partir de 2000 sur certaines portions de l'ancienne piste, commence près de Hanoi et passe par d'anciens champs de bataille et des sites touristiques, dont la grotte de Phong Nha, Khe Sanh, Aluoi, Kon Tum et Buon Ma Thuot, avant de rejoindre HCMV. L'un des tronçons les plus spectaculaires est celui qui traverse le parc national de Phong Nha-Ke Bang, où des pics karstiques émergent de la jungle, et des villages traditionnels ponctuent le superbe paysage au nord de la grotte de Phong Nha.

Vous pouvez parcourir cette route en voiture, en 4x4, en moto ou même à vélo si vous êtes en forme. Vous pouvez aussi mettre sur pied un circuit avec les Easy Riders de Dalat ou l'un des tour-opérateurs de Hanoi. **Explore Indochina** (www.exploreindochina.com, en anglais) s'est fait une spécialité des circuits à la découverte de la piste Hô Chi Minh. **Hoi An Motorbike Adventures** (www.motorbiketours-hoian.com) propose des excursions plus courtes sur des sections entre Hoi An et Phong Nha, et une boucle de Hoi An à Hué, en passant par le col Hai Van.

Cours de cuisine GASTRONOMIE
(400 000 d/pers). Plongez dans le quotidien des Ede dans le village de Buon Don en vous inscrivant avant 9h à un cours de cuisine de 4 heures dispensé par une famille locale. Vous les aiderez à préparer le déjeuner ou le dîner puis partagerez le repas avec eux.

Où se loger et se restaurer

Une pension est commodément installée dans le parc, près de l'entrée. Des maisons sur pilotis et des bungalows basiques, principalement destinés aux touristes locaux, se dressent pour leur part à 5 km au nord-ouest de l'entrée du parc, près du Buon Don Tourist Centre (également destiné aux touristes locaux). Un restaurant à Buon Don (repas à partir de 40 000 d) et une cantine sommaire se trouvent près de la pension.

Yok Don Guesthouse PENSION $
(☎0500-378 3049 ; ch 20 $US ; ❄). Dans le parc, juste après l'entrée, cette pension loue des chambres propres et carrelées avec TV.

Maisons sur pilotis MAISONS LONGUES $$
(180 000 d/pers). Quelques maisons ede sur pilotis près du Buon Don Tourist Centre, à 5 km de l'entrée du parc national, avec matelas au sol et moustiquaires.

ALLER AU CAMBODGE : DE PLEIKU À BAN LUNG

Rejoindre la frontière Rarement emprunté par les étrangers, le poste-frontière isolé de Le Thanh/O Yadaw se situe à 90 km de Pleiku, et à 64 km de Ban Lung, au Cambodge. Un bus Noi Thinh direct pour Le Thanh (65 000 d, 2 heures) part chaque jour à 7h du marché principal de Pleiku, dans Đ Tran Phu. Un autre bus dessert Le Thanh depuis la gare routière principale.

À la frontière Les visas cambodgiens (30 $US) sont émis sur place. Vous devrez peut-être payer quelques dollars de plus ou vous devrez attendre. Les visas vietnamiens doivent être obtenus à l'avance.

Au-delà De O Yadaw, des bus locaux (10 $US) et des *moto-dop* (environ 25 $US) se rendent à Ban Lung. Ils se font bien moins fréquents l'après-midi.

Renseignements

Yok Don National Park Ecotourism Education Centre (0500-378 3049 ; www.yokdonnationalpark.vn ; 7h-17h). Depuis l'entrée du parc national, une route grimpe jusqu'à ce bureau et à la pension officielle du parc, près de la rivière. C'est de loin le meilleur endroit pour trouver un guide anglophone dans le parc. Si possible, appelez M. Vu Duc Gioi à l'avance pour réserver circuits et guides.

Comment s'y rendre et circuler

Des bus locaux partent toutes les heures de la gare routière de Buon Ma Thuot pour le parc national de Yok Don (20 000 d).

Une moto-taxi de Buon Ma Thuot jusqu'au parc revient à 220 000/350 000 d aller/aller-retour.

Chutes de Dray Sap, de Gia Long et de Dray Nur

Trois **chutes d'eau** (0500-321 3194 ; 30 000 d ; 8h-18h) particulièrement impressionnantes à la saison des pluies jalonnent la Krong Ana. De la billetterie, la route marque une fourche. L'embranchement de droite conduit aux chutes de Gia Long, au terme d'une magnifique route boisée de 7 km. L'eau dégringole dans un lac vert-bleu ; d'après la légende, l'empereur Gia Long et ses concubines venaient s'y baigner, et vous pouvez faire de même en empruntant un étroit sentier menant à une piscine naturelle (demandez à votre guide de vous l'indiquer).

L'embranchement de gauche conduit à un parking au bout de 1 km. De là, deux sentiers mènent aux chutes de Dray Sap ("cascade fumante" en ede), de 100 m de large. Des marches abruptes y descendent et vous pouvez suivre un sentier boisé (600 m) jusqu'à un point de vue ; l'autre sentier conduit au contraire au sommet, d'où un autre chemin part vers le Nuoc Trang – un cours d'eau transparent, idéal pour se rafraîchir.

Le sentier qui descend emprunte un **pont suspendu** au-dessus de la rivière. Ce dernier étant endommagé lors de notre passage, l'unique moyen d'atteindre la cascade était d'emprunter un itinéraire beaucoup moins direct (25 km aller).

Notez que, du fait de la présence de nombreux barrages sur la Srepok, ces chutes se tarissent à la saison sèche.

L'embranchement qui conduit au site est indiqué sur la RN 14, à une quinzaine de kilomètres au sud-ouest de Buon Ma Thuot. Parcourez 11 km à travers une petite zone industrielle, puis des champs, avant d'arriver à l'entrée des chutes.

Pleiku

059 / 161 051 HABITANTS / ALTITUDE : 785 M

La capitale de la province de Gia Lai est surtout connue pour avoir servi de base stratégique américaine et sud-vietnamienne durant la guerre du Vietnam. Pleiku constitue une étape pratique, mais ne donne guère envie de s'attarder. Incendiée par les soldats sud-vietnamiens lors de leur retraite en 1975, la ville a été reconstruite dans les années 1980 avec l'aide de l'Union soviétique. Elle manque donc de ce charme architectural commun à la plupart des villes du pays.

En 2001 et en 2004, Pleiku a été le théâtre de manifestations antigouvernementales de la part de communautés montagnardes. Si la région alentour est tout à fait sûre pour les voyageurs, elle n'en reste pas moins politiquement sensible. Vous aurez donc besoin d'un permis pour l'explorer.

À voir

Musée Gia Lai MUSÉE

(Bao Tang Gia Lai ; Đ Tran Hung Dao ; 7h30-11h et 13h30-17h lun-ven). GRATUIT Les sections les plus intéressantes sont consacrées aux objets bahnar, des ustensiles du quotidien aux pièces habilement tissées et aux armes, en passant par les reconstitutions d'une tombe traditionnelle et d'une maison longue, ainsi que des reliefs en pierre datant de l'époque cham. Les animaux empaillés de la section d'histoire naturelle sont hilarants, et une section historique met en lumière le rôle de Pleiku pendant la guerre du Vietnam.

Temple Minh Thanh TEMPLE BOUDDHIQUE

(Chua Minh Thanh ; Nguyen Viet Xuan ; aube-crépuscule). GRATUIT Construit il y a quelques années seulement, ce splendide temple bouddhique, entouré de fontaines et de statues, est installé au sud du centre-ville. Éclairée la nuit, la pagode s'étage sur 9 niveaux. Les terrifiants dragons qui dressent la tête aux angles du toit du bâtiment principal en constituent les éléments les plus majestueux.

Où se loger et se restaurer

Parmi les spécialités locales, le *pho kho*, ou *pho hai, est* servi dans deux bols. L'un contient des nouilles séchées saupoudrées de porc haché frit, oignon, laitue, germes de soja et sauce pimentée à l'ail. Le second contient un bouillon avec bœuf émincé ou boulettes de viande. Goûtez également le *thit bo nuong ong* (bœuf grillé dans une tige de bambou).

Duc Long Gia Lai 1 Hotel HÔTEL $

(059-387 6303 ; 95-97 Đ Hai Ba Trung ; s/d 340 000/485 000 d ;). Ses jolies chambres, vastes et lambrissées de pin (avec baignoire et balcon pour certaines) font de cet hôtel avec ascenseur une adresse appréciée. Massages des pieds et massages aux pierres chaudes sont aussi proposés.

HAGL Hotel Pleiku HÔTEL $$

(059-371 8459 ; www.haglhotelpleiku.vn ; 1 Phu Dong ; s/d/ste à partir de 50/60/180 $US ;). Un opulent hall rehaussé de marbre donne le ton, luxueux, de cet établissement aux grandes chambres bien équipées. Situé à une courte distance en taxi des sites. Notez cependant que Global Witness accuse la maison mère, le groupe HAGL, de violer les lois cambodgiennes liées à la déforestation.

Com Ga Hainan VIETNAMIEN $

(73 Đ Hai Ba Trung ; repas 30 000-50 000 d ; 10h-20h30). Ce restaurant animé, sans prétention, est plébiscité pour son poulet croustillant accompagné de riz et d'une salade de laitue, tomates et oignons.

Acacia Restaurant INTERNATIONAL $$

(1 Đ Phu Dong ; plats 120 000-700 000 d ; 7h-23h ;). Dans le HAGL Hotel, la carte de cet accueillant restaurant mêle plats variés asiatiques (chinois), occidentaux et vietnamiens. Ces derniers – de la soupe de têtes-de-serpent au calamar grillé avec riz à l'ananas – sont les meilleurs, et un bon choix de légumes est proposé.

Renseignements

Vous aurez besoin d'un permis et d'un guide (prix variables) pour visiter les villages bahnar et jarai dans la province de Gia Lai. Cela décourage de nombreux voyageurs, qui évitent Pleiku et se rendent à Kon Tum, au nord. Cela dit, toutes les agences en ville peuvent se charger des démarches.

Gia Lai Tourist (059-387 4571 ; www.gialaiecotourist.com ; 82 Đ Hung Vuong). Circuits de plusieurs jours au Vietnam, notamment dans les hauts plateaux, menés par des guides anglophones et francophones.

Vietin Bank (1 Đ Tran Hung Dao ; 7h-15h30 lun-jeu, 7h-12h sam). Change les devises et délivre des avances sur les cartes bancaires.

Comment s'y rendre et circuler

AVION

Vietnam Airlines, VietJet Air et Jetstar assurent des vols réguliers, notamment des vols quotidiens pour Danang (45 min), 2 vols quotidiens pour Hanoi (1 heure 30) et 5 vols quotidiens pour HCMV (1 heure).

Pleiku Airport (www.pleikuairport.vn ; Thong Nhat) se trouve à environ 5 km de la ville ; on peut s'y rendre en taxi (120 000 d) ou en *xe om* (environ 60 000 d).

BUS

Des minibus pour Kon Tum prennent des passagers le long de Nguyen Tat Thanh et partent de la gare routière Noi Tinh. Pour les bus en direction d'Attapeu et Pakse, au Laos, voir p. 320.

Gare routière Gia Lai (Ben Xe Duc Long Gia Lai ; 45 Đ Ly Nam De). La principale gare routière de Pleiku se trouve à 2,5 km au sud-est de la ville. Elle dessert la plupart des destinations alentour, notamment au Laos, mais seuls quelques bus circulent jusqu'à

BUS AU DÉPART DE PLEIKU

DESTINATION	TARIF (D)	DURÉE (HEURE)	FRÉQUENCE	DISTANCE
Attapeu, Laos	120 000	6	tlj à 8h	246 km
Ban Lung, Cambodge	65 000	3	tlj à 7h	147 km
Buon Ma Thuot	100 000-150 000	4	ttes les 30 min	215 km
Dalat	210 000-230 000	9	3/jour	383 km
Danang	160 000-200 000	7 heures 30	7/jour	340 km
HCMV	250 000	11-12	au moins 6/jour	509 km
Kon Tum	25 000	1	fréquent	48 km
Nha Trang	145 000-170 000	7	3/jour	297 km
Pakse, Laos	220 000	9	tlj à 8h	497 km

Kon Tum. Pleiku est appelée "Gia Lai" sur la plupart des horaires de bus.

Gare routière Noi Tinh (Ben Xe Noi Tinh ; Đ Tran Phu). Certains bus pour Kon Tum et les bus à destination du Cambodge partent du parking principal de la place du marché dans le centre de Pleiku.

Kon Tum

☎060 / 86 362 HABITANTS / ALTITUDE : 525 M

Son atmosphère détendue, sa position sur les rives de la Dakbla et ses rues relativement peu encombrées font de Kon Tum une base beaucoup plus plaisante que Pleiku ou Buon Ma Thuot pour explorer quelques-uns des 700 villages des ethnies des montagnes alentour, en particulier Bahnar, mais aussi Sedang et Jarai. La ville compte par ailleurs plusieurs sites intéressants.

Kon Tum a connu son lot d'affrontements durant la guerre du Vietnam. La ville et ses environs furent le théâtre d'une bataille majeure entre les armées du Nord et du Sud-Vietnam au printemps 1972, et la région fut dévastée par des centaines de raids des B-52 américains.

En 2004, lors de manifestations contre les mesures gouvernementales dans les hauts plateaux, des montagnards de la province se sont heurtés aux policiers et aux militaires. La situation s'est calmée en apparence mais des tensions demeurent.

À voir

Villages des montagnards

Plusieurs villages bahnar sont installés à la périphérie de Kon Tum. La vie s'organise autour de la *nha rong* traditionnelle, une haute maison communale au toit de chaume construite sur pilotis. La *rong* est le point central des fêtes et fait aussi office de temple et de tribunal du village. Son faîte est en général orné, et des décors tissés sont parfois insérés dans les toits mêmes. Les pilotis étaient à l'origine une protection contre les éléphants, les tigres et les autres animaux. Les maisons traditionnelles en sont aussi dotées, et le bétail vit en dessous.

Les villages des Sedang et des Jarai sont plus isolés ; les coutumes de ces derniers sont toujours bien vivaces, notamment celle consistant à nourrir les morts dans des cimetières traditionnels, comme le font les Bahnar "des sommets". Les autres, convertis au catholicisme, enterrent leurs morts une fois pour toutes et ne les "nourrissent" pas.

Les touristes sont généralement bien accueillis par les habitants et peuvent découvrir seuls les villages autour de Kon Tum. Toutefois, demandez l'autorisation avant de photographier les gens ou leur habitation.

Des excursions d'une journée dans les villages sont possibles à partir de 500 000 d environ, avec guide/conducteur de moto, suivant les lieux visités. Les permis sont inclus dans le tarif et votre guide doit avertir la police locale si vous souhaitez passer la nuit dans un village.

Si vous avez le temps de passer plusieurs jours ici, An Nguyen, Highlands Eco Tours et Kon Tum Tourist peuvent organiser un séjour chez l'habitant. Si les guides veillent à ne pas venir trop souvent dans un même village, les visiteurs sont toujours les bienvenus et peuvent participer aux activités quotidiennes.

ALLER AU LAOS : DE KON TUM À ATTAPEU

Rejoindre la frontière Le poste-frontière de Bo Y/Phou Keua se situe à 86 km au nord-ouest de Kon Tum et à 119 km au nord-est d'Attapeu (Laos). Les bus pour Attapeu et Pakse partent de la gare routière de Pleiku à 8h et passent par Kon Tum vers 9h. Kon Tum Tourist ou votre hôtel peuvent vous fournir un ticket.

Traverser la frontière en indépendant peut être compliqué. Du côté vietnamien, la ville la plus proche est Ngoc Hoi, accessible par bus depuis Kon Tum (56 000 d, 1 heure 30). Il faut ensuite prendre un minibus jusqu'à la frontière (15 000 d, 30 min). Des bus matinaux partent de Ngoc Hoi directement pour Attapeu ; arrivez le plus tôt possible. Du côté laotien, les moyens de transport sont encore plus rares, et vous dépendrez avant tout des voitures qui passent pour poursuivre en stop.

À la frontière Il n'est pas délivré de visa vietnamien, mais les ressortissants de la plupart des pays peuvent se procurer son pendant laotien (30 à 40 $US en fonction de la nationalité).

Au-delà Les bus en provenance de Pleiku arrivent à Attapeu vers 14h. Si vous voyagez avec la compagnie Mai Linh, le prix comprend le déjeuner. Vous atteindrez Pakse autour de 19h.

Kon Ktu VILLAGE

Cinq kilomètres au sud-est de Kon Tum, le village de Kon Ktu est accessible par un pont suspendu et une route semée d'ornières. Une belle *rong* se dresse près de l'église catholique, et l'on peut voir les habitants transporter leurs récoltes sur la rivière à bord de radeaux faits de pneus.

Ya Chim VILLAGE

Ce village jarai, à 17 km de Kon Tum, abrite des cimetières traditionnels dotés de figurines de deuil en bois. Vous verrez peut-être des villageois "nourrir" les morts en plaçant de la nourriture dans des tiges de bambou plantées dans les tombes.

Kon Jodreh VILLAGE

Six kilomètres à l'est de Kon Tum, ce village possède une petite *rong* et l'on peut observer les paisibles activités des habitants au bord de la rivière.

Plei Thonghia VILLAGE

À l'ouest de Kon Tum ; on peut y voir des garçons emmener à la nage le bétail paître dans les pâturages situés de l'autre côté de la rivière.

Kon Klor VILLAGE

Près du pont suspendu de l'autre côté de la rivière, le village abrite une grande *rong* en parfait état.

Kon Harachot VILLAGE

La belle *rong* de Kon Harachot est installée à côté du terrain de football.

Kon Tum Konam VILLAGE

Près de Kon Harachot, ce village arbore une grande et attrayante *rong*.

Kon Tum Kopong VILLAGE

Vous pourrez voir des habitants tisser des paniers en bambou dans les rues du village.

Autres sites

Cathédrale de l'Immaculée Conception ÉGLISE

(Đ Nguyen Hue ; ⏲ aube-crépuscule). Cet édifice entièrement en bois, construit par les Français, possède une façade sombre, des moulures jaunes et de grands porches latéraux. On y accède par un large escalier. Dans sa vaste nef lumineuse, les rangées de bancs convergent vers le maître-autel. Siège du diocèse de Kon Tum, vieux de 160 ans, la cathédrale est essentiellement fréquentée par la communauté bahnar, et des textiles traditionnels ornent l'autel. Les jeunes mariés se font prendre en photo sur les marches.

Séminaire et musée des Montagnards MUSÉE

(Đ Tran Hung Dao ; ⏲ 7h30-11h et 14h-17h fermé mar). GRATUIT Charmant bâtiment à colombages édifié en 1935. Au pied des escaliers se dresse la statue d'une Vierge à l'Enfant ; notez le panier que Marie porte dans le dos, à l'image des femmes de la région. À l'étage, une salle est occupée par un musée présentant la vie des ethnies montagnardes et le diocèse de Kon Tum. Elle renferme descriptions des rites en anglais, "sculptures de tristesse" funéraires,

Kon Tum

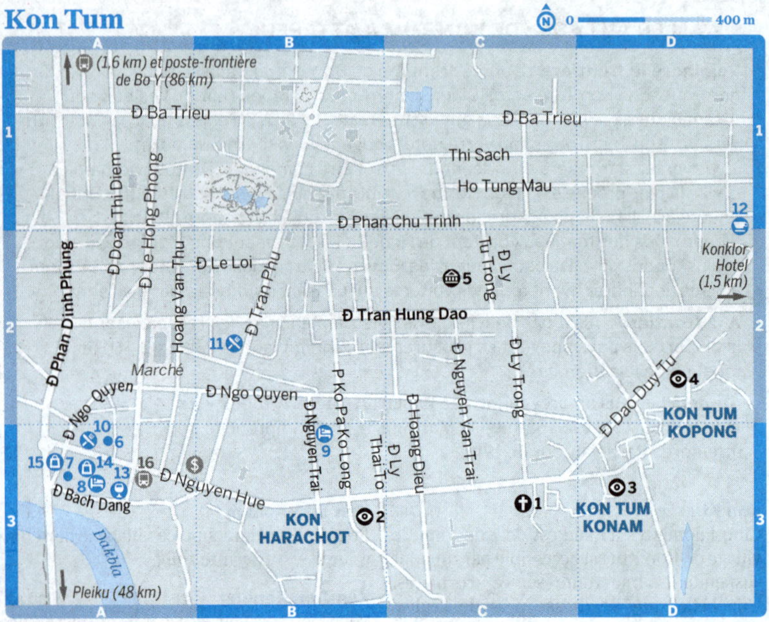

Kon Tum

À voir
- 1 Cathédrale de l'Immaculée Conception C3
- 2 Kon Harachot B3
- 3 Kon Tum Konam D3
- 4 Kon Tum Kopong D2
- 5 Séminaire et musée des Montagnards C2

Activités
- An Nguyen .... (voir 12)
- 6 Highlands Eco Tours A3
- 7 Kon Tum Tourist A3

Où se loger
- 8 Indochine Hotel A3
- 9 Thinh Vuon Hotel B3

Où se restaurer
- 10 Dakbla's Restaurant A3
- 11 Nem Ninh Hoa B2

Où prendre un verre et faire la fête
- 12 Eva Cafe D1
- 13 Indochine Coffee A3

Achats
- 14 Long Xanh A3
- 15 Boutique A3

Transports
- 16 Bus pour Pleiku A3

cercueils jarai, ouvrages tissés traditionnels, gongs et autres instruments de musique, et du matériel de chasse et de pêche.

Circuits

An Nguyen CIRCUIT CULTUREL
(060-386 2944 ; evacoffee@ymail.com ; 5 Phan Chu Trinh ; circuits de 1 journée 80 $US environ). Installé à l'Eva Cafe, le sculpteur An est un guide très bien informé capable d'organiser des circuits d'une journée dans les villages bahnar ou des excursions de plusieurs jours sur la culture locale, avec séjour chez l'habitant. Contactez-le à l'avance, il est très demandé.

Highlands Eco Tours CIRCUIT CULTUREL
(060-391 2788 ; www.vietnamhighlands.com ; 15 Đ Ho Tung Mau). Une agence de voyages indépendante, spécialisée dans les visites de villages, les séjours au sein de communautés à l'écart des sentiers battus, les treks et les excursions sur des champs de bataille. À partir de 35 $US/jour si vous voyagez en moto.

Kon Tum Tourist CIRCUIT CULTUREL
(060 386 1626 ; www.kontumtourist.com ; 2 Đ Phan Dinh Phung). Le personnel peut organiser des circuits dans les villages bahnar et jarai, avec séjour chez l'habitant. Il n'y a pas toujours d'anglophone sur place.

Où se loger

Konklor Hotel HÔTEL $
(060-386 1555 ; www.konklorhotel.vn ; d/qua 360 000/427 000 d ;). Un mini-hôtel dans un écrin de verdure, à 2 km environ à l'est de la ville, avec grandes chambres lambrissées et café ombragé. Le chaleureux personnel anglophone loue vélos et motos (150 000 d) pour rejoindre la ville. Prisé des Easy Riders et de leurs clients.

Thinh Vuon Hotel HÔTEL $
(060-391 4729 ; thinhvuonghotel.kontum@gmail.com ; 17 Đ Nguyen Trai ; s 200 000-230 000 d, d 260 000-320 000 d ;). Dans une paisible rue centrale, un hôtel chaleureux au personnel serviable et aux grandes chambres impeccables à petits prix. Les lits sont très bas, mais c'est l'unique défaut.

Indochine Hotel HÔTEL $$
(060-386 3335 ; www.indochinehotel.vn ; 30 Đ Bach Dang ; s/d 25/30 d ;). Au bord de l'eau, ce grand immeuble en béton moderne, tout confort, bénéficie d'une belle vue. Petit-déjeuner buffet inclus. Des circuits de 1 à 3 jours dans les villages bahnar alentour sont proposés (à partir de 30 $US/pers).

Où se restaurer et prendre un verre

Nem Ninh Hoa VIETNAMIEN $
(15 Đ Tran Phu ; repas 35 000 d ; 11h-20h). Cette adresse décontractée ne sert que de délicieux *nem nuong* : préparez-vous-même vos rouleaux de printemps avec pâté de porc vietnamien, banane verte, concombre, carambole, herbes et laitue.

Dakbla's Restaurant VIETNAMIEN $$
(168 Đ Nguyen Hue ; plats 100 000-180 000 d ; 8h-22h ;). Moitié musée, moitié restaurant, ce lieu pittoresque sert de bons plats vietnamiens et occidentaux, dont beaucoup de mets végétariens. Les amateurs d'anthropologie apprécieront les murs, ornés d'objets (pour la plupart) bahnar et de superbes photos.

Eva Cafe CAFÉ
(1 Đ Phan Chu Trinh ; 7h-21h). C'est un jardin envahi de totems, sculptures, cabanes en bois, gongs suspendus et masques ethniques. Un lieu étonnant où se détendre avec une bière, un café ou une limonade salée en admirant les œuvres du sculpteur local, An.

Indochine Coffee CAFÉ, BAR
(30 Đ Bach Dang ; 7h-22h). Joyau inattendu dans la province, ce café moderne, ombragé par des tiges de bambou disposées de manière artistique, est le repaire des hipsters. Joignez-vous à eux pour un thé, un *caphe sua da* ou une Saigon bien fraîche.

Achats

Si vous collectionnez les objets ethniques, Kon Tum et les villages alentour sont idéals pour le shopping. Les articles sont parfois moins chers dans les villages, mais le choix est plus vaste à Kon Tum.

BUS AU DÉPART DE KON TUM

DESTINATION	TARIF (D)	DURÉE (HEURE)	FRÉQUENCE	DISTANCE
Buon Ma Thuot (Dak Lak)	140 000	5	7/jour	188 km
Dalat	250 000	10	2/jour à 5h et 5h30	433 km
Danang	180 000	6 heures 30	16/jour	293 km
HCMV	290 000	12	5/jour	550 km
Hoi An	154 000	6 heures 30	2/jour	285 km
Hué	210 000	8 heures 30	5/jour	445 km
Nha Trang	238 000	8	2/jour	344 km
Pleiku (Gia Lai)	25 000	1	ttes les 30 min	48 km
Quy Nhon	90 000	4 heures 30	17/jour	190 km

Boutique ARTISANAT ETHNIQUE
(Đ Phan Dinh Phung ; ⏲10h-20h). Cette boutique sans nom, à côté du Daklak Hotel, propose de beaux sacs à dos sedang et bahnar (1 000 000-1 500 000 d), des tambours anciens, des arbalètes, etc.

Long Xanh ARTISANAT ETHNIQUE
(137a Đ Nguyen Hue ; ⏲10h-19h). Des objets pour touristes et reproductions de *rong*, mais aussi d'anciens sacs sedang, des gongs, des nasses, des boîtes en rotin et des reproductions de masques funéraires bahnar (80 000 d).

Renseignements

BIDV ATM (1 Đ Tran Phu)

Comment s'y rendre et circuler

BUS

Les bus pour Pleiku partent de plusieurs endroits, dont un parking dans Đ Nguyen Hue.

Gare routière (Ben Xe Kon Tum ; 279 Đ Phan Dinh Phung). De la principale gare routière de Kon Tum, des bus desservent la plupart des lignes longue distance, notamment celles pour le Laos.

TAXI

Mai Linh (☎060-395 5555). Service de taxis fiable.

XE OM

Kon Tum se parcourt aisément à pied et l'on peut aussi circuler en *xe om* (20 000 d pour un court trajet). Des chauffeurs attendent près du Daklak Hotel.

Hô Chi Minh-Ville

08 / POPULATION : 7,9 MILLIONS D'HABITANTS

Dans ce chapitre ➡

Le top des restaurants

- Nha Hang Ngon (p. 356)
- Hum Lounge & Restaurant (p. 356)
- The Racha Room (p. 356)
- Cuc Gach Quan (p. 359)
- Propaganda (p. 356)

Le top des hébergements

- Lily's Hostel (p. 351)
- Town House 23 (p. 354)
- Ma Maison Boutique Hotel (p. 354)
- Park Hyatt Saigon (p. 349)
- Villa Song (p. 355)

Pourquoi y aller

Hô Chi Minh-Ville (HCMV) incarne le Vietnam dans ce qu'il a de plus grisant : un cocktail explosif de commerce et de culture dont l'énergie a été un des moteurs du pays. De fait, toute chaotique qu'elle soit, la ville marque de sa vitalité quiconque s'y installe, ne laissant d'autre choix au voyageur de passage que d'entrer dans la danse.

Entre hôtels raffinés et pensions petits budgets, restaurants chics et gargotes de rue, boutiques sélectes et marchés animés, HCMV est affaire de choix et de contrastes.

On y flâne, au gré de ruelles sans âge et de temples baignés d'encens, avant de rejoindre, à l'ombre de gratte-ciel futuristes, des galeries marchandes dernier cri. Certes, les fantômes d'un passé troublé hantent encore ces lieux, mais le fracas de la guerre s'est bel et bien tu, et la mosaïque urbaine que constitue l'ancienne Saigon tire sa véritable beauté de l'alliance entre le monde de naguère et celui de demain.

Quand partir

Hô Chi Minh-Ville

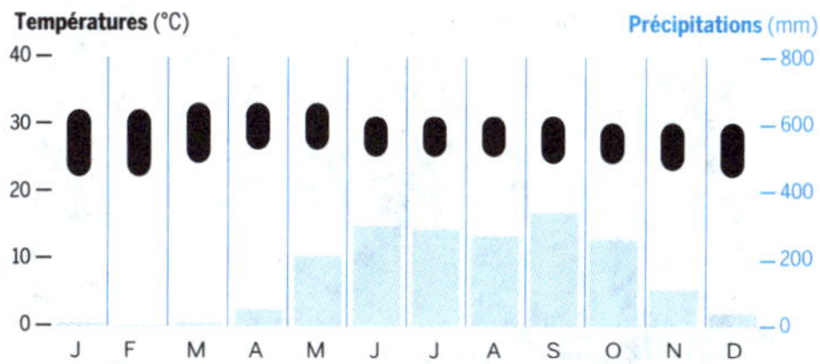

Fév Presque pas de pluie, une humidité minimale et un manteau de fleurs pour la fête du Têt.

Mars Peu de pluie et d'humidité, avec en prime la course annuelle de cyclo-pousse.

Déc Un temps plus frais et sec qu'à l'ordinaire.

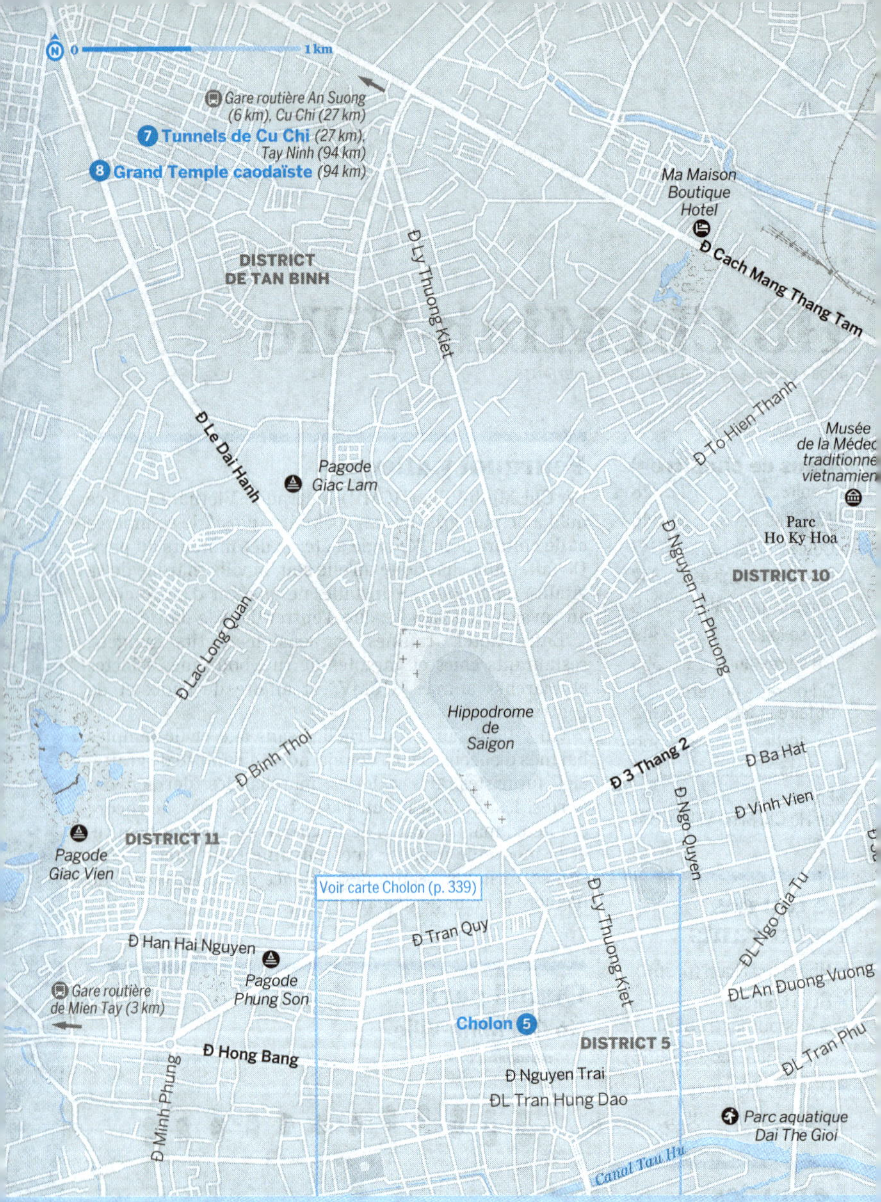

À ne pas manquer

1 Le spectacle de la frénésie urbaine, à contempler du haut d'un **bar sur un toit-terrasse** (p. 364)

2 L'évocation de l'histoire récente tumultueuse du Vietnam au **musée des Souvenirs de guerre** (p. 335)

3 La **cuisine vietnamienne et internationale** (p. 355) dans les restaurants gastronomiques et les étals de rue

4 L'atmosphère spirituelle, dans les nuages d'encens, de la **pagode de l'Empereur de Jade** (p. 332)

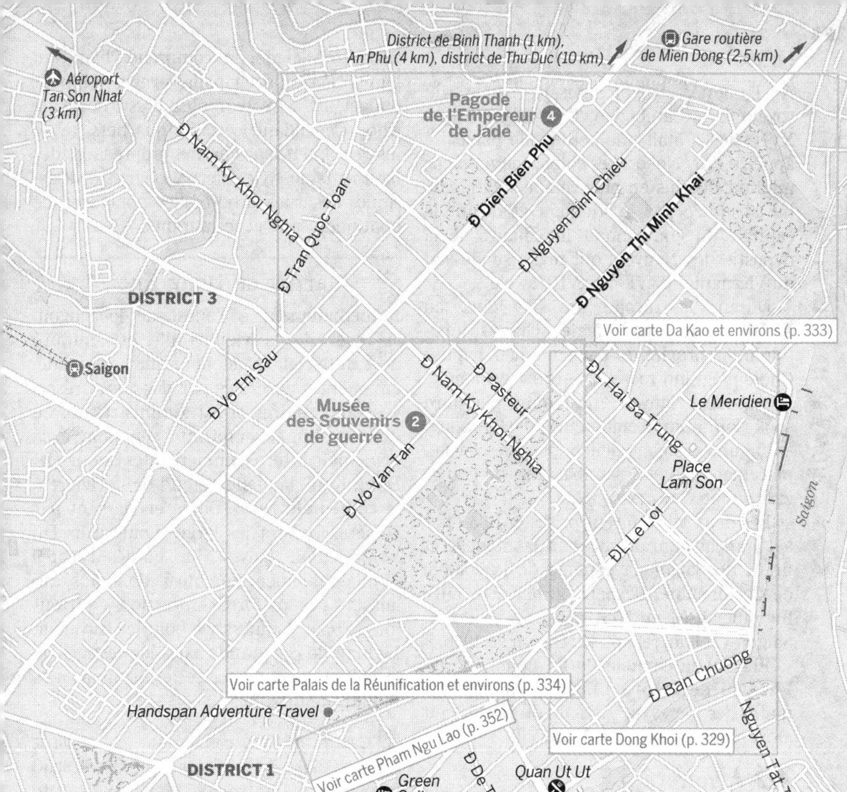

5 Les temples chinois du quartier de **Cholon** (p. 338)

6 Les **circuits organisés** (p. 347) originaux qui mettent en lumière différents aspects de la ville

7 Une immersion dans le fascinant monde souterrain des soldats viêt-cong en visitant les **tunnels de Cu Chi** (p. 377)

8 Une cérémonie religieuse au **Grand Temple caodaïste** (p. 378) de Tay Ninh

Histoire

À l'origine, Saigon faisait partie du royaume du Cambodge et, jusqu'à la fin du XVIIe siècle, était une petite ville portuaire appelée Prey Nokor. Les colons vietnamiens migrant de plus en plus vers le sud, la cité fut absorbée par le Vietnam et devint la capitale du gouvernorat héréditaire de la dynastie des Nguyên, qui régna sur le sud du Vietnam du XVIe au XVIIIe siècle.

Durant la révolte des Tây Son, au XVIIIe siècle, des réfugiés chinois s'établirent à proximité, dans un lieu baptisé Cholon ("grand marché"). Après avoir maté les rebelles, Nguyên Anh (connu plus tard sous son nom d'empereur de Gia Long) édifia une vaste citadelle à peu près à l'emplacement actuel des ambassades de France et des États-Unis.

Les deux villes furent prises en 1859 par les Français, qui détruisirent la citadelle et firent de Saigon la capitale de la colonie de Cochinchine. L'expansion des deux cités fut officialisée en 1931 par leur fusion en Saigon-Cholon, rebaptisée Saigon en 1956.

Elle fut la capitale de la république du Vietnam de 1956 à 1975, puis tomba aux mains des forces du Vietnam du Nord et fut alors rebaptisée Hô Chi Minh-Ville.

À voir

Passé outre ses vénérables édifices coloniaux et le tumulte de ses rues, Hô Chi Minh-Ville a de quoi satisfaire tous les goûts, qu'il s'agisse de musées, de temples, de marchés, de monuments historiques ou d'espaces verts. Trois jours devraient suffire pour faire le tour des principaux centres d'intérêt, mais le caractère à la fois décontracté, sympathique et industrieux de la métropole vietnamienne retient souvent le voyageur plus longtemps.

Plus qu'une ville, HCMV est en soi une petite province, qui s'étend de la mer de Chine méridionale jusqu'à la frontière cambodgienne, ou peu s'en faut. Les régions rurales constituent environ 90% de la superficie de HCMV et accueillent quelque 25% de sa population. La grande majorité des habitants se regroupe dans le centre urbain, lequel correspond, en superficie, aux 10% restants.

HCMV est divisée en 19 districts urbains (*quan*, d'après le mot "quartier") et en 5 districts ruraux (*huyen*, dérivé du mot chinois *xian*). La majorité des centres d'intérêt se situent dans le district 1, toujours dénommé Saigon, qui comprend Pham Ngu Lao (PNL), quartier pour voyageurs à petit budget, et le secteur plus cossu de Dong Khoi. Cependant, certains quartiers, tel le district 3, ont leur charme propre, avec des bâtiments de style international et néoclassique, des rues arborées et ponctuées de boutiques, cafés et restaurants.

Quartier de Dong Khoi

Immédiatement à l'ouest de la Saigon, le cœur de la vieille ville est entouré de gratte-ciel et de boutiques de mode, eux-mêmes encerclés par des zones réservées aux affaires et à l'administration. Ce quartier huppé emprunte son nom à sa principale artère commerçante, Đuong (Đ) Dong Khoi, laquelle s'étend de la rivière à la cathédrale Notre-Dame en passant par l'Opéra. Ce sont les larges boulevards ĐL Le Loi et ĐL Nguyen Hue, bordés d'arbres et inlassablement parcourus de motos, qui laissent la plus forte impression – surtout lorsqu'on a risqué sa vie pour les traverser. Le long de ces grands axes, les vestiges de la colonisation française le disputent à la modernité urbaine.

Cathédrale Notre-Dame ÉGLISE

(carte p. 329 ; Đ Han Thuyen ; messe 9h30 dim). Érigée entre 1877 et 1883, cette cathédrale en brique de style néoroman se dresse au cœur du quartier administratif de Hô Chi Minh-Ville, face à Đ Dong Khoi. Précédée d'une haute statue blanche de la Vierge tenant un globe, elle comporte des clochers jumeaux carrés hauts de 40 m, surmontés de flèches en fer. Seuls certains des vitraux d'origine subsistent, les autres ayant été détruits pendant la guerre. Le personnel anglophone dispense des informations touristiques de 9h à 11h du lundi au samedi. Si le portail est fermé, essayez la porte du côté du palais de la Réunification.

Poste centrale ÉDIFICE HISTORIQUE

(carte p. 329 ; 2 Cong Xa Paris). Proche de la cathédrale, la massive poste centrale (1886-1891) de style colonial, dessinée par Gustave Eiffel, renferme dans son vaste hall voûté d'intéressantes cartes peintes du Sud-Vietnam, de Saigon et de Cholon. Sur le mur du fond, un portrait en mosaïque de Hô Chi Minh occupe la place d'honneur. Notez aussi l'infrastructure métallique vert foncé et le carrelage à motifs du sol.

Dong Khoi

0 — 200 m
A
B
C
D
1
2
3
4
5
6
7
Cathédrale Notre-Dame
Poste centrale
Bitexco Financial Tower
Musée des Beaux-Arts
Statue de Trân Nguyên Hai
Place Me Linh
DISTRICT 1
DISTRICT 4
Canal Ben Nghe
Saigon
Đ Chu Minh Trinh
ĐL Le Duan
Đ Nguyen Du
ĐL Hai Ba Trung
Đ Ly Tu Trong
Đ Han Thuyen
Đ Dong Khoi
Đ Le Thanh Ton
Đ Cao Ba Quat
Đ Nguyen Sieu
Đ Thai Van Lung
Đ Thi Sach
Cong Xa Paris
Đ Dong Du
Đ Mac Thi Buoi
Đ Phan Van Dat
Đ Ton Duc Thang
Đ Nguyen Thiep
Đ HH Nghiep
Đ Ngo Duc Ke
Đ Nguyen Trung Truc
ĐL Le Loi
Đ Nam Ky Khoi Nghia
Đ Luu Van Lang
Đ Ton That Thiep
Đ Huynh Thuc Khang
Đ Ho Tung Mau
ĐL Nguyen Hue
Đ Hai Trieu
Đ Pasteur
Đ Ton That Dam
Đ Ham Nghi
Đ Le Cong Kieu
Đ Nguyen Cong Tru
Đ Pho Duc Chinh
Đ Ban Chuong
Đ Calmette
Đ Le Thi Hong Gam
Đ Ky Con
Đ Nguyen Tat Thanh

Dong Khoi

Les incontournables
1 Bitexco Financial Tower C5
2 Poste centrale B2
3 Musée des Beaux-Arts A6
4 Cathédrale Notre-Dame A2

À voir
5 22 Ly Tu Trong B2
6 Musée de Hô Chi Minh-Ville A3
7 Musée Hô Chi Minh D6
8 Opéra C3
9 Siège du Comité du peuple B3
10 Mosquée indienne de Saigon C3
11 Musée Ton Duc Thang D3

Activités
Aqua Day Spa .... (voir 29)
12 Glow C4
13 GRAIN Cooking Classes C3
14 Indochina Junk D4
Jasmine .... (voir 54)
15 L'Apothiquaire C4
16 Les Rives D4
Saigon Cooking Class .... (voir 58)
17 Vietnam Cookery Centre B2

Où se loger
18 Asian Ruby C2
19 Blue River Hotel 2 .... A7
20 Caravelle Hotel C3
21 Catina Saigon Hotel C3
22 Intercontinental Asiana Saigon B1
23 King Star Hotel C2
24 Liberty Central Saigon Citypoint B4
25 Lotte Legend Hotel Saigon D2
26 Majestic Hotel D4
27 May Hotel C2
28 Park Hyatt Saigon C2
Saigon Central Hostel .... (voir 19)
29 Sheraton Saigon C3

Où se restaurer
3T Quan Nuong .... (voir 39)
30 5Ku Station C2
Annam Gourmet Market .... (voir 69)
31 Au Parc A2
32 Barbecue Garden A4
33 Bibi Alibi C2
34 Bun Dau Ngo Nho Pho Nho A3
35 Chi Hoa C2
36 Dublin Gate C2
37 El Gaucho C2
38 Elbow Room B5
39 Fanny B4
Hoa Tuc .... (voir 58)
40 Hum Lounge & Restaurant D3
41 Huong Lai B3
Jaspas Wine & Grill .... (voir 37)
42 Kem Bach Dang B4
43 Lamie Cafe D1
44 Le Jardin C2
45 Maxim's Nam An D4
46 Nha Hang Ngon A3
47 Pacharan C3
48 Pizza 4P's C1
49 Propaganda A2
50 Quan Bui D1
51 Relish & Sons C3
Secret Garden .... (voir 34)
52 Skewers C2
53 Soulburger A5
54 Spice Ca'phe B4
55 Square One C3
56 Tandoor D4
Temple Club .... (voir 39)
57 The Racha Room D3

Opéra ÉDIFICE REMARQUABLE
(Nha Hat Thanh Pho ; carte p. 329 ; ☎08-3823 7419 ; place Lam Son). Trônant au carrefour de Đ Dong Khoi et de ĐL Le Loi, ce fier édifice colonial de 1897, dont l'escalier d'accès décrit une courbe majestueuse, reflète le style français de la Belle Époque. Officiellement baptisé Théâtre municipal, c'est l'un des monuments les plus emblématiques de la ville. Les spectacles vont du ballet à l'opéra, en passant par la danse moderne et la comédie musicale.

Très prisé, l'AO Show (p. 367) est un spectacle d'une heure qui mêle musique, danse et acrobaties.

Siège du Comité du peuple ÉDIFICE NOTABLE
(carte p. 329 ; ĐL Nguyen Hue). Construit entre 1901 et 1908, l'ancien hôtel de ville s'élève à l'extrémité nord-ouest de ĐL Nguyen Hue. Il se distingue par sa façade élaborée d'inspiration Renaissance, mais l'intérieur ne se visite malheureusement pas. En 2015, la portion centrale de ĐL Nguyen Hue a été transformée en zone piétonnière, ponctuée à une extrémité par une nouvelle statue de Hô Chi Minh, érigée à l'occasion du 125e anniversaire de sa naissance.

Les rues alentour continuent de charrier un flot de deux-roues, surtout le week-end. À l'extrémité est de ĐL Nguyen Hue, à la jonction avec Đ Dong Khoi, une station est en construction dans le cadre du nouveau réseau de métro de la ville.

Musée de Hô Chi Minh-Ville MUSÉE
(Bao Tang Thanh Pho Ho Chi Minh ; carte p. 329 ; www.hcmc-museum.edu.vn ; 65 Đ Ly Tu Trong ; 15 000 d ; 8h-17h). Construit en 1885, ce superbe bâtiment néoclassique gris s'appelait autrefois

le palais Gia Long (et, plus récemment, le musée de la Révolution).

Il retrace l'histoire de la ville au moyen de pièces archéologiques, des céramiques, des cartes anciennes et des dioramas illustrant le mariage traditionnel dans différentes ethnies. La lutte pour l'indépendance occupe une place centrale, la majeure partie de l'étage supérieur lui étant consacrée. Les sous-sols du bâtiment abritent un réseau de bunkers en béton et de couloirs fortifiés, reliés au palais de la Réunification et comprenant des zones d'habitation, une cuisine et une grande salle de réunion. C'est dans l'un de ces bunkers que le président Diêm et son frère se cachèrent avant de s'enfuir vers l'église Cha Tam (p. 342). Ce réseau n'est pas ouvert au public, la plupart des tunnels étant inondés.

Dans les jardins est exposé du matériel militaire, dont le F-5 américain utilisé par un soldat renégat sud-vietnamien pour bombarder le palais présidentiel (actuel palais de la Réunification), le 8 avril 1975.

Musée Hô Chi Minh MUSÉE

(Bao Tang Ho Chi Minh ; carte p. 329 ; 1 Đ Nguyen Tat Thanh, district 4 ; 10 000 d ; 7h30-11h30 et 13h30-17h mar-dim). Surnommé la "maison du Dragon" (Nha Rong), le bâtiment des anciennes messageries maritimes fut construit par les autorités françaises en 1863. Les liens entre Hô Chi Minh (1890-1969) et ce lieu semblent plutôt ténus : c'est là qu'il se serait engagé, en 1911, à l'âge de 21 ans, pour s'embarquer comme chauffeur et cuisinier sur un cargo français. Il entamait là un exil de 30 ans, qui allait notamment le mener en France, en Union soviétique et en Chine.

Le musée retrace la vie et l'engagement politique du grand homme, de sa naissance sous le nom de Nguyen Tat Thanh à sa mort en 1969, essentiellement à l'aide de photos. On peut aussi y voir de nombreux effets personnels de l'oncle Hô, dont certains vêtements, ses sandales et ses lunettes.

Le musée se trouve au bord de l'eau, de l'autre côté du canal Ben Nghe par rapport au district 1. Pour s'y rendre à pied, il suffit de suivre la rivière vers le sud le long de Đ Ton Duc Thang puis de franchir le pont.

Bitexco Financial Tower TOUR
(carte p. 329 ; www.saigonskydeck.com ; 2 Đ Hai Trieu ; adulte/enfant 200 000/130 000 d ; 9h30-21h30). Conçue par l'architecte américain Carlos Zapata, cette tour de 68 étages, inaugurée en 2010, éclipse, avec ses 262 m de haut, tout ce qui l'entoure. Sa forme s'inspire d'un bouton de lotus. Le toit du **Saigon Skydeck**, une plateforme d'observation circulaire suspendue au 48e étage, sert d'héliistation. Privilégiez une visite au crépuscule par temps clair, ou sirotez un verre à l'Eon Heli Bar (p. 364).

Musée Ton Duc Thang MUSÉE
(Bao Tang Ton Duc Thang ; carte p. 329 ; 08-3829 7542 ; www.baotangtonducthang.com ; 5 Đ Ton Duc Thang ; 7h30-11h30 et 13h30-17h). GRATUIT Ce petit musée rend hommage à Ton Duc Thang, successeur de Hô Chi Minh. Né en 1888 à Long Xuyen, dans le delta du Mékong, il mourut en 1980 au cours de son mandat présidentiel. Des objets et des photos, dont de captivantes illustrations des violences coloniales, retracent son rôle dans la lutte pour l'indépendance.

Mosquée indienne de Saigon MOSQUÉE
(carte p. 329; 66 Đ Dong Du). Édifiée en 1935 par des musulmans indiens à l'emplacement d'une mosquée plus ancienne, cette mosquée constitue un havre de paix au cœur de ce quartier trépidant. L'ensemble blanc et vert comporte quatre minarets décoratifs. Devant se trouve un bassin pour les ablutions rituelles. Déchaussez-vous avant d'entrer.

22 Ly Tu Trong SITE HISTORIQUE
(carte p. 329 ; 22 Đ Ly Tu Trong). Le rez-de-chaussée de ce bâtiment d'allure ordinaire est aujourd'hui occupé par le Vietnam National Chemical Group. Rejoignez l'esplanade du Vincom Center, de l'autre côté de la rue, et levez les yeux vers le toit. La structure, qui abrite un puits d'ascenseur, servit de terrain d'atterrissage à l'hélicoptère chargé d'évacuer le personnel américain le jour de la chute de Saigon. Immortalisée par le photographe néerlandais Hubert Van Es, cette scène célèbre a souvent été décrite comme l'évacuation de l'ambassade des États-Unis, alors qu'il s'agissait en réalité du siège de la CIA.

Da Kao et environs

Juste au nord du centre-ville, ce vieux quartier du district 1 regroupe la plupart des consulats, ainsi que plusieurs beaux bâtiments de l'époque coloniale. Ses rues historiques (et celles bordant la partie est du district 3) dissimulent de bons restaurants modernes et bars branchés, de même que des restaurants traditionnels réputés.

Pagode de l'Empereur de Jade TEMPLE TAOÏSTE
(Phuoc Hai Tu ou Chua Ngoc Hoang ; carte p. 333 ; 73 Đ Mai Thi Luu ; 7h-18h, 1er et 15e jours du mois lunaire 5h-19h). GRATUIT Construite en 1909, voici l'une des pagodes les plus mémorables de HCMV. Dédiée à l'empereur de Jade (Ngôc Hoang), le dieu suprême taoïste assimilé au seigneur du Ciel, elle recèle quantité de statues de divinités et de magnifiques panneaux en bois sculptés ornés de caractères chinois dorés. Sous son toit couvert de tuiles élaborées se dressent des effigies en papier mâché incarnant les personnages des traditions bouddhique et taoïste. À l'intérieur du bâtiment principal, deux statues de 4 m de hauteur, à l'air féroce, se dressent contre le mur. À droite, le général vainqueur du Dragon vert pose un pied sur sa victime terrassée. À gauche, le général vainqueur du Tigre blanc adopte une position similaire.

Les fidèles se pressent devant l'empereur de Jade, drapé d'étoffes luxueuses et de volutes d'encens *(huong)*, qui domine le sanctuaire principal. Il est flanqué de ses gardiens, les quatre Grands Diamants (Tu Dai Kim Cuong), censés être aussi durs que la pierre du même nom.

Un passage à gauche de l'autel principal mène à une autre salle. L'espace situé à droite en entrant est dominé par Thanh Hoang, le maître des Enfers, son cheval rouge à sa gauche. Les autres statues figurent les dieux chargés de punir les mauvaises actions et de récompenser les bonnes. Remarquez également la salle des

Palais de la Réunification et environs

Les incontournables
1 Palais de la Réunification C2
2 Musée des Souvenirs de guerre C1

À voir
3 Temple hindou de Mariamman............C3
4 Parc Tao Dan B3
5 Mémorial du vénérable Thich Quang Duc..............................A3
6 Pagode Xa Loi A2

Activités
Cyclo Resto ....(voir 16)
7 Palais de la Culture des travailleurs.......C2
8 L'Apothiquaire A1
Saigon Soul Pool Parties ....(voir 24)

Où se loger
9 Anpha Boutique Hotel..........................D3
10 Family Inn B4
Lavender Hotel ....(voir 9)
11 Sanouva..D3
12 Town House 23 ....D4
13 Town House 50 ....B3
14 Vietnam Inn Saigon..............................B4

Où se restaurer
15 Beefsteak Nam Son C1
16 Cyclo Resto C3
17 Hum Vegetarian Cafe & Restaurant C2
18 Khoi Thom B1
19 La Fiesta..D4
20 Marina C1
San Fu Lou ....(voir 24)
21 Shri Restaurant & Lounge D1
22 Tin Nghia...D4

Où prendre un verre et faire la fête
23 Air 360...D4
24 Chill Sky Bar C4
25 OMG...D3
Shri ....(voir 21)
26 Vespa Sofar D4
27 Vuvuzela Beer Club C4

Où sortir
28 Acoustic B1
29 Conservatoire de musique C3
30 Golden Dragon Water Puppet Theatre...C2
31 MZ Bar...B4
32 Seventeen Saloon D4
33 Yoko B2

Achats
34 Vinh Loi Gallery B3

Renseignements
35 Columbia Asia D1
36 Consulat du Japon.................................B1
37 Consulat de Thaïlande B1

américains, chinois et soviétiques sont présentés à l'extérieur. Vous y verrez notamment un Cessna A-37 de l'armée de l'air sud-vietnamienne et un Tiger F-5E de fabrication américaine. Le tank exposé est l'un de ceux qui pénétra dans le palais de la Réunification le 30 avril 1975.

Pho Binh SITE HISTORIQUE
(carte p. 333 ; 7 Đ Ly Chinh Thang, district 3 ; soupe de nouilles 60 000 d). Ce modeste restaurant de nouilles fut le QG secret du Viêt-cong à Saigon, d'où il planifia notamment son attaque contre l'ambassade des États-Unis et d'autres cibles lors de l'offensive du Têt (1968). Le Pho Binh sert par ailleurs un *pho* délicieux.

Palais de la Réunification et environs

À cheval entre le district 1 et le district 3, ce damier de rues fréquentées, entourant le parc Tao Dan et celui du palais de la Réunification, regroupe plusieurs sites phares – et quelques restaurants de premier ordre.

Musée des Souvenirs de guerre MUSÉE
(Bao Tang Chung Tich Chien Tranh ; carte p. 334 ; 08-3930 5587 ; www.baotangchungtichchientranh.vn ; 28 Đ Vo Van Tan, angle Đ Le Quy Don ; 15 000 d ; 7h30-12h et 13h30-17h). Auparavant musée des Crimes de guerre chinois et américains, cet endroit est devenu l'un des musées les plus visités par les touristes occidentaux à HCMV. Peu de musées dans le monde mettent en lumière de façon aussi marquante la brutalité de la guerre, notamment sur la population civile. La plupart des atrocités montrées ici ont été largement diffusées en Occident. Il n'empêche que le détail de ces exactions, présenté par les victimes elles-mêmes, reste très impressionnant.

Si le propos peut sembler partial, il est à noter que nombre de photos dérangeantes sur les atrocités commises par les Américains, dont celles du terrible massacre de My Lai (p. 247), proviennent de sources étasuniennes.

À l'extérieur sont exposés des véhicules blindés américains, des pièces d'artillerie, des bombes et des armes d'infanterie. Un

HÔ CHI MINH-VILLE EN ...

Un jour

Démarrez la journée par un bol de *pho* fumant, suivi d'une promenade à pied dans le **vieux Saigon** (p. 345). Après un déjeuner au **Propaganda** (p. 356), direction le **musée des Souvenirs de guerre** (p. 335), le **palais de la Réunification** (p. 336) et, s'il vous reste du temps, le **musée de Hô Chi Minh-Ville** (p. 330). Le soir, contemplez le coucher du soleil depuis l'**Air 360** (p. 365), puis allez dîner au **Nha Hang Ngon** (p. 356) ou au **Racha Room** (p. 356). Concluez la journée par une bière artisanale à la **Pasteur Street Brewing Company** (p. 363), ou par un robuste cocktail d'inspiration asiatique au **Shrine** (p. 363).

Deux jours

Passez la matinée à la découverte du marché et des pagodes anciennes de **Cholon** (p. 338). Rendez-vous ensuite en taxi au district 3 pour un repas traditionnel bon marché au **Pho Hoa** (p. 359) ou au **Banh Xeo 46A** (p. 359), avant de rejoindre à pied la **pagode de l'Empereur de Jade** (p. 332) et le **musée d'Histoire** (p. 334) en passant par Da Kao. Profitez au mieux de votre dernier soir à HCMV en dînant dans un autre restaurant de choix, comme le **Quan Bui** (p. 356), le **Cuc Gach Quan** (p. 359) ou le **Hum Lounge & Restaurant** (p. 356), et en écoutant de la musique live à l'**Acoustic** (p. 366) ou au **Saigon Ranger** (p. 366). Enfin, plongez dans le chaos festif du **Cargo** (p. 366) ou de **The Observatory** (p. 366).

coin du parc consacré aux bagnes insulaires de Phu Quoc et de Poulo Condor (actuel Con Son), de sinistre mémoire, donne à voir la guillotine utilisée par les Français et les "cages à tigre" inhumaines dans lesquelles les Sud-Vietnamiens enfermaient leurs prisonniers viêt-cong (communistes vietnamiens, VC).

Au rez-de-chaussée, une collection d'affiches et de photos en rapport avec le mouvement contre la guerre à travers le monde soulage un peu des horreurs présentées plus haut.

Les photographies d'enfants brûlés au napalm ou déchiquetés par les bombes américaines glacent le sang. Vous aurez également le triste privilège de découvrir quelques armes expérimentales (classées à l'époque "secret défense") employées pendant la guerre du Vietnam, dont la Fléchette, un obus rempli de minuscules traits acérés.

À l'étage, ne manquez pas l'**exposition Requiem**, compilée par le grand photographe de guerre Tim Page, qui illustre le travail de ses collègues des deux côtés du conflit, avec notamment des tirages de Larry Burrows et de Robert Capa.

Le musée occupe l'immeuble utilisé à l'époque par l'US Information Service. Commentaires en vietnamien et en anglais.

♥ Palais de la Réunification — MONUMENT HISTORIQUE

(Dinh Thong Nhat ; carte p. 334 ; ☎08-3829 4117 ; www.dinhdoclap.gov.vn ; Đ Nam Ky Khoi Nghia ; adulte/enfant 30 000/5 000 d ; ⏲7h30-11h et 13h-16h). Entouré de palmiers royaux, ce bâtiment des années 1960 est l'un des lieux les plus spectaculaires de la ville, tant pour son architecture moderne que pour l'étrangeté qui se dégage de ses vastes salles désertes.

Le palais semble s'être figé le 30 avril 1975, jour où les premiers chars nord-vietnamiens entrèrent dans Saigon. Ils écrasèrent les grilles du palais, puis un soldat courut planter un drapeau viêt-cong sur le balcon. Ce matin-là, le général Duong Van Minh, promu chef de l'État sud-vietnamien 43 heures auparavant, attendait les vainqueurs dans un superbe salon, en compagnie de ses ministres. "Je vous attendais pour vous transférer les pouvoirs", dit Minh à l'officier viêt-cong qui entrait dans la pièce. "Il n'y a aucun pouvoir à passer, répondit l'officier avec morgue, vous ne pouvez transmettre ce que vous n'avez pas."

En 1868, la résidence du gouverneur général de Cochinchine française fut édifiée à cet emplacement. Après plusieurs agrandissements, ce bâtiment devint le palais Norodom. Au départ des Français, le président sud-vietnamien, Ngô Dinh Diêm, s'y installa. Cet homme faisait l'objet d'une telle impopularité que sa propre force aérienne essaya vainement de le faire disparaître en bombardant le palais en 1962. Diêm ordonna alors qu'un nouvel édifice soit construit sur l'emplacement de l'ancien, doté cette fois d'un abri antiaérien au sous-sol. Les travaux furent achevés en 1966, mais Diêm, assassiné par ses troupes en 1963, ne profita jamais des installations. Baptisé palais de l'Indépendance, le bâtiment hébergea le nouveau président du Sud-Vietnam, Nguyên Van Thiêu, jusqu'à sa fuite en 1975.

Typique de l'architecture des années 1960, le palais, dû à l'architecte Ngô Viêt Thu, formé à Paris, respire l'harmonie, et ses spacieuses salles sont décorées avec goût. Le rez-de-chaussée renferme des salles de réunion, le 1er étage, la salle de réception où le président du Sud-Vietnam recevait les dignitaires du régime et les délégations étrangères. Les appartements privés se situent à l'arrière du bâtiment, où vous découvrirez des maquettes de bateaux, des queues de cheval et des pattes d'éléphant. Le 2e étage comporte une salle de jeu du plus pur style *seventies*. Citons aussi une salle de projection et une salle de bal sur le toit, ainsi qu'une terrasse aménagée en héliport.

Le sous-sol abrite un dédale de tunnels, un centre de télécommunications et une salle d'état-major, où de gros ventilateurs côtoient d'antiques émetteurs radio. Vers la fin du parcours, une vidéo retrace l'histoire du palais (commentaires en français et en anglais) ; elle s'achève par l'hymne national : levez-vous, il serait impoli de rester assis.

Le palais de la Réunification est fermé au public lors des réceptions ou des réunions officielles. Les visiteurs peuvent profiter des services de guides parlant français et anglais.

Mémorial du vénérable Thich Quang Duc MONUMENT

(carte p. 334 ; angle Đ Nguyen Dinh Chieu et Đ Cach Mang Thang Tam). Ce paisible parc-mémorial rend hommage au moine bouddhiste qui, en 1963, à l'âge de 73 ans, s'immola par le feu sur ce site, non loin du palais présidentiel (actuel palais de la Réunification), afin de protester contre la répression anti-bouddhiste du régime de Ngô Dinh Diêm. Inauguré en 2010, son mémorial consiste en une statue représentant le bonze entouré de flammes devant un bas-relief qui dépeint ses derniers instants. On y accède par une volée de marches.

Thich Quang Duc a été élevé au rang de Bo Tat, ou bodhisattva (être humain ayant atteint l'éveil qui renonce au nirvana pour aider les autres à trouver le salut).

Temple hindou de Mariamman TEMPLE HINDOU

(Chua Ba Mariamman ; carte p. 334 ; 45 Đ Truong Dinh ; ⌚7h30-19h30). Bien que la ville ne compte qu'un nombre restreint d'hindouistes, ce temple coloré, le seul encore en activité, est considéré comme un lieu sacré par nombre de Chinois et de Vietnamiens. Il est réputé pour ses pouvoirs miraculeux. Construit à la fin du XIXe siècle, il est consacré à la déesse hindoue Mariamman.

Le lion, à gauche de l'entrée, était promené en procession dans la ville chaque automne. Dans le sanctuaire, au centre du temple, préside la déesse Mariamman flanquée de ses deux gardiens, Maduraiveeran (à gauche) et Pechiamman (à droite). Devant Mariamman se dressent deux lingams entourés d'offrandes : encens, fleurs de jasmin, lys et glaïeuls.

Le temple se trouve à trois rues à l'ouest du marché Ben Thanh. Déchaussez-vous avant de poser le pied sur la plateforme légèrement surélevée.

Parc Tao Dan PARC

(carte p. 334 ; Đ Nguyen Thi Minh Khai). Une métropole de la taille de HCMV a résolument besoin de poumons verts, comme ce parc de 10 ha. C'est l'un des plus attrayants de la ville, avec ses allées jalonnées de bancs à l'ombre d'immenses arbres tropicaux, tels que flamboyants, Sao Den et So Khi. Tôt le matin et en fin d'après-midi, une foule de Saïgonnais s'adonnent ici au tai-chi. On assiste aussi chaque jour au "café des oiseaux", un rassemblement de vieux messieurs accompagnés de leurs volatiles en cage.

Đ Truong Dinh coupe le parc en deux. Au nord, un petit jardin de sculptures contemporaines voisine avec le palais de la Culture des travailleurs, ancien Cercle sportif de l'élite coloniale. Empreint d'une atmosphère désuète, ce dernier comprend des courts de tennis, une piscine Art déco à colonnades et un pavillon.

Pagode Xa Loi TEMPLE BOUDDHIQUE

(Chua Xa Loi ; carte p. 334 ; 89 Đ Ba Huyen Thanh Quan ; ⌚7h-11h et 14h-17h). Censé receler une relique du Bouddha, ce vaste sanctuaire datant de 1956 présente un intérêt d'ordre principalement historique. En août 1963, un commando aux ordres de Ngô Dinh Nhu, frère du président Ngô Dinh Diêm, attaqua la pagode, alors foyer de l'opposition au gouvernement Diêm. Elle fut saccagée et 400 bonzes et bonzesses, dont le patriarche bouddhiste du pays, âgé de 80 ans, furent arrêtés. Ce raid, tout comme d'autres, renforça l'opposition des bouddhistes au régime et fut un facteur déterminant dans la décision des États-Unis de soutenir un coup d'État contre Diêm. La pagode fut également le théâtre de plusieurs immolations de bonzes, qui protestaient contre le régime et l'agression américaine.

Le nom du sanctuaire témoigne de son importance. Les caractères chinois sur la façade – "Sheli Si" (舍利寺 ; temple Sheli), prononcé Xa Loi Chua en vietnamien – signifient "temple de Sarira", du mot sanskrit pour "relique bouddhique".

Les femmes pénètrent dans la salle principale de la pagode par un escalier situé à droite de l'entrée, les hommes utilisent celui de gauche. Dans la salle principale trône un grand bouddha en or qui n'est autre que Shakyamuni (le Bouddha historique). Les murs du sanctuaire sont ornés de peintures qui retracent la vie du Bouddha.

Derrière la salle principale, une autre pièce contient une peinture représentant Bodhidharma, considéré comme le fondateur de l'école Chan (bouddhisme zen). Ce moine indien séjourna au monastère de Shaolin, en Chine, où il aurait créé le **kung-fu Shaolin**. Il est figuré portant une sandale sur un bâton car, après sa mort, on aurait trouvé son cercueil vide, à l'exception de ce soulier.

Un bonze prêche le dimanche entre 8h et 10h. Les jours de pleine lune et de nouvelle lune, des prières spéciales ont lieu de 7h à 9h et de 19h à 20h.

Nguyen Thai Binh et environs

Ce quartier passant du district 1, assez ordinaire, se niche entre le centre-ville, le marché de Ben Thanh, le quartier de Pham Ngu Lao, et le canal Ben Nghe.

Musée des Beaux-Arts MUSÉE

(Bao Tang My Thuat ; carte p. 329 ; 97a Đ Pho Duc Chinh ; 10 000 d ; 9h-17h mar-sam). Ce gracieux édifice jaune et blanc, de 1929, est caractéristique de la période coloniale, avec de vastes galeries et vérandas lumineuses, un carrelage de sol aux motifs élaborés, de jolis vitraux – hélas en mauvais état –, et l'un des plus vieux ascenseurs de la ville. Il abrite une belle collection d'art, dont des œuvres évocatrices de l'histoire récente du Vietnam.

Hormis des peintures contemporaines, le plus souvent inspirées par la guerre, vous y découvrirez des pièces du IVe siècle, parmi lesquelles d'élégantes sculptures en bois ou en pierre du royaume du Funan représentant Vishnu, Bouddha et d'autres figures vénérées, ainsi que des œuvres cham du VIIe au XIVe siècle.

D'autres sculptures émaillent le parc et la cour centrale, accessible par l'arrière du bâtiment. La boutique vend un choix de reproductions à partir de 100 000 d. Le bâtiment n°2, à côté, accueille des œuvres mineures et des expositions temporaires.

L'espace devant l'imposant bâtiment de l'ancien bureau des chemins de fer, plus haut entre Đ Ham Nghi et ĐL Le Loi, face au rond-point, fut le théâtre d'exécutions publiques au début des années 1960.

Cholon

Une myriade de temples et de pagodes vous attend à Cholon (district 5). Le quartier chinois de HCMV l'est aujourd'hui bien moins qu'autrefois, en raison de la campagne de 1978-1979, qui a provoqué le départ de nombreux Chinois et, avec eux, de leurs capitaux et de leurs compétences d'entrepreneurs. Beaucoup de ces réfugiés reviennent actuellement afin d'explorer les possibilités d'investissement. Les idéogrammes complets (par opposition à la forme simplifiée utilisée en Chine) qui tracent des inscriptions nombreuses sur les devantures des boutiques et dans les sanctuaires, donnent à qui vient ici le sentiment d'arriver dans quelque enclave oubliée de l'Empire du Milieu. S'il n'est pas rare de croiser des personnes parlant le mandarin, la plupart des Hoa-Kieu (Sino-Vietnamiens) qui vivent ici s'expriment dans des dialectes de Chine méridionale.

Cholon, dont le nom signifie "grand marché", fut pendant la guerre du Vietnam le centre d'un marché noir florissant. Aujourd'hui, comme presque partout en ville, les vieilles échoppes disparaissent sous les panneaux publicitaires ou succombent aux coups des bulldozers. Cependant, quelques exemples d'architecture typique demeurent et les **herboristeries traditionnelles** (carte p. 339 ; Đ Hai Thuong Lan Ong)

Cholon

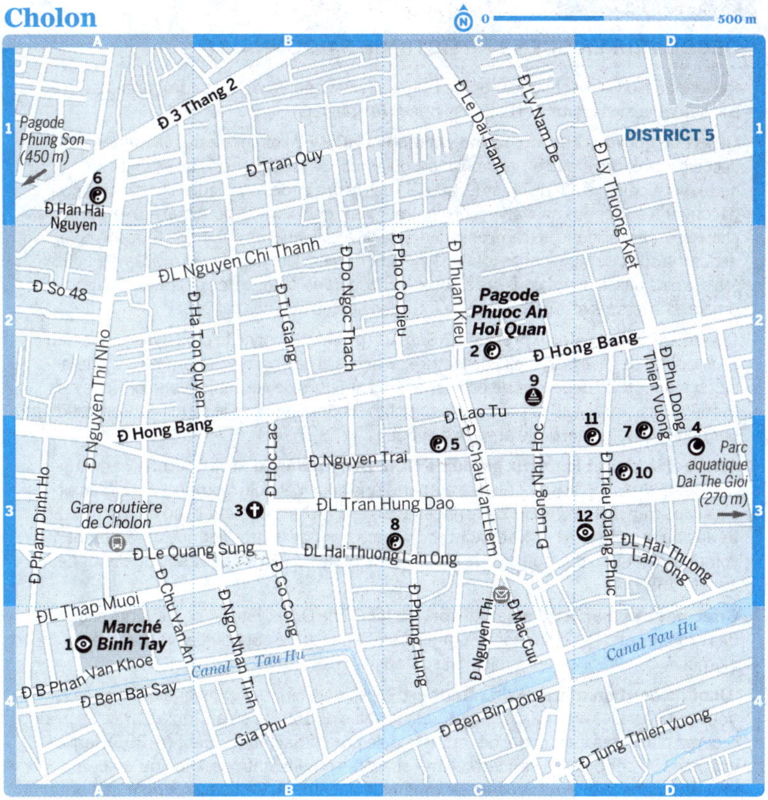

Cholon

Les incontournables

À voir

qui subsistent entre Đ Luong Nhu Hoc et Đ Trieu Quang Phuc offrent un aperçu visuel et olfactif de la vieille ville chinoise.

Un taxi de Pham Ngu Lao à Cholon coûte quelque 100 000 d. Sinon, prenez le bus n°1 au marché Ben Thanh. Pour une visite plus approfondie du quartier, contactez Tim Doling (p. 348), expert passionné du patrimoine local.

♥ Marché Binh Tay — MARCHÉ

(Cho Binh Tay ; carte ci-dessus ; www.chobinhtay.gov.vn ; 57a ĐL Thap Muoi). Le principal marché de Cholon, de style sino-français, s'enorgueillit d'une belle tour de l'horloge et d'une cour centrale agrémentée de jardins. Initialement construit par les Français dans les années 1880, il fut rebâti en 1928 sous la houlette de Quach Dam, philanthrope chinois originaire du Guangdong, dont la statue commémorative est aujourd'hui conservée au musée des Beaux-Arts. Les commerçants pratiquent ici essentiellement la vente en gros, mais l'endroit fait partie des itinéraires des groupes en voyage organisé. Les tenanciers des stands de rue vous feront bon accueil si vous vous installez autour d'un petit-déjeuner ou d'un café avec eux.

INTERVIEW

DÉCOUVRIR LA SCÈNE ARTISTIQUE SAÏGONNAISE

Résidant à Hô Chi Minh-Ville, Sophie Hughes (www.sophiesarttour.com) organise, 5 jours par semaine, des circuits artistiques prisés (en anglais).

Qu'est-ce qui vous enthousiasme vraiment à HCMV ? Les contrastes : l'attitude accueillante et détendue de la population, qui tranche avec la frénésie incessante de cette métropole. Il suffit de regarder au-delà des néons et des enseignes clinquantes pour découvrir d'anciennes habitations de commerçants chinois avec boutique au rez-de-chaussée, des résidences d'ambassadeurs ou de missionnaires datant de l'époque coloniale et des maisons vietnamiennes tout en longueur derrière leur façade incroyablement étroite. Mais le plus passionnant consiste à observer l'apport de la nouvelle génération au tissu urbain à travers les arts graphiques, la musique et la culture des cafés.

Quelle est votre galerie préférée ? San Art (p. 344), l'espace le plus dynamique dédié à l'art. Avec sa galerie, sa salle de lecture en accès libre et son programme d'ateliers, de résidences, de débats et de projections, il fait figure de véritable pionnier. Tous les événements sont gratuits et ouverts au public. Pour couronner le tout, l'endroit est dirigé par une équipe jeune, drôle et sympathique.

Quel est le secret le mieux gardé de HCMV en matière d'architecture ? Le musée des Beaux-Arts (p. 338). Construit autour d'une cour, cet édifice improbable, mêlant les styles français et chinois des années 1920 et 1930, est un petit bijou en même temps qu'un refuge à l'écart du tohu-bohu incessant de la rue. Il donne notamment à voir une collection d'art officiel de propagande et des œuvres abstraites du début des années 1990.

Citez-nous un bar tendance qui sort du lot ? The Observatory (p. 366), qui accueille des groupes et des DJ du monde entier. Installé de l'autre côté du fleuve, dans le district 4, ce bar-club vaut toujours le détour.

Quoi de neuf en matière de street art ? Il se développe depuis quelques années. Vous pouvez aller admirer les peintures murales du 15b Đ Vo Van Tan (district 1) et les œuvres d'artistes locaux qui décorent le pôle créatif Saigon Outcast (p. 365), lequel programme par ailleurs concerts, films et autres manifestations. Bien qu'un peu excentré dans le district 2, l'endroit vaut le déplacement. Regagnez le district 1 pour admirer les murs et les galeries de la 3A Alternative Art Area (p. 368) – notamment la Giant Step Urban Art Gallery (p. 368). Tout près, notez le Lamie Cafe (p. 358), en retrait de Đ Le Than Ton. Il est fréquenté par des artistes locaux et on y vend de la peinture en bombe. Le mur extérieur est entièrement peint et les murs des environs sont tapissés de formidables œuvres de *street art*.

Pagode Thien Hau TEMPLE TAOÏSTE

(Ba Mieu, Pho Mieu, Chua Ba Thien Hau ; carte p. 339 ; 710 Đ Nguyen Trai). GRATUIT Cette pagode du début du XIXe siècle, édifiée par la congrégation de Canton, est dédiée à la déesse Thien Hau. Elle attire une foule de fidèles et de visiteurs, qui y déambulent sous des spirales coniques d'encens suspendues. La croyance veut que la déesse de la Mer puisse traverser les océans sur un tapis et chevaucher les nuages pour sauver les bateaux en perdition

Des frises en céramique très travaillées surmontent la toiture de la cour intérieure. On dit que les vrais protecteurs de ce sanctuaire seraient les deux tortues qui y vivent. Près des fours où brûlent les requêtes des fidèles, deux petites structures en bois contiennent une statue de Thien Hau que l'on sort en procession tous les ans, le 23e jour du 3e mois lunaire.

Sur l'estrade principale, trois statues de Thien Hau, en file indienne, sont encadrées chacune de deux serviteurs ou gardiens. À droite se trouve une maquette de bateau, à l'extrême droite une effigie de la déesse Long Mau, protectrice des mères et des nouveau-nés.

Pagode Khanh Van Nam Vien TEMPLE TAOÏSTE

(carte p. 339 ; 269/2 Đ Nguyen Thi Nho). Ce lieu de culte, construit entre 1939 et 1942, serait l'unique pagode purement taoïste du Vietnam. L'endroit est exceptionnel par ses statues de disciples taoïstes. HCMV ne compterait pas plus de 5 000 taoïstes "authentiques", bien que la plupart des Chinois pratiquent un mélange de taoïsme et de bouddhisme. Lao-tseu, père fondateur du taoïsme et auteur du *Tao-tö-king* (*Livre de la voie et de la vertu*), trône à l'étage, sous l'aspect d'une statue arborant un incroyable auréole faite d'un miroir au pourtour éclairé. À la gauche de Lao-Tseu, deux plaques de pierre expliquent les exercices d'inspiration et d'expiration. Un dessin schématique représente les organes du corps humain sous forme d'un paysage chinois. Le diaphragme, agent de l'inspiration, est situé en bas. Un paysan labourant avec son buffle incarne l'estomac. Quatre symboles du yin et du yang évoquent le rein ; le foie a la forme d'un bosquet et le cœur, celle d'un cercle où se tient un paysan, surmonté d'une constellation. La haute pagode symbolise la gorge, et l'arc-en-ciel, la bouche. En haut, les montagnes et le personnage assis représentent respectivement le cerveau et l'imagination.

La pagode gère un foyer qui accueille plusieurs dizaines de personnes âgées. À côté, les bonzes ont installé un dispensaire gratuit. Si vous voulez soutenir leur action, laissez un don.

Pagode Quan Am — TEMPLE BOUDDHIQUE

(Chua Quan Am ; carte p. 339 ; 12 Đ Lao Tu). GRATUIT Fondée par la congrégation du Fujian au début du XIXe siècle, cette pagode est l'une des plus actives et pittoresques de Cholon. Elle doit son nom à Quan Thê Âm Bô Tat (觀世音菩薩 en chinois, littéralement "le bodhisattva qui écoute les cris du monde"), déesse de la Miséricorde, également vénérée en Chine, en Corée et au Japon, ainsi qu'au Tibet où elle a pour incarnation terrestre le dalaï-lama. La statue de la divinité se cache derrière une façade remarquablement travaillée.

Le plafond est orné de fantastiques céramiques représentant des personnages de contes et de récits traditionnels chinois. Autre élément tout à fait original dans cette pagode : les portes d'entrée agrémentées de panneaux dorés et laqués.

♥ Pagode Phuoc An Hoi Quan — TEMPLE TAOÏSTE

(carte p. 339 ; 184 Đ Hong Bang). GRATUIT Joliment précédée de verdure, cette pagode édifiée en 1902 par la congrégation du Fujian fait partie des plus ornementées de la ville. Le toit, décoré de scènes en céramique, fourmille de personnages. L'intérieur flamboyant, festival de rouge, d'or, de vert et de jaune, s'agrémente de sculptures sur bois ornant les murs, les colonnes et les autels, d'objets de culte en cuivre finement ciselé, d'armes, de lanternes et de spirales d'encens accrochées au plafond.

À gauche de l'entrée se trouve une statue grandeur nature du cheval sacré de Quan Cong. Avant d'entreprendre un voyage, la coutume veut que l'on vienne lui faire une offrande et caresser sa crinière en faisant tinter la cloche qu'il porte au cou. L'autel principal, où brûle de l'encens, est dominé par la statue de Quan Cong, général chinois du IIIe siècle à qui la pagode est dédiée (celle-ci porte aussi le nom de Quan De Mieu). Ong Bon et Nam Ba Ngu Hanh ont également chacun leur autel.

Pagode Tam Son Hoi Quan — TEMPLE TAOÏSTE

(Chua Ba ; carte p. 339 ; 118 Đ Trieu Quang Phuc). Consacrée à Me Sanh, la déesse de la Fertilité, cette pagode construite en 1839 par la congrégation de Sanshan (trois montagnes) au Fujian, a la faveur des femmes qui viennent y prier pour avoir des enfants. Thien Hau, la déesse de la Mer, est également vénérée dans le sanctuaire principal. L'édifice a conservé la majeure partie de son opulente décoration.

Parmi les personnages frappants représentés dans cette pagode, le général déifié Quan Cong, à la longue barbe noire, se tient à droite dans la cour couverte, flanqué de ses deux gardiens, le mandarin général Chau Xuong à gauche, tenant une arme, et le mandarin administratif Quan Binh à droite. À côté de Chau Xuong, vous remarquerez le cheval rouge sacré de Quan Cong.

Pagode Ong Bon — TEMPLE TAOÏSTE

(Chua Ong Bon ou Nhi Phu Mieu ; carte p. 339 ; 264 ĐL Hai Thuong Lan Ong). Bâti par la congrégation du Fujian, truffé de sculptures dorées et toujours envahi de fumée d'encens, ce temple résonne des cris d'enfants de l'école voisine. Ong Bon, gardien du bonheur et de la prospérité, trône dans un halo de lumières étincelantes, derrière un autel en bois doré très ouvragé.

Thien Hau, Quan Am, l'empereur de Jade et même le roi des Singes font aussi l'objet d'un culte. Les murs de la salle sont ornés de fresques représentant cinq tigres (à gauche) et deux dragons (à droite).

Pagode Nghia An Hoi Quan TEMPLE TAOÏSTE

(carte p. 339 ; 678 Đ Nguyen Trai). Remarquable pour ses ornements en bois doré, cette pagode a été érigée par la congrégation de Chaozhou (province du Guangdong). Au-dessus de l'entrée est accroché un gros bateau en bois sculpté, et à l'intérieur, à gauche de la porte, on observe une énorme représentation du cheval rouge de Quan Cong avec son palefrenier. Quant au célèbre Quan Cong (Quan De ou Quan Vu), général chinois déifié de la période des Trois Royaumes (184-280), il occupe une vitrine derrière l'autel principal, flanqué de part et d'autres de ses assistants. Nghia An Hoi Quan déploie toutes ses beautés le 14e jour du 1er mois lunaire, quand des spectacles de danse sont donnés sur une scène devant la pagode.

Pagode Ha Chuong Hoi Quan TEMPLE TAOÏSTE

(carte p. 339 ; 802 Đ Nguyen Trai). Cette pagode du Fujian est consacrée à la déesse de la Mer, Thien Hau (Thien Hau Thanh Mau), également appelée Ma To. Les quatre piliers en pierre sculptée, entourés de dragons peints, ont été fabriqués en Chine et acheminés par bateau. Le sanctuaire – qui sert plus en réalité de salle de congrégation (Hoi Quan) – s'anime tout particulièrement lors de la **fête des Lanternes**, célébration chinoise le 15e jour du 1er mois lunaire (la première pleine lune de la nouvelle année lunaire).

De belles peintures murales encadrent l'autel principal et d'impressionnantes scènes en céramique en relief ornent le toit. À droite de Thien Hau se tient Chua Sinh Nuong Nuong, déesse de la Fertilité, à gauche le très populaire dieu de la Prospérité. Élément bouddhiste au milieu de ce panthéon taoïste, Quan Am, déesse de la Miséricorde, porte un vêtement blanc et un collier de perles. Notez au passage dans la grande salle l'éventail vertical destiné à chasser les calamités.

Église Cha Tam ÉGLISE

(carte p. 339 ; 25 Đ Hoc Lac). Construite entre 1900 et 1902, cette église jaune paille, dédiée à saint François-Xavier, dégage une impression de langueur tropicale. Elle n'en fut pas moins le théâtre d'horreurs pendant l'une des périodes les plus terribles de l'histoire de la ville.

C'est là que se réfugièrent le président Ngô Dinh Diêm et son frère Ngô Dinh Nhu lors du coup d'État du 2 novembre 1963. Après avoir vainement tenté de rallier les rares officiers à leur être restés fidèles, ils acceptèrent de se rendre sans conditions. Les chefs de la mutinerie envoyèrent un petit véhicule blindé à l'église, mais au lieu de conduire les deux hommes en prison, les soldats les exécutèrent à bout portant et lardèrent leur cadavre de coups de couteau.

L'annonce de leur mort à la radio plongea la ville dans la joie. Leurs portraits furent mis en pièces et les prisonniers politiques, dont beaucoup avaient été torturés, furent libérés. Les boîtes de nuit que les Ngô, fervents catholiques, avaient fait fermer, rouvrirent. Trois semaines plus tard, le président américain John F. Kennedy était assassiné. L'administration Kennedy ayant soutenu le coup d'État contre Diêm, certains théoriciens de la conspiration ont laissé entendre que la famille Diêm avait pu se venger en commanditant cet assassinat.

L'intérieur vert et blanc de l'église est décoré de représentations du chemin de croix, et d'énormes coquillages servent de bénitiers. Une petite plaque sur un banc marque l'endroit où le président Ngô Dinh Diêm et son frère furent capturés. La statue dans le clocher représente Mgr François-Xavier Tam Assou (1855-1934), un vicaire apostolique d'origine chinoise. La congrégation de l'église, très dynamique, compte environ 3 000 Vietnamiens et 2 000 Chinois. Des messes sont célébrées tous les jours.

Mosquée de Cholon MOSQUÉE

(carte p. 339 ; 641 Đ Nguyen Trai). Lignes pures et décoration sobre caractérisent cette mosquée construite en 1935 par des Tamoul. Depuis 1975, elle est fréquentée par les communautés malaise et indonésienne. La cour comporte un bassin pour les ablutions rituelles. Remarquez la niche carrelée (mihrab) dans le mur de la salle de prière, indiquant la direction de La Mecque.

Église Cho Quan ÉGLISE

(133 Đ Tran Binh Trong ; ⏲ 4h-7h et 15h-18h lun-sam, 4h-9h et 13h30-18h dim). Édifiée par les Français et détruite à trois reprises, cette église du XIXe siècle compte parmi les plus vastes de la ville. Belle perspective depuis le sommet du clocher, accessible par un escalier raide. L'église est située à la lisière est du district 5, entre ĐL Tran Hung Dao et Đ Nguyen Trai.

District 11

L'attrait majeur du district 11, juste à l'ouest de Cholon, réside dans ses deux pagodes anciennes et son parc aquatique fréquenté.

Pagode Giac Vien TEMPLE BOUDDHIQUE

(Đ Lac Long Quan, district 11 ; 7h-11h30 et 13h30-19h). Dans un pays où tant de pagodes ont été "restaurées" à grand renfort de béton et de néons, celle-ci a conservé la patine du temps. Elle fut fondée par Hai Tinh Giac Vien à la fin des années 1700. On raconte que l'empereur Gia Long, qui mourut en 1819, venait se recueillir ici.

Tout empreint de sérénité qu'il soit, ce lieu est moins visité que ses homologues de Cholon, du fait de son emplacement isolé au bout d'une ruelle, à proximité du lac Dam Sen.

En arrivant à la pagode, dissimulée derrière un dédale de ruelles sinueuses, vous remarquerez sur la droite des tombes impressionnantes qui servent de terrain de jeu aux enfants du coin. L'intérieur de la pagode est orné d'une centaine de statues représentant des divinités.

Le sanctuaire principal se trouve de l'autre côté du mur, derrière la statue de Hai Tinh Giac Vien. Là, un magnifique encensoir de cuivre, d'où émergent deux superbes têtes de dragons, précède l'estrade. Le gardien de la pagode est adossé au mur qui fait face à l'estrade. Tout près se dresse un arbre à prières.

Pagode Phung Son TEMPLE BOUDDHIQUE

(Phung Son Tu ou Chua Go ; 1408 ĐL 3 Thang 2, district 11 ; prières 3 fois par jour, 4h-5h, 17h-18h et 18h-19h). Cette pagode bouddhique, de style vietnamien, a été construite entre 1802 et 1820 sur l'emplacement de ruines de la période du Funan (Ier-VIe siècle). Elle possède une riche statuaire en cuivre martelé, bronze, bois et céramique. Certaines statues sont dorées ; d'autres, superbement sculptées, sont peintes. L'**estrade centrale**, à multiples niveaux, est dominée par la statue dorée du Bouddha A Di Da (Bouddha de la lumière infinie, Amitābha). Les entrées principales sont en général fermées, mais l'entrée latérale (à droite en arrivant) reste ouverte durant les heures de prière.

Il fut décidé, il y a fort longtemps, de transférer la pagode à un autre emplacement. Les objets rituels (cloches, tambours, statues) furent alors chargés sur le dos d'un éléphant blanc, mais celui-ci croula sous le poids et son chargement tomba dans une mare. On vit là le signe que la pagode devait demeurer sur le site initial. Les objets sacrés furent tous retrouvés, à l'exception de la cloche. Jusqu'au XIXe siècle, on l'entendait sonner, dit-on, à chaque changement de lune.

Autres quartiers

Pagode Giac Lam TEMPLE BOUDDHIQUE

(Chua Giac Lam ; 118 Đ Lac Long Quan, district de Tan Binh ; 6h-12h et 14h-20h30). Datant de 1744, cette pagode serait la plus ancienne de HCMV. Il émane une atmosphère fantastique de ce lieu où se dresse l'un des plus impressionnants stupas du pays (haut de 32 m). L'imposant pipal, ou arbre de la Bodhi, situé dans le jardin, fut offert par un moine sri-lankais en 1953. À côté de l'arbre sacré, la statue de Quan Thê Âm Bô Tat, d'un blanc immaculé, se tient sur une fleur de lotus, symbole de pureté.

Comme souvent au Vietnam, cette pagode bouddhique intègre des aspects taoïstes et confucianistes. Elle renferme une cloche en bronze qui, lorsqu'elle sonne, réaliserait les prières des fidèles.

Le sanctuaire principal se trouve dans la salle suivante, remplie d'innombrables statues dorées. A Di Da (Amitābha) est assis sur l'estrade au centre de la rangée du fond ; il est facilement identifiable à son auréole colorée. L'homme gras et rieur, entouré de cinq enfants qui lui grimpent dessus, est Ameda, le Bouddha de l'éveil, de la compassion et de la sagesse. La prière a lieu tous les jours à 4h, 11h, 16h et 19h.

La pagode étant située à près de 3 km de Cholon, mieux vaut s'y rendre en taxi ou en *xe om*.

Temple de Le Van Duyet TEMPLE

(Đ Dinh Tien Hoang, district de Binh Thanh). Dédié au maréchal Le Van Duyet (1763-1831), ce temple abrite également son tombeau et celui de son épouse. Ce général du Sud aida le futur empereur Gia Long à vaincre les Tây Son et à établir, en 1802, la nouvelle dynastie Nguyên, qui réunifia le Vietnam. Il fut alors élevé au rang de maréchal, avant d'être nommé vice-roi de Cochinchine. Le Van Duyet tomba en disgrâce sous le règne de Minh Mang, successeur de Gia Long, qui le jugea à titre posthume pour trahison et ordonna la profanation de son mausolée. Le souverain suivant, Thieu Tri, restaura celui-ci, accomplissant ainsi une prophétie qui en annonçait la destruction et la reconstruction. Considéré comme un héros national au Sud-Vietnam jusqu'en 1975, Le Van Duyet n'est guère apprécié des communistes, ces derniers lui reprochant d'avoir favorisé l'influence française au Vietnam.

Parmi les objets exposés figurent un portrait du général, des effets personnels (dont des verres à pied en cristal de type occidental), deux statues de chevaux grandeur nature et un trophée de tigre.

Les célébrations du Têt et le 30e jour du 7e mois lunaire, anniversaire de la mort de Le Van Duyet, voient affluer une foule de fidèles, qui achètent des oiseaux en cage dans l'enceinte du temple et alentour pour s'attirer le mérite en les libérant. Les malheureuses créatures sont souvent capturées à nouveau afin d'être revendues.

Pour rejoindre le site, suivez Đ Dinh Tien Hoang en direction du nord depuis Da Kao.

Musée de la Médecine traditionnelle vietnamienne MUSÉE

(www.fitomuseum.com.vn ; 41 Đ Hoang Du Khuong, District 10 ; adulte/enfant 50 000/25 000 d ; 8h30-17h30). Installé dans un joli bâtiment traditionnel, ce musée illustre, à travers une riche et passionnante collection, des siècles d'une médecine vietnamienne fortement influencée par la philosophie chinoise. Ne manquez pas la tour cham sur le toit et son symbole de fertilité.

San Art GALERIE D'ART

(carte p. 333 ; www.san-art.org ; 3 Me Linh, district de Binh Thanh ; 10h30-18h30 mar-sam ;). Fondée par des artistes, cette galerie d'art indépendante, à but non lucratif, donne à d'autres artistes l'occasion d'exposer leurs œuvres. Au rez-de-chaussée, une excellente bibliothèque/salle de lecture (libre d'accès et gratuite) rassemble des ouvrages d'art contemporain.

Saigon Sud QUARTIER

Le district 7 compose une enclave cossue très à la mode en lisière de la ville. Hommes d'affaires vietnamiens, expatriés et nouveaux riches ont adopté ce quartier aux larges avenues bordées de boutiques chics et de parcs soignés. Pièce maîtresse de l'ensemble, le **Crescent** (Ho Ban Nguyet) est une luxueuse promenade alternant restaurants et boutiques haut de gamme le long d'un tronçon de canal. À la nuit tombée, le **Starlight Bridge**, un pont piétonnier long de 700 m, brille de toutes sortes de lumières. Le SC Vivo City (p. 369), inauguré récemment, se trouve également ici.

L'endroit justifie une balade et on peut y faire du jogging dans un environnement moins pollué par les gaz d'échappement. Côté restauration, les tables réputées du centre et les enseignes de chaînes se sont empressées de coloniser les lieux.

Promenade à pied **dans le vieux Saigon**

DÉPART : PARC DU 23-SEPTEMBRE
ARRIVÉE : LE SHRI
DISTANCE : 4 KM
DURÉE : 3 HEURES

Au cœur d'une ville qui se modernise à grands pas, cette balade dans le district 1 en dévoile le pan historique.

Partez du 1 **parc du 23 septembre**, qui borde Đ Pham Ngu Lao et le quartier officieux des routards. Sa forme étroite et allongée s'explique par son ancien statut de terminus ferroviaire de la ville. Traversez-le pour rejoindre le 2 **marché Ben Thanh** (p. 367), édifice construit en 1914, bourdonnant d'activité le matin. L'entrée principale, surmontée d'une tour de l'horloge, fait partie des emblèmes de HCMV.

Traversez ensuite la rue jusqu'au grand rond-point dominé par la 3 **statue équestre de Trân Nguyên Han**, fidèle général de l'empereur Lê Loi au XVe siècle. À sa base, une colonne porte le buste blanc de Quach Thi Trang, une jeune fille de 15 ans tuée en 1963 lors de manifestations contre le gouvernement.

Traversez de nouveau le rond-point en direction de la gare routière. Dans Đ Pho Duc Chinh, le 4 **musée des Beaux-Arts** (p. 338) occupe une jolie demeure de style sino-vietnamien. Engagez-vous dans Đ Le Cong Kieu, une courte rue regroupant des 5 **magasins d'antiquités**. Arrivé à son extrémité, tournez deux fois à gauche et prenez à droite ĐL Ham Nghi. Avant 1870, ce large boulevard était un canal bordé par des routes.

Suivez à gauche Đ Ton That Dam pour déambuler dans le 6 **marché de rue**, puis empruntez à droite Đ Huynh Thuc Khang jusqu'à ĐL Nguyen Hue, un autre canal transformé en boulevard. Tournez à droite et passez devant la 7 **Bitexco Financial Tower** (p. 332), un gratte-ciel étincelant.

Prenez à gauche Đ Ton Duc Thang, une artère passante au bord de l'eau. À l'angle de Đ Dong Khoi s'élève le grandiose 8 **Majestic Hotel** (p. 350), bâti en 1925 et transformé en caserne par les Japonais durant la Seconde Guerre mondiale.

Continuez le long de la rivière jusqu'à l'imposante 9 **statue de Trân Hung**

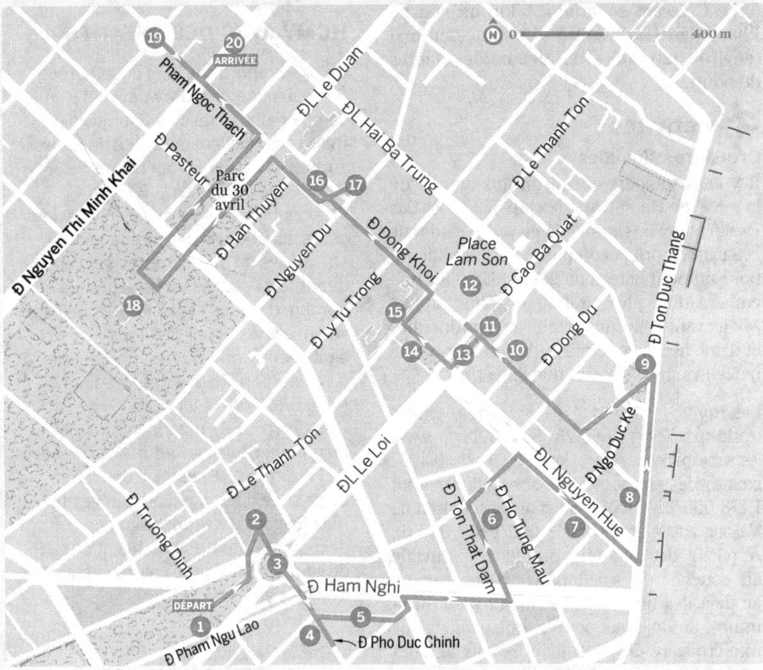

Dao, vainqueur des Mongols, sur une place semi-circulaire d'où rayonnent plusieurs artères. Au bout de la deuxième, Đ Ho Huan Nghiep, vous déboucherez à droite dans Dong Khoi, l'ex-rue Catinat, qui reste la plus célèbre de HCMV. Plus loin, vous arriverez devant le 10 **Caravelle Hotel** (p. 350). La partie arrondie qui fait l'angle correspond au bâtiment d'origine de 1959, qui abrita pendant la guerre du Vietnam les agences de presse étrangères, ainsi que les ambassades d'Australie et de Nouvelle-Zélande. En août 1964, une bombe explosa au 5e étage, heureusement sans faire de victimes.

En face, 11 l'**Opéra** (p. 330), officiellement baptisé Théâtre municipal, date de 1897. Au croisement suivant, le 12 **Continental**, construit en 1880, est sans doute l'hôtel le plus connu de HCMV. Lieu de prédilection des journalistes durant la guerre d'Indochine, il accueillit régulièrement Graham Greene dans sa chambre 214. Des scènes clés d'*Un Américain bien tranquille* se déroulent au Continental Shelf, le bar en terrasse qui se situait jadis au premier niveau de l'hôtel.

Face à l'Opéra, le petit 13 **parc Lam Son** est actuellement menacé par la construction du nouveau métro. Suivez le bâtiment à votre gauche et rejoignez l'allée piétonne de Đ Nguyen Hue à droite. Inaugurée en 2015, une nouvelle 14 **statue de Hô Chi Minh** trône devant le 15 **siège du Comité du peuple** (p. 330). La nuit venue, la façade de l'édifice, magnifiquement illuminée, est souvent parcourue de geckos.

Prenez à droite puis à gauche pour revenir dans Đ Dong Khoi. Droit devant, la 16 **cathédrale Notre-Dame** (p. 328), édifiée de 1877 à 1883, est précédée d'une haute statue blanche de la Vierge tenant un globe. À l'est de la cathédrale, la magnifique 17 **poste centrale** (p. 328), de style colonial (1886-1891), fut dessinée par Gustave Eiffel.

Traversez la place en passant devant la cathédrale, et suivez la route à droite jusqu'au parc du 30 avril – un charmant jardin classique qui annonce de belle manière le 18 **palais de la Réunification** (p. 336). Poursuivez ensuite vers le nord dans Pham Ngoc Thach, jusqu'au grand rond-point du 19 **lac de la Tortue** (Ho Con Rua), sillonné d'allées cimentées et dominé, en son centre, par une œuvre d'art d'inspiration florale.

Rebroussez chemin sur un pâté de maisons et engagez-vous à gauche dans Đ Nguyen Thi Minh Khai. Concluez votre promenade par un verre au 20 **Shri** (p. 364), au 23e étage de la Centec Tower.

Le Crescent se situe à 7 km au sud de Pham Ngu Lao – soit à 15 minutes en taxi (environ 120 000 d) en dehors des heures de pointe.

Activités

Croisières fluviales

Il y aura toujours quelqu'un aux abords de la **jetée de Bach Dang** (carte p. 329 ; Đ Ton Duc Thang) pour vous emmener en promenade sur la Saigon. À priori, comptez 20 $US de l'heure pour un petit bateau ou 25-30 $US pour une embarcation plus grande et plus rapide. Mieux vaut convenir d'emblée d'un itinéraire et d'une heure de retour, puis s'assurer que le bateau vienne à vous et non l'inverse.

Les Rives DÎNER-CROISIÈRE
(carte p. 329 ; ☎0128 592 0018 ; www.lesrivesexperience.com ; jetée de Bach Dang ; promenade au coucher du soleil adulte/enfant 1 278 000/894 000 d, croisière dans le delta du Mékong adulte/enfant 2 263 000/1 697 000 d). À partir de 16h, une promenade fluviale au coucher du soleil parcourt les canaux au-delà des limites de la ville (2 pers minimum). Sinon, vous pouvez embarquer pour une croisière de 7 à 9 heures dans le delta du Mékong (départ 7h30). Il existe aussi des circuits en bateau jusqu'aux tunnels de Cu Chi (adulte/enfant 1 899 000/1 299 000 d) et à Can Gio (2 263 000/1 697 000 d). D'autres options comprennent des excursions en cyclo-pousse ou des cours de cuisine.

Indochina Junk DÎNER-CROISIÈRE
(carte p. 329 ; ☎08-3895 7438 ; www.indochinajunk.com.vn). Formule déjeuner et dîner-croisière, à bord d'une belle jonque en bois. Choix entre plusieurs menus (15-35 $US).

Piscines et parcs aquatiques

Plusieurs hôtels du centre possèdent une piscine, accessible aux non-résidents moyennant un droit d'entrée. C'est le cas du Lotte Legend Hotel Saigon, du Park Hyatt, du Majestic, et du May Hotel.

Saigon Soul Pool Parties PISCINE
(carte p. 334 ; ☎0122 734 8128 ; www.facebook.com/SaigonSoul ; New World Saigon Hotel, 76 Đ Le Lai ; 150 000 d). Musique sympa, bières fraîches et clientèle mêlant habitants, expatriés et touristes ont tous rendez-vous au New World Saigon Hotel le samedi après-midi, de fin novembre à début mai. Avec quelque 500 sympathiques camarades de piscine, vous aurez bien du mal à vous ennuyer.

> **HCMV AVEC DES ENFANTS**
>
> De prime abord, les rues encombrées de circulation de HCMV peuvent sembler inhospitalières pour les petits, mais elles recèlent en réalité quelques surprises, comme le décoiffant **Saigon Skydeck** (p. 332) de la Bitexco Financial Tower. Il y a aussi en ville des parcs aquatiques, des piscines, des spectacles de marionnettes sur l'eau, quantité d'espaces verts luxuriants et nombre de cafés et glaciers accueillant volontiers les familles. Citons également World Games, une galerie de jeux vidéo et autres au 2e sous-sol (bloc B2-18) de la tour B du **Vincom Center** (p. 368), dans le centre-ville. En périphérie, le **parc d'attractions Dai Nam** (p. 376) est l'un des rares de ce style dans la région. Sur le site Kidz Saigon (www.kidzsaigon.com), découvrez quantité de suggestions et de lieux à HCMV propices aux activités avec des enfants.

The Oasis Saigon PISCINE
(carte p. 352 ; 40/15 Đ Bui Vien ; 8 $US ; ⏲6h30-22h). Nichée dans une ruelle de Pham Ngu Lao, cette petite piscine est un havre où échapper à la chaleur de la ville. Boissons et nourriture (40 000-90 000 d) à disposition. Accès gratuit pour les résidents des hôtels du groupe Beautiful.

Dam Sen Water Park PARC AQUATIQUE
(www.damsenwaterpark.com.vn ; 3 Đ Hoa Binh, district 11 ; avant 16h adulte/enfant 140 000/90 000 d, après 16h adulte/enfant 120 000/80 000 d ; ⏲9h-18h lun-sam, 8h30h-18h dim). Toboggans aquatiques, rapides et balançoires de corde.

Palais de la Culture des travailleurs PISCINE
(carte p. 334 ; 55B Đ Nguyen Thi Minh Khai, district 3 ; 30 000 d ; ⏲5h30-19h). Avec ses colonnades, la piscine de l'ancien Cercle sportif conserve un charme Art déco.

Parc aquatique Dai The Gioi PARC AQUATIQUE
(www.daithegioiwaterpark.com.vn ; Đ Ham Tu, Cholon ; 45 000-80 000 d ; ⏲8h-21h lun-ven, 10h-21h sam-dim). Vaste piscine et toboggans.

Massages et spa

Pour les hommes, la prudence s'impose, car même un innocent "massage traditionnel des pieds" peut signifier autre chose. Consultez le site www.spasvietnam.com pour des adresses recommandées, réservables en ligne.

L'Apothiquaire SPA
(carte p. 334 ; ☎08-3932 5181 ; www.lapothiquaire.com ; 64a Đ Truong Dinh, district 3 ; ⏲8h30-21h). L'institut le plus élégant de la ville, installé dans une belle maison blanche, au bout d'une allée tranquille. Piscine et sauna. Nombreuses prestations : enveloppement du corps, massages, soins du visage, des pieds et bains aux herbes. L'Apothiquaire a sa propre ligne de produits.

Également 2 filiales dans le District 1, **Artisan Beauté** (carte p. 329 ; ☎08-3822 2158 ; 100 Đ Mac Thi Buoi, district 1 ; ⏲9h-20h30) et **Saigon South** (☎08-5413 6638 ; 103 Đ Ton Dat Thien, district 7 ; ⏲9h30-20h).

Aveda SPA
(☎08-3519 4679 ; www.facebook.com/avedaherbal ; Villa 21/1 Đ Xuan Thuy). Installé de l'autre côté du district 2, ce spa vaut le déplacement avec ses formidables cures et massages ayurvédiques issus de la tradition indienne.

Aqua Day Spa SPA
(carte p. 329 ; ☎08-3827 2828 ; www.aquadayspa-saigon.com ; Sheraton Saigon 88 Đ Dong Khoi ; ⏲10h-23h). L'un des plus chics spas d'hôtel. Nombreuses prestations : massages aux pierres chaudes, gommages aux plantes, soins des pieds et du visage.

Jasmine SPA
(carte p. 329 ; ☎08-3827 2737 ; www.jasminespa.vn ; 45 Đ Ton That Thiep, district 1 ; massage 500 000 d/heure ; ⏲9h-20h). Spa et massages.

Glow SPA
(carte p. 329 ; ☎08-3823 8368 ; www.glowsaigon.com ; 129a ĐL Nguyen Hue, district 1 ; massage 540 000 d/heure ; ⏲11h-21h). Tout un éventail d'aromathérapies faciales, de soins des cheveux et de massages thérapeutiques.

Autres activités

Vietnam Golf & Country Club GOLF
(Cau Lac Bo Golf Quoc Te Viet Nam ; ☎08-6280 0101 ; www.vietnamgolfcc.com ; Long Thanh My Village, district 9 ; 18 trous semaine/week-end 109/143 $US). Jouer au golf est devenu au Vietnam un signe extérieur de réussite sociale. À une vingtaine de kilomètres à l'est du centre.

Cours

GRAIN Cooking Classes CUISINE
(carte p. 329 ; ☎08-3827 4929 ; www.grainbyluke.com ; niv 3, 71-75 ĐL Hai Ba Trung ; par pers à partir de 65 $US ; ⏲9h-12h et 14h-17h lun-sam). Ces cours de cuisine sont conçus et coordonnées par le chef vietnamo-australien Luke Nguyen. Les menus à quatre plats sont régulièrement renouvelés pour intégrer les produits de saison, et Luke est présent à plusieurs reprises pendant l'année. Consultez le site pour connaître les dates.

Saigon Cooking Class CUISINE
(carte p. 329 ; ☎08-3825 8485 ; www.saigoncookingclass.com ; 74/7 ĐL Hai Ba Trung ; adulte/moins de 12 ans 39/25 $US ; ⏲10h et 14h mar-dim). Venez apprendre la cuisine vietnamienne en regardant les chefs du Hoa Tuc (p. 342) préparer 3 plats de résistance (*pho bo* et deux de leurs spécialités) et un dessert. Visite du marché en option (adulte/moins de 12 ans 45/28 $US, cours de 3 heures inclus).

Vietnam Cookery Centre CUISINE
(carte p. 329 ; ☎08-3827 0349 ; www.vietnamese-cooking-class-saigon.com ; 4e ét, 26 Đ Ly Tu Truong). Cours d'initiation ou "VIP" et visites du marché.

Cyclo Resto CUISINE
(carte p. 334 ; ☎0975 513 011 ; www.cycloresto.com.vn ; 6/28 Đ Cach Mang Thang Tam ; 29 $US). Des cours de 3 heures, amusants et didactiques, incluant une visite au **marché Thai Binh** en cyclo-pousse.

Mai Home COURS DE CUISINE
(centre d'art culinaire de Saigon ; carte p. 352 ; ☎08-3838 6037 ; www.vietnamsaigoncookingclass.com ; 269 Đ Nguyen Trai ; par pers 37-45 $US). Visites de marchés et cours de cuisine près de Pham Ngu Lao, le bastion routard. Menus végétariens disponibles.

Université des Sciences humaines et sociales LANGUE
(Dai Hoc Khoa Hoc Xa Hoi Va Nhan Van ; carte p. 333 ; ☎08-3822 5009 ; www.vns.edu.vn ; 12 Đ Dinh Tien Hoang). Si vous prévoyez un séjour de longue durée, les cours de l'université permettent d'acquérir les bases du vietnamien à un prix raisonnable.

Circuits organisés

Avant d'opter pour une visite de la ville standard et grand public proposée par une agence de voyages (les moins chères se concentrent dans le secteur de Pham Ngu Lao), sachez qu'il existe des circuits beaucoup plus originaux et divertissants. Ceux-ci couvrent des thèmes variés allant de la cuisine de rue et des cafés méconnus au quartier chinois, en passant par les arts de la scène et la vie nocturne. Pour les formules à moto ou en scooter, on viendra généralement vous chercher à votre hôtel.

Louer un cyclo-pousse pour une demi-journée peut être intéressant, mais mettez-vous bien d'accord sur le prix (le tarif habituel est de 3 $US l'heure).

Detoured CIRCUITS À PIED
(☎0168 597 6136 ; 55-65 $US/pers). Excellents circuits pédestres à la découverte des bijoux méconnus de la ville, en compagnie d'un expatrié curieux et amusant. Parmi les temps forts, citons les œuvres d'art urbain décalées, les cafés et magasins nichés dans des immeubles Art déco, les savoureux mets de rue et le déjeuner dans un élégant restaurant vietnamien. Liaisons en taxi ou à moto entre les différentes étapes.

Vietnam Photo Adventures CIRCUITS PHOTO
(☎0913 236 876 ; www.vietnamphotoadventures.com ; 29-59 $US/pers). Révélez votre côté artiste à la faveur de circuits photographiques axés sur les hauts lieux de Saigon, la vie quotidienne de Cholon ou les quartiers populaires. À la baguette : un photographe chevronné qui vit depuis longtemps au Vietnam. Également disponibles : des formules plus longues (une nuit/deux nuits) dans le delta du Mékong.

Vespa Adventures CIRCUITS EN VESPA
(carte p. 352 ; ☎0122 299 3585 ; www.vespaadventures.com ; 169a Đ De Tham ; à partir de 69 $US/pers). Le **Cafe Zoom** (p. 361) organise des visites guidées de la ville en scooter rétro, ainsi que des formules de plusieurs jours dans le sud du Vietnam. Mention spéciale pour le circuit "Saigon after Dark", qui combine nourriture, boisson et musique.

Saigon Riders CIRCUITS À MOTO
(☎0913 767 113 ; www.saigonriders.vn ; à partir de 29 $US). Un choix de circuits à moto à HCMV et alentour, avec notamment des excursions à la journée à destination de Cu Chi et Can Gio. Propose aussi des formules avec nuit sur place dans le delta du Mékong.

Saigon Street Eats CIRCUITS EN SCOOTER
(☎0908 449 408 ; www.saigonstreeteats.com ; à partir de 40 $US). Barbara et son mari Vu proposent des circuits culinaires de 3-4 heures à travers la ville, avec leur lot de surprises. Il y en a pour tous les goûts : *pho* le matin, végétarien à midi ou fruits de mer le soir.

XO Tours CIRCUITS CULTURELS
(☎0933 083 727 ; www.xotours.vn ; à partir de 45 $US). Des demoiselles portant l'*ao dai* (tenue traditionnelle) organisent des circuits à scooter/moto axés sur la gastronomie, les curiosités touristiques et la vie nocturne ; accueil chaleureux et divertissement assuré.

Back of the Bike Tours CIRCUITS À MOTO
(☎08-2221 5591 ; www.backofthebiketours.com ; à partir de 48 $US). Grimpez à l'arrière d'une moto et dînez couleur locale avec le très populaire circuit "Street Food" de 4 heures ou partez à l'assaut des sites de la ville en compagnie d'excellents guides.

Sophie's Art Tour CIRCUITS ARTISTIQUES
(☎0121 830 3742 ; www.sophiesarttour.com ; 55 $US/pers). Experte de la scène artistique de HCMV (p. 340), Sophie Hughes conduit des circuits de 4 heures très attrayants et instructifs, lesquels englobent le musée des Beaux-Arts, des collections privées et des espaces de création contemporaine. L'accent est mis sur l'influence de l'histoire récente du Vietnam.

Tim Doling CIRCUITS CULTURELS
(☎0128 579 4800 ; www.historicvietnam.com ; 1 250 000 d ; groupe de 5 pers. minimum). Ce passionné de Saigon et du quartier chinois de Cholon émaille d'anecdotes évocatrices et d'observations érudites des circuits mêlant promenades à pied et en minibus. Retrouvez sur le site de Tim ses excellents textes sur la ville en mutation.

Saigon Unseen CIRCUITS À PIED/À MOTO
(www.saigonunseen.com ; à partir de 25 $US). Des circuits à moto à la découverte des marchés et des lieux hors des sentiers battus.

Fêtes et festivals

Têt FÊTE NATIONALE
(Nouvel An vietnamien ; 1er jour du 1er mois lunaire). La ville entière célèbre le Têt… avant de se vider, car les familles partent en congé. Đ Nguyen Hue est fermée pour accueillir une immense exposition florale et tout le monde échange de l'argent porte-bonheur.

Course de cyclo-pousse de Saigon COURSE PHILANTROPIQUE
(www.saigonchildren.com ; mi-mars). Conducteurs de cyclo-pousse professionnels et amateurs se lancent dans une course de vitesse. L'argent récolté est reversé à des enfants défavorisés via des œuvres de bienfaisance.

Où se loger

Proche de presque tous les sites phares et accessible de l'aéroport, le district 1 concentre le plus grand nombre d'hébergements. Selon votre budget, vous vous dirigerez plutôt à l'est vers Đ Dong Khoi, où les hôtels chics côtoient les meilleurs bars et restaurants de la ville, à l'ouest vers Pham Ngu Lao, fief des pensions et tour-opérateurs bon marché, ou bien entre les deux pour des prestations intermédiaires. Les abords du marché Ben Thanh recèlent également quelques adresses correctes.

Dans la catégorie économique, quelques dollars de plus peuvent vous faire passer d'une cellule sans fenêtre, sale et humide, à une chambre agréable et bien aménagée, avec clim., ventil. et Wi-Fi gratuit. Inutile de dire qu'il existe des adresses moins chères que celles mentionnées ci-après, mais la qualité laisse à désirer. Si vous recherchez vraiment le plus bas prix, un tour à Pham Ngu Lao devrait vous permettre de dénicher une chambre à 15 $US, voire moins.

Opter pour la catégorie moyenne peut paraître sans objet dans la mesure où l'on trouve à Pham Ngu Lao des établissements tout confort, relativement au goût du jour, où loger pour 25 $US la nuit. On pourra toutefois réserver des chambres semblables à des prix un peu moins élevés dans des secteurs voisins, comme Co Giang et Nguyen Thai Binh.

Dans la catégorie haut de gamme, certains des meilleurs hôtels de la ville occupent des édifices anciens pleins de cachet. Ils affichent un standing international et des tarifs à l'avenant. C'est toutefois parmi les hôtels les plus récents que l'on trouve souvent les adresses les plus sélectes, comme le Park Hyatt Saigon et Le Meridien.

La plupart des établissements organiseront votre transfert depuis l'aéroport moyennant 5-10 $US.

Quartier de Dong Khoi

Si Dong Khoi est le quartier privilégié des hôtels de luxe, on y trouve aussi des adresses de catégorie moyenne fort séduisantes.

Asian Ruby HÔTEL $$
(carte p. 329 ; ☎08-3827 2837 ; www.asianrubyhotel.com ; 26 Đ Thi Sach ; d 70-90 $US ; ❄@📶). Tout confort, ce petit bijou allie emplacement de choix et personnel courtois. Cela vaut la peine de débourser 20 $US en sus pour une chambre "deluxe", plus spacieuse, et choisir le côté qui ne donne pas sur l'immeuble voisin.

King Star Hotel HÔTEL $$
(carte p. 329 ; ☎08-3822 6424 ; www.kingstarhotel.com ; 8a ĐL Thai Van Lung ; ch 55-90 $US ; ❄@📶). Entièrement rénové en 2008, le King Star se classe désormais à mi-chemin entre l'hôtel d'affaires et l'hôtel de charme. Belle décoration contemporaine et chambres toutes équipées d'une TV à écran plat et d'une douche splendide. Les moins chères sont cependant dépourvues de fenêtre.

May Hotel HÔTEL $$
(carte p. 329 ; ☎08-3823 4501 ; www.mayhotel.com.vn ; 28-30 Đ Thi Sach ; d 65-90 $US ; ❄@📶🏊). Les chambres (baignoire, TV à écran plat) sont impeccables et accueillantes, malgré leur sol en marbre marron gris. Le principal attrait du lieu réside dans sa piscine au dernier étage – une rareté dans cette gamme de prix – (non-résident 5 $US), et la vue qui va avec.

♥ **Park Hyatt Saigon** HÔTEL $$$
(carte p. 329 ; ☎08-3824 1234 ; www.saigon.park.hyatt.com ; 2 place Lam Son ; ch à partir de 310 $US ; ❄@📶🏊). Rénové dans les grandes largeurs en 2015, le fleuron hôtelier de Saigon s'enorgueillit d'un emplacement de choix, en face de l'Opéra, et d'un service exemplaire assuré par un personnel tiré à quatre épingles. Chambres de grand standing, belle piscine, spa (Xuan Spa) très apprécié, et restaurants aussi réputés qu'abordables, dont l'Opera (italien) et le Square One (vietnamien/international).

Le Meridien HÔTEL $$$
(☎08-6263 6688 ; www.starwoodhotels.com/lemeridien ; 3c Đ Ton Duc Thang ; d à partir de 210 $US ; P⊖❄@📶🏊). Courant 2015, l'inauguration du Meridien a déclenché moult rénovations dans les hôtels haut de gamme de HCMV, mais il leur en faudra beaucoup pour rivaliser avec cet établissement de luxe. Parmi les équipements de haut vol, citons la piscine, le spa et les cinq bars, cafés et restaurants. Nombre de chambres bénéficient d'une formidable vue sur le fleuve, près de l'émergente scène culinaire de Đ Ngo Van Nam.

Liberty Central Saigon Citypoint HÔTEL $$$
(carte p. 329 ; ☎08-3822 5678 ; www.odysseahotels.com/saigon-city-point-hotel ; 59 Đ Pasteur ;

d à partir de 86 $US ; ⊖❄@📶🏊). Récemment inauguré, le Citypoint est l'un des hôtels les plus raffinés de HCMV. L'élégant café donnant sur la rue se prolonge par une réception moderne. Belle décoration et salles de bains spacieuses dans les chambres. Piscine sur le toit-terrasse avec vue sur la Saigon et excellent spa. Proche de certains des meilleurs restaurants et bars de la ville.

Lotte Legend Hotel Saigon HÔTEL $$$
(carte p. 329 ; ☎08-3823 3333 ; www.legendsaigon.com ; 2a-4A Đ Ton Duc Thang ; ch à partir de 175 $US ; ❄@📶🏊). Passé l'entrée, assez clinquante, on arrive sur de jolis couloirs aux teintes vert et crème, donnant sur de belles chambres, lumineuses et joliment agencées, avec un petit côté Art déco. Notez que les chambres "standard" sont de meilleur goût que les "executive standard", et que les standards avec vue sur le fleuve coûtent autant que celles qui donnent sur la ville.

Majestic Hotel HÔTEL $$$
(carte p. 329 ; ☎08-3829 5517 ; www.majesticsaigon.com.vn ; 1 Đ Dong Khoi ; s/d à partir de 130/140 $US ; ❄@📶🏊). Sis en bord de fleuve, le vénérable Majestic (1925) se caractérise par son cadre romantique et son ambiance coloniale. Plongez dans la piscine extérieure les jours de chaleur ou allez boire un cocktail sur le toit pour profiter des douces soirées. Petit-déjeuner et panier de fruits inclus dans le prix.

Intercontinental Asiana Saigon HÔTEL $$$
(carte p. 329 ; ☎08-3520 9999 ; www.intercontinental.com ; angle ĐL Hai Ba Trung et ĐL Le Duan ; ch à partir de 189 $US ; ❄@📶🏊). Un établissement récent, moderne et de bon goût. Les chambres comportent une cabine de douche et une baignoire séparées, et beaucoup ont une vue splendide. Également quelques appartements.

Caravelle Hotel HÔTEL $$$
(carte p. 329 ; ☎08-3823 4999 ; www.caravellehotel.com ; 19 place Lam Son ; ch à partir de 180 $US ; ❄@📶🏊). 🍃 L'un des premiers hôtels haut de gamme à avoir ouvert ses portes après la guerre, ce 5-étoiles est une valeur sûre. Chambres à l'élégance sans ostentation dans l'immeuble moderne de 24 étages (dont 2 plus grandes à chaque niveau). Chambres plus onéreuses et suites dans l'aile historique. Sur le toit, le bar Saigon Saigon (p. 364) a tout d'un cadre spectaculaire pour siroter un cocktail.

Sheraton Saigon HÔTEL $$$
(carte p. 329 ; ☎08-3827 2828 ; www.sheraton.com/saigon ; 88 Đ Dong Khoi ; ch à partir de 200 $US ; ⊖❄@🏊). Avec ses chambres luxueuses, son excellent spa et sa belle piscine, le Sheraton répond à toutes les attentes.

Catina Saigon Hotel HÔTEL $$$
(carte p. 329 ; ☎08-3829 6296 ; www.hotelcatina.com.vn ; 109 Đ Dong Khoi ; d 60-110 $US ; ❄@📶). Au cœur de la ville, cet hôtel de charme stylé, réparti sur 5 niveaux, pratique des réductions attractives. Parmi les 43 chambres, spacieuses, préférez les "premium deluxe" aux "superior" et aux "deluxe", sans fenêtres (ou avec une fausse fenêtre). Le Catina est accessible via une bijouterie.

Da Kao et alentour

Sofitel Saigon Plaza HÔTEL $$$
(carte p. 333 ; ☎08-3824 1555 ; www.sofitel.com ; 17 Đ Le Duan ; d 150 $US). Fraîchement rénové, cet hôtel de luxe allie, à des chambres épatantes, un personnel des plus serviables. Consultez le site pour bénéficier de formidables réductions.

Palais de la Réunification et environs

Town House 50 PENSION, AUBERGE DE JEUNESSE $
(carte p. 334 ; ☎08-3925 0210 ; www.townhousesaigon.com ; 50e Đ Bui Thi Xuan ; dort 11 $US, s/d/tr 20/35/45 $US ; ⊖❄@📶). Cet établissement, moitié pension moitié hôtel de charme, assure un hébergement stylé, dans une paisible ruelle également ponctuée de bons restaurants et cafés. Dortoirs et chambres non-fumeurs, dans un cadre propre et moderne. Petit-déjeuner compris et quantité d'infos sur le secteur à la réception.

Vietnam Inn Saigon AUBERGE DE JEUNESSE $
(carte p. 334 ; ☎08-3925 4348 ; www.vietnaminnsaigon.com ; 200 Đ Le Lai ; dort 6 $US, ch 24-30 $US ; ⊖❄@📶). De l'autre côté du parc, au nord de l'artère, chère aux routards, de Pham Ngu Lao, cette vaste auberge sur plusieurs niveaux loue des chambres étonnamment spacieuses et d'un bon rapport qualité/prix. Une adresse plutôt conviviale, avec un formidable bar sur le toit-terrasse pour rencontrer d'autres voyageurs.

Family Inn HÔTEL $$
(carte p. 334 ; ☎08-3925 7458 ; www.familyinnsaigon.com ; 84a Đ Bui Thi Xuan ; ch 45-66 $US ; ⊖❄@📶). Exception faite de son ascenseur,

particulièrement lent, cet établissement cumule les bons points, entre personnel d'une gentillesse indéfectible, chambres propres et spacieuses, ou encore emplacement très central, dans une paisible ruelle assortie de bons restaurants, à l'écart du tohu-bohu de Pham Ngu Lao.

Sanouva HÔTEL $$
(carte p. 334 ; ☎08-3827 5275 ; www.sanouvahotel.com ; 177 Đ Ly Tu Trong ; ch 40-75 $US ;). Ce nouveau venu sur la scène hôtelière locale a le double attrait de son cadre, au modernisme marqué de touches asiatiques, et de son bel emplacement, à deux pâtés de maisons du marché Ben Thanh.

Lavender Hotel HÔTEL $$$
(carte p. 334 ; ☎08-2222 8888 ; www.lavenderhotel.com.vn ; 208 Đ Le Thanh Ton ; ch 55-85 $US ;). Hôtel tout en marbre crème et tons sobres. Sa situation, juste à côté du marché Ben Thanh, le rend hélas potentiellement bruyant.

Anpha Boutique Hotel BOUTIQUE-HÔTEL $$$
(carte p. 334 ; ☎08-3823 8890 ; www.anphaboutiquehotel.com ; 202 Đ Le Thanh Ton ; d 60-100 $US ;). À proximité du marché Ben Thanh, cet hôtel recèle des chambres raffinées avec lits confortables, machine à café et TV à écran plat. Le personnel se montre sympathique en plus d'être serviable. Le petit-déjeuner sur le toit-terrasse n'a rien d'ébouriffant, mais on se consolera avec la vue sur la Bitexco Financial Tower.

Quartier de Pham Ngu Lao

Pham Ngu Lao (PNL), quartier facile à parcourir à pied en quête d'un point de chute, est la zone privilégiée par les voyageurs à petit budget. Quatre rues (Đ Pham Ngu Lao, Đ De Tham, Đ Bui Vien et Đ Do Quang Dau) et le lacis de ruelles adjacentes forment le cœur de cette enclave touristique, où vous aurez le choix parmi plus d'une centaine d'hébergements. Ne vous laissez pas rebuter par son aspect de ghetto pour routards, car l'endroit recèle aussi d'excellentes adresses de catégorie moyenne. Le prix comprend habituellement un petit-déjeuner succinct.

Parmi les nombreux établissements figurent des pensions familiales (15-35 $), des mini-hôtels (30-55 $US) et même quelques dortoirs (à partir de 7 $US). Nous ne citons ici que certains des meilleurs, mais quantité d'autres ouvrent chaque jour.

♥ **Lily's Hostel** AUBERGE DE JEUNESSE $
(carte p. 352 ; ☎0948 213 181 ; lilyhostel.hcm@gmail.com ; 35/5 Đ Bui Vien ; dort/d 8/26 $US ;). Le Lily's, une de ces auberges modernes récemment fondées dans le quartier, est un lieu chaleureux, au cadre à la fois de bon goût et apaisant. Logé dans une ruelle tranquille toute proche de l'animée Đ Bui Vien, l'endroit comble aisément le fossé entre auberge et pension de charme. TV à écran plat et minibar dans certaines chambres.

Diep Anh PENSION $
(carte p. 352 ; ☎08-3836 7920 ; dieptheanh@hcm.vnn.vn ; 241/31 Đ Pham Ngu Lao ; ch 20-25 $US ;). Un cran au-dessus (dans tous les sens du terme) de la plupart des pensions du quartier, cet édifice haut et élancé aligne les escaliers interminables. Les chambres des étages supérieurs, claires et spacieuses, sont impeccablement tenues.

♥ **Madame Cuc 127** PENSION $
(carte p. 352 ; ☎08-3836 8761 ; www.madamcuchotels.com ; 127 Đ Cong Quynh ; ch 20-30 $US ;). La première, et de loin la meilleure, des 3 enseignes tenues par la sympathique madame Cuc et son aimable équipe. Chambres propres et spacieuses.

Giang Son PENSION $
(carte p. 352 ; ☎08-3837 7547 ; 283/14 Đ Pham Ngu Lao ; ch 20-30 $US ;). Bâtiment tout en hauteur, qui comporte 3 chambres à chaque étage (les moins chères sans fenêtre). Toit-terrasse et personnel charmant. Seule ombre au tableau : l'absence d'ascenseur.

The Hideout Hostel AUBERGE DE JEUNESSE $
(carte p. 352 ; ☎08-3838 9147 ; www.vietnamhideouthostels.com ; 281 Đ Pham Ngu Lao ; dort 8 $US ;). Cette nouvelle adresse de Pham Ngu Lao met l'accent sur l'ambiance et les échanges entre voyageurs. Dortoirs impeccables et colorés ; deux bières offertes gracieusement au Hideout Bar voisin, et tournée des pubs gratuite trois fois par semaine (2 $US pour les non-résidents).

Long Hostel PENSION $
(carte p. 352 ; ☎08-3836 0184 ; longhomestay@yahoo.com ; 373/10 Đ Pham Ngu Lao ; dort/d 7/18 $US ;). Nichée dans une ruelle près du marché Thai Binh, cette pension fréquentée est tenue par une famille aimable. Il y a 12 chambres simples et nettes, ainsi que des dortoirs de 5 ou 6 lits.

Quartier de Pham Ngu Lao

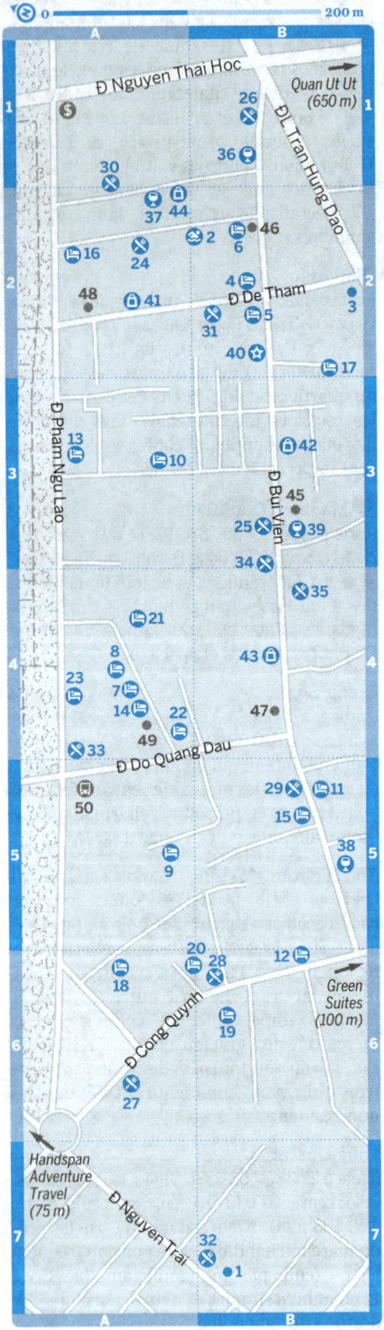

Hong Han Hotel PENSION $
(carte p. 352 ; ☎08-3836 1927 ; www.honghanhotel.com.vn ; 238 Đ Bui Vien ; ch 18-30 $US ; ❄@📶). Autre pension filiforme (7 étages sans ascenseur), qui possède des chambres en façade – vue de premier ordre – et d'autres à l'arrière, plus petites, plus calmes et plus économiques. Petit-déjeuner inclus, servi sur la terrasse au 1er étage.

Bich Duyen Hotel PENSION $
(carte ci-contre ; ☎08-3837 4588 ; bichduyenhotel@yahoo.com ; 283/4 Đ Pham Ngu Lao ; ch 22-25 $US ; ❄@📶). Cette pimpante pension de 15 chambres garantit un séjour agréable. Contrairement aux autres, celles à 25 $US disposent d'une fenêtre. Pas d'ascenseur.

PP Backpackers AUBERGE DE JEUNESSE $
(carte p. 352 ; ☎0939 815 799 ; www.ppbackpackers.com.vn ; Đ 283/41 Đ Pham Ngu Lao ; dort 7 $US, d 16-18 $US ; ❄@📶). Un établissement accueillant et bon marché, au personnel sympathique, serviable et efficace.

Madame Cuc 184 HÔTEL $
(carte p. 352 ; ☎08-3836 1679 ; www.madamcuchotels.com ; 184 Đ Cong Quynh ; ch 20-25 $US). Chambres de qualité, personnel accueillant, thé et café offerts et petit-déjeuner inclus. Pas d'ascenseur. Caché dans une ruelle partant de Đ Cong Quynh.

Elegant Inn HÔTEL $
(carte p. 352 ; ☎08-6921 2860 ; www.elegantinnsaigon.com ; 140 Đ Cong Quynh ; ch 17-20 $US ; ❄@📶). Fort d'un personnel très serviable, cet établissement loue des chambres impeccables et de taille honnête ; savoureux petit-déjeuner compris. Emplacement assez calme, en retrait du bastion nocturne de Đ Bui Vien.

Liberty Hotel Saigon Greenview HÔTEL $$
(carte p. 352 ; ☎08-3836 9522 ; www.odysseahotels.com/saigongreenview ; 187 Đ Pham Ngu Lao ; ch à partir de 47 $US ; ❄@📶). Récemment réaménagé dans une dominate stylée de couleurs neutres et de bois naturel, le Greenview est l'une des adresses les plus design du quartier. Les chambres à l'avant donnent sur le parc du 23 septembre, à la lisière nord du bastion routard de Saigon.

Green Suites HÔTEL $$
(☎08-3836 5400 ; www.greensuiteshotel.com ; 102/1 Đ Cong Quynh ; s 20-30 $US, d 24-35 $US ; ❄@📶). Niché dans une ruelle tranquille en retrait de Đ Cong Quynh, au sud de Đ Bui

Quartier de Pham Ngu Lao

Activités
- 1 Mai Home B7
- 2 The Oasis Saigon B2
- 3 Vespa Adventures B2

Où se loger
- 4 An An 2 Hotel B2
- 5 Beautiful Saigon B2
- 6 Beautiful Saigon 2 .... B2
- 7 Bich Duyen Hotel A4
- 8 Blue River Hotel A4
- 9 Cat Huy Hotel A5
- 10 Diep Anh A3
- 11 Duc Vuong B5
- 12 Elegant Inn B6
- 13 Elios Hotel A3
- 14 Giang Son A4
- 15 Hong Han Hotel B5
- 16 Liberty Hotel Saigon Greenview A2
- 17 Lily's Hostel B2
- 18 Long Hostel A6
- 19 Madame Cuc 127 .... B6
- 20 Madame Cuc 184 .... A6
- 21 Ngoc Minh Hotel A4
- 22 PP Backpackers A4
- 23 The Hideout Hostel A4

Où se restaurer
- An Lac Chay .... (voir 30)
- 24 Asian Kitchen A2
- 25 Baba's Kitchen B3
- Café Zoom .... (voir 3)
- Chi's Cafe .... (voir 2)
- 26 Coriander B1
- 27 Dinh Y A6
- 28 Espy B6
- 29 Five Oysters B5
- 30 Margherita A1
- 31 Mon Hue B2
- 32 Pho Hung B7
- 33 Pho Quynh A4
- 34 Sozo B3
- 35 Vittorio B4

Où prendre un verre et faire la fête
- 36 Babylon Pub B1
- 37 Le Pub A2
- 38 Long Phi B5
- 39 Spotted Cow B3
- The View .... (voir 11)

Où sortir
- 40 Universal Bar B2

Achats
- 41 Gingko A2
- 42 Hanoi Gallery B3
- 43 Orange B4
- 44 SahaBook A2

Renseignements
- 45 Asiana Travel Mate B3
- 46 Go Go Vietnam B2
- 47 Innoviet B4
- 48 Kim Tran Travel A2
- Sinh Tourist .... (voir 41)
- 49 Sinhbalo Adventures A4

Transports
- 50 Sapaco A5

Vien, cet hôtel coquet, douillet et spacieux met le vert à l'honneur – hormis dans les impeccables chambres carrelées.

Duc Vuong HÔTEL **$$**
(carte p. 352 ; ☎08-3920 6991 ; www.ducvuonghotel.com ; 195 Đ Bui Vien ; d 30-45 $US ; ❄@📶). Un cran au-dessus des autres hôtels du quartier, le Duc Vuong a pour atouts un personnel très chaleureux, des tarifs intéressants et un restaurant sur le toit-terrasse, lequel se métamorphose en un bar de premier ordre – The View (p. 365) – au crépuscule.

Blue River Hotel AUBERGE DE JEUNESSE **$$**
(carte p. 352 ; ☎08-3837 6483 ; www.blueriverhotel.com ; 283/2c Đ Pham Ngu Lao ; 25-50 $US ; ❄@📶). Accueillant et bien tenu, ce Blue River compte 10 chambres nettes et spacieuses, avec joli mobilier et coffre. Cuisine à disposition des hôtes. Autres chambres plus récentes de l'autre côté de la rue.

Beautiful Saigon 2 HÔTEL **$$**
(carte p. 352 ; ☎08-3920 8929 ; www.beautifulsaigon2hotel.com ; 40/19 Đ Bui Vien ; ch 30-45 $US ; ❄@📶). Ce mini-hôtel de 8 chambres domine une petite rue calme. Avec son restaurant en rez-de-chaussée, il évoque davantage une pension. Toutes les chambres ont un ordinateur et les "deluxe" un balcon. Pas d'ascenseur.

Cat Huy Hotel HÔTEL **$$**
(carte p. 352 ; ☎08-3920 8716 ; www.cathuyhotel.com ; 353/28 Đ Pham Ngu Lao ; ch 25-27 $US ; ❄📶). Donnant dans une ruelle de Pham Ngu Lao, ce charmant hôtel assure un hébergement chic et moderne. Les moins chères des 10 chambres sont dépourvues de fenêtre, d'autres comportent un balcon. Pas d'ascenseur.

Ngoc Minh Hotel AUBERGE DE JEUNESSE **$$**
(carte p. 352 ; ☎08-3837 6407 ; 283/11 Đ Pham Ngu Lao ; ch 24-35 $US ; ❄@📶). Dix-neuf

chambres attrayantes avec toutes les commodités, un toit en terrasse planté d'orchidées et un ascenseur sont les atouts de cet établissement lumineux et sympathique.

Elios Hotel HÔTEL $$
(carte p. 352 ; ☎08-3838 5584 ; www.elioshotel.vn ; 233 Đ Pham Ngu Lao ; ch 50-80 $US ; ❄@📶). Un 3-étoiles dont l'entrée cossue, agrémentée d'aquariums, témoigne de l'embourgeoisement du secteur de PNL. Chambres modernes tout en bois foncé, avec bureau et coffre. Restaurant.

Beautiful Saigon HÔTEL $$
(carte p. 352 ; ☎08-3836 4852 ; www.beautifulsaigonhotel.com ; 62 Đ Bui Vien ; ch 30-45 $US ; ❄@📶). Un énième mini-hôtel en hauteur, doté d'une réception où les employées portent l'*ao dai* traditionnel. Un ascenseur dessert les chambres soignées ; les plus économiques sont petites et sans fenêtre.

An An 2 Hotel AUBERGE DE JEUNESSE $$
(carte p. 352 ; ☎08-3838 5665 ; www.anan.vn ; 216 Đ De Tham ; ch 30-40 $US). Avec ses chambres stylées et confortables, sans place perdue, cette adresse à la propreté irréprochable affiche un bon rapport qualité/prix dans la catégorie moyenne. Situation en plein cœur de Pham Ngu Lao, vue panoramique et ascenseur.

Nguyen Thai Binh et environs

Saigon Central Hostel AUBERGE DE JEUNESSE $
(carte p. 329 ; ☎08-3914 1107 ; saigoncentralhostel@gmail.com ; 54/6 Đ Ky Con ; dort/d 6/20 $US ; ❄@📶). Propriété familiale, cette pension est logée dans une ruelle au sein d'un quartier populaire – toutefois, l'endroit reste proche à pied de Pham Ngu Lao, de Dong Khoi et du marché Ben Thanh.

Blue River Hotel 2 PENSION $
(carte p. 329 ; ☎08-3915 2852 ; www.blueriverhotel.vn ; 54/13 Đ Ky Con ; ch 12-20 $US ; ❄@📶). Excellente pension, très chaleureuse, à la fois proche de Dong Khoi et de Pham Ngu Lao, mais suffisamment éloignée de l'agitation touristique. Il y a des bambous devant. Sa situation, dans une impasse tranquille, permet d'avoir un aperçu de la vie locale. Les chambres premier prix n'ont pas de fenêtre.

Town House 23 AUBERGE DE JEUNESSE, PENSION $
(carte p. 334 ; ☎08-3915 1491 ; www.facebook.com/Townhouse23saigon/ ; 23 Đ Dang Thi Nhu ; dort 11 $US, ch 28-37 $US ; 🚭❄@📶). Installée dans une paisible rue jalonnée de cafés, à proximité de l'animation de Pham Ngu Lao, cette adresse moderne et bien conçue tient d'un mélange d'auberge de jeunesse et de pension. Le cadre est chic à souhait et le personnel de l'accueil, très serviable. Notez que certaines chambres sont dénuées de fenêtre.

Quartier de Co Giang

Pour une alternative plus calme et légèrement moins chère que Pham Ngu Lao, direction le quartier de Co Giang (district 1). Là, une ruelle tranquille reliant Đ Co Giang et Đ Co Bac regroupe de bonnes pensions familiales. Suivez ĐL Tran Hung Dao vers le sud-ouest, prenez à gauche Đ Nguyen Kac Nhu, tournez à droite dans Đ Co Bac, puis dans la première ruelle à gauche.

Tous les établissements ont la faveur des résidents à long terme (profs d'anglais, expatriés...), d'où la nécessité de réserver bien à l'avance. Sachez que les propriétaires privilégient les hôtes en séjours prolongés.

Guest House California PENSION $
(☎08-3837 8885 ; guesthousecaliforniasaigon@yahoo.com ; 171a Đ Co Bac ; ch 15-18 $US ; ❄@📶). Propre et convivial, l'endroit n'a rien de californien, mais fait la part belle aux nains de jardin. Les hôtes profitent d'une cuisine, d'une laverie gratuite et d'un toit en terrasse verdoyant. Chambres supplémentaires de l'autre côté de la rue.

Miss Loi's PENSION $
(☎08-3837 9589 ; missloi@hcm.fpt.vn ; 178/20 Đ Co Giang ; s/d 14/16 $US ; ❄@📶). La première pension ouverte dans le quartier, à l'atmosphère simple et chaleureuse. Miss Loi se montre une hôtesse attentive et emploie un personnel avenant. Petit-déjeuner léger inclus, réfrigérateur et fenêtre dans toutes les chambres.

Autres quartiers

♥ **Ma Maison Boutique Hotel** HÔTEL $$
(☎08-3846 0263 ; www.mamaison.vn ; 656/52 Cach Mang Thang Tam, district 3 ; s 60-70 $US, d 70-110 $US ; ❄@📶). À mi-chemin entre l'aéroport et le centre-ville, un hôtel accueillant, sis dans une paisible ruelle débouchant sur un axe fréquenté. Il occupe un immeuble de hauteur moyenne, dont les volets en bois adoucissent la façade moderne. Agréables chambres meublées dans un style provençal, dotées de délicieuses salles de bains.

Villa Song BOUTIQUE-HÔTEL $$$

(08-3744 6090 ; www.villasong.com ; 187/2 Đ Nguyen Van Huong, district 2 ; ch 159-220 $US, ste 350-460 $US ;). Installé dans un parc du district 2 donnant sur le fleuve, cet hôtel de charme d'inspiration française est l'une des adresses en ville les plus propices à la relaxation. Très romantiques, les chambres et les suites débordent d'art ancien (de style indochinois) et moderne (de style vietnamien) ; le bar de l'établissement, le Song Vie, tire avantage de son cadre, au bord de l'eau. Le spa est tout aussi réputé. Notez les excursions en hors-bord de luxe, et le minibus gratuit – environ 30 minutes – jusqu'au centre de HCMV.

Hotel Nikko Saigon HÔTEL $$$

(08-3925 7777 ; www.hotelnikkosaigon.com.vn ; 235 Đ Nguyen Van Cu, district 1 ; d à partir de 150 $US ;). Le *nec plus ultra* des hôtels de HCMV, toutefois un peu excentré pour un séjour touristique. Spacieuses chambres au cadre épuré, service parfait et souci du détail quasi maniaque.

Thao Dien VIlage BOUTIQUE-HÔTEL $$$

(08-3744 6457 ; www.thaodienvillage.com ; 189-197 Đ Nguyen Van Huong, district 2 ; ch/ste à partir de 100/160 $US ;). Alliant des restaurants, un bar et un centre thermal jouxtant la piscine, cet établissement en bordure de fleuve est idéal pour fuir le tohu-bohu citadin. Le cadre verdoyant, ponctué de pavillons boisés, ne va pas sans rappeler Bali. Sachez que des mariages vietnamiens y sont souvent célébrés le week-end, et que le centre de HCMV est à environ 30 minutes de taxi du district 2.

Où se restaurer

Si Hanoi se tient pour plus policée, HCMV a rang de capitale gastronomique. Aux délicieuses spécialités locales s'ajoutent maints apports étrangers, notamment indiens, japonais, thaïlandais, italiens ou fusion. Fort logiquement, la ville compte moult restaurants français, qu'il s'agisse de bistrots décontractés ou de tables plus formelles.

Parmi les meilleurs quartiers gourmands figurent Dong Khoi, qui concentre beaucoup d'adresses haut de gamme, et les secteurs limitrophes du district 3. Certains établissements de Pham Ngu Lao, soucieux de satisfaire toutes les papilles, se révèlent généralement plus ordinaires, mais d'un bon rapport qualité/prix. Les plus aventureux pourront tenter une escapade dans un quartier excentré.

Comme ailleurs au Vietnam, les étals des marchés sont l'occasion de se régaler d'une cuisine locale savoureuse. Nous recommandons en particulier le marché de nuit Ben Thanh.

Dans la rue, des marchands proposent les incontournables *banh mi*, sandwichs franco-vietnamiens qui consistent en un morceau de baguette garni de viande émincée, de légumes frais et de coriandre fraîche. Pour mieux découvrir la formidable cuisine de rue locale, le circuit culinaire (p. 348) constitue une excellente option.

Les restaurants végétariens sont surtout regroupés dans le secteur de Pham Ngu Lao. Sinon, vous en trouverez un, d'usage, aux abords de chaque temple bouddhique.

Quartier de Dong Khoi

Secret Garden VIETNAMIEN $

(carte p. 329 ; 8e ét, 158 Đ Pasteur ; repas 55 000-80 000 d ; 8h-22h ;). Une fois gravi l'escalier de cet immeuble un brin défraîchi, on rejoint ce merveilleux restaurant sur le toit. Là-haut, des poulets en liberté picorent dans le potager aux fines herbes, des statues bouddhiques participent de l'atmosphère asiatique et la délicieuse cuisine "maison" se déguste avec vue sur la ville. Malgré le service parfois *trop* décontracté, les saveurs valent le détour.

5Ku Station BARBECUE $

(carte p. 329 ; 29 Đ Le Thanh Thon ; repas environ 100 000 d ; 16h tard). Fort animée le soir, cette enseigne 5Ku – une chaîne de grills en plein air faits de bric et de broc – allie convivialité bruyante et saveurs authentiques. Assis sur de grosses chaises en bois, Vietnamiens, expatriés et touristes se régalent de grillades et de fondues, le tout arrosé de bière fraîche.

Huong Lai VIETNAMIEN $

(carte p. 329 ; 08-3822 6814 ; www.huonglai2001saigon.com ; 38 Đ Ly Tu Trong ; plats 55 000-160 000 d ; 12h-15h et 18h-22h). Aménagé dans le grenier, clair et spacieux, d'une maison de négoce de la période française, ce restaurant ne ressemble à aucun autre. Les membres du personnel viennent de familles défavorisées ou sont d'anciens enfants des rues, et reçoivent une formation, un enseignement scolaire et un logement. Le must pour déguster une cuisine vietnamienne artistement présentée.

Spice Ca'phe CAFÉ $

(carte p. 329 ; 47 Đ Ton That Thiep ; repas 45 000-80 000 d ; 8h-21h ;). Voisin de bonnes boutiques, ce restaurant constitue un havre de paix, épargné par la fièvre acheteuse de HCMV. Thés régénérants, smoothies et jus de fruits y côtoient une carte restreinte de spécialités locales, dont beaucoup sont végétariennes. L'*happy hour*, de 14h à 18h, garantit une économie de 20%.

Chi Hoa VIETNAMIEN $

(carte p. 329 ; 08-3827 3155 ; www.chihoacuisine.com ; 31a Đ Le Thanh Thon ; repas 65 000-100 000 d ; 8h-22h). Une cuisine vietnamienne "maison", servie dans un cadre simple, mais plaisant. Au menu : nombreux *banh mi*, salades et bols de riz ou de nouilles.

Fanny GLACIER $

(carte p. 329 ; www.fanny.com.vn ; 29-31 Đ Ton That Thiep ; 40 000 d la boule ; 8h-23h ;). Installée dans la somptueuse villa française qui abrite le Temple Club, Fanny confectionne d'excellentes glaces franco-vietnamiennes aux saveurs locales. Nos préférées : noix de coco, anis étoilé et thé vert.

Bun Dau Ngo Nho Pho Nho VIETNAMIEN $

(carte p. 329 ; 158 Đ Pasteur ; repas 25 000-60 000 d ; 10h-21h ;). Avec sa décoration urbaine et ses plats de nouilles ou de tofu d'un excellent rapport qualité/prix, cet établissement est parmi les préférés des étudiants saïgonnais. Installé sur le côté droit de la ruelle.

Kem Bach Dang GLACIER $

(carte p. 329 ; 26-28 Le Loi, angle Đ Pasteur ; glaces à partir de 50 000d ; 8h-23h). Un glacier établi de longue date, à l'angle de la vrombissante rue Le Loi. Rien de tel qu'une glace coco servie dans sa noix ou un banana split pour se rafraîchir.

♥ **The Racha Room** THAÏ $$

(carte p. 329 ; 0908 791 412 ; www.facebook.com/theracharoom ; 12-14 Đ Mac Thi Buoi ; assiettes à partager 195 000-320 000 d ; 11h30-minuit). Le Racha compte parmi les tables les plus branchées de la ville. Si les divers amuse-gueule (40 000-150 000 d) et assiettes à partager sont inspirés de la cuisine de rue thaïlandaise, les gastronomies des pays voisins y ont également la part belle. Avec ses cocktails d'inspiration asiatique, l'endroit est en outre l'un des meilleurs bars de HCMV. Venez profiter de l'*happy hour* entre 17h et 19h30.

♥ **Propaganda** VIETNAMIEN $$

(carte p. 329 ; 08-3822 9048 ; www.propagandasaigon.com ; Đ 21 Han Thuyen ; repas 95 000-185 000 d ; 7h30-22h30). Peintures murales colorées et affiches socialistes rétro pimentent ce bistrot prisé avec vue sur le parc. La carte privilégie les spécialités de rue de tout le pays, à consommer dans une atmosphère animée. Les salades sont particulièrement savoureuses – testez celle au poivre sauvage et à la mangue verte pour accompagner le poulet grillé. Gagnez le 1er étage si le rez-de-chaussée affiche complet.

Nha Hang Ngon VIETNAMIEN $

(carte p. 329 ; 08-3827 7131 ; 160 Đ Pasteur ; plats 50 000-260 000 d ; 7h-22h ;). L'un des établissements les plus réputés pour la cuisine de rue, toujours bondé, de Vietnamiens comme d'étrangers. Installés dans un jardin verdoyant, les étals préparent chacun une spécialité traditionnelle.

Hum Lounge & Restaurant VÉGÉTARIEN $$

(carte p. 329 ; 08-3832 8920 ; www.hum-vegetarian.vn ; 2 Đ Thi Sach ; repas 80 000-190 000 d ; 10h-22h). L'illustre Hum Vegetarian Cafe & Restaurant (p. 360) profite de cette nouvelle adresse pour distiller son excellente cuisine végétarienne d'inspiration vietnamienne dans un cadre élégant et central. Prenez place dans un espace verdoyant et savourez une salade à la papaye et aux fleurs de bananier, des champignons cuits à la vapeur dans la noix de coco, ou encore un subtil mélange de tofu braisé, d'anis étoilé et de cannelle.

Quan Bui VIETNAMIEN $$

(carte p. 329 ; 08-3829 1545 ; 17a Đ Ngo Van Nam ; repas 80 000-140 000 d ; 8h-23h ;). Inaugurée récemment dans l'émergeante Đ Ngo Van Nam, cette adresse arbore une jolie décoration indochinoise. Contrairement à ses concurrents des environs, qui distillent des saveurs japonaises, le Quan Bui privilégie d'authentiques plats vietnamiens servis par un personnel jeune et branché. Les cocktails – concoctés par le bar partenaire de l'autre côté de la rue – sont parmi les meilleurs de HCMV. Salle non-fumeurs et climatisée à l'étage.

♥ **Temple Club** VIETNAMIEN $$

(carte p. 329 ; 08-3829 9244 ; www.templeclub.com.vn ; 29 Đ Ton That Thiep ; plats 120 000-210 000 d ; 12h-minuit ;). Une table chic, ornée de motifs religieux et de gracieux caractères chinois, située au 2e étage d'une jolie villa de l'époque coloniale. Choix impressionnant de plats vietnamiens, tous délicieux, dont des mets végétariens. Bons cocktails.

3T Quan Nuong VIETNAMIEN $

(carte p. 329 ; ☎08-3821 1631 ; 29 Đ Ton That Thiep ; plats 85 000-280 000 d ; ⏲17h-23h). Ce grill, sur le toit-terrasse du bâtiment qui abrite le Temple Club, figure souvent au programme des amateurs de bonne chère. Choisissez, parmi les viandes, poissons, fruits de mer et légumes, ce que vous ferez cuire au barbecue à votre table.

Xu VIETNAMIEN $$

(carte p. 329 ; ☎08-3824 8468 ; www.xusaigon.com ; 1er ét, 75 ĐL Hai Ba Trung ; menu déj 3 plats lun-ven 295 000 d, repas 115 000-320 000 d, menu dégustation 8 plats 850 000 d ; ⏲11h30-minuit). Ce restaurant-bar, au chic abouti, propose des plats fusion d'inspiration vietnamienne. La facture est salée, mais l'excellent service et la belle carte des vins justifient la dépense. Les amuse-gueule imaginatifs (70 000-150 000 d) et les cocktails de haut vol confirment en outre la place du Xu parmi les bars lounge les plus élégants de la ville.

Hoa Tuc VIETNAMIEN $$

(carte p. 329 ; ☎08-3825 1676 ; www.hoatuc.com ; 74/7 ĐL Hai Ba Trung ; repas 135 000-310 000 d ; ⏲10h30-22h30). Dans la cour d'une ancienne raffinerie d'opium, le Hoa Tuc allie à l'excellence de sa cuisine un cadre des plus stylés. Parmi ses spécialités phares, citons les feuilles de moutarde fourrées de crevettes et de légumes croustillants, ainsi que la salade de bœuf épicée aux kumquats, aux mini-aubergines et à la citronnelle. Mieux vaut réserver, surtout pour dîner dehors. Des cours de cuisine sont donnés sur place (p. 347).

Au Parc CAFÉ $$

(carte p. 329 ; ☎08-3822 3080 ; www.auparcsaigon.com ; 23 Đ Han Thuyen ; repas 125 000-275 000 d ; ⏲7h-23h ; 📶). Doté du Wi-Fi, ce petit café sur 2 niveaux a une vue splendide sur le parc. La carte d'inspiration méditerranéenne comprend salades, quiches, sandwichs à la française, pâtes, mezze et grillades légères. Smoothies et jus de fruits exquis. Espace lounge non-fumeurs au niveau supérieur.

Tandoor INDIEN $

(carte p. 329 ; ☎08-3930 4839 ; www.tandoorvietnam.com ; 39b Đ Ngo Duc Ke ; repas 69 000-179 000 d ; ⏲11h-14h30 et 17h-23h ; 📶🖉). Bien qu'essentiellement axée sur les spécialités d'Inde du Nord, la carte affiche aussi des plats d'Inde du Sud et des spécialités végétariennes. Riches en fruits, les *lassi* sont rafraîchissants.

Relish & Sons BISTROT $$

(carte p. 329 ; ☎012 0721 4294 ; www.facebook.com/relishandsons ; 44 Đ Dong Du ; repas 100 000-170 000 d ; ⏲8h-minuit ; 📶). Le Relish apporte une touche australienne, plus précisément de Melbourne, à la scène saïgonnaise. Commencez la journée par un bon café et des œufs préparés à votre goût, puis revenez le midi pour déguster un burger gourmet et des amuse-gueule, accompagnés de bière artisanale et de cidre à la pression. Le soir, la clientèle privilégie les cocktails à la mode asiatique : testez le Sugar 'n' Spice, avec de la menthe vietnamienne et du pomelo frais.

Pacharan ESPAGNOL $$

(carte p. 329 ; ☎08-3825 6024 ; www.pacharansaigon.com ; 97 Đ Hai Ba Trung ; tapas 80 000-160 000 d, repas 220 000-440 000 d ; ⏲10h-tard ; 📶). Réparti sur 3 étages, le Pacharan sert des "tapas" (chorizo, anchois marinés, gambas épicées...) et des plats plus substantiels, dont une authentique paella pour deux. Bar cosy au rez-de-chaussée, toit-terrasse pour déguster du vin espagnol, et musique live.

Dublin Gate INTERNATIONAL $$

(carte p. 329 ; www.thedublingateirishpub.com ; 19 Đ Thai Van Lung ; plats 90 000-550 000 d ; ⏲7h-1h ; 📶). Bière fraîche, whisky et retransmissions sportives à la télévision attirent ici les expatriés nostalgiques. La carte va des steaks et hamburgers australiens et néo-zélandais (à la betterave) aux basiques italiens, sans oublier d'excellents plats vietnamiens sans glutamate.

The Refinery BISTROT $$

(carte p. 329 ; ☎08-3823 0509 ; www.therefinerysaigon.com ; 74/7c ĐL Hai Ba Trung ; repas 175 000-345 000 d ; ⏲11h-tard ; 📶). Sur fond de carrelage noir et rouge, ce bistrot-bar à vins, aménagé dans l'ancienne raffinerie d'opium française, sert de bons cocktails, affiche une excellente carte des vins et prépare une cuisine appétissante aux accents français et méditerranéens. Mention spéciale aux formidables pâtes et risottos. Le brunch, à savourer tranquillement dans l'espace extérieur, constitue la manière idéale de commencer la journée.

Annam Gourmet Market CAFÉ, ÉPICERIE $$
(carte p. 329 ; www.annam-gourmet.com ; 16 Đ Hai Ba Trung ; sandwich à partir 70 000 d, repas à partir de 140 000 d ; 7h-21h ;). Cadre chic, calme et relaxant (canapés, *bow window*) pour ce café au-dessus de la boutique traiteur. Une clientèle chic vient y dévorer petits-déjeuners, brunchs, salades, *bruschetta* et sandwichs à la baguette jusqu'au soir. À noter les délices à vendre si vous envisagez de pique-niquer ou de cuisiner.

Elbow Room AMÉRICAIN $$
(carte p. 329 ; 52 Đ Pasteur ; repas 100 000-350 000 d ; 8h-22h lun-sam, 8h-17h dim ;). Les adeptes de petits-déjeuners complets fréquentent ce café-bistrot haut de gamme de style américain. La formule Lumberjack (pancakes, bacon, œufs, jambon, frites et toast), roborative, a beaucoup de succès. Il y a aussi une bonne carte de hamburgers, *burritos*, hot-dogs, pizzas, pâtes, sandwichs et wraps.

Skewers MÉDITERRANÉEN $$
(carte p. 329 ; 08-3822 4798 ; www.skewers-restaurant.com ; 9a Đ Thai Van Lung ; repas 250 000-400 000 d, menu déjeuner 350 000 d ; 11h30-14h30 lun-sam, à partir de 18h tlj ;). La carte, méditerranéenne, couvre une zone allant de Marseille au Maghreb et fait la part belle aux brochettes. Ce lieu plein de charme, avec une cuisine ouverte, draine généralement beaucoup de monde. Réservez.

Barbecue Garden VIETNAMIEN $$
(carte p. 329 ; www.barbecuegarden.com ; 135a Đ Nam Ky Khoi Nghia ; repas 80 000-180 000 d ; 11h-23h). Avec ses arbres décorés de guirlandes électriques, ses tables à l'extérieur et son atmosphère décontractée, le BG est l'endroit rêvé pour les groupes. Allumez votre barbecue de table pour cuire viandes ou fruits de mer, à accompagner d'une savoureuse salade vietnamienne et d'une bière fraîche. Le vendredi soir, les habitants viennent en masse fêter l'arrivée du week-end. En semaine, plats du jour d'un bon rapport qualité/prix.

Soulburger BURGERS $$
(carte p. 329 ; www.facebook.com/soulburgersaigon ; 4 Đ Phan Boi Chau ; burgers 165 000-345 000 d ; 16h30-minuit mar-dim ;). Gravissez un escalier étroit pour savourer des burgers parmi les meilleurs de HCMV. Baptisés d'après des légendes musicales comme Little Richard ou James Brown, ils sont assortis d'ailes de poulet, d'oignons frits et de poutine (pour compléter le tableau nord-américain). Demandez une table sur le balcon pour profiter de la vue sur le marché Ben Thanh, et laissez-vous agréablement surprendre par le bon choix de bières allemandes et belges.

Jaspas Wine & Grill INTERNATIONAL $$
(carte p. 329 ; 08-3827 0931 ; jaspas.com.vn ; 74/7 ĐL Hai Ba Trung ; repas 175 000/485 000 d, pizzas et burgers 175 000-195 000 d). Une table très fréquentée à l'atmosphère sans chichis. On vient s'y régaler de plats asiatiques et occidentaux classiques dans un cadre décontracté, partiellement en plein air. Le bar grillé et sa purée de pommes de terre est un régal. Côté dessert, les gourmands opteront pour le cheese-cake à la barre Mars.

Bibi Alibi FRANÇAIS $$
(carte p. 329 ; www.facebook.com/BibiAlibi ; 5a Đ Nguyen Sieu ; repas 200 000-400 000 d ; 11h30-14h30 et 18h30-22h30 ;). Cet ancien bar à cocktails branché se réinvente dans la peau d'un bistrot français accueillant. Plats d'un bon rapport qualité/prix (notez les classiques gaulois comme le steak tartare et la tarte tatin aux poires), et l'influence méditerranéenne qui caractérise la carte, au demeurant limitée.

Pizza 4P's ITALIEN $$
(carte p. 329 ; www.pizza4ps.com/ ; 8/15 Đ Le Thanh Ton ; pizzas et pâtes 140 000-330 000 d ; 10h-23h). Un restaurant fusion italo-nippon, au design moderne et à l'ambiance calme, qui tranche par son originalité. Four à pizzas central, super bar, service imperturbable et prix aussi tentants que la nourriture. Dans une ruelle qui part de Đ Le Thanh Ton, en suivant l'embranchement de gauche.

Le Jardin FRANÇAIS $$
(carte p. 329 ; 08-3825 8465 ; 31 Đ Thai Van Lung ; repas 120 000-200 000d ; lun-sam ;). Lieu très coté auprès des expatriés français fuyant la frénésie des grandes artères, avec sa bonne carte de bistrot et sa terrasse ombragée, dans le jardin de l'Institut d'échanges culturels avec la France (Idecaf).

Lamie Cafe CAFÉ $$
(carte p. 329 ; www.facebook.com/lamiesaigon ; 15b/62 Đ Le Thanh Ton ; en-cas et repas 80 000 130 000 d ; 8h30-22h lun-sam, 10h30-20h dim). Bons cafés, jus de fruits et sandwichs à la baguette, dans l'un des plus

beaux cadres *street art* d'HCMV. L'endroit est fréquenté par les meilleurs artistes de rue de la ville, et les murs environnants sont régulièrement pavoisés d'énergiques créations urbaines.

Square One VIETNAMIEN, OCCIDENTAL $$
(carte p. 329 ; ☎08-3824 1234 ; www.saigon.park.hyattrestaurants.com/squareOne ; Park Hyatt Saigon, 2 place Lam Son ; repas à partir de 240 000 d ; ⌚12h-14h30 et 17h30-22h30 ; 📶). Avec ses 5 cuisines ouvertes au niveau mezzanine du Park Hyatt, l'endroit réussit l'alliance parfaite entre une nourriture savoureuse à base de produits ultrafrais, un cadre stylé et un service haut de gamme. Le brunch du samedi comprend une formule vin et bulles à volonté, fort appréciée.

El Gaucho ARGENTIN $$$
(carte p. 329 ; ☎08-3825 1879 ; www.elgaucho.asia ; 74 Đ Hai Ba Trung ; plats 390 000-3 050 000 d ; ⌚11h-tard). Paradis des vrais amateurs de viande, ce Gaucho régale ses hôtes de copieux jarrets d'agneau fondants, de tendres brochettes et des steaks juteux, dans un environnement plaisant. Il y a même du chorizo et de la *salchicha* (saucisse épicée) de fabrication maison. Attendez-vous à une carte des boissons stupéfiante, quoique onéreuse.

Maxim's Nam An VIETNAMIEN $$
(carte p. 329 ; ☎08-3829 6676 ; www.maxims.com.vn ; 15 Đ Dong Khoi ; plats 190 000-400 000 d ; ⌚19h-tard). Véritable institution saïgonnaise, ce restaurant nocturne se révèle plus intéressant pour son ambiance de club de jazz et sa musique live que pour sa cuisine, bonne, sans plus. Mais il affiche de quoi passer une soirée mémorable.

Da Kao et environs

Pho Hoa VIETNAMIEN $
(carte p. 333 ; 260C Đ Pasteur ; repas 60 000-75 000 d ; ⌚6h-minuit). Véritable institution, ce restaurant haut de gamme jouit d'une grande réputation auprès de la clientèle saïgonnaise. Des assiettes d'herbes, de piments et de citrons verts attendent sur les tables, de même que des *gio chao quay* (pains frits chinois), des *banh xu xe* (gâteaux à la noix de coco gélatineux, fourrés de pâte de haricot mungo) et des *cha lua* (cervelas vietnamien enveloppé de feuilles de bananier).

Banh Xeo 46A VIETNAMIEN $
(carte p. 333 ; ☎08-3824 1110 ; 46a Đ Dinh Cong Trang ; normal/extra-large 70 000-110 000 d ; ⌚10h-21h ; 🅥). Les habitants préfèrent toujours les restaurants spécialisés dans un plat particulier, ici des *banh xeo* fameux. Ces crêpes de riz frites, fourrées de pousses de soja, de crevettes et de porc (il existe des versions végétariennes), sont légendaires. Parmi les autres plats, citons l'excellent *goi cuon* (rouleaux de printemps frais avec porc et crevettes).

Cuc Gach Quan VIETNAMIEN $$
(carte p. 333 ; ☎08-3848 0144 ; www.cucgach-quan.com.vn/en ; 10 Đ Dang Tat ; repas 75 000-200 000 d ; ⌚9h-minuit). En pénétrant dans cette vieille villa joliment rénovée, on apprend sans surprise que le propriétaire est architecte. De fait, la décoration en est à la fois rustique et élégante, tout comme la nourriture. Malgré son emplacement isolé à la limite nord du district 1, l'endroit n'a rien d'un repaire secret : réservez.

Tib VIETNAMIEN $$
(carte p. 333 ; ☎3829 7242 ; www.tibrestaurant.com.vn ; 187 Đ Hai Ba Trung ; plats 125 000-285 000 d ; 📶). Nombre de présidents et de Premiers ministres en visite ont longé l'allée jalonnée de lanternes et de guirlandes électriques menant à ce haut lieu de la cuisine impériale de Hué, installé dans une vieille demeure. On trouve bel et bien des mets servis ailleurs à des prix plus bas, mais le cadre est incomparable. Le **Tib Vegetarian** (carte p. 333 ; www.tibrestaurant.com.vn ; 11 Đ Tran Nhat Duat ; plat et en-cas 40 000-60 000 d ; ⌚7h-22h ; 🅥) tient d'une option plus décontractée, avec une carte végétarienne moins onéreuse et plus informelle.

Bloom Saigon FUSION $$$
(carte p. 333 ; ☎08-3910 1277 ; www.bloom-saigon.com ; 3/5 Hoang Sa ; repas 100 000-460 000 d ; ⌚10h30-22h30). Installé dans une demeure patrimoniale délicieusement restaurée à proximité du canal Thi Nghe, récemment restauré, le Bloom conjugue une cuisine fusion avec une politique altruiste visant à former des jeunes issus de milieux défavorisés. La base culinaire est clairement vietnamienne, mais teintée de subtiles influences occidentales. Parmi les options notables, citons le saumon en croûte de noix de coco, accompagné d'une salade de pommes vertes et de jacques. Les plats vietnamiens sont moins chers.

Palais de la Réunification et environs

Cyclo Resto VIETNAMIEN $

(carte p. 334 ; 0975 513 011 ; www.cycloresto.com.vn ; 6.28 Đ Cach Mang Thang Tam ; 5 plats 6 $US ; 11h-22h). Ce lieu affiche l'une des cuisines les moins chères de la ville. Moyennant 6 $US, on vous y servira cinq plats vietnamiens fabuleux. Le cours de cuisine – cinq plats – coûte 29 $US et rencontre un beau succès. Visites de la ville en cyclo-pousse également disponibles (10 $US).

Beefsteak Nam Son VIETNAMIEN $

(carte p. 334 ; 157 Đ Nam Ky Khoi Nghia ; repas à partir de 60 000 d ; 6h-22h ;). Pour manger de la viande rouge de premier choix à prix abordable, rien de mieux que cette table sans prétention. La carte comprend du steak de provenance locale et autres plats de bœuf vietnamien, comme le *bun bo Hue* (soupe de vermicelles épicée au bœuf), du filet d'importation canadienne et même de l'autruche.

Tin Nghia VÉGÉTARIEN $

(carte p. 334 ; 9 ĐL Tran Hung Dao ; repas 25 000-35 000 d ; 7h30-13h et 16h30-20h, fermé 2e et 16e jour du mois lunaire ;). Ce végétarien caodaïste prépare de délicieux mets traditionnels.

Hum Vegetarian Cafe & Restaurant VÉGÉTARIEN $$

(carte p. 334 ; 08-3930 3819 ; www.hum-vegetarian.vn ; 32 Đ Vo Van Tan ; repas 80 000-165 000 d ; 10h-22h ;). Pas besoin d'être végétarien pour apprécier ce lieu élégant et serein. Des plats vietnamiens, délicieux, au service adorable, en passant par la terrasse paisible, tout contribue à un repas mémorable. À noter le nouvel établissement, tout aussi décontracté mais plus central (p. 356)

La Fiesta TEX-MEX $$

(carte p. 334 ; 0944 291 697 ; www.facebook.com/lafiestavietnam ; 33 Đ Dang Thi Nhu ; repas 135 000-210 000 d ; 11h-22h mar-dim). *Tacos*, *burritos* et *enchiladas* sont au menu de ce restaurant coloré niché dans une rue calme, non loin (au sud) de Pham Ngu Lao. Cactus en pot et masques de *lucha libre* (lutte mexicaine) rappellent la spécialité du lieu. Les margaritas bien dosées et la sangria achèvent de convaincre – surtout quand cette dernière est servie au pichet.

San Fu Lou DIM SUM $$

(carte p. 334 ; 08-3823 9513 ; www.sanfulou.com ; rez-de-chaussée, AB Tower, 76a Đ Le Lai ; dim sum 45 000-175 000 d ; 7h-3h). Toujours animé, cet établissement moderne affiche un beau choix d'assiettes de *dim sum* cantonais à partager, tels que raviolis fourrés au canard et à la truffe noire, plat-de-côte de bœuf au gingembre et au poivre noir, etc. Venez avec des amis pour goûter d'autres mets de l'imposante carte, et soyez prêt à vous attarder plus que prévu.

Khoi Thom MEXICAIN $$

(carte p. 334 ; www.khoithom.com ; 29 Ngo Thoi Nhiem ; repas 115 000-175 000 d, menu déj 140 000 d ; 11h-tard). Avec sa terrasse en plein air, son excellente carte, ses épatants cocktails et *slammers* à base de tequila (servis par des "Tequila Girls"), et ses concerts le vendredi, cette table mexicano-vietnamienne, pétillante et colorée, a tout pour plaire.

Marina VIETNAMIEN, PRODUITS DE LA MER $$

(carte p. 334 ; 08-3930 2379 ; 172 Đ Nguyen Dinh Chieu ; repas 100 000-500 000 d). Demandez à des Saïgonnais aisés de vous conseiller une table de fruits de mer et ils vous indiqueront sans doute celle-ci. Très couleur locale (éclairage agressif, TV diffusant du sport et fond musical ringard), mais les plats se révèlent succulents. Mention spéciale pour les calamars et le crabe à carapace molle.

Shri Restaurant & Lounge INTERNATIONAL $$

(carte p. 334 ; 08-3827 9631 ; www.shri.vn ; 23e ét, Centec Tower, 72-74 Đ Nguyen Thi Minh Khai ; repas 450 000-900 000 d ; 11h-minuit lun-sam, à partir de 17h dim ; . Perché au sommet d'une tour, cet établissement romantique jouit d'une vue inégalée sur la ville. Réservez une table en terrasse ou prenez place dans la salle à manger, à la lumière tamisée au style industriel-chic. Préparez-vous à savourer des steaks et des fruits de mer rehaussés d'une touche internationale – avec des prix à l'avenant – ou une carte plus abordable à base de pâtes et de risotto. Une adresse à envisager également pour s'offrir un cocktail au crépuscule.

Quartier de Pham Ngu Lao

Five Oysters VIETNAMIEN $

(carte p. 352 ; www.fiveoysters.com ; 234 Bui Vien ; repas à partir de 35 000 d ; 9h-23h). Au menu de cet établissement axé sur les fruits de mer : huîtres (30 000 d), poulpe grillé, soupe de fruits de mer, tourte aux escargots, *pho*, nouilles, maquereau grillé à l'huile piquante, et bien d'autres choses encore. Service agréable. Par ailleurs, la bière bon marché du Five Oysters en fait une adresse prisée du quartier.

Margherita INTERNATIONAL $

(carte p. 352 ; 175/1 Đ Pham Ngu Lao ; repas 35 000-100 000 d ; 8h-22h). Plats vietnamiens, italiens et mexicains à prix modiques. Repérez une table à l'extérieur, commandez un jus de fruits fraîchement pressé, et observez le passage dans l'une des rues les plus animées du quartier.

An Lac Chay VÉGÉTARIEN $

(carte p. 352 ; à l'étage, 175/1 Đ Pham Ngu Lao ; repas 35 000-100 000 d ; 8h-22h ;). À l'arrière du restaurant Margherita, accédez à ce restaurant 100% végétarien situé à l'étage. Choix de mets éclectique : soupe amère vietnamienne, pizza quatre fromages, plats mexicain, etc.

Café Zoom BURGERS, MEXICAIN $

(carte p. 352 ; www.facebook.com/cafezoomsaigon ; 169a Đ De Tham ; repas 40 000-80 000 d ; 7h-2h). Hommage à l'immortelle Vespa, cet endroit animé jouit d'un emplacement parfait pour observer le passage. Au menu : excellents burgers aux garnitures originales, tacos, et classiques italiens ou vietnamiens. Point de départ des formidables circuits de Vespa Adventures (p. 348).

Coriander THAÏLANDAIS $

(carte p. 352 ; 16 Đ Bui Vien ; plats 50 000-180 000 d ; 11h-14h et 17h-23h). Le mobilier en bois blond et le papier peint en bambou bon marché du Coriander ne lui rendent guère justice, mais la carte fait la part belle aux authentiques spécialités siamoises. Le savoureux *doufu* (tofu) frit constitue presque un repas complet, le curry vert déménage et le riz frit aux fruits de mer, dans sa cocotte en terre, est fort réussi.

Mon Hue VIETNAMIEN $

(carte p. 352 ; www.nhahangmonhue.vn ; 98 Đ Nguyen Trai ; plats 45 000-120 000 d ; 6h-23h). La fameuse cuisine de Hué arrive à HCMV sous la forme d'une chaîne de 8 enseignes. Cette adresse pratique en donne un bon aperçu à qui n'entend pas pousser jusqu'à l'ancienne capitale impériale.

Dinh Y VÉGÉTARIEN $

(carte p. 352 ; 171B Đ Cong Quynh ; repas à partir de 30 000 d ; 6h-21h ;). Modeste restaurant, tenu par une sympathique famille caodaïste, situé dans la partie très couleur locale de Pham Ngu Lao, près du marché Thai Binh. Plats délicieux à prix doux.

Sozo CAFÉ $

(carte p. 352 ; www.sozocentre.com ; 176 Đ Bui Vien ; 3 cookies 28 000 d ; 7h-22h30 ;). Un petit café ravissant dans l'enclave touristique bon marché, qui forme et emploie des personnes défavorisées. Excellents smoothies, roulés à la cannelle, cookies maison et autres douceurs.

Pho Quynh VIETNAMIEN $

(carte p. 352 ; 323 Đ Pham Ngu Lao ; pho 60 000 d ; 24h/24). Restaurant toujours bondé, situé dans une partie très animée de Pham Ngu Lao. En dehors de l'habituel *pho*, il a pour spécialité le *pho bo kho*, une soupe au ragoût de bœuf.

Espy PIZZAS $

(carte p. 352 ; www.facebook.com/espypizza ; 154 Đ Cong Quynh ; part de pizza à partir de 45 000 d ; 11h-22h30). L'Espy sert des parts de pizzas à la new-yorkaise, plutôt authentiques dans leur genre. De nouvelles variantes émergent régulièrement des fours brûlants. Possibilité de commander des pizzas entières à emporter.

Chi's Cafe INTERNATIONAL, CAFÉ $

(carte p. 352 ; 185/30 Đ Pham Ngu Lao ; repas à partir de 60 000 d ; 7h15-22h30 ;). L'un des meilleurs cafés économiques du quartier, décoré de peintures à l'huile qui attirent l'œil. Copieux petits-déjeuners, classiques occidentaux et quelques plats locaux, à déguster dans un cadre relaxant.

Asian Kitchen ASIATIQUE $

(carte p. 352 ; 08-3836 7397 ; 185/22 Đ Pham Ngu Lao ; plats 50 000-80 000 d ; 7h-minuit ;). Une adresse fiable et bon marché, où manger vietnamien, japonais, chinois et indien.

Pho Hung VIETNAMIEN $

(carte p. 352 ; 241 Đ Nguyen Trai ; plats 40 000-70 000 d ; 6h-3h). Une adresse de *pho* appréciée, ouverte de très bonne heure et jusque tard, près de Pham Ngu Lao.

Quan Ut Ut BARBECUE $$

(08-3914 4500 ; www.quanutut.com ; 168 Đ Vo Van Kiet ; repas 180 000-300 000 d ; 16h-23h30). Fort d'une vue sur le fleuve, le Quant Ut Ut (ce qui se traduit grosso modo par "groin-groin") célèbre le porc sous toutes ses formes, avec un côté barbecue à l'américaine. Sur d'énormes grils, installés côté rue, sont préparées des côtes succulentes, des saucisses piquantes et de la poitrine, assorties de savoureux accompagnements tels que maïs et ananas grillés. Les imposants burgers sont tout aussi savoureux, et les propriétaires brassent leur propre bière.

Baba's Kitchen INDIEN $$

(carte p. 352 ; ☎08-3838 6661 ; www.babaskitchen.in ; 164 Đ Bui Vien ; repas 65 000-210 000 d ; ⌚11h-23h ; ✎). Cela vaut la peine de faire un détour pour réserver dans ce restaurant, sur 2 niveaux, qui met à l'honneur les arômes et saveurs épicés de l'Inde. Choix de mets végétariens, cadre séduisant et cuisine délectable. Les amateurs de nourriture vraiment relevée passeront outre la mise en garde polie du serveur et commanderont un *vindaloo*. Service tout aussi excellent.

Vittorio ITALIEN $$

(carte p. 352 ; www.facebook.com/vittoriovietnam ; 137 Đ Bui Vien ; pizzas et pâtes 80 000-180 000 d ; ⌚9h-22h30). L'une des meilleures options de l'animée Đ Bui Vien, avec son ambiance chaleureuse, son honorable pizza au feu de bois et d'autres plats d'inspiration italienne.

Thao Dien (district 2)

Situé à l'est de la Saigon, le quartier de Thao Dien (district 2) est apprécié des expatriés. Un nouveau tunnel sous le fleuve permet désormais de le rallier plus rapidement. Depuis le district 1, comptez de 20 à 30 minutes de taxi moyennant 150 000-180 000 d. Vérifiez que le chauffeur connaît bien la route avant de partir.

Boat House BISTROT $$

(☎08-3744 6790 ; www.facebook.com/boathousevietnam ; 40 Lily Rd, APSC Compound, 36 Đ Thao Dien ; amuse-gueule 65 000-165 000 d, repas 145 000-195 000 d ; ⌚8h-23h). Ce lieu en bord de fleuve est riche de possibilités, qu'il s'agisse d'y déjeuner en extérieur, de s'y installer au comptoir pour siroter une bière, ou d'y déguster un cocktail, affalé sur un transat. Au menu : amuse-gueule, burgers, salades et wraps. *Happy hour* en semaine de 16h30 à 18h30. Concerts de temps à autre.

The MAD House BISTROT $$

(☎08-3519 4009 ; www.facebook.com/madsaigon ; 6/1/2 Đ Nguyen U Di ; repas 150 000-300 000 d ; ⌚17h-22h lun, 11h30-22h mar-ven, 9h-22h sam-dim ; 📶). Une adresse appréciée des expatriés du district 2. Parmi les points forts du lieu, citons l'excellent café, les cocktails bien dosés et une carte imaginative mêlant influences scandinaves – MAD House se traduit par "maison de la nourriture" en danois – et vietnamiennes. Attendez-vous à une stupéfiante décoration tropicale et à un charmant jardin, répit bienvenu après l'animation citadine.

Mekong Merchant CAFÉ-BISTROT $$

(☎08-3744 6788 ; www.facebook.com/MMsaigon ; 23 Đ Thao Dien ; petit-déj 70 000-200 000 d, repas 95 000-310 000 d ; ⌚8h-22h ; 📶). Des bâtiments coiffés de chaume autour d'une cour dessinent le cadre pittoresque de cet endroit, tout à la fois décontracté et haut de gamme. On vient ici pour les fruits de mer, en provenance directe de Phu Quoc, mais les œufs Bénédicte et la pizza sont également hors pair.

The Deck FUSION $$$

(☎08-3744 6632 ; www.thedecksaigon.com ; 33 Đ Nguyen U Di ; tapas 95 000-330 000, repas 185 000-680 000 d ; ⌚8h-minuit ; 📶). Dans un pavillon à l'architecture impressionnante, entre un élégant jardin et la rivière, le Deck est le genre d'endroit où l'on s'attarderait volontiers tout un après-midi. Cuisine au confluent de l'Europe et de l'Asie. Le déjeuner à trois plats (525 000 d), d'un bon rapport qualité/prix, est parfait pour un début d'après-midi avec vue sur le fleuve.

Trois Gourmands FRANÇAIS $$$

(☎08-3744 4585 ; 3gourmandsaigon.com ; 39 Đ Tran Ngoc Dien ; repas à partir de 400 000 d ; ⌚12h-15h et 18h-22h30 mar-dim). Une élégante villa (avec piscine) sert de cadre à cette table splendide, supervisée par le chaleureux Gils Brault, un ex-sommelier français. Trois menus mettent à l'honneur une cuisine raffinée qui vaut le déplacement. Les amateurs de fromages et de vins, en particulier, seront aux anges. Possibilité de loger sur place (40 $US).

Où prendre un verre et faire la fête

Le quartier de Dong Khoi rassemble l'essentiel des lieux susceptibles de plaire aux noctambules, du bouge obscur au bar huppé. Si la plupart des établissements de ce secteur ferment vers 1h (en raison de pressions exercées par les autorités locales), vous pouvez toujours tabler sur les pubs du quartier de Pham Ngu Lao, qui restent ouverts jusqu'au petit matin.

Rendez-vous sur **Everyone's a DJ** (www.facebook.com/everyonesadj) pour accéder au programme des divers concerts et manifestations en ville. Parmi les autres sources à signaler, citons **The Beats Saigon** (www.facebook.com/pages/The-Beats-Saigon/207148399324751) et Saigon Outcast (p. 365).

La plupart des discothèques citées ne s'animent qu'à partir de 22h. Renseignez-vous dans les bars les plus populaires sur les derniers lieux incontournables.

Quartier de Dong Khoi

Nombre des bars les plus attrayants de Dong Khoi se doublent d'un restaurant ou occupent le toit en terrasse d'un hôtel.

♥ Pasteur Street Brewing Company BIÈRES ARTISANALES

(carte p. 329 ; www.pasteurstreet.com ; 144 Đ Pasteur ; petite/grande bière à partir de 45 000/95 000 d ; 11h-22h ;). Preuve que le houblon ne se résume pas à la 333, ce lieu produit un beau choix de bières artisanales. Toutes intègrent des ingrédients du cru (citronnelle, ramboutan, jasmin) et six variétés sont toujours disponibles. De formidables amuse-gueule – testez l'épicé poulet frit de Nashville – sont également servis dans la salle de dégustation à l'étage.

The Workshop CAFÉ

(carte p. 329 ; www.facebook.com/the.workshop.coffee ; 10 Đ Ngo Duc Ke ; café à partir de 45 000 d ; 8h-20h ;). La culture du café branché débarque à HCMV avec ce vaste espace de style entrepôt. Vous y trouverez notamment du café d'origine unique de Dalat, issu de la culture équitable, ainsi qu'une formidable série de photos en noir et blanc du Saigon d'autrefois, à contempler en attendant votre café filtre ou frappé.

♥ Vesper BAR

(carte p. 329 ; www.facebook.com/vespersaigon ; rez-de-chaussée, Landmark Building, 5b Đ Ton Duc Thang ; 11h-tard lun-sam). Le bar en bois curviligne, les bouteilles soigneusement disposées sur les étagères, la musique relaxante, le mobilier en cuir caramel et la belle carte de tapas font de ce bar au bord de la rivière un endroit très cool. Il y a aussi une terrasse en bordure de rue, mais le bruit de la circulation est assourdissant.

Shrine BAR À COCKTAILS, BISTROT

(carte p. 329 ; 0916 806 093 ; www.shrinebarsaigon.com ; 64 Đ Ton That Thiep ; 11h-1h lun-sam, 16h-minuit dim). Décoré de reproductions de sculptures khmères, le Shrine est une alternative sophistiquée aux bruyants bars des sports et à hôtesses du quartier. Le personnel est fier de ses cocktails, aussi puissants qu'innovants. Carte aux saveurs panasiatiques, allant des amuse-gueule (85 000-230 000 d) aux assiettes à partager, plus fournies (220 000-460 000 d).

2 Lam Son Martini Bar BAR À COCKTAILS

(carte p. 329 ; www.saigon.park.hyatt.com ; Park Hyatt Saigon, 2 place Lam Son, entrée ĐL Hai Ba Trung ; 17h-tard). Mélange de bois, de verre et d'acier, le bar au rez-de-chaussée du Park Hyatt est le lieu de rendez-vous hyper-chic des gens qui font bouger Saigon. Lounge plus intime en mezzanine.

Plantrip Cha MAISON DE THÉ

(carte p. 329 ; www.facebook.com/PlantripCha ; 3a Đ Ton Duc Thang ; thé à partir de 30 000 d ; 9h-21h). Après avoir écumé les galeries et les œuvres urbaines de la 3A Alternative Art Area (p. 368), reprenez des forces dans cette maison de thé originale, où infusent des crus du monde entier. Notre préféré ? Le thé glacé Tra Mojito.

L'Usine CAFÉ

(carte p. 329 ; www.lusinespace.com ; 151/1 Đ Dong Khoi ; 7h30-22h30 ;). Un café très sympathique, aménagé dans un édifice colonial au charme tout d'élégance, avec hauts plafonds, baies vitrées, tables en marbre et photos du vieux Saigon. Appétissants plats et sandwichs à la baguette (95 000 d) à la carte. Sur place, une boutique vend des objets et des vêtements de créateurs. Traversez l'Art Arcade, tournez à droite dans l'allée nichée entre deux immeubles et montez à l'étage.

2Go BAR À JUS

(carte p. 329 ; https://www.facebook.com/2gosaigon ; 91 Đ Pasteur ; jus de fruits 23 000-39 000 d ; 7h-23h). Ce conteneur coloré et décalé sert d'excellents jus de fruits, smoothies et en-cas vietnamiens (23 000-31 000 d). Une étape commode si vous visitez les musées et la cathédrale Notre-Dame, tout proches. Nous recommandons le rafraîchissant mojito à la pomme, sans alcool.

Apocalypse Now DISCOTHÈQUE

(carte p. 329 ; 08-3824 1463 ; www.facebook.com/apocalypsenowsaigon ; 2C Đ Thi Sach ; 19h-2h). Les clubs vont et viennent, mais l'"Apo" est là depuis 1991 et reste l'un des plus en vue. Établissement vaste, avec une grande piste de danse et une cour extérieure, il attire une clientèle bigarrée mêlant voyageurs, expatriés, Vietnamiens branchés et quelques prostituées. L'ensemble est incroyablement chaotique et bruyant. Un droit d'entrée de 150 000 d (incluant une consommation) s'applique le week-end.

COCKTAILS AVEC VUE

Il y a quelque chose de magique à regarder, la nuit, les néons de la ville sur un toit en terrasse en sirotant un cocktail. N'hésitez pas à faire la dépense pour contempler avec hauteur la frénétique animation urbaine. Parmi les bars offrant un formidable point de vue au crépuscule et à la nuit tombée, citons l'**Air 360** (p. 365), le **Chill Sky Bar** (p. 365), l'**OMG** (p. 365) et **The View** (p. 365).

Voici nos adresses favorites :

EON Heli Bar (carte p. 329 ; 52e ét, Bitexco Financial Tower, 2 Đ Hai Trieu ; 11h30-2h). Installez-vous près d'une fenêtre pour contempler le coucher du soleil sur la ville depuis ce lieu chic.

Shri (carte p. 334 ; 08-3827 9631 ; 23e ét, Centec Tower, 72-74 Đ Nguyen Thi Minh Khai ; 10h-minuit lun-sam, à partir de 17h dim). Au 23e étage, l'élégante terrasse du restaurant Shri dispose d'un coin séparé pour prendre un verre – accessible en franchissant un minuscule cours d'eau sur des pierres de gué.

M Bar (carte p. 329 ; www.majesticsaigon.com.vn ; 1 Đ Dong Khoi ; 16h-1h). Au 8e étage du Majestic Hotel, un merveilleux endroit pour un apéritif au coucher du soleil. Vue panoramique sur la rivière et style colonial.

Saigon Saigon (carte p. 329 ; www.caravellehotel.com ; 19 place Lam Son ; 11h-2h ;). Le bar du Caravelle fut l'un des premiers ouverts sur le toit-terrasse d'un hôtel. Au programme ici : vue somptueuse, musique live et délicieux (mais onéreux) coktails.

Game On BAR SPORTIF
(carte p. 329 ; www.gameonsaigon.com ; 115 Đ Ho Tung Mau ; 8h-tard). Ce chaleureux bar des sports diffuse chaque semaine des manifestations sportives du monde entier. Un rendez-vous immanquable pour les amateurs. Consultez le programme sur le site Internet.

Broma: Not a Bar BAR
(carte p. 329 ; www.facebook.com/bromabar ; 41 Đ Nguyen Hue ; 17h-2h). Un petit bar bohème sur le toit, avec vue sur l'animée allée commerçante de Đ Nguyen Hue. Beau choix de bières internationales, concerts et DJ mixant sur du funk, du hip-hop et de l'electro.

Lush BAR, CLUB
(carte p. 333 ; www.lush.vn ; 2 Đ Ly Tu Trong ; 19h30-tard). Une décoration très manga pour le Lush, très apprécié. Après avoir conversé côté jardin, direction le bar central pour vous y déhancher un peu. DJ presque tous les soirs et hip-hop le vendredi.

La Fenêtre Soleil CAFÉ-BAR
(carte p. 329 ; www.facebook.com/lafenetre.soleil ; 1er ét, 44 Đ Ly Tu Trong ; café à partir de 40 000 d ; 9h-minuit ;). Tirant le meilleur parti de son bâtiment colonial, cet établissement bohème-chic arbore des briques et poutres apparentes, des lustres, des miroirs moulurés et de gros ventilateurs au plafond. Carte indonésienne. La musique live – blues, latino, reggae et funk – attire les foules en soirée, tandis que les tranquilles *jam sessions* du dimanche après-midi permettent de ralentir le rythme entre 13h et 17h.

Phatty's BAR SPORTIF
(carte p. 329 ; www.phattysbar.com ; 46-48 Đ Ton That Thiep ; 8h-tard ;). L'atmosphère conviviale, la nourriture savoureuse et les retransmissions sportives sur grand écran attirent ici une foule d'expatriés au sortir du travail. Par ailleurs, le Phatty's est de plus en plus connu pour ses spectacles de stand-up.

Wine Bar 38 BAR À VINS
(carte p. 329 ; www.facebook.com/WineBar ; 38 Đ Dong Khoi ; 11h-minuit). Deux étages au style contemporain chic et sobre, meublés de fauteuils en cuir. Le beau choix de vins s'accompagne d'une carte de mets non moins remarquable.

Fuse CLUB
(carte p. 329 ; www.facebook.com/FuseSG ; 3a Đ Ton Duc Thang ; 19h-tard). Un petit club où la techno se donne à plein volume.

Da Kao et environs

♥ **Decibel** BAR
(carte p. 333 ; www.decibel.vn ; 79/2/5 Đ Phan Kê Bính ; 7h30-minuit lun-sam). Un petit café-bar-restaurant sur 2 niveaux, parfait pour se détendre dans un environnement

culturel. Des soirées cinéma et des événements artistiques figurent au programme.

Hoa Vien MICROBRASSERIE
(carte p. 333 ; www.hoavien.vn ; 18 bis/28 Đ Nguyen Thi Minh Khai ; 8h-minuit ;). Inattendu dans une petite rue de HCMV, ce restaurant tchèque brasse chaque jour de la Pilsner et une bière brune. L'entrée est au bout d'une allée, à proximité de Đ Nguyen Thi Minh Khai.

Palais de la Réunification et environs

Vespa Sofar BAR
(carte p. 334 ; www.vespasofar.com ; 99 Đ Pham Ngu Lao ; 11h-minuit ;). Cet excellent café-bar, dont la décoration mêle Vespa et culture *Mod*, est proche à pied de Pham Ngu Lao. On y trouve bons cafés, jus de fruits, smoothies, cocktails abordables et une honorable carte des bières, avec quelques variétés belges. Un combi Volkswagen tient lieu de comptoir principal, et des Vespa rétro sont stationnés à l'extérieur. *Happy hour* de 18h à 20h.

Air 360 BAR
(carte p. 334 ; www.air360skybar.com ; 21e ét, Ben Thanh Tower, 136-138 Đ Le Thi Hong Gam ; 17h30-2h). Dans ce nouveau bar sous les étoiles, l'*happy hour* dure de 17h à 20h : parfait pour profiter du coucher du soleil et réaliser une belle économie sur les boissons onéreuses. Côté restauration, pâtés, terrines et charcuterie dominent le menu. À quelques encablures à pied des bars pour routards de Pham Ngu Lao.

Chill Sky Bar BAR À COCKTAILS
(carte p. 334 ; www.chillsaigon.com ; 26e et 27e ét, AB Tower, 76a Đ Le Lai ; 17h30-tard). Ce bar sur le toit, le plus sélect de HCMV, est prisé d'une clientèle dorée, prompte à commander d'onéreux alcools d'importation. Il est un des seuls en ville à pratiquer un code vestimentaire, lequel est plutôt strict ; aussi, mieux vaut sortir son plus beau pantalon et faire l'impasse sur les T-shirts fantaisie.

OMG BAR
(carte p. 334 ; www.facebook.com/OMGSAIGON ; Tan Hai Long Hotel, 15-19 Nguyen An Ninh ; bière/cocktails à partir de 90 000/160 000 d ; 11h-1h). Abstraction faite de son nom fantaisiste (acronyme de "Oh My God !"), l'OMG, logé à proximité du marché Ben Thanh, est un bar sur le toit très correct et moins ostentatoire que nombre de ses concurrents. Côté restauration, l'amour du risque est à l'ordre du jour avec des plats comme le tartare de crocodile au wasabi et à la mangue.

Vuvuzela Beer Club BAR À BIÈRES, CLUB
(carte p. 334 ; www.vuvuzela.com.vn ; Zen Plaza, 275 Đ Nguyen Trai ; 10h-minuit). Découvrez la toute dernière tendance nocturne de HCMV : un bruyant mélange de bar à bières, de *diner* à l'américaine et de discothèque. Au moment de la rédaction, les *beer clubs* étaient très prisés des fêtards du cru. Quand la musique commence vers 22h, on ne risque pas de confondre le Vuvuzela avec un salon de thé. De fait, la subtilité n'y est clairement pas de mise.

Quartier de Pham Ngu Lao

The View BAR
(carte p. 352 ; www.theviewrooftopbar.com ; 8e ét, Duc Vuong Hotel, 195 Đ Bui Vien ; 10h-minuit lun-ven, 10h-2h sam-dim). Moins vertigineux que d'autres bars sur le toit de la ville, The View est aussi moins prétentieux et beaucoup plus respectueux du porte-monnaie. Une bonne façon d'échapper à l'animation frénétique de Pham Ngu Lao. Restauration d'un bon rapport qualité/prix.

Le Pub PUB
(carte p. 352 ; 08-3837 7679 ; www.lepub.org ; 175/22 Đ Pham Ngu Lao ; 9h-2h ;). Ce mélange de pub british et de café français sur 3 niveaux connaît un franc succès. Belle carte de bières, promotions le soir, pichets de cocktails et cuisine de brasserie. La ruelle voisine est de plus en plus prisée par les noctambules du cru.

Long Phi BAR
(carte p. 352 ; 207 Đ Bui Vien ; 10h-5h mar-dim). Parmi les plus anciens de Pham Ngu Lao, ce bar français, ouvert très tard, accueille parfois des groupes de musiciens.

Spotted Cow BAR DES SPORTS
(carte p. 352 ; 111 Đ Bui Vien ; 11h-minuit). Propriétaires australiens, murs peints de motifs "peau de vache" et nombreuses formules spéciales pour les boissons.

Thao Dien (district 2)

Saigon Outcast BAR, BEER GARDEN
(www.saigonoutcast.com ; 188 Đ Nguyen Van Huong ; 10h-23h45). Traversez le district 2 pour profiter d'un chaleureux mélange de musique live, de DJ sets et de soirées cinéma

HCMV GAY ET LESBIEN

S'il existe peu de lieux ouvertement gay à HCMV, la plupart des bars et clubs prisés sont *gay-friendly*. L'**Apocalypse Now** (p. 363) attire parfois un petit contingent gay, tandis que le **Centro Cafe** (carte p. 329 ; 08-3827 5946 ; 11-13 place Lam Son ;) accueille une clientèle homosexuelle le samedi soir. Le **Republic** (carte p. 329 ; 63/201 Đ Dong Du ; 10h-2h), non loin de Đ Dong Khoi, et le **Babylon Pub** (carte p. 352 ; 24-26 Đ Bui Vien ; 12h-2h), à Pham Ngu Lao, sont également prisés.

au milieu d'œuvres urbaines originales. Cocktails, bières artisanales et cidres de production locale disponibles dans le *beer garden* original ; à noter l'excellent marché à ciel ouvert occasionnel du dimanche matin. Programme sur le site Internet. Depuis le district 1, comptez 150 000 d en taxi.

BiaCraft BAR
(www.biacraft.com ; 90 Đ Xuan Thuy, Thao Dien ; 11h-minuit). Un excellent bar à bières artisanales de l'autre côté du fleuve, dans le district 2. Bières brassées localement et excellente sélection de bières importées. Les amuse-gueule complètent une offre savoureuse qui encourage à commander un dernier verre “pour la route”.

Buddha Bar & Grill BAR
(7 Thao Dien ; 2h-14h). Ce populaire bar d'expatriés du district 2 distille généralement de la musique live le vendredi soir à partir de 21h. Consultez sa page Facebook pour accéder au programme. Autre bonne raison de s'attarder ici : le menu barbecue (60 000-120 000 d) proposé chaque jour à partir de 16h.

☆ Où sortir

Procurez-vous *The Word HCMC*, *Asialife HCMC* ou *The Guide* pour connaître les expositions, concerts, pièces de théâtre et soirées programmés durant votre séjour à HCMV. Vous pouvez aussi consulter les sites www.anyarena.com et www.wordhcmc.com.

Concerts

Ho Chi Minh-Ville est forte d'une riche scène musicale, avec des groupes en tout genre se produisant dans les salles de la ville. Dublin Gate (p. 357) accueille des concerts chaque week-end. Pacharan (p. 357) monte le son les mercredis et vendredis soir. Un groupe cubain chauffe l'atmosphère du **Saigon Saigon** (p. 364) presque chaque soir au Caravelle Hotel.

♥ **Acoustic** MUSIQUE LIVE
(carte p. 334 ; 08-3930 2239 ; www.facebook.com/acousticbarpage ; 6e1 Đ Ngo Thoi Nhiem ; 19h-minuit ;). Ne vous laissez pas induire en erreur par le nom : les musiciens qui montent sur la scène intimiste de cette salle phare jouent le plus souvent sur des instruments électriques et sont résolument survoltés. La foule adore. Au bout d'une ruelle, à côté d'une Coccinelle dressée à la verticale. Attention, les cocktails sont plus puissants qu'ils n'ont l'air.

Cargo MUSIQUE LIVE
(carte p. 329 ; www.facebook.com/cargosaigon ; Đ 7 Nguyen Tat Thanh ; 15h-minuit mer-dim). De l'autre côté du fleuve, dans le district 4, ce vaste entrepôt, équipé d'une bonne sono, programme des musiciens vietnamiens qui montent, des groupes asiatiques et des DJ.

The Observatory MUSIQUE LIVE
(carte p. 329 ; www.facebook.com/theobservatoryhcm ; 5 Đ Nguyen Tat Thanh ; 18h-6h mer-dim). Un lieu très vivant avec des groupes et des DJ du monde entier. Désormais installé sur l'autre rive, dans le district 4.

Saigon Ranger MUSIQUE LIVE
(carte p. 329 ; www.facebook.com/saigonranger ; 5/7 Đ Nguyen Sieu ; 15h-tard mar-dim). Forte d'un emplacement central, près du parc Lam Son, cette salle originale accueille concerts et spectacles du mardi au dimanche. Attendez-vous à une programmation éclectique – rock, blues, musique latino, etc. – à partir de 21h environ.

Yoko MUSIQUE LIVE
(carte p. 334 ; 08-3933 0577 ; www.facebook.com/YokoBar ; 22a Đ Nguyen Thi Dieu ; 8h-tard ;). Des portraits expressifs de John Lennon, Jim Morrison et James Brown veillent sur ce temple de la musique live, aux poutres apparentes et au sol bétonné. Concerts variés, du funk-rock au metal, tous les soirs à 21h30.

Hard Rock Cafe BAR
(carte p. 329 ; www.hardrock.com ; 39 Đ Le Duan ; 11h-minuit ;). Groupes ou DJ les vendredis et samedis soir.

Seventeen Saloon MUSIQUE LIVE
(carte p. 334 ; www.17saloon.vn ; 103a Pham Ngu Lao ; 19h-2h). Un bar de Pham Ngu Lao sur

le thème du Far West, avec des serveurs en tenue de cow-boy et un groupe philippin qui joue des standards du rock décoiffants.

AO Show SPECTACLES

(carte p. 329 ; www.aoshowsaigon.com ; Opéra, place Lam Son ; 18h ou 20h presque tous les jours ; à partir de 504 000 d). Populaire spectacle touristique mêlant musique, danse et acrobaties. La plupart des hôtels réservent les billets ; billetterie également disponible à l'Opéra.

Universal Bar MUSIQUE LIVE

(carte p. 352 ; www.facebook.com/UniversalBarSaigon ; 90 Bui Vien ; jusqu'à 2h). Des musiciens de talent se produisent parfois dans ce bar, véritable institution, qui accueille des concerts chaque soir à 21h30. Plusieurs écrans TV pour les retransmissions sportives, et des tables dehors qui donnent sur l'animation de Bui Vien.

Théâtre municipal SALLE DE CONCERT

(Opéra ; carte p. 329 ; 08-3829 9976 ; place Lam Son). Construit à l'époque coloniale, le Théâtre municipal héberge le ballet, l'orchestre symphonique et l'Opéra de HCMV (www.hbso.org.vn). D'autres spectacles et artistes sont également programmés.

Conservatoire de musique SALLE DE CONCERT

(Nhac Vien Thanh Pho Ho Chi Minh ; carte p. 334 ; 08-3824 3774 ; 112 Đ Nguyen Du). Il accueille aussi bien des concerts de musique traditionnelle vietnamienne que de musique classique.

MZ Bar MUSIQUE LIVE

(carte p. 334 ; 08-3925 5258 ; www.m-zing.com ; 56a Đ Bui Thi Xuan ; 18h-tard). Un groupe reprend ici des tubes dansants.

Marionnettes sur l'eau

Cet art originaire du Nord a été récemment introduit à HCMV pour satisfaire la demande touristique.

Golden Dragon Water Puppet Theatre MARIONNETTES SUR L'EAU

(carte p. 334 ; 08-3930 2196 ; 55b Đ Nguyen Thi Minh Khai ; 7,50 $US). Principale salle accueillant des spectacles de marionnettes sur l'eau (environ 50 min), à 17h, 18h30 et 19h45.

Cinémas

Les billets coûtent environ 90 000 à 150 000 d.

CGV Cinemas CINÉMA

(carte p. 329 ; www.cgv.vn ; 59-61 Đ Pasteur). Installé au sommet de l'hôtel Liberty Central Saigon Citypoint, ce nouveau cinéma, fort de son emplacement central, compte cinq petites salles.

Lotte Cinema Diamond CINÉMA

(carte p. 329 ; lottecinemavn.com ; 13e ét, Diamond Department Store, 34 Đ Le Duan). Trois salles, projections de films en V.O. sous-titrés en vietnamien.

Achats

Si quantité d'articles de mauvaise qualité sont proposés aux touristes dans les rues, on peut dénicher de véritables trésors dans les marchés, les magasins d'antiquités, les boutiques de soieries et les commerces spécialisés en céramiques, textiles ethniques, objets en bambou laqué et vêtements sur mesure.

Il est possible de trouver des vêtements de qualité et de jeter son dévolu sur un *ao dai* traditionnel. Cette tenue, qui comprend une tunique et un pantalon en soie, est confectionnée dans les ateliers du marché Ben Thanh et en haut de Đ Pasteur. Il existe également des *ao dai* pour homme – ils sont plus larges et s'accompagnent d'un couvre-chef en soie assorti.

Quartier de Dong Khoi

Il n'y a pas mieux pour commencer une journée de shopping que Đ Dong Khoi et les rues alentour, jalonnées de boutiques et de galeries. Vous y trouverez de l'artisanat et des souvenirs de bonne facture.

Marché Ben Thanh MARCHÉ

(Cho Ben Thanh ; carte p. 329 ; ĐL Le Loi, ĐL Ham Nghi, DL Tran Hung Dao et Đ Le Lai). Le marché central et les rues avoisinantes forment l'une des zones les plus vivantes de la ville. Vous y découvrirez toutes sortes de produits alimentaires, sans oublier une profusion de souvenirs. N'hésitez pas à marchander ferme car les commerçants ont tendance à demander des sommes plus élevées qu'ailleurs. Ne tenez pas compte des écriteaux annonçant des "prix fixes".

Les bons étals de nourriture sont en général ouverts jusqu'au cœur de l'après-midi ; veillez bien sur vos smartphones et effets personnels.

Mekong Quilts ARTISANAT

(carte p. 329 ; 08-2210 3110 ; www.mekong-quilts.org ; 1er ét, 68 ĐL Le Loi ; 9h-19h). On trouve ici de superbes couvre-lits de soie, cousus par des paysans défavorisés qui en tirent leurs revenus.

Giant Step Urban Art Gallery GALERIE D'ART
(carte p. 329 ; ☎0126 415 4338 ; 3a Đ Ton Duc Thang ; ⊙11h-18h lun-sam). Une excellente galerie axée sur le *street art*. Consultez le programme des expositions sur Facebook. Les ruelles avoisinantes sont festonnées de créations urbaines.

Saigon Kitsch SOUVENIRS
(carte p. 329 ; 33 Đ Ton That Thiep ; ⊙9h-22h). Cette enseigne d'un kitsch réjouissant vend de superbes affiches de propagande, reproduites aussi sur des tasses, des dessous de verre, des puzzles et des T-shirts. Mentionnons les housses d'ordinateur portable et de tablette, façonnées à partir d'emballages vietnamiens recyclés.

Mai Lam VÊTEMENTS
(carte p. 329 ; www.mailam.com.vn ; 132-134 Đ Dong Khoi ; ⊙9h-21h). Une boutique de créateur, dynamique et inspirée, emplie de vêtements et d'accessoires pour homme et femme cousus main, aussi beaux qu'onéreux.

L'Usine VÊTEMENTS, DÉCORATION
(carte p. 329 ; www.facebook.com/Lusinespace ; 151/1 Đ Dong Khoi ; ⊙9h-22h). Jouxtant le café-restaurant éponyme, à l'étage, ce magasin présente une collection de vêtements chics et de sacs colorés qui retient l'attention. À noter l'autre café-boutique estampillé L'Usine dans **Đ Le Loi** (carte p. 329 ; 70b Đ Le Loi ; ⊙7h30-22h30).

Annam Gourmet Market ALIMENTATION
(carte p. 329 ; www.annam-gourmet.com ; 16 Đ Hai Ba Trung ; ⊙7h-21h). Une grande épicerie fine sur 2 niveaux, très bien approvisionnée en fromages, vins, chocolats et autres délices. Bon restaurant à l'étage.

Mystere ARTISANAT
(carte p. 329 ; 141 Đ Dong Khoi ; ⊙9h-20h). Jolis objets en laque, tissus et bijoux réalisés par diverses ethnies du pays.

3A Alternative Art Area QUARTIER DES ARTS
(carte p. 329 ; 3a Đ Ton Duc Thang). *Street art*, galeries, boutiques d'articles pour la maison et un choix toujours plus important de cafés et de bars branchés – incontournable pour qui veut comprendre l'évolution de HCMV. Une destination prisée le week-end pour les shootings de mode et les photos de mariage.

Sadec ARTICLES POUR LA MAISON
(carte p. 329 ; www.sadecdistrict.com ; 3a Đ Ton Duc Thang ; ⊙8h30-20h30). Ce formidable magasin de la 3A Alternative Art Area vend d'élégants articles pour la maison, des vêtements, des œuvres d'art et des tissus provenant de toute la région du Mékong.

Khai Silk VÊTEMENTS
(carte p. 329 ; ☎08-3829 1146 ; www.khaisilkcorp.com ; 107 Đ Dong Khoi ; ⊙9h30-20h). Une des succursales à HCMV de l'empire de la soie. Articles onéreux mais de grande qualité.

Vincom Center GALERIE MARCHANDE
(carte p. 329 ; 70-72 Le Than Ton et 45a Ly Tu Trong ; ⊙9h-20h ; 📶). Vous trouverez ici des enseignes de luxe (Dior, Hermès, Omega...) et, dans la tour B, un espace de restauration.

Sapa ARTISANAT, ACCESSOIRES
(carte p. 329 ; 7 Đ Ton That Thiep ; ⊙8h-21h). Petite boutique mariant tissus et motifs traditionnels dans un style moderne, qui propose aussi des cadeaux, bijoux, abat-jour et sacs à main.

Art Arcade ART
(carte p. 329 ; 151 Đ Dong Khoi). Un passage bordé de marchands d'art le long de Dong Khoi.

Nhu Y Oriental Lacquer Wares ARTISANAT
(carte p. 329 ; www.nhuylacquer.com ; 22 Đ Ho Huan Nghiep ; ⊙9h-21h30). Superbes boîtes, panneaux décorés de caractères chinois, tableaux et d'autres articles en laque fabriqués à la main.

Librairie Fahasa LIBRAIRIE
(carte p. 329; 40 ĐL Nguyen Hue ; ⊙8h-22h). Librairie d'État, avec des dictionnaires, des cartes et des livres en français. Autre enseigne dans **ĐL Le Loi** (carte p. 329 ; 60-62 ĐL Le Loi ; ⊙8h-22h).

Diamond Department Store GALERIE MARCHANDE
(carte p. 329 ; 34 Đ Le Duan ; ⊙10h-21h30). Quatre étages d'articles occidentaux, le tout surmonté d'un bowling, d'une salle de jeux d'arcade et de fast-foods à l'américaine.

Saigon Centre GALERIE MARCHANDE
(carte p. 329 ; 65 ĐL Le Loi). Dans une tour, des enseignes internationales et des cafés.

Parkson Plaza VÊTEMENTS
(carte p. 329 ; 41-45 Đ Le Thanh Ton). Habillement et cosmétiques.

Chi Chi VÊTEMENTS
(carte p. 329 ; 144/1 Đ Pasteur ; ⊙8h-20h30). Confection de vêtements sur mesure.

Palais de la Réunification et environs

Vinh Loi Gallery ART

(carte p. 334 ; www.galleryvinhloi.com ; 41 Đ Ba Huyen Thanh Quan ; 9h-18h). Cette excellente galerie présente des œuvres intéressantes, d'artistes vietnamiens.

Quartier de Pham Ngu Lao

Pour des reproductions bon marché de tableaux célèbres, direction les magasins d'art le long de Đ Bui Vien.

Hanoi Gallery AFFICHES

(carte p. 352 ; 79 Đ Bui Vien ; 9h-22h). Les amateurs de réalisme socialiste ne manqueront pas ce sympathique petit magasin. Des affiches de propagande originales (600 $US), ou à tout le moins censées l'être, y côtoient des reproductions en format A3 (10 $US).

Orange VÊTEMENTS ET ACCESSOIRES

(carte p. 352 ; 180 Đ Bui Vien ; 9h-22h). T-shirts et sacs à la mode.

Gingko VÊTEMENTS

(carte p. 352 ; www.ginkgo-vietnam.com ; 254 Đ De Tham ; 8h-22h). Exubérante collection de T-shirts et de sweat-shirts à capuche de couleurs vives, certains décorés de caractères chinois et de logos ironiques en anglais. Trois magasins dans le secteur de Pham Ngu Lao.

SahaBook LIVRES

(carte p. 352 ; www.sahabook.com ; 175/24 Đ Pham Ngu Lao ; 9h-17h30 lun-ven). Spécialisé dans les guides de voyages et la littérature de voyage, avec d'authentiques guides Lonely Planet assortis de cartes lisibles – contrairement aux contrefaçons qu'on trouve dans la rue.

Nguyen Thai Binh et environs

Les amateurs d'antiquités pourront chiner dans Đ Le Cong Kieu, juste en face du musée des Beaux-Arts. Il importe toutefois d'être vigilant car rien ne garantit l'ancienneté des objets.

Marché Dan Sinh MARCHÉ

(carte p. 329 ; 104 Đ Yersin ; 7h-18h). Les stands du marché de surplus militaire débordent de tout l'attirail guerrier habituel : rangers, plaques d'identification rouillées (authentiques ou pas), masques à gaz, brancards, vêtements de pluie, moustiquaires, gamelles, sacs marins, ponchos et gilets pare-balles.

Autres quartiers

Mai Handicrafts ARTISANAT

(08-3844 0988 ; www.facebook.com/maivietnamesehandicrafts ; 298 Đ Nguyen Trong Tuyen, district de Tan Binh ; 10h-19h lun-sam). Boutique liée au commerce équitable, où acheter des céramiques, des tissus traditionnels et autres cadeaux, le tout au profit de familles défavorisées et d'enfants des rues. Pour y aller, suivez vers le nord-ouest ĐL Hai Ba Trung qui se prolonge par Đ Phan Dinh Phung et tournez à gauche dans Đ Nguyen Trong Tuyen.

Gaya MODE ET DÉCORATION

(08-3925 1495 ; www.gayavietnam.com ; 3 Đ Tran Ngoc Dien, District 2). Des articles pour la maison et des vêtements de créateurs, dont ceux de la styliste franco-cambodgienne Romyda Keth. Situé de l'autre côté du fleuve, dans le secteur des expatriés du district 2.

SC Vivo City GALERIE MARCHANDE

(1058 Nguyen Van Linh ; 10h-22h). Inaugurée en 2015, cette vaste galerie marchande invite au shopping.

Renseignements

AGENCES DE VOYAGES

Saigon Tourist (carte p. 329 ; 08-3824 4554 ; www.saigontourist.net ; 45 Đ Le Thanh Ton ; 8h-11h30 et 13h-17h30) est l'agence de voyages officielle et gouvernementale de HCMV. Elle possède, directement ou en participation, plus de 70 hôtels, des restaurants, une société de location de voitures, des clubs de golf et un certain nombre de "pièges à touristes".

Les innombrables autres agences de la ville sont presque toutes gérées conjointement par le gouvernement et des entreprises privées. Elles se chargeront de vous procurer voiture, billets d'avion ou de faire proroger votre visa. Elles se livrent une rude concurrence et, en cherchant bien, vous trouverez souvent des tarifs inférieurs à ceux de Saigon Tourist. Elles emploient en général des guides polyglottes.

La plupart des guides et des chauffeurs sont mal rémunérés : laissez-leur un pourboire si vous êtes satisfait de leurs services. Certains voyageurs qui effectuent un circuit en bus à Cu Chi ou dans le delta du Mékong organisent une collecte (1-2 $US/pers) qu'ils remettent au guide ou au chauffeur à la fin du voyage.

Ce ne sont pas les circuits bon marché qui manquent, en particulier à Pham Ngu Lao. Vous pourrez également organiser votre circuit à la carte, en louant une voiture, ainsi que les services d'un chauffeur et d'un guide. Cette solution offre le maximum de flexibilité et le partage des frais à plusieurs rend la formule très abordable.

Asiana Travel Mate (carte p. 352 ; ☎0908 689 140 ; www.asianatravelmate.com ; 113c Đ Bui Vien). Tour-opérateur haut de gamme.

Buffalo Tours (carte p. 333 ; ☎08-3827 9170 ; www.buffalotours.com ; 157 Đ Pasteur ; ⏲8h30-17h lun-ven, 8h30-14h30 sam). Tour-opérateur haut de gamme.

EXO Travel (☎08-3519 4111 ; www.exotissimo.com ; 261-263 Đ Phan Xich Long, district 2 ; ⏲9h-18h lun-sam). Excellente agence spécialisée dans la péninsule indochinoise.

Go Go Vietnam (carte p. 352 ; ☎08-3920 9297 ; www.gogo-vietnam.com ; 40/7 Đ Bui Vien). Bien géré et noté en matière de prorogation et de renouvellement de visas, ce tour-opérateur et voyagiste propose des excursions à la journée d'un bon rapport qualité/prix.

Handspan Adventure Travel (☎08-3925 7605 ; www.handspan.com ; 10e ét, Central Park Bldg, 208 Nguyen Trai). L'antenne saïgonnaise de cette compagnie basée à Hanoi propose des circuits de qualité.

Innoviet (carte p. 352 ; ☎08-6291 5407 ; www.innoviet.com ; 1er ét, 161 Đ Bui Vien ; ⏲8h-21h). Agence petits budgets.

Kim Tran Travel (carte p. 352 ; ☎08-3836 5489 ; www.thekimtourist.com ; 270 Đ De Tham ; ⏲7h-21h). Excursions à la journée ou avec nuit sur place dans la région de HCMV et du Mékong.

Sinh Tourist (carte p. 352 ; ☎08-3838 9593 ; www.thesinhtourist.vn ; 246 Đ De Tham ; ⏲6h30-22h30). Agence petits budgets.

Sinhbalo Adventures (carte p. 352 ; ☎08-3837 6766 ; www.sinhbalo.com ; 283/20 Đ Pham Ngu Lao ; ⏲7h30-12h et 13h30-18h lun-sam). L'une des meilleures agences de HCMV pour un circuit personnalisé. Outre des parcours à vélo, Sinhbalo propose des itinéraires à thème dans le delta du Mékong, les hauts plateaux du Centre et les régions éloignées. L'excursion de 2 jours et le circuit à vélo de 3 jours dans le delta du Mékong sont les formules qui ont le plus de succès.

Tropical Tours (☎04 3871 7073 ; www.tropicaltours.vn ; 204B 6/13, rue Nguyen Van Huong, district 2). Agence francophone proposant tous les circuits classiques, à HCMV ou ailleurs (delta du Mékong, Hoi An, Hué, temples d'Angkor...), et grande spécialiste des ethnies du Vietnam. Circuits sur mesure pour tous les budgets.

ARGENT

Vous trouverez plusieurs guichets de change dans le hall des arrivées de l'aéroport Tan Son Nhat, juste après les douanes ; la plupart pratiquent les taux de change officiels. Il y a des distributeurs automatiques de billets (DAB) à droite après le terminal.

Si les DAB ne manquent pas en ville, la plupart n'autorisent les retraits que pour un montant maximal de 2 000 000 d/jour. Certains distributeurs de l'ANZ, dans le centre, permettent toutefois de retirer jusqu'à 4 000 000 d. Le plafond le plus élevé, 8 000 000 d, est celui fixé par la **Citibank** (carte p. 329 ; 115 ĐL Nguyen Hue), dans le hall de la Sun Wah Tower, mais il ne s'applique qu'aux cartes de cette banque (2 000 000 d autrement). Pour obtenir une avance plus importante sur votre carte bancaire (en dongs ou en dollars), adressez-vous aux guichets.

DÉSAGRÉMENTS ET DANGERS

Soyez prudent dans le secteur de Dong Khoi, de Pham Ngu Lao et du marché Ben Thanh, et le long de la Saigon, où sévissent des motards spécialistes du vol à l'arraché. Par mesure de précaution, mieux vaut laisser son passeport à l'hôtel. Et redoublez de vigilance quand vous utilisez votre smartphone dans la rue.

MÉDIAS

Les hôtels, les bars et les restaurants de HCMV mettent à disposition des magazines gratuits concernant les sorties, comme l'excellent mensuel *The Word HCMC* (www.wordhcmc.com), *Asialife HCMC* (www.asialifehcmc.com) et *The Guide*, supplément mensuel du *Vietnam Economic Times* (VET). Guettez aussi le petit *Citypass Guide* (www.citypassguide.com).

POSTE

FedEx (☎08-3948 0370 ; www.fedex.com ; 6 Đ Thang Long, district de Tan Binh ; ⏲7h30-18h lun-ven, 7h30-16h30 sam). Transporteur de colis privé.

Poste centrale (carte p. 329 ; 2 Cong Xa Paris ; ⏲7h-21h30). Superbe édifice colonial (p. 328), juste à droite de la cathédrale Notre-Dame.

SERVICES MÉDICAUX

Centre international médical (carte p. 329 ; ☎08-3827 2366 ; www.cmi-vietnam.com ; 1 Đ Han Thuyen ; ⏲8h30-19h lun-ven, 9h-13h sam). Cette organisation à but non lucratif dispose de médecins français.

Columbia Asia (carte p. 334 ; ☎08-3823 8888 ; www.columbiaasia.com/saigon ; 8 Alexandre de Rhodes ; ⏲urgences 8h-21h). Emplacement central, près de la cathédrale Notre-Dame.

ALLER AU CAMBODGE : DE HCMV À PHNOM PENH

Rejoindre la frontière Le poste-frontière fréquenté de **Moc Bai/Bavet** est l'itinéraire le plus rapide pour gagner Phnom Penh depuis HCMV. De nombreux cafés de voyageurs à Pham Ngu Lao vendent des billets de bus directs à destination de la capitale cambodgienne (10-15 $US). Les bus partent du quartier entre 6h et 15h et le trajet dure 6 heures, en tenant compte des formalités. Parmi les compagnies fiables figurent **Mekong Express** (www.catmekongexpress.com) et **Sapaco** (www.sapacotourist.vn).

À la frontière Les visas cambodgiens (30 $US) sont délivrés sur place (prévoir une photo d'identité). À 2 heures de bus de HCMV, Moc Bai est devenue une importante zone de détaxe pour les Vietnamiens et compte plusieurs hypermarchés. Une courte distance à pied la sépare de Bavet, au Cambodge, sorte de mini-Macao abritant une demi-douzaine de casinos.

Au-delà Si vous avez pris le bus direct HCMV-Phnom Penh, il vous restera encore 4 heures de route.

FV Hospital (Hôpital franco-vietnamien ; ☎08-5411 3333 ; www.fvhospital.com ; 6 Đ Nguyen Luong Bang, district 7 ; ⏲24h/24). Praticiens polyglottes, soins et matériel excellents.

HCMC Family Medical Practice (carte p. 329 ; ☎urgences24h/24 08-3822 7848 ; www.vietnammedicalpractice.com ; Diamond Department Store, 34 ĐL Le Duan ; ⏲24h/24). Centre bien géré, avec des succursales à Hanoi et à Danang.

International SOS (carte p. 333 ; ☎08-3829 8520 ; www.internationalsos.com ; 167a Đ Nam Ky Khoi Nghia ; ⏲24h/24). Une équipe internationale de médecins parlant français, entre autres.

Depuis/vers HCMV

AVION

HCMV est desservie par l'aéroport international Tan Son Nhat. Plusieurs compagnies assurent des vols intérieurs.

Vietnam Airlines (☎08-3832 0320 ; www.vietnamairlines.com). Vols pour Hanoi, Hai Phong, Vinh, Dong Hoi, Hué, Danang, Quy Nhon, Nha Trang, Dalat, Buon Ma Thuot, Pleiku, Rach Gia et l'île de Phu Quoc.

VietJet (☎1900-1886 ; www.vietjetair.com). Dessert Hanoi, Haiphong, Vinh, Dong Hoi, Hué, Danang, Quy Nhon, Nha Trang, Dalat, Buon Ma Thuot, et l'île de Phu Quoc.

Jetstar Pacific Airlines (☎1900 1550 ; www.jetstar.com/vn/en/home). Dessert Hanoi, Hai Phong, Vinh, Hué, Phu Quoc, Nha Trang, Buon Ma Thuot, Dong Hoi et Danang.

Vietnam Air Service Company (VASCO ; ☎08-3845 8017 ; www.vasco.com.vn). Liaisons avec Rach Gia, les îles Con Dao et Ca Mau.

BATEAU

Vina Express (carte p. 329 ; ☎08-3825 3333 ; www.vinaexpress.com.vn ; 5 Đ Nguyen Tat Thanh, district 4 ; adulte/enfant lun-ven 200 000/100 000 d, week-end et jours fériés 250 000/120 000 d ; ⏲départs 8h, 10h, 12h, 14h, 16h, 18h tlj, plus 9h sam). Départs en hydroptère pour Vung Tau (environ 1 heure 15) depuis le port de Saigon, près du musée Hô Chi Minh, dans le district 4.

BUS

HCMV compte plusieurs grandes gares routières en périphérie, bien desservies par les bus de ville au départ du marché Ben Thanh. Les bus "open tour" rencontrent un vrai succès à HCMV, puisqu'ils partent et arrivent dans le quartier très pratique de Pham Ngu Lao. Ils permettent d'économiser un trajet de bus supplémentaire ou une course de taxi.

La **gare routière de Mien Tay** (Ben Xe Mien Tay ; ☎08-3825 5955 ; Đ Kinh Duong Vuong) regroupe les lignes à destination du sud. Elle est située à 10 km à l'ouest de HCMV, à An Lac, dans le district de Binh Chanh (Huyen Binh Chanh). Le taxi depuis Pham Ngu Lao coûte dans les 200 000 d. De cette gare, des bus express climatisés et des minibus grand confort desservent la plupart des villes du delta du Mékong.

Les bus ralliant le nord partent de l'immense **gare routière de Mien Dong** (Ben Xe Mien Dong ; ☎08-3829 4056), dans le district de Binh Thanh, à 5 km du centre-ville, sur la RN 13 (Quoc Lo 13), dans le prolongement de Đ Xo Viet Nghe Tinh. La gare se trouve à moins de 2 km au nord de l'intersection de Đ Xo Viet Nghe Tinh et de Đ Dien Bien Phu. Sachez que les bus express partent du côté est et que les bus locaux desservent la zone située à l'ouest du bâtiment.

Les bus pour Tay Ninh, Cu Chi et d'autres villes au nord-ouest de HCMV partent de la **gare routière d'An Suong** (Ben Xe An Suong), dans le district 12. Sachez toutefois que vous n'avez guère intérêt à utiliser les bus locaux pour visiter Cu Chi, les sites souterrains étant à l'écart de la nationale et d'un accès compliqué. Les bus pour touristes, eux, offrent des prix compétitifs et démarrent du district 1.

TRANSPORTS AU DÉPART DE HCMV

DESTINATION	AVION	BUS	TRAIN
Dalat	50 minutes/à partir de 41 $US	7 heures/11-15 $US	pas de service
Nha Trang	55 minutes/à partir de 22 $US	12 heures/10-20 $US	6 heures 30/14-32 $US
Hué	1 heure 20 ; à partir de 48 $US	29 heures/26-37 $US	18 heures/17-44 $US
Hanoi	2 heures/à partir de 62 $US	41 heures/39-49 $US	30 heures/47-69 $US

Il existe de nombreuses liaisons entre HCMV et le Cambodge, la plupart depuis le quartier de Pham Ngu Lao. **Sapaco** (carte p. 352 ; ☎08-3920 3623 ; www.sapacotourist.vn ; 325 Đ Pham Ngu Lao) assure chaque jour 9 bus directs pour Phnom Penh (230 000 d ; 6 heures ; départs 6h-15h) et un pour Siem Reap (450 000 d ; 12 heures ; départ 6h).

TRAIN

La **gare ferroviaire de Saigon** (Ga Sai Gon ; ☎08-3823 0105 ; 1 Đ Nguyen Thong, district 3 ; ⏲billetterie 7h15-11h et 13h-15h) couvre diverses villes au nord.

Danang (27-44 $US, de 15 heures 30 à 20 heures 45, 5/jour)

Hanoi (47-69 $US, de 30 à 41 heures, 4/jour)

Hué (17-44 $US, de 18 à 24 heures 30, 5/jour)

Nha Trang (14-32 $US, de 6 heures 30 à 9 heures, 6/jour)

Moyennant une somme modique, achetez vos billets auprès d'une agence de voyages à la gare.

VOITURE ET MOTO

La plupart des cafés et des hôtels touristiques pourront vous procurer une voiture de location. Sachez que la location doit obligatoirement inclure un chauffeur, car il est interdit de conduire au Vietnam sans permis vietnamien. Les agences du quartier de Pham Ngu Lao s'efforcent de pratiquer les tarifs les plus bas

Vous trouverez des motos à louer (10-12 $US/jour) dans le quartier de Pham Ngu Lao. Toutefois, HCMV est une ville où il est préférable d'avoir de l'expérience. Vérifiez l'état du casque fourni.

ℹ Comment circuler

DEPUIS/VERS L'AÉROPORT

L'aéroport Tan Son Nhat se trouve à 7 km au nord-ouest du centre. Choisissez un taxi de la compagnie Mai Linh ou Vinasun. La première dispose d'un comptoir dans le hall des arrivées. Sasco Taxi détient quant à elle le monopole sur la station située devant le terminal des vols intérieurs. Depuis le hall des arrivées, comptez environ 170 000 d jusqu'à Dong Khoi, plus 15 000 d pour l'accès du véhicule dans l'enceinte de l'aéroport. Vous pouvez régler en dollars US.

Un taxi avec compteur pour le district 1 revient à quelque 160 000 d. Si vous voyagez léger, montez dans la zone des arrivées ou rejoignez le parking du terminal intérieur pour attraper au passage un taxi.

Pour rallier l'aéroport depuis la ville, demandez à votre hôtel d'appeler un taxi digne de confiance.

Plusieurs cafés de Pham Ngu Lao disposent de navettes pour l'aéroport et proposent des formulaires de réservation de taxi collectif (environ 5 $US/pers).

Entre 6h et 18h, le plus économique est le bus n°152 (climatisé), qui fait la navette depuis/vers l'aéroport pour 6 000 d, avec un supplément variable pour les bagages. Il part de l'aéroport toutes les 15 minutes environ et marque des arrêts dans Đ De Tham (quartier de Pham Ngu Lao) et devant les hôtels internationaux de Đ Dong Khoi, comme le Caravelle et le Majestic. Le libellé des destinations sur ces bus est en anglais, mais vous pouvez également repérer les mots "Xe Buyt San Bay".

N'optez pour une moto-taxi que si vous êtes très peu chargé. Les chauffeurs n'ont en effet pas accès au périmètre de l'aéroport. Il vous faudra donc sortir et négocier la course (tarif en vigueur : 90 000 d pour le centre-ville).

BUS

Il existe plus de 130 itinéraires dans la ville et ses environs, et le tarif est très raisonnable. Pratique et gratuit, le *Ho Chi Minh Bus Route Diagram* est disponible à la **gare routière de Ben Thanh** (carte p. 329 ; ĐL Tran Hung Dao).

Parmi les bus utiles au départ de Ben Thanh, citons le n°152 pour l'aéroport, le n°149 pour la gare ferroviaire de Saigon, le n°1 pour le marché Binh Tay, dans Cholon, le n°102 qui mène à la gare routière de Mien Tay, et le n°26 qui dessert la gare routière de Mien Dong. Tous les bus sont climatisés. Le prix moyen d'un billet est de 6 000 d, à acheter à bord.

CYCLO-POUSSE

Moyen de transport mythique, les cyclo-pousse ont presque disparu, mais on en croise encore quelques-uns dans certaines rues, en particulier Đ Pham Ngu Lao et autour de Đ Dong Khoi. Avec l'essor de la moto et des taxis, qui ont la préférence des Vietnamiens, les touristes sont aujourd'hui devenus les principaux clients de ce commerce bien peu rémunérateur. À HCMV, les conducteurs les plus âgés sont parfois d'anciens soldats de l'armée sud-vietnamienne, et ils parlent au moins un peu anglais, voire s'expriment couramment dans cette langue. Ils ont souvent

UN MÉTRO POUR HCMV

HCMV a cruellement besoin d'un métro pour désengorger la circulation anarchique qui règne en surface. Envisagé pour la première fois en 2001, le réseau comportera 5 à 6 lignes. La première d'entre elles, qui couvrira 20 km (avec des portions aériennes) entre le marché Ben Thanh et Suoi Tien à l'est, devrait être inaugurée en 2020. Coincée entre Đ Dong Khoi et Đ Nguyen Hue, la station centrale prend forme près de l'Opéra. Le projet est financé à quelque 88% par le gouvernement japonais.

une histoire de guerre, de "rééducation", de persécution et de pauvreté à raconter (à la fin de leur journée de travail, ils seront ravis d'en parler devant un bol de *pho* ou une bière).

Afin de juguler les problèmes de circulation à HCMV, des dizaines de rues sont interdites aux cyclo-pousse. Les conducteurs doivent donc faire des détours pour les éviter et ne pas encourir les amendes que les policiers n'hésitent pas à infliger. Parfois, ils ne pourront pas vous laisser à l'adresse exacte : faites preuve de compréhension.

Gonfler les prix pour les touristes étant la norme, négociez le tarif au départ et assurez-vous d'avoir l'appoint. Si vous voyagez à plusieurs, convenez d'un prix de groupe, et non d'un prix par personne. Il peut être utile de recourir aux chiffres écrits, voire au dessin, afin de bien se faire comprendre, car les malentendus sont fréquents. À moins que le conducteur du cyclo-pousse ne vous ait fait visiter tous les districts de HCMV, 25 $US n'est pas le tarif normal.

Louer un cyclo-pousse constitue une bonne solution pour une longue promenade (70 000 d/heure). Dans le quartier de Pham Ngu Lao, la plupart des conducteurs de cyclo-pousse proposent un circuit type. Une petite course dans le centre coûte quelque 30 000-40 000 d ; comptez environ 60 000 d pour vous rendre du district 1 à Cholon. Pour un circuit, choisissez de préférence le matin ou la fin de l'après-midi, moins chauds.

Il faut profiter des cyclo-pousse tant qu'il est encore temps, car les autorités municipales menacent de les supprimer complètement. La course de cyclo-pousse de Saigon (p. 348), une amusante course annuelle à but caritatif, voit s'affronter, chaque mois de mars, les conducteurs les plus rapides.

MOTO-TAXI

Plus rapides au milieu de la circulation que les taxis traditionnels, les *xe om* (parfois appelés *Honda om*), ou motos-taxis, sont privilégiés par beaucoup de Vietnamiens. Les chauffeurs se postent généralement au coin d'une rue sur leur moto arrêtée, et klaxonnent à l'intention des clients potentiels. Vous aurez rarement besoin d'aller loin pour tomber dessus. Le tarif normal est de 30 000 d pour une petite course (de Pham Ngu Lao à Dong Khoi par exemple) et une location est facturée environ 5 $US/heure ou 20 $US/jour.

TAXI

Des taxis équipés de compteur sillonnent les rues, mais si vous sortez des sentiers battus, mieux vaut en réserver un par téléphone. Comptez environ 12 000 d pour la prise en charge et le premier kilomètre. Une course de Dong Khoi à Pham Ngu Lao tourne autour de 25 000 d (1 $US). Prenez garde aux compteurs d'aspect douteux, qui ont tendance à tourner très vite, mais les compagnies de taxis **Mai Linh Taxi** (✆08-3838 3838) et **Vinasun Taxi** (✆08-3827 2727) sont fiables. Uber connaît en outre une popularité grandissante à HCMV.

XE OM OU TAXI ?

On s'attend à payer davantage pour la sécurité et le confort relatifs d'un taxi climatisé que pour un trajet à moto qui décoiffe. En fait, les conducteurs de *xe om* qui opèrent dans les secteurs touristiques majorent les prix au point de rendre la différence négligeable. À moins de connaître la distance à parcourir et le tarif correspondant, opter pour un taxi muni d'un compteur peut vous éviter le sentiment désagréable d'être arnaqué. Si vous êtes plusieurs, un taxi a des chances d'être plus économique. D'un autre côté, une moto se montre généralement plus rapide, surtout dans les embouteillages aux heures de pointe.

Si certains chauffeurs de taxi, malhonnêtes, trafiquent leur compteur, la situation s'est néanmoins améliorée à HCMV ces dernières années. Choisissez si possible le véhicule d'une compagnie réputée comme Vinasun ou Mai Linh. Si vous décidez de prendre un *xe om*, accordez-vous d'abord sur le prix. Le trajet de Pham Ngu Lao à Dong Khoi ne devrait pas dépasser 30 000 d. Une escroquerie classique consiste à annoncer 15 000 d avant le départ et à prétendre ensuite avoir dit 50 000 d (les deux chiffres ont une sonorité proche en anglais).

VÉLO

Le vélo est pratique pour visiter la ville à votre rythme, bien que la circulation soit un peu rebutante. La location est très simple, auprès des hôtels, des cafés et des agences de voyages.

Les parkings à vélos consistent généralement en une portion de trottoir délimitée par une corde. Pour quelque 2 000 d, vous pourrez y laisser votre deux-roues en toute sécurité (le vol constitue cependant un réel problème). L'employé inscrira un numéro à la craie sur la selle ou l'agrafera au guidon et vous remettra un reçu – ne le perdez pas ! Si votre vélo disparaît, les gérants du parking sont censés le remplacer.

VOITURE, SCOOTER ET MOTO

Les agences de voyages, les hôtels et les cafés pour touristes proposent tous des voitures (avec chauffeur) et des motos de location. Sachez qu'au-delà de 50 cm^3, seul le permis vietnamien est réglementaire (voir p. 535).

Au dire des expatriés, les deux-roues sont le moyen de transport le plus rapide et le plus pratique pour circuler en ville, à condition de rester très prudent. Assurez-vous toutefois d'être couvert par votre assurance en cas d'accident. Même si vous êtes un motard expérimenté, observez bien le fonctionnement de la circulation dans la ville avant de vous lancer. Comptez en général 10-12 $US/jour pour une 100 cm^3 (casque en état aléatoire compris). Le loueur conservera parfois votre passeport le temps de la location. Vérifiez que la moto est en état de marche avant de signer.

Le **Saigon Scooter Centre** (☎ 08-6681 2362 ; www.saigonscootercentre.com ; 20 Cong Hoa, district de Tan Binh ; ⏲ 12h-17h mar-ven, 10h-16h sam) loue des scooters Vespa remis en état et des motos de cross récentes. Comptez à partir de 10 $US par jour, pour une durée minimale de 4 jours. Moyennant un supplément, vous pourrez bénéficier d'un service "aller simple" permettant de laisser le véhicule n'importe où au Vietnam.

ENVIRONS DE HÔ CHI MINH-VILLE

Il existe encore quelques zones sauvages préservées, des plages séduisantes et de passionnants sites historiques et culturels à une courte distance de la métropole.

Cu Chi

Si l'on cherche un lieu symbolique de la ténacité du peuple vietnamien, c'est sans doute Cu Chi qui remportera la palme. Ce district de 350 000 habitants (contre 80 000 durant la guerre du Vietnam) fait partie de l'agglomération de HCMV. À première vue, peu de traces témoignent des combats acharnés, des bombardements et des destructions qui ravagèrent Cu Chi au cours des hostilités. Pour les découvrir, il faut s'aventurer sous terre.

Le réseau des tunnels de Cu Chi devint légendaire dans les années 1960 en permettant au Viêt-cong de contrôler une grande partie de la campagne, à seulement 30 ou 40 km de HCMV. À cette époque, il s'étendait de la capitale sud-vietnamienne à la frontière cambodgienne ; plus de 250 km de galeries souterraines sillonnaient le district de Cu Chi. Ce labyrinthe, creusé par endroits sur plusieurs niveaux, comportait d'innombrables trappes, des quartiers d'habitation, des entrepôts, des fabriques d'armes, des hôpitaux de campagne, des centres de commandement et des cuisines.

Les tunnels facilitaient la communication et la coordination entre les enclaves contrôlées par le Viêt-cong, isolées par les opérations terrestres et aériennes des Sud-Vietnamiens et des Américains. Le Viêt-cong pouvait aussi lancer des attaques surprises – jusque dans le périmètre de la base américaine de Dong Du – et disparaître par des trappes sans laisser de traces. Les tentatives de destruction de ce réseau se révélant aussi meurtrières qu'inefficaces, les Américains décidèrent de frapper fort et transformèrent les 420 km^2 de Cu Chi en l'une des régions les plus bombardées, gazées, défoliées et dévastées de tous les temps par la guerre.

Cu Chi est devenu un lieu de pèlerinage pour les écoliers vietnamiens et les cadres du Parti.

Histoire

La construction des tunnels de Cu Chi, entamée vers la fin des années 1940, demanda plus de 25 ans. Elle constitua la réponse improvisée d'une armée de paysans sous-équipés à des adversaires dotés d'un armement moderne.

C'est le Viêt-minh qui creusa dans la terre rouge (meuble à la saison des pluies, dure comme du roc en période sèche) les premières galeries lors de la guerre d'Indochine. Elles étaient alors essentiellement utilisées pour communiquer entre les villages et échapper aux incursions de l'armée française.

Lorsque la résistance du Front national de libération du Vietnam du Sud (FLN, nom

Environs de Hô Chi Minh-Ville

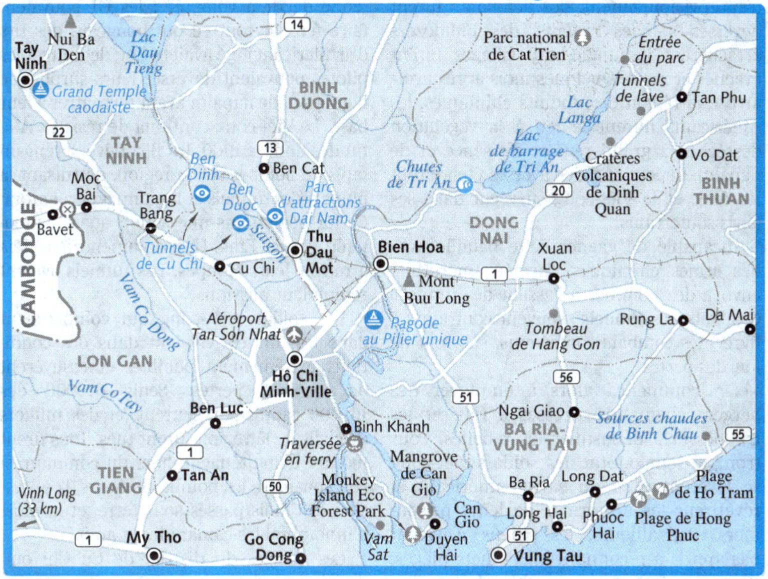

officiel du Viêt-cong) s'intensifia vers 1960, les anciens tunnels viêt-minh furent remis en état et prolongés. En quelques années, ces réseaux acquirent une importance stratégique majeure et permirent au Viêt-cong de contrôler la quasi-totalité du district de Cu Chi et la région avoisinante. Cu Chi servait également de base aux agents secrets et aux équipes de sabotage de Saigon. Les attaques téméraires dans la capitale sud-vietnamienne au cours de l'offensive du Têt en 1968 furent planifiées et lancées à Cu Chi.

Au début de l'année 1963, le gouvernement Diêm mit en œuvre le "programme des hameaux stratégiques", lequel consistait à "reloger" des habitants de régions passées aux mains des communistes dans des camps fortifiés, entourés de rangées de pieux en bambou. Le premier hameau stratégique vit le jour dans le district de Ben Cat, près de Cu Chi. Le Viêt-cong réussit cependant à creuser des tunnels dans les hameaux et, fin 1963, il contrôlait déjà le premier.

Au fil des années, le Viêt-cong développa des techniques simples et efficaces pour rendre ses tunnels indécelables. Il camoufla les trappes en bois sous de la terre et des branchages, en piégea certaines et construisit des issues secrètes dans les rivières. Pour préparer les repas, on utilisait des cuisines "Diên Biên Phu", dont la fumée était évacuée à bonne distance par des conduits. Des trappes empêchaient les gaz lacrymogènes, la fumée et l'eau de se propager d'un système de galeries à l'autre. Certaines sections étaient même équipées d'éclairage électrique.

La série de défaites subie par l'armée sud-vietnamienne dans la région permettait d'imaginer une victoire totale du Viêt-cong à la fin de 1965. Dans les premiers mois de l'année, la guérilla avait même organisé un défilé militaire dans les rues de Cu Chi. La puissance du Viêt-cong à Cu Chi et aux alentours fut l'une des raisons qui incita l'administration Johnson à engager les troupes américaines dans la guerre.

Pour parer à la menace du contrôle viêt-cong dans un secteur tout proche de la capitale sud-vietnamienne, les Américains installèrent rapidement une vaste base dans le district de Cu Chi. Sans le savoir, ils la construisirent juste au-dessus d'un réseau de galeries. La 25e division mit des mois à comprendre pourquoi ses soldats se faisaient abattre la nuit sous les tentes.

Les forces américaines et australiennes employèrent diverses méthodes pour "pacifier" la région de Cu Chi, surnommée le Triangle de fer. De vastes opérations terrestres, impliquant des milliers de soldats, ne parvinrent pas à localiser les tunnels. Pour priver le Viêt-cong d'abris et d'approvisionnement, des défoliants furent déversés sur les rizières, des bulldozers arrachèrent la jungle, des villages furent évacués et rasés. Quelques mois après avoir arrosé la région de produits chimiques, les Américains mirent le feu à la végétation desséchée à grand renfort d'essence et de napalm. Cependant, des averses éteignirent les feux, et le Viêt-cong survécut dans ses abris souterrains.

Incapable de gagner cette bataille avec des armes chimiques, l'armée américaine envoya des hommes à l'assaut des tunnels. Ces "rats des tunnels", souvent contraints à livrer des combats souterrains, subirent de lourdes pertes.

On commença alors à employer des bergers allemands, dressés à repérer les trappes et à débusquer les rebelles. Pour tromper leur odorat, les soldats viêt-cong se lavèrent avec du savon américain et revêtirent les uniformes de leurs prisonniers. Par ailleurs, les chiens n'avaient pas appris à reconnaître les objets piégés. Beaucoup furent tués ou blessés et leurs maîtres finirent par refuser de les envoyer dans les tunnels.

Les Américains déclarèrent alors Cu Chi "zone de tir à volonté" : les GI pouvaient faire feu sur tout ce qui bougeait, des tirs d'artillerie au jugé avaient lieu de nuit, et les pilotes pouvaient déverser leurs surplus de bombes et de napalm avant de rentrer à leur base. Le Viêt-cong continua de résister. À la fin des années 1960, les B52 déversèrent un tapis de bombes sur la région, détruisant la plupart des tunnels et la campagne alentour. Ce fut néanmoins une action quasi symbolique, car les États-Unis commençaient déjà à retirer leurs troupes. Les tunnels avaient rempli leur mission.

Les soldats viêt-cong qui combattaient dans les tunnels vivaient dans des conditions extrêmement pénibles et essuyèrent de terribles pertes. Seuls 6 000 des 16 000 cadres survécurent, et des milliers de civils de la région furent tués. Tous firent montre d'une ténacité hors du commun, si l'on considère les bombardements, l'oppression des mois passés sous terre, et la mort d'innombrables camarades et amis.

Les villages du district de Cu Chi ont, depuis, eu droit à maints honneurs. Le gouvernement les a décorés et déclarés "villages héroïques". Depuis 1975, de

LE PARC DAI NAM

Mélange de Disneyland, de fantaisie bouddhique, d'hommage historique et d'œuvre de propagande nationale, le **parc Dai Nam** (Lac Canh Dai Nam Van Hien ; ☎0650 351 2660 ; www.laccanhdainamvanhien.vn ; adulte/enfant 100 000/50 000 d ; ⏲8h-18h) est un véritable monument de kitsch. Situé à une trentaine de kilomètres de HCMV, sur la RN 13, ce complexe ambitieux se divise en quatre parties.

Le **parc d'attractions** (⏲8h-18h) comprend un circuit de montagnes russes digne de ce nom, un parcours aquatique à bord d'embarcations en forme de bûches, une salle enneigée, et quantité de manèges pour les plus petits. Il faut payer pour chaque attraction (20 000-80 000 d).

Le **zoo** (adulte/enfant 80 000/50 000 d) de 12,5 ha, qui héberge des tigres, des lions, des rhinocéros blancs et des ours, est le seul de l'agglomération saïgonnaise dont nous pouvons recommander la visite. La **plage** (adulte/enfant 100 000/60 000 d) voisine comporte de vastes bassins d'eau douce ou salée qui rafraîchiront agréablement votre progéniture.

Dans le genre clinquant et monumental, rien ne vaut toutefois le **complexe du temple**, un ensemble de lacs et de montagnes artificiels, de sentiers pédestres, de tours et de pagodes derrière une grande esplanade. Dans l'énorme sanctuaire trônent toutes les divinités et personnages éminents du Vietnam, Hô Chi Minh occupant bien entendu la place d'honneur.

Le bus local n°616 (50 000 d, 1 heure 30) circule tous les jours entre la gare routière de Ben Thanh et Dai Nam. Sur place, les endroits où se garer ne manquent pas.

À 5 km au sud du parc, vous pourrez faire halte à **Tuong Binh Hiep**, localité où l'on fabrique, depuis le début du XVIIIe siècle, des objets en laque de qualité vendus beaucoup moins cher qu'à HCMV.

nouveaux hameaux ont été construits et la population de la région a augmenté en flèche. Toutefois, les défoliants contaminent toujours la terre et l'eau, tandis que les récoltes restent maigres.

À voir

Tunnels de Cu Chi SITES HISTORIQUES
(adulte/enfant 110 000/ 30 000 d). Deux sections de ce remarquable réseau de tunnels ont été agrandies et aménagées pour ouvrir au public. L'une se trouve près du village de Ben Dinh, l'autre à Ben Duoc, 15 km plus loin. D'un accès plus facile pour les bus d'excursion, la première voit affluer davantage de touristes. Même si vous ne descendez pas sous terre, l'expérience reste intéressante et donne juste idée de la capacité d'adaptation et de la ténacité des troupes du Viêt-cong.

Sur place, on peut tirer avec d'authentiques kalachnikovs et mitrailleuses moyennant une petite fortune. Il faut savoir que le prix est fixé par balle et que celles-ci partent en rafales dans le cas d'une arme automatique.

Ben Dinh SITE HISTORIQUE
Secteur le plus visité, cette petite portion rénovée se situe près du village de Ben Dinh, à 50 km de HCMV. Dans une salle du centre d'accueil, on peut voir une carte montrant l'étendue du réseau, ainsi que des schémas en coupe des tunnels.

La section du tunnel ouverte au public se trouve à quelques centaines de mètres au sud du centre d'accueil. Elle serpente sur 50 m à travers diverses salles. Les tunnels, non éclairés, mesurent environ 1,20 m de hauteur sur 0,80 m de largeur. Un tank M41 endommagé et un cratère de bombe avoisinent la sortie, dans un bosquet d'eucalyptus récemment planté.

Sachez que le site est très touristique et régulièrement bondé.

Ben Duoc SITE HISTORIQUE
Les tunnels ont été élargis pour faciliter l'accès des touristes, mais n'en demeurent pas moins fort étroits. Ils comportent des bunkers, un hôpital et un centre de commandement qui joua son rôle lors de l'offensive du Têt en 1968, avec tables, chaises, lits, lampes et mannequins en uniforme.

L'imposant **temple de Ben Duoc** fut construit en 1993 en hommage aux Vietnamiens tués à Cu Chi. Il est flanqué d'une tour de neuf étages précédée d'un jardin fleuri. Seules peuvent entrer les personnes portant une tenue appropriée (pas de shorts, etc.).

Musée de la Guerre de Cu Chi MUSÉE
(Nha Truyen Thong Huyen Cu Chi). GRATUIT Le musée ne se trouve pas à l'entrée des tunnels, mais près de la nationale, dans le centre de la ville de Cu Chi. Il présente essentiellement des photographies, dont certaines difficiles à regarder, et du gros matériel militaire qui rouille au-dehors. Il n'égale en rien le musée des Souvenirs de guerre de HCMV. Beaucoup de ces photos sont en outre visibles dans les tunnels.

Centre de protection de la faune de Cu Chi RÉSERVE ANIMALIÈRE
(www.wildlifeatrisk.org ; adulte/enfant 5 $US/entrée libre ; 7h30-11h30 et 13h-16h30). À quelques kilomètres des tunnels de Ben Dinh, ce petit centre recueille des animaux sauvages confisqués à leurs propriétaires ou à des trafiquants. Ours noirs d'Asie, loutres, gibbons et même un léopard font partie des pensionnaires. Une exposition instructive présente la situation assez déplorable de la faune au Vietnam et comprend une "chambre de la mort", où est présenté un ensemble d'appâts et de pièges. Il est facile de se perdre sur les petites routes, aussi vaut-il mieux demander à un tour-opérateur de combiner cette visite avec les tunnels de Cu Chi.

Il est recommandé de téléphoner au préalable pour s'assurer que le personnel du centre est disponible.

Comment s'y rendre et circuler

Le district de Cu Chi couvre une vaste superficie, dont une partie se situe à 30 km seulement du centre de HCMV. Le musée de la Guerre de Cu Chi est le site le plus proche de la ville ; les tunnels de Ben Dinh et de Ben Duoc se situent respectivement à 50 km et à 65 km de HCMV.

CIRCUITS ORGANISÉS

Les excursions organisées constituent le moyen le plus simple de découvrir les tunnels. Comme la concurrence fait rage, les prix s'avèrent exceptionnellement raisonnables. Pour quelque chose de plus original, contactez Les Rives (p. 346), qui propose chaque jour deux circuits en bateau à 7h et 11h. D'une durée totale de 5 heures, ils comprennent le ramassage à l'hôtel, les repas, les rafraîchissements, le guide et les droits d'entrée. Sinon, vous pouvez envisager un circuit à moto avec Saigon Riders (p. 348), moyennant 69 $US par personne (2 personnes minimum).

TRANSPORTS PUBLICS

Compliqué, car cela implique plusieurs changements de bus. Les bus à destination de Tay Ninh passent par Cu Chi, mais il est difficile d'aller de la ville aux tunnels.

VOITURE

Pour visiter le centre de protection et les tunnels, mieux vaut louer une voiture avec chauffeur, une solution relativement bon marché si l'on partage le coût à plusieurs. Le site étant difficile à trouver, assurez-vous que le chauffeur connaît bien le chemin.

Tay Ninh

127 000 HABITANTS

La ville de Tay Ninh, capitale de la province du même nom, est avant tout le siège de l'une des religions les plus curieuses du Vietnam : le caodaïsme. Construit entre 1933 et 1955, le Grand Temple caodaïste est un extravagant édifice rococo, associant des influences a priori dissonantes, entre église romane, pagode chinoise et éléments de mosquée.

La province de Tay Ninh, au nord-ouest de HCMV, borde sur trois côtés la frontière cambodgienne ; elle est délimitée à l'est par la Saigon. Son point culminant, le Nui Ba Den (mont de la Dame noire), domine les plaines environnantes. La Vam Co, qui prend sa source au Cambodge, traverse l'ouest de la province.

En raison de la puissance politique et militaire des caodaïstes, la région fut le théâtre de combats acharnés durant la guerre d'Indochine. La province de Tay Ninh devint ensuite une étape primordiale de la piste Hô Chi Minh durant la guerre du Vietnam. En 1969, le Viêt-cong parvint à s'emparer de la ville de Tay Ninh et la conserva plusieurs jours.

Durant la période de conflit entre le Cambodge et le Vietnam à la fin des années 1970, les Khmers rouges lancèrent des raids dans la province et commirent des atrocités contre les civils, comme en témoignent plusieurs cimetières aux alentours de Tay Ninh.

À voir

Grand Temple caodaïste TEMPLE

(Thanh That Cao Dai). Le siège du caodaïsme fut fondé en 1926 à proximité du village de Long Hoa, à 4 km à l'est de Tay Ninh. L'ensemble comprend aujourd'hui, outre le Grand Temple, des bureaux, des logements pour les employés et les fidèles, ainsi qu'un hôpital de médecine traditionnelle par les plantes, qui attire des patients de tout le sud du Vietnam.

Les prières ont lieu quatre fois par jour dans le Grand Temple (sauf durant la fête du Têt). Ne manquez pas d'y assister – celle de 12h est la préférée des groupes venus de HCMV –, mais prenez soin de ne pas perturber les fidèles. Une centaine d'adhérents y participent et ils se comptent par milliers lors des fêtes.

Les photos des objets de culte sont autorisées, mais ne photographiez pas des personnes sans leur permission, rarement accordée. Vous pourrez photographier les séances de prière depuis le balcon, concession due sans doute à l'afflux quotidien de touristes. Une tenue décente est requise pour pénétrer dans le temple (ni short, ni débardeur).

Un "**œil divin**" orne le fronton du Grand Temple. Les femmes entrent par la tour de gauche et font le tour de la salle à l'extérieur des colonnades dans le sens des aiguilles d'une montre. Les hommes entrent par la droite et circulent en sens inverse. Le centre du sanctuaire est réservé aux prêtres caodaïstes.

Une **peinture murale** dans le hall d'entrée représente les trois signataires de la "troisième alliance entre Dieu et l'homme" : le révolutionnaire et homme d'État chinois Sun Yat-sen (Sun Zhongshan ; 1866-1925) tient un encrier de pierre, tandis que le poète vietnamien Nguyên Binh Khiêm (1492-1587) et Victor Hugo (1802-1885) écrivent "Dieu et Humanité" et "Amour et Justice" en chinois et en français, respectivement avec un pinceau et une plume. Des inscriptions en français, anglais et allemand donnent une version légèrement différente des principes du caodaïsme.

La salle principale est divisée en neuf niveaux qui, chacun flanqués de deux colonnes, symbolisent les neuf marches menant au paradis. Les fidèles progressent d'un espace à l'autre en fonction de l'ancienneté de leur adhésion au caodaïsme. Au fond du sanctuaire, huit colonnes en plâtre, entourées de dragons multicolores, soutiennent un dôme qui symbolise le ciel. Au-dessous, une énorme sphère bleue parsemée d'étoiles porte l'"œil divin".

Le plus grand des sept sièges placés devant ce globe est réservé au pape

LE CAODAÏSME

Fascinante fusion entre l'Orient et l'Occident, le caodaïsme (*Dai Dao Tam Ky Pho Do*) est une religion syncrétique née au Vietnam au début du XXe siècle. Elle comporte des éléments du bouddhisme, du confucianisme, du taoïsme, de croyances vietnamiennes, du christianisme et de l'islam, plus une pointe d'enseignement séculier. Les termes *Cao Dai* (qui signifient "haute tour" ou "palais") sont un euphémisme pour désigner Dieu. Il y aurait de 2 à 3 millions d'adeptes du caodaïsme dans le monde.

Le caodaïsme fut fondé par Ngô Minh Chiêu (également connu sous le nom de Ngô Van Chiêu ; 1878-1933), fonctionnaire mystique qui dirigea le district de l'île de Phu Quoc. Très érudit en matière de religions orientales et occidentales, il se passionna pour le spiritisme. En 1919, il commença à recevoir des révélations de Cao Dai, sur lesquelles se fonda sa doctrine.

Le caodaïsme devint une religion officielle en 1926 et attira des milliers de fidèles au cours des décennies qui suivirent. Les caodaïstes allèrent jusqu'à transformer la province de Tay Ninh en un État féodal presque indépendant. En 1956, le caodaïsme représentait une puissance politique forte d'une armée de 25 000 hommes. Ayant refusé de soutenir le Viêt-cong pendant la guerre du Vietnam, les caodaïstes s'attendaient au pire après la réunification, et ils avaient raison : toutes leurs terres furent confisquées par le nouveau gouvernement communiste et quatre membres du groupe religieux furent exécutés en 1979. Ce n'est qu'en 1985, quand ils furent sortis de disgrâce, que les caodaïstes purent récupérer leur Grand Temple, ainsi que 400 autres temples.

La doctrine caodaïste s'inspire en grande partie du bouddhisme mahayana, mêlé à des éléments taoïstes et confucianistes (la "triple religion" du Vietnam). L'éthique caodaïste se fonde sur l'idéal bouddhiste de l'homme bon, tout en incorporant des croyances vietnamiennes traditionnelles.

Le but ultime de tout disciple est d'échapper au cycle des réincarnations. Il doit pour cela s'abstenir de tuer, mentir, voler, vivre dans le luxe ou s'adonner aux plaisirs de la chair.

Les caodaïstes croient à l'existence de l'âme, à la communication avec le monde des esprits et à un seul dieu, bien qu'ils admettent la dualité chinoise du yin et du yang. Ils sont végétariens, pratiquent la méditation et les prêtres font vœu de célibat. Pour eux, l'histoire se divise en trois grandes périodes de révélation divine. Au cours de la première période, la vérité de Dieu fut révélée à l'humanité par Lao-tseu et des personnages associés au bouddhisme, au confucianisme et au taoïsme. Les agents humains de la révélation intervenus durant la deuxième période sont le Bouddha (Shakyamuni), Mahomet, Confucius, Jésus et Moïse. La troisième et dernière révélation est le résultat de la "troisième alliance entre Dieu et l'homme", et c'est là qu'interviennent les séances de spiritisme. Les caodaïstes pensent échapper aux erreurs des deux premières périodes, car l'esprit des morts guide les vivants. Parmi les différents esprits contactés figurent Jeanne d'Arc, Shakespeare, Lénine et Victor Hugo, ce dernier nommé chef spirituel des missions étrangères à titre posthume en raison de ses apparitions fréquentes.

Les temples caodaïstes célèbrent tous quatre cérémonies quotidiennes, à 6h, 12h, 18h et minuit. Le rite, au cours duquel les dignitaires portent une tenue d'apparat, comporte des offrandes d'encens, de thé, d'alcool, de fruits et de fleurs. L'autel est toujours surmonté de "l'œil divin", devenu le symbole officiel de la religion d'après une vision de Ngô Minh Chiêu. Pour en savoir plus, consultez le site officiel : www.caodai.org.

caodaïste, un poste vacant depuis 1933. Les trois suivants sont destinés aux responsables des livres contenant les préceptes de la religion. Les trois autres sont occupés par les dirigeants des trois branches du caodaïsme, représentées par les couleurs jaune, bleu et rouge.

De part et d'autre de l'espace entre les colonnes, deux chaires ressemblent aux minbars des mosquées.

Au-dessus de l'autel, on discerne difficilement les portraits de six personnages importants du caodaïsme : le Bouddha Shakyamuni (Siddhartha Gautama, fondateur du bouddhisme), Ly Thai Bach (Li Taibai, fée de la mythologie chinoise), Khuong Tu Nha (Jiang Taigong, saint chinois), Laozi (Lao-tseu, fondateur du taoïsme), Quan Cong (Guangong, dieu chinois de la Guerre) et Quan Am (Guanyin, déesse chinoise de la Miséricorde).

Nui Ba Den MONTAGNE, TEMPLE
(mont de la Dame noire ; télésiège aller/aller-retour adulte 80 000/150 000 d, enfant 75 000/140 000 d). À 15 km au nord-est de Tay Ninh, le mont culmine à 850 m dans un paysage de rizières, de champs de maïs et de manioc, et de plantations d'hévéas. Pendant des siècles, Nui Ba Den fut un sanctuaire pour divers peuples de la région – Khmers, Cham, Vietnamiens et Chinois –, comme en témoignent plusieurs **temples creusés dans la roche**. Le sommet du Nui Ba Den bénéficie d'un climat nettement plus frais que le reste de la province.

Lieu de ravitaillement pour le Viêt-minh puis le Viêt-cong, Nui Ba Den fut le théâtre de combats acharnés pendant les guerres d'Indochine et du Vietnam. Les Américains installèrent une base de tir et une station relais au sommet, avant qu'il ne soit – ironie de l'histoire – lourdement bombardé et défolié par l'aviation américaine.

Plusieurs histoires existent pour expliquer le nom de "Dame noire", dont la légende de Huong, une jeune femme qui épousa l'homme qu'elle aimait en dépit des avances d'un mandarin fortuné. Alors que son mari était parti au service militaire, Huong décida d'aller jusqu'à une statue miraculeuse du Bouddha, au sommet de la montagne. En chemin, elle fut attaquée et enlevée, mais, préférant la mort au déshonneur, elle se jeta du haut d'une falaise. Son fantôme apparut à un bonze qui raconta son histoire.

La marche aller-retour du pied de la montagne au temple principal se fait en 1 heure 30. Escarpé par endroits, le chemin reste facile et de nombreux pèlerins âgés le parcourent en sandales. Autour du temple, quelques stands vendent des en-cas et des boissons.

Si l'exercice ne vous fait pas peur, la randonnée jusqu'au sommet et la descente demandent environ 6 heures. Plus rapide et moins fatigant, le **télésiège** transporte les fidèles jusqu'au sommet. Pour une descente plus palpitante, essayez le "toboggan", qui dévale sur 1 700 m autour de la montagne le long d'une piste sinueuse.

Si très peu d'étrangers visitent le site du Nui Ba Den, les Vietnamiens y viennent en nombre, surtout le dimanche, les jours fériés et lors des fêtes.

Nui Ba Den occupe une place majeure dans *Black Virgin Mountain: A Return to Vietnam*, mémoires du romancier américain Larry Heinemann, qui combattit au Vietnam.

Depuis/vers Tay Ninh

Tay Ninh se situe sur la RN 22 (Quoc Lo 22), à 96 km de HCMV. La route traverse Trang Bang, l'endroit où fut prise la célèbre photo d'une petite fille grièvement brûlée, courant et criant durant une attaque américaine au napalm. Pour savoir ce qu'est devenue la fillette, lisez *La Fille de la photo*, de Denise Chong (Poche, 2003). Plusieurs temples caodaïstes bordent la RN 22, dont un sévèrement endommagé par le Viêt-cong lors de sa construction, en 1975.

BUS ET CIRCUITS ORGANISÉS

Le plus simple pour venir ici est de participer à un circuit Tay Ninh/Cu Chi au départ du district 1. Optez pour un parcours bon marché et descendez au Grand Temple caodaïste, avant de prendre un taxi ou un *xe om* jusqu'à Nui Ba Den (90 000 d). Pour regagner HCMV, arrangez-vous avec le chauffeur de bus pour qu'il vous reprenne à Tay Ninh.

De la gare routière de Ben Thanh, à HCMV, le bus n°65 rejoint la gare routière d'An Suong (7 000 d). De là, prenez un bus jusqu'à la gare routière de Tay Ninh (70 000 d), où vous pourrez vous procurer un taxi ou un *xe om* (70 000 d) à destination de Nui Ba Den.

Pagode au Pilier unique

Pagode au pilier unique de Thu Duc TEMPLE BOUDDHIQUE
(Chua Mot Cot Thu Duc ; 1/91 Đ Nguyen Du, district de Thu Duc). S'élevant au milieu d'un petit plan d'eau, cette petite pagode renferme une effigie de Quan Am, la déesse de la Miséricorde aux multiples bras. À l'arrière de l'ensemble, des tombes contiennent des urnes funéraires de moines et de fidèles.

Officiellement baptisée Nam Thien Nhat Tru, la pagode n'est pas sans rappeler son homonyme de Hanoi, érigée au XIe siècle, puis rebâtie après sa destruction en 1954.

La pagode se situe à 15 km au nord-est du centre de HCMV. Les cafés de voyageurs et les agences de voyages de HCMV pourront organiser une excursion personnalisée ou vous procurer une voiture avec chauffeur.

Can Gio

Remarquable pour sa vaste mangrove, Can Gio est une île plate frangée de palmiers à 25 km au sud-est de HCMV.

À l'embouchure de la Saigon, elle a été formée par l'accumulation du limon, d'où l'absence de plages de sable blanc. Quelques complexes hôteliers prometteurs ont néanmoins fleuri le long des 10 km de rivage terreux.

Plus intéressante, la forêt classée réserve de biosphère par l'Unesco présente une grande diversité naturelle, avec plus de 200 espèces animales et 150 espèces de plantes. Si vous cherchez un endroit relativement épargné par la circulation à explorer à moto, Can Gio peut faire l'objet d'une journée d'excursion.

À voir

Monkey Island Eco Forest Park RÉSERVE NATURELLE

(www.cangioresort.com.vn ; 30 000 d). L'île abrite une réserve de singes comprenant une centaine d'individus sauvages mais peu farouches qui peuvent se montrer tour à tour charmeurs, voleurs ou carrément agressifs. Gardez un œil sur vos affaires. Bien qu'il s'agisse de la partie la plus intéressante et la plus accessible de la forêt, difficile de ne pas être indigné face aux conditions de captivité des vedettes de ce cirque animalier, notamment les ours et les primates.

La promenade en bateau à moteur (environ 100 000 d) sur les voies d'eau qui conduisent à la base de Rung Sac est le temps fort de la visite. Le site reconstitué donne à voir des mannequins représentant des cadres viêt-cong occupés à ouvrir des obus américains pour en récupérer les charges explosives, ou à lutter contre les crocodiles, qui pullulaient à l'époque (ils sont désormais confinés aux fermes d'élevage comme celle proche de l'entrée). Un petit musée traite de la faune, ainsi que de l'histoire locale de la guerre du Vietnam et des trouvailles archéologiques dans la région.

En venant de HCMV, Monkey Island se trouve à droite de l'axe principal, 34 km après le ferry.

Vam Sat RÉSERVE NATURELLE

Installée dans la mangrove de Can Gio, Vam Sat est connue pour la pêche au crabe, sa ferme d'élevage de crocodiles et les chauves-souris frugivores qui nidifient à **Dam Doi** (marais des chauves-souris). Les bateaux pour Vam Sat (environ 180 000 d) mouillent sous le pont Dan Xay, sur la route principale, à 22 km au sud du ferry et à 12 km au nord de Monkey Island.

Duyen Hai VILLE

À l'extrémité sud-est du district de Can Gio, face à Vung Tau, Duyen Hai possède un **temple caodaïste** et un grand **marché** qu'on repère de loin à ses puissants effluves de poisson. Les spécialités locales sont les fruits de mer et le sel, fruits, légumes et riz étant convoyés par bateau de HCMV. Un vaste **cimetière** et un **monument aux morts** (Nghia Trang Liet Si Rung Sac) jouxtent l'élevage de crevettes, à 2 km du marché.

Depuis/vers Can Gio

CIRCUITS ORGANISÉS

Le Cafe Kim Tourist (25 $US) et Saigon Tourist (à partir de 56 $US) proposent des excursions à la journée au départ de HCMV. Sinon, **Les Rives** (p. 346) organise un circuit en bateau à Can Gio, qui part à 7h30 et dure au total 7 à 9 heures ; le prix comprend le ramassage à l'hôtel, les repas, les rafraîchissements et les droits d'entrée. On peut aussi opter pour l'amusante formule à moto de **Saigon Riders** (p. 348 ; 109 $US/pers tout compris, 2 participants minimum), qui prend la route à 8h.

VOITURE ET MOTO

Can Gio se situe à 60 km au sud-est du centre de HCMV, à 2 heures en voiture ou à moto. Vous devrez emprunter un ferry (moto/voiture 2 000/10 000 d) à Binh Khanh (Cat Lai), une ancienne base navale américaine à 15 km de HCMV. Après la traversée, la circulation se raréfie et des mangroves bordent la route. Le trajet à moto constitue à lui seul un plaisir pour les conducteurs expérimentés.

Delta du Mékong

Dans ce chapitre ➜

Le top des hébergements

- Bassac Restaurant (p. 426)
- Itaca Resto Lounge (p. 414)
- L'Escale (p. 398)
- Nem Nuong Thanh Van (p. 398)
- Spice House at Cassia Cottage (p. 414)

Le top des hébergements

- Murray Guesthouse (p. 425)
- Mango Home Riverside (p. 389)
- Island Lodge (p. 386)
- Victoria Can Tho Resort (p. 397)

Pourquoi y aller

“Grenier à riz” du Vietnam, le delta est un tapis d'une étourdissante variété de verts. C'est un monde aquatique qui se déplace au rythme du puissant Mékong. Bateaux, maisons et marchés flottent sur les innombrables rivières, canaux et cours d'eau qui strient le paysage comme un réseau de veines et d'artères.

L'animation commerçante de ses villes contraste vivement avec la langueur, la torpeur presque, de la vie dans ses campagnes. Là, les buffles pataugent dans les rizières, les bateaux chargés de fruits et de noix de coco avancent lentement sur les eaux boueuses et brunes, et l'exploration en deux-roues des sentiers étroits est largement récompensée par un vrai sens de l'hospitalité rurale (et la dégustation de poissons d'eau douce délicieux).

Ailleurs, les forêts de mangrove résonnant de chants d'oiseaux sont émaillées de vestiges des bunkers viêt-cong, de pagodes khmères sculptées et de temples bouddhiques qui s'élancent vers le ciel. Au large, les îles ourlées de plages de sable blanc sont des refuges tropicaux pour les uns, des paradis de pirates pour les autres.

Quand partir

My Tho

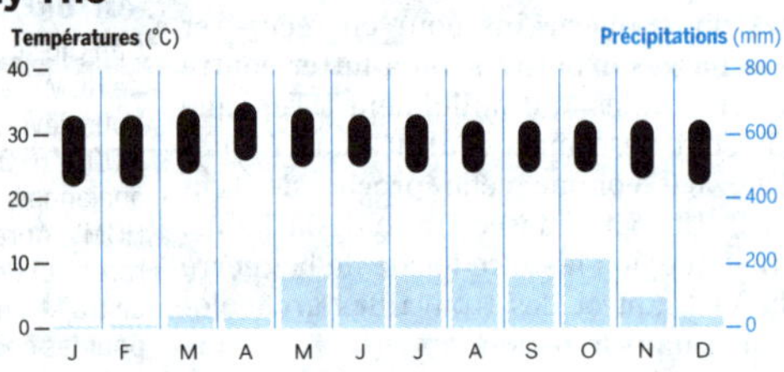

Jan Pendant que le Nord frissonne, les plages de l'île de Phu Quoc connaissent un climat sec et tempéré.

Mars Un séjour à cette période vous évitera la folie du Têt, et le temps chaud et pluvieux qui règne en été.

Nov C'est le début de la saison sèche, marquée par des courses de bateaux lors des fêtes khmères de Tra Vinh et de Soc Trang.

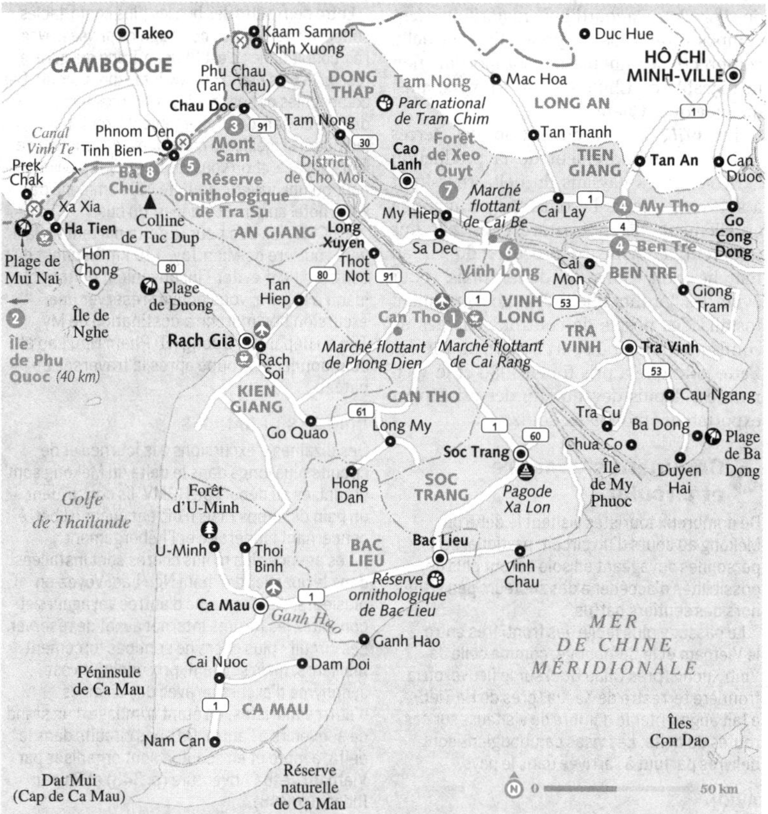

À ne pas manquer

1 Une escapade en bateau au gré des marchés flottants, au départ de **Can Tho** (p. 394)

2 Un périple à moto sur l'île de Phu Quoc (p. 406) au gré des pistes de terre rouge avant d'admirer le coucher du soleil sur une plage

3 La campagne idyllique entre Chau Doc et le **mont Sam** (p. 427), à parcourir à vélo

4 Une balade au fil des **canaux** (p. 385), entre My Tho et Ben Tre, avec halte sur une île verdoyante pour se régaler de poisson frais

5 Les nuées de cigognes et d'aigrettes de la **réserve ornithologique de Tra Su** (p. 428), entre autres sites naturels magnifiques

6 Un aperçu de la vie rurale au bord de l'eau, lors d'un **séjour chez l'habitant** (p. 394) à proximité de Vinh Long

7 Les anciens bunkers viêt-cong et les canaux enchanteurs de la **forêt de Xeo Quyt** (p. 433)

8 L'hommage à rendre aux victimes du massacre de **Ba Chuc** (p. 422)

Histoire

Le delta du Mékong faisait autrefois partie du royaume khmer et ce fut la dernière région annexée par le Vietnam actuel. Les Cambodgiens n'oublient pas qu'ils l'ont possédé jusqu'au XVIIIe siècle et continuent de l'appeler Kampuchea Krom (Bas-Cambodge, p. 387). Les Khmers rouges tentèrent de récupérer ce territoire en attaquant des villages vietnamiens et en massacrant leurs habitants. En réponse, l'armée vietnamienne envahit le Cambodge le 25 décembre 1978 et chassa les Khmers rouges du pouvoir, mettant fin au régime de Pol Pot. Aujourd'hui majoritairement composée de Viêts, la population du delta comprend néanmoins une proportion non négligeable de Chinois et de Khmers, ainsi que quelques Chams.

En 1975, la collectivisation des terres provoqua l'effondrement de la production agricole. Si les paysans du delta réussirent à subvenir à leurs besoins, Saigon manqua cruellement de nourriture. Les citadins tentèrent alors de se procurer du riz au marché noir dans le delta, mais, pour éviter les "profits illicites", le gouvernement installa des postes de contrôle, chargés de confisquer tout transport supérieur à 10 kg. Cette politique a pris fin en 1986 et le Vietnam est depuis devenu l'un des principaux exportateurs mondiaux de riz.

Comment s'y rendre et circuler

De nombreux touristes visitent le delta du Mékong au cours d'un circuit, pratique. Les personnes voyageant en solo auront plus de possibilités d'accéder à des secteurs peu visités, hors des sentiers battus.

Le passage plus facile des frontières entre le Vietnam et le Cambodge, comme celle de Vinh Xuong (près Chau Doc) sur le fleuve, ou la frontière terrestre de Xa Xia (près de Ha Tien), a fait augmenter le nombre de visiteurs sur ces routes du delta. Les visas cambodgiens sont délivrés partout à l'arrivée dans le pays.

AVION

Des vols relient Hanoi et Dalat à Can Tho, Hanoi à Rach Gia et Hô Chi Minh-Ville (HCMV) à Rach Gia et Ca Mau. L'île de Phu Quoc est desservie depuis Hanoi, HCMV, Can Tho et Rach Gia.

BATEAU

Certaines villes du delta sont reliées entre elles par bateau, même si avec l'amélioration des routes et la construction de ponts, le transport fluvial de passagers est en baisse. Le voyage entre Ca Mau et Rach Gia est particulièrement pittoresque. Des ferries rapides emmènent les voyageurs à l'île de Phu Quoc depuis Rach Gia et Ha Tien ; cette dernière est également desservie par des car-ferries. Des cargos et de rares bateaux de passagers desservent aussi les îles du sud, plus lointaines.

BUS

Le delta bénéficie d'un excellent réseau de bus qui facilite les déplacements. Chaque ville dispose d'une gare routière utilisée par les bus et les minibus, généralement en périphérie, d'où la nécessité de prendre un *xe om* (moto-taxi) ou un taxi pour rejoindre son hôtel. Les minibus s'arrêtent en général plus souvent que les grands bus, et certains peuvent être vraiment bondés.

Entre deux villes, les bus les plus confortables sont ceux de luxe des compagnies privées, avec l'air conditionné ; c'est Phuong Trang qui gère le réseau le plus étendu (www.futaexpress.com). Ces compagnies ont parfois leurs propres terminaux ; dans la plupart des hébergements, on vous indiquera la meilleure compagnie en fonction de votre voyage, et on vous réservera votre billet, pour qu'une navette gratuite vous emmène de votre hôtel au point de départ du bus.

À HCMV, les bus pour le delta partent de la gare routière de Mien Tay, à 10 km à l'ouest du centre. Afin d'éviter l'inconvénient du trajet jusqu'à la gare, vous pouvez réserver une excursion bon marché à destination de My Tho au départ de Duong (Đ) Pham Ngu Lao et abandonner le groupe après la traversée en bateau.

CIRCUITS ORGANISÉS

Des dizaines d'excursions à la journée et de circuits plus longs dans le delta du Mékong sont organisés au départ de HCMV. Ils constituent un gain de temps mais n'offrent aucune liberté concernant l'itinéraire et l'hébergement.

Les agences les moins chères sont installées dans le quartier de Pham Ngu Lao. Voyez-en plusieurs, discutez avec d'autres voyageurs et consultez les forums Internet avant de réserver. Les circuits plus chers ne sont pas forcément meilleurs, mais souvent, prix minimum est synonyme d'excursion avec des dizaines d'autres touristes, en étant trimballé d'un stand de souvenirs à l'autre. De bons circuits dans le delta, à moto et en scooter, sont organisés par Vietnam Vespa Adventure (p. 348) et Saigon Riders (p. 348).

VOITURE, MOTO ET VÉLO

Vous pouvez aussi sillonner la région en toute liberté, en voiture, à vélo ou à moto. Se déplacer en deux-roues dans le delta est très agréable, surtout dans le labyrinthe des routes de campagne, et aussi sur Phu Quoc. Attendez-vous à des routes à péage et à des traversées en ferry – même si ces dernières sont peu à peu remplacées par de nouveaux ponts. Les ferries sont bon marché et fréquents. Si vous ne souhaitez pas faire de deux-roues seul, **Sinhbalo Adventure Travel** (☎083-837 6766 ; www.sinhbalo.com) et **Vietnam Backroads** (☎083-837 0532 ; www.mekongbiketours.com) proposent des circuits de plusieurs jours dans le delta.

My Tho

073 / 140 000 HABITANTS

Porte d'accès au delta du Mékong, la capitale de la province de Tien Giang est un important centre marchand. Toutefois, il faut continuer jusqu'à Can Tho (p. 394) pour découvrir les fameux marchés flottants.

My Tho

Proche de HCMV, mais beaucoup plus paisible, My Tho est un lieu d'excursion à la journée populaire auprès des touristes qui veulent avoir un aperçu du Mékong – une flottille de bateaux dessert chaque jour les îles et leurs fabriques artisanales même si certains évitent souvent la ville elle-même. Vous aurez plaisir à vous balader au bord du fleuve et à explorer la ville à pied, notamment le marché (Đ Trung Trac), très animé.

My Tho fut fondée vers 1680 par des réfugiés chinois fuyant Taïwan après la chute de la dynastie des Ming du Sud. L'économie locale repose sur le tourisme, la pêche, la riziculture et les fruits (noix de coco, bananes, mangues, longanes et agrumes).

À voir

Pagode Vinh Trang TEMPLE BOUDDHIQUE
(60a Đ Nguyen Trung Truc ; 9h-11h30 et 13h30-17h). GRATUIT Trois bouddhas blancs géants veillent sur le joli parc (2 ha) de cette paisible pagode construite vers 1850, immense et paisible, ornée de sculptures en bois doré. C'est l'une des plus jolies du sud du Vietnam et son architecture extérieure mêle style khmer, chinois et français. Les bonzes accueillent des enfants démunis, et les dons sont toujours appréciés.

My Tho

Activités
1 My Tho Tourist Boat Station C3
Tien Giang Tourist .... (voir 1)

Où se loger
2 Minh Kieu Hotel B1
3 Song Tien Annex D3

Où se restaurer
4 Hu Tieu 44 .... A3
Hu Tieu Chay 24 .... (voir 4)
5 Marché de nuit C3

La pagode est à 1 km à l'est du centre-ville. Il faut prendre Đ Le Loi vers le nord, tourner à droite dans Đ Nguyen Trai, puis traverser le pont. Après 400 m, prenez à gauche dans Nguyen Trung Truc. L'entrée du sanctuaire se situe à 200 m, sur la droite du bâtiment.

Circuits organisés

Dans un bâtiment imposant au bord du fleuve, la **My Tho Tourist Boat Station** (8 Đ 30 Thang 4) regroupe plusieurs tour-opérateurs proposant des promenades en bateau vers les îles voisines et à travers le réseau d'étroits canaux. Une fabrique de bonbons à la noix de coco, une ferme d'apiculteur (goûtez le vin de banane) et un jardin d'orchidées font partie des destinations fréquentes. Le circuit de 2 heures 30 tourne autour de 400 000 d/500 000 d pour 1/2 personnes. Pour une simple journée d'excursion, il est aisé de réserver auprès d'une agence de HCMV une formule comprenant le transport. Vous payerez moins cher en vous joignant à un groupe, mais vous pourrez davantage négocier l'itinéraire en solo.

Tien Giang Tourist CIRCUITS EN BATEAU
(Cong Ty Du Lich Tien Giang ; ☎0932 896 699 ; www.tiengiangtourist.com ; 8 Đ 30 Thang 4). Agence de tourisme en bateau fiable. Les circuits de 3 heures vers Thoi Son et l'île du Phénix coûtent 95 000 d par personne s'il y a assez de monde.

Où se loger

Song Tien Annex HÔTEL $
(☎073-387 7883 ; www.tiengiangtourist.com ; 33 Đ Thien Ho Duong ; ch 24-30 $US ;). Les bonnes nouvelles d'abord : les balcons donnent sur le canal Bao Dinh, l'emplacement est pratique et central, les sdb sont dotées de baignoires à pattes de lion (aussi rares que les œufs de licorne au Vietnam !) et le personnel est serviable (même s'il faut bien savoir s'exprimer par gestes). Les mauvaises à présent : le mobilier est fatigué et on y trouve parfois de petits amis rampants à 6 pattes.

Minh Kieu Hotel HÔTEL $$
(☎073-626 2288 ; www.hotelminhkieu.com.vn ; 2 Đ Thu Khoa Huan ; s/d 20/25 $US ;). Un hôtel central, dans un bâtiment de plusieurs étages, avec des chambres carrelées impeccables. Son emplacement, son rapport qualité/prix, les bons petits-déjeuners et la gentillesse de son personnel jouent en sa faveur, malgré les problèmes de langue.

Island Lodge BOUTIQUE-HÔTEL $$$
(☎073-651 9000 ; www.theislandlodge.com.vn ; 390 Ap Thoi Binh, Xa Thoi Son ; ch 150 $US ;). Difficile d'imaginer un endroit plus calme que ce refuge sur une île. Dans cet hôtel luxueux et intime, les occupants des 12 chambres sont chouchoutés par un personnel très pro. Vous pouvez observer ce qui se passe sur le fleuve depuis la piscine qui le borde, savourer une cuisine gourmande ou vous reposer dans votre chambre claire et lumineuse, décorée d'art contemporain, sur un lit en bambou.

Depuis My Tho, après avoir traversé le pont vers Ben Tre, tournez vers Thoi Son et continuez sur 3 km environ.

Où se restaurer

My Tho est réputée pour son *hu tieu*, une soupe de vermicelles accompagnée de fruits de mer frais et séchés, de porc, d'abats, de poulet et d'herbes.

Presque tous les restaurants préparent ce plat, mais quelques-uns en font leur spécialité unique. Les carnivores essaieront le **Hu Tieu 44** (44 Đ Nam Ky Khoi Nghia ; soupes 25 000 d ; 8h-21h), les végétariens le **Hu Tieu Chay 24** (24 Đ Nam Ky Khoi Nghia ; plats 15 000-24 000 d ; 8h-21h).

Marché de nuit VIETNAMIEN $
(Đ 30 Thang 4 ; repas à partir de 30 000 d ; 17h-tard). Juste en face du restaurant flottant, ce marché accueille de nombreux convives en fin de journée, grâce à ses étals de fondue et de poisson.

Chi Thanh SINO-VIETNAMIEN $
(☎073-387 3756 ; 279 Đ Tet Mau Than ; repas 50 000-100 000 d). Un petit restaurant réputé pour ses savoureux mets chinois et vietnamiens (bœuf, poulet, porc, calamars, crabe, nouilles, fondues...). Carte en anglais.

Ngoc Gia Trang VIETNAMIEN $$
(☎073-387 2742 ; 196 Đ Ap Bac ; repas 80 000-200 000 d ; 8h-21h). Cet endroit sympathique, dans une ruelle donnant sur la grand-route entre My Tho et HCMV, est à juste titre apprécié des touristes en groupe, qui s'y régalent de spécialités locales excellentes et bien présentées : poissons à oreilles d'éléphant (gourami géant), boulettes de porc ou soupe piquante.

Comment s'y rendre et circuler

Les ponts et les autoroutes construits depuis peu ont considérablement réduit les trajets jusqu'à My Tho. Si vous allez à Ben Tre, le taxi (260 000 d environ) ou le *xe om* (120 000 d environ) sont bien plus rapides que le bus. Des bus desservent Ben Tre (10 000 d, 25 min, fréquents), Can Tho (70 000 d, 2 heures 30, plusieurs par jour) et HCMV (80 000 d, 1 h 30, toutes les heures).

Gare routière de Tien Giang (Ben Xe Tien Giang ; 42 Đ Ap Bac). La gare routière est à 2,3 km au nord-ouest de la ville, sur la route nationale 1A vers Hô Chi Minh-Ville. Un *xe om* vers le centre devrait coûter autour de 40 000 d.

Environs de My Tho

Île du Phénix

Jusqu'à son emprisonnement par les communistes pour ses activités antigouvernementales et la dispersion de ses adeptes, Nguyên Thanh Nam (vers 1909-1990) dirigea une petite communauté sur cette île du Phénix (Con Phung), à quelques kilomètres de My Tho. Il quitta sa famille en 1945 pour mener une vie d'ascète, et pendant 3 ans, il se tint assis sur une dalle de pierre, sous un mât, et médita jour et nuit en se nourrissant, dit-on, uniquement de noix de coco – aussi est-il connu sous le nom de "moine aux noix de coco" (Ong Dao Dua). Il fonda une religion appelée Tinh Do Cu Si, mélange de bouddhisme et de christianisme. Ses adeptes ont désormais quitté l'île, mais on peut encore y voir plusieurs témoignages de ce syncrétisme. La vie du moine est racontée sur une jarre en porcelaine de l'île, haute de 3,50 m.

BIENVENUE AU KAMPUCHEA KROM

Dans certaines provinces du delta du Mékong, vous serez peut-être surpris de découvrir des villes dont les habitants parlent une langue différente, suivent une autre branche du bouddhisme et ont une histoire et une culture très éloignées des autres Vietnamiens. Vous êtes chez les Khmers Krom, une minorité dans le delta, mais qui furent les premiers habitants de la région, installés ici depuis plus de 2 000 ans.

Les Khmers continuent d'appeler Kampuchea Krom ("Bas-Cambodge") le delta du Mékong, où leur présence remonte au Ier siècle, lors de la fondation du Funan, un empire maritime qui s'étendait de la péninsule malaise jusqu'au Mékong. Les archéologues pensent que le royaume du Funan était régi par une société très avancée qui construisit des canaux, fit le commerce des métaux précieux, mit en place un système politique élaboré et utilisa des techniques agricoles efficaces.

Au Funan succéda le royaume du Chenla (630-802), puis l'Empire khmer, royaume le plus puissant d'Asie du Sud-Est, qui édifia Angkor Vat, entre autres splendeurs. Au XVIIe siècle cependant, l'Empire khmer était en ruine, menacé par les velléités expansionnistes du Siam (l'actuelle Thaïlande) et du Vietnam. Ce fut l'époque de la montée en puissance de l'Empire vietnamien qui commença à s'étendre vers le sud, envahissant d'abord l'Empire cham avant de s'intéresser aux territoires khmers du delta du Mékong.

Selon certains historiens, quelque 40 000 familles khmères vivaient autour de Prey Nokor lors de l'arrivée des Vietnamiens dans les années 1600, à la suite de l'octroi de droits d'installation par le roi Chey Chettha en 1623. Prey Nokor, un important port pour le royaume cambodgien, fut rebaptisé Saigon en 1698. Des vagues de colons vietnamiens peuplèrent la ville, tandis que d'autres poursuivaient leur avancée au sud. Avant leur arrivée, 700 temples khmers parsemaient le sud du Vietnam. Au cours du siècle suivant, les Khmers Krom luttèrent et remportèrent quelques victoires, parvinrent à repousser l'envahisseur avant de subir de nouvelles attaques.

Lorsque les Français s'emparèrent de l'Indochine au XIXe siècle, l'espoir d'un Kampuchea Krom indépendant fut irrémédiablement détruit. Alors que les Khmers constituaient la majorité de la population dans le sud du Vietnam, les Français ne rattachèrent pas cette colonie au Cambodge, mais en firent un protectorat séparé, appelé Cochinchine. Les Français annexèrent officiellement le Kampuchea Krom le 4 juin 1949, un jour de deuil pour les Cambodgiens, même si le sort de la région était prévisible depuis des siècles.

Depuis l'indépendance, en 1954, le gouvernement vietnamien a adopté une politique d'intégration et d'assimilation forcée ; les Khmers Krom doivent, entre autres obligations, prendre des noms de famille vietnamiens et parler vietnamien. Selon la Fédération des Khmers du Kampuchea Krom (FKK, www.khmerkrom.org), ils ont été victimes de nombre d'atrocités au cours des quarante dernières années et continuent d'être persécutés. Ils dénoncent l'accès difficile au système de santé vietnamien et des discriminations religieuses (les Khmers Krom sont des bouddhistes theravada, alors que les Vietnamiens sont des bouddhistes mahayana) et raciales.

Les Khmers constituent la couche la plus pauvre de la population. Même leur nombre soulève la controverse : les autorités vietnamiennes recensent 1 million de Khmers Krom, alors que la FKK affirme que 7 millions de Khmers vivent dans le sud du Vietnam.

À son apogée, l'île était dominée par un extravagant **sanctuaire** (5 000 d ; 8h-11h30 et 13h30-18h) en plein air. Les colonnes entourées de dragons et l'étrange tour, à l'énorme globe de métal, éclataient alors de couleurs. Aujourd'hui, cet ensemble silencieux et branlant conserve néanmoins des éléments kitsch, telle la maquette d'une fusée Apollo parmi les statues bouddhiques !

Des loueurs de bateaux privés peuvent inclure l'île au programme d'un circuit organisé.

Autres îles

À 5 minutes en bateau de My Tho, l'**île du Dragon** (Con Tan Long), réputée pour ses vergers de longaniers, constitue une escale plaisante. Des bateaux de pêche en bois s'alignent le long de ses côtes frangées de palmiers. L'île compte quelques petits restaurants et cafés, et certains de ses habitants sont constructeurs de bateaux.

À proximité, deux autres îles, l'**île de la Tortue** (Con Qui) et l'**île de la Licorne** (Thoi Son), sont des escales classiques pour leurs fabriques de bonbons à la noix de coco et de vin de banane.

Ben Tre

075 / 1,25 MILLION D'HABITANTS

La charmante petite province de Ben Tre a toujours eu du retard sur My Tho et a prospéré à un rythme plus lent. La ville accueille plus de visiteurs depuis l'ouverture de nouveaux ponts entre Ben Tre, My Tho, et Tra Vinh. Vous aurez plaisir à vous balader au bord du fleuve, jalonné de villas anciennes, et dans le faubourg rural, de l'autre côté du pont, au sud du centre. Ben Tre est un bon endroit pour organiser une excursion en bateau (et échapper ainsi aux circuits en bus). De plus, la promenade au bord du fleuve et les routes étroites qui le bordent des deux côtés sont idéales pour explorer la ville en deux-roues.

La région de Ben Tre est réputée pour ses *keo dua* (bonbons à la noix de coco). Nombre de femmes les confectionnent dans des petits ateliers, faisant bouillir une mixture gluante dans de grands chaudrons, avant de la rouler et de la couper en petits carrés.

Circuits organisés

Basées à Hô Chi Minh-Ville, les agences Sinhbalo et Mekong Bike Tours proposent des circuits à vélo pour profiter au mieux des routes étroites qui entourent Ben Tre.

Mango Cruises CIRCUITS EN BATEAU, À VÉLO

(0902 880 120 ; www.mangocruises.com). Contrairement aux circuits tout faits de HCMV, ceux de Mango Cruises empruntent des routes et des canaux moins fréquentés des alentours de Ben Tre, ou au delà. Les circuits à la journée comprennent un agréable mélange de randonnées à vélo, de dîners de spécialités locales et de découverte de la fabrication des galettes de riz et autres classiques du cru. Les excursions plus longues incluent des sorties en bateau d'un ou plusieurs jours dans le delta.

Où se loger

Tous les hébergements (repas proposés) suivants sont situés à proximité de Ben Tre et non dans la ville-même.

Ben Tre

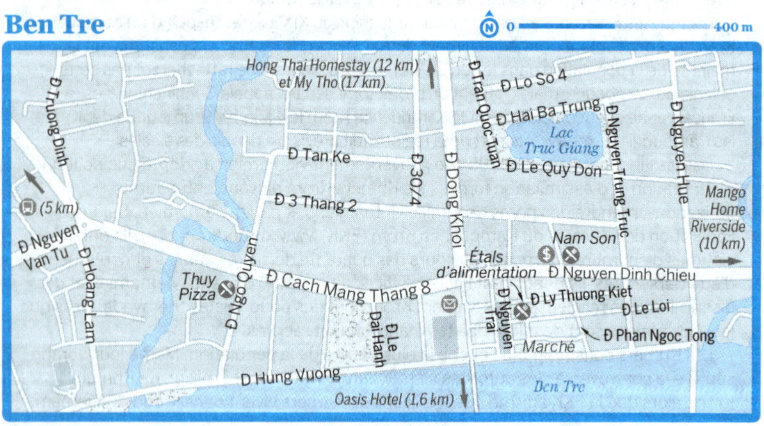

Mango Home Riverside BOUTIQUE-HÔTEL $$
(075-351 1958 ; www.mangohomeriverside.com ; d/ste 45/57 $US ;). Entre cocotiers et manguiers, sur la berge d'un affluent du Mékong, ce ravissant compelxe hôtelier de couleur mangue, tenu par un couple canado-vietnamien, est un bel endroit pour se détendre. Chambres climatisées spacieuses, certaines dotées d'une sdb extérieure, et il y a des hamacs pour paresser. La cuisine est excellente et le silence est total la nuit. Téléphonez pour qu'on vienne vous chercher, c'est à 10 km du centre.

Oasis Hotel HÔTEL $$
(075-383 8800 ; bentrehoteloasis.com ; 151C My An C, My Thanh An ; d 720 000-855 000 d, fam 1 080 000 d ;). L'accueil est chaleureux dans ce petit hôtel jaune vif, tenu par un couple aimable (elle est vietnamienne et lui néo-zélandais). Situé dans le village, au sud du fleuve ; le mieux est de venir en taxi. Vélos gratuits pour explorer la campagne alentour.

Hong Thai Homestay CHEZ L'HABITANT $$
(0914 557 386 ; 16c Ap 2 Quoi Son, Chau Thanh ; s/d 20/32 $US ;). M. Thai et son épouse font une équipe formidable : il organise pour les hôtes les excursions dans les cocoteraies qui entourent leur maison à la campagne, et elle cuisine des montagnes de plats classiques locaux pour les rassasier. Les chambres sont simples, carrelées, avec des ventilateurs. Demandez aux propriétaires de venir vous prendre, c'est à 12 km de Ben Tre, sur la rive opposée à My Tho.

Où se restaurer

Rien de mieux que les **étals du marché** (plats environ 15 000 d) pour un repas à prix très modique. Sinon, le café sur le toit de l'hôtel Ham Luong est parfait pour prendre un verre ou manger une glace.

Thuy Pizza PIZZERIA $
(51 Đ Ngo Quyen ; plats à partir de 65 000 d ; 12h-22h). Endroit sympathique qui apporte une touche d'innovation à la scène culinaire de Ben Tre, et attire de nombreux touristes et des habitants du cru curieux. La pizza est aussi bonne que possible pour une petite ville du delta. Thuy, la propriétaire, est sympathique et aime exercer son anglais.

Nam Son VIETNAMIEN $
(075-382 2873 ; 40 Đ Phan Ngoc Tong ; plats 26 000-60 000 d ; 11h-22h). Restaurant central et animé, fréquenté par une clientèle locale. Délicieux poulet grillé et bière à la pression.

À NE PAS MANQUER

DE BEN TRE À TRA VINH EN PRENANT SON TEMPS

Tous les matins vers 9h, un cargo quitte le quai de Ben Tre pour Tra Vinh. Son propriétaire embarquera volontiers un passager ou deux (150 000 d/pers, 6 heures), ce qui vous permet d'observer à loisir la vie fluviale depuis la "cabine" supérieure ou le pont, au milieu de la cargaison. Le bateau emprunte des canaux où l'on récolte et traite les noix de coco, où des enfants se baignent au pied de leurs maisons sur pilotis, et accoste à l'occasion dans des villages pour livrer des marchandises. Chaque construction de pont dans le delta accélère la fin de ces cargos : prenez-en un tant qu'ils existent encore.

Comment s'y rendre et circuler

BUS

Les bus pour Vinh Long vous déposent à Pha Dinh Kao, le terminal des ferries qui est sur l'autre rive ; traversez le fleuve en ferry pour vous rendre en ville.

Gare routière (Ben Xe Thanh Pho Ben Tre ; Đ Dong Khoi). Les bus s'arrêtent à la gare routière, à 2,5 km au nord-ouest du centre-ville. Les derniers bus pour HCMV partent entre 16h et 17h. Ceux de Thinh Phat sont parmi les plus confortables.

BUS AU DÉPART DE BEN TRE

DESTINATION	PRIX (D)	DURÉE	FRÉQUENCE	DISTANCE
Can Tho	70 000	1 heure 30	toutes les 30 min	78 km
HCMV	80 000	2 heures 15	toutes les heures	87 km
My Tho	10 000	30 min	fréquents	16 km
Tra Vinh	120 000	2 heures 15	plusieurs par jour	86 km
Vinh Long	20 000	1 heure 30	plusieurs par jour	44 km

Tra Vinh

074 / 91 500 HABITANTS

Des arbres ombragent les boulevards de Tra Vinh, ville parmi les plus jolies du delta. Cette cité paisible rappelle une époque révolue et les quelque 140 pagodes khmères qui émaillent la province en font une destination privilégiée pour découvrir les origines cambodgiennes du delta, volontiers dissimulées. La ville elle-même voit arriver un peu plus de touristes depuis qu'elle est reliée par de nouveaux grands ponts à Ben Tre et au delà.

Environ 300 000 Khmers vivent dans la province de Tra Vinh. À première vue, ils constituent une "minorité invisible", car ils parlent tous vietnamien et rien ne semble les distinguer dans leur habillement ou leur mode de vie. Toutefois, un regard un peu plus attentif révèle le dynamisme de la culture khmère dans cette région. La plupart des pagodes comprennent des écoles où l'on enseigne la langue khmère et nombre des habitants de Tra Vinh lisent et écrivent aussi bien le khmer que le vietnamien. La minorité khmère du Vietnam pratique essentiellement le bouddhisme theravada (école la plus ancienne du bouddhisme ou "voie des Anciens"). Entre 15 et 20 ans, la plupart des adolescents suivent la vie monastique pendant quelques mois ou quelques années, selon leur choix. Les bonzes khmers peuvent manger de la viande, mais tuer les animaux leur est interdit.

Tra Vinh accueille également une petite communauté chinoise dynamique, l'une des rares à subsister dans le delta du Mékong.

À voir

Étang Ba Om et pagode Ang TEMPLE BOUDDHIQUE

(Ao Ba Om et Chua Ang/Angkor Rek Borei ; lever-coucher du soleil). Les pique-niqueurs locaux aiment beaucoup ce grand bassin carré, appelé Ao Ba Om (lac Carré), situé à 5 kilomètres au sud-ouest de Tra Vinh. Site spirituel pour les Khmers, il aurait servi de bassin d'ablutions pour le temple angkorien du Xe siècle qui s'élevait à proximité.

Construite sur les ruines du temple, la pagode Ang (Chua Ang en vietnamien ; Angkor Rek Borei en khmer) est un splendide édifice, mêlant à l'architecture khmère classique quelques éléments coloniaux. À l'intérieur, des scènes aux couleurs vives représentent la vie du Bouddha. Les moines amicaux engageront peut-être la conversation avec vous.

Tra Vinh

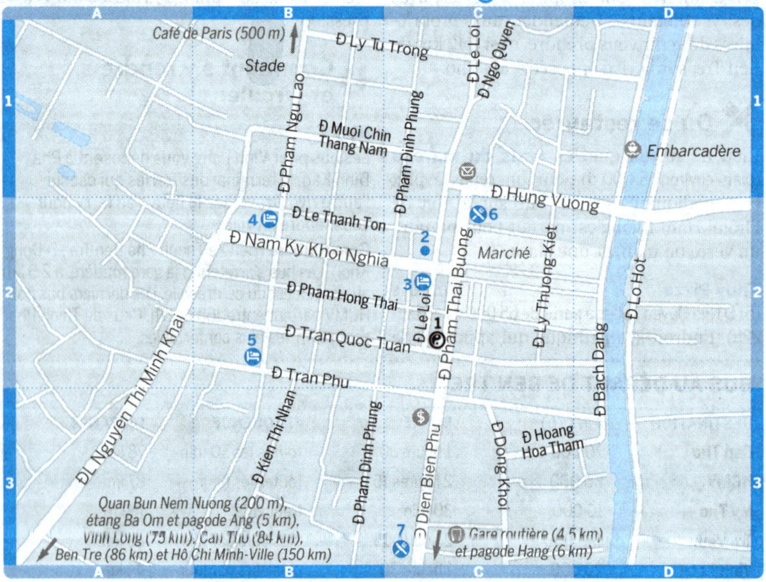

En face de l'entrée de la pagode, le **musée de la Communauté khmère** (Bao Tang Van Hoa Dan Tac ; ⌚8h-17h) GRATUIT, joliment agencé, présente des photos, des costumes et objets de la culture khmère traditionnelle.

Pagode Ong TEMPLE TAOÏSTE
(Chua Ong et Chua Tau ; 44 Diên Biên Phu ; ⌚lever-coucher du soleil). Richement orné et peint de couleurs vives, ce lieu de culte en activité est purement chinois. Sur l'autel, le dieu à visage rouge représente le général Quan Cong (Guan Yu en chinois). Supposé empêcher la guerre, ce personnage s'inspire d'un soldat ayant vécu au IIIe siècle.

Fondée en 1556 par la congrégation chinoise du Fujian, la pagode a été reconstruite et restaurée à nombreuses reprises, le plus récemment grâce à des fonds venus de Taïwan et de Hong Kong.

Pagode Hang TEMPLE BOUDDHIQUE
(Chua Hang, Kampongnigrodha ; Đ Diên Biên Phu ; ⌚lever-coucher du soleil). Cette pagode khmère moderne porte aussi le nom de pagode aux Cigognes, en raison des grands oiseaux qui nichent dans les hauts arbres alentour. Le site est paisible et beau : y observer les dizaines de cigognes et d'aigrettes blanches qui tournoient justifie en soi le détour, mais apportez un chapeau. Avec de la chance, vous verrez les moines en robe safran battre d'énormes tambours dans la cour. À 6 km au sud de la ville, 300 m après la gare routière.

Circuits organisés

Tra Vinh Tourist EXCURSIONS
(☎074-385 8556 ; 64 Đ Le Loi ; ⌚7h30-11h et 13h30-17h). Un office du tourisme utile ; le personnel, qui parle un peu l'anglais, propose des excursions vers les différents sites de la province, dont un circuit en bateau vers les îles voisines.

Tra Vinh

À voir

1 Pagode Ong C2

Activités

2 Tra Vinh Tourist C2

Où se loger

3 Hotel Gia Hoa 2 .... C2
4 Tra Vinh Palace B2
5 Tra Vinh Palace 2 .... B2

Où se restaurer

6 Thanh Tra Restaurant C2
7 Vi Huong C3

Où se loger

Tra Vinh Palace HÔTEL $
(☎074-386 4999 ; www.travinh.lofteight.com ; 3 Đ Le Thanh Ton ; ch 250 000-350 000 d ; ❄📶). À l'angle d'une ruelle arborée, un hôtel assez grand, sur 4 étages, à la façade rose ornée de colonnes. Il est aussi connu sous le nom de Palace Hotel 1. Les chambres spacieuses sont hautes de plafond mais la climatisation peine à les garder fraîches. Mobilier en bois incrusté de nacre à la réception, quelques balcons.

Tra Vinh Palace 2 HÔTEL $
(☎074-386 4999 ; 48 Đ Pham Ngu Lao ; d/lits jum/tr 220 000/240 000/280 000 d ; ❄📶). Un mini-hôtel accueillant, aux chambres impeccables (sol carrelé et baignoire ou douche). Les doubles n'ayant pas de fenêtre sur l'extérieur, mieux vaut opter pour une triple.

Hôtel Gia Hoa 2 HÔTEL $$
(☎074-385 8008 ; www.giahotel.com ; 50 Đ Le Loi ; ch 320 000-580 000 d ; ❄📶). Immanquable en raison de sa hauteur et de sa façade jaune vif, cet hôtel criard est étonnamment agréable à l'intérieur. Grandes chambres avec cabines de douche séparées, et un ascenseur pour monter vos bagages.

Où se restaurer et prendre un verre

Quan Bun Nem Nuong VIETNAMIEN $
(12 Đ Nguyen Dang ; repas 35 000 d ; ⌚11h-22h). Les gens d'ici aiment (à raison) ce restaurant informel, au sud du centre, pour ses *nem nuong* : faites-vous mêmes vos rouleaux de printemps garnis de porc, de banane verte, de carambole, de concombre, et de fines herbes, à tremper dans une sauce aux cacahuètes.

Vi Huong VIETNAMIEN $
(37a Đ Diên Biên Phu ; repas 20 000-80 000 d). Minuscule, chaleureux et très bon marché, le Vi Huong privilégie les plats traditionnels simples comme la soupe aigre-douce ou le poisson mijoté dans une cocotte en terre.

Thanh Tra Restaurant VIETNAMIEN $$
(1 Pham Thai Buong ; repas 80 000-180 000 d ; ⌚6h-21h). Au dernier étage de l'hôtel du même nom, restaurant disposant d'une (longue) carte de classiques vietnamiens. Service très décontracté, mais nous nous portons garant des rouleaux de printemps et du poulpe grillé.

BUS AU DÉPART DE TRA VINH

DESTINATION	PRIX (D)	DURÉE	FRÉQUENCE	DISTANCE
Ben Tre	110 000	2 heures 15	plusieurs par jour	86 km
Can Tho	120 000	2 heures 30	toutes les heures	84 km
Cao Lanh	130 000	3 heures 30	plusieurs par jour	124 km
HCMV	130 000	3 heures 45	toutes les heures	150 km
Vinh Long	70 000	1 heure 30	plusieurs par jour	75 km

Café de Paris CAFÉ
(200 Đ Pham Ngu Lao ; ⏲6h-22h ; 📶). Avec son intérieur élégant, ce café qui vise le haut de gamme ne serait pas déplacé à Hô Chi Minh-Ville. Ses sympathiques propriétaires parlent un peu l'anglais. Choix de différents cafés, de très bons gâteaux, et quelques en-cas légers. À 1 km à pied au nord du centre.

Depuis/vers Tra Vinh

BATEAU

Un cargo continue à relier – lentement – Tra Vinh et Ben Tre, et il peut embarquer des passagers (p. 389).

BUS

La plupart des bus partent de la gare routière principale mais quelques compagnies ont leur propre point de départ. Gardez à l'idée que seuls les plus petits minibus vers Vinh Long vous déposent à la gare routière centrale de Vinh Long ; les plus grands bus venant de Tra Vinh s'arrêtent à la gare routière qui est loin du centre ou vous déposent sur la route principale, toujours hors du centre.

Gare routière longue distance (Ben Xe Khach Tra Vinh). La gare routière principale se trouve à 5 km au sud du centre-ville, sur la RN 54 qui prolonge Đ Diên Biên Phu.

Vinh Long

☎070 / 113 000 HABITANTS

Située à mi-chemin de My Tho et de Can Tho, Vinh Long, capitale de la province du même nom, est un carrefour de transports majeur du delta. Pour échapper au tumulte, réfugiez-vous près du fleuve, bordé de cafés et de restaurants. Vinh Long donne accès aux îles fluviales et à d'autres sites intéressants, comme les nombreux vergers et le marché flottant de Cai Be. De là, on peut aussi organiser un séjour chez l'habitant dans un cadre rural.

À voir

Vinh Long est surtout visitée pour ses îles tranquilles qui émaillent le fleuve. Toutes se caractérisant par leurs maisons construites sur pilotis et leur vie rurale au rythme lent.

An Binh ÎLE
L'île la plus facile à visiter (et la plus visitée) est celle d'An Binh. Vous pouvez emprunter le ferry public jusqu'à l'île, puis vous y balader à pied ou en deux-roues. Dans la plupart des hébergements chez l'habitant (*homestay*) de l'île, on pourra vous organiser des croisières d'une demi-journée sur les étroits canaux pour 20 $US environ, qui vous conduisent au marché flottant et parcourent lentement les canaux secondaires pittoresques.

Marché flottant de Cai Be MARCHÉ FLUVIAL
(⏲5h-17h). Ce marché fluvial demeure le principal centre d'intérêt d'une croisière depuis Vinh Long. Il a toutefois perdu beaucoup d'importance, en raison de la construction de ponts dans le delta, et de l'augmentation subséquente du transport des marchandises par la route plutôt que par le fleuve. Le marché bat son plein autour de 6 h. Des grossistes venus de tout le delta amarrent leurs bateaux et suspendent des échantillons de leurs fruits et légumes à de longues perches en bois.

Au bord de l'eau, la grande **église catholique**, superbe, est immanquable.

De Vinh Long, on rejoint le marché en une heure.

La plupart des visiteurs font des détours à l'aller ou au retour pour explorer les canaux ou découvrir des vergers. Ceux qui parcourent le delta en circuit organisé prennent habituellement un bateau ici, visitent les îles et mouillent à Vinh Long avant de continuer vers Can Tho.

Temple Van Thanh Mieu TEMPLE CONFUCÉEN
(temple Phan Thanh Gian ; Đ Tran Phu ; ⏲5h-11h et 13h-19h). Situé de l'autre côté du fleuve, au sud-est de la ville, le temple Van Thanh Mieu est l'un des rares temples confucéens de la Littérature construits dans le sud du Vietnam au XIXe siècle. Le pavillon en façade

Vinh Long

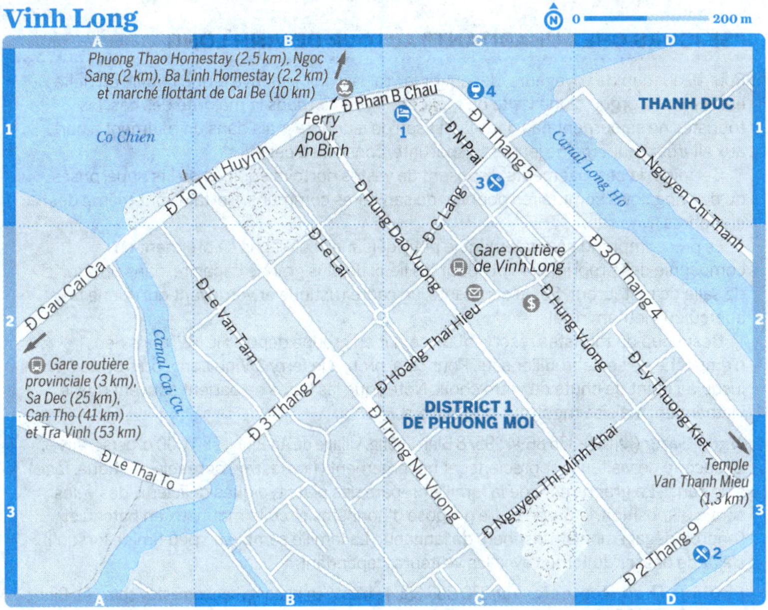

Vinh Long

Activités
Cuu Long Tourist .... (voir 1)

Où se loger
1 Cuu Long Hotel C1

Où se restaurer
2 Dong Khanh D3
3 Marché C1

Où prendre un verre
4 Hoa Nang Cafe C1

honore le héros local, le grand lettré Phan Thanh Gian (1796-1867), qui mena un soulèvement contre les Français, puis préféra se suicider plutôt que d'être capturé par les autorités coloniales. Dans le pavillon du fond (1866), un portrait de Confucius trône au-dessus de l'autel. Dans les jardins règne un calme absolu, et vous pourrez déambuler un moment dans les allées au milieu des arbres et des fleurs.

Circuits organisés

Cuu Long Tourist CIRCUITS EN BATEAU
(☎070-382 3616 ; www.cuulongtourist.com ; 2 Đ Phan B Chau ; ⏲7h-17h). Propose divers circuits en bateau, de 3 heures à 3 jours. Petits canaux, vergers, fours en brique, atelier de fabrication de chapeaux coniques en feuilles de palmier ou marché flottant de Cai Be figurent parmi les curiosités.

Où se loger

Puisque l'intérêt majeur de Vinh Long tient surtout à ses îles et qu'il y a de bien meilleurs hébergements à Ben Tre, Tra Vinh et Can Tho, il ne sert pas à grand-chose de dormir en ville. Si nécessaire, voilà une adresse correcte.

Cuu Long Hotel HÔTEL $$
(☎070-382 3656 ; www.cuulongtourist.com ; 2 Đ Phan B Chau ; s/d à partir de 470 000/610 000 d ; ❄📶). Cet hôtel géré par le gouvernement a connu des jours meilleurs mais son emplacement est parfait : les bateaux pour les îles partent juste de l'autre côté de la route. Chambres spacieuses avec sdb, et balcon ou vue sur le fleuve.

Où se restaurer et prendre un verre

Dong Khanh VIETNAMIEN $
(49 Đ 2 Thang 9 ; repas à partir de 60 000 d ; ⏲6h-18h). Le vaste Dong Khanh, dont le nom signifie "célébrer ensemble", est un restaurant populaire. À la carte, variée, figurent notamment des fondues, des nouilles au porc, du poulet rôti et du riz cantonais.

"SÉJOURS CHEZ L'HABITANT" AUTOUR DE VINH LONG

Pour beaucoup de voyageurs, découvrir la vraie vie sur le fleuve d'une famille du delta est le point d'orgue d'une visite du Mékong. Toutefois, dans la majorité des cas, les touristes ne séjournent pas dans la maison de leur hôte mais dans un bâtiment à part, aux allures d'auberge de jeunesse spartiate, construit à cet effet.

Certains de ces logements disposent de vastes dortoirs équipés de lits superposés ou de bungalows sommaires pourvus de sanitaires communs. Certains ont même des chambres avec sdb.

Le prix comprend généralement le petit-déjeuner. Les repas se prennent en compagnie des propriétaires ou, pour les lieux de plus grande capacité, dans une sorte de salle de restaurant. Seule constante, un cadre rustique et verdoyant qui donne un aperçu du Vietnam rural.

Beaucoup de touristes réservent un séjour en groupe depuis HCMV, mais rien n'empêche de se débrouiller seul. Pour cela, prenez le ferry à Vinh Long, puis un *xe om* jusqu'au point de chute de votre choix. Notez que les hôtes ne parlent souvent que le vietnamien, mais se montrent hospitaliers.

Ngoc Sang (☎070-385 8694 ; 95/8 Binh Luong, village de An Binh ; 250 000 d/pers ; ❄📶). Beaucoup de visiteurs apprécient cet hébergement (*homestay*) agréable, rustique, face à un canal. La grand-mère de la famille prépare des plats typiques délicieux, des vélos sont à disposition, le propriétaire propose d'honnêtes circuits matinaux en bateau et l'endroit dégage une atmosphère de langueur. La famille semble un peu timide lorsqu'il s'agit de passer du temps avec les visiteurs, cependant.

Phuong Thao Homestay (☎070-383 6854 ; http://en.phuongthaohomestay.com ; An Binh ; dort/d 10/32 $US ; ❄📶). Protégée par le fleuve, à 1,5 km de l'embarcadère d'An Binh, cette pension rustique est tenu par le sympathique M. Phu, qui parle un très bon anglais. Il peut vous louer vélos et motos pour explorer l'île. Dormez dans un grand dortoir aux murs de chaume avec des moustiquaires ou dans l'une des deux chambres doubles, en dur. Il y a suffisamment de sdb pour le nombre de clients.

Ba Linh Homestay (☎070-385 8683, 0939 138 142 ; balinhhomestay@gmail.com ; 95 An Thanh, An Binh ; ch 500 000 d). Géré par le sympathique M. Truong, cet établissement populaire, de style traditionnel, compte 6 chambres modestes et hautes de plafond, en enfilade ; toutes sont dotées d'un ventilateur. Le petit-déjeuner et le dîner sont inclus dans le prix. Vous pourrez vous risquer à goûter une spécialité locale comme le rat des rizières.

Marché de Vinh Long VIETNAMIEN $
(Đ 3 Thang 2 ; plats 10 000 d). Parfait pour acheter des fruits de la région et des en-cas à prix doux comme des nems.

Hoa Nang Cafe CAFÉ-BAR
(Đ 1 Thang 5 ; café glacé 12 000 d ; ⏲7h-23h). Perché sur la rive, c'est un endroit agréable pour boire un *caphe sua da* (café au lait glacé) ou un thé parfumé le matin, ou se désaltérer d'une bière fraîche au retour d'une promenade en bateau.

ℹ Comment s'y rendre et circuler

BUS

Quelques bus qui passent à Vinh Long entre Tra Vinh et HCMV peuvent vous déposer à l'angle de Pho Co Dieu et de Nguyen Hue, car ils ne s'arrêtent à aucune des deux gares routières. Des bus partent toutes les heures pour Can Tho (50 000 d, 1 heure) et HCMV (105 000 d, 3 heures). Il y a plusieurs bus quotidiens pour Sa Dec (15 000 d, 1 heure) et Tra Vinh (70 000 d, 1 heure 30).

Gare routière de Vinh Long (Ben Xe Thanh Pho Vinh Long ; Đ 3 Thang 2). La gare routière centrale offre quelques bus vers Sa Dec et HCMV.

Gare routière provinciale (Ben Xe Khach Vinh Long ; RN 1A). Bus longue distance vers HCMV et d'autres destinations du delta, excepté Sa Dec. Elle est à 2,5 km au sud de la ville, en direction de Can Tho. Un taxi coûte environ 130 000 d.

Can Tho

☎071 / 759 000 HABITANTS

Épicentre du delta du Mékong, Can Tho est la plus grande ville de la région et fait figure de métropole après quelques jours passés en pleine nature. Centre politique, économique, culturel et carrefour des transports du delta, c'est une cité affairée, avec des quais animés et un séduisant ensemble de rues étroites et de larges boulevards. Elle abrite peut-être la plus grande concentration d'étrangers de tout le delta.

Base idéale pour découvrir les marchés flottants alentour, Can Tho attire quantité de touristes qui partent sillonner en bateau la myriade de canaux et de cours d'eau de la région.

À voir

Temple Ong TEMPLE CHINOIS
(32 Đ Hai Ba Trung ; 6h-20h). GRATUIT Dans un cadre superbe, face à la rivière Can Tho, ce temple chinois est situé dans la **maison de la congrégation de Guangzhou** et il est très plaisant d'en parcourir l'intérieur. Il fut construit à la fin du XIXe siècle pour le culte de Kuan Kung, un dieu symbolisant la loyauté, la justice, la raison, l'intelligence, l'honneur et le courage, entre autres vertus.

Le temple est conçu de manière à évoquer l'idéogramme chinois qui signifie "nation", avec des sections closes disposées symétriquement. Partout à l'intérieur y brûlent d'immenses cônes d'encens à l'odeur âcre, accrochés au plafond. En approchant de l'écran gravé, on remarque que le côté droit est consacré à la déesse de la Fortune et le côté gauche au général Ma Tien. Au centre du temple, Kuan Kung est encadré par le dieu de la Terre et le dieu de la Prospérité.

Can Tho abritait auparavant une importante communauté chinoise, dont la plupart des membres ont fui les persécutions antichinoises de 1978-1979.

Musée de Can Tho MUSÉE
(Bao Tang Can Tho ; 1 ĐL Hoa Binh ; 8h-11h et 14h-17h mar-jeu, 8h-11h et 6h30-21h sam-dim). GRATUIT Ce vaste musée, bien agencé, illustre l'histoire locale à l'aide de mannequins et de maquettes grandeur nature, dont une pagode chinoise et l'intérieur d'une habitation. Il met l'accent sur les communautés khmère et chinoise, les plantes, les poissons et la riziculture. La guerre y occupe une part importante.

Pagode Munireangsey TEMPLE BOUDDHIQUE
(36 ĐL Hoa Binh ; 8h-17h). GRATUIT Cette pagode fut construite en 1946 pour la communauté khmère de Can Tho. Les ornements sont typiques des pagodes bouddhiques theravada de style khmer, sans les multiples bodhisattvas et esprits taoïstes que l'on retrouve souvent dans les pagodes mahayana vietnamiennes.

Circuits organisés

Hieu's Tour CIRCUITS CULTURELS
(0939 666 156 ; www.hieutour.com ; 27a Đ Le Thanh Ton). Jeune guide enthousiaste qui parle anglais, Hieu met sur pied de très bons circuits guidés de Can Tho – des visites très matinales des marchés flottants, (23 $US pour Cai Rang, 30 $US pour les 2 marchés), des circuits à vélo, des visites culinaires et même des visites à l'île des Pirates (p. 421) plus loin. Hieu aime faire découvrir aux visiteurs la vraie culture du delta et prévoit d'organiser des séjours chez l'habitant en maisons flottantes.

Mekong Tours CIRCUITS CULTURELS
(0907 852 927 ; www.mekongtours.info ; 93 Đ Mau Than). Tour-opérateur basé dans l'hôtel Xoai, qui propose des visites guidées des marchés flottants chaudement conseillées, ainsi que d'amusantes visites culinaires le soir, qui partent de l'hôtel à 18h30.

Où se loger

Can Tho se targue de la meilleure gamme d'hébergements du delta du Mékong, et il y a aussi des pensions situées dans la campagne environnante.

Xoai Hotel HÔTEL $
(0907 652 927 ; hotelxoai.com ; 93 Đ Mau Than ; s/d 235 000/293 000 d ;). Rapport qualité/prix épatant pour cet agréable hôtel dans un grand bâtiment jaune immanquable. Chambres spacieuses et lumineuses, toutes peintes en orange vif (le nom de l'établissement signifie "hôtel de la mangue"). Terrasse sur le toit, avec des hamacs. Le personnel, serviable, parle bien anglais.

Thanh Ha PENSION $
(0918 183 522 ; mshaguesthouse@gmail.com ; 118/14 Đ Phan Dinh Phung ; ch 12 $US ;). Dans une petite ruelle très animée, une agréable pension aux grandes chambres blanches très propres. Mme Ha, la propriétaire, est un vrai personnage ; elle peut vous aider à organiser vos circuits et vous louer un vélo ou une moto.

Nguyen Shack Can Tho PENSION $$
(0966 550 016 ; www.nguyenshack.com ; Ong Tim Bridge, Thanh My, Thuong Thanh ; ch 25 $US, bungalows 49-69 $US ;). Pas de cabanes

Can Tho

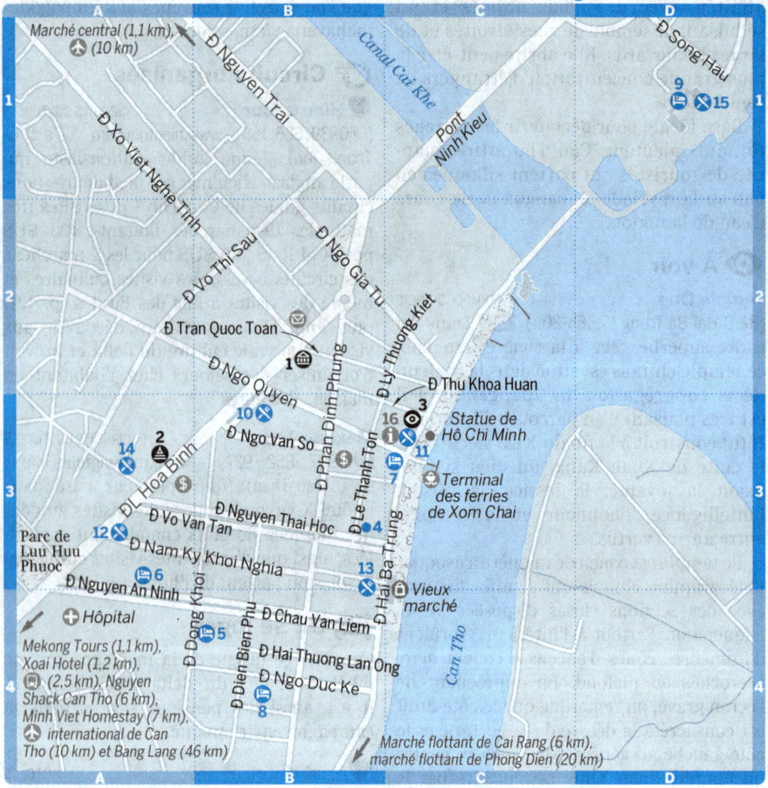

Can Tho

À voir
1 Musée de Can Tho B2
2 Pagode Munireangsey A3
3 Temple Ong C3

Activités
4 Hieu's Tour B3

Où se loger
5 Anh Dao Mekong Hotel B4
6 Kim Lan Hotel A3
7 Nam Bo Boutique Hotel C3
8 Thanh Ha B4
9 Victoria Can Tho Resort D1

Où se restaurer
10 CoopMart B3
L'Escale .... (voir 7)
11 Mekong C3
Nam Bo .... (voir 7)
12 Nem Nuong Thanh Van A3
13 Marché de nuit B3
14 Quan Com Chay Cuong A3
15 Spices Restaurant D1

Renseignements
16 Can Tho Tourist C3

("shacks") ici mais un ensemble de bungalows rustiques traditionnels au toit de chaume qui dominent la rivière Ong Tim, à 6 km de Can Tho. C'est le genre de lieu superbe où les routards veulent prolonger leur séjour pour les liens qui se créent entre personnel et clients. Les circuits en bateau et à vélo, tentants, et la proximité du marché flottant de Cai Rang ajoutent à attrait. La direction finance un programme d'éducation pour les orphelins de la pagode du village.

UNE NUIT SUR LE MÉKONG

Passer une nuit à bord d'un bateau sur le Mékong est une bonne façon de se familiariser avec la vie du fleuve et d'explorer ses nombreux cours d'eau.

Il y a plusieurs solutions intéressantes.

Mango Cruises (☎0902 880 120 ; www.mangocruises.com). Les voyageurs apprécient la croisière avec une nuit à bord ou celle de trois jours, par les voies fluviales moins fréquentées du delta entre My Tho et Can Tho ou Ben Tre et Sa Dec, sur de très beaux sampans de bois traditionnels.

Bassac (☎0710-382 9540 ; www.transmekong.com ; nuit 254 $US). TransMékong (prestataire franco-vietnamien) dispose de plusieurs jolis sampans de bois pour petits groupes. La croisière standard de deux jours va de Cai Be à Can Tho. On peut également organiser un circuit sur mesure.

Mekong Eyes (☎0710-378 3586 ; www.mekongeyes.com). Choisissez entre une barge à riz superbement transformée (*Mekong Eyes*), un sampan à deux cabines (*Dragon Eyes*) ou une péniche privée (*Gecko Eyes*). L'agence doit son nom aux yeux peints sur tous les bateaux du delta. Ces beaux bateaux font plusieurs types de croisières sur le Mékong, allant d'une journée à deux semaines.

Aqua Expeditions (☎1 866 603 3687 ; www.aquaexpeditions.com ; 3 nuits à partir de 3315 $US). *Aqua Mekong* est en fait un élégant hôtel cinq étoiles flottant, avec tout le confort qu'on peut souhaiter : cabines spacieuses, piscine sur le pont, repas gourmets, et même une bibliothèque et une salle de jeux. Ces croisières sur le Mékong, de trois à sept nuits, vont de Siem Reap à Hô Chi Minh-Ville, explorant dans l'élégance et le confort absolus les voies fluviales du Cambodge et du Vietnam.

Sinon, il est possible d'effectuer une croisière plus longue et plus luxueuse, entre My Tho (avec transfert depuis Hô Chi Minh-Ville) et Siem Reap, au Cambodge. Citons notamment, parmi les compagnies haut de gamme qui les proposent, **Pandaw Cruises** (www.pandaw.com ; 7 nuits 2 330-3 107 $US). Plus petite, la **Compagnie fluviale du Mekong** (www.cf-mekong.com ; 7 nuits à partir de 1 849 $US/pers) est réputée pour son service personnalisé et ses excellents repas. **AmaWaterways** (www.amawaterways.com) et **Heritage Line** (www.heritage-line.com ; 3 nuits à partir de 1 756 $US) placent la barre encore plus haut. Avant d'embarquer pour un long circuit, sachez que les paysages varient peu dans le delta et qu'on peut se limiter à un tronçon plus court, par exemple My Tho-Phnom Penh.

Kim Lan Hotel HÔTEL $$
(☎071-381 7079 ; www.kimlancantho.com.vn ; 138a Ð Nguyen An Ninh ; ch 630 000-1 750 000 d ; ❄@📶). Un mini-hôtel impeccable, aux chambres chics agrémentées de meubles contemporains et d'œuvres d'art. Même les moins chères, petites et sans fenêtre, ont tout de convenable, et les "deluxe" sont très jolies. Personnel aimable et serviable.

Minh Viet Homestay PENSION $$
(☎0978 123 213 ; 245/1 Phu Quoi, Cai Rang ; s/d/qua 15/25/45 $US ; 📶). Plus proche du marché flottant de Cai Rang que de Can Tho, cette pension rustique est composée de chambres simples, avec des moustiquaires et des toits de chaume. Minh et sa famille sont des hôtes accueillants et sympathiques, et il emmène volontiers les résidents visiter la campagne et les marchés flottants. Apportez des bouchons d'oreille pour ne pas entendre les moteurs des bateaux, tôt le matin.

Anh Dao Mekong Hotel HÔTEL $$
(☎071-0381 9501 ; www.anhdaomekonghotel.com ; Chau Van Liem ; ch 786 000-1 122 000 d ; ❄📶). Un emplacement central pratique, des chambres spacieuses contemporaines et un personnel très aimable sont la marque de cet hôtel bardé de néons. Petit-déjeuner complet. Les circuits organisés sont appréciés des touristes, même si le personnel montre parfois trop d'enthousiasme à les proposer.

♥ **Victoria Can Tho Resort** COMPLEXE HÔTELIER $$$
(☎071-381 0111 ; www.victoriahotels.asia ; Cai Khe Ward ; ch/ste à partir de 2 365 600/3 429 300 d ; ❄@📶🏊). Un hôtel élégant et sophistiqué,

VAUT LE DÉTOUR

LE MEKONG RIVERSIDE RESORT & SPA

Établissement 4 étoiles dégageant une extraordinaire impression d'isolement, le **Mekong Riverside Resort & Spa** (073-392 4466 ; www.mekongriversideresort.vn ; Hoa Qui Ward, Hoa Khanh, district de Cai Be ; bungalows 120-170 $US ;) se distingue par ses jolis bungalows au toit de chaume et sa vue imprenable sur le Mékong. Vous pouvez pêcher depuis votre balcon ou paresser en regardant passer les bateaux qui croisent sur le Mékong le soir. Avec des canoës en libre accès et un mirador pour observer les oiseaux, ce complexe hôtelier vous permet de découvrir pleinement le monde aquatique du delta du Mékong.

À 2 km à l'ouest de Cai Be en longeant le fleuve ; on peut venir vous chercher à Hô Chi Minh-Ville.

dans une immense demeure de style colonial français. Les chambres claires, toutes avec balcon, donnent sur le fleuve, la piscine ou le jardin luxuriant. Excellent restaurant, bar en plein air et spa au bord du fleuve. Nombreuses activités possibles (circuits à vélo, cours de cuisine, croisières sur le *Lady Hau,* une ancienne barge à riz reconvertie.

Nam Bo Boutique Hotel BOUTIQUE-HÔTEL $$$
(071-0381 9139 ; www.nambocantho.com ; 1 Đ Ngo Quyen ; ste 2 610 000-5 220 000 d). Occupant un immeuble de style colonial, ce bel hôtel central, en bord de fleuve, compte seulement 8 suites et combine décoration traditionnelle et élégance contemporaine. Le service est toutefois un peu décevant. La suite Nam Bo est la plus jolie, la suite n°8 à l'angle peut être bruyante. Excellents restaurants au dernier étage et au rez-de-chaussée.

Où se restaurer et prendre un verre

L'"**allée des fondues**" (Hem 1), entre Đ Mau Than et Đ Ly Tu Trung, à l'est du Xoai Hotel, est idéale pour se régaler d'une fondue de poisson ou de canard, avec une enfilade de petits restaurants dédiés.

Nem Nuong Thanh Van VIETNAMIEN $
(angle Nam Ky Khoi Nghia et 30 Thang 4 ; repas 45 000 d ; 8h-21h). Ce petit endroit que les habitants adorent ne fait qu'un plat, le *nem nuong*, mais c'est le meilleur de la ville. Composez vous-même vos rouleaux frais avec les ingrédients proposés : saucisse de porc, crêpe de riz, banane verte, carambole, concombre et toutes sortes de fines herbes, puis trempez-les dans la sauce aux cacahuètes et autre chose, dont le secret est jalousement gardé. Simple… et fantastique !

Marché de nuit VIETNAMIEN $
(Đ Phan Boi Chau ; repas 20 000 d environ ; 17h-22h). Tous les soirs, l'espace entre les rues Phan Boi Chau et Phan Chu Trinh s'anime de dizaines de stands de cuisine, qui vendent viande grillée et tofu en brochettes, riz gluant et jus de canne à sucre frais, entre autres.

Quan Com Chay Cuong VÉGÉTARIEN $
(9 Đ De Tham ; repas à partir de 20 000 d ; 11h-22h ;). Situé derrière la pagode Munireangsey, ce restaurants *com chay* (végétarien) a une réputation en or. Les plats de légumes, de riz et de "viande" (dont une fondue au "faux poulet") sont bien préparés et le service est sympathique. Commandez avec la carte en anglais ou désignez ce que vous voulez au buffet.

CoopMart SUPERMARCHÉ $
(Đ Hoa Binh ; 9h-21h). Immense supermarché bien achalandé.

Mekong VIETNAMIEN, INTERNATIONAL $
(38 Đ Hai Ba Trung ; repas à partir de 60 000 d ; 7h-20h ;). Donnant sur la très animée Hai Ba Trung, une adresse prisée des voyageurs pour son choix de plats locaux et internationaux à prix raisonnables ; la quantité prime toutefois sur la qualité. La soupe de poisson aigre est délicieuse, tout comme la crème brûlée aux fruits de la passion.

L'Escale VIETNAMIEN, INTERNATIONAL $$
(071-381 9139 ; Nam Bo Boutique Hotel, 1 Đ Ngo Quyen ; repas 200 000-500 000 d ; 6h-22h30 ;). Avec une vue superbe sur le fleuve depuis le sommet de l'hôtel Nam Bo et des éclairages tamisés romantiques, cette Escale est l'endroit où venir avec votre chéri(e) pour prendre un verre de vin – la carte est bien fournie – et manger de très bons plats comme le poisson à l'ananas en cocotte, les crevettes sautées à l'ail et aux épinards ou la salade de canard fumé. Cuisine fine inspirée du marché.

Nam Bo VIETNAMIEN ET INTERNATIONAL $
(071-382 3908 ; www.nambocantho.com ; Nam Bo Boutique Hotel, 1 Đ Ngo Quyen ; repas 200 000-350 000 d ; 8h-23h). Ambiance romantique et méditerranéenne pour ce restaurant au rez-de-chaussée de l'hôtel Nam Bo, qui propose un bon mélange de plats vietnamiens et occidentaux. Le poulet à la citronnelle et le bar grillé dans une feuille de bananier sont fameux ; les bananes flambées à l'alcool de riz ajoutent une touche exotique au repas. Le menu de 6 plats (280 000 d) est une très bonne affaire.

♥ **Spices Restaurant** VIETNAMIEN, INTERNATIONAL $$$
(Victoria Can Tho Resort, Cai Khe, Ninh Kieu ; repas 200 000-680 000 d ; 6h-22h ;). Prenez une table qui donne sur le fleuve dans cet élégant restaurant, raffiné sans être guindé, et commencez par le trio de salades joliment présentées (papaye verte, fleur de bananier, mangue verte) ou l'assortiment d'entrées pour deux, poursuivez avec le poisson à oreilles d'éléphant frit ou le calamar farci au porc. Canard poêlé et côtelettes d'agneau soigneront les palais qui ont le mal du pays, et les desserts sont sublimes.

Renseignements

Can Tho Tourist (071-382 1852 ; www.canthotourist.com.vn ; 50 Đ Hai Ba Trung ; 8h-19h). Le personnel, serviable et qui parle français et anglais, vous renseignera sur la région. Cartes correctes de la ville.

Hôpital (Benh Vien ; 071-382 0071 ; 4 Đ Chau Van Liem). Urgences médicales.

Poste principale (2 ĐL Hoa Binh ; 8h-17h lun-sam).

Depuis/vers Can Tho

AVION

Can Tho est desservie par Vietnam Airlines, Vietjet Air et VASCO, avec des vols pour Dalat (1 heure, 2/sem), Danang (1 heure 30, tlj), Hanoi (2 heures 15, 3/jour) et Phu Quoc (1 heure, tlj).

Aéroport International de Can Tho (www.canthoairport.com ; Đ Le Hong Phong). À 10 km au nord-ouest du centre. Un taxi pour la ville coûte environ 220 000 d.

BATEAU

Plusieurs services permettent de rejoindre d'autres villes du delta, dont des hydrofoils qui rallient Ca Mau (300 000 d, 3-4 heures) en passant par Phung Hiep.

AU MARCHÉ, AU MARCHÉ !

Le point d'orgue indiscutable de toute visite à Can Tho est de se rendre en bateau à un **marché flottant**. Et pourtant Can Tho est aussi le seul endroit du delta où des soi-disant guides peuvent vous importuner et vous accoster dès que vous descendez du bus, et même se présenter à votre hôtel après avoir demandé votre destination à votre chauffeur de taxi ou de *xe om*. Pour choisir votre guide, étudiez les points suivants :

- Qu'y a-t-il d'inclus dans la visite ? Un trajet de 40 minutes jusqu'à Cai Rang, et un retour à Can Tho presque immédiat, ou une visite d'une demi-journée qui emprunte des canaux secondaires ?
- Quelle est la taille du bateau ? Les plus gros sont équipés de gilets de sauvetage, sont abrités par un toit et vous amènent plus rapidement aux marchés, mais vous serez au milieu de groupes plus importants. Les plus petits sont plus intimes mais ne disposent pas tous de gilets de sauvetage et leurs toits peuvent être minces (ou inexistants), vous pourriez sentir le chien mouillé en cas d'averse.
- À quelle heure part le bateau? si vous démarrez après 6h30, vous allez manquer la partie la plus intéressante.
- Le guide parle-t-il le français ou l'anglais ? Les petits bateaux amarrés à proximité de la statue géante de Hô Chi Minh sont les moins chers, mais vous n'aurez pas les commentaires expliquant la vie sur le fleuve.
- Les tarifs vont d'environ 120 000 d/heure (selon vos talents de négociateur) pour un petit bateau mené par un guide parlant quelques mots d'anglais à 30 $US/personne pour une visite de 7 heures qui comprend les deux marchés, avec un guide parlant bien l'anglais ou, parfois, le français.

BUS AU DÉPART DE CAN THO

DESTINATION	PRIX (D)	DURÉE	FRÉQUENCE	DISTANCE
Ben Tre	75 000	3 heures	plusieurs par jour	123 km
Ca Mau	67 000-150 000	3 heures 15 à 4 heures	toutes les heures	149 km
Cao Lanh	50 000	2 heures 30	tlj	82 km
Chau Doc	105 000-245 000	3 heures 15	toutes les heures	120 km
HCMV	110 000	3 heures 30	toutes les 30 min	169 km
Long Xuyen	105 000	1 heure 30	toutes les heures	61 km
Phnom Penh	380 000	7 heures	tlj à 6h30	226 km
Soc Trang	100 000	1 heure 30	toutes les heures	62 km

BUS

Gare routière (Ben Xe 91B ; Đ Nguyen Van Linh). Tous les bus partent maintenant de la gare routière principale, à 2,5 km au nord-ouest du centre. Un *xe om* pour le centre coûte environ 50 000 d.

Comment circuler

Les courts trajets en *xe om* coûtent 20 000 d environ.

Environs de Can Tho

Installés le long des rives dans les secteurs larges du fleuve, les **marchés flottants** sont l'un des grands attraits du delta. La plupart des commerçants viennent tôt pour éviter la chaleur, et visiter les marchés entre 6h et 7h permet d'échapper à l'affluence touristique. Les marées conditionnent toutefois les déplacements des gros bateaux, qui doivent souvent attendre que le tirant d'eau soit suffisant pour naviguer.

Avec l'amélioration des routes et des transports publics, certains des petits marchés flottants situés en zone rurale tendent à disparaître, mais de grands marchés proches des secteurs urbains sont encore bien implantés.

De Can Tho, on accède facilement, à vélo ou en bateau, à la campagne environnante, réputée pour ses vergers de durians, de mangoustaniers et d'orangers.

À voir

Marché flottant de Cai Rang MARCHÉ
(5h-12h). Cai Rang, le plus grand marché flottant du delta du Mékong, se situe à 6 km de Can Tho en direction de Soc Trang. Un pont permet de prendre d'excellentes photos. Le marché est plus intéressant entre 6h et 7h, et en venant tôt vous éviterez aussi les groupes en circuit organisé. C'est un marché de gros : regardez ce qui est accroché à la longue perche au-dessus du bateau pour savoir ce que l'on y vend.

Bien que Cai Rang soit visible de la route, mieux vaut venir en bateau (10-15 $US) ; comptez 45 minutes depuis le marché de Can Tho. Vous pouvez aussi aller en voiture jusqu'à l'embarcadère de Cau Dau Sau (près du pont Dau Sau), à 10 minutes en bateau du marché.

Marché flottant de Phong Dien MARCHÉ
(5h-12h). Phong Dien est le marché le plus intéressant du delta du Mékong ; c'est le plus petit, avec moins de bateaux à moteur et plus de bateaux à rame, où les vendeurs locaux échangent produits et potins. Moins fréquenté que celui de Cai Rang, il attire aussi beaucoup moins de touristes. Il bat son plein entre 5h et 7h. Il est à 20 km au sud-ouest de Can Tho ; vous pouvez y aller par la route mais beaucoup d'agences proposent maintenant une visite combinée de Cai Rang et de Phong Dien, en revenant à Can Tho par des canaux moins fréquentés.

Bang Lang RÉSERVE ORNITHOLOGIQUE
(8 000 d ; 5h-18h). Sur la route entre Can Tho et Long Xuyen, Bang Lang est une magnifique réserve ornithologique de 1,3 ha abritant des milliers de cigognes et d'aigrettes neigeuses. Une haute plate-forme d'observation permet d'épier les oiseaux. Le lever et le coucher du soleil sont les moments les plus favorables.

Bang Lang est à 46 km au nord-ouest de Can Tho ; joignez-vous à un groupe, prenez un *xe om*, ou encore un bus jusqu'à Thoi An puis un *xe om*.

Soc Trang

☎ 079 / 146 000 HABITANTS

Ville sans grand charme, Soc Trang est un haut lieu de la communauté khmère, qui représente 28% de la population de la province. Elle constitue une base pratique pour découvrir les imposants temples khmers des alentours.

À voir

Pagode Mahatup TEMPLE BOUDDHIQUE

(Chua Doi ; Đ Van Ngoc Chinh ; ⏲lever-coucher du soleil). Aussi appelé la pagode aux Chauves-Souris, ce vaste et paisible ensemble monastique khmer est surtout connu pour sa colonie de chauves-souris frugivores, accrochées par centaines dans les arbres. Les plus grandes pèsent environ 1 kg et leur envergure peut atteindre 1,50 m. Au crépuscule, elles s'envolent par centaines pour envahir les vergers.

La pagode est à 2 km au sud de Soc Trang. On peut s'y rendre en *xe om* (22 000 d).

Les bonzes ne demandent pas d'argent, mais vous pouvez laisser une obole. La pagode est ornée de bouddhas dorés et de peintures murales, financés par des Vietnamiens expatriés. Dans une salle trône la statue grandeur nature du moine fondateur du temple.

Buu Son Tu TEMPLE BOUDDHIQUE

(Chua Dat Set ; 163 Đ Ton Duc Thang ; don apprécié ; ⏲ lever-coucher du soleil). Le Buu Son Tu (temple de la Montagne précieuse) fut fondé il y a plus de deux siècles par une famille chinoise, les Ngô. Cette pagode a la particularité de ne contenir que des objets en argile. Les centaines de statues et sculptures ont été réalisées par le moine Ngo Kim Tong, qui, de l'âge de 20 ans jusqu'à sa mort à 62 ans, s'est consacré à son décor, totalement différent des pagodes khmères ou vietnamiennes de Soc Trang. C'est un lieu de culte actif. Le bonze qui la dirige, Ngô Kim Giang, est le frère cadet de l'artiste. Très sympathique, il parle parfaitement français et se fera un plaisir de vous renseigner.

À l'entrée, les visiteurs sont accueillis par l'une de ses plus imposantes créations : un éléphant à six défenses qui serait apparu en rêve à la mère du Bouddha. L'autel central, réalisé avec plus de 5 tonnes d'argile, compte un millier de bouddhas assis sur des pétales de lotus. Remarquez la tour chinoise de 13 étages, haute de plus de 4 m ; décorée de 156 dragons, elle comporte 208 niches contenant chacune un petit bouddha.

Pagode Kh'leang TEMPLE BOUDDHIQUE

(Chua Kh'Leang ; 68 Đ Ton Duc Thang ; ⏲ lever-coucher du soleil). Hormis la peinture un rien

HORS DES SENTIERS BATTUS

RÉSERVE ORNITHOLOGIQUE DE BAC LIEU

La **réserve ornithologique de Bac Lieu** (Vuon Chim Bac Lieu ; ☎ 0781-383 5991 ; 20 000 d ; ⏲ 7h30-17h), à 6 km au sud-ouest de la ville de Bac lieu, peu visitée, accueille une cinquantaine d'espèces d'oiseaux, dont une importante colonie de hérons blancs. Le nombre de volatiles est à son maximum durant la saison des pluies – de mai à octobre approximativement. Les oiseaux nichent là jusqu'en janvier.

Le trajet depuis Bac Lieu n'est pas évident. Ensuite, il faut marcher dans une jungle épaisse (et souvent boueuse) ; prévoyez de bonnes chaussures, de l'eau, des jumelles et suffisamment d'antimoustique.

Mieux vaut vraiment engager un guide à l'entrée de la réserve pour éviter de vous perdre. Les guides, qui pour la plupart ne parlent que vietnamien, ne sont pas censés recevoir de l'argent ; remettez-leur discrètement un pourboire. Vous pouvez également réserver transport et guide à l'office du tourisme de Bac Lieu (☎ 0781-382 4273 ; www.baclieutourist.com ; 2 Đ Hoang Van Thu ; ⏲ 7h-11h et 13h-17h), mais cela vous coûtera beaucoup plus cher.

L'hôtel **Cong Tu Bac Lieu** (☎ 0781-358 0580 ; www.congtubaclieu.vn ; 13 Đ Diên Biên Phu ; ch 500 000-2 000 000 d ; ❄ 📶) est de loin l'endroit le plus intéressant pour séjourner en ville. C'est un bijou colonial de 1919 rénové ; les plus belles chambres ont des balcons, des plafonds hauts et une décoration XIXe décadente. La carte du restaurant (plats 40 000-100 000 d) est étendue et les plats de poisson sont particulièrement bons.

Bac Lieu est sur le trajet des bus vers Can Tho via Soc Trang (3 heures) et Ca Mau (2 heures).

VAUT LE DÉTOUR

LA PAGODE XA LON

Cette splendide pagode khmère classique (RN 1A ; lever-coucher du soleil) fut originellement construite en bois au XVIIIe siècle. Entièrement rebâtie en 1923, elle se révéla trop petite. L'actuel sanctuaire a été lentement édifié de 1969 à 1985, au rythme des dons des fidèles. De magnifiques tuiles en céramique couvrent les murs extérieurs.

La pagode Xa Long se situe à 12 km de Soc Trang en direction de Bac Lieu.

Les bonzes résidant ici mènent une vie austère : petit-déjeuner à 6h, aumônes jusqu'à 11h, prière, déjeuner à 12h, étude l'après-midi (pas de repas le soir). La pagode possède également une école qui enseigne le bouddhisme et le sanskrit.

criarde, cette pagode semble directement importée du Cambodge. Construite à l'origine en bambou en 1533, elle a été entièrement rebâtie en béton en 1905. Plusieurs bonzes résident dans la pagode, qui accueille plus de 150 novices venus de tout le delta pour étudier à l'École bouddhique de Soc Trang, de l'autre côté de la rue.

Il y a un petit **musée** (8h-17h) intéressant, consacré à la minorité khmère du Vietnam, face à la pagode. Sept fêtes religieuses ont lieu ici chaque année, attirant des fidèles des confins de la province.

Fête

Fête d'Oc Bom Boc CULTUREL
(Bon Om Touk). Une fois par an, la communauté khmère venue de tout le Vietnam et même du Cambodge organise cette fête de l'Eau, qui s'accompagne de courses de bateaux sur la rivière Soc Trang. Les courses se déroulent le 15e jour du 10e mois lunaire, habituellement en novembre. Elles commencent à midi, mais la ville se remplit dès la veille.

Où se loger et se restaurer

Que Huong Hotel HÔTEL $$
(079-361 6122 ; 128 Đ Nguyen Trung Truc ; ch 320 000 d, ste 490 000-680 000 d ;). Les chambres se révèlent plus attrayantes que ne le laisse supposer la façade austère. Les suites disposent d'une baignoire encastrée et d'un bar (boissons en sus).

Quan Hung VIETNAMIEN $
(24/5 Đ Hung Vuong ; repas 80 000-170 000 d ; 11h-10h). Dans une ruelle le long de la route qui mène en ville, ce vaste restaurant, ouvert sur les côtés, attire constamment du monde grâce à ses délicieuses grillades de viande et de poisson. Si vous êtes nombreux, prenez une fondue.

Depuis/vers Soc Trang

Des bus relient toutes les heures Soc Trang à Bac Lieu (150 000 d, 3 heures), Ca Mau (140 000 d, 3 heures), Can Tho (100 000 d, 1 heure 30) et HCMV (135 000 d, 5 heures).

Gare routière de Soc Trang (Ben Xe Soc Trang ; Đ Le Duan). Elle est située à 1,3 km du centre, près du croisement avec Đ Hung Vuong, le grand axe qui conduit en ville.

Ca Mau

0780 / 140 000 HABITANTS

Bâtie sur les rives de la Ganh Hao, Ca Mau est la capitale et la seule vraie ville de la province du même nom. Occupant la pointe sud du delta du Mékong, cette région reculée et inhospitalière n'a pas été exploitée avant la fin du XVIIe siècle. La province détient la plus faible densité de population du sud du Vietnam.

Compte tenu de cela, on peut s'étonner que la ville de Ca Mau soit aussi agréable, avec ses larges boulevards, ses parcs et ses rues commerçantes animées. Si elle s'est rapidement développée ces dernières années, elle reçoit cependant peu de touristes.

L'amélioration des moyens de transport permet plus facilement de s'y arrêter pour découvrir une partie du delta que le tourisme n'a pas gâchée, avec son **marché** (Đ Le Loi) qui s'étend dans les rues à l'ouest du canal de Phung Hiep, au sud de Đ Phan Ngoc Hien. L'autre site intéressant est le **temple caodaïste** (Đ Phan Ngoc Hien ; lever-coucher du soleil), véritable débauche de couleurs et d'ornements, même s'il en existe d'autres plus impressionnants dans le delta.

Côté gîte, citons le **Dong Anh Hotel** (0780-357 6666 ; www.donganhhotel.com.vn ; 25 Tran Hung Dao ; ch 350 000 d ;), central, qui possède des chambres propres, certaines avec balcon sur la rue principale. Le **Anh Nguyet Hotel** (0780-356 7666 ; 207 Đ Phan Ngoc Hien ; ch 29-49 $US ;) n'a pas l'élégance qu'il prétend avoir, mais ses chambres sont assez confortables et le buffet de petit-déjeuner est bon.

Ca Mau

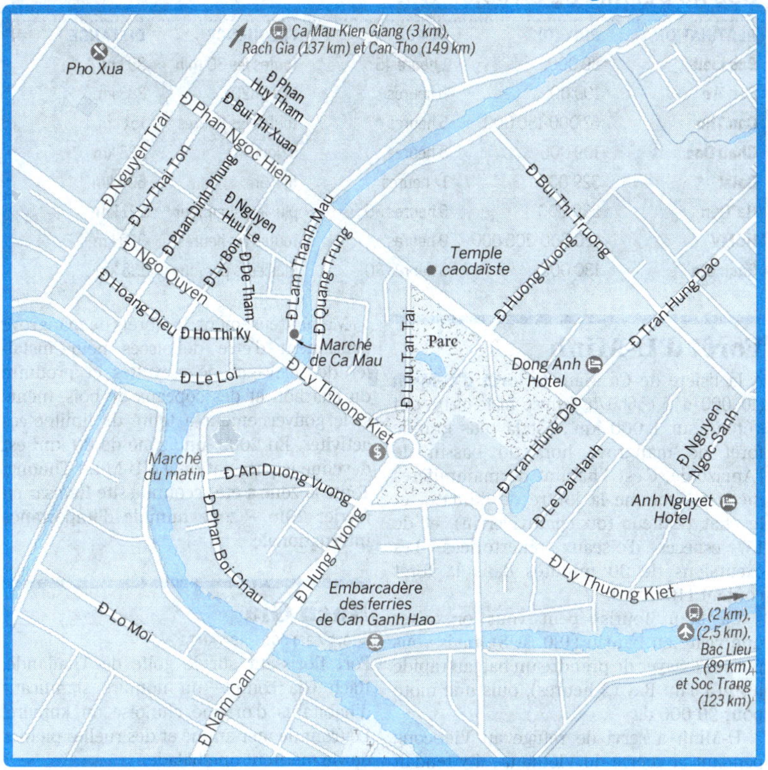

Les crevettes, élevées en bassin et dans les mangroves, sont la spécialité de Ca Mau ; vous pouvez en goûter au **Pho Xua** (126 Đ Phan Ngoc Hien ; plats 60 000-189 000 d ; 7h-22h), spécialisé dans les produits de la mer. Les petites gargotes groupées en bord de route et les stands de *banh mi* dans les rues qui entourent le marché, notamment à l'extrémité de Đ Nguyen Huu Le, proposent aussi une cuisine délicieuse.

Comment s'y rendre et circuler

AVION

Vietnam Airlines assure un vol quotidien depuis/vers HCMV (1 heure). L'aéroport se situe à 3 km à l'est du centre-ville, sur la RN 1A.

BATEAU

Chaque jour, 3 hydrofoils circulent entre Ca Mau et Rach Gia (300 000 d, 3 heures). Ils partent de l'embarcadère des ferries de Can Ganh Hao (Pha Can Ganh Hao) à 6h20, 8h20 et 9h20. Les bateaux pour Can Tho (250 000 d, 3-4 heures) partent de l'embarcadère de Cong Ca Mau (Đ Quang Trung), à 3 km à l'est de la ville.

BUS

Il y a deux gares routières. La compagnie Phuong Trang propose les services les plus confortables vers HCMV, Can Tho et même Dalat. Des bus express partent pour HCMV entre 5h et 22h30.

Gare routière de Ca Mau (Đ Ly Thuong Kiet, Ben Xe Ca Mau). De cette gare routière principale, à 2 km à l'est du centre de Ca Mau, des liaisons sont assurées avec presque toutes les destinations, excepté Rach Gia et Ha Tien.

Gare routière de Ca Mau Kien Giang (Ben Xe Ca Mau Kien Giang ; Đ Nguyen Trai). Cette petite gare routière est à 3 km au nord-est du centre de Ca Mau. Elle dessert Rach Gia et Ha Tien.

VOITURE ET MOTO

La RN 1A continue jusqu'à Nam Can, la ville la plus méridionale du Vietnam, à 50 km.

BUS AU DÉPART DE CA MAU

DESTINATION	PRIX (D)	DURÉE	FRÉQUENCE	DISTANCE
Bac Lieu	39 000	1 heure 45	toutes les 30 min	89 km
Ben Tre	109 000	6 heures	tlj à 9h20	283 km
Can Tho	67 000-150 000	5 heures	toutes les heures	151 km
Chau Doc	109 000	8 heures	3/jour	228 km
Dalat	329 000	17 heures	tlj à 6h	604 km
Ha Tien	230 000	5 heures 30	plusieurs par jour	221 km
HCMV	120 000-200 000	9 heures	toutes les heures	329 km
Rach Gia	130 000	3 heures 30	plusieurs par jour	138 km

Forêt d'U-Minh

À la lisière de Ca Mau, **la forêt d'U-Minh** (10 000 d ; 6h-17h, fermée mars-mai), qui s'étend sur 1 000 km², est la plus grande forêt de mangrove hors du bassin de l'Amazonie. C'est l'habitat de mammifères menacés, comme la loutre de Sumatra et le chat pêcheur (ou chat viverrin), et de 187 espèces d'oiseaux répertoriées. Les excursions de 30 minutes dans la forêt coûtent 140 000 d.

Ca Mau Tourist peut vous organiser une visite en bateau (180 $US), mais vous pouvez essayer de prendre un bateau rapide jusqu'à Thu Bay (2 heures), puis une moto pour 90 000 d.

U-Minh a servi de refuge au Viêt-cong pendant la guerre du Vietnam ; il y tendait des embuscades aux bateaux de patrouille américains et posait régulièrement des mines dans les canaux. Les Américains tentèrent de se débarrasser du Viêt-cong avec des défoliants chimiques, qui firent d'énormes dégâts aux forêts. Au fil des ans, les fortes pluies ont fini par charrier la dioxine vers la mer, et la forêt est en train de repousser. Beaucoup d'eucalyptus ont aussi été replantés ici, en raison de leur relative résistance à la dioxine.

Malheureusement, les forêts de mangrove continuent d'être déboisées pour installer des élevages de crevettes et produire du charbon et des copeaux de bois, même si le gouvernement a tenté de limiter ces activités. En 2002, une zone de 80 km² est devenue le parc national d'U-Minh Thuong. Toute la zone a été reconnue site Ramsar en février 2016 – zone humide d'importance internationale.

Rach Gia

☎ 077 / 221 000 HABITANTS

Port florissant sur le golfe de Thaïlande, Rach Gia compte un nombre significatif d'habitants d'origine chinoise ou khmère. Le front de mer animé et des ruelles pleines de vie méritent une balade.

L'accès facile à la mer et la proximité du Cambodge et de la Thaïlande font de la pêche, de l'agriculture et de la contrebande des activités lucratives. La région était autrefois le principal fournisseur des grandes plumes utilisées pour fabriquer les éventails de cérémonie de la cour impériale.

Si vous restez en ville plus de temps qu'il n'en faut pour prendre le bateau vers l'île de Phu Quoc, visitez l'intéressant **musée**

TRAVERSÉES EN HYDROFOIL

Si vous hésitez entre un hydrofoil et un bus, sachez que l'hydrofoil est généralement moins bondé que les bus ordinaires entre Ca Mau et Rach Gia. En attendant la construction de nouveaux ponts, il est aussi plus rapide et généralement plus confortable ; de plus, le trajet est plus attrayant. Les bateaux sont longs et bas, vous aurez une vue au ras de l'eau qui permet d'appréhender au plus près la vie du fleuve – dans toute sa splendeur et sa misère. La traversée entre Ca Mau et Rach Gia se révèle particulièrement intéressante, car elle passe d'une zone rurale verdoyante ponctuée d'habitations en rotin vers Ca Mau à un tronçon urbain industrialisé, en arrivant vers Rach Gia. Si vous voyagez à vélo dans le delta, les hydrofoils peuvent embarquer votre deux-roues moyennant un supplément.

Rach Gia

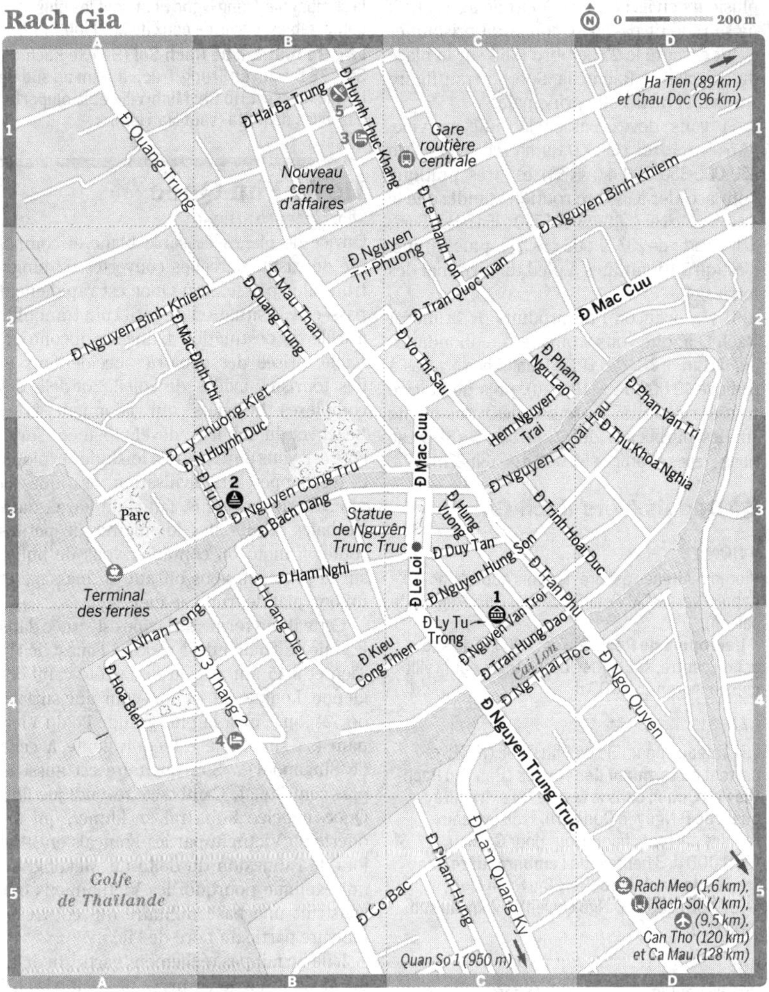

Rach Gia

À voir

1 Musée Kien Giang C4
2 Temple de Nguyên Trung Truc B3

Où se loger

3 An An Hotel B1
4 Palace Hotel B4

Où se restaurer

5 Quan F28 .... B1

Kien Giang (21 Ð Nguyen Van Troi ; 7h30-11h et 13h30-17h lun-ven) GRATUIT, situé dans un bijou de bâtiment de l'ère coloniale française. Y sont exposés des photos de guerre, ainsi que des objets et des poteries provenant de l'antique cité khmère d'Oc Eo (période du Funan).

Non loin du quai des ferries rapides, le **temple de Nguyên Trung Truc** (18 Ð Nguyen Cong Tru ; lever-coucher du soleil) est l'autre site intéressant. Ce temple honore la mémoire de Nguyên Trung Truc, leader de la résistance vietnamienne contre la toute nouvelle présence française, dans les années 1860. Il fut l'instigateur de l'attaque qui provoqua l'incendie du navire de guerre français *L'Espérance*. Nguyên Trung Truc continua à combattre jusqu'en 1868, quand les Français prirent en otage sa mère et plusieurs civils et menacèrent de les tuer s'il ne se rendait pas. Il se constitua prisonnier et fut exécuté le 27 octobre 1868 sur la place du marché de Rach Gia. Son portrait figure sur l'autel de la salle principale.

Si vous devez passer la nuit en ville, l'**An An Hotel** (13-14 Đ Huynh Thuc Khang ; ch 250 000-350 000 d ; ❄📶) est très pratique pour accéder à la gare routière, tandis que le **Palace Hotel** (☎0913 864 730 ; 16a Đ Hoa Bien ; d/tr à partir de 28/39 $US ; ❄📶), plus raffiné, n'est qu'à 10 minutes à pied du terminal des ferries.

Il y a beaucoup de produits de la mer à Rach Gia, que vous trouverez en abondance au **Quan F28** (28 Đ Le Thanh Thon ; repas à partir de 40 000 d ; ⏲11h-22h), près de la gare routière centrale, ou cuisez-les vous-même sur les barbecues du **Quan So 1** (82 Đ Lac Hong ; repas à partir de 50 000 d ; ⏲8h-22h).

Depuis/vers Rach Gia

AVION

Vietnam Airlines assure des vols quotidiens depuis/vers HCMV et l'île de Phu Quoc (en haute saison).

L'**aéroport de Rach Gia** est à 10 km au sud-est du centre, sur la RN 80 ; un taxi pour la ville coûte environ 150 000 d.

BATEAU

Les bateaux pour l'île de Phu Quoc (p. 415) partent du **terminal des ferries** (Ban Tau Rach Gia Phu Quoc), dans le centre, à l'extrémité ouest de Đ Nguyen Cong Tru. Trois bateaux rapides partent chaque jour pour Ca Mau (300 000 d, 3 heures) de l'**embarcadère des ferries de Rach Meo** (Ben Tau Rach Meo ; ☎077-381 1306 ; Đ Ngo Quyen), à 2 km au sud de la ville.

BUS

Un taxi pour le centre depuis la gare routière centrale coûte 30 000 d environ. De celle de Rach Soi, ils coûtent 150 000 d environ.

La **gare routière centrale de Rach Gia** (Ben Xe Khach Rach Gia), juste au nord du centre-ville, dessert essentiellement Ha Tien. Les bus de la compagnie Trang Ngoc Phat sont les plus confortables, suivis de ceux de Mai Linh.

La **gare routière de Rach Soi** (Ben Xe Rach Soi ; 78 Đ Nguyen Trung Truc), à 7 km au sud de la ville, dessert Hô Chi Minh-Ville et la plupart des villes du delta (sauf Ha Tien).

Île de Phu Quoc

☎077 / 108 000 HABITANTS

Ourlée de plages de sable blanc et composée de vastes parcelles couvertes de jungle tropicale épaisse, Phu Quoc est rapidement passée de la situation de petit coin tranquille à celle de destination balnéaire incontournable, prisée des expatriés occidentaux et des touristes avides de soleil. Au-delà des complexes hôteliers qui jalonnent Long Beach, et du début de développement sur la côte est, vous aurez tout le loisir de l'explorer et d'échapper à la civilisation. Pratiquez la plongée sur les récifs, faites du kayak dans les baies, avalez des kilomètres de petites routes à moto ou contentez-vous de buller sur la plage, en vous offrant un massage et un bon plat de fruits de mer.

Cette île en forme de larme est située dans le golfe de Thaïlande, à 45 km à l'ouest de Ha Tien et à 15 km au sud de la côte cambodgienne. Longue de 48 km (pour une surface de 574 km²), c'est la plus grande île du Vietnam (sa superficie est équivalente à celle de Singapour)... Son territoire est aussi le plus contesté : le Cambodge revendique Phu Quoc, appelée Koh Tral en khmer, qui fut offerte au Vietnam par les Français en 1949 lors de l'annexion du delta du Mékong. Ce qui explique pourquoi les Vietnamiens ont construit une base militaire qui couvre la majeure partie du nord de l'île.

L'île ne fait pas réellement partie du delta du Mékong et ne se prête pas à la riziculture. Sa culture la plus lucrative est le poivre noir, mais les îliens ont toujours gagné leur vie grâce à la mer. Phu Quoc est également réputée pour son nuoc-mam de qualité supérieure.

BUS AU DÉPART DE RACH GIA

DESTINATION	PRIX (D)	DURÉE	FRÉQUENCE	DISTANCE
Ca Mau	130 000	3 heures 30	6/jour	128 km
Can Tho	150 000	3 heures	toutes les 30 min	120 km
Chau Doc	55 000	2 heures 45	4/jour	96 km
Ha Tien	50 000	2 heures	au moins 20/jour	89 km
HCMV	210 000	6 heures 30	fréquent	274 km

En dépit d'un développement manifeste (nouvel aéroport international, terrain de golf, nouvelles routes et projet de "complexe écotouristique avec casino"), l'île est en grande partie protégée puisqu'elle est classée parc national depuis 2001. Le parc national de Phu Quoc couvre près de 70% de l'île, soit une superficie de 31 422 hectares.

La saison des pluies assombrit le ciel de Phu Quoc de fin mai à octobre : la mer est alors agitée et beaucoup de spots de plongée deviennent impraticables. La haute saison touristique correspond au milieu de l'hiver (décembre-janvier), quand le ciel est bleu et la mer, calme. La chaleur peut être écrasante en avril et mai.

Histoire

Phu Quoc servit de base au missionnaire français Pigneau de Béhaine pendant les années 1760 et 1780. Il accueillit ici le prince Nguyên Anh, futur empereur Gia Long, alors pourchassé par les rebelles Tây Son.

Île relativement isolée, boisée et sans grand intérêt économique, Phu Quoc servit de prison à l'administration coloniale française. Les Américains prirent le relais et environ 40 000 prisonniers viêt-cong y furent détenus. La prison du Cocotier (Nha Lao Cay Dua), principale colonie pénitentiaire, toujours en activité, se situe près de An Thoi. Bien qu'elle soit considérée comme un site historique, le projet d'installer un musée a été repoussé.

À voir

Duong Dong VILLE PORTUAIRE

Plus importante ville de l'île et principal port de pêche de la côte ouest, Duong Dong est une mosaïque improbable d'hôtels pour petits budgets à l'intention des touristes vietnamiens, d'échoppes de rue, de bars et de commerces. La belle Long Beach, qui concentre la plupart des hôtels, complexes et bars de bord de plage, s'étend vers le sud.

Le vieux pont est un bon endroit pour photographier la flotte de pêche, amarrée dans un étroit canal. Le marché alimentaire animé (et plutôt sale) est un but de promenade intéressant.

Long Beach PLAGE

(Bai Truong ; carte p. 408). Long Beach s'étire joliment le long de la côte ouest, de Duong Dong jusqu'aux abords du port de An Thoi, tout au sud. Les constructions se concentrent dans la partie nord proche de Duong Dong, où les chaises longues et les parasols ont investi le rivage sablonneux. Ces plages "privées" sont les seules à être maintenues propres. Vous ne devriez pas avoir de problème à y installer votre serviette ici, à condition de ne pas trop vous approcher des hôtes payants. On y profite souvent de fabuleux couchers de soleil. Vous aurez besoin d'une moto ou d'un vélo pour atteindre les secteurs isolés, vers la pointe sud de l'île.

Plusieurs petites allées relient l'artère principale, Đ Tran Hung Dao, à Long Beach, et certaines sont bordées d'excellents restaurants. Quelques huttes de bambou vendent des boissons ; pensez toutefois à emporter de l'eau si vous envisagez une longue promenade. Les massages sur la plage ont du succès, mais mieux vaut se mettre d'accord sur le service pour ne pas se voir imposer, souvent simultanément, une manucure, une épilation des jambes au fil et un massage des pieds.

Îles An Thoi ÎLES

(Quan Dao An Thoi). À quelques encablures au large de la pointe sud de Phu Quoc, les 15 îles et îlots An Thoi peuvent se visiter en louant un bateau. Ce superbe archipel constitue un endroit privilégié pour la pêche, la baignade et le snorkeling. Hon Thom (île aux Ananas) est la plus grande avec 3 km de longueur.

La plupart des bateaux partent d'An Thoi, tout au sud de Phu Quoc, mais les hôtels de Long Beach ou les centres de plongée peuvent organiser l'excursion. Sachez que les bateaux ne sortent généralement pas pendant la saison des pluies.

Hon Dua (île aux Noix de coco), Hon Roi (île de la Lampe), Hon Vang (île de l'Écho), Hon May Rut (île du Nuage froid), Hon Dam (île de l'Ombre), Chan Qui (île de la Tortue jaune) et Hon Mong Tay (île du Petit Pistolet) font partie de cet archipel. Toutes restent pour le moment peu développées, mais cela risque de changer dans les années à venir.

Sao PLAGE

(Bai Sao ; carte p. 408). Avec son sable blanc pareil à de la poudre d'ivoire, le superbe croissant de la plage de Sao, à l'extrémité sud-est de l'île, est baigné d'une mer cristalline, le tout à quelques kilomètres seulement d'An Thoi, le principal port de commerce de Phu Quoc. Il y a quelques restaurants en bord de plage ; vous pourrez vous détendre sur une chaise longue ou pratiquer des sports nautiques. Si vous vous rendez à la plage de Sao en moto, faites le plein d'essence avant de partir.

Île de Phu Quoc

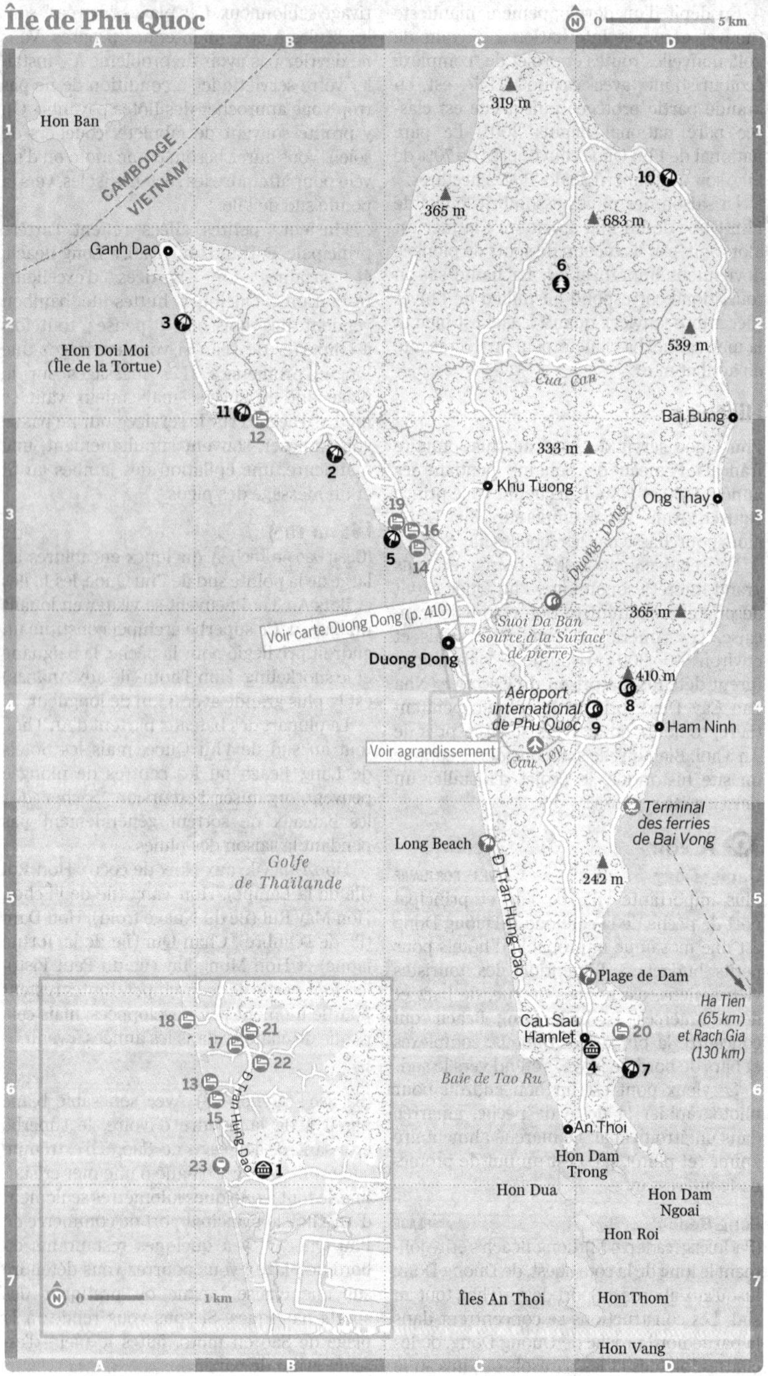

Île de Phu Quoc

À voir

1 Musée Coi Nguon B6
2 Plage de Cua Can B3
3 Plage de Dai A2
4 Nha Tu Phu Quoc (prison) D6
5 Plage d'Ong Lan C3
6 Parc national de Phu Quoc C2
7 Plage de Sao D6
8 Suoi Da Ban (source) D4
9 Suoi Tranh (source) D4
10 Plage de Thom D1
11 Plage de Vung Bau B2

Où se loger

12 Bamboo Cottages & Restaurant B3
13 Beach Club B6
14 Chen Sea Resort & Spa C3
15 Famiana Resort & Spa B6
16 Freedomland C3
17 Lan Anh Garden Resort B6
18 Lien Hiep Thanh Hotel A6
19 Mango Bay C3
20 Mango Garden D6
21 Mush'rooms Backpacker Hostel B6
22 Nhat Huy Garden Guesthouse B6
Paris Beach .... (voir 13)

Où se restaurer

Sakura .... (voir 16)

Où prendre un verre et faire la fête

Lee's Safari Bar .... (voir 21)
23 Rory's Beach Bar B6

Cua Can — PLAGE

(Bai Cua Can ; carte p. 408). La plage de Cua Can, à 11 km de Duong Dong, est la plus accessible des plages du Nord. Merveilleusement calme en semaine, elle peut être bondée le week-end. La visite en voiture des villages autour de Cua Can présente un intérêt car elle comprend la traversée de plusieurs ponts en bois branlant au-dessus de la rivière.

Ong Lan — PLAGE

(Bai Ong Lan ; carte p. 408). Au sud de Cua Can, Bai Ong Lan présente une série de criques sablonneuses abritées par des promontoires rocheux. Dans ce secteur, plusieurs complexes hôteliers de catégorie moyenne séduisent les voyageurs en quête d'isolement.

Dai — PLAGE

(Bai Dai ; carte p. 408). Une plage relativement isolée, au nord, qui garde un certain charme tropical.

Vung Bau — PLAGE

(Bai Vung Bau ; carte p. 408). Une plage du Nord attirante, qu'on peut atteindre par la route côtière.

Thom — PLAGE

(Bai Thom ; carte p. 408) La route de la plage de Dai à la plage de Thom via Ganh Dau est splendide et traverse une forêt épaisse, avec des échappées sur la côte en contrebas.

Suoi Tranh — CASCADE

(carte p. 408 ; 5 000 d). Phu Quoc compte peu de cours d'eau, mais plusieurs sources jaillissent dans les collines. La plus accessible est Suoi Tranh. Repérez le panneau d'entrée et l'arbre en béton sur la route entre Duong Dong et la plage de Vong. De la billetterie, il faut marcher 10 minutes dans la forêt pour gagner la cascade.

Parc national de Phu Quoc — RÉSERVE NATURELLE

(carte p. 408). La forêt couvre 90% de la superficie de Phu Quoc, les arbres et l'écosystème marin sont aujourd'hui officiellement protégés, et elle est même reconnue "réserve de biosphère" par l'Unesco en 2010. C'est en effet la dernière grande forêt du sud du Vietnam.

La végétation est plus dense dans la moitié nord de l'île, classée réserve forestière (Khu Rung Nguyen Sinh). Vous aurez besoin d'une moto ou d'un VTT pour explorer la réserve, sillonnée de quelques pistes, mais dépourvue de chemins de randonnée.

Suoi Da Ban — CASCADE

(carte p. 408 ; 5 000 d, moto 1 000 d). Suoi Da Ban ou source à la Surface de pierre, s'écoule en torrent parmi de gros rochers de granit. Des bassins profonds permettent la baignade. N'oubliez pas l'antimoustique !

La période la plus propice pour voir les cascades s'étale de mai à septembre – en fin de saison sèche, elles se résument à un filet d'eau.

Musée Coi Nguon — MUSÉE

(carte p. 408 ; www.coinguonphuquoc.com ; 149 Tran Hung Dao ; 20 000 d ; 7h-17h). Avec des expositions sur la médecine vietnamienne, des outils de l'âge de la pierre, des céramiques locales étrangement fascinantes, du mobilier couvert de coquillages et une petite salle dédiée à la prison de l'île, ce musée privé,

Duong Dong

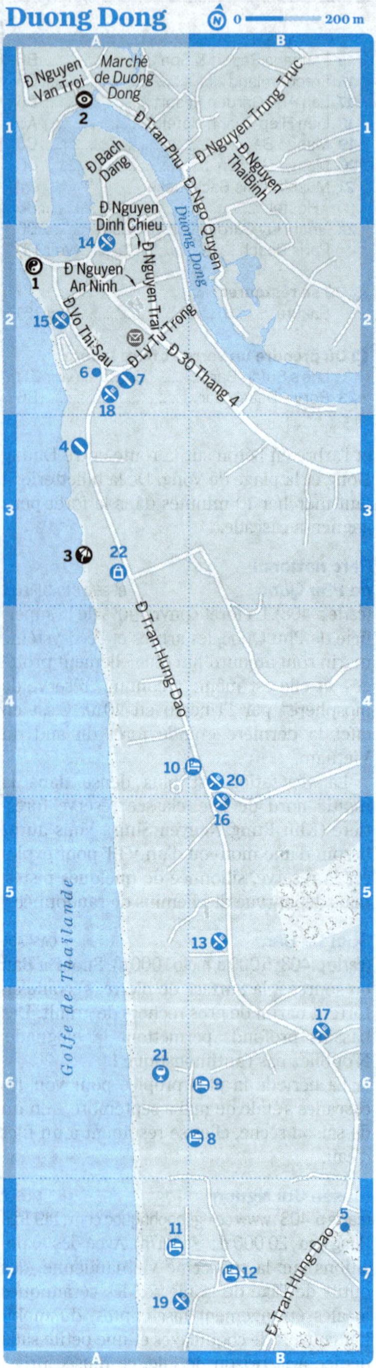

Duong Dong

À voir

1 Château de Cau A2
2 Fabrique de nuoc-mam A1
3 Long Beach A3

Activités

4 Flipper Diving Club A3
5 Jerry's Jungle Tours B7
6 John's Tours A2
7 Rainbow Divers A2

Où se loger

8 Cassia Cottage B6
9 La Véranda B6
10 Langchia Hostel B4
11 Phuong Binh House A7
12 Sunshine Bungalow B7

Où se restaurer

13 Alanis Deli B5
14 Buddy Ice Cream A2
15 Marché de nuit de Dinh Cau A2
16 Ganesh B5
17 Itaca Resto Lounge B6
18 Nha Ghe Phu Quoc Crab House A2
19 Pepper Tree Restaurant A7
20 Pepper's Pizza & Grill B4
Spice House at Cassia Cottage .... (voir 8)
Winston's Burgers & Beer .... (voir 17)

Où prendre un verre et faire la fête

21 Coco Bar A6
Le Bar .... (voir 19)

Achats

22 Phu Quoc Pearls A3

aménagé sur 5 étages, constitue une bonne introduction à l'histoire et à la culture de Phu Quoc. Mais la section faune marine nécessitait-elle vraiment la fin prématurée de 14 tortues à écailles ?

Prison de Phu Quoc SITE HISTORIQUE
(Nha Tu Phu Quoc ; carte p. 408 ; 7h30-11h et 13h30-16h). GRATUIT Non loin de la plage de Sao au sud-est de l'île, prenez le temps de visiter la célèbre prison de Phu Quoc, construite par les Français à la fin des années 1940. Elle abrite désormais un petit musée qui raconte la terrible histoire de cette geôle. Il y a un monument aux morts au sud de la prison, de l'autre côté de la route.

Château de Cau TEMPLE TAOÏSTE
(Dinh Cau ; carte p. 410 ; Đ Bach Dang, Duong Dong). GRATUIT Il s'agit plutôt d'un temple combiné à un phare, construit en 1937 en l'honneur de

Thien Hau, déesse de la Mer et protectrice des marins et des pêcheurs. Le château mérite le coup d'œil et offre une belle vue sur l'entrée du port de Duong Dong. Au coucher du soleil, les habitants flânent sur la promenade entre le château et Đ Tran Hung Dao.

Fabrique de nuoc-mam FABRIQUE
(carte p. 410 ; Duong Dong ; 8h-11h et 13h-17h). GRATUIT À quelques pas du marché de Duong Dong, la fabrique Hung Thanh est la plus grande usine de sauce de poisson de Phu Quoc – à l'odeur prenante.

Si la majeure partie du nuoc-mam produit ici pourvoit à la consommation intérieure, une quantité importante est aussi exportée en Europe, au Japon et en Amérique du Nord. La visite est gratuite, mais mieux vaut engager un guide si vous ne parlez pas vietnamien.

Activités

Plongée et snorkeling

Si Nha Trang reste sans doute la meilleure destination pour la plongée au Vietnam, Phu Quoc offre des fonds intéressants pendant la saison sèche, de novembre à mai. Comptez de 70 à 90 $US pour deux plongées en fonction de l'endroit et du prestataire. Les cours de plongée PADI Open Water (4 jours) coûtent 340-380 $US, tandis qu'une sortie snorkeling est facturée 30-35 $US.

Flipper Diving Club PLONGÉE
(carte p. 410 ; 077-399 4924 ; www.flipperdiving.com ; 60 Đ Tran Hung Dao ; 9h-21h). Situation centrale (à côté du Coco Bar), pour ce centre de plongée PADI au personnel polyglotte. Toutes sortes de prestations, des plongées pour débutants aux formations pour devenir instructeur. Un centre très sérieux, très expérimenté, avec des instructeurs qui vous mettront à l'aise si vous êtes néophyte.

Rainbow Divers PLONGÉE, SNORKELING
(carte p. 410 ; 0913 400 964 ; www.divevietnam.com ; 11 Đ Tran Hung Dao ; 9h-18h). Centre de plongée PADI fiable, qui a été le premier à s'installer sur l'île. Grand choix de sorties plongée ou snorkeling. Outre ce centre, il possède des antennes dans les complexes hôteliers de Long Beach. Une partie du matériel est fatiguée et mériterait d'être remplacée.

Kayak

Plusieurs établissements louent des kayaks le long de Bai Sao, dont les eaux calmes et protégées garantissent une sortie paisible. Vous pouvez également vous adresser aux restaurants qui bordent la plage. Comptez environ 80 000 d l'heure.

Circuits organisés

Pour organiser un circuit, adressez-vous à votre hôtel. La pêche au calamar est une activité populaire, et, à la nuit tombée, vous remarquerez les lumières des bateaux à l'horizon (pour attirer les céphalopodes à la surface).

Des agences spécialisées et des particuliers proposent des excursions en bateau et des sorties de pêche.

Jerry's Jungle & Beach Tours CIRCUITS EN BATEAU, RANDONNÉE
(carte p. 410 ; 0938 226 021 ; www.jerrystours.wix.com ; 112 Đ Tran Hung Dao ; circuit d'une journée à partir de 30 $US). Découverte de l'archipel en bateau, snorkeling, pêche, excursion d'une ou plusieurs journées dans les îles, circuits à moto, escalade, observation des oiseaux, randonnée et circuits culturels sur Phu Quoc.

John's Tours CIRCUITS EN BATEAU
(carte p. 410 ; 0918 939 111 ; www.johnsislandtours.com ; 4 Đ Tran Hung Dao ; circuit par pers 15-35 $US). Bien représenté dans les hôtels et les complexes hôteliers. Snorkeling, circuits dans les îles et sorties de pêche au lever de soleil, et pêche au calamar.

Où se loger

À Phu Quoc, les prix des hébergements fluctuent selon la saison et la fréquentation. Les écarts sont plus importants que partout ailleurs au Vietnam et affectent davantage les hébergements bon marché que les complexes haut de gamme. Certains établissements triplent leurs tarifs durant la haute saison, en décembre et janvier, période à laquelle il faut impérativement réserver. Toutes catégories confondues, les prestations se révèlent plutôt décevantes.

Long Beach

Certains hôtels se chargent gratuitement du transfert depuis/vers l'aéroport ; renseignez-vous au moment de la réservation.

Langchia Hostel AUBERGE DE JEUNESSE $
(carte p . 410 ; 0939 132 613 ; www.langchia-village.com ; 84 Đ Tran Hung Dao ; dort/d 6/15 $US ;). Les voyageurs en solo apprécient cette auberge de jeunesse, louée pour l'amabilité et la serviabilité de son personnel,

son bar animé (billard) et sa piscine pour se détendre. Les dortoirs sont équipés de moustiquaires et de ventilateurs individuels. Cela vaut le coup de payer le supplément pour le petit-déjeuner, correct.

Mush'rooms Backpacker Hostel AUBERGE DE JEUNESSE $

(carte p. 408 ; ☎0937 942 017 ; www.mushroomsphuquoc.com ; 170 Đ Tran Hung Dao ; dort 7 $US, d 12-15 $US ; ❄📶). Pour : une auberge de jeunesse colorée parfaite pour rencontrer d'autres routards. Contre : son charme rustique se perd lorsque le personnel oublie de nettoyer les chambres et les sdb et qu'il oscille entre revêche et peu aimable ; les ventilateurs peinent à rafraîchir les chambres et on est à l'étroit dans les dortoirs.

Lan Anh Garden Resort COMPLEXE HÔTELIER $$

(carte p. 408 ; ☎077-398 5985 ; www.lananhphuquoc.com.vn ; KP7 Tran Hung Dao ; d 58-75 $US, qua 115 $US ; ❄📶🏊). Un petit complexe hôtelier engageant, au personnel agréable et professionnel. Il y a un groupe de chambres disposées autour d'une petite piscine, et des motos à louer. Prenez une des chambres à l'étage si possible, pour leur véranda aérée.

Sunshine Bungalow HÔTEL $$

(carte p . 410 ; www.sunshinephuquoc.com ; Đ Tran Hung Dao ; bungalows 48-67 $US ; ❄📶). Un hôtel sympathique tenu par une famille vietnamienne, à 80 m à peine de la mer. Les grandes chambres claires, lumineuses, se nichent dans une végétation luxuriante, et les propriétaires sont des plus serviables. Ils parlent un peu l'anglais et l'allemand.

Nhat Huy Garden Guesthouse PENSION $$

(carte p . 408 ; ☎0932 766 809 ; Đ Tran Hung Dao ; d/qua 35/57 $US ; ❄📶🏊). Les visiteurs qui restent ici quelques jours se retrouvent traités comme de la famille par le personnel sociable, qui peut les inviter à des barbecues improvisés. Vous logerez dans un petit bungalow posé dans un jardin ombragé, avec un hamac accroché sur le devant pour paresser. Sur la route principale, à quelques pas de la plage.

Beach Club COMPLEXE HÔTELIER $$

(carte p. 408 ; ☎077-398 0998 ; Ap Cua Lap, Xa Duong To ; ch 25-45 $US ; ❄📶). Ce superbe établissement permet d'échapper à l'effervescence de l'artère principale. Il se compose de chambres et de bungalows bien tenus, regroupés sur une petite parcelle. Restaurant en bord de plage.

Paris Beach COMPLEXE HÔTELIER $$

(carte p. 408 ; ☎077-399 4548 ; www.phuquocparisbeach.com ; Cau Ba Phong, Cua Lap, Duong To ; ch 35-52 $US, bungalows 70-150 $US ; ❄@📶🏊). Un complexe hôtelier géré par une équipe franco-vietnamienne, avec de jolies chambres face à la mer. Il y a une piscine et des bungalows propres et spacieux, ainsi qu'une terrasse carrelée où sont servis de délicieux repas.

Lien Hiep Thanh Hotel HÔTEL $$

(carte p . 408 ; ☎0934 995 882 ; www.lienhiepthanhresort.com ; 118/12 Đ Tran Hung Dao ; ch 45-70 $US ; ❄📶). Un établissement familial sympathique et sans prétention, avec des chambres (pour la partie hôtel) et des bungalows rénovés parmi les arbres, tout près de la plage. Offrez-vous un bungalow face la plage. Petit restaurant quelconque sur le sable, et superbe étendue de plage où paresser sur un transat à l'ombre d'un parasol. Personnel charmant.

Phuong Binh House COMPLEXE HÔTELIER $$

(carte p. 410 ; ☎077-399 4101 ; www.phuongbinhhouse.com ; 118 Đ Tran Hung Dao ; ch 30-65 $US ; ❄📶). Sympathique petit complexe hôtelier situé à l'extrémité de la route menant à la plage. Cinq sortes de bungalows, du "deluxe" face à la plage avec une climatisation réglable sur "polaire" si vous le souhaitez, aux plus petits avec ventilateurs. Tous sont carrelés, impeccables, équipés de grands lits, mais ceux avec ventilateurs ont du mal à rester frais au plus chaud de l'année.

♥ **La Véranda** COMPLEXE HÔTELIER $$$

(carte p. 410 ; ☎077-398 2988 ; www.laverandaresort.com ; 118/9 Đ Tran Hung Dao ; ch 225-410 $US, villas 445-468 $US, ste 571-595 $US ; ❄@🏊). Agrémenté de jardins ombragés de palmiers, cet établissement conçu dans le style colonial est le plus chic de l'île et offre une ambiance intimiste. Piscine avec coin pour les enfants, spa raffiné et chambres pourvues de grands lits et de sdb design. La plage est immaculée et vous pouvez manger dans un café sur la pelouse ou au Pepper Tree Restaurant, à l'étage.

Famiana Resort & Spa COMPLEXE HÔTELIER $$$

(carte p. 408 ; ☎077-399 3026 ; www.famiana-resort.com ; Đ Tran Hung Dao ; ch 172-246 $US, villas 324-344 $US, ste 648-690 $US ; ❄@📶🏊). Paisible propriété de 60 chambres, aux hébergements plaisants. Il y a notamment de magnifiques villas face à la mer, avec mezzanine, une belle piscine et un bout de plage immaculé. Kayaks à disposition.

Cassia Cottage COMPLEXE HÔTELIER $$$
(carte p. 410 ; 077-384 8395 ; www.cassiacottage.com ; 100C Đ Tran Hung Dao ; ch 215-252 $US, villas 451 $US ;). Une propriété de charme, au cœur d'un jardin fleuri, en bordure de Long Beach. Atmosphère paisible, propice à la détente. Les spacieuses chambres sont décorées avec goût, et les hôtes profitent de 2 piscines, en plus de la plage. Agréable restaurant dans le jardin, avec des tables surplombant la mer. On peut aussi dîner directement sur la plage le soir. Personnel efficace et très agréable.

Bai Sao

Mango Garden B&B $$
(carte p. 408 ; 077-629 1339 ; mangogarden.inn@gmail.com ; ch 38-55 $US ; oct-mars ; @). Une piste cahoteuse (tournez à gauche juste avant la plage de Sao et suivez les panneaux) dessert ce B&B isolé : mieux vaut être motorisé, car l'établissement est éloigné de la plage. Tenu par un couple canado-vietnamien, ce B&B de style occidental est entouré d'un splendide jardin planté de fleurs et de manguiers. Groupe électrogène, eau chaude à l'électricité solaire. Sorties pêche et de snorkeling proposées. Réservez tôt.

Bai Ong Lang

Plus rocheuse que Long Beach, cette plage à 7 km au nord de Duong Dong a l'avantage d'être nettement moins bondée et conserve par conséquent une atmosphère de refuge tropical. Du fait de son relatif isolement, attendez-vous à passer la majeure partie du temps dans votre hébergement et ses abords immédiats. La plupart des établissements louent des vélos ou des motos pour circuler alentour. Réservation impérative.

Freedomland CHEZ L'HABITANT $$
(carte p. 408 ; 077-399 4891 ; www.freedomlandphuquoc.com ; 2 Ap Ong Lang, Xa Cua Duong ; bungalows 50-135 $US ; oct-juin ;). L'accent est mis sur la convivialité et le partage : les repas pris en commun et dans la bonne humeur sont courants. Les 11 bungalows rudimentaires (moustiquaire, ventil. et douches solaires) sont dispersés sur une parcelle ombragée. La plage est à 5 minutes de marche ou vous pouvez simplement faire la sieste dans un hamac. Téléphonez avant de venir.

Chen Sea Resort & Spa COMPLEXE HÔTELIER $$$
(carte p. 408 ; 077-399 5895 ; www.centarahotelsresorts.com ; villas 230-652 $US ; @). Calme et décontracté, le Chen Sea comporte de jolies villas qui évoquent des maisons anciennes au toit de tuile. Certaines ont une baignoire encastrée ou balnéo, et une grande véranda, Se fondant parfaitement avec la mer, le grand rectangle de la piscine à débordement fait face à la plage de sable. Nombreuses activités possibles – empruntez vélo, kayak ou catamaran –, spa et restaurant ouvert sur les côtés, qui compensent l'isolement du lieu.

Mango Bay COMPLEXE HÔTELIER $$$
(carte p. 408 ; 077-398 1693 ; www.mangobayphuquoc.com ; bungalows 185-485 $US ; @). Installée autour d'une petite crique, accessible par une piste poussiéreuse à travers une plantation de manguiers, cette propriété écologique utilise des panneaux solaires et des matériaux de construction naturels et recyclés. En outre, elle possède un jardin aux papillons. Les bungalows avec ravissantes sdb extérieures sont installés au bord de la plage. Si vous recherchez un endroit simple, romantique et intime, voilà ce qu'il vous faut.

Bai Vung Bau

Bamboo Cottages & Restaurant COMPLEXE HÔTELIER $$
(carte p. 408 ; 077-281 0345 ; www.bamboophuquoc.com ; ch 95-125 $US ; @). Une aimable famille (avec ses chiens effrontés !) vous accueille dans ce complexe qui a pratiquement la plage pour lui seul. Le bar-restaurant, ouvert sur les côtés, donne directement sur le sable. Les jolies villas couleur citron disposent d'une sdb à ciel ouvert, dont l'eau est chauffée à l'énergie solaire. Les propriétaires contribuent à financer la scolarisation d'enfants défavorisés de l'île.

Où se restaurer

Nombre des hôtels recommandés comportent des restaurants de qualité, souvent en bord de plage ou permettant de contempler le coucher du soleil. Les clients des établissements plus isolés, comme ceux de Bai Ong Lang, prennent habituellement leurs repas sur place.

Pour plus d'authenticité, explorez les tables de fruits de mer du village de pêcheurs de Ham Ninh, plusieurs bordent la jetée à l'extrémité de l'artère principale.

Duong Dong

♥ Marché de nuit de Dinh Cao VIETNAMIEN $

(carte p. 410 ; Đ Vo Thi Sau ; repas à partir de 70 000 d ; 17h-minuit). De loin l'endroit le plus pittoresque et le plus abordable pour dîner sur l'île. Ce marché rassemble des dizaines d'étals aux savoureux plats de poisson, de viande ou de légumes. Repérez ceux qui attirent le plus de clients.

♥ Nha Ghe Phu Quoc Crab House PRODUITS DE LA MER $$

(carte p. 410 ; 21 Đ Tran Hung Dao ; repas 200 000-780 000 d ; 11h-22h ;). Un délicieux restaurant où vous allez en pincer pour le crabe mou à la sauce au poivre vert, le *com ghe* (riz au jasmin à la chair de crabe et à la sauce de poisson) ou le crabe bleu à la cajun. En cas de grosse faim, partagez à deux l'énorme plateau de calamars, crabes, crevettes et saucisses.

♥ Buddy Ice Cream GLACIER, EN-CAS $

(carte p. 410 ; www.visitphuquoc.info ; 6 Đ Bach Dang ; plats 80 000-180 000 d ; 8h-22h ;). Une bonne adresse pour obtenir des renseignements touristiques en savourant une glace néo-zélandaise. Également : sandwichs toastés, *fish and chips*, jus de fruits désaltérants, milk-shakes, smoothies, et petits-déjeuners servis toute la journée.

Long Beach

Winston's Burgers & Beer BURGERS $

(carte p. 410 ; 121 Đ Tran Hung Dao ; burgers à partir de 70 000 d ; 13h-21h). Tout est dans son nom : burgers (vraiment bons), bière, et une large gamme de cocktails, mixés par Winston. Attardez-vous pour discuter ou défier vos compagnons de bar à une partie de Puissance 4.

Alanis Deli CAFÉ $

(carte p. 410 ; 98 Đ Tran Hung Dao ; crêpes à partir de 80 000 d ; 8h-22h ;). Crêpes au caramel délicieuses, petits-déjeuners américains complets et de bons cafés (un peu chers). Service extrêmement sympathique.

♥ Spice House at Cassia Cottage VIETNAMIEN $$

(carte p. 410 ; www.cassiacottage.com ; 100C Đ Tran Hung Dao ; repas à partir de 180 000-300 000 d ; 7h-10h et 11h-22h). Installez-vous autour d'une table basse sur la plage, les pieds dans le sable, commandez une salade de papaye, des crevettes grillées à l'ail, du gombo à la cannelle, un (délicieux) curry de poisson ou des brochettes de bœuf dans des feuilles de bétel, et faites en sorte d'assister au coucher du soleil depuis cet excellent restaurant. Vous pouvez également dîner dans le jardin ou face à la mer.

Ganesh INDIEN $$

(carte p. 410 ; 97 Tran Hung Dao ; repas 150 000-300 000 d ; 11h-22h ;). Le service, très quelconque, est compensé par la cuisine indienne, fantastique : le curry de crevettes à la mangue est incontournable. Si vous avez très faim, prenez un *thali* (assortiment) de légumes/viande/fruits de mer (à partir de 210 000 d).

Pepper's Pizza & Grill INTERNATIONAL $

(carte p. 410 ; 077-384 8773 ; 89 Đ Tran Hung Dao ; repas 90 000-220 000 d ; 10h-23h ;). Le Pepper's mitonne de bonnes pizzas, et quelques plats végétariens et pourra les livrer à votre hôtel. S'y ajoutent des plats italiens, allemands et asiatiques, parmi lesquels des steaks et des côtelettes.

♥ Itaca Resto Lounge FUSION $$$

(carte p. 410 ; www.itacalounge.com ; 125 Đ Tran Hung Dao ; repas 260 000-700 000 d ; 16h-1h, fermé mai-oct ;). Ce restaurant très apprécié pour sa carte fusion méditerranéo-asiatique (avec des tapas). N'espérez pas une vue sur la mer, mais comptez sur les burgers de bœuf wagyu, le thon poêlé aux fruits de la passion, le risotto de champignons sauvages – et une ambiance délicieuse.

Pepper Tree Restaurant VIETNAMIEN, INTERNATIONAL $$$

(carte p. 410 ; www.laverandaresort.com ; 118/9 Đ Tran Hung Dao ; repas 250 000-700 000 d ; 6h30-23h ;). Sur une véranda à l'étage (du bien-nommé complexe hôtelier La Véranda) le Pepper Tree propose un choix exhaustif de plats vietnamiens comme les calamars farcis et la salade de lotus, ainsi que quelques classiques internationaux (magret de canard grillé, souris d'agneau mijotée), dont certains pas toujours réussis.

Bai Ong Lang

Sakura VIETNAMIEN $$

(carte p. 408 ; repas à partir de 100 000 d ; 10h-20h). Ce modeste restaurant tout en bois est tenu par Kiem, qui parle bien anglais. Malgré son nom, la cuisine est vietnamienne plutôt que japonaise. Parmi les incontournables :

les crevettes à la sauce au tamarin et l'aubergine fumée. Si vous êtes plusieurs, complétez votre repas d'un vivaneau entier. Le service est très agréable également.

Où prendre un verre et faire la fête

Les adresses suivantes sont situées le long de Long Beach ou à Duong Dong.

Le Bar BAR
(carte p. 410 ; 118/9 Đ Tran Hung Dao ; 6h-23h ;). Avec son superbe sol carrelé, ses meubles Art déco et son beau style colonial, le bar ultra-élégant et paisible de l'hôtel La Véranda, aménagé à l'étage, est parfait pour prendre un verre en terrasse, au coucher du soleil.

Rory's Beach Bar BAR
(carte p. 408 ; 118/10 Đ Tran Hung Dao ; 9h-tard). Perché en bord de mer, le bar de plage le plus animé et festif de Phu Quoc attire un flot constant de voyageurs. Feux sur la plage, offres spéciales *happy hour* et des serveurs qui engagent volontiers la conversation.

Safari Bar BAR
(carte p. 408 ; 167 Đ Tran Hung Dao ; 16-23h). L'accueillant propriétaire anglais de ce bar assez quelconque est une bonne source d'informations sur tout ce qui concerne Phu Quoc. La nourriture suscite des commentaires très positifs, et c'est un bon endroit pour se détendre en regardant un match de football.

Coco Bar BAR
(carte p. 410 ; 118 Đ Tran Hung Dao ; 10h-tard). La musique et les chaises débordent sur le trottoir. Le Coco est une adresse épatante pour prendre un verre et discuter avec des voyageurs et des habitués.

Achats

Pour dénicher des souvenirs, direction les marchés de nuit de Duong Dong et la ferme de perles proche du centre de Long Beach.

Phu Quoc Pearls PERLES
(carte p. 410 ; Đ Tran Hung Dao ; 8h-17h). Pour des perles noires, jaunes, blanches, roses ou de toute autre couleur, Phu Quoc Pearls est l'adresse parfaite. Toutes sortes de bijoux faits avec ces perles sont présentés.

Les acheteurs trouveront des articles moins onéreux dans les kiosques du village de **Ham Ninh** (sur la côte est de l'île), mais ici l'authenticité est garantie.

Renseignements

Vous trouverez des DAB à Duong Dong et dans de nombreux *resorts* de Long Beach. Il y en a un pratique d'accès au bout de la ruelle à hauteur du 118 Đ Tran Hung Dao, non loin du restaurant Oasis.

Poste (carte p. 410 ; Đ 30 Thang 4 ; 8h-17h lun-ven). Dans le centre de Duong Dong.

Depuis/vers Phu Quoc

AVION

Réservez tôt en haute saison car la demande est forte. Entre autres liaisons : vols quotidiens vers Can Tho (50 min), Hanoi (2 heures 30, 3/jour), HCMV (1 heure, 15/jour). Vols quotidiens en haute saison vers Rach Gia (30 min), et 2 vols par semaine vers Singapour (1 heure 45).

Aéroport international de Phu Quoc (carte p. 408 ; www.phuquocairport.com). L'aéroport est à 10 km au sud-est de Duong Dong.

BATEAU

Des bateaux rapides relient Phu Quoc à Ha Tien (1 heure 30) et Rach Gia (2 heures 30). Les agences de voyages de Phu Quoc fournissent des informations à jour et vendent des billets. Cinq compagnies presque identiques, dont **Duong Dong Express** (Phu Quoc 077-399 0747, Rach Gia 077-387 9765) et Superdong, gèrent des bateaux rapides entre Rach Gia et Bai Vong, sur la côte est de Phu Quoc. La plupart partent à 8h et reviennent à 13h (250 000 d). Les ferries rapides de Ha Tien arrivent dans le port de Ham Ninh, au nord de Bai Vong. La mer peut être mauvaise entre juin et septembre. En haute saison, des ferries supplémentaires relient Ha Tien et Phu Quoc.

Car-ferry Depuis Ha Tien, 2 car-ferries arrivent au port de Da Chong à Phu Quoc, au nord-est de l'île. Ils partent tous les jours à 8 h et 8h20 de Ha Tien et à 13h de Phu Quoc (185 000/80 000/700 000 d par passager/moto/voiture). Deux car-ferries supplémentaires peuvent circuler en cas d'affluence.

Superdong (Ha Tien) (077-395 5933 ; www.superdong.com.vn ; 230 000 d/passager). Le ferry rapide part de Ha Tien à 7h30, 8h et 13h15 (1 heure 30), et repart de Phu Quoc à 8h30, 9h45 et 13h.

Superdong (Rach Gia) (077-387 7742 ; 250 000 d/passager). Départs de Rach Gia à 8h, 9h, 12h40 et 13h (2 heures 30). Départs de Phu Quoc aux mêmes heures.

Comment circuler

DEPUIS/VERS L'AÉROPORT

Un *xe om* pour Long Beach devrait coûter 70 000 d environ, un taxi 100 000 d.

MOTO

Pour une brève course en *xe om*, 20 000 d devraient suffire. Sinon, comptez environ 60 000 d pour 5 km. Le trajet de Duong Dong à Bai Vong revient à 70 000 d. Convenez d'un tarif avant le départ.

La plupart des hôtels louent des motos pour environ 120 000 d (semi-automatique) à 150 000 d (automatique) par jour. Les moins chères sont souvent de vieux engins en mauvais état ; inspectez soigneusement la moto avant de partir.

Une bonne route goudronnée relie maintenant An Thoi, à l'extrémité sud de l'île, à Duong Dong, et se poursuit jusqu'au cap Ganh Dau, la pointe nord-ouest de Phu Quoc. Une route à deux voies relie Duong Dong au port des car-ferries, mais les autres routes sont caillouteuses, bosselées et pleines de nids-de-poule.

TAXI

Mai Linh (☎ 077-397 9797) est une compagnie fiable. Comptez environ 250 000 d de Duong Dong à l'embarcadère de Bai Vong.

VÉLO

La plupart des hôtels en louent, moyennant 70 000 d par jour.

LE MÉKONG, FLEUVE AUX NEUFS DRAGONS

Plus long fleuve d'Asie du Sud-Est, le Mékong prend sa source au Tibet, traverse la Chine sur 4 500 km, passe entre le Myanmar (Birmanie) et le Laos, qu'il arrose sur une bonne longueur et sépare de la Thaïlande, puis coule à travers le Cambodge et le Vietnam, avant de se jeter dans la mer de Chine méridionale. À Phnom Penh (Cambodge), il se sépare en deux bras : le Hau Giang ou Bassac (fleuve inférieur), qui rejoint la mer via Chau Doc, Long Xuyen et Can Tho, et le Tien Giang (fleuve supérieur), qui se divise lui-même en plusieurs bras à Vinh Long et se jette dans la mer en cinq endroits différents. Les nombreux bras du fleuve expliquent son nom vietnamien, Song Cuu Long, le fleuve aux Neuf Dragons.

Le niveau du Mékong commence à monter fin mai et atteint son plus haut niveau en septembre. L'affluent qui se jette dans le fleuve à Phnom Penh provient du lac Tonlé Sap, au Cambodge. Quand le fleuve est en crue, cet affluent inverse son courant pour se déverser dans le lac, limitant ainsi les inondations dans le delta. Hélas, la déforestation du Cambodge perturbe cet équilibre précaire, entraînant plus d'inondations dans la partie vietnamienne du bassin.

Ces dernières années, les crues ont fait plusieurs centaines de victimes et contraint des dizaines de milliers d'habitants à quitter leur foyer. Les dommages causés par les inondations coûtent chaque année des sommes astronomiques et ont des conséquences catastrophiques sur la culture du riz et du café.

Vivre dans une plaine inondable présente des défis techniques. À défaut de hauteurs pour se protéger de la montée des eaux, les habitants construisent leurs maisons sur des pilotis en bambou. Pendant les crues, de nombreuses routes sont submergées ou deviennent des bourbiers ; des voies praticables toute l'année ont été construites sur des tertres surélevés, mais cela coûte cher. La solution traditionnelle consiste à se déplacer en bateau et à creuser des canaux, qui doivent être dragués pour rester navigables.

La propreté des canaux constitue un autre problème, car les riverains ont l'habitude de jeter leurs détritus et leurs eaux usées dans les cours d'eau qui passent devant chez eux. Dans les régions les plus peuplées du delta, l'accumulation des déchets est de plus en plus visible. La World Wildlife Fund (WWF ; organisation mondiale de protection de l'environnement) œuvre de concert avec les gouvernements locaux et provinciaux pour aider à protéger l'environnement.

En 2013, le Laos a exprimé son intention de construire le barrage de Don Sahong (260 mégawatts) sur le Mékong, sans consulter ses voisins en aval du fleuve, et dans le même temps, la construction du barrage de Xayaburi (1 260 mégawatts) continue au nord du pays. Le Cambodge a signé en 2006 un accord avec la Chine pour construire le barrage de Sambor, qui obligerait à déplacer des milliers de personnes et à détruire des lieux de vie. Les barrages construits côté chinois ont déjà été rendus responsables de la baisse du niveau des eaux, et des groupes de protection de l'environnement ont remis des pétitions au gouvernement du Laos pour suspendre le projet, car ils craignent que la construction des 11 barrages prévus perturbe le cycle de reproduction de dizaines d'espèces de poissons. Ils redoutent également une pénétration accrue de l'eau salée en territoire vietnamien (un phénomène amplifié par le réchauffement climatique), ce qui pourrait avoir un effet catastrophique sur la production rizicole.

Ha Tien

☎ 077 / 40 000 HABITANTS

Bordant le golfe de Thaïlande, Ha Tien fait partie du delta du Mékong, mais semble à mille lieues des rizières et des cours d'eau qui le caractérisent. La région est ponctuée de spectaculaires formations calcaires abritant un réseau de grottes, transformées en temples pour certaines. Les plantations de poivriers grimpent à flanc de colline. Par temps clair, on distingue Phu Quoc à l'ouest.

La ville elle-même séduit par sa langueur, ses villas coloniales décrépites et son marché pittoresque au bord du fleuve. Accru par les visiteurs en route vers Phu Quoc ou le Cambodge, le nombre de touristes devrait encore augmenter avec la mise en service d'au moins deux car-ferries supplémentaires vers Phu Quoc, en plus des deux déjà en service.

Par ailleurs, des projets de construction de grande envergure vont entraîner l'expansion de la ville au sud-ouest le long de la côte. Un ensemble de marchés et d'hôtels a déjà vu le jour dans un secteur regagné sur le fleuve, entre l'extrémité de Phuong Thanh et le pont. Le développement immobilier étant concentré à cet endroit, les charmantes devantures coloniales autour du vieux marché peuvent continuer de se délabrer en paix, mais de grands changements sont déjà en préparation.

Histoire

Ha Tien faisait partie du Cambodge jusqu'en 1708. Face aux attaques du Siam, le gouverneur désigné par les Khmers, un immigrant chinois appelé Mac Cuu, demanda l'aide des Vietnamiens. Dès lors, la région devint un fief dirigé par Mac Cuu et protégé par les seigneurs Nguyên. Par la suite, son fils, Mac Thiên Tu, lui succéda. Au XVIIIe siècle, le Siam envahit et mit à sac la région à plusieurs reprises. Rach Gia et la pointe méridionale du delta furent directement contrôlés par les Nguyên en 1798.

Pendant la guerre du Vietnam, la région de Ha Tien a beaucoup servi au trafic d'armes du Viêt-cong, qui acheminait des fusils depuis le port en eaux profondes de Sihanoukville au Cambodge jusqu'au delta, dans des bateaux de pêche.

Durant le régime khmer rouge, les forces cambodgiennes se livrèrent à des incursions répétées et tuèrent des milliers de civils, provoquant la fuite des habitants de Ha Tien et des villages proches par dizaines de milliers. La campagne au nord de Ha Tien, le long de la frontière cambodgienne, fut parsemée de mines et de pièges et certains secteurs n'ont pas encore été déminés.

À voir

♥ **Pagode de Thach Dong** PAGODE SOUTERRAINE

(Chua Thanh Van ; ⏲ 9h-17h). Également appelée Chua Thanh Van, cette pagode bouddhique souterraine se situe à 4 km au nord-est du centre-ville. À gauche de l'entrée, la stèle de la Haine (Bia Cam Thu), en forme de poing levé, commémore le massacre de 130 habitants par les Khmers rouges le 14 mars 1978.

Plusieurs salles de la grotte contiennent des tablettes funéraires et des autels dédiés à Ngoc Hoang, à Quan Thê Âm Bô Tat et aux deux bonzes fondateurs de la pagode. Le vent crée des sons extraordinaires en soufflant dans les galeries de la grotte. Depuis diverses ouvertures, on peut voir le Cambodge voisin.

Tombeaux de la famille Mac Cuu TOMBES

(Lang Mac Cuu, Nui Binh San ; Đ Mac Cuu ; ⏲ 8h-17h). GRATUIT Ces sépultures, appelées Nui Lang (colline des Tombes), se situent près de la ville. Mac Cuu, un gouverneur chinois du XVIIIe siècle nommé par les Khmers, et plusieurs dizaines de membres de sa famille sont enterrés ici dans des tombes chinoises traditionnelles, décorées de statues de dragons, de phénix, de lions et de protecteurs.

Pagode Tam Bao TEMPLE BOUDDHIQUE

(Sac Tu Tam Bao Tu ; 328 Đ Phuong Thanh ; ⏲ lever-coucher du soleil). Fondée par Mac Cuu en 1730, la pagode Tam Bao, à plusieurs étages accueille une communauté de nonnes bouddhistes. Devant la pagode à plusieurs niveaux, superbe, trône une statue de Quan Thê Âm Bô Tat (déesse de la Miséricorde) debout sur une fleur de lotus. Dans le sanctuaire, la plus grande statue de l'estrade représente A Di Da (le Bouddha du passé), une œuvre en cuivre peint.

À l'extérieur, dans les jardins paisibles, se trouvent les tombeaux de 16 moines. Près de la pagode, il reste un tronçon des remparts de la ville, datant du début du XVIIIe siècle.

Pagode Phu Dung TEMPLE BOUDDHIQUE

(Phu Cu Am Tu ; Đ Phu Dung ; ⏲ lever-coucher du soleil). Cette pagode fut fondée au milieu du XVIIIe siècle par Nguyên Thi Xuan,

Ha Tien

Ha Tien

À voir
1 Tombeaux de la famille Mac Cuu........A1
2 Pagode Tam Bao........C1

Où se loger
3 Hai Van Hotel........B2
4 Hai Yen Hotel........D2
5 Long Chau Hotel........B3
6 River Hotel........B3

Où se restaurer
7 Ha Tien Floating Restaurant........B3
8 Marché de nuit........C2
9 Oasis Bar........C3

Où prendre un verre
10 Thuy Tien........D2

Renseignements
11 Ha Tien Tourism........C3

l'épouse de Mac Thiên Tich. Sa tombe et celle de l'une de ses servantes sont situées derrière la pagode. Au centre de la salle principale, la statue la plus notable de la grande estrade est un bronze du Bouddha Thich Ca, rapporté de Chine. Pour rejoindre la pagode, continuez vers le nord après le tombeau des Mac Cuu et prenez Đ Phu Dung, la première à droite.

Derrière le sanctuaire principal, un petit temple, connu sous le nom de Dien Ngoc Hoang, est dédié à l'empereur de Jade taoïste. On y accède en empruntant le raide escalier bleu. À l'intérieur, on peut voir la statue de Ngoc Hoang (l'empereur de Jade), entouré de Nam Tao, dieu de l'Étoile polaire du Sud et de la Félicité (à droite), et de Bac Dao, dieu de l'Étoile polaire du Nord et de la Longévité (à gauche) ; ces statues sont en papier mâché, moulé sur une structure en bambou.

Monastère de Ngoc Tien MONASTÈRE BOUDDHIQUE
(Tinh Xa Ngoc Tien ; lever-coucher du soleil). Ce monastère est accroché au versant de la colline, de l'autre côté du fleuve. Ses bâtiments n'ont rien d'exceptionnel, mais cela vaut la peine de gravir la pente abrupte pour admirer le panorama sur la ville et la compagne environnante.

Vous trouverez facilement la route étroite qui monte et n'aurez plus ensuite qu'à emprunter le petit sentier qui débute à hauteur du n°48 ; repérez le panneau jaune surmonté d'un svastika (symbole d'éternité).

Dong Ho BRAS DE MER
Bien que son nom signifie lac de l'Est, le Dong Ho est en fait un bras de mer qui s'étend à l'est de Ha Tien. Il est bordé à l'est

par une chaîne de collines granitiques appelée Ngu Ho (Cinq Tigres), et par les monts To Chan à l'ouest.

Le Dong Ho est réputé pour sa beauté les nuits de pleine lune quand, selon la légende, des fées viennent y danser.

Où se loger

Hai Yen Hotel HÔTEL $

(077-385 1580 ; www.kshaiyen.com ; 15 Đ To Chau ; d/tr/qua 300 000/370 000/450 000 d ;). Situation enviable à un carrefour vide de Ha Tien pour cet hôtel classique, ouvert de longue date. Choix de chambres correctes, des doubles très simples aux spacieuses chambres avec balcon donnant sur le cours d'eau.

Hai Van Hotel HÔTEL $

(077-385 2872 ; www.khachsanhaivan.com ; 55 Đ Lam Son ; s/d à partir de 200 000/250 000 d ;). Apprécié des groupes et des congrès, le Hai Van propose des chambres propres, élégantes (mais sans trop de cachet), au sol ciré. On y parle un peu l'anglais.

Long Chau Hotel HÔTEL $

(077-395 9189 ; 36-38 Đ Truong Sa ; ch 350 000 d ;). Les chambres de cet hôtel au bord du fleuve sont spacieuses, et on a vue sur l'eau depuis les balcons. Demandez au personnel quand vous voulez qu'on fasse votre chambre, le nettoyage n'étant pas systématique.

River Hotel HÔTEL $$$

(077-395 5888 ; www.riverhotelvn.com ; Binh San Ward, Đ Tran Hau ; ch/ste 1 890 000/4 200 000 d ;). Dans un bâtiment imposant et sophistiqué, aux lignes sinueuses, qui bénéficie d'un emplacement de choix au bord de l'eau. Chambres contemporaines, vastes et élégantes. Le personnel est serviable malgré son anglais limité. L'hôtel étant pratiquement désert en semaine, il est possible de négocier un rabais. L'"animation" karaoké se déroule au dernier étage.

Où se restaurer et prendre un verre

La spécialité de Ha Tien est une variété inhabituelle de noix de coco qui ne pousse qu'au Cambodge et dans ce coin du Vietnam. Elle ne contient pas de lait, ce qui ne l'empêche pas d'être délicieuse. Les restaurants de la région en servent dans un verre avec de la glace et du sucre.

Oasis Bar INTERNATIONAL $

(077-370 1553 ; www.oasisbarhatien.com ; 42 Đ Tuan Phu Dat ; repas 60 000-150 000 d ; 9h-21h ;). Petit restaurant-bar accueillant, tenu par le seul expatrié occidental de Ha Tien et son épouse vietnamienne. Très agréable pour boire une bière fraîche ou un café, et vous profiterez de renseignements touristiques épatants et impartiaux. À la

ALLER AU CAMBODGE : DE HA TIEN À KEP

Rejoindre la frontière Le poste-frontière de Xa Xia/Prek Chak relie Ha Tien à Kep et Kampot, sur la côte sud du Cambodge, ce qui facilite grandement le trajet jusqu'au Cambodge depuis Phu Quoc via Ha Tien (ou dans l'autre sens). Des minibus partent de Ha Tien à destination du Cambodge vers 13h ; ils passent par Kep (9 $US, 1 heure, 47 km), Kampot (12 $US, 1 heure 30, 75 km), Sihanoukville (15 $US, 4 heures, 150 km) et Phnom Penh (15 $US, 4 heures, 180 km). On peut réserver par l'intermédiaire de Ha Tien Tourism (p. 420), qui peut aussi se charger du visa cambodgien.

Il est plutôt conseillé d'emporter des dollars américains pour se rendre au Cambodge ; vous pouvez acheter votre visa cambodgien en dongs, mais à un taux de change très défavorable. Côté cambodgien, vous pourrez retirer des dollars aux DAB.

En haute saison, quand les minibus sont réservés longtemps à l'avance, si vous voyagez léger, vous pouvez aller jusqu'à Kep ou Kampot en *xe om* (l'Oasis Bar, p. 419, peut vous conseiller des chauffeurs fiables). Si vous vous mettez d'accord seul avec un chauffeur de *xe om*, ne lui donnez pas l'argent avant d'être arrivé, au risque de vous retrouver abandonné à la frontière.

À la frontière Les visas cambodgiens coûtaient officiellement 30 $US lors de notre passage, mais attendez-vous à un supplément d'environ 5 $US pour pouvoir rejoindre la "file express" à la frontière, faute de quoi l'attente peut être infinie.

Au-delà. Il est possible de prendre un bus local jusqu'à la frontière, puis d'attendre un autre bus local côté cambodgien, mais comme les minibus touristiques ne coûtent guère plus cher et sont bien plus confortables, la plupart des voyageurs choisissent cette solution.

BUS AU DÉPART DE HA TIEN

DESTINATION	PRIX (D)	DURÉE	FRÉQUENCE	DISTANCE
Ca Mau	160 000	5-6 heures	plusieurs par jour	219 km
Can Tho	180 000	3 heures 30	6/jour	194 km
Chau Doc	130 000-200 000	3 heures 30-4 heures	3/jour	112 km
HCMV	200 000	9-10 heures	10/jour	317 km
Rach Gia	60 000	2 heures 15	toutes les 30 min	92 km

carte : des petits-déjeuners anglais à prix très intéressants (servis toute la journée), salade grecque, baguettes garnies, et des milk-shakes à la mangue, entre autres.

Marché de nuit MARCHÉ **$**
(Đ Lam Son ; repas à partir de 20 000 d ; ⏲17h-21h). Parmi les meilleurs – et les moins chers – repas possibles à Ha Tien ; les produits de la mer grillés sont particulièrement bons.

Ha Tien Floating Restaurant INTERNATIONAL, VIETNAMIEN **$$**
(parc Tran Hau ; repas à partir de 100 000 d ; ⏲6h-22h). Élégamment rénové, à proximité du River Hotel, ce restaurant amusant, sur un bateau, est un bon choix le week-end, lorsqu'une brigade de chefs s'installe pour rassasier les nombreux clients venus assister à des congrès. Le reste de la semaine, les résultats peuvent être assez inégaux.

Thuy Tien CAFÉ
(☎077-385 1828 ; Đ Dong Ho ; ⏲6h-21h). Décoré de guirlandes lumineuses et éclairé de lanternes chinoises en soirée, ce café flottant est idéal pour siroter une bière au coucher du soleil, en dominant le Dong Ho.

ℹ Renseignements

Le bar Oasis est le centre officieux par lequel transitent tous les voyageurs qui passent par Ha Tien. Andy, le propriétaire, est ravi de partager les informations locales et peut vous aider à prévoir des circuits dans les environs et la suite de votre voyage.

Agribank (☎077-385 2055 ; 37 Đ Lam Son). À un pâté de maisons en retrait du bord du fleuve ; dispose d'un DAB.

Ha Tien Tourism (☎077-395 9598 ; Đ Phuong Thanh ; ⏲8h-17h). L'agence vend des billets de transport, notamment pour la traversée en bateau à destination de Phu Quoc et le trajet en bus jusqu'au Cambodge, et se charge des visas cambodgiens (35 $US). Cherchez l'enseigne au néon qui affiche "food & drink".

Poste principale (☎077-385 2190 ; 3 Đ To Chau ; ⏲7h-17h)

ℹ Depuis/vers Ha Tien

BATEAU

Les ferries (p. 415) accostent au port sur la rive du fleuve en face de la ville.

BUS

Trang Ngoc Phat (www.taxihatien.vn) propose les bus les plus confortables vers Rach Gia.

Gare routière de Ha Tien (Ben Xe Ha Tien ; RN 80). La gare routière devait être déplacée début 2016 dans un nouveau site plus grand, conçu exprès, à 1,5 km au sud du pont. Les bus pour HCMV partent entre 7h et 10h puis de 18h à 22h.

VOITURE ET MOTO

La route de Ha Tien à Chau Doc est étroite, mais elle suit un canal le long de la frontière, offrant une jolie vue. Aux abords de Ha Tien, le paysage se transforme en étendues de mangrove quasi inhabitées. Le trajet dure environ 3 heures et vous pourrez visiter Ba Chuc et Tuc Dup en chemin.

Environs de Ha Tien

Mui Nai

La plus belle des plages du golfe de Thaïlande est **Mui Nai** (2 500/10 000 d par pers/voiture), à 8 km à l'ouest de Ha Tien. L'eau, merveilleusement chaude et calme, est idéale pour la baignade et la plongée. La baie déborde d'étals où sont vendus des bouées, des maillots de bain et des ballons multicolores, à l'ombre de hauts palmiers. Un phare se dresse au sommet et des deux côtés de la péninsule s'étendent des plages de sable bordées de modestes restaurants et pensions.

Aucun transport public ne dessert la plage. Comptez 60 000 d en *xe om*.

Île Hon Giang et île Nghe

De nombreuses îles ponctuent le large de la côte. Sur leurs falaises rocheuses, des habitants récoltent les nids de salanganes, ingrédient principal de la fameuse

HORS DES SENTIERS BATTUS

L'ÎLE DES PIRATES

Cette toute petite île, aux collines couvertes de végétation, a un triste passé de refuge de pirates qui a duré 500 ans et n'a pris fin qu'avec la réunification de 1975. Aujourd'hui, ses habitants vivent de la mer. Une route goudronnée pour les motos fait le tour de l'île ; vous pouvez monter au temple sur la colline et aller à la plage, au calme. Si vous venez avec quelqu'un parlant vietnamien, vous pourrez organiser une sortie avec les pêcheurs.

Outre la centaine d'habitants regroupés en quatre petits villages de pêcheurs délabrés, il y a une base militaire au sommet de la colline, pour empêcher toute invasion potentielle depuis le Cambodge. Des rumeurs de trésor pirate circulent depuis des années, et en 1983 l'armée expulsa promptement du Vietnam des chercheurs de trésor venus illégalement en bateau depuis le Cambodge, équipés de détecteurs de métaux.

L'électricité fonctionne de manière limitée jusqu'à 22h, après quoi le seul éclairage est celui des bougies et des phares des bateaux. Grâce à un phénomène de phosphorescence, vous verrez peut-être des silhouettes de poissons qui filent dans l'eau si vous sortez pêcher dans l'obscurité.

On arrive sur l'île avec le cargo vert (40 000 d, 1 heure 30) qui quitte Ha Tien à 14h30 et revient de l'île à 21h, ou par un bateau de passagers (100 000 d, 1 heure 15), qui quitte Ha Tien à 9h et repart à 16h. Ce dernier n'est pas toujours en service ; autrement, il est possible d'emprunter un vélo à Ha Tien et de passer la journée sur l'île. Si vous souhaitez y passer la nuit, il existe des hébergements chez l'habitant (*homestay*) très simples (60 000 d/chambre) et si vous achetez des poissons ou des crabes au pêcheurs, vos hôtes vous les prépareront pour le dîner.

soupe chinoise aux nids d'hirondelles. À une quinzaine de kilomètres de Ha Tien et accessible à bord de petites embarcations, l'**île Hon Giang** possède une jolie plage retirée.

Non loin de Hon Giang, l'**île Nghe** est un lieu de pèlerinage bouddhiste, avec une **pagode dans une grotte** (Chua Hang) à côté d'une grande statue de Quan Thê Âm Bô Tat (déesse de la Miséricorde) face à la mer.

Hon Chong

Vous verrez des pagodes khmères, des temples caodaïstes, de grandioses églises et des affleurement karstiques en cheminant vers Hon Chong. Sur place vous attendent des grottes de pierre, des sanctuaires nichés dans des cavernes et ce qui serait la plus belle plage de sable continentale du delta – n'était l'eau sale, polluée par les rejets d'une usine de ciment voisine.

Après avoir dépassé la bourgade décrépite, la route contourne un cap et suit la **plage de Duong** (Bai Duong ; 5 000 d/pers) sur 3 km. Le droit d'entrée n'est appliqué qu'à l'extrémité de celle-ci, où trouver des stands de restauration et des bars-karaoké, au milieu de quelques poulets et cochons en goguette. De l'extrémité sud de la plage, très animée, à proximité de la grotte, vous verrez ce qu'il reste des fameux **rochers du Père et du Fils** (Hon Phu Tu) à quelques centaines de mètres au large. On peut louer des canots à rame pour s'en approcher.

Il faut traverser le marché à l'extrémité de la plage de Duong pour atteindre la **grotte de Chua** (Chua Hang ; ⏲ lever-coucher du soleil). Construit au pied d'une colline, le **Hai Son Tu** (temple de la Mer et de la Montagne), un temple bouddhique, y donne accès. Les visiteurs allument des bâtons d'encens et prient avant de pénétrer dans la grotte, dont l'entrée se situe derrière l'autel.

À l'intérieur, ne manquez pas les statues de Shakyamuni (le Bouddha historique) et de Quan Thê Â Bô Tat, éclairées de mandalas de néon, ainsi que de petites vitrines protégeant des bouddhas en verre vert. Attention à ne pas vous cogner la tête sur la pierre qui pend du plafond de la grotte menant à la plage. Les pèlerins affluent durant les 15 jours qui précèdent et les 30 jours qui suivent le Têt, ainsi qu'en mars et avril.

Des étals informels de produits de la mer bordent la plage. On visite facilement Hon Chong à la journée depuis Ha Tien mais si vous souhaitez y séjourner, la **Green Hill Guesthouse** (☎ 077-385 4369 ; ch 14-20 $US ; ❄) est une pension agréable et bien tenue dans une imposante villa, perchée sur le promontoire nord de la plage de Duong. Ses chambres sont spacieuses, et la meilleure est celle du dernier étage.

Depuis/vers Hon Chong

Hong Chong se situe à 32 km de Ha Tien en direction de Rach Gia. La route d'accès part de la nationale Rach Gia-Ha Tien, au niveau de la bourgade de Ba Hon. Les bus peuvent vous déposer à Ba Hon, où une moto vous emmènera à Hong Chong (environ 80 000 d). Une excursion à moto à la journée depuis Ha Tien coûte 15 $US environ.

Colline de Tuc Dup

Du fait de son réseau de grottes reliées entre elles, la colline de Tuc Dup (216 m) fut une base stratégique durant la guerre du Vietnam. Son nom signifie en khmer "eau qui coule la nuit". La colline est également appelée localement "colline à 2 millions de dollars", en référence à l'argent dépensé par les Américains pour en prendre le contrôle. Tuc Dup se trouve à 35 km de Chau Doc et à 64 km de Long Xuyen.

Il n'y a pas grand-chose à y voir, mais vous passerez à proximité si vous prenez la route secondaire vers Chau Doc qui passe par Ba Chuc.

Ba Chuc

Le mémorial de Ba Chuc (8h-17h) est un sinistre souvenir des horreurs perpétrées par les Khmers rouges. Entre 1975 et 1978, des soldats khmers rouges franchirent régulièrement la frontière pour tuer des civils vietnamiens. Au Cambodge régnait alors la terreur et le régime de Pol Pot coûta la vie à près de 2 millions de Cambodgiens. Ici, à Bac Chuc, les Khmers rouges massacrèrent 3 157 personnes, entre le 12 et le 30 avril 1978 ; il n'y eut que deux survivants. Le gouvernement vietnamien avait sans doute d'autres raisons d'envahir le Cambodge à la fin de 1978, mais ce massacre lui fournit une justification majeure.

Le mémorial est en deux parties : l'**ossuaire** où sont rassemblés les crânes et les ossements de plus de 1 100 victimes, et la **salle du mémorial**, voisine, où sont exposées de terribles photos d'après le massacre.

Dans l'ossuaire, qui ressemble à un oignon ou à un bouton de fleur de lotus (selon le point de vue), les crânes et les os sont regroupés par tranches d'âge (y compris les minuscules crânes de nourrissons et d'enfants) et par sexe. L'ensemble est semblable au camp de la mort de Choeung Ek au Cambodge, où des milliers de crânes des victimes des Khmers rouges sont exposés. Mais comme il est propre, stérile et bien éclairé, avec un espace au centre où déposer des offrandes, il paraît presque gai comparé à ce qui vous attend juste à côté.

La salle du mémorial donne à voir les armes utilisées par les Khmers rouges (couteaux, baïonnettes, et gourdins) et les bâtons qui ont servi à torturer, particulièrement les femmes. Beaucoup des victimes de Ba Chuc le furent jusqu'à la mort. Les photos peuvent être insoutenables à beaucoup.

La base des murs du **temple de Phi Lai Tu**, derrière la salle du mémorial, porte toujours les traces du sang des victimes ; plus de 300 villageois furent massacrés à l'intérieur.

Ba Chuc est à 4 km au sud de la route parallèle à la frontière à la frontière cambodgienne qui relie Ha Tien à Chau Doc, un peu plus à proximité de Ha Tien (75 km). On peut organiser une visite depuis Chau Doc (30 $US) ou prendre un *xe om* depuis Ha Tien (400 000 d).

Chau Doc

076 / 103 000 HABITANTS

Construite sur les rives du Hau Giang (le Bassac, un bras du Mékong), Chau Doc voit passer d'innombrables voyageurs qui circulent par voie fluviale entre le Cambodge et le Vietnam. Cette petite ville agréable abrite des communautés chinoise, cham et khmère assez importantes. Mosquées, temples, églises et sites de pèlerinage témoignent de sa diversité culturelle et en font une destination fascinante, même si vous ne continuez pas vers le Cambodge. Traverser le fleuve pour visiter les villages cham constitue une superbe excursion en bateau. Le marché animé et la berge paisible incitent à s'attarder quelques jours.

À voir

Marché flottant MARCHÉ

(5h-12h) Il faudra vous lever à l'aube pour profiter au mieux de ce marché flottant. Il bat son plein entre 5h et 6h, quand les habitants se retrouvent pour acheter les produits frais en gros.

Parc 30 Thang 4 PARC

(Đ Le Loi). S'étirant entre le marché principal et le Victoria Chau Doc Hotel, ce parc à la française, au bord du fleuve, est un lieu

PISCICULTURE ET BIOCARBURANT

Largement pratiquée dans la province d'An Giang, près de la frontière cambodgienne, la pisciculture représente environ 20% de la production piscicole totale du Vietnam. La plus forte concentration de "maisons flottantes" avec des nasses à poissons se situe sur les rives du Hau Giang (rivière Bassac) à Chau Doc.

Les poissons élevés sont deux espèces de poissons-chats asiatiques, le *basa (Pangasius bocourti)* et le *tra (Pangasius hypophthalmus)*. La région produit ainsi chaque année environ 1,1 million de tonnes de poisson sous forme de filets congelés, essentiellement exportés vers les marchés européen, japonais, australien et nord-américain.

Le cycle de production comprend deux étapes : on récolte les œufs de poisson dans la nature, habituellement dans le lac Tonlé Sap, au Cambodge, puis on élève les poissons jusqu'à ce qu'ils atteignent leur poids de vente, d'environ 1 kg.

L'un des développements les plus intéressants de la pisciculture concerne la transformation de la graisse de poisson, un sous-produit du conditionnement, en biocarburant. Selon les spécialistes, 1 kilo de cette substance peut donner 1 litre de biocarburant, plus performant, moins toxique et générant moins de fumée que le gazole.

En raison des effets néfastes de la pisciculture sur l'environnement (liés en particulier à la gestion des déchets et à l'utilisation d'antibiotiques et d'autres produits chimiques), la World Wildlife Fund (WWF ; organisation mondiale de protection de l'environnement) avait placé le *Pangasius* d'élevage vietnamien sur la liste rouge des produits à éviter. Il en a donc été retiré en 2011 et la fondation a établi une série de normes, ainsi qu'une agence d'homologation pour certifier les producteurs employant des méthodes durables.

de promenade apprécié. Des sculptures et une fontaine agrémentent ses pelouses et ses allées soignées, et si l'envie vous prend de vous balader sur l'eau, des batelières vous aborderont sans doute pour vous proposer une promenade à bord de petites embarcations.

Maisons flottantes ÉDIFICES REMARQUABLES
Ces maisons, qui flottent sur un châssis de barils vides, constituent à la fois le logis et le lieu de travail des habitants. Sous chacune d'elles, des poissons, élevés dans des nasses en métal, vivent dans leur milieu naturel ; les familles les nourrissent avec leurs restes.

Vous pourrez approcher des maisons flottantes en louant un bateau.

Temple Phu TEMPLE BOUDDHIQUE
(Dinh Than Chau Phu ; angle Đ Nguyen Van Thoai et Đ Gia Long ; ⏲ lever-coucher du soleil). Édifié en 1926 à la mémoire de Thoai Ngoc Hâu (1761-1829), haut dignitaire de la dynastie des Ngûyen qui repose au mont Sam (p. 427). Des motifs vietnamiens et chinois ornent le bâtiment. À l'intérieur, des épitaphes portent les noms des défunts et des détails sur leur vie. Il y a aussi un sanctuaire dédié à Hô Chi Minh.

Mosquée Chau Giang MOSQUÉE
Coiffée d'un dôme et agrémentée d'arcades, la **mosquée Chau Giang**, dans le hameau du même nom, est fréquentée par les musulmans cham. Pour la rejoindre, prenez le car-ferry à l'embarcadère de Chau Giang pour traverser le Hau Giang. À l'arrivée, parcourez 30 m vers l'intérieur des terres, tournez à gauche et continuez sur 50 m.

Mosquée Mubarak MOSQUÉE
(Thanh Duong Hoi Giao ; sur la rive, face à Chau Doc). La mosquée Mubarak abrite une école coranique. Les visiteurs sont admis, mais évitez d'y pénétrer pendant la prière (cinq fois par jour) si vous n'êtes pas musulman.

Circuits organisés

Xuan Mai CIRCUITS CULTURELS
(✆ 0855 8896 11847, 0849 1891 0477 ; maixuanvn2001@yahoo.com). Sympathique et parlant l'anglais, Mai organise des visites des environs, à moto ou en voiture. Elle peut aussi réserver les transferts en bateau rapide vers le Cambodge.

Mekong Tours CIRCUITS CULTURELS
(✆ 076-386 7817 ; www.mekongvietnam.com ; 14 Đ Nguyen Huu Canh ; ⏲ 8h-20h) Cette agence de voyages locale vend des billets de bateau et de bus pour Phnom Penh ; elle propose également des excursions sur le Mékong et des circuits à la journée qui incluent la visite du marché flottant. Elle fournit aussi des voitures avec chauffeur.

Chau Doc

Où se loger

Chau Doc étant sur une route assez fréquentée par les touristes qui se rendent au Cambodge, on y parle un peu l'anglais dans la plupart des hébergements.

Trung Nguyen Hotel HÔTEL $
(☎076-356 1561 ; www.trungnguyenhotel.com.vn ; 86 Đ Bach Dang ; s/d 15/17 $US ; ❄📶). L'un des meilleurs hôtels économiques, aux aménagements dignes de la catégorie moyenne. Plus joliment décorées que celles de la concurrence, les chambres ont un balcon donnant sur le marché. Emplacement bruyant à un angle de rue ; prévoyez des bouchons d'oreille ou demandez une chambre à l'arrière.

Hai Chau HÔTEL $
(☎076-626 0066 ; www.haichauhotel.com ; 63 Đ Suong Nguyet Anh ; s 15 $US, d 18-28 $US ; ❄📶). Bonne adresse centrale et bon marché, sur 4 étages (ascenseur), au-dessus d'un restaurant. Mobilier en bois foncé dans les 16 chambres raffinées, certaines avec balcon.

Thuan Loi Hotel HÔTEL $
(☎076-386 6134 ; hotelthuanloi@gmail.com ; 275 Đ Tran Hung Dao ; ch 200 000-280 000 d ; ❄📶) Le seul hôtel petits budgets bénéficiant d'un emplacement au bord du fleuve ; il y a aussi un restaurant flottant. Chambres avantageuses, quoique sans charme. Les chambres les moins chères n'ont que l'eau froide : envisager de dépenser plus.

Chau Doc

À voir
- 1 Parc 30 Thang 4 .... C2
- 2 Temple Chau Phu B2
- 3 Marché flottant C2

Activités
- 4 Hang Chau B1
- 5 Mekong Tours A2

Où se loger
- 6 Dai Loi Hotel B2
- 7 Hai Chau A2
- 8 Hotel Hung Cuong A2
- 9 Thuan Loi Hotel B1
- 10 Trung Nguyen Hotel A2
- 11 Victoria Chau Doc Hotel D3

Où se restaurer
- 12 Bassac Restaurant D3
- 13 Bay Bong B1
- 14 Marché couvert de Chau Doc B2
- 15 Memory Delicatessen B2

Où prendre un verre
- Bamboo Bar .... (voir 11)
- Tan Chau Salon Bar .... (voir 11)

Murray Guesthouse PENSION $$
(☎076-356 2108 ; www.murrayguesthouse.com ; Truong Dinh ; s/d 26/29 $US ;). Cette pension pimpante fait monter le niveau des hébergements à Chau Doc. Ses propriétaires, un Néo-Zélandais et une Vietnamienne, ont accroché aux murs de l'art indigène du monde entier. Parmi les bonus : un salon avec un billard (*snooker*) et un bar en libre-service, une terrasse sur le toit couverte de verdure, des lits extrêmement confortables et un *pho* délicieux au petit-déjeuner. Les propriétaires seront ravis de vous conseiller et de vous prêter des vélos.

Hotel Hung Cuong HÔTEL D'AFFAIRES $$
(☎076-356 8111 ; www.hungcuonghotel.com ; 96 Đ Dong Da ; s/d à partir de 38/42 $US ;). Un hôtel élégant donnant sur une place arborée, au calme. Les chambres (TV sat.) s'agrémentent d'agréables touches d'art. Côté pratique, les bus couchettes de Hung Cuong à destination de Hô Chi Minh-Ville partent juste devant l'hôtel. Les chambres sur le devant "profitent" des gongs qui résonnent dans le temple.

Dai Loi Hotel HÔTEL D'AFFAIRES $$
(☎076-356 6619 ; dailoi.hotel@yahoo.com.vn ; 68-72 Đ Nguyen Van Thoai ; ch à partir de 450 000 d ;). Cet hôtel très central, au grand *lobby* en marbre, abrite de spacieuses chambres impeccables, carrelées. Il attire une clientèle mixte de touristes internationaux et d'hommes d'affaires chinois. On y parle français et anglais.

Victoria Chau Doc Hotel HÔTEL $$$
(☎076-386 5010 ; www.victoriahotels.asia ; 32 Đ Le Loi ; ch à partir de 4 193 000 d, ste à partir de 6 128 000 d ;). Hôtel le plus chic de Chau Doc, le Victoria possède un style colonial classique, accentué par le personnel en *ao dai*. Superbe emplacement en bord de fleuve et somptueuses chambres avec parquet, meubles en bois sombre et belles baignoires. La piscine permet de contempler l'animation du cours d'eau et il y a un petit spa à l'étage. Divers circuits organisés sont proposés aux hôtes.

Où se restaurer

Le soir, des stands proposent différentes variétés de *che* (entremets chauds ou froids) dans Đ Bach Dang, à côté de la pagode. D'autres étals affichent leurs plats sur de grands tableaux blancs.

Marché couvert de Chau Doc VIETNAMIEN $
(Đ Bach Dang ; repas 20 000-40 000 d ; 7h-21h). Spécialités locales délicieuses comme le riz gluant grillé à la banane et autre plats de cuisine de rue.

Bay Bong VIETNAMIEN $
(22 Đ Thuong Dang Le ; repas 50 000-100 000 d ; 9h-20h). Le cadre est basique – tables et chaises en métal, carrelage blanc – mais la nourriture vaut le détour. Délicieuses fondues de poisson et légumes, riz frit aux fruits de mer, soupe de channa (poisson à tête de serpent), liserons d'eau à l'ail, etc.

Sau Hiep VIETNAMIEN $
(398 Đ Nguyen Van Thoai ; repas 35 000 d ; 8h-21h). Sur la route du mont Sam, à 1 km en dehors de la ville, une gargote tout simple où faire vous-même vos *nem nuong* (rouleaux de printemps farcis de boulettes de porc épicé, de concombre, de fines herbes, d'ananas et de pousses de soja), à tremper dans une sauce piquante et épicée.

ALLER AU CAMBODGE : DE CHAU DOC À PHNOM PENH EN BUS

Rejoindre la frontière Éclipsé par le nouveau poste-frontière de Xa Xia près de Ha Tien, le poste-frontière de Tinh Bien/Phnom Den est moins pratique pour les voyageurs se rendant à Phnom Penh, mais peut intéresser ceux qui veulent tenter l'aventure des no man's land. Un bus pour Phnom Penh (25 $US, 5-6 heures) traverse Chau Doc en venant de Can Tho, vers 7h30. On peut le réserver via Mekong Tours à Chau Doc ; vérifiez bien l'endroit où vous monterez à bord. Les routes qui conduisent à la frontière se sont améliorées mais restent pleines de nids-de-poule.

À la frontière On peut obtenir sur place des visas cambodgiens ; vous préférerez peut-être payer 35 $US pour réduire le temps d'attente plutôt que le tarif officiel (à l'époque de notre passage) de 30 $US. Oui, c'est une petite forme d'extorsion, mais votre temps vaut peut-être plus que votre argent.

Au-delà La plupart des voyageurs prennent le bus depuis Chau Doc.

Memory Delicatessen INTERNATIONAL $$

(57 Đ Nguyen Huu Canh ; repas 60 000-200 000 d ; 7h-22h ;). Café-restaurant stylé qu'apprécient les branchés de Chau Doc pour sa cuisine à tendance internationale – des pizzas garnies d'ingrédients importés aux curries de légumes au lait de coco et à la citronnelle, très parfumés. Belle variétés de jus frais et de milk-shakes inventifs. Oubliez les desserts, à moins de prendre une glace maison.

Dong Song PRODUITS DE LA MER $$

(7 Đ Le Loi ; plats à partir de 60 000 d ; 12h-22h). Ce vaste restaurant a tout bon avec son joli cadre en bord de fleuve et sa carte de poissons et fruits de mer. Au programme : des calamars au piment et à la citronnelle, des clams au tamarin, du vivaneau entier à la vapeur, entre autres, qu'accompagnent parfaitement les liserons d'eau à l'ail et le riz à la vapeur.

Bassac Restaurant FRANÇAIS, VIETNAMIEN $$$

(076-386 5010 ; 32 Đ Le Loi ; plats 160 000-450 000 d ; 6h-22h ;). La table la plus sophistiquée de Chau Doc, au sein du Victoria Chau Doc Hotel. La carte oscille entre plats internationaux (carré d'agneau rôti, magret de canard grillé) ou à l'accent français (tarte provençale, gratin dauphinois) et mets vietnamiens joliment présentés, comme les calamars grillés au poivre vert. La tarte aux pommes à la glace à la cannelle pour finir est mémorable.

Où prendre un verre

Chau Doc n'est guère animée. Pour vous faire plaisir rien ne vaut les bars du Victoria Chau Doc.

Tan Chau Salon Bar BAR

(www.victoriahotels.asia ; Victoria Chau Doc Hotel, 32 Đ Le Loi ; 6h-23h). Dégustez un cocktail dans un élégant décor indochinois.

Bamboo Bar BAR

(www.victoriahotels.asia ; Victoria Chau Doc Hotel, 32 Đ Le Loi ; 12h-22h). Un bar élégant pour prendre un verre, que vous emporterez dehors pour admirer le coucher du soleil sur le fleuve.

Renseignements

Poste principale (2 Đ Le Loi ; 8h-17h)

Vietinbank (076-386 6497 ; 68-70 Đ Nguyen Huu Canh). On peut y changer de l'argent.

Depuis/vers Chau Doc

BUS

Les bus les plus confortables vers Can Tho et HCMV sont ceux de **Phuong Trang** (www.futaexpress.com), qui partent de la gare routière principale, et de **Hung Cuong** (www.hungcuonghotel.com), qui partent devant l'hôtel Hung Cuong. Réservez vos billets auprès de votre hôtel.

Gare routière de Chau Doc (Ben Xe Chau Doc ; Đ Le Loi). La gare routière est à la lisière est de la ville, à 2 km du centre, là où Đ Le Loi devient la RN 91. Tous les bus en partent, sauf ceux de la compagnie Hung Cuong pour HCMV.

ALLER AU CAMBODGE : DE CHAU DOC À PHNOM PENH EN BATEAU

Rejoindre la frontière L'une des manières les plus agréables de pénétrer au Cambodge consiste à franchir le poste-frontière de Vinh Xuong/Kaam Samnor, juste au nord-ouest de Chau Doc, le long du Mékong. À Chau Doc, plusieurs compagnies vendent des traversées en bateau de Chau Doc à Phnom Penh via Vinh Xuong. Un bateau de la compagnie **Hang Chau** (Chau Doc ; 076-356 2771 ; Phnom Penh 855-12-883 542 ; www.hangchautourist.com.vn ; 25 $US/pers) part, à 7h30, de l'embarcadère à hauteur du 18 Đ Tran Hung Dao, arrivant à 12h30. En sens inverse, le bateau quitte Phnom Penh à 12h. Plus haut de gamme, le **Blue Cruiser** (HCMV 08-3926 0253, Phnom Penh 855-236-333 666 ; www.bluecruiser.com) quitte l'embarcadère du Victoria Hotel à 7h ; comptez 55 $US (44 $US dans l'autre sens, départ de Phnom Penh à 13h30). Le trajet dure environ 5 heures, en tenant compte des formalités douanières. Le prix comprend un en-cas et bière à volonté. Delta Adventures fait la promotion d'une liaison vers Phnom Penh par bateau pour 15 $US seulement, mais c'est un bateau plus lent, moins sûr et après avoir atteint la frontière, vous devez changer et prendre un minibus jusqu'à l'arrivée.

À la frontière Si vous arrivez du Cambodge, vous devrez être en possession d'un visa vietnamien. Si vous quittez le Vietnam, vous pourrez obtenir un visa cambodgien à la frontière, à un prix parfois un peu gonflé – prévoir 35 $US.

Au delà Les bateaux de Hang Chau et Blue Cruiser vous emmènent jusqu'à Phnom Penh.

BUS AU DÉPART DE CHAU DOC

DESTINATION	PRIX (D)	DURÉE	FRÉQUENCE	DISTANCE
Can Tho	105 000-245 000	3 heures 30	toutes les heures	120 km
Cao Lanh	100 000	3 heures	toutes les heures	90 km
Ha Tien	130 000-200 000	2 heures 15	5/jour	88 km
HCMV	150 000-350 000	7 heures 30	toutes les 30 min	245 km
Long Xuyen	65 000-100 000	1 heure 30	toutes les 30 min	62 km
Vinh Long	270 000	4 heures	toutes les heures	127 km

Comment circuler

Les bateaux qui desservent le district de Chau Giang, de l'autre côté du Hau Giang, partent de deux endroits : les car-ferries partent de **l'embarcadère de Chau Giang** (Ben Pha Chau Giang, en face du 419 Đ Le Loi, et les bateaux plus petits et plus fréquents, de **l'embarcadère de Phu Hiep** (Ben Pha FB Phu Hiep), un peu plus au sud-est.

Des bateaux privés, manœuvrés à la godille, peuvent se louer à l'un ou l'autre embarcadère (environ 100 000 d les 2 heures), ou au parc 30 Thang 4. C'est un moyen de transport idéal pour voir les maisons flottantes et visiter les villages et mosquées cham. On peut aussi louer des bateaux à moteur (environ 140 000 d/heure).

Mont Sam

Site sacré pour les bouddhistes, le mont Sam (Nui Sam, 284 m) et ses abords recèlent des dizaines de temples et de pagodes. Si l'influence chinoise saute aux yeux, les pèlerins chinois ne sont pas les seuls à fréquenter les lieux. La vue depuis le sommet (quand le temps s'y prête) porte jusqu'au Cambodge. Il y a un poste militaire, héritage de la période où les Khmers rouges effectuaient des raids depuis le Cambodge et massacraient des civils vietnamiens.

Le long du sentier abrupt qui grimpe au sommet, jalonné de sanctuaires et de tombes, de nombreux cafés et échoppes témoignent d'une activité mercantile bien peu spirituelle. La descente est plus aisée que la montée (45 min de côte pas vraiment agréable), mais vous pouvez vous faire conduire au sommet en moto (environ 30 000 d depuis la base de la montagne). La route menant à la cime grimpe par le flanc est de la montagne. Tournez à gauche au pied de la montagne puis à droite après 1 km environ, à l'endroit où la route commence à monter. La route est ouverte tous les jours, 24h/24, et éclairée la nuit.

À voir

Pagode de la Caverne TEMPLE BOUDDHIQUE
(Chua Hang ; 4h-21h). Cette pagode, également appelée Phuoc Dien Tu, est située à mi-hauteur du versant ouest du mont Sam, et offre une vue imprenable sur les rizières. La partie inférieure comprend les habitations des bonzes et abrite deux tombeaux hexagonaux, celui de la fondatrice de la pagode, une couturière nommée Lê Thi Tho, et celui d'un ancien maître bonze, Thich Huê Thiên.

La partie supérieure est divisée en deux : le sanctuaire principal et un fascinant ensemble de grottes et cavernes.

Le sanctuaire principal renferme des statues d'A Di Da (le Bouddha du passé) et du Bouddha Thich Ca (Shakyamuni, le Bouddha historique), tandis que les grottes et cavernes protégent des divinités, notamment Quan Am, la déesse aux mille bras et mille yeux. Il y a aussi une salle miroir avec des bouddhas et une représentation de Bodhidharma, fondateur du bouddhisme zen.

Selon la légende, Lê Thi Tho aurait quitté la pagode Tay An il y a quelque 50 ans pour mener une vie consacrée à la méditation à cet endroit. À son arrivée, elle aurait trouvé deux énormes serpents, l'un blanc, l'autre vert foncé. Elle les convertit et ils menèrent une vie pieuse. À sa mort, ils disparurent, mais sont restés sous forme de statues dans l'un des passages sombres de la caverne.

Pagode Tay An TEMPLE BOUDDHIQUE
(Chua Tay An ; 4h-22h). Fondée en 1847 sur le site d'un sanctuaire antérieur en bambou, cette pagode reconstruite en 1958 reflète des influences hindoues et islamiques, notamment au niveau du dôme sur la tour.

En arrivant de Chau Doc par la RN 91, vous apercevrez Chua Tay An droit devant vous, au pied de la montagne.

VAUT LE DÉTOUR

RÉSERVE ORNITHOLOGIQUE DE LA FORÊT DE TRA SU

À 23 km à l'ouest de Chau Doc, l'immense **réserve ornithologique de Tra Su** (120 000 d ; balades en bateau 75 000 d/pers ; ⏲7h-16h) abrite, sur 800 000 ha, un nombre incroyable d'échassiers. Une bonne partie de la zone humide est interdite aux visiteurs pour ne pas perturber la nidification, mais les visites comprennent une courte balade en bateau avec une vingtaine de minutes à pagayer dans d'étroits canaux qui traversent la forêt inondée, verte et tortueuse. La meilleure période pour s'y rendre est en décembre-janvier, quand les petits naissent. Les circuits en moto depuis Chau Doc coûtent environ 20 $US/pers.

La porte principale est de style vietnamien traditionnel. Sur la ligne du toit, des lions et deux dragons se disputent des perles, des chrysanthèmes, des abricotiers et des fleurs de lotus.

Devant la pagode se dressent des statues représentant un éléphant noir à deux défenses et un éléphant blanc à six défenses. À l'intérieur trônent de belles sculptures religieuses, le plus souvent en bois et parfois auréolées de lumière. On remarque notamment Shakyamuni, les 18 *a-la-han* (arhat) et les 12 *muoi hai ba mu* (sages-femmes). Le nom du temple – Tay An – signifie "paix occidentale".

Temple de la Déesse Xu TEMPLE BOUDDHIQUE
(Mieu Ba Chua Xu ; ⏲24h/24). Édifié en 1820 pour abriter une statue de la déesse Xu, devenue objet de dévotion populaire, ce vaste ensemble s'élève face au mont Sam, le long de la même route que la pagode Tay An. Le bâtiment, à l'origine en bambou et en feuillage, a été reconstruit à plusieurs reprises. Il mêle des éléments décoratifs du bouddhisme vietnamien à une architecture du milieu du XXe siècle et de nombreux néons. L'effigie de la déesse pourrait être un vestige de la culture d'Oc-Eo datant du VIe siècle, représentant en réalité un homme.

Selon l'une des légendes, la statue de la déesse Xu se dressait au sommet du mont Sam. Au début du XIXe siècle, des troupes siamoises envahirent la région et décidèrent d'emporter la statue au Siam. Cependant, alors que les soldats descendaient la montagne, elle devint de plus en plus lourde et ils l'abandonnèrent au bord du chemin. Des villageois la trouvèrent et décidèrent de la rapporter au village pour lui construire un temple. Cependant, son poids les empêcha de la déplacer. Apparut alors une jeune fille possédée par un esprit, qui déclara être la déesse Xu. Elle leur demanda d'amener 9 vierges qui, seules, pourraient transporter la statue. Les vierges parvinrent en effet à la descendre, mais, une fois dans la plaine, celle-ci devint plus pesante et elles durent la poser. Les paysans en conclurent que la déesse souhaitait un temple à cet emplacement et, depuis, le temple de la Déesse Xu se tient à cet endroit.

Des porcs entiers rôtis font partie des offrandes fréquemment présentées à la statue, qui est vêtue d'un costume scintillant et agrémentée d'une coiffe époustouflante. Une fois par mois, une composition de légumes représentant un dragon, une tortue, un phénix et un *qilin* (animal fabuleux) est également offerte à déesse. Sur la porte devant laquelle les fidèles viennent prier, on peut lire les caractères chinois 主处聖母, ce qui signifie "le lieu principal de la mère sacrée". Il est aussi inscrit 爲国爲民, soit "pour le pays et pour le peuple". La fête principale du temple a lieu du 23e au 26e jour du 4e mois lunaire (fin mai ou début juin). Durant cette période, les pèlerins affluent et dorment sur des nattes dans les grands dortoirs de l'auberge à 2 niveaux qui jouxte le temple.

Tombeau de Thoai Ngoc Hau TOMBE
(Lang Thoai Ngoc Hau ; ⏲5h-22h30). Haut dignitaire, Thoai Ngoc Hâu (1761-1829) servit les seigneurs Nguyên, puis la dynastie des Nguyên. Au début de l'année 1829, il ordonna qu'on lui érige son tombeau au pied du mont Sam, presque en face du temple de Xu.

Les marches sont taillées dans une pierre ocre insolite *(da ong)* provenant du sud-est du pays. La tombe de Thoai Ngoc Hâu et celles de ses deux épouses, Chau Thi Tê et Truong Thi Miêt, occupent le milieu de la plateforme. Tout près, des dizaines de sépultures renferment les dépouilles de fonctionnaires ayant servi sous ses ordres.

ℹ Depuis/vers le mont Sam

La plupart des visiteurs louent une moto ou viennent en *xe om* (environ 50 000 d l'aller depuis Chau Doc). Mais la plus agréable manière de s'y rendre est de louer un vélo et d'emprunter la nouvelle route qui part en direction de la frontière cambodgienne en traversant des rizières paisibles.

Long Xuyen

☎076 / 255 000 HABITANTS

La capitale de la province d'An Giang ne retient guère les voyageurs, surtout depuis que Can Tho et Chau Doc sont facilement accessibles en bus.

Long Xuyen fut jadis un bastion de la secte bouddhiste Hoa Hao. Fondée en 1939, elle préconise la simplicité du culte et rejette les temples ou tout intermédiaire entre les humains et l'Être suprême. Jusqu'en 1956, la secte possédait une armée et fut une force militaire prépondérante dans la région.

Autre titre de gloire, Long Xuyen est la ville natale de Ton Duc Thang, le deuxième président du Vietnam. Si vous vous intéressez à l'histoire du pays, vous pourrez visiter la maison où il est né et a grandi, au village de My Hoa Hung, sur l'île du Tigre, en prenant le ferry à **l'embarcadère de My Hoa Hung** (Ben Pha O Moi ; Đ Nguyen Hue). Le **musée Ton Duc Thang** (Khu Luu Niem Bac Ton Duc Thang ; en retrait de Đ Nguyen Hue ; ⏲7h-11h et 13h-17h) GRATUIT donne notamment à voir les fers qu'il porta lors des 16 années passés à la prison de Con Dao pour avoir comploté contre les Français.

Le **musée d'An Giang** (Nha Bao Tang An Giang ; 11 Ton Duc Thang ; 15 000d ; ⏲7h30-11h et 13h30-17h mar-dim) vaut également une visite, pour sa collection d'objets provenant des fouilles d'Oc-Eo, dont des poteries, des bijoux en or et un phallus géant.

Si vous devez y passer la nuit, l'**hôtel Hoa Binh 1** (☎076-385 7227 ; 130 Đ Tran Hung Dao ; ch à partir de 350 000 d ; ❄📶), pourra vous satisfaire, avec de grandes chambres au plancher de bois ciré, un service agréable et un petit-déjeuner servi en terrasse sur le toit.

En cas de petite faim, attablez-vous au **Lang Toi** (33 Đ Tran Nhat Duat ; repas à partir de 90 000 d ; ⏲11h-22h), un restaurant sérieux, et régalez-vous de poissons et fruits de mer ultra-frais, servis grillés ou à la vapeur, avec diverses sauces.

ℹ Depuis/vers Long Xuyen

BATEAU

Tous les bus pour Hô Chi Minh-Ville (qui passent par le quai des ferries de Cao Lanh) traversent le fleuve grâce aux ferries partant du **quai d'An Hoa** (Pha An Hoa ; Đ Ly Thai To).

BUS

Les bus les plus confortables pour HCMV, Can Tho et Chau Doc sont ceux de **Phuong Trang** (www.futaexpress.com) et **Hung Cuong** (www.hungcuonghotel.com), des compagnies qui disposent chacune de leur propre terminal. Celui de Phuong Trang est à 2,5 km au nord du centre

Long Xuyen

BUS AU DÉPART DE LONG XUYEN

DESTINATION	PRIX (D)	DURÉE	FRÉQUENCE	DISTANCE
Cao Lanh	60 000	1 heure 30	toutes les heures	46 km
Can Tho	105 000	1 heure 30	toutes les heures	62 km
Chau Doc	65 000-100 000	1 heure 30	toutes les heures	62 km
HCMV	125 000	5 heures	toutes les heures	187 km
Rach Gia	130 000	2 heures	toutes les heures	72 km

de Long Xuyen ; celui de Hung Cuong est à 1 km au sud du centre, sur la route principale. Tous les bus pour HCMV traversent par car-ferry et passent par Pha Cao Lanh en chemin.

Gare routière de Long Xuyen (Ben Xe Khach Long Xuyen ; face au 96/3b Đ Tran Hung Dao). Elle se situe en bord de route, à la lisière sud de la ville ; suivez Đ Tran Hung Dao, puis Đ Phan Cu Luong sur 1,5 km.

VOITURE ET MOTO

Pour rejoindre Cao Lanh ou Sa Dec, il faut prendre le car-ferry au terminal d'An Hoa.

Cao Lanh

067 / 101 000 HABITANTS

Ville nouvelle construite parmi la jungle et les marécages du delta, Cao Lanh prospère grâce au commerce mais n'attire guère les touristes. De fait, vous ferez peut-être doubler le nombre d'étrangers à votre arrivée (le seul autre étranger lors de notre passage enseignait à l'université locale). Cao Lanh sert surtout de base pour l'exploration de la forêt de Tram (*Rung Tram*) et le parc national de Tram Chim, qu'on peut rejoindre tous deux en bateau, mais c'est aussi une ville étonnamment agréable à parcourir à pied, où l'absence de touristes est plaisante.

À voir

Van Thanh Mieu — PARC

Au cœur de la ville, avec en son centre un lac dont la bordure topiaire reproduit la forme du Vietnam, ce grand parc verdoyant (4 ha) est un très bel endroit pour observer la vie locale : des exercices matinaux sur d'étranges appareils au scintillement des lumières du soir, quand les amoureux de la ville se retrouvent sur les bancs qui entourent le lac, en contemplant sagement l'eau. Il y a dans le parc un temple de la Littérature confucéen, fondé en 1857.

HORS DES SENTIERS BATTUS

OC-EO

Du Ier au VIe siècle, quand le sud du Vietnam et le sud du Cambodge faisaient partie du royaume cambodgien hindouiste du Funan, Oc-Eo (RN 943 ; 37 km au sud-ouest de Long Xuyen) était une cité importante, à la fois port et centre marchand de cette partie du delta du Mékong. À la fin des années 1990, le site fut fouillé (il ne l'avait pas été depuis 1945 quand des archéologues français, dont Louis Malleret, avaient dû interrompre leurs fouilles en raison du coup de force des Japonais en Indochine) par une équipe franco-vietnamienne, qui y trouva des squelettes dans des urnes funéraires, des bijoux en or, des armes et quantité de poteries, entre autres. Il ne reste pas grand-chose à part des fondations de bâtiments, mais la route de campagne qui y mène est très jolie.

Ce que l'on sait de cet empire, qui atteint son apogée au Ve siècle, provient essentiellement de sources chinoises contemporaines et de fouilles réalisées à Oc-Eo, et à Angkor Borei, au Cambodge. Les fouilles ont prouvé que la cité entretenait des relations avec les actuelles Thaïlande, Malaisie et Indonésie, ainsi qu'avec la Perse et l'Empire romain.

Autour d'Oc-Eo, un système élaboré de canaux servait à l'irrigation et aux transports. Ainsi, les voyageurs chinois de l'époque purent écrire qu'ils avaient "navigué à travers le Funan" pour rejoindre la péninsule malaise. La plupart des constructions d'Oc-Eo étaient édifiées sur pilotis, et les vestiges révèlent le grand raffinement de cette civilisation. Les objets découverts sur le site sont exposés au musée d'Histoire et au musée des Beaux-Arts de Hô Chi Minh-Ville, ainsi qu'au musée d'Histoire de Hanoi.

Cao Lanh

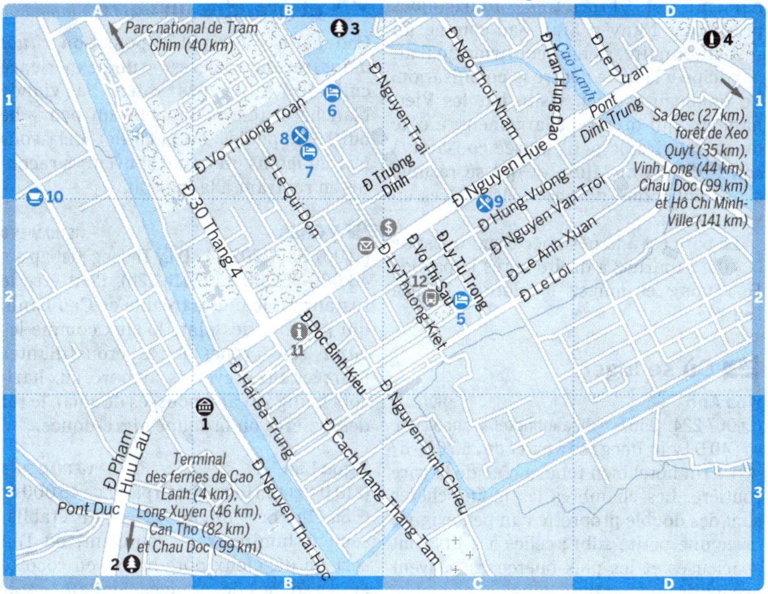

Musée de Dong Thap

MUSÉE

(226 Đ Nguyen Thai Hoc ; 7h30-11h30 et 13h30-17h). GRATUIT Ce musée compte parmi les meilleurs de la région du Mékong, malgré l'absence de commentaires en anglais. Au rez-de-chaussée sont exposées des pièces relatives à l'histoire anthropologique de la province. Parmi elles figurent outils, sculptures, maquettes de maisons traditionnelles et quelques animaux empaillés. Le 1er étage est consacré à l'histoire militaire du pays et, bien entendu, à Hô Chi Minh.

Monument aux morts

MÉMORIAL

(Dai Liet Si). Situé à la lisière est de la ville près de la RN 30, c'est le monument le plus imposant de Cao Lanh. Dans le style du réalisme socialiste, la sculpture en béton représente un soldat médaillé tenant un bouquet de fleurs devant une immense étoile stylisée. Au dos, des cigognes symbolisent le Mékong.

Le parc alentour abrite les sépultures de 3 112 soldats viêt-cong morts au combat.

Tombeau de Nguyên Sinh Sac

PARC

(Lang Cu Nguyen Sinh Sac ; près de Đ Pham Huu Lau). Le tombeau du père de Hô Chi Minh, Nguyên Sinh Sac (1862-1929), est le joyau de ce joli parc de 9,6 ha, qui comprend une réplique de village historique composé de maisons en bois ; à l'intérieur des mannequins évoquent des activités traditionnelles. La sépulture proprement dite est située sous un curieux sanctuaire évoquant un coquillage, derrière un bassin de lotus en forme d'étoile.

Cao Lanh

À voir

1 Musée de Dong Thap B3
2 Tombeau de Nguyên Sinh Sac A3
3 Van Thanh Mieu B1
4 Monument aux morts D1

Où se loger

5 Hoa Anh C2
6 Huong Sen Hotel B1
7 Nha Khach Dong Thap B1

Où se restaurer

8 A Chau B1
9 Ngoc Lan C2

Où prendre un verre

10 Cau Vua Coffee A1

Renseignements

11 Dong Thap Tourist B2

Transports

12 Gare routière de Cao Lanh C2

Bien que diverses plaques (en vietnamien) et brochures touristiques présentent Nguyên Sinh Sac comme un révolutionnaire, rien ne confirme qu'il ait participé à la lutte contre la colonisation. Le tombeau est peu visité par les Vietnamiens qui préfèrent largement, à côté du sanctuaire, le petit musée consacré à son fils Hô Chi Minh, et qui se résume à une collection de photos légendées en vietnamien.

Le parc est à la périphérie sud-ouest de la ville ; tournez à droite après la pagode Hoa Long et longez la clôture jusqu'à l'entrée.

Où se loger

Hoa Anh HÔTEL $
(☎067-224 0567 ; hoaanhhotel@yahoo.com.vn ; 40 Đ Ly Tu Trong ; ch à partir de 250 000 d ; ❄📶). Un hôtel bien tenu, à côté de la gare routière. Les chambres les moins chères sont des double proprettes un peu exiguës (avec une petite sdb) ; celles à 2 lits sont spacieuses et les plus onéreuses peuvent accueillir une famille.

Nha Khach Dong Thap HÔTEL $
(☎067-387 2670 ; 48 Đ Ly Thuong Kiet ; ch à partir de 400 000 d ; ❄📶). Un hôtel géré par le gouvernement et apprécié des militaires. Chambres spacieuses et correctes, réception tapissée de marbre et couloirs ultra-larges. On y parle très peu l'anglais et l'ambiance est très "officielle".

Huong Sen Hotel HÔTEL D'AFFAIRES $$
(☎0128 294 5104 ; www.huongsenhoteldt.com ; 18 Đ Vo Truong Toan ; ch 730 000 d ; ❄📶). Le Huong Sen est le plus chic des hôtels de Cao Lanh, c'est aussi le plus haut bâtiment de la ville, et il donne sur le parc. Les chambres sont petites mais confortables, et le personnel parle parfois un peu l'anglais. Le café adjacent est le plus fréquenté de la ville, le soir.

Où se restaurer et prendre un verre

Cao Lanh est réputée pour son *chuot dong* (rat des rizières) – une expérience culinaire à ne pas rater. Sa viande blanche et tendre rappelle un peu – hé oui ! – le poulet (ou la caille). Cela vous fera au moins un grand souvenir à raconter en rentrant à la maison.

♥ **A Chau** VIETNAMIEN $
(☎067-385 2202 ; 42 Đ Ly Thuong Kiet ; plats 40 000-95 000 d ; ⏲11h-22h). Peut-être le restaurant le plus agréable de Cao Lanh, qui propose des plats locaux comme les *banh xeo* (crêpes frites croustillantes fourrées aux crevettes, au porc, aux haricots mungo et aux pousses de soja), le rat des rizières ou la soupe aigre-douce.

Ngoc Lan VIETNAMIEN $
(210 Đ Nguyen Hue ; plats à partir de 45 000 d ; ⏲8h-21h). Le "Magnolia" est un établissement lumineux et attrayant, où l'on sert un délicieux porc braisé en cocotte et des soupes de légumes. Signalé le soir par un grand panneau de LED rouge et vert.

Cau Vua Coffee CAFÉ
(angle Nguyen Thi Luu et Thien Ho Duong ; ⏲7h30-21h). Avec une cour arborée, des sièges confortables dans le patio et une petite fontaine, c'est l'un des cafés les plus agréables pour savourer un *caphe sua da* (café au lait condensé glacé).

Renseignements

Dong Thap Tourist (☎067-387 3026 ; www.dongthaptourist.com ; 2 Đ Doc Binh Kieu ; ⏲7h-11h30 et 13h30-17h). Ce tour-opérateur sympathique et compétent organise des excursions en bateau un peu chères et autres circuits dans la région.

Poste principale (85 Đ Nguyen Hue)

BUS AU DÉPART DE CAO LANH

DESTINATION	PRIX (D)	DURÉE	FRÉQUENCE	DISTANCE
Can Tho	50 000	2 heures 15	tlj	82 km
Chau Doc	100 000	3 heures 30	toutes les heures	99 km
HCMV	100 000	3 heures 30	toutes les 30 min	141 km
Long Xuyen	60 000	2 heures	toutes les heures	46 km
Sa Dec	13 000	45 min	plusieurs par jour	27 km
Vinh Long	30 000	1 heure 15	plusieurs par jour	44 km

Comment s'y rendre et circuler

S'il n'y a pas de liaisons directes pour Chau Doc depuis Cao Lanh, des bus couchettes confortables de HCMV à Chau Doc (via Long Xuyen) passent par le **terminal des ferries de Cao Lanh** (Pha Cao Lanh), sur la route principale, sur la rive du fleuve opposée à la ville, au moins toutes les heures. Si possible, réservez votre siège chez Phuong Trang à la gare routière de Cao Lanh, prenez un *xe om* jusqu'au ferry, traversez le fleuve et attendez. Les bus pour Sa Dec vous emmènent jusqu'au ferry ; vous prendrez une correspondance avec un autre bus sur l'autre rive.

BUS

Pratique, la **gare routière de Cao Lanh** (Ben Xe Cao Lanh ; 71/1 Đ Ly Thuong Kiet) est située dans le centre-ville.

Environs de Cao Lanh

À voir

Forêt de Xeo Quyt (Rung Tram) RÉSERVE NATURELLE

(Xeo Quyt, Xeo Quit ; 5 000 d ; 7h-16h30). La superbe forêt de Xeo Quyt, s'étend sur 52 ha, à 35 km environ au sud-est de Cao Lanh, près du village de My Hiep. C'est un vaste marais protégé par une épaisse canopée de grands arbres et de lianes, où se cachent les vestiges de bunkers du Viêt-cong.

Pendant la guerre du Vietnam, celui-ci possédait en effet une base ici, où une dizaine de généraux dirigeaient des opérations d'envergure depuis des bunkers souterrains. Cela à 2 km à peine d'une base militaire américaine ! Les Américains ne se doutèrent jamais que l'ennemi vivait à deux pas, et s'ils bombardaient régulièrement la forêt, les généraux viêt-cong demeuraient à l'abri.

Presque toute l'année, un **circuit en canoë** (15 000 d) génial de 20 minutes permet de découvrir les vieux bunkers et les anciens champs de mines, en faisant une boucle sous les arbres le long d'étroits canaux pleins de jacinthes d'eau (*luc binh*). L'expérience est mémorable mais ne lésinez pas sur l'antimoustique. Un sentier parallèle aux canaux permet de pénétrer (si vous êtes assez menu) dans les bunkers des Viêt-cong en forme de L ou de Z, et d'admirer les petites trappes adroitement dissimulées qui leur permettaient de disparaître sous terre.

Un taxi depuis Cao Lanh, coûte environ 800 000 d, temps d'attente compris.

Parc national de Tram Chim RÉSERVE NATURELLE

(7h-16h). Ce parc national, et réserve ornithologique, se trouve à quelque 40 km au nord de Cao Lanh. Plus de 220 espèces d'oiseaux aquatiques y ont été répertoriées, dont la rare grue antigone à tête rouge (*Grus antigone sharpii*). Tram Chim a été classé site Ramsar des zones humides d'importance internationale en 2012.

Les grues nichent ici de décembre à mai ; de juin à novembre, elles migrent dans le nord-ouest du Cambodge. Pour les voir, il vous faudra consentir quelques efforts (physiques, de temps et d'argent) : Dong Thap Tourist, à Cao Lanh, organise des excursions, chères, en voiture puis en petit bateau (5 000 000 d). Si vous vous liez avec des habitants, vous vous en tirerez à moins.

Sa Dec

067 / 77 000 HABITANTS

Ancienne capitale de la province de Dong Thap, Sa Dec est une ville paisible aux rues bordées d'arbres et de villas coloniales décrépites, entourée de vergers et de marchés aux fleurs. Les **pépinières** (Vuon Hoa ; 7h-17h) GRATUIT qui bordent le fleuve et les canaux sont à courte distance en *xe om* (30 000 d) du centre et se visitent. La ville est réputée pour ses roses ; la meilleur période pour y aller est juste avant les fêtes du Têt, quand les bateaux sont chargés à ras bord de fleurs.

Le principal site à visiter de la ville (mais cela ne vous prendra que 20 minutes) est l'**ancienne maison de Huynh Thuy Lê** (Nha Co Huynh Thuy Lê ; 0939 533 523 ; 225a Đ Nguyen Hue ; 30 000 d ; 8h-17h), une belle demeure pleine d'atmosphère de 1895, au bord du fleuve, où résidait Huynh Thuy Lê, le fils d'une riche famille chinoise avec qui Marguerite Duras eut en 1929, alors qu'elle n'avait que 15 ans, une liaison qu'elle immortalisa dans son roman *L'Amant*, porté à l'écran par Jean-Jacques Annaud en 1992. La maison est de style franco-chinois, avec à l'intérieur des boiseries sculptées, des portes incrustées de nacre, des meubles en bois massif et un carrelage d'origine, importé de France. Dans le hall d'entrée, on peut voir des photos de la famille Lê, de Marguerite Duras, et d'autres prises durant le tournage du film.

Sa Dec

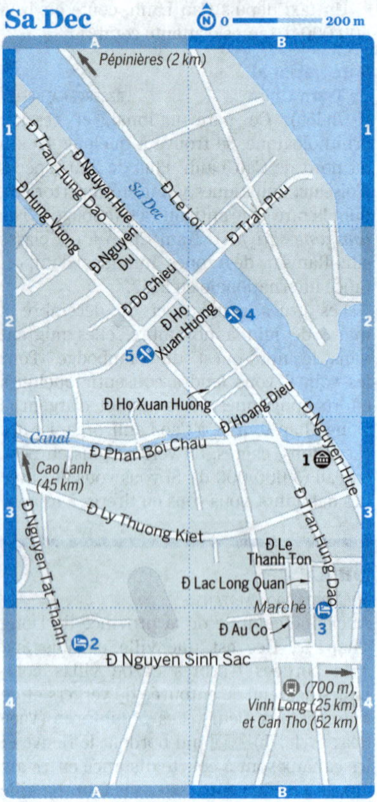

Où se loger et se restaurer

Thao Ngan Hotel HÔTEL $
(☎067-377 4255 ; 4 An Duong Vuong ; ch 350 000 d ; ❄📶). C'est le plus joli et le plus propre des hôtels de la ville, très central, à côté du marché. Un des réceptionnistes parle bien anglais.

Sa Dec

À voir

1 Maison de Huynh Thuy Lê B3

Où se loger

2 Phuong Nam A4
3 Thao Ngan Hotel B4

Où se restaurer

4 Marché de nuit B2
5 Quan Com Thuy A2

Phuong Nam HÔTEL $
(☎067-386 7867 ; www.khachsanphuongnam.com ; 384a Đ Nguyen Sinh Sac ; ch 180 000-370 000 d ; ❄📶). Un mini-hôtel décent, situé dans la rue principale.

Marché de nuit VIETNAMIEN $
(Đ Nguyen Hue ; repas environ 50 000 d ; ⏲5h-22h). Au marché de nuit, très animé, au bord du fleuve, on trouve en soirée une série de restaurants à fondue, et des stands qui vendent toutes sortes de grillades.

Quan Com Thuy VIETNAMIEN $
(☎067-386 1644 ; 439 Đ Hung Vuong ; plats 50 000-90 000 d ; ⏲9h-21h). Une adresse réputée pour ses plats de viande et de riz, entre autres nombreuses spécialités locales, dont une anguille au riz en cassolette. Mobilier d'aluminium et salle vivement éclairée pour le cadre.

Depuis/vers Sa Dec

De la **gare routière** (Ben Xe Sa Dec ; RN 80) derrière l'hôpital, partent des bus fréquents pour Hô Chi Minh-Ville (58 000-95 000 d, 3 heures 30, toutes les heures), Vinh Long (15 000 d, 1 heure, plusieurs par jour) et Cao Lanh (13 000 d, 45 minutes, plusieurs par jour). Certains de ces derniers vous déposeront peut-être au terminal des ferries de Cao Lanh, sur la rive opposée à la ville.

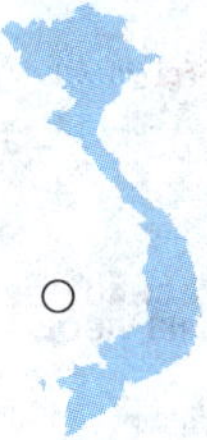

Siem Reap et les temples d'Angkor (Cambodge)

Dans ce chapitre

Le top des temples

- Angkor Vat (p. 445)
- Bayon (p. 447)
- Ta Prohm (p. 451)
- Banteay Srei (p. 451)
- Beng Mealea (p. 452)

Le top des bars et restaurants

- Marum (p. 441)
- Cuisine Wat Damnak (p. 442)
- Haven (p. 441)
- Charlie's (p. 442)
- Laundry Bar (p. 442)

Pourquoi y aller

Nul autre ensemble architectural édifié de main d'homme ne recèle autant de merveilles, qu'il s'agisse du plus grand édifice religieux du monde – Angkor Vat –, du plus étrange – Bayon – ou du temple Ta Prohm, majestueux vestige noyé dans une jungle exubérante. Tous ces sites sont devenus des symboles et ont fait du Cambodge le pays des temples par excellence en Asie. Aujourd'hui, ils sont un lieu de pèlerinage pour les Khmers, et quiconque voyage dans la région ne saurait se dispenser de les voir.

La ville de Siem Reap a de tout temps connu un destin privilégié et, désormais, les voyageurs y ont l'embarras du choix, des pensions bon marché et animées aux hôtels branchés, en passant par les tables gastronomiques et les spas somptueux.

Si Angkor et le chic moderne de Siem Reap ont de quoi impressionner, le vrai trésor du Cambodge tient à ses habitants : quoique revenus de l'enfer, les Khmers n'ont en effet rien perdu de leur naturel aimable, rendant les contacts privilégiés.

Quand partir

Siem Reap

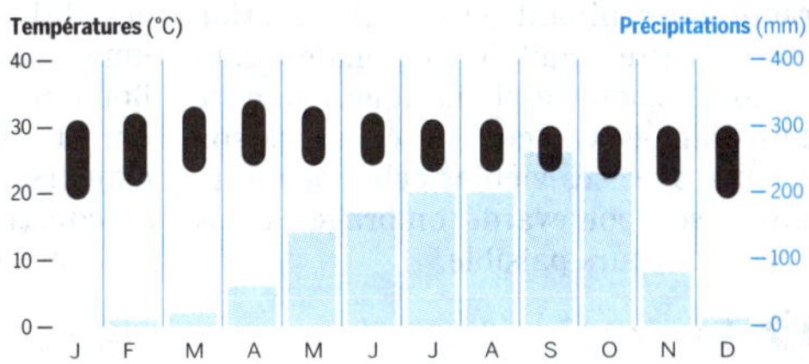

Nov-fév Humidité faible, peu de pluie et des brises fraîches. C'est la saison la plus touristique.

Mars-juin Les températures augmentent. En mai et juin vient la mousson.

Juil-oct C'est la saison des pluies : Angkor se pare d'une végétation luxuriante.

À ne pas manquer

1. Le lever du soleil sur l'un des ensembles architecturaux les plus emblématiques au monde, **Angkor Vat** (p. 445)
2. La sérénité et la splendeur de **Bayon** (p. 447), avec ses 216 mystérieux visages qui vous fixent à travers la jungle
3. Les ruines mystérieuses de **Ta Prohm** (p. 451) où la nature a repris lentement ses droits
4. Les sculptures délicates du temple de **Banteay Srei** (p. 451), sans doute le plus beau d'Angkor
5. Le vieux marché de Siem Reap, le **Psar Chaa** (p. 443), qui abrite les restaurants et les bars les plus sympathiques de la ville

SIEM REAP

063 / 175 000 HABITANTS

Base arrière pour le ravitaillement et la visite des temples d'Angkor, Siem Reap (prononcer *Sièm-rièp*) présente le visage du nouveau Cambodge, décontracté et grouillant de vie. Destination prisée, cette capitale régionale (dont le nom, guère diplomatique, signifie "Les Siamois vaincus") a conservé son charme, avec ses vieilles échoppes françaises, ses boulevards ombragés et sa rivière au cours paisible.

À voir

Musée national d'Angkor MUSÉE

(សារមន្ទីរអង្គរ ; 063-966601 ; www.angkornationalmuseum.com ; 968 bd Charles-de-Gaulle ; adulte/enfant de moins de 1,20 m 12/6 $US ; 8h30-18h, jusqu'à 18h30 1er oct-31 mars). Impossible de manquer cet ensemble imposant sur la route menant à Angkor. Ce musée moderne recourant aux toutes dernières technologies est entièrement dévolu à Angkor et à la civilisation khmère. Un film de présentation ouvre la visite, puis le parcours traverse 8 vastes salles thématiques : galerie des Mille Bouddhas (l'une des plus importantes collections de statues de Bouddha au monde), origines de l'empire khmer, culture et religion, souverains majeurs de la dynastie, Angkor Vat et sa construction, Angkor Thom et l'urbanisme, stèles sculptées et inscriptions et, pour finir, exposition de statues de dieux et déesses illustrant le rôle du costume et des parures.

Artisans d'Angkor – Les chantiers écoles CENTRE ARTISTIQUE

(អា ទីសងអង្គរ ; www.artisansdangkor.com ; 7h30-18h30). GRATUIT Avec les Artisans d'Angkor, Siem Reap est au cœur du projet éducatif des "chantiers écoles" lancé en 1992 par le gouvernement cambodgien pour redynamiser la culture traditionnelle, largement mise à mal par les Khmers rouges et les années d'instabilité qui ont suivi leur accession au pouvoir. Son but est aussi social, et c'est à de jeunes Cambodgiens défavorisés que sont enseignées sculpture sur bois et sur pierre, peinture sur soie traditionnelle et fabrication d'objets laqués, entre autres compétences. Chaque jour, de 7h30 à 18h30, lors de visites guidées gratuites, ces techniques traditionnelles sont expliquées au public. Dans une petite rue, l'école est bien indiquée depuis la rue Sivatha.

Musée des Mines du Cambodge MUSÉE
(Cambodia Landmine Museum ; សារមន្ទីរគ្រាប់មីនកម្ពុជា និងមូលនិធិសង្គ្រោះ ; ☎012 598951 ; www.cambodialandminemuseum.org ; don apprécié 3 $US ; 🕗7h30-17h). Ancien démineur autodidacte, Aki Ra a ouvert son musée à environ 25 km de Siem Reap, près de Banteay Srei. Il renferme d'excellentes présentations sur le fléau que représentent ces engins destructeurs au Cambodge. Il comprend mines, mortiers et autres armes, ainsi qu'un faux champ piégé où les visiteurs peuvent tenter de repérer les mines désactivées. Les recettes sont réinvesties dans des campagnes de sensibilisation sur les mines antipersonnelles.

Village culturel cambodgien CENTRE CULTUREL
(☎063-963836 ; www.cambodianculturalvillage.com ; route de l'aéroport ; adulte 9 $US, gratuit enfant de moins de 1,10 m ; 🕗8h-17h). Tout le Cambodge est représenté ici, dans un tourbillon de maisons et de villages reconstitués. Le tout est certes kitsch et loufoque, mais le site est prisé des Cambodgiens et permet de passer un excellent moment en famille. La visite commence par un musée renfermant une trentaine de statues en cire et comprend des maisons des peuples cham, chinois, kreung et khmer, ainsi que des miniatures des monuments célèbres du Cambodge.

Centre pour la préservation de la biodiversité d'Angkor RÉSERVE NATURELLE
(Angkor Centre for Conservation of Biodiversity, ACCB ; www.accb-cambodia.org ; don apprécié 3 $US ; 🕗visites 9h et 13h lun-sam). Situé près du départ du sentier conduisant au Kbal Spean, ce centre est consacré au sauvetage, à la réhabilitation et à la réintroduction d'animaux menacés dans les forêts cambodgiennes. Des visites d'environ 1 heure 30 sont possibles tous les jours à 9h et 13h. Privilégiez celle de 9h car les animaux sont nourris et plus actifs que l'après-midi, en pleine chaleur.

Activités

Siem Reap offre un incroyable éventail d'activités, notamment le Flight of the Gibbon Angkor (p. 440), une aventure en tyrolienne dans la forêt.

KKO (Khmer for Khmer Organisation) Bike Tours CIRCUITS À VÉLO
(☎093-903024 ; www.kko-cambodia.org ; angle rue 20 et route du Vat Bo ; circuit 35-50 $US). Pédalez pour la bonne cause sur les sentiers d'Angkor ou dans la campagne au-delà du baray occidental (l'immense réservoir d'Angkor Vat). Les bénéfices sont reversés à l'association "Khmer for Khmer Organisation", qui finance l'éducation et la formation professionnelle.

Cambodia Vespa Adventures CIRCUIT
(☎012 861610 ; www.cambodiavespaadventures.com ; circuits à partir de 60-99 $US/pers). Mieux qu'une moto de base, l'authentique Vespa ! Voilà l'engin idéal pour partir à la rencontre des habitants : site d'Angkor, villages des campagnes, cuisine de rue à la tombée de la nuit, autant de facettes à découvrir en compagnie de guides très bien informés.

Quad Adventure Cambodia QUAD
(☎092-787216 ; www.quad-adventure-cambodia.com ; balade au coucher du soleil 30 $US,

LE CAMBODGE EN BREF

- **Superficie** 181 035 km²
- **Nombre de postes-frontières avec le Vietnam** 7
- **Capitale** Phnom Penh
- **Code du pays** ☎855
- **Chef d'État** Le roi Norodom Sihamoni
- **Population** 16 millions
- **Monnaie** 1 € = 4 000 r (riel)
- **Jours fériés** *Chaul Chhnam* ou Nouvel An khmer, mi-avril
- **Expressions** *sua s'dei* (bonjour), *lia suhn hao-y* (au revoir), *aw kohn* (merci)

Siem Reap

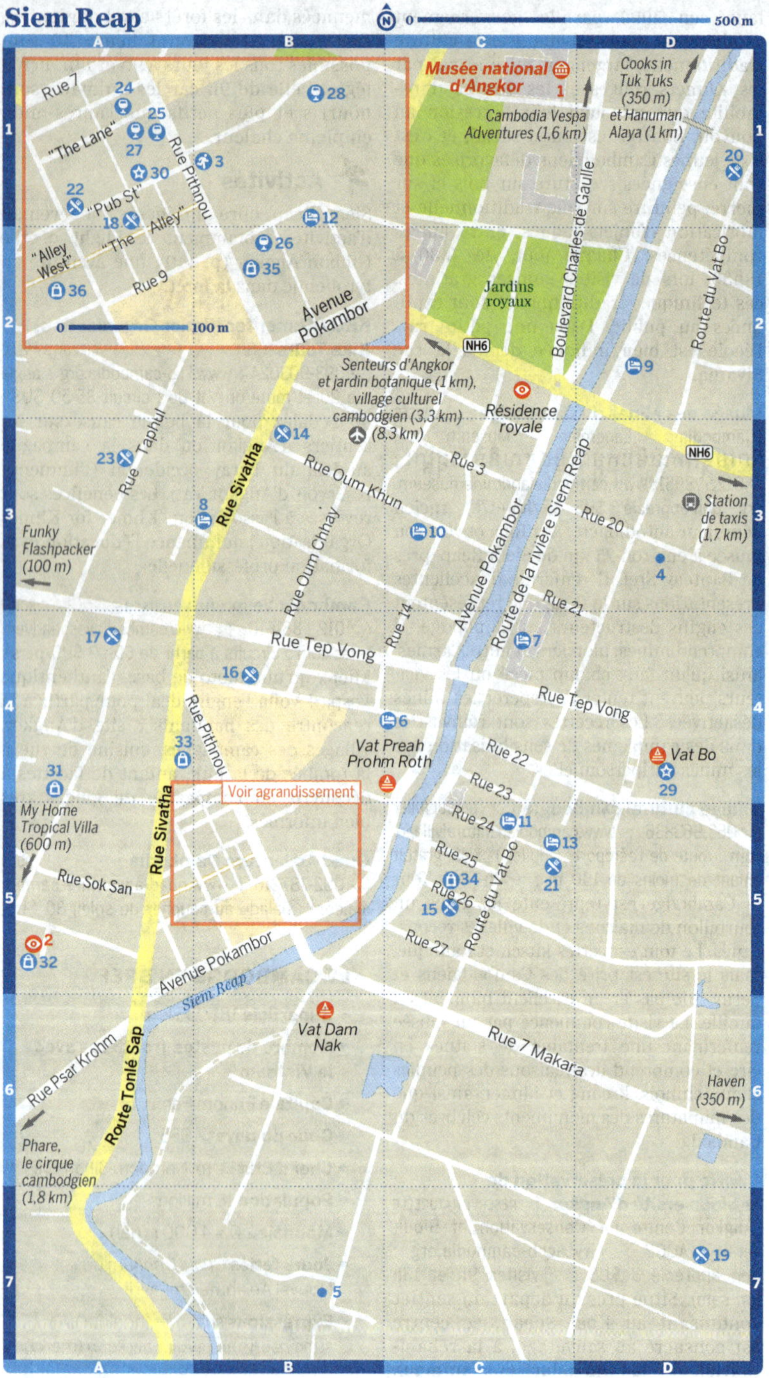

0
500 m
Musée national d'Angkor
Cambodia Vespa Adventures (1,6 km)
Cooks in Tuk Tuks (350 m)
et Hanuman Alaya (1 km)
Rue 7
"The Lane"
Rue Pithnou
"Pub St"
"The Alley"
"Alley West"
Rue 9
Avenue Pokambor
0
100 m
Jardins royaux
Boulevard Charles-de-Gaulle
Route du Vat Bo
NH6
Senteurs d'Angkor et jardin botanique (1 km), village culturel cambodgien (3,3 km)
(8,3 km)
Résidence royale
Rue Taphul
Rue Sivatha
Rue Oum Khun
Rue 3
Route de la rivière Siem Reap
Station de taxis (1,7 km)
Rue 20
Funky Flashpacker (100 m)
Rue Oum Chhay
Rue 14
Avenue Pokambor
Rue 21
Rue Tep Vong
Rue Tep Vong
Rue Pithnou
Vat Preah Prohm Roth
Rue 22
Vat Bo
Rue 23
Voir agrandissement
My Home Tropical Villa (600 m)
Rue 24
Rue 25
Rue Sok San
Rue 26
Route du Vat Bo
Rue 27
Avenue Pokambor
Siem Reap
Vat Dam Nak
Rue 7 Makara
Rue Psar Krohm
Route Tonlé Sap
Haven (350 m)
Phare, le cirque cambodgien (1,8 km)

Siem Reap

Les incontournables
1 Musée national d'Angkor C1

À voir
2 Artisans d'Angkor – Les chantiers écoles A5

Activités
3 Bodia Spa B1
4 KKO (Khmer for Khmer Organisation) Bike Tours D3
5 Quad Adventure Cambodia B7

Où se loger
6 Ivy Guesthouse 2 .... C4
7 La Résidence d'Angkor C4
8 Mad Monkey B3
9 Rosy Guesthouse D2
10 Shinta Mani C3
11 Soria Moria Hotel C5
12 Steung Siem Reap Hotel B1
13 Viroth's Hotel C5

Où se restaurer
14 Angkor Market B3
15 Banllé Vegetarian Restaurant C5
16 Blossom Cafe B4
17 Bugs Cafe A4
18 Cambodian BBQ A1
19 Cuisine Wat Damnak D7
20 Marum D1
21 Pages Cafe C5
22 Red Piano A1
23 Sugar Palm A3

Où prendre un verre et faire la fête
24 Asana A1
25 Charlie's A1
26 Laundry Bar B2
27 Miss Wong A1
28 YOLO Bar B1

Où sortir
29 Plae Pakaa D4
30 Temple Club A1

Achats
31 Marché de nuit d'Angkor A4
32 Artisans d'Angkor A5
33 Rajana A4
34 Samatoa C5
35 Senteurs d'Angkor B2
36 Smateria A2

journée complète 170 $US). Première agence de quads en ville. Des circuits sur tous types de terrains autour de Siem Reap : rizières au coucher du soleil, jolis temples et petites routes traversant des villages traditionnels.

Bodia Spa SPA
(☎063-761593 ; www.bodia-spa.com ; rue Pithnou ; ⏲10h-minuit). Près du Psar Chaa, ce spa sophistiqué propose un large éventail de gommages, massages et traitements naturels. Il dispose de sa propre ligne de produits à base d'herbes.

Cooks in Tuk Tuks COURS DE CUISINE
(☎063-963400 ; www.therivergarden.info ; route de la rivière ; 25 $US/pers). Démarre tous les jours à 10h avec une visite au marché de Psar Leu, suivi d'un cours professionnel au River Garden.

Angkor Golf Resort GOLF
(☎063-761139 ; www.angkor-golf.com ; accès au parcours 115 $US). Ce parcours de classe internationale a été conçu par le célèbre golfeur britannique Nick Faldo. Avec la location des clubs, d'un chariot et d'une voiturette, le forfait grimpe vite (175 $US)!

Où se loger

L'offre d'hébergement est variée à Siem Reap, des modestes pensions avec dortoir aux palaces cinq étoiles.

Ivy Guesthouse 2 PENSION $
(☎012-800860 ; www.ivy-guesthouse.com ; rue Psar Kandal ; ch 6-15 $US ; ❄@📶). Un établissement accueillant et agréable, avec un espace détente et un bar animé. Bon restaurant proposant un vaste choix végétarien ; ne pas manquer les tapas du vendredi pour seulement 1 $US.

Mad Monkey AUBERGE DE JEUNESSE $
(www.madmonkeyhostels.com ; rue Sivatha ; dort 7-9 $US, ch 16-26 $US ; ❄@📶). Cette adresse de l'empire Monkey, en expansion à Siem Reap, est une auberge typique pour routards, avec plusieurs dortoirs, des chambres au bon rapport qualité/prix pour plus d'intimité et un bar de plage sur le toit, avec sable et hamacs !

Funky Flashpacker AUBERGE DE JEUNESSE $
(☎070 221524 ; www.funkyflashpacker.com ; "Funky Lane" ; dort 7 $US, ch 16-35 $US ; ❄@📶). Établissement haut de gamme, à l'ambiance animée – la cour entière au rez-de-chaussée

est occupée par une piscine où ont souvent lieu des matchs de water-polo. Peu adapté donc si vous cherchez le calme.

Rosy Guesthouse PENSION $

(☎063-965059 ; www.rosyguesthouse.com ; route de la rivière Siem Reap ; ch 9-35 $US ; ❄📶). 🍃 La direction britannique propose 13 chambres avec TV et lecteur DVD. Le pub animé au rez-de-chaussée sert une excellente cuisine et organise régulièrement des événements, notamment des soirées quizz qui attirent les foules, pour soutenir des causes sociales.

♥ **Soria Moria Hotel** BOUTIQUE-HÔTEL $$

(☎063-964768 ; www.thesoriamoria.com ; route du Vat Bo ; ch 39-63 $US ; ❄@📶🏊). 🍃 Ce boutique-hôtel soutient les initiatives locales œuvrant pour le développement de la communauté. Les chambres lumineuses sont équipées de sdb élégantes. Restaurant fusion au rez-de-chaussée, bains chauds en plein air à l'étage et nouvelle piscine. En 2011, la moitié de l'hôtel est passée en actionnariat salarié, une démarche visionnaire.

Viroth's Hotel BOUTIQUE-HÔTEL $$

(☎063-766107 ; www.viroth-hotel.com ; rue 24 ; ch à partir de 86 $US ; ❄@📶🏊). Le nouveau Viroth's est un hôtel rétro-chic aux 30 chambres meublées dans le style contemporain. L'impressionnante façade dissimule une piscine de 30 m, une salle de sport et un spa. L'hôtel d'origine et ses 7 chambres est toujours ouvert sous le nom de Viroth's Villa.

HanumanAlaya BOUTIQUE-HÔTEL $$

(☎063-760582 ; www.hanumanalaya.com ; 5 Krom 2, Phoum Treang, en retrait du bd Charles-de-Gaulle ; ch 60-100 $US ; ❄@📶🏊). Le boutique-hôtel le plus traditionnel de la ville est installé dans un jardin verdoyant agrémenté d'une jolie piscine. Les chambres sont décorées d'objets anciens et artisanaux mais bénéficient également d'éléments modernes (TV écran plat, minibar et coffre-fort).

Steung Siem Reap Hotel HÔTEL $$

(☎063-965167 ; www.steungsiemreaphotel.com ; près du Psar Chaa ; ch à partir de 65 $US ; ❄@📶🏊). Fidèle à l'ambiance coloniale régnant autour du Psar Chaa, cet hôtel se distingue par ses hauts plafonds, ses persiennes et ses balcons en fer forgé. L'emplacement est imbattable.

♥ **La Résidence d'Angkor** COMPLEXE HOTELIER $$$

(☎063-963390 ; www.residencedangkor.com ; rue Stung Siem Reap ; ch à partir de 220 $US ; ❄@📶🏊). Habillées de bois, les 54 chambres, avec véranda et baignoire de la taille d'un Jacuzzi, sont parmi les plus chics et les plus accueillantes de la ville. La piscine est superbe. La nouvelle aile est ultracontemporaine, tout comme le somptueux Kong Kea Spa.

Shinta Mani COMPLEXE HOTELIER $$$

(☎063-761998 ; www.shintamani.com ; rue Oum Khun ; ch 140-305 $US ; ❄@📶🏊). 🍃 Ce complexe chic et contemporain a été conçu par le célèbre architecte Bill Bensley. Le Shinta Mani Resort dispose d'une belle piscine centrale tandis que le Shinta Mani Club propose des chambres plus prestigieuses. Shinta Mani a reçu plusieurs prix internationaux pour ses pratiques conformes au tourisme responsable et accueille régulièrement le "Well Made in Cambodia Market", un marché d'objets artisanaux authentiques.

Où se restaurer

Il y a de bons restaurants dans toute la ville, mais le centre gastronomique de Siem Reap est le quartier du Psar Chaa, le vieux marché, dont le cœur névralgique, "The Alley", est bordé d'établissements aussi agréables qu'animés.

DES TYROLIENNES DANS LA JUNGLE D'ANGKOR

Angkor est un cadre inattendu pour une expérience en tyrolienne en Asie. En fait, vous ne verrez pas vraiment les temples pendant l'aventure. Le **Flight of the Gibbon – Angkor** (☎096 9999101 ; www.treetopasia.com ; près du temple Ta Nei, Angkor ; 129 $US/pers ; ⏲7h-17h) est un parcours dans la canopée comportant 10 tyroliennes, 21 plateformes dans des arbres, 4 ponts suspendus et se terminant par une descente en rappel. Un élément écologique a été intégré au projet puisqu'un couple de gibbons a été relâché dans la forêt. Le prix comprend le transfert depuis/vers n'importe quel hôtel de Siem Reap et un déjeuner avant ou après le parcours, près de Sra Srang.

TONLÉ SAP : LE CŒUR DU CAMBODGE

Le Tonlé Sap, plus vaste lac d'eau douce d'Asie du Sud-Est, résulte d'un fabuleux phénomène naturel et fournit poissons et irrigation à la moitié de la population du Cambodge.

Un chenal long de 100 km, également appelé Tonlé Sap (*tonlé* signifie "fleuve"), relie le lac au Mékong, à hauteur de Phnom Penh. De juin à octobre (saison des pluies), les pluies font augmenter le niveau du Mékong, refoulant les eaux du Tonlé Sap et renversant son cours vers le nord-ouest, où il se jette dans le lac. La superficie du lac est alors multipliée par 5, passant de 2 500 km² à 13 000 km², et sa profondeur maximale, initialement de 2,2 m, atteint plus de 10 m. Quand s'amorce la décrue du Mékong, début octobre, le Tonlé Sap reprend son cours normal et draine le surplus du lac vers le Mékong.

Ce processus extraordinaire fait du Tonlé Sap l'une des plus riches réserves de poissons d'eau douce du monde, et un habitat idéal pour les oiseaux d'eau.

Le Tonlé Sap est situé à 11 km de Siem Reap. Il est possible de visiter le village flottant de Chong Kneas, et le village sur pilotis et les forêts inondées de Kompong Pluk, lors d'excursions d'une demi-journée. Vous pouvez aussi visiter la réserve ornithologique de Prek Toal lors d'une longue journée d'excursion depuis Siem Reap.

Plusieurs bons restaurants soutiennent des causes louables ou aident à former le futur personnel hôtelier du Cambodge. Les jeunes apprentis gagnent ainsi un passeport pour travailler dans l'industrie touristique. Bon nombre des adresses mentionnées ici proposent également des cours de cuisine, souvent très bien faits.

Pour faire ses courses, on trouvera des produits frais au marché. La supérette **Angkor Market** (rue Siwatha) vend des produits internationaux, tels qu'olives et fromages.

Marum RESTAURANT $

(www.marum-restaurant.org ; quartier du Vat Polanka ; plats 3,25-6,75 $US ; 11h-22h lun-sam ;). Aménagé dans une adorable maison en bois dotée d'un vaste jardin, le Marum sert de nombreux plats végétariens et des fruits de mer, et quelques appétissants desserts. Beignets de fourmis rouges et boulettes de viande aux gingembre et basilic comptent parmi les spécialités. L'établissement fait partie du groupe de restaurants-écoles de Tree Alliance. Une expérience incontournable.

Haven FUSION $

(078 342404 ; www.haven-cambodia.com ; rue Sok San ; plats 3-7 $US ; 11h30-14h30 et 17h30-21h30 lun-sam ;). Ce paradis gastronomique mêle à merveille les spécialités orientales et occidentales; le filet de poisson à la mangue verte est particulièrement épicé. Les bénéfices aident de jeunes adultes orphelins à accéder au monde du travail. Récemment transféré dans le quartier Vat Dam Nak, juste à côté du lycée d'Angkor.

Bugs Cafe INSECTES $

(017 764560 ; www.bugs-cafe.com ; rue Steung Thmei ; 2-8 $US ; 17h-minuit ;). Les Cambodgiens consommaient des insectes bien avant que les scientifiques de l'agro-alimentaire ne les recommandent. Faites votre choix parmi un véritable festin de grillons, punaises d'eau, vers à soie et araignées. Soupe de crème d'abeilles, samossas feta et tarentule, et scorpions sautés – un menu inoubliable.

Blossom Cafe CAFÉ $

(www.blossomcakes.org ; rue 6 ; cupcakes 1,50 $US ; 10h 17h lun-sam ;). Ici, le *cupcake* est élevé au rang d'œuvre d'art, avec plus de 48 saveurs possibles. Également des cafés, thés et jus de fruits originaux servis dans un élégant cadre. Les bénéfices servent à promouvoir la formation professionnelle des Cambodgiennes.

Pages Cafe CAFÉ $

(092 966812 ; www.pages-siemreap.com ; rue 24 ; 2-6 $US ; 6h-22h ;). Petite retraite branchée, plus si cachée que cela depuis l'arrivée du nouveau Viroth's Hotel en face. Les murs en brique nus et le cadre design en font un bon endroit pour savourer un délicieux petit-déjeuner ou des tapas légères. Grillades à l'extérieur avec accès à la piscine le samedi. Propose aussi des chambres.

Banllé Vegetarian Restaurant VÉGÉTARIEN $
(☎085 330160 ; www.banlle-vegetarian.com ; rue 26 ; 2-4 $US ; ⊙9h-21h30, fermé mar ; 📶✔). Aménagé dans une maison en bois traditionnelle avec potager, ce restaurant est idéal pour un repas sain. Au menu : plats internationaux et cambodgiens, notamment un *amok* aux légumes et des milk-shakes épicés aux fruits et aux légumes.

Sugar Palm KHMER $$
(www.sugarpalmrestaurant.com ; rue Taphul ; plats 5-9 $US ; ⊙11h30-15h et 17h30-22h lun-sam ; 📶). Une belle maison en bois où déguster des saveurs traditionnelles, notamment de délicieux plats de *char kreung* (curry à la citronnelle). Grâce à la chef Kethana Dunnet, le célèbre chef Gordon Ramsay sait désormais mitonner un *amok*.

Red Piano ASIATIQUE, INTERNATIONAL $$
(www.redpianocambodia.com ; "Pub Street"; plats 3-10 $US ; 📶). Aménagé dans une demeure coloniale restaurée, le Red Piano arbore un grand balcon d'où observer l'activité en contrebas. Le menu propose un choix de plats asiatiques et internationaux, à prix corrects. Un cocktail porte le nom d'Angelina Jolie, ancienne cliente célèbre.

Cambodian BBQ BARBECUE $$
(www.restaurant-siemreap.com/html/cambodian-bbq.php ; "The Alley" ; plats 5-9 $US ; ⊙11h-23h ; 📶). Ses grillades de crocodile, de serpent, d'autruche et de kangourou donnent une touche exotique au *phnom pleung* (montagne de feu) traditionnel. Il y a des dizaines d'établissements similaires dans les rues voisines ; beaucoup proposent des offres spéciales.

♥ **Cuisine Wat Damnak** KHMER $$$
(www.cuisinewatdamnak.com ; Wat Dam Nak village ; menu 5 plats 24 $US, 6 plats 28 $US ; ⊙18h30-22h30). Installé dans une maison en bois traditionnelle, voici le restaurant du célèbre chef français de Siem Reap, Joannès Rivière. La carte propose une expérience culinaire khmère contemporaine. Les menus de saison changent toutes les semaines et mettent à l'honneur les ingrédients du marché. Repas végétarien possible en prévenant.

> À NE PAS MANQUER
>
> **BIENVENUE AU CIRQUE**
>
> Équivalent cambodgien du Cirque du Soleil, **Phare** (The Cambodian Circus ; ☎015 499480 ; www.pharecambodiancircus.org ; extrémité ouest de la rue Sok San ; adulte/enfant 18/10 $US, siège de première catégorie 35/18 $US ; ⊙20h tlj) est bien plus qu'un cirque conventionnel, puisqu'il accorde une place prépondérante aux arts du spectacle. Phare Ponleu Selpak, principale organisation du Cambodge en matière de cirque, de théâtre et d'arts du spectacle, a monté son grand chapiteau en 2013. Des représentations sont assurées tous les soirs et plusieurs stars du passé continuent de participer à des spectacles internationaux partout dans le monde. Phare est la garantie d'une soirée inoubliable pour les petits comme pour les grands, et tous les bénéfices sont réinvestis dans les activités de Phare Ponleu Selpak. Les amis des bêtes seront ravis d'apprendre qu'aucun animal n'est utilisé dans les spectacles.

Où prendre un verre

Siem Reap est bel et bien le foyer d'une vie nocturne. La plupart des bars intéressants sont situés dans le voisinage du Psar Chaa, autour de "Pub Street".

♥ **Charlie's** BAR
(www.charliessiemreap.com ; 98 rue Pithnou ; ⊙10h-1h ; 📶) Un superbe bar américain rétro, avec boissons bon marché et ambiance conviviale, entre les bars chics dans les allées et les établissements délurés de "Pub Street". Restauration optionnelle, shots obligatoires.

♥ **Laundry Bar** BAR, DISCOTHÈQUE
(rue 9 ; ⊙16h-tard ; 📶). L'un des bars les plus sélects de la ville, avec éclairage tamisé et décoration étudiée, sur fond de sonorités électro et de musique d'ambiance. L'atmosphère est survoltée le week-end ou quand des DJ invités poussent le volume au maximum. *Happy hours* jusqu'à 21h.

Miss Wong BAR-LOUNGE
(www.misswong.net ; "The Lane" ; ⊙17h-tard ; 📶). Une immersion dans le Shanghai chic des années 1920. Les cocktails ont beaucoup de succès et contribueront à vous faire passer une agréable soirée, tout comme le nouveau menu de *dim sum*. Les gays sont bienvenus et l'endroit est très prisé des expatriés huppés.

Asana BAR
(www.asana-cambodia.com ; "The Lane" ; 11h-tard ;). Cet édifice traditionnel en bois, typique de la campagne cambodgienne, est niché dans les ruelles de Siem Reap et offre une ambiance pittoresque pour prendre un verre. Prélassez-vous sur des sacs de riz en kapok tout en sirotant un cocktail classique à base d'alcool de riz. Cours de cocktails khmers avec alcools Sombai pour 15 $US par personne.

YOLO Bar BAR
(rue Vat Prohm Roth ; 17h-tard ;). Dans une petite rue, le YOLO est un bar prisé des routards, spécialisé dans les cocktails bon marché servis dans un seau. La musique provient d'un ordinateur accessible à tous. Laissez-vous tenter.

Où sortir

On trouve des spectacles de danse cambodgienne dans toute la ville, mais seuls quelques-uns valent le déplacement.

Plae Pakaa ARTS DU SPECTACLE
(099 516580 ; www.cambodianlivingarts.org ; Artisans d'Angkor - Les chantiers écoles ; adulte/enfant 15/6 $US ; 19h lun-sam). Plae Pakaa est une série de danses traditionnelles organisées par les talentueux danseurs de Cambodian Living Arts. Né à Phnom Penh, le spectacle est hébergé par Artisans d'Angkor pendant la haute saison de novembre à fin mars, mais il peut aussi y avoir une programmation réduite en basse saison.

Temple Club DANSE DU CAMBODGE
("Pub Street" ;). À l'étage, spectacle de danse traditionnelle gratuit à partir de 19h30, à condition de commander quelque chose à boire ou à manger (prix très raisonnables).

Achats

Siem Reap propose de très beaux objets d'artisanat. Le Psar Chaa, le vieux marché très animé, est bien fourni en produits plus ou moins intéressants. Vous pouvez faire des affaires si vous marchandez avec patience et humour. Le **marché de nuit d'Angkor** (www.angkornightmarket.com ; 16h-24h) déborde de soieries, d'objets d'artisanat et de souvenirs. L'alléchante "Alley West" est un incontournable.

Certaines boutiques viennent en aide aux handicapés et aux déshérités.

Artisans d'Angkor ARTISANAT
(www.artisansdangkor.com ; 7h30-18h30). Dans les locaux des chantiers écoles (p. 436), cette superbe boutique vend de tout, des reproductions en pierre et en bois de statues d'Angkor au mobilier. Une deuxième boutique est située en face d'Angkor Vat, dans le bâtiment d'Angkor Cafe, et des points de vente ont ouvert dans les aéroports internationaux de Phnom Penh et Siem Reap.

Rajana ARTISANAT
(063-964744 ; www.rajanacrafts.org ; rue Sivatha ; 9h-21h lun-sam). Objets originaux en bois et en métal, beaux bijoux en argent et cartes faites main. Rajana encourage le commerce équitable pour l'emploi des Cambodgiens.

Samatoa VÊTEMENTS
(063-965310 ; www.samatoa.com ; rue 26 ; 8h-23h). Cette boutique de créateur propose des robes en soie originales. Possibilité de se faire faire une robe sur mesure en 48 heures. Samatoa encourage le commerce équitable.

Senteurs d'Angkor ARTISANAT
(063-964860 ; rue Pithnou ; 8h30-21h30). En face du Psar Chaa, cette boutique propose une collection éclectique de soies et de sculptures, ainsi qu'une large gamme d'épices et de produits de beauté traditionnels fabriqués localement. Elle offre emplois et formations aux Cambodgiens défavorisés et issus des campagnes, et achète leurs produits aux fermiers. Visitez son **jardin botanique** (route de l'aéroport ; 7h30-17h30), une sorte de paradis pour les sens, où l'on peut déguster thés et cafés.

Smateria ACCESSOIRES
(www.smateria.com ; "Alley West" ; 10h-22h). Le recyclage est à l'honneur, avec des sacs originaux fabriqués à partir de filets de construction, de sacs en plastique, de sièges de moto, etc. Cette entreprise applique les principes du commerce équitable et emploie des Cambodgiens handicapés.

Renseignements

Procurez-vous gratuitement, le *Siem Reap Angkor Visitors Guide* (www.canbypublications.com) ou les brochures *Dining & Drinking* et *Out & About*, éditées par Pocket Guide Cambodia (www.cambodiapocketguide.com).

LE CAMBODGE EN LIGNE

ConCERT (www.concertcambodia.org). Une association basée à Siem Reap, qui a pour but de "mettre en relation les communautés, l'environnement et le tourisme responsable".

Lonely Planet (www.lonelyplanet.fr). Renseignements sur les voyages au Cambodge, forum des voyageurs et informations actualisées.

Guides Temples Angkor (www.temples-angkor.fr). Un site en français abondant en ressources générales sur le Cambodge, utile pour organiser au mieux la visite d'Angkor mais aussi d'autres sites du pays.

Angkor – Site du patrimoine mondial de l'Unesco (whc.unesco.org/en/list/668). Information, photos et vidéos sur les plus beaux temples du monde.

Phnom Penh Post (www.phnompenhpost.com). La version Web, en anglais, du quotidien cambodgien.

Le Petit Journal – Cambodge (www.lepetitjournal.com/cambodge). "Le média des Français et francophones à l'étranger" est présent au Cambodge. Nombreux articles (actualité, santé, sport, culture, voyages) et des infos par villes (bons plans, agenda, sorties, petites annonces).

Sam Vesna Center (www.samveasna.org). La meilleure source d'information pour visiter de façon responsable les réserves ornithologiques du Cambodge.

Vous trouverez des DAB à l'aéroport et des supérettes un peu partout dans le centre, notamment rue Sivatha. Il y a aussi quelques cybercafés dans la même rue.

Police touristique (☎012 402424). Située au niveau de la billetterie principale du secteur d'Angkor, c'est le bon endroit pour déposer plainte en cas de problème à Siem Reap.

Royal Angkor International Hospital (☎063-761888 ; www.royalangkorhospital.com ; route de l'aéroport). Cet établissement international affilié au Bangkok Hospital est assez cher car il traite souvent avec les compagnies d'assurance.

Depuis/vers Siem Reap

Pour aller du Vietnam au Cambodge, l'avion reste le plus pratique (liaisons quotidiennes entre HCMV, Hanoi et Siem Reap, plus quelques vols depuis Danang). Le voyage en bus est plus fastidieux : il faut une journée entière pour aller de HCMV à Siem Reap, en changeant de bus à Phnom Penh. Toutefois, on peut facilement couper le voyage en s'arrêtant une nuit ou deux dans la capitale vietnamienne.

AVION

L'aéroport international de Siem-Reap (☎063 761 261 ; www.cambodia-airports.com) est situé à 7 km du centre. Vietnam Airlines (et sa compagnie partenaire Cambodia Angkor Air) offre jusqu'à 6 liaisons quotidiennes entre Siem Reap et HCMV, jusqu'à 4 par jour avec Hanoi, et un vol par jour vers/depuis Danang. Trois vols hebdomadaires relient également Siem Reap à l'île de Phu Quoc.

BUS

La plupart des voyageurs prennent des bus internationaux entre HCMV et Phnom Penh, qui passent la frontière de Moc Bai (Vietnam) – Bavet (Cambodge). Compter environ 6 heures de route avec les formalités de passage aux frontières. Billets entre 10 et 15 $US. Départs réguliers dans les deux sens entre 6h et 2h du matin, depuis le quartier Pham Ngu Lao à HCMV. Différents arrêts à Phnom Penh, dont ceux, bien connus, des compagnies suivantes :

VISAS POUR LE CAMBODGE

La plupart des ressortissants étrangers peuvent se procurer un visa touristique d'un mois, moyennant 30 $US et une photo d'identité, à l'arrivée dans les aéroports de Siem Reap et de Phnom Penh, ainsi qu'à tous les postes-frontières terrestres. Les visas touristiques d'un mois, délivrés en ligne en trois jours ouvrables (www.mfaic.gov.kh), sont valables pour pénétrer au Cambodge aux aéroports et au poste-frontière Bavet-Moc Bai avec le Vietnam.

Si vous prévoyez de faire une excursion aux temples d'Angkor puis de retourner au Vietnam, il vous faudra un visa multi-entrées pour le Vietnam, à moins d'obtenir un autre visa pendant que vous êtes au Cambodge.

Capitol Tour (☎ 023-724104 ; 14 rue 182)
Mekong Express (☎ 023-427518 ; http://catmekongexpress.com ; 2020 NH5)
Sapaco (☎ 023-210300 ; www.sapacotourist.com ; 309 boulevard Sihanouk)

Il est possible de faire un changement le jour même à Phnom Penh, ce qui est plus facile de HCMV à Siem Reap (le service de Phnom Penh à Siem Reap se poursuivant plus tard dans l'après-midi) que dans l'autre direction.

Billets Siem Reap-Phnom Penh : 6 à 15 $US, selon les prestations (clim., espacement des sièges, toilettes, présence d'un guide).

Quelques bus de nuit circulent entre Phnom Penh et Siem Reap, ce qui peut être utile pour les voyageurs pressés.

À Siem Reap, tous les bus partent de la gare routière, à 3 km à l'est de la ville, environ 1 km au sud de la RN6. Billets en vente dans les pensions et hôtels, dans les bureaux des compagnies, les agences de voyages et les kiosques. Certaines compagnies viennent chercher en minibus les passagers là où ils sont logés. À votre arrivée à Siem Reap, préparez-vous à être harangué par les chauffeurs de motos-taxis.

ℹ Comment circuler

De l'aéroport au centre de Siem Reap, un taxi officiel coûte 9 $US, et un triporteur *(tuk-tuk)* 7 $US. De la gare routière au centre-ville, compter 1 à 3 $US pour un trajet en moto-taxi/*tuk-tuk*.

Dans le centre, des courses rapides reviennent à 2 000-3 000 r (1 $US la nuit) en moto-taxi, le double (ou plus, selon le nombre de personnes) en *tuk-tuk*.

TEMPLES D'ANGKOR

Représentation terrestre du mont Meru (la montagne mythique de l'Inde védique, considérée comme l'axe du monde), Angkor est la fusion parfaite de l'ambition créatrice et de la dévotion. Entre 800 et 1 300 de notre ère, les dieux-rois de jadis ont chacun tenté de surpasser leurs prédécesseurs en érigeant des temples sans cesse plus grands, plus imposants et plus harmonieux, dont l'aboutissement est Angkor Vat, le plus grand édifice religieux du monde.

Les centaines de temples qui subsistent ne constituent que la partie sacrée de l'immense centre politique, social et religieux de l'ancien Empire khmer. À son apogée, Angkor (du sanskrit *nagara*, "capitale") comptait un million d'habitants, quand Londres n'en dénombrait que 50 000. Les maisons, les bâtiments publics et les palais, construits en bois, ont disparu depuis longtemps ; les constructions en brique et en pierre, matériaux réservées aux dieux, ont, elles, traversé les siècles.

Angkor est l'un des sites les plus saisissants de la planète. Alliant les proportions grandioses de la Grande Muraille de Chine, le raffinement du Taj Mahal et la symétrie des pyramides, il mériterait le titre de huitième merveille du monde.

Angkor Vat

Dès le premier regard qu'on lève sur **Angkor Vat** (អង្គរវត្ត ; entrée pour le site : 1 jour/3 jours/1 semaine 20/40/60 $US, ⏲5h-17h30), expression ultime du génie khmer, on est saisi comme on peut l'être au Machu Picchu ou à Pétra.

S'élevant vers le ciel, ceinte d'une imposante douve, la "cité-monastère" est l'un des monuments les plus grandioses et les plus inspirés jamais conçus par l'esprit humain. Elle relève d'une harmonie splendide entre la forme et la fonction, un autel élevé à Vishnou dont l'image fascinante est réfléchie dans les bassins placés devant le temple.

À l'instar des autres temples-montagnes d'Angkor, Angkor Vat est une réplique miniature de l'univers. La tour centrale symbolise le mont Meru, entouré de pics plus petits, au milieu des continents (les cours inférieures) et des océans (la douve). Le *nâga* à sept têtes, serpent mythique, représente l'arc-en-ciel, pont symbolique entre l'homme et la demeure des dieux.

Angkor Vat est entouré d'une douve large de 190 m, qui délimite un immense rectangle de 1,5 km sur 1,3 km. À l'extérieur du temple central s'étire sur 800 m une extraordinaire série de bas-reliefs, destinée à être contemplée dans le sens inverse des aiguilles d'une montre. Se dressant à 31 m au-dessus du dernier étage et 55 m au-dessus du sol, la tour centrale donne à l'ensemble sa somptueuse unité.

Angkor Vat a été construit par Suryavarman II (règne vers 1112-1152), qui unifia le Cambodge et étendit l'influence khmère sur l'essentiel de l'Asie du Sud-Est. Il se distingua des rois précédents par sa dévotion au dieu hindou Vishnou, à qui il dédia le temple – construit, notons-le, au même moment que les grandes cathédrales gothiques, telles Notre-Dame de Paris ou la cathédrale de Chartres.

Temples d'Angkor

Temples d'Angkor

Les incontournables
- 1 Angkor Vat B2
- 2 Bayon B1
- 3 Ta Prohm C1

À voir
- 4 Baphuon B1
- 5 Village culturel cambodgien A3
- 6 Phnom Bakheng B2
- 7 Preah Khan B1
- 8 Preah Neak C1
- 9 Jardin botanique et Senteurs d'Angkor B3
- 11 Terrasse du Roi lépreux B1
- 10 Terrasse des Éléphants B1

Activités
- 12 Angkor Golf Resort A3
- 13 Cambodia Vespa Adventures B3
- 14 Cooks in Tuk Tuks B3
- 15 Flight of the Gibbon Angkor C1

Où se loger
- 16 HanumanAlaya B3

Renseignements
- 17 Billetterie d'Angkor B3

Le dernier niveau d'Angkor Vat, appelé **Bakan**, est ouvert aux visiteurs, mais les visites sont strictement limitées à 20 minutes.

Angkor Thom

Si Angkor Vat (la Grande Cité) impressionne par sa majesté et son harmonie, rarement égalées, la ville royale d'Angkor Thom doit son caractère grandiose à la somme des éléments qui la composent. La découverte débute par les cinq portes, immenses, flanquées d'une représentation monumentale de la légende du barattage de la mer de lait (le mythe cosmologique de l'hindouisme), laquelle figure, sur la chaussée, 54 dieux et autant de démons engagés dans un conflit épique. Chacune des portes – du **Nord**, du **Sud**, de l'**Est**, de l'**Ouest** et de la **Victoire** – domine le visiteur, avec ses gigantesques visages du bodhisattva Avalokiteshvara veillant sur le royaume.

Imaginez-vous un instant à la place d'un paysan du XIIIe siècle, approchant la cité interdite pour la première fois... Passer par ces portes, être confronté au pouvoir divin des dieux-rois, devait tenir d'un moment à la fois extraordinaire et redoutable.

Dernière capitale de l'Empire khmer, Angkor Thom pousse le grandiose à son paroxysme et couvre plus de 10 km². Accédant au trône après le sac d'Angkor par les Chams, Jayavarman VII (règne 1181-1219) décida que l'empire ne serait plus jamais attaqué dans ses propres terres. Derrière les imposants remparts, une douve de 100 m de largeur devait rebuter les envahisseurs les plus téméraires.

À voir

Bayon

Au cœur d'Angkor Thom, le temple **Bayon** (បាយ័ន ; 7h30-17h30), envoûtant quoique présentant un plan un peu confus, a été construit aux XIIe et XIIIe siècles par Jayavarman VII. Il incarne le génie créatif et l'ego démesuré du plus célèbre roi du Cambodge. Les quatre côtés de chacune de ses 54 tours sont ornés de **visages souriants d'Avalokiteshvara** dont la ressemblance avec le roi est plutôt frappante – d'où son nom de "temple aux visages". Les têtes monumentales observent de tous les côtés, respirant un pouvoir teinté d'humanité – précisément le mélange requis pour dominer un si vaste empire et assurer la soumission d'une population disparate et dispersée.

Bayon est orné de 1,2 km d'extraordinaires **bas-reliefs** comprenant plus de 11 000 figures qui illustrent la vie quotidienne au Cambodge au XIIe siècle.

Le temple étant enveloppé d'une jungle épaisse, il a fallu pas mal de temps aux experts pour réaliser qu'il se dresse exactement au centre de la ville d'Angkor Thom. Bayon est encore entouré de beaucoup de mystères – concernant sa fonction exacte et son symbolisme par exemple.

En raison de son orientation vers l'est, la plupart des voyageurs visitent Bayon tôt le matin, de préférence juste après l'aurore, quand le soleil monte progressivement dans le ciel, éclairant les visages les uns après les autres. Cependant, Bayon est tout aussi beau en fin d'après-midi, et si vous venez au coucher du soleil, l'effet des visages plongeant tour à tour dans l'ombre est tout aussi saisissant.

Ailleurs dans Angkor Thom

Baphuon TEMPLE HINDOU
(បាពួន ; 7h30-17h30). À 200 m de Bayon, Baphuon est une représentation pyramidale du mythique mont Meru. Il marquait le centre de la cité qui précéda Angkor Thom. Certains surnomment Baphuon le "plus grand puzzle du monde". En effet, avant la guerre civile, le temple fut méticuleusement démonté pièce par pièce par des archéologues de l'École française d'Extrême-Orient, dont les rapports furent détruits sous le régime des Khmers rouges, laissant aux experts 300 000 pierres à remonter. Après des années de recherche, le temple a été en partie reconstruit. Sur la façade ouest, un bouddha couché long de plus 60 m date du XVIe siècle.

Terrasse des Éléphants SITE ARCHÉOLOGIQUE
(ទីលានជល់ដំរី). Longue de 350 m, cette terrasse servait de tribune géante pour les cérémonies publiques. Le roi l'utilisait également comme grande salle d'audience. Imaginez le faste et la grandeur de l'Empire khmer à son apogée, l'infanterie, la cavalerie, les attelages et les éléphants paradant sur la place centrale, avec banderoles et étendards. Elle doit son nom à son décor sculpté d'éléphants.

Terrasse du Roi lépreux SITE ARCHÉOLOGIQUE
(ទីលានព្រះគម្លង់). La terrasse du Roi lépreux, juste au nord de la terrasse des Éléphants, date de la fin du XIIe siècle. Cette plateforme de 7 m de hauteur est surmontée d'une statue nue et asexuée, le "Roi lépreux". Selon la légende, au moins deux rois d'Angkor auraient contracté la lèpre et il s'agirait de l'un d'eux. Une autre théorie, plus vraisemblable, avance que la statue représente Yama, le dieu de la Mort, et que la terrasse abritait le crématorium royal. À l'avant, les murs de soutènement sont ornés d'au moins cinq niveaux de sculptures minutieusement exécutées. Du côté sud de la terrasse, un corridor à ciel ouvert recèle des sculptures particulièrement bien conservées.

Environs d'Angkor Thom

À voir

Phnom Bakheng TEMPLE HINDOU
(ភ្នំបាក់ខែង ; 5h-19h). À environ 400 m au sud d'Angkor Thom, Phnom Bakheng est un temple construit par Yasovarman Ier (vers 889-910). Son principal attrait est la vue sur Angkor Vat qui, au couchant, s'offre du haut de ses gradins (à peu près tout ce qu'il en reste aujourd'hui). Pendant de nombreuses années, ce coucher de soleil

Temples d'Angkor

UNE EXPLORATION EN TROIS JOURS

L'ensemble des temples d'Angkor est immense, à tel point que les mots manquent pour lui rendre justice. À cette multitude d'édifices, formant le plus grand ensemble religieux du monde, s'adjoint une vaste cité fortifiée longtemps laissée à l'abandon, probablement la première métropole d'Asie du Sud-Est, bien avant la création de Bangkok et de Singapour.

Commencez par le "groupe de Roluos", une des premières capitales d'Angkor, puis suivez le grand tour, qui passe par le temple à la fois bouddhique et hindou de **1 Preah Khan** et par **2 Preah Neak**, petit bijou entouré d'eau.

Le deuxième jour, optez pour le petit tour, en débutant par l'atmosphère magique du **3 Ta Prohm**, à l'aube, avant de découvrir le temple pyramide de Ta Keo, le monastère bouddhique de Banteay Kdei et l'immense bassin d'ablutions royal de **4 Sra Srang**.

Ensuite, poussez jusqu'au Banteay Srei, joyau de l'art angkorien, et visitez le Beng Mealea, un temple isolé envahi par la jungle.

Gardez le meilleur pour la fin ; allez voir le soleil se lever à **5 Angkor Vat** et restez-y à l'heure du petit-déjeuner pour admirer son incroyable architecture dans le calme. L'après-midi, explorez **6 Angkor Thom**, un ensemble architectural immense qui abrite l'énigmatique **7 Bayon**.

Trois jours à Angkor, ce n'est qu'un début !

BON À SAVOIR

» **Évitez l'affluence** Vous y parviendrez en visitant Sra Srang à l'aube, Angkor Vat après le lever du soleil et Banteay Srei à l'heure du déjeuner.

» **Séjour prolongé** Le billet valable trois jours peut désormais être utilisé sur des journées non consécutives, sur une période d'une semaine, à condition d'en faire la demande au moment de l'achat.

MICK ELMORE / GETTY IMAGES ©

Bayon
Le temple irréel du roi légendaire Jayavarman VII, avec ses 216 visages qui dominent les visiteurs, symbolisant l'autorité royale et religieuse du souverain.

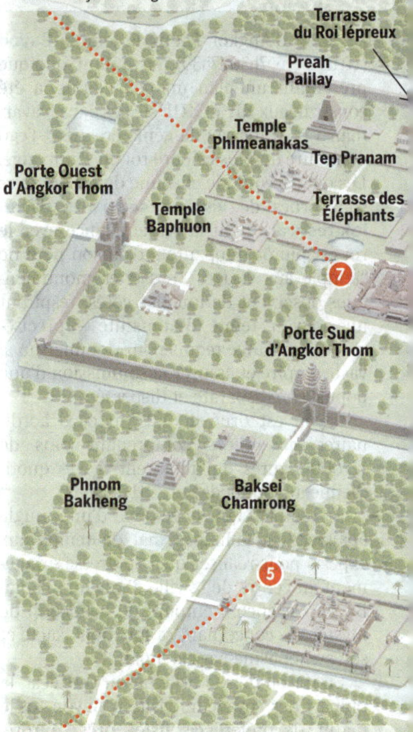

Angkor Vat
Le plus grand édifice religieux du monde. Assistez au lever du soleil dans le saint des saints, puis admirez les bas-reliefs : la dévotion gravée dans la pierre.

JOHN BANAGAN / GETTY IMAGES ©

CHRISTOPHER GROENHOUT / GETTY IMAGES ©

ANDERS BLOMQVIST / GETTY IMAGES ©

ANDERS BLOMQVIST / GETTY IMAGES ©

Angkor Thom

La dernière grande capitale de l'Empire khmer recèle une profusion de temples. Ses proportions titanesques auraient suscité la crainte autant que l'admiration.

Preah Khan

Un temple pluriconfessionnel dédié à Bouddha, Brahma, Shiva et Vishnou ; les immenses couloirs s'apparentent à une galerie des glaces sans fin.

Preah Neak

Une féerie aquatique, avec sa petite tour au milieu d'un lac artificiel, lui-même entouré de quatre bassins plus petits.

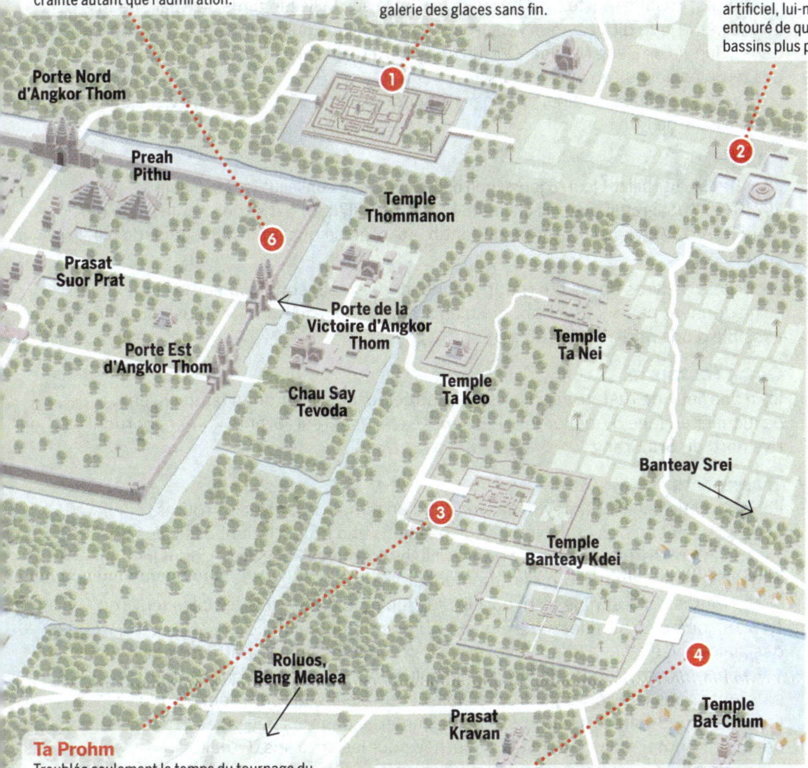

Ta Prohm

Troublée seulement le temps du tournage du film *Tomb Raider*, la nature a repris ses droits, laissant les célèbres racines de l'arbre étouffer la pierre.

Sra Srang

Jadis un bassin d'ablutions royal, c'est un bon endroit où regarder le soleil couchant.

ANDERS BLOMQVIST / GETTY IMAGES ©

ARIADNE VAN ZANDBERGEN / GETTY IMAGES ©

À LA DÉCOUVERTE DES TEMPLES D'ANGKOR

Itinéraire

Si vous disposez d'une seule journée pour visiter Angkor, arrivez à Angkor Vat à l'aube et explorez l'imposant temple tant qu'il est encore paisible. Dans la matinée, vous aurez encore le temps de visiter Ta Prohm, noyé dans les racines. Consacrez l'après-midi à la cité fortifiée d'Angkor Thom et à ses temples, en particulier Bayon, dont les reliefs sont magnifiquement mis en valeur par la lumière déclinante, en fin de journée.

Si vous avez trois jours : après une première journée bien remplie, devancez la foule au beau temple hindou Banteay Srei, en vous arrêtant rapidement à Preah Khan en chemin. Ensuite, portez vos pas vers la rivière aux Mille Lingams de Kbal Spean. Le troisième jour, dirigez-vous vers le secteur du Roluos puis vers l'énorme temple dans la jungle de Beng Mealea. Ou suivez l'itinéraire en sens inverse pour découvrir des temples de plus en plus grands.

Si vous avez une semaine, prolongez l'itinéraire de trois jours par une visite du temple isolé de Koh Ker.

Billets

La **billetterie** (billet 1 jour/3 jours, non obligatoirement consécutifs/1 semaine 20/40/60 $US, gratuit pour les moins de 12 ans ; ⏲5h-17h30) est située sur la route de Siem Reap, à Angkor. Une photo d'identité est requise quel que soit le type de billet acheté.

Les billets délivrés après 17h (pour le coucher du soleil) sont valables le lendemain. Ils ne donnent pas accès à Phnom Kulen, Beng Mealea ou Koh Ker. Tout fraudeur est passible d'une amende de 100 $US.

Où se restaurer

Il y a des lieux de restauration près de l'entrée de tous les grands temples, en particulier en face d'Angkor Vat. Plusieurs excellents restaurants khmers bordent la rive nord du Sra Srang.

Transports

Le vélo est un excellent moyen de circuler d'un temple à l'autre, les routes étant plates et en bon état. Nombre de pensions et d'hôtels louent des vélos de l'association **White Bicycles** (www.thewhitebicycles.org ; 2 $US/jour), dont les bénéfices financent des projets communautaires.

Les motos-taxis sont le transport le plus répandu autour des temples (environ 10 $US/jour, plus pour les sites éloignés). Les conducteurs accostent les touristes dès leur arrivée à Siem Reap et se révèlent compétents et sympathiques.

Les tuk-tuk (environ 15 $US la journée, plus pour les sites éloignés) sont un peu plus lents mais vous protègent de la pluie et du soleil. Vous serez encore plus à l'abri dans une voiture, mais aussi moins immergé dans les paysages, les sons et les odeurs (compter environ 30 $US la journée pour les environs d'Angkor).

Louer une voiture pour gagner des sites isolés coûte environ 50 $US pour Kbal Spean et Banteay Srei, et environ 70 $US pour Beng Mealea.

Circuits

La plupart des visiteurs sont à Siem Reap pour visiter les temples d'Angkor et les tour-opérateurs prêts à vous guider ne manquent pas. L'**Association khmère des guides d'Angkor** (☎063-964347 ; www.khmerangkortourguide.com) organise des circuits agréés en 10 langues (compter de 25 à 50 $US par jour).

Beyond (www.beyonduniqueescapes.com). Agence "responsable" proposant des circuits à Beng Mealea et Kompong Pluk, ainsi que des sorties à vélo et des cours de cuisine.

Buffalo Trails (☎012 297506 ; www.buffalotrails-cambodia.com). Circuits écologiques et découvertes de la vie quotidienne dans la région de Siem Reap.

À NE PAS MANQUER

TA PROHM

Au milieu de ces tours et ces murs croulants serrés par l'étreinte d'immenses racines baignant dans une lumière mouvante, on s'attend à tout moment à voir surgir Indiana Jones. Si Angkor Vat atteste le génie des anciens Khmers, le **Ta Prohm** (តាព្រហ្ម ; 7h30-17h30) évoque surtout la fécondité sans limites et la puissance de la jungle. Un cycle poétique lui a été consacré, où l'humanité conquiert la nature pour créer dans la hâte, la nature reprenant ensuite ses droits pour anéantir lentement le genre humain.

Construit vers 1186 et alors appelé Rajavihara ("monastère du roi"), le Ta Prohm était un temple bouddhique dédié à la mère de Jayavarman VII. C'est un entrelacs de tours, de cours fermées et de couloirs étroits. Des arbres plusieurs fois centenaires dominent l'ensemble ; leur feuillage ne laisse passer qu'une lumière verdâtre. Cette visite nous fait ressentir un peu de la magie qu'ont dû vivre les premiers explorateurs.

Le meilleur moment pour une visite est l'aube, avant l'arrivée de la foule. Le temple se trouve à environ 2 km à l'est d'Angkor Thom.

a pris l'allure d'une foire d'empoigne, une foule de touristes grimpant au temple en jouant des coudes pour trouver le meilleur emplacement. Le nombre de visiteurs étant désormais limité à 300, allez-y tôt (16h) pour être sûr d'avoir une place.

Preah Khan TEMPLE BOUDDHIQUE
(ព្រះខ័ន្ធ, Épée sacrée ; 7h30-17h30). Dédale de couloirs voûtés, de sculptures raffinées et de pierres couvertes de lichen, le temple de Preah Khan figure parmi les plus grands ensembles d'Angkor. Pendant de Ta Prohm (voir encadré ci-dessus), il accueille en général un peu moins de visiteurs. Comme lui, il se compose de hautes enceintes et d'étroits couloirs. En revanche, il est assez bien conservé grâce aux efforts constants de restauration du Fonds mondial pour les monuments (WMF ; www.wmf.org).

Preah Neak TEMPLE BOUDDHIQUE
(ព្រះនាគព័ន្ធ, temple des Nâga entrelacés; 7h30-17h30). Aussi petit que charmant, ce temple appartenant au complexe de Preah Khan fut construit par Jayavarman VII à la fin du XIIe siècle. Il comporte un ensemble de 5 bassins carrés – un grand entouré de 4 plus petits. Sur le bassin central, une île est encerclée de deux *nâga* (serpents à têtes multiples) dont les queues entrelacées donnent son nom au temple.

Un peu plus loin

À voir

Bakong TEMPLE HINDOU
(បាគង ; 7h30-17h30). Bakong est le temple le plus grand et le plus intéressant du "groupe de Roluos", l'ensemble d'édifices le plus ancien d'Angkor. Bâti et dédié à Shiva par Indravarman Ier, il représente le mont Meru et servait de temple principal de l'ancienne capitale khmère. Prototype des temples-montagnes, il présente une pyramide centrale en grès à cinq degrés tracée sur un carré de 60 m à la base, flanqué de huit tours en brique et en grès, et de plus petits sanctuaires. Certaines des tours les plus basses sont toujours en partie couvertes de leurs stucs d'origine.

♥ **Banteay Srei** TEMPLE HINDOU
(បន្ទាយស្រី ; 7h30-17h30). Considéré par beaucoup comme le joyau de l'art angkorien, Banteay Srei, taillé dans une pierre rosée, possède des sculptures d'une finesse exceptionnelle. Commencé en 967, c'est l'un des plus petits sites d'Angkor, mais aussi l'un des plus frappants. Ce temple hindou dédié à Shiva est magnifiquement bien préservé et orné de nombreuses sculptures en ronde bosse.

Kbal Spean SANCTUAIRE HINDOU
(ក្បាលស្ពាន ; 7h30-17h30). Enfoui dans la forêt au nord-est d'Angkor, Kbal Spean est un site incroyable : dans le lit d'une rivière et sur ses rives ont été minutieusement sculptés des *lingams* (représentation liée au dieu Shiva) et des divinités hindoues – d'où son surnom de "Rivière aux mille lingams". Son nom signifie quant à lui "tête de pont", en référence à l'arche rocheuse naturelle qui enjambe les lieux. Kbal Spean fut découvert en 1969 par l'ethnologue Jean Boulbet, qui fut amené ici par un ermite.

Phnom Kulen MONTAGNE
(ភ្នំគូលែន ; 20 $US). Considéré par les Khmers comme la montagne la plus sacrée du Cambodge, Phnom Kulen est un site de pèlerinage fréquenté le week-end et pendant les fêtes. Elle joua un rôle important dans l'histoire de l'Empire khmer, car c'est ici, en 802, que Jayavarman II se proclama *devaraja* (dieu-roi), donnant ainsi naissance au royaume du Cambodge.

Beng Mealea TEMPLE BOUDDHIQUE
(បឹងមាលា ; 5 $US ; ⌚7h30-17h30).
Beng Mealea se contemple 68 km au nord-est de Siem Reap. Construit sur le même plan qu'Angkor Vat, c'est l'un des temples les plus mystérieux d'Angkor car la nature l'a complètement envahi. Explorer ses édifices colossaux est une expérience digne d'*Indiana Jones*. Bâti au XIIe siècle sous Suryavarman II, Beng Mealea est entouré d'une grande douve de 1 200 sur 900 m.

Koh Ker TEMPLE HINDOU
(កោះកេរ ; entrée 10 $US ; ⌚7h30-17h30). Abandonnée pendant des siècles dans les forêts du Nord, Koh Ker, capitale de l'Empire angkorien de 928 à 944, peut se visiter dans la journée à partir de Siem Reap. La plupart des visiteurs commencent par le **Prasat Krahom** (temple Rouge), où les linteaux et les colonnes encadrant les baies sont ornés de superbes sculptures en pierre. Principal monument de Koh Ker, le **Prasat Thom** est une pyramide de 40 m de hauteur et 55 m de largeur, dont les sept niveaux offrent une vue extraordinaire sur la forêt.

Koh Ker se situe à 127 km au nord-est de Siem Reap.

Comprendre le Vietnam

Le Vietnam aujourd'hui

Une période de développement et de croissance soutenue a transformé le Vietnam. Un changement surtout évident dans les grandes villes, où les tours de verre et d'acier composent l'horizon et où une classe moyenne en pleine expansion peut désormais s'offrir climatisation et voyages à l'étranger. À la campagne, en revanche, la prospérité nouvelle du pays est moins flagrante, et, dans les hauts plateaux, la vie demeure une lutte quotidienne pour des millions de membres d'ethnies.

À lire

Un barrage contre le Pacifique (M. Duras). La vie d'une mère et de ses deux enfants dans la Cochinchine des années 1930.

Le Chagrin de la guerre (B. Ninh). Un soldat nord-vietnamien de retour à Hanoi après 10 ans de guerre.

La Colline des anges, retour au Vietnam (J.-C. Guillebaud et R. Depardon). Regards croisés, 20 ans après, d'un ancien correspondant de guerre et d'un photographe.

Le Souffle du cobra (A. X. Pham). Le récit biographique joliment écrit d'un Vietnamo-Américain retournant dans son pays natal.

À voir

Apocalypse Now (F. F. Coppola, 1979). Au plus noir de la guerre du Vietnam.

Cyclo (T. A. Hung, 1995). Un chef-d'œuvre qui nous fait pénétrer au cœur de la pègre de Hô Chi Minh-Ville.

L'Amant (J.-J. Annaud, 1992). D'après le roman autobiographique de Marguerite Duras.

Platoon (O. Stone, 1986). Fondé sur l'expérience personnelle du réalisateur, ce film noir suit un engagé volontaire au Vietnam.

Un Américain bien tranquille (P. Noyce, 2002). Une plongée dans l'atmosphère de Saigon à l'époque coloniale, où la rébellion sourd.

Vue d'ensemble

Quarante ans après la guerre, le Vietnam a fait d'énormes avancées. Victorieux mais ruiné, le pays s'est démené et a surmonté les obstacles (notamment 19 ans d'embargo commercial américain). Le revenu par habitant est passé de 98 $US en 1993 à plus de 2 000 $US en 2015, et aujourd'hui, le Vietnam est l'une des 10 économies à la croissance la plus rapide au monde, encouragée par une production importante. Les start-up prospèrent mais ce rapide développement doit faire face à certaines rigidités et obstacles. Le secteur public reste ainsi important et contrôle près de deux cinquièmes de l'économie – 100 des 200 plus grandes entreprises vietnamiennes appartiennent à l'État (notamment la production de pétrole, la construction navale, le ciment et le charbon).

Le spectre de la corruption entrave chaque pas vers le progrès. Transparency International a classé le Vietnam dernier de tous les pays de l'Asie Pacifique évalués en 2014. Des scandales émergent chaque jour, comme l'affaire des neuf responsables du chantier naval Vinashin, emprisonnés suite à la quasi-faillite de la société lestée de 4,5 milliards de dollars de dettes. Pour la plupart des Vietnamiens, la corruption fait simplement partie du quotidien puisqu'ils doivent sans cesse payer des pots-de-vin, pour obtenir un poste de fonctionnaire ou même une connexion Internet.

Déclin du tourisme passager ou durable ?

Mi-2015, le gouvernement vietnamien a fait ce que le secteur touristique réclamait depuis des années : il a (en partie) assoupli les formalités d'obtention de visa, facilitant l'accès au pays à plusieurs nationalités européennes. Après des années de croissance exponentielle, le nombre de touristes était en baisse, ce qui a des répercussions sur l'important secteur des services du pays. D'autres réformes concernant les visas pourraient peut-être encourager le tourisme, mais il est difficile de savoir quelles sont les raisons de cette baisse et si elle va durer. La diminution du nombre de visiteurs russes (due à la chute du rouble) et chinois (due aux tensions politiques) était particulièrement évidente.

Alors que les responsables du tourisme examinaient les statistiques, une étude financée par l'Union européenne a dévoilé que seuls 6% des touristes interrogés déclaraient vouloir retourner au Vietnam, ce qui a provoqué un flot de gros titres dans les journaux. Manifestement inquiète, l'agence Vietnam Tourism a rapidement commandé une contre-enquête (proposant une meilleure évaluation). Mais certains traits étaient frappants : les visiteurs considéraient le transport routier dangereux et les infrastructures peu développées, se sentaient importunés par les vendeurs de rue, escroqués par les commerçants et agacés par le manque d'informations de voyage fiables. À l'évidence, il reste beaucoup à faire, notamment pour Vietnam Tourism, dont les détracteurs prétendent qu'elle est plus occupée à faire du profit avec des circuits à vélo qu'à conseiller les voyageurs.

Un voisinage difficile

En apparence, le Vietnam et son voisin du Nord, la Chine, ont beaucoup en commun : un passé, une frontière et un parti communiste tout puissant. Mais pour les Vietnamiens, la Chine représente une sorte de grand frère autoritaire (et 1 000 ans de subordination). Durant des années, les deux nations ont connu des incidents de frontière qui n'ont pris fin qu'en 1990 ; et un nouveau conflit pourrait naître dans des îles de la mer de Chine méridionale (toujours appelée "mer de l'Est" au Vietnam). La Chine, qui revendique presque toute la zone, y construit des ports et des pistes d'atterrissage. En mai 2014, des émeutes antichinoises ont éclaté dans plusieurs provinces, se soldant par au moins 21 morts, en réponse au déploiement par la Chine d'une plateforme pétrolière dans les îles Paracels. Des milliers de ressortissants chinois ont fui le pays. En novembre 2015, les tensions persistaient mais la situation s'était assez calmée pour que le président Xi Jinping se rende à Hanoi alors que les deux pays cherchaient à restaurer les liens.

Et ceux-ci existent bel et bien. Les échanges continuent ainsi de se développer (même si les Vietnamiens regrettent qu'ils se fassent plus dans un sens que dans l'autre) atteignant 58 milliards de dollars en 2014 et le chinois est la deuxième langue la plus enseignée au Vietnam. Les deux pays ont finalement signé plusieurs accords de coopération concernant les investissements et l'infrastructure mais peu de progrès ont eu lieu sur les conflits territoriaux.

POPULATION :
94,3 MILLIONS D'HABITANTS

ESPÉRANCE DE VIE :
HOMMES 71 ANS ; FEMMES 76 ANS

MORTALITÉ INFANTILE : **18 POUR 1 000 NAISSANCES**

CROISSANCE DU PIB : **6,3%**

INFLATION : **1,3%**

TAUX D'ALPHABÉTISATION : **93%**

Sur 100 personnes au Vietnam

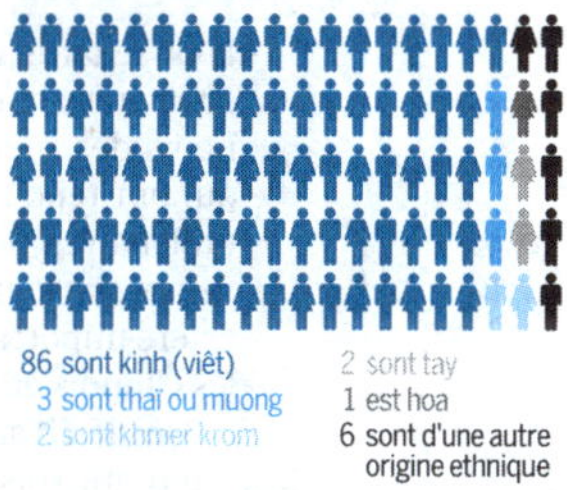

Religions
(% de la population)

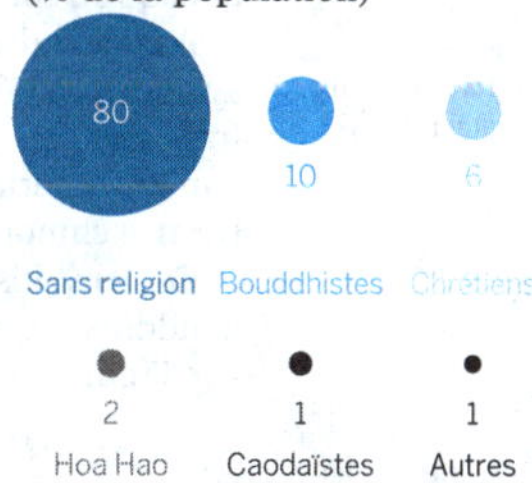

Population au km²

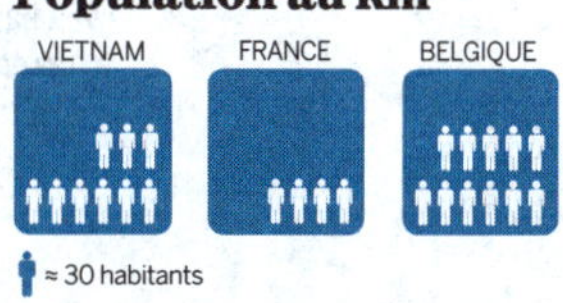

Histoire

L'histoire des Vietnamiens remonte à l'installation de populations autour du delta du fleuve Rouge, où des fermiers cultivaient le riz. Pendant des millénaires, les Vietnamiens ont été en lutte contre les Chinois. Au XIXe siècle, le Vietnam a subi les horreurs de la colonisation française, puis, au siècle suivant, le désastre de l'intervention américaine. Le pays a connu des temps plus que troublés, mais, en deux décennies, sa population s'est courageusement employée à tourner la page. Aujourd'hui, tout indique que le Vietnam a devant lui un avenir prometteur.

Pour se faire une idée de l'histoire tourmentée du Vietnam, il suffit de se promener dans n'importe quelle ville du pays et de prêter attention aux noms des rues. Vous y trouverez partout les noms des héros nationaux qui ont repoussé les envahisseurs successifs au cours des deux derniers millénaires. Si une rue longe une rivière, ce sera Bach Dang (du nom du fleuve sur lequel se déroulèrent deux batailles, en 938 et en 1288). Une artère importante s'appellera Lê Loi, en hommage à l'empereur qui battit les Chinois en 1427.

Dès le IIe siècle avant notre ère, les Vietnamiens ont tenu tête à leur imposant voisin chinois et, après avoir résisté à sa domination, ont subi son occupation pendant 1 000 ans. La lutte pour accéder au statut de nation a été immense. La guerre du Vietnam a certes éveillé l'attention des Occidentaux ; mais pour les Vietnamiens, les Américains n'ont été que les derniers d'une longue succession de "visiteurs" venus et repartis. Pour Hô Chi Minh, il ne faisait aucun doute qu'eux aussi seraient vaincus, quel qu'en soit le prix.

Lors de fouilles réalisées à Oc-Eo, des archéologues ont découvert un médaillon romain à l'effigie de l'empereur Antonin le Pieux, datant de 152.

Au cours des siècles précédents, les Khmers, les Mongols et les Chams avaient tous été refoulés. Puis le pays subit l'humiliante colonisation française. En 1979, à peine finies les horreurs de la guerre déclenchée par les Américains, le pays exsangue repoussait en quelques semaines l'armée chinoise qui l'attaquait.

Ces envahisseurs ont laissé des traces : les Chinois ont apporté le bouddhisme, le taoïsme et le confucianisme (primat de la communauté sur l'individu, respect de l'éducation et de la famille...). La France a

CHRONOLOGIE

2789 av. J.-C.

Les rois Hung Vuong fondent le royaume de Van Lang, considéré comme le premier État vietnamien indépendant.

2000 av. J.-C.

À l'âge du bronze, la culture de Dông Son apparaît dans le delta du fleuve Rouge (près de Hanoi). Elle est renommée pour la riziculture et le travail du bronze.

300 av. J.-C.

Dans le Nord, les Vietnamiens se distinguent entre les Au Viêt (Vietnamiens des montagnes) et les Lac Viêt (Vietnamiens des plaines), installés dans le bassin du fleuve Rouge.

À L'ORIGINE…

Comme chaque pays, le Vietnam s'est construit sur un mythe fondateur : les Vietnamiens seraient les descendants de l'union entre le dragon Lac Long Quan et la fée Au Co. De cette union seraient nés 100 fils. Parmi eux, 50 partirent dans les montagnes aux côtés de leur mère et les 50 autres vers la mer avec leur père. Ces fils fondèrent la première dynastie vietnamienne, les Hung, qui régna sur le royaume de Van Lang, à la tête du peuple des Lac Viêt.

introduit le chemin de fer, légué un style architectural et des pratiques gastronomiques. Les Américains ont laissé un pays dévasté, mais l'honneur des Vietnamiens est resté intact.

Le Vietnam a connu une évolution remarquable ces dernières années. Membre de l'Asean, il a vu son économie décoller, malgré une corruption généralisée, des infrastructures déliquescentes et un pouvoir autocratique. Le pays est aujourd'hui uni et prospère, ses frontières sont sûres, et les Vietnamiens peuvent croire en un avenir stable et prometteur.

Les origines

Le plus ancien peuplement du nord du Vietnam remonte à environ 500 000 ans, mais les chasseurs-cueilleurs qui vivaient là ne pratiquèrent une agriculture rudimentaire qu'à partir de 7000 av. J.-C. La très brillante culture de Dông Son, connue pour ses tambours de bronze *moko*, apparut à l'âge du bronze, vers le IIIe siècle av. J.-C. La période Dông Son vit également de grands progrès en matière de riziculture et l'émergence du delta du fleuve Rouge en tant que centre agricole majeur.

Du Ier au VIe siècle, le sud du Vietnam faisait partie du royaume cambodgien indianisé du Funan, réputé pour le raffinement de ses arts et de son architecture. Ce royaume avait pour capitale la cité fortifiée d'Angkor Borei. Les habitants du Funan construisirent un système élaboré de canaux pour le transport et l'irrigation des rizières. Oc-Eo, le port principal du royaume, se situait dans le delta du Mékong. Des fouilles archéologiques ont révélé que le Funan entretenait des relations avec la Chine, l'Indonésie, la Perse et même certains pays méditerranéens. Par la suite, le royaume shivaïte khmer du Chenla succéda à celui du Funan et s'étendit le long du Mékong.

À la fin du IIe siècle, le royaume hindouiste du Champa émerge aux alentours de l'actuelle Danang. À l'instar du Funan, il adopte le sanskrit comme langue sacrée et s'inspire fortement de la culture et de l'art

BRONZE

Les peuples de la période Dông Son étaient d'importants commerçants dans la région. Des tambours de bronze en provenance du nord du Vietnam ont été retrouvés jusque sur l'île d'Alor, dans l'est de l'Indonésie.

250 av. J.-C. Un seigneur de guerre chinois s'empare du royaume de Van Lang. Un nouveau royaume, Au Lac, est fondé à Co Loa, près de l'actuelle Hanoi.

248-225 av. J.-C. Une guerrière, Triêu Thi Trinh, décrite comme une géante montant des éléphants pour combattre, fait face aux Chinois pendant des décennies, avant d'être vaincue et de se suicider en 248.

111 av. J.-C. L'annexion du delta du fleuve Rouge par les empereurs Han marque le début d'un millénaire de domination chinoise. Le confucianisme devient la philosophie dominante.

40 Les sœurs Trung (Hai Ba Trung) prennent la tête d'une rébellion contre l'occupant chinois, levant une armée qui chasse le gouverneur chinois. Elles se proclament reines du Vietnam indépendant.

indiens. Au VIIIe siècle, le Champa s'était étendu vers le sud, englobant les villes actuelles de Nha Trang et de Phan Rang. Peuple guerrier, les Chams lançaient des attaques le long de la côte indochinoise, affrontant en permanence les Vietnamiens au nord et les Khmers au sud. Pris entre deux ennemis, ils finirent par perdre leur royaume.

Mille ans d'occupation chinoise

Les Chinois conquièrent le delta du fleuve Rouge au IIe siècle av. J.-C. Durant les siècles suivants, de nombreux colons, fonctionnaires et intellectuels chinois s'installent au sud et tentent d'imposer une administration centralisée aux Vietnamiens.

Lors de l'acte de résistance le plus célèbre, en l'an 40, les sœurs Trung (Hai Ba Trung) rallient le peuple, lèvent une armée et dirigent une révolte contre les Chinois. Face à la riposte chinoise, les sœurs Trung, plutôt que de se rendre, préfèrent se jeter dans la rivière Hat Giang. Du IIIe au VIe siècle, de nombreuses rébellions à petite échelle s'opposent à la férule chinoise, caractérisée par la tyrannie, le travail forcé et des impôts toujours plus lourds, mais toutes sont écrasées.

Le royaume du Champa sur la côte était essentiellement hindouiste, avec une culture inspirée de l'Inde. Shiva et la déesse de la Terre Po Nagar en étaient les divinités principales.

Cependant, les Vietnamiens ont énormément appris des Chinois, notamment la construction des digues et les systèmes d'irrigation, qui renforcent la prédominance du riz dans l'alimentation quotidienne. Mieux nourrie, la population s'accroît en même temps que le besoin de terres nouvelles. Limités à l'ouest par les monts Truong Son (cordillère Annamitique), au climat rude et aux terres impropres à la culture du riz, les Vietnamiens se déplacent alors vers le sud le long de la côte.

À cette époque, le Vietnam constituait une escale de premier plan sur la route maritime entre la Chine et l'Inde. Les Chinois apportent le confucianisme, le taoïsme et le bouddhisme mahayana, les Indiens introduisent le bouddhisme theravada et l'hindouisme (au Champa et au Funan). La transmission par les bonzes des connaissances scientifiques et médicales de ces deux grandes civilisations a aussi permis au Vietnam de former ses propres érudits, médecins et botanistes.

La libération du joug chinois

Profitant de la chute de la dynastie Tang, au début du Xe siècle, les Vietnamiens se révoltent contre le pouvoir chinois. En 938, Ngô Quyên défait les armées chinoises lors d'une célèbre bataille sur le fleuve Bach Dang. Feignant la retraite, il entraîne la flotte chinoise en amont du fleuve, puis contre-attaque alors que les bateaux chinois s'empalent sur un mur de pieux, caché sous l'eau. Il met ainsi fin à un millénaire de domination (ce ne fut toutefois pas le dernier affrontement entre les Vietnamiens et leur puissant voisin).

166
Premier contact entre Rome et la Chine, alors que des émissaires franchissent le golfe du Tonkin.

446
Les relations entre le royaume du Champa et la Chine se détériorent. Les Chinois envahissent le Champa, pillent sa capitale, Simhapura, et dérobent une statue du Bouddha de 50 tonnes d'or.

602
Les soulèvements contre le joug chinois, menés notamment par Ly Bon et Triêu Quang Phuc, échouent et le Vietnam tombe sous la domination de la dynastie Sui, qui proclame Dai La Thanh (Hanoi) capitale.

938
Ngô Quyên défait les armées chinoises lors de la bataille du fleuve Bach Dang et met fin à un millénaire d'occupation.

NOMS DE RUES AU VIETNAM

Chaque nom de rue est choisi par le Parti communiste pour glorifier dates et batailles marquantes, héros et héroïnes du pays.

30 Thang 4 Jour de la prise de Saigon par les forces communistes (30 avril 1975).

Hai Ba Trung Du nom de deux sœurs à la tête d'une révolte contre les Chinois en l'an 40.

Lê Loi Chef rebelle à la Robin des Bois ; vainqueur des Chinois en 1426.

Nguyên Thai Hoc A mené la révolte de Yen Bai contre les Français.

Quang Trung Impitoyable chef militaire, empereur et réformateur du XVIIIe siècle.

Trân Hung Dao A repoussé Kubilaï Khan et l'invasion des forces mongoles.

Du XIe au XIIIe siècle, les empereurs de la dynastie des Ly, fondée par Ly Thai Tô, consolident l'indépendance du Vietnam. Durant cette période prospère, un système élaboré de digues est construit pour juguler les inondations et irriguer les cultures, et la première université du pays voit le jour. Les attaques menées par de nombreux voisins, dont les Chinois, les Khmers et les Chams, sont toutes repoussées. Parallèlement, les Vietnamiens poursuivent leur expansion vers le sud, renforçant leur emprise sur le royaume cham.

Au milieu du XIIIe siècle, l'empereur mongol Kubilaï Khan achève sa conquête de la Chine et demande le droit de traverser le territoire vietnamien pour attaquer le Champa. Les Vietnamiens refusent, mais les hordes mongoles, fortes de 500 000 hommes, décident de passer outre. Elles sont repoussées par le légendaire général Trân Hung Dao, qui les met en déroute lors d'une deuxième bataille sur le fleuve Bach Dang, en utilisant exactement la même tactique que Ngô Quyên auparavant.

Les dynasties du Vietnam

- *Ngô 939-965*
- *Dinh 968-980*
- *Lê antérieurs 980-1009*
- *Ly 1010-1225*
- *Trân 1225-1400*
- *Hô 1400-1407*
- *Trân postérieurs 1407-1413*
- *Domination chinoise 1414-1427*
- *Lê postérieurs 1428-1524*
- *Mac 1527-1592*
- *Seigneurs Trinh du Nord 1539-1787*
- *Seigneurs Nguyên du Sud 1558-1778*
- *Tây Son 1788-1802*
- *Nguyên 1802-1945*

Le retour des Chinois

Les Chinois reprennent le contrôle du Vietnam au début du XVe siècle. Ils obligent alors des intellectuels vietnamiens à émigrer en Chine, dans la ville de Nankin, où ils emportent aussi les archives nationales. Cette "fuite de cerveaux" pénalisera durablement la civilisation vietnamienne. De lourds impôts et le travail forcé marquent également cette époque. Le grand poète Nguyên Trai (1380-1442) décrit ainsi la domination chinoise : "Toute l'eau de la mer orientale ne saurait suffire à effacer la tache de leur ignominie ; tous les bambous des montagnes méridionales ne sauraient produire assez de papier pour recenser leurs crimes."

1010

L'empereur Ly Thai Tô fonde Thanh Long ("la cité du dragon qui prend son envol"), l'actuelle Hanoi, qui devient la nouvelle capitale du Vietnam.

1010-1225

Dirigé par la dynastie des Ly pendant deux siècles, le Vietnam conserve de nombreuses traditions héritées de l'ère chinoise (confucianisme, administration, riziculture...).

1076

L'armée vietnamienne, conduite par le général Ly Thuong Kiêt, attaque les Song (Chinois) et gagne une bataille décisive près de l'actuelle ville de Nanning, avant de mettre en déroute les forces cham.

1288

Les Mongols envahissent le Dai Viêt, mais le général Trân Hung Dao les repousse en employant le même stratagème que Ngô Quyên lors de la bataille du fleuve Bach Dang.

UN PAYS INDÉPENDANT, CIVILISÉ ET HÉROÏQUE

Au XVe siècle, accompagnant le succès de la rébellion de Lê Loi contre la domination chinoise, le poète Nguyên Trai écrivit une déclaration nationaliste inspirée, citée aujourd'hui encore dans les manuels scolaires et par les hommes politiques. La Grande Proclamation (*Binh Ngo Dai Cao*) est un hymne à l'esprit d'indépendance et à la fierté nationale du pays : "Notre peuple a fait du Vietnam, il y a longtemps déjà, une nation indépendante dotée de sa propre civilisation. Nous avons nos montagnes et nos fleuves, nos coutumes et nos traditions, toutes différentes de celles du pays étranger du Nord [...] Nous avons été parfois faibles et parfois puissants, mais nous n'avons jamais manqué de héros."

Lê Loi entre en scène

En 1418, le refus de Lê Loi, un riche philanthrope, de devenir fonctionnaire au service des Ming, déclenche l'insurrection de Lam Son. En 1425, des insurrections éclatent dans plusieurs régions. Lê Loi parcourt le pays pour les fédérer afin de vaincre les Chinois.

Lê Loi et ses successeurs lancent une campagne pour s'emparer des territoires cham au sud, dont le temps fort est la prise de Vijaya, la capitale proche de l'actuelle Quy Nhon, en 1471. Cela sonne le glas du Champa en tant que puissance militaire ; les Chams commencent à migrer vers le sud et les Vietnamiens s'installent sur leurs terres.

Au XVIe siècle, Hô Chi Minh-Ville (Saigon) était un petit village khmer du nom de Prey Nokor, à la lisière orientale du Cambodge.

L'arrivée des Européens

Les premiers marins portugais débarquent à Danang en 1516, bientôt suivis par des missionnaires dominicains. Durant les décennies suivantes, les Portugais développent des échanges commerciaux avec le Vietnam et, à l'instar des Japonais et des Chinois, installent un comptoir à Faifo (aujourd'hui Hoi An). Au fil des siècles, l'Église catholique s'implante au Vietnam avec plus de succès que dans tout autre pays d'Asie, à l'exception des Philippines, soumises pendant 400 ans à la férule espagnole.

Les seigneurs du peuple

Comme cela se répétera au XXe siècle, le Vietnam est divisé en deux pendant la majeure partie des XVIIe et XVIIIe siècles. Les puissants seigneurs Trinh règnent sur le Nord, au nom des rois Lê, tandis que le Sud est le fief des seigneurs Nguyên. Les Trinh ne parvinrent pas à soumettre les Nguyên, beaucoup mieux armés (ils étaient équipés par les Portugais), qui étendent leur contrôle au sud sur de nouveaux territoires du delta du Mékong. Dans le même temps, plusieurs pays européens s'intéressent au Vietnam et manœuvrent pour y établir leur influence.

XIVe siècle

Sous la houlette du roi Chê Bong Nga, l'armée cham tue l'empereur vietnamien Trân Due Tông et assiège la capitale, Thang Long, en 1377 et en 1383.

1428

Lê Loi triomphe de l'occupant chinois et se proclame empereur, le premier d'une longue dynastie. Il est révéré comme l'un des plus grands héros du Vietnam.

1471

Les Vietnamiens infligent une défaite humiliante au royaume du Champa, tuant plus de 60 000 soldats cham et faisant 36 000 prisonniers, dont le roi et presque toute sa famille.

XVIe siècle

Naissance de Hô Chi Minh-Ville, sous le nom de Prey Nokor, modeste village khmer perdu dans ce qui était alors la pointe est du Cambodge.

La révolte des Tây Son

En 1765, les impôts prohibitifs exigés par les seigneurs Nguyên provoquent une révolte dans le Sud, dite des Tây Son, du nom du village de la région de Quy Nhon d'où étaient originaires les trois frères à la tête du mouvement. Tels des Robin des Bois, ces trois frères – Nguyên Nhac, Nguyên Lu et Nguyên Huê – prennent aux riches pour distribuer aux pauvres. Leur popularité leur permit de contrôler le centre du Vietnam en moins de dix ans. En 1783, ils prennent Saigon et le Sud, tuent le prince régnant et sa famille. Nguyên Lu devient le souverain du Sud et Nguyên Nhac est couronné roi du Centre.

Sur leur lancée, les rebelles renversent les seigneurs Trinh du Nord, tandis que les Chinois entrent dans la danse en espérant tirer parti de la vacance du pouvoir. C'était compter sans le troisième des frères, Nguyên Huê, qui se proclame empereur sous le nom de Quang Trung, en 1788. L'année suivante, ses troupes infligent aux Chinois une défaite cuisante à Dong Da, autre fait d'armes majeur de l'histoire vietnamienne.

Dans le Sud, Nguyên Anh, l'un des rares survivants des seigneurs Nguyên, parvient à repousser peu à peu les rebelles Tây Son. Se proclamant empereur en 1802 sous le nom de Gia Long, il fonde la dynastie des Nguyên. Quand il s'empare de Hanoi, sa victoire est totale. Hué devient la nouvelle capitale d'un Vietnam enfin réunifié après deux siècles de divisions.

L'un des premiers missionnaires, le jésuite français Alexandre de Rhodes (1591-1660), s'est rendu célèbre pour ses travaux d'élaboration du *quôc-ngu*, l'alphabet phonétique romanisé qui est toujours utilisé pour écrire le vietnamien.

Retour à la tradition

Gia Long, pour séduire l'élite conservatrice de son empire et consolider son pouvoir, revient aux valeurs confucianistes. Son fils, l'empereur Minh Mang, s'attache à renforcer l'État. Profondément hostile au catholicisme, qu'il considère comme une menace pour les traditions confucéennes, il étend son aversion à toute forme d'influence occidentale.

Les premiers empereurs Nguyên poursuivent l'expansionnisme de leurs prédécesseurs, pénétrant au Cambodge et au Laos. Ils disputent au Siam (Thaïlande) les restes de l'Empire khmer disloqué.

Si le retour aux valeurs traditionnelles leur vaut le soutien de l'élite vietnamienne, l'isolationnisme et l'hostilité envers l'Occident ont été fatals aux empereurs Nguyên, qui n'ont pas réussi à moderniser le pays assez rapidement pour résister aux Européens, bien armés.

Le bouddhisme s'épanouit aux XVIIe et XVIIIe siècles. De nombreuses pagodes furent érigées un peu partout dans le pays. Un mélange de croyances ancestrales, d'animisme et de taoïsme différenciait le bouddhisme vietnamien de la doctrine orthodoxe.

La colonisation française

L'armée française intervient pour la première fois au Vietnam en 1847, lorsque la marine attaque le port de Danang en représailles à l'emprisonnement de missionnaires catholiques par l'empereur Thiêu Tri. Saigon est prise début 1859 et, en 1862, l'empereur Tu Duc signe un traité cédant aux Français les trois provinces orientales de Cochinchine

1516

L'arrivée des marchands portugais à Danang marque le début de l'intérêt des Européens pour le Vietnam. Ils installent un comptoir à Faifo (Hoi An) et introduisent le catholicisme.

1524

Début d'une période d'instabilité et de guerres causée par des conflits féodaux entre les Trinh issus du Nord (Thang Long) et les Nguyên du Sud (autour de Hué).

1651

Publication du *Dictionarium Annamiticum Lusitanum et Latinum*, premier dictionnaire en *quôc-ngu* (alphabet romanisé), grâce au travail du jésuite français Alexandre de Rhodes (1591-1660).

XVIIe siècle

Des colons vietnamiens s'installent dans le delta du Mékong et la région de Saigon, profitant de l'affaiblissement des Khmers, déchirés par des guerres intestines et les invasions siamoises.

(le sud du Vietnam durant la colonisation française). Durant les quatre décennies suivantes, l'aventure coloniale française dans la péninsule indochinoise connaît néanmoins des échecs répétés, et ne se maintient que grâce aux seuls agissements d'une poignée d'aventuriers.

En 1872, Jean Dupuis, un négociant désireux de pouvoir fournir sel et armes via le fleuve Rouge, s'empare de la citadelle de Hanoi. Le capitaine Francis Garnier, officiellement dépêché pour maîtriser Dupuis, entame à la place la conquête du Nord (le Tonkin).

Proclamée par la France en 1887, l'Union indochinoise, comprenant la Cochinchine, l'Annam, le Tonkin, le Cambodge et le Laos, met fin à l'existence d'un État vietnamien indépendant. Toutefois, la résistance perdurera en divers points du pays tout au long de la période coloniale. L'époque de l'expansionnisme est révolue et les Vietnamiens doivent restituer les territoires pris au Cambodge et au Laos.

L'administration coloniale entreprend d'ambitieux travaux publics, comme la voie ferrée Hanoi-Saigon (le *Transindochinois*, aujourd'hui *Express de la Réunification*) ou l'assèchement des marais du delta du Mékong, financés par des impôts exorbitants qui dévastent l'économie rurale. Ces travaux sont restés tristement célèbres en raison des salaires dérisoires et des conditions de travail déplorables imposés à la main-d'œuvre vietnamienne.

L'aspiration à l'indépendance

Durant toute la période coloniale, le désir d'indépendance anime plus ou moins secrètement de nombreux Vietnamiens. L'élan nationaliste se traduit souvent par une hostilité ouverte envers les Français, se manifestant de diverses manières, de la publication de journaux patriotiques à la tentative d'empoisonnement de la garnison française de Hanoi.

Bien que corrompue, la cour impériale de Hué reste un bastion du nationalisme, et les Français s'emploieront à démettre les empereurs qui leur sont défavorables, le jeu de chaises musicales atteignant son apogée avec l'accession au trône, en 1925, de l'empereur Bao Dai, alors âgé de 12 ans et faisant ses études en France.

Rapidement, les patriotes comprennent que la modernisation est la clé de l'indépendance. Le militant Phan Bôi Châu lance le mouvement Dông Du ("voyage à l'Est"), qui prévoit d'envoyer des intellectuels vietnamiens étudier au Japon afin de fomenter ultérieurement une rébellion victorieuse. Phan Châu Trinh favorise l'éducation des masses populaires, la modernisation de l'économie et la coopération avec les Français en vue de l'indépendance. C'est à cette époque que s'impose l'écriture latine *quôc-ngu*, bien plus pratique pour instruire le peuple que la complexe écriture *nôm* utilisant des caractères chinois.

1765

La révolte des Tay Sôn éclate près de Quy Nhon, menée par trois frères qui contrôleront le pays entier durant les 25 années suivantes.

1802

L'empereur Gia Long monte sur le trône et fonde la dynastie des Nguyên, qui gouvernera le Vietnam jusqu'en 1945. Le pays est réunifié pour la première fois après plus de 200 ans.

1862

Après les attaques françaises sur Danang et Saigon, l'empereur Tu Duc signe un traité cédant à la France le contrôle des provinces du delta du Mékong, rebaptisées Cochinchine.

1883

Les Français imposent au Vietnam un traité de protectorat, marquant le début officiel de 70 années de domination coloniale, durant lesquelles se poursuit une résistance active.

L'ONCLE HÔ

Le père de la nation, Hô Chi Minh ("Celui qui éclaire"), de son vrai nom Nguyên Tat Thanh, était le fils d'un fonctionnaire lettré, fervent nationaliste. Né près de Vinh en 1890, il grandit à Hué. Il adoptera au cours de sa vie de nombreux pseudonymes, mais beaucoup de Vietnamiens l'appellent affectueusement Bac Ho ("l'oncle Hô").

En 1911, il s'engage comme apprenti cuisinier sur un navire français. Il parcourt les mers jusqu'en Amérique du Nord, en Afrique et en Europe, où il s'établit et travaille tour à tour comme jardinier, balayeur, serveur, retoucheur de photos et chauffeur, développant peu à peu sa conscience politique.

Hô Chi Minh s'installe à Paris où il apprend plusieurs langues (dont le français, l'anglais, l'allemand et le mandarin) et commence à militer pour l'indépendance indochinoise. En 1920, il est l'un des membres fondateurs du Parti communiste français et, un peu plus tard, on le retrouve à Canton (Guangzhou, Chine) œuvrant à la fondation de l'Association de la jeunesse révolutionnaire du Vietnam.

Au début des années 1930, à la demande des Français, le gouvernement britannique de Hong Kong l'incarcère pour ses activités révolutionnaires. À sa libération, il se rend en Union soviétique et en Chine, avant de regagner son pays en 1941, après 30 ans d'absence. La même année, alors âgé de 51 ans, il crée le Viêt-minh, dont le but est l'indépendance du Vietnam. À la veille de la reddition du Japon, en août 1945, Hô Chi Minh prend la tête de la révolution d'Août et ses troupes parviennent à contrôler la majeure partie du pays.

Peu après, avec le retour des Français, le Viêt-minh entre dans la résistance armée jusqu'à la victoire de Diên Biên Phu, en 1954. Hô restera à la tête du Nord-Vietnam jusqu'à sa mort, en septembre 1969, sans voir la victoire du Nord sur le Sud.

Le Parti a soigneusement entretenu l'image de l'oncle Hô, qui domine toujours le Vietnam plus de 40 ans après sa mort. Chaque ville possède une statue de Hô et un musée à son nom, un culte de la personnalité qui contraste fortement avec la simplicité du grand homme. Pour en savoir plus, reportez-vous à la biographie que lui a consacré Pierre Brocheux (*Hô Chi Minh, du révolutionnaire à l'icône*, Payot, 2003).

La montée du communisme

Les anticolonialistes qui remportent le plus de succès sont les communistes, les seuls à comprendre les frustrations de la population – en particulier des paysans – et à canaliser leurs revendications pour une plus juste répartition des terres.

L'histoire du communisme vietnamien, qu'épouse en grande partie la carrière politique de Hô Chi Minh, est compliquée. Le premier groupe marxiste indochinois, l'Association de la jeunesse révolutionnaire du Vietnam, est constitué par Hô Chi Minh à Canton (Chine) en 1925. En février 1930, le Parti communiste vietnamien lui succède. Hô Chi Minh

Fin du XIXe siècle	1925	1930-1931	Années 1930
Le *quôc-ngu*, écriture romanisée du vietnamien, s'impose comme moyen d'éradiquer l'illettrisme et de promouvoir l'éducation. Les idéogrammes chinois disparaissent.	Hô Chi Minh passe à l'activisme politique organisé et fonde à Canton l'Association de la jeunesse révolutionnaire du Vietnam, qui deviendra le Parti communiste vietnamien.	La révolte de Nghe Tinh contre l'occupant français entraîne grèves et manifestations de fermiers, ouvriers et intellectuels à l'encontre du pouvoir colonial et des propriétaires terriens.	Le marxisme gagne en popularité avec la formation de 3 partis communistes qui s'unissent pour former le Parti communiste vietnamien, dont Trân Phu est le premier secrétaire général.

fonde la Ligue pour l'indépendance du Vietnam en 1941, plus connue sous le nom de Viêt-minh, qui résistera au gouvernement français de Vichy et à l'armée japonaise, et déploiera un intense activisme politique durant la Seconde Guerre mondiale. En dépit de son programme nationaliste, le Viêt-minh sera dès le début dominé par les communistes. S'il est communiste, Hô Chi Minh est aussi un homme pragmatique, proche du peuple et convaincu de la nécessité d'une unité nationale.

Entre 1944 et 1945, le Viêt-minh reçut des fonds et des armes de l'Office américain des services stratégiques (OSS, l'actuelle CIA). Ironie de l'histoire : lorsque Hô Chi Minh proclame l'indépendance en 1945, des agents de l'OSS se tiennent à ses côtés, et il empruntera librement à la Déclaration d'indépendance américaine.

La Seconde Guerre mondiale et la famine

Après la défaite de la France en 1940, le gouverneur d'Indochine, nommé par le régime de Vichy, autorise la présence de troupes japonaises au Vietnam. Les Nippons laissent la gestion des affaires courantes du pays à l'administration française et le Vietnam est épargné pendant un temps par les ravages de l'occupation japonaise. Cependant, vers la fin de la Seconde Guerre mondiale, les réquisitions de riz imposées par l'occupant, conjuguées à des ruptures de digues et à des inondations, provoquent une épouvantable famine qui fait probablement 2 millions de morts sur les 10 millions d'habitants du Nord-Vietnam. Le Viêt-minh est alors la seule force à s'opposer à la présence des Français et des Japonais au Vietnam et, durant cette période, Hô Chi Minh reçoit un soutien du gouvernement américain. Alors que la guerre se termine en Europe, les occupants japonais et français relâchent leur emprise et l'occasion est venue pour le Viêt-minh de passer à l'action.

Une aube trompeuse

Au printemps 1945, le Viêt-minh contrôle de vastes pans du pays, notamment dans le Nord. À la mi-août, Hô Chi Minh appelle au soulèvement général, nommé par la suite révolution d'Août. Entre-temps, dans le Centre, l'empereur Bao Dai abdique en faveur du nouveau gouvernement, et dans le Sud, le Viêt-minh forme une coalition instable avec des groupes non communistes. Le 2 septembre 1945, Hô Chi Minh proclame l'indépendance de la République démocratique du Vietnam lors d'un rassemblement à Hanoi. Durant cette période, il écrit pas moins de huit lettres au président Truman et au département d'État pour réclamer une aide américaine, sans jamais obtenir la moindre réponse.

La conférence de Potsdam de 1945, qui fixe le sort des ennemis des forces alliées, confie le désarmement japonais en Indochine à la Chine au nord du 16e parallèle et à la Grande-Bretagne au sud de cette ligne.

Les accords de Potsdam en 1945 ne permirent pas la reconnaissance du Vietnam comme État indépendant et établirent une frontière au niveau du 16e parallèle (au nord de Danang).

Lorsque les Britanniques arrivent à Saigon, le pays a sombré dans l'anarchie, quatre camps se battant pour dominer le pays : ce qu'il reste des troupes japonaises, les forces françaises, les milices privées et le Viêt-minh. Lorsque des parachutistes français armés réagissent à la déclaration d'indépendance de Hô Chi Minh en attaquant les

1940	1941	Années 1940	1944-1945
Début de l'occupation japonaise : le gouvernement vichyste d'Indochine met ses installations militaires à disposition des Japonais, mais conserve la gestion administrative du pays.	Hô Chi Minh crée le Viêt-minh (Ligue pour l'indépendance du Vietnam), mouvement de libération qui a pour objectif de mettre fin à la colonisation française et à l'occupation japonaise.	Les réquisitions de riz imposées par les Japonais, ajoutées aux inondations, provoquent une terrible famine qui cause la mort de 10% de la population (2 millions) dans le nord du Vietnam.	Le Viêt-minh reçoit fonds et armes en provenance des États-Unis.

populations, le Viêt-minh s'engage dans une guérilla. Le 24 septembre, le général Leclerc arrive à Saigon et déclare : "Nous sommes venus réclamer notre héritage."

Dans le Nord, les soldats chinois du Guomindang fuient devant les communistes chinois et se dirigent vers Hanoi. Hô Chi Minh tente en vain de calmer le jeu ; l'occupation chinoise s'éternisant, il finit par accepter un retour temporaire des Français. En échange de cinq années de mandat supplémentaires, la France accordait au Vietnam un statut d'État libre à l'intérieur de l'Union française.

En mai 1954, les combattants du Viêt-minh creusèrent à Diên Biên Phu un réseau de galeries sous les défenses françaises de la colline A1, qu'ils truffèrent d'explosifs. Le camarade-sapeur Nguyên Van Bach se porta volontaire pour servir de bombe humaine au cas où le détonateur ne se déclencherait pas. Heureusement pour lui, il fonctionna et Nguyên Van Bach est aujourd'hui un héros national.

La guerre d'Indochine

Les Français parviennent donc à reprendre le contrôle du Vietnam, du moins officiellement. Cependant, la détente avec le Viêt-minh commence à s'effriter après le bombardement de Haiphong par les Français en novembre 1946, qui fait des centaines de victimes civiles. Des combats éclatent bientôt à Hanoi, marquant le début de la guerre d'Indochine. Hô Chi Minh et ses troupes se réfugient dans les montagnes, où ils resteront 8 ans.

Malgré l'aide massive des Américains (qui veulent "contenir" l'expansion communiste) et le soutien des Vietnamiens anticommunistes, la France ne parvient pas à rétablir son contrôle. Hô Chi Minh avait dès le début prévenu les Français : "Vous pouvez tuer dix de mes hommes pour un des vôtres. Même avec cet avantage, vous perdrez et je gagnerai."

Après 8 ans de combat, le Viêt-minh dominait la quasi-totalité du Vietnam et du Laos. Le 7 mai 1954, après un siège de 57 jours, plus de 10 000 soldats français affamés se rendent au Viêt-minh à Diên Biên Phu : le cessez-le-feu accéléra les négociations engagées entre les deux parties, les Français n'ayant désormais plus de cartes en main. La guerre d'Indochine s'acheva 21 juillet 1954 avec la signature des accords de Genève. Les accords comprennent l'échange des prisonniers, la division "temporaire" du Vietnam en deux zones séparées par le fleuve Ben Hai (près du 17e parallèle) jusqu'aux élections nationales, la libre circulation des personnes à travers le 17e parallèle durant 300 jours et la tenue d'élections nationales le 20 juillet 1956. Au cours de cette guerre, plus de 35 000 soldats français ont été tués et 48 000 blessés ; les chiffres restent incertains du côté vietnamien, mais sont probablement bien plus élevés.

Le film *Diên Biên Phu* (1992) est l'hommage rendu par Pierre Schoendoerffer à ces hommes jetés dans une bataille perdue d'avance. Le cinéaste français, qui avait participé à la bataille en tant que correspondant de guerre, avait connu nombre d'entre eux.

Un Sud-Vietnam autonome

Après la signature des accords de Genève (juillet 1956), le Sud-Vietnam est gouverné par Ngô Dinh Diêm, un catholique farouchement anticommuniste. Son pouvoir se trouve renforcé par l'arrivée de quelque 900 000 réfugiés, majoritairement catholiques, qui avaient fui le Nord communiste pendant les 300 jours de passage autorisé.

1945

Le 2 septembre, Hô Chi Minh proclame l'indépendance du Vietnam sur la place Ba Dinh, dans le centre de Hanoi. Les Français veulent rétablir leur autorité et imposent à nouveau un régime colonial.

1946

Les relations tendues entre les forces du Viêt-minh et le pouvoir colonial français aboutissent à des combats à Haiphong et à Hanoi. Ceux-ci marquent le début de la guerre d'Indochine, qui durera 8 ans.

Fin des années 1940

Alors que le Viet-minh se retire dans les montagnes pour s'organiser, les Français essaient de former un gouvernement vietnamien sous Bao Dai, dernier empereur de la dynastie Nguyên.

1949

L'accession au pouvoir des communistes en Chine engendre une arrivée massive d'armes par la frontière destinées aux forces du Viêt-minh, ce qui leur permet des victoires significatives face aux Français.

À Hanoi et dans le Nord, Hô Chi Minh avait instauré un État policier particulièrement efficace. Ce régime se caractérisait par une police brutale, les dénonciations via un gigantesque réseau d'informateurs, ainsi que le fichage des dissidents et de leur famille.

Les élections nationales n'eurent jamais lieu, les Américains redoutant que Hô Chi Minh ne les remporte. Diêm parvient à consolider son pouvoir durant les premières années, démantelant la confrérie criminelle des Binh-Xuyên et les bandes armées des sectes Hoa Hao et caodaïste.

À l'occasion d'une visite officielle de Diêm aux États-Unis en 1957, le président Eisenhower voit en lui l'"homme providentiel" de l'Asie. Au fil du temps, Diêm se montra de plus en plus despotique envers les dissidents, fermant des monastères bouddhiques, emprisonnant des bonzes et interdisant les partis d'opposition. Le gouvernement devint une affaire de famille (sa belle-sœur, madame Nhu, tint notamment le rôle de première dame).

Un mouvement anti-Diêm, mené par les étudiants et le clergé bouddhiste, secoua le Sud au début des années 1960 ; plusieurs bonzes s'immolèrent par le feu. Washington favorisa alors le coup d'État mené par les généraux de Diêm, qui s'emparèrent du pouvoir en novembre 1963 et exécutèrent Diêm et son frère. Les gouverneurs militaires qui lui succèdent pratiqueront cependant une politique identique.

Un nouveau Nord-Vietnam

Les accords de Genève autorisaient le retour à Hanoi des dirigeants de la République démocratique du Vietnam et leur offraient le contrôle du territoire situé au nord du 17e parallèle. Le nouveau gouvernement s'emploie immédiatement à éliminer tous ceux qui menacent son pouvoir. Des dizaines de milliers de "propriétaires" terriens, dont certains ne possèdent qu'un minuscule lopin, sont dénoncés par leurs voisins aux "comités de sécurité" et arrêtés. Des procès sommaires aboutissent à quelque 15 000 condamnations à mort et à des milliers d'incarcérations. En 1956, le Parti, confronté à l'insurrection des paysans, reconnaît ses excès et lance une "campagne de rectification des erreurs".

Viêt-cong et VC sont les abréviations de *Viêt Nam Công San*, qui signifie "communiste vietnamien". Les soldats américains surnommaient le VC "Charlie", comme dans "Victor Charlie".

La guerre Nord-Sud

La campagne des communistes pour "libérer" le Sud commence en 1959. La piste Hô Chi Minh, tracée depuis plusieurs années, est rouverte. En avril 1960, le Nord décrète la mobilisation générale et, huit mois plus tard, Hanoi annonce la formation du Front national de libération du Sud-Vietnam (FNL), plus tard appelé Viêt-cong (ou VC) par le gouvernement de Saigon.

Dès le début de l'offensive du FNL, Diêm perd le contrôle des campagnes. Pour endiguer la déroute, le "programme des hameaux stratégiques" est mis en place en 1962. Il consiste à regrouper les paysans dans des hameaux fortifiés afin de priver le Viêt-cong de tout soutien populaire.

1954
Reddition des forces françaises au Viêt-minh, le 7 mai, à Diên Biên Phu, après un siège de 170 jours. Fin de la colonisation française en Indochine.

1955
Le pays est "temporairement" divisé au 17e parallèle en Nord-Vietnam communiste et Sud-Vietnam "libre". Catholiques et communistes ont 300 jours pour changer de camp.

1960
Le Front national de libération (ou Viêt-cong) entame une guérilla contre le gouvernement Diêm dans le Sud, ce qui déclenchera l'intervention américaine.

1962
Le parc national de Cuc Phuong, à l'ouest de la ville de Ninh Binh, est proclamé premier parc national vietnamien. Hô Chi Minh déclare que "la forêt est de l'or".

Dans le Sud, ce n'est plus seulement une bataille contre le Viêt-cong. En 1964, des unités de l'Armée nord-vietnamienne (ANV) commencent à s'infiltrer via la piste Hô Chi Minh. Au début de 1965, le gouvernement de Saigon se trouve dans une situation désespérée ; les rangs de l'Armée de la République du Vietnam (ARVN) déplorent quelque 2 000 désertions par mois. Le Sud perd un chef-lieu de province chaque semaine, mais seul un haut gradé de l'ARVN sera blessé en 10 ans. L'armée se prépare à évacuer Hué et Danang ; les hauts plateaux du Centre sont sur le point de tomber.

L'intervention américaine

Les Américains considéraient la guerre d'Indochine comme un élément important de la lutte mondiale contre l'expansion communiste. En 1950, des conseillers militaires américains intervenaient au Vietnam, apparemment pour entraîner les troupes locales, mais l'armée américaine allait en réalité rester sur le sol vietnamien pendant les 25 années suivantes. Dès 1954, l'aide militaire américaine à la France se montait à 2 milliards de dollars.

Les États-Unis changent de stratégie en août 1964, lors de l'incident du golfe du Tonkin. Deux destroyers américains affirment avoir été attaqués sans raison tandis qu'ils naviguaient dans les eaux internationales. Une enquête révélera plus tard que la première attaque avait eu lieu alors que le premier croisait dans les eaux territoriales du Nord-Vietnam, appuyant une mission secrète d'un commando sud-vietnamien. Selon un rapport officiel publié en 2005 par la National Security Agency (NSA), la seconde attaque n'a jamais eu lieu.

Toutefois, sur ordre du président Lyndon Johnson, 64 bombardements aériens frappent le Nord, inaugurant les milliers d'opérations qui ont suivi, détruisant toutes les routes et les ponts, ainsi que 4 000 des 5 788 villages du Nord-Vietnam. Quelques jours plus tard, le Congrès américain vote à la quasi-unanimité la résolution du golfe du Tonkin, qui donne au président Johnson le pouvoir d'engager au Vietnam toute action jugée nécessaire, sans avoir à en référer au Congrès.

Alors que la situation militaire du gouvernement de Saigon frôle de nouveau la catastrophe, les premières troupes de combat américaines débarquent à Danang en mars 1965. En décembre de la même année, 184 300 militaires américains sont présents au Vietnam et 636 soldats ont déjà trouvé la mort. En décembre 1967, les chiffres se montent à 485 600 soldats américains et 16 021 morts. En comptant les Sud-Vietnamiens et les autres alliés, 1,3 million d'hommes se battaient pour le gouvernement de Saigon.

L'adaptation de 2002 du livre de Graham Green, *Un Américain bien tranquille*, avec Michael Caine, est à voir absolument : magnifiquement réalisé, on y découvre le Vietnam des années 1950, au moment du départ des Français et l'arrivée des Américains.

La guerre en chiffres

3 689 avions et 4 857 hélicoptères américains abattus

15 millions de tonnes de munitions lâchées

4 millions de Vietnamiens tués ou blessés

1963
Le président sud-vietnamien Ngô Dinh Diêm est renversé et assassiné lors d'un coup d'État orchestré par les États-Unis, qui porte au pouvoir un nouveau groupe de jeunes officiers supérieurs.

1964
Bien que les États-Unis n'aient pas officiellement déclaré la guerre, ils lancent l'opération *Pierce Arrow* et bombardent le Nord-Vietnam, en représailles à l'incident du golfe du Tonkin.

1965
Pour empêcher l'effondrement du régime de Saigon, le président Lyndon Johnson intensifie les bombardements au Nord-Vietnam et approuve le déploiement de troupes dans le Sud

1967
À la fin de l'année, 1,3 million de soldats, dont près de 500 000 Américains, se battent pour le Sud-Vietnam.

De 1965 à 1973, le journaliste et écrivain Olivier Todd couvre le conflit au Vietnam pour *Le Nouvel Observateur*. Dans *La Chute de Saigon* (Poche, 2011), il raconte les derniers mois de cette tragédie et revient sur son parcours intellectuel.

La stratégie américaine

En 1966, on parlait à Washington de "pacification", de "ratissage et destruction" et de "zones de feu à volonté". La pacification consistait à installer une infrastructure civile progouvernementale dans tous les villages, gardée par des soldats. Pour protéger les villages des incursions du Viêt-cong, des unités mobiles de ratissage et de destruction parcouraient le pays, traquant les maquisards. Par endroits, les villageois étaient évacués pour que les Américains puissent utiliser des armes lourdes, comme le napalm et les tanks, dans des régions déclarées "zones de feu à volonté".

Pourtant, si les forces américaines contrôlaient les campagnes pendant la journée, le Viêt-cong reprenait l'avantage la nuit. Bien que dépourvus d'armes lourdes, les maquisards infligeaient de fortes pertes aux Américains en multipliant les embuscades, les mines et les pièges. Alors que les "zones de feu à volonté" étaient supposées épargner les civils, les villageois n'en étaient pas moins bombardés ou arrosés de napalm, ce qui incitait souvent les survivants à rejoindre le Viêt-cong.

Le tournant

En janvier 1968, les troupes nord-vietnamiennes lancent une attaque majeure contre la base américaine de Khe Sanh, dans la zone démilitarisée (DMZ). Cette bataille, la plus importante de la guerre, fait partie d'une manœuvre de diversion dans le cadre de l'offensive du Têt.

La guerre du Vietnam a coûté la vie à de très nombreux journalistes. *Requiem* est une anthologie de photographies prises par des correspondants de guerre tombés sur le champ de bataille, et un hommage rendu à leur travail.

Cette offensive marque un tournant décisif de la guerre. Dans la soirée du 31 janvier, alors que le pays célèbre le Nouvel An lunaire, le Viêt-cong rompt un cessez-le-feu tacite en lançant une série d'attaques dans plus de cent localités. Devant les caméras de télévision, un commando viêt-cong investit la cour de l'ambassade américaine, en plein cœur de Saigon. Cependant, les communistes avaient misé à tort sur le soutien de la population, et le soulèvement escompté ne se produit pas. Dans des villes comme Hué, le Viêt-cong n'est pas accueilli en libérateur, ce que la population civile paie au prix fort.

Pris de court (l'échec est cuisant pour les renseignements américains), les Américains contre-attaquent néanmoins avec une énorme puissance de feu, bombardant et pilonnant les villes surpeuplées, décimant le Viêt-cong, mais semant aussi la mort et la dévastation dans la population civile. L'offensive du Têt coûta la vie à près de 1 000 soldats américains et à 2 000 soldats de l'ARVN, mais les pertes viêt-cong furent dix fois plus élevées.

Le Viêt-cong avait peut-être perdu la bataille, mais l'opération marqua aussi le tournant vers la victoire finale. Les militaires

1968
Le Viêt-cong lance l'offensive du Têt, surprenant les Américains alors mobilisés par le siège de Khe Sanh. Des centaines de civils vietnamiens sont tués lors du massacre de My Lai.

1969
Hô Chi Minh meurt à Hanoi en septembre 1969 d'un arrêt cardiaque, après avoir dédié sa vie à la révolution. Une "présidence collective" lui succède, avec Lê Duan à sa tête.

1970
Henry Kissinger, conseiller américain à la Sécurité, et Lê Duc Tho, représentant le gouvernement de Hanoi, entament des pourparlers à Paris tandis que les États-Unis réduisent leurs troupes.

1971
L'opération Lam Son lancée par l'ARVN pour couper la piste Hô Chi Minh au Laos se solde par une défaite cuisante, la moitié des troupes étant capturées ou tuées.

SUR LES TRACES DE LA GUERRE

Les guerres d'Indochine et du Vietnam ont marqué plus d'une génération. Suivez les pas des soldats, des journalistes et des politiciens de tous bords en visitant les sites suivants :

- **China Beach**. La plage proche de Danang où les GI passaient quelques jours de détente. C'est aussi le nom de la série TV qui lui a été consacrée.
- **Tunnels de Cu Chi**. Pour échapper aux forces américaines, les Vietnamiens creusèrent à 30 km de Saigon un réseau extrêmement complexe de tunnels, juste sous le nez des occupants d'une base militaire US.
- **Zone démilitarisée (DMZ)**. Ce no man's land, situé au niveau du 17e parallèle, qui divisait le nord et le sud du pays depuis 1954, devint rapidement, malgré son nom, l'une des zones les plus fortement militarisées du monde.
- **Piste Hô Chi Minh**. La route d'approvisionnement du Sud ; les Nord-Vietnamiens faisaient transiter soldats et munitions le long de cette incroyable piste à travers les monts Truong Son, réalisant de véritables prouesses techniques.
- **Citadelle de Hué**. L'ancienne citadelle fut totalement rasée lors des combats de rue de 1968, lorsque les Américains reprirent la ville après trois semaines d'occupation communiste.
- **Khe Sanh**. En 1968, les Nord-Vietnamiens massèrent leurs forces autour de cette base américaine. La plus grosse opération de diversion de toute cette guerre visait à masquer l'offensive du Têt, alors imminente.
- **Mémorial de Long Tan**. Il rend hommage au contingent australien, essentiellement basé à Vung Tau, dans le Sud, qui combattit au Vietnam.
- **My Lai**. Ce village fut le théâtre d'une des pires atrocités de la guerre du Vietnam : le massacre par des GI de centaines de villageois en mars 1968.
- **Tunnels de Vinh Moc**. Contrairement à ceux de Cu Chi, ces tunnels n'ont pas été élargis pour les touristes et témoignent de l'ingéniosité du Viêt-cong.

américains avaient longtemps claironné que le succès n'était qu'une affaire de temps. Après la diffusion en direct à la télévision des massacres et du chaos à Saigon, de nombreux Américains cessent alors de croire aux communiqués officiels. Tandis que leurs généraux criaient victoire, les civils supportaient de moins en moins le coût humain et matériel de la guerre.

Parallèlement, des détails filtrent sur les atrocités perpétrées à l'encontre des civils vietnamiens sans défense, comme le massacre de My Lai. Cela contribue à renverser l'opinion, et les protestataires se regroupent.

1972

Offensive dite de Pâques : les Nord-Vietnamiens traversent la zone démilitarisée (DMZ) au niveau du 17e parallèle pour attaquer le Sud et les forces américaines.

1973

Le 27 janvier, tous les protagonistes signent les accords de paix de Paris, qui mettent fin aux hostilités. Les Américains se retirent, mais le conflit perdure.

1975

Le 30 avril 1975, les Nord-Vietnamiens s'emparent de Saigon, alors que les derniers Américains fuient la ville.

1976

Proclamation de la République socialiste du Vietnam. Saigon est rebaptisée Hô Chi Minh-Ville. Des centaines de milliers de Vietnamiens quittent le pays, notamment les boat people.

"C'ÉTAIT UNE ERREUR"

Aujourd'hui les historiens estiment que si Washington avait su reconnaître la longue histoire des victoires du Vietnam face aux envahisseurs successifs, l'effroyable tragédie de "leur" guerre aurait pu être évitée, de même que ses répercussions sur une société américaine qui a longtemps souffert du conflit et dont la remise en cause des valeurs a touché toute une génération. Des années après, Robert McNamara, l'un des architectes de la guerre et ancien secrétaire à la Défense, écrivit dans ses mémoires : "C'était une erreur, une terrible erreur. Nous devons aux générations futures des explications."

Nixon et sa doctrine

Élu président en novembre 1968, Richard Nixon dévoile bientôt sa fameuse doctrine, qui incite les nations d'Asie à se montrer plus autonomes en matière de défense. Celle-ci appelle à la "vietnamisation" du conflit, en laissant les troupes sud-vietnamiennes combattre seules, sans le soutien des Américains.

Le premier semestre de 1969 est pourtant marqué par une escalade du conflit. En avril, le nombre de soldats américains au Vietnam a atteint le pic de 543 400 hommes. Tandis que les combats font rage, Henry Kissinger, le chef de la diplomatie, entame à Paris des pourparlers de paix avec Lê Duc Tho, son homologue nord-vietnamien.

Oliver Stone, habitué des films engagés, signe avec *Platoon* en 1986 un véritable chef-d'œuvre. Premier opus de sa célèbre trilogie sur le Vietnam, c'est un regard brutal et cynique sur le conflit à travers le personnage d'une nouvelle recrue. Charlie Sheen, Tom Berenger et Willem Dafoe y sont formidables.

En 1969, les États-Unis commencent à bombarder secrètement le Cambodge, cherchant à détruire les sanctuaires des communistes vietnamiens. En 1970, des fantassins américains sont envoyés au Cambodge, poussant les Nord-Vietnamiens à s'enfoncer plus avant dans le territoire cambodgien. À l'été 1970, avec leurs alliés Khmers rouges, ces derniers contrôlent la moitié du pays, dont les temples d'Angkor.

Cette nouvelle escalade provoque de violentes manifestations anti-guerre aux États-Unis et ailleurs. Quatre manifestants sont abattus par la Garde nationale lors d'un meeting pacifiste à l'université d'État de Kent (Ohio). L'apparition d'organisations comme les "Vétérans du Vietnam contre la guerre" prouve alors que ceux qui exigeaient le retrait des troupes américaines n'étaient pas que des jeunes redoutant la conscription. La guerre déchire bel et bien le pays.

Au printemps 1972, les Nord-Vietnamiens lancent une offensive au-delà du 17e parallèle. Les États-Unis répondent par des bombardements accrus sur le Nord et le minage des ports du Nord-Vietnam. Les "bombardements de Noël" sur Hanoi et Haiphong fin 1972 sont destinés à obtenir des concessions du Nord-Vietnam à la table des négociations. Enfin, le 27 janvier 1973, les États-Unis, le Nord-Vietnam, le Sud-Vietnam et le Viêt-cong signent les accords de Paris, qui prévoient un cessez-le-feu,

1978

Le jour de Noël, le Vietnam envahit le Cambodge ravagé par les Khmers rouges, qu'il chasse du pouvoir le 7 janvier 1979.

1979

En février, les forces chinoises envahissent le nord du Vietnam en représailles à l'attaque contre leurs alliés Khmers rouges. Les Vietnamiens les repoussent. Des milliers de Vietnamiens d'origine chinoise fuient

Années 1980

Le Vietnam reçoit une assistance économique et militaire de l'URSS de près de 3 milliards de dollars par an. Le pays commerce essentiellement avec l'URSS et le bloc communiste.

1986

L'instauration du *doi moi*, version vietnamienne de la perestroïka russe, marque le premier pas vers le rapprochement avec l'Occident et s'accompagne d'un train de réformes économiques.

le retrait total des forces américaines et la libération de 590 prisonniers de guerre américains, mais ne mentionnent pas les 200 000 soldats nord-vietnamiens déployés dans le Sud.

Des équipes américaines continuent de rechercher les dépouilles de leurs concitoyens morts au Vietnam, au Laos et au Cambodge. Depuis quelque temps, les Vietnamiens, de leur côté, cherchent leurs soldats disparus au Cambodge et au Laos.

Les accords de paix de Paris, signés en 1973, prévoyaient une provision de 3,5 milliards de dollars à verser par les États-Unis au Vietnam au titre des réparations. Cette clause constituera la principale entrave à la normalisation des relations entre les deux pays en 1978. Le Vietnam ne recevra jamais le moindre dollar.

Les autres contingents étrangers

L'Australie, la Nouvelle-Zélande, la Corée du Sud, la Thaïlande et les Philippines ont également envoyé des troupes combattre aux côtés des États-Unis au Sud-Vietnam dans le cadre de ce que les Américains appelaient les "Forces militaires du monde libre". Washington cherchait à internationaliser son effort de guerre pour lui donner plus de légitimité.

La participation de l'Australie au conflit a représenté l'engagement militaire le plus important de ce pays depuis la Seconde Guerre mondiale. Sur les 46 852 soldats qui ont pris part aux combats, il y a eu 496 morts et 2 398 blessés.

La plus grande partie du contingent néo-zélandais – qui totalisait 548 soldats en 1968, l'année où il a été le plus important – était intégrée aux unités australiennes, stationnées près de Baria, au nord de Vung Tau.

La chute du Sud-Vietnam

La majorité des militaires américains quitte le Vietnam en 1973, à l'exception d'un petit contingent de techniciens, de conseillers et d'agents de la CIA. Le bombardement du Nord-Vietnam cesse et les POW américains sont libérés. Cependant, la guerre continue et les Sud-Vietnamiens se battent seuls.

La majorité des boat people ayant fui le pays à la fin des années 1970 étaient des membres de la minorité chinoise, que leur argent et leur sens des affaires, outre leur origine, avaient transformés en cible rêvée pour la Révolution.

En janvier 1975, le Nord lance une attaque terrestre massive sur le 17e parallèle, appuyée par des tanks et de l'artillerie lourde. L'invasion sème la panique dans l'armée sud-vietnamienne, depuis toujours dépendante du soutien américain. En mars, l'ANV occupe la région de Buon Ma Thuot, zone stratégique des hauts plateaux du Centre. Nguyên Van Thiêu, le président du Sud-Vietnam, décide alors un repli tactique sur des positions plus défendables, ce qui s'avère être une énorme erreur.

Des brigades entières de l'ARVN s'enfuient vers le Sud, rejoignant les centaines de milliers de civils qui se bousculent sur la RN 1. L'une après l'autre, les villes de Hué, Danang, Quy Nhon et Nha Trang sont abandonnées. Les troupes sud-vietnamiennes fuient si rapidement que l'armée du Nord peine à les suivre.

Au pouvoir depuis 1967, Nguyên Van Thiêu démissionne le 21 avril 1975 et quitte le pays, emportant avec lui, dit-on, des millions de dollars d'argent sale. Les Nord-Vietnamiens continuent vers Saigon

1989
Les forces vietnamiennes se retirent du Cambodge en septembre alors que l'URSS réduit son soutien aux pays communistes. Le Vietnam connaît la paix pour la première fois depuis des décennies.

1991
En mal de devises, le Vietnam s'ouvre au tourisme pour stimuler son économie. Les premiers voyageurs arrivent, malgré de strictes restrictions.

1992
Une nouvelle Constitution autorise des réformes et des libertés économiques limitées. Le Parti communiste reste cependant la force motrice de la vie politique et sociale.

1994
Fin de l'embargo américain contre le Vietnam, instauré au Nord en 1964 et étendu à la nation réunifiée depuis 1975, et début d'une normalisation des relations entre les deux pays.

LE COÛT DE LA GUERRE

Au total, 3,14 millions d'Américains (dont 7 200 femmes) ont servi dans les forces armées au Vietnam. Le bilan officiel des pertes humaines fait état de 58 183 Américains tués au combat ou portés disparus. Le coût direct de la guerre a été évalué à 165 milliards de dollars, mais son coût réel a pesé considérablement plus sur l'économie.

Fin 1973, 223 748 soldats sud-vietnamiens avaient été tués au combat et on estimait à 1 million les pertes dans les rangs de l'armée nord-vietnamienne et du Viêt-cong. Environ 4 millions de civils, soit 10% de la population, ont été tués ou blessés. Au moins 300 000 Vietnamiens et 2 200 Américains sont toujours portés disparus.

Le Vietnam reçut de l'Union soviétique près de 3 milliards de dollars d'aide pendant les années 1980, et la plupart des échanges commerciaux se faisaient alors avec d'autres pays du bloc communiste, de Cuba à la Tchécoslovaquie. Les dirigeants russes et vietnamiens avaient l'habitude de conclure des accords dans des restaurants tels que le Maxim's à Hô Chi Minh-Ville, avec vin bulgare et cigares cubains.

et, au matin du 30 avril 1975, leurs tanks éventrent les grilles du palais de l'Indépendance. Après 42 heures d'exercice en tant que président, le général Duong Van Minh rend officiellement les armes, un épisode qui marque la fin de la guerre.

Quelques heures avant la reddition du Sud-Vietnam, les derniers Américains sont évacués par hélicoptère du toit de leur ambassade vers des navires mouillant au large. Ainsi prit fin une implication militaire américaine de plus de 25 ans. Et, durant toute la durée du conflit, les États-Unis n'auront en fait jamais déclaré la guerre au Nord-Vietnam.

Les Américains ne sont pas les seuls à partir. Lors de la chute du Sud, 135 000 Vietnamiens quittent leur pays, suivis par plus de 500 000 autres au cours des cinq années suivantes. Ceux qui fuient par la mer seront bientôt connus dans le monde entier comme les boat people. Prêts à affronter tous les risques d'un périlleux voyage en mer de Chine méridionale, beaucoup de ces réfugiés sont finalement arrivés au bout de leur cauchemar pour commencer une nouvelle vie, en France ou ailleurs.

Avec *L'Innocence perdue* (Seuil, 1991), Neil Sheehan remporta le prix Pulitzer. Cette biographie du colonel John Paul Vann évoque le désenchantement d'un homme face à la guerre et à la prise de conscience de l'échec des États-Unis dans ce conflit.

La réunification

Le jour de la victoire, les communistes changèrent le nom de Saigon en Hô Chi Minh-Ville (HCMV). Le premier de nombreux changements.

Le succès soudain de l'offensive nord-vietnamienne en 1975 surprit presque autant le Nord que le Sud. Hanoi n'avait aucun plan détaillé pour intégrer les deux parties du pays, aux systèmes économiques et sociaux totalement différents. Le Parti hérita des conséquences d'un conflit long et cruel qui avait littéralement fracturé la nation. L'amertume rongeait

1995 Le Vietnam rejoint l'Association des nations de l'Asie du Sud-Est (Asean), organisation créée à l'origine pour faire obstacle à l'expansion du communisme dans la région.

2000 Bill Clinton visite le Vietnam à la fin de son mandat, devenant le premier président américain à se rendre à Hanoi. Il entame ainsi un nouveau chapitre dans les relations entre les deux pays.

2003 Nam Cam, une figure de la pègre, est condamné à mort pour corruption, détournement de fonds, enlèvement et meurtre. Des dizaines de politiciens sont impliqués,

2004 Premier vol de ligne entre les États-Unis et Hô Chi Minh-Ville depuis la guerre. Essor du tourisme et des échanges vietnamo-américains.

chaque camp, et les défis à relever étaient considérables. La guerre avait causé d'énormes dommages, des champs de mines non identifiés à une économie exsangue, axée sur la guerre, des campagnes empoisonnées par des produits chimiques à une population blessée physiquement ou mentalement. Si la paix était revenue, la fin de la lutte restait lointaine.

Jusqu'à la réunification officielle du Vietnam, en juillet 1976, le Sud fut dirigé par le gouvernement révolutionnaire provisoire. Le Parti communiste n'avait aucune confiance dans l'intelligentsia urbaine du Sud, pas même en ceux qui avaient soutenu le Viêt-cong, et envoya du Nord une armada de cadres pour assurer la transition. Cette politique accrut le ressentiment de ceux qui avaient lutté contre le gouvernement de Thiêu et se retrouvaient rejetés.

La rapide transition vers le socialisme dans le Sud décidée par le Parti se révéla désastreuse pour l'économie. La réunification s'accompagna en outre d'une vaste répression politique. Malgré les promesses répétées d'impunité, des centaines de milliers de personnes liées à l'ancien régime se virent dépossédées de leurs biens, arrêtées et emprisonnées sans procès dans des "camps de rééducation". Des dizaines de milliers d'hommes d'affaires, d'intellectuels, d'artistes, de journalistes, d'écrivains, de syndicalistes et de religieux, dont certains s'étaient opposés au gouvernement du Sud et à la guerre, furent détenus dans des conditions épouvantables.

En contradiction avec sa politique économique, le Vietnam tenta de se rapprocher des États-Unis. En 1978, Washington était sur le point de rétablir des relations avec Hanoi, mais privilégia finalement la carte de la Chine : le Vietnam fut sacrifié au profit des relations sino-américaines et poussé dans l'orbite de l'Union soviétique, dont il dépendit pendant la décennie suivante.

L'ouvrage de Ba'o Ninh *Le Chagrin de la guerre* (Picquier, 1997) est une histoire poignante d'amour et de mort qui montre que les soldats du Nord-Vietnam avaient les mêmes peurs, les mêmes désirs aussi, que la plupart des GI américains.

La Chine et les Khmers rouges

Les relations avec la Chine au nord et ses alliés Khmers rouges à l'ouest se détériorent rapidement. Affaibli par la guerre, le Vietnam se sent encerclé d'ennemis. La campagne anticapitaliste lancée en mars 1978 se traduit par la saisie de propriétés et d'entreprises privées. La plupart des victimes étant d'origine chinoise - grossissant le nombre des réfugiés ou boat people –, les relations avec la Chine se gâtent encore.

Dans un même temps, les attaques répétées des Khmers rouges contre les villages frontaliers obligent les Vietnamiens à réagir. Ils entrent au Cambodge le 25 décembre 1978, chassent les Khmers rouges du pouvoir le 7 janvier 1979 et installent un gouvernement pro-Hanoi à Phnom Penh. La Chine considéra l'attaque contre les Khmers rouges comme une grave provocation. En février 1979, des troupes chinoises envahirent le nord du Vietnam et combattirent 17 jours avant de se retirer.

2006
Le Vietnam accueille le sommet de la Coopération économique Asie-Pacifique (CEAP), reçoit le président américain George W. Bush et s'apprête à rejoindre l'Organisation mondiale du commerce (OMC).

2009
Des militants démocrates sont incarcérés pour s'être "livrés à de la propagande contre le gouvernement" en accrochant des banderoles à un pont et en publiant des articles en ligne.

2012
Malgré la récession que connaît l'Occident, le nombre de touristes atteint les 6,8 millions, soit une augmentation de 13,9 % par rapport à l'année 2011. Chinois, Coréens, Japonais et Américains sont les plus nombreux.

2013
Le général Giap, architecte de la victoire de Diên Biên Phu et chef militaire pendant la guerre du Vietnam, meurt à l'âge de 102 ans. Des millions de personnes lui rendent hommage.

La libération du Cambodge du joug des Khmers rouges se transforma bientôt en occupation doublée d'une longue guerre civile, qui coûta cher au Vietnam. L'économie planifiée étouffait les initiatives des riziculteurs vietnamiens, et le pays, aujourd'hui l'un des premiers exportateurs mondiaux de riz, devait en importer au début des années 1980. La guerre et la révolution avaient ruiné le pays, et un changement radical d'orientation s'imposait.

L'ouverture

Secrétaire général du Parti communiste soviétique en 1985, Mikhaïl Gorbatchev lança la perestroïka (restructuration), un programme de réformes, et fit le choix de la glasnost (transparence). Le Vietnam suivit son exemple en 1986, nommant le réformiste Nguyên Van Linh à la tête du Parti communiste. Le *doi moi* (réforme économique), d'abord expérimenté au Cambodge, fut appliqué au Vietnam. Lorsque l'URSS réduisit son soutien aux pays communistes, les avant-postes les plus éloignés en souffrirent les premiers. En septembre 1989, le Vietnam décida de se retirer du Cambodge, dont il ne pouvait plus financer l'occupation. Le Parti communiste vietnamien se retrouvait seul et contraint d'évoluer pour survivre.

Toutefois, les changements radicaux en Europe de l'Est en 1989 et l'effondrement de l'Union soviétique en 1991 furent mal vus par Hanoi. Le Parti dénonça la participation de non-communistes à des gouvernements du bloc de l'Est et vit derrière les révolutions démocratiques une "contre-attaque des cercles impérialistes". Si la situation évoluait à peine sur le plan politique, le Vietnam décida d'opter pour l'économie de marché. Depuis, le capitalisme s'est solidement enraciné et le Vietnam a rejoint l'Asean en 1995. Les relations entre le Vietnam et les États-Unis se sont par ailleurs nettement améliorées. Début 1994, le gouvernement américain a levé l'embargo économique en vigueur contre le Nord depuis les années 1960. Des relations diplomatiques pleines et entières ont été rétablies. Les présidents Bill Clinton et George W. Bush se sont rendus à Hanoi à plusieurs reprises et, en juillet 2013, le président du Vietnam Truong Tan Sang a été reçu, à la Maison-Blanche par le président Obama, devenant le deuxième chef d'État vietnamien à visiter les États-Unis.

2013
Le président Truong Tan Sang est reçu à la Maison-Blanche par Barack Obama.

2014
Après l'installation de structures pétrolières chinoises dans les eaux disputées des îles Paracels, le Vietnam connaît d'importantes émeutes antichinoises.

2015
Le Vietnam célèbre le 40e anniversaire de sa réunification avec d'imposants défilés militaires.

La société vietnamienne

Actifs, fiers, espiègles, les Vietnamiens peuvent se révéler difficiles à comprendre par les Occidentaux. Par exemple, les questions directes reçoivent souvent des réponses évasives. Un Vietnamien ne fera jamais part à un étranger de ses réflexions intimes ou de son histoire personnelle comme on peut le faire en Occident. Le respect profond qu'ont les Vietnamiens pour la tradition, la famille et l'État reflète l'un des principes fondamentaux du confucianisme.

Les mentalités

Traditionnellement, la mentalité vietnamienne valorise le travail en équipe, dans l'harmonie plutôt que dans le conflit ; mais les temps changent. Sur les routes ou dans les affaires, c'est le "chacun pour soi" qui prévaut, ce qui surprend les étrangers (et pas seulement les Occidentaux). Garder la face est essentiel ; les Vietnamiens détestent faire des concessions et préféreront bluffer, embobiner ou jouer les fanfarons pour parvenir à leurs fins.

Questions de génération

À de nombreux égards, le Vietnam est encore un pays traditionnel et conservateur. Habituée aux restrictions, la vieille génération, qui se rappelle les longues années de guerre et chaque parcelle du territoire pour lequel elle s'est battue, est restée insensible à la société de consommation. Le Vietnam des jeunes est tout autre : c'est un pays où l'on peut réussir, ignorer le carcan légué par les communistes et exhiber sa nouvelle moto, sa coupe de cheveux ou son iPhone.

Dancing Girl, film de Le Hoang, a causé bien des remous lors de sa sortie en 2003, en racontant l'histoire de deux prostituées séropositives et en montrant le personnage de Hoa (interprété par My Duyen) en train de consommer de l'héroïne.

La division Nord-Sud

La division Nord-Sud persiste. Les Sud-Vietnamiens trouvent que leurs compatriotes du Nord sont froids, qu'ils se prennent trop au sérieux et ne savent pas s'amuser. À l'inverse, les Nord-Vietnamiens trouvent les Sud-Vietnamiens superficiels, frivoles et obsédés par l'argent. Pour caricaturaux qu'ils soient, ces préjugés n'en mettent pas moins en lumière des disparités bien réelles, qui vont au-delà des (nombreuses) différences dialectales.

GRAND FRÈRE OU AMI ?

Il est peu d'endroits au monde où la manière de s'adresser à autrui soit aussi importante qu'au Vietnam. Avoir recours à un terme inadapté représentera une insulte grossière, un manque de respect ou simplement un ton un peu trop décontracté, en fonction des circonstances. L'âge et le statut sont des éléments clés.

Trois inconnus discutent dans un bar. Dzung a la vingtaine. Vinh, la trentaine, Huong, la quarantaine. Ils comprennent assez vite qu'ils viennent de milieux sociaux similaires. La manière adéquate pour Dzung de parler de Vinh sera *anh* (grand frère) mais il devra appeler Huong *chu* (oncle). Il devra parler de lui-même en disant *em* (petit frère) en parlant à Vinh, mais *chau* (neveu) en parlant à Huong. À moins qu'ils ne soient tous très modernes (ou d'humeur joyeuse !) et ne décident de s'appeler tous *ban* (ami).

Le climat y contribue aussi : la vie est plus facile dans le Sud, où le fertile delta du Mékong permet trois récoltes par an. Le Nord doit endurer un long hiver de ciels gris, de crachin, de brume et de vent glacé. N'oublions pas non plus que le Nord vit avec le communisme depuis plus de 50 ans, tandis que le Sud pratique le libre-échange avec les États-Unis depuis plus de 20 ans.

Garder la face

Dans toute l'Asie, et plus particulièrement au Vietnam, la notion de "face" est un élément culturel fondamental. Avoir une "grande face" signifie avoir du prestige, autre notion capitale dans le pays. Chaque famille, y compris les plus pauvres, est censée organiser de fastueuses cérémonies de mariage et y dépenser de véritables fortunes pour "gagner de la face". Ce qui peut être ruineux, mais bien moins grave que de "perdre la face". Un étranger ne devrait jamais s'emporter face à un Vietnamien. Blesser l'estime et l'orgueil de son interlocuteur revient à entraver toute possibilité de trouver une issue à une querelle. Il est tout aussi mal vu qu'un commerçant, pour vendre, fasse pression sur les touristes, crie ou les tire par la manche. Ces tactiques sont au Vietnam celles d'escrocs prêts à tout pour vendre : passez votre chemin.

Les Vietnamiens émigrés, appelés Việt Kiều, ont longtemps été considérés comme lâches, arrogants et privilégiés. La politique officielle est désormais d'encourager leur retour au pays – et celui de leur argent.

Mode de vie

La société traditionnelle gravitait autour de la famille, des travaux des champs et de la religion. Ce rythme de vie rural est resté inchangé pendant des siècles, avant d'être ébranlé par la guerre, le communisme et la mondialisation. S'il est vrai que plusieurs générations peuvent encore partager le même toit, manger le même riz et pratiquer la même religion, les modes de vie ont toutefois beaucoup évolué.

Le Vietnam connaît une véritable mutation – comparable à celle des années 1960 pour la société occidentale – entraînant de multiples tensions dans les foyers. Les jeunes gens s'habillent dorénavant à leur goût, fréquentent les personnes de leur choix, sortent en ville et rentrent tard. La plupart vivent cependant toujours chez leurs parents, où les conversations peuvent être vives, notamment pour ce qui concerne le mariage et la question de l'indépendance.

Tout n'a pas changé pour autant. La plupart des Vietnamiens méprisent la paresse et se lèvent tôt. Vous verrez des parcs remplis d'adeptes du tai-chi dès l'aube, et les bureaux fonctionnent à plein dès 7h. Le pays semble déborder d'énergie et de vitalité, malgré la chaleur et l'humidité.

Famille

Au Vietnam, le statut de la famille est plus important que le salaire. La bonne réputation d'une famille inspire le respect et ouvre des portes.

La famille élargie joue un rôle majeur et, loin de la famille nucléaire à l'occidentale, comprend les cousins au deuxième et au troisième degrés. Elle a coutume de se rassembler aux heures d'adversité et de deuil, mais aussi en des occasions solennelles ou joyeuses. Pour les anciennes générations, ce lien représente une force.

Le sens vietnamien des affaires

Les Occidentaux se plaignent souvent des pratiques marchandes locales, qui vont de la surfacturation caractérisée à l'entourloupe en règle. C'est là pour beaucoup de touristes l'aspect le plus déplaisant de leur séjour. Il semble même parfois impossible de payer quoi que ce soit à son prix local. Quelques explications s'imposent.

Tout d'abord, la plupart de ceux qui en ont après votre porte-monnaie travaillent dans le tourisme : le phénomène est rare en dehors des sentiers battus. Selon cette mentalité, les Occidentaux

AU VIETNAM... FAITES COMME LES VIETNAMIENS

Prenez le temps de découvrir la culture vietnamienne. Cela vous aidera à ne pas commettre d'impairs et facilitera votre intégration auprès de vos hôtes. Voici quelques conseils :

Habillement Montrez-vous respectueux des codes vestimentaires, notamment dans les lieux de prière. Retirez toujours vos chaussures avant de pénétrer dans un temple. Sur les plages, le nudisme est à proscrire.

Cartes de visite Il est de bon ton d'échanger ses cartes de visite, même pour la plus petite transaction. Faites-en imprimer avant votre départ et distribuez-les généreusement.

Baguettes funèbres Une paire de baguettes plantées verticalement dans un bol de riz ressemble beaucoup aux bâtons d'encens que l'on brûle pour les morts. C'est donc un puissant symbole mortuaire.

Langage des pieds Il est d'usage de retirer ses chaussures en entrant chez quelqu'un. Par ailleurs, diriger ses orteils vers autrui est très mal élevé. Enfin, ne tournez jamais la pointe des pieds vers des représentations du Bouddha ou de tout autre objet sacré.

Chapeau bas ! La correction veut que l'on se découvre devant une personne âgée, ou devant tout autre individu digne d'égards, comme un moine. Il faut également incliner la tête avant de s'adresser à eux. En Asie, la tête est le point symbolique le plus élevé : aussi, ne touchez jamais le crâne ou le visage des personnes que vous côtoyez.

ne se préoccupent pas de connaître le vrai prix, ne parlent pas deux mots de vietnamien et ne sont dans le pays que pour une ou deux semaines. Pendant longtemps, beaucoup de Vietnamiens ne pensaient qu'au court terme, et à se faire de l'argent facilement. Aujourd'hui, l'idée qu'un bon service est aussi une bonne publicité pour le futur (et qu'un mauvais sera immédiatement dénoncé sur les forums Internet) s'impose peu à peu.

Cela n'excuse rien, mais le Vietnam a une histoire bien particulière. La famine a fait 2 millions de victimes dans les années 1940, et le pays était l'un des plus pauvres du monde à la fin de la guerre. Le secteur du tourisme est encore jeune, et l'État vietnamien a contribué à forger cette mentalité : jusqu'à récemment, il y avait, pour presque toutes les prestations, des billets de train aux chambres d'hôtel, des prix distincts pour les Vietnamiens et pour les étrangers, les seconds étant 4 à 10 fois supérieurs.

Les hommes d'affaires en difficulté font souvent appel à un géomancien (expert en feng shui). Le remède consiste parfois à déplacer une porte ou une fenêtre. Si cela ne marche pas, il faudra alors peut être envisager de déplacer la tombe d'un ancêtre.

Le peuple vietnamien

La culture et la civilisation vietnamiennes ont été profondément influencées par la Chine, qui a occupé le pays pendant un millénaire.

Au cours de l'histoire, les "minorités" vietnamiennes se sont mélangées. Peu à peu descendues vers le sud à la recherche de terres cultivables, elles ont absorbé le royaume du Champa puis les terres orientales de l'Empire khmer ; les Chams et les Khmers constituent aujourd'hui des groupes ethniques importants.

Ces mouvements de populations ne se sont pas faits à sens unique. Une grande partie des quelque 50 ethnies vivant dans le Nord-Ouest, et qui constituent aujourd'hui l'une des facettes les plus originales de la mosaïque des peuples du Vietnam, n'ont quitté le Yunnan et le Tibet (Chine) qu'au cours des deux derniers siècles, s'installant dans les montagnes que les Vietnamiens des plaines rechignaient à cultiver.

La "minorité" la plus importante n'en demeure pas moins la communauté chinoise, qui maîtrise l'essentiel du commerce dans les zones urbaines. Les Chinois ont longtemps été considérés avec beaucoup de méfiance par le pouvoir, qui en expulsa un grand nombre à la fin des années 1970. Beaucoup d'entre eux sont cependant aujourd'hui revenus au Vietnam, où ils jouent un rôle non négligeable dans le développement économique.

Les ethnies du Vietnam

En dehors des Viêts qui représentent l'ethnie majoritaire, le Vietnam regroupe 53 groupes ethniques, soit environ 14 millions de personnes, vivant pour la plupart de leur dur labeur dans les montagnes fertiles du nord du pays, vers les frontières chinoise et laotienne.

Les paradis aveugles, de Duong Thu Huong, fut le premier roman vietnamien publié aux États-Unis. L'action se situe dans un village du nord et un bidonville de Hanoi, et retrace la vie de trois femmes et les épreuves traversées sur une période de 40 ans.

Le gouvernement encourage depuis longtemps ces peuples à quitter les hauts plateaux pour venir travailler dans les rizières humides des plaines, ou pour passer aux cultures de rente comme le thé et le café. Si les incitations gouvernementales ne manquent pas (irrigation subventionnée, accès à l'éducation et aux soins...), nombreux sont ceux qui, forts d'une longue bataille pour l'indépendance, préfèrent rester dans les montagnes.

En réalité, les différentes ethnies restent au bas de l'échelle sociale au Vietnam, et les préjugés à leur encontre perdurent (voir le chapitre suivant *Les ethnies montagnardes*).

Religion

Les Vietnamiens ne sont pas très religieux : interrogés à ce sujet, seuls 20% d'entre eux se disaient croyants. Cela dit, au fil des siècles, le confucianisme, le taoïsme et le bouddhisme se sont mêlés aux croyances populaires chinoises et à l'ancien animisme vietnamien pour former le Tam Giao ("triple religion"), auquel beaucoup de Vietnamiens s'identifient.

Le christianisme, présent au Vietnam depuis plus de 500 ans, et le caodaïsme (religion propre au pays) exercent également une influence importante

Bouddhisme

L'école prédominante au Vietnam est le bouddhisme mahayana (*Dai Thua*, ou *Bac Tong*, ce qui signifie "qui vient du Nord"). La principale secte mahayana du pays est la secte zen (*Dhyana*, ou *Thien*), également appelée école de la méditation. Dao Trang ("école du pur pays"), autre secte importante, est surtout présente dans le Sud.

Le bouddhisme theravada (*Tieu Thua*, ou *Nam Tong*) se pratique essentiellement dans le delta du Mékong, au sein des communautés d'origine khmère.

Taoïsme

Le taoïsme (*Lao Giao*, ou *Dao Giao*) est né en Chine. Le philosophe Lao-tseu (le Vieux Sage) aurait vécu au VIe siècle av. J.-C., mais son existence même est mise en doute. Comprendre le taoïsme n'a rien de facile. Cette philosophie, dont l'idéal est de revenir au Tao (la Voie, le principe de l'univers), préconise la contemplation et la vie simple. Elle se fonde sur le *am* et le *duong*, équivalents vietnamiens du *yin* et du *yang*.

Confucianisme

Le confucianisme (*Nho Giao*, ou *Khong Giao*), qui tient plus de la philosophie que de la religion, a contribué à forger le système social, les vies et les croyances des Vietnamiens. Confucius (Khong Tu) est né en Chine vers 550 av. J.-C. Son œuvre insiste sur les devoirs d'une personne envers sa famille, la société et l'État – des valeurs qui restent les piliers de la nation vietnamienne aujourd'hui.

Caodaïsme

Le caodaïsme (p. 379) est une religion syncrétique vietnamienne fondée dans les années 1920 par Ngô Minh Chiêu. Elle associe des philosophies séculaires et religieuses de l'Orient et de l'Occident. Parmi ses prophètes figurent Bouddha, Confucius, Jésus-Christ, Moïse et Mahomet, ainsi que, entre autres guides spirituels, Jeanne d'Arc, Shakespeare et Victor Hugo.

Le caodaïsme compterait 2 à 3 millions d'adeptes au Vietnam. C'est à Tay Ninh, au nord-ouest de Hô Chi Minh-Ville, que se trouve le singulier Grand Temple caodaïste.

Bouddhisme Hoa Hao

La secte bouddhiste et nationaliste Hoa Hao *(Phât Giao Hoa Hao)*, fondée par le jeune Huynh Phu So, est apparue dans le delta du Mékong en 1939. Sa philosophie préconise la simplicité du culte et nie le besoin d'un intermédiaire entre les êtres humains et l'Être suprême.

Christianisme

Le catholicisme a été introduit au XVIe siècle par des missionnaires. Aujourd'hui, le Vietnam est le deuxième pays catholique d'Asie : sa population compte en effet de 8 à 10% de catholiques. Sous le régime communiste, leur liberté religieuse avait été fortement réduite : les Églises étaient officiellement assimilées à des institutions capitalistes et considérées par le gouvernement comme un dangereux contre-pouvoir. Depuis 1990, toutefois, l'État conduit une politique plus libérale et la religion catholique effectue un retour en force

Ces dernières années ont vu la construction de nouveaux grands temples bouddhiques, notamment le Chua Bai Dinh (près de Ninh Binh), et d'immenses statues du Bouddha ont été érigées sur le littoral de Danang et de Vung Tau.

TÊT : LA GRANDE FÊTE

C'est à la fois Noël, le Nouvel An et les anniversaires. Le *Têt Nguyên Dan* ("fête du premier jour de l'année") coïncide avec le Nouvel An lunaire, et il s'agit de la date la plus importante du calendrier vietnamien. C'est l'occasion pour les familles de se réunir dans l'espoir que l'année à venir soit placée sous le signe de la chance. L'ensemble du Vietnam célèbre un anniversaire, et tout le monde vieillit d'un an.

La fête a lieu entre le 19 janvier et le 20 février, en même temps que le Nouvel An chinois. Les trois premiers jours suivant le Têt sont officiellement fériés, mais beaucoup de Vietnamiens prennent toute la semaine de vacances.

La célébration commence sept jours avant le Nouvel An. Des autels chargés d'offrandes sont préparés afin de s'assurer une année propice. On se rend au cimetière, et l'on invite les esprits des défunts à revenir à la maison pour prendre part à la fête. Ceux qui vivent loin reviennent au domicile familial. Toute chose en cours est menée à bien afin de commencer l'année sur de nouvelles bases, les dettes sont payées, et le ménage devient pour un temps le sport national. On dresse un arbre du Nouvel An *(cây nêu)* – une branche de kumquat, de pêcher ou d'abricotier – pour éloigner les mauvais esprits.

La nuit du Nouvel An, aux douze coups de minuit, les problèmes de l'année sont laissés derrière, et la folie commence. Le but est de faire le plus de bruit possible, au moyen de tambours et de percussions.

Le déroulement du Jour de l'an est crucial, car il est censé influencer toute l'année à venir. Chacun fait particulièrement attention à être poli et à ne pas manifester de colère. Certaines activités sont réputées attirer les mauvais esprits ; ainsi, il est déconseillé de coudre, de balayer, de jurer ou de casser quoi que ce soit. Il est primordial que le premier visiteur de l'année soit convenable, l'idéal étant un homme riche, marié et père de famille. Les étrangers ne sont pas forcément de bon augure.

En dehors du Jour de l'an, le Têt est une fête de famille tranquille, où l'on mange du *banh chung* (riz gluant au porc et à l'œuf). Les magasins sont fermés, et la plupart des transports ne fonctionnent pas. Ce n'est pas la période idéale pour voyager dans le pays. Cependant, vous serez certainement invité à vous joindre aux festivités. Retenez simplement cette phrase : *chuc mung nam moi ("bonne année !")*.

Les premiers protestants firent leur apparition au Vietnam en 1911. Les 200 000 pratiquants vietnamiens sont en majorité des montagnards des hauts plateaux.

Islam

Il y a environ 70 000 musulmans au Vietnam, essentiellement des Chams et plutôt dans le Sud. Traditionnellement, la plupart des Chams musulmans étaient fidèles à une tradition locale adaptée de l'islam, et ne priaient que le vendredi. Des pratiques musulmanes plus orthodoxes ont été adoptées.

Hindouisme

Environ 60 000 Chams du Vietnam se disent hindous. Ils vivent pour la plupart dans la même région que les Chams musulmans, autour de Phan Rang, sur la côte sud.

La condition féminine

On estime à plus de 2 millions le nombre de Vietnamiennes qui finissent par se prostituer en travaillant dans des salons de massage, des clubs de karaoké ou des bars douteux.

Comme c'est encore le cas dans beaucoup d'autres pays d'Asie, les Vietnamiennes assument des tâches nombreuses et pénibles sans aucune contrepartie décisionnelle (et financière). Dans les campagnes, elles travaillent aux champs, cassent les pierres sur les chantiers et portent de lourdes palanches. Pendant la guerre du Vietnam, ces femmes se sont révélées de redoutables combattantes, mais n'ont pourtant été remerciées, à la fin du conflit, que par de belles paroles, les hommes ayant, pour leur part, accaparé tous les postes importants.

Aujourd'hui, de plus en plus de femmes se marient plus tard pour faire des études : près de la moitié des étudiants sont des femmes.

Critères de beauté

Les Vietnamiens préfèrent les peaux claires : voilà pourquoi vous verrez parfois de jeunes élégantes abriter leur visage sous un parapluie. Les paysannes tentent de se préserver du soleil en portant des chemisiers à manches longues, des gants montant jusqu'aux coudes et un chapeau conique, et en s'enveloppant la tête dans une serviette. Dire à une Vietnamienne qu'elle a la peau blanche est un grand compliment, et la féliciter pour son "joli bronzage", une insulte.

Les ethnies montagnardes

Jeunes filles hani dans la province de Lai Chau transportant des tiges de riz

STU SMUCKER / LONELY PLANET IMAGES ©

Une mosaïque de communautés ethniques peuple les hauts plateaux du Vietnam. Aller à leur rencontre, visiter leurs marchés bigarrés constitue une expérience inoubliable.

Les Français ont baptisé "montagnards" ces minorités, tandis que les Vietnamiens les ont longtemps désignées par le vocable peu flatteur de *moi* ("sauvages"). L'actuel gouvernement préfère parler de *nguoi thuong* "peuple des hauts plateaux".

C'est dans l'extrême Nord, au cœur du superbe massif s'étirant à la frontière de la Chine et du Laos, que résident les ethnies dont l'apparence est la plus caractéristique. La plupart portent d'étonnantes parures tissées à la main et parfois extrêmement élaborées. Celles des hauts plateaux du Centre se distinguent plus difficilement, du moins par l'habillement.

Plusieurs de ces ethnies vivent au Vietnam depuis des milliers d'années, d'autres, comme les Hmong, sont arrivées de Chine au cours des siècles derniers. Les zones qu'elles occupent sont généralement délimitées par l'altitude, les populations arrivées le plus récemment étant celles installées le plus haut.

Chaque ethnie possède une langue, des coutumes, des croyances et un habillement distincts. La langue et la culture tracent les frontières de leur territoire. Certaines sont tiraillées entre traditions ancestrales et civilisation contemporaine, d'autres ont complètement assimilé le monde moderne.

Presque toutes ces ethnies partagent un mode de vie rural, une architecture et des rituels proches ou similaires. La plupart sont semi-nomades et pratiquent la culture sur brûlis. Afin de les pousser à adopter une agriculture plus standard sur les terres de basse altitude, l'État a pris des mesures incitatives – financement de l'irrigation, éducation, accès aux soins... –, mais la tradition d'indépendance de ces communautés et une méfiance bien ancrée envers les Viêt continuent de les tenir éloignées des plaines.

De gauche à droite
1. Broderies hmong noir au marché de Sapa **2.** Jeune fille hmong blanc de Sinho **3.** Enfants hmong fleurs à Cao Son

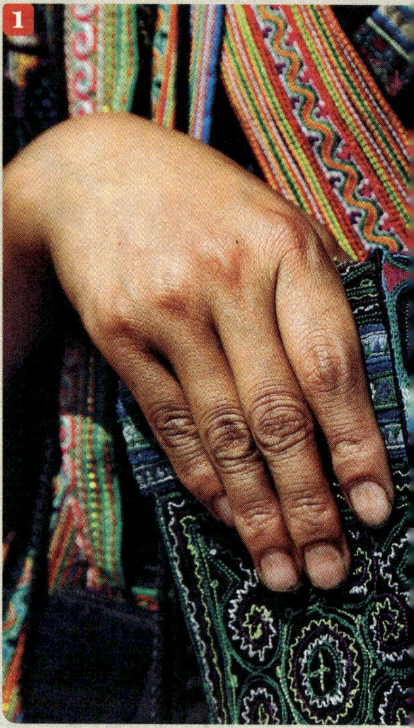

Comme ailleurs en Asie, la culture ancestrale des ethnies se délite peu à peu sous l'action des influences extérieures. Nombre de montagnards ne portent plus les vêtements traditionnels, et ceux qui les conservent (principalement les femmes) vivent souvent dans les villages les plus reculés de l'extrême Nord.

UN HÉRITAGE DE LA GUERRE

Pendant la guerre du Vietnam, beaucoup de montagnards du Centre ont été enrôlés au sein de "groupes irréguliers de défense civile" mis en place par les forces spéciales de l'armée américaine (les "Bérets verts"), qui les considéraient comme les guerriers les plus courageux et les plus loyaux du camp sud-vietnamien.

Après la fin du conflit, en 1975, certains de ces combattants ont poursuivi la lutte contre le gouvernement communiste de Hanoi. Ainsi, le Front unifié pour la libération des races opprimées (Fulro) a mené une guérilla contre l'armée vietnamienne jusque dans les années 1980.

KIMBERLEY COOLE / LONELY PLANET IMAGES ©

STU SMUCKER / LONELY PLANET IMAGES ©

KIMBERLEY COOLE / LONELY PLANET IMAGES ©

Les ethnies aujourd'hui

Dans certaines régions, le tourisme modifie la donne. Avec le nombre croissant de visiteurs se multiplient aussi les contacts avec les habitants des plaines, négociants avisés, et la société de consommation à l'occidentale. Ainsi, les montagnards abandonnent-ils souvent l'agriculture au profit de sources de revenu plus faciles. On peut voir certains enfants, en particulier à Sapa, mendier de l'argent ou des bonbons. D'autres manquent l'école pour vendre des babioles aux touristes. Pis, le tourisme local a créé un marché pour les bars à karaoké, les massages et la prostitution, où des femmes issues des ethnies se retrouvent entraînées. Cependant, il existe désormais des tour-opérateurs dirigés par des Hmong qui financent des projets éducatifs et de développement.

Les montagnards jouissent d'une certaine autonomie et les enfants continuent d'apprendre leur propre langue. La défense de ces prérogatives reste une question sensible dans certaines parties des hauts plateaux du Sud-Ouest, où les tensions sont encore vives. Même si les mentalités évoluent, les préjugés à l'encontre des ethnies perdurent. Les médias du pays continuent souvent de les présenter comme des peuples primitifs et exotiques. Les Vietnamiens ont aussi tendance à percevoir ces communautés comme subversives, certaines s'étant rangées du côté américain pendant la guerre.

La réalité est que ces ethnies stagnent au bas de l'échelle pour ce qui est de l'éducation et de l'économie. Malgré des progrès en matière de scolarisation et d'accès aux soins, la plupart se marient jeunes, ont de nombreux enfants et meurent précocement. Ils forment toujours la fraction la plus déshéritée de la société vietnamienne, avec 50% de pauvres contre 14% dans le reste de la population, selon les chiffres de l'OMS en 2015.

De gauche à droite

1. Vieille femme hmong fleur en costume traditionnel
2. Femme cong sur un radeau en bambou, Muong Tei
3. Femme dzao rouge portant une coiffe typique

KIMBERLEY COOLE / LONELY PLANET IMAGES ©

2

STU SMUCKER / LONELY PLANET IMAGES ©

MOUVEMENTS DE PROTESTATION

Nombre de montagnards se sentent exclus du reste de la société. Des tensions religieuses – beaucoup sont chrétiens – et relatives à la propriété – des Vietnamiens des plaines ont colonisé leurs terres – couvent depuis des décennies.

Des mouvements de protestation ont éclaté à plusieurs reprises ces dernières années. En 2001 et 2004, des manifestations dans les hauts plateaux du Centre se sont soldées par des arrestations, la mort de 8 personnes et la fuite à l'étranger d'un millier d'autres.

En mai 2011, le rassemblement de 7 000 Hmong demandant la liberté de culte et davantage d'autonomie dans la province de Diên Biên Phu a été réprimé par l'armée et fait l'objet d'un nouveau black-out. Le Center for Public Policy Analysis, une source américaine, parle de 28 victimes, chiffre non confirmé. Le gouvernement vietnamien a accusé des "éléments perturbateurs" d'avoir poussé la communauté à réclamer la création d'un territoire hmong indépendant. D'après les autorités, "tous les niveaux du Parti et de l'État s'emploient à régler la situation à Muong Nhe afin que la vie des compatriotes de la région puisse revenir à la normale".

La mosaïque ethnique

Le Vietnam reconnaît 53 groupes ethniques représentant près de 15% de la population. Certains ne comptent que quelques centaines de membres, d'autres plus d'un million. Au total, les montagnards sont au nombre de 14 millions.

Bahnar

Les Bahnar (175 000 individus) auraient migré il y a fort longtemps du littoral vers les hauts plateaux du Centre. Animistes, ils vénèrent des arbres comme le banian et le ficus. Ils ont leur propre calendrier, qui consacre 10 mois aux cultures et réserve les 2 mois restants aux obligations sociales et personnelles (mariages, tissage, cérémonies). Selon leur tradition, les bébés âgés de 1 mois intègrent la communauté du village après une cérémonie de percement d'oreilles. Les Bahnar portent un costume similaire à celui des Jarai.

Dzao

Les Dzao, ou Zao/Dao (650 000 individus), vivent dans le Nord-Ouest. Ils pratiquent le culte des ancêtres (*ban ho*), et sacrifient des animaux au cours de rituels complexes. Leur proximité avec la Chine explique l'usage de la médecine traditionnelle et la similitude de l'écriture *nôm dao* avec les caractères chinois. Les Dzao sont connus pour leurs costumes élaborés. Les vêtements féminins associent des tissages recherchés, des perles et des pièces en argent. Leurs longs cheveux, rasés au sommet du front, sont noués dans un grand turban rouge ou brodé.

Ede

Les Ede (270 000 individus) vivent autour de Kon Tum et de Dac Lac dans de longues maisons sur pilotis, sans poutre, en forme de bateau, qui abritent la famille étendue. Un tiers de l'espace est réservé à l'usage collectif ; le reste est compartimenté pour l'intimité des couples mariés. Comme les Jarai, les Ede sont matrilinéaires. Les filles demandent les

1

3

De gauche à droite
1. Jeune villageoise montagnarde, Coc Ly **2.** Femme dzao noir avec son enfant, Tien Binh **3.** Hani à Muong Tei

garçons en mariage ; le couple vit avec la famille de l'épouse et les enfants portent le nom de famille de leur mère. L'héritage revient aux femmes. Celles-ci portent une veste brodée de couleurs vives et des bijoux en cuivre et en argent.

Hmong

Émigrés de Chine au XIXe siècle, les Hmong (1 million de personnes) peuplent l'extrême Nord, mais les touristes les croiseront surtout à Sapa ou à Bac Ha. La plupart sont animistes et vénèrent les esprits. Ils vivent en altitude, où ils cultivent riz pluvial et plantes médicinales (dont le pavot, bien que de moins en moins sous la pression de l'État) et élèvent du bétail. Ils se divisent en sous-groupes, dont les Hmong noirs, blancs, rouges, verts et fleurs, qui se distinguent par de subtiles variations de costumes. Les Hmong noirs se reconnaissent à leur tenue couleur indigo ; les femmes portent des jupes, des tabliers, des guêtres et des chapeaux cylindriques. Les femmes hmong fleurs arborent des costumes aux bandes multicolores et se parent de larges colliers, de boucles d'oreille et de bracelets en argent. Les Hmong vivent aussi au Laos et en Thaïlande et beaucoup ont aussi trouvé refuge dans les pays occidentaux.

Jarai

Les Jarai (350 000 individus) vivent sur les hauts plateaux du Centre, notamment autour de Pleiku. Leur village, qui prend souvent le nom d'une rivière proche ou d'un chef tribal, est bâti autour d'une maison commune (*nha-rong*). Les femmes demandent les hommes en mariage par l'intermédiaire d'une marieuse. Les croyances et les rituels animistes sont vivaces, et les Jarai rendent hommage à leurs ancêtres et à la nature par le biais de génies (*yang*). Ils construisent des cimetières élaborés où ils dressent des totems à la ressemblance des défunts. Ils fabriquent des gongs en bronze et utilisent des tubes de bambou comme flûtes et percussions.

Muong

Établis surtout dans les environs de Hoa Binh, les Muong (1,4 million d'individus), une ethnie patriarcale, résident dans des hameaux sur pilotis. Leur culture est proche de celle des Thaï. Ils sont réputés pour leur littérature, leurs poèmes et leurs chants. Ils utilisent des instruments de musique comme le gong, le tambour, les flûtes et le violon à deux cordes.

Nung

Les Nung (800 000 individus) habitent dans de petits villages du Nord-Est. Leur foyer est divisé en deux parties : l'une réservée à l'habitation, l'autre au travail et aux dévotions. Du culte des ancêtres aux fêtes, ils s'apparentent aux Tay sur le plan spirituel et social. Les jeunes filles exigent en général une dot importante de leur futur époux. La plupart de leurs villages comptent un chaman. Les Nung s'illustrent par la qualité de leur artisanat, comme la vannerie.

Sedang

Originaires des hauts plateaux du Centre, les Sedang (150 000 individus) ont subi des siècles de guerre et d'invasions (de la part des Chams et des Khmers). Ils ne portent pas de nom de famille et respectent une totale égalité des sexes. Ils prennent soin de leurs neveux ou nièces aussi bien que de leurs propres enfants. Les Sedang ont des pratiques sans équivalent ailleurs, comme l'abandon des tombes, le partage des biens avec les défunts et l'accouchement à l'orée d'un bois.

Tay

Venus de Chine, les Tay (1,6 million d'individus), la plus importante des ethnies montagnardes, vivent à basse altitude dans le Nord. Ils ont adopté le bouddhisme, le confucianisme et le taoïsme, mais vénèrent aussi des génies et des esprits. Ils possèdent une écriture propre élaborée au XVIe siècle, et leur littérature et leurs arts sont renommés. Un Tay, Nông Duc Manh, a été secrétaire général du Parti communiste pendant 10 ans jusqu'en janvier 2011.

Thaï

Originaires du sud de la Chine, les Thaïs (1,5 million d'individus) se sont installés sur

1

3

De gauche à droite

1. Jeune fille dzao rouge, Ta Phin **2.** Muong pêchant des coquillages,Lai Chau **3.** Enfants hmong fleurs, Coc Ly

les rives des fleuves du Nord-Ouest, entre Hoa Binh et Muong Lay. Leurs villages se composent de 40 à 50 maisons sur pilotis. Les sous-groupes se distinguent par des couleurs. Les femmes thaï noirs portent des blouses et des coiffes éclatantes, tandis que les Thaï blancs adoptent plutôt des tenues occidentales. Les Thaï, dont l'écriture remonte au Ve siècle, ont produit une littérature fort diverse.

RÈGLES DE CONDUITE

Les jeunes filles de Sapa ont beau être munies de téléphones portables, la culture traditionnelle reste forte dans ces communautés. Les directives suivantes s'inspirent d'un panneau vu dans le village de la minorité giay de Ta Van.

- Évitez de porter un serre-tête ou un bandana blanc : cela renvoie au deuil et aux funérailles.
- Abstenez-vous de manifester votre affection en public et de porter des vêtements suggestifs.
- N'entrez pas dans une maison où des feuilles, os ou plumes pendent à l'entrée ou du toit.
- N'entrez pas chez quelqu'un avec votre sac sur le dos, mais portez-le à la main.
- Si vous passez la nuit dans un village, respectez le sommeil des habitants, qui se couchent tôt.
- Ne prenez pas les bébés en photo et ne leur touchez pas la tête.
- Ne photographiez pas les gens sans leur demander la permission.
- Ne consommez pas de drogue et ne cherchez pas à vous en procurer.
- Respectez les symboles et rites religieux.
- N'encouragez pas la mendicité. Plutôt que d'offrir de l'argent ou des cadeaux aux enfants qui acceptent d'être pris en photo, mieux vaut embaucher un guide local, aider les institutions caritatives ou faire un don à une école.

2

OLIVER STREWE / LONELY PLANET IMAGES ©

Rencontrer les montagnards

Avant tout, ne ratez pas le musée d'Ethnographie de Hanoi (p. 69), parfaite introduction aux cultures ethniques.

Les commmunautés ethniques sont dispersées dans les hauts plateaux du Sud-Ouest et du Nord. Sapa est le meilleur endroit pour les rencontrer, notamment les Hmong noirs et les Dzao rouges. Dans la même région, autour de Bac Ha, les marchés colorés des Hmong fleurs valent le détour.

Loger sur place constitue un temps fort ; les Thaïs blancs de Mai Chau sont réputés pour leur hospitalité. D'autres localités du Nord-Ouest, telles Ha Giang et Lai Chau, offrent la possibilité de côtoyer des montagnards.

Plus à l'est et moins fréquentée, la province de Cao Bang abrite plusieurs ethnies, dont des Hmong, des Nung et des Tay. Lang Son voit encore moins de touristes.

Dans les hauts plateaux du Sud-Ouest, Buon Ma Thuot, Dalat, Kon Tum et Pleiku sont des bases idéales pour rencontrer Bahnar, Jarai et Sedang. Cependant, ils ont pour la plupart délaissé le costume traditionnel et vous serez peut-être moins charmé que dans le Nord.

CINQ LIEUX PHARES

Sapa (p. 139). Dzao et Hmong habitent les spectaculaires vallées qui entourent cette station climatique.

Bac Ha (p. 149). Ville réputée pour son marché, qui attire les Hmong fleurs de toute la région.

Mai Chau (p. 132). Une jolie vallée peuplée de Thaï blancs très hospitaliers.

Cao Bang (p. 127). Les montagnes escarpées abritent plusieurs ethnies.

Kon Tum (p. 320). Haut lieu pour les ethnies dans les montagnes du Centre.

Ci-dessous
Vieille femme dzao rouge au marché de Sapa

Arts et architecture

Le patrimoine artistique et architectural du Vietnam est fascinant. Le pays a absorbé des influences venues de Chine, d'Inde et du royaume khmer, et les a fusionnées avec ses propres traditions. Français, Américains et Soviétiques ont ensuite laissé leurs traces. Aujourd'hui, artistes et architectes trouvent leur inspiration partout dans le monde.

Arts

Musique traditionnelle

La musique traditionnelle vietnamienne utilise une gamme pentatonique (à cinq notes) d'origine chinoise. Les airs populaires sont généralement chantés sans accompagnement instrumental (et ont été adaptés par le Parti communiste pour de nombreuses marches patriotiques).

Les instruments traditionnels sont le *dan bau*, une cithare à une corde, et le *trung*, un grand xylophone en bambou. Les différentes ethnies ont leurs propres instruments : des flûtes en roseau, des gongs et des instruments à cordes fabriqués à partir de calebasses.

Musique moderne

En matière de musique moderne, la scène vietnamienne est variée et soumise à des influences à la fois occidentales et est-asiatiques. Tous les artistes étant surveillés par le gouvernement, les sujets potentiellement subversifs sont largement évités (ou fortement codés). Les girls et boys bands de V-pop comme 365 ou YO!Girls, aux looks ultra-stylisés et aux mouvements soigneusement chorégraphiés, sont adulés par les adolescents.

La scène hip-hop est modeste mais en expansion, avec notamment Suboi, considérée comme la plus importante artiste féminine du pays (elle compte plus d'un million de *like* sur Facebook et deux albums à son actif) ; cette native de HCMV rappe sur des rythmes variés, dubstep et autres.

De son côté, la scène électronique est dominée par les DJ qui passent de la dance. Dans les discothèques, ces derniers ont fort à faire avec les mesures gouvernementales (telle l'obligation de fournir au préalable la liste des titres et les paroles traduites – pas une mince affaire avec la house et la techno !). Cela n'empêche pas Heart Beat (www.heartbeatsaigon.com) de promouvoir d'excellents rendez-vous underground aux quatre coins de HCMV. Dans le nord du pays, le Quest Festival (www.questfestival.net) innove en matière de musique électronique, mais aussi indé et acoustique.

Parmi les groupes en vue, citons Microwave (rock), Black Infinity (métal), Giao Chi (punk) et 6789 (musique alternative).

Trinh Cong Son, décédé en 2001, était un auteur-compositeur prolifique de chansons engagées contre la guerre et pour la réconciliation ; il fut même surnommé le Bob Dylan vietnamien par Joan Baez.

Danse

Les danses folkloriques se pratiquent en général pendant les cérémonies et les fêtes, mais le tourisme les a remises au goût du jour. La danse des chapeaux coniques, spectaculaire, met en scène des femmes revêtues d'un *ao dai* (le costume traditionnel) qui dansent en faisant tournoyer et s'entrelacer ces chapeaux emblématiques du Vietnam.

Théâtre

Le théâtre vietnamien mêle musique, chant, psalmodie, danse et mime. Le théâtre classique est très formel ; il a recours à des gestes et à des décors bien établis, et est accompagné par un orchestre (où domine le son du tambour). Les personnages y sont peu nombreux.

Le théâtre populaire (*hat cheo*) est le lieu d'expression d'une protestation sociale par le biais de la satire. Le chant et la récitation poétique incluent de nombreux proverbes, accompagnés de mélodies populaires. Le théâtre moderne (*cai luong*), né dans le Sud au début du XXe siècle, est largement influencé par l'Occident. Le théâtre parlé (*kich noi* ou *kich*), inspiré du théâtre occidental, est apparu dans les années 1920 ; il trouve ses adeptes parmi les étudiants et les intellectuels.

Des dizaines de troupes et de compagnies fondées par l'État se produisent dans l'ensemble du pays.

Marionnettes

Les marionnettes conventionnelles (*roi can*) et les marionnettes sur l'eau (*roi nuoc*), art exclusivement vietnamien, tirent leurs intrigues des mêmes légendes que les autres formes de théâtre traditionnel.

L'art des marionnettes sur l'eau a été élaboré par des paysans du nord du Vietnam, qui manipulaient des figurines en bois et utilisaient les terrasses des rizières en guise de scène. Il y a plusieurs théâtres de marionnettes sur l'eau à Hanoi et à HCMV.

Peinture

La peinture sur soie, qui remonte au XIIIe siècle, fut longtemps le domaine réservé de calligraphes lettrés qui aimaient également représenter la nature. On réalisait aussi de cette façon les portraits des défunts pour le culte des ancêtres.

Quant aux œuvres récentes, elles tirent leur inspiration de thèmes politiques plus que de préoccupations esthétiques. Certaines de ces œuvres sont aujourd'hui très prisées et font l'objet de collections. Toutefois, plusieurs jeunes artistes sont revenus à la peinture sur soie traditionnelle ou à la laque, tandis que d'autres se lancent dans des expériences aux thématiques contemporaines. Hanoi et Hoi An abritent ainsi de remarquables galeries d'art.

Littérature

On distingue traditionnellement trois genres littéraires. La littérature orale traditionnelle (*truyên khâu*) se perpétue depuis des temps immémoriaux ; elle comprend les légendes, les chansons folkloriques et les proverbes. La littérature sino-vietnamienne, quant à elle, s'écrivait en caractères chinois (*chu nho*) : influencée par les textes confucéens et bouddhiques, elle obéissait à des règles métriques et de versification strictes. Enfin, la littérature moderne (*quôc âm*) recouvre la totalité des écrits en caractères *nôm*. Le premier grand texte écrit en *nôm*, *Van Te Ca Sau* ("Ode à un alligator"), date du XIIIe siècle.

Kim Vân Kiêu ("Histoire de Kiêu"), un chef-d'œuvre de la littérature vietnamienne, a été écrit pendant la première moitié du XIXe siècle par Nguyên Du (1766-1820), un poète, savant et diplomate.

NOUVELLES

Au rez-de-chaussée du paradis. Récits vietnamiens 1991-2003 (Picquier, 2007), est une anthologie réunissant 14 nouvelles signées par des auteurs contemporains parmi les plus doués de leur génération.

Née à Dalat en 1963, Linda Lê a vécu au Vietnam jusqu'à l'âge de quatorze ans. C'est en français qu'elle écrit ses romans, dont *Les Évangiles du crime* (1992), *Les Trois Parques* (1997) ou, plus récemment, *Lame de fond* (2012). Marqués par l'exil, le déracinement et le deuil, ils ont été plusieurs fois récompensés par des prix.

CINÉMA MODERNE ET COMMUNAUTÉ LGBT

D'importantes productions vietnamiennes mettant en scène des personnages issus de la communauté LGBT ont vu le jour récemment. *Lost In Paradise* (2011), de Vu Ngoc Dang, offre un portrait empathique d'un jeune campagnard en quête d'une nouvelle vie à HCMV, tandis que l'excellent *Flapping in the Middle of Nowhere* (2014), réalisé par Hoang Diep Nguyen, traite de fantasmes sexuels en mettant en scène un fétichiste à Hanoi. Cette dernière production a obtenu le prix du meilleur film lors de la Semaine internationale de la critique à Venise.

Parmi les écrivains contemporains, on retiendra le nom de Duong Thu Huong, romancière et dissidente politique qui vit actuellement en France et dont l'ensemble de l'œuvre est traduite en français (*Au-delà des illusions, Les Paradis aveugles, Terre des oublis, Sanctuaire du cœur*). La situation est plus compliquée pour Nguyên Huy Thiêp, l'auteur d'*Un général à la retraite* et l'un des plus grands écrivains vietnamiens actuels, selon certains. Il vit toujours au Vietnam où, selon ses dires, il est "un écrivain toléré, pas interdit"…

Cinéma

Fondée par un groupe d'intellectuels, la première compagnie cinématographique vietnamienne voit le jour à Hanoi dans les années 1920 et produit des documentaires, comme le couronnement de l'empereur Bao Dai, et quelques films muets. Mais les conflits vont bouleverser les choses. Avec la fin de la guerre d'Indochine et la partition du pays, deux industries cohabitent : tandis que le Sud-Vietnam produit principalement des séries B à petit budget, le Nord-Vietnam voit dans le cinéma un moyen de propagande. Après 1975 et la réunification du pays, un important studio d'État est créé et un but fixé : les films doivent montrer la réalité sociale du pays. Cependant, dans les années 1980, le cinéma suit les mutations de la société : Dang Nhât Minh, probablement le réalisateur vietnamien le plus prolifique, montre ainsi la complexité des relations modernes dans *Le Retour*. Dans *La Fille du fleuve* (1987), il raconte l'histoire touchante d'une journaliste qui accompagne une prostituée à la recherche de son ancien amant, un soldat du Viêt-cong.

Il convient aussi désormais de distinguer deux types de productions : celles financées par l'État, et celles qui le sont par des sociétés étrangères. Ce fut le cas pour *L'Odeur de la papaye verte* (1992), de Tran Anh Hung, caméra d'or à Cannes en 1993, qui célèbre l'entrée dans la majorité d'une jeune servante à Saigon. *Cyclo* (1995), son chef-d'œuvre, plonge au cœur de la pègre de Hô Chi Minh-Ville. Quant à Tony Bui, réalisateur américain d'origine vietnamienne, il met en scène dans *Trois Saisons* (1999), avec Harvey Keitel, un ancien GI à la recherche de sa fille dans HCMV aujourd'hui. Fait important : il s'agit du premier film américain tourné au Vietnam depuis la fin de la guerre.

Style colonial

Balcons *D'élégants balcons à colonnades ornent les bâtiments officiels.*

Persiennes *Généralement peintes en vert ou en marron, elles pormottont à l'air de circuler*

Motifs en stuc *Purement décoratifs.*

Couleurs *Un bel ocre ou jaune moutarde.*

Toits en tuiles canal *Ils rappellent le sud de la France.*

Architecture

L'architecture traditionnelle sort de l'ordinaire : la plupart des constructions sont des structures de plain-pied surmontées de lourds toits de tuile reposant sur une charpente en bois ou en bambou, afin de résister aux typhons.

Dans les zones rurales du Sud, les maisons, en bois, sont montées sur pilotis pour être préservées des crues saisonnières, mais aussi des serpents et des animaux sauvages. Le bambou et les feuilles de palmier, dont sont faits les toits, sont adaptés au climat de mousson. La maison est compartimentée pour le couchage, la cuisine et la conservation des aliments, tandis que le bétail vit au-dessous des pièces d'habitation.

Autre incongruité, les "maisons-tunnels" très étroites, de la vieille ville de Hanoi, ainsi construites afin de limiter la taxe foncière, proportionnelle à la largeur du bâtiment. Dans ces logements, l'espace est à ce point réduit que les familles dorment par roulement, ce qui explique que les rues soient toujours pleines de monde, même la nuit.

Dans les villes, les immeubles en béton, parfois hauts de plusieurs étages et à l'architecture douteuse, poussent de façon anarchique au milieu de terrains vagues ou de rizières. Les lois d'urbanisation (ou leur absence) autorisent les propriétaires à bâtir à leur guise : les constructions en ciment peint en vert citron ou en rose, ornées de fenêtres-miroirs, de balcons inspirés du style français ou de détails chinois sont au goût du jour.

L'influence soviétique dans l'architecture saute aux yeux au Vietnam. Parmi les bâtiments les plus importants, on peut mentionner le mausolée de Hô Chi Minh à Hanoi et le palais de la Réunification à Hô Chi Minh-Ville.

Les édifices coloniaux

L'héritage français est très présent dans l'architecture vietnamienne. L'hégémonie de la puissance coloniale s'est traduite par la construction d'imposants édifices néoclassiques qui bordent toujours de nombreux boulevards.

La plupart ont été abandonnés dans les années 1950, car symbolisant une époque que l'on voulait oublier. De récents travaux de restauration ont toutefois rendu leur splendeur d'antan à certains bâtiments, tels l'ancien hôtel de ville (siège du Comité du peuple) à HCMV ou l'hôtel Sofitel Metropole à Hanoi. À HCMV, prenez le temps d'admirer le splendide hall et le plafond voûté de la poste centrale, conçus par Gustave Eiffel. Haiphong garde aussi de nombreux témoignages architecturaux de la présence française.

Dans le quartier français de Hanoi, des villas tombées en ruine font aujourd'hui les choux gras des promoteurs immobiliers. À Dalat, les villas coloniales ont souvent été transformées en hôtels, comme les Ana Mandara Villas, l'imposant Hôtel du Parc et le Dalat Palace Hotel.

Les églises de la période coloniale ont été érigées dans des styles variés. À Hanoi, l'austérité de la cathédrale Saint-Joseph, néogothique, est soulignée par sa pierre gris anthracite, tandis que les briques de la cathédrale de HCMV ont été importées de France. Parmi les monuments Art déco de la période coloniale, citons la merveilleuse gare de Dalat, aux fenêtres multicolores, et l'élégant hôtel La Résidence à Hué.

Dans les pagodes

Bodhisattva *Homme parvenu à l'Éveil.*

Cheung Huang Yeh *Le dieu de la Ville, très craint.*

Quan Âm *Déesse de la Miséricorde.*

Svastika *Symbole sacré représentant le cœur du Bouddha.*

Thiên Hâu *La déesse protectrice de la Mer.*

Les pagodes et les temples

Les édifices religieux du Vietnam ne correspondent pas à une architecture nationale définie. Le style des pagodes reflète l'incroyable syncrétisme religieux du pays, mêlant des éléments chinois (confucianisme, taoïsme et bouddhisme mahayana), tandis que les temples cham, au sud, renvoient aux influences de la culture hindoue et de l'Empire khmer.

Les pagodes (*chua*) intègrent des motifs chinois ; elles sont bâties autour de jardins intérieurs et ornées de nombreuses statues et stèles. La plupart sont surmontées d'un toit simple ou double aux coins fortement recourbés, mais d'autres, à l'image de la pagode Thien Mu à Hué, prennent la forme d'une tour (*thap*) à plusieurs niveaux.

Les pagodes vietnamiennes sont conçues selon les règles du *dia ly* (feng shui), pour être en harmonie avec l'environnement. La plupart sont des lieux de culte bouddhiste, mais certaines sont dédiées à une divinité locale. Elles sont le plus souvent de plain-pied, avec trois portes en bois sur le devant, et plusieurs pièces à l'intérieur, ornées de statues du Bouddha, de bodhisattvas et de héros et divinités. Les guirlandes de lumières, les grandes spirales d'encens à la fumée âcre, les gongs et les énormes cloches ajoutent au charme des lieux. Les jardins, dont beaucoup agrémentés de sculptures et d'un étang sacré, relient les différentes parties du sanctuaire. Le logement pour les moines se trouve souvent à l'arrière.

Le temple de la Littérature, à Hanoi, ainsi que les très belles pagodes de Hué, sont de superbes exemples de cette architecture.

Les temples cham

À l'origine, les Chams pratiquaient l'hindouisme ; des éléments bouddhistes ont ensuite été introduits. La construction des temples a commencé dès le IVe siècle. La plupart des temples cham sont en brique, avec des ornements probablement sculptés ultérieurement. Typiquement, un ensemble cham comprend le *kalan* (la tour, foyer de la divinité), les temples *kosagrha* aux toits en gradins (où sont gardés les objets de valeur des divinités) et la *gopura* (entrée). Des statues en pierre de divinités et de nombreuses stèles commémorant des événements importants parsèment les lieux. Parmi les sites cham majeurs, citons My Son, Po Nagar, Po Klong Garai et Po Shanu.

Cuisine vietnamienne

Préparez-vous ici, en matière culinaire, à un dépaysement total. Des échoppes de rue aux restaurants contemporains et huppés des grandes villes, le Vietnam promet de véritables festins.

La cuisine vietnamienne reflète la diversité culturelle et ethnique du pays mais aussi la longue histoire de ses relations avec les étrangers. Au fil des siècles, les Vietnamiens ont assimilé et adapté des spécialités et des techniques chinoises, indiennes, françaises, et même japonaises, à leur propre cuisine et à leur goût.

Tout cela invite aux expériences gustatives. Si les grands classiques vietnamiens, comme le *pho bo* (soupes aux nouilles de riz et au bœuf), les rouleaux de printemps et la pâte de crevettes grillée autour d'un bâton de canne à sucre, sont délicieux, les voyageurs ne regretteront pas de s'aventurer dans les ruelles et les marchés pour goûter la cuisine de rue en compagnie de la population locale. C'est là, en effet, que l'on trouve la nourriture la plus authentique.

Saveurs

Les goûts diffèrent entre le nord et le sud du pays ; mais, où qu'ils vivent, les Vietnamiens savent, pour chaque plat, trouver le juste équilibre entre les saveurs épicées, aigres, salées et sucrées.

Le salé, le sucré et l'aigre

La meilleure façon d'aborder la gastronomie vietnamienne est de suivre un cours de cuisine. Depuis quelques années, ils ont le vent en poupe. Beaucoup comprennent la visite d'un marché permettant d'acheter des produits de base.

Les Vietnamiens utilisent couramment des sauces à base de produits de la mer pour saler leur cuisine. La plus répandue est le nuoc-mam (sauce de poisson fermenté), si fondamental qu'un repas peut être composé d'un simple bol de riz accompagné de ce condiment. Le nuoc-mam s'obtient en faisant fermenter des petits poissons (le plus souvent des anchois) dans d'immenses pots recouverts de sel et lestés pour qu'ils baignent toujours dans leur saumure. Ils sont conservés ainsi, dans un endroit chaud, pendant près d'un an. À mesure qu'il fermente, le poisson produit un liquide odorant. À la première extraction, appelée nuoc-mam *cot*, le jus marron foncé, qui dégage un fumet capiteux, est une sorte de sauce "extra-vierge" réservée à la table. La seconde extraction, obtenue en ajoutant de l'eau salée aux poissons déjà fermentés, est utilisée en cuisine. L'île de Phu Quoc est réputée pour son nuoc-mam, mais certains préfèrent la sauce plus douce fabriquée près de Phan Thiet.

Le rôle central du sucre est parfaitement illustré par les *kho* – ces plats sucrés-salés de poisson ou de viande qui mijotent dans des pots en terre avec une sauce de poisson –, et par l'un des assaisonnements les plus courants au Vietnam : la sauce caramel amère, faite à partir de sucre de canne. Le sucre s'utilise également dans les desserts et le café.

La douceur du sucre est compensée par l'acidité des fruits, en particulier par des tranches de citron vert (que l'on presse dans les soupes de nouilles et dans les sauces), et des *kalamansi* (petit agrume à la peau verte et à la chair orange), dont le jus, mélangé à du sel et à du poivre, sert de sauce, dans laquelle sont trempés fruits de mer, viandes et omelettes. Dans le Sud, le tamarin ajoute une touche acide au *canh chua* (une soupe de légumes et de poisson) et à un mets succulent de crevettes recouvertes d'une sauce collante aigre-douce, appelé *tom rang me*. Dans le Nord, l'acidité est plutôt obtenue avec du vinaigre. D'ailleurs, on sert souvent un vinaigre clair et légèrement jaune, fabriqué avec la lie du vin et mélangé avec du gingembre haché, dans les plats d'escargots, comme le *bun oc* (soupe de vermicelles aux escargots).

Fines herbes

La cuisine vietnamienne tire sa fraîcheur et sa légèreté des succulentes fines herbes qui accompagnent les repas. Coriandre, menthe et basilic thaï au goût d'anis s'utilisent en abondance. Goûtez également la *perilla* (*la tia tô*), aux petites feuilles pointues, vertes et grenat, la *rau ram* ("herbe-menthe") au goût agréablement poivré et astringent, et le *rau om* (ambulie aromatique), aux saveurs délicates de citron et de cumin. Le *rau om* agrémente invariablement les bols de *canh chua*. Les échalotes, finement coupées et caramélisées dans l'huile, ajoutent un peu de saveur sucrée lorsqu'elles parsèment salades et plats de nouilles.

Piments et poivres

Moins utilisés au Vietnam qu'en Thaïlande, les piments occupent néanmoins une place clé dans la cuisine du Centre. Il en existe plusieurs sortes, qui vont du long piment rouge, doux et charnu, utilisé dans de nombreux plats du Sud, au petit piment vert-jaune, haché et servi avec une assiette de sauce de poisson dans les restaurants spécialisés dans la cuisine de Hué. Méfiez-vous, car il est fort. Le piment moulu et les sauces au piment épicé sont employés comme condiments dans les restaurants du Centre.

Le Vietnam est un grand exportateur de poivre en grains, et les poivres noirs et blancs moulus relèvent tous les plats, du *chao* (gruau de riz) au ragoût de bœuf. Le poivre noir local, en grains, merveilleusement parfumé et épicé, est une bonne idée de cadeau à rapporter chez soi.

Condiments à base de poisson

Le nuoc-mam n'est qu'un des innombrables produits faits à base de poissons fermentés. Le *mam tom* est une pâte violette de crevettes salées et fermentées. À table, les Vietnamiens en assaisonnent leurs soupes de nouilles et en recouvrent les feuilles (ou galettes) de riz roulées, et trempent même dedans les fruits aigres, comme la mangue verte. Il est également très utilisé en cuisine, donnant un fort arrière-goût salé à des spécialités comme le *bun mam*, soupe de vermicelles aux poissons et aux légumes du sud du pays. Le *mam tom* a de nombreuses versions

À TABLE

En entrant dans une cuisine vietnamienne, vous découvrirez que les bons petits plats s'inspirent de choses simples. Parmi les éléments indispensables : une bonne flamme, quelques ustensiles tranchants, un mortier, un pilon, une ou deux casseroles noircies. La cuisine est un lieu tellement sacré que les Vietnamiens la croient habitée par des esprits spécifiques, dont Ong Tao, dieu de la Cuisine. Celui-ci y dispose toujours d'un autel et l'on dépose aussi des offrandes dans la pièce pour le génie de la Terre.

Quand vous passez commande dans un restaurant, ne vous souciez pas de l'ordre des plats : tous les mets sont placés au centre de la table dès qu'ils sont prêts et les convives se servent. Il en va de même quand vous êtes invité chez des Vietnamiens. S'il s'agit d'une occasion spéciale, il se peut que votre hôte vous serve un ou deux morceaux de choix dans votre bol.

au Vietnam, notamment des sauces à base de crabes, de crevettes de toutes tailles et de diverses espèces de poissons. Ne soyez par rebuté par l'odeur : le goût qu'il donne à certains plats est beaucoup plus subtil que son fumet !

Les saveurs de poisson viennent aussi des fruits de mer séchés. Les Vietnamiens choisissent leurs crevettes séchées avec soin, et les étals des marchés en proposent jusqu'à 15 sortes différentes. Vous trouverez aussi de nombreuses espèces de poissons séchés, soit entiers, soit découpés, ainsi que des encornets séchés qui sont souvent cuits au gril et vendus sur des étals itinérants.

Pour se mettre l'eau à la bouche avant le départ ou retrouver les saveurs des plats vietnamiens au retour, consultez le blog www.platvietnam.com : au menu, des recettes savoureusement illustrées et des articles généraux sur la gastronomie vietnamienne.

Sauces, épices et curries

Les Vietnamiens utilisent également diverses sauces – de soja, d'huîtres, de haricots fermentés –, réminiscences culinaires de l'occupation du nord du pays par la Chine. L'anis étoilé, la cannelle et les clous de girofle sont indispensables pour concocter un bon *pho*.

Les curries ont été introduits au Vietnam par les commerçants indiens depuis le port de Hoi An. Aujourd'hui, ils sont préparés avec du curry en poudre ou de la pâte à curry conservée dans l'huile, produits localement. Les curries vietnamiens, comme le *ca ri ga* (poulet au curry, au lait de coco et à la citronnelle) et le *lau dê* (fondue d'agneau ou de chèvre au curry), sont généralement plus aromatisés que corsés.

Produits de base

Riz

Le riz (*com*) est la base de la cuisine vietnamienne. Dans la Hué impériale, les mandarins royaux servaient du riz avec du sel aux hôtes de marque. Aujourd'hui, les habitants prennent chaque jour au moins un repas à base de riz, et en offrent un bol aux défunts.

Lorsqu'un Vietnamien dit “*An com*” (littéralement, “Mangeons du riz”), il invite son interlocuteur à déjeuner ou à dîner. Les *quan com binh dan* sont des restaurants bon marché où vous mangerez votre content de riz accompagné de viandes, de poissons ou de légumes sautés.

Le riz est appelé *chao* quand il est cuisiné en soupe avec du poulet, du poisson, de l'anguille ou du canard, *com rang* s'il est frit dans un wok avec des œufs, des légumes et d'autres ingrédients, et *com tam* lorsqu'il est cuit à la vapeur et recouvert de porc grillé, d'un œuf et de concombre en tranches, et accompagné de sauce de nuoc-mam aux piments. De minuscules palourdes (*hen*) sautées avec de la coriandre vietnamienne au goût poivré sont ajoutées à du riz pour donner le *com hen*.

VÉGÉTARIENS

Le choix en la matière s'est élargi même si le Vietnam n'est pas le pays de prédilection des végétariens. Les Vietnamiens sont en effet de purs omnivores : ils prisent les légumes, mais aussi tout ce qui vit sur terre, dans la mer ou dans les airs.

Des établissements végétariens (*com chay*) existent toutefois dans la plupart des villes, et ils sont généralement situés à proximité des temples bouddhiques. Il s'agit souvent de tables très simples et couleur locale, fréquentées par des bouddhistes pratiquants. Beaucoup servent des succédanés de viande, à base de tofu et de gluten, qui ont un goût carné étonnant et peuvent être délicieux.

En accord avec les préceptes bouddhistes, de nombreuses échoppes et vendeurs de rue ne proposent que des plats végétariens entre les premier et quinzième jours du mois lunaire – la période idéale pour explorer les marchés et goûter certains mets. Le reste du temps, prudence : tous les plats de légumes sont susceptibles d'avoir été préparés avec de la sauce de poisson ou de la pâte de crevettes.

Le riz gluant (blanc, rouge et noir) est mélangé à des légumes secs, ou à des céréales réhydratées, des cacahuètes et des graines de sésame pour constituer un petit-déjeuner copieux appelé *xoi* (*ngo* dans le Centre). Mixé avec du sucre et du lait de coco, il est consommé comme friandise. Il est accompagné de porc et cuit à la vapeur dans des feuilles de bambou, ou de bananier, pour concocter une spécialité du Têt appelée *banh chung*.

Mis à tremper et réduit en farine, le riz devient la base de nombreux aliments, des nouilles aux desserts, et sert à confectionner des feuilles translucides que les Vietnamiens humidifient avant d'en faire, notamment, des rouleaux.

Nouilles

Les plats de nouilles se mangent à toute heure. Le *pho*, soupe à base de *banh pho* (pâtes de riz plates), est une spécialité du Nord, mais il a presque le statut de plat national. Autres mets venus du Nord : le *bun cha*, porc grillé, en tranches ou haché, servi avec de fins vermicelles de riz et le *banh cuon*, des crêpes de farine de riz fourrées.

Si vous aimez les nouilles, goûtez des plats à base de *bun* (vermicelles de riz) comme le *thit nuong*, une "salade" fraîche et piquante, accompagnés de viande grillé, et le *bun bo Hue*, une soupe de vermicelles relevée, au bœuf, spécialité du Centre. Le *my quang* est un autre plat de nouilles originaire du Centre. Les pâtes de riz, jaunes quand elles sont teintées de rocou, rose pâle si elles sont préparées avec de la farine de riz rouge, sont agrémentées de porc, de crevettes, de fleurs de banane, d'herbes et de cacahuètes pilées, et baignées d'un peu de bouillon. Le *my quang* se mange avec des galettes de riz émiettées, pour ajouter du croquant, et un confit de piment sucré.

Le *cao lau*, spécialité de l'ancienne ville portuaire de Hoi An, se compose d'épaisses nouilles de style *soba*, importées par les marchands japonais. On y ajoute un peu de bouillon très aromatique, des tranches de porc, des pousses de soja blanchies, des légumes frais, des herbes et des "croûtons" faits avec la même pâte que les nouilles.

Dans le Sud, on trouve aussi toute une variété de plats de nouilles, comme le *bun thit nuong*, une salade de nouilles froides, et le *bun mam*, un bouillon de poisson assez fort à base de vermicelles de riz, de tomates, d'ananas et de *bac ha* (tiges de taro épaisses et spongieuses). Ne pas confondre ce *bun mam* avec un plat à base de vermicelles, de pousses de soja et d'herbes au *mam*, qui porte le même nom dans le Centre, mais qui est bien plus déroutant...

Dans tout le pays, vous trouverez les *banh hoi*, vermicelles de riz très fins présentés en nids et servis roulés avec de la viande grillée dans des herbes. Les nouilles chinoises aux œufs, appelées *mi*, sont ajoutées aux soupes (comme les nouilles *wonton*), ou frites et accompagnées de fruits de mer, de viandes et de légumes sautés en sauce pour constituer le *mi xao*. Les *mien*, faites à partir du haricot mungo, sont sautées avec du *mien cua* (chair de crabe) et mangées avec du poisson à la vapeur.

Galettes de riz

Les Vietnamiens enveloppent toutes sortes de denrées dans des galettes ou des feuilles de riz. Les poissons à la vapeur et les viandes grillées sont souvent enroulés, à table, avec des herbes, de la laitue et des tranches de carambole aigre, ou de banane verte, puis trempés dans une sauce *nuoc cham*. Les gros *goi cuon* (rouleaux de printemps), spécialité du Sud, contiennent des crevettes, du porc, des vermicelles de riz ronds et des herbes aromatiques ; ils sont trempés dans une sauce hoisin (sauce brune à base de graines de soja fermentées). Les *bo pia*, fins cigares

BANH MI

Héritage des Français, le *banh mi* est une baguette de pain à base de farine de blé (ou de riz) vendue partout. On la mange telle quelle ou trempée dans un ragoût de bœuf ou des soupes. C'est aussi le nom des sandwichs faits avec ce pain, garnis de viande et de crudités. Un incontournable que se doit de goûter tout voyageur au Vietnam.

garnis de tranches de saucisses chinoises, de crevettes séchées, de *jicama* (ou "pois patate") cuit, de laitue et de pâte de piment, sont généralement préparés par des vendeurs de rue.

Hué a aussi ses propres rouleaux de printemps, les *nem cuon Hue*, frais, garnis de patates douces, de porc, de crevettes saumurées, de liserons d'eau et d'herbes. Dans le Nord, les *nem ran ha noi* (ceux qu'on appelle "pâtés impériaux") sont frits.

Poissons et viandes

L'immense domaine côtier et les deltas offrent aux Vietnamiens de nombreux poissons (thon, pomfret, vivaneau, loup...), ainsi que des crevettes, des crabes et des palourdes, source importante de protéines. Dans tout le pays, les restaurants de poisson et de fruits de mer gardent leurs prises vivantes dans des viviers ou des seaux, leur assurant une parfaite fraîcheur.

Les rizières regorgent de minuscules crabes et de gros escargots de la taille d'une balle de golf appelés *oc*. Dans le Nord, les crabes entrent dans la composition du *bun rieu cua*, dans lequel de fins vermicelles de riz nagent dans un bouillon de tomate et de crabes broyés ; le tout est recouvert d'une couche de gras de crabe revenu avec des échalotes. Les escargots se mangent aussi dans une soupe à la tomate et aux vermicelles de riz *(bun oc)*, ou hachés avec de la citronnelle et des herbes, puis cuits à la vapeur dans leur coquille (*oc nhoi hap la xa*). Une feuille de citronnelle dépasse de chaque coquille : tirez dessus pour en faire sortir la farce.

Les cours d'eau abritent des poissons appréciés, comme le *ca loc* (poisson tête de serpent), le poisson-chat, ainsi que, le long de la côte centrale, de minuscules palourdes, appelées *hen*. Celles-ci se dégustent avec du riz (*hen com*), dans un bouillon aux nouilles ou avec des galettes de riz soufflé *(banh da)*.

Poulet et porc sont aussi très répandus. Le matin, l'arôme envoûtant du porc grillé au nuoc-mam, destiné aux sandwichs et aux plats de riz, envahit la plupart des rues. Le bœuf se trouve surtout dans le *pho*, le *kho bo* (ragoût aux tomates), le *thit bo bit tet* (steak à la poêle), enveloppé de *la lot* (feuilles de poivrier sauvage) ou grillé. On consomme aussi la viande de chèvre (en fondue dans un bouillon au curry) et les cuisses de grenouilles.

FRUITS

Ne manquez pas les étals de *sinh to*, où vous verrez une abondance de fruits (dont des avocats) à côté d'un mixeur, et où vous pourrez vous offrir un jus de fruits glacé mixé sur commande.

Fruits et légumes

Les légumes vont des plus connus (pommes de terre, aubergines, concombres, asperges) aux plus exotiques. Fleurs de banane et tiges de fleur de lotus sont proposées en *goi* (salades), la tige épaisse et spongieuse d'une plante appelée *bac ha* (ou tige de taro) est ajoutée aux soupes. Le *thien ly*, une plante sauvage aux feuilles tendres et aux fleurs odorantes, est sauté avec de l'ail, tout comme les fleurs de courge jaune vif que l'on trouve facilement sur les marchés du Sud.

Durant la saison des pluies, les forêts se couvrent de divers délicieux champignons sauvages. Vous pourrez aussi savourer les pointes tendres de fougères, qui, comme les *rau muong* (liserons d'eau), sont sautées. Très appréciée, la verdure (laitue, cresson, feuille de moutarde...) est utilisée pour envelopper les *banh xeo* (crêpes jaunes à la farine de riz fourrées au porc, aux crevettes et aux pousses de soja) et en faire de petites bouchées à tremper dans le nuoc-mam.

Les amateurs de fruits pourront, selon la saison, faire une cure de mangues, de diverses variétés de goyaves, de litchis juteux, de longanes, de mangoustans, de fruits de la passion et de jaques. À Hué, les jaques sont considérés comme des légumes : dans le *nom mit non,* la chair bouillie (dont la saveur rappelle l'artichaut et l'asperge), servie avec une sauce de poisson et des graines de sésame, est présentée avec des galettes

CAFÉ À LA VIETNAMIENNE

La tradition du café vietnamien ne souffre pas la précipitation. Tandis que vous êtes assis sur un tabouret en plastique bas, on vous apporte un verre surmonté d'un curieux filtre en aluminium. Lentement, celui-ci laisse passer goutte après goutte le café, qui dissout la couche de lait concentré au fond du récipient. Les minutes passent et un liquide plus foncé, dense en caféine, se forme au-dessus du lait. Mélangez l'ensemble, en le versant éventuellement dans un verre à part rempli de glaçons, et vous pourrez enfin savourer le produit de ce véritable rituel.

Voici les différentes formes de *caphe* servies au Vietnam :

Caphe sua da Café frappé au lait concentré

Caphe da Café frappé

Caphe den Café noir

Caphe sua chua Café frappé au yaourt

Caphe trung da Café frappé avec du blanc d'œuf battu

de riz. Le tamarin, un ingrédient caractéristique du Sud, est notamment associé aux crevettes dans le *tom rang me*, un délicieux plat aigre-doux.

Desserts

Les *do ngot* (sucreries) et les *do trang mieng* (desserts) sont populaires dans tout le pays, notamment pendant les fêtes. Les *banh* (gâteaux) sont très variés. La plupart des desserts sont confectionnés à base de farine de riz, additionnée de sucre de palme, de lait de coco, de graines de sésame, de graines de lotus et de cacahuètes. Les haricots mungos jaunes figurent aussi dans de nombreux desserts, de même que la crème caramel, héritage de l'influence française. Les desserts froids – comme le *kem* (crème glacée), le *thach*, gelée à l'agar-agar aromatisée à l'essence de pandan, au café ou à la noix de coco – et les yaourts sucrés produits sur place, vendus dans de petits pots en verre, sont très appréciés quand il fait chaud. Les *che* sont des “soupes” sucrées plus ou moins compactes qui peuvent se manger chaudes ou froides, avec de la glace pilée. Les ingrédients varient : haricots, fruits, graines de lotus, manioc, perles de tapioca..., le tout arrosé de lait de coco, de lait condensé, de sirop, voire des trois.

Boissons

Tôt ou tard, on succombe à la *bia hoi* (bière “fraîche” ou pression). Les marques locales sont vendues au verre pour une somme dérisoire dans des échoppes spécialisées à presque tous les coins de rue. En payant un peu plus, vous aurez une bière de meilleure qualité : la Saigon et la Huda, qui sont correctes, ou La Rue, plutôt bonne, brassée sur la côte centrale. À Hô Chi Minh-Ville, la Pasteur Street Brewing Company (p. 363) fait de très bonnes bières artisanales, souvent avec des ingrédients locaux comme le combava (sorte de citron), le jaque ou les grains de poivre parfumés de l'île de Phu Quoc.

Le Vietnam produit ses propres spiritueux, dont une vodka valable, et très peu chère, baptisée Ha Noi. Le *ruou* (qui désigne tout à la fois les “vins” et les alcools locaux, de riz pour la plupart) est souvent parfumé avec des herbes, des épices, des fruits, voire des animaux. Dans les montagnes du Nord, on vous offrira ainsi du *ruou can*, alcool de riz léger à boire dans un récipient commun avec une longue paille en bambou. Vous découvrirez aussi peut-être le *ruou ran* (alcool de riz où marine un serpent), un élixir censé tout guérir, de la cécité à l'impuissance.

Les gens dans le Nord aiment le thé vert chaud. Dans le Sud, ils le servent souvent avec de gros morceaux de glace. Les infusions de chrysanthème et de jasmin sont également appréciées ; l'infusion parfumée à base de graines de lotus est délicieuse et sans théine.

Au Vietnam, la préparation, le service et la dégustation du thé (appelé *tra* dans le Sud et *che* dans le Nord) ont une importance sociale rarement comprise par les Occidentaux. Servir le thé à la maison, ou au bureau, est plus qu'une politesse, c'est un vrai rituel.

Le Vietnam est aussi un grand producteur de café. Discuter le matin ou l'après-midi autour d'un verre de café frappé, avec ou sans lait (*caphe sua da* ou *caphe da*), tient du rituel pour la gent masculine locale.

Parmi les autres boissons, citons le *mia da*, jus de canne à sucre fraîchement pressé, particulièrement rafraîchissant lorsqu'il est servi sur de la glace avec un trait de *kalamansi*, le *sinh to* (jus de fruits épais pressé à la demande) et le lait de soja.

Environnement

Des plaines tropicales aux régions de riziculture intensive, des montagnes et des reliefs karstiques au littoral immense et superbe, le Vietnam est un territoire d'une extrême diversité. Toutefois, du fait de la pression démographique, de la pauvreté et d'un manque de protection de l'environnement, de nombreuses régions, ainsi que la faune de tout le pays, sont menacées.

Géographie

Comme le disent souvent les Vietnamiens, leur pays ressemble à un *don ganh*, la palanche en bambou avec un panier de riz à chaque extrémité. Les paniers représentent les principales régions rizicoles : le delta du fleuve Rouge au nord et celui du Mékong au sud. De fait, le Vietnam forme un S, large au nord et au sud et très étroit au centre (à peine 50 km dans sa plus petite largeur). Le pays est principalement délimité au nord-ouest et au nord-est par des chaînes montagneuses.

Côte et îles

Ses 3 451 km de côtes exceptionnelles constituent l'un des attraits majeurs du Vietnam. Jalonné de plages de sable aux courbes majestueuses, de hautes falaises et de dunes, le littoral a de quoi séduire les voyageurs. D'autant que d'innombrables îles, souvent quasi désertes, ponctuent le large. Phu Quoc, la plus grande, est située dans le golfe de Thaïlande, face à la côte cambodgienne. Mais il y a aussi Cat Ba et Van Don, les quelque 2 000 îlots de la baie d'Along, les confettis près de Nha Trang et les légendaires îles Con Dao, loin dans la mer de Chine méridionale.

VOYAGER RESPONSABLE

- Réfléchissez-y à deux fois avant de partir en promenade à dos d'éléphant. Ces pachydermes continuent d'être capturés de manière illégale et les associations de défense des animaux s'inquiètent de leurs conditions de vie, ainsi que des effets néfastes que ces promenades peuvent avoir sur leur santé.
- Lorsque vous pratiquez le snorkeling ou la plongée, veillez à ne pas toucher au corail afin de ne pas gêner son développement.
- Évitez de toucher les formations calcaires car cela affecte leur développement et aboutit à leur noircissement.
- Sachez que la plupart des animaux "exotiques" (porcs-épics, écureuils, etc.) au menu de certains restaurants ont été capturés illégalement dans des parcs nationaux.
- Nombre de civettes sont détenues dans des conditions épouvantables, en vue de produire le fameux "café" à base d'excréments.
- Avant de boire de l'alcool ou du sang de serpent, sachez que ces reptiles (parfois des espèces menacées) sont tués sans anesthésie et peuvent être porteur de salmonelle.

FORMATIONS KARSTIQUES

Le karst est un relief qui résulte de l'érosion de plateaux calcaires par les pluies au cours des millénaires. Il revêt la forme de falaises fortement découpées, entaillées de fissures, creusées de dolines, de grottes et de rivières souterraines. Le nord du Vietnam recèle des reliefs karstiques spectaculaires, en particulier les superbes paysages de la baie d'Along, de la baie de Bai Tu Long, des environs de Ninh Binh et de la région de Phong Nha. Dans les baies d'Along et de Bai Tu Long, l'immense plateau calcaire s'est progressivement enfoncé dans la mer et les anciens pics se dressent désormais hors de l'eau comme des doigts pointés vers le ciel. L'immense réseau de grottes de Phong Nha s'étend, pour sa part, sur des dizaines de kilomètres dans les entrailles de la masse rocheuse.

Deltas

Les deltas du fleuve Rouge et du Mékong sont plats et sujets aux inondations. Les alluvions charriées par le fleuve Rouge et ses affluents, canalisés dans leurs lits par 3 000 km de digues, ont élevé le niveau des cours d'eau au-dessus des plaines alentour. De son côté, le delta du Mékong ne bénéficie d'aucune protection et, quand les *cuu long* (les "neuf dragons", surnom des neuf bras du fleuve dans le delta) sortent de leur lit, ils dévastent les villages et les récoltes.

Le parc national de Tram Chim, dans le delta du Mékong, est l'une des plus importantes zones humides protégées du Vietnam. Il abrite des grues antigones, une espèce dont les individus peuvent mesurer jusqu'à 1,80 m de hauteur.

Montagnes

Les trois quarts du territoire vietnamien sont composés de collines (surtout dans le Sud) et de montagnes élevées (essentiellement dans le Nord), qui culminent au Fansipan (3 143 m), près de Sapa. Les monts Truong Son (cordillère Annamitique), qui forment les hauts plateaux du Sud-Ouest, courent le long des frontières du Laos et du Cambodge. D'énormes rochers parsèment les versants des chaînes côtières granitiques proches de Nha Trang et du col de Hai Van (Danang). La partie occidentale des hauts plateaux, près de Buon Ma Thuot et de Pleiku, est renommée pour son sol volcanique rouge, extrêmement fertile. Les incroyables formations karstiques du Nord sont toutefois le relief le plus emblématique du pays.

Faune et flore

Malgré des périodes de déforestation désastreuses, la flore et la faune du Vietnam sont encore incroyablement variées et exotiques. Des recherches intensives menées par le World Wildlife Fund (WWF, organisation mondiale de protection de l'environnement) le long du Mékong – au Vietnam et dans les pays voisins – ont permis de recenser 1 068 nouvelles espèces entre 1997 et 2007, plaçant cette région sur la liste des cinq premières zones de biodiversité du monde. Dans le pays, nombre de provinces demeurent non étudiées ou peu connues, et bien d'autres espèces restent sans doute à découvrir.

En octobre 2013, les autorités douanières de Haiphong ont découvert plus de deux tonnes de défenses d'éléphants et de carapaces de tortues marines dans un colis portant l'étiquette "coquillages".

En dépit de cette diversité extraordinaire, les menaces qui pèsent sur la faune du Vietnam n'ont jamais été aussi importantes, du fait du braconnage, de la chasse et de la perte d'habitats. Trois des animaux emblématiques du pays – l'éléphant, le saola (bovidé semblable à une antilope) et le tigre – sont en voie de disparition, et il est à peu près certain que le dernier rhinocéros sauvage du Vietnam a été tué dans le parc national de Cat Tien en 2010.

Pour chaque animal tué qui fait la une, des dizaines d'autres, appartenant à des espèces moins médiatisées, sont abattus dans les forêts et les réserves, par recherche de profit ou pour la subsistance. Nombre de chasseurs sont en effet issus de communautés ethniques pauvres qui ont toujours compté sur la jungle pour assurer leur survie.

Faune

Si le Vietnam compte un grand nombre d'espèces, les animaux vivent principalement dans des régions boisées reculées et s'observent difficilement.

La grande diversité des habitats - plaines équatoriales, plateaux tempérés, voire sommets alpins - explique l'immense variété de la vie sauvage. Selon un recensement récent, on dénombre au Vietnam 275 espèces de mammifères, plus de 800 espèces d'oiseaux, 180 types de reptiles, 80 d'amphibiens, des centaines de poissons et des dizaines de milliers d'invertébrés. De nouvelles espèces sont découvertes en permanence, augmentant d'autant cette liste.

Des oiseaux rares et peu connus, que l'on croyait disparus, ont été repérés et les vastes forêts en bordure du Laos en recèlent certainement d'autres. Ainsi, le faisan d'Edwards, espèce que l'on croyait éteinte à l'état sauvage, a été observé lors d'une expédition scientifique, de même que le canard musqué à ailes blanches et l'ibis de Davison.

Le voyageur apercevra aisément des hirondelles et des martinets survolant les champs et les cours d'eau, des nuées de verdiers du Vietnam au bord des routes et dans les rizières, ainsi que des rossignols et des martins tristes dans les jardins et les bosquets. Le Vietnam constitue une halte importante pour les échassiers migrateurs entre la Sibérie, leur lieu de reproduction, et l'Australie, où ils passent l'hiver.

Dans *The Last Unicorn: A Search for One of Earth's Rarest Creatures* (non traduit en français), le finaliste du prix Pulitzer, William DeBuys, part en quête du saola.

Espèces menacées

La faune vietnamienne connaît un déclin marqué : les habitats forestiers sont détruits, les cours d'eau pollués, et la chasse continue en l'absence de véritables contrôles. Pour certaines espèces, les programmes de reproduction en captivité restent sans doute l'unique planche de salut, mais le pays manque d'argent et de personnel pour les mener à bien.

Le gouvernement reconnaît officiellement comme menacés 54 types de mammifères et 60 espèces d'oiseaux. Parmi les grands animaux figurent l'éléphant, le tigre, le léopard, l'ours noir, l'ours à miel, le singe à nez retroussé, l'écureuil volant, le crocodile et la tortue. Au début des années 1990, un petit groupe de rhinocéros de Java, une espèce extrêmement rare, a été découvert dans le parc national de Cat Tien. Vingt ans plus tard, ils avaient tous été tués.

Les amateurs d'ornithologie désireux de découvrir l'avifaune du Vietnam navigueront sur www.oiseaux.net ou se procureront *Birds of Southeast Asia* (2005, non traduit), de Craig Robson, qui couvre le pays de manière approfondie.

ESPÈCES MENACÉES

L'espèce d'éléphant native du Vietnam a été mise sur la liste des espèces en danger en 1976. Le gouvernement a annoncé la création de trois zones pour protéger ces éléphants sauvages (dans les parcs nationaux de Pu Mat, de Cat Tien et de Yok Don) en juin 2013. Le département des Forêts (Forestry department) du pays estimant que moins de 100 éléphants sont restés à l'état sauvage, beaucoup considèrent cette action comme insuffisante et trop tardive.

Le saola, qui n'a été découvert qu'en 1992, est une sorte de bœuf sauvage qui ressemble à une grande antilope, endémique à la cordillère Annamitique du Vietnam et du Laos. On pense que seules quelques centaines d'individus sont encore en vie. Les groupes œuvrant pour leur préservation travaillent avec les ethnies présentes dans la région pour débarrasser leur habitat de dizaines de milliers de pièges. Pour plus d'informations, consultez le site www.savethesaola.org.

On estime qu'il reste environ 350 tigres d'Indochine dans la région, dont 30 à 70 au Vietnam. Comme ils vivent dans des régions enclavées, leurs chances de survie à long terme sont assez minces. Les tigres sont particulièrement vulnérables, du fait notamment du commerce illégal dont ils sont l'objet pour des médecines traditionnelles.

LES 10 PLUS BEAUX PARCS NATIONAUX

PARC	CARACTÉRISTIQUES	ACTIVITÉS	MEILLEURE PÉRIODE
Ba Be	lacs, forêt tropicale, cascades, pics, grottes, ours, entelles	randonnée, canotage, observation des oiseaux	avr-nov
Bach Ma	cascades, tigres, primates	randonnée, observation des oiseaux	fév-sept
Bai Tu Long	pics karstiques, forêt tropicale de persistants, plages secrètes, grottes	baignade, canotage, kayak, surf, randonnée	avr-nov
Cat Ba	jungle, grottes, entelles, ours, cervidés, oiseaux aquatiques	randonnée, baignade, observation des oiseaux	avr-août
Cat Tien	primates, éléphants, oiseaux, tigres	randonnée, exploration de la jungle	nov-juin
Con Dao	dugongs, tortues, plages	observation des oiseaux, snorkeling, plongée	nov-juin
Cuc Phuong	jungle, grottes, primates, centre d'ornithologie	observation de primates menacés, randonnée	nov-fév
Hoang Lien	communautés ethniques, montagnes, oiseaux	randonnée à pied et à vélo, observation des oiseaux, escalade	sept-nov, avr-mai
Phong Nha-Ke Bang	grottes, formations karstiques	sorties en bateau, spéléologie, kayak, randonnée	avr-sept
Yok Don	maisons sur pilotis, communautés ethniques	promenades à dos d'éléphant, randonnée	nov-fév

Flora and Fauna International publie une excellente carte touristique du Vietnam, *Nature Tourism Map of Vietnam*, qui décrit en détail tous les parcs nationaux du pays (www.fauna-flora.org). Les bénéfices tirés de la vente des cartes aident à la protection des primates au Vietnam.

Il y a néanmoins quelques succès. Le crocodile du Siam, qui a disparu à l'état sauvage du fait d'une chasse excessive et de croisements, a été réintroduit à Cat Tien et l'espèce est aujourd'hui en bonne progression. Certaines populations sauvages se sont également réinstallées dans des régions reboisées ; des oiseaux, des poissons et des crustacées sont réapparus dans des forêts de palétuviers replantées.

Parcs nationaux

De Hoang Lien, à l'extrême nord, jusqu'à Mui Ca Mau, à la pointe sud, le Vietnam compte 31 parcs nationaux, et plus de 150 réserves naturelles. Les infrastructures et la surveillance varient beaucoup d'un parc à l'autre, mais chacun dispose au moins d'un poste de gardes forestiers. Ces derniers peuvent le plus souvent être engagés comme guides.

La gestion des parcs nationaux demeure une source de conflits permanents, car les autorités vietnamiennes n'ont pas encore réussi à trouver un équilibre entre la protection de l'environnement et les besoins des populations rurales, souvent des communautés ethniques, qui vivent dans les zones protégées ou à proximité. Les gardes forestiers sont généralement beaucoup moins nombreux que les villageois, dont la subsistance dépend des forêts. Certains parcs utilisent désormais des logiciels sophistiqués pour combattre le braconnage et l'abattage des arbres.

Mieux vaut visiter les parcs les plus connus en semaine afin de profiter sereinement du paysage – les Vietnamiens qui affluent le week-end pour prendre du bon temps se montrent fréquemment bruyants et peu respectueux de la nature, laissant leurs détritus derrière eux.

LA CORNE DE RHINOCÉROS ET LE VIETNAM

Le Vietnam est le plus grand consommateur de corne de rhinocéros au monde et la demande a encore augmenté ces dernières années, entretenue par des croyances populaires qui lui attribuent des vertus médicinales, allant de la stimulation de la libido au traitement du cancer. La corne de rhinocéros est également le symbole d'un statut social pour certaines classes de nouveaux riches. Certaines personnes croient même, à tort, qu'elle soigne la gueule de bois.

Même la nouvelle affligeante de l'extinction du rhinocéros au Vietnam n'a pas enrayé le phénomène. Le kilo de corne étant vendu plusieurs dizaines de milliers de dollars, les trafiquants se sont simplement tournés vers d'autres territoires.

Des gangs vietnamiens ont dérobé des dizaines de cornes de rhinocéros très anciennes à des muséums européens, parfois sous la menace d'une arme à feu. L'Afrique du Sud, où vivent 73% des rhinocéros du monde, a vu le braconnage de ces animaux gagner du terrain. En 2012, les autorités ont rapporté que 668 rhinocéros avaient été tués. Deux ans plus tard, le nombre de victimes avait atteint le chiffre sidérant de 1 215 (soit un animal tué toute les huit heures). D'après l'Environmental Investigation Agency, des groupes tels qu'Al-Shabaab vendent des cornes de rhinocéros pour financer le terrorisme.

En 2013, WWF et Traffic (www.traffic.org) ont lancé une campagne médiatique au Vietnam (annonces sur les chaînes nationales de télévision et sur Internet) pour empêcher sa vente et sa consommation.

En septembre 2014, une nouvelle campagne baptisée "Chi" a été diffusée avec l'appui de Save the Rhino International (www.savetherhino.org), Traffic (et ENV (Education for Nature-Vietnam ; www.envietnam.org). Des enquêtes ont permis de révéler que les principaux consommateurs étaient de riches hommes d'affaires de Hanoi et de HCMV. Ces personnes n'ayant que faire des causes environnementales, la campagne a choisi le slogan "Les hommes les plus charismatiques et les plus prospères créent eux-mêmes leur fortune" (sous entendu : ils n'ont pas besoin de la corne de rhinocéros pour ce faire). Bien que d'autres campagnes aient souligné l'inexistence de vertu médicinale du fameux appendice, les mentalités peinent encore à évoluer. En 2015, une enquête a révélé que 38% des Vietnamiens étaient encore persuadés que la corne, constituée d'une forme de kératine similaire à celle qu'on trouve dans les ongles, pouvait aider à soigner des maladies comme le cancer ou les rhumatismes.

Nombre de parcs possèdent un lieu d'hébergement et un restaurant ; il faut toutefois téléphoner et commander les repas à l'avance.

Écologie

Si la situation de l'environnement n'est pas encore catastrophique, certains indices se révèlent alarmants. Dans ce pays agricole pauvre et densément peuplé, les priorités du gouvernement portent essentiellement sur la création d'emplois et la croissance économique. Les mesures de contrôle de la pollution et des industries sales n'existent quasiment pas, tandis que les trafiquants de bois et d'animaux sauvages s'en sortent souvent grâce à la corruption et à l'inertie des fonctionnaires en charge. Bref, en dépit de la signature de plusieurs traités internationaux, le Vietnam se soucie assez peu de la protection de son patrimoine naturel.

PanNature (www.nature.org.vn) est une ONG vietnamienne qui promeut des solutions écologiques aux problèmes environnementaux et le développement durable. Elle emploie parfois des bénévoles.

Déforestation

La déforestation constitue un problème majeur. De 44% de couvert forestier en 1943, le pays est passé à 24% en 1983 et à 20% en 1995. De récents programmes de reboisement ont accru la couverture forestière d'une partie du territoire depuis, mais ils consistent pour la plupart en des plantations de monocultures (comme l'acacia, pour le mobilier), organisées en rangées bien droites, qui n'ont guère de vertu écologique. En 2015, les plantations représentaient 16% de la surface forestière.

Le Vietnam a par ailleurs interdit l'exportation de bois brut en 1992, ce qui a permis l'augmentation de la surface forestière. Toutefois, cela a pénalisé les pays voisins, le Vietnam achetant son bois d'œuvre au Cambodge et au Laos, où la défense de l'environnement reste laxiste.

Education for Nature-Vietnam (ENV ; www.envietnam.org) œuvre pour une meilleure compréhension de la faune et sensibilise le public au danger que représente la consommation, illégale, de "viande de brousse" provenant d'espèces en danger. Si vous voyez des animaux d'une espèce menacée en vente, ou leur viande figurant sur la carte d'un restaurant, contactez ENV ☎1800 1522.

Chasse

Le braconnage ne cesse de décimer la faune des forêts. L'usage répandu des pièges, qui capturent et tuent sans discernement les espèces communes ou gravement menacées, constitue un vrai problème. Bien que les chiffres soient très difficiles à établir, une étude menée en 2007 par l'organisation Traffic (www.traffic.org) estime qu'un million d'animaux sauvages ont fait chaque année l'objet d'un commerce illicite.

Une chasse "légitime" est pratiquée par des communautés ethniques qui cherchent à assurer leur subsistance, mais il existe un marché beaucoup plus vaste, alimenté par des marchands locaux et chinois, pour le *dac san* ("viande de brousse") et les produits d'origine animale utilisés dans la médecine traditionnelle. Pour beaucoup de touristes vietnamiens, un séjour dans la nature rime avec consommation d'espèces exotique, d'où les restaurants spécialisés que l'on trouve à la lisière de nombreux Parcs nationaux.

Les tentatives de restriction du négoce des animaux aux niveaux local et international sont souvent entravées par la corruption et le manque d'effectif du département de protection de la forêt. L'ONG vietnamienne Education for Nature Vietnam combat ce trafic en faisant du lobbying auprès des hommes politiques et en organisant des programmes de sensibilisation dans les écoles. Elle monte des dossiers sur les restaurants servant de la "viande de brousse" et lutte contre le commerce de la bile d'ours.

LA BAIE D'ALONG, UN TRÉSOR EN PÉRIL

Site classé au patrimoine mondial de l'Unesco, le fabuleux ensemble d'îlots karstiques émergeant des eaux bleu cobalt de la baie d'Along est l'un des fleurons du Vietnam.

L'attrait exercé par ce paysage naturel remarquable, s'il s'est révélé une véritable bénédiction pour l'industrie touristique, n'en fait pas moins peser une lourde menace sur la baie. En 2014, pas moins de 1,8 million de visiteurs y ont effectué une croisière. Afin de faciliter leur accueil, les autorités ont fait arracher des mangroves pour construire des routes côtières et de nouveaux quais. Par ailleurs, les systèmes d'évacuation inadaptés des toilettes et le diesel répandu par les bateaux de croisière contaminent une mer autrefois préservée.

Le port en eau profonde de Hon Gai accueille chaque année des centaines de porte-conteneurs qui empruntent un chenal de navigation international au cœur de la baie. La vase et la poussière qui recouvrent maintenant les herbiers et les bas-fonds marins compromettent la survie de la faune et de la flore, menaçant ainsi l'écosystème dans son ensemble.

Plus alarmant encore, les gigantesques mines de charbon et la cimenterie de Cam Pha, à 20 km à l'est de la ville d'Along, déversent dans les eaux des tonnes de poussier et autres résidus polluants. Jusqu'en 2012, l'eau non traitée était déversée dans les fleuves et se retrouvait dans la baie, mais une nouvelle usine de traitement sur le fleuve Vang Dang a diminué le flux de substances polluantes. En novembre 2015, les autorités ont par ailleurs suspendu les licences de plus de 200 bateaux de croisière qui ne s'étaient pas soumis à l'obligation d'installer des filtres séparateurs d'huile.

Industrie et pollution

La pollution est un vrai problème au Vietnam. À Hô Chi Minh-Ville, la qualité de l'air est assez désastreuse. Hanoi est quant à elle la ville la plus polluée de l'Asie du Sud-Est. Les deux-roues en sont les principaux responsables, car ils roulent avec un carburant de mauvaise qualité contenant un fort pourcentage de benzène, de soufre et de microparticules (PM10).

La pollution de l'eau affecte de nombreuses régions, et particulièrement les villes et les zones côtières où les nappes phréatiques surexploitées deviennent de plus en plus salées. Des entrepreneurs ont investi le Vietnam pour y construire des usines d'habillement, de chaussures et d'agroalimentaire, mais la plupart des zones industrielles ne disposent pas d'installations pour le traitement des eaux usées. Leur rejet a causé la mort biologique de rivières comme la Thi Van, près de Vung Tau. À l'échelle nationale, seuls 14% des eaux usées des villes sont retraités.

Des déchets industriels et toxiques, ainsi que de la ferraille, sont importés illégalement pour servir de matières premières ou être réexportés. L'application de la loi est laxiste ; quelques contrevenants se sont néanmoins vu infliger une amende.

> Le Vietnam est le deuxième producteur mondial de café. Cette culture constitue une source de revenus fondamentale dans les montagnes du Sud-Ouest, où on le surnomme "l'or brun". Dans 97% des cas, le café vietnamien est un Robusta bon marché.

Réchauffement climatique

Le Vietnam compte parmi les pays les plus susceptibles de souffrir du réchauffement climatique, les marées, les inondations et les ouragans risquant de submerger les basses terres. D'après le Centre national de prévisions hydrométéorologiques, 246 tempêtes tropicales ont frappé le Vietnam entre 1961 et 2010. Alors qu'il n'y a eu que trois tempêtes en 1961, leur nombre s'est élevé à 10 en 2008. Si le niveau de la mer augmentait de seulement un mètre, plus des 6% du pays seraient immergés, ce qui toucherait près de 10 millions de personnes. HCMV connaît déjà de sérieuses crues chaque mois et il suffirait que la rivière Saigon monte de 1,35 m pour que ses digues soient submergées. Des inondations similaires interviendront plus souvent quand les pluies de mousson noieront les vastes deltas du fleuve Rouge et du Mékong.

Dans le delta du Mékong, on observe une augmentation de la salinité des fleuves dans un rayon pouvant atteindre 50 km. Près de l'embouchure du delta, l'augmentation a été si marquée que de nombreuses familles ont renoncé à la culture du riz pour l'élevage de crevettes.

> La Vietnam Association for Conservation of Nature & Environment (www.vacne.org.vn) joue un peu le rôle de bureau central pour toute question ou projet en lien avec l'environnement au Vietnam.

"Écocide" : l'impact de la guerre

La guerre du Vietnam s'est accompagnée de la plus impitoyable destruction de l'environnement qu'un pays ait jamais subie. La dévastation fut telle que, 40 ans plus tard, le pays est toujours convalescent. L'armée américaine a pulvérisé 72 millions de litres de défoliants (dont l'agent orange, chargé de dioxine) sur 16% de la surface du Sud-Vietnam pour détruire les caches du Viêt-cong.

De vastes étendues de forêts, de terres agricoles, des villages et même des cimetières furent rasés au bulldozer, arrachant à la fois la végétation et la couche arable. Des forêts entières de melaleucas, un bois particulièrement inflammable, furent carbonisées au napalm. Dans les régions montagneuses, des glissements de terrain furent délibérément provoqués par des bombardements et l'arrosage à l'acide des versants calcaires. Même les éléphants, utilisés pour le transport, furent visés par des bombes et du napalm largués par avion. À la fin de la guerre, de vastes étendues étaient envahies de mauvaises herbes, appelées localement "chiendent américain". Le gouvernement estime que 20 000 km² de forêts et de terres arables ont été détruits à cause de la guerre.

Les liens entre la dioxine et certaines maladies, dont plusieurs formes de cancers, ont été bien établis. Et les cas d'enfants atteints de malformations gravissimes, parce que leurs parents avaient été contaminés pendant la guerre, sont innombrables. Sans parler des fausses couches, des enfants mort-nés et d'autres problèmes de santé liés à la persistance de l'empoisonnement chimique dans les corps et dans l'environnement.

Les fabricants de produits chimiques qui ont fourni des herbicides à l'armée américaine ont versé 180 millions de dollars aux vétérans de la guerre du Vietnam, sans toutefois admettre leur responsabilité. Les Vietnamiens empoisonnés à la dioxine, dont on estime le nombre à 4 millions, n'ont eux jamais été indemnisés, les plaintes de la Vietnamese Association of Victims of Agent Orange (http://vava.org.vn) ayant toutes été rejetées aux États-Unis.

Journalistes et commentateurs s'accordent à dire que l'État vietnamien, soucieux de normaliser ses relations avec son ancien ennemi, rechigne à exiger de lui un quelconque dédommagement. Cependant, en décembre 2014, le président Barack Obama a débloqué des fonds pour le nettoyage d'une ancienne base américaine, contaminée à la dioxine, sur l'aéroport de Danang. Le gouvernement vietnamien continue de faire officiellement pression sur les États-Unis pour obtenir l'aide permettant la décontamination d'autres secteurs.

Vietnam pratique

Carnet pratique

Alimentation

La nourriture fait partie des grands plaisirs d'un voyage au Vietnam. Pour en savoir plus sur la cuisine et les restaurants, reportez-vous p. 43 et p. 496.

Ambassades et consulats

En règle générale, votre ambassade ne fera pas preuve d'indulgence si vous vous retrouvez en prison pour avoir enfreint la loi. En cas d'urgence, elle vous fournira sans doute une assistance lorsque tout autre recours aura été épuisé.

Le remplacement d'un passeport volé peut prendre quelque temps, car certaines ambassades au Vietnam n'en délivrent pas et doivent passer par une autre ambassade de la région.

Au Vietnam

Ambassade de Belgique (carte p. 66 ; ☎4-3934 6179 ; hanoi@diplobel.fed.be ; Hanoi Towers, 9e ét., 49 Hai Bà Trưng, Hanoi)

Consulat de Belgique (☎8-6281 8001 ; consubel@diplobel.vn ; 105, Đ Duong Van An, KP 5, Ward An Phu, district 2, HCMV)

Ambassade du Cambodge (carte p. 68 ; ☎ 4-942 4789/942 4788 ; camemb.vnm@mfa.gov.kh ; 71A P Tran Hung Dao, Hanoi)

Consulat du Cambodge (carte p. 333 ; ☎08-3829 2751 ; camcg.hcm@mfa.gov.kh ; 41 Đ Phung Khac Khoan, HCMV)

Ambassade du Canada (carte p. 66 ; ☎4-3734 5000 4-3823 5500 ; www.canadainternational.gc.ca/vietnam ; 31 Hung Vuong, Hanoi)

Consulat du Canada (carte p. 329 ; ☎08-3827 9899 ; hochi@international.gc.ca ; 10e ét., 235 Đ Dong Khoi, HCMV)

Ambassade de Chine (carte p. 66 ; ☎04-8845 3736 ; chinaemb_vn@mfa.gov.cn ; http://vn.china-embassy.org/eng/ ; 46 P Hoang Dieu, Hanoi)

Consulat de Chine (carte p. 333 ; ☎08-3829 2457 ; http://hcmc.chineseconsulate.org ; 175 Đ Hai Ba Trung, HCMV)

Ambassade de France (carte p. 68 ; ☎ 4-903 40 31 16 de 8h30 à 18h, 4-904 36 52 75 de 18h à 8h30 ; www.ambafrance-vn.org ; 57 P Tran Hung Dao, Hanoi)

Consulat de France (carte p. 333 ; ☎8-3520 6800 ; www.consulfrance-hcm.org ; 27 Đ Nguyen Thi Minh Khai, HCMV)

Ambassade du Laos (carte p. 68 ; ☎4-3942 4576 ; laoembassy_hanoi ; www.laoembassyhanoi.org.vn/ ; 22 P Tran Binh Trong, Q. Hai Ba Trung, Hanoi)

Consulat du Laos (carte p. 329 ; ☎08-3829 7667 ; laoconsulat@vnn.vn ; 93 Đuong Pasteur, HCMV)

Ambassade des Philippines (carte p. 68 ; ☎04-3943 7948 ; 27B P Tran Hung Dao, Hanoi)

Ambassade de Singapour (carte p. 66 ; ☎04-3848 9168 ; singemb_han@sgmfa.gov.sg ; www.mfa.gov.sg/hanoi ; 41-43 Đ Tran Phu, Ba Dinh District, Hanoi)

Ambassade de Suisse (carte p. 62 ; ☎4-3934 6589 ; han.vertretung@eda.admin.ch ; Hanoi Central Office Building, 15e ét., 44B Ly Thuong Kiet, Hanoi)

GAMMES DE PRIX

Les prix suivants s'entendent pour un repas classique, boissons en sus. Sauf mention contraire, les taxes sont incluses.

Petits budgets moins de 5 $US (107 000 d)

Catégorie moyenne 5-15 $US (107 000 d – 323 000 d)

Catégorie supérieure plus de 15 $US (323 000 d)

LE VIETNAM PRATIQUE

Laveries. La plupart des hôtels et pensions ont un service de laverie peu onéreux (en cas de mauvais temps, vérifiez qu'ils disposent d'un séchoir).

Journaux et magazines. *Le Courrier du Vietnam* (http:// http://lecourrier.vn) est un quotidien national en français. *Vietnam News* est un quotidien anglophone de propagande. Pour les manifestations et sorties, citons les magazines *The Guide*, qui couvre tout le pays, *AsiaLife* et *The Word* à HCMV, ainsi que *Live Hoi An*, à Hoi An. Pour les informations nationales, le site www.thanhniennews.com est une source de qualité.

Radio et télévision. *Voice of Vietnam* tient le haut du pavé sur les ondes – elle est même diffusée par haut-parleur dans de nombreuses petites villes et à Hanoi. La chaîne de télévision VTV2 diffuse le journal en français vers 15h et VTV1 vers 23h. La radio VOV5 diffuse chaque jour plusieurs journaux en français (horaires sur http://vovworld.vn/fr-ch/introsection.vov).

Cigarette. Bien que fumer soit interdit dans les espaces publics et les transports en commun, les Vietnamiens fument partout, sauf dans les véhicules climatisés où cela n'est pas socialement admis.

Poids et mesures. Le Vietnam utilise le système métrique, hormis pour les métaux et les pierres précieuses, pour lesquels il recourt au système chinois.

Ambassade de Thaïlande (carte p. 66 ; ☎04-3823 5092-4 ; thaihan1@fpt.vn ; www.thaiembassy.org ; 63-65 P Hoang Dieu, Hoan Kiem, Hanoi)

Consulat de Thaïlande (carte p. 334 ; ☎08-3932 7637-8 ; www.thaiembassy.org/hochiminh ; 77 Đ Tran Quoc Thao, District 3, HCMV)

À l'étranger

Ambassade du Vietnam en France (☎ standard 01 44 14 64 00, service visa touristique 01 44 14 64 13 ; consulaire_vietnam@yahoo.fr ; http://ambassade-vietnam.com ; 61 rue de Miromesnil 75008 Paris)

Ambassade du Vietnam en Belgique (☎0-2 379 2737 ; vnemb.brussels@skynet.be ; www.vietnamembassy.be/fr ; boulevard Général-Jacques 1, 1050 Bruxelles)

Ambassade du Vietnam en Suisse (☎0041-31 388 78 78/74 ; vietsuisse@bluewin.ch ; www.vietnam-embassy.ch ; Schlösslistrasse 26, CH-3008 Berne)

Ambassade du Vietnam au Canada (☎613-236 0772 ; vietnamembassyincanada@gmail.com ; http://vietem-ca.com ; 55 MacKay Street, Ottawa, K1M 2B2)

Argent

La monnaie nationale est le dong (d). À l'exception des zones rurales où il est moins répandu, le dollar US a aussi largement cours.

Ces dernières années, le dong est resté stable : 1 $US s'échange autour de 22 000 d, 1 € environ 25 000 d. Dans ce guide, nous indiquons les prix en dongs quand ils sont affichés en dongs, et en dollars s'ils sont exprimés en dollars.

Il n'existe pas de véritable marché noir au Vietnam.

DAB

Presque toutes les villes du pays disposent de distributeurs automatiques de billets et vous pourrez retirer de l'argent avec une carte Maestro/Cirrus, Visa ou MasterCard. Attention toutefois à la commission élevée (25 000-50 000 d) et au plafond journalier, le plus souvent autour de 2 000 000 d (6 000 000 d à l'Agribank et 10,000,000 d à la Commonwealth Bank).

Marchandage

Il est de mise dans presque toutes les transactions avec les touristes. N'oubliez toutefois pas qu'en Asie, l'important est de ne pas perdre la face : négociez donc dans la bonne humeur, avec le sourire, sans jamais crier. Vous obtiendrez tantôt jusqu'à 50% de remise, tantôt à peine 10%. Une fois l'argent accepté, l'affaire est conclue.

Espèces

Le dollar s'échange et s'utilise quasiment partout. Les autres devises majeures peuvent être changées dans les principales banques, dont la Vietcombank et HSBC.

Assurez-vous que vos gros billets en dollars ne soient pas abîmés ou défraîchis : on vous les refusera partout dans le pays.

Au départ du Vietnam, il est interdit de sortir des dongs, mais il est possible d'en convertir une quantité raisonnable en dollars.

La plupart des postes-frontières possèdent une sorte de bureau de change officiel, offrant les meilleurs taux dans ces coins reculés.

Cartes bancaires

Les cartes Visa et MasterCard sont acceptées dans les grandes villes et les centres touristiques. Inutile toutefois d'espérer vous en servir dans un petit hôtel ou une échoppe de nouilles. Une commission d'environ 3% s'applique parfois.

Dans la plupart des villes, la Vietcombank délivre des avances en espèces, avec souvent une commission d'au moins 3%.

Avant le départ, mieux vaut faire savoir à votre banque que vous vous rendez à l'étranger afin d'éviter que votre carte soit éventuellement bloquée pour cause de lieu de paiement inhabituel – cette formalité peut en général être effectuée en ligne ou par téléphone.

Pourboire

Les Vietnamiens ne s'attendent pas à un pourboire, mais ils seront heureux d'en recevoir un. Pour qui gagne 150 $US par mois, un pourboire de 1 $US représente une somme. Les hôtels de luxe et certains restaurants ont tendance à facturer un service de 5%, même s'il est probable que seule une infime proportion reviendra aux employés.

Si vous avez loué les services d'un guide ou d'un chauffeur, prévoyez un pourboire. Les voyageurs en excursion à bord d'un minibus se cotisent en général pour réunir une somme d'argent à répartir entre le guide et le chauffeur.

Il est de coutume de laisser une obole lors de la visite d'une pagode (environ 2 $US), surtout si le bonze vous a servi de guide. Vous trouverez un tronc prévu à cet effet.

Chèques de voyage

Peu de banques changent les chèques de voyage et la procédure prend du temps. Essayez les agences d'Asia Commercial Bank (ACB) ou les bureaux de **Sinh Tourist** (☎08-3838 9597 ; www.thesinhtourist.com).

Assurance

S'assurer est fortement recommandé pour un voyage au Vietnam, car le coût des soins médicaux est prohibitif. Veillez à posséder une assurance qui vous couvre en cas de vol, de perte et de problèmes de santé.

Certains assureurs excluent spécifiquement les activités dites à risque, tels la moto, la plongée et le trekking. Vérifiez que vous avez droit à une évacuation d'urgence en cas de problème grave.

Si vous conduisez un véhicule, il vous faudra une assurance vietnamienne (p. 534).

Bénévolat

Les occasions de faire du bénévolat ne sont pas aussi nombreuses qu'on pourrait le croire. Le marché local du développement, très lucratif, a en effet attiré de nombreux professionnels.

Pour tout renseignement, adressez-vous au centre d'information sur les ONG, le **NGO Resource Centre** (carte p. 70 ; ☎04-3832 8570 ; www.ngocentre.org.vn ; Room 201, Building E3, 6 Dang Van Ngu, Trung Tu Diplomatic Compound, Dong Da, Hanoi), qui possède des dossiers complets sur les ONG présentes au Vietnam. Les **Nations unies** (www.unv.org) organisent aussi leurs propres programmes de volontariat.

Consultez le site de **Service Civil International** (www.sciint.org) pour connaître les possibilités dans le pays, notamment avec **Friendship Village** (www.vietnamfriendship.org), fondé par des vétérans vietnamiens et américains pour venir en aide aux victimes de l'agent orange. Le Center for Sustainable Development Studies (http://csds.vn) aborde des questions de développement durable à travers des échanges internationaux et des projets éducatifs informels.

PLANÈTE PIRATE

Au cours de votre voyage, vous tomberez sur nombre d'exemplaires du guide *Vietnam* de Lonely Planet à prix cassé. Ce sont des copies pirates éditées à peu de frais sur des photocopieuses locales, de qualité très variable.

En France, quelques organismes offrent des opportunités de travail bénévole sur des projets de développement ou d'environnement, comme le **Comité de coordination pour le service volontaire international** (CCVIS ; http://ccivs.org), la **Délégation catholique pour la coopération** (DCC ; http://ladcc.org) et le réseau **France Volontaires** (www.france-volontaires.org).

Parmi les organisations internationales proposant des emplois bénévoles au Vietnam, citons **Voluntary Service Overseas** (VSO ; www.vso.org.uk), au Royaume-Uni, **Australian Volunteers International** (AVI ; www.australianvolunteers.com) et **Volunteer Service Abroad** (VSA ; www.vsa.org.nz), en Nouvelle-Zélande.

Voici également des associations œuvrant principalement au Vietnam :

KOTO (www.koto.com.au) aide les enfants des rues à travailler dans ses restaurants de Hanoi et de HCMV ; un engagement minimal de trois mois est requis.

Les enfants du dragon (http://lesenfantsdudragon.com). Association soutenant financièrement et matériellement des projets humanitaires en faveur des enfants et des plus pauvres au Vietnam.

Enfants du Mékong (www.enfantsdumekong.com). Éduque, forme et accompagne les enfants et les jeunes d'extrême pauvreté via le parrainage et les actions in situ où sont envoyés les volontaires "Bambou".

Cartes et plans

L'atlas routier *Tap Ban Do Giao Thong Duong Bo Viet Nam* est le meilleur du marché, mais les routes les plus récentes n'y figurent pas. Les librairies, dont Fahasa, (boutiques à HCMV, Danang, et Hanoi) le vendent au prix de 220 000 d.

Les noms de rues précédés des termes Pho, Đuong et Đai Lo (avenue ou boulevard) sont respectivement abrégés en P, Đ et ĐL dans les adresses et les cartes.

La *Xin Chao Map of Hanoi* se révèle aussi riche en conseils et recommandations. La deuxième édition a paru en juillet 2015. Elle est disponible sur le site www.nancychandler.net.

Douane

Après votre arrivée en avion au Vietnam, la procédure habituelle ne vous prendra que quelques minutes. Si vous entrez par voie terrestre, comptez un peu plus longtemps, notamment aux postes-frontières reculés. Franchises douanières :

- 400 cigarettes
- 1,5 l d'alcool
- Les très grosses sommes en devises étrangères (5 000 $US ou plus) doivent être déclarées.

Électricité

Le courant est en général de 220 V, 50 Hz, mais vous trouverez du 110 V (très rarement), également en 50 Hz. Les prises comportent d'ordinaire deux fiches rondes.

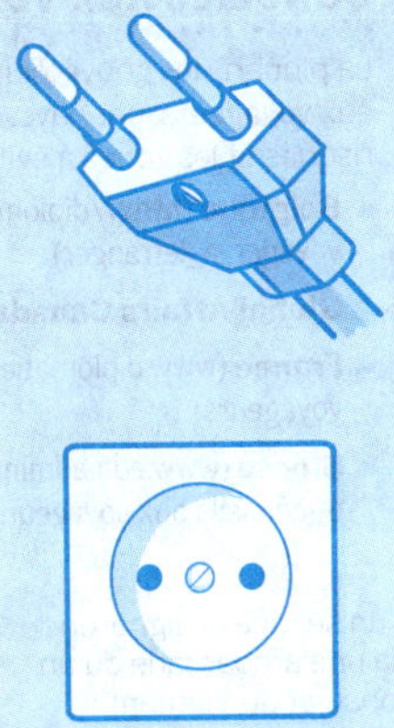

Enfants

Les enfants apprécient le Vietnam, surtout à cause de toute l'attention qu'ils suscitent et parce que tout le monde veut jouer avec eux ! Cependant, cette attention peut parfois paraître envahissante, notamment pour les petits blondinets aux yeux bleus. Il n'est pas impossible qu'ils se fassent pincer la joue, ou, pire (même si c'est rare), toucher au niveau de l'aine, pour les garçons (pour vérifier que c'en est !).

Dans les grandes villes, les distractions ne manquent pas ; en revanche, dans la plupart des agglomérations moins importantes, vos enfants risquent de s'ennuyer un peu. Ils apprécieront sans aucun doute les superbes plages, mais sachez que la baignade peut se révéler dangereuse en raison des forts courants de retour. S'il y a des drapeaux de baignade et des sauveteurs sur certaines plages populaires, il est recommandé aux parents de tester le courant et d'ouvrir l'œil sur les plages moins fréquentées. Les eaux de l'île de Phu Quoc sont plus abritées.

Les enfants apprécient généralement la cuisine locale, le plus souvent peu épicée : le choix de fruits exotiques se révèle étonnant, les pâtés impériaux passent très bien et un bol de riz sera toujours disponible pour les palais difficiles. Par ailleurs, on trouve presque partout de la nourriture internationale de type pizzas, pâtes, hamburgers et glaces.

Prévoyez une bonne provision de crème solaire haute protection, car ce produit n'est pas disponible partout et coûte plus cher que dans nombre de pays occidentaux.

Enfants en bas âge

Dans les grandes villes, petits pots, couches et vêtements pour enfants se trouvent facilement, ce qui n'est pas le cas dans les campagnes. Les hôtels internationaux de catégories moyenne et supérieure mettront à votre disposition des lits pour enfant. Les voitures de location et les taxis ne sont pas équipés de siège enfant.

Allaiter en public est courant au Vietnam, vous ne choquerez donc personne en le faisant. En revanche, il existe peu d'aménagements spéciaux pour changer les bébés.

Au Vietnam, il est particulièrement important de faire attention à ce que votre enfant met à la bouche. Sa curiosité naturelle peut devenir dangereuse dans un pays où dysenterie, typhoïde et hépatites sont courantes. Pensez à apporter un gel antibactérien pour lui désinfecter les mains. N'oubliez pas non plus de bien les hydrater et de leur mettre de la crème solaire.

Pour des informations d'ordre général, consultez le guide *Voyager avec ses enfants* publié par Lonely Planet.

Formalités et visas

La (très complexe) régulation vietnamienne en matière de visas a évolué récemment pour nombre de visiteurs étrangers et reste changeante – vérifiez systématiquement les dernières évolutions. Les dispenses de visas ont été assouplies afin d'inclure davantage de nationalités, tandis que les frais étaient réduits pour stimuler le tourisme.

En premier lieu, les Occidentaux séjournant plus de 15 jours au Vietnam devront présenter un visa (ou une lettre d'approbation du service des visas). Dans les cas de séjours inférieurs à 15 jours, certaines nationalités, dont les Français, sont exemptées de visa. Cette dispense est en vigueur jusqu'au 30 juin 2017, et pourrait être prorogée.

Sachez que les voyageurs bénéficiant d'une dispense de visa ne peuvent prolonger leur séjour après la fin de la période d'exemption et doivent alors quitter le pays ; ils ne peuvent pas non plus revenir au Vietnam dans les 30 jours suivants au moyen d'une dispense. Les ressortissants de pays non concernés par ces exemptions (comme la Belgique, le Canada ou la Suisse), ainsi que les personnes souhaitant séjourner au-delà de la période prévue par la dispense, et les voyageurs désirant entrer au Vietnam puis en ressortir à plusieurs reprises, devront donc faire une demande préalable de visa.

Les visas touristiques sont valables pour une période de 30 ou de 90 jours. Comptez 20 $US pour un séjour d'un mois à entrée simple, et 70 $US pour un séjour de trois mois à entrées multiples.

Il existe deux façons d'obtenir un visa : à l'aide d'un service en ligne, ou via une ambassade ou un consulat du Vietnam.

CONSEILS AUX VOYAGEURS

La plupart des gouvernements présentent des conseils aux voyageurs, par pays, répertoriant les éventuels risques et les zones à éviter :

- **Belgique** (http://diplomatie.belgium.be/fr/Services/voyager_a_letranger)
- **Global Affairs Canada** (www.dfait-maeci.gc.ca)
- **France** (www.diplomatie.gouv.fr/fr/conseils-aux-voyageurs)
- **Suisse** (www.eda.admin.ch/eda/fr/dfae/representations-et-conseils-aux-voyageurs.html)

Agences de visas en ligne

Cette méthode est désormais privilégiée par la plupart des voyageurs arrivant par les airs. Elle est en effet plus économique et rapide, tout en dispensant le visiteur d'expédier son passeport par la poste à une ambassade. Ce service ne peut être utilisé que si vous atterrissez dans l'un des cinq aéroports internationaux du Vietnam – pas si vous entrez au Vietnam par la route. La procédure est simple : remplissez une demande en ligne et réglez les frais d'agence (environ 20 $US). Vous recevrez ensuite une lettre d'approbation de visa à l'arrivée signée par un représentant des services d'immigration vietnamiens, à imprimer et présenter à l'arrivée (après quoi vous réglerez les frais de visa). Il existe de nombreuses agences de ce type, mais nous vous conseillons de vous en tenir aux prestataires établis.

En France, vous pouvez contacter **Cap Vietnam** (www.cap-vietnam.com ; ☎01 45 88 56 70 ; VN_arrivee@action-visas.com ; 10-12 rue du Moulin-des-Prés, 75013 Paris ; ⏰9h30-12h et 13h30-18h30 lun-ven, 9h30-13h sam), précieux intermédiaire en la matière, ou vous rendre directement sur le site d'**Action-Visas** (www.action-visas.com), où vous pouvez déposer une demande de visa en ligne (ou l'envoyer par correspondance).

Vietnam Visa Center (www.vietnamvisacenter.org) et **Vietnam Visa Choice** (www.vietnamvisachoice.com) sont des intermédiaires également fiables.

Visas obtenus via une ambassade ou un consulat

Il est également possible d'obtenir son visa auprès d'une ambassade ou d'un consulat du Vietnam à l'étranger. Toutefois, les frais sont généralement plus élevés qu'avec une agence en ligne et la procédure (selon le pays) peut s'avérer lente. En Asie (au Cambodge notamment), les visas pour le Vietnam sont habituellement délivrés en deux-trois jours ouverts ; en Europe et en Amérique du Nord, il faut compter environ une semaine.

Visa à entrées multiples

Il est possible d'entrer au Laos ou au Cambodge depuis le Vietnam, puis d'y retourner sans avoir à présenter un nouveau visa. Il faut pour cela demander un visa à entrées multiples (*nhiêu lân*) *avant* de quitter le Vietnam. Si vous en êtes dépourvu, il vous

NATIONALITÉS DISPENSÉES DE VISA

Les ressortissants des pays cités ci-après (voyageant par les airs ou par la route) n'ont pas besoin d'effectuer une demande de visa. Avant de partir, vérifiez les obligations en matière de visa car les régles évoluent régulièrement.

PAYS	NOMBRE DE JOURS
Birmanie, Brunei	14
Allemagne, Bélarus, Corée du Sud, Danemark, Espagne, Finlande, France, Italie, Japon, Norvège, Russie, Royaume-Uni, Suède	15
Philippines	21
Cambodge, Indonésie, Laos, Malaisie, Singapour, Thaïlande	30

faudra repasser par toute la paperasserie des visas vietnamiens.

Le plus simple est d'en faire la demande avant votre départ, auprès de l'ambassade vietnamienne. Vous pourrez aussi obtenir un visa à entrées multiples à Hanoi ou à HCMV, mais vous devrez sans doute demander à une agence de visas ou de voyages d'accomplir les formalités à votre place. Le service revient autour de 50 $US et la procédure prend jusqu'à 7 jours.

Prorogation de visa

Les extensions de visas ne coûtent officiellement que 10 $US, mais elles nécessitent de passer par une agence. La procédure prend jusqu'à 7 jours, et vous ne pouvez demander qu'une seule prorogation de 30 ou 90 jours selon le type de visa.

En théorie, on peut faire proroger son visa dans toutes les capitales de province. En pratique, c'est plus facile à HCMV, Hanoi, Danang et Hué. Si vous effectuez cette formalité ailleurs que dans votre ville d'arrivée au Vietnam, vous devez débourser quelque 30 $US.

Attention à bien choisir son agence. Des lecteurs nous ont signalé le cas d'agences pouvant disparaître du jour au lendemain avec votre passeport.

Handicap

Le Vietnam n'est pas une destination facile pour les voyageurs handicapés, bien que de nombreux Vietnamiens le soient eux-mêmes, à la suite de blessures de guerre. La circulation effrénée et les trottoirs encombrés de motos en stationnement et d'étals de rue ne facilitent pas les choses.

Toutefois, en planifiant bien votre voyage, vous pouvez parfaitement envisager de partir au Vietnam. Adressez-vous à une agence de voyages fiable pour tout organiser et n'hésitez pas à vérifier vous-même les réservations prises.

Certains hôtels économiques et nombre d'établissements de catégories moyenne ou supérieure disposent d'un ascenseur. Notez que les fauteuils roulants de plus de 60 cm de large passent parfois difficilement par les portes des salles de bains.

Les trains ne sont pas vraiment équipés pour les voyageurs à mobilité réduite, qui peuvent toutefois emprunter les bus "open tour". En louant une voiture avec chauffeur, tout ou presque devient alors possible. Il vous faudra parfois monter un escalier ou à bord d'un bateau, mais sachez que les Vietnamiens seront toujours prêts à vous aider.

Traverser les rues au trafic anarchique de villes comme Hanoi et HCMV constituant déjà une épreuve périlleuse pour les voyants, les voyageurs aveugles doivent impérativement être accompagnés.

Pour préparer votre voyage, le blog de l'association **Handi Voyages** (☎03 86 57 25 41 ; www.handi-voyages.org) fourmille d'informations : mise en relation entre voyageurs handicapés pour partager les expériences, aide à l'organisation de voyages, recrutements de volontaires accompagnateurs, etc. L'**APF** (Association des paralysés de France ; ☎01 40 78 69 00 ; www.apf.asso.fr ; 17 bd Auguste-Blanqui, 75013 Paris) peut également vous fournir des informations utiles sur les voyages accessibles.

Certaines agences de voyages proposent des circuits au Vietnam adaptés aux personnes présentant un handicap. C'est le cas en France de **Nature Vietnam** (www.nature-vietnam.com) et d'**Actis Voyages** (www.actis-voyages.com), spécialiste des voyages adaptés pour les sourds et malentendants.

Hébergement

L'hébergement se distingue d'ordinaire par son bon rapport qualité/prix et ses équipements de qualité. Dans les grandes villes et les principaux centres touristiques, l'offre couvre toute la gamme, des dortoirs d'auberge de jeunesse aux hôtels de luxe. À la campagne et dans les bourgades de province, le choix se résume le plus souvent à des pensions et des hôtels simples mais corrects.

La propreté est en général satisfaisante et l'on trouve peu de vrais taudis – même les zones rurales reculées abritent d'excellentes

GAMMES DE PRIX

Les tarifs indiqués s'entendent pour une chambre double avec salle de bains en haute saison. Sauf mention contraire, les taxes sont incluses mais pas le petit-déjeuner.

$ moins de 25 $US (560 000 d) la nuit

$$ 25-75 $US (560 000-1 680 000 d)

$$$ plus de 75 $US (1 680 000 d)

adresses économiques. La communication peut parfois poser problème (surtout hors des sentiers battus où le personnel parle rarement anglais), mais on parvient généralement à se faire comprendre. C'est peut-être en partie pour cette raison que la qualité du service se révèle parfois aléatoire.

Les tarifs figurent en dongs ou en dollars US selon la monnaie privilégiée par l'établissement. La plupart des chambres se classent dans la gamme petits budgets et le prix de la nuit en dortoir est indiqué par lit. Des réductions sont souvent proposées durant les périodes creuses de l'année. Certains hôtels (surtout sur la côte) majorent leurs tarifs pendant la principale saison touristique (juillet-août) et les jours fériés.

À votre arrivée à l'hôtel, on vous demandera presque systématiquement sinon votre passeport, du moins sa photocopie, y compris la page avec le visa.

Hôtels et pensions

En vietnamien, hôtel se dit *khach san* et pension *nha khach* ou *nha nghi*. Nombre d'hôtels déclinent un large choix de chambres, souvent de 15 à 60 $US. Les moins chères se trouvent généralement en haut de plusieurs volées de marches ou n'ont pas de fenêtre.

➡ **Petits budgets** Les pensions, familiales pour la plupart, varient énormément en fonction du propriétaire. Les chambres sont habituellement très bien équipées, avec clim., eau chaude, Wi-Fi et TV moyennant 12 à 16 $US. Certaines adresses servent même gracieusement le petit-déjeuner. Vers le haut de la catégorie, les mini-hôtels (petits hôtels privés élégants) affichent un rapport qualité/prix très avantageux. En revanche, ne comptez guère sur la présence d'un ascenseur.

➡ **Catégorie moyenne** Vers le bas de la gamme, les chambres s'apparentent à celles des hôtels petits budgets, bien qu'elles soient plus spacieuses ou dotées d'un balcon. En dépensant davantage, vous aurez droit, selon le standing, à un cadre plus moderne, une piscine, un spa ou/et un service de massages.

➡ **Catégorie supérieure** Il y en a pour tous les goûts, de l'hôtel d'affaires sans caractère à la demeure coloniale chargée d'histoire. Sans oublier les complexes hôteliers de la côte, notamment à Nha Trang et Mui Ne. Les villas-hôtels avec piscine privative deviennent de plus en plus prisées, tandis que d'autres hébergements incluent un accès gratuit au spa. Vous trouverez des lodges écologiques dans les montagnes du Nord et en bordure des parcs nationaux.

Chez l'habitant

Le logement chez l'habitant est une formule répandue dans certaines régions du Vietnam. Les autorités imposent des règles strictes concernant l'enregistrement des étrangers et les lieux d'hébergement doivent être agréés.

Parmi les régions pionnières en la matière, citons le delta du Mékong, les villages thaï blanc de Mai Chau, Ba Be et Moc Chau, certains coins des hauts plateaux du Centre, les îles Cham et le village de Bho Hoong près de Hoi An.

Des tour-opérateurs spécialisés et des compagnies proposant des excursions à moto ont développé de bonnes relations avec des villages reculés et intègrent des séjours chez l'habitant dans leurs circuits.

Taxes

Sachez que la plupart des établissements de catégorie supérieure imposent une

UN HÔTEL PEUT EN CACHER UN AUTRE

Si les anecdotes rapportant des escroqueries hôtelières sont moins nombreuses que par le passé, elles n'ont pas totalement disparu. Hanoi fait partie des villes où il faut se méfier. Lorsqu'un établissement jouit d'une bonne réputation et figure dans un guide, une enseigne du même nom ne tarde pas à ouvrir dans la même rue. Des chauffeurs de taxi de mèche avec l'usurpateur se chargent d'y cornaquer les voyageurs sans méfiance. Dans le doute, jetez un œil à la chambre avant de vous décider. Certains hôtels de la capitale insistent aussi lourdement pour vous vendre des excursions. Cependant, la plupart des professionnels du secteur sont des gens honnêtes et corrects.

taxe de 10% et un service de 5%, signalés par un ++ ("plus plus") sur la note. Certains hôtels de catégorie moyenne, voire petits budgets, tentent aussi d'appliquer une taxe de 10%, mais acceptent souvent d'y renoncer.

Heure locale

Le Vietnam, comme la Thaïlande, est en avance de 7 heures sur l'heure du méridien de Greenwich (temps universel). Sa proximité de l'équateur ne rend pas nécessaire un horaire d'été, et l'heure ne varie pas. Par rapport à la France, le décalage est de + 6 heures en hiver et de + 5 heures en été.

Heures d'ouverture

Pour les Vietnamiens, très matinaux, traîner au lit signifie être malade. La pause-déjeuner est sacrée et le pays semble s'arrêter entre 12h et 13h30, voire de 11h30 à 14h pour les administrations. Nombre de ces dernières restent ouvertes le samedi jusqu'à 12h et ne ferment que le dimanche. Nous ne mentionnons les horaires que lorsqu'ils diffèrent des normes suivantes :

Banques 8h-15h lun-ven, 8h-11h30 sam

Bureaux et musées 7h/8h-17h/18h. Les musées ferment d'ordinaire le lundi.

Restaurants 11h30-21h

Magasins 8h-18h

Temples et pagodes 5h-21h

Homosexualité

En général, les voyageurs LGBT ne rencontrent pas trop de désagréments au Vietnam. Aucune loi n'interdit les relations avec une personne du même sexe, ni ne traite du harcèlement individuel. Les défilés de la VietPride (www.vietpride.com) ont lieu à Hanoi et à HCMV depuis 2012. Dans la capitale, la manifestation se déroule désormais sur plusieurs jours à la fin juillet/début août, avec des projections de films, des conférences, des soirées ou encore un rassemblement de motards.

Ces dernières années, notons que deux films vietnamiens salués par la critique ont mis en scène des personnages gay (p. 493).

En janvier 2015, une loi sur le mariage et la famille a autorisé officiellement le mariage homosexuel (même si son statut juridique n'est pas encore reconnu). Ce vote a été salué comme une avancée par les militants de la cause gay. Le Vietnam affiche désormais une politique plus progressiste en la matière que nombre de ses voisins asiatiques.

Même si Hanoi et Hô Chi Minh-Ville comptent une communauté gay, les établissements fréquentés par celle-ci restent fort discrets. Une stigmatisation persistante oblige la plupart des homosexuels vietnamiens à dissimuler à leurs proches leur véritable orientation.

Cela dit, les voyageurs gays ne rencontrent habituellement aucun problème. Deux personnes du même sexe peuvent tout à fait partager une chambre sans éveiller la suspicion, mais, comme pour les couples hétérosexuels, les démonstrations d'affection en public sont à proscrire.

Dernier point notable, l'ambassadeur des États-Unis au Vietnam, Ted Osius, est ouvertement gay et a débarqué avec mari et enfant après sa nomination en décembre 2014.

Utopia (www.utopia-asia.com) fournit des informations et des adresses aux voyageurs homosexuels. L'application de rencontres gay Grindr a beaucoup de succès au Vietnam.

Informations touristiques

Attention, les offices du tourisme locaux sont des organismes d'État à but totalement lucratif, dont le premier souci est de vendre des excursions. Cartes et brochures ne sont donc pas gratuites. Vietnam Tourism (www.vietnamtourism.com), la principale organisation d'État et Saigon Tourist (www.saigon-tourist.com) sont les plus anciennement établis, mais la plupart des provinces possède aujourd'hui au moins un organisme de ce type.

Les cafés de voyageurs et les agences locales, sans oublier les autres voyageurs, constituent de bien meilleures sources d'information. Et il y a désormais des offices du tourisme, très pratiques, à Hanoi et à HCMV.

En France, **Cap Vietnam** (p. 516) est un bureau d'information privé sur le Vietnam, doublé d'une librairie. Il est couplé avec l'organisme Action-Visas.

Internet (accès)

L'Internet et le Wi-Fi sont largement répandus au Vietnam. La plupart des hôtels et des pensions ont le Wi-Fi. Seuls les endroits très reculés, comme les parcs nationaux, font parfois exception. La gratuité est presque toujours la règle, sauf dans certains établissements cinq étoiles. Nombre de cafés et de restaurants sont également équipés du Wi-Fi.

Bien qu'assez rapide en ville, la vitesse de connexion ne permet généralement pas les jeux vidéo ni le streaming.

On trouve en outre quantité de cybercafés, dont le tarif horaire oscille généralement entre 3 000 et 8 000 d.

Jours fériés

Quand un jour férié tombe le week-end, le lundi qui suit est chômé.

- **Nouvel An** (Tet Duong Lich) 1er janvier
- **Nouvel An vietnamien** (Têt) Trois jours en janvier ou février
- **Anniversaire de la fondation du Parti communiste vietnamien** (Thanh Lap Dang CSVN) 3 février – il fut fondé le 3 février 1930
- **Commémoration des rois Hung Vuong** Le 10e jour du 3e mois lunaire (mars ou avril)
- **Anniversaire de la Libération** (Saigon Giai Phong) 30 avril – la reddition de Saigon est célébrée dans tout le pays
- **Fête du Travail** (Quoc Te Lao Dong) 1er mai
- **Anniversaire de Hô Chi Minh** (Sinh Nhat Bac Ho) 19 mai
- **Anniversaire du Bouddha** (Phat Dan) 8e jour de la 4e lune (en général en juin)
- **Fête nationale** (Quoc Khanh) 2 septembre – cette fête commémore la proclamation par Hô Chi Minh de l'indépendance de la République démocratique du Vietnam, en 1945.

Photographie

Les cartes mémoire sont assez peu onéreuses au Vietnam. Les diapositives couleur et noir & blanc sont en vente à Hanoi et à HCMV. Les appareils photo ne sont pas trop chers et les autres fournitures sont aisément disponibles dans les grandes villes

Sujets sensibles

Comme partout, ne photographiez pas de sites sensibles, comme les aéroports, les bases militaires et les postes-frontières ; quant à Hô Chi Minh dans son sarcophage de verre, n'y pensez même pas !

Faites preuve de politesse et de discrétion et demandez toujours la permission avant de prendre une photo, en particulier s'il s'agit d'un membre d'une ethnie montagnarde. Si la personne refuse, n'insistez pas. Et dans le cas où vous vous seriez engagé à lui envoyer un tirage de la photo, veillez à tenir votre promesse.

Poste

Chaque ville, bourgade ou village possède une poste (*buu dien*).

Le Vietnam dispose de services postaux assez fiables. L'EMS (service postal express international), accessible dans les grandes villes, peut se révéler deux fois plus rapide que le courrier aérien normal, son autre grand avantage étant que l'envoi est enregistré.

Les transporteurs privés comme FedEx, DHL et UPS expédient des documents ou de petits paquets, dans le pays ou à l'étranger.

Problèmes juridiques

Droit civil

Sur le papier, tout paraît simple. Dans la pratique, les lois ne font jamais autorité. Les dignitaires locaux les interprètent à leur goût, souvent contre les désirs de Hanoi. L'indépendance judiciaire n'existe pas. Il n'est donc pas surprenant que la plupart des litiges se règlent en dehors des tribunaux.

Drogue

Le problème de l'héroïne et de la méthamphétamine, actuellement très inquiétant, pousse les autorités à prendre des mesures radicales.

La marijuana et, dans le Nord-Ouest, l'opium sont répandus. Quantité de policiers en civil patrouillent dans les rues. En cas d'arrestation, vous risquez une longue peine de prison et/ou une amende importante.

Police

Peu d'étrangers ont à subir les tracasseries de la police et les demandes de bakchich sont extrêmement rares. Cela dit, la police est corrompue. En cas de problème ou de vol, la police ne fera souvent rien d'autre que d'établir un rapport (contre rétribution variable) pour votre compagnie d'assurance. Faites-vous au besoin accompagner par un Vietnamien parlant français ou anglais.

Sécurité

Le Vietnam est un pays des plus sûrs pour les voyageurs. La police veillant fermement au maintien de l'ordre public, très peu de cas d'attaques, de vols ou d'agressions sexuelles nous ont été rapportés. En revanche, les escroqueries et le harcèlement à l'égard des touristes sévissent dans certaines villes, en particulier à Hanoi, HCMV et à Nha Trang (et dans une moindre mesure à Hoi An). C'est en circulant en deux-roues au milieu de l'anarchie générale que les voyageurs courent en réalité le plus grand danger. Beaucoup de Vietnamiens conduisent en effet n'importe comment, d'où un taux d'accidents de la route effrayant.

Animaux marins

Des créatures plus ou moins dangereuses peuplent les fonds marins. Sur la liste figurent notamment les méduses, les poissons-pierres, les poissons-scorpions, les serpents de mer et les raies pastenagues. Ne vous privez pas de baignade pour autant : la plupart de ces animaux évitent les humains et le nombre d'accidents reste faible.

Les méduses se déplaçant en groupe, il est assez facile de les éviter avant de plonger. Les poissons-pierres, poissons-scorpions et pastenagues séjournent plutôt en eaux peu profondes. Ils sont difficiles à voir, et le meilleur moyen de vous protéger est de porter des chaussures spéciales.

Munitions non explosées

Quatre armées différentes se sont employées, durant trois décennies, à mitrailler, pilonner, miner, piéger et bombarder le territoire vietnamien. À la fin des combats, presque tout ce matériel mortifère est resté exactement là où on l'avait déposé. Les Américains estiment qu'au moins 150 000 tonnes de mines et de bombes non explosées (*UXO, Unexploded Ordnance*) jonchent le sol du pays.

Depuis 1975, plus de 40 000 Vietnamiens ont été tués ou mutilés en défrichant leurs champs, où ces bombes avaient été "oubliées". Les provinces du centre sont particulièrement touchées, avec plus de 8 000 accidents pour la seule ville de Quang Tri.

Vous ne risquez rien dans les villes, les régions cultivées, les petites routes et les chemins fréquentés. Toutefois, ne sortez pas des sentiers battus, au sens strict du terme. Les champs de mines sont connus des gens de la région, mais non signalés.

Ne touchez *jamais* ces "reliques" de guerre. Certaines demeurent actives pendant des années. Ne marchez pas dans les cratères de bombes : on ne sait jamais ce qui peut rester au fond. Vous en saurez plus sur le problème des mines en contactant **International Campaign to Ban Landmines** (www.icbl.org), lauréat du prix Nobel de la paix. Vous pouvez également visiter le site Internet (en anglais) du **Mines Advisory Group** (www.maginternational.org) et Clear Path International (www.cpi.org), organismes spécialisés dans l'élimination de mines et de bombes non explosées.

Téléphone

Un téléphone mobile muni d'une carte SIM locale et un compte Skype/Viber ou équivalent permettent de passer des communications internationales à moindres frais.

Appels internationaux

Il est en général plus avantageux d'appeler l'étranger avec un portable plutôt qu'avec une ligne fixe ; comptez à partir de 0,15 $US la minute.

Autrement, vous pouvez téléphoner depuis n'importe quel appareil au prix forfaitaire de 0,60 $US la minute en composant le 171 ou 178, suivi de l'indicatif national et du numéro du correspondant. De nombreux hôtels petits budgets proposent ce service d'appel par Internet.

Enfin, beaucoup d'hôtels mettent à disposition de leurs clients un ordinateur équipé de Skype et d'une webcam.

Appels locaux

À Hanoi, à HCMV et à Haiphong, les numéros de téléphone comportent 8 chiffres. Ailleurs, ils n'en ont que 7. Chaque province possède son indicatif régional. Depuis le 5 octobre 2009, il faut ajouter le 3 devant le numéro existant pour assurer le bon fonctionnement des appels téléphoniques, ce qui a été pris en compte dans ce guide.

Vous pouvez téléphoner de la plupart des hôtels et des restaurants – et souvent gratuitement (faites-vous préciser au préalable le coût éventuel de l'appel). Les appels intérieurs longue distance sont aussi facturés à des prix raisonnables.

Téléphones portables

Le Vietnam dispose d'un excellent réseau cellulaire. Il utilise le réseau GSM 900/1800, compatible avec la plupart des pays d'Asie et d'Europe, mais pas avec le GSM 1900 d'Amérique du Nord. Les forfaits appels et données sont extrêmement bon marché selon les standards internationaux.

➡ Si vous séjournez quelque temps au Vietnam, cela peut valoir le coup d'acheter une carte SIM, avec un numéro local permettant d'envoyer des SMS partout dans le monde moyennant 500 à 2 500 d par message et de téléphoner dans la plupart des pays moyennant 3 000 à 6 000 d la minute. Pour un forfait 3G, comptez au moins 50 000 d pour 1GB. Pour ne pas avoir à utiliser votre beau téléphone perfectionné, vous pouvez vous procurer un appareil bon marché à partir de 300 000 d, avec souvent

MODIFICATION DES INDICATIFS TÉLÉPHONIQUES... REPOUSSÉE

En janvier 2015, le gouvernement a annoncé la modification des indicatifs téléphoniques (pour 59 des 63 provinces vietnamiennes). Toutefois, lors de notre passsage, les indicatifs existants étaient toujours en vigueur...

150 000 d de crédit inclus. Demandez au commerçant ou à un employé de votre hôtel de le paramétrer en français ou en anglais. Trois opérateurs principaux – Viettel, Vinaphone et Mobifone – se disputent le marché vietnamien. Tous disposent de bureaux et de succursales à travers le pays.

➡ Si votre téléphone portable fonctionne au Vietnam, sachez que les communications vous coûteront les yeux de la tête et Internet davantage encore.

Toilettes

Le papier hygiénique est généralement fourni dans les hôtels, mais rarement dans les toilettes des gares routières et ferroviaires et autres établissements publics. Dans les lieux publics, si vous voyez une poubelle à côté de la cuvette, c'est là que doit atterrir votre papier hygiénique, le système d'évacuation n'étant pas prévu pour le papier. En l'absence de poubelle, jetez le papier dans la cuvette et tirez la chasse d'eau. Vous trouverez encore des toilettes à la turque dans certains lieux publics et à la campagne.

Petite astuce : les toilettes publiques étant assez rares, les femmes se sentiront plus à l'aise si elles portent un sarong pour un arrêt en bordure de route. Il faut le plus souvent payer un préposé pour accéder aux toilettes publiques.

Travailler au Vietnam

Il est aussi possible de travailler au noir dans des bars et des restaurants tenus par des Occidentaux. Sinon, les écoles de plongée et les opérateurs de sports d'aventure ont toujours besoin de moniteurs. L'enseignement des langues étrangères fournit toutefois la majorité des emplois.

Trouver un emploi relève en général du bouche-à-oreille. Les petites annonces sont peu nombreuses, mais certaines sont diffusées sur le site de la **Chambre de commerce et d'industrie française au Vietnam** (www.ccifv.org) et sur **Vietnam Works** (www.vietnamworks.com).

Si vous avez entre 18 et 28 ans et êtes ressortissant de l'Espace économique européen, vous pouvez partir en **volontariat international** (www.civiweb.com). Destiné principalement aux étudiants, jeunes diplômés ou chercheurs d'emploi, il s'agit d'un contrat de 6 à 24 mois, en entreprise ou dans l'administration, rémunéré et placé sous la tutelle de l'ambassade de France.

Enseigner

L'anglais demeure de loin la langue la plus demandée par les étudiants vietnamiens, mais certains souhaitent aussi apprendre le chinois ou le français.

Les écoles de langues privées (10-18 $US/h) et les cours particuliers (de 15 $US à 25 $US par heure) constituent la meilleure option. Sachez aussi que vous serez mieux payé à HCMV ou à Hanoi que dans une ville de province.

Les universités d'État recrutent certains enseignants étrangers.

Voyager seule

Le Vietnam ne présente pas de véritable danger pour les femmes occidentales en solo. Pour preuve, elles sont des milliers chaque année à se rendre dans ce pays sans rencontrer de problème particulier et à en revenir enchantées.

Les Vietnamiennes vivent assez librement, travaillent, se mélangent aux hommes et n'adoptent pas une attitude soumise. Toutefois, la plupart des Vietnamiennes s'habillent de façon pudique et ne dévoilent guère leur peau (en partie pour éviter de bronzer). En dehors des plages, les épaules et le haut des bras dénudés attirent immanquablement l'attention.

Transports

DEPUIS/VERS LE VIETNAM

Si la plupart des voyageurs arrivent au Vietnam en avion ou en bus, il existe aussi des liaisons ferroviaires avec la Chine et des bateaux qui naviguent sur le Mékong depuis/vers le Cambodge.

Les formalités dans les aéroports internationaux vietnamiens sont en général moins désagréables qu'aux frontières terrestres. Cela dit, traverser par voie de terre depuis le Cambodge ou la Chine est aujourd'hui relativement simple. Le passage à la frontière laotienne peut être fastidieux.

Entrer au Vietnam

Passeport et formalités

Pour entrer au Vietnam, il faut être en possession d'un passeport valable encore 6 mois après l'arrivée dans le pays. Les ressortissants de nombreuses nationalités doivent obtenir un visa à l'avance. Dans les cas de séjours inférieurs à 15 jours, certaines nationalités, dont les Français, sont exemptées de visa

Voie aérienne

Compagnies aériennes

La compagnie nationale **Vietnam Airlines** (www.vietnamairlines.com.vn) propose des vols vers 17 pays, principalement en Asie de l'Est, mais aussi pour le Royaume-Uni, l'Allemagne, la France et l'Australie. La compagnie possède une flotte moderne d'Airbus et de Boeing et un bon rapport de sécurité.

Aéroports

Le Vietnam est doté de cinq aéroports internationaux. D'autres, dont celui de Hué sont officiellement catégorisés comme "internationaux", mais ne proposent pas de liaisons vers l'étranger.

Aéroport international de Cam Ranh (☎058-398 9913). À 36 km au sud de Nha Trang, il propose des vols à destination de Hong Kong, Chengdu et Séoul.

Aéroport de Danang (carte p. 199 ; ☎0511-383 0339). Vols internationaux vers des aéroports du Laos, notamment Pakse, Savannakhet et Vientiane ; dessert aussi Kuala Lumpur, Siem Reap, Singapour, Tokyo et la Chine, notamment Hong Kong, Guangzhou et Nanning.

Aéroport de Noi Bai (☎04-3827 1513 ; www.hanoiairportonline.com). Dessert la capitale, Hanoi.

VOYAGES ET CHANGEMENTS CLIMATIQUES

Tous les moyens de transport fonctionnant à l'énergie fossile génèrent du CO_2 – la principale cause du changement climatique induit par l'homme. L'industrie du voyage est aujourd'hui dépendante des avions. Si ceux-ci ne consomment pas nécessairement plus de carburant par kilomètre et par personne que la plupart des voitures, ils parcourent en revanche des distances bien plus grandes et relâchent quantité de particules et de gaz à effet de serre dans les couches supérieures de l'atmosphère. De nombreux sites Internet utilisent des "compteurs de carbone" permettant aux voyageurs de compenser le niveau des gaz à effet de serre dont ils sont responsables par une contribution financière à des projets respectueux de l'environnement. Lonely Planet "compense" les émissions de tout son personnel et de ses auteurs.

Aéroport international de Tan Son Nhat (☎08-3848 5383 ; www.tsnairport.hochiminhcity.gov.vn/vn; Tan Binh District). Dessert Ho Chi Minh Ville.

Billets

Depuis l'Europe et l'Amérique du Nord, les vols pour le Vietnam coûtent en général plus cher que pour les autres pays d'Asie du Sud-Est. Une solution consiste à acheter un billet bon marché pour Bangkok, Singapour ou Hongkong, puis à prendre une correspondance.

Il est difficile d'obtenir des réservations pour des vols depuis/vers le Vietnam au moment des vacances locales, notamment aux alentours du Têt, entre fin janvier et mi-février.

DEPUIS LA FRANCE

La durée moyenne d'un vol sans escale entre la France et le Vietnam est d'environ 12 heures à l'aller et 13 heures au retour. Selon les dates, les vols avec escale peuvent revenir moins cher, mais ce n'est pas systématique. Les agences ci-dessous vendent des vols secs et certaines proposent des circuits organisés.

Air France (☎36 54 ; www.airfrance.fr ; 119 av. des Champs-Élysées, 75008 Paris). Air France propose, avec ou sans escale, 6 vols hebdomadaires pour Hanoi et un vol quotidien pour Hô Chi Minh-Ville à partir de 509 €.

Vietnam Airlines (☎01 44 55 39 90 ; www.vietnamairlines.com ; 49-53, av. des Champs-Élysées, 75008 Paris). La compagnie propose un vol quotidien direct de Paris-CDG pour Hanoi et Hô Chi Minh-Ville. Les vols directs A/R débutent aux alentours de 515 €.

Malaysia Airlines, **Qatar Airways**, **Emirates**, **Singapore Airlines**, **Thai Airways International** proposent également des vols, avec escales

Nouvelles Frontières (☎réservation vols secs 0 826 285 385, 0,15 €/min ; www.nouvelles-frontieres.fr)

Voyageurs du Monde (☎Vietnam 01 84 17 19 46 ; www.vdm.com ; 55 rue Sainte-Anne, 75002 Paris). Nombreuses agences en province.

DEPUIS LA BELGIQUE

Il n'y a pas de liaison directe pour le Vietnam depuis la Belgique. De Bruxelles, compter à partir d'environ 600 € pour un aller-retour pour Hanoi.

Airstop (☎070-233 188 ; www.airstop.be). Agences à Anvers, Gand et Louvain.

Connections Bruxelles (☎070 23 33 13 ; www.connections.be) ; Bruxelles (☎02/550 01 30 ; rue du Midi 19-21 , Bruxelles 1000). Nombreuses agences dans le pays.

Éole (☎02-672 35 03 ; www.gigatour.be ; 3 place Keym, 1170 Bruxelles). Membre du réseau Gigatour.

DEPUIS LE CANADA

Les tarifs y sont souvent plus chers que depuis les États-Unis. Un vol A/R pour Hanoi démarre autour de 1 200 $C.

Air Canada (☎1-888 247 2262 ; www.aircanada.ca)

Voyages Campus/ Travelcuts (☎1 800 667 2887 ; www.voyagescampus.com/fr). L'agence de voyages canadienne pour les étudiants a des bureaux partout dans le pays.

DEPUIS LA SUISSE

Un aller-retour Genève-Hanoi se négocie à partir de 650 FS. Il n'y a pas de liaison directe.

Jerrycan (☎+4122/346 92 82 ; www.jerrycan-travel.ch ; rue Sautter 11, 1205 Genève)

STA Travel (www.statravel.ch ; Lausanne☎058-450 48 50 ; 20 bd de Grancy, Lausanne 1006 ; Genève ☎058-450 48 30 ; 3 rue Vigner, 1205 Genève). Nombreuses agences dans le pays.

Voie terrestre

Le Vietnam est frontalier avec le Cambodge, la Chine et le Laos. Les étrangers peuvent désormais emprunter de nombreux postes-frontières avec chacun de ces voisins

Passer la frontière

En général, les étrangers sont autorisés à passer de 7h à 17h, tous les jours.

On trouve aujourd'hui des infrastructures légales pour changer de l'argent du côté vietnamien, qui acceptent les dollars et d'autres monnaies locales (dong vietnamien, renminbi chinois, kip laotien et riel cambodgien). Les taux du marché noir sont à juste titre réputés peu intéressants, voire carrément malhonnêtes.

Au passage des frontières, il arrive que les étrangers aient à régler une "taxe d'immigration", de 1 ou 2 $US.

CAMBODGE

Le Cambodge et le Vietnam partagent une longue frontière avec sept points de passage. Des visas cambodgiens d'un mois sont émis à l'arrivée à tous les postes-frontières cambodgiens moyennant 30 $US, mais il est fréquent d'avoir à payer plus, hormis à Bavet.

Les postes-frontières cambodgiens ouvrent officiellement tous les jours de 8h à 20h.

CHINE

Actuellement, les voyageurs peuvent traverser la frontière sino-vietnamienne en trois endroits : Huu Nghi Quan (col de l'Amitié), Lao Cai et Mong Cai. Le visa chinois doit être demandé à l'avance. Notez que la Chine est en avance d'une heure par rapport au Vietnam.

LAOS

Il existe 7 points de passage entre le Vietnam et le Laos.

Postes-frontières du Vietnam

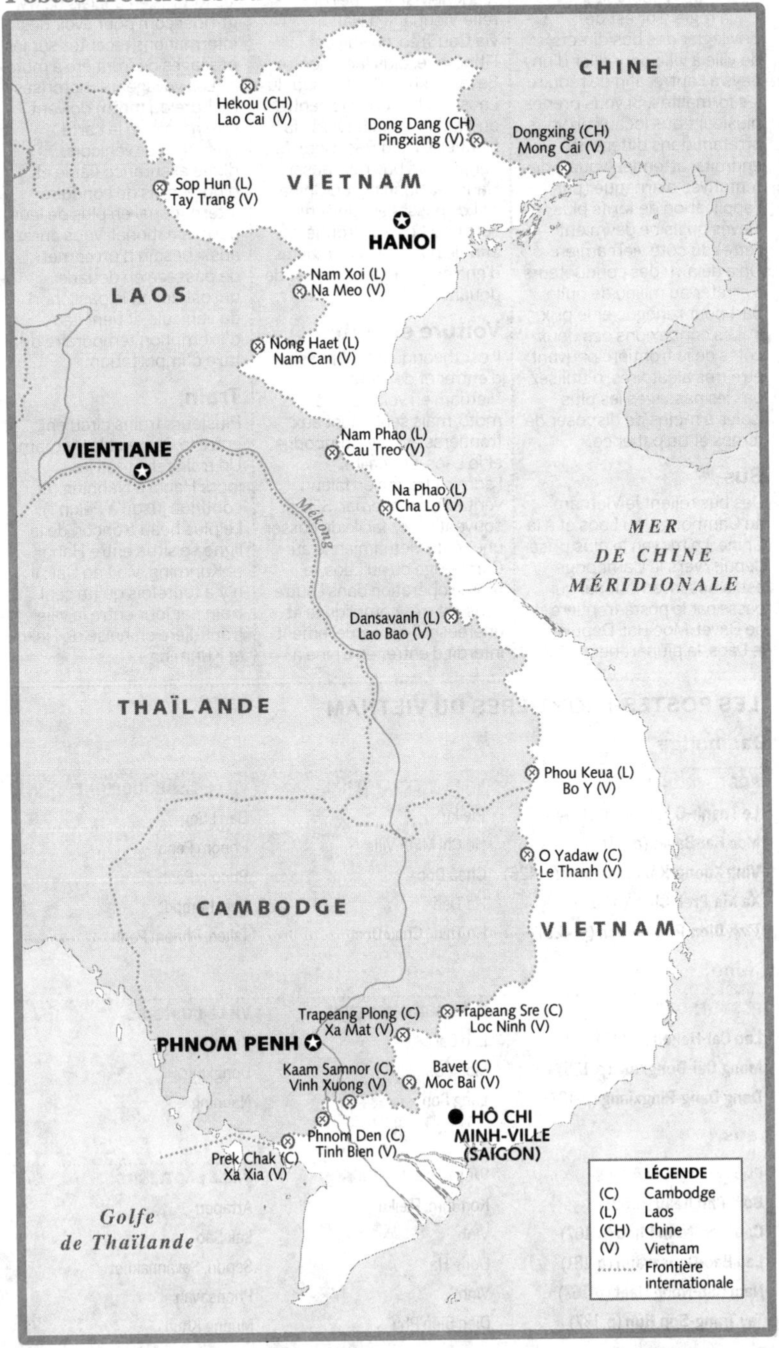

Des visas de 30 jours pour le Laos sont disponibles.

La règle d'or est de privilégier des bus directs de ville à ville pour aller d'un pays à l'autre, afin de réduire les formalités. Si vous prenez plusieurs bus locaux en vous arrêtant dans différents endroits, attendez-vous à des tentatives d'arnaque (par l'application de tarifs plus élevés qu'ils ne devraient l'être) du côté vietnamien. On a déjà vu des conducteurs s'arrêter au milieu de nulle part pour renégocier le prix.

Les connexions des deux côtés de la frontière peuvent être très aléatoires, n'utilisez pas les passages les plus isolés à moins de disposer de temps et de patience.

Bus

Des bus relient le Vietnam au Cambodge, au Laos et à la Chine. Le moyen le plus prisé depuis/vers le Cambodge est le bus international qui passe par le poste-frontière de Bavet-Moc Bai. Depuis le Laos, la plupart des voyageurs prennent le bus (cauchemardesque) qui relie Vientiane à Hanoi via Cau Treo, ou suivent l'itinéraire, plus facile, entre Savannakhet, dans le sud du Laos, et Hué, dans le centre du Vietnam, qui traverse la frontière à Lao Bao. Deux fois par jour, un bus relie aussi Hanoi et Nanning, en Chine.

Les passagers doivent sortir du bus aux frontières, afin de passer les formalités d'entrée sur le territoire et de douane.

Voiture et moto

Il est théoriquement possible d'entrer et de sortir du Vietnam en voiture ou à moto, mais seulement aux frontières avec le Cambodge et le Laos. En réalité, l'administration en fait un véritable cauchemar. S'il est souvent assez facile de passer une moto vietnamienne au Cambodge ou au Laos, la même opération dans l'autre sens est très compliquée et onéreuse. Il est actuellement interdit d'entrer en Chine à bord d'un véhicule. Consultez les forums en anglais de www.gt-rider.com pour avoir des informations récentes sur les passages de frontière à moto.

Les voyageurs motorisés (voiture ou moto) doivent être munis de la carte grise de leur véhicule, d'une assurance fiable et d'un permis de conduire international en plus de leur permis national. Vous aurez aussi besoin d'un carnet de passage en douane, qui est en fait le passeport du véhicule et tient lieu d'exemption temporaire de taxe d'importation.

Train

Plusieurs trains circulent entre la Chine et le Vietnam. Un train relie tous les jours Hanoi à Nanning (et continue jusqu'à Pékin !). Le plus beau tronçon de la ligne se situe entre Hanoi et Kunming, via Lao Cai ; il n'y a toutefois qu'un seul train par jour entre la ville frontalière chinoise de Hekou et Kunming.

LES POSTES-FRONTIÈRES DU VIETNAM

Cambodge

POSTE-FRONTIÈRE	VILLE VIETNAMIENNE	VILLE CAMBODGIENNE
Le Thanh-O Yadaw (p. 318)	Pleiku	Ban Lung
Moc Bai-Bavet (p. 371)	Hô Chi Minh-Ville	Phnom Penh
Vinh Xuong-Kaam Samnor (p. 426)	Chau Doc	Phnom Penh
Xa Xia-Prek Chak (p. 419)	Ha Tien	Kep, Kampot
Tinh Bien-Phnom Den (p. 425)	Ha Tien , Chau Doc	Takeo, Phnom Penh

Chine

POSTE-FRONTIÈRE	VILLE VIETNAMIENNE	VILLE CHINOISE
Lao Cai-Hekou (p. 148)	Lao Cai	Kunming
Mong Cai-Dongxing (p. 125)	Mong Cai	Dongxing
Dong Dang-Pingxiang (p. 127)	Lang Son	Nanning

Laos

POSTE-FRONTIÈRE	VILLE VIETNAMIENNE	VILLE LAOTIENNE
Bo Y-Pho Keau (p. 321)	Kon Tum, Pleiku	Attapeu
Cau Treo-Nam Phao (p. 167)	Vinh	Lak Sao
Lao Bao-Dansavanh (p. 181)	Dong Ha	Sepon, Savannakhet
Nam Can-Nong Haet (p. 167)	Vinh	Phonsavan
Tay Trang-Sop Hun (p. 137)	Diên Biên Phu	Muang Khua

Aucune ligne ferroviaire ne relie le Vietnam au Cambodge ou au Laos.

Voie fluviale

La frontière entre le Cambodge et le Vietnam compte un point de passage sur les rives du Mékong. Des navettes rapides régulières convoient leurs passagers entre Phnom Penh au Cambodge et Chau Doc au Vietnam, avec un transbordement au poste-frontière de Vinh Xuong-Kaam Samnor. De luxueux bateaux avec cabines suivent également le cours du fleuve jusqu'aux temples d'Angkor, à Siem Reap, au Cambodge.

VOYAGES ORGANISÉS

De nombreuses agences ont inscrit le Vietnam à leur catalogue. Il est par ailleurs très facile de mettre sur pied un circuit avec une agence basée au Vietnam, que ce soit une fois arrivé sur place ou en réservant avant le départ. Certaines des meilleures sont répertoriées ci-après.

Circuits culturels

Asia Paris (☎01 44 41 50 10 ; www.asia.fr ; 1 rue Dante, 75005 Paris) ; Genève (c/o Fert et Cie Voyages☎022 839 43 92 ; 22a rue Le Corbusier, case postale 2364, CH1211 Genève 2)

Clio (☎01 53 68 82 82 ; www.clio.fr ; 34 rue du Hameau, 75015 Paris)

Compagnie du monde (☎01 55 35 05 05 ; www.compagniesdumonde.com ; 45 rue de Courcelles, 75008 Paris)

Intermèdes (☎01 45 61 90 90 ; www.intermedes.com ; 10 rue de Mézières, 75006 Paris)

Maison de l'Indochine (☎01 40 51 95 15 ; www.maisondelindochine.com ; 76 rue Bonaparte, 75006 Paris)

Route des Indes et de l'Asie (☎01 42 60 60 90 ; www.laroutedesindes.com ; 7 rue d'Argenteuil, 75001 Paris)

Traditours (☎1 888 907-7712 ; www.traditours.com). Laval (Québec) (☎450 934-8686 1575, bd de l'Avenir, bureau 100, Laval, Canada H7S 2N5) ; Québec et sa région (☎418 907-9595) ; Montréal et Rive-Sud (☎514 907-7712)

Tourisme fluvial

Fleuves du Monde (☎01 44 32 12 85 ; www.fleuves-du-monde.com ; 28 bd de la Bastille, 75012 Paris)

Treks et voyages sportifs

Atalante (www.atalante.fr). Lyon (☎04 72 53 24 80 ; 36 quai Arloing, 69009 Lyon) ; Paris (☎01 55 42 81 00 ; 18 rue Séguier, 75006 Paris) ; Bruxelles (☎02 318 42 69 ; rue César Franck, 44A, B-1050 Bruxelles)

Nomade Aventure (☎0 825 701 702 ; www.nomade-aventure.com ; 40 rue de la Montagne-Sainte-Geneviève, 75005 Paris). Également agences à Lyon, Marseille et Toulouse.

Tamera (☎04 78 37 88 88 ; www.tamera.fr ; 26 rue du Bœuf, 69005 Lyon)

Ultramarina (☎0 825 02 98 02 ; www.ultramarina.com). Nantes (2 ter rue des Olivettes, 44032 Nantes Cedex 01) ; Paris (29 rue de Clichy, 75009 Paris) ; Marseille (27 rue de la Palud, 13001 Marseille) ; Lyon (11 rue Bugeaud, 69006 Lyon) ; Genève (☎022 786 14 86 ; rue des Eaux Vives 76, 1207 Genève, Suisse) ; Villeneuve (☎021 965 65 00 ; chez Scubashop, route d'Arvel, 106, 1844 Villeneuve, Suisse).

Agences au Vietnam

Les agences sont nombreuses et de qualités diverses, avec des prestations à la hauteur des sommes déboursées. Ainsi, la qualité des circuits bon marché vendus à Hô Chi Minh-ville et Hanoi laisse souvent à désirer. Il en existe cependant d'excellentes, souvent francophones, avec lesquelles vous pouvez aisément organiser votre voyage depuis votre pays, notamment via Internet.

Amica Travel (☎4 6273 4455 ; www.amica-travel.com ; Building Nikko, 3e ét., 27 Nguyen Truong To, Ba Dinh, Hanoi). Agence francophone bien établie proposant une grande variété de circuits, souvent originaux, incluant le Laos et le Cambodge.

Asiatica Travel (☎4 6266 2816 ; www.asiatica-travel.com ; A1203, Building M3-M4, 91 Nguyen Chi Thanh, Dong Da, Hanoi). Également francophone, spécialiste des voyages individuels sur mesure en petits groupes et de l'écotourisme. Séjours famille, hors des sentiers battus, circuits Indochine (incluant le Cambodge et/ou le Laos), randonnée... Chaudement recommandée par nos lecteurs.

Buffalo Tours (www.buffalotours.fr). Hanoi (☎3828 0702 ; 70-72 Ba Trieu, District de Hoan Kiem, Hanoi) ; HCMV

DES GUIDES SUR LA CHINE CONFISQUÉS

Des voyageurs arrivant en Chine depuis le Vietnam nous ont rapporté que leur guide Lonely Planet sur la Chine leur avait été confisqué par les douaniers. Les cartes de ce guide présentent Taïwan comme un pays indépendant, ce qui reste un sujet sensible. Si vous avez ce guide avec vous, essayez d'en recouvrir la couverture, d'en arracher les cartes qui pourraient poser problème et de le mettre bien au fond de votre sac.

(☎84-838 2791 70 ; 81 Mac Thi Buoi, District 1, HCMV). Agence francophone proposant des circuits variés et personnalisés, notamment un superbe circuit dans la baie d'Along en hydravion et jonque de luxe.

Handspan Travel Indochina (www.handspan.com). Hanoi (☎3926 2828 ; 78 Ma May, Hanoi) ; HCMV (☎84-839-2576 05 ; Central Park Building, 10e ét, 208 Nguyen Trai, District 1, HCMV). Une compagnie locale experte, qui propose toutes sortes de circuits originaux dans des régions peu visitées, comme Moc Chau, Cao Bang et le nord du pays, ainsi que des excursions en jeep, des randonnées pédestres ou cyclistes en montagne et des sorties en kayak.

Tropical Tours (☎4 3871 7073 ; www.tropicaltours.vn). Hanoi (salle 203A, 30 Nguyen Du, district de Hai Ba Trung) ; HCMV (204B 6/13, rue Nguyen Van Huong, District 2, HCMV). Des plages aux montagnes du Nord, cette agence francophone propose des circuits variés, adaptables selon les envies. À noter, les passionnants "tours anthropologiques", de 1 jour à 3 semaines, en compagnie d'un anthropologue.

Rues d'Asie (☎4 3747 6004 ; www.ruesdasie.com ; 18 A Ngo Tat To, Dong Da, Hanoi). Cette sympathique petite agence francophone installée à Hanoi propose des circuits aventure, à pied ou à moto, et des séjours longs à la rencontre des ethnies et hors des sentiers battus.

Vietnam Découverte (☎84-9 0433 3717 ; www.vietnamdecouverte.com ; Salle 602, Savina Bât., 1 rue Dinh Le, District de Hoan Kiem, Hanoi). Basée à Hanoi, cette agence francophone propose des circuits privés de 12 à 21 jours. Chaudement recommandée par nos lecteurs.

Destination Asia (☎3844 8071 ; www.destination-asia.com ; 55 Truong Quoc Dung, District de Phu Nhuan, HCMV). Agence haut de gamme pour voyageurs exigeants.

Sinhbalo Adventures (www.sinhbalo.com ; 283/20 Đ Pham Ngu Lao, District 1, HCMV). Spécialisé dans les circuits à vélo dans le delta du Mékong et au-delà, et dans les excursions dans la région de Dalat et les hauts plateaux du Sud-Ouest.

Ocean Tours (☎04-3926 0463 ; www.oceantours.com.vn). Tour-opérateur professionnel installé à Hanoi, proposant des excursions au parc national de Ba Be et des sorties VTT, un superbe circuit dans la baie d'Along et d'excellents parcours en 4x4 dans le Nord-Est.

Grasshopper Adventures (www.grasshopperadventures.com). Circuits à vélo bien organisés, de la journée près du Mékong à l'excellente semaine dans les hauts plateaux et sur la côte.

Exo Travel (www.exotravel.com). Large choix de circuits, notamment à vélo, en randonnée et de tourisme communautaire. Le circuit Central Coast Cycle Ride de 10 jours entre Hué et Nha Trang couvre de beaux paysages côtiers.

Circuits organisés à moto

Les circuits organisés à moto sont une manière originale d'explorer le pays en dehors des sentiers battus. Les deux-roues peuvent atteindre des lieux parfois inaccessibles aux voitures, en roulant sur de petits sentiers et des routes de campagne peu empruntées. Il est préférable d'avoir un peu d'expérience de la moto, mais de nombreuses agences proposent des formations pour les novices. Enfourcher une bécane pour partir à l'assaut des sommets du Nord vous fera vivre un moment inoubliable au Vietnam.

Les guides étrangers prennent beaucoup plus cher que les guides vietnamiens. Pour un groupe de quatre personnes, il vous en coûtera à partir de 100 $US par personne et par jour, pour un circuit tout compris (incluant la location de la moto, l'essence, le guide, l'hébergement et les repas).

Hoi An Motorbike Adventure (carte p. 212 ; ☎090 510 1930 ; www.motorbiketours-hoian.com ; 111 Ba Trieu). Agence professionnelle, bien installée, offrant un bon choix de circuits, principalement de courtes escapades dans la région de Hoi An (à partir de 50 $US). Un excellent circuit hors des sentiers battus (125 $US) et des excursions à Danang, Hué et dans un village de l'ethnie Co Tu sont quelques unes des possibilités. On vous fournira des Minsk classiques bien entretenues, avec ou sans chauffeur.

Explore Indochina (☎09-1309 3159 ; www.exploreindochina.com). Des circuits habilement préparés en Ural ou en Minsk anciennes. Le circuit Karst Away (à partir de 1 240 $US) est une aventure de 7 jours dans le nord-est du Vietnam.

Offroad Vietnam (☎04-3926 3433 ; www.offroadvietnam.com). Opérateur expérimenté et bien organisé proposant trois types d'excursions entièrement guidées (tout compris), semi-guidées (vous et un guide), et en auto-tours dans le nord et le centre du Vietnam, généralement en Honda. Les circuits à Ha Giang (1 192 $US pour 8 jours) conduisent hors des sentiers battus.

Cuong's Motorbike Adventure (http://cuongs-motorbike-adventure.com). Circuits aventureux en Ural (avec ou sans side-car) et en Honda dans le Nord, organisés par des spécialistes dotés de décennies d'expérience. Circuits en jeep et 4x4 également proposés.

Free Wheelin' Tours (carte p. 70 ; ☎04-3926 2743 ; www.freewheelin-tours.com ; 62 Đ Yen Phu, Ba Dinh ; ⏲10h-19h). Installé à Hanoi, l'agence propose d'excellents circuits personnalisés dans le nord du Vietnam.

Moto Tours Asia (http://mototoursasia.com ; à partir de 90 $US/jour). Jouit d'une bonne réputation pour ses circuits dans le Nord et propose des deux-roues allant du scooter à la Royal Enfield.

LOUER UN VÉHICULE AVEC CHAUFFEUR

Louer une voiture avec chauffeur vous donne la possibilité de vous organiser un circuit sur mesure. Très semblable à un voyage en indépendant, cette manière de voir le pays est plus confortable, permet de gagner un temps précieux et de s'arrêter où on le souhaite en chemin, contrairement aux circuits organisés habituels.

La plupart des voyagistes fournissent des voitures avec chauffeur (le chauffeur ne parle généralement pas anglais). Essayez de trouver un guide-chauffeur qui pourra vous traduire certaines choses et vous apporter un complément d'information culturelle : cela rendra le voyage beaucoup plus intéressant. À l'inverse, un mauvais guide peut gâcher votre voyage. Les conseils qui suivent vous aideront à bien choisir :

- Essayez de rencontrer votre guide-chauffeur avant de partir afin d'être sûr qu'il vous convient.
- Renseignez-vous sur les langues qu'il parle, et sur son degré d'aisance dans ces langues.
- Le chauffeur paie normalement ses dépenses personnelles telles que repas et hébergement, mais l'essence reste à votre charge. Vérifiez que c'est bien le cas.
- Mettez-vous d'accord avec l'agence sur l'itinéraire et demandez à celle-ci une copie écrite. Si le chauffeur improvise en cours de route, vous pourrez vous en servir pour le rappeler à l'ordre.
- Exprimez clairement votre souhait d'éviter les restaurants et boutiques pièges à touristes.
- Laissez un pourboire si vous êtes satisfait du service.

COMMENT CIRCULER

Avion

Compagnies aériennes

Le Vietnam dispose d'un bon réseau domestique : de nouvelles liaisons ouvrent régulièrement, et les prix sont très raisonnables (si on réserve tôt). Les compagnies aériennes acceptent les cartes bancaires ou à débit internationales. Sachez cependant que les annulations sont assez courantes. Mieux vaut ne pas compter sur un vol intérieur au départ d'un aéroport de province si vous devez reprendre le jour même un avion pour l'étranger. Vietnam Airlines est la moins susceptible d'annuler ses vols mais elle propose des tarifs généralement plus élevés que ses concurrents.

Jetstar Airways (☎1900 1550 ; www.jetstar.com). Cette compagnie à bas prix a des tarifs très accessibles, et dessert 16 destinations dans le pays.

Vasco (☎038 422 790 ; www.vasco.com.vn). Vols pour Con Dao et le delta du Mékong au départ de HCMV. La compagnie est détenue par Vietnam Airlines, avec qui elle partage ses codes.

VietJet Air (☎1900 1886 ; www.vietjetair.com). Dessert 15 aéroports au Vietnam.

Vietnam Airlines (☎04-3832 0320 ; www.vietnamairlines.com.vn). Le principal transporteur local offre le réseau le plus complet.

Bateau

Le Vietnam compte un très grand nombre de cours d'eau partiellement navigables, les plus importants étant sans conteste les multiples bras du Mékong. Des croisières panoramiques d'une journée sont organisées sur les rivières à Hoi An, Danang, Hué, Tam Coc et même HCMV.

Il est également possible de faire des croisières en mer. Dans le Nord, la découverte des îles de la baie d'Along fait partie des incontournables. Au centre, les charmantes îles Cham représentent une belle excursion à faire depuis Hoi An. Au sud, des escapades vers les îles de Nha Trang et autour de Con Dao sont assez prisées.

Bus

Le réseau dense de bus du Vietnam permet d'atteindre les quatre coins du pays. Des bus modernes, affrétés par la compagnie Myriad, sillonnent les grandes routes nationales. Dans des zones plus reculées, attendez-vous à des conditions rudimentaires.

La majorité des voyageurs ne prennent jamais de bus vietnamiens et préfèrent s'en tenir au réseau plus pratique des bus touristiques dits "open tour".

Quelle que soit la catégorie de bus, ne vous attendez pas à dépasser les 50 km/h le long des grands axes (y compris la RN 1) en raison du trafic intense où se mêlent motos, camions et piétons.

LE JUSTE PRIX

Au Vietnam, tout voyageur se pose la question à un moment ou un autre : est-ce le vrai prix ou suis-je en train de me faire rouler ?

Ces quelques indications devraient vous aider à y voir plus clair.

- **Avion** Identiques pour les Vietnamiens et les étrangers, les prix des vols varient selon le moment de la réservation et les dates de départ.
- **Bateau** Si les tarifs des ferries et des hydrofoils sont fixes, les étrangers payent davantage que les Vietnamiens pour les petites embarcations privées empruntées dans le delta du Mékong ou dans les îles Cham.
- **Bus** La tarification des bus est plus compliquée. Si vous achetez votre billet au point de départ (c'est-à-dire à la gare routière), le prix est fixe et très raisonnable. Toutefois, si vous prenez le bus en chemin, il y a des chances pour que le chauffeur vous demande davantage. C'est d'autant plus vrai dans les régions reculées, où les étrangers paient quatre fois, voire dix fois, plus cher que les habitants. Concernant les bus locaux, les tarifs sont affichés près de la porte, mais les étrangers se voient parfois appliquer un tarif plus élevé sur des trajets comme Danang-Hoi An.
- **Train** Fixes, les tarifs ferroviaires ne dépendent que de la classe.
- **Taxi** La plupart des taxis disposent d'un compteur et se révèlent très bon marché. Gare toutefois aux compteurs trafiqués qui tournent beaucoup plus vite que la normale.
- **Xe om et cyclo-pousse** Ils ne pratiquent généralement pas de prix fixes, ce qui oblige à négocier ferme.

Bus de luxe

Des bus modernes et climatisés relient les villes principales. Dans ces véhicules de luxe, vous pouvez être sûr d'avoir un siège et suffisamment de place.

Certains, qui disposent de sièges inclinables ou de couchettes rembourrées pour les très longs trajets, constituent une bonne alternative au train à des prix comparables.

Non-fumeurs, les véhicules de luxe sont en revanche souvent équipés de téléviseurs (préparez-vous à voir de surprenantes vidéos de kung-fu !) et de redoutables machines à karaoké. Mieux vaut se doter de bouchons d'oreille et d'un masque pour les yeux. Certains disposent même du Wi-Fi, mais ne vous attendez pas à une connexion rapide.

Les bus de luxe s'arrêtent dans la plupart des grandes villes situées sur leur parcours, ainsi que pour les pauses-déjeuner.

Mai Linh Express (☎098 529 2929 ; www.mailinhexpress.vn). Fiables et ponctuels, les bus de la compagnie sont confortables et très propres. Ils desservent, entre autres, toutes les grandes villes situées sur la RN1 entre Hanoi et Hô Chi Minh-Ville, Hanoi et Haiphong, Hô Chi Minh-Ville et Dalat, ainsi que des villes des hauts plateaux du Centre.

The Sinh Tourist (☎08-3838 9597 ; www.thesinhtourist.com). Cette compagnie efficace possède un réseau national de bus, notamment avec couchettes. Vous pouvez réserver en ligne. Guettez les promotions.

Bus locaux

Les bus couvrant de courtes distances ne partent qu'une fois pleins. Les liaisons se raréfient après 16h.

Ces bus et minibus ordinaires s'arrêtent fréquemment au bord des routes pour faire descendre et monter autant de passagers que possible, ce qui rallonge d'autant le temps de trajet. Peu de voyageurs les empruntent car les chauffeurs montrent une fâcheuse tendance à majorer le prix du billet pour les étrangers.

Gares routières

Nombre de villes possèdent plusieurs gares routières qui se répartissent les destinations (vers le nord ou le sud) et les différents types de service (locaux ou longue distance, express ou non).

Malgré leur aspect anarchique, beaucoup de ces terminaux ont désormais des billetteries affichant clairement les tarifs officiels et les horaires.

Tarifs et réservations

Réserver n'est pas nécessaire pour les services les plus fréquents entre les villes, mais rien ne vous empêche d'acheter vos billets la veille. Prenez toujours vos billets aux guichets de la gare routière, les chauffeurs étant connus pour demander plus cher.

Les tarifs restent très bon marché, même si les étrangers paient souvent de 2 à 10 fois le prix normal sur les trajets ruraux. À titre de référence : un trajet de 100 km devrait coûter entre 2 et 3 $US.

Trajets "open tour"

Dans tous les lieux fréquentés par les voyageurs à petit budget, on peut voir de nombreuses publicités vantant l'"open tour"ou l'"open ticket" : il s'agit en fait d'un service de bus s'adressant en majorité aux voyageurs étrangers à petit budget. Ces bus climatisés circulant notamment entre HCMV et Hanoi offrent à leurs passagers la possibilité de monter ou de descendre dans n'importe quelle grande ville traversée.

Les prix restent très raisonnables : un trajet direct de HCMV à Hanoi coûte de 30 à 75 $US selon le trajet emprunté. Plus vous ajoutez d'étapes, plus le prix monte. Il est préférable de réserver la veille.

Les bus partent de lieux centraux (souvent des auberges de jeunesse prisées des voyageurs), ce qui vous évite un trajet jusqu'à la gare routière. Certains bus "open tour" font également des arrêts aux sites touristiques en chemin (comme les ruines de monuments cham à Po Klong Garai).

L'inconvénient, c'est que vous êtes mêlé à un groupe de voyageurs et avez peu de contacts avec les Vietnamiens. Il est aussi plus difficile de sortir du circuit habituel car les bus "open tour" desservent généralement les lieux les plus populaires. Certains tour-opérateurs perçoivent une commission des hôtels et restaurants partenaires.

Acheter des tickets "open" pour de courts trajets au fur et à mesure de son voyage, d'un coût légèrement supérieur, offre cependant plus de souplesse et permet de prendre le train, de louer une moto ou de changer d'itinéraire comme on l'entend.

Quoi qu'il en soit, ces billets remportent un franc succès. En dehors de l'itinéraire classique du nord au sud, le parcours HCMV-Mui Ne-Dalat-Nha Trang est populaire.

Si ce système vous intéresse, rendez-vous dans les cafés pour voyageurs de HCMV et de Hanoi. **The Sinh Tourist** (☎08-3838 9597 ; www.thesinhtourist.com) a bonne réputation et propose un système de réservation par Internet, ainsi que des bus confortables.

Train

Bien que vieillissant, le réseau ferroviaire vietnamien exploité par **Vietnam Railways** (Duong Sat Viet Nam ; ☎3747 0308 ; www.vr.com.vn) reste fiable et permet de circuler à travers le pays avec un certain confort. Un trajet en wagon-couchettes climatisé est assurément plus agréable qu'une nuit à bord d'un bus parcourant la RN 1.

Classes

Les trains classés SE sont les plus chics et les plus rapides, ceux classés TN, plus vétustes et plus lents.

Il existe quatre classes principales :

- assis dur : *hard seat*
- assis mou : *soft seat*
- couchette : *hard sleep*
- couchette molle : *soft sleep*

Elles se divisent chacune en deux catégories : avec ou sans climatisation.

Actuellement, seuls les trains express les plus rapides disposent de la clim. Certains trains SE disposent désormais du Wi-Fi (mais la vitesse de connexion, comme celle des trains vietnamiens, n'est pas des plus rapides). La classe "assis dur", habituellement bondée, est supportable pour un trajet de jour, à condition toutefois d'aimer la fumée de cigarette.

COUCHETTES

Les couchettes dures se répartissent sur 3 niveaux, par compartiment de 6. Celles du haut coûtent le moins cher. Les couchettes molles, sur 2 niveaux par compartiment de 4, affichent toutes le même prix. Les voyageurs délicats préféreront apporter un drap, un sac de couchage et/ou une taie d'oreiller, bien que le linge de lit soit fourni.

WAGONS PRIVÉS

Des wagons douillets, voire luxueux, situés en queue de train permettent de voyager plaisamment entre Lao Cai et Hanoi : ceux offerts par **Orient Express Trains** (☎04-3929 0999 ; www.orientexpresstrainsapa.com) et le Train Victoria Express, géré par les hôtels Victoria, sont réputés mais très onéreux. Il en existe au moins six autres options, dont ceux de **Livitrans** (www.livitrans.com ; à partir de 52 $US).

Livitrans propose également des wagons de luxe entre Hanoi et Hué (75 $US) et Danang (85 $US), à l'instar de plusieurs autres compagnies. **Golden Trains** (☎08-3825 7636 ; www.golden-train.com) relie Hô Chi Minh-Ville à Nha Trang (de 35 à 43 $US pour une couchette molle).

Tarifs

Les tarifs dépendent du train emprunté, les plus rapides étant bien sûr les plus chers. Les enfants de moins de deux ans voyagent gratuitement ; de deux à neuf ans, ils paient 50 % du tarif adulte. Il n'y a pas de réductions sur le trajet Hanoi-Lao Cai.

Fret

Vélos et motos peuvent voyager dans les wagons de fret : le transport de nuit ordinaire reviendra à environ 375 000 d. Il n'est pas toujours possible de voyager dans le même train que votre bécane ; notez bien le numéro du train dans lequel elle se trouve, et son heure d'arrivée.

L'EXPRESS DE LA RÉUNIFICATION

La construction des 1 726 km de ligne ferroviaire entre Hanoi et Saigon – le *Transindochinois* – fut entamée en 1899 pour s'achever en 1936. À la fin des années 1930, le trajet Hanoi-Saigon durait 40 heures et 20 minutes, pour une vitesse moyenne de 43 km/h. Pendant la Seconde Guerre mondiale, les Japonais employèrent massivement ce réseau : il fut donc saboté par le Viêt-minh et bombardé par l'aviation américaine. Après la guerre, on entreprit de restaurer le *Transindochinois*, en majeure partie détruit ou recouvert par la végétation.

Durant la guerre d'Indochine, les soldats viêt-minh se livrèrent à des opérations massives de sabotage, démontant des kilomètres de voie la nuit pour finalement réussir à mettre en service 300 km de voie ferrée dans une région entièrement sous son contrôle (entre Ninh Hoa et Danang). Les Français répondirent rapidement en sabotant à leur tour le réseau ennemi.

À la fin des années 1950, l'aide financière américaine permit au Sud-Vietnam de reconstruire les 1 041 km de voie entre Saigon et Hué. Entre 1961 et 1964, on dénombra cependant 795 attaques viêt-cong sur le réseau, ce qui conduisit à l'abandon forcé de larges portions, dont l'embranchement de Dalat.

En 1960, le Nord avait réparé 1 000 km de voie ferrée, principalement entre Hanoi et la Chine. Pendant la guerre aérienne que livrèrent les États-Unis au Nord-Vietnam, le réseau ferroviaire du Nord fut bombardé à maintes reprises. Aujourd'hui, on voit encore des cratères de bombes autour de presque tous les ponts de chemin de fer et les gares de la région.

Après la réunification, le gouvernement décida aussitôt de rétablir la liaison ferroviaire entre Hanoi et HCMV, comme symbole de l'unité vietnamienne. Lorsque l'*Express de la Réunification* fut inauguré, le 31 décembre 1976, 1 334 ponts, 27 tunnels, 158 gares et 1 370 aiguillages avaient été réparés. Aujourd'hui, avec une moyenne de 50 km/h, l'*Express de la Réunification* circule à une vitesse légèrement supérieure à celle des années 1930. Du fait d'un manque d'investissement chronique, la ligne n'a qu'une voie, et supporte moins de 1 % de tout le fret nord-sud.

Les projets d'important remaniement des voies ferrées pour la création d'un réseau à grande vitesse ont été abandonnés, mais une modernisation progressive du réseau est en cours et l'on espère que cela portera la vitesse maximale à 90km/h d'ici 2020.

Réservations

Le site de réservation de Vietnam Railways (http://dsvn.vn) permet de réserver des billets à l'avance, mais lors de nos recherches, seules les CB vietnamiennes étaient acceptées. Vous pouvez réserver en ligne via l'agence de voyage Bao Lau (www.baolau.vn), qui possède un site efficace, détaillant la disponibilité des places assises et compartiments couchettes, et acceptant les cartes internationales. Les billets électroniques sont envoyés par e-mail ; comptez une commission de 40 000 d par billet.

Vous pouvez réserver places assises/couchettes pour de longs trajets 60 à 90 jours à l'avance (moins pour de plus courts trajets). La plupart du temps, vous pouvez réserver des billets de train un ou deux jours avant, sauf pendant les périodes de vacances. Pour les couchettes, mieux vaut toutefois s'y prendre une semaine au moins avant la date de départ.

On peut obtenir des informations sur les horaires et tarifs des trains et effectuer des réservations sur les sites de **Bao Lau** et **Vietnam Impressive** (www.vietnamimpressive.com), deux agences de réservation privées fiables. Elles enverront gratuitement les billets à votre hôtel au Vietnam (elles peuvent également les envoyer à l'étranger, moyennant des frais de port).

De nombreux hôtels, cafés et agences de voyages pourront également vous acheter vos billets de train et prennent une petite commission.

Lignes

En dehors du grand axe HCMV-Hanoi, trois lignes secondaires relient la capitale à des destinations du Nord. La première dessert le port de Haiphong, à l'est. La seconde rallie Lang Son, au nord-est, et traverse la frontière chinoise pour rejoindre Nanning. La dernière se rend à Lao Cai, au nord-ouest, et poursuit jusqu'à Kunming, en Chine.

Le trajet Hanoi-HCMV dure entre 32 et 36 heures en train express.

Sécurité

Les petits délits ne sont pas rares à bord des trains vietnamiens et il arrive que des voleurs arrachent des sacs par les fenêtres au moment du démarrage. Gardez toujours vos bagages près de vous et n'oubliez pas de les fermer et/ou de les attacher, surtout la nuit.

Horaires

Plusieurs *Express de la Réunification* quittent chaque jour Hanoi et HCMV. Les horaires changent fréquemment : consultez le site de Vietnam Railway, celui de Bao Lau ou encore www.seat61.com, le site international des trains.

Presque aucun train ne circule pendant les 4 jours qui précèdent la fête du Têt et les 4 jours qui suivent.

Transports urbains

Bus

Du fait des problèmes de communication et du faible coût des taxis, cyclo-pousse et *xe om* (motos-taxis), les voyageurs étrangers circulent rarement en bus locaux. Les réseaux de Hanoi et de HCMV sont toutefois praticables si l'on se procure un plan.

Cyclo-pousse

Le cyclo-pousse *(xich lo)* est un moyen de locomotion bon marché et non polluant qui disparaît peu à peu du paysage vietnamien. Il subsiste néanmoins dans les villes importantes.

Des groupes de conducteurs de cyclo-pousse stationnent en permanence à proximité des hôtels et des marchés. Bon nombre d'entre eux parlent quelques mots de français ou d'anglais. Pour être sûr d'être compris, mieux vaut montrer au conducteur votre destination sur un plan. Le marchandage est de mise.

Pour éviter toute mauvaise surprise à l'arrivée, mettez-vous bien d'accord sur le prix de la course *avant* de partir.

Les tarifs sont compris entre 10 000 et 20 000 d pour un trajet court, entre 20 000 et 40 000 d pour un trajet plus long ou de nuit, ou encore autour de 40 000 d/heure.

Plusieurs voyageurs ayant déjà été agressés par leur conducteur, mieux vaut éviter de prendre un cyclo-pousse de nuit. Aussi, si vous devez rentrer tard, préférez un taxi à compteur.

Taxi

Les taxis munis de compteurs, que l'on trouve dans la plupart des grandes villes, sont très bon marché comparés aux moyennes internationales, et constituent un moyen sûr de circuler de nuit. Le tarif moyen va de 12 000 à 15 000 d le kilomètre. Des taxis d'origine douteuse, dont le compteur tourne un peu trop vite, parcourent les villes de Hanoi et de Hô Chi Minh : ils attendent souvent à proximité des gares routières. N'ayez recours qu'à des compagnies réputées ou recommandées.

Les deux grandes compagnies nationales de taxis, toutes deux d'excellente réputation, sont **Mai Linh** (www.mailinh.vn) et **Vinasun** (www.vinasuntaxi.com).

Xe om (moto-taxi)

Le *xe om* est une moto ordinaire sur laquelle le client s'installe à l'arrière – *Xe* signifie moto et *om* enlacer. C'est un moyen de transport très pratique pourvu que l'on n'ait pas trop de bagages.

En règle générale, le prix de la course équivaut à celle d'un cyclo-pousse, mais fixez tout de même le prix avant. Vous rencontrerez quantité de chauffeurs de *xe om* aux coins de rue, près des marchés, des hôtels, des restaurants, des sites touristiques et des gares routières... mais, n'ayez crainte, ils vous auront trouvé avant même que vous n'ayez besoin d'eux !

Vélo

Se déplacer à vélo est un bon moyen de découvrir le Vietnam, en particulier lorsqu'on sort des grands axes. On peut parcourir ainsi de longues distances : le relief est plat ou modérément montagneux, et les routes principales sont praticables. La sécurité, en revanche, pose problème. Si vous êtes à bout de souffle, vous pouvez toujours charger votre vélo sur un bus ou dans le wagon à bagages d'un train (généralement 1 $US pour un court trajet, 1,50 $US/heure pour les longs voyages).

Location

Les hôtels et certaines agences de voyages louent des vélos entre 1 et 3 $US par jour. Comptez environ 6 $US pour un modèle de meilleure qualité. Il s'agit d'un excellent moyen de transport pour visiter de petites villes comme Hoi An, Hué ou Nha Trang (sauf bien sûr à la saison des pluies). On trouve en outre des réparateurs à chaque coin de rue en cas de crevaison ou de problème mécanique.

Types de vélos

Il est possible d'acheter un bon vélo dans l'une des boutiques spécialisées de Hanoi et de HCMV, mais il vaut mieux apporter le vôtre si vous projetez de faire de longues distances. Les équipements de sécurité et les pièces détachées, sont également rares au Vietnam. Une sonnette, voire une corne, fait partie du matériel indispensable : le plus bruyant est le mieux.

Voiture et moto

Disposer d'un véhicule personnel offre une grande souplesse pour visiter les régions les plus reculées et s'arrêter quand et où on le désire. La location d'une voiture inclut toujours un chauffeur. Les locations de motos sont bon marché, que ce soit avec conducteur ou non.

Assurance

Si vous voyagez dans un véhicule de tourisme avec chauffeur, la société de location s'occupe de l'assurance. Si vous louez une moto, les propriétaires doivent avoir une assurance. Si vous pensez acheter un véhicule, Baoviet (www.baoviet.com.vn) propose une assurance au tiers contre l'incendie et le vol qui inclut une franchise de 87 000 d. De nombreux loueurs vous feront signer un contrat acceptant une estimation de la moto en cas de vol. Garez-vous dans les parkings surveillés (lorsqu'il y en a).

Oubliez la location de moto si vous visitez le Vietnam sans assurance. Le coût des soins en cas d'accident grave peut se révéler ruineux pour les voyageurs au budget serré.

Code de la route

Le code de la route est tout bonnement inexistant et c'est toujours le plus gros véhicule qui gagne la partie. Sur la route, faites particulièrement attention aux enfants, qui jouent parfois à la marelle au beau milieu des grands axes routiers ! Soyez attentif aussi au bétail qui peut traverser la route.

La police n'interpelle presque jamais les étrangers à moto. Elle peut toutefois vous mettre une amende, et dispose maintenant de radars automatiques. Dans toutes les zones dites "urbaines" (cherchez le panneau bleu représentant des gratte-ciel), la vitesse est limitée à 50 km/h. En ville, il est interdit de tourner à droite à un feu rouge.

Avertir de coups de klaxon les piétons et les cyclistes est la règle de base d'une conduite prudente. Le port de la ceinture de sécurité n'est pas obligatoire.

Légalement, une moto ne peut transporter que 2 personnes. Cette règle, respectée en ville, est largement ignorée ailleurs – on a pu voir jusqu'à 6 passagers sur un deux-roues !

CASQUE OBLIGATOIRE

À moto, le port du casque est obligatoire au Vietnam, même pour les passagers. Mieux vaut investir dans un bon casque d'importation si vous devez voyager beaucoup sur des routes fréquentées ou sur des routes de montagne, car les casques locaux offrent une protection bien maigre. Vous en trouverez dans les grandes villes moyennant 30 $US environ.

Essence

Un litre de sans-plomb coûte environ 20 500 d. L'essence peut s'acheter dans tout le pays ; même dans les villages isolés, vous trouverez des stands au bord de la route qui en proposent. Attention ! Il arrive que les vendeurs diluent ce carburant pour augmenter leur marge – tâchez de trouver une vraie station-service.

État des routes et sécurité

La sécurité routière n'est pas le point fort du Vietnam. Il devient de plus en plus dangereux de rouler sur les routes nationales à deux voies pour se rendre d'une ville à l'autre. De terribles collisions sont hélas devenues un spectacle familier sur les nationales.

En général, la majorité des grandes routes sont bitumées et raisonnablement entretenues, mais les inondations peuvent causer des problèmes saisonniers. Un gros typhon creusera d'énormes nids-de-poule et, dans les contrées reculées, les routes non bitumées se transformeront en un océan de boue. Mieux vaut les affronter avec une voiture ou une moto tout-terrain. Les routes de montagne sont particulièrement dangereuses : chutes de pierres, glissements de terrain et conducteurs perdant le contrôle de leur véhicule peuvent gâcher votre voyage.

DISTANCES PAR LA ROUTE (KM)

	Dalat	Hoi An	Sapa	Hué	Along (ville)	Hanoi
Hoi An	716					
Sapa	1 868	1 117				
Hué	830	138	1 038			
Along (ville)	1 653	911	545	823		
Hanoi	1 488	793	380	658	165	
Hô Chi Minh-Ville	310	942	2 104	1 097	1 889	1 724

URGENCES

Le Vietnam ne dispose d'aucun service de secours d'urgence efficace : en cas d'accident, les secours peuvent mettre beaucoup de temps à arriver, sans compter que vous pouvez vous trouver très loin de l'infrastructure médicale la plus basique. Les habitants vous aideront peut-être dans des situations extrêmes, mais dans la plupart des cas, vous ou votre guide aurez à vous débrouiller pour vous rendre à l'hôpital ou à la clinique.

Location

La sécurité, l'état de fonctionnement du véhicule, la fiabilité de l'agence de location et votre budget sont les principaux éléments à prendre en considération.

VOITURES ET MINIBUS

Le Vietnam n'admet pas encore la location de voiture sans chauffeur – ce qui est plutôt sensé compte tenu des conditions de circulation –, mais vous trouverez facilement un véhicule avec chauffeur. Louer un véhicule avec chauffeur et guide est une option à considérer, même pour les personnes au budget serré, surtout si elles partagent les frais à plusieurs.

Hanoi, Hô Chi Minh-Ville et les principaux centres touristiques comptent un bon nombre d'agences de voyages qui louent des véhicules avec chauffeur. Les mauvaises routes du Nord-Ouest nécessitent un 4x4.

Le prix est compris entre 80 et 120 $US/jour pour une voiture standard, 120 à 135 $US/jour pour un 4x4.

MOTOS

Vous pourrez louer une moto à peu près partout, y compris dans les hôtels et les agences de voyages. La plupart des établissements vous demanderont de laisser votre passeport jusqu'au retour de l'engin. Demandez à signer un contrat qui indiquera clairement la nature du véhicule loué, le coût de la location, le montant de l'indemnité due en cas de vol, etc.

Pour affronter les montagnes du Nord, mieux vaut opter pour une moto plus puissante, de type Minsk, ou une tout-terrain. Si vous ne voulez pas conduire, de très nombreux conducteurs seront tout à fait disposés à vous servir de guide/chauffeur pour environ 20 $US/jour.

Le coût approximatif d'une location de moto sans chauffeur est compris entre 5 et 7 $US pour une semi-automatique, entre 6 et 10 $US pour une automatique, et à partir de 20 $US pour une moto tout-terrain.

Permis de conduire

Fin 2015, les lois concernant les permis de conduire changeaient et les étrangers peuvent désormais conduire au Vietnam avec un permis international. Toutefois, pour être valable, ce dernier doit être associé à une assurance locale.

Dans les faits, ni la police ni aucun loueur ne demandent jamais aux étrangers de présenter un permis international. Toutefois, cela pourrait bien changer avec cette nouvelle loi.

Aucune agence de location de voitures ne vous permettra de conduire, toutes les voitures sont donc louées avec chauffeur.

Pièces détachées

Le Vietnam compte quantité de motos japonaises et chinoises, et dispose de toutes les pièces de rechange pour la plupart des deux-roues. En revanche, si vous conduisez une marque peu connue, pensez à emporter du matériel avec vous.

Santé

Les problèmes de santé (et la qualité des services médicaux) varient énormément selon l'endroit où vous vous trouvez au Vietnam. Si la plupart des grandes villes ne présentent que très peu de risques, il en est tout autrement dans les zones rurales.

Les voyageurs redoutent souvent les maladies infectieuses, or celles-ci entraînent rarement des troubles graves. Ils ont bien plus à craindre des éventuels accidents, notamment de la circulation. Tomber malade n'est cependant pas rare. Les conseils donnés ici sont d'ordre général et ne se substituent pas à l'avis d'un professionnel de la santé.

AVANT LE DÉPART

- Souscrivez une police d'assurance qui vous couvrira en cas de maladie ou d'accident.
- Si vous suivez un traitement régulier, emportez votre ordonnance (récente), avec le nom du principe actif, ainsi qu'une réserve suffisante avec vous (en cas de perte ou de vol).
- Si vous transportez aiguilles ou seringues, emportez les documents justifiant leur nécessité médicale.
- Si vous avez une maladie cardiaque, emportez une copie de votre électrocardiogramme (ECG) pris juste avant votre départ.

Assurance

Il est conseillé de souscrire une assurance qui vous couvrira en cas d'annulation de votre voyage, de vol, de perte de vos affaires, de maladie ou encore d'accident.

Vous pouvez contracter une assurance qui réglera directement les hôpitaux et les médecins, vous évitant ainsi d'avancer des sommes qui ne vous seront remboursées qu'à votre retour. Dans ce cas, conservez avec vous tous les documents nécessaires. Si vous devez régler en espèces, demandez un reçu pour le remboursement.

Vérifiez notamment que les "sports à risques", comme la plongée, la moto ou même la randonnée ne sont pas exclus de votre contrat, ou encore que le rapatriement médical d'urgence, en ambulance ou en avion, est couvert.

Avant de souscrire une police d'assurance, vérifiez que vous ne bénéficiez pas déjà d'une assistance par votre carte bancaire, votre mutuelle ou votre assurance automobile.

N'oubliez pas de prendre avec vous les documents relatifs à l'assurance ainsi que les numéros à appeler en cas d'urgence.

Santé sur Internet

Il existe de très bons sites Internet consacrés à la santé en voyage. Avant de partir, vous pouvez consulter les sites suivants :

Ministère français des Affaires étrangères (www.diplomatie.gouv.fr)

Agence de santé publique du Canada (www.phac-aspc.gc.ca)

Institut Pasteur (www.pasteur.fr)

Ministère français de la Santé (www.sante.gouv.fr)

Organisation mondiale de la santé (OMS ; www.who.int/fr)

Orphanet (www.orpha.net). Un portail sur les maladies rares rédigé par des experts européens, est également très utile.

Vous trouverez, par ailleurs, plusieurs liens sur le site de **Lonely Planet** (www.lonelyplanet.fr).

Vaccins

Selon le Règlement sanitaire international, seul le vaccin contre la fièvre jaune est obligatoire si vous vous êtes rendu dans une zone infectée dans les six jours précédant votre entrée au Vietnam. Un certificat est alors exigé.

Mais plus vous vous éloignez des circuits classiques, plus il faut prendre vos précautions.

VACCINS RECOMMANDÉS

MALADIE	DURÉE DU VACCIN	PRÉCAUTIONS
Diphtérie	10 ans	Recommandé
Tétanos et poliomyélite	10 ans	Fortement recommandé.
Rage	De 3 à 5 ans	Vaccination préventive recommandée
Hépatite A	10 ans	Recommandé (enfant à partir de 1 an). Il existe un vaccin combiné hépatite A et B qui s'administre en trois injections.
Hépatite B	5 ans	Recommandé. Il existe un vaccin combiné hépatite A et B qui s'administre en trois injections.
Typhoïde	De 1 à 5 ans selon les doses	Recommandé si vous voyagez dans des conditions d'hygiène médiocres ou pour de longs séjours (enfant à partir de 2 ans).
Fièvre jaune	10 ans	Obligatoire dans les régions où la maladie est endémique (Afrique et Amérique du Sud) et dans certains pays lorsque l'on vient d'une région infectée. À éviter en début de grossesse.
Encéphalite japonaise	De 1 à 4 ans	Peut être recommandé en cas de séjour en zone rurale.
Rougeole	Toute la vie	Indispensable chez l'enfant.

Faites inscrire vos vaccinations dans un carnet international de vaccination (livret jaune) que vous pourrez vous procurer auprès de votre médecin ou d'un centre.

Le **ministère des Affaires étrangères** (www.diplomatie.gouv.fr/voyageurs) effectue une veille sanitaire et met régulièrement en ligne des recommandations sur les vaccinations.

Planifiez vos vaccinations à l'avance (au moins 6 semaines avant le départ), car certaines demandent des rappels ou sont incompatibles entre elles. Les vaccins ont des durées d'efficacité très variables ; certains sont contre-indiqués pour les femmes enceintes.

Quelques centres de vaccination :

Institut Pasteur (☎0 890 710 811 ; www.pasteur.fr/fr/sante ; 209-211 rue de Vaugirard, 75015 Paris ; ⏲vaccinations sans rdv)

Centre de vaccinations internationales Air France (☎01 43 17 22 00 ; www.vaccinations-airfrance.fr ; 148 rue de l'Université, 75007 Paris ; ⏲lun-sam sans rdv)

Hôpital Saint-Louis – Centre de vaccinations internationales (☎ 01 42 49 41 17 ; http://vaccin-voyage-ghparis10.aphp.fr ; 1 av. Claude-Vellefaux, 75010 Paris)

Centre de vaccinations ISBA (☎04 72 76 88 68 ; www.isbasante.com ; 7 rue Jean-Marie-Chavant, 69007 Lyon ; autres centres en France : coordonnées sur le site Web)

PENDANT LE VOYAGE

Décalage horaire et mal des transports

Le Vietnam a 7 heures d'avance sur l'heure GMT. Le décalage horaire peut entraîner des insomnies, de la fatigue, des malaises ou des nausées. En arrivant, exposez- vous à la lumière naturelle et adoptez les horaires locaux aussi vite que possible (heures de repas, coucher et lever).

Pour réduire les risques d'avoir le mal des transports, mangez légèrement avant et pendant le voyage. Les antihistaminiques préviennent efficacement le mal des transports, qui se caractérise principalement par une nausée, mais ils peuvent provoquer une somnolence.

Vols long-courriers

Les trajets en avion, du fait d'une immobilité prolongée, peuvent favoriser la formation de caillots sanguins dans les jambes (par exemple une phlébite). Le risque est d'autant plus élevé que le vol est plus long.

Généralement, l'un des premiers symptômes est un gonflement ou une douleur du pied, de la cheville ou du mollet.

En prévention, buvez en abondance des boissons non alcoolisées, faites jouer

TROUSSE MÉDICALE DE VOYAGE

Veillez à emporter avec vous une petite trousse à pharmacie (transportez-la en soute) contenant quelques produits indispensables. Certains ne sont délivrés que sur ordonnance (à emporter impérativement avec soi).

- Des antibiotiques, à utiliser uniquement aux doses et aux périodes prescrites, même si vous avez l'impression d'être guéri avant. Chaque antibiotique soigne une affection précise : ne les utilisez pas au hasard. Cessez immédiatement le traitement en cas de réactions graves.
- Un antidiarrhéique et un réhydratant, en cas de forte diarrhée, surtout si vous voyagez avec des enfants.
- Un antihistaminique en cas de rhumes, allergies, piqûres d'insectes, mal des transports – évitez de boire de l'alcool.
- Un antiseptique ou un désinfectant pour les coupures, les égratignures superficielles et les brûlures ; des pansements gras pour les brûlures.
- Un antifongique pour les mycoses et la teigne.
- De l'aspirine ou du paracétamol (douleurs, fièvre).
- Une bande Velpeau et des pansements pour les petites blessures.
- Une paire de lunettes de secours (si vous portez des lunettes ou des lentilles de contact) et la copie de votre ordonnance.
- Un produit antimoustique, un écran total, une pommade pour soigner les piqûres et les coupures et des comprimés pour stériliser l'eau.
- Une paire de ciseaux à bouts ronds, une pince à épiler et un thermomètre.
- Des préservatifs.

les muscles de vos jambes lorsque vous êtes assis et levez-vous de temps à autre pour marcher dans la cabine.

AU VIETNAM

Accessibilité et coût des soins

Les grandes avancées économiques réalisées récemment se sont accompagnées de progrès sur le plan médical. De sérieuses difficultés persistent toutefois dans les campagnes.

Ambassades et consulats pourront en général vous recommander un médecin. Les grands hôtels également, mais les honoraires risquent d'être très élevés.

Si vous tombez gravement malade en pleine campagne, rejoignez rapidement HCMV, Danang ou Hanoi. Si votre état nécessite une intervention chirurgicale ou un traitement intensif, n'hésitez pas à vous envoler pour Bangkok, Singapour ou Hong Kong.

Des adresses d'hôpitaux et de centres médicaux sont mentionnés dans les rubriques *Renseignements* des chapitres régionaux.

Cliniques privées

C'est à ces établissements qu'il faut vous adresser en priorité, car leurs médecins connaissent les ressources locales et peuvent organiser le rapatriement si nécessaire. Les meilleurs centres médicaux – à Hanoi, HCMV et Danang – ont des normes sanitaires presque comparables à celles des pays occidentaux. Leurs tarifs sont élevés et il est indispensable d'être préalablement assuré.

Hôpitaux d'État

La plupart sont rudimentaires et surfréquentés. Ils doivent obtenir une autorisation pour soigner les étrangers et, pour l'instant, seuls quelques-uns l'ont reçue.

Automédication

Elle ne doit être pratiquée qu'en cas de problème mineur, comme la diarrhée. Si vous pensez être atteint d'une maladie grave, notamment le paludisme, rendez-vous sans perdre de temps dans l'hôpital de qualité le plus proche pour vous faire soigner.

Il est déconseillé d'acheter des médicaments en vente libre, car il n'est pas rare de tomber sur des produits contrefaits, mal conservés ou périmés. Vérifiez la date de péremption sur toutes les boîtes de médicaments.

Maladies infectieuses

Bilharziozes

Les bilharzioses sont des maladies dues à des vers. On se contamine en se baignant dans les eaux douces (rivières, ruisseaux, lacs et retenues de barrage) où vivent les mollusques qui hébergent la forme larvaire des bilharzies. Juste après le bain infestant, on peut noter des picotements ou une légère éruption cutanée à l'endroit où le parasite est passé à travers la peau. Quatre à douze semaines plus tard, apparaissent une fièvre et des manifestations allergiques. En phase chronique, les symptômes principaux sont des douleurs abdominales et une diarrhée, ou la présence de sang dans les urines. Cette affection se soigne bien par voie médicamenteuse.

Choléra

Les cas de choléra sont généralement signalés à grande échelle dans les médias, ce qui permet d'éviter les régions concernées. La protection conférée par le vaccin n'étant pas fiable, celui-ci n'est pas recommandé. Prenez donc toutes les précautions alimentaires nécessaires. Symptômes : diarrhée soudaine, selles très liquides et claires, vomissements, crampes musculaires et extrême faiblesse. Il faut consulter un médecin ou aller à l'hôpital au plus vite, mais on peut commencer à lutter immédiatement contre la déshydratation, qui peut être très forte. Une boisson à base de cola salée, dégazéifiée et diluée au 1/5 ou encore du bouillon bien salé seront utiles en cas d'urgence.

Dengue

Cette fièvre hémorragique propagée par les moustiques devient problématique en Asie du Sud-Est et plusieurs centaines de milliers de personnes sont hospitalisées chaque année au Vietnam. Son taux de mortalité est toutefois inférieur à 0,3%. La dengue est surtout répandue dans les environnements urbains densément peuplés.

Il n'existe pas de traitement prophylactique contre cette maladie. Poussée de fièvre, maux de tête, douleurs articulaires et musculaires précèdent une éruption cutanée sur le tronc qui s'étend ensuite aux membres puis au visage. Au bout de quelques jours, la fièvre régresse, et la convalescence commence. Les complications graves sont rares. La meilleure prévention est de suivre les protections d'usage contre le paludisme (voir l'encadré p. 540).

Diphtérie

Elle prend deux formes : celle d'une infection cutanée ou celle d'une infection de la gorge, pour laquelle il existe un vaccin. On l'attrape au contact de poussière contaminée sur la peau, ou en inhalant des postillons d'éternuements ou de toux de personnes contaminées. Pour prévenir l'infection cutanée, il faut se laver souvent et bien sécher la peau.

Encéphalite japonaise

Cette maladie virale est transmise par les moustiques. Bien que les voyageurs la contractent rarement, faites-vous vacciner si vous devez passer un certain temps en zone rurale. Il n'existe aucun traitement. Un tiers des personnes atteintes en meurt et un deuxième tiers subit des dommages cérébraux irréversibles.

Grippe aviaire

La grippe aviaire refait régulièrement surface au Vietnam. Elle touche en premier lieu les communautés d'éleveurs de volaille. Elle est rarement fatale, mais deux cas de décès liés au virus A H5N1 ont été recensés en janvier 2014 dans le sud du pays. En cas d'épidémie, les œufs et la volaille disparaissent des cartes de nombreux restaurants.

Hépatites

L'hépatite est un terme général qui désigne une inflammation du foie. Elle est le plus souvent due à un virus. Les formes les plus habituelles se manifestent par une fièvre, une fatigue qui peut être intense, des douleurs abdominales, des nausées, des vomissements, associés à la présence d'urines très foncées et de selles décolorées presque blanches. La peau et le blanc des yeux prennent une teinte jaune (ictère). L'hépatite

BOIRE DE L'EAU

La règle d'or est simple : méfiez-vous de l'eau.

- Ne buvez jamais l'eau du robinet (même sous forme de glaçons). Préférez les eaux minérales et les boissons gazeuses, tout en vous assurant que les bouteilles sont décapsulées devant vous. Évitez les jus de fruits, souvent allongés à l'eau.
- Attention au lait, rarement pasteurisé. Pas de problème pour le lait bouilli et les yaourts. Thé et café, en principe, sont sûrs, puisque l'eau doit bouillir. Par prudence, évitez également les crudités, qui sont bien souvent lavées avec de l'eau.
- Pour stériliser l'eau, la meilleure solution est de la faire bouillir durant 15 minutes. N'oubliez pas qu'à haute altitude elle bout à une température plus basse et que les germes ont plus de chances de survivre.
- Si vous ne pouvez faire bouillir l'eau, traitez-la chimiquement avec des comprimés ou des gouttes, comme le Micropur (vendu en pharmacie), très efficace.

peut parfois se résumer à un simple épisode de fatigue sur quelques jours ou semaines.

Hépatite A Répandue dans toute la région, cette maladie se contracte par l'eau, la nourriture et, d'une manière générale, tous les produits manipulés à mains nues. Il existe un vaccin, recommandé en cas de fort risque d'exposition. Il n'y a pas de traitement médical.

Hépatite B Elle est très répandue, mais la vaccination est très efficace. Elle se transmet par voie sexuelle ou sanguine (piqûre, transfusion). Évitez de vous faire percer les oreilles, tatouer, raser ou de vous faire soigner par piqûres si vous avez des doutes quant à l'hygiène des lieux. Les symptômes de l'hépatite B sont les mêmes que ceux de l'hépatite A. Dans certaines zones d'Asie du Sud-Est, près de 20% de la population est porteuse de cette affection sans le savoir.

Hépatite C Ce virus se transmet par voie sanguine (transfusion ou utilisation de seringues usagées). La seule prévention est d'éviter tout contact sanguin, car il n'existe encore aucun vaccin.

Maladies sexuellement transmissibles

En vente partout au Vietnam, les préservatifs constituent un moyen prophylactique efficace contre les maladies sexuellement transmissibles (MST). En revanche, ils ne protègent pas des verrues et de l'herpès génital. Si après un rapport sexuel, vous souffrez d'éruptions, de cloques, de pertes anormales ou de douleurs lors de la miction, prenez immédiatement rendez-vous chez le médecin.

Paludisme

En dépit de sa dangerosité et de son caractère mortel, le paludisme, ou malaria, est très mal connu. Avant de partir en voyage, renseignez-vous auprès de professionnels qui vous informeront sur les risques que comporte votre voyage.

Dans la plupart des régions du Vietnam, notamment les zones urbaines et balnéaires, il existe peu de danger, voire aucun (Danang, Hanoi, Ho Chi Minh, Nha Trang) de contracter la maladie. Dans la plupart des zones rurales, en revanche, la probabilité d'être contaminé est bien plus importante que le risque de subir les effets indésirables des médicaments. Les voyageurs qui veulent explorer des régions où la maladie est endémique, comme les provinces de Ca Mau et de Bac Lieu, ainsi que la campagne du Sud, doivent prendre l'avis d'un médecin.

Le paludisme est transmis par un moustique, l'anophèle, dont la femelle pique surtout la nuit, entre le coucher et le lever du soleil. Les symptômes sont une fièvre, qui débute 8 à 30 jours après l'infection, pouvant s'accompagner de maux de tête, de douleurs musculaires, d'un affaiblissement, de vomissements, de diarrhées et de toux. Non traité, il peut avoir des suites graves, parfois mortelles. Il existe différentes espèces de paludisme, dont celui à *Plasmodium falciparum* pour lequel le traitement devient de plus en plus difficile à mesure que la résistance du parasite aux médicaments gagne en intensité.

Les médicaments antipaludéens n'empêchent pas la contamination mais ils suppriment les symptômes de la maladie. Si vous voyagez dans des régions où la maladie est endémique, il faut absolument suivre un traitement préventif (uniquement sur ordonnance) adapté à la destination, qu'il faut en général poursuivre après le retour. Renseignez-vous impérativement auprès d'un médecin spécialisé.

À la prise d'antipaludéens doivent être associées des mesures pour se protéger des moustiques (voir l'encadré ci-dessous).

Tout voyageur atteint de fièvre ou montrant les symptômes de la grippe doit se faire examiner. Il suffit d'une analyse de sang pour établir le diagnostic.

Rage

Très répandue, cette maladie est transmise par un animal contaminé : chien, singe et chat principalement. Morsures, griffures ou même simples coups de langue d'un mammifère doivent être nettoyés immédiatement et à fond.

SE PROTÉGER DES MOUSTIQUES

La protection contre les piqûres de moustiques est le premier moyen d'éviter le paludisme.

- Choisissez des hébergements avec fenêtres antimoustiques et ventilateur (à défaut d'air conditionné, qui diminue l'agressivité des moustiques).
- Le soir, dès le coucher du soleil, portez des vêtements longs, de couleur claire de préférence. Imprégnez vos vêtements de répulsif.
- Appliquez une crème répulsive sur les parties découvertes du corps (bras et chevilles notamment).
- Aspergez votre chambre d'insecticide ou utilisez un tortillon fumigène avant de sortir.
- Dormez sous une moustiquaire imprégnée d'insecticide.

Frottez avec du savon et de l'eau courante, puis nettoyez avec de l'alcool. S'il y a le moindre risque que l'animal soit contaminé, allez immédiatement voir un médecin. Même si l'animal n'est pas enragé, toutes les morsures doivent être surveillées de près pour éviter les risques d'infection et de tétanos. Un vaccin antirabique est disponible. Il faut y songer si vous pensez explorer des grottes (les morsures de chauves-souris peuvent être dangereuses) ou travailler avec des animaux.

Rougeole

La rougeole reste un problème au Vietnam, y compris dans la région de Hanoi. Cette maladie infectieuse hautement contagieuse se transmet par les sécrétions du nez et de la gorge. La majorité des personnes nées avant 1966 sont immunisées contre la maladie, car elles l'ont contractée dans leur enfance. La rougeole se caractérise par une forte fièvre et des éruptions cutanées. Elle peut s'accompagner de complications telles qu'une pneumonie ou une encéphalite. Il n'existe aucun traitement spécifique.

Tuberculose

Les vacanciers attrapent extrêmement rarement la tuberculose au Vietnam. Toutefois, les médecins, les travailleurs humanitaires et les voyageurs en long séjour, qui ont des contacts importants avec la population locale, doivent prendre des précautions. La vaccination ne se fait généralement que sur les enfants de moins de 5 ans. Il est conseillé aux adultes à risque de pratiquer des tests tuberculiniques avant et après le voyage. Les principaux symptômes sont la fièvre, la toux, la perte de poids, les sueurs nocturnes et la fatigue.

Typhoïde

La fièvre typhoïde est une infection du tube digestif. Elle se transmet directement de personne à personne par les mains contaminées ou indirectement par de l'eau ou de la nourriture contaminées par des matières fécales humaines (bactérie *Salmonella typhi*).

Fièvre, maux de tête et de gorge parfois accompagnés de vomissements, de diarrhée ou de constipation, puis une éruption rose sur l'abdomen sont généralement les premiers symptômes. S'il n'y a pas d'autres complications, la fièvre et les autres symptômes disparaissent peu à peu la troisième semaine. Cependant, un suivi médical est indispensable, car les complications sont fréquentes, en particulier la pneumonie (infection aiguë des poumons) et la péritonite (éclatement de l'appendice). De plus, la typhoïde est très contagieuse.

Le vaccin est recommandé pour tous les voyageurs qui séjournent plus d'une semaine au Vietnam ou en dehors des grands centres urbains. La vaccination n'est pas entièrement efficace.

Typhus et rickettsioses

Les rickettsioses sont des maladies transmises soit par des acariens (dont les tiques), soit par des poux. La plus connue est le typhus. Elle commence comme un mauvais rhume, suivi de fièvre, de frissons, de migraines, de douleurs musculaires et d'une éruption cutanée. Une plaie douloureuse se forme autour de la piqûre et les ganglions lymphatiques voisins sont enflés et douloureux.

VIH/sida

Les chiffres officiels portant sur le nombre de personnes infectées par le VIH ou atteintes du sida au Vietnam sont vagues et, malheureusement, en constante augmentation. Bien que les campagnes de sensibilisation au problème du VIH et du sida soient partout présentes, la ligne officielle est d'affirmer que seuls les prostituées et les toxicomanes sont menacés par l'infection. Les préservatifs sont en vente dans tout le pays.

Évitez, s'ils ne sont pas stérilisés, tous les instruments de chirurgie, les aiguilles d'acupuncture et de tatouage, ainsi que les instruments utilisés pour percer les oreilles ou le nez.

Vers

Fréquents en zones rurales tropicales, on les trouve dans les légumes non lavés ou la viande trop peu cuite. Ils se logent également sous la peau quand on marche pieds nus. Souvent, l'infection ne se déclare qu'au bout de plusieurs semaines. Bien que bénigne en général, elle doit être traitée, sous peine de complications sérieuses.

Diarrhée

En dépit de toutes vos précautions, vous aurez peut-être la turista. Le changement de nourriture, d'eau ou de climat suffit à la provoquer ; si elle est causée par des aliments ou de l'eau contaminés, le problème est plus grave. Il est fortement recommandé d'emmener avec soi un antidiarrhéique et un antiseptique intestinal (de type Intetrix et Ercefuryl).

La déshydratation est le danger principal lié à toute diarrhée, particulièrement chez les enfants. Ainsi, le premier traitement consiste à boire beaucoup : idéalement, il faut mélanger 8 cuillerées à café de sucre et une de sel dans un litre d'eau. Sinon, du thé noir léger, avec peu de sucre, des boissons gazeuses qu'on laisse se dégazéifier et qu'on dilue à 50% avec de l'eau purifiée sont à recommander.

En cas de forte diarrhée, il faut prendre une solution réhydratante pour remplacer les sels minéraux.

Les antibiotiques peuvent être utiles dans le traitement de diarrhées très fortes, en particulier si elles sont accompagnées de nausées, de vomissements, de crampes d'estomac ou d'une fièvre légère. Lorsque la diarrhée persiste au-delà de 48 heures, ou s'il y a présence de sang dans les selles, il est préférable de consulter un médecin.

Dysenterie

Affection grave, due à des aliments ou à de l'eau contaminés, la dysenterie se manifeste par une violente diarrhée, souvent accompagnée de sang ou de mucus dans les selles. Une analyse des selles est indispensable pour diagnostiquer le type de dysenterie. Il faut donc consulter rapidement.

Giardiase

Ce parasite intestinal est présent dans l'eau souillée ou dans les aliments souillés par l'eau. Symptômes : crampes d'estomac, nausées, estomac ballonné, selles très liquides et nauséabondes, et gaz fréquents. La giardiase peut n'apparaître que plusieurs semaines après la contamination. Les symptômes peuvent disparaître pendant quelques jours puis réapparaître, et ceci pendant plusieurs semaines.

Affections liées à l'environnement

Alimentation

Le risque de diarrhée s'accentue lorsque l'on mange dans les restaurants. Pour vous en protéger, préférez ne manger que des plats cuisinés le jour même, et évitez autant que possible les fruits de mer (parce qu'ils sont crus), ainsi que la nourriture qui semble être restée longtemps en exposition. Pelez les fruits, faites cuire les légumes et laissez tremper la salade dans de l'eau iodée pendant au moins 20 minutes. Choisissez les restaurants les plus fréquentés.

Chaleur

La plupart des régions du Vietnam connaissent un climat chaud et humide toute l'année. Ménagez-vous à votre arrivée. Évitez de vous déshydrater et d'avoir une activité trop intense aux heures chaudes. Buvez des solutions de réhydratation si nécessaire.

Coup de chaleur De longues périodes d'exposition à des températures élevées peuvent vous rendre vulnérable au coup de chaleur. Cet état grave survient quand le mécanisme de régulation thermique du corps ne fonctionne plus : la température s'élève alors de façon dangereuse. Symptômes : malaise général, transpiration faible ou inexistante et forte fièvre (39 à 41°C) et céphalée lancinante, difficultés à coordonner ses mouvements, signes de confusion mentale ou d'agressivité. Il faut absolument hospitaliser le malade. En attendant les secours, installez-le à l'ombre, ôtez-lui ses vêtements, couvrez-le d'un drap ou d'une serviette mouillés et éventez-le continuellement.

Insolation L'insolation est une vraie urgence. Les symptômes apparaissent brutalement : faiblesse, nausée, fièvre (plus de 41 °C), vertige, confusion, voire évanouissement et perte de conscience. Demandez du secours et pratiquez les gestes permettant de réduire la température du corps.

Morsures et piqûres

Punaises des lits Ces insectes ne transmettent pas de maladies, mais leurs morsures entraînent de fortes démangeaisons. Les punaises affectionnent la literie douteuse. Vérifiez l'état de la literie avant de vous glisser dans votre lit ; si vous repérez de petites taches de sang sur les draps ou les murs autour du lit, cherchez un autre hôtel. Une pommade calmante apaisera la démangeaison.

Méduses La plupart des méduses qui évoluent dans les eaux vietnamiennes ne sont pas dangereuses, juste urticantes. Des antihistaminiques et des analgésiques limiteront la réaction et la douleur. Consultez un médecin si vous continuez à vous sentir mal.

Sangsues Présentes dans les régions de forêts humides, elles ne transmettent pas de maladie, mais leurs morsures entraînent d'importantes démangeaisons. Passez l'ongle sous la bouche de la sangsue pour lui faire lâcher prise (ne pas appliquer de sel). Une crème répulsive peut les maintenir éloignées. Mieux vaut prévenir toute infection en appliquant un antiseptique à base d'iode sur la plaie.

Serpents Le Vietnam compte plusieurs espèces de serpents, dont certaines venimeuses. Les morsures de serpent ne provoquent pas instantanément la mort, et il existe généralement des antivenins. En cas de morsure, il faut calmer la victime, lui interdire de bouger, bander étroitement le membre comme pour une foulure et l'immobiliser avec une attelle. Trouvez ensuite un médecin, et essayez de lui apporter le serpent mort. On sait désormais qu'il ne faut absolument pas sucer le venin ou poser un garrot. Les sérums antivenins ne sont disponibles que dans les plus grandes villes.

Tiques Elles s'attrapent souvent lors de marches dans des zones rurales. On les retrouve en général derrière les oreilles, sur le ventre et sous les aisselles. Détachez les tiques délicatement avec une pincette fine (huile, vaseline, allumette, alcool sont déconseillés). Consultez un médecin si, à la suite d'une morsure de tique, vous êtes sujet à des rougeurs (à l'endroit de la morsure ou ailleurs), à de la fièvre ou à des douleurs musculaires. La doxycycline prévient les maladies transmises par les tiques.

Pollution

La pollution, due notamment aux gaz d'échappement, pose un problème dans la plupart des grandes villes du pays. Si vous souffrez de graves difficultés respiratoires et vous rendez dans des centres urbains pollués, parlez de votre voyage à votre médecin traitant avant votre départ.

Problèmes de peau

Bourbouille C'est une éruption cutanée répandue sous les tropiques. Restez dans un lieu climatisé pendant quelques heures et prenez des douches froides.

Coups de soleil Ils sont fréquents sous les tropiques, même par temps couvert. Utilisez un écran solaire (indice 30 au moins), et réappliquez-le après chaque baignade. Portez un chapeau et des lunettes de soleil. Évitez de vous exposer entre 10h et 14h.

Coupures et égratignures Dans les climats chauds et humides, elles s'infectent très facilement. Surveillez attentivement toute blessure, aussi petite soit-elle, pour éviter toute complication (comme un abcès). Lavez-la immédiatement à l'eau claire et traitez-la avec un antiseptique. N'hésitez pas à voir un médecin si des signes d'infection apparaissent (rougeur et douleur croissantes).

Infections fongiques Elles sont courantes dans les climats humides. Elles apparaissent souvent sur les parties du corps les moins "aérées" (aine, aisselles, orteils) et se caractérisent par une tache rouge qui grossit lentement, souvent accompagnée de démangeaisons. Le traitement consiste à garder la peau sèche, à éviter les frottements et à utiliser une crème antifongique comme le clotrimazole ou la lamisil.

Santé au féminin

Grossesse

La plupart des fausses couches ont lieu pendant les trois premiers mois de la grossesse. C'est donc la période la plus risquée pour voyager. Pendant les trois derniers mois, il vaut mieux rester à distance raisonnable de bonnes infrastructures médicales. Les femmes enceintes doivent éviter de prendre inutilement des médicaments. Cependant, certains vaccins et traitements préventifs contre le paludisme restent nécessaires. Mieux vaut consulter un médecin avant de prendre quoi que ce soit.

Quelques conseils :

Assurance Veillez à ce que votre assurance couvre tous les risques liés à la grossesse à l'étranger, notamment le travail prématuré.

Diarrhée Nombre d'antidiarrhéiques sont déconseillés durant la grossesse. L'azithromycine est cependant considéré comme sûr.

Paludisme Aucun des traitements antipaludiques n'est complètement sûr pour les femmes enceintes.

Zones rurales Évitez-les en raison du manque de moyens de transports efficaces et d'infrastructures médicales.

Problèmes gynécologiques

Une nourriture pauvre, une résistance amoindrie par l'utilisation d'antibiotiques contre des problèmes intestinaux peuvent favoriser les infections vaginales lorsqu'on voyage dans des pays à climat chaud. Respectez une hygiène intime scrupuleuse, et portez jupes ou pantalons amples et sous-vêtements en coton.

Les champignons, caractérisés par une éruption cutanée, des démangeaisons et des pertes, peuvent se soigner facilement. En revanche, la trichomonase est plus grave ; pertes blanches et sensation de brûlure lors de la miction en sont les symptômes. Le partenaire masculin doit également être soigné.

Il n'est pas rare que le cycle menstruel soit perturbé lors d'un voyage.

Voyager avec des enfants

Les personnes voyageant avec des enfants doivent pouvoir soigner des affections mineures, et savoir quand avoir recours aux services médicaux. Bien avant le départ, assurez-vous que les vaccinations des enfants sont à jour, et sachez que certains vaccins ne conviennent pas aux enfants de moins de 1 an. Si vos séjournez au Vietnam dans des régions isolées, il faut également prévoir un traitement antipaludéen adapté.

Dans les zones chaudes et humides, la moindre égratignure peut s'infecter. Toute blessure doit être parfaitement nettoyée et tenue au sec. Soyez particulièrement vigilant en évitant de boire l'eau du robinet et en ne prenant aucun risque concernant la nourriture et les boissons. Pensez à emporter des poudres réhydratantes à utiliser avec de l'eau bouillie si votre enfant est sujet à des vomissements ou à des diarrhées.

Afin d'éviter les risques de rage ou d'autres maladies, les enfants doivent être tenus à l'écart des chiens et des mammifères en général. Les morsures, griffures ou coups de langue d'un animal à sang chaud et à fourrure doivent être immédiatement et soigneusement nettoyés. S'il y a un risque, même infime, que l'animal soit contaminé, il convient de chercher immédiatement une assistance médicale.

Pour plus d'informations sur la santé en voyage avec des enfants, consultez le guide *Voyager avec ses enfants* publié par Lonely Planet.

Langue

Le vietnamien, ou *tiếng Việt* (tí-eng vi-èt), langue officielle du Vietnam, est parlé par environ 85 millions de personnes dans le monde, au Vietnam et dans la diaspora. Il appartient au groupe de langues mon-khmer.

Plus des trois quarts des mots vietnamiens dérivent du chinois. On appelle ce vocabulaire sino-vietnamien, résultat de siècles de domination chinoise, *Hán Việt* (hán vi-èt). Des termes français ont également intégré la langue, après la prise de Saigon par les Français en 1859.

Jusqu'au début du XXe siècle, le vietnamien s'écrivait avec des caractères chinois adaptés, mais en 1919, l'écriture latine *quốc ngữ* (kwók gneũ) est adoptée de façon officielle. Il s'agit d'un alphabet phonétique composé de 29 lettres inventé au XVIIe siècle par Alexandre de Rhodes, un missionnaire jésuite français.

La prononciation vietnamienne n'est pas aussi difficile qu'elle le paraît. La voyelle a se prononce de plusieurs façons : parfois comme un "a" français, fermé, d'autres fois comme un "e", ouvert. Les voyelles peuvent être associées de diverses manières dans un mot, et nous avons utilisé des tirets (ex : tí-eng) pour séparer les différents sons vocaliques et faciliter la prononciation. Quant aux consonnes, les lettres ng peuvent apparaître en début de mot, la prononciation s'apparentant alors au son final du mot anglais "sing". Le d se prononce comme un "z" et le đ comme un "d".

Le vietnamien utilise un système de tons. Certaines voyelles se prononcent ainsi sur un ton élevé, bas ou neutre, tandis que, pour d'autres, le ton chute d'une manière presque musicale. Au nombre de six, ces tons sont représentés à l'écrit par des accents placés au-dessus ou en dessous des voyelles : égal (ma), descendant (mà), descendant montant (má), montant glottalisé (mã), montant (má) et descendant glottalisé (mạ). Le ton égal est neutre et, dans le Sud, le ton montant glottalisé se prononce comme le ton descendant montant.

Les variations de vocabulaire entre le vietnamien du Nord et celui du Sud sont indiquées dans ce chapitre par (N) et (S).

POUR ALLER PLUS LOIN

Indispensable pour mieux communiquer sur place : le *Guide de conversation vietnamien* de Lonely Planet. Pour réserver une chambre, lire un menu ou simplement faire connaissance, ce manuel permet d'acquérir les rudiments de la langue. Inclus: un minidictionnaire bilingue.

VOCABULAIRE DE BASE

Bonjour.	*Xin chào.*	sin jòw
Au revoir..	*Tạm biệt.*	tạm bi-ẹt
Oui.	*Vâng.* (N)	vœhng
	Dạ. (S)	yạ
Non.	*Không.*	không
S'il vous plaît.	*Làm ơn.*	làm œn
Merci	*Cảm ơn.*	kảm œn
Je vous en prie.	*Không có chi.*	không kó zi
Excusez-moi. /pardon	*Xin lỗi.*	sin lõi

Comment allez-vous ?
Có khỏe không? káo khoué không

Bien, merci. Et vous ?
Khỏe, cám ơn. khoué kảm œn
Còn bạn thì sao? kòn baạn thi chao

Comment vous appelez-vous ?
Tên là gì? ten là zi

Je m'appelle...
Tên tôi là ... ten tôï là...

Parlez-vous (français) ?
Bạn có nói tiếng (Pháp) không? baạn gó nói (fáp) không

Je (ne) comprends (pas).
Tôi (không) hiểu. doï (không) hié·ou

HÉBERGEMENT

Où y a-t-il un(e)...?	*Đâu có ... ?*	dœou kó...
hôtel	*khách sạn*	khêk chạn
pension	*nhà khách*	gnà khêk
J'aimerais une...	*Tôi muốn ...*	toï mou·úhn...
chambre simple	*phòng đơn*	fòng dœn
chambre double (à grand lit)	*phòng giường đôi*	fòng zœ·èng dôi

Combien cela coûte-t-il par nuit/personne ?
Giá bao nhiêu một đêm/người? zá bao gnié·ou môt dem/ngeù·i

climatisation	*máy lạnh*	maï lạng
salle de bains	*phòng tắm*	fòng tám
ventilateur	*quạt máy*	kouạt maï
eau chaude	*nước nóng*	nœhr·érk nóm
moustiquaire	*màng*	màng
drap	*ra trải giường*	zaa chaỉ zu·œng
toilettes	*nhà vệ sinh*	gnà vẹ ching
papier toilette	*giấy vệ sinh*	zóœï vẹ ching
serviette	*khăn tắm*	khan dúhm

ORIENTATION

Où est... ?
... ở đâu ? ... èu dœou

Quelle est l'adresse ?
Địa chỉ là gì? di·ẹuh tyí là zi

Pourriez-vous l'écrire, s'il vous plaît ?
Xin viết ra giùm tôi. sin vi·úht zaa zùm doï

Pourriez-vous me le montrer (sur la carte) ?
Xin chỉ giùm (trên bản đồ này). sin jeẻ zùm (chen baản dàw này)

Allez toujours tout droit.
Thẳng tới trước. tủhng der·í chœhr·érk

à l'angle	*ở góc đường*	ér góp dœhr·èrng
aux feux	*tại đèn giao thông*	dại dèn zow tawm
derrière	*đằng sau*	dùhng chao
devant	*đằng trước*	dùng chœhr·érk
près (de)	*gần*	gùhn
en face	*đối diện*	dóy zi·ụhn
Tournez à gauche	*Sang trái.*	saang chaí
Tournez à droite	*Sang phải.*	saang faỉ

PHRASES CLÉS

Pour vous débrouiller en vietnamien, servez-vous de ces modèles et ajoutez-y les mots de votre choix :

Quand est (le prochain bus) ?
Khi nào là (chuyến xe buýt tới)? ki nào laà (djou·úhn sa bouét der·í)

Où se trouve (la gare) ?
(Nhà ga) ở đâu? (nyaà gaa) ér dœou

Où puis-je (acheter un ticket) ?
Tôi có thể (mua vé) ở đâu? doï gó tẻ (mou·ah vè) ẻr dœou

Je cherche (un hôtel).
Tôi tìm (khách sạn). doï dìm (khêk chạn)

Avez-vous (une carte) ?
Bạn có (bản đồ) không? baạn gó (baản dàw) kaom

Y a-t-il (des toilettes) ?
Có (vệ sinh) không? gó (vẹ sing) kaom

Je voudrais (le menu).
Xin cho tôi (thực đơn). sin djo doï (tụhrk dern)

Je voudrais (louer une voiture).
Tôi muốn (xe hơi). doï mou·iouhn (sa her·i)

S'il vous plaît, pouvez-vous (m'aider) ?
Làm ơn (giúp đỡ)? laàm ern (zúp dẽr)

J'ai (un visa).
Tôi có (visa). doï gó (vi·saa)

AU RESTAURANT

Je voudrais une table pour ...	*Tôi muốn đặt bàn cho ...*	tôï mou·ôn dạt bàn tyo ...
(deux) personnes	*(hai) người*	(haï) ngœ·i
(huit) heures	*vào lúc (tám) giờ*	vào lóuk (tàm) zœ

Avez-vous un menu (en français) ?
Bạn có thực đơn (bằng tiếng Pháp) bạn kó thụk dœn (bàng tiéng fáp)

Quelle est la spécialité locale ?
Ở đây có món gì đặc biệt? ér daï kó món gì dặc bi·ét

J'aimerais...
Xin cho tôi... sin tcho toï...

Pas trop épicé, s'il vous plaît.
Xin đừng cho cay quá. sin dừng tyo ğaï gwaá

Je suis végétarien.
Tôi ăn chay. doï œhn jaï

Je suis allergique aux (arachides).
Tôi bị dị ứng với (hạt lạc). doï beẹ zeẹ úhrng ver·í (haạt laạk)

Pouvez-vous me donner... ?
Xin mang cho tôi...? sin maang tyo doï...

Puis-je avoir (une bière), s'il vous plaît ?
Xin cho tôi (chai bia)? sin tyo doï (jai bi·œh)

Santé !
Chúc sức khoẻ! júp súhrk kwả

Merci, c'était délicieux.
Cám ơn, ngon lắm. ğaám ern ngon lúhm

L'addition, s'il vous plaît.
Xin tính tiền. sin díng di·ùhn

Mots utiles

bouteille	*chai*	jai
bol	*bát/ chén* (N/S)	baát/ jén
petit-déjeuner	*ăn sáng*	œhn saáng
baguettes	*đôi đũa*	doï·i doõ·œh
froid	*lạnh*	laạng
dessert	*món tráng*	món chaáng
dîner	*ăn tối*	œhn dóy
fourchette	*cái dĩa/ nĩa* (N/S)	ğaí deẽ·œh/ neẽ·œh
verre	*cốc/ly* (N/S)	káwp/li
chaud	*nóng*	nóm
couteau	*con dao*	ğon zow
déjeuner	*ăn trưa*	œhn chœhr·œh
plat	*đĩa*	deẽ·œh
restaurant	*nhà hàng*	gnà haàng
en-cas	*ăn nhẹ*	œhn nyạ
épicé	*cay*	ğaï
cuiller	*cái thìa*	ğaí ti·ùh
avec	*với*	ver·í
sans	*không có*	không ğó

Viandes et poissons

bœuf	*thịt bò*	tịt bò
poulet	*thịt gà*	tịt gaà
crabe	*cua*	ğou·œh
anguille	*lươn*	lœhr·ern
poisson	*cá*	kaá
grenouille	*ếch*	ék
chèvre	*thịt dê*	tịt ze
porc	*thịt lợn/ heo* (N/S)	tịt lẹrn/ haï·o
crevettes	*tôm*	dawm
escargot	*ốc*	áwp
calamar	*mực*	mụhrk

Fruits et légumes

pomme	*táo/bơm* (N/S)	dów/berm
banane	*chuối*	jou·í
chou	*bắp cải*	búhp ğaỉ
carotte	*cà rốt*	ğaà záwt
noix de coco	*dừa*	zœhr·ùh
maïs	*ngô/bắp* (N/S)	ngow/búp
concombre	*dưa leo*	zœhr·œh laï·o
aubergine	*cà tím*	ğaà dím
raisin	*nho*	nyo
haricots verts	*đậu xanh*	dọh saang
poivron vert	*ớt xanh*	ért saang
citron	*chanh*	chaang
laitue	*rau diếp*	zoh zi·úhp
litchi	*vải*	vaỉ
mandarine	*quýt*	gwít
mangue	*xoài*	swaì
champignons	*nấm*	núhm
orange	*cam*	ğaam
papaye	*đu đủ*	dou dỏo
pois	*đậu bi*	dọh bi
ananas	*dứa*	zœhr·úh
pomme de terre	*khoai tây*	kwai daï
citrouille	*bí ngô*	bí ngaw
fraise	*dâu*	zoh
patate douce	*khoai lang*	kwai laang
tomate	*cà chua*	ğaà jou·œh
melon	*dưa hấu*	zœhr·œh hóh

Divers

sauce piquante	*tương ớt*	dœhr·erng ért
œufs	*trứng*	chúhrng
sauce de poisson	*nước mắm*	nœhr·érk múhm
nouilles de riz	*phở*	fér
riz frit	*cơm rang thập cẩm* (N) *cơm chiên* (S)	ğerm zaang tụhp ğủhm ğerm ji·œhn
riz	*cơm*	ğerm
salade	*sa lát*	saa laát
soupe	*canh*	ğaang
riz à la vapeur	*cơm trắng*	ğerm chaáng
glace	*đá*	daá
poivre	*hạt tiêu*	haạt di·ou
sel	*muối*	mou·í
sucre	*đường*	dur·èrng
vermicelles de riz	*bún*	bún
pâtes jaunes	*mì*	mi

Boisson

bière	*bia*	bi·a
café	*cà phê*	ğaà fe
jus de citron glacé	*chanh đá*	jaang daá
lait	*sữa*	sũhr·œh
eau minérale	*nước khoáng* (N) *nước suối* (S)	nœhr·érk kwaáng nœhr·érk sou·í
jus d'orange	*cam vắt*	ğaam vúht
vin rouge	*rượu vang đỏ*	zi·oọ vaang dỏ
lait de soja	*sữa đậu nành*	sũhr·œh dọh naàng
thé	*chè/trà* (N/S)	jà/chaà
vin blanc	*rượu vang trắng*	zi·oọ vaang chaáng

URGENCES

À l'aide ! *Cứu tôi!* ğœhr·oú doï

Il y a eu un accident ! *Có tai nạn!* ğó dai naạn

Laissez-moi tranquille ! *Thôi!* toï

Je suis perdu.
ôi bị lạc đường. doï beẹ laạk dœhr·èrng

Où sont les toilettes ?
Nhà vệ sinh ở đâu? gnà vẹ sing ér dœou

Pourriez-vous appeler la police ?
Làm ơn gọi công an ? laàm ern gọy ğawm aan

Pourriez-vous appeler un médecin ?
Làm ơn gọi bác sĩ ? laàm ern gọy baák seẽ

Je suis malade.
Tôi bị đau. doï beẹ doh

J'ai mal ici.
Chỗ bị đau ở đây. jãw beẹ doh ér daï

Je suis allergique (aux antibiotiques).
Tôi bị dị ứng với (thuốc kháng sinh). doï beẹ zeẹ úhrng ver·í (tou·úhk kaáng sing)

ACHATS ET SERVICES

J'aimerais acheter...
Tôi muốn mua ... doï mou·úhn mou·œh...

Puis-je peux le regarder de plus près ?
Tôi có thể xem được không? doï ğó tẻ sam dœhr·ơrk không

Je regarde seulement.
Tôi chỉ ngắm xem. doï jeẻ ngúhm sam

Je ne l'aime pas.
Tôi không thích nó. doï không tík nó

Combien cela coûte-t-il ?
Cái này giá bao nhiêu? ğaí này zaá bao gnié·ou

C'est trop cher.
Cái này quá mắc. ğaí này gwaá múhk

Chiffres et nombres

1	*một*	một
2	*hai*	haï
3	*ba*	baa
4	*bốn*	báon
5	*năm*	nam
6	*sáu*	cháou
7	*bảy*	baĩ
8	*tám*	dám
9	*chín*	tyín
10	*mười*	muœï
20	*hai mươi*	haï muœï
30	*ba mươi*	ba muœï
40	*bốn mươi*	báwn muœï
50	*năm mươi*	nuhm muœï
60	*sáu mươi*	sów muœï
70	*bảy mươi*	bảy muœï
80	*tám mươi*	daám muœï
90	*chín mươi*	jín muœï
100	*một trăm*	một tcham
1 000	*một nghìn* (N) *một ngàn* (S)	một ngyìn một ngàn

Acceptez-vous les cartes bancaires ?
Bạn có nhận thẻ tín dụng không? baạn kó nyụhn tả dín zụm không

Il y a une erreur dans l'addition.
Có sự nhầm lẫn trên hoá đơn. ğó sụhr nyùhm lũhn chen hwaá dern

Je cherche...	*Tôi tìm*	doï dìm...
une banque	*ngân hàng*	ngœhn haàng
le marché	*chợ*	jẹr
l'office du tourisme	*văn phòng hướng dẫn du lịch*	vœhn fòm hœhr·érng zũhn zou lịk

HEURE ET DATES

Quelle heure est-il ?
Mấy giờ rồi? máy zèr zòy

Il est (8) heures pile.
Bây giờ là (tám) giờ. baï zèr laà (dúhm) zèr

le matin	*buổi sáng*	boỏ·i saáng
l'après-midi	*buổi chiều*	boỏ·i ji·oò
le soir	*buổi tối*	boỏ·i dóy
hier	*hôm qua*	hawm ğwaa
aujourd'hui	*hôm nay*	hawm naï
demain	*ngày mai*	ngày mai\
lundi	*thứ hai*	túhr hai
mardi	*thứ ba*	túhr baa

mercredi	*thứ tư*	túhr dœhr
jeudi	*thứ năm*	túhr nœhm
vendredi	*thứ sáu*	túhr sóh
samedi	*thứ bảy*	túhr bảy
dimanche	*chủ nhật*	jỏo nhụht

janvier	*tháng giêng*	taáng zi·œhng
février	*tháng hai*	taáng hai
mars	*tháng ba*	taáng baa
avril	*tháng tư*	taáng tœhr
mai	*tháng năm*	taáng nœhm
juin	*tháng sáu*	taáng sóh
juillet	*tháng bảy*	taáng bảy
août	*tháng tám*	taáng dúhm
septembre	*tháng chín*	taáng jín
octobre	*tháng mười*	taáng mœhr·i
novembre	*tháng mười một*	taáng mœhr·i mạwt
décembre	*tháng mười hai*	taáng mœhr·i hai

TRANSPORTS

Transports en commun

Quand le premier... part/arrive?	*Chuyến ... (sớm nhất) chạy lúc mấy giờ?*	jwi·úhn... (sérm nyúht) jạy lúp máy zèr
bateau	*tàu/ thuyền*	dòw/ toui·èn
bus	*xe buýt*	sê bouit
avion	*máy bay*	máí baï
train	*xe lửa*	sa lůhr·œh

Je voudrais un billet pour	*Tôi muốn vé ...*	doï mou·úhn vá...
une 1re classe	*hạng nhất*	haạng nyúht
une 2e classe	*hạng nhì*	haạng nyì
un aller simple	*đi một chiều*	di mạt ji·oò
un aller-retour	*khứ hồi*	kúhr haw·ì

Je veux aller à...
Tôi muốn đi ... — doï mou·úhn di...

Combien de temps dure le voyage ?
Chuyến đi sẽ mất bao lâu? — jwi·úhn di sã múht bao loh

À quelle heure arrive-t-il ?
Mấy giờ đến? — máy zèr dén

gare routière	*bến xe*	bén sa
gare ferroviaire	*ga xe lửa*	gaa sa lůhr·œh
le premier	*đầu tiên*	dòw di·œhn
le dernier	*cuối cùng*	ğou·í ğùm
le prochain	*kế tiếp*	ğé di·úhp
billetterie	*phòng bán vé*	fòm baán vá
horaires	*thời biểu*	ter·i beẻ·ou

Voiture et vélo

J'aimerais louer	*Tôi muốn thuê ...* (N)	doï mou·úhn twe...
	Tôi muốn mướn ... (S)	doï mou·úhn mœhr·érn...
une voiture	*xe hơi*	sa her·i
un vélo	*xe đạp*	sa dạp
une moto	*xe moto*	sa mo·to

Est-ce la route menant à... ?
Con đường nầy có dẫn đến ...? — ğon dœhr·èrng này ğó zũhn dén...

Combien reste-t-il de kilomètres jusqu'à... ?
... cách đây bao nhiêu ki-lô-mét? — ... ğaák daï bao gnié·ou ki·law·mét

Où y a-t-il une station-service ?
Trạm xăng ở đâu? — chaạm sœhng ẻr dœou

Faites le plein, s'il vous plaît.
Làm ơn đổ đầy bình. — laàm ern dỏ dày bìng

Je voudrais... litres.
Tôi muốn ... lít. — doï mou·úhn... léet

essence	*dầu xăng có chì*	zòh sœhng ğó ji
essence sans plomb	*dầu xăng*	zòh sœhng
diesel	*dầu diesel*	zòh di·sel

carte	*bản đồ*	baản dàw
nationale	*xa lộ*	saa lạw

(Combien de temps) puis-je laisser ma voiture ici ?
Chúng tôi có thể đậu xe được (bao lâu)? — júm doï ğó tẻ dọh sa dœhr·ẹrk (bao loh)

Il me faut un mécanicien.
Chúng tôi cần thợ sửa xe. — júm doï ğùhn tẹr sůhr·œh sa

La voiture/moto est tombée en panne (à...)
Xe bị hư (tại ...). — sa beẹ hœhr (daị...)

La voiture/moto ne démarre plus.
(Xe hơi/Xe moto) không đề được. — (sa her·i/sa mo·to) không dè dœhr·ẹrk

Mon pneu est crevé.
Bánh xe tôi bị xì. — baáng sa doï beẹ si

Je n'ai plus d'essence.
Tôi bị hết dầu/xăng. — doï beẹ hét zòh/sœhng

J'ai eu un accident.
Tôi bị tai nạn. — doï beẹ dai naạn

GLOSSAIRE

A Di Da – Bouddha du passé
agent orange – défoliant cancérigène et mutagène, utilisé pendant la guerre du Vietnam
am et duong – équivalents vietnamiens du yin et du yang
Amérasiens – enfants nés de l'union de soldats américains et de femmes asiatiques pendant la guerre du Vietnam
Annam – ancien nom chinois du Vietnam, signifiant "Sud pacifié"
ANV – Armée nationale vietnamienne
ao dai – costume traditionnel
apsara – vierge céleste
ARVN – Armée de la république du Vietnam ; ancienne armée du Sud-Vietnam

bai – plage
ban – village de montagne
bang – congrégation (dans la communauté chinoise)
bar om – ou "karaoké om" ; bar associé à l'industrie du sexe
Ba Tay – une Occidentale
bia hoi – bière pression
bonze – moine bouddhiste
buu dien – bureau de poste

cai luong – théâtre moderne vietnamien
caodaïsme – religion syncrétique fondée en 1926
Chams – habitants du royaume du Champa et leurs descendants
cham cui – acupuncture
Champa – royaume hindou remontant à la fin du IIe siècle
Charlie – surnom donné par les soldats américains aux soldats viêt-cong
chua – pagode
chu nho – idéogrammes chinois
chu nôm – (ou *nôm*) anciens idéogrammes vietnamiens (XIIIe-XXe siècle)
Cochinchine – région sud du Vietnam à l'époque coloniale française
com pho – soupe au riz et aux nouilles
cong – gong
cuu long – les "neuf dragons", surnom des neuf bras du Mékong dans le delta

dan bau – cithare à une corde
dan tranh – cithare à 16 cordes
den – temple
Di Lac – Bouddha du futur
dikpalaka – dieux des Points cardinaux
dinh – maison communale
DMZ – zone démilitarisée ; no man's land qui séparait autrefois le Nord-Vietnam du Sud-Vietnam
doi moi – réforme économique commencée en 1986
dong – grotte naturelle ; désigne aussi la monnaie vietnamienne
don ganh – palanche en bambou
dong son – tambour

écocide – terme désignant les effets dévastateurs des herbicides utilisés pendant la guerre du Vietnam

feng shui – voir *phong thuy*
FNL – Front national de libération du Sud-Vietnam, nom officiel du Viêt-cong
Funan – voir Oc-Eo

garuda – êtres célestes semblables aux griffons et se nourrissant de naga
gom – céramique
GRP – Gouvernement révolutionnaire provisoire, institué par le Viêt-cong dans le Sud-Vietnam de 1969 à 1976
guerre américaine – nom donné par les Vietnamiens à ce que la plupart des autres nations appellent la "guerre du Vietnam"
Guomindang – voir Kuomintang

hai dang – phare
han viet – littérature sino-vietnamienne
hat boi – théâtre classique du Sud
hat cheo – théâtre populaire
hat tuong – théâtre classique du Nord
Hoa – ethnie chinoise, une des plus importantes minorités vietnamiennes
Hoa Hao – secte bouddhiste vietnamienne apparue en 1939
ho ca – aquarium
hoi quan – salle de rassemblement des congrégations chinoises
hon – île
Honda Dream – modèle de scooter le plus vendu au Vietnam
Honda om – moto-taxi ; aussi appelé *xe om*
huong – parfum
huyen – district rural

Indochine – nom qu'utilisaient les Français pour désigner leurs colonies asiatiques : le Vietnam, le Cambodge et le Laos

kala-makara – divinité prenant la forme d'un monstre marin
kalan – sanctuaire
ken doi – instrument de musique composé de deux flûtes de bambou à sept trous
khach san – hôtel
Khmer – personne d'origine cambodgienne, ou ce que l'on peut rattacher à la culture de cette ethnie
Khong Tu – Confucius
kich noi – théâtre parlé
kinh – langue vietnamienne
Kuomintang – ou KMT, Parti nationaliste chinois ; le KMT prit le pouvoir en Chine en 1925 et le garda jusqu'en 1949, année de sa défaite face aux communistes

li xi – argent de la chance
Libération – prise du Sud par le Nord en 1975 ; les étrangers préfèrent le terme de "réunification"
Lien Xo – littéralement "Union soviétique" ; mot utilisé pour attirer l'attention d'un étranger
lingam – phallus stylisé, symbole de la divinité hindoue Shiva

MAAG – Military Assistance Advisory Group, groupe de conseil et d'aide militaires créé pour entraîner les troupes auxquelles on confiait des armes américaines

mandapa – salle de méditation

manushi-bouddha – manifestations humaines des bouddhas historiques

mat cua – "œil bienveillant" chargé de protéger la maisonnée

MIA – "Missing In Action" : soldat porté disparu

moi – terme péjoratif signifiant "sauvage", utilisé envers les ethnies montagnardes

montagnards – désigne au Vietnam les minorités ethniques peuplant les régions reculées du pays

muong – grand village formé de *quel* (maisons sur pilotis)

naga – serpent mythique aux pouvoirs divins, souvent représenté la tête dressée au-dessus du Bouddha qu'il protège pendant sa méditation

nam phai – pour hommes

napalm – essence solidifiée, larguée sous forme de bombes, aux effets dévastateurs

nguoi thuong – terme utilisé par le gouvernement actuel pour désigner les montagnards

nha hang – restaurant

nha khach – hôtel ou pension

nha nghi – pension

nha rong – ou *rong* ; maison sur pilotis utilisée par les montagnards comme maison commune

nha tro – dortoir

nôm – *voir chu nôm*

nui – montagne

nu phai – pour les femmes

Oc-Eo – (ou Funan) royaume hindouisé du sud du Vietnam entre le Ier et le VIe siècle

Ong Bon – gardien du Bonheur et de la Prospérité

Ong Tay – un Occidental

OSS – prédécesseur de la CIA

pagode – à l'origine, tour octogonale bouddhique ; au Vietnam désigne un temple

phong thuy – littéralement, "eau du vent" ; terme désignant la géomancie et également connu sous son appellation chinoise, feng shui

piastre – monnaie en cours du temps de l'Indochine française

piste Hô Chi Minh – réseau de voies emprunté par l'ANV et le Viêt-cong pour approvisionner leurs combattants dans le Sud

POW – "Prisoner of War" : prisonnier de guerre

PTSD – "Post-Traumatic Stress Disorder" : stress post-traumatique

quan – district urbain

quan lai – mandarin

Quan Thê Âm Bô Tat – déesse de la Miséricorde

quel – hameau de maisons sur pilotis

quoc am – littérature vietnamienne moderne

quôc-ngu – transcription phonétique du vietnamien en alphabet latin, actuellement en usage

rap – cinéma

RDV – République démocratique du Vietnam (ancien Nord-Vietnam)

roi can – marionnettes

roi nuoc – marionnettes sur l'eau

RSV – République socialiste du Vietnam (nom officiel actuel)

ruou – "vin" ou alcool local, de riz en général

RVN – république du Vietnam (ancien Sud-Vietnam)

salangane – petite hirondelle, dont le nid est très recherché dans la gastronomie vietnamienne

sao – flûte en bois

shakti – manifestation féminine de Shiva

son mai – laque

song – rivière

sung – bois de figuier

Tam Giao – "religion triple" mêlant confucianisme, taoïsme et bouddhisme, auxquels s'ajoutèrent avec le temps les croyances populaires chinoises et l'animisme vietnamien

Tao – la Voie, essence constituant toute chose

Têt – Nouvel An lunaire

thai cuc quyen – tai-chi vietnamien

Thich Ca – le Bouddha historique (Shakyamuni)

Thien Hau Thanh Mau – déesse de la Mer, protectrice des pêcheurs et des marins

thong nhat – "réunification", terme couramment employé pour désigner le train *Express de la Réunification*

thung chai – embarcation circulaire en jonc, rendue imperméable par du goudron

thuoc bac – médecine chinoise

toc hanh – bus express

Tonkin – nom donné au nord du Vietnam pendant la période coloniale française ; il donne toujours son nom au golfe qui se situe entre le Vietnam et la Chine

to rung – xylophone en bambou

trong com – tambourin

truyen khau – tradition orale/littérature orale traditionnelle

tu sat – dominos

Viêt-cong – terme (à l'origine péjoratif) pour désigner les communistes du Sud-Vietnam

Viêt Kiêu – Vietnamiens expatriés

Viêt-minh – Ligue pour l'indépendance du Vietnam ; mouvement nationaliste qui a combattu les Japonais, puis les Français, et qui finit par devenir communiste

VNQDD – Parti nationaliste populaire

vo binh dinh – art martial traditionnel reposant sur le maniement d'un bâton en bambou

xang – essence

xe dap loi – voiture tirée par un vélo

xe Honda loi – voiture tirée par une moto

xe lam – minicamionnette à trois roues

xe loi – voiture tirée par une moto (dans le delta du Mékong)

xe om – moto-taxi, aussi appelée *Honda om*

xich lo – cyclo-pousse

En coulisses

VOS RÉACTIONS ?

Vos commentaires nous sont très précieux et nous permettent d'améliorer constamment nos guides. Notre équipe lit toutes vos lettres avec la plus grande attention. Nous ne pouvons pas répondre individuellement à tous ceux qui nous écrivent, mais vos commentaires sont transmis aux auteurs concernés. Tous les lecteurs qui prennent la peine de nous communiquer des informations sont remerciés dans l'édition suivante, et ceux qui nous fournissent les renseignements les plus utiles se voient offrir un guide.

Pour nous faire part de vos réactions, prendre connaissance de notre catalogue et vous abonner à notre newsletter, consultez notre site Internet : **www.lonelyplanet.fr**

Nous reprenons parfois des extraits de notre courrier pour les publier dans nos produits, guides ou sites web. Si vous ne souhaitez pas que vos commentaires soient repris ou que votre nom apparaisse, merci de nous le préciser. Notre politique en matière de confidentialité est disponible sur notre site Internet.

À NOS LECTEURS

Nous remercions tous les lecteurs qui ont utilisé la précédente édition de ce guide et ont pris la peine de nous écrire pour nous communiquer informations, commentaires et anecdotes :

B J.-C. et C. Barbier, N. Barqi, Ch. Bienaimé **D** Ch. Delbrouck **F** M. et R. Fredenucci **G** A. et H. Giffard, J. Ginoux, M. Guiochet **H** M.-Ch. Hall, G. Herbelet **K** N. Korn **L** A.-M. Lagier, S. Laveissière, J. Leconte, V. Lefebvre, A.-S. Lepetit, M. Letellier Camus **M** Y. Marchal, J. Marcodini, J. Marselha, G. Monpert, J. P. Morinière, G. Morneau **N** I. Naudin **O** O. Ochoa Zaragoza **P** F. Pauthier, H. Pelen, R. Placais **R** C. Rongeard, S. Rotta **T** J.-P. Tardy **Z** A. Zimmer

UN MOT DES AUTEURS

Iain Stewart

Tant de gens m'ont aidé au fil des années à créer ce guide. J'aimerais remercier en particulier Nick et Slo de HCMV, la bande de Mui Ne, Dave de Con Dao, toute l'équipe de Nha Trang et Nick Ray. Les contacts de Caroline Mills et ses contributions m'ont grandement aidé sur la route. Merci également à Vinh Vu de Handspan, Ben et Bich, Howard et Deb, Chien de Hanoi et Neil Fraser, Mark et Dzung de Hoi An. Je remercie aussi Laura Crawford pour son soutien et toute l'équipe éditoriale et de production de Lonely Planet.

Brett Atkinson

Cam ơn à Kien Tran et ma famille élargie de Hanoi, et dans la région de Phong Nha, je remercie Ben, Bich et les autres. À Dong Ha, merci à Tam pour ses étonnantes saveurs locales, et à Mark, Leanne, Neil, à Caroline de Hoi An, et à Tony de Danang. Nick Ross, Ariele Gold et (surtout) Mark Zazula ont été d'excellents contacts à HCMV. Merci également à tous les rédacteurs et cartographes de Lonely Planet. Et enfin, merci à Carol et à ma famille en Nouvelle-Zélande.

Anna Kaminski

J'aimerais remercier Laura de m'avoir confié ces chapitres et mes co-auteurs pour leurs conseils en chemin. Je remercie aussi Kelly McCartney pour cette rencontre dans l'avion, Thu et ses amis pour les superbes sorties à Cao Lanh, Sherry et Brijiu pour leur compagnie à Chau Doc, Hieu de Can Tho (et sur l'île des Pirates), les équipes de Mango Home Riverside, Murray Guesthouse et Villa Vista pour leur aide et leurs conseils, Curtis et Thuy de Dalat, Andy de Ha Tien, M. The et M. Hiep pour la conduite prudente, et M. An pour mon initiation à la culture des Bahnar.

Jessica Lee

Merci à Shu, M. Tung, Dong et Linh qui m'ont aidée sur place, et un immense merci à mon compagnon de route Kien. Je remercie également mon co-auteur Brett pour ses excellents conseils. À la maison, je remercie l'incroyable Shannon Wang qui a abandonné tous ses projets au dernier moment pour garder ma maison le temps que je parte faire mes recherches pour ce guide.

Benedict Walker

Un grand merci à mes amis au Vietnam, Kien et sa famille, Sophie, Fabiola et ma vieille amie Zoe Butt : tu es une source d'inspiration. Merci à maman de m'avoir raisonné quand mon sac a disparu et de toujours garder la foi. Merci à Jess de Lonely Planet pour son coup de main et à la merveilleuse Laura Crawford de m'avoir ouvert tant de portes. Ce livre est pour tante Bonnie, pour la remercier d'avoir tenu pendant mon voyage et d'avoir été là à mon retour. Si tu deviens un ange d'ici la sortie de ce guide, garde un œil sur moi !

Crédits photographiques

Carte climatique adaptée de "Updated World Map of the Köppen-Geiger Climate Classification", *Hydrology and Earth System Sciences*, 11, 1633–44 ; Peel MC, Finlayson BL & McMahon TA (2007).

Photo de couverture : temple de la Littérature, Hanoi ; Jon Arnold, AWL ©

Les illustrations p. 186-187 et p. 448-449 sont de Michael Weldon.

À PROPOS DE CET OUVRAGE

Cette 12e édition française est la traduction de la 13e édition du guide anglais *Vietnam* de Lonely Planet, mise à jour et rédigée par Iain Stewart, Brett Atkinson, Anna Kaminski, Jessica Lee, Nick Ray et Benedict Walker. L'édition précédente a été rédigée par Iain Stewart, Brett Atkinson, Damian Harper et Nick Ray

Traduction Aurélie Belle, Vincent Guilluy, Véronique Mondon et Pierre-Yves Raoult

Direction éditoriale Didier Férat

Coordination éditoriale François Capelani

Responsable prépresse Jean-Noël Doan

Maquette Pierre Brégiroux

Cartographie Valentina Kremenchutskaya, Diana Von Holdt et Caroline Sahanouk pour l'adaptation française

Couverture Adaptée par Laure Wilmot pour la version française

Remerciements Merci à Sarah Arfaoui et Camille Marie pour la préparation du manuscrit, à Rose-Hélène Lempereur, Jean-Victor Rebuffet et Claire Rouyer pour leur révision attentive du texte, à Chrisitane Mouttet pour sa relecture ainsi qu'à toute l'équipe du bureau Lonely Planet de Paris. Et pour l'édition anglaise, merci à Carolyn Boicos, Jane Grisman, Jenna Myers, Kathryn Rowan, Dianne Schallmeiner, Ellie Simpson, Lauren Wellicome

Index

Légende des cartes

À voir
- Château
- Monument
- Musée/galerie/édifice historique
- Ruines
- Église
- Mosquée
- Synagogue
- Temple bouddhiste
- Temple confucéen
- Temple hindou
- Temple jaïn
- Temple shintoïste
- Temple sikh
- Temple taoïste
- Sentō (bain public)
- Cave/vignoble
- Plage
- Réserve ornithologique
- Zoo
- Autre site

Activités, cours et circuits organisés
- Bodysurfing
- Plongée/snorkeling
- Canoë/kayak
- Cours/circuits organisés
- Ski
- Snorkeling
- Surf
- Piscine/baignade
- Randonnée
- Planche à voile
- Autres activités

Où se loger
- Hébergement
- Camping

Où se restaurer
- Restauration

Où prendre un verre
- Bar
- Café

Où sortir
- Salle de spectacle

Achats
- Magasin

Renseignements
- Banque
- Ambassade/consulat
- Hôpital/centre médical
- Accès Internet
- Police
- Bureau de poste
- Centre téléphonique
- Toilettes
- Office du tourisme
- Autre adresse pratique

Géographie
- Plage
- Refuge/gîte
- Phare
- Point de vue
- Montagne/volcan
- Oasis
- Parc
- Col
- Aire de pique-nique
- Cascade

Agglomérations
- Capitale (pays)
- Capitale (région/État/province)
- Grande ville
- Petite ville/village

Transports
- Aéroport
- Poste frontière
- Bus
- Téléphérique/funiculaire
- Piste cyclable
- Ferry
- Métro
- Monorail
- Parking
- Station-service
- Station de métro
- Taxi
- Gare/chemin de fer
- Tramway
- U-Bahn
- Autre moyen de transport

Les symboles recensés ci-dessus ne sont pas tous utilisés dans ce guide

Routes
- Autoroute à péage
- Voie rapide
- Nationale
- Route secondaire
- Petite route
- Chemin
- Route non goudronnée
- Route en construction
- Place/rue piétonne
- Escalier
- Tunnel
- Passerelle
- Promenade à pied
- Promenade à pied (variante)
- Sentier

Limites et frontières
- Pays
- État/province
- Frontière contestée
- Région/banlieue
- Parc maritime
- Falaise
- Rempart

Hydrographie
- Fleuve/rivière
- Rivière intermittente
- Canal
- Étendue d'eau
- Lac asséché/salé/intermittent
- Récif

Topographie
- Aéroport/aérodrome
- Plage/désert
- Cimetière (chrétien)
- Cimetière (autre)
- Glacier
- Marais/mangrove
- Parc/forêt
- Site (édifice)
- Terrain de sport

Anna Kaminski

Hauts plateaux du Sud-Ouest, Delta du Mékong Fervente adepte des voyages en deux-roues, Anna est tombée par le passé sous le charme des ruelles pittoresques du delta du Mékong et des paysages vallonnés des hauts plateaux du Sud-Ouest. Connaissant la qualité de la cuisine, de l'accueil des habitants et de la culture locale, il y avait fort à parier que le sud du Vietnam demeurerait parmi ses destinations de prédilection. Si elle a auparavant vécu et voyagé sac à dos dans toute l'Asie du Sud-Est, elle a cette fois-ci découvert les recoins méconnus du Delta et parcouru en moto une partie de la piste Hô Chi Minh. Pour suivre son fil twitter : @ACKaminski.

Jessica Lee

Nord du Vietnam Jessica est allée au Vietnam pour la première fois dans les années 1990 et y est retournée plusieurs fois depuis. Lors de son dernier périple en date, elle a parcouru les routes sinueuses du Nord-Ouest jusque dans les montagnes de la province de Ha Giang pour redescendre vers l'agitation de la baie d'Along, avalant au passage sans doute plus de *caphe sua da* qu'il n'en faudrait. Vivant au Moyen-Orient, Jessica a également signé des contributions aux guides Lonely Planet *Turquie*, *Égypte* et *Cambodge*.

Suivez ses dernières aventures sur :
http://auth.lonelyplanet.com/profiles/jessicalee1

Nick Ray

Siem Reap et les temples d'Angkor Nick vient de Watford, une ville des environs de Londres qui donne envie de voir du pays... Vivant désormais à Phnom Penh avec son épouse Kulikar et ses enfants, Julian et Belle, il a participé à de nombreux guides sur la région du Mékong, dont les ouvrages *Cambodge*, *Laos*, *Myanmar* et *Vietnam* publiés par Lonely Planet. Lorsqu'il n'écrit pas, Nick fait du repérage dans des coins reculés du Cambodge pour le cinéma et la télévision. Vouant également une passion à la moto, il a traversé une bonne partie de la péninsule indochinoise en deux-roues.

Suivez ses dernières aventures sur :
http://auth.lonelyplanet.com/profiles/nickjray

Benedict Walker

Hanoi Actuellement en bord de mer auprès des siens dans sa ville natale de Newcastle, en Australie, Ben réalise ses rêves en voyageant pour Lonely Planet, avec des contributions pour nos guides *Japon*, *Canada*, *Floride*, *Australie* et *Allemagne*. Voici sa première collaboration avec l'équipe *Vietnam*. Il a en outre déjà écrit et mis en scène une pièce de théâtre, travaillé pour le compte de rock stars à l'organisation de leurs tournées en Australie, et c'est un photographe averti qui aime retourner à ses premières amours, la réalisation de films. Il vous le dira : ne lâchez pas vos rêves, ils finiront par se réaliser. Dernières infos sur : www.wordsandjourneys.com

LES GUIDES LONELY PLANET

Une vieille voiture déglinguée, quelques dollars en poche et le goût de l'aventure, c'est tout ce dont Tony et Maureen Wheeler eurent besoin pour réaliser, en 1972, le voyage d'une vie : rallier l'Australie par voie terrestre via l'Europe et l'Asie. De retour après un périple harassant de plusieurs mois, et forts de cette expérience formatrice, ils rédigèrent sur un coin de table leur premier guide, *Across Asia on the Cheap*, qui se vendit à 1 500 exemplaires en l'espace d'une semaine. Ainsi naquit Lonely Planet, dont les guides sont aujourd'hui traduits en 12 langues.

NOS AUTEURS

Iain Stewart

Auteur-coordinateur, Littoral du Sud-Est Iain connaît le Vietnam depuis 1991 et a parcouru depuis cette date quasiment toutes les provinces du pays. Il signe ici sa quatrième contribution au guide Lonely Planet *Vietnam*, troisième en tant qu'auteur-coordinateur. La route entre Vung Tau et Tam Hai reste pour lui un voyage exceptionnel : immense variété d'un littoral spectaculaire et repas inoubliables. Iain a également écrit les chapitres *Préparer son Voyage*, *Comprendre le Vietnam*, *Carnet pratique* et *Le Vietnam en images*.

Suivez ses dernières aventures sur :
http://auth.lonelyplanet.com/profiles/stewpot

Brett Atkinson

Centre du Vietnam, Hô Chi Minh-Ville Brett parcourt depuis plus de 20 ans ce pays qu'il adore. Son dernier séjour au Vietnam l'a amené à découvrir la nourriture de rue et l'histoire locale à Hué et Hoi An, l'époustouflant réseau de grottes de Phong Nha, ainsi que l'irrésistible frénésie urbaine à Hô Chi Minh-Ville. Originaire d'Auckland, en Nouvelle-Zélande, Brett a contribué à une cinquantaine de guides touristiques en tant que voyageur et auteur culinaire. Renseignements sur ses derniers ouvrages et voyages en préparation sur : www.brett-atkinson.net. Brett a également signé les chapitres *À table !* et *Cuisine vietnamienne*.

Suivez ses dernières aventures sur :
http://auth.lonelyplanet.com/profiles/brettatkinson

PAGE 559 AUTEURS (suite)

Vietnam
12e édition
Traduit et adapté de l'ouvrage *Vietnam, 13th edition, August 2016*

Dépôt légal Septembre 2016
ISBN 978-2-81615-462-7
Imprimé par Grafica Veneta, Trebaseleghe, Italie

En Voyage Éditions | un département place des éditeurs